Pietzner/Ronellenfitsch
Das Assessorexamen im Öffentlichen Recht
Widerspruchsverfahren und Verwaltungsprozeß

Werner-Studien-Reihe

RiBVerwG Dr. Rainer Pietzner
Prof. Dr. Michael Ronellenfitsch

Das Assessorexamen im Öffentlichen Recht

Widerspruchsverfahren und
Verwaltungsprozeß

7., neubearbeitete und erweiterte
Auflage 1991

Werner-Verlag

1. Auflage 1977
2. Auflage 1979
3. Auflage 1980
4. Auflage 1983
5. Auflage 1985
6. Auflage 1987
7. Auflage 1991

Die Deutsche Bibliothek – CIP-Einheitsaufnahme

Pietzner, Rainer:
Das Assessorexamen im Öffentlichen Recht :
Widerspruchsverfahren und Verwaltungsprozeß / Rainer
Pietzner ; Michael Ronellenfitsch. – 7., neubearb. und erw.
Aufl. – Düsseldorf : Werner, 1991
  (Werner-Studien-Reihe)
  ISBN 3-8041-2950-1
NE: Ronellenfitsch, Michael:

ISBN 3-8041-2950-1

ISSN 0341-0315

DK 35.082.1:347.958:347.998.85(07)
© Werner-Verlag GmbH · Düsseldorf · 1991
Printed in Germany
Eine Lange-Publikation
Alle Rechte, auch das der Übersetzung, vorbehalten.
Ohne ausdrückliche Genehmigung des Verlages ist es auch nicht gestattet, dieses Buch
oder Teile daraus auf fotomechanischem Wege (Fotokopie, Mikrokopie) zu vervielfältigen.
Satz + Druck: ICS Communikations-Service GmbH, Bergisch Gladbach
Archiv-Nr.: 166/7–5.91
Bestell-Nr.: 02950

Vorwort zur siebten Auflage

Seit Erscheinen der Vorauflage hat sich die Rechtslage Deutschlands mit dem Beitritt der früheren DDR zur Bundesrepublik grundlegend geändert. Schon dies war Anlaß für eine Neuauflage, obwohl – als weitere Variante des berühmten Ausspruchs von *Otto Mayer*[1]) – Verfassungsrecht und Verwaltungsrecht in den alten Ländern bestehenblieben. Leider bewirkte der verwaltungsrechtliche und verwaltungsprozessuale Kahlschlag im real existierenden Sozialismus, daß sich eine Verwaltungsgerichtsbarkeit in den neuen Ländern nur allmählich herausbilden kann[2]). Die dortige vorläufig auf reine Rezeption angelegte Rechtsentwicklung konnte daher allenfalls am Rande berücksichtigt werden. Gleichwohl hat die deutsche Einigung auch den Charakter der vorliegenden Schrift beeinflußt. Das „Assessorexamen im Öffentlichen Recht" richtet sich zwar nach wie vor primär an Rechtsreferendare und Rechtsreferendarinnen. Von der ersten Auflage an wurde die Schrift aber auch in Studentenkreisen und selbst von „gestandenen" Praktikern, von Verwaltungsbehörden, Gerichten und in Anwaltskanzleien herangezogen. In der Tat war und ist vor allem die Darstellung zum Widerspruchsverfahren so konzipiert, daß sie den Widerspruchsbehörden als umfassendes Nachschlagewerk dienen kann. Das dürfte insbesondere für die Verwaltung in den neuen Ländern hilfreich sein. Die bislang mehr apodiktisch gehaltenen verwaltungsprozessualen Ausführungen wurden in dieser Auflage aus ähnlichen Erwägungen ebenfalls näher ausgeführt. Dabei bemühten wir uns jedoch, den Umfang des Buches nicht allzusehr anschwellen zu lassen. Ganz konnte das nicht gelingen, zumal zahlreiche Anregungen aus dem Leserkreis zu berücksichtigen[3]) sowie Rechtsprechung und Schrifttum in erheblichem Umfang nachzutragen waren und die

---

1) Deutsches Verwaltungsrecht, I. Bd., Vorwort zur 3. Aufl. 1923: „Groß Neues ist ja seit 1914 und 1917 nicht nachzutragen. ‚Verfassungsrecht vergeht, Verwaltungsrecht besteht'; dies hat man anderwärts schon längst beobachtet. Wir haben hier nur die Anknüpfungspunkte entsprechend zu berichtigen."
2) Vgl. *Stelkens*, DtZ 1990, 305 ff.; *Bernet*, DÖV 1990, 409 ff.
3) Kritik, Anregungen und Verbesserungsvorschläge sind immer erwünscht und zu richten an *R. Pietzner*, Bundesverwaltungsgericht, Hardenbergstr. 31, 1000 Berlin 12 (Widerspruchsverfahren, Muster) bzw. an *M. Ronellenfitsch*, Fachbereich Rechtswissenschaft der Freien Universität Berlin, Boltzmannstr. 3, 1000 Berlin 33 (Einleitung, Verwaltungsprozeß, vorläufiger Rechtsschutz).

Gesetzesänderungen, namentlich das 4. VwGOÄndG, eingearbeitet werden mußten. Damit liegt aktuell wieder eine Schrift vor, die den raschen Einstieg in prozeß- oder verfahrensrelevante öffentlich-rechtliche Fragestellungen erleichtern und die vertiefte Vorbereitung auf das Assessorexamen ermöglichen soll.

Berlin, im Januar 1991

Rainer Pietzner
Michael Ronellenfitsch

Vorwort zur ersten Auflage

Dieses Buch beruht auf unseren Erfahrungen bei der Durchführung von Übungen und Klausurenkursen für Rechts-, Verwaltungs-, Regierungs- und Wirtschaftsreferendare an der Hochschule für Verwaltungswissenschaften Speyer. Es ist als Lehr- und Anleitungsbuch gedacht und versteht sich als Hilfe zur Vorbereitung auf das Staatsexamen.

Im Gegensatz zu den gängigen Fernrepetitorien haben wir bewußt nicht auf einen wissenschaftlichen Apparat verzichtet. Der Text ist zwar so abgefaßt, daß er grundsätzlich ohne Nacharbeiten der angegebenen Literatur und Rechtsprechung verständlich ist. Doch meinen wir, daß ohne ein gewisses Maß an Eigenstudium ein Prädikatsexamen gerade im öffentlich-rechtlichen Teil des Examens nicht zu erreichen ist. Hierfür soll Ihnen der Fußnotenapparat eine Hilfestellung geben. Darüber hinaus steht der Referendar – wie Sie wissen – bei der Anfertigung von Ausbildungsarbeiten, Examensarbeiten und Aktenvorträgen häufig unter einem beträchtlichen Zeitdruck, der durch das zeitraubende Zusammensuchen der auf zahlreiche Fundstellen verstreuten Literatur- und Rechtsprechungsquellen noch verschärft wird. Es ist unser Anliegen, Ihnen mit dem wissenschaftlichen Apparat des vorliegenden Buches gerade unter diesem Blickwinkel eine erhebliche Arbeitserleichterung an die Hand zu geben.

Bei den Rechtsprechungshinweisen ist neben den von uns benutzten (nach Möglichkeit ausführlichsten) Fundstellen das Entscheidungsdatum zitiert. Die wichtigsten Entscheidungen können Sie daher regelmäßig auch in den Fachzeitschriften auffinden, die Sie selbst beziehen oder die Ihnen am leichtesten zugänglich sind; verwiesen wird etwa auf das Entscheidungsregister der NJW. Um Platz zu sparen, sind einige Abkürzungen verwendet worden, die im Abkürzungs- und Literaturverzeichnis aufgeführt und bereits nach kurzem Durchlesen des Abkürzungsverzeichnisses leicht einprägsam sind.

Bitte schreiben Sie uns, wenn Sie Anregungen oder Verbesserungsvorschläge haben.

Speyer, im Juli 1976

Rainer Pietzner
Michael Ronellenfitsch

Inhaltsverzeichnis

Abkürzungs- und Literaturverzeichnis XXVII
Einführung XXXI

1. Teil: Einleitung. 1
§ 1 Die Anforderungen im öffentlich-rechtlichen Teil des Assessorexamens 1
    I. Vorbemerkung. 1
    II. Die Prüfungsaufgaben. 1
        1. Rechtsgrundlagen. 1
        2. Arten der Prüfungsleistungen 2
        3. Inhalt der Prüfungsleistungen 6
            a) Gutachten 7
            b) Entscheidung 8
            c) Sachbericht 8
    III. Die einzelnen Prüfungsleistungen. 8
        1. Klausur 9
        2. Hausarbeit 11
        3. Aktenvortrag 13

2. Teil: Die verwaltungsgerichtliche Entscheidung 17
1. Abschnitt: Überblick 17
§ 2 Formen verwaltungsgerichtlicher Entscheidungen 17
    I. Allgemeines 17
    II. Die einzelnen Entscheidungsformen 18
        1. Urteil 18
        2. Beschluß. 18
        3. Vorbescheid. 18
        4. Gerichtsbescheid 19
        5. Verfügung. 20
    III. Die Entscheidungsformen im Examen 20
§ 3 Rechtsbehelfe und Rechtsmittel 21
    I. Allgemeines 21

II. Wiedereinsetzung in den vorigen Stand und Wiederaufnahme des Verfahrens 23
   1. Wiedereinsetzung in den vorigen Stand 23
   2. Wiederaufnahme des Verfahrens 25
III. Die einzelnen Rechtsmittel 25
   1. Berufung 25
   2. Revision 28
   3. Beschwerde 30

2. Abschnitt: Die Sachurteilsvoraussetzungen 33

§ 4 Bedeutung und Systematik 33
   I. Allgemeines 33
   II. Bedeutung 33
   III. Systematik 34

§ 5 Gerichtsbezogene Sachurteilsvoraussetzungen (Rechtsweg) . . . 36
   I. Das Bestehen der deutschen Gerichtsbarkeit 36
   II. Die Zulässigkeit des Verwaltungsrechtsweges 38
      1. Allgemeines 38
      2. Verfassungsrechtliche Streitigkeit 38
      3. Gesetzliche Zuweisung an ein anderes Gericht 40
         a) Allgemeines 40
         b) Ordentliche Gerichte 40
         c) Strafgerichte 46
         d) Arbeitsgerichte 48
         e) Besondere Verwaltungsgerichte 48
      4. Öffentlich-rechtliche Streitigkeit 49
   III. Rechtswegverweisung 56

§ 6 Gerichtsbezogene Sachurteilsvoraussetzungen (Zuständigkeit) . 59
   I. Allgemeines 59
   II. Sachliche Zuständigkeit 60
   III. Funktionelle und örtliche Zuständigkeit 64
   IV. Verweisung bei sachlicher, funktioneller oder örtlicher Unzuständigkeit 65

§ 7 Beteiligtenbezogene Sachurteilsvoraussetzungen ... 66
    I. Die Beteiligung am Verwaltungsprozeß ... 66
        1. Beteiligteneigenschaft ... 66
            a) Kreis der Beteiligten ... 66
            b) Streitgenossenschaft ... 66
            c) Beiladung ... 67
        2. Beteiligtenfähigkeit ... 72
    II. Prozeßfähigkeit und gesetzliche Vertretung ... 73
    III. Prozeßführungsbefugnis ... 79

§ 8 Statthaftigkeit der Klage- und Verfahrensart (Überblick) ... 80
    I. Allgemeines ... 80
    II. Vorbeugender Rechtsschutz ... 80
    III. Klagehäufung ... 81

§ 9 Gestaltungsklagen ... 82
    I. Begriff und Erscheinungsformen ... 82
    II. Allgemeine Gestaltungsklage ... 82
        1. Streitstand ... 82
        2. Rechtfertigung ... 84
        3. Anwendungsfälle ... 85
    III. Anfechtungsklage ... 87
        1. Allgemeines ... 87
            a) Verwaltungsakt ... 87
            b) Nebenbestimmungen ... 91
        2. Isolierte Anfechtungsklage ... 95
    IV. Sonstige besondere Gestaltungsklagen ... 97

§ 10 Leistungsklagen ... 98
    I. Begriff und Erscheinungsformen ... 98
    II. Allgemeine Leistungsklage ... 98
    III. Verpflichtungsklage ... 100

§ 11 Feststellungsklagen ... 103
    I. Begriff und Erscheinungsformen ... 103
    II. Allgemeine Feststellungsklage ... 103
    III. Fortsetzungsfeststellungsklage ... 105
        1. Allgemeines ... 105
        2. Anwendungsbereich ... 106

	3. Voraussetzungen	107
IV.	Zwischenfeststellungsklage und sonstige Feststellungsklagen	107

§ 12 Verwaltungsgerichtliche Normenkontrolle ... 108
    I. Begriff und Erscheinungsformen ... 108
    II. Funktion ... 108
    III. Anwendungsbereich ... 110
        1. Gegenstand ... 110
        2. Vorbehaltsklausel ... 113

§ 13 Ordnungsgemäßheit der Klageerhebung und Antragstellung ... 115
    I. Allgemeines ... 115
    II. Form ... 115
    III. Inhalt ... 117

§ 14 Klage- und Antragsbefugnis (Allgemein) ... 120
    I. Subjektiver Rechtsschutz ... 120
        1. Konzeption der VwGO ... 120
        2. Ausschluß von Popularklagen ... 120
        3. Innenrechtsstreit ... 121
            a) Grundsätze ... 121
            b) Anwendungsfälle ... 123
    II. Klagebefugnis ... 125
        1. Geltendmachung der Rechtsverletzung ... 125
        2. Drittschutz ... 126
    III. Antragsbefugnis im Normenkontrollverfahren ... 129
        1. Allgemeines ... 129
        2. Antragsberechtigung und Antragsadressat ... 130
        3. Begriff des Nachteils ... 131
    IV. Prozeßstandschaft und Verbandsklage ... 135
        1. Grundlagen ... 135
        2. Formen der Verbandsklage ... 137
            a) Kommunale Verbandsklage ... 137
            b) Altruistische Verbandsklage ... 137
            c) Kompensatorische Verbandsklage ... 139
    V. Verwirkung der Klage- und Antragsbefugnis ... 140
        1. Verwirkung der Klagebefugnis ... 140
        2. Verwirkung der Antragsbefugnis ... 140

§ 15 Nachbarklage ... 144
   I. Allgemeines ... 144
   II. Baurechtliche Nachbarklage. ... 145
   III. Planfeststellungsrechtliche Nachbarklage. ... 153
   IV. Gemeindenachbarklage ... 159
   V. Nachbarklage gegen emittierende Anlagen ... 160

§ 16 Konkurrentenklage ... 164
   I. Allgemeines ... 164
   II. Mitbewerberklage ... 164
   III. Defensive Konkurrentenklage. ... 167

§ 17 Vorverfahren und Klagefristen ... 169
   I. Vorverfahren. ... 169
   II. Klagefristen ... 171
      1. Allgemeines ... 171
      2. Anfechtungs- und Verpflichtungsklage ... 171
      3. Untätigkeitsklage ... 173
   III. Fehlen anderweitiger Rechtshängigkeit ... 174

§ 18 Rechtsschutzbedürfnis ... 181
   I. Allgemeines ... 181
   II. Das Rechtsschutzbedürfnis bei den einzelnen Klagearten ... 182
      1. Gestaltungsklagen ... 182
      2. Leistungsklagen. ... 183
      3. Feststellungsklagen ... 186
         a) Allgemeine Feststellungsklage ... 186
         b) Fortsetzungsfeststellungsklage ... 191
         c) Sonstige Feststellungsklagen ... 195
      4. Normenkontrollverfahren ... 195
   III. Rechtsschutzbedürfnis bei behördlichen Verfahrenshandlungen. ... 196
      1. Grundrechtsschutz durch Verfahren. ... 196
      2. Einheitlicher Rechtsschutz ... 198
      3. Isolierter Rechtsschutz gegen behördliche Verfahrenshandlungen ... 199

3. Abschnitt: Das Urteil 200

§ 19 Arten und Verfahren 200
    I. Die Arten der Urteile 200
    II. Das Urteilsverfahren 201
        1. Mündliche Verhandlung 201
        2. Erlaß 201
        3. Bindung des Gerichts 202

§ 20 Der Urteilsinhalt 203
    I. Vorbemerkung 203
    II. Die einzelnen Bestandteile des Urteils 204
        1. Urteilseingang (Rubrum) 204
            a) Eingangsformel 204
            b) Die Bezeichnung der Beteiligten und Bevollmächtigten 204
        2. „Betreff" 204
        3. Bezeichnung des Gerichts 204
        4. Urteilsformel (Tenor) 206
        5. Tatbestand 206
        6. Entscheidungsgründe 208
        7. Kostenentscheidung und Vollstreckbarkeit 215
        8. Streitwertfestsetzung 216
        9. Rechtsmittelbelehrung 219
    III. Beispiele für einige typische Urteilsformeln ... 219
        1. Erstinstanzliche Urteile 219
            a) Klageabweisung 219
            b) Stattgabe und Teilstattgabe 219
        2. Rechtsmittelentscheidungen 224
            a) Berufung 224
            b) Revision 224
        3. Streitwertbeschlüsse 225
            a) Festsetzung durch das VG 225
            b) Festsetzung durch das OVG 226
            c) Streitwertbeschwerde 227

4. Abschnitt: Beschluß, Vorbescheid und Gerichtsbescheid 229

§ 21 Beschlüsse 229
    I. Allgemeines 229
        1. Vorbemerkung 229
        2. Arten 229

3. Sonderfall: Zurückweisung der Berufung 230
II. Form und Verfahren 232
III. Inhalt 232
IV. Beispiele 232
1. Beweisbeschluß (§§ 96, 98 VwGO) 232
2. Beiladungsbeschluß (§ 65 VwGO) 233
3. Anordnung der aufschiebenden Wirkung (§ 80 VwGO) . . 233
4. Einstweilige Anordnung (§ 123 VwGO) 234
5. Normenkontrollentscheidung (§ 47 VwGO) 235
6. Rechtsmittelbeschlüsse 236
   a) Zurückweisung einer Berufung (Art. 2 § 5 EntlG) 236
   b) Zurückweisung einer Nichtzulassungsbeschwerde
      (§ 132 III VwGO) 238

§ 22 Vorbeschied und Gerichtsbescheid 239
I. Vorbescheid 239
1. Anwendungsbereich 239
2. Beispiel 239
II. Gerichtsbescheid 240
1. Allgemeines 240
2. Anwendungsbereich 241
3. Voraussetzungen 241
4. Verfahren 241
5. Beispiel 242

3. Teil: Die verwaltungsbehördliche Entscheidung 244

1. Abschnitt: Überblick 244

§ 23 Formen verwaltungsbehördlicher Entscheidungen 244
I. Entscheidungen im Widerspruchsverfahren 244
II. Erstbescheide 245
III. Entscheidungen im formlosen Beschwerdeverfahren 246
IV. Aufsichtliche Verfügungen und Bescheide 247
V. Behördliche Schreiben an übergeordnete Behörden 247

§ 24 Außergerichtliche Rechtsbehelfe 249
I. Der Widerspruch 249
II. Andere förmliche außergerichtliche Rechtsbehelfe 252

III. Formlose Rechtsbehelfe 252

2. Abschnitt: Struktur und Verlauf des Widerspruchsverfahrens . . . 259

§ 25 Einleitung des Vorverfahrens und Devolutiveffekt 259
    I. Beginn des Vorverfahrens 259
    II. Der Devolutiveffekt des Widerspruchs 259

§ 26 Die Entscheidung über den Widerspruch und die Struktur des Vorverfahrens 264
    I. Die Entscheidung über die Abhilfe 264
    II. Die Entscheidung der Widerspruchsbehörde 268
    III. Die Struktur des Vorverfahrens 270

§ 27 Beendigung des Vorverfahrens 273
    I. Abhilfebescheid 273
        1. Abhilfebescheid und Widerspruchsbescheid 273
        2. Abhilfebescheid und Rücknahme (Widerruf) „außerhalb des Vorverfahrens" 273
    II. Widerspruchsbescheid 278
    III. Erledigung 280
        1. Durch spätere Rechtsakte 281
        2. Durch spätere rechtserhebliche Änderung der Sachlage . . . 282
        3. Der Sonderfall des Vollzuges 283

3. Abschnitt: Die Zulässigkeitsprüfung im Widerspruchsverfahren . . 285

§ 28 Auslegung des Rechtsbehelfsbegehrens 285
    I. Feststellung des Rechtsbehelfsantrags 285
    II. Feststellung des gewählten Rechtsbehelfs 286

§ 29 Die Sachbescheidungsvoraussetzungen im Widerspruchsverfahren – Bedeutung und System 289

§ 30 Zuständigkeitsbezogene Sachbescheidungsvoraussetzungen . . . 294
    I. Zulässigkeit des Verwaltungsrechtswegs (§§ 68, 40 VwGO) . . 294
    II. Zuständigkeit der Widerspruchsbehörde (§ 73 VwGO) 295

§ 31 Statthaftigkeit des Widerspruchs 298
   I. Vorliegen eines VA (§§ 68, 42 I VwGO) 298
      1. Anfechtungswiderspruch (§ 68 I S. 1 VwGO) 298
      2. Verpflichtungswiderspruch (§ 68 II VwGO) 301
   II. Unstatthaftigkeit des Widerspruchs auf Grund
       spezialgesetzlicher Ausnahmen (§ 68 I S. 2 VwGO) 302
   III. VA einer obersten Verwaltungsbehörde
        (§ 68 I S. 2 Nr. 1 VwGO) 304
   IV. Erstmalige Beschwer eines Dritten (§ 68 I S. 2 Nr. 2 VwGO) 305
   V. Untätigkeit der Behörde auf Vornahmeantrag
      (§§ 68 II, 75 VwGO) 307
   VI. Erledigung des VA in der Hauptsache
       (§ 113 I S. 4 VwGO entsprechend) 308
   VII. Unstatthaftigkeit bei richterrechtlichen Ausnahmen vom
        Erfordernis des Vorverfahrens? 309

§ 32 Beteiligtenbezogene Sachbescheidungsvoraussetzungen 310
   I. Beteiligtenfähigkeit, Handlungsfähigkeit 310
   II. Vertretung 310

§ 33 Ordnungsgemäßheit der Widerspruchserhebung 316
   I. Form des Widerspruchs (§ 70 I VwGO) 316
   II. Widerspruchsfrist (§ 70 VwGO) 319

§ 34 Wiedereinsetzung in den vorigen Stand 327
   I. Form und Verfahren 327
   II. Rechtsschutz 329

§ 35 Berechtigung zur Widerspruchserhebung 333
   I. Widerspruchsbefugnis (§§ 70 I S. 1, 68, 42 II VwGO) 333
   II. Widerspruchsinteresse 335

§ 36 Verzicht auf Durchführung eines Widerspruchsverfahrens 338
   I. Rechtsbehelfsverzicht und verfahrensrechtliche Verwirkung . 338
   II. Rechtsverzicht und materiell-rechtliche Verwirkung 339
   III. Rücknahme des Widerspruchs 341

§ 37 Die Zuständigkeit zur Entscheidung über den Widerspruch ... 345
    I. Nächsthöhere Behörde als Widerspruchsbehörde 345
    II. Ausgangsbehörde als Widerspruchsbehörde 347
        1. Überblick 347
        2. Der Sonderfall des § 126 III Nr. 2 BRRG 348
        3. Ausschluß bei Mitwirkung am Erstbescheid? 350
    III. Widerspruchsbehörde in Selbstverwaltungsangelegenheiten.. 351
        1. Selbstverwaltungsbehörde 351
        2. Selbstverwaltungsangelegenheiten 352
        3. Anderweitige gesetzliche Regelungen 355
    IV. Ausschüsse und Beiräte 356
        1. Überblick 356
        2. Einzelne Landesregelungen 357
            a) Hessen 357
            b) Rheinland-Pfalz 358
            c) Saarland 360

4. Abschnitt: Die Begründetheitsprüfung im Widerspruchsverfahren 361

§ 38 Der Prüfungsmaßstab 361
    I. Rechtmäßigkeit und Zweckmäßigkeit 361
    II. Heilung von Form- und Verfahrensfehlern 362
    III. Unbeachtlichkeit von Form- und Verfahrensfehlern 366
    IV. Maßgebliche Sach- und Rechtslage 368

§ 39 Der Prüfungsumfang 371
    I. Der Grundsatz umfassender Kontrollkompetenz 371
    II. Einschränkungen der Kontrollbefugnis 373

§ 40 Die Reformatio in peius 380
    I. Begriff 380
    II. Zulässigkeit der Verböserung 382
        1. Rechtsgrundlagen 383
        2. Materiell-rechtliche Beurteilung der Verböserung. 385
        3. Verwaltungsverfahrensrechtliche Beurteilung der Verböserung 390
        4. Rechtsprechungsüberblick 394
        5. Verböserung und Anhörung 395

5. Abschnitt: Der Widerspruchsbescheid 397

§ 41 Die äußere Gestaltung der im Vorverfahren ergehenden Bescheide. 397
    I. Form des Widerspruchsbescheids. 397
        1. Bescheid- oder Beschlußform?. 398
        2. Die äußere Gestaltung im einzelnen 399
    II. Form des Abhilfebescheids und des Vorlageschreibens 401
    III. Entscheidungsformel(satz, Tenor) 402
        1. Vorbemerkung 402
            a) Gesetzliche Grundlagen. 402
            b) Allgemeines zur Tenorierung. 403
        2. Zulässigkeit von Vorbescheiden 405

§ 42 Die inhaltliche Gestaltung der im Vorverfahren ergehenden Bescheide. 406
    I. Entscheidung bei unzulässigem Widerspruch 406
        1. Zurückweisung des Widerspruchs 406
        2. Entscheidung in der Sache trotz Verfristung oder Formfehler?. 406
    II. Entscheidung bei begründetem Widerspruch. 412
        1. Anfechtungswiderspruch. 412
        2. Verpflichtungswiderspruch. 412
            a) Aufhebung des Versagungsbescheides 412
            b) Erlaß des beantragten VA oder Verpflichtung der Ausgangsbehörde? 412
        3. Zurückverweisung der Sache an die Ausgangsbehörde?. . . 415
        4. Fachaufsichtliche Weisung statt Widerspruchsbescheid? . . 417
    III. Entscheidung bei unbegründetem Widerspruch 418
    IV. Entscheidung bei Erledigung des Widerspruchs 419

§ 43 Begründung. 422

§ 44 Die Kostenentscheidung im Vorverfahren (Überblick) 425
    I. Grundbegriffe 425
        1. Kosten. 425
        2. Kostenlast- und Kostenfestsetzungsentscheidung. 425
        3. Kostenlastentscheidung als Grundlage der Kostenfestsetzung. 426
    II. Rechtsgrundlagen der Kostenentscheidung. 428

  1. §§ 72, 73 III S. 2 VwGO 428
  2. § 80 VwVfG und die Parallelvorschriften des Bundes- und Landesrechts 430
  3. Das Verwaltungskostenrecht 434

§ 45 Die Entscheidung über die Verwaltungskosten 438
 I. Kostenlast 438
  1. „Zweiseitige" Verwaltungskostenlast 438
  2. „Einseitige" Verwaltungskostenlast 438
  3. Zuständigkeit für die Kostenlastentscheidung 441
 II. Kostenfestsetzung 442
  1. Verfahren und Zuständigkeit 442
  2. Höhe der Verwaltungskosten 442
 III. Kostenvorschuß 444

§ 46 Die Entscheidung über die Erstattung der Aufwendungen Beteiligter 447
 I. Kostenlast 447
  1. Kostenerstattung bei erfolgreichem Widerspruch 447
  2. Kostenerstattung bei erfolglosem Widerspruch 449
  3. Kostenerstattung bei Drittwidersprüchen 450
  4. Kostenerstattung bei Rücknahme des Widerspruchs und anderweitiger Erledigung 450
 II. Kostenfestsetzung 452
  1. Die erstattungsfähigen Aufwendungen 452
  2. Verfahren 455

§ 47 Inhalt der Kostenentscheidung, Tenorierung und Rechtsschutz 458
 I. Inhalt 458
 II. Tenorierung 459
 III. Rechtsschutz gegenüber der Kostenentscheidung 462
  1. Vorverfahren 463
  2. Rechtsschutz gegenüber der Kostenlastentscheidung 464
  3. Rechtsschutz im Kostenfestsetzungsverfahren 466

§ 48 Rechtsbehelfsbelehrung 469
 I. Vorbemerkung 469
 II. Erforderlichkeit einer Rechtsbehelfsbelehrung 469
 III. Umfang der Rechtsbehelfsbelehrung 470

	1. Sinn	470

      1. Sinn 470
      2. Notwendiger Inhalt 471
          a) Rechtsbehelf. 471
          b) Verwaltungsbehörde oder Gericht, bei denen der Rechtsbehelf anzubringen ist 472
          c) Sitz. 473
          d) Frist 473
      3. Fakultativer Inhalt 473
  IV. Rechtsfolgen fehlerhafter Rechtsbehelfsbelehrungen. 475
  V. Muster für Rechtsbehelfsbelehrungen 476

§ 49 Zustellung 479
  I. Rechtsgrundlagen und Rechtsfolgen der Zustellung 479
  II. Zustellungsarten 480
      1. Zustellung durch die Post 481
      2. Zustellung durch die Behörde 484
      3. Sonderarten der Zustellung. 486
  III. Die Wahl der Zustellungsart durch die Behörde 486

§ 50 Muster für Widerspruchsbescheide und Begleitverfügungen . . . 488
  I. Widerspruchsbescheid 488
      1. Bescheidform 488
          a) Form des persönlichen Schreibens 488
          b) Form des unpersönlichen Schreibens 489
      2. Beschlußform 491
          a) Form bei Verfahren ohne mündliche Verhandlung . . . 491
          b) Form bei Entscheidung eines Rechtsausschusses. 492
  II. Entwurf eines Widerspruchsbescheids mit Begleitverfügungen 494
  III. Steuerrechtliche Einspruchsentscheidung 495
      1. Entwurf einer Einspruchsentscheidung mit Begleitverfügungen. 495
      2. Entwurf einer Einspruchsentscheidung mit Tenorierungsvorschlägen 498

4. Teil: Der vorläufige Rechtsschutz ... 500

1. Abschnitt: Grundlagen ... 500

§ 51 Bedeutung und System des vorläufigen Rechtsschutzes ... 500
  I. Die zeitliche Dimension des Rechtsschutzes ... 500
  II. Arten des vorläufigen Rechtsschutzes ... 500
  III. Effektiver und ausgewogener Rechtsschutz ... 503

2. Abschnitt: Vorläufiger Rechtsschutz nach § 80 VwGO ... 506

§ 52 Geltungsbereich des § 80 VwGO ... 506
  I. Grundsatz ... 506
  II. VA mit Drittwirkung ... 506
  III. VA mit Doppelwirkung ... 508
  IV. Versagungsbescheide ... 509
  V. „Zahlungsbescheide" ... 511
  VI. Rechtsgestaltende und feststellende VA ... 512

§ 53 Der Suspensiveffekt ... 513
  I. Rechtsnatur ... 513
  II. Suspensiveffekt und Erfolgsaussichten des Rechtsbehelfs in der Hauptsache ... 519
  III. Dauer des Suspensiveffekts ... 525

§ 54 Ausschluß des Suspensiveffekts kraft Gesetzes ... 528
  I. Allgemeines ... 528
  II. Anforderung öffentlicher Abgaben und Kosten (§ 80 II Nr. 1 VwGO) ... 528
    1. Sinn des § 80 II Nr. 1 VwGO ... 528
    2. Öffentliche Abgaben und Kosten ... 529
    3. Anforderung ... 531
    4. Kostenentscheidungen im Zusammenhang mit einer Hauptsacheentscheidung ... 532
  III. Unaufschiebbare Anordnungen und Maßnahmen von Polizeivollzugsbeamten (§ 80 II Nr. 2 VwGO) ... 533
  IV. Ausschluß durch Bundesgesetze (§ 80 II Nr. 3 VwGO) ... 534
  V. Maßnahmen, die in der Verwaltungsvollstreckung getroffen werden (§ 187 III VwGO) ... 536

§ 55 Ausschluß des Suspensiveffekts durch behördliche Anordnung . 539
  I. Zuständigkeit 539
  II. Zeitpunkt, Dauer und Wirkung der AnOsVollz. 540
  III. Voraussetzungen der AnOsVollz. 542
    1. Die AnOsVollz. im öffentlichen Interesse (§ 80 II Nr. 4
       1. Altern. VwGO) 543
    2. Die AnOsVollz. im überwiegenden Interesse eines Beteiligten (§ 80 II Nr. 4, 2. Altern. VwGO) 550
  IV. Formerfordernisse 552
    1. Besondere AnO (§ 80 II Nr. 4 VwGO) 552
    2. Begründung (§ 80 III VwGO) 554

§ 56 Die Aussetzung der Vollziehung durch die Verwaltung (§ 80 IV VwGO) 557
  I. Zuständigkeit 557
  II. Wirkung und Umfang der Aussetzung 558
  III. Voraussetzungen der Aussetzung 559
    1. Aussetzung bei öffentlichen Abgaben und Kosten 559
    2. Aussetzung in anderen Fällen 562

§ 57 Der gerichtliche vorläufige Rechtsschutz 564
  I. Überblick 564
  II. Zulässigkeit des Aussetzungsverfahrens 565
    1. Bestehen der deutschen Gerichtsbarkeit 565
    2. Zulässigkeit des Verwaltungsrechtswegs 565
    3. Zulässigkeit des angerufenen Gerichts 565
    4. Die Beteiligten des Verfahrens 567
    5. Vorliegen eines VA 567
    6. Ordnungsgemäße Antragstellung 567
    7. Antragsbefugnis 568
    8. Fristen 568
    9. Anderweitige Rechtshängigkeit 569
    10. Rechtsschutzbedürfnis 569
  III. Maßstab der gerichtlichen Entscheidung 569
    1. Allgemeine Entscheidungsgrundsätze 569
    2. Voraussichtlicher Ausgang der Hauptsache 570
    3. Interessenabwägung 570
  IV. Die Anordnung der aufschiebenden Wirkung 571
    1. Öffentliche Abgaben und Kosten 571

    2. Unaufschiebbare Anordnungen und Maßnahmen von Polizeivollzugsbeamten 571
    3. Ausschluß durch Bundesgesetze 571
    4. Maßnahmen, die in der Verwaltungsvollstreckung getroffen werden 575
  V. Die Wiederherstellung der aufschiebenden Wirkung 575
    1. Aufhebung der AnOsVollz. und Aussetzung der sVollz . . 575
    2. Prüfung der Erfolgsaussichten des Rechtsbehelfs 577
    3. Interessenabwägung 580
    4. Wiederherstellung der aufschiebenden Wirkung bei nichtiger AnOsVollz. 583
  VI. Die Feststellung der aufschiebenden Wirkung beim faktischen Vollzug 583
  VII. Aufhebung der Vollziehung 584
    1. Begriff 584
    2. Faktischer Vollzug 584
      a) Allgemeines 584
      b) Behördlicher faktischer Vollzug 585
      c) VA mit Drittwirkung 586
  VIII. AnOsVollz. durch das Gericht 586
  IX. Aufhebungs- und Abänderungsverfahren 588
  X. Entscheidung durch den Vorsitzenden 590
  XI. Rechtsbehelfe 590

3. Abschnitt: Vorläufiger Rechtsschutz nach § 123 VwGO und nach § 47 VIII VwGO 591

§ 58 Vorläufiger Rechtsschutz nach § 123 VwGO 591
  I. Vorläufiger Rechtsschutz durch das Gericht 591
    1. Allgemeines 591
    2. Zuständigkeit und Verfahren 592
    3. Sicherungsanordnung 597
    4. Regelungsanordnung 597
    5. Leistungsanordnung 598
    6. Aussetzungsverfahren 599
    7. Rechtsbehelfe 599
    8. Schadensersatz 600
  II. Vorläufiger Rechtsschutz durch die Verwaltung 601

§ 59 Vorläufiger Rechtsschutz nach § 47 VIII VwGO 603
　　　I. Allgemeines 603
　　　II. Einstweilige Anordnung. 604
　　　　　1. Rechtsgrundlagen. 604
　　　　　2. Voraussetzungen 604
　　　　　3. Verfahren 605
　　　　　4. Inhalt 606
　　　　　5. Entscheidung 607

Sachregister 609

Verzeichnis der Schaubilder

Nr.		Seite
1	Prüfungsleistungen in der zweiten juristischen Staatsprüfung	3
2	Aufbauschema: Aktenvortrag	16
3	Verwaltungsgerichtliche Entscheidungsformen	17
4	Prüfungsschema: Zulässigkeit eines Rechtsmittels	31
5	Gerichtliche Rechtsbehelfe	32
6	Prüfungsschema: Sachurteilsvoraussetzungen	35
7	Rechtsschutz gegen Maßnahmen der Polizei	58
8	Klagearten	142
9	Die zeitliche Dimension des gerichtlichen Rechtsschutzes	143
10	Aufbau: Urteil	203
11	Rubrum eines verwaltungsgerichtlichen Urteils	205
12	Aufbau des Tatbestands eines verwaltungsgerichtlichen Urteils	208
13	Außergerichtliche Rechtsbehelfe	256
14	Sachbescheidungsvoraussetzungen im Widerspruchsverfahren nach der VwGO	290
15	Sachbescheidungsvoraussetzungen im außergerichtlichen Rechtsbehelfsverfahren nach der AO	291
16	Zuständigkeit zur Entscheidung über den Widerspruch	360
17	Aufbau des Widerspruchsbescheides	404
18	Kostenentscheidung im Vorverfahren	468
19	Vorläufiger Rechtsschutz im Klageverfahren	505
20	Aufschiebende Wirkung (§ 80 VwGO)	520

Abkürzungs- und Literaturverzeichnis

Achterberg	Norbert Achterberg, Allgemeines Verwaltungsrecht, 2. Aufl., 1986
Allesch	Erwin Allesch, Die Anwendbarkeit der Verwaltungsverfahrensgesetze auf das Widerspruchsverfahren nach der VwGO, Schriften zum Öffentlichen Recht, Bd. 465, 1984
AnO	Anordnung
AnOsVollz.	Anordnung der sofortigen Vollziehung
A.U.	Amtlicher Umdruck
a.W.	aufschiebende Wirkung
Birkner/Rott	Erwin Birkner / Helmut Rott, Verwaltungskostenrecht für Staats- und Gemeindebehörden in Bayern, 3. Aufl., 1980 (Stand: 1. 4. 1990)
BLAH	Adolf Baumbach / Wolfgang Lauterbach / Jan Albers / Peter Hartmann, Zivilprozeßordnung, 49. Aufl., 1991
Broß/ Ronellenfitsch	Siegfried Broß / Michael Ronellenfitsch, Besonderes Verwaltungsrecht und Verwaltungsprozeßrecht, 4. Aufl., 1991
BS	Edgar Bosch / Jörg Schmidt, Praktische Einführung in das verwaltungsgerichtliche Verfahren, 4. Aufl., 1988
Buchholz	Sammel- und Nachschlagewerk der Rechtsprechung des Bundesverwaltungsgerichts, begr. von Karl Buchholz, hg. i. V. m. dem Verein der Bundesrichter beim BVerwG von Felix Weyreuther/Günter Korbmacher, Loseblattsammlung seit 1957
e.A.	einstweilige Anordnung
EF	Erich Eyermann / Ludwig Fröhler, Verwaltungsgerichtsordnung, 9. Aufl., 1988
Erichsen/ Martens	Hans-Uwe Erichsen / Wolfgang Martens, Allgemeines Verwaltungsrecht, 8. Aufl., 1988
et	Energiewirtschaftliche Tagesfragen – Rechtszeitschrift für Elektrizitäts- und Gasversorgung
EvStL	Evangelisches Staatslexikon, hg. von Roman Herzog / Hermann Kunst / Klaus Schlaich / Wilhelm Schneemelcher, 3. Aufl., 1987
EVwPO	Entwurf einer Verwaltungsprozeßordnung, BT-Drucks. 9/1851 vom 14. 7. 1982
Festg. BVerwG	Verwaltungsrecht zwischen Freiheit, Teilhabe und Bindung, Festgabe aus Anlaß des 25jährigen Bestehens des Bundesverwaltungsgerichts, 1978
Finkelnburg/ Jank	Klaus Finkelnburg / Klaus Peter Jank, Vorläufiger Rechtsschutz im Verwaltungsstreitverfahren, NJW Schriftenreihe, Heft 12, 3. Aufl., 1986
Forsthoff	Ernst Forsthoff, Lehrbuch des Verwaltungsrechts, Bd. I, Allgemeiner Teil, 10. Aufl., 1973
Grunsky	Wolfgang Grunsky, Grundlagen des Verfahrensrechts, 2. Aufl., 1974
Hufen	Friedhelm Hufen, Fehler im Verwaltungsverfahren, 1986
K	Hans Joachim Knack (Hg.), Verwaltungsverfahrensgesetz (VwVfG), 3. Aufl., 1989
Klein	Karl Heinz Klein, Gutachten und Urteil im Verwaltungsprozeß, 2. Aufl., 1976
Knoke	Ulrich Knoke, Rechtsfragen der Rücknahme von VAen, Münsterische Beiträge zur Rechtswissenschaft, Bd. 36, 1989

Kopp	Ferdinand O. Kopp, VwGO, 8. Aufl., 1989
Kopp, VwVfG	Ferdinand O. Kopp, VwVfG, 4. Aufl., 1986
Leipold	Dieter Leipold, Grundlagen des einstweiligen Rechtsschutzes, 1971
Linhart	Helmut Linhart, Schreiben, Bescheide, und Vorschriften in der Verwaltung, Studienschriften für die öffentliche Verwaltung, Bd. 1, 3. Aufl., 1989
Martens	Joachim Martens, Die Praxis des Verwaltungsprozesses, JuS-Schriftenreihe Heft 36, 1975
MDHSch	Theodor Maunz / Günter Dürig / Roman Herzog / Rupert Scholz u. a., Grundgesetz, 6. Aufl., 1982 ff.
Meyer/Borgs	Hans Meyer / Hermann Borgs-Maciejewski, Verwaltungsverfahrensgesetz, 2. Aufl., 1982
von Mutius	Albert von Mutius, Das Widerspruchsverfahren der VwGO als Verwaltungsverfahren und Prozeßvoraussetzung, Schriften zum Öffentlichen Recht, Bd. 101, 1969
Neumeyer	Dieter Neumeyer, Die Klagebefugnis im Verwaltungsprozeß, 1979
Obermayer	Klaus Obermayer, Grundzüge des Verwaltungsrechts und des Verwaltungsprozeßrechts, 2. Aufl., 1975
Obermayer, VwVfG	Klaus Obermayer / Dirk Ehlers / Christoph Link, VwVfG, 2. Aufl., 1990
Oerder	Michael Oerder, Das Widerspruchsverfahren nach der VwGO, Schriften zum Öffentlichen Recht, Bd. 575, 1989
RÖ	Konrad Redeker / Hans-Joachim von Oertzen, Verwaltungsgerichtsordnung, 9. Aufl., 1988
Ronellenfitsch	Michael Ronellenfitsch, Einführung in das Planungsrecht, 1986
Ronellenfitsch/ Schlink-Arnold	Michael Ronellenfitsch / Hadwig Schlink-Arnold, Methoden und Techniken geistiger Arbeit in der Verwaltung, 1980
Rüter/Oster	Klaus Rüter / Rudolf Oster, Das rheinland-pfälzische Ausführungsgesetz zur Verwaltungsgerichtsordnung – AGVwGO –, insbesondere das Verfahren bei den Stadt- und Kreisrechtsausschüssen, in: Praxis der Gemeindeverwaltung, Landesausgabe Rheinland-Pfalz, A 17 RhPf, 169. Lfg. 1990
Schrödter	Hans Schrödter, Die verwaltungsgerichtliche Entscheidung, 2. Aufl., 1965
Schwerdtfeger	Gunther Schwerdtfeger, Öffentliches Recht in der Fallbearbeitung, JuS-Schriftenreihe, Heft 5, 8. Aufl., 1986
SDC	Egon Schunck / Hans De Clerck, Verwaltungsgerichtsordnung, 3. Aufl., 1977
SG	Walter Schmitt-Glaeser, Verwaltungsprozeßrecht, 10. Aufl., 1990
Skouris	Wassilios Skouris, Verletztenklage und Interessenklage im Verwaltungsprozeß, 1979
StBL	Paul Stelkens / Heinz Bonk / Michael Sachs / Klaus Leonhardt, Verwaltungsverfahrensgesetz, 3. Aufl., 1990
Stern	Klaus Stern, Verwaltungsprozessuale Probleme in der öffentlich-rechtlichen Arbeit, JuS-Schriftenreihe, Heft 3, 5. Aufl., 1981
sVollz	sofortige Vollziehung
Trzaskalik	Christoph Trzaskalik, Das Widerspruchsverfahren der Verwaltungsgerichtsordnung im Lichte der Allgemeinen Prozeßrechtslehre, Diss. jur., Würzburg 1970
Ule (S.)	Carl Hermann Ule, Verwaltungsprozeßrecht, 9. Aufl., 1987

Ule (§§)	Carl Hermann Ule, Verwaltungsgerichtsbarkeit, 2. Aufl., 1962
Ule/Laubinger	Carl Hermann Ule / Hans-Werner Laubinger, Verwaltungsverfahrensrecht, 3. Aufl., 1986
VA	Verwaltungsakt
Vogel	Klaus Vogel, Die verwaltungsgerichtliche Hausarbeit, 1965
Weides	Peter Weides, Verwaltungsverfahren und Widerspruchsverfahren, JuS-Schriftenreihe, Heft 6, 2. Aufl., 1981
Wieseler	Willi Wieseler, Der vorläufige Rechtsschutz gegen Verwaltungsakte, Schriften zum Öffentlichen Recht, Bd. 54, 1967
WF	Widerspruchsführer
Wolff III	Hans J. Wolff, Verwaltungsrecht III, 3. Aufl., 1973
Wolff/Bachof I	Hans J. Wolff / Otto Bachof, Verwaltungsrecht I, 9. Aufl., 1974
Wolff/Bachof/Stober II	Hans J. Wolff / Otto Bachof / Rolf Stober, Verwaltungsrecht II, 5. Aufl., 1987
Wolff/Bachof III	Hans J. Wolff / Otto Bachof, Verwaltungsrecht III, 4. Aufl., 1978

Einführung

Im Assessorexamen wird Ihnen nichts geschenkt. Wenn Sie die Methode der juristischen Fallbearbeitung beherrschen und über einigermaßen fundierte Rechtskenntnisse verfügen, besteht jedoch kein Anlaß, das Examen zu fürchten. Die vorliegende Schrift möchte Ihnen helfen, die für das Assessorexamen im öffentlichen Recht erforderlichen Kenntnisse und Fähigkeiten zu erlangen und zu vertiefen. Ein Patentrezept für die optimale Examensvorbereitung kann Ihnen freilich niemand liefern. Auch sollten Sie die in der Ausbildungsliteratur gängigen Ratschläge, „schaffend zu lernen" und möglichst viele Klausuren unter Examensbedingungen zu schreiben, nicht überbewerten. Die Arbeit am praktischen Fall ist immer nützlich. Aber ohne systematisch erworbene Kenntnisse kommen Sie nicht aus. Sicher müssen Sie auch das Klausurenschreiben einüben. Aber Sie sollten sich immer fragen, ob sich der erhebliche Aufwand an Zeit und Energie lohnt, den Klausuren erfordern, die unter Examensbedingungen geschrieben werden. Aus einer Klausurbesprechung ziehen Sie dann Gewinn, wenn Sie die Ihnen gestellte Aufgabe durchdacht und nur stichwortartig gelöst haben. Wählen Sie für eine vollständige Lösung nur solche Aufgaben aus, die tatsächlich oder rechtlich besonders interessant erscheinen.

Im übrigen dürften Sie im Verlauf Ihrer bisherigen Ausbildung Ihre Schwächen und Stärken herausgefunden und Ihre Wissenslücken festgestellt haben. Sie müssen daher selbst wissen, wie Sie sich am effektivsten auf das Examen vorbereiten.

Es bleibt Ihnen auch überlassen, wie Sie mit der vorliegenden Schrift arbeiten wollen. Beachten Sie jedoch bitte, daß die vorliegende Schrift nur ein Hilfsmittel ist. Sie kann und will Ihr Eigenstudium nicht ersetzen. Die Anmerkungen dienen nicht nur dem Beleg und der Einzeldiskussion, sondern sollen Ihnen vor allem den Zugang zu den wichtigsten Gerichtsentscheidungen und wissenschaftlichen Veröffentlichungen erleichtern. Wenn wir gleichwohl etwas reichlicher zitiert haben, als Sie es aus gängigen Ausbildungsbüchern gewohnt sind, dann deshalb, um Sie gerade dann, wenn Sie tiefer in eine Problematik eindringen müssen (etwa Hausarbeit, praktische Arbeit in der Station), nicht allein zu lassen und Ihnen zeitraubendes Suchen zu ersparen. Im übrigen versteht es sich von selbst, daß Sie nicht alle Angaben nachlesen können. Soweit zu einem Problem Belegstellen aus mehreren Kommentaren oder Lehrbüchern aufgeführt sind, genügt die Lektüre der Belegstelle in derjenigen Veröffentlichung, die Ihnen gerade zur Hand ist. Ansonsten arbeiten Sie sich am zweckmäßigsten an ein Problem heran, wenn Sie die neueste Entscheidung oder Veröffentlichung zuerst lesen. Da Sie im Assessorexamen nie falsch liegen, wenn Sie sich der höchstrichterlichen Rechtsprechung anschließen, sollten Sie bei wichtigen Fragen die neuesten Entscheidungen insbesondere des Bundesverwaltungsgerichts und des für Sie zuständigen Oberverwaltungsgerichts oder Verwaltungsgerichtshofs nach Möglichkeit nacharbeiten.

Wie Sie vielleicht schon dem Inhaltsverzeichnis entnommen haben, behandelt die vorliegende Schrift fast ausschließlich Verwaltungsverfahrens- und Verwaltungsprozeßrecht. Das heißt nicht, daß im Assessorexamen das Verfassungsrecht und materielle Verwaltungsrecht keine Rolle spielen. Die Besonderheit des Assessorexamens im öffentlichen Recht liegt jedoch darin, daß grundsätzlich jede Aufgabe einen verwaltungsverfahrensrechtlichen oder verwaltungsprozessualen Bestandteil hat. Erst wenn Sie diesen Bestandteil bewältigt haben, gelangen Sie in der Regel zu den materiellen Fragen.

Das Verfassungsrecht und materielle Verwaltungsrecht sollten Ihnen – wenigstens in den Grundzügen – noch vom Referendarexamen vertraut sein. Es genügt, wenn Sie Ihr Wissen in den gängigen Repetitorien sowie Lehr- und Lernbüchern auffrischen und aktualisieren. Eine speziell auf das Assessorexamen zugeschnittene Darstellung des Verfassungs- und materiellen Verwaltungsrechts erschien uns nicht erforderlich; jedoch werden im Text zahlreiche examensrelevante materiell-rechtliche Fragen angesprochen.

Im übrigen gingen wir davon aus, daß Ihnen das Verwaltungsprozeßrecht leichter zugänglich und besser geläufig ist als das Verwaltungsverfahrensrecht. Aus diesem Grund wurde das Verwaltungsverfahrensrecht ausführlicher behandelt.

1. Teil: Einleitung

§ 1 Die Anforderungen im öffentlich-rechtlichen Teil des Assessorexamens

I. Vorbemerkung

Anleitungsbücher gleichen oft Reiseführern, deren Inhalt man erst bewußt aufnehmen kann, wenn man an den beschriebenen Ort kommt. Oder anders ausgedrückt: Die besten Ratschläge nützen nichts, wenn man sie sich nicht einprägte, weil man nicht wußte, wozu die Ratschläge gut waren. Deshalb wird hier darauf verzichtet, alle mehr oder weniger brauchbaren Ratschläge für jede denkbare Examenssituation zusammenzutragen, was ohnehin ein aussichtsloses Unterfangen wäre. Der vorliegende § 1 dient vielmehr lediglich der ersten Orientierung. Er gibt einen Überblick über die Anforderungen, die im öffentlich-rechtlichen Teil des Assessorexamens bestehen, und zeigt, wie diese Anforderungen bewältigt werden können.

II. Die Prüfungsaufgaben

1. Rechtsgrundlagen

Die Anforderungen im Assessorexamen ergeben sich aus den §§ 5 ff. DRiG und den jeweiligen landesrechtlichen Vorschriften.

Durch das Dritte Gesetz zur Änderung des Deutschen Richtergesetzes vom 25. 7. 1984 (BGBl. I S. 995) schien der „Kampf um die Juristenausbildung" zunächst einmal im Grundsätzlichen beendet. Angesichts der heftigen Kritik[1]) konnte aber von vornherein nicht mit einer endgültigen Befriedigung gerechnet werden. Positiv war jedenfalls die größere Regelungsdichte der bundesrechtlichen Vorgaben (§ 5 a V, § 5 b V, § 5 c II und § 5 d IV DRiG), auch wenn sie die wenig überzeugende Zusammenstellung der Wahlfachgruppen in manchen Bundesländern nicht verhindern konnten. Im Zuge der deutschen Einigung und insbesondere der Öffnung des europäischen Binnenmarktes auch für die juristischen Berufszweige gewann die Kritik an der ver-

---
1) Vgl. nur *Hart*, ZRP 1984, 25 ff.; *Haak*, ZRP 1984, 113 ff.; *Wassermann*, JuS 1984, 316 ff.; ferner *Thomas*, JuS 1984, 818 ff. sowie *Wassermann/Kirchner/Kröpil*, Das Recht der Juristenausbildung, 1988, S. 1 ff. m. w. N.

gleichsweise zeitaufwendigen deutschen Juristenausbildung wieder an Schlagkraft[2]). Mit Reformen ist daher immer zu rechnen, so daß jede Darstellung von Prüfungsanforderungen unter dem Vorbehalt steht, daß sie sehr rasch überholt sein kann. Ob sich – wie vielfach gefordert – die Orientierung der deutschen Juristenausbildung an der Arbeit des Richters ändern wird, erscheint jedoch zweifelhaft. Macht man den Anwalt zum Leitbild der Juristenausbildung, so würde das keineswegs zu einer Straffung der Juristenausbildung führen. Dessen ungeachtet wäre es auch kaum verständlich, wenn in einer Verfassungsordnung, die den Rechtsschutz so stark betont, wie die des Grundgesetzes, die Juristenausbildung nicht schwerpunktmäßig auf die Rechtsprechung (und den Grundsatz der Gesetzmäßigkeit der Verwaltung) fixiert wäre.

2. Arten der Prüfungsleistungen

3   Die im Assessorexamen geforderten Prüfungsleistungen sind zum Teil in den einzelnen Bundesländern unterschiedlich. Die Einzelheiten ergeben sich aus folgender Zusammenstellung.

---

[2]) Zur Juristenausbildung in der früheren DDR vgl. Stellungnahme des DDR-Juristentages von 1990, DtZ 1990, 78 und JuS Heft 9/1990, S. XV; zum aktuellen Stand der Reformdiskussion vgl. die Thematik des 58. DJT 1990: „Welche Maßnahmen empfehlen sich – auch im Hinblick auf den Wettbewerb zwischen Juristen aus den EG-Staaten – zur Verkürzung und Straffung der Juristenausbildung? Mit den Gutachten (Teil F) von *Hensen* und *Kramer* sowie Bericht von *Albers*, ZRP 1990, 449 ff. (452); ferner *Bilda*, JuS 1989, 681 ff.; *Caesar*, ZRP 1990, 346 f.; *Großfeld*, NJW 1989, 875 ff.; *ders.* RuP 1990, 80 ff.; *Hadding*, NJW 1990, 1873 ff.; *Hattenhauer*, JuS 1989, 513 ff.; *Helmrich*, DRiZ 1989, 31 ff.; *Hermanski*, DRiZ 1989, 149 ff.; *Herzberg*, JuS 1988, 239 ff., 749 ff.; *Kötz*, AnwBl. 1988, 320 ff.; *Martin*, JZ 1987, 83 ff.; *Millgram*, JurA 1987, 178 ff.; *W. Müller*, DRiZ 1990, 101 ff.; *Neuhaus*, JuS 1988, 747 ff.; *Paetow/Thöne/Pollähne*, Forum Recht Nr. 1/1990, S. 4 ff.; *Pieper*, ZRP 1989, 201 ff.; *Roelleke*, JuS 1990, 337 ff.; *Steiger*, ZRP 1989, 283 ff.; *v. Stralendorff*, JuS 1989, 943 ff.; *Volkert*, ZRP 1990, 46 ff.; *Vorbrugg*, AnwBl. 1989, 453 ff.; *Wassermann*, DRiZ 1990, 33 ff.; *ders.*, NJW 1990, 1877 ff.; *Weber*, JuS 1989, 681 ff.

Schaubild 1

Prüfungsleistungen in der zweiten juristischen Staatsprüfung unter besonderer Berücksichtigung des öffentlichen Rechts (vgl. auch JuS 1988, H.10, S. XI u. XVI).

Land	Schriftliche Prüfung	Mündliche Prüfung
BADEN-WÜRTTEMBERG[3]) JAPrO vom 9. 7. 1984 (GBl. S. 480); geändert durch VO vom 9. 12. 1985 (GBl. S. 582); VO vom 12. 10. 1987 (GBl. S. 497); VO vom 5. 11. 1990 (GBl. S. 349)	10 fünfstündige Aufsichtsarbeiten (praktische Aufgaben), davon 2 Pflichtklausuren gegen Ende des vierten Ausbildungsabschnitts aus dem Gebiet des öffentlichen Rechts, ferner Wahlklausuren gegen Ende des fünften Ausbildungsabschnitts aus dem Schwerpunktbereich des Kandidaten (§ 39 JAPrO). Öffentlich-rechtlich relevant ist der Schwerpunktbereich „Rechtliche Gestaltung", der auch das Bauplanungs- und Bauordnungsrecht, das Kommunalrecht sowie das Immissionsschutzrecht, Wasserrecht und Straßenrecht umfaßt. Den öffentlich-rechtlichen Prüfungsstoff in den Pflichtklausuren bildet der Pflichtstoff der ersten Staatsprüfung, jedoch das Verwaltungsprozeßrecht in vollem Umfang, ergänzt durch die Grundzüge des Rechts der Ordnungswidrigkeiten, des Ausländerrechts und des Gewerberechts sowie aus dem Umweltschutzrecht die Grundzüge des Naturschutzrechts, des Immissionsschutzrechts und des Wasserrechts.	Ein Aktenvortrag (Vorbereitungszeit: 1¾ Stunden) von höchstens 10 Minuten Dauer, soweit nicht eine längere Vortragsdauer zugestanden wird. An den Vortrag kann sich eine kurze Besprechung anschließen (§ 42 V S. 4 JAPrO). Andere Rechtsgebiete als der normale Prüfungsstoff dürfen beim Aktenvortrag stets zum Gegenstand der Prüfung gemacht werden (§ 40 III JAPrO). Die mündliche Prüfung umfaßt 4 Prüfungsabschnitte, davon einen im öffentlichen Recht (§ 42 II JAPrO).
BAYERN JAPO i. d. F. der Bek. vom 26. 11. 1985 (GVBl. S. 737; geändert durch VO vom 16. 12. 1987 (GVBl. S. 507); VO vom 1. 6. 1990 (GVBl. S. 192) = BayRS 2038–3–3–11–J)	12 fünfstündige Aufsichtsarbeiten, die vor allem praktische Fälle aus dem Rechtsleben zum Inhalt haben sollten, davon 4 mit dem Schwerpunkt aus dem Staats- und Verwaltungsrecht einschließlich Verfahrens- und Steuerrecht; eine davon hat Steuerrecht zu enthalten. Eine weiteres Aufgabe bezieht sich auf den vom Prüfungsteilnehmer gewählten Schwerpunktbereich. Im Schwerpunktbereich Verwaltung ist zusätzlicher Prüfungsstoff: Grundzüge bestimmter Gebiete der Verwaltungswissenschaft (§ 51 i. V. m. § 44 JAPO).	Mündliche Prüfung mit 4 Abschnitten, davon je einer im öffentl. Recht und im jeweils gewählten Schwerpunktbereich (§ 53 i. V. m. § 47 JAPO). Im öffentl. Recht erstreckt sich die Prüfung auf die Pflichtgebiete der ersten Staatsprüfung, darüber hinaus auf den Verwaltungsprozeß, die verfassungsgerichtl. Rechtsbehelfe, Baurecht, Recht der öffentl. Ersatzleistungen, Straßen- und Wegerecht, Grundzüge des Wasser-, Raumordnungs- und Landesplanungsrechts, Grundzüge des Sozialhilferechts, Grundfragen des öffentl. Dienstrechts, aus dem Steuerrecht: AO, EStG mit Bezügen zum Körperschaftsteuerrecht (§ 44 JAPO).
BERLIN[4]) JAG i. d. F. der Bek. vom 26. 11. 1984 (GVBl. S. 1684 = BRV 316–1); JAO vom 26. 11. 1984 (GVBl. S. 1688 = BRV 316–1–1)	8 fünfstündige Aufsichtsarbeiten, wovon sich 6 auf die Pflichtgebiete erstrecken (2 mit Schwerpunkt in der Verwaltung einschließlich der Verwaltungsprozeßrechts) und gegen Ende der Ausbildung bei der letzten Pflichtstation geschrieben werden. Zwei Aufsichtsarbeiten betreffen den gewählten Schwerpunktbereich (§ 12 JAG; § 36 JAO).	Ein Aktenvortrag (Vorbereitungszeit: eine Stunde vor Beginn der mündl. Prüfung) und mündliche Prüfung. Das Prüfungsgespräch erstreckt sich in vier Abschnitten auf die Pflichtgebiete und den (gesamten) Schwerpunktbereich (§ 12 II JAG; § 38 II JAO).

---

3) Vgl. *Kreuzer*, JuS 1985, 491 ff.; *Eggensperger/Hammel*, Die Juristenausbildung in Baden-Württemberg, 1986.
4) Vgl. *Herzig/Schach*, Juristenausbildung in Berlin, 2. Aufl., 1985; *Knuth*, JuS 1986, 322 ff.

§ 1 II 2 Anforderungen

Land	Schriftliche Prüfung	Mündliche Prüfung
BREMEN Gesetz zu der Übereinkunft... vom 20.6.1972 (GBl. S. 133) i. d. F. der Bek. vom 15.1.1987 (GBl. S. 7 = SaBremR 301−c−2) usw.	wie Hamburg	
HAMBURG Gesetz zu der Übereinkunft der Länder Freie Hansestadt Bremen, Freie Hansestadt Hamburg und Schleswig-Holstein über ein Gemeinsames Prüfungsamt und die Prüfungsordnung für die Große Juristische Staatsprüfung vom 26.6.1972 (GVBl. S. 119) sowie Gesetz zum Staatsvertrag zur Änderung der Übereinkunft... vom 16.12.1982 (GVBl. S. 383); Bek. v. 5.1.1983 (GVBl. S. 3); geändert am 16.12.1982 (GVBl. S. 383) − in Kraft getreten am 28.12.1982 (GVBl. 1983 S. 3) − sowie am 8.10.1986 (GVBl. S. 305) − in Kraft getreten am 30.12.1986 (GVBl. 1987 S. 3) = GV Hambg. 3011−3	*Eine häusliche Arbeit* (Bearbeitungszeit: 4 Wochen), Schwerpunkt öffentl. Recht kann gewählt werden. Hierbei ist auf Grund eines Aktenstücks ein Gutachten über die zu erlassende Entscheidung oder die zu treffende Entschließung abzugeben und die Entscheidung oder Entschließung zu entwerfen. Nach Wahl kann eine Aufgabe anderer Art zugeteilt werden, die auf Grund eines Aktenvorgangs insbes. die Analyse eines Gesetzes, einer Verwaltungsentscheidung oder eines Verwaltungsprojekts oder eine Untersuchung der praktischen Rechtsfortbildung zu bestimmten Einzelproblemen zum Gegenstand hat (§ 7). *4 fünfstündige Aufsichtsarbeiten*, davon eine aus dem Staats- oder Verwaltungsrecht. Die Aufgaben sollen nach Möglichkeit auch Fragen des Verfahrensrechts enthalten. Es ist die in der jeweiligen Verfahrenssituation erforderliche Entscheidung oder Entschließung zu entwerfen. Ist eine Begründung weder erforderlich noch üblich, sind die Gründe in einem Gutachten darzulegen (§ 8). Eine Aufsichtsarbeit kann durch eine *schriftliche Kurzarbeit* (Bearbeitungszeit: 1 Woche) ersetzt werden. In ihr ist anhand eines Aktenvorgangs die zu erlassende Entscheidung zu entwerfen und zu begründen. Die Arbeit ist dem Rechtsgebiet der Aufsichtsarbeit zu entnehmen, die sie ersetzt (§ 10).	*Ein Aktenvortrag* (Bearbeitungszeit: 3 Werktage) und *mündliche Prüfung*. Hierbei soll die Ausbildung in den Wahlstationen nach Möglichkeit berücksichtigt werden.
HESSEN[5] JAG i. d. F. vom 7.11.1985 (GVBl. I S. 212 = GVBl. II 322−67); geändert durch 4. JAG-ÄnderungsG v. 4.4.1990 (GVBl. I S. 81); JAO i. d. F. vom 30.1.1986 (GVBl. I S. 66 = GVBl. II 322−78)	*Eine Hausarbeit* (Bearbeitungszeit: 4 Wochen), die sich auf die jeweilige Ausbildung im Schwerpunktbereich bezieht und nach deren Beendigung zu fertigen ist (§ 45 I JAG; § 30 JAO). Möglich ist also auch eine öffentlich-rechtliche Hausarbeit. *5 fünfstündige Aufsichtsarbeiten*, von denen eine durch eine schriftliche Kurzarbeit (Bearbeitungszeit: 5 Tage) ersetzt werden kann. Eine Aufsichtsarbeit muß aus dem öffentl. Recht bearbeitet werden. Den Aufsichtsarbeiten sollen Rechtsfälle und Rechtsfragen nach Akten und Vorgängen der Rechtswirklichkeit zugrunde liegen (§ 44 JAG, §§ 27, 28 JAO).	*Ein Aktenvortrag* (Bearbeitungszeit: 3 Werktage), der unter Berücksichtigung des vom Rechtsreferendar gewählten Schwerpunktbereichs ausgewählt werden soll (§ 46 III JAG). *Mündliches Prüfungsgespräch* (§ 46 JAG, § 32 JAO).

---

[5] Vgl. *Derwort*, JuS 1986, 495 ff.

Land	Schriftliche Prüfung	Mündliche Prüfung
NIEDERSACHSEN[6]) NJAO vom 24. 7. 1985 (GVBl. S. 215)	*6 fünfstündige Aufsichtsarbeiten*, davon 5 Aufsichtsarbeiten gegen Ende der Ausbildung in den Pflichtstationen, eine Aufsichtsarbeit gegen Ende der Ausbildung im Schwerpunktbereich. Zwei Aufsichtsarbeiten sind aus dem Bereich öffentliches Recht anzufertigen. In der Arbeit, die sich auf den Schwerpunktbereich „Staats- und Verwaltungsrecht" bezieht, sind verwaltungsgerichtliche Aufgaben zu behandeln. Eine Aufsichtsarbeit, die gegen Ende des fünften Ausbildungsabschnitts geschrieben wird, gilt als öffentlich-rechtliche Arbeit, wenn sie sich auf die Bereiche Sozialrecht oder Finanz- und Steuerrecht bezieht (§ 45 JAO). *Eine häusliche Arbeit* (Bearbeitungszeit: 4 Wochen) unmittelbar nach Abschluß des Vorbereitungsdienstes. Die Aufgabe ist dem Gegenstandsbereich des ersten Ausbildungsabschnitts zu entnehmen. Der Referendar kann beantragen, daß die Aufgabe aus dem Gegenstandsbereich eines anderen Ausbildungsabschnitts entnommen wird, wobei dem Antrag zu entsprechen ist, wenn geeignete Prüfungsaufgaben zur Verfügung stehen. Wird dem Referendar eine verwaltungsfachliche Aufgabe zugeteilt, so hat er auf Grund eines Aktenstücks einen Verwaltungsvorgang darzustellen und zu begutachten sowie die Entscheidung oder sonstige Maßnahme zu entwerfen, die die Verwaltungsbehörde zu treffen hat; z. B. Bescheid, Plan, Rechts- oder Verwaltungsvorschrift (§ 47 JAO).	*Ein Aktenvortrag* (Vorbereitungszeit: 3 Werktage) und *Prüfungsgespräch* mit 4 Abschnitten, davon einer aus dem Bereich der allgemeinen Verwaltung (§ 70 JAO). Das Prüfungsgespräch soll möglichst von den jeweils typischen Berufssituationen ausgehen.
NORDRHEIN-WESTFALEN[7]) JAG vom 16. 7. 1985 (GV NW, S. 522 = SGV NW 315); JAO vom 16. 7. 1985 (GV NW, S. 528 = SGV NW 319)	*4 fünfstündige Aufsichtsarbeiten*, die im Lauf des 24. Ausbildungsmonats anzufertigen sind, davon eine aus dem Tätigkeitsbereich einer Verwaltungsbehörde oder eines Gerichts der allgem. Verwaltungsgerichtsbarkeit. Dabei ist eine Entscheidung, Verfügung oder sonstige schriftl. Äußerung der nach der Aufgabe mit der Sache befaßten Stelle oder Person zu entwerfen. Soweit eine Begründung weder erforderlich noch üblich ist, sind die Gründe in einem Gutachten oder Vermerk darzulegen (§ 35 JAG). *Eine praktische häusliche Arbeit* (Bearbeitungszeit: 4 Wochen), die sich vornehmlich auf das vom Referendar gewählte Schwerpunktgebiet bezieht (§ 36 JAG). Hierbei ist anhand einer der Praxis entnommenen Aufgabe ein Gutachten über die abschließende Sachbehandlung der mit der Aufgabe befaßten Stelle zu erstatten und die zu treffende Entscheidung, Verfügung oder sonstige schriftliche Äußerung zu entwerfen (§ 29 II S. 2 JAG).	*Ein Aktenvortrag* (Vorbereitungszeit: eine Stunde). Die Akten für den Vortrag sind aus der ordentl. Gerichtsbarkeit, dem Tätigkeitsbereich einer Staatsanwaltschaft, der Arbeitsgerichtsbarkeit, der Verwaltungsgerichtsbarkeit oder der praktischen Verwaltung zu nehmen und dem Prüfling am Prüfungstag zu übergeben (§ 37 I JAO). *Prüfungsgespräch* anhand praktischer Aufgaben aus Rechtsprechung, Verwaltung und Rechtsberatung. Es erstreckt sich im öffentl. Recht auf die Pflichtfächer der ersten Staatsprüfung, darüber hinaus auf den Verwaltungsprozeß sowie die Grundzüge des Straßenrechts und öffentl. Dienstrechts (§ 30 JAG).

---

6) Vgl. *Kröpil*, JuS 1986, 163 ff.; AV d. MJ u. MI v. 24. 7. 1985, NdsRpfl. 1985, 196.
7) *Tettinger*, JuS 1986, 497 ff.; *Rehborn/Schäfer/Tettinger*, Die Juristenausbildung in Nordrhein-Westfalen, 1986.

§ 1 II 3 *Anforderungen*

Land	Schriftliche Prüfung	Mündliche Prüfung
RHEINLAND-PFALZ[8]) JAG vom 15. 7. 1970 (GVBl. S. 229), zuletzt geändert durch 3. JAG-ÄnderungsG vom 12. 10 1989 (GVBl. S. 217) = BS RhPf 315–1; JAPO vom 16. 10. 1985 (GVBl. S. 227), zuletzt geändert durch 3. JAPO-ÄnderungsVO vom 7. 3. 1990 (GVBl. S. 97)	*8 fünfstündige Aufsichtsarbeiten*, von denen sich 6 auf die Ausbildung bei den Pflichtstationen und zwei auf die Ausbildung bei den Wahlstationen beziehen. Gegenstand der Arbeiten sind praktische Fälle in Aktenform. Von den Pflichtaufgaben betreffen 3 den Tätigkeitsbereich der öffentlichen Verwaltung und der Gerichte der allgemeinen Verwaltungsgerichtsbarkeit. Im Schwerpunktbereich III werden 2 Aufgaben aus dem Tätigkeitsbereich der öffentlichen Verwaltung oder der Gerichte der allgemeinen Verwaltungsgerichtsbarkeit in Angelegenheiten des Haushaltsrechts und des öffentlichen Finanzwesens, der Verwaltungsorganisation, des Straßen- und Wasserrechts sowie des Umweltschutzrechts entnommen (§ 17 JAG; 62 JAPO).	*Ein Aktenvortrag* (Ausgabe am Morgen des Tages der mündlichen Prüfung; Vorbereitungszeit etwa 1½ Stunden). Die Akten betreffen ein Rechtsgebiet, das Gegenstand der Ausbildung bei den Pflichtstationen oder den Wahlstationen war (§ 17 III JAG; § 51 III JAPO) und *mündliche Prüfung* (§ 17 III JAG; § 51 JAPO). Die praxisnah zu gestaltende Prüfung erstreckt sich auf die Pflichtfächer der ersten Staatsprüfung unter Berücksichtigung der im Vorbereitungsdienst vermittelten Ergänzung und Vertiefung: das Prozeßrecht, Verwaltungsverfahrens- und allgemeine Datenschutzrecht, Raumordnungs-, Landesplanungs- und Baurecht sowie Beamtenrecht; ferner auf die Gegenstände des Schwerpunktbereichs § 65 II i. V. m. § 62 I JAPO.
SAARLAND JAG vom 6. 7. 1988 (Amtsbl. S. 865), geändert durch Gesetz vom 8. 3. 1989 (Amtsbl. S. 609) = BS Saar 301–4; JAO vom 3. 10. 1988 (Amtsbl. S. 958) = BS Saar 301–4–1	*8 fünfstündige Aufsichtsarbeiten*, davon 2 aus dem Staats- oder Verwaltungsrecht (2 Wahlklausuren, Schwerpunkt: Staat und Verwaltung). Hierbei sind Rechtsfälle nach Akten zu behandeln. Sie sollen nach Möglichkeit auch Fragen des Verfahrensrechts enthalten. Es ist die Entscheidung oder Verfügung zu entwerfen, die die entscheidende Behörde zu treffen hätte. Ist eine Begründung weder erforderlich noch üblich, sind die Gründe in einem Gutachten darzulegen (§ 33 JAPO).	*Ein Aktenvortrag* (Bearbeitungszeit: 3 Werktage), der nicht länger als 15 Minuten dauern soll, und *mündliche Prüfung*, bei der nach Möglichkeit die vom Referendar gewählte Pflichtwahlstelle berücksichtigt werden soll; § 36 JAPO. Die mündliche Prüfung erstreckt sich u. a. auf Rechtsfälle aus dem Staats- und Verwaltungsrecht, auf den Verwaltungsprozeß, auf bestimmte Gebiete des besonderen Verwaltungsrechts: das Straßen- und Wegerecht, das Baurecht, das öffentl. Dienstrecht; § 36 i. V. m. § 33 JAO; § 27 JAG.
SCHLESWIG-HOLSTEIN[9]) Gesetz zu der Übereinkunft ... vom 26. 7. 1972 (GVOBl. S. 134) i. d. F. der Bek. vom 16. 1. 1987 (GVOBl. S. 46)	wie Hamburg	

3. Inhalt der Prüfungsleistungen

5   Gegenstand der Klausuren, Hausarbeiten und Aktenvorträge sind in aller Regel die Leistungen, die herkömmlicherweise von einem Juristen erwartet werden, d. h., es sind ein Rechtsgutachten, eine rechtliche Entscheidung – ein Urteil oder eine sonstige Entscheidung des Gerichts oder der Verwaltung – und ein Sachbericht anzufertigen. Gestalterische Arbeiten wie Vertragsentwürfe oder die Formulierungen von Vorschriften sind ebenso selten wie

---

8) Vgl. *Müller,* JuS 1986, 412 ff.
9) Zur Neuordnung der Juristenausbildung in Schleswig-Holstein *Schoch,* JuS 1986, 746 ff.

allgemeine Themen und zumeist auf Hausarbeiten beschränkt[10]). Methodisch gelten für sie — jedenfalls im Examen — keine Besonderheiten. Ausgangspunkt ist auch hier die Erörterung der Rechtslage. In Klausuren wird aus Zeitgründen normalerweise entweder ein Gutachten oder eine Entscheidung verlangt, in Hausarbeiten beides. Ein einzelner Sachbericht ohne rechtliche Würdigung dürfte nie vorkommen. Der Sachbericht spielt vor allem beim Aktenvortrag eine Rolle.

a) Gutachten

Das Gutachten dient der Vorbereitung einer Entscheidung. Deshalb müssen *alle* Gesichtspunkte erörtert werden, die für die Entscheidung erheblich sein könnten. Der Gutachtenstil wird bereits im juristischen Studium eingeübt und muß im Referendarexamen beherrscht werden. Für das Assessorexamen gilt nichts Besonderes, zumal der im Verwaltungsprozeß gültige Untersuchungsgrundsatz eine Schlüssigkeitsprüfung im Rahmen der Begründetheitsprüfung ausschließt. Der Gutachtenstil darf jedoch nicht zum Selbstzweck werden. Gerade im Assessorexamen kommt es auf die Fähigkeit an, Wesentliches vom Unwesentlichen zu trennen.

6

Weitschweifigkeiten, z. B. bei der Zulässigkeitsprüfung eines Rechtsbehelfs, sind daher nicht nur überflüssig, sondern schlicht falsch. Außerdem gehen sie zu Lasten des ohnehin knappen Zeithaushalts. Die „Checklisten" für die Zulässigkeitsprüfung (Schaubilder 9 und 14) verstehen sich daher lediglich als Gedächtnisstütze und dürfen nicht als Aufforderung mißverstanden werden, nun auch alle Gliederungspunkte gutachtlich zu erörtern. In Klausur, Hausarbeit oder Aktenvortrag dürfen vielmehr *nur* die Zulässigkeitsfragen erörtert werden, deren Vorliegen nach dem unterbreiteten Sachverhalt *ernstlich zweifelhaft* sein kann.

7

Nebensächliches muß daher nicht im Gutachtenstil abgehandelt werden. Beispielsweise ist bei der Versagung einer Gaststättenerlaubnis nach § 5 GaststättenG die Prüfung überflüssig, ob es sich hierbei um einen VA handelt; es genügt der Hinweis, daß ein VA vorliegt. Im Interesse der Zeitersparnis darf zwischen Gutachten- und Urteilsstil variiert werden. Anders als das im Studium eingeübte Gutachten endet das in der Referendarausbildung anzufertigende Gutachten mit einem formulierten Entscheidungsvorschlag, der sich regelmäßig mit dem Tenor der Entscheidung auf der Grundlage des Gutachtens deckt. Das Verbot der Aufbauhinweise im Gutachten wird zunehmend großzügiger gehandhabt, sollte aber nach Möglichkeit beachtet werden.

8

---

10) Sollten einmal in einer Hausarbeit der Entwurf eines Gesetzes, einer Verordnung oder Satzung verlang werden, können die Schriften von *H. Müller*, Handbuch der Gesetzgebungstechnik, 2. Aufl., 1968 und *Linhardt*, S. 449 ff. gute Dienste leisten. Vgl. auch *H. Schneider*, Gesetzgebung, 1982.

9　*Hilfsgutachten* sind nützlicher, als gemeinhin angenommen wird. Lediglich der Mißbrauch eines Hilfsgutachtens (etwa um Formulierungsschwierigkeiten bei der Entscheidung zu umgehen) wird nachteilig bewertet.

b) Entscheidung

10　Eine Entscheidung bedarf nur der Begründung. Die gedankliche Vorbereitung muß bereits abgeschlossen sein, wenn die Entscheidung niedergeschrieben oder mündlich dargstellt wird. Vorüberlegungen, die die Entscheidungen nicht unmittelbar tragen, haben in der Entscheidung nichts zu suchen. Dem entspricht der Entscheidungs- oder Urteilsstil, der von der zivil- und strafrechtlichen Referendarausbildung bekannt ist. Wie man eine Verwaltungsentscheidung oder die Entscheidung eines Verwaltungsgerichts aufbaut, wird noch ausführlich behandelt werden.

c) Sachbericht

11　Der Sachbericht ist vornehmlich für den Aktenvortrag bedeutsam, kann aber auch einmal zusammen mit einem gutachtlichen Vermerk gefordert werden. Er entspricht weitgehend dem Tatbestand einer Entscheidung[11]. Besonderheiten ergeben sich aus der mündlichen Darstellungsweise, auf die im Zusammenhang mit den Ausführungen zum Aktenvortrag eingegangen wird.

III. Die einzelnen Prüfungsleistungen

12　Einzelne Prüfungsämter geben Richtlinien, Weisungen oder sonstige Arbeitsunterlagen für die Klausuren, Hausarbeiten oder Aktenvorträge aus.

Wo das nicht der Fall ist, können die in den Vorauflagen exemplarisch abgedruckten Weisungen zumindest als Leitlinien verwendet werden.

13　Ferner kommt gerade bei den vielfältigen Leistungen, die im öffentlichen Recht verlangt werden können, dem sog. *Bearbeitungsvermerk*, der bisweilen zusammen mit der Prüfungsaufgabe ausgehändigt wird, besondere Bedeutung zu. Er muß von Anfang an sorgfältig studiert werden; denn von ihm hängen das weitere Vorgehen und die Zeiteinteilung ab.

---

[11] Hierzu unten § 20 Rdnr. 8 ff.

1. Klausur

Bei der Klausur kommt es darauf an, die gestellte Aufgabe — und nur diese! — innerhalb der vorgeschriebenen Zeit mit den zugelassenen Hilfsmitteln zu bewältigen.

Von zentraler Bedeutung ist die *Arbeit mit dem Aufgabentext*[12]. Hier werden immer wieder Fehler gemacht, die unnötig und deswegen besonders ärgerlich sind. Wenn Ihnen der Aufgabentext ausgehändigt wurde, müssen Sie sofort nachprüfen, was überhaupt verlangt ist. Das beste Urteil nützt Ihnen nichts, wenn ein Gutachten gefordert war; und die originellsten Gedanken schaden Ihnen nur, wenn sie mit der Aufgabenstellung nichts zu tun haben.

Daran anschließend machen Sie sich daran, den Sachverhalt zu erfassen. Die Anträge und Forderungen der Beteiligten und die behördlichen (z. B. der angegriffene VA) oder gerichtlichen Entscheidungsformeln (z. B. ein Beweisbeschluß) zeigen Ihnen, worauf es ankommt. Sie werden daher zweckmäßig im Aufgabentext (z. B. durch Großbuchstaben am Rand) besonders kenntlich gemacht. In den meisten Fällen ist die Anfertigung einer *Zeittabelle* nützlich. Trotz gegenteiliger Aussagen in der Ausbildungsliteratur dürfen die *Rechtsansichten der Beteiligten* nicht zu gering veranschlagt werden. Kein Prüfer belastet seinen Aufgabentext mit Überflüssigem. Auch falsche Rechtsansichten der Beteiligten deuten an, welche Rechtsfragen behandelt werden sollen. Darüber hinaus finden sich häufig zu einem Problem widersprechende Rechtsausführungen der Beteiligten. Hier ist es ratsam, die Ausführungen stichwortartig gegenüberzustellen. Wenn Sie bei der Lösung der Aufgabe unter Zeitdruck stehen, dann können Sie sich diejenigen Ausführungen herausgreifen, denen Sie zuneigen. Zumindest sollten Sie wichtige Gesichtspunkte am Rand des Aufgabentextes beziffern, damit Sie sie nicht in der Hitze des Gefechts aus den Augen verlieren. Auf diese Weise ist außerdem gewährleistet, daß Sie eine wichtige Rechtsfrage nicht übersehen haben.

Der schlimmste Fehler beim Erfassen des Sachverhalts ist die sog. „Sachverhaltsquetsche". Versuchen Sie nie, den Sachverhalt so zurechtzubiegen, daß Sie ihn lösen können wie einen Ihnen bekannten „ähnlichen" Fall. Alles, was Sie auf diese Weise erreichen, ist nämlich die Lösung des ähnlichen Falles, nicht aber der Ihnen gestellten Aufgabe.

Sobald Sie den Sachverhalt vollständig erfaßt haben, kontrollieren Sie noch einmal die Aufgabenstellung. Jetzt ist es Ihnen möglich, die Ziele der Beteiligten zu überschauen. Jetzt können Sie auch erwägen, ob eine Umdeutung von Anträgen, die Ausübung des richterlichen Fragerechts, die Zulassung einer Klageänderung in Betracht kommen.

---

12) Hierzu *Tettinger*, JuS 1982, 272 ff., 357 ff.

19 Mit der Bewältigung der Ihnen gestellten Aufgabe sollen Sie nicht nur unter Beweis stellen, daß Sie die konkrete Aufgabe lösen können, sondern generell Ihre juristischen Fähigkeiten zum Ausdruck bringen. Daher genügt es nicht, daß Sie das vom Prüfer für richtig gehaltene Ergebnis gefunden haben. Vielmehr haben Sie eine der Aufgabenstellung gerecht werdende Entscheidung zu treffen und diese in vertretbarer Weise und in der gebotenen Form zu begründen. Maßgeblich ist die Art und Weise, wie Sie zu der Entscheidung gelangt sind. Durch Ihr Vorgehen zeigen Sie an, ob Sie auch andere Aufgaben in den Griff bekommen. Deshalb spielt ein folgerichtiger Aufbau bei der Bewertung Ihrer Arbeit nicht von ungefähr eine große Rolle.

Die einzig richtige Lösung gibt es selten. Ihre Lösung muß daher nur vertretbar sein[13]). Allerdings wird von Ihnen erwartet, daß Sie sich mit den im Aufgabentext angesprochenen Zweifelsfragen auseinandersetzen. Diese Fragen sind in aller Regel entscheidungserheblich. Wenn für Ihre Entscheidung die meisten Angaben im Aufgabentext irrelevant sind, sollten Sie Ihr Ergebnis noch einmal kritisch überprüfen. Bei Ihrer Lösung bleiben Sie sinnvollerweise nur, wenn Sie sich Ihrer Sache sicher sind. Ein Zeichen von Unsicherheit ist es, wenn Sie die Angaben des Sachverhalts durch die Hintertür einschmuggeln, obwohl hierzu von Ihrem Standpunkt aus kein Anlaß besteht. Mangelnde Folgerichtigkeit mindert den Wert Ihrer Arbeit. Die Floskel „es kann dahingestellt bleiben, ob die Streitfrage X so oder so zu lösen ist", nützt Ihnen selten etwas; sie schadet, wenn Sie die Streitfrage im Ergebnis doch lösen.

Mit Fallstricken brauchen Sie nicht zu rechnen. Eine Aufgabe, die Ihnen reichlich einfach vorkommt, ist kein Grund zum Mißtrauen. Lesen Sie sie aber zur Sicherheit noch einmal daraufhin durch, ob Sie nicht wesentliche Gesichtspunkte übersehen haben. Bei Aufgaben, die Ihnen besonders schwer erscheinen, sollten Sie überlegen, was für Entscheidungen für das Begehren der Beteiligten überhaupt in Betracht kommen. Danach prüfen Sie in aller Ruhe, ob die Schwierigkeiten, die den Weg zu einer dieser Entscheidungen versperren, wirklich unvermeidbar sind.

20 Die Begründung Ihrer Entscheidung bildet den Schwerpunkt Ihrer Aufgabe. Üblicherweise wird von Ihnen eine *eigene Begründung* erwartet. Das bedeutet lediglich, daß der Hinweis auf fremde Begründungen allein („herrschende Lehre", „Rechtsprechung des Bundesverwaltungsgerichts") die eigene Begründung nicht ersetzen kann. Wenn Ihnen die fremde Begründung geläufig ist, dürfen Sie sie natürlich verwenden. Es bringt immer Punkte ein, wenn Sie die Argumente der höchstrichterlichen Rechtsprechungen, auf die es in der Ihnen gestellten Aufgabe ankommt, knapp und möglichst genau wiedergeben kön-

---

13) Vgl. *Ronellenfitsch/Schlink-Arnold*, Rdnr. 46. Zur Relationstechnik *Puhle*, JuS 1987, 41 ff.; *Siegburg*, Einführung in die Urteils- und Relationstechnik, 4. Aufl. 1989.

nen. Hier ist es selten angebracht, krampfhaft nach einer eigenen Ansicht zu suchen. Ganz allgemein sollten Sie sich immer um eine verständige Begründung bemühen. Eine eigenständige Begründung wird immer zu Ihren Gunsten ausschlagen; bei einer eigenwilligen Begründung ist es nicht ausgeschlossen, daß Sie Ihre Prüfer verärgern.

Die Bedeutung des *folgerichtigen Aufbaus* wurde bereits hervorgehoben. Aufbaufehler können mit geringem intellektuellem Aufwand festgestellt werden und sind deswegen besonders gefährlich. Der Aufbau der Gedankenführung richtet sich nach der Art der Aufgabe. Die prozessualen Aufbaugesichtspunkte sind lernbar und werden in der Folge ausführlich behandelt. 21

Achten Sie streng darauf, daß Sie Ihre Lösung in der richtigen *Form* darstellen. Daß die äußere Gestalt Ihrer Arbeit und Ihre Ausdrucksweise ansprechend sein sollten, ist selbstverständlich. Noch wichtiger ist, daß die Form Ihrer Lösung der geforderten Examensleistung entspricht. Ein Urteil darf eben nur im Urteilsstil abgefaßt werden, und ein Gutachten muß letztlich als Gutachten erkennbar sein. 22

In der Theorie klingt vieles schwieriger, als es in der Wirklichkeit ist. Wer klar denkt, wird in aller Regel einen guten Aufbau und eine passable Begründung zustande bringen. Das vertretbare Ergebnis stellt sich dann fast automatisch ein. Die examensrelevanten Förmlichkeiten öffentlich-rechtlicher Entscheidungen sind erlernbar, so daß Sie im Examen nur noch mit dem *Zeitproblem* zu kämpfen haben. Auf das Zeitproblem können Sie sich psychisch vorbereiten. Ihre Klausurentechnik sollten Sie vor dem Examen erprobt haben, damit Sie sich im Examen einigermaßen sicher fühlen. Im übrigen müssen Sie mit dem unbedingten Willen ins Examen gehen, etwas zu Papier zu bringen und abzugeben. Trödeln Sie nicht herum, bringen Sie Ihre Unterlagen nicht in Unordnung, denken Sie nicht mehr an bereits geschriebene Klausuren und lassen Sie sich nicht von Kollegen verrückt machen. Wann Sie mit der Reinschrift beginnen, bleibt Ihnen überlassen. Als Faustregel gilt, daß ⅔ der Zeit für die Reinschrift benötigt werden. Vielleicht erinnern Sie sich noch an die Fehler bei der Zeiteinteilung, die Ihnen im Referendarexamen unterlaufen sind. Es ist bereits ein Gewinn, wenn Sie diese Fehler nicht wiederholen. 23

2. Hausarbeit

Hausarbeiten aus dem Gebiet des öffentlichen Rechts oder des Zivilrechts unterscheiden sich grundlegend. Soweit in Ihrem Bundesland keine speziellen Richtlinien oder Weisungen für die öffentlich-rechtliche Hausarbeit bestehen, können Sie auf etwaige Bestimmungen für die zivilrechtliche Hausarbeit zurückgreifen. Die Vielfalt der im öffentlichen Recht möglichen Fallkonstella- 24 tionen verbietet es allerdings, allgemeinverbindliche Lösungsschemata zu entwerfen. In diesem Zusammenhang ist noch einmal daran zu erinnern, daß Sie sich unbedingt an den Bearbeitungsvermerk halten müssen. Gewöhnlich werden Ihnen im Examen Akten ausgehändigt, auf deren Grundlage ein Gutachten und eine Entscheidung anzufertigen sind. Da Sie in Ihrer Referendarausbildung gelernt haben, wie man mit Akten umgeht, dürfte Ihnen die Arbeitstechnik insoweit geläufig sein. Sobald Sie den Sachverhalt – zweckmäßigerweise in Form eines vorläufigen Tatbestands – herausgearbeitet haben, sollten Sie das Gutachten klausurmäßig erstellen. Maßgeblich sind regelmäßig der Akteninhalt nach seinem letzten Stand und das zur Zeit Ihrer Entscheidung geltende Recht. Wenn Sie gleich beim ersten Anlauf Kommentare zu Rate ziehen und nach Parallelfällen in der Rechtsprechung suchen, besteht die Gefahr, daß Sie Ihren Fall auf ein Nebengleis schieben. Unerläßlich ist es dagegen, von vornherein die einschlägigen Vorschriften aufzuspüren und durchzuprüfen. Das macht gerade bei einer öffentlich-rechtlichen Hausarbeit nicht selten Schwierigkeiten. Infolge des sog. Normenhungers der Verwaltung ist die Flut an Rechtsnormen und Verwaltungsvorschriften so groß, daß Sie sich nie darauf verlassen können, daß die von Ihnen benutzte Vorschriftensammlung auf dem neuesten Stand ist. Greifen Sie daher zu den neuesten Inhaltsverzeichnissen der Gesetz- und Verordnungsblätter und schauen Sie die laufenden Gesetz- und Verordnungsblätter durch[14]).

25 Der nächste Schritt nach der Lösung der Aufgabe ist die Prüfung, ob die von Ihnen gefundene Lösung im Einklang mit der einschlägigen Rechtsprechung und Literatur steht. Wie Sie am zweckmäßigsten vorgehen, ist bei *Vogel* eingehend beschrieben[15]). Bei der Auswertung der Fundstellen können Sie nie gründlich genug sein. Notieren Sie sich etwaige Zitate von vornherein genau. Bei Entscheidungen merken Sie sich Datum und Aktenzeichen, damit Sie nicht die gleiche Entscheidung nach verschiedenen Fundstellen mehrfach durcharbeiten. Neben dem Gutachten ist normalerweise der Entwurf einer Entscheidung der Verwaltung oder des Verwaltungsgerichts anzufertigen. Das bringt eine Gefahr mit sich, der häufig auch gute Kandidaten erliegen: Wer sein Gutachten sorgfältig ausgearbeitet hat, ist naturgemäß wenig geneigt, sich mit denselben Fragen noch einmal auseinanderzusetzen. Aber gerade das wird von Ihnen verlangt. Der Verwaltungsbescheid, ein gerichtliches Urteil oder ein Beschluß werden allgemein höher bewertet als das Gutachten, weil Sie im Assessorexamen Ihre praktische Befähigung nachweisen sollen. Das beste Gutachten gleicht daher eine oberflächliche Entscheidung nicht aus.

---

14) Empfehlenswert ist namentlich der Gebrauch der Bereinigten Sammlungen des Landesrechts (z. B. BS Rh.-Pf., BS Saar, SGV NW) sowie des Fundstellennachweises A zum BGBl.; vgl. auch *Ronellenfitsch/Schlink-Arnold*, Rdrn. 169 ff.
15) *Vogel*, S. 5 ff.

Die Niederschrift Ihrer Arbeit sollte nicht auf die lange Bank geschoben werden. Andernfalls wird die nachteilige Neigung bestärkt, kopflastig zu arbeiten.

Wenn Sie an sich einen ausgeprägten Hang zu dogmatisierender Arbeit festgestellt haben, dürfte es examenstaktisch ratsam sein, mit der Niederschrift der Entscheidung bereits nach der stichwortartigen Ausarbeitung des Gutachtens zu beginnen.

3. Aktenvortrag

Der öffentlich-rechtliche Aktenvortrag ist an Hand eines praktischen Beispiels eingehend behandelt bei *Wachenhausen*, JuS 1973, 165 ff.   26

Der Aktenvortrag ist eine Kombination von Tatbestand, Gutachten und Entscheidung, deren Eigenart aus der Art der Darstellung folgt. Wichtig ist vor allem, daß Sie sich an die vorgeschriebene Zeit halten und sich Ihren Zuhörern verständlich machen.

Der Aktenvortrag ist in *freier Rede* zu halten. Erkundigen Sie sich, in   27
welchem Umfang im Bereich Ihres Prüfungsamts Notizen zur Gedächtnisstütze gestattet sind. Skizzen und im Prüfungstermin nicht zugängliche Vorschriften dürfen Sie vervielfältigen und dem Kollegium zum besseren Verständnis Ihres Vortrags aushändigen.

Beim Aktenvortrag kommt es vor allem darauf an, ohne dreiste Gags die   28
Aufmerksamkeit der Zuhörer zu wecken und aufrechtzuerhalten.

Der Aktenvortrag beginnt, indem Sie Ihre Zuhörer mit den Beteiligten des   29
von Ihnen zu behandelnden Falls vertraut machen und verdeutlichen, worum es überhaupt geht. Danach leiten Sie in wenigen Worten zum *Sachbericht* (Sachverhalt) über, der einem komprimierten Tatbestand entspricht.

Beachten Sie bitte: Abweichungen von der prozessualen Streitstanddarstellung (vgl. unten § 20 Rdnr. 9) ergeben sich, wenn Gegenstand des Aktenvortrags ein *Widerspruchsverfahren* ist. Das Widerspruchsverfahren ist der Sache nach kein kontradiktorisches Streitverfahren zwischen WF und Ausgangsbehörde, das von der Widerspruchsbehörde als neutralem Dritten zu entscheiden wäre, sondern ein Verwaltungsverfahren besonderer Art (vgl. unten § 24 Rdnr. 4) zwischen WF und Widerspruchsbehörde, die diesem gegenüber die Einheit der Verwaltung verkörpert und deshalb „in eigener Sache" entscheidet[16]). Die Ausgangsbehörde ist deshalb weder Antragsgegner i. S. des § 13 I Nr. 1 VwVfG noch Antragsteller im Widerspruchsverfahren, sondern als *Abhilfebehörde* (§ 72 VwGO) selbst Herrin über das Widerspruchsverfahren (z. T. ausschließlich, z. T konkurrierend; vgl. unten § 25). Sie hat deshalb keine Anträge bei der Widerspruchsbehörde zu stellen, sondern über die Abhilfe zu entscheiden und

---

16) Vgl. unten §§ 25 Rdnr. 11; 33 Rdnr. 1; 41 Rdnr. 6, BVerwG v. 23. 2. 1982, BayVBl. 1982, 473 (474); *RÖ*, § 71, 1; *Meyer/Borgs*, § 13, 5.

bei Verweigerung die Akten mit einer Stellungnahme vorzulegen. Korrekterweise ist dies als *Teil der Verfahrensgeschichte* (nach dem Antrag des WF) zu behandeln und deshalb im Perfekt zu berichten. Die Praxis der Widerspruchsbehörden verfährt z. T. anders, indem sie die Reaktion der Abhilfebehörde in Form eines Antrags, den Widerspruch zurückzuweisen, berichtet und auch den Widerspruchsbescheid in Beschlußform abfaßt (dazu unten § 41 Rdnr. 6 und § 50 Rdnr. 3 f.) und hierbei die Ausgangsbehörde als Widerspruchsgegnerin bezeichnet. Dies beruht auf einer unbedachten Analogie zur Prozeßpraxis, die der Sache nach nicht haltbar ist. Wenn man überhaupt eine prozeßrechtliche Analogie für statthaft hält, entspricht die Reaktion der Abhilfebehörde der des VG bei der Abhilfeentscheidung über eine Beschwerde (§ 148 I VwGO), die auch in der Prozeßpraxis, wenn sie im „Tatbestand" überhaupt berichtet wird, als Teil der Verfahrensgeschichte behandelt wird. Am häufigsten findet sich die oben beanstandete Praxis bei den Rechtsausschüssen in Rheinland-Pfalz und dem Saarland, da hier das Institut der mündlichen Verhandlung die Prozeßanalogie geradezu aufdrängt. Gleichwohl gilt auch hier nichts anderes, da die mündliche Verhandlung der Sache nach nichts anderes ist als eine mündliche Erörterung der Widerspruchssache mit den Beteiligten. Unter verwaltungspraktischen Gesichtspunkten läßt sich zur Rechtfertigung dieser Darstellungsform immerhin anführen, daß sie zur Verstärkung der Befriedigungs- und Entlastungsfunktion der Rechtsausschüsse beitragen kann, weil sie möglicherweise beim WF ein erhöhtes Vertrauen in die Richtigkeit einer sich gerichtsähnlich gebenden Entscheidung erweckt. Trotz dieser Bedenken sollen Sie im Examen nicht versuchen, die Prüfer von der Unhaltbarkeit einer eingefahrenen Verfahrenspraxis zu überzeugen. Verschaffen Sie sich deshalb Gewißheit über die in Ihrem Bundesland übliche Praxis. Läßt sich eine einheitliche Übung nicht feststellen, empfehlen wir Ihnen den oben dargestellten Aufbau des Streitstandberichtes.

30 Dem Sachbericht folgt ein schlagwortartig formulierter *Vorschlag* zur Hauptsache. Den Hauptteil des Aktenvortrags sollte nunmehr die *Begründung* des Vorschlags ausmachen. Häufig wird für diese Begründung der Gutachtenstil gefordert. Zeitsparender und daher zweckmäßiger ist es im Regelfall jedoch, wenn Sie sich an den Entscheidungsstil halten und nur die wesentlichen Zweifelsfragen in Form eines Gutachtens abhandeln. Ein vernünftiger Prüfer weiß, daß Sie unter Zeitdruck stehen, und wird Ihnen dieses Vorgehen nicht anlasten. Den Schluß des Aktenvortrags bildet ein wörtlicher Entscheidungsvorschlag (Tenor), der die Entscheidung zur Hauptsache und außerdem die zu treffenden Nebenentscheidungen enthalten muß. Die Nebenentscheidungen sind vor dem Vortrag des Tenors kurz zu begründen.

31 Eine der Hauptschwierigkeiten beim Aktenvortrag ist der erwähnte *Zeitfaktor*. Bereiten Sie sich auf den Aktenvortrag – notfalls mit Hilfe einer Stoppuhr – so vor, daß Sie die vorgeschriebene Zeit unter allen Umständen einhalten. Wenn Sie es beim besten Willen für unmöglich halten, mit dem Zeitrahmen auszukommen, müssen Sie dies der Prüfungskommission mitteilen, *ehe* Sie mit dem Vortrag beginnen. Anderenfalls riskieren Sie es, mitten im Vortrag unterbrochen zu werden. Auch in diesem Zusammenhang ist noch einmal darauf hinzuweisen, daß der Aktenvortrag kein Gutachten darstellen soll, das alle auch

nur am Rande auftauchenden Zweifelsfragen einer rechtlichen Würdigung unterzieht; er soll vielmehr eine gefundene Entscheidung auf dem kürzesten Weg unter Beschränkung auf das zur Lösung unbedingt Erforderliche begründen.

Haben Sie bei der Vorbereitung Ihres Vortrages zunächst eine Rechtsfrage geprüft, die sich erst bei tieferem Einstieg als entscheidungsunerheblich herausgestellt hat, widerstehen Sie in jedem Fall der Versuchung, das einmal Erarbeitete auch im Vortrag anbringen zu wollen. Angesichts des Zeitlimits können Sie sich ein solches »Federspreizen« nicht leisten. Sie sollten diese Rechtsfrage dann nur kurz antippen und mit einer knappen Begründung beiseite lassen. Findet der Prüfer Interesse, wird er Sie darauf ansprechen, und Sie können zusätzliche Punkte sammeln, ohne Abzüge wegen Überschreitung des Zeitlimits befürchten zu müssen.

Bedenken Sie bitte auch, daß häufig mehrere Lösungen gleich gut vertretbar sind. Selbst wenn Sie Ihre Ansicht noch so überzeugend begründet haben, können Sie nie sicher sein, daß der Prüfer nicht nachfragt, wie zu entscheiden gewesen wäre, wenn Sie Ihrer Entscheidungsprämisse nicht gefolgt wären. Er wird mit Sicherheit nachfragen, wenn Sie mit Ihrem Lösungsvorschlag den amtlichen Lösungshinweis, der leider nicht selten nur einen Lösungsweg vorzeichnet, nicht getroffen haben. Sie sollten deshalb auch die andere Lösung einmal konsequent zu Ende gedacht haben, um für Nachfragen präpariert zu sein.

Der Zeitfaktor spielt beim Aktenvortrag außerdem im Hinblick auf die Vorbereitungszeit eine wichtige Rolle. Zahlreiche Kandidaten fürchten den Aktenvortrag, weil sie glauben, mit der relativ kurzen Vorbereitungszeit nicht hinkommen zu können. Die Furcht ist unbegründet. Die Vorbereitungszeit wird erst knapp, wenn Sie sich verrückt machen lassen und in der Hektik das Ziel aus den Augen verlieren, eine knappe und solide juristische Arbeit zu liefern. Für diejenigen, die für zeitlichen Streß anfällig sind oder die Schwierigkeiten mit der Zeiteinteilung haben, könnte eine optimale *Zeiteinteilung* in etwa so aussehen: **32**

1. Tag:

Intensives Aktenstudium und Erstellung des Sachberichts, ab spätem Nachmittag gutachtliche Lösung des Falles an Hand einer detaillierten Gliederung und lediglich eines oder zweier Standardkommentare.
Rechtliche Zweifelsfragen sind nicht zu vertiefen, sondern als solche zu notieren und in ihren rechtlichen Konsequenzen zu durchdenken. Am späten Abend sollten Sie sich klar darüber geworden sein, worauf es rechtlich bei dem zu bearbeitenden Fall ankommt und welche Entscheidungsalternativen von welchen Voraussetzungen abhängen.

2. Tag:

Zunächst kommt es darauf an, die offengelassenen rechtlichen Zweifelsfragen zu klären. Setzen Sie sich hierbei für einzelne Probleme ein Zeitlimit und achten Sie darauf, daß Sie sich nicht verfransen. Hierbei ist besonderes Augenmerk auf die Kreuzwegprobleme zu lenken, an denen sich entscheidet, welchen Weg Ihre Lösung geht. Wenn möglich, sollten Sie damit am späten Nachmittag fertig sein, so daß Sie den Rest des Tages dafür verwenden können, die Lösung des Falles Punkt für Punkt noch einmal genau zu durchdenken und in einer stichwortartigen Gliederung vorzuzeichnen.

3. Tag:

Am Vormittag ist zunächst der Sachbericht an Hand der gefundenen Lösung noch einmal zu überdenken, Entscheidungsunerhebliches zu streichen und die für die Entscheidung wesentlichen Punkte, wenn nötig, klarer hervorzuheben. Sodann sollten Sie die Fallösung an den Punkten, auf die es für die Entscheidung wesentlich ankommt, möglichst wörtlich ausformulieren. Am späten Vormittag muß der Aktenvortrag „stehen". Die restliche Zeit benötigen Sie allemal zur Einübung Ihres Vortrags, zur Kontrolle, ob Sie das Zeitlimit einhalten, zur Vornahme von daraus möglicherweise resultierenden Straffungen wie auch zu Ihrer eigenen Kontrolle, ob Sie den Akteninhalt in rechtlicher wie tatsächlicher Hinsicht beherrschen.

Bei *Kurzvorträgen*[17]) ist die Situation eher der bei einer Klausur vergleichbar. An die Stelle der Reinschrift tritt der mündliche Vortrag. Die psychische Vorbereitung (Konzentrationsübung!) erlangt hierbei besondere Bedeutung.

Schaubild 2

Aufbauschema: *Aktenvortrag*

1. Einleitung
    a) Bezeichnung des Streitgegenstands und der Beteiligten
    b) Überleitung zum Sachbericht (Sachverhalt)
2. Sachbericht (Sachverhalt)
3. Kurzer Entscheidungsvorschlag
4. Rechtliche Würdigung
    a) Auslegung, ggf. Umdeutung des Rechtsbehelfsbegehrens
    b) Erörterung der Sachentscheidungsvoraussetzungen
    c) Begründung des Entscheidungsvorschlags
    d) Erörterung der Nebenentscheidungen
5. Wörtlicher Entscheidungsausspruch (Tenor)

---

17) Hierzu *Köttgen*, M.-A., Der Kurzvortrag in der Assessorprüfung, 1988.

2. Teil: Die verwaltungsgerichtliche Entscheidung

1. Abschnitt: Überblick

§ 2 Formen verwaltungsgerichtlicher Entscheidungen

I. Allgemeines

Über förmliche Rechtsbehelfe muß entsprechend förmlich entschieden werden. Das verwaltungsgerichtliche Verfahren kennt fünf Entscheidungsformen, nämlich Urteil, Beschluß, Verfügung, Vorbescheid und Gerichtsbescheid.

Schaubild 3

	Verwaltungsgerichtliche Entscheidungsformen
Urteil	Regelmäßige Entscheidungsform für alle Klagen (§ 107 VwGO) sowie für die Entscheidung im Normenkontrollverfahren auf Grund mündlicher Verhandlung (§ 47 VI 1 VwGO)
Gerichtsbescheid	Mögliche Entscheidungsform bei Klagen in rechtlich und tatsächlich nicht besonders schwierigen Fällen und geklärtem Sachverhalt bis zur Anberaumung der mündlichen Verhandlung und bis zur Anordnung einer Beweiserhebung (§ 84 VwGO n. F.)
Vorbescheid	Mögliche Entscheidungsform bei unzulässigen oder offenbar unbegründeten Klagen (§ 84 VwGO a. F.), nunmehr ersetzt durch Gerichtsbescheid
Beschluß	Entscheidung im selbständigen Antragsverfahren (§§ 47 VI 1, 80 V, VI, §§ 123, 125 II, 144 I VwGO), Rechtsmittelverfahren (§ 130 a VwGO) oder zur Vorbereitung eines Urteils
Verfügung	Sonstige Anordnung des Vorsitzenden oder eines anderen Mitglieds des Gerichts, die den Verfahrensablauf betrifft

II. Die einzelnen Entscheidungsformen

1. Urteil

2   Durch Urteil wird grundsätzlich über alle Klagen (§ 107 VwGO) und im Normenkontrollverfahren (§ 47 VI S. 1 VwGO) entschieden. Keiner Sachentscheidung bedarf es bei der Klagerücknahme (§ 92 VwGO)[1]), im Falle eines Prozeßvergleichs (§ 106 VwGO) oder wenn die Hauptbeteiligten den Rechtsstreit übereinstimmend in der Hauptsache für erledigt erklären.

2. Beschluß

3   Ein Beschluß kommt nur in Betracht, soweit nicht der Erlaß eines Urteils vorgesehen ist. Die wichtigsten Fragen, die durch den Beschluß entschieden werden, betreffen das Normenkontrollverfahren (§ 47 VI S. 1 VwGO), die Wiedereinsetzung in den vorigen Stand (§ 60 VwGO), die Beiladung (§ 65 VwGO), das Verfahren zur Erlangung einstweiligen Rechtsschutzes (§§ 80, 123 VwGO), die Verweisung an ein anderes Verwaltungsgericht (§ 83 VwGO) oder an das Gericht eines anderen Gerichtszweiges (§ 17 a II GVG), das Beweisverfahren (§§ 86 II, 96 ff. VwGO), die Berichtigung von Urteilen und Beschlüssen (§§ 118, 119, 122 VwGO), die Zulässigkeit von Berufung und Revision (§§ 125 II, 131 IV, 132 V, 134 I, 144 I VwGO) und die Beschwerde gegen Entscheidungen des Verwaltungsgerichts (§ 150 VwGO). Neu eingeführt worden durch das EntlG war die Möglichkeit des Berufungsgerichts, bis zur Anberaumung der mündlichen Verhandlung und bis zur Anordnung einer Beweiserhebung die Berufung durch Beschluß zurückzuweisen, wenn es sie einstimmig für unbegründet und eine mündliche Verhandlung nicht für erforderlich hält (Art. 2 § 5 I EntlG). § 130 a VwGO hat diese Regelung beibehalten.

3. Vorbescheid

4   Erwies sich eine Klage als unzulässig oder offenbar unbegründet, so konnte das Gericht die Klage bis zur Anberaumung der mündlichen Verhandlung durch einen Vorbescheid abweisen (§ 84 I VwGO a. F.). Der Vorbescheid war bei jeder Klageart möglich[2]). Mit den teilregelnden Vorbescheiden der Verwaltung (z. B. nach § 7 a AtG oder § 9 BImSchG[3])) hatte er nichts zu tun.

In der Gerichtspraxis erlangte der Vorbescheid nur geringe Bedeutung, da

---

1) Gegen den Beschluß nach § 92 II VwGO ist keine Beschwerde zulässig, BVerwG v. 18. 3. 1965, MDR 1965, 1014 m. Anm. *Bettermann; RÖ,* § 92, 14; *Kopp,* § 92, 18; a. A. *Ule,* S. 243; *EF,* § 92, 23 ff. Statt dessen muß die Fortsetzung des Verfahrens beantragt werden.
2) *Kopp,* § 84.1.
3) Hierzu *Thiele,* GewArch 1980, 1 ff.

sein Anwendungsgebiet zu eng war und er den Beteiligten in jedem Fall die Möglichkeit eröffnete, durch Antrag auf mündliche Verhandlung eine erneute Entscheidung in derselben Instanz herbeizuführen. Wegen dieser Mängel wurde der Vorbescheid bei der Neuregelung der VwGO gestrichen. Er hat nur noch Bedeutung bei Aufgaben nach altem Recht.

4. Gerichtsbescheid

Der durch das EntlG bereits im Jahr 1978 eingeführte Gerichtsbescheid[4]) sollte den Verwaltungsgerichten die Möglichkeit geben, einfache Rechtsstreitigkeiten im Klageverfahren auf vereinfachte Weise, d. h. ohne mündliche Verhandlung und ohne Mitwirkung der ehrenamtlichen Richter, zu entscheiden. Er setzte daher voraus, daß es noch nicht zur Anordnung einer mündlichen Verhandlung oder zur Beweisaufnahme gekommen ist. Ferner mußte das Gericht *einstimmig* der Auffassung sein, daß die Sache keine besonderen Schwierigkeiten tatsächlicher oder rechtlicher Art aufwies und daß der Sachverhalt geklärt war (Art. 2 § 1 I S. 1 EntlG). Der Gerichtsbescheid hatte zwar die Wirkung eines Urteils (Art. 2 § 1 II EntlG), erging aber als Beschluß (Art. 2 § 1 I S. 4 EntlG).

5

Der Gerichtsbescheid hat sich angeblich als wirksame Entlastungsmaßnahme erwiesen. Die Entlastung hätte aber durchaus noch weitergehen können. Die bisherigen Erfahrungen mit dem EntlG deuten nämlich darauf hin, daß vom Gerichtsbescheid zu zögernd Gebrauch gemacht wurde. Hierzu besteht – auch im Assessorexamen – kein Anlaß.

6

> Eine Sondersituation kennzeichnet das *Asylverfahren*. Nach wohl h. L. stand der frühere § 34 II AuslG einer Entscheidung durch Gerichtsbescheid entgegen[5]). Auf den ersten Blick erschien diese, durch den Gesetzeswortlaut nicht zwingend gebotene Ansicht dem Zweck des § 34 II AuslG (Beschleunigung des Asylverfahrens) zuwiderzulaufen. Andererseits ermöglicht eine zurückhaltende Handhabung des Gerichtsbescheids einen weitergehenden Ausschluß der Berufung, die es für mißbräuchliche Asylbegehren in der Tat nicht geben sollte[6]). Daher war der h. L. beizupflichten, die es am ehesten ermöglichte, gegen die Welle der Wirtschaftsflüchtlinge vorzugehen. Dem entsprechen seit einigen Jahren auch die gesetzlichen Regelungen; vgl. Art. 2 § 1 EntlG i. V. m. § 32 VI, VIII AsylVfG[7]).

Die *Neuregelung* der VwGO behält den – den Vorbescheid ersetzenden – Gerichtsbescheid (in § 84 VwGO) bei. Der Verweis auf die Vorschriften

---

4) Vgl. *Weigert*, BayVBl. 1978, 392 ff.; *Grahe*, NJW 1978, 1789 f.; *Geiger*, BayVBl. 1979, 556 ff.; *Meyer-Ladewig*, DVBl. 1979, 539 ff. (540 f.); *Schnellenbach*, DÖV 1981, 317 ff.; *SG*, Rdnr. 770 ff.
5) Vgl. BayVGH v. 11. 12. 1978, BayVBl. 1979, 214; BVerwG v. 1. 3. 1979 – I B 24.79 –; *Jacob*, DVBl. 1979, 569 ff.; *Schütz*, DÖV 1980, 34 ff. (38); a. A. *Wollenschläger*, BayVBl. 1979, 9 ff.
6) Vgl. auch *Meyer-Ladewig*, DVBl. 1979, 539 ff. (543).
7) Hierzu *Säcker*, DVBl. 1984, 537 ff.; 641 f.; vgl. auch BVerfG v. 11. 12. 1985, BVerfGE 71, 276.

über Beschlüsse ist entfallen. Der Erlaß eines Gerichtsbescheids bleibt davon abhängig, daß die Sache nach Auffassung des Gerichts keine besonderen Schwierigkeiten aufweist. Das Erfordernis der Einstimmigkeit hinsichtlich dieser Voraussetzung ist ebenfalls entfallen.

5. Verfügung

7   Alle sonstigen Entscheidungen und Anordnungen des Vorsitzenden oder eines anderen Mitglieds des Gerichts ergehen in Form der Verfügung.

Prozeßleitende Verfügungen, d. h. Entscheidungen des Gerichts oder des Vorsitzenden, die sich auf den äußeren förmlichen Fortgang des Verfahrens beziehen und Ausfluß des dem Richter für die Verfahrensgestaltung eingeräumten Ermessensspielraums sind, können gem. § 146 II VwGO nicht mit der Beschwerde angefochten werden[8]).

III. Die Entscheidungsformen im Examen

8   Wenn im Examen eine verwaltungsgerichtliche Entscheidung zu entwerfen ist, dann werden in aller Regel ein Urteil und/oder ein Gutachten zur Vorbereitung des Urteils verlangt[9]). Dann wird erwartet, daß begründet werden kann, ob eine Sachentscheidung überhaupt zulässig ist, und daß der Aufbau eines Urteils beherrscht wird. Den Schwerpunkt der folgenden Darstellung bildet dementsprechend das, was man von den Sachurteilsvoraussetzungen (2. Abschnitt) und vom Aufbau eines verwaltungsgerichtlichen Urteils in groben Zügen wissen sollte (3. Abschnitt).

9   Gelegentlich ist im Examen auch der Beschluß eines Verwaltungsgerichts vorzubereiten. Auch der Beschluß ist eine förmliche Sachentscheidung und hängt vom Vorliegen der Sachentscheidungsvoraussetzungen ab. Daher gelten die Ausführungen zu den Sachurteilsvoraussetzungen für Beschlüsse entsprechend, soweit sich nicht Besonderheiten aus dem Urteilsverfahren ergeben, die jeweils hervorgehoben werden. „Examensträchtig" sind vor allem das Normenkontrollverfahren und das Verfahren zur Erlangung einstweiligen Rechtsschutzes, auf das im 4. Teil eingegangen wird. Über Aufbau und Formulierung der wichtigsten Beschlüsse sowie von Vorbescheid und Gerichtsbescheiden informiert der 4. Abschnitt.

---

8) Die Entscheidung über die Erteilung von Abschriften durch den Urkundsbeamten der Geschäftsstelle nach § 100 II S. 1 VwGO ist keine prozeßleitende Verfügung, BayVFGH v. 25. 3. 1983, BayVBl. 1983, 535.
9) Vgl. oben § 1 II 3.

§ 3 Rechtsbehelfe und Rechtsmittel

I. Allgemeines

Obwohl § 58 I VwGO Rechtsbehelfe[1]) und Rechtsmittel unterscheidet, werden beide Begriffe häufig durcheinandergeworfen. Hinzu kommt, daß § 58 I VwGO nur die ordentlichen Rechtsbehelfe (einschließlich des Widerspruchs) meint.

Unter einem *Rechtsbehelf im weitesten Sinn des Wortes* versteht man jedes prozessuale Mittel zur Verwirklichung eines Rechts[2]). Dieser weite Begriff umfaßt die ordentlichen Rechtsbehelfe, die generell gegeben sind, die außerordentlichen Rechtsbehelfe, die vom Vorliegen besonderer Ereignisse abhängen, und die Rechtsmittel.

Zu den *ordentlichen* Rechtsbehelfen zählen alle Klagen, der Antrag im Normenkontrollverfahren, der Antrag auf mündliche Verhandlung (§ 84 II VwGO), die Anrufung des Gerichts gegen eine Entscheidung des Vorsitzenden (§§ 80 VII, 123 II S. 3 VwGO und der Antrag auf gerichtliche Entscheidung nach den §§ 151, 165 VwGO.

Außerordentliche Rechtsbehelfe sind die Anträge zur Erlangung einstweiligen Rechtsschutzes[3]), der Antrag auf Urteilsberichtigung oder Ergänzung (§§ 119, 120 VwGO), der Antrag auf Wiedereinsetzung in den vorigen Stand[4]) und der Antrag auf Wiederaufnahme des Verfahrens (§ 153 VwGO)[5]).

Rechtsmittel im Verwaltungsprozeß sind *Berufung* (§§ 124 bis 131 VwGO), *Revision* (§§ 132 bis 145 VwGO) und *Beschwerde* (§§ 146–152 VwGO). Berufung und Beschwerde haben die Nachprüfung der angefochtenen Entscheidung in tatsächlicher und rechtlicher, die Revision nur in rechtlicher Hinsicht zum Ziel. Die Bindung des Revisionsgerichtes an die tatsächlichen Feststellungen in dem angefochtenen Urteil (§ 137 II VwGO) besteht nur dann nicht, wenn die vom Tatsachengericht vorgenommene Auslegung einen Rechtsirrtum oder einen Verstoß gegen allgemeine Erfahrungssätze, Denkgesetze oder Auslegungsregeln erkennen läßt[6]). Berufung und Revision sind nur gegen Endurteile (Voll- und Teilurteile) einschließlich der Vorbehaltsurteile (§ 302 Abs. 3

---

1) Vgl. auch die Zusammenstellung unten Rdnr. 22.
2) *RÖ,* § 124, 1.
3) Vgl. *RÖ,* § 58, 3.
4) BVerwG v. 27. 11. 1969, Buchholz 310 § 60 Nr. 57.
5) Der Wiederaufnahmeklage fehlt der Devolutiv- und Suspensiveffekt von Rechtsmitteln; im übrigen ist sie mit diesen vergleichbar.
6) BVerwG v. 27. 5. 1981, NVwZ 1982, 196. Mit der Rüge einer Verletzung der Denkgesetze bei Anwendung des materiellen Rechts wird in aller Regel kein Verfahrensmangel bezeichnet; BVerwG v. 8. 7. 1988, NVwZ-RR 1990, 166.

ZPO) und gegen Zwischenurteile nach §§ 109 und 111 VwGO zulässig. Die Beschwerde richtet sich gegen beschwerdefähige Entscheidungen, die nicht Urteil (nach altem Recht), Vorbescheide oder Gerichtsbescheide sind.

3   Rechtsmittel haben die Besonderheit, daß sie die Überleitung der angefochtenen Entscheidung an eine höhere Instanz bewirken *(Devolutiveffekt)*. Gleichzeitig hemmen sie den Eintritt der Rechtskraft der angefochtenen Entscheidung *(Suspensiveffekt)*. Sie setzen ferner grundsätzlich[7]) die *Beschwer* des Rechtsmittelführers voraus, die — allgemein gesprochen — dann gegeben ist, wenn die angefochtene Entscheidung hinter dessen Begehren zurückbleibt[8]). Die Beschwer ist auch dann gesondert zu prüfen, wenn das Rechtsmittel von einem Beigeladenen eingelegt wird, da aus § 66 VwGO nur die Statthaftigkeit des Rechtsmittels folgt[9]). Für die Bestimmung der Beschwer kommen zwei Ansätze in Betracht. Einmal kann man entsprechend § 42 II VwGO auf die subjektive Rechtsstellung des Rechtsmittelführers abstellen, also auf seine materiell-rechtliche Betroffenheit und damit auf die *materielle Beschwer*. Zum anderen kann eine Beschwer gegeben sein, wenn die angegriffene Entscheidung dem Rechtsmittelführer etwas versagt, was er beantragt hatte — *formelle Beschwer*[10]) —. Die Rechtsprechung und h. L. stellen grundsätzlich auf die formelle Beschwer ab. Der Kläger ist danach beschwert, wenn die Klage durch das angefochtene Urteil ganz oder teilweise abgewiesen worden ist, wenn das Gericht nur dem Hilfsantrag stattgegeben und den Hauptantrag abgewiesen[11]) oder offengelassen hat oder wenn durch Prozeßurteil statt durch Sachurteil entschieden wurde[12]). Der Beklagte ist beschwert, wenn er ganz oder teilweise verurteilt worden ist. Ob auch hier eine Beschwer zu bejahen ist, wenn ein Sachurteil an Stelle eines Prozeßurteils erging, ist umstritten[13]). Keine Beschwer liegt vor, wenn die angefochtene Entscheidung auf andere Gründe gestützt ist, als sie der Rechtsmittelführer vorgebracht hatte[14]). Bei Rechtsmitteln von Beigeladenen genügt die formelle Beschwer als prozessuale Rechtsmittelvoraussetzung nicht. Sach-

---

7) Nicht Zulässigkeitsvoraussetzung ist die Beschwer bei einem Rechtsmittel des VöI, der nur eine anderslautende Entscheidung anstreben muß, vgl. BVerwG v. 7. 6. 1977, Buchholz 310 § 40 VwGO Nr. 164; BayVGH v. 2. 3. 1979, BayVBl. 1979, 683.
8) BVerwG v. 3. 12. 1981, DVBl. 1982, 447; vgl. auch *Bettermann*, ZZP 1969, 24 ff.; *Maetzel*, in: Verwaltung und Rechtsbindung, 1979, S. 29 ff.; *Kahlke*, ZZP 1981, 223 ff.
9) Vgl. NWOVG v. 7. 1. 1978, GewArch 1979, 124.
10) *Ule*, S. 324; *Kopp*, Vorb. § 124, 39.
11) BVerwG v. 29. 3. 1968, BVerwGE 29, 261.
12) BVerwG v. 9. 11. 1971, DÖV 1972, 324. Im umgekehrten Fall (der Klage wurde trotz Fehlens einer unverzichtbaren Prozeßvoraussetzung teilweise stattgegeben) kann das Berufungsgericht nur die Berufung des Klägers aufheben. Eine Durchgriffsmöglichkeit auf den nicht angegriffenen Teil der Entscheidung besteht nicht, da dieser nicht in die Rechtsmittelinstanz gelangt ist; vgl. HessVGH v. 2. 8. 1979, NJW 1980, 358; a. A. *EF*, § 129, 7; *RÖ*, § 129, 2.
13) Vgl. *Ule*, S. 324 gegen *Kopp*, Vorb. § 124, 39; BVerwG v. 7. 6. 1977, BayVBl. 1977, 702.
14) BVerwG v. 10. 1. 1964, BVerwGE 17, 352; vgl. aber auch BVerwG v. 15. 3. 1968, BVerwGE 29, 210.

lichen Erfolg kann das Rechtsmittel hier nur haben, wenn die Entscheidung der Vorinstanz eigene Rechte des Rechtsmittelführers verletzt[15]). Die Beschwer ist vom *Rechtsschutzinteresse* zu trennen, da für alle Rechtsbehelfe gegeben sein muß[16]).

II. Wiedereinsetzung in den vorigen Stand und Wiederaufnahme des Verfahrens

1. Wiedereinsetzung in den vorigen Stand

Ist die gesetzliche Frist für eine Prozeßhandlung verstrichen, so muß geprüft werden, ob nicht eine Wiedereinsetzung in den vorigen Stand in Betracht kommt. Über die Wiedereinsetzung entscheidet nach § 60 IV VwGO das Gericht, das über die versäumte Rechtshandlung zu befinden hat. Näheres zur Wiedereinsetzung findet sich in § 32, so daß im vorliegenden Zusammenhang wenige Bemerkungen genügen.

§ 60 I VwGO läßt ebenso wie § 233 ZPO die *Schuldlosigkeit* an der Fristversäumung genügen. Beim Verschuldensbegriff ist auf die Verhältnisse des Betroffenen abzustellen[17]). Vor allem macht es einen Unterschied, ob der Betroffene anwaltlich vertreten wird oder nicht[18]). Nach ständiger Rechtsprechung des BVerwG ist das Verschulden des Bevollmächtigten den Beteiligten

---

15) BayVGH v. 14. 10. 1982, NVwZ 1983, 413; SaarlOVG v. 24. 1. 1983, DÖV 1983, 955.
16) So läßt im Asylverfahren die beharrliche Weigerung eines Asylbewerbers, den Behörden und dem Gericht seinen Aufenthaltsort im Inland bekanntzugeben, das Rechtsschutzinteresse an einem Rechtsmittel gegen eine für ihn negative Entscheidung entfallen; HessVGH v. 13. 1. 1988 – 12 UE 815/85 –. Dies muß auch sonst im Ausländerrecht gelten, obwohl keine besonderen Mitwirkungspflichten des Ausländers bestehen; a. A. HessVGH v. 30. 5. 1989, NJW 1990, 140.
17) Die Instanzgerichte neigen aus verständlichen Gründen dazu, strenge Anforderungen an die Wiedereinsetzung zu stellen; vgl. NWOVG v. 20. 10. 1986, NJW 1987, 1353; BremOVG v. 9. 7. 1987, NJW 1988, 842 (LS); großzügiger BVerwG v. 28. 8. 1987, NJW 1988, 578; zur umfangreichen Kasuistik *RÖ*, § 60, 6; *Kopp*, § 60, 10. Dies stößt im Schrifttum ebenso auf Kritik wie die restriktive Rechtsprechung der Zivilgerichte; vgl. *Förster*, NJW 1980, 432; demgegenüber BGH v. 7. 11. 1979, NJW 1980, 457; OLG München v. 21. 9. 1979, NJW 1980, 460 m. Anm. *Ostler;* Überblick bei *Walchshöfer*, JurBüro 1985, 321 ff. Das BVerfG hat zwar diese Anforderungen zurückgeschraubt, vgl. v. a. BVerfG v. 25. 10. 1978, BVerfGE 50, 1; v. 4. 12. 1979, BVerfGE 53, 25; v. 3. 11. 1982, BVerfGE 62, 216. Das sind aber nur Randkorrekturen, die für eine maßvolle Rechtsprechung der Verwaltungsgerichte noch genügend Raum lassen; vgl. nur BVerwG v. 25. 11. 1977, BVerwGE 55, 61; v. 8. 3. 1983, NJW 1983, 1923; v. 15. 3. 1989, NVwZ-RR 1989, 591; BayVGH v. 28. 9. 1979, BayVBl. 1980, 183. Bei der Prüfung im Einzelfall ist immer das Erfordernis der Rechtssicherheit gegen Forderungen der materiellen Gerechtigkeit abzuwägen.
18) Das Verschulden an der Fristversäumnis für Prozeßhandlungen wird freilich nicht schon dadurch ausgeschlossen, daß ein fristgerecht gestellter Prozeßkostenhilfeantrag noch nicht verabschiedet wurde; denn die Rechtsverfolgung kann auch ohne anwaltliche Vertretung zunächst in die Wege geleitet werden; BWVGH v. 20. 1. 1986, NJW 1986, 2270.

zuzurechnen (arg.: § 173 VwGO i. V. m. § 85 II ZPO)[19]). § 85 II ZPO findet auch in Kriegsdienstverweigerungs-[20]) und Asylstreitverfahren[21]) Anwendung. Die Vorschrift ist nicht verfassungswidrig[22]).

6 Ausgeschlossen oder an engere Voraussetzungen geknüpft ist die Wiedereinsetzung nach § 60 III i. V. m. § 58 II VwGO. Auch wegen Versäumnis der Wiedereinsetzungsfrist ist aber Wiedereinsetzung möglich[23]). Für richterliche Fristen gilt § 60 VwGO nicht. Die Wiedereinsetzung kann von Amts wegen gewährt werden, wenn ihre Voraussetzungen gerichtsbekannt oder sonst glaubhaft sind und die versäumte Rechtshandlung vorgenommen wurde[24]). Auch ohne Antrag (§ 60 II S. 4 VwGO) und bei Unkenntnis der Betroffenen über die Wiedereinsetzungsgründe läßt sich daher unter Umständen mit Hilfe des § 60 VwGO der Weg zu einer Sachentscheidung ebnen.

7 Die *Gründe* für die Wiedereinsetzung werden zweckmäßigerweise im Rahmen der Entscheidungsgründe zur Hauptsache abgehandelt. Sie dürfen nicht übergangen werden, da im verwaltungsgerichtlichen Verfahren Wiedereinsetzung in den vorigen Stand nicht stillschweigend gewährt werden kann[25]). Die Beteiligten sind ferner zur Gewährung der Wiedereinsetzung zu hören[26]). Die Entscheidungsform richtet sich in entsprechender Anwendung des § 238 II S. 1 ZPO nach der nachgeholten Prozeßhandlung[27]). Die Wiedereinsetzung ist nach § 60 V VwGO unanfechtbar. Auch eine rechtswidrige Gewährung kann vom Revisionsgericht nicht inhaltlich überprüft werden; sie stellt keinen Verfahrensmangel i. S. des § 132 II Nr. 3 VwGO dar[28]).

---

19) Zur Sorgfaltspflicht des Prozeßbevollmächtigten BVerwG v. 28. 10. 1977, VerwRspr. 29, 893; v. 5. 3. 1982, NJW 1982, 2458; v. 26. 6. 1986 – 3 C 47/84 –, NJW 1987, 458 u. 3 C 46/84 –, NJW 1987, 1349; NWOVG v. 6. 10. 1978, RiA 1979, 60; v. 26. 2. 1981, NJW 1981, 1855; BWVGH v. 16. 9. 1980, VBlBW 1981, 218; v. 26. 6. 1981, VBlBW 1982, 16 u. 17; v. 30. 12. 1986, VBlBW 1987, 297.
20) BVerwG v. 22. 5. 1981, NVwZ 1982, 35; v. 29. 8. 1983, NVwZ 1983, 34.
21) BVerwG v. 24. 11. 1981, Buchholz 310 § 60 VwGO Nr. 120; v. 8. 3. 1984, BayVBl. 1984, 442. Zur Zurechnung des Anwaltsverschuldens *Citron-Piorkowski/Mac Lean*, InfAuslR 1981, 257 ff.
22) So BVerfG v. 20. 4. 1982, BVerfGE 60, 253 = JuS 1983, 216 *(Brodersen)*; v. 23. 11. 1982, DÖV 1983, 248.
23) BVerwG v. 5. 9. 1985, DVBl. 1986, 287.
24) BVerwG v. 11. 5. 1973, DÖV 1973, 647; *RÖ*, § 60, 18; *Kopp*, § 60, 17.
25) Vgl. BVerwG v. 17. 1. 1980, NJW 1981, 698.
26) Vgl. *EF*, § 60, 27/28. Notfalls läßt sich die Anhörung aber nach § 104 I VwGO unterstellen.
27) BWVGH v. 4. 2. 1977, NJW 1977, 917.
28) BVerwG v. 11. 11. 1987, NVwZ 1988, 531.

2. Wiederaufnahme des Verfahrens

Für das Wiederaufnahmeverfahren verweist § 153 VwGO auf die §§ 578 bis 591 ZPO. Gegenstand der Wiederaufnahmeklage sind Urteile, Vorbescheide, Gerichtsbescheide und Beschlüsse[29]), die ein Verfahren rechtskräftig beenden; ihr Zweck besteht darin, diese Rechtskraft durch eine Nichtigkeitsklage (§ 579 ZPO) oder eine Restitutionsklage (§ 580 ZPO) zu beseitigen und die Hauptsache erneut zur Verhandlung zu bringen (§ 590 I ZPO). Mit der Nichtigkeitsklage wird die Verletzung wichtiger, in § 579 grundsätzlich[30]) abschließend geregelter Prozeßnormen gerügt. Die Restitutionsklage richtet sich gegen in gewisser Weise fehlerhafte oder unvollständige Urteilsgrundlagen.

Der Kreis der zur Erhebung der Nichtigkeits- oder Restitutionsklage Befugten ergibt sich aus § 153 II VwGO. Die Entscheidungsfindung erfolgt in drei Schritten. Zunächst werden erstens Zulässigkeit und zweitens Begründetheit der Wiederaufnahmeklage geprüft. Den Wiederaufnahmegründen ist dabei von Amts wegen nachzugehen. Ist die Klage unzulässig oder unbegründet, so muß sie abgewiesen werden. Ist die Klage dagegen zulässig und liegt ein Wiederaufnahmegrund vor, so ist die angegriffene Entscheidung durch das sog. iudicium rescindens aufzuheben, und zwar unabhängig davon, wie inhaltlich in einem neuen Verfahren zu entscheiden wäre. Als dritter Schritt erfolgt dann eine neue Verhandlung und Entscheidung (iudicium rescissorium), die für den Kläger nicht günstiger sein muß als die angegriffene Entscheidung[31]).

III. Die einzelnen Rechtsmittel

1. Berufung

Die Berufung bezweckt die Überprüfung eines Endurteils oder Gerichtsbescheids des VG durch das OVG (§ 124 I VwGO). *Statthaft* ist die Berufung

---

29) Unanfechtbare Beschlüsse nach § 123 VwGO beenden das Verfahren nicht rechtskräftig. Die Wiederaufnahme ist im Verfahren auf Erlaß einer e. A. ausgeschlossen, so BVerwG v. 17. 10. 1983, ZBR 1984, 158; BayVGH v. 14. 6. 1984, DVBl. 1984, 840; a. A. HessVGH v. 4. 10. 1982, NJW 1984, 378; *Drettmann*, DVBl. 1985, 884 ff.
30) Gerügt werden kann – in erweiternder Auslegung von § 579 I Nr. 4 ZPO – auch die Versagung des rechtlichen Gehörs vgl. *Braun*, NJW 1981, 425 ff.; *ders.*, NJW 1983, 1403 ff. gegen *Seetzen*, NJW 1982, 2337 und HessVGH v. 4. 10. 1982, NJW 1984, 378 (379 f.). Die Gegenthese, „Ausnahmerechtssätze" seien nicht analogiefähig, war noch nie überzeugend; vgl. bereits *Gaul*, Die Grundlagen des Wiederaufnahmerechts und die Ausdehnung der Wiederaufnahmegründe, 1956, S. 37 ff.; ferner BGH v. 5. 5. 1982, BGHZ 84, 24. Hinzu kommt, daß § 138 Nr. 3 VwGO zu einer zeitgemäßen Auslegung des § 579 I Nr. 4 ZPO im Verwaltungsprozeß Anlaß bietet.
31) Ist von vornherein nicht mit einer günstigeren Entscheidung zu rechnen, so fehlt es am Rechtsschutzbedürfnis für die Klage; zumindest ist bereits das Wiederaufnahmebegehren unbegründet; vgl. BVerwG v. 21. 4. 1982, DÖV 1982, 856 m. Abl. Anm. *Korber*.

daher nur, wenn mit ihr die genannten Entscheidungsformen angegriffen werden. Auf die Wahl der richtigen Entscheidungsform kommt es nicht an. Bei sog. „inkorrekten" Entscheidungen (z. B. Urteil statt Beschluß), d. h. bei Verwendung der falschen Entscheidungsform gilt vielmehr auch im Verwaltungsprozeß das Prinzip der Meistbegünstigung. Der Rechtsmittelführer hat die Wahl zwischen dem Rechtsmittel, das der tatsächlichen Entscheidung entspricht, und demjenigen, das gegen die korrekte Entscheidung gegeben ist[32])

11

Nach § 131 I VwGO kann die Berufung für besondere Rechtsgebiete durch Bundesgesetz von einer besonderen *Zulassung* abhängig gemacht werden; auch der Landesgesetzgeber wird zu einer Beschränkung der Berufung für einzelne Rechtsgebiete des Landesrechts ermächtigt. Nur für letzteren gelten die Bindungen des § 131 VwGO. Der Bundesgesetzgeber kann durch lex posterior abweichende Regelungen treffen. Dies ist geschehen durch § 46 I Bundesleistungsgesetz (ohne zeitliche Beschränkung) sowie ohne gegenständliche Beschränkung durch § 131 II VwGO (früher Art. 2 § 4 EntlG[33]), soweit die angegebenen Werte des Beschwerdegegenstandes nicht überschritten werden[34]). Die Entlastungsfunktion dieser Vorschrift darf nicht dadurch unterlaufen werden, daß man an die Zulassung des Rechtsmittels allzu großzügige Maßstäbe anlegt. Vielmehr muß die Zulassung *eindeutig* gewollt sein. Zwar braucht die „Willenserklärung" des VG über die Zulassung der Berufung nicht notwendig in den förmlichen Entscheidungsausspruch aufgenommen zu werden. Die Zulassung kann auch ausdrücklich oder konkludent[35]) in den Entscheidungsgründen enthalten sein oder sich ausnahmsweise aus der Rechtsmittelbelehrung ergeben[36]). Rechtsmittelbelehrungen ergehen aber regelmäßig formelhaft und sind allgemein gehalten. Die einem Urteil beigefügte Rechtsmittelbelehrung, den Beteiligten stehe gegen das Urteil die Berufung zu, bedeutet für sich allein noch keinen Ausspruch über die Zulassung der Berufung[37]). Aus den gleichen Erwägungen macht der (abstrakte) Hinweis auf ein unzulässiges Rechtsmittel die Berufung nicht zulässig[38]). Hat dagegen das VG die Berufung irrtümlich nicht zugelassen, so können die Unterlegenen Beschwerde einlegen. Aufgehoben wird dann lediglich die Nichtzulassungsentscheidung[39]).

---

32) *RÖ*, § 12,3; *Kopp*, Vorb § 124, 22; a. A. BWVGH v. 30. 4. 1982, NJW 1982, 2460.
33) Hierzu BayVGH v. 10. 5. 1979, BayVBl. 1979, 500; v. 23. 3. 1983, BayVBl. 1983, 473; BWVGH v. 29. 12. 1988, NVwZ 1989, 574.
34) Zu den „wiederkehrenden Leistungen für mehr als ein Jahr" BVerwG v. 1. 12. 1987, DÖV 1988, 885; BWVGH v. 29. 12. 1988, NVwZ 1989, 573.
35) SG Rdnr. 779.
36) BVerwG v. 16. 6. 1983, Buchholz 451.53 Fischwirtschaft Nr. 1.
37) BVerwG v. 8. 2. 1982, Buchholz 310 § 131 VwGO Nr. 2; v. 1. 12. 1987, BayVBl. 1988, 216.
38) BVerwG v. 28. 2. 1985, DVBl. 1986, 285.
39) HbgOVG v. 18. 6. 1984, NVwZ 1984, 803.

Praktisch bedeutsam ist vor allem die Zulassung der Berufung nach § 32 II AsylVfG⁴⁰). In diesem Zusammenhang war streitig, ob die Grundsatzberufung sich auf Tatfragen erstreckt. Hiergegen spricht, daß sich § 32 II 1 AsylVfG wörtlich an § 132 II 1 VwGO anlehnt, bei dem die „Rechtssache" nach einhelliger Meinung nur Rechtsfragen betrifft. In diesem Sinn wurde § 32 II 1 AsylVfG zunächst auch überwiegend verstanden⁴¹). Das BVerwG schloß sich dagegen in seiner Entscheidung vom 31. 7. 1984⁴²) der Mindermeinung an. Zur Begründung stellt es auf die Funktion der Prüfung ab. Vor allem in Fällen der Gruppenverfolgung falle den Berufungsgerichten auch die Aufgabe zu, innerhalb des Gerichtsbezirks auf eine einheitliche Beurteilung gleicher oder ähnlicher Sachverhalte hinzuwirken und zu einer einheitlichen Beurteilung vom Vorhandensein sowie vom Erkenntniswert bestimmter, die Herkunftsländer allgemein betreffender Erkenntnisquellen beizutragen. Dieser Argumentation wird man sich schwer verschließen können, obwohl offenbleibt, wieso die Einheitlichkeit im Tatsächlichen an den Grenzen der Länder enden sollte und ob nicht die Einheitlichkeit bereits auf der Ebene der Exekutive durch die Institution des (zentralen!) Bundesamts für die Anerkennung ausländischer Flüchtlinge gewährleistet ist. Damit soll nicht in Abrede gestellt werden, daß die Verwaltungsgerichte zur ordnungsgemäßen Abwicklung der Asylprozesse genötigt sind, sich – etwa durch regelmäßige Auswertung der internationalen Presse – ständig über die weltweite politische Entwicklung auf dem laufenden zu halten.

Die Berufung muß beim Gericht, dessen Entscheidung angefochten wird (iudex a quo) schriftlich oder zur Niederschrift des Urkundsbeamten der Geschäftsstelle eingelegt werden und den in § 124 III VwGO umschriebenen Mindestinhalt haben. Sie kann aber auch unmittelbar beim Berufungsgericht (iudex ad quem) eingelegt werden. Die Berufungsfrist beträgt ein Monat nach Zustellung des vollständigen (§ 117 II VwGO) Urteils oder Gerichtsbescheids. Das Berufungsverfahren entspricht weitgehend dem Verfahren in erster Instanz (§ 125 I VwGO). Die Vorgehensweise des OVG ergibt sich aus § 125 II VwGO. Auch der Verwaltungsprozeß kennt die Anschlußberufung (§ 127 VwGO)⁴³), die bei (unzulässigen) Teilurteilen Schwierigkeiten bereiten kann⁴⁴). 12

---

40) Vgl. BVerwG v. 6. 12. 1982, DVBl. 1983, 179; v. 22. 3. 1983, DVBl. 1983, 995. Nach § 36 VIII AsylVfG erwachsen solche Entscheidungen unmittelbar in Rechtskraft, die Klagen als offensichtlich unzulässig oder offensichtlich unbegründet abweisen. Dies gilt auch für Klagen des Bundesbeauftragten für Asylangelegenheiten; a. A. *Bell*, DVBl. 1988, 1148 ff. Zum früheren § 34 I AuslG BVerwG v. 20. 5. 1981, BayVBl. 1981, 760; v. 24. 11. 1981, NJW 1982, 1244; v. 14. 6. 1982, BayVBl. 1983, 153.
41) BayVGH v. 25. 2. 1983, ZAR 1983, 150 L; BremOVG v. 24. 11. 1982, NVwZ 1983, 237; v. 5. 1. 1983, NVwZ 1983, 238 (LS); NWOVG v. 19. 1. 1983, ZAR 1983, 150; *Huber*, InfAuslR 1983, 85 f.; *Fritz*, ZAR 1984, 23 ff.; a. A. BWVGH v. 8. 3. 1983, InfAuslR 1983, 260; HessVGH v. 27. 12. 1982, NVwZ 1983, 237 (LS); HbgOVG v. 20. 12. 1982, DÖV 1983, 648 (LS); *Ritter*, NVwZ 1983, 202 ff.; Büchner, DÖV 1984, 578 ff.
42) BVerwGE 70, 24 = DÖV 1987, 78 m. Anm. *Büchner*.
43) Hierzu *Kahler*, NVwZ 1985, 403 ff.
44) Vgl. BWVGH v. 31. 1. 1989, NVwZ 1989, 882; allgemein *Kopp*, § 127, 4.

2. Revision

13 Die Revision bezweckt die Überprüfung eines Urteils des OVG, aunahmsweise[45]) des VG, durch das BVerwG in *rechtlicher Hinsicht*. Soweit für Landesrecht nach § 131 VwGO die Berufung beschränkt ist, kann der Landesgesetzgeber eine zulassungsfreie Revision zum OVG vorsehen. Demgegenüber folgt aus § 135 S. 2 VwGO, daß mit Ausnahme der Revision, die auf einen wesentlichen Verfahrensmangel i. S. v. § 133 VwGO gestützt ist[46]), die Revision an das BVerwG nur statthaft ist, wenn sie vom OVG oder VG zugelassen wurde. Dies gilt auch, wenn bei bundesgesetzlichem Ausschluß der Berufung ein Urteil des VG unmittelbar mit der Revision angreifbar ist (§ 135 VwGO). Zulassungsbedürftig ist auch die *Sprungrevision*[47]) vom VG zum BVerwG unter Übergehung der Berufungsinstanz, die außerdem die förmliche Zustimmung des Rechtsmittelgesetzes voraussetzt (§ 134 VwGO).

Die Sprungrevision ist grundsätzlich auch in Asylrechtsstreitigkeiten gegeben[48]). Dort sind Verbundklagen gegen die Ablehnung des Asylantrags und die Abschiebungsandrohung häufig. Bei solchen Verbundklagen kann nur eine gemeinsame Sprungrevision eingelegt werden[49]).

Eine Sonderform der Revision ist die *Anschlußrevision*, die dem Rechtsmittelgegner die Möglichkeit eröffnen soll, der Hauptrevision ggf. ohne Einhaltung der in § 139 VwGO bestimmten Fristen mit einem Antrag entgegenzutreten und deshalb immer der Hauptrevision gegenläufig sein muß[50]).

14 Durch das OVG ist die Revision nur *zuzulassen*, wenn die Rechtssache grundsätzliche Bedeutung hat (§ 132 II Nr. 1 VwGO; *Grundsatzrevision*), das Urteil von einer Entscheidung des BVerwG abweicht und auf dieser Abweichung beruht (§ 132 II Nr. 2 VwGO; *Divergenzrevision*) oder bei einem geltend gemachten Verfahrensmangel die angefochtene Entscheidung auf dem Mangel beruhen kann (§ 132 Nr. 3 VwGO; *zulassungsgebundene Verfahrensrevision*). Ist die Zulassung unterblieben, so ist von einer Nichtzulassung auszugehen[51]).

---

45) Im Fall der Sprungrevision (§ 134 VwGO) und bei Ausschluß der Berufung (§ 135 VwGO).
46) *Beispiel:* Das angefochtene Urteil ist nicht mit Gründen versehen. Auch eine sachlich falsche oder oberflächliche Begründung ist aber immer noch eine Begründung; vgl. BVerwG v. 13. 6. 1988, NVwZ–RR 1989, 334. Die fehlende Beteiligung eines notwendig Beigeladenen rechtfertigt nicht die zulassungsfreie Revision wegen der nicht ordnungsgemäßen Vertretung eines Beteiligten, BVerwG v. 13. 1. 1989, NVwZ-RR 1989, 519. Auf eine Verletzung der Öffentlichkeit während der Urteilsverkündung läßt sich die Revision nach § 133 Nr. 4 VwGO nicht stützen; der Verfahrensmangel muß im übrigen schlüssig dargelegt werden, vgl. BVerwG v. 23. 11. 1989, NJW 1990, 1249.
47) Vgl. *Schaeffer*, NVwZ 1982, 21 ff. Der zu Protokoll des VG gegebene Antrag aller Beteiligten auf Zulassung der Sprungrevision kann als antizipierte Zustimmung der Gegenpartei zur späteren Einlegung der Sprungrevision ausgelegt werden; BVerwG v. 21. 2. 1986, NVwZ 1986, 643 (LS).
48) BVerwG v. 6. 6. 1984, BVerwGE 69, 295.
49) BVerwG v. 15. 10. 1985, DVBl. 1986, 103.
50) BVerwG v. 25. 5. 1984, NJW 1985, 393.
51) NWOVG v. 3. 1. 1984, DÖV 1984, 946.

Bei der *Zulassung* der Revision *durch das VG* gelten unterschiedliche Voraussetzungen, je nachdem ob es sich um eine Sprungrevision, um eine Revision anstelle der Berufung oder um eine Revision an das OVG handelt. Lehnt das OVG die Zulassung ab, so kann nach § 132 III bis V VwGO *Nichtzulassungsbeschwerde* eingelegt werden[52]). Adressat der Nichtzulassungsbeschwerde ist das Gericht, dessen Entscheidung angefochten wird, also regelmäßig das OVG (§ 132 I VwGO). Im Falle des § 135 VwGO ist die Revision beim VG einzulegen. Die Beschwerdefrist beträgt einen Monat seit Zustellung des Urteils. Innerhalb dieser Frist muß die Beschwerde begründet werden. Der Begründungszwang ist zwar nur eine Förmlichkeit. Dennoch empfiehlt sich eine sorgfältige Darlegung des Zulassungsgrundes.

15

Auch die Revision selbst ist fristgebunden und bedarf der Begründung (§ 139 I VwGO). Auf die Begründung der Nichtzulassungsbeschwerde kann zur Begründung der Revision grundsätzlich nicht verwiesen werden[53]). Die Revision kann nur darauf gestützt werden, daß das angefochtene Urteil auf der Verletzung von revisiblem Recht beruht (§ 137 VwGO). Da das BVerwG die Rechtseinheit zu wahren hat, betrifft die Revision grundsätzlich nur die Auslegung von Bundesrecht[54]) und von dem Verwaltungsverfahrensrecht der Länder, das mit dem VwVfG des Bundes übereinstimmt. Dies gilt für die Grundsatzrevision wie auch für die Divergenzrevision[55]). Das BVerwG entscheidet hier restriktiv. Die früher ungeschriebenen Grundsätze des allgemeinen Verwaltungsrechts wurden immer als Annex zur jeweiligen Sachmaterie betrachtet und waren nur bei bundesrechtlicher Regelung der Materie revisibel. § 137 I Nr. 2 VwGO schafft insoweit begrenzt Abhilfe. Sinngemäß dürfte der Rechtsgedanke dieser Bestimmung heranzuziehen sein bei ungeschriebenen, aber rechtsstaatlich gebotenen Grundsätzen des Planungsrechts wie dem Abwägungsgebot[56]).

16

Die Beschwerde gegen die Nichtzulassung der Revision darf nicht mit der *Nichtvorlagebeschwerde* nach § 47 VII VwGO verwechselt werden, obwohl die Voraussetzungen angenähert sind. Die Vorlage nach § 47 VI VwGO dient der Klärung von Grundsatzfragen[57]). Sie hat nicht den Zweck, die Richtigkeit der

17

---

52) Vgl. *Weyreuther*, Revisionszulassung und Nichtzulassungsbeschwerde in der Rechtsprechung der obersten Bundesgerichte, 1971; *Prütting*, Die Zulassung der Revision, 1977; *Kummer*, Die Nichtzulassungsbeschwerde, 1990. Die Nichtzulassungsbeschwerde ist ein Rechtsbehelf besonderer Art mit strengen Voraussetzungen. Die Begründungsfrist kann daher nicht verlängert werden; BVerwG v. 10. 10. 1989, NJW 1990, 1313. Die Rücknahme einer Nichtzulassungsbeschwerde ist unwiderruflich; HessVGH v. 6. 11. 1985; NJW 1987, 601.
53) BVerwG v. 6. 12. 1984, DÖV 1985, 581; v. 2. 12. 1988, NVwZ 1989, 557.
54) Vgl. BVerwG v. 2. 10. 1961, BVerwGE 13, 90 (91); v. 28. 11. 1978, Buchholz 310 § 132 VwGO Nr. 172 v. 23. 5. 1986, NJW 1986, 915; v. 28. 8. 1986, NVwZ 1987, 418.
55) BVerwG v. 16. 2. 1976, Buchholz 310 § 132 VwGO Nr. 143.
56) Anders BVerwG v. 18. 4. 1985 − 4 B 62.85 −.
57) BVerwG v. 12. 3. 1982, BVerwGE 65, 131 (132). Die Beschwerde erfordert die Darlegung eines Vorlagegrundes; BVerwG v. 22. 8. 1988, NVWZ 1989, 554.

Normenkontrollentscheidung des OVG zu überprüfen. Folgerichtig verweist § 47 VII S. 1 VwGO auch nur auf § 132 III S. 1 und 2 VwGO. Auf einen Verfahrensmangel kann die Nichtvorlagebeschwerde deshalb nicht gestützt werden[58]).

3. Beschwerde

18   Das Rechtsmittel der Beschwerde ist *statthaft* gegen Entscheidungen des VG, die nicht Urteile, Vorbescheide oder Gerichtsbescheide sind, und gegen Entscheidungen des Vorsitzenden dieses Gerichts, soweit die Beschwerde nicht durch die VwGO oder sonstiges Bundesrecht ausgeschlossen wurde (§ 146 I VwGO). Ausgeschlossen ist die Beschwerde insbesondere bei prozeßleitenden Verfügungen (§ 146 II VwGO)[59]). Außerdem ist sie wertmäßig beschränkt (§ 146 III VwGO)[60]). Eine Beschwerde wegen Untätigkeit (= keine Entscheidung) gibt es nicht[61]). Eine richterliche Durchsuchungsanordnung nach § 4 II VereinsG kann mit der Beschwerde nur solange angegriffen werden, wie diese noch nicht vollzogen wurde. Rechtsmittel gegen erledigte gerichtliche Entscheidungen sind der VwGO fremd. Eine „Fortsetzungsfeststellungsbeschwerde" wäre nicht statthaft[62]).

Streitig ist der Rechtsschutz bei der Vollstreckung aus verwaltungsgerichtlichen Titeln. Vollstreckungsbehörde i. S. der §§ 4, 5 VwVG ist hier nach § 169 I S. 2 VwGO der Vorsitzende des Gerichts des ersten Rechtszuges. Für Einwendungen gegen die Art und Weise der von ihm betriebenen Vollstreckung wird überwiegend auf den Rechtsbehelf der Erinnerung an die Kammer nach § 167 I VwGO i. V. m. § 766 ZPO verwiesen[63]). Nimmt man aber an, daß der Kammervorsitzende nicht als Behörde, sondern als Gericht entscheidet, dann ist richtiger Rechtsbehelf die Beschwerde nach § 146 VwGO.

19   Nach § 149 I S. 1 hat die Beschwerde nur dann *Suspensiveffekt*, wenn sie die Festsetzung eines Ordnungs- oder Zwangsmittels (z. B. nach § 95 VwGO bzw. § 98 VwGO i. V. m. §§ 380, 390, 490 ZPO) zum Gegenstand hat. Das Gericht oder der Vorsitzende kann jedoch die einstweilige Aussetzung der angefochtenen Entscheidung verfügen (§ 149 I S. 2 VwGO). Diese Befugnis steht gem. § 173 VwGO i. V. m. § 572 III ZPO auch dem Beschwerdegericht zu. Die Aussetzungskompetenz des Beschwerdegerichts umfaßt zugleich die Befugnis, die vom VG erlassene Aussetzungsanordnung wiederaufzuheben. Für die Anwendbarkeit der §§ 146 ff. VwGO bleibt kein Raum; Beschlüsse des VG nach § 149 I S. 2 VwGO sind deshalb nicht selbständig mit der Beschwerde

---

58) BVerwG v. 12. 2. 1988, Buchholz 310 § 47 VwGO Nr. 22; v. 20. 12. 1988, DÖV 1989, 588.
59) *Beispiel:* Die Entscheidung des Vorsitzenden, ob die Akten dem bevollmächtigten Rechtsanwalt zur Mitnahme übergeben werden; vgl. NWOVG v. 25. 2. 1987, NJW 1988, 221; vgl. auch *Buck*, DÖV 1964, 537 ff. Zur Androhung eines Ordnungsgeldes für den Fall des Nichterscheinens im Gerichtstermin OVG Lüneburg v. 29. 2. 1988, NVwZ-RR 1989, 591.
60) Hierzu HessVGH v. 9. 12. 1988, NVwZ-RR 1990, 113.
61) BremOVG v. 10. 10. 1983, NJW 1984, 992.
62) BWVGH v. 11. 3. 1982, DÖV 1982, 867 = JuS 1983, 218 *(Selmer).*
63) BlnOVG v. 10. 8. 1983, NJW 1984, 1370; BayVGH v. 24. 9. 1986, BayVBl. 1987, 149.

angreifbar[64]). Die Nichtzulassungs- und Nichtvorlagebeschwerde haben von vornherein Suspensiveffekt (§ 132 IV VwGO).

Die weiteren Voraussetzungen der Beschwerde ergeben sich aus § 147 VwGO. Jedenfalls bei Ausländern, deren Aufenthaltsberechtigung streitig ist, sollte die Angabe einer ladungsfähigen Anschrift Zulässigkeitsvoraussetzung für die Einlegung der Beschwerde sein[65]). Die Verweisung einer beim unzuständigen Beschwerdegericht erhobenen Beschwerde hat keine fristwahrende Wirkung[66]). Die Beschwerdeentscheidung des iudex a quo besteht entweder in der Abhilfe oder Vorlage an das Beschwerdegericht, das durch Beschluß entscheidet (§§ 148, 150 VwGO).

Schaubild 4

Prüfungsschema: *Zulässigkeit eines Rechtsmittels*
1. *Statthaftigkeit* Die angefochtene Entscheidung muß a) überhaupt b) gerade mit dem eingelegten Rechtsmittel angreifbar sein
2. *Anfechtungsberechtigung* Beteiligte bei Berufung (§ 124 I VwGO), Revision (§ 132 I S. 1 VwGO) und Beschwerde (§ 146 I VwGO), sonst von der Entscheidung Betroffene bei der Beschwerde (§ 146 I VwGO)
3. Ggf. *Zulassung* (§§ 131 I S. 1, 132 I S. 2 VwGO)
4. *Form und Frist* (§ 124 II, III, §§ 139, 147 VwGO)
5. *Beschwer*
6. *Rechtsschutzbedürfnis*
7. *Kein Ausschluß des Rechtsmittels* durch Verzicht oder Verwirkung

---

64) BWVGH v. 25. 6. 1986, DVBl. 1986, 2897; a. A. BayVGH v. 15. 9. 1971, VGH n. F. 24, 153.
65) A. A. HessVGH v. 30. 5. 1989, NJW 1990, 140.
66) BWVGH v. 19. 8. 1987, NJW 1982, 222.

Schaubild 5

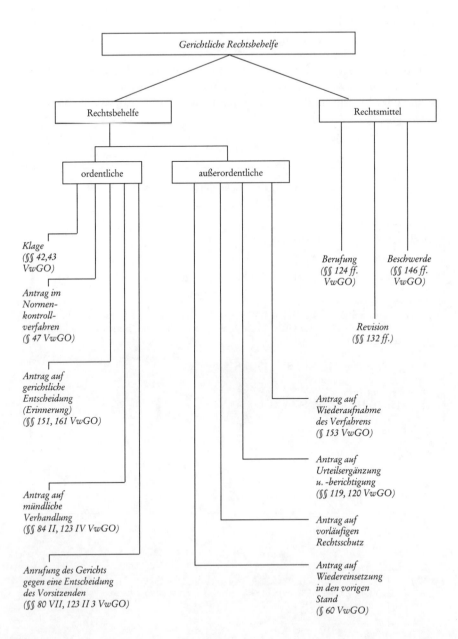

2. Abschnitt: Die Sachurteilsvoraussetzungen

§ 4 Bedeutung und Systematik

I. Allgemeines

Mit der Klageerhebung entsteht ein Prozeßrechtsverhältnis zwischen den Beteiligten und dem Gericht. Das Gericht hat von Amts wegen zu prüfen, ob es die Klage durch Prozeßurteil als unzulässig abweisen muß oder ob es zur Sache entscheiden kann. Die Prüfung der Sachentscheidungsvoraussetzungen ist folglich keine Prüfung der Prozeßvoraussetzungen. Die zuletzt genannte Bezeichnung ist zwar verbreitet, sollte aber vermieden werden, da sie nur Verwirrung stiftet[1]). Ungenau ist auch die Bezeichnung „Sachurteilsvoraussetzungen", da das Gericht auch einen Vorbescheid statt eines Prozeßurteils erlassen kann. Die Bezeichnung „Sachurteilsvoraussetzungen" bringt jedoch plastisch zum Ausdruck, daß im Examen regelmäßig ein Urteil gefordert wird, und hat sich obendrein weitestgehend eingebürgert. Sie liegt daher auch der vorliegenden Darstellung zugrunde.

1

II. Bedeutung

Mit den Sachurteilsvoraussetzungen verhält es sich wie mit dem VA. Sie bilden zwar das Kernstück der Lehrdarstellungen und Vorlesungen. In der Praxis kommt es jedoch häufig überhaupt nicht auf sie an, da insoweit die Rechtslage eindeutig ist. In Prüfungs- und Examensarbeiten fällt es dann aber um so schwerer ins Gewicht, wenn in wirklichen Zweifelsfällen Fehler gemacht werden. Das bedeutet zweierlei: Einerseits wird erwartet, daß die einzelnen Sachurteilsvoraussetzungen bekannt sind und beherrscht werden. Andererseits darf nur auf diejenigen Sachurteilsvoraussetzungen eingegangen werden, deren Vorliegen nach dem Aufgabentext zweifelhaft ist. Liegt der Schwerpunkt der Aufgabe auf materiell-rechtlichem Gebiet, so genügen wenige Bemerkungen zur Zulässigkeit des Verwaltungsrechtswegs, zu Klagetyp, -frist und -befugnis sowie zur Durchführung des Vorverfahrens[2]).

2

---

1) Vgl. *SG*, Rdnr. 32.
2) Lösungshinweise für die materiell-rechtliche Fragestellung finden sich bei *Broß/Ronellenfitsch* passim.

III. Systematik

3 Für die dogmatische Behandlung der Sachurteilsvoraussetzungen ist die Unterscheidung zwischen allgemeinen und besonderen Sachurteilsvoraussetzungen wichtig[3]). Die *allgemeinen Sachurteilsvoraussetzungen* müssen bei jeder Klage und Antragsart vorliegen; die *besonderen Sachurteilsvoraussetzungen* beziehen sich auf einzelne Klage- und Antragsarten. Sie dürfen nicht durch die Wahl einer anderen Klage- oder Antragsart unterlaufen werden (Beispiel: Eine Feststellungsklage wird nur erhoben, weil die Klagefrist für eine Anfechtungsklage verstrichen ist). Auf die Prüfungsreihenfolge wirkt sich jedoch diese Unterscheidung nicht aus. Vielmehr werden die allgemeinen und besonderen Sachurteilsvoraussetzungen zusammen geprüft. Für die folgende Darstellung spielt die Unterscheidung daher keine Rolle.

4 Die (allgemeinen und besonderen) Sachurteilsvoraussetzungen prägen sich am leichtesten ein, wenn man sie in *drei Gruppen* einteilt, je nachdem ob sie das Gericht, die Beteiligten oder das Verfahren betreffen[4]).

5 Die Einteilung hat nichts mit der heftig umstrittenen *Prüfungsreihenfolge* zu tun[5]). Zwar wird viel Mühe darauf verwendet, eine Rangfolge der Sachurteilsvoraussetzungen aufzustellen. Zwingende gesetzliche Regeln, in welcher Reihenfolge die Zulässigkeitsvoraussetzungen zu prüfen sind, bestehen aber nicht[6]), und eine für jeden Fall passende Systematik gibt es nicht[7]). In Prüfungs- und Examensarbeiten ist es daher durchaus gestattet, diejenige Prüfungsreihenfolge zu wählen, mit deren Hilfe sich die angestrebte Entscheidung (Fragestellung!) am leichtesten begründen läßt, ohne den im Aufgabentext aufgeworfenen Problemen auszuweichen. Allerdings hat sich bisher die Auffassung – zu Recht – noch nicht durchgesetzt, bei eindeutiger materieller Rechtslage sei ein Eingehen auf die Sachurteilsvoraussetzungen völlig überflüssig[8]). Auch der Vorschlag, bei offener Fragestellung („Wie ist die Rechtslage?") die Prüfungsreihenfolge umzukehren, da auch ein Anwalt in einer derartigen Situation zunächst das materielle Recht prüfe, stiftet nur Verwirrung. Der prozessuale

---

3) Vgl. *SG*, Rdnr. 35.
4) *Ule*, S. 147.
5) Vgl. die synoptische Darstellung bei *Blaschke*, SchlHA 1967, 67; ferner *RÖ*, § 109, 3; *Schwerdtfeger*, S. 3 f.; *Broß/Ronellenfitsch* S. 8 ff.
6) BVerwG v. 10. 10. 1975, BVerwGE 49, 221 (223).
7) *SG*, Rdnr. 35.
8) So aber *Rimmelspacher*, Zur Prüfung von Amts wegen im Zivilprozeß, 1966; *Grunsky*, S. 318 ff.; *Harms*, ZZP 83, 167 ff.; *Lindacher*, ZZP 90, 131 ff. und für den Verwaltungsprozeß *Gierth*, DÖV 1980, 893 ff. („Durchstarten zum Klagegrund"); im Sinn der h. L. *Martin*, Prozeßvoraussetzungen und Revision, 1974; *Sauer*, Die Reihenfolge der Prüfung und Zulässigkeit und Begründetheit einer Klage im Zivilprozeß, 1975; *Berg*, JR 1968, 257 ff.; *Schwab*, JuS 1976, 69 ff.; *Jauernig*, Festschr. f. Schiedermair, 1976, S. 289 ff. Eine Ausnahme gilt für das Rechtsschutzbedürfnis.

Aufbau mag gelegentlich kopflastig sein. Im Zweifel ist er aber übersichtlicher und erleichtert den Einstieg in die Aufgabe.

Der folgende Überblick über die Sachurteilsvoraussetzungen geht vom Vorrang der Zulässigkeits- vor der Sachprüfung aus. Er soll kein geschlossenes System der Sachurteilsvoraussetzungen darstellen, sondern nur als Anhalt für die Fallbearbeitung dienen.

Nach dem Raster: Wo, wer und wie? werden zunächst die gerichtsbezogenen Sachurteilsvoraussetzungen erörtert (§§ 5 und 6). Danach folgen die beteiligtenbezogenen Sachurteilsvoraussetzungen, soweit diese sich von den jeweiligen Verfahren trennen lassen (§ 7). Bei einem Teil der beteiligtenbezogenen Sachurteilsvoraussetzungen ist das nicht der Fall. Zum „Wie" gehört die Frage: „Ob". Klage- und Antragsbefugnis und Rechtsschutzbedürfnis werden deshalb den verfahrensbezogenen Sachurteilsvoraussetzungen zugeordnet, die im Interesse der besseren Lesbarkeit in elf Paragraphen untergebracht sind (§§ 8–17). Auf diese Weise dürften sich Prüfungsreihenfolge und systematische Anliegen am ehesten vereinbaren lassen.

Schaubild 6

Prüfungsschema: *Sachurteilsvoraussetzungen*

1. Bestehen der deutschen Gerichtsbarkeit (§ 18 GVG)
2. Zulässigkeit des Verwaltungsrechtswegs (§ 40 VwGO)
   a) keine verfassungsrechtliche Streitigkeit
   b) keine Zuweisung an ein anderes Gericht
   c) öffentlich-rechtliche Streitigkeit
3. Sachliche, funktionelle und örtliche Zuständigkeit des Gerichts (§§ 45 ff. VwGO)
4. Beteiligtenfähigkeit (§ 63 VwGO)
5. Prozeßfähigkeit und gesetzliche Vertretung (§§ 62, 67 VwGO)
6. Statthaftigkeit der Klage- und Verfahrensart
7. Ordnungsgemäße Klageerhebung
   a) Form (§ 81 VwGO)
   b) Inhalt (§ 82 VwGO)
8. Klage- bzw. Antragsbefugnis (§ 42 II, § 47 II VwGO)
9. Vorverfahren (§§ 68 ff. VwGO)
10. Frist (z. B. § 74 VwGO)
11. Fehlen der anderweitigen Rechtshängigkeit (§ 90 II VwGO)
12. Rechtsschutzbedürfnis

§ 5 Gerichtsbezogene Sachurteilsvoraussetzungen (Rechtsweg)

I. Das Bestehen der deutschen Gerichtsbarkeit

1   Die Frage, ob für die Entscheidung eines Rechtsstreits die deutsche Gerichtsbarkeit besteht, spielte im Verwaltungsprozeß bislang praktisch kaum eine Rolle.

Ein überholtes Beispiel für den Ausschluß der deutschen Gerichtsbarkeit, das aber im Zuge der europäischen Vereinheitlichung des Luftverkehrs wieder relevant werden könnte, war BWVGH v. 7. 8. 1979, ESVGH 30, 20 = DVBl. 1980, 459 m. Anm. *Gramlich (Eurocontrol);* hierzu auch BVerfG v. 23. 6. 1981, BVerfGE 58, 1 = EuGRZ 1982, 172 m. Anm. *Frowein* und v. 10. 11. 1981, BVerfGE 59, 63 = DÖV 1982, 404 m. Anm. *Gramlich* = DVBl. 1982, 578 m. Anm. *Busch;* hierzu *Seidl-Hohenveldern,* ZLW 1982, 111 ff.; vgl. auch *ders.,* Die Rechtsstellung der internationalen Beamten, 1987. Für Rechtsstreitigkeiten wegen der Erhebung von Schulgeld durch die Europäische Schule für die Bediensteten der Europäischen Patentorganisation in München ist der deutsche Verwaltungsrechtsweg gegeben, BayVGH v. 23. 8. 1989, EuR 1989, 359.

Zu beachten war auch hier lediglich, daß Exterritoriale, namentlich *Diplomaten,* der deutschen Gerichtsbarkeit nicht unterworfen sind (§ 173 VwGO i. V. m. §§ 18 ff. GVG[1]).

2   In einem ganz anderen Zusammenhang hat der Gesichtspunkt der Exterritorialität eine eminent politische und damit auch rechtliche Bedeutung erlangt. Vor allem die Nachrüstungskontroverse beschäftigte nicht nur das BVerfG[2]), sondern zeigte, daß zahlreiche Rechtsfragen im Zusammenhang mit dem *Aufenthalt der Stationierungsstreitkräfte* in der Bundesrepublik und der Westalliierten in Berlin ungeklärt sind. Dies gilt erst recht in der gegenwärtigen Umbruchsphase, die zwangsläufig zu einer Umgestaltung des Stationierungsrechts fremder Streitkräfte in einem vereinigten Deutschland führen muß.

Während bis zum Herbst 1990 die Verantwortlichkeit der drei Westmächte in bezug auf Berlin und Deutschland als Ganzes unverändert blieb, haben sich die Rechtsgrundlagen für den Aufenthalt und die Rechtsstellung der in der Bundesrepublik stationierten Streitkräfte mehrfach geändert. Nach der occupatio bellica und friedlichen Besetzung Deutschlands und nach dem Ende der Militärregierung im Herbst 1949 sollte durch die Bonner Verträge von 1952[3]) unter Beibehaltung der Rechtsgrundlagen der Stationierung die Rechtsstellung der Stationierungsstreitkräfte auf vertragliche Grundlage gestellt werden. Das Scheitern der EVG und der Beitritt der

---

1) Vgl. BVerfG v. 13. 12. 1977, BVerfGE 46, 342; Rdschr. d. BMI v. 14. 3. 1974 betr. Diplomaten u. a. (GMBl. S. 337); Wiener Übereinkommen über die diplomatischen Beziehungen v. 18. 4. 1961 (BGBl. 1964 II S. 958); Wiener Übereinkommen über die konsularischen Beziehungen v. 24. 4. 1963 (BGBl. 1969 II S. 1587).
2) BVerfG v. 16. 12. 1983, BVerfGE 66, 39; v. 18. 12. 1984, BVerfGE 68, 1.
3) Hierzu *Kutscher,* Bonner Verträge, in: *Strupp/Schlochauer* (Hrsg.): WVR I, S. 224 ff.

Bundesrepublik zum Brüsseler Vertrag machte eine Überarbeitung des Bonner Vertragswerks erforderlich, die durch die Pariser Verträge[4]) erfolgte, welche am 5. 5. 1955 in Kraft traten. Der Beitritt der Bundesrepublik zum Nordatlantikpakt bedeutete noch nicht den Beitritt zum NATO-Truppenstatut. Vielmehr war noch eine Reihe von Zusatzvereinbarungen und Ergänzungen auszuhandeln, ehe das Gesamt-Vertragswerk am 1. 7. 1963 in Kraft treten konnte. Es umfaßt u. a. das NATO-Truppenstatut vom 19. 6. 1951 (NTS), das Zusatzabkommen zum NATO-Truppenstatut (ZA NTS) und das Unterzeichnungsprotokoll zum Zusatzabkommen (UP ZA) vom 3. 8. 1959[5]).

Für die Rechtsstellung der in der Bundesrepublik Deutschland stationierten NATO-Truppen ist ausschließlich das Gesamtvertragswerk vom 1. 7. 1963 maßgeblich[6]). Die besatzungsrechtlichen Wurzeln sind gekappt. Dennoch sind die Stationierungsstreitkräfte weitestgehend der deutschen Verwaltungsgerichtsbarkeit entzogen. Auch das NTS und die ergänzenden Vereinbarungen gehen von der Immunität der Truppe aus[7]). Während einerseits die Mitglieder und das zivile Gefolge der Truppe und deren Angehörige grundsätzlich der deutschen Verwaltungshoheit unterliegen, besteht die Exemtion der Stationierungsstreitkräfte von der inländischen Gerichtsbarkeit auch dann, wenn diese – etwa nach Art. 53 I ZA NTS[8]) – Hoheitsakte erlassen. Die Stationierungsstreitkräfte haben zwar deutsches Recht zu beachten („respektieren")[9]). Unmittelbar justiziabel ist diese völkerrechtliche Verpflichtung jedoch nicht[10]).

Noch geringer waren die Möglichkeiten der Berliner, Rechtsschutz, geschweige denn Rechtsschutz vor deutschen Gerichten[11]), gegen Hoheitsakte der Westalliierten zu erlangen[12]). Ein Fortschritt bedeutete immerhin die Einrichtung der alliierten Beschwerdestelle für Berlin[13]). Der besondere Status von Berlin gehört aber nunmehr der Vergangenheit an. Die mitten in Deutschland klaffende Lücke des Rechtsstaats ist geschlossen.

---

4) Vgl. Pariser Protokoll v. 23. 10. 1954 (BGBl. II 1955 S. 215).
5) Vgl. die Beckche Textausgabe NATO-Truppenstatut, 5. Aufl. 1990.
6) Vgl. auch *Kortland*, Die Rechte und Pflichten der in der Bundesrepublik Deutschland stationierten ausländischen Streitkräfte auf den von ihnen benutzten Liegenschaften, inbesondere bei der Durchführung militärischer Baumaßnahmen, Diss. Bonn 1987.
7) *Sennekamp*, NJW 1983, 2731 ff. (2733).
8) Hierzu *Gronimus*, Die Eigensicherung der Alliierten, Diss. Bonn 1991.
9) Vgl. *Lübbe-Wolff*, NJW 1983, 2222 ff.; *Batstone/Stiebitz*, NJW 1984, 770 ff.
10) Vgl. HessVGH v. 26. 1. 1984, NJW 1984, 2055; VG Oldenburg v. 22. 3. 1989, NJW 1989, 1942 (1946 f.); NWOVG v. 2. 3. 1989, NVwZ-RR 1990, 174; *Ronellenfitsch*, VerwArch. 1985, 317 ff.
11) Mit der Spruchtätigkeit des BVerwG hatte dies nichts zu tun. Dem BVerwG war lediglich die Ausübung unmittelbarer Staatsgewalt (wozu auch die Rechtsprechung zählt) über die Westsektoren Berlins versagt, vgl. BVerwG v. 1. 2. 1989, BVerwGE 86, 99.
12) Vgl. *Randelzhofer*, Die Verwaltung 1986, 9 ff.
13) Hierzu *Forch*, NJW 1988, 1823 ff.

II. Die Zulässigkeit des Verwaltungsrechtswegs

1. Allgemeines

3   Nach § 40 I VwGO ist der Verwaltungsrechtsweg in allen öffentlich-rechtlichen Streitigkeiten nichtverfassungsrechtlicher Art gegeben, soweit die Streitigkeiten nicht durch Bundesgesetz einem anderen Gericht ausdrücklich zugewiesen sind. Für die Lösung der mit der Auslegung dieser Bestimmung verbundenen zahlreichen Streitfragen ist im Zweifelsfall folgende allgemeine Überlegung hilfreich: Rechtswegeregelungen sollen verhindern, daß Gerichte verschiedener Rechtswege über dieselbe Rechtsfrage entscheiden; sie dienen der fachgemäßen Arbeitsteilung unter den einander gleichwertigen Gerichtszweigen. Die VwGO darf somit nicht herangezogen werden, um vermeintliche Unvollkommenheiten der anderen Prozeßordnungen zu beheben[14]). *Pragmatische* Lösungen sind hier einem dogmatischen Purismus vorzuziehen.

Auch die Prüfung des § 40 I S. 1 VwGO sollte nach pragmatischen Gesichtspunkten und nicht einfach im Anschluß an die gesetzliche Wortfolge durchgeführt werden. Als zweckmäßig hat sich eine Prüfung der Tatbestandsmerkmale des § 40 I S. 1 VwGO erwiesen, bei der folgende Fragen in der angegebenen Reihenfolge beantwortet werden:
1. Liegt eine verfassungsrechtliche Streitigkeit vor?
2. Existiert eine Bestimmung, die den Rechtsstreit einem anderen Gericht zuweist?
3. Handelt es sich um eine öffentlich-rechtliche oder privatrechtliche (§ 13 GVG) Streitigkeit?

2. Verfassungsrechtliche Streitigkeit

4   Verfassungsrechtlich ist jede Streitigkeit, deren Gegenstand materiell dem Bundes- oder Landesverfassungsrecht zuzurechnen ist[15]). Darüber hinaus sind dem Verfassungsrecht im Rahmen der Anwendung des § 40 I VwGO nur die rechtlichen Beziehungen zwischen Verfassungsorganen, ihren Teilen und anderen am Verfassungsleben beteiligten Stellen zuzuordnen, nicht dagegen zwi-

---

14) *Beispiel:* Für die Klage gegen eine Behörde auf Rücknahme eines Strafantrags ist der Verwaltungsrechtsweg nicht eröffnet, obwohl dem Strafverfahrensrecht ein derartiger Rechtsschutz fremd ist; BWVGH v. 4. 8. 1983, NJW 1984, 75.
15) Vgl. hierzu die *ZVS-Entscheidung* des BVerfG v. 9. 4. 1975, BVerfGE 39, 276 = DÖV 1976, 345, 415 m. Anm. *H. Schneider* = NJW 1976, 1084 m. Anm. *Pestalozza;* s. auch *Humborg,* DVBl. 1982, 469 ff.; BWVGH v. 14. 12. 1981, DVBl. 1982, 451. Ferner die Entscheidungen des BVerfG v. 3. 4. 1974, BVerfGE 37, 104 und v. 7. 4. 1976, BVerfGE 42, 103 sowie des BVerwG v. 5. 2. 1976, BVerwGE 50, 124 = NJW 1976, 1113 m. Anm. *Pestalozza* und v. 9. 7. 1976, BVerwGE 50, 137 im *bonus-malus-Streit.*

§ 5 II 2 Verfassungsrechtliche Streitigkeit

schen Bürger und Staat. Maßgeblich sind somit Inhalt und Status der Beteiligten der Streitigkeit *(doppelte Verfassungsqualifikation*[16]*))*.
Für den Streit über die Rechtmäßigkeit einer *Petition* ist daher der Verwaltungsrechtsweg gegeben[17]). Entsprechendes gilt für die Ladung[18]) oder den Vorführbefehl[19]) eines Zeugen vor einem *parlamentarischen Untersuchungsausschuß* sowie den Antrag eines Steuerpflichtigen, dem Justizminister die Herausgabe von strafrechtlichen Ermittlungsakten an einen parlamentarischen Untersuchungsausschuß zu untersagen[20]). Das den parlamentarischen Untersuchungsausschüssen eingeräumte Beweiserhebungsrecht umfaßt auch die Befugnis zur zwangsweisen Beschaffung von Beweismitteln. Beschlagnahmen dürfen aber grundsätzlich nur durch den Richter angeordnet werden. Sie sind daher vom Untersuchungsausschuß beim zuständigen Richter zu beantragen[21]). Der Rechtsweg ergibt sich dann daraus, wo die Beschlagnahme zu beantragen war (§§ 94, 97ff. StPO; § 76 III AO; § 7 II und III UZwG). Soweit hiernach die ordentlichen Gerichte Rechtsschutz zu gewähren haben, ist nicht nur der Verfassungs-, sondern auch der Verwaltungsrechtsweg ausgeschlossen[22]). Ein *Landesrechnungshof* ist hinsichtlich seiner Prüfungstätigkeit kein Verfassungsorgan[23]). Die Sperrung eines „*Amtstelefons*" von Abgeordneten durch den Parlamentspräsidenten beruht auf dessen Hausrecht oder Polizeigewalt und ist ebenfalls verwaltungsrechtlicher Natur[24]). Grundsätzlich verwaltungsrechtlicher Natur sind auch *Wahlrechtsstreitigkeiten*, die den Bürger betreffen. Mit Rücksicht auf Art. 19 IV GG ist § 49 BWahlG verfassungskonform dahingehend auszulegen, daß der Verwaltungsrechtsweg nicht ausgeschlossen ist[25]).
Ganz generell nimmt das BVerwG unter Berufung auf Art. 19 IV GG eine *erweiternde Auslegung* des § 40 I S. 1 VwGO selbst bei verfassungsrechtlichen Streitigkeiten vor, wenn die Voraussetzungen einer Verfassungsbeschwerde nicht erfüllt sind[26]). Erforderlich ist aber die Möglichkeit der Verletzung eines

---

16) NWOVG v. 13. 1. 1982, NJW 1982, 1415. (Nur scheinbare) Ausnahme: Volksbegehren vgl. NWOVG v. 20. 2. 1974, OVGE 29, 218 m. Anm. *Bethge,* NJW 1975, 77 und *Menger,* VerwArch. 1975, 169; NWVerfG v. 13. 2. 1987, OVGE 39, 299. Maßt sich ein Bürger die Stellung eines Verfassungsorgans an, so ist ebenfalls der Verwaltungsrechtsweg ausgeschlossen; Hbg OVG v. 12. 7. 1985, DÖV 1986, 439.
17) Vgl. § 17 Rdnr. 14.
18) BVerwG v. 21. 11. 1980, BayVBl. 1981, 211; BayVGH v. 19. 5. 1978, BayVBl. 1981, 209 mit Anm. *Gremer;* OVG Lüneburg v. 28. 1. 1986, DVBl. 1986, 476; NWOVG v. 23. 9. 1986, DÖV 1987, 115.
19) VG Hannover v. 12. 1. 1988, NJW 1988, 1928. Zum Zeugniszwang OVG Lüneburg v. 27. 11. 1985, NVwZ 1986, 845.
20) RhPfOVG v. 7. 1. 1986, NVwZ 1986, 575.
21) BVerfG v. 1. 10. 1987, BVerfGE 77, 1 (51).
22) BremOVG v. 10. 4. 1989, NVwZ 1989, 1080. Vgl. auch *Schneiders,* MDR 1988, 9 ff.
23) Vgl. NWOVG v. 9. 5. 1978, DÖV 1979, 682 m. Anm. *Belemann;* hierzu auch *Krebs,* VerwArch. 1980, 77 ff.; VG Düsseldorf v. 3. 10. 1980, NJW 1981, 1396 = JuS 1981, 455 *(H. Weber)* hielt gleichwohl den Rechtszug zu den Verfassungsgerichten für gegeben; ebenso *Haverkate,* AöR 1981, 556 ff. (558); vgl. insgesamt *Kopp,* JuS 1981, 419 ff.
24) A. A. BWStGH v. 28. 1. 1988, VBlBW 1988, 211; vgl. auch *Ronellenfitsch,* NWVBL 1988, 283 ff.; ferner *Broß/Ronellenfitsch,* Fall 3.
25) Vgl. *Schenke,* NJW 1981, 22440 ff. Anders die Wahlprüfung selbst; hierzu BVerfG v. 10. 4. 1984, BVerfGE 66, 369.
26) Urt. v. 11. 7. 1985 − 7 C 64/83 −, NJW 1985, 2344.

Rechts i. S. v. Art. 19 IV GG, d. h. eine spezifisch personale Komponente des Rechtsstreits. Diese fehlt etwa bei der Rückforderung von Fraktionszuschüssen[27]).

3. Gesetzliche Zuweisung an ein anderes Gericht

a) Allgemeines

5   Die Zuweisung muß *ausdrücklich* erfolgen[28]) und kann nur durch Bundesgesetz oder für die Gebiete des Landesrechts durch Landesgesetz geschehen. Auch eine vorkonstitutionelle Zuweisung wie etwa früher im Bereich des Fernmeldewesens ist möglich[29]).

6   Das Erfordernis einer ausdrücklichen Zuweisung an ein anderes Gericht in § 40 I S. 1 VwGO schließt Kompetenzen anderer Gerichte „kraft Tradition" aus[30]). Insbesondere sind die „*Zivilprozeßsachen kraft Überlieferung*" entfallen. Hierunter verstand man Streitigkeiten öffentlich-rechtlicher Natur, über die gleichwohl die ordentlichen Gericht entschieden, um überhaupt Rechtsschutz zu gewähren[31]).

b) Ordentliche Gerichte

7   Die „Zivilprozeßsachen kraft Überlieferung" blieben in der Sache auch unter der Geltung der VwGO freilich weitgehend erhalten. Das liegt daran, daß das GG selbst Streitigkeiten über die Höhe der Enteignungsentschädigung (Art. 14 III S. 4) sowie Amtshaftungsansprüche (Art. 34 S. 3) dem ordentlichen Rechtsweg zuweist. Angesichts dieser Vorgaben verwundert es kaum, daß § 40 II S. 1 VwGO den ordentlichen Gerichten (teilweise deklaratorisch) solche Streitigkeiten im Sachzusammenhang mit dem *Staatshaftungsrecht* zuweist, für die sie herkömmlicherweise ohnehin zuständig waren. Bei der Interpretation von § 40 II S. 1 VwGO ist folglich immer die Zielsetzung der Bestimmung zu berücksichtigen: zum einen der Zusammenhang mit den auf *Geldleistung*

---

27) BVerwG v. 11. 7. 1985 – 7 C 59/84 –, NJW 1985, 2346 = JuS 1986, 560 (*H. Weber*).
28) BVerwG v. 24. 5. 1972, BVerwGE 40, 112. „Ausdrücklich" ist nach der (bedenklichen) Rechtsprechung nicht im strengen Wortsinn zu verstehen; vgl. BVerwG v. 5. 5. 1983, NJW 1984, 191; BGH v. 12. 12. 1989, BGHZ 109, 354 (356 f.).
29) Vgl. *Pietzner*, ArchivPF 1978, 306 ff. Zur aktuellen Lage unten § 30 Rdnr. 4.
30) *Lüke*, JuS 1980, 644 ff. (646).
31) Ausführlich *Schoch*, in: Festschr. f. Menger, S. 305 ff.

gerichteten Amtshaftungs- und Enteignungsentschädigungsansprüchen[32]), zum anderen die *Stoßrichtung* der Ansprüche *gegen den Staat*[33]).

Die (abdrängende) Sonderzuweisung des § 40 II S. 1 VwGO nennt zunächst Ansprüche aus *Aufopferung für das gemeine Wohl*. Das ist im Hinblick auf Art. 14 III S. 4 GG nur konsequent. Für eine Reaktivierung des Aufopferungsgedankens als Ersatz für den partiell überholten enteignungsgleichen Eingriff sind also die ordentlichen Gerichte zuständig[34]). Sieht der Gesetzgeber dagegen im Zusammenhang mit einer verhältnismäßigen Inhaltsbestimmung des Eigentums Entschädigungsansprüche vor, so handelt es sich um originäre öffentlich-rechtliche Ansprüche, die in die Zuständigkeit der Verwaltungsgerichtsbarkeit fallen. Der in diesem Zusammenhang gebrauchte irreführende Ausdruck „Entschädigung im Vorfeld der Enteignung" birgt dann die Gefahr einer Zweiteilung des Rechtswegs in sich, da die Zivilgerichte sich nach Überschreiten der Enteignungswelle für zuständig halten könnten. Ein Beispiel bietet die Interpretation des früheren, jetzt in § 75 II S. 4 VwVfG aufgegangenen § 17 IV S. 2 FStrG. Die vom BGH[35]) im Gegensatz zum BVerwG[36]) vorgenommene Differenzierung nach der Eingriffsintensität ist hier abzulehnen. Wird das Vorfeld der Enteignung verlassen, weil etwa ein Grundstück infolge unzumutbarer Verkehrsimmissionen nicht mehr nutzbar ist, so ist dies eine Frage des Planfeststellungsrechts und damit des Primärrechtsschutzes (des Rechtsschutzes gegen die Immissionen selbst)[37]). Auch unter Aufopferungsgesichtspunkten läßt sich dann die Zuständigkeit der Zivilgerichte nicht mehr begründen, über die Entschädigung nach § 75 II S. 4 VwVfG entscheiden somit ausschließlich die Verwaltungsgerichte[38]). Dies gilt generell für alle vergleichbaren Nominierungen, die dem Schutzbereich des Art. 14 Abs. 1 GG zuzuordnen sind[39]).

8

Der ordentliche Rechtsweg ist weiter gegeben für vermögensrechtliche

9

---

32) Öffentlich-rechtliche *Nebenansprüche*, die nur einen Annex des Schadensersatzanspruchs bilden, z. B. Ansprüche auf Auskunftserteilung, folgen in der Rechtswegfrage aus Gründen der prozessualen Zweckmäßigkeit dem Hauptanspruch. Auch für sie ist der ordentliche Rechtsweg eröffnet, BGH v. 25. 9. 1980, MDR 1981, 388. Dies gilt auch für den Rückgriffsanspruch des Dienstherrn gegen den Beamten und damit zusammenhängende Ansprüche, BayObLG v. 19. 3. 1984, BayVBl. 1984, 374.
33) *Schoch,* in: Festschr. f. Menger, S. 314.
34) Vgl. BGH v. 26. 1. 1984, BGHZ 90, 4; v. 29. 3. 1984, DÖV 1985 (116); v. 18. 12. 1986, JZ 1987, 671 m. Anm. *Ronellenfitsch.*
35) Urt. v. 6. 2. 1986, BGHZ 97, 114; v. 17. 4. 1986, BGHZ 97, 361; v. 10. 12. 1987, UPR 1988, 142; *Boujong,* UPR 1987, 207 ff.
36) Urt. v. 21. 5. 1976, BVerwGE 51, 15 (29); v. 9. 3. 1979, BVerwGE 57, 297; v. 14. 12. 1979, BVerwGE 59, 253 (261); v. 22. 5. 1987, BVerwGE 77, 295; *Korbmacher,* DÖV 1982, 517 ff. (522).
37) Zum Primärrechtsschutz auch SaarlOVG v. 20. 10. 1988, NVwZ-RR 89, 666.
38) *Berkemann,* DVBl. 1986, 768 ff.; *Kühling,* Fachplanungsrecht, 1988, Rdnr. 303; *Ronellenfitsch,* VerwArch. 1989, 92 ff. (113).
39) Vgl. auch BVerwG v. 19. 1. 1990, NJW 1990, 1926.

Ansprüche aus *öffentlich-rechtlicher Verwahrung*, da diese häufig im Zusammenhang mit Amtshaftungsansprüchen stehen[40]). Gemeint sind allein dann aber auch alle Ansprüche des Bürgers gegen den Staat aus dem Verwahrungsverhältnis[41]), mit Ausnahme des Folgenbeseitigungsanspruchs[42]).

10 Schließlich eröffnet § 40 II S. 1 VwGO den ordentlichen Rechtsweg für *Schadensersatzansprüche aus der Verletzung öffentlich-rechtlicher Pflichten.* Die weite Fassung der Vorschrift täuscht. Ausgeschlossen sind Ansprüche, die durch die spezielleren Zuweisungen erfaßt werden, Ansprüche aus öffentlich-rechtlichen Verträgen[43]) und alle Ansprüche des Staates gegen den Bürger. Darüber hinaus ist noch der Vorbehalt des § 40 II S. 2 VwGO zu beachten[44]). Folglich verbleiben nur Schadensersatzansprüche des Bürgers gegen den Staat aus der Verletzung bestimmter, gesetzlich begründeter Pflichten[45]) sowie aus der Verletzung von Pflichten aus verwaltungsrechtlichen Schuldverhältnissen nichtvertraglicher Art[46]).

11 *Ausgenommen* von der Sonderzuweisung zu den ordentlichen Gerichten sind nach § 40 II S. 1 VwGO Schadensersatzansprüche aus der Verletzung öffentlich-rechtlicher Pflichten, die auf einem *öffentlich-rechtlichen Vertrag* beruhen[47]). § 40 II S. 1 VwGO setzt den Begriff des öffentlich-rechtlichen Vertrags voraus. Merkmale eines öffentlich-rechtlichen, genauer eines verwaltungsrechtlichen (§ 1 I VwVfG) Vertrags sind das vertragliche Zusammenwirken der Vertragsparteien, der Verzicht auf die Vornahme einseitiger Regelungsakte und schließlich die Begründung, Änderung oder Aufhebung eines Rechtsverhältnisses auf dem Gebiet des öffentlichen Rechts, wobei der Vertragsgegenstand maßgeblich ist[48]). Bei Verträgen mit öffentlich-rechtlichen und privatrechtlichen Vertragsteilen wird die Zuordnung schwierig. Der BGH stellt auf den

---

40) BT-Drucks. III/1094, S. 5.
41) Also auch der Anspruch auf Rückgabe der verwahrten Sache; *Kopp*, § 40, 65.
42) *EF*, § 40, 94.
43) Unten Rdnr. 11.
44) Unten Rdnr. 14.
45) Vgl. § 82 KO, hierzu BGH v. 10. 4. 1979, NJW 1980, 55; § 19 BNotO; §§ 1697, 1833 BGB.
46) *Beispiel:* Verletzung der Schutzpflichten aus dem öffentlich-rechtlichen Kanalisationsbenutzungsverhältnis, BGH v. 17. 3. 1983, NVwZ 1983, 571.
47) Diese Fassung erhielt § 40 II S. 1 VwGO durch § 97 Nr. 1 VwVfG. Dadurch sollten etwaige Zweifel beseitigt werden, „daß für Streitigkeiten über Wirksamkeit und Inhalt eines öffentlich-rechtlichen Vertrages sowie über die Folgen und Leistungsstörungen aller Art einschließlich von Schadensersatzverpflichtungen die Zuständigkeit der Verwaltungsgerichte gegeben ist, soweit es sich nicht um Gebiete handelt, die den Gerichten der Finanz- und Sozialgerichtsbarkeit zugewiesen sind" (BT-Drucks. 7/910, S. 97).
48) BGH v. 30. 9. 1970, BGHZ 54, 287; v. 12. 7. 1971, BGHZ 56, 365; v. 4. 2. 1975, DVBl. 1975, 44; BVerwG v. 17. 2. 1971, BVerwGE 37, 231; v. 6. 7. 1973, BVerwGE 42, 331; v. 22. 8. 1975, DÖV 1976, 349; HessVGH v. 17. 10. 1974, ESVGH 26, 80; BayVGH v. 25. 10. 1977, BayVBl. 1977, BayVBl. 1978, 146; *Lange*, JuS 1982, 500 ff.; *ders.*, NVwZ 1983, 313 ff.

Schwerpunkt der Vereinbarung ab[49]), die Verwaltungsgerichte differenzieren demgegenüber nach den Vertragsteilen[50]).

Öffentlich-rechtliche Verträge sind insbesondere Erschließungsverträge gem. § 124 BauGB[51]), Folgekostenverträge bei Bauvorhaben[52]), Verträge zur Ablösung der Stellplatzpflicht für Kraftfahrzeuge[53]), Verträge über die freiwillige Baulandumlegung[54]), Ausbildungsförderungsverträge im öffentlichen Dienst[55]) oder Verträge über die Straßenbaulast[56]).

Der Verwaltungsrechtsweg ist auch dann gegeben, wenn zwischen einem vertraglichen Anspruch und einem Amtshaftungsanspruch ein Sachzusammenhang besteht[57]). Ferner erfaßt die Rechtswegzuweisung an die Verwaltungsgerichte nicht nur Ersatzansprüche wegen Nicht- oder Schlechterfüllung öffentlich-rechtlicher Verträge, sondern auch Ansprüche wegen Fehlens oder Wegfall der Geschäftsgrundlage[58]). Schließlich haben die Verwaltungsgerichte über die Erstattung von Leistungen zu entscheiden, die aufgrund öffentlich-rechtlicher Verträge erbracht wurden. Solche Erstattungs- und Bereicherungsansprüche stellen gewissermaßen die Kehrseite des Leistungsanspruchs dar und sind im selben Rechtsweg zu verfolgen wie dieser[59]). Entsprechendes gilt für Ansprüche aus Geschäftsführung ohne Auftrag[60]).

12

Streitig ist dagegen die Zuordnung der Ansprüche aus *culpa in contrahendo*. Vor der Änderung von § 40 VwGO nahm der BGH stets an, daß derartige Ansprüche vor die Zivilgerichte gehören, wenn sie − was i.d.R. der Fall ist − in engem Zusammenhang mit Amtshaftungsansprüchen stehen[61]). Im

13

---

49) Vgl. Urt. v. 22. 11. 1979, BGHZ 76, 16; v. 9. 12. 1982, UPR 1983, 264.
50) Vgl. BVerwG v. 29. 5. 1981, ZfBR 1981, 241; BWVGH v. 2. 3. 1982, NJW 1983, 190 (LS).
51) BVerwG v. 23. 4. 1969, BVerwGE 32, 37 (38); v. 22. 8. 1975, DVBl. 1976, 309; v. 9. 11. 1984, DVBl. 1985, 297 (299 f.); BGH vom 30. 9. 1970, NJW 1970, 2107; v. 5. 5. 1971, BGHZ 58, 386; v. 7. 2. 1980, BGHZ 76, 343; v. 3. 10. 1985, JZ 1986, 155; *Lange*, NVwZ 1983, 313 ff.
52) BVerwG v. 6. 7. 1973, BVerwGE 42, 331, hierzu *v. Mutius*, VerwArch. 1974, 201 ff.; v. 30. 11. 1973, BVerwGE 44, 202; v. 14. 4. 1978, BVerwGE 55, 337; BGH v. 12. 7. 1971, BGHZ 56, 365; v. 8. 6. 1978, BGHZ 71, 386; v. 8. 5. 1981, NJW 1982, 1283; *Stettner*, AöR 102 (1977), 544 ff.; *Plagemann*, WM 1979, 794 ff.; *Bötsch*, BayVBl. 1981, 11 ff.; *Hoffmann*, BayVBl. 1982, 742 ff.
53) BVerwG v. 13. 7. 1979, DÖV 1979, 756; v. 30. 8. 1985, NJW 1986, 600; v. 4. 10. 1985, BBauBl. 1985, 815; HessVGH v. 28. 1. 1983, NJW 1983, 2831 *Baier*, VBlBW 1985, 81 ff.; *Ehlers*, DVBl. 1986, 529 ff.; *Mühl-Jäckel*, DVBl. 1986, 545 ff. (549 f.).
54) BVerwG v. 6. 7. 1984, ZfBR 1984, 245.
55) BVerwG v. 23. 3. 1977, BVerwGE 55, 183; v. 25. 10. 1979, ZBR 1981, 126; v. 7. 5. 1981, NJW 1982, 1412; v. 6. 3. 1986, DVBl. 1986, 945; BGH v. 10. 12. 1972, DÖV 1972, 314; BWVGH v. 20. 12. 1983, VBlBW 1984, 377.
56) BayVGH v. 25. 10. 1977, BayVBl. 1978, 146.
57) *Kopp*, § 40, 71; vgl. auch *Backhaus*, DVBl. 1981, 287 ff.
58) BGH v. 10. 2. 1983, BGHZ 87, 9.
59) BGH v. 12. 7. 1971, BGHZ 56, 365; v. 30. 3. 1978, NJW 1978, 1385; BGHZ 87, 9 (15).
60) *RÖ*, § 40, 16. Vgl. auch BVerwG v. 6. 9. 1988, BVerwGE 80, 170 = JuS 1989, 764 *(Osterloh)*.
61) BGH v. 9. 6. 1978, BGHZ 71, 386 (388); v. 7. 2. 1980, BGHZ 76, 343 (348).

Gegensatz zum überwiegenden verwaltungsrechtlichen Schrifttum[62]) hält der BGH auch de lege lata an dieser Auffassung fest[63]). Hiergegen bestehen Bedenken. Der Hinweis des BGH auf die sachliche Nähe der vorvertraglichen und deliktischen Ansprüche[64]) ist wenig aussagekräftig; denn eine sachliche Nähe besteht auch zwischen vertraglichen und deliktischen Schadensersatzansprüchen. Einleuchtender ist schon das Argument, die Haftung aus culpa in contrahendo hänge nicht davon ab, daß es zum Abschluß eines Vertrages komme; Rechtsschutz dieser Haftung sei vielmehr ein gesetzliches Schuldverhältnis[65]), welches dem Vertrauensschutz diene[66]). Hiernach entferne sich der Anspruch aus culpa in cotrahendo so weit vom Entstehungsgrund eines Vertrages, daß er nicht mehr i. S. des § 40 II S. 1 VwGO darauf „beruht"[67]). Den Intentionen des Gesetzgebers, den öffentlich-rechtlichen Vertrag nicht nur dem öffentlichen Recht, sondern auch der Verwaltungsrechtsprechung zu unterstellen, wird diese Judikatur schwerlich gerecht. Das Vorliegen eines Verschuldens beim Vertragsabschluß läßt sich ohne Würdigung des zu schließenden Vertrags nicht ausreichend beurteilen. Der vom BGH betonte Sachzusammenhang ist enger zwischen culpa in contrahendo und dem angebahnten Vertrag als zwischen culpa in contrahendo und Amtshaftung, zumal auch den privaten Vertragspartner ein Verschulden treffen kann. Nur das engere personale Kontaktverhältnis von Vertragspartnern rechtfertigt ein eigenes Rechtsinstitut der culpa in contrahendo. Die Ansprüche aus Verschulden bei der Anbahnung oder dem Abschluß eines öffentlich-rechtlichen Vertrages fallen somit in die Zuständigkeit der Verwaltungsgerichte.

14 Die Rechtswegzuweisung zur ordentlichen Gerichtsbarkeit steht weiter unter dem *Vorbehalt* des § 40 II VwGO. Danach bleiben die besonderen Vorschriften des Beamtenrechts sowie über den Rechtsweg beim Ausgleich von Vermögensnachteilen wegen Rücknahme rechtswidriger VA unberührt.

Der Vorbehalt zugunsten des *Beamtenrechts* ist im Zusammenhang mit § 126 BRRG zu lesen. Er stellt sicher, daß für alle Streitigkeiten aus dem weit zu fassenden Beamtenverhältnis[68]) der Verwaltungsrechtsweg eröffnet ist. Der Vorbehalt gilt auch für Streitigkeiten aus dem Richter- und Wehrdienstverhältnis und aus dem Dienstverhältnis im Zivilschutzkorps. Nicht

---

62) *Kopp,* § 40, 72; *EF,* § 40, 95; *Henke,* JZ 1984, 446 ff.
63) Urt. v. 2. 10. 1985, DVBl. 1986, 409.
64) DVBl. 1986, 410.
65) Vgl. bereits BGH v. 28. 1. 1976, BGHZ 66, 51 (54, 56).
66) Im Anschluß an BGHZ 71, 386 (393).
67) DVBl. 1986, 410.
68) Vgl. BVerwG v. 9. 6. 1983, BVerwGE 67, 222; aber auch v. 15. 3. 1989, NVwZ-RR 1990, 94. (Die Entscheidung über die Ungültigkeit der Wahl eines kommunalen Beamten ist kommunalverfassungsrechtlicher Natur.)

berührt wird lediglich die Klage eines Beamten auf Schadensersatz wegen Amtspflichtsverletzung des Dienstherrn im ordentlichen Rechtsweg[69]).

Der Vorbehalt zugunsten von *Ausgleichszahlungen bei Rücknahme eines VA* bezieht sich auf § 48 VI VwVfG (und entsprechende Vorschriften in Spezialgesetzen[70])), obwohl sich beide Vorschriften nicht völlig decken. So dürfte sich § 40 II S. 2 VwGO sinngemäß auf Erstattungsansprüche ausdehnen lassen[71]). Der Vorbehalt zum Vorbehalt in § 48 VI 2. HS VwGO im Hinblick auf die Entschädigung wegen *enteignungsgleichen Eingriffs* läuft weitgehend leer. Die Regelung soll eine Zersplitterung des Rechtswegs bei Anspruchskonkurrenz vermeiden, zu der es nur noch bei einer ausdrücklichen Regelung des enteignungsgleichen Eingriffs, wie die der §§ 39, 43 I NRWOBG[72]), kommen kann. Die Beispiele zeigen aber, daß in den Einzelheiten vieles unklar und streitig ist[73]).

Weitere Sonderzuweisungen an die *Zivilgerichte* ergeben sich aus zahlreichen *Spezialgesetzen des Bundes.*

So sind nach § 23 EGGVG die Zivilgerichte zuständig für Anfechtungs- und Verpflichtungsklagen gegen *Justizverwaltungsakte* auf den Gebieten des bürgerlichen Rechts einschließlich des Handelsrechts, des Zivilprozesses und der freiwilligen Gerichtsbarkeit[74]). Der freiwilligen Gerichtsbarkeit zuzuordnen ist auch die vom Amtsgericht auf Antrag der zuständigen Verwaltungsbehörde angeordnete Freiheitsentziehung nach dem Freiheitsentziehungsgesetz[75]). Der Antrag der Verwaltungsbehörde steht mit der Entscheidung des Amtsgerichts in untrennbarem Zusammenhang und kann daher nicht isoliert vor den Verwaltungsgerichten angegriffen werden[76]). Für VA in *Notarsachen* entscheiden nach § 111 BNotO ebenfalls die ordentlichen Gerichte[77]). In *Rechtsanwaltssachen* sind die Zivilgerichte (Ehrengerichtshof für Rechtsanwälte) Berufsgerichte (§ 223 I, III BRAO)[78]). Die Zuständigkeit des Ehrengerichtshofs besteht nicht für Klagen Dritter (z. B. von Mandanten)[79]). Auf dem *seuchenpolizeilichen* Gebiet enthalten § 61 I BSeuchenG, § 32 IV PflSchG Zuweisungen an die Zivilgerichte. Der Verwaltungsrechtsweg ist demgegenüber gegeben nach § 72 b TierSG. Bestimmte VA nach dem BauGB können nur durch Antrag auf gerichtliche Entscheidung vor der *Kammer für Baulandsachen* angefochten werden, welche bei den Landgerichten besteht (§§ 217 ff. BauGB). Über VA nach dem GrdstVG, dem LandpachtG und dem Bundesvertriebenengesetz entscheiden nach § 1 LwVG die *Landwirtschaftsgerichte* (Amtsgericht, OLG, BGH).

---

69) *Kopp*, § 40, 78.
70) Zu Ausgleichsansprüchen wegen der Rücknahme einer Baugenehmigung OVG Lüneburg v. 7. 2. 1986, DVBl. 1986, 695.
71) *Meyer/Borgs*, § 48, 83.
72) Vgl. OLG Düsseldorf v. 7. 1. 1987, NJW 1987, 1336.
73) Vgl. *Schoch*, in: Festschr. f. Menger, S. 326 ff.
74) Hierzu *Lüke*, JuS 1961, 207 ff.; *Schütz*, VR 1981, 187 ff. Mit den Justizverwaltungsakten verwandt sind die Organisationsakten der Gerichte; vgl. aber auch HessVGH v. 17. 12. 1986, NJW 1987, 1219.
75) *Sartorius*, Nr. 617.
76) Str.; wie hier RhPfOVG v. 28. 6. 1988, NVwZ-RR 89, 441.
77) Vgl. *Ronellenfitsch*, DNotZ 1990, 75 ff. (84 f.); BGH v. 8. 11. 1976, NJW 1977, 390; v. 11. 12. 1978, DNotZ 1979, 688.
78) Vgl. BVerwG v. 5. 5. 1983, NJW 1984, 191 („Vortrittslisten").
79) BWVGH v. 16. 2. 1982, NJW 1982, 2011.

Der ordentliche Rechtsweg ist schließlich gegeben für Haftungsansprüche auf dem Gebiet des *Postwesens* (§ 26 II PostG). Im *Fernmeldewesen* war die Sonderzuweisung des § 9 I S. 2 FAG restriktiv zu interpretieren[80]). Über die Störungsbeseitigung elektrischer Anlagen entscheiden gem. § 24 FAG i. V. m. § 23 FAG dagegen immer die ordentlichen Gerichte[81]). § 13 III TWG wiederum eröffnet schlechthin den Rechtsweg. Für Ersatzansprüche nach § 2 III TWG ist daher der Rechtsweg zu den Verwaltungsgerichten gegeben[82]).

Die ordentlichen Gerichte entscheiden ferner in öffentlich-rechtlichen Streitigkeiten auf dem Gebiet des *Landesrechts*, falls sie vom Landesgesetzgeber entsprechend § 40 I S. 2 VwGO für zuständig erklärt wurden. Hauptbeispiel sind die Zuweisungen für Entschädigungsansprüche wegen rechtmäßiger Inanspruchnahme als Nichtstörer[83]).

c) Strafgerichte

16   Die Strafgerichte sind zuständig auf dem Gebiet der Strafrechtspflege[84]). Abgrenzungsschwierigkeiten tauchen auf, wenn Polizeibehörden (Vollzugspolizei) zur Verfolgung strafbarer Handlungen und präventivpolizeilich tätig werden[85]). Betätigen sich die Polizei- und Ordnungsbehörden auf dem Gebiet der Gefahrenabwehr, so ist Rechtsschutz im Verwaltungsrechtsweg eröffnet. Dabei spielt es keine Rolle, in welchen Gesetzen die Eingriffsbefugnisse für die angegriffenen polizeilichen Maßnahmen enthalten sind. So zählen zum präventivpolizeilichen Bereich auch Maßnahmen der vorbeugenden Verbrechensbekämpfung. Zugleich dienen solche Maßnahmen der späteren Aufklärung etwaiger Straftaten. Derartige Maßnahmen sind deshalb zusammenhängend in der StPO geregelt. Im einzelnen muß genau differenziert werden:

Handelt die Polizei *im Strafverfahren*, so kommt *nur der strafgerichtliche Rechtsschutz* in Betracht. Entweder bestehen dann Eilkompetenzen der Polizeiorgane in ihrer Funktion als Hilfsbeamte der Staatsanwaltschaft für Beschlagnahmen (§ 98 I, § 111 e I StPO), Durchsuchungen (§ 105 StPO), körperliche Untersuchungen einschließlich der Entnahme von Blutproben und andere körperliche Eingriffe (§§ 81 a, 81 c StPO), ferner für die Einrichtung von Kontrollstellen (§ 111 II StPO): dann kann in allen Fällen der Betroffene eine richterliche Entscheidung nach § 98 II S. 2 StPO beantragen[86]). Dies gilt auch

---

80) Vgl. unten § 30 Rdnr. 4.
81) Vgl. zur Störung durch neue Rundfunksender AG Karlsruhe v. 8. 6. 1989, NJW 1990, 329.
82) BGH v. 7. 10. 1982, NJW 1983, 1798.
83) Vgl. *RÖ*, § 40, 47. Keine Zuweisung besteht bei Entscheidungen über Anträge kommunaler Vollstreckungsbehörden auf Erteilung von Durchsuchungsbefehlen in Bayern; a. A. VG Ansbach v. 1. 12. 1980, BayVBl. 1981, 475 m. zutreffender Anm. *Eibert.*
84) Vgl. Schaubild 7.
85) Zum folgenden *Götz*, JuS 1985, 869 ff.
86) Vgl. *Amelung*, Rechtsschutz gegen strafprozessuale Grundrechtseingriffe, 1976, S. 26.

für erledigte Festnahmen (§ 127 II StPO) – bei noch andauernden Beeinträchtigungen greift ohnehin das Rechtsschutzsystem des Haftrechts (§§ 128, 129, 163 c I S. 2 StPO) – und das Festhalten zur Identitätsfeststellung (§ 163 c StPO[87])). Oder es handelt sich um Anordnungen, Verfügungen oder sonstige Maßnahmen, die von Justizbehörden zur Regelung einzelner Angelegenheiten auf dem Gebiet der Strafrechtspflege getroffen werden, bei denen sich der Rechtsschutz nach §§ 23 ff. EGGVG (Strafsenat des OLG) richtet. Hierher gehören Maßnahmen nach § 81 b, 1. Alt. StPO („für Zwecke der Durchführung des Strafverfahrens"), Identitätsfeststellung (§ 163 b StPO) und Störerfestnahme (§ 164 StPO), aber auch die Begnadigung gegenüber Maßnahmen der Strafjustiz[88]). Die Verweigerung der Akteneinsicht durch die Staatsanwaltschaft im laufenden Ermittlungsverfahren erfüllt die Voraussetzungen des § 23 I EGGVG[89]).

Außerhalb eines konkreten *Strafverfahrens* und damit auf dem Gebiet der *Gefahrenabwehr* erfolgen erkennungsdienstliche Maßnahmen nach § 81 b, 2. Alt. StPO[90]), Sperrerklärungen nach § 96 StPO[91]), die Führung von Kriminalakten[92]) und regelmäßig der „beobachtenden Fahndung"[93]). Über ihre Rechtmäßigkeit entscheiden Verwaltungsgerichte ebenso wie über Ansprüche auf Vernichtung aufbewahrter erkennungsdienstlicher Unterlagen, die im Rahmen eines mittlerweile abgeschlossenen Strafverfahrens angefertigt worden waren[94]).

Bei sog. *doppelfunktionalen Maßnahmen*, bei Maßnahmen also, die gleichzeitig der Gefahrenabwehr und Strafverfolgung dienen, bestehen unterschiedliche Möglichkeiten der Zuordnung. So könnte man konkurrierend den Rechtsweg zu den ordentlichen Gerichten und Verwaltungsgerichten für gegeben halten und dem Betroffenen (nach dem Prinzip der Meistbegünstigung) ein Wahlrecht zubilligen. Von allen Lösungen ist dies aber die schlechteste, weil sie die Gefahr divergierender Entscheidungen heraufbeschwört. Eine verbreitete Meinung stellt demgegenüber auf das „Schwergewicht" der Betätigung ab[95]), das sich indessen häufig nicht eindeutig klären läßt. Das BVerwG hat daher zu Recht festgestellt, daß die Polizeibehörden selbst bestimmen, in welcher Funk-

---

87) *Götz*, JuS 1985, 871. Bei Freiheitsentziehungen, die nicht auf richterliche Anordnung beruhen, muß unverzüglich die richterliche Entscheidung nach dem FEVG herbeigeführt werden. Das AG entscheidet dann über die Rechtmäßigkeit der Verwaltungsmaßnahme (§ 13 II FEVG); BVerwG v. 23. 6. 1981, NJW 1982, 536.
88) BVerwG v. 10. 10. 1975, BVerwGE 49, 221. Zu den Maßnahmen im Rahmen der Untersuchungshaft und Strafhaft vgl. § 119 VI, § 304 I StPO, § 93 StVollzG.
89) OLG Frankfurt v. 29. 7. 1987, StrVert 1989, 96, 194 m. Anm. *Welp*.
90) BVerwG v. 19. 10. 1982, BVerwGE 66, 192.
91) BVerwG v. 27. 4. 1984, NJW 1984, 2233 unter Aufhebung von HessVGH v. 30. 8. 1983, NJW 1984, 1253; vgl. aber auch OVG Lüneburg v. 25. 8. 1983, NJW 1984, 940.
92) BayVGH v. 27. 9. 1983, BayVBl. 1984, 272; a. A. *Schoreit*, NJW 1985, 169 ff.
93) BayVGH v. 14. 1. 1986, NVwZ 1986, 655; a. A. NWOVG v. 13. 9. 1979, NJW 1980, 855.
94) *Kopp*, § 179, 9.
95) NWOVG, NJW 1980, 855; BayVGH v. 14. 1. 1986, NVwZ 1986, 655.

tion sie tätig werden wollen. Aus der Begründung der einzelnen Maßnahme kann dann in aller Regel deren Zuordnung abgeleitet werden[96]). Es kommt also nicht darauf an, bei welcher Gelegenheit die Polizei die Maßnahme trifft, sondern welche Zwecke sie damit erfüllt (erfüllen will)[97]). In den meisten Fällen wird dabei der Verwaltungsrechtsweg zu verneinen sein[98]).

d) Arbeitsgerichte

17 Die sachliche Zuständigkeit der Arbeitsgerichte ergibt sich aus §§ 2 bis 3 ArbGG. Abgrenzungsprobleme im Verhältnis zur Verwaltungsgerichtsbarkeit bestehen, wenn die öffentliche Hand der Arbeitgeber ist und kein Beamtenverhältnis begründet wurde. Eine bürgerlich-rechtliche Streitigkeit ist dann gleichwohl nicht gegeben, wenn das Arbeitsverhältnis materiell zum öffentlichen Dienst zählt. Für Vergütungsansprüche aus einem dem Referendardienst entsprechenden Ausbildungsverhältnis außerhalb des Beamtenverhältnisses auf Widerruf ist daher dennoch der Rechtsweg vor den Verwaltungsgerichten eröffnet[99]).

18 Eine – vorkonstitutionelle – Zuweisung an die Arbeitsgerichte enthält § 13 HS 2 ErstG für die Anfechtung von *Erstattungsbescheiden* gegen Angestellte oder Arbeiter im öffentlichen Dienst[100]).

e) Besondere Verwaltungsgerichte

19 § 2 VwGO spricht von der allgemeinen Verwaltungsgerichtsbarkeit. Dieser Begriff entspricht dem der Verwaltungsgerichtsbarkeit in Art. 95 I GG. Dem GG läßt sich auch entnehmen, welche besonderen Verwaltungsgerichtsbarkeiten für öffentlich-rechtliche Streitigkeiten bestehen, nämlich die Finanzgerichtsbarkeit, die Sozialgerichtsbarkeit, die Dienststraf- und Dienstgerichtsbarkeit und die Berufsgerichtsbarkeit.

20 Die Abgrenzung des *Finanzrechtswegs* vom Verwaltungsrechtsweg ist durch § 33 FGO erfolgt. Wegen der Einzelheiten wird auf die einschlägigen Kom-

---

96) Urt. v. 3. 12. 1974 – I C 11.73 –, BVerwGE 47, 255 = JZ 1975, 523 m. Anm. *Amelung* = NJW 1975, 893, 1529 m. Anm. *Schenke* = DÖV 1975, 275 m. Anm. *Naumann* (zwangsweise Mitnahme zur Wache zur Feststellung der Personalien) sowie – I C 26.72 – DVBl. 1975, 581 (Aufnahme von Lichtbildern); hierzu *Markworth*, DVBl. 1975, 575 ff.
97) *Götz*, JuS 1985, 872. BWVGH v. 16. 5. 1988, NVwZ-RR 1989, 412 folgt der funktionellen Betrachtungsweise, stellt aber auf den Empfängerhorizont ab.
98) Vgl. auch BGH v. 16. 12. 1977, DÖV 1978, 730 m. Anm. *Schenke*.
99) BAG v. 28. 6. 1989, NZA 1990, 325.
100) Vgl. *Ronellenfitsch*, JA 1975, ÖR S. 197 ff.

mentare verwiesen[101]). Der *Sozialgerichtsbarkeit* sind gem. § 51 I SGG die nichtverfassungsrechtlichen[102]) öffentlich-rechtlichen Streitigkeiten[103]) in Angelegenheiten der Sozialversicherung[104]), der Arbeitslosenversicherung und der übrigen Aufgaben der Bundesanstalt für Arbeit sowie der Kriegsopferversorgung zugewiesen. Zur Sozialversicherung zählen auch die kassenärztlichen Angelegenheiten. Für *Disziplinarsachen* ist die Zuständigkeit der Gerichte der allgemeinen Verwaltungsgerichtsbarkeit ausgeschlossen, sofern ihnen nicht auf der Grundlage des § 187 I VwGO durch Landesgesetz diese Aufgabe übertragen wurde[105]). Die Zuständigkeit der *Wehrdienstgerichte* (Truppendienstgerichte) folgt aus den §§ 62 ff. WDO[106]). Schließlich besteht noch die *Berufsgerichtsbarkeit* der freien Berufe.

4. Öffentlich-rechtliche Streitigkeit

Öffentlich-rechtlich ist nur eine Streitigkeit, deren Streitgegenstand sich als *unmittelbare Folge* des öffentlichen Rechts darstellt[107]). Geklärt werden muß folglich zunächst, welche Vorschriften für den Streitgegenstand maßgeblich sind[108]) und sodann, welchem Rechtsbereich diese Vorschriften angehören. Entscheidend ist dabei die wahre Natur des im Klagevorbringen behaupteten prozessualen Anspruchs[109]). Anknüpfungspunkt ist der Sachvortrag des Klägers. Ergeben die Behauptungen des Klägers – ihren Nachweis unterstellt –, daß eine öffentlich-rechtliche Streitigkeit vorliegen kann, dann ist der Verwal-

21

---

101) Aus der Rspr. vgl. etwa BVerwG v. 29. 8. 1986, NVwZ 1987, 216; BFH v. 4. 10. 1988, NVwZ-RR 1989, 521. Vgl. auch *Kalmes*, BB 1989, 818 ff.
102) Hierzu BSG v. 22. 2. 1979, MDR 1979, 788.
103) Internationalrechtlich handelt es sich durchgängig angeblich um „zivilrechtliche" Ansprüche i. S. d. Art. 6 MRK; vgl. – wenig überzeugend – EGMR v. 29. 5. 1986, NJW 1989, 652 = JuS 1989, 664 *(Dörr)*.
104) Hierzu BVerwG v. 24. 5. 1972, BVerwGE 40, 112. Für die Klage auf Berichtigung einer Arbeitsbescheinigung nach § 133 I AFG sind die Sozialgerichte zuständig, BAG v. 13. 7. 1988, NJW 1989, 1947. Zum Verfahren *Philipp*, , BayVBl. 1989, 387 ff.
105) Dies ist geschehen in Berlin, Bremen und Hessen.
106) Wichtig v. a. § 17 WBO; hierzu BVerwG v. 29. 11. 1988, NVwZ 1989, 759 L. Vgl. allgemein *Giesen*, NJW 1988, 1709 ff.
107) BVerwG v. 25. 3. 1971, BVerwGE 38.1 (4 f.); NWOVG v. 9. 2. 1984, NJW 1985, 281. Vgl. auch zum Rechtsweg bei Lebensmitteluntersuchungen BVerwG v. 7. 5. 1987, ZLR m. Anm. *Zindel.*
108) So richtet sich der Rechtsweg für das Vollstreckungsverfahren nach der Rechtsnatur des Titels, aus dem die Zwangsvollstreckung (unmittelbar) betrieben wird und nicht nach der Rechtsnatur der dem Titel zugrundeliegenden Forderung; vgl. BayVGH v. 29. 10. 1982, BayVBl. 1983, 375; a. A. *Renck*, NVwZ 1982, 547 f.; s. auch NWOVG v. 20. 3. 1985, NJW 1987, 396.
109) Vgl. BVerwG v. 15. 2. 1961, BVerwGE 12, 64; v. 25. 10. 1972, BVerwGE 41, 127; BGH v. 9. 5. 1979, DÖV 1980, 171 m. Anm. *Bickel;* v. 18. 12. 1981, DVBl. 1982, 945; v. 3. 10. 1985, DVBl. 1986, 409; BGH v. 12. 1. 1989, BGHZ 109, 354 (356); BAG v. 14. 12. 1988, NJW 1989, 2909; BSG v. 20. 9. 1988, NJW 1989, 2771; OLG Düsseldorf v. 18. 5. 1989, NJW 1990, 328.

tungsrechtsweg gegeben. Die rechtliche Würdigung ist aber allein Aufgabe des Gerichts. In diesem Rahmen kann daher auch das Verteidigungsvorbringen des Beklagten Bedeutung erlangen[110]).

22 Eine öffentlich-rechtliche Streitigkeit ist dadurch gekennzeichnet, daß es bei ihr immer um die Ausübung *staatlicher* Gewalt geht. Die durch Art. 140 GG i. V. m. Art. 137 III WV erfaßten *Religionsgemeinschaften* verfügen zwar über eine öffentliche Rechtsstellung, üben aber in innerkirchlichen Angelegenheiten keine Staatsgewalt aus.

Durch eine exzessive Interpretation der innerkirchlichen Angelegenheiten und Ämterautonomie reduzieren die Gerichte den Anwendungsbereich von § 40 VwGO gelegentlich in bedenklicher Weise[111]). Auch ansonsten erweisen sich Entscheidungen, die das Verhalten der Kirchen betreffen, regelmäßig als Stich ins Wespennest. Der alte Streit um etwaige Zulässigkeitsschranken des kirchlichen Glockengeläuts erhielt neue Nahrung, als ein Nachbar — in der Sache erfolglos — Unterlassungsklage gegen das frühmorgendliche Geläut um 6 Uhr erhob. Entgegen der privatrechtlichen Betrachtungsweise des Schrifttums[112]) sieht das BVerwG im liturgischen Glockengeläut eine „typische Lebensäußerung der öffentlich-rechtlichen Körperschaft Kirche", setzt insoweit also öffentliche Gewalt und Staatsgewalt gleich[113]).

23 Im übrigen ergibt sich die Bestimmung der öffentlich-rechtlichen Streitigkeit in *Abgrenzung* zu den bürgerlichen Rechtsstreitigkeiten i. S. v. § 13 GVG. Die dogmatischen Bemühungen um eine Abgrenzung von öffentlichem Recht und Privatrecht dauern nun schon über ein Jahrhundert an, ohne daß eine der zahlreichen Abgrenzungstheorien allgemeine Anerkennung gefunden hätte. Das ist auch nicht verwunderlich. Die Unterscheidung von öffentlichem und privatem Recht ist zwar unserer Verfassungsordnung immanent. Sie ist jedoch nicht apriorischer Natur und ist ebenso wie der Aufgabenbereich der öffentlichen Verwaltung ständigem Wandel unterworfen. Daher kann man kaum damit rechnen, daß in absehbarer Zeit jemand den Stein des Weisen in Form einer allumfassenden und zeitlosen Abgrenzungstheorie finden wird. Die Suche nach einer derartigen Theorie ist jedenfalls gewiß nicht Aufgabe der Verwaltungsge-

---

110) Vgl. BVerwG v. 25. 3. 1982, NVwZ 1983, 220.
111) Vgl. BVerfG v. 12. 2. 1981, NJW 1983, 2750; v. 5. 7. 1983 und v. 1. 6. 1983, NJW 1983, 2569; BVerwG v. 25. 11. 1982, NJW 1983, 2580 jew. m. Bespr. *Steiner,* NJW 1983, 2560; vgl. auch *ders.,* JuS 1980, 342 ff.; *ders.,* NVwZ 1989, 410 ff.; VG Ansbach v. 11. 10. 1983, BayVBl. 1984, 120, 28 m. Anm. *Gramlich; Maurer,* in Festschr. f. Menger, S. 285 ff.; *v. Campenhausen,* AöR 112 (1987), 624 ff.; *Listl,* DÖV 1989, 409 ff.; *Ehlers,* JuS 1989, 364 ff.; *H. Weber,* NJW 1989, 2217 ff. auch BAG v. 7. 2. 1990, NJW 1990, 2082. Billigenswert dagegen BVerwG v. 31. 5. 1990, NJW 1990, 2079 (Rechtsweg für die Klage auf Errichtung eines Grabmals auf einem jüdischen Friedhof).
112) Vgl. *v. Campenhausen,* DVBl. 1972, 23 f.; *Rüfner,* in: HdBStKR I, 1974, S. 759, 768 f.; *Schatzschneider,* BayVBl. 1980, 564 f.
113) Urt. v. 7. 10. 1983, DÖV 1984, 255 im Anschluß an *Isensee,* in: Gedächtnisschr. Constantinesco, 1983, S. 301 ff.

richtsbarkeit, und wenn im Schrifttum irgendwelche „herrschende" Lehren propagiert werden, so werden damit in aller Regel nur regionale Vorlieben zum Ausdruck gebracht. Auch die sog. neuere *Sonderrechtstheorie* ist keineswegs herrschend. Sie verleitet nur zu der beliebten Tautologie: „Die Streitigkeit ist öffentlich-rechtlicher Natur, weil sie die Anwendbarkeit öffentlich-rechtlicher Vorschriften betrifft"[114]). Neben der Sonderrechtstheorie finden die verschiedenen Formen der *Subjektstheorie*, der Interessentheorie und vor allem der *Subordinationstheorie* immer noch Anhänger[115]). Keine dieser Theorien liefert in jedem Fall ein überzeugendes Ergebnis. Sie schließen sich aber auch nicht wechselseitig aus. Daher ist es zulässig – sofern es im konkreten Fall überhaupt darauf ankommen sollte! – die Theorien nebeneinander anzuwenden. Sind Verwaltungsträger am Rechtsstreit beteiligt, so ist im Zweifel eine öffentlich-rechtliche Lösung anzustreben[116]); über Rechtsstreitigkeiten zwischen Privaten haben im Zweifel die Zivilgerichte zu entscheiden[117]), sofern die Privaten nicht als Träger von Staatsgewalt handeln.

Die in jüngster Zeit am häufigsten diskutierten Abgrenzungsfälle betreffen aus dem *kommunalen Bereich* die gesetzlichen Vorkaufsrechte der Gemein- 24

---

114) Zur Rechtfertigung dieser Formulierung dient auch die von *Gern,* ZRP 1985, 56 ff. entwickelte Kompetenztheorie, die daran scheitert, daß die Unterscheidung von öffentlichem und privatem Recht nicht völlig dem Belieben des Gesetzgebers anheimgestellt ist. Von dem normalen – nicht anachronistischen! – Überordnungs-/Unterordnungsverhältnis kann gelegentlich abgewichen werden. Als Grundstruktur muß es erhalten bleiben, solange das Gemeinwesen als Staat verfaßt ist.

115) Vgl. *Forsthoff,* S. 113; *Wolff/Bachof* I, § 22; *Achterberg,* § 1, 14 ff.; *Mayer/Kopp,* § 4 III; *Menger,* in: Festschr. H. J. Wolff, 1973, S. 149 ff.; *Finkelnburg,* in: Festschr. f. Menger, S. 279 ff.; *Schmidt,* Die Unterscheidung von privatem und öffentlichem Recht, 1985; *Renck,* JuS 1986, 270 ff.; aus der Rspr. VG München v. 5. 12. 1979, BayVBl. 1980, 314; RhPfOVG v. 3. 2. 1982, GewArch 1982, 198; NWOVG v. 21. 12. 1988, NJW 1989, 2209.

116) *Beispiel:* In den Fällen, in denen eine Gemeinde eine öffentliche Aufgabe durch Einrichtungen einer von ihr betriebenen öffentlichen Anstalt erfüllt und in denen die Benutzer einen öffentlich-rechtlichen Benutzungsanspruch haben, ist von einer öffentlich-rechtlichen Ausgestaltung des Nutzungsverhältnisses auszugehen; vgl. BWVGH v. 7. 7. 1975, ESVGH 25, 203 und v. 8. 5. 1978, NJW 1979, 1900 (Bademützen-Fall). Gegenbeispiel: BGH v. 24. 10. 1974, BGHZ 63, 119 (Besondere Fallgestaltung bei der Benutzung einer kommunalen Müllkippe); wohl überholt. Für Streitigkeiten gegen öffentlich-rechtliche Rundfunkanstalten sollte generell der Verwaltungsrechtsweg eröffnet sein; vgl. *Kopp,* BayVBl. 1988, 193 ff.

117) Vgl. unten Rdnr. 24. Für die Vollstreckung aus einem Vergütungsfeststellungsbeschluß ist der Rechtsweg zu den Verwaltungsgerichten nicht gegeben; NWOVG v. 20. 3. 1985, RPfleger 1986, 152 m. Anm. *Lampe.*

den[118]), das Namensrecht einer Gemeinde[119]), Nutzungsrechte am unverteilten Gemeindegrund[120]). Bei der Tätigkeit der *Exekutive* schlechthin sind umstritten das behördliche Hausverbot[121]), die Streichung aus Behördenlisten[122]) die Tätigkeit der Jugendämter als Amtspfleger oder Amtsvormund[123]) sowie das Subventionswesen[124]) und die Rechtsbeziehungen im Rahmen der Sozialhilfe[125]). Abgrenzungsschwierigkeiten treten schließlich immer wieder auf, wenn *Private*

---

118) Die früher vertretene zivilrechtliche Auffassung des BGH (BGH v. 26. 1. 1973, BGHZ 60, 275; BGH v. 7. 3. 1975, DVBl. 1975, 487) traf das Wesen des gesetzlichen Vorkaufsrechts nicht, das sich als abgeschwächte Nebenform der Enteignung („Zwangskauf") entwickelt hat, und beeinträchtigte das Grundrecht des ursprünglichen Käufers auf Eigentumserwerb. Zutreffend BWVGH v. 21. 12. 1972, ESVGH 24, 101; OVG Lüneburg v. 30. 1. 1976, NJW 1976, 159. Im Bereich des Baurechts ist die Streitfrage überholt. Schon nach § 24 IV BBauG wurde das Vorkaufsrecht durch VA ausgeübt, der vor den Verwaltungsgerichten angefochten werden konnte. Daraus folgte, daß die Verpflichtungserklärung der Gebietskörperschaften öffentlich-rechtlicher Natur ist; richtig HessVGH v. 11. 2. 1983, NVwZ 1983, 556 gegen OLG Frankfurt v. 4. 5. 1979, NVwZ 1982, 556. Eine Sonderregelung wurde jedoch mit Rücksicht auf Art. 14 GG für das sog. limitierte Vorkaufsrecht getroffen. Die gem. § 28 a BBauG ergehenden VA waren nämlich durch Antrag auf gerichtliche Entscheidung vor den Baulandkammern angreifbar. Der Gesetzgeber nahm offenbar an, daß die Ausübung des Vorkaufsrechts, durch die gleichzeitig der Kaufpreis auf den Verkehrswert herabgedrückt wurde, enteignenden Charakter haben konnte. Insofern war die Kritik gegen die Aufspaltung des Rechtswegs (z. B. *Schmidt-Eichstaett*, DÖV 1978, 130 ff.) verfehlt; zutreffend NWOVG v. 1. 9. 1980, NJW 1981, 1467. In Wahrheit war die ganze Konstruktion des preislimitierten Vorkaufsrechts abwegig, wenn nicht gar verfassungswidrig. Sie ist im BauGB nicht mehr enthalten. Das allgemeine und besondere Vorkaufsrecht wird durch VA ausgeübt (§ 28 I 1 BauGB). Die Vorgehensweise nach § 28 III i. V. m. § 217 I BauGB ist lediglich eine Variante der Enteignung.
119) BVerwG v. 8. 2. 1974, BVerwGE 44, 351; a. A. OLG Celle v. 1. 3. 1973, JR 1973, 384 m. Anm. *Pappermann*, vgl. aber BGH v. 23. 6. 1975, NJW 1975, 2015; ferner BVerfG v. 17. 1. 1979, BVerfGE 50, 195.
120) BayVGH v. 28. 7. 1982, BayVBl. 1983, 342; *Vorbeck*, Wesen und Inhalt gemeindlicher Nutzungsrechte, 1965.
121) BGH v. 26. 10. 1960, BGHZ 33, 230; BVerwG v. 13. 3. 1970, BVerwGE 35, 103 =DVBl. 1971, 111, 275 m. Anm. *Bettermann* und *Bahls* = JZ 1971, 96 m. Anm. *Stürner*; BayVGH 1980, 723. m. Anm. *Gerhardt* und *Knemeyer*, BayVBl. 1981, 152; NWOVG v. 14. 10. 1988, NVwZ-RR 1989, 316; BremOVG v. 21. 11. 1989, NJW 1990, 931; *Berg*, JuS 1982, 260 ff.; *Knemeyer*, VBlBW 1982, 249 ff.; *Ronellenfitsch*, VerwArch. 1982, 465 ff.; NWOVG v. 14. 10. 1988, NWVBL 1989, 91; v. 26. 4. 1990, NWVBL 1990, 296 (297).
122) *Beispiel:* Die Polizeibehörden beauftragen bei Erfüllung ihrer verkehrspolizeilichen Aufgaben häufig private Abschleppunternehmen. Wird ein Abschleppunternehmer aus der Liste der potentiellen Vertragspartner gestrichen, so handelt es sich um einen bürgerlich-rechtlichen Vorgang; zutreffend BGH v. 14. 12. 1976, GewArch 1977, 191.
123) NWOVG v. 6. 3. 1978, JZ 1979, 97 gegen HbgOVG v. 10. 3. 1978, JZ 1978, 98.
124) BWVGH v. 16. 3. 1977, NJW 1978, 2050; OLG Frankfurt v. 16. 1. 1980, DVBl. 1980, 381.
125) Der Rechtsstreit zwischen dem Eigentümer eines Wohnhauses und dem Sozialhilfeträger, der die Miete für die Wohnung eines Sozialhilfempfängers leistet, soll nach VG Würzburg v. 14. 6. 1988, DÖV 1989, 552 öffentlich-rechtlicher Natur sein (zweifelhaft).

staatliche Aufgaben wahrnehmen (insbesondere Beleihung)[126], wie etwa bei der Tätigkeit von Sachverständigen der Technischen Überwachung[127]). Jedenfalls sind Streitigkeiten zwischen Bürger und Gemeinde über den Zugang zu einer gemeindlichen Einrichtung auch dann öffentlich-rechtlich, wenn die Gemeinde die Einrichtung durch eine juristische Person des Privatrechts betreiben läßt[128]).

Für Rechtsstreitigkeiten wegen Aufnahme in eine *politische Partei* kommt der Verwaltungsrechtsweg nicht in Betracht. Trotz Art. 21 GG sind die Parteien zumeist Vereine geblieben, dauf die grundsätzlich das Vereinsrecht des BGB anzuwenden ist[129]). Damit darf die Organstellung gewählter Parteimitglieder nicht verwechselt werden. Gegen den Beschluß einer Ratsfraktion, eines ihrer Mitglieder auszuschließen, ist der Verwaltungsrechtsweg eröffnet[130]).

Für Streitigkeiten auf dem Gebiet des *Postwesens* ist, soweit die Post nach ihrer Neustrukturierung noch hoheitlich handelt, der Verwaltungsrechtsweg gegeben. Die Rechtsbeziehungen zum Postkunden sind jetzt aber privatrechtlicher Natur (§ 7 PostG)[131]).

Aus dem *Arztrecht* sind folgende Entscheidungen wichtig: Durch Beschlüsse v. 22. 3. 1976 hat der BGH (GS) die gegen eine Kassenärztliche Vereinigung und gegen eine Landesärztekammer gerichtete Klage eines medizinische Dienstleistungen (Blutuntersuchungen) anbietenden Unternehmers auf Unterlassung nachteiliger Stellungnahmen[132]) und die gegen die Ersatzkasse gerichtete Klage eines Verbandes zur Vertretung und Förderung der Interessen der privaten Krankenversicherung auf Unterlassung der Gewährung besonders günstiger Tarife für nichtversicherungspflichtige, aber zum Eintritt in die gesetzliche Krankenversicherung berechtigten Personen (Schüler und Studenten)[133]) als bürgerlich-rechtliche Streitigkeiten eingestuft. Für eine Klage, mit der ein Arzneimittelhersteller einen negatorischen Anspruch gegen die Veröffentlichung und Verbreitung von gutachterlichen Stellungnahmen über die therapeutische Wirksamkeit von Arzneimitteln durch die kassenärztliche Bundesvereinigung (vgl. §§ 368 ff. RVO) erhob, ist demgegenüber der Verwaltungsrechtsweg eröffnet[134]).

Aus dem *Schulrecht* ist zu erwähnen, daß der Verwaltungsrechtsweg zulässig ist für

---

126) Rechtliche Auseinandersetzungen zwischen dem Betriebspersonal von Omnibussen oder Straßenbahnen und den Fahrgästen sind, jedenfalls wenn die Beförderungsbedingungen privatrechtlich geregelt sind, vor den ordentlichen Gerichten auszutragen. Anders als bei Seeschiffahrtskapitänen und verantwortlichen Luftfahrzeugführern liegt kein Fall der Beleihung vor; BVerwG v. 7. 6. 1984, NVwZ 1985, 48 = JuS 1985, 419 *(Brodersen)* v. 5. 10. 1990 − 7 C 7/90. Zum Verwaltungsrecht unter Privaten *Pestalozza*, JZ 1975, 50 ff.; *Gern*, NJW 1979, 694 ff.; *Klemens*, Steuerprozesse zwischen Privatpersonen, 1980; vgl. auch BVerwG v. 10. 12. 1981, NJW 1983, 59; BayVGH v. 5. 2. 1982, NVwZ 1983, 165.
127) OVG Lüneburg v. 14. 12. 1977, DÖV 1979, 604; *Wolber*, GewArch 1979, 219 ff.
128) BVerwG v. 21. 7. 1989, NJW 1990, 134.
129) BWVGH v. 1. 6. 1976, NJW 1977, 72 = JuS 1977, 189.
130) NWOVG v. 21. 11. 1988, DÖV 1989, 592; *Erdmann*, DÖV 1988, 907 ff. (908 ff.); a. A. BayVGH v. 9. 3. 1988, NJW 1988, 2754; zum Fraktionsausschluß auch BayVGH v. 24. 11. 1988, NJW 1989, 494.
131) Zur früheren Rechtslage aber BVerwG v. 13. 3. 1985, DÖV 1985, 577.
132) BGHZ 67, 81.
133) BGHZ 66, 229.
134) BVerwG v. 2. 7. 1979, BVerwGE 58, 167; vgl. auch BVerfG v. 25. 7. 1979, BVerfGE 52, 187; hierzu *Menger*, VerwArch. 1980, 175 ff.

das Begehren um Aufnahme in eine staatlich anerkannte private Ersatzschule, obwohl die Teilnahme am Unterricht durch einen privatrechtlichen Vertrag geregelt wurde[135]). Die Beendigung des Privatschulverhältnisses soll dagegen — jedenfalls in Bayern — kein dem öffentlichen Recht unterliegender Vorgang sein[136]).

25 Heftig umstritten ist der Rechtscharakter *akzessorischer Forderungen* bei einer öffentlich-rechtlichen Hauptschuld. Ausgehend von dem Gedanken, daß auch bei einer Vermögensübernahme nach § 419 BGB der Schuldbeitritt den mithaftenden Dritten zum Pflichtigen der öffentlich-rechtlichen Beziehungen macht, und vom Gesichtspunkt der prozessualen Sachnähe[137]) sollten — von der Ausnahme der §§ 48 II, 244, 192 AO 1977 abgesehen — generell akzessorische Ansprüche (z. B. der Anspruch aus einer Bürgschaft) die Rechtsnatur der Hauptschuld teilen[138]). Ansprüche aus einem Schuldanerkenntnis sind im Verwaltungsrechtsweg zu verfolgen, wenn das Schuldanerkenntnis an die Stelle einer sonst möglichen Regelung durch VA getreten ist[139]). Im Rahmen einer zulässigerweise erhobenen Anfechtungsklage gegen einen Kostenbescheid ist die Anfechtung mit einer Gegenforderung, über deren Bestand im Zivilrechtsweg zu befinden ist, unzulässig[140]), es sei denn die Gegenforderung ist unbestritten oder wurde rechts- oder bestandskräftig festgestellt[141]).

26 Bei der *Teilnahme der öffentlichen Hand am wirtschaftlichen Wettbewerb* hat sich die ausschließliche Zuordnung des wettbewerbswidrigen Verhaltens der öffentlichen Hand zum privaten Wettbewerbsrecht[142]) zu Recht nicht durchgesetzt[143]). Solche Verstöße sind in Wahrheit primär Verstöße gegen öffentlich-rechtliche Bindungen und Kompetenzgrenzen. Der Staat (i. w. S. die „öffentliche Hand") bleibt Staat, auch wenn er sich wirtschaftlich betätigt. Dennoch neigt der BGH dazu, solche Verstöße gegen öffentlich-rechtliche Bindungen immer zugleich als Wettbewerbsverstöße zu bewerten, nimmt also je nach Funktionszusammenhang (Leistungs- und Wettbewerbsbeziehungen) eine „Doppelqualifikation" vor, so daß verschiedene Rechtswege in Betracht

---

135) BWVGH v. 12. 11. 1979, BWVPr. 1980, 87.
136) So BayVGH v. 28. 1. 1982, DÖV 1982, 371. Das dürfte aber wohl nur für die einvernehmliche Lösung des Schuldverhältnisses gelten.
137) BGH v. 22. 6. 1978, BGHZ 72, 56.
138) So KG v. 14. 3. 1983, NVwZ 1983, 572 gegen OLG Frankfurt v. 14. 4. 1983, NVwZ 1983, 573. Akzessorische Forderungen dürfen aber nicht mit Rückgewähransprüchen verwechselt werden; vgl. BGH v. 11. 6. 1987, NVwZ 1988, 92.
139) BGH v. 10. 12. 1987, NJW 1988, 1264.
140) BayVGH v. 15. 12. 1981, BayVBl. 1982, 245.
141) BVerwG v. 12. 2. 1987, BayVBl. 1987, 439.
142) So *Mestmäcker*, NJW 1969, 2 ff.; *Emmerich*, Der unlautere Wettbewerb der öffentlichen Unternehmen, S. 12 ff.
143) Vgl. allgemein *Vollmar*, Rechtsweg und Maßstab für Klagen gegen die öffentliche Hand wegen Wettbewerbsverstößen, Diss. Heidelberg 1978.

kommen[144]). Hinter dieser Ansicht steht wohl die Befürchtung, die Verwaltungsgerichte würden dem Wettbewerbsverhalten der öffentlichen Hand nicht hinlänglich Rechnung tragen. Dies ist aber nicht der Fall. In der öffentlich-rechtlichen Judikatur hat sich denn auch die Ansicht durchgesetzt, daß (nur) die Verwaltungsgerichte Rechtsschutz gegen Wettbewerbsverstöße der öffentlichen Hand zu gewähren haben[145]). Die materielle Beurteilung des Handelns der öffentlichen Hand nach Wettbewerbsrecht stehe dem nicht entgegen[146]). Beide Ansichten schießen über das Ziel hinaus. Die Prüfung von Wettbewerbsverstößen ist nicht ausschließlich Aufgabe der Zivilgerichte, und nicht über jede Betätigung der öffentlichen Hand einschließlich der Wettbewerbsteilnahme haben ausschließlich die Verwaltungsgerichte zu befinden. Vielmehr muß danach unterschieden werden, bei welcher Betätigung die öffentliche Hand sich wettbewerbswidrig verhält. Geht es nicht um die Rechtmäßigkeit der wirtschaftlichen Betätigung der öffentlichen Hand selbst („ob"), die nur die Verwaltungsgerichte beurteilen können, sondern um die Rechtmäßigkeit einzelner Verhaltensweisen bei der wirtschaftlichen Betätigung („wie"), so ist eine ambivalente Sichtweise geboten. Denn daß sich die öffentliche Hand (in Grenzen) auch privatrechtlich betätigen darf, steht außer Streit. Je nach der Funktion, in der die öffentliche Hand agiert, kann dann der Rechtsweg zu den Verwaltungs- oder Zivilgerichten eröffnet sein.

Ähnlich muß bei *nachbarlichen Abwehransprüchen* differenziert werden. **27** Der Abwehranspruch gegen die öffentliche Hand teilt die Rechtsnatur des „Eingriffs"[147]). Handelt die öffentliche Hand erwerbswirtschaftlich-fiskalisch oder erfüllt sie öffentliche Aufgaben in privatrechtlicher Form (Verwaltungsprivatrecht), so liegt eine bürgerlich-rechtliche Streitigkeit vor. Öffentlich-rechtlich sind Abwehranspruch (analog §§ 906, 1004 BGB)[148]) und Streitigkeit,

---

144) BGH v. 26. 10. 1961, BGHZ 36, 91 (Sanitätsbedarf); v. 22. 3. 1976 – GSZ 1/75 –, BGHZ 66, 229 = GRUR 1976, 658 m. Anm. *Kraft* = DVBl. 1977, 177 m. Anm. *Bettermann* (Studenten-Versicherung); v. 22. 3. 1976 – GSZ 2/75 –, BGHZ 71,81 (Auto-Analyzer); v. 16. 1. 1981, BGHZ 79, 390 (Apotheken-Steuerberatungsgesellschaft); v. 18. 12. 1981, BGHZ 82, 375 (Brillen-Selbstabgabestelle); ebenso *Scholz*, NJW 1974, 781 f. Vgl. weiter *Hubmann*, WiVerw 1982, 41 ff. (42 ff.); *Ulmer*, ZHR 146 (1982), 466 ff. (477 ff.). Vgl. aber auch OLG Frankfurt v. 12. 2. 1986, DÖV 1986, 526.
145) BVerwG v. 22. 2. 1972, BVerwGE 39, 329 (Bestattungswesen); BSG v. 2. 2. 1984, DÖV 1985, 490 (Mitgliederwerbung öffentlich-rechtlicher Krankenkassen); vgl. auch *Schricker*, Wirtschaftliche Tätigkeit der öffentlichen Hand und unlauterer Wettbewerb, 1964, S. 65 ff., 125 ff.; *Brackmann*, NJW 1982, 84 ff.; *Püttner*, Die öffentlichen Unternehmen, 2. Aufl. 1985, S. 278.
146) Vgl. *Scholz*, ZHR 132 (1969), 97 ff.; *Ehlers*, Verwaltung in Privatrechtsform, 1984, S. 362 ff.; ferner *Ronellenfitsch*, in: Isensee/Kirchhof, HdStR III, § 84 Rdnr. 52.
147) BVerwG v. 2. 11. 1973, NJW 1974, 817.
148) Zum Schutz des Gemeingebrauchs ist ohnehin der Verwaltungsrechtsweg gegeben. Ein Rückgriff auf § 1004 BGB analog wäre überflüssig und verfehlt; vgl. auch LG Tübingen v. 24. 5. 1989, NVwZ 1990, 696.

wenn Verwaltungshandeln den Eingriff verursacht. So sind Ansprüche auf Widerruf oder Unterlassung rufgefährdender Erklärungen einer Behörde gegenüber der Presse im Verwaltungsrechtsweg zu verfolgen, wenn die Äußerungen zur Darstellung oder Rechtfertigung hoheitlicher Verwaltungstätigkeit abgegeben werden[149]). Für Unterlassungsklagen gegen Geräuschbelästigungen durch staatliche und kommunale Einrichtungen wie etwa durch einen städtischen Bauhof[150]) oder durch eine Feuerwehrsirene[151]) ist ebenfalls der Verwaltungsrechtsweg eröffnet. Besondere prozessuale und materiell-rechtliche Schwierigkeiten machen immer wieder Belästigungen durch von der öffentlichen Hand betriebene Spiel-[152]) und Sportplätze[153]). Da es sich hierbei um Einrichtungen der Daseinsvorsorge handelt, sind die Abwehransprüche gegen die durch den Betrieb der Einrichtungen verursachten Immissionen öffentlich-rechtlicher Natur.

28 Sind am Rechtsstreit nur Personen des bürgerlichen Rechts beteiligt, so kommt der Verwaltungsrechtsweg nur in Betracht, wenn einer der Beteiligten mit hoheitlichen Befugnissen beliehen ist[154]).

III. Rechtswegverweisung

29 Ist der Verwaltungsrechtsweg nicht gegeben, so kann die Sache auf Antrag des Klägers durch Urteil oder bei Einverständnis des Beklagten durch Beschluß an ein erstinstanzliches Gericht des Rechtszugs verwiesen werden, den das zunächst angerufene Verwaltungsgericht für gegeben hält (§ 17a II GVG). Begehrt der Kläger in erster Linie eine Sachentscheidung und beantragt er nur *hilfsweise* die Verweisung der Streitsache, so muß – unabhängig vom Einverständnis des Beklagten mit dem Verweisungsantrag – durch Urteil entschieden werden[155]). Auch bei *ungerechtfertigter Verweisung* ist zumindest eine Rückverweisung nicht mehr möglich[156]). Darüber hinaus wird die Möglichkeit der

---

149) BGH v. 28. 2. 1978, NJW 1978, 1860. Zum Anspruch auf Unterlassung negativer Äußerungen VG Düsseldorf v. 13. 11. 1981, NJW 1982, 2333; hierzu *Berg*, JuS 1984, 521 ff., ferner LG Konstanz v. 9. 4. 1987, GewArch 1987, 268; NWOVG v. 25. 2. 1988, NJW 1988, 2636.
150) NWOVG v. 21. 4. 1983, DÖV 1983, 1020, DÖV 1984, 387 m. Anm. *Schwabe*. Zum Abwehranspruch gegen einen öffentlich-rechtlichen Wasser- und Bodenverband wegen Zuführung von Niederschlagswasser OLG München v. 19. 10. 1989, NVwZ 1990, 299 (LS).
151) BVerwG v. 29. 4. 1988, BVerwGE 79, 254.
152) Vgl. BayVGH v. 16. 2. 1987, BayVBl. 1987, 398 (gemeindlicher Bolzplatz).
153) Vgl. HbgOVG v. 15. 10. 1985, NJW 1986, 2333; BVerwG v. 19. 1. 1989, NJW 1989, 1291 = JuS 1989, 845 *(Murswiek)*. Vgl. auch OLG Karlsruhe v. 11. 12. 1985, NVwZ 1986, 964.
154) *Beispiele:* FN 121, 122, 1129. Nicht Beliehener ist eine Züchtervereinigung, die Zuchtbücher zu führen hat, vgl. BVerwG v. 11. 12. 1980, DVBl. 1981, 637; a. A. *Steiner*, NJW 1981, 2452 ff. Zum Rechtsstreit über private Datenvermittlung, NWOVG v. 30. 9. 1980, NJW 1981, 1285.
155) BWVGH v. 28. 9. 1982, DÖV 1983, 37.
156) Zur Frage, ob die Verweisung „abdrängende" oder „aufdrängende" Wirkung hat *EF*, § 41, 16; s. auch BVerwG v. 9. 3. 1979, DVBl. 1979, 818.

Weiterverweisung an einen dritten Rechtsweg durch § 17a III 3 GVG wohl nicht beschnitten[157]). Führt die ungerechtfertigte Verweisung dazu, daß das Adressatgericht entscheiden muß, weil es nicht zurückverweisen darf oder eine Weiterverweisung nicht mehr in Betracht kommt („Kreisverweisung"), so hat es sich an die Verfahrensart zu halten, die dem Klagebegehren am nächsten kommt[158]).

---

157) *SG*, Rdnr. 101.
158) BVerwG v. 6. 6. 1967, BVerwGE 27, 170.

Schaubild 7

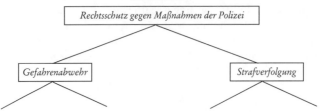

	Gefahrenabwehr		Strafverfolgung	
	präventiver Rechtsschutz durch den „*Eingriffsrichter*" für Maßnahmen unter Richtervorbehalt	*repressiver Rechtsschutz* durch den „*Rechtsschutzrichter*" für polizeiliche Maßnahmen aus eigener Macht einschließlich der *vorbeugenden Verbrechensbekämpfung*	*präventiver Rechtsschutz* durch den „*Eingriffsrichter*" für strafprozessuale Zwangsmaßnahmen unter Richtervorbehalt	*repressiver Rechtsschutz* durch den „*Rechtsschutzrichter*" für polizeiliche Maßnahmen aus eigener Macht
	I. Freiheitsentziehungen (Art. 104 II GG, z. B. Art. 17 I BayPAG) 1. Festhalten zur Identitätsfeststellung (§ 9 II NWPolG) 2. Vorführung zur Durchsetzung einer Ladung (z. B. § 11 III NWPolG) 3. Gewahrsam (z. B. § 13 NWPolG) *Justizrechtsweg:* Eingriffsrichter = AG, Verfahren nach FEVG BVerwGE 62, 317 wendet bei bundesrechtlichen FE § 13 FEVG auch auf Erledigungsfälle an, vereinheitlicht also den Rechtsweg: Eingriffsrichter = Rechtsschutzrichter II. Wohnungsdurchsuchungen (Art. 13 II GG) *Justizrechtsweg:* Eingriffsrichter = AG, Verfahren nach FEVG *Beispiel:* BayObLG, BayVBl. 1984, 27	*Beispiele:* BVerwGE 66, 192 (AnO der ED-Behandlung; § 81 b 2. Alt. StPO) BVerwGE 66, 202 (Vernichtung von ED-Unterlagen; § 81 b 2. Alt. StPO) BVerwGE 69, 192 (Sperrerklärung gem. § 96 StPO bez. kriminalpolizeilicher Handakten) BayVGH, BayVBl. 1984, 272; BayVerfGH, BayVBl. 1985, 652 (Aufbewahrung von Kriminalakten) *Verwaltungsrechtsweg:* § 40 I S. 1 VwGO auch für *erledigte FE* (BVerwGE 45, 51) und *erledigte Durchsuchungsanordnungen* (BVerwGE 28, 285); diskutabel im Interesse der Rechtswegvereinheitlichung wäre eine erweiternde Auslegung der landesrechtlichen Justizrechtswegzuweisungen (s. linke Sp.)	*Justizrechtsweg:* gesetzlich geregeltes Leitbild ist der Antrag auf richterliche Entscheidung gegen eine *Beschlagnahme* der StA/Polizei gem. § 98 II S. 2 StPO an den Eingriffsrichter (i.d.R. das AG) *Analoge Anwendung von § 98 II S. 2 StPO* auf: 1. alle *strafprozessualen Eilmaßnahmen* der STA/Polizei *unter Ausschaltung des Richtervorbehalts* *Beispiele:* BGH, NJW 1978, 730 (Wohnungsdurchsuchung nach §§ 103, 105 StPO); BGH, GA 1981, 223 zur *vorläufigen Festnahme* nach §§ 127 II, 128, 129 StPO bzw. Festhalten zur Identitätsfeststellung gem. § 163 c StPO. Dasselbe gilt für *körperliche Untersuchungen* gem. §§ 81 a, 81 c, StPO und *Kontrollstellen* nach § 111 StPO 2. *erledigte Eilmaßnahmen* – BGHSt 28, 57 (Wohnungsdurchsuchung), jedoch nur für die Zulässigkeit (ob) der Maßnahme; für ihre Durchführung (wie) gelten die §§ 23 ff. EGGVG (BGHSt 28, 206)	*Beispiele:* BVerwGE 47, 255 (Sozialarbeiter-Sit-in) für die Festnahme zur Personalienfeststellung *Justizrechtsweg:* §§ 23 ff. EGGVG, die subsidiär alle Polizeimaßnahmen erfassen, die *funktionell* Strafrechtspflege sind, und hinter der Rechtswegzuweisung an den Eingriffsrichter durch § 98 II S. 2 StPO zurücktreten. Im Rechtsschutzbereich der §§ 23 ff. EGGVG verbleiben: 1. *originäre Polizeikompetenzen* – ED-Behandlung nach § 81 b 1. Alt. StPO – *Identitätsfeststellung* nach § 163 b StPO – *Störerfestnahme* nach § 164 StPO 2. Überprüfung der *Art und Weise* der Durchführung strafprozessualer Maßnahmen (BGHSt 28, 206)

§ 6 Gerichtsbezogene Sachurteilsvoraussetzungen (Zuständigkeit)

I. Allgemeines

Die VwGO kennt nur *ausschließliche* Zuständigkeiten. Eine Prorogation, d. h. eine Zuständigkeitsvereinbarung der Beteiligten, ist nicht möglich. Wie im Zivilprozeß sind dagegen sachliche, funktionelle und örtliche Zuständigkeit zu unterscheiden. Über die Zuständigkeit des angerufenen Gerichts darf nach § 109 VwGO durch Zwischenurteil entschieden werden[1]).

Da die Zuständigkeitsregelungen zwingend sind, müssen sie in jedem Verfahrensstadium von *Amts wegen* geprüft werden. Das gilt auch in der Rechtsmittelinstanz für diese selbst[2]). Eine Ausnahme muß entgegen der im Schrifttum h. M.[3]) hinsichtlich der örtlichen und sachlichen Zuständigkeit der Vorinstanzen gemacht werden. Dafür spricht, daß gem. § 173 VwGO die Vorschriften der ZPO sinngemäß anwendbar sind, wenn keine grundsätzlichen Unterschiede der beiden Verfahrensarten dies ausschließen. Im zivilprozessualen Berufungsverfahren kann nun nach § 512a ZPO in Streitigkeiten über vermögensrechtliche Ansprüche die Berufung nicht darauf gestützt werden, daß das Gericht des ersten Rechtszugs seine örtliche Zuständigkeit zu Unrecht angenommen hat. Die Vorschrift will verhindern, daß die Sacharbeit der Vorinstanz aus formellen Gründen hinfällig wird. Für das verwaltungsgerichtliche Verfahren kann nichts anderes gelten[4]). Die sachliche Zuständigkeit wird ferner durch § 529 ZPO erfaßt, d. h. sie ist nur auf Rüge nachprüfbar, soweit das Rügerecht noch besteht. In der Revisionsinstanz werden örtliche (§ 549 II ZPO)[5]) und sachliche Zuständigkeit generell nicht nachgeprüft. Gestützt wird dieses Ergebnis durch § 88 VwGO. Rügen die Beteiligten die fehlende Zuständigkeit der Vorinstanzen nicht, dann darf das Rechtsmittelgericht auf diese Frage überhaupt nicht eingehen[6]). Daraus folgt generell, daß die örtliche und sachliche Zuständigkeit der Vorinstanz keine Sachentscheidungsvoraussetzung für die Rechtsmittelinstanz sein kann, zumal § 138 VwGO den § 551 Nr. 4 ZPO nicht unter den absoluten Revisionsgründen aufführt.

---

1) BVerwG v. 19. 5. 1988, DVBl. 1988, 970.
2) *Kopp*, § 45, 4.
3) *RÖ*, § 128, 2; *Kopp*, § 45, 4; *SDC*, § 128, 1; *Ule*, S. 337.
4) BVerwG v. 12. 8. 1976, DÖV 1976, 751; *EF*, § 52, 39 ff.
5) BVerwG v. 27. 4. 1966, RiA 1967, 55.
6) BayVGH v. 20. 8. 1981, DVBl. 1982, 38.

II. Sachliche Zuständigkeit

3   § 45 VwGO begründet die allgemeine sachliche Zuständigkeit des *Verwaltungsgerichts* im ersten Rechtszug. Ausnahmen hiervon enthalten die §§ 47, 48, und 190 I Nr. 4[7]) (Zuständigkeit des OVG) sowie § 50 VwVGO (Zuständigkeit des BVerwG).

4   Die sachliche *Zuständigkeit des BVerwG in erster Instanz* nach § 50 I VwGO spielt verhältnismäßig selten eine Rolle. Von größerer praktischer Bedeutung ist am ehesten noch die Zuständigkeit nach § 50 I Nr. 1 VwGO (Entscheidungen über öffentlich-rechtliche Streitigkeiten nichtverfassungsrechtlicher Art zwischen Bund und Ländern und zwischen verschiedenen Ländern). Das BVerwG wendet diese Vorschrift in restriktiver Auslegung nur auf solche Vorschriften an, die sich in ihrem Gegenstand einem Vergleich mit den „landläufigen Verwaltungsstreitigkeiten" entziehen[8]). Das trifft regelmäßig, wenn auch nicht notwendig, im Gleichordnungsverhältnis zu[9]). Jedenfalls findet § 50 I Nr. 1 VwGO Anwendung, wenn die Abgrenzung beiderseitiger Hoheitsbefugnisse strittig ist[10]).

§ 50 I Nr. 1 VwGO ist ein Beispiel für die Zweckmäßigkeit einer parallelen Anwendung der Abgrenzungstheorien vom öffentlichen und privaten Recht. Die Subordinationstheorie ist auf die „landläufigen Verwaltungsstreitigkeiten" zugeschnitten; auf den interföderalen Verwaltungsrechtsstreit paßt sie zumeist nicht. Hier hilft die Subjektstheorie weiter: Eine unter § 50 I Nr. 1 VwGO fallende Streitigkeit entzieht sich immer dann dem Vergleich mit den landläufigen Verwaltungsstreitigkeiten, wenn ausschließlich Bund und Land oder die Länder selbst ihre notwendigen Zuordnungssubjekte sind. Streitig sein muß dann aber die Auslegung von Verwaltungsrecht. Wird um die Kompetenzabgrenzung auf Verfassungsebene, etwa um die Reichweite der Ingerenzrechte des Bundes nach den Art. 84 und 85 GG gestritten, so handelt es sich um eine verfassungsrechtliche Streitigkeit[11]). Die inhaltliche Rechtmäßigkeit von Ingerenzrechten hat dagegen das Bundesverwaltungsgericht zu klären. So beruht eine Bundeszuweisung nach Art. 85 Abs. 3 GG auf einer eigenen Wahrnehmungskompetenz (Verwaltungskompetenz des Bundes). Die Verpflichtung der Länder, auch rechtswidrige Weisungen zu befolgen, betrifft deren Verwaltungsverantwortung, nicht aber ihre verfassungsrechtliche Rechtsstellung. Die aus der Sicht des Landes rechtswidrige Bundesweisung, die der Bund in Ausübung seiner administrativen Leistungsgewalt erläßt, begründet noch keinen Verfassungskonflikt, sondern nur einen Verwaltungsrechtsstreit[12]).

---

7) I. V. m. § 138 I FlurbG.
8) BVerwG v. 11. 10. 1967, BVerwGE 28, 63; v. 30. 7. 1976, NJW 1977, 163; v. 27. 3. 1980, BayVBl. 1980, 473; v. 28. 5. 1980, BVerwGE 60, 162 (173 f.).
9) Enger BVerwGE 28, 63 (64); zutreffend BWVGH v. 7. 2. 1969, NJW 1969, 1365.
10) BVerwGE 60, 162 (173 f.); BVerwG v. 2. 9. 1983, DVBl. 1984, 225.
11) Vgl. auch BVerfG v. 22. 5. 1990, DÖV 1990, 657.
12) Vgl. auch *Wagner*, DVBl. 1987, 917 ff. (922 f.); , *Lange*, NJW 1987, 2459 f. (2461); *Winters*, DVBl. 1985, 993 ff. (996 f.); *Steinberg*, atw 1987, 282 ff. (284); *Lerche*, BayVBl. 1987, 321 ff.

Einige erstinstanzliche Entscheidungen des BVerwG befassen sich auch mit den nach § 3 II Nr. 3 VereinsG vom Bundesminister des Innern ausgesprochenen Vereinsverboten[13])

Die sachliche *Zuständigkeit des OVG (VGH) in erster Instanz* bezieht sich – von der nur Schleswig-Holstein betreffenden Ausnahmeregelung des § 193 VwGO und vom noch ausführlich zu behandelnden Normenkontrollverfahren[14]) – auf *besondere Materien*. 5

Eine Aufgabenstellung, bei der es auf die erstinstanzliche Zuständigkeit des OVG ankommt, wird regelmäßig den Schwerpunkt im materiellen Recht haben. Dann ist es wichtig, den Zugang zu den Spezialgebieten des besonderen Verwaltungsrechts zu finden.

Die sachliche Zuständigkeit des OVG in Vereinssachen (§ 48 VwGO) dürfte dabei noch die geringsten Schwierigkeiten machen. Die Voraussetzungen für Vereinsverbote werden in jeder besseren Darstellung des Polizei- und Ordnungsrechts mitbehandelt[15]). Zur Zuständigkeit der Flurbereinigungsgerichte wird auf die Kommentierungen zu den §§ 138 ff. FlurbG verwiesen[16]). 6

Die erstinstanzliche Zuständigkeit des OVG nach dem *EntlG* wurde durch das 4. VwGOÄndG in § 48 VwGO übernommen und damit zur Dauerregelung gemacht. Schon das spricht dafür, den Ausnahmecharakter der Vorschriften nicht übertrieben zu betonen. Auch ein Zuständigkeitskatalog steht Annexzuständigkeiten oder Zuständigkeiten des OVG kraft Sachzusammenhangs nicht entgegen. Die erstinstanzliche Zuständigkeit des OVG nach § 48 I VwGO erfaßt durchgängig Materien, die politisch und damit auch rechtlich umstritten sind. Die Frage, ab wann und auf welche VA das EntlG anwendbar ist, wurde durch Art. 3 BeschlG, welches das EntlG zuletzt änderte, geregelt. Danach war die erstinstanzliche Zuständigkeit des OVG für Rechtsbehelfe gegen einen VA gegeben, der nach Inkrafttreten des EntlG (1. 5. 1978) bekanntgegeben, verkündet oder von Amts wegen an Stelle einer Verkündung zugestellt wurde. Maßgeblich ist immer der ursprüngliche VA, nicht der Widerspruchsbescheid[17]). 7

Im einzelnen entscheidet das OVG erstinstanzlich nach § 48 I VwGO über Streitigkeiten, die folgende Gegenstände betreffen: 8

---

13) Vgl. Urt. v. 18. 10. 1988, BVerwGE 80, 299 („Hell's Angels").
14) Vgl. unten § 12.
15) Vgl. nur *Drews/Wacke/Vogel/Martens*, Gefahrenabwehr, 9. Aufl. 1986, S. 174 f. sowie Fußn. 12.
16) Vgl. *Ronellenfitsch*, in: *Quadflieg*, Recht der Flurbereinigung, Stand: 1987. Zum materiellen Flurbereinigungsrecht *Ronellenfitsch*, Planungsrecht, S. 162 ff.
17) BVerwG v. 18. 12. 1987, NVwZ 1988, 527.

– die Errichtung, den Betrieb, die sonstige Innehabung, die Veränderung und die Stillegung, den sicheren Einschluß und den Abbau von Anlagen[18]) im Sinne von § 7 AtG[19]) und § 9 a III AtG (nukleares Endlager)[20]) (Nr. 1)

Die Regelung der Stillegung kerntechnischer Anlagen (i. w. S.) in § 7 III AtG ist mißglückt, da die Genehmigungsvoraussetzungen sich an den Voraussetzungen orientieren, die alle Formen des Umgangs mit Kernbrennstofffen in ortsfesten Anlagen betreffen. Dennoch ist der Zusammenhang zwischen § 7 I und § 7 III AtG offensichtlich. Während Art. 2 § 9 I Nr. 1 EntlG jedoch auf alle die in Vorhaben nach § 7 I AtG kennzeichnenden Begriffe Bezug nahm, wurde im Rahmen des § 7 III AtG nur die Stillegung i. e. S. erfaßt. Die Rspr. sah sich deswegen zu einer schlichten Wortinterpretation veranlaßt und verneinte die erstinstanzliche Zuständigkeit des OVG, wenn über den sicheren Einschluß der stillgelegten Anlage oder den Abbau der Anlage oder von Anlageteilen gestritten wird[21]). Vertretbar und vorzugswürdig wäre hier die Annahme einer Annexkompetenz des OVG[22]) gewesen. Ähnliches gilt, wenn über den Umfang der Rechte gestritten wird, die einem Rechtsanwalt in einem atomrechtlichen Genehmigungsverfahren zustehen, weil sonst durch die Zweiteilung der Zuständigkeiten § 44 a VwGO unterlaufen werden könnte[23]).

– *näher umschriebene Betätigungen im Rahmen des nuklearen Brennstoffkreislaufs*[24]) (Nr. 2)

Für die Entscheidung über Anfechtungsklagen gegen staatliche Aufsichtsmaßnahmen, die sich auf die Beförderung radioaktiver Stoffe beziehen, ist dagegen das VG zuständig[25]).

---

18) Zum Anlagenbegriff grundlegend BVerwG v. 17. 7. 1980, BVerwGE 60, 297; v. 4. 7. 1988, DVBl. 1988, 973.
19) Hierzu allgemein *Degenhart*, Kernenergierecht, 2. Aufl. 1982; *Ronellenfitsch*, Das atomrechtliche Genehmigungsverfahren, 1983; *Nolte*, Rechtliche Anforderungen an die technische Sicherheit von Kernanlagen, 1984; *Haedrich*, AtG, Komm. 1986.
20) Vgl. BVerwG v. 9. 3. 1990, DVBl. 1990, 593 m. Anm. *Wagner; Hoppe/Bunse*, DVBl. 1984, 1033 ff.; *Kühne*, DVBl. 1985, 207 ff.; *Ronellenfitsch*, Planungsrecht, S. 174 ff.; auch *Rengeling*, VerwArch 1990, 370 ff.; *Huntemann*, Recht der unterirdischen Endlagerung radioaktiver Abfälle, 1989, S. 88 ff.
21) BVerwG v. 19. 5. 1988, DVBl. 1988, 970; BayVGH v. 14. 1. 1988, DVBl. 1988, 544.
22) Durch das 4. VwGOÄndG ist insofern eine Bereinigung erfolgt.
23) Anders RhPf v. 30. 8. 1989, NVwZ 1989, 1178.
24) Zur Übergangsphase bei den Brennelementfabriken *Ronellenfitsch*, et 1986, 797 ff. Das dort nähere begründete Institut der „Vorabzustimmung" wurde überwiegend mißverstanden. Die Vorabzustimmungen dienten nicht dem Vorgriff auf eine Genehmigung nach § 7 AtG, sondern zur Verschärfung des Sicherheitsstandards auf der Grundlage der bisherigen fortwirkenden Genehmigungen. Insoweit war auch keine erstinstanzliche Zuständigkeit des OVG nach dem EntlG gegeben.
25) HessVGH v. 20. 12. 1988, NVwZ 1989, 1178.

— die Errichtung, den Betrieb und die Änderung von konventionellen Kraftwerken mit einer Feuerungswärmeleistung von mehr als 300 MW[26]) (Nr. 3)

Die Zuweisung besteht nur, soweit die beschränkte Konzentrationswirkung des § 13 BImSchG reicht.

— die Errichtung von Freileitungen mit mehr als 100 000 Volt Nennspannung sowie die Änderung ihrer Linienführung (Nr. 4)

Für die Errichtung von Freileitungen können die unterschiedlichsten Genehmigungen erforderlich sein. In diesen Zusammenhang gehört auch das Anzeigeverfahren nach § 4 EnWG[27]).

— Planfeststellungsverfahren nach § 7 AbfG für näher bezeichnete Abfallbeseitigungsanlagen[28]) (Nr. 5)

Nach dem Gesetzeswortlaut fallen Plangenehmigungen nach § 7 II AbfG nicht unter § 48 I S. 1 Nr. 5 VwGO EntlG. Der Streit wird aber regelmäßig in erster Linie die Frage betreffen, ob die Voraussetzungen einer Plangenehmigung überhaupt vorliegen oder ob ein Planfeststellungsverfahren hätte durchgeführt werden müssen. Für diesen Streit ist eindeutig das OVG erstinstanzlich zuständig. Aus Gründen der Prozeßökonomie sollte dann das OVG generell über die Rechtmäßigkeit der Plangenehmigung entscheiden, die eine Variante der Planfeststellung darstellt[29]).

— das Anlegen, die Erweiterung oder Änderung und den Betrieb von Verkehrsflughäfen[30]) (Nr. 6)

Die erstinstanzliche Zuständigkeit des OVG besteht somit für das isolierte Genehmigungsverfahren nach § 6 LuftVG wie auch für das kombinierte Genehmigungs- und Planfeststellungsverfahren (§§ 8 f. LuftVG). Militärische Flughäfen, die ebenfalls der Genehmigungspflicht nach § 6 LuftVG unterfallen[31]), werden nicht erfaßt.

---

26) Zum materiellen Recht vgl. *Engelhard*, Bundes-Immissionsschutzgesetz, Bd. 1, 2. Aufl. 1980; *Jarass*, Bundes-Immissionsschutzgesetz, 1983; sowie die Loseblattkommentare von *Boisseree/Oel/Hansmann/Schmitt/Feldhaus; Hansmann/Kutscheid*, in: *Landmann/Rohmer*, Gewerbeordnung Bd. III: Umweltrecht; *Stich/Porger* und *Ule/Laubinger*; ferner *Kutscheidt*, in: *Salzwedel* (Hrsg.), Grundzüge des Umweltrechts, 1982, S. 237 ff.; *Kloepfer*, Umweltrecht, 1989, S. 385 ff.; *Hoppe/Beckmann*, Umweltrecht, 1988, S. 395 ff.; *Bender/Sparwasser*, Umweltrecht, 2. Aufl. 1990, S. 73 ff.; *Sellner*, Immissionsschutzrecht für Industrieanlagen, 2. Aufl. 1988.
27) Hierzu BVerwG v. 9. 9. 1988, BVerwGE 80, 201; *Büdenbender*, Energierecht, 1982; *Ronellenfitsch*, WiVerw 1985, 168 ff.; *Ossenbühl*, Rechtliche Probleme der Investitionskontrolle gemäß § 4 Energiewirtschaftsgesetz, 1988; *Grabosch*, Die Investitionskontrolle nach § 4 Energiewirtschaftsgesetz 1988; ders., DVBl. 1989, 390 ff.; *Ehlers*, in: *Achterberg/Püttner* (Hrsg.), Besonderes Verwaltungsrecht I, 1990, I/1 Rdnrn. 557 ff.
28) Hierzu BVerwG v. 9. 3. 1990, DVBl. 1990, 589; m. Anm. *Weidemann; Hösel/v. Lersner*, Recht der Abfallbeseitigung des Bundes und der Länder, 1972 ff.; *Hoschützky/Kreft/Szelinski*, Recht der Abfallwirtschaft, 1974 ff.; *Kunig/Schwermer/Versteyl*, Abfallgesetz, Komm., 1988; *Offermann-Clas*, NVwZ 1985, 377 ff.; *Beckmann/Appold/Kuhlmann*, DVBl. 1988, 1002 ff.; *Ronellenfitsch*, DÖV 1989, 737 ff.
29) Vgl. auch *Ronellenfitsch*, Die Verwaltung 1990, 323 ff.
30) Hierzu *Giemulla/Lau/Schmid*, Luftverkehrsgesetz, 1981 ff.; *Schwenk*, Handbuch des Luftverkehrsrechts, 1981; *Ronellenfitsch*, DVBl. 1984, 501 ff.; ders., VerwArch. 1989, 92 ff. (114 ff.).
31) BVerwG v. 16. 12. 1988, BVerwGE 81, 95.

– *Planfeststellungsverfahren für den Bau neuer Strecken von Straßenbahnen*[32]) *und von öffentlichen Eisenbahnen sowie für den Bau von Rangier- und Containerbahnhöfen*[33]) (Nr. 7)

Obwohl es sich bei der eisenbahnrechtlichen Planfeststellung historisch um die älteste handelt und die wichtigsten Fragen mittlerweile höchstrichterlich geklärt sind[34]) wird die reaktivierte Ost-West-Orientierung der Verkehrsströme zu zahlreichen neuen Kontroversen führen.

– *Planfeststellungen für den Bau oder die Änderung von Bundesfernstraßen*[35]) (Nr. 8)

Mit der praktisch bedeutsamen straßenrechtlichen Planfeststellung beschäftigt sich eine reichhaltige Rechtsprechung[36]). Kontrovers sind immer wieder Fragen des Verkehrslärms[37]) und der abschnittsweisen Planung[38]). Die meisten Streitigkeiten wirken sich auf die Klagebefugnis und die Bestimmung der Klageart aus und werden dort angesprochen.

– *Planfeststellungsverfahren für den Bau neuer Binnenwasserstraßen, die dem allgemeinen Verkehr dienen*[39]) (Nr. 9).

Umstritten war (seit 793 n. Chr.!) und ist hier insbesondere der Rhein-Main-Donau-Kanal[40]).

III. Funktionelle und örtliche Zuständigkeit

9   Die funktionelle Zuständigkeit, d. h. die Zuständigkeit im Instanzenzug, des OVG und BVerwG behandeln die §§ 46 und 49 VwGO. Das 4. VwGOÄndG brachte insoweit nur redaktionelle Änderungen.

10 Mit der Regelung der örtlichen Zuständigkeit befaßt sich § 52 VwGO. Danach sind die besonderen Gerichtsstände der Belegenheit der Sache (Nr. 1),

---

32) *Bidinger*, Personenbeförderungsgesetz, Komm. 1979 ff.; *Fielitz/Meier/Montigel/Müller*, Personenbeförderungsgesetz, Komm. 1976 ff.; *Fromm*, DVBl. 1982, 288 ff.
33) Vgl. zuletzt BVerwG v. 14. 4. 1989, BVerwGE 82, 17; allgemein *Finger*, Komm. zum Allgemeinen Eisenbahngesetz und zum Bundesbahngesetz, 1982; *Schwab*, DWW; *Obermayer*, DVBl. 1987, 877 ff.
34) Vgl. *Ronellenfitsch*, VerwArch. 1989, 92 ff. (108).
35) *Fickert*, Planfeststellung für den Straßenbau, 1978; *Marschall/Schroeter/Kastner*, Bundesfernstraßengesetz, 4. Aufl.; *Kodal/Krämer*, Straßenrecht, 4. Aufl. 1985; *Hoppe/Schlarmann*, Rechtsschutz bei der Planung von Straßen und anderen Verkehrsanlagen, 2. Aufl. 1981; *Ronellenfitsch*, Planungsrecht, S. 125 ff.; *Kühling*, Rdnrn. 45 ff.; *Peine*, Raumplanungsrecht, 1987, Rdnrn. 51 ff.; *Steiner*, Besonderes Verwaltungsrecht, 3. Aufl. 1988 V C Rdnrn. 51 ff.; *Broß*, VerwArch. 1984, 425 ff.; *Blümel*, in: Bartlsperger/Blümel/Schroeter, Ein Vierteljahrhundert Straßenrechtsgesetzgebung, 1980, S. 309 ff.; *Hoppe*, ebd., S. 403 ff.; *Fickert*, ebd., S. 385 ff.
36) Vgl. *Ronellenfitsch*, VerwArch 1989, 92 ff. (109 ff. m. w. N.).
37) BVerwG v. 22. 2. 1987, BVerwGE 77, 295; v. 20. 10. 1989, DVBl. 1990, 419 (422 ff.).
38) BVerwG v. 24. 11. 1989, DVBl. 1990, 424.
39) *Frieseke*, Bundeswasserstraßengesetz, Komm., 3. Aufl. 1989.
40) Vgl. BVerwG v. 6. 8. 1982, BVerwGE 66, 99.

für Anfechtungsklagen und Verpflichtungsklagen (Nr. 2 und 3)[41]) und des besonderen Gewaltverhältnisses bei Klagen gegen den Dienstherrn (Nr. 4) vom allgemeinen Gerichtsstand für die übrigen Fälle zu trennen. Ausdrücklich erwähnt werden asylrechtliche Streitigkeiten[42]), Streitigkeiten aus dem Zuständigkeitsbereich der diplomatischen und konsularischen Auslandsvertretungen und Streitigkeiten über die Zentralvergabe von Studienplätzen[43]). Die einzelnen Gerichtsstände des § 52 VwGO schließen sich in der folgenden Reihenfolge gegenseitig aus: Nr. 1 vor Nr. 2 bis 5; Nr. 4 vor Nr. 2, 3 und 5; Nr. 2 vor Nr. 3 und 5 sowie Nr. 3 vor 5[44]).

IV. Verweisung bei sachlicher, funktioneller oder örtlicher Unzuständigkeit

Hält sich das angerufene Gericht für unzuständig, so hat es die Klage als unzulässig abzuweisen, wenn der Kläger keinen Verweisungsantrag stellt. Ergeht antragsgemäß ein Beschluß nach § 83 VwGO[45]), so ist das Adressatgericht auch an eine unrichtige Verweisung gebunden, sofern der Verweisungsbeschluß nicht auf Willkür beruht[46]). § 83 S. 2 VwGO stellt dies ausdrücklich klar. Generell ist § 83 VwGO weit auszulegen, damit der Kläger nicht zu einem Opfer von Zuständigkeitszweifeln wird. Angesichts der namentlich im Planungsrecht häufig kontroversen Abgrenzung von Norm und VA[47]) sollte daher im ersten Rechtszug ein Verknüpfen von Klageverfahren und Normenkontrollverfahren im Wege der Verweisung zulässig sein. Wieso der Antragsteller erst nach Klagerücknahme „eingehende Überlegungen" über die weittragende Bedeutung des Normenkontrollverfahrens anstellen kann, ist nicht einsichtig[48]). Eine Verweisung in den Verfahren des einstweiligen Rechtsschutzes ist ebenfalls ohne weiteres möglich.

11

---

41) Zur örtlichen Zuständigkeit bei einer Anfechtungsklage gegen den VA einer Landeszentralbank (Bundesbehörde!), BayVGH v. 15. 7. 1974, BayVBl. 1975, 171; vgl. ferner BayVGH v. 23. 9. 1983, BayVBl. 1984, 118.
42) § 52 Nr. 2 S. 3 VwGO. Im Anerkennungsverfahren für Asylanten kommt es häufig vor, daß die Ausländerbehörden den Asylbewerber zum Verlassen des Bundesgebietes auffordern und damit die Zustimmung zu einem bestimmten Wohn- und Aufenthaltsort versagen. Maßgeblich für die Bestimmung der örtlichen Zuständigkeit ist dann der tatsächliche Aufenthaltsort, BVerwG v. 3. 12. 1980, DÖV 1981, 841; vgl. auch *Deibel*, NJW 1981, 498 ff.
43) § 52 Nr. 3 S. 4 VwGO; vgl. auch *Haas*, DVBl. 1974, 929 ff.
44) *Kopp*, § 59, 4; zum Verhältnis der Sätze 1 und 2 des § 52 Nr. 4 VwGO vgl. BVerwG v. 19. 7. 1979, BVerwGE 58, 225 (Klage eines Kriegsdienstverweigerers).
45) Zur Verweisung einer in eine Erinnerung umgedeuteten Beschwerde BWVGH v. 14. 9. 1988, NVwZ-RR 1989, 512.
46) BVerwG v. 15. 3. 1988, NJW 1988, 2752.
47) Vgl. etwa BVerfG v. 7. 10. 1980, BVerfGE 56, 298 = DVBl. 1981, 535, 913 m. Anm. *Bethge* = JuS 1981, 839 *(Brodersen);* hierzu *Weyreuther*, DÖV 1982, 173 ff. (174 f.); *Blümel*, VerwArch. 1982, 329 ff. (331); *Ronellenfitsch*, in: Das Deutsche Bundesrecht, I L/17, S. 8.
48) So aber BayVGH v. 23. 9. 1981, DÖV 1982, 163; *EF*, § 47, 33 a; wie hier HessVGH v. 28. 11. 1968, NJW 1969, 1733; *Kopp*, § 83,1; *Braun*, BayVBl. 1983, 581.

§ 7 Beteiligtenbezogene Sachurteilsvoraussetzungen

I. Die Beteiligung am Verwaltungsprozeß

1. Beteiligteneigenschaft

a) Kreis der Beteiligten

1   Während die ZPO vom Zweiparteienstreit ausgeht, kennt die VwGO keine Parteien, sondern nur Beteiligte[1]). Als Beteiligte werden in § 63 aufgeführt: Kläger und Beklagte (Hauptbeteiligte), Beigeladene, ferner der Oberbundesanwalt[2]) oder der Vertreter des öffentlichen Interesses (VöI), falls er von seiner Beteiligtenbefugnis Gebrauch macht[3]). Zu den Hauptbeteiligten zählen auch die Streitgenossen, die deswegen klar von den Beigeladenen zu trennen sind[4]).

b) Streitgenossenschaft

2   Hinsichtlich der Streitgenossenschaft verweist § 64 VwGO auf die §§ 59 bis 63 ZPO[5]). Im Verwaltungsprozeß ist Streitgenossenschaft gegeben bei Klagen durch mehrere Beteiligte oder gegen mehrere Hauptbeteiligte. Auch muß man einfache (§§ 59, 60 ZPO) und notwendige Streitgenossenschaft (§ 62 ZPO) unterscheiden.

3   Die *einfache Streitgenossenschaft* ist im Verwaltungsprozeß unproblematisch, da die Streitgenossen prozessual und materiell selbständig handeln können. Typischer Fall ist die Anfechtungsklage gegen eine Allgemeinverfügung. In diesem Zusammenhang sind auch die Klagen derjenigen zu nennen, die sich durch die Genehmigung desselben Vorhabens (Kraftwerk, Straße, Flughafen,

---

1) Der umfassendere Begriff der Beteiligten schließt auch den der Parteien ein. Daher ist es üblich, wenn auch sprachlich ungenau, im Verwaltungsprozeß ebenfalls Kläger und Beklagte als „Parteien" zu bezeichnen; korrekter ist die Bezeichnung als Hauptbeteiligte. Vgl. allgemein *Stettner*, JA 1982, 397 ff.; *Schmidt*, VBlBW 1983, 96 ff., 131 ff.
2) Vgl. *Frauenknecht*, ZBR 1978, 277 ff.
3) Hierzu *Ule*, § 12; *Kopp* (Hrsg.), Die Vertretung des öffentlichen Interesses in der Verwaltungsgerichtsbarkeit, 1982; *ders.*, DVBl. 1982, 277 ff.; *Koch*, Prozeßführung im öffentlichen Interesse, 1983; *Fischer*, Der Vertreter des öffentlichen Interesses, Diss. Passau, 1984. Zu den sog. *Vertretern besonderer Interessen* RÖ, § 36, 5; wichtigstes Beispiel: die in § 5 AsylG angesprochene Bundesbeauftragte für Asylangelegenheiten; hierzu BVerwG v. 11. 3. 1983, NVwZ 1983, 413.
4) Vgl. insgesamt *Stettner*, Das Verhältnis der notwendigen Beiladung zur notwendigen Streitgenossenschaft im Verwaltungsprozeß, 1974 m. Bespr. von *Bettermann*, ZZP 90, 121 ff.
5) Einen guten Überblick über die zivilprozessuale Streitgenossenschaft vermitteln *Gottwald*, JA 1982, 64 ff. und *Lindacher*, JuS 1986, 379 ff.

Müllverbrennungsanlage) betroffen fühlen. Der Grad der Betroffenheit ist nämlich von Fall zu Fall unterschiedlich[6]).

Etwas anderes gilt für die *notwendige Streitgenossenschaft* in ihren beiden Formen.

Bei der sog. *uneigentlichen* notwendigen Streitgenossenschaft muß zwar nicht gemeinsam prozessiert werden. Geschieht dies aber doch, so kann die Entscheidung nur einheitlich ausfallen. Beispiel: Anfechtungsklage des Miteigentümers bei Heranziehung anderer Miteigentümer zum Erschließungsbeitrag[7]).

Bei der eigentlichen notwendigen Streitgenossenschaft sind demgegenüber die Streitgenossen nur gemeinsam sachbefugt. Ein einzelner kann nicht allein klagen oder verklagt werden. Ein Beispiel für die echte notwendige Streitgenossenschaft ist etwa die gemeinsame Ausübung des Elternrechts[8]). Bei der notwendigen Streitgenossenschaft ergeht nur eine einheitliche Entscheidung gegen alle Streitgenossen. Säumige Streitgenossen werden durch die nichtsäumigen Streitgenossen vertreten (§ 62 I ZPO). Sind nicht alle Streitgenossen beteiligt, so ist die Klage bei der eigentlichen notwendigen Streitgenossenschaft abzuweisen[9]).

c) Beiladung

Dem verfahrensrechtlichen Drittschutz dient im Zivilprozeß – teilweise unzulänglich[10]) – die Nebenintervention nach §§ 66 ff. ZPO. Wesentlich besser erfüllt diese Funktion im Verwaltungsprozeß die Beiladung[11]), die mit Ausnahme des Normenkontrollverfahrens[12]) in allen Verfahren zulässig ist. Der

---

6) BVerwG v. 27. 1. 1982, DVBl. 1982, 836; BayVGH v. 26. 11. 1981, DVBl. 1982, 211; v. 24. 11. 1983, BayVBl. 1984, 212. De lege ferenda erscheint bei Massenverfahren eine Ausdehnung der Rechtskraft allerdings sinnvoll, vgl. *Ronellenfitsch*, DVBl. 1978, 527.
7) Vgl. NWOVG v. 18. 3. 1970, VerwRspr. 22, Nr. 47, S. 192; vgl. auch BVerwG v. 7. 9. 1979, DVBl. 1980, 230. Zu Gesamtschuldverhältnissen aber BWVGH v. 18. 6. 1985, VBlBW 1986, 20.
8) Vgl. *Maetzel*, DVBl. 1975, 734; vgl. auch BVerwG v. 29. 11. 1982, BayVBl. 1983, 219.
9) Ebenso BVerwG v. 19. 3. 1956, BVerwGE 3, 208; a. A. *RÖ*, § 64, 10.
10) Vgl. BVerfG v. 1. 2. 1967, BVerfGE 21, 132; *Calavros*, Urteilswirkungen zu Lasten Dritter, 1978, S. 17 ff.
11) Hierzu *Martens*, VerwArch. 1969, 197 ff.; *Stahl*, Beiladung und Nebenintervention, 1972; *Stettner*, Das Verhältnis der notwendigen Beiladung zur notwendigen Streitgenossenschaft im Verwaltungsprozeß, 1974; *Buhren*, JuS 1976, 512 ff.; *Konrad*, BayVBl. 1982, 481 ff., 517 ff.; *Joeres*, Die Rechtsstellung des notwendigen Beigeladenen im Verwaltungsstreitverfahren, 1982; *Schäfer*, Die Beiladung im Sozialgerichtsverfahren, 1983.
12) So BVerwG v. 12. 3. 1982, BVerwGE 65, 131 auf Vorlage des OVG Lüneburg v. 23. 7. 1980, BauR 1981, 244; a. A. NWOVG v. 18. 4. 1980, DVBl. 1980, 603; BerlOVG v. 1. 12. 1981, DVBl. 1982, 362. In der Tat spricht viel dafür, daß im Normenkontrollverfahren gegen einen Bebauungsplan mit konkret-individuellen Regelungen jedenfalls der Planbegünstigte beigeladen werden darf; vgl. auch *Dienes*, DVBl. 1980, 672 ff.; *Ronellenfitsch*, VerwArch. 1983, 281 ff. Zum rechtlichen Gehör der Gemeinden BayVerfGH v. 27. 7. 1983, BayVBl. 1984, 109.

Beigeladene, der an einem zwischen anderen anhängigen Rechtsstreit teilnimmt, erhält seine Stellung mit Zustellung oder – bei Anwesenheit in der mündlichen Verhandlung – mit Verkündung des Beiladungsbeschlusses. Der Beiladungsbeschluß ist unanfechtbar (§ 65 IV S. 2 VwGO). Die VwGO unterscheidet die einfache (§ 65 I) und notwendige Beiladung (§ 65 II)[13]). Versuche, die Unterscheidung im Zugriff auf die „vernachlässigten Beiladungszwecke" transparenter zu machen[14]), sind bislang vor allem deshalb in den Ansätzen steckengeblieben, weil sie ihrerseits die historische Entwicklung vernachlässigen. Gerade die Beiladung ist aber eines der ältesten eigenständigen verwaltungsprozessualen Rechtsinstitute[15]). Richtungsweisend wurde v. a. § 70 des preußischen Gesetzes über die allgemeine Landesverwaltung vom 30. 7. 1883 (LVG) (GS S. 195), der die Beiladung in das Ermessen des Gerichts stellte. Gleichwohl arbeitete das PrOVG Fallgruppen heraus, in denen die Beiladung von Amts wegen erfolgen mußte, und schuf so trotz weitgehender Ablehnung des zeitgenössischen Schrifttums[16]) die Grundlage für die Unterscheidung der einfachen und notwendigen Beiladung[17]). Nach dem zweiten Weltkrieg setzte sich die Unterscheidung allgemein durch und ging in die Verwaltungsprozeßordnungen ein. Statt nach vagen Beiladungszwecken zu suchen, dürfte es sinnvoller sein, die gesetzliche Ausgestaltung der Beiladungstypen und insbesondere deren rechtliche Wirkungen exakt zu bestimmen.

6   Die *einfache Beiladung* steht im Ermessen des Gerichts. Sie setzt voraus, daß die zu erwartende Entscheidung die rechtlichen Interessen des Beizuladenden berührt. Das ist der Fall, wenn der Beizuladende zu den Hauptbeteiligten oder zum Streitgegenstand in einer solchen Beziehung steht, daß das Unterliegen eines der Hauptbeteiligten seine Rechtslage verbessern oder verschlechtern würde[18]). Schon aus diesem Grund scheidet etwa die Beiladung von anerkann-

---

13) Die Terminologie des Gesetzes ist nicht immer genau. So ist im Zwischenverfahren über die Verpflichtung zur Aktenvorlage nach § 99 II S. 2 VwGO die oberste Aufsichtsbehörde „beizuladen", obwohl es sich in Wahrheit um die Antragsgegnerin handelt. Solange die Aufsichtsbehörde und Beklagter nicht identisch sind, kann die schiefe Ausdrucksweise des Gesetzes hingenommen werden. Ist die Aufsichtsbehörde aber selbst Rechtsträger, so muß sie als Antragsgegnerin bezeichnet werden, vgl. RhPfOVG v. 6. 5. 1976, DVBl. 1977, 426 (offengelassen).
14) In diese Richtung *Stober*, in: Menger-Festschr. S. 401 ff. (404 ff.).
15) Hierzu insbes. *Linkenheil*, Die Beiladung im Verwaltungsstreitverfahren, Diss. Heidelberg 1962, S. 6 ff., der bis zum Sachsenspiegel zurückgeht. Wichtiger sind die Querverbindungen zur Kur-Badischen Obergerichtsordnung von 1804 und zum französischen Verwaltungsprozeß, zumal der Conseil d'Etat bereits in Entscheidungen aus dem Jahr 1852 die Beiladung Dritter zugelassen hatte; Einzelheiten bei *Ronellenfitsch*, VerwArch. 1983, 282 ff.
16) Vgl. etwa *Kunze*, VerwArch. 1893, 198 ff.; *Weise*, AnnDR 1904, 454 ff.; *Morgenbesser*, PrVBl. 1906, 663 ff.
17) Nachw. bei *Ronellenfitsch*, VerwArch. 1983, 284 f., Anm. 17 ff.
18) Vgl. *Kopp*, § 65, 9.

ten Naturschutzverbänden (§ 29 IV BNatschG) im Verwaltungsrechtsstreit um die Rechtmäßigkeit von Planfeststellungsbeschlüssen aus[19]). § 65 I VwGO erstreckt sich auf rechtliche Interessen öffentlich-rechtlicher und privatrechtlicher Art. Ob der Beizuladende klagebefugt ist oder durch die Entscheidung in seinen Rechten verletzt wird, spielt dabei keine Rolle. Es genügt vielmehr, daß er in seiner von der Rechtsordnung anerkannten und geschützten Rechts- und Interessensphäre berührt werden kann[20]). Gegen die Ablehnung des Beiladungsantrags oder die Aufhebung des Beiladungsbeschlusses ist die Beschwerde gegeben. Das Beschwerdegericht kann dann sein Ermessen an die Stelle des Ermessens der Vorinstanz setzen und die Beiladung vornehmen[21]).

Bei der insoweit mit der notwendigen Streitgenossenschaft verwandten *notwendigen Beiladung* muß das Gericht beiladen; denn hier kann die Entscheidung nur einheitlich ergehen („prozessuale Schicksalsgemeinschaft"). Das sodann in der Sache ergehende Urteil entfaltet bei Rechtskraft volle Bindungswirkung (§ 121 VwGO) wie bei den Hauptbeteiligten, weil die Urteilsformel unmittelbar in die Rechte des notwendig Beigeladenen einwirkt[22]). Die notwendige Beiladung ist somit geeignet, zunächst Außenstehende gegen ihren Willen in das Verfahren einzubeziehen und sie im Wege der Rechtskrafterstreckung zu binden. Dies kann bei Rechtswegkollisionen zu einer prozessualen Schlechterstellung der Beigeladenen führen, die in der Rolle der Hauptbeteiligten etwa vor den Arbeitsgerichten streiten könnten. Gleichwohl ist im Interesse der Prozeßökonomie und der Verfahrenskonzentration der Beiladung zum Verwaltungsrechtsstreit der Vorzug zu geben. Der zuerst angerufene Verwaltungsrichter ist dann eben der gesetzliche Richter i. S. v. Art. 101 S. 2 GG[23]). Hauptbei-

---

19) BWVGH v. 4. 3. 1985, DÖV 1985, 585.
20) NWOVG v. 31. 10. 1980, ET 1980, 864; BVerwG v. 16. 9. 1981, NJW 1982, 951.
21) Vgl. BWVGH v. 8. 11. 1976, GewArch. 1977, 206 zur (einfachen!) Beiladung eines Nachbarn im Verfahren gegen die Genehmigung einer Anfrage nach § 4 BImSchG; HessVGH v. 29. 8. 1986, BauR 1987, 294; a. A. NWOVG v. 13. 12. 1976, BRS 30 Nr. 178.
22) *RÖ*, § 121, 6. Zur Erweiterung der Rechtskraft nunmehr § 121 Nr. 2 VwGO.
23) A. A. *Baden*, NVwZ 1984, 142 ff.

spiel der notwendigen Beiladung ist die Beiladung, der Gemeinden, die nach § 36 BauGB ihr Einvernehmen zu Bauvorhaben zu erteilen haben[24]).

8 Regelmäßig[25]) kommt die notwendige Beiladung vorwiegend beim VA mit Drittwirkung in Betracht. Man darf sich aber nicht durch das Kriterium der einheitlichen Entscheidung in die Irre führen lassen. Erste Voraussetzung der notwendigen Beiladung ist nämlich die Beteiligung des Beizuladenden an dem streitigen Rechtsverhältnis. § 65 II VwGO ist letztlich eine Ausprägung von Art. 19 IV GG[26]). Die erforderliche Drittbetroffenheit läßt sich daher am ehesten *negativ* bestimmen: Die Beiladung ist immer, aber auch nur dann notwendig, wenn eine dem klägerischen Begehren entsprechende Entscheidung *unmittelbar* subjektive öffentliche Rechte des Dritten nachteilig berühren kann. Eine derartige Beteiligung aus streitigen Rechtsverhältnissen ist beispielsweise nicht gegeben, wenn sich mehrere Nachbarn gegen die Genehmigung desselben Vorhabens wenden[27]). Keine notwendige Beiladung liegt ferner vor, wenn sich der Ehegatte eines ausgewiesenen Ausländers gegen die Ausweisung im

---

24) Vgl. BVerwG v. 14. 2. 1969, MDR 1969, 783; s. auch BVerwG v. 7. 2. 1986, NVwZ 1986, 556. Die Notwendigkeit der Beiladung der Gemeinde entfällt nach dem heftig angefeindeten Urt. des BVerwG v. 11. 2. 1977, DVBl. 1977, 770, wenn über die Baugenehmigung im Rahmen der §§ 4 ff. BImSchG zu entscheiden ist. Schwierigkeiten bereitet vor allem die Beiladung der höheren Bauaufsichtsbehörde. Während noch im Urt. v. 13. 12. 1974, DVBl. 1975, 504 (506) das BVerwG von der notwendigen Beiladung ausging, ist nach dem Urt. v. 12. 11. 1976, BVerwGE 51, 310 die höhere Verwaltungsbehörde nicht notwendig beizuladen, wenn das Land verklagt wird, in dessen Verwaltungsorganisation die höhere Verwaltungsbehörde eingegliedert ist. Das bedeutet, daß von Land zu Land differenziert werden muß (im Bauprozeß entsprechend: Ist das Land beklagt: keine notwendige Beiladung; ist eine Selbstverwaltungskörperschaft beklagt: notwendige Beiladung der höheren Bauaufsichtsbehörde, wo diese beteiligtenfähig ist, sonst Beiladung des Landes); zur Beiladung in Baden-Württemberg vgl. BVerwG v. 7. 5. 1976, DVBl. 1977, 196; in Bayern BVerwG v. 7. 2. 1986, DVBl. 1986, 682; BayVGH v. 23. 11. 1976, BayVBl. 1977, 150; in Nordrhein-Westfalen NWOVG v. 13. 12. 1976, DÖV 1977, 336 (nur LS).
25) Kritisch gegenüber dieser Faustregel *Konrad*, BayVBl. 1982, 482 ff. Weitere Beispiele: Beiladung der Bundesrepublik Deutschland zu Einbürgerungen wegen der in § 3 VO über die deutsche Staatsangehörigkeit v. 5. 2. 1934 (RGBl. I S. 85) vorgesehenen Mitwirkungsbefugnis des Bundesministeriums des Innern − Art. 123 I GG! (vgl. HessVGH v. 10. 12. 1974, ESVGH 26, 181; BVerwG v. 16. 5. 1983, NJW 1984, 72 v. 10. 7. 1984, DVBl. 1985, 242) oder − in Fällen geteilter Baulast − des Trägers der Straßenbaulast bei Entscheidungen nach § 17 FStrG (vgl. BVerwG v. 15. 1. 1982, BayVBl. 1982, 344; vgl. aber auch BayVGH v. 10. 1. 1983, BayVBl. 1983, 308); wirken mehrere Behörden desselben Rechtsträgers beim Erlaß eines VA zusammen, so ist nur der Rechtsträger beteiligtenfähig. Ein Bundesminister kann also nicht im Rechtsstreit gegen die Bundesregierung beigeladen werden (BVerwG v. 17. 10. 1985, DVBl. 1986, 152). Ferner Beiladung des Lehrlings im Rechtsstreit des Meisters bei einer unterlassenen Eintragung in die Lehrlingsrolle (BVerwG v. 13. 7. 1982, DÖV 1982, 1036); nicht dagegen notwendige Beiladung eines Nachbarn im Anfechtungsstreit gegen ein von diesem erwirkten Nutzungsverbots, HessVGH v. 29. 8. 1986, BauR 1987, 295.
26) Zutreffend *Konrad*, BayVBl. 1982, 481 ff. (517).
27) Vgl. BVerwG v. 5. 7. 1974, BVerwGE 45, 409 (Floatglas), hierzu § 15 II und DÖV 1974, 815 (Stellung des Nachbarn), hierzu *Buhren*, JuS 1976, 512 ff.; v. 14. 2. 1975, BVerwG 48, 56 (Stellung der Gemeinden).

Anfechtungsprozeß des anderen Ehegatten zur Wehr setzt[28]), wenn Dritte Gegenstände erwerben, deren Beseitigung angeordnet wurde und Gegenstand einer vom Veräußerer erhobenen Klage ist[29]) oder wenn Eltern eines religionsmündigen Kindes aufgrund ihres Erziehungsrechts Klage erheben mit dem Ziel, daß das Kind am religionsfremden Religionsunterricht teilnehmen darf[30]).

Zu prüfen ist also die notwendige Beiladung immer in folgender Reihenfolge:
1. Beteiligung des Beizuladenden an dem streitigen Rechtsverhältnis.
2. Notwendige einheitliche Entscheidung wegen dieser Beteiligung.

Ist die Beiladung unterblieben, so fehlt bei der einfachen Beiladung die eingeschränkte[31]) Bindungswirkung des § 121 VwGO. Bei der notwendigen Beiladung herrscht Streit, ob das ergangene Urteil überhaupt wirksam ist[32]). Der Streit dürfte jetzt überholt sein; denn nach § 142 I S. 2 VwGO kann die notwendige Beiladung sogar im Revisionsverfahren nachgeholt werden. Das angefochtene Urteil darf also nicht mehr von Amts wegen aufgehoben werden.

9

Dies gilt erst recht, wenn auch für die Revisionsentscheidung feststeht, daß die Klage auf jeden Fall abgewiesen werden muß, wenn dem am gerichtlichen Verfahren nicht beteiligten Dritten also überhaupt keine Nachteile entstehen können; BVerwG v. 2. 9. 1983, BayVBl. 1984, 155.

Die Beigeladenen können neben den Hauptparteien Rechtsmittel einlegen. Bei Konkurrenzverhältnissen der Rechtsmittel findet der für die notwendige Streitgenossenschaft charakteristische Grundsatz der einheitlichen Entscheidung Beachtung, so daß nur entweder die Sprungrevision oder die Berufung statthaft ist. Die Lösung des Konkurrenzverhältnisses erfolgt entsprechend § 76 V ArbGG nach dem Prioritätsprinzip[33]).

10

---

28) BVerwG v. 3. 5. 1973, BVerwGE 42, 141; v. 25. 10. 1977, BVerwGE 55, 8. Begründung: Die Rechtskraft trifft den ebenfalls klagebefugten Ehegatten nicht. Dies gilt auch für Kinder und andere Familienangehörige, BVerwG v. 28. 4. 1981, DÖV 1981, 716 sowie für das Asylanerkennungsverfahren BVerwG v. 27. 4. 1982, NVwZ 1983, 38. Entsprechend sind im Verwaltungsprozeß um die behördliche Namensfeststellung für den Familienvater, Ehefrau und Kinder, die ihren Namen von diesem ableiten, nicht notwendig beizuladen, weil sich die Namensfeststellung nach § 8 NamÄndG nicht auf sie erstreckt, BVerwG v. 1. 10. 1980, MDR 1981, 430.
29) BVerwG v. 7. 9. 1984, NJW 1985, 281; a. A. *H. J. Müller*, NJW 1985, 2244 ff.
30) BVerwG v. 2. 9. 1983, DVBl. 1984, 268.
31) Der einfache Beigeladene wird durch die Entscheidung nicht in materiellen Rechten berührt. Folglich führt die Bindungswirkung nur dazu, daß er in einem späteren Verfahren die Richtigkeit der ergangenen und von ihm beeinflußbaren Entscheidung nicht mehr bestreiten kann; vgl. *Kopp*, § 66, 13.
32) Bejahend BVerwG v. 12. 12. 1973, DVBl. 1974, 235; a. A. *RÖ*, § 66, 22 m. w. N.
33) BVerwG v. 4. 7. 1962, BVerwGE 14, 298.

2. Beteiligtenfähigkeit

11 Die bislang behandelten Beteiligten besitzen die Beteiligteneigenschaft. Von der Beteiligteneigenschaft ist die Beteiligtenfähigkeit zu unterscheiden, die Auskunft darüber gibt, wer Rechtssubjekt eines Verwaltungsprozesses sein kann. Beteiligtenfähig sind nach § 61 VwGO natürliche und juristische Personen[34]), Vereinigungen, soweit ihnen ein Recht zustehen kann[35]), und Behörden, soweit das Landesrecht dies bestimmt[36]).

Im Verfahren über die Zulassung von Kraftfahrzeugen ist nicht der jeweils zuständige TÜV zu beteiligen, sondern die durch ihren Leiter vertretene Technische Prüfstelle für den Kraftfahrzeugverkehr im TÜV (vgl. OVG Lüneburg v. 14. 12. 1977, DÖV 1979, 604). Im Gewerbeuntersagungsverfahren bewirkt die Verlegung des Betriebssitzes in den Zuständigkeitsbereich einer anderen Behörde während des Verwaltungsstreitverfahrens keinen Beteiligtenwechsel auf der Behördenseite (NWOVG v. 21. 9. 1978, GewArch 1979, 165).

An die Regelung des § 61 Nr. 3 VwGO knüpft § 78 I Nr. 2 VwGO an, der den Klagegegner bezeichnet. Bei isolierter Anfechtung des Widerspruchsbescheids ist richtiger Beklagter der Rechtsträger der Widerspruchsbehörde[37]).

12 Die Beteiligten müssen grundsätzlich verschiedene Personen sein oder zumindest verschiedenen Rechtsträgern angehören, oder es muß ein Spannungsverhältnis bestimmter Interessengruppen bestehen. Ein allgemeines Verbot der sog. *Insichprozesse* besteht jedoch nicht. Zulässig ist der Insichprozeß beispielsweise bei Streitigkeiten zwischen dem Fiskus und anderen Hoheitsträgern[38]). Beim Insichprozeß geht es um die Bewahrung der materiellen Rechtsordnung[39]). Demgegenüber steht bei den verwaltungsrechtlichen *Organstreitig-*

---

34) Eine GmbH ist nach Eintritt der Vermögenslosigkeit (§ 2 LöschungsG) nicht mehr beteiligtenfähig; NWOVG v. 25. 3. 1981, NJW 1981, 2373.
35) Vgl. NWOVG v. 21. 8. 1963, OVGE 19, 62 (Fraktionen kommunaler Vertretungskörperschaften); v. 11. 11. 1977, GewArch 1979, 21 (Silberschmiede-Innung); eine untergegangene Gemeinde ist für einen Prozeß, in dem sie Rechte aus dem Eingemeindungsvertrag geltend macht, als fortbestehend und damit als beteiligungsfähig anzusehen; vgl. BWVGH v. 29. 3. 1979, DÖV 1979, 605. *Nicht* beteiligungsfähig ist eine Bruchteilsgemeinschaft, vgl. BayVGH v. 31. 3. 1978, BayVBl. 1979, 20; ferner eine nichtrechtskräftige Personenvereinigung, die keine feste körperschaftliche Organisationsstruktur aufweist (Demonstration), BayVGH v. 11. 1. 1984, BayVBl. 1984, 406.
36) Dies ist geschehen: allgemein in Nordrhein-Westfalen (§ 5 I AGVwGO) und im Saarland (§ 17 AGVwGO), nur für Landesbehörden in Niedersachsen (§ 7 I AGVwGO) und Schleswig-Holstein (§ 6 I AGVwGO), für Bezirksregierungen bei Beanstandungsklagen in Rheinland-Pfalz (§ 17 II VwGO). (Vgl. dazu unten § 36, 27 ff.)
37) BVerwG v. 18. 12. 1975, Buchholz 424.01 § 147 FlurbG Nr. 3; BayVGH v. 10. 1. 1983, BayVBl. 1983, 530.
38) BVerwG v. 21. 6. 1974, BVerwGE 45, 207 = DÖV 1974, 817 m. Anm. *Naumann;* hierzu auch *Kisker,* JuS 1975, 704 ff.; vgl. ferner BSG v. 29. 5. 1973, RiA 1973, 219; *RÖ,* § 63, 8; *Kisker,* Insichprozeß und Einheit der Verwaltung, 1968; *Lorenz,* AöR 93 (1968), 308 ff.; *Löwer,* VerwArch. 1977, 327 ff.
39) *Löwer,* VerwArch. 1977, 327 ff. (335).

*keiten*⁴⁰) (Hauptbeispiele: Kommunalverfassungsstreit⁴¹), Universitätsverfassungsstreit⁴²)) das Zusammenspiel verschiedener Staatsorgane im Vordergrund. Organstreitigkeiten wie ganz allgemein der „Innenrechtsstreit" lassen sich nicht zu einem eigenständigen Institut des Verwaltungsprozeßrechts zusammenfassen. Vielmehr muß ihren Besonderheiten bei den jeweiligen Sachurteilsvoraussetzungen Rechnung getragen werden⁴³).

II. Prozeßfähigkeit und gesetzliche Vertretung

Prozeßfähigkeit ist die Fähigkeit, einen Prozeß selbst oder durch einen Bevollmächtigten zu führen⁴⁴). Prozeßfähig⁴⁵) sind die nach bürgerlichem Recht (§§ 2, 104 ff. BGB) Geschäftsfähigen (§ 62 I Nr. 1 VwGO), ferner die nach bürgerlichem Recht (§§ 106, 114 BGB) in der Geschäftsfähigkeit Beschränkten, soweit sie durch Vorschriften des bürgerlichen oder öffentlichen Rechts⁴⁶) für den Gegenstand des Verfahrens als geschäftsfähig anerkannt sind (§ 62 I Nr. 2 VwGO). Die gesetzliche Vertretung prozeßunfähiger natürlicher Personen und die Stellung von Pflegern richten sich nach § 62 III VwGO i. V. m. den §§ 53

13

---

40) Vgl. NWOVG v. 16. 4. 1981, DVBl. 1981, 1012 (Unzulässigkeit der Klage eines Rundfunkredakteurs gegen einen Beanstandungsbeschluß des WDR-Verwaltungsrates); *Hoppe*, Organstreitigkeiten vor den Verwaltungs- und Sozialgerichten, 1970; *ders.*, NJW 1980, 1017 ff.; *Papier*, DÖV 1980, 292 ff.; *Bethge*, Verw. 1975, 459 ff.; *ders.*, DVBl. 1980, 309 ff.
41) Vgl. HessVGH v. 10. 3. 1981, NVwZ 1982, 44; RhPfOVG v. 9. 5. 1984, DVBl. 1985, 176; HbgOVG v. 12. 6. 1985, DVBl. 1986, 242; *Bleutge*, Der Kommunalverfassungsstreit, 1969; *SDC*, § 42, 2 d ee; zur Kostentragung SaarlOVG v. 5. 10. 1981, NvWZ 1982, 140. Siehe auch *Fehrmann*, DÖV 1983, 311 ff.; RhPfOVG v. 29. 8. 1984, DVBl. 1985, 177; *Schoch*, JuS 1987, 783 ff.
42) Vgl. *Heinrich*, Verwaltungsrechtliche Streitigkeiten im Hochschulinnenbereich, 1975; BVerwG v. 22. 2. 1974, BVerwGE 45, 39 (Zusammensetzung des Fachbeirats einer Universität); BWVGH v. 16. 7. 1969, VerwRspr. 21, 251 (Fakultäten einer Universität; hierzu auch *Franzke*, DÖV 1972, 851 ff.); zur Beteiligtenfähigkeit der Studentenschaften NWOVG v. 31. 5. 1968, DVBl. 1968, 709 und BWVGH v. 23. 7. 1986, DVBl. 1968, 705, s. auch BayVGH v. 9. 11. 1979, BayVBl. 1980, 300. Im universitätsinternen Organstreit können nicht nur die Universitätsorgane oder die Fakultäten und deren Organe, sondern auch Organteile oder organinterne Funktionsträger beteiligt sein, wenn sie als Zuordnungssubjekt der bezüglich des Streitgegenstandes in Frage stehenden Rechtsstellung in Betracht kommen; BWVGH v. 27. 10. 1977, DVBl. 1978, 274 m. Anm. *Lippert*; v. 3. 11. 1981, NJW 1982, 902; v. 19. 4. 1983, DÖV 1983, 862; v. 17. 9. 1984, NVwZ 1985, 284.
43) RhPfOVG v. 8. 3. 1965, AS 9, 335 (338); v. 29. 4. 1984, DÖV 1985, 155 (156); *Erichsen*, in: Menger-Festschr. S. 211 ff. (213). Zur richtigen Klageart SaarlOVG v. 29. 11. 1985, NVwZ 1987, 914.
44) *EF*, § 62, 1; *RÖ*, § 62, 1; *Kopp*, § 62, 1.
45) Zur partiellen Prozeßfähigkeit von Querulanten *EF*, § 62, 10 a.
46) Zum Beispiel §§ 19, 32 ff. WPflG; § 7 StVZO. Aus § 2 II Nr. 1 AuslG läßt sich dagegen entgegen KG v. 29. 7. 1977, NJW 1978, 2454 und v. 29. 8. 1977, NJW 1978, 2455 nicht die Prozeßfähigkeit minderjähriger Ausländer ableiten. Wie BerlOVG v. 13. 12. 1978, MDR 1979, 522 zutreffend hervorhebt, handelt es sich bei den mit dem Aufenthalt verfolgten Zielen i. d. R. um Bereiche, die dem Sorgerecht der Eltern unterliegen. Vgl. auch BVerwG v. 11. 1. 1982, NJW 1982, 539; a. A. *Kunz*, NJW 1982, 2707 ff.

bis 58 ZPO. Für die immer prozeßunfähigen juristischen Personen, nichtrechtsfähigen Personenvereinigungen und beteiligtenfähigen Behörden[47]) handeln die gesetzlichen Vertreter und Organe bzw. der Behördenvorstand oder ein besonderer Beauftragter[48]) (§ 62 II VwGO).

14 Ansprüche der Bundesrepublik Deutschland gegen Dritte, die im Zusammenhang mit der Bundesauftragsverwaltung (Art. 85 GG) entstanden sind, haben die Länder in gesetzlicher Prozeßstandschaft im eigenen Namen, nicht etwa als Vertreter oder Organe des Bundes, geltend zu machen; vgl. BayVGH v. 12. 2. 1980, BayVBl. 1980, 341.

15 Vor dem VG und OVG können die Beteiligten den Rechtsstreit regelmäßig selbst führen; Prozeß- und Postulationsfähigkeit fallen zusammen. Möglich ist aber auch die Vertretung durch einen Bevollmächtigten oder die Beiziehung eines Beistands (§ 67 II VwGO)[49]).

16 Der *Prozeßvollmacht* (§ 67 III VwGO) kommt erhebliche praktische Bedeutung zu. Die Vorlage einer schriftlichen Vollmacht ist im Verwaltungsprozeß anders als im Zivilprozeß (§ 80 ZPO) nicht nur Beweismittel für das Bestehen der Vertretungsbefugnis, sondern wesentliches Formerfordernis, ohne das die Vollmacht als Verfahrens- oder Prozeßvollmacht nicht zur Entstehung gelangt. Umgekehrt genügt für das Erlöschen der Prozeßvollmacht nicht allein der Widerruf des Auftragsverhältnisses. Vielmehr ist noch die Anzeige an das Gericht erforderlich[50]).

Ob der *Mangel der Vollmacht* eines Rechtsanwalts nur auf Rüge des Gegners hin geprüft werden muß, war lange streitig. Während das RhPfOVG dies bejahte[51]), lehnte der BWVGH die entsprechende Anwendung von § 88 II ZPO

---

47) Vgl. Fußn. 3.
48) Hierzu *Klein*, S. 42 f.
49) Zur Vertretung einer kreisangehörigen Gemeinde durch Bedienstete des Kreises VG Hannover v. 29. 8. 1973, DVBl. 1975, 52. Zur entspr. Anwendung von § 157 I ZPO, *Bittner*, DVBl. 1973, 24 f. Unberührt bleiben die Regelungen des RBerG; die geschäftsmäßige Besorgung fremder Rechtsangelegenheiten bedarf daher i. d. R. der behördlichen Erlaubnis, vgl. NWOVG v. 11. 12. 1978, NJW 1979, 2165. Dies gilt grundsätzlich auch für die Prozeßvertretung durch Angehörige einer diplomatischen Mission oder konsularischen Vertretung; NWOVG v. 27. 10. 1980, NJW 1981, 1173. Zur Vertretungsbefugnis des Steuerberaters, BayVGH v. 15. 9. 1980, NJW 1981, 839. Zum kommunalen Vertretungsverbot BVerfG v. 21. 1. 1976, BVerfGE 41, 231; v. 18. 7. 1979, BVerfGE 52, 42; v. 20. 1. 1981, BVerfGE 56, 99; v. 7. 7. 1982, BVerfGE 61, 68 = JuS 1982, 774 *(H. Weber)*; BVerwG v. 23. 11. 1983, NJW 1984, 377 = JuS 1984, 886 *(H. Weber)*; BWVGH v. 22. 3. 1979, DÖV 1979, 872; BayVGH v. 29. 1. 1980, DVBl. 1980, 49 m. Anm. *Jäkel* = JuS 1981, 57 *(H. Weber)*; HessVGH v. 26. 6. 1980, NJW 1981, 140; NWOVG v. 16. 4. 1981, NJW 1981, 2210; *Jäkel*, JuS 1979, 174 ff.; *Menger*, NJW 1980, 1827 ff.; *Stober*, BayVBl. 1981, 161 ff.; *Borchmann*, NVwZ 1982, 17 ff.
50) Vgl. BerlOVG v. 27. 7. 1976, NJW 1977, 1167. In Anwaltsprozessen erlangt die Kündigung des Prozeßvertretungsvertrags dem Prozeßgegner gegenüber erst durch die Anzeige der Bestellung einer anderen gem. § 67 I VwGO zur Prozeßvertretung befugten Person rechtliche Wirksamkeit, vgl. BVerwG v. 26. 1. 1978, BVerwGE 55, 193. Zum folgenden auch unten § 31 Rdnrn. 10 ff.
51) Urt v. 23. 3. 1978, AS 14, 87. Vgl. auch BVerwG v. 28. 6. 1983 – 9 C 881.82 –.

ab[52]). Legt man § 173 VwGO zugrunde, so ist keine Norm der VwGO ersichtlich, die der Anwendung von § 88 II ZPO entgegenstehen könnte, vor allem betrifft § 42 II VwGO die Rechtsverletzung, d. h. die Frage der wirksamen Bevollmächtigung, nicht jedoch den Nachweis der Bevollmächtigung. Die Ansicht des RhPfOVG verdiente somit Zustimmung[53]). Ihr hat sich auch das BVerwG angeschlossen[54]), und zwar mit der bereits in den Vorauflagen vertretenen Modifikationen, daß bei Auftreten eines Rechtsanwalts eine Prüfung der Vollmacht von Amts wegen zwar grundsätzlich nicht stattfindet, daß aber der Mangel der Vollmacht auch von Amts wegen berücksichtigt werden kann, wenn sich Zweifel an einer ordnungsgemäßen Bevollmächtigung ergeben[55]).

Die Vollmachtsurkunde muß entweder dem Gericht vorgelegt oder von dem Vollmachtgegner handschriftlich unterzeichnet zu Protokoll des Gerichts erklärt werden. Geschieht dies nicht sogleich, so kann das Gericht den vollmachtlosen Vertreter einstweilen zulassen (§ 67 III S. 2 VwGO, § 89 ZPO). Wird die Vollmacht nachgereicht, dann werden alle Mängel der Vollmacht für die Vergangenheit geheilt. Wird die Vollmacht dagegen nicht nachgereicht, so ist die Klage durch Prozeßurteil als unzulässig abzuweisen. Die Rechtskraft der Entscheidung erstreckt sich dann auf die Unzulässigkeit der Klage wegen Fehlens der Prozeßvollmacht, so daß der angeblich Vertretene an einer neuen Klage nicht gehindert wird.

Die Nichtvorlage einer Vollmacht oder ihre fehlende Nachreichung rechtfertigen freilich keine Überraschungsentscheidung. Vielmehr hat dann der Vorsitzende oder Berichterstatter die Vollmacht, ggf. unter Setzung einer Warnfrist, anzufordern[56]). Erst nach Ablauf der Warnfrist kommt ein Prozeßurteil in Betracht.

Komplizierter werden die Dinge, wenn der vollmachtlose Vertreter ein *Rechtsmittel* einlegt. Nach § 89 II ZPO kann nämlich der Mangel der Vollmacht bei Einlegung des Rechtsmittels durch Genehmigung des Vertretenen, z. B. durch nunmehrige Erteilung der Prozeßvollmacht, geheilt werden. Die Rechtsprechung ließ nun früher eine Heilung selbst dann zu, wenn die Vollmacht nach Verwerfung der Klage als unzulässig erst in der Rechtsmittelinstanz nachgewiesen wurde[57]). Rückwirkende Heilung setzt aber eine Schwebelage voraus. Die Schwebelage besteht indessen nur, wenn in der Berufungsinstanz noch kein Prozeßurteil ergangen ist oder die Prozeßvollmacht vor Erlaß des

---

52) Beschl. v. 7. 10. 1981, VBlBW 1982, 44; auch BayVGH v. 5. 10. 1982, BayVBl. 1983, 29.
53) Ebenso *Sannwald*, DÖV 1983, 762 ff.; 1984, 111 gegen *Riedl*, DÖV 1984, 109.
54) Urt. v. 22. 1. 1985, BVerwGE 71, 20.
55) OVG Lüneburg v. 12. 2. 1979, DÖV 1979, 835; BVerwG v. 23. 3. 1982, NVwZ 1982, 469; v. 16. 8. 1983, BayVBl. 1984, 57; v. 31. 7. 1984, DÖV 1984, 987; HessVGH v. 6. 12. 1988 – 2 OE 48 u. 58/3 –, A.U. S. 15.
56) BVerwG v. 22. 1. 1985, DÖV 1985, 484 zur Fristwahrung durch Telebrief: BFH v. 19. 1. 1989, NJW 1989, 2646.
57) Kritisch zu Recht *Fischer*, NJW 1977, 2200 f.

(dann zu Unrecht ergangenen) Prozeßurteils vorlag. Nach Ansicht des GmS-OGB kann dagegen die Prozeßführung nach Erlaß des das Rechtsmittel als unzulässig verwerfenden Prozeßurteils nicht mehr rückwirkend genehmigt werden, weil in diesem Fall die Schwebelage schon beendet war[58]). Für die Revision besteht zudem eine häufig übersehene Besonderheit: Da bereits die Einlegung der Revision dem Anwaltszwang unterliegt (§ 67 I VwGO)[59]), muß die Vollmacht innerhalb der Revisionsfrist (§ 139 I VwGO) vorgelegt werden. Durch eine nachgereichte Vollmacht läßt sich die Fristversäumnis nicht heilen.

Der vollmachtlose Vertreter hat die Kosten nach § 173 VwGO i. V. m. § 89 I ZPO zu tragen, sofern nicht die Klage oder das Rechtsmittel vom Beteiligten selbst erhoben wurde.

17 Der *Bevollmächtigte* ist ein mit einer Prozeßvollmacht ausgestatteter Vertreter für *alle* im Zusammenhang mit dem Prozeß stehenden Prozeßhandlungen. Dagegen steht der *Beistand* den Beteiligten nur zur Seite[60]). Vertretungszwang besteht nur vor dem BVerwG (§ 67 I VwGO) oder wenn die Bestellung eines Bevollmächtigten angeordnet wird (§ 67 II S. 2 VwGO). Die Anordnung ergeht durch Beschluß, der die Unfähigkeit des Beteiligten zu sachgemäßem Vortrag voraussetzt und nach den §§ 146 ff. VwGO angefochten werden kann[61]).

18 Die Regelung des § 67 I VwGO, wonach sich jeder Beteiligte vor dem BVerwG durch einen Rechtsanwalt oder einen Rechtslehrer an einer deutschen Hochschule als Bevollmächtigten vertreten lassen muß, führt immer wieder zu Kontroversen. Der *Anwaltszwang* im Revisionsverfahren dient der sachkundigen Erörterung von Rechtsfragen — damit den Erfordernissen einer geordneten Rechtspflege und dem Rechtsschutzinteresse der Betroffenen — und ist schon allein deswegen verfassungsmäßig[62]). Rechtliches Gehör muß folgerichtig primär dem Prozeßbevollmächtigten gewährt werden. Das Recht eines dem Vertretungszwang unterworfenen Beteiligten, sich selbst zu äußern (§ 173 VwGO i. V. m. § 137 IV ZPO), welches nicht nur die Anwesenheit des Beteiligten, sondern auch die des Prozeßvertreters voraussetzt, ist nur eine einfachrechtliche Verfahrensgewährleistung ohne Verfassungsrang[63]).

---

58) Beschl. v. 17. 4. 1984, NJW 1984, 2149 = JuS 1985, 64 *(Schmidt)*.
59) Sinn des Vertretungszwangs ist die Sichtung und rechtliche Durchdringung des Streitstoffs durch den Rechtsanwalt. Wird eine Anwaltssozietät bevollmächtigt, so muß die Rechtsmittelschrift nicht unbedingt vom Sachbearbeiter innerhalb der Sozietät unterschrieben werden; BVerwG v. 9. 12. 1983, NJW 1984, 1474.
60) Vgl. *Ule*, S. 87.
61) BWVGH v. 6. 12. 1973, NJW 1974, 764; BayVGH v. 24. 6. 1974, BayVBl. 1974, 503. Die Beschwerde ist auch der gebotene Rechtsbehelf gegen Beschlüsse, durch die der Prozeßbevollmächtigte oder der Beistand eines Beteiligten vom verwaltungsgerichtlichen Verfahren ausgeschlossen wird; vgl. OVG Lüneburg v. 10. 1. 1977 – III OVG B 121/76 – (n. v.); *EF*, § 67, 33; a. A. OVG Lüneburg v. 11. 7. 1974, RdL 1974, 331.
62) BVerwG v. 30. 1. 1980, NJW 1980, 1706; vgl. auch BVerfG v. 12. 1. 1960, BVerfGE 10, 264 (268).
63) BVerwG v. 3. 8. 1983, NJW 1984, 625.

Daß *Rechtslehrer* an einer deutschen Hochschule Bevollmächtigte sein können, ist in komplizierten rechtlichen Auseinandersetzungen, namentlich im Revisionsverfahren, nur konsequent. Schließlich zählt die wissenschaftliche Durchdringung von Rechtsfragen zu den Hauptaufgaben eines Hochschullehrers, die sich ohne ständigen Kontakt mit der Praxis gar nicht erfüllen lassen. Hält man sich die ratio legis vor Augen, so dürfte klar sein, wer mit „Rechtslehrer an einer deutschen Hochschule" gemeint ist: Gemeint sein können erstens nur *Hochschullehrer*, die das *öffentliche Recht* zu vertreten haben (Hauptamtliche Professoren, Honorarprofessoren, Privatdozenten, nicht jedoch wissenschaftliche Assistenten und Lehrbeauftragte[64]). Zweitens sind *Hochschulen* nur *wissenschaftliche* Hochschulen[65]). Drittens handelt es sich bei den *deutschen* Hochschulen jedenfalls vorläufig nur um die Hochschulen der *Bundesrepublik und des westlichen Teils von Berlin*. Die Hochschulen der ehemaligen DDR unterscheiden sich institutionell, organisatorisch und personell so sehr von den bundesdeutschen Hochschulen, daß nicht erkennbar ist, wie die bislang dort bereits tätigen Hochschullehrer zur sachkundigen Erörterung von Rechtsfragen vor dem BVerwG wie generell vor den Verwaltungsgerichten beitragen könnten. Immerhin gab es ein eigenständiges Verwaltungsrecht in der DDR überhaupt nicht mehr. Die Verflechtung von Partei (SED) und Universitäten der DDR ging überdies so weit[66]), daß eine Gleichbehandlung der Hochschulen in beiden Teilen Deutschlands erst dann erfolgen kann, wenn eine völlige Umstrukturierung der „DDR-Hochschulen" durchgeführt ist, d. h. frühestens nachdem die hierfür als Minimum erforderlichen Hochschulgesetze der neuen Länder ergangen sind. Mit der Berufung westdeutscher Juristen mit einer Lehrbefugnis im öffentlichen Recht an „DDR-Hochschulen" ist es nicht getan.

19

Nicht nur die Begrenzung des Personenkreises der in § 67 I VwGO angesprochenen Hochschullehrer erweckt freilich Neidgefühle. Aus verteilungspolitischen Gründen wird gegen die Prozeßvertretung durch Hochschullehrer immer wieder das *Rechtsberatungsgesetz* ins Feld geführt, das einer geschäftsmäßigen Prozeßvertretung durch Hochschullehrer entgegenstehen soll. Geschäftsmäßig handelt schon, wer über den „Gelegenheitsfall" hinaus wiederholt eine Prozeßvertretung übernimmt. Da Hochschullehrern eine Prozeßvertretung in aller Regel dann angetragen wird, wenn es um Rechtsfragen geht, für die sie als besondere Sachkenner ausgewiesen sind, läßt es sich nicht vermeiden, daß sie häufiger Prozeßvertretungen übernehmen und dann „geschäftsmäßig"

---

64) BVerwG v. 16. 10. 1970, NJW 1980, 2314; für die Lehrbeauftragten a. A. Kopp, § 67, 5 unter fälschlicher Berufung auf das BVerwG. Lehrbeauftragte gehören nicht zum Lehrkörper einer wissenschaftlichen Hochschule. Lehraufträge können zum Semesterende frei widerrufen werden. Die Vollmacht würde dadurch automatisch erlöschen. Das kann nicht dem Sinn des § 67 I 1 VwGO entsprechen.
65) *Fachhochschullehrer* sind nicht „Rechtslehrer an einer deutschen Hochschule" im Sinne von § 67 VwGO. (Sie haben praktische Kenntnisse im Umgang mit den Gesetzen zu vermitteln, nicht aber die Rechtsentwicklung voranzutreiben.) Zutreffend BVerwG v. 26. 11. 1974, NJW 1975, 1899, 2356 m. Anm. *Wochner* und *Bieler;* v. 18. 10. 1978, MDR 1979, 255; NWOVG v. 14. 12. 1979, MDR 1980, 434.
66) Vgl. auch *Himmelreich/Lörler/Ouart/Ronellenfitsch*, Überlegungen zur Entflechtung von Partei und Staat in der DDR, 1990.

tätig sind. § 67 I VwGO könnte dann mit Art. 1 § 1 RBerG kollidieren. Offenbar gewinnt bei den Instanzgerichten die Auffassung an Boden, die in § 67 I VwGO eine auf die Prozeßvertretung vor dem BVerwG beschränkte Sonderregelung sieht, im übrigen aber das RBerG anwendet. Die Gegenansicht betrachtet die Prozeßvertretung durch Hochschullehrer als Gewohnheitsrecht und lehnt für die Anwendbarkeit das RBerG schlechthin ab. § 67 VwGO verdrängt indessen Art. 1 § 1 RBerG nicht völlig. Das RBerG greift vielmehr als Berufsordnungsgesetz ergänzend ein, wenn eine geschäftsmäßige Rechtsbesorgung vorliegt. Dann muß nämlich die persönliche Eignung, Zuverlässigkeit und Sachkunde des Bevollmächtigten geprüft werden[67]). Diese Prüfung erübrigt sich bei Rechtslehrern an einer deutschen Hochschule, die durch § 67 I VwGO insoweit den Rechtsanwälten gleichgestellt werden. Erst recht erübrigt sich die Prüfung für die Prozeßvertretung vor dem VG und OVG. Eine dem § 67 I VwGO entsprechende Regelung mußte lediglich deshalb nicht getroffen werden, weil Vertretungzwang ohnehin nur vor dem BVerwG besteht. Hochschullehrer dürfen somit geschäftsmäßig auch als Bevollmächtigte vor dem VG und OVG auftreten[68]). Daß schon aus dienstrechtlichen Gründen eine Selbstbeschränkung auf rechtlich neuartige, ungeklärte und besonders schwierige Streitigkeiten geboten ist, sollte sich von selbst verstehen.

Die Polemik aus Kreisen der Anwaltschaft gegen vermeintliche Privilegien der Hochschullehrer und die daraus erwachsenen „*Reformüberlegungen*" sind im übrigen vordergründig. Zwar wollte man in dem EVwPO eine Regelung treffen, wonach künftig nur noch am BVerwG zugelassene Rechtsanwälte Prozeßbevollmächtigte sein konnten. Die Massenprozesse, die die Verwaltungsgerichte seit einiger Zeit beschäftigen (vgl. jetzt § 67 a VwGO), ließen es aber gerade als grotesk erscheinen, wenn man glaubte, auf die forensische Mitwirkung qualifizierter Hochschullehrer verzichten zu können. Eine Abschottung von Lehre und Praxis, die gleichsam im Gegenzug dazu führen könnte, daß keine Lehraufträge an Anwälte, Richter oder Verwaltungsbeamte mehr erteilt würden, wäre für den gemeinsamen Dienst am Recht fatal. Wenn schon Reformüberlegungen zur Prozeßvertretung angestrengt werden, so sollte dem *Behördenprivileg* bei Fachverwaltungen wie der Flurbereinigungsverwaltung de lege ferenda wieder mehr Geltung verschafft werden[69]). Juristischer Sachverstand ist in gerichtlichen Auseinandersetzungen immer nützlich, gleichgültig von woher er eingebracht wird.

---

67) Vgl. BVerfG v. 25. 2. 1976, BVerfGE 41, 378 (390).
68) Abzulehnen daher BayVGH v. 11. 2. 1988, NJW 1988, 2553 (eine Verfassungsbeschwerde gegen diesen Beschluß wurde freilich nicht zugelassen: BVerfG v. 4. 5. 1988 − 1 BvR 386/88 −); RhPfOVG v. 26. 7. 1988, NJW 1988, 2555; im Ergebnis zutreffend BayVGH v. 23. 2. 1988, NJW 1988, 2554. Zur Anwendung und Auslegung des § 67 II VwGO *Altenhoff/Busch/Kampmann/Chemnitz*, Rechtsberatungsgesetz, 8. Aufl. 1986, Art. 1 § 1 Rdnr. 93; *Rennen/Caliebe*, Rechtsberatungsgesetz, 1986, Art. 1 § 1 Rdnr. 32; *Bornemann*, MDR 1985, 192 ff.; *Chemnitz*, NJW 1987, 2421 ff.; *Willms*, NJW 1987, 1302 ff. (1307).
69) Vgl. *Tiedemann*, DÖV 1980, 123 ff.; *Krauth*, DÖV 1980, 370 ff.; a. A. *Ostler*, DÖV 1980, 713 ff. mit Schlußwort *Tiedemann*, DÖV 1980, 718 f. Rechtsvergleichend *Kopp*, VerwArch. 1980, 209 ff., 345 ff. Erfreulich: § 67 I S. 3 VwGO.

III. Prozeßführungsbefugnis

Die Prozeßführungsbefugnis klärt, unter welchen Beteiligten der Rechtsstreit auszutragen ist. Zu unterscheiden sind aktive und passive Prozeßführungsbefugnis. Die *aktive Prozeßführungsbefugnis* steht demjenigen zu, der für sich Rechtsschutz von den Gerichten begehren kann. Im Verwaltungsprozeß ist sie im wesentlichen ein Problem der Anfechtungs- und Verpflichtungsklage[70]) und den Normenkontrollverfahrens. Die dort Klage- bzw. Antragsbefugnis genannte Prozeßführungsbefugnis wird daher sinnvollerweise nach der Bestimmung der Klagearten behandelt, zumal sich insoweit die allgemeinen an den ausdrücklich geregelten spezielleren Klagearten orientieren.

Die *passive Prozeßführungsbefugnis* beantwortet die Frage, gegen wen eine Klage zu richten ist oder wer der zutreffende Antragsgegner ist. Sie wird gelegentlich mit der Passivlegitimation vermengt, die mit dieser Fragestellung nichts zu tun hat. Die Passivlegitimation betrifft vielmehr die Begründetheit der Klage. Demgegenüber hängt die passive Prozeßführungsbefugnis von der Beteiligtenfähigkeit ab. Bei Rechtsschutzbegehren gegen Behörden gilt hier grundsätzlich das Rechtsträgerprinzip, sofern nicht – wie etwa nach § 78 I Nr. 2 VwGO i.V.m. § 5 II S. 1 NWAGVwGO – das Behördenprinzip ausdrücklich vorgesehen ist[71]).

---

70) *Ule*, S. 201.
71) Vgl. hierzu NWOVG v. 7. 12. 1988, DÖV 1989, 594.

§ 8 Statthaftigkeit der Klage- und Verfahrensart (Überblick)

I. Allgemeines

1   Die Statthaftigkeit eines Rechtsbehelfs hängt von der Wahl der richtigen Rechtsschutzform ab. Die VwGO gewährt Rechtsschutz nur im Rahmen bestimmter Klage- und Antragsarten. Hierbei regelt die VwGO die Klage- und Antragsarten im einzelnen nicht abschließend, sondern beschäftigt sich näher nur mit speziellen Klage- und Antragstypen. Darin liegt kein Bekenntnis zum überholten Enumerationsprinzip. Aus § 40 VwGO folgt eindeutig, daß auch *atypische* bzw. nicht ausdrücklich geregelte *(allgemeine) Klagearten* zu berücksichtigen sind, also statthaft sein können.

2   Ganz allgemein liegt auch der VwGO die *Unterscheidung von Leistungs-, Gestaltungs- und Feststellungsklagen* zugrunde (§ 43 II S. 1 VwGO)[1]). Die Leistungsklage zielt auf die Durchsetzung eines subjektiven Rechts, die Gestaltungsklage auf Veränderung, die Feststellungsklage auf Klärung eines Rechtsverhältnisses. Im Verwaltungsprozeß steht die Gestaltungsklage im Vordergrund des Interesses. Verändert werden sollen häufig Rechtsverhältnisse, die maßgeblich durch VAe geprägt sind. Von daher ist es verständlich, daß die VwGO Gestaltungs- und Leistungsklagen nur behandelt, soweit diese sich auf einen VA beziehen. Die (allgemeine) Feststellungsklage ist demgegenüber ausdrücklich geregelt. Ein Unterfall der Feststellungsklage[2]) ist das Normenkontrollverfahren nach § 47 VwGO. Elemente aller drei Klagearten vereinigt die Fortsetzungsfeststellungsklage.

3   Zur effektiven Durchsetzung des jeweiligen Klagebegehrens sowie der beantragten Normenkontrolle stellt die VwGO außerdem noch bestimmte Verfahren zur Erlangung *vorläufigen Rechtsschutzes* zur Verfügung, auf die später im Teil 4 noch ausführlich eingegangen wird.

II. Vorbeugender Rechtsschutz

4   An Bedeutung gewann in den vergangenen Jahren der vorbeugende Rechtsschutz, der nunmehr generell für zulässig gehalten wird[3]). Allerdings behandelt ihn die Rechtsprechung im Einzelfall aber zumeist restriktiv[4]). Der vorbeu-

---

1) Dies brachte der überholte EVwPO eindeutig zum Audruck; vgl. *Ronellenfitsch*, DVBl. 1978, 527. Allgemein zur Unterscheidung der drei Klagearten *Bettermann*, in: Festschr. f. Fragistas, 1967, S. 47 ff.; *Schmidt*, JuS 1986, 35 ff.
2) *Stern*, S. 79.
3) Grundlegend BVerwG v. 8. 9. 1972, BVerwGE 40, 323 (326). Allgemein zum vorbeugenden Rechtsschutz *Ule*, VerwArch. 1974, 291 ff.; *Maetzel*, DVBl. 1974, 335 ff.; *Scholz*, VVDStRL 34 (1976), 145 ff. (194 ff.); *Schmidt-Aßmann*, ebd. S. 221 ff. (259 ff.); *Dreier*, JA 1987, 415 ff.
4) Hierzu unten § 18 Rdnr. 8.

gende Rechtsschutz ist zwar eine besondere Form des Rechtsschutzes, erfordert jedoch keine spezifischen Klage- oder Antragsarten. Er kommt seiner Natur nach nur bei Leistungs- und Feststellungsklagen in Betracht (vgl. Schaubild 9, S. 143). Mit seiner Hilfe soll nicht gestaltet, sondern allenfalls eine Gestaltung verhindert werden.

Dieser Gesichtspunkt wird oft ungenügend beachtet. So werden Klagen in mehrstufigen Verwaltungsverfahren irrig als Verlangen nach vorbeugendem Rechtsschutz qualifiziert[5]) oder die Möglichkeit eines vorbeugenden Widerspruchs[6]) oder eines vorbeugenden Antrags im Normenkontrollverfahren[7]) angedeutet.

Vorbeugender und vorläufiger Rechtsschutz können zusammentreffen. Im übrigen ist der vorbeugende Rechtsschutz bei den einzelnen Klagearten und vor allem beim Rechtsschutzbedürfnis zu würdigen.

III. Klagehäufung

Ähnlich wie die ZPO sieht § 44 VwGO eine Klageverbindung *(objektive Klagehäufung)* vor, wenn prozessual Identität der Beteiligten besteht, die Klagebegehren nach der allgemeinen Lebensanschauung im Zusammenhang stehen und dasselbe Gericht zuständig ist. Zulässig ist auch die eventuelle Klagehäufung[8]), die insbesondere die Verbindung unterschiedlicher Klagearten ermöglicht. So können Anfechtungs- und Feststellungsklagen[9]), Anfechtungs- und Verpflichtungsklagen[10]), mehrere Anfechtungsklagen, nicht jedoch mehrere Verpflichtungsklagen[11]) oder eine Klage und der Normenkontrollantrag[12]) miteinander verbunden werden.

5

---

5) Vgl. die Kritik bei *Blümel*, DVBl. 1975, 695 ff. (704); s. auch *ders.*, DVBl. 1973, 436 ff.
6) Vgl. unten § 31 Rdnr. 4.
7) Vgl. *Rasch*, BauR 1977, 147 ff. (150).
8) Vgl. *Mehrle*, ZZP 1970, 436 ff.
9) BVerwG v. 26. 2. 1965, DÖV 1965, 350.
10) Vgl. § 113 IV VwGO.
11) HessVGH v. 25. 2. 1981, DVBl. 1981, 1069.
12) *EF*, § 44, 7.

§ 9 Gestaltungsklagen

I. Begriff und Erscheinungsformen

1   Die Gestaltungsklage ist in keiner Verfahrensordnung näher geregelt. Sie wurde um die Jahrhundertwende im zivilprozessualen Schrifttum entwickelt[1]) und ist mittlerweile als eigenständige dritte Klageart neben den beiden überkommenen Klagearten der Leistungs- und Feststellungsklage anerkannt. Durch die Gestaltungsklage sollen Rechte geschaffen, verändert oder vernichtet werden[2]). Im Interesse der Rechtssicherheit erfolgt die Rechtsgestaltung dabei erst nach einem Rechtsstreit vor Gericht. Mit Rechtskraft der Gerichtsentscheidung wird die materielle Rechtslage unmittelbar geändert. Während zur Durchsetzung von Leistungsurteilen grundsätzlich deren Vollstreckung betrieben werden muß[3]), birgt das Gestaltungsurteil die Vollstreckung gewissermaßen „in sich"[4]). Hauptanwendungsfall der verwaltungsgerichtlichen Gestaltungsklage ist die in der VwGO ausdrücklich geregelte Anfechtungsklage, die die Aufhebung oder Änderung eines VA zum Ziel hat und auch gegen nichtige VAe (§ 43 II 2 VwGO) zulässig ist. Die Anfechtungsklage prägt den Typ der verwaltungsprozessualen Gestaltungsklage. Daneben kennt die VwGO jedoch noch besondere, aus der ZPO übernommene Gestaltungsklagen. Schließlich sollte — jedenfalls im Verwaltungsprozeß — die allgemeine Gestaltungsklage anerkannt werden.

II. Allgemeine Gestaltungsklage

1. Streitstand

2   Die allgemeine Gestaltungsklage wurde in der 1. bis 3. Auflage dieses Buchs unter der Bezeichnung „atypische Anfechtungsklage" abgehandelt. Die Bezeichnung „atypisch" wurde gewählt, weil für diese Form der Anfechtungsklage die besonderen Sachurteilsvoraussetzungen der „normalen", gegen einen VA gerichteten Anfechtungsklage — der typischen Gestaltungsklage — nicht erforderlich sein sollten. Die Bezeichnung war aber von vornherein nur als Verlegenheitslösung gedacht. Sie wurde — trotz fehlender dogmatischer Ausformung der atypischen Anfechtungsklage — allein deswegen verwendet, weil

---

1) Soweit ersichtlich, wurde die Rechtsgestaltungsklage als selbständige Rechtsschutzform erstmals erwähnt von *v. Schrutka-Rechtenstamm*, GrünhutsZ 16 (1889), 617 ff. (619). *Flechtheim*, Gruch. 44 (1900), 1885, sprach von Aufhebungsklagen; *Wach*, Handbuch des Deutschen Civilprozeßrechts, Bd. I, 1885, behandelte die Gestaltungsklage als Form der Leistungsklage.
2) *RÖ*, § 42, 1; *EF*, § 42, 2.
3) Zu den nicht vollstreckbaren Leistungsklagen § 888 II ZPO.
4) *Grunsky*, § 38 II 3.

das OVG Lüneburg in einer Entscheidung vom 23. 11. 1972[5]) diese Klageform angedeutet hatte. Auf Resonanz stießen derartige Anregungen nicht. Repräsentativ war vielmehr die Ansicht des BWVGH, der das Klagesystem der VwGO für abschließend erklärte, zugleich aber zu dem Ergebnis gelangte, daß die Anfechtungsklage immer auf einen VA bezogen sein müsse.[6]). Dem BWVGH ist insoweit beizupflichten, als die Anfechtungsklage sich immer gegen einen VA richten muß, eben weil es sich um eine spezielle Klageform handelt. Was die abschließende Regelung der Gestaltungsklagen angeht, so wurde indessen vom BWVGH die Frage nach der Regelungsbefugnis des Landesgesetzgebers im Bereich des Verwaltungsprozeßrechts[7]) mit der Auslegung der §§ 40 ff. VwGO durcheinandergeworfen. Wie § 40 VwGO zeigt, ist das System der in der VwGO enumerativ behandelten Klagen nicht in sich geschlossen. Insbesondere ist seit Inkrafttreten der VwGO die Argumentation „kein VA, also keine Klage", endgültig überholt[8]).

Die Generalklausel des § 40 VwGO läßt zwar eine Kategorienbildung der Klagearten zu; denn die drei Kategorien der Leistungs-, Gestaltungs- und Feststellungsklage erfassen ausnahmslos alle Rechtsschutzbegehren in verwaltungsrechtlichen Streitigkeiten. Eine über diese Kategorisierung hinausgehende restriktive Interpretation der Generalklausel würde aber nicht nur gegen Sinn, Zweck und Entstehungsgeschichte von § 40 VwGO, sondern auch gegen Art. 19 IV GG verstoßen[9]). Aus verfassungsrechtlichen Gründen müßte praktisch jede rechtliche relevante Handlungsform der Verwaltung als Verwaltungsakt qualifiziert werden. Hängt dagegen der Rechtsschutz nicht vom Vorliegen eines VA ab, weil § 40 VwGO sich nicht nur auf die in der VwGO ausdrücklich geregelten Klagearten beschränkt, dann besteht auch keine Notwendigkeit, alle administrativen Handlungsformen, die wegen Art. 19 IV GG einer gerichtlichen Kontrolle zugänglich sein müssen, kurzerhand als VA zu qualifizieren. Dies ist der Fall und wird zunehmend von der Rechtsprechung so gesehen, wenn auch nicht immer mit letzter Konsequenz[10]). Eine weite Interpretation des Begriffs des VA mag ausnahmsweise gerechtfertigt sein, um auf diese Weise die Eröffnung eines besonderen Rechtswegs zu begründen[11]). Zur

3

---

5) DVBl. 1973, 151 (156).
6) Urt. v. 26. 10. 1972, BaWüVBl. 1973, 137.
7) Zur Aufsichtsklage in Rheinland-Pfalz und im Saarland vgl. § 97 Rdnr. 27 ff.
8) Vgl. *Frotscher*, DÖV 1971, 259 ff.; BVerwG v. 8. 12. 1977, NJW 1978, 1870.
9) Vgl. BVerfG v. 8. 11. 1978, BVerfGE 50, 16.
10) So geht BVerwG v. 13. 1. 1983, DVBl. 1983, 1248 richtig davon aus, daß die Klagemöglichkeit nicht vom Vorliegen eines VA abhängt; qualifiziert die Rüge an einen Rechtsbeistand, die noch gar keine rechtliche Regelung enthält, dann doch als VA. BVerwG v. 9. 6. 1983, NJW 1983, 2589 erwähnt lediglich die Möglichkeit der allgemeinen Leistungs- und Feststellungsklage.
11) So dient die weite Interpretation des VA i. S. v. § 223 I BRAO durch BVerwG v. 5. 5. 1983, DVBl. 1983, 942, DVBl. 1983, 942 dazu, die besondere Zuständigkeit des Ehrengerichtshofs zu begründen.

Eröffnung einer Klagemöglichkeit ist sie unnötig und bedeutet einen Rückfall in das überwundene Aktionendenken[12]). Auch bei den Gestaltungsklagen muß somit die gebotene Folgerung aus dem Vorliegen einer Generalklausel gezogen werden.

2. Rechtfertigung

4 Damit wird es aber unabdingbar, Gestaltungsklagen gegen Hoheitsakte nicht nur als (atypische) Ausnahmen oder als „andere" Gestaltungsklagen[13]) anzusehen, sondern die allgemeine Gestaltungsklage für den Verwaltungsprozeß für zulässig zu erklären[14]). In welcher Form auch immer die Verwaltung in den Rechtskreis der Bürger eingreift, muß eine Möglichkeit bestehen, den Eingriff durch die Verwaltungsgerichte zu korrigieren. Läßt man aber die richterliche Kontrolle zu, dann ist kein einleuchtender Grund ersichtlich, weshalb die gerichtliche „Gestaltung" auf den VA beschränkt bleiben sollte. Überwiegend behilft man sich mit der Leistungsklage, die darauf gerichtet ist, die Verwaltung zur Aufhebung ihres jeweiligen Hoheitsakts zu verpflichten[15]). Dies erscheint als unnötiger Umweg.

Die Aufhebung rechtsbeeinträchtigender Hoheitsakte ist materiell Rechtsgestaltung. Dem Betroffenen kann nicht zugemutet werden, solche Hoheitsakte, auch wenn sie nicht als VA ergehen, einfach zu ignorieren. Die ursprüngliche Bezeichnung der Gestaltungsklage als Aufhebungsklage bewies erstaunliche Weitsicht[16]).

Der allgemeinen verwaltungsgerichtlichen Gestaltungsklage kann auch nicht der Grundsatz vom Numerus clausus der Gestaltungsurteile entgegengehalten

---

12) Anachronistisch OVG Lüneburg v. 11. 8. 1982, NJW 1984, 1639: „In jedem Falle, in dem eine Maßnahme der öffentlichen Gewalt sich gegen den einzelnen richtet, muß geprüft werden, ob eine Verletzung objektiven Rechts vorliegt und ob dadurch subjektive Rechte des Kl. betroffen sind. Um dem Gericht eine solche umfassende Prüfungsmöglichkeit zu eröffnen, muß jede Einzelmaßnahme eines Trägers der öffentlichen Gewalt als VA qualifiziert werden." Genau das stimmt nicht. Daß es auch anders geht, zeigt BGH v. 9. 12. 1982, DVBl. 1983, 40, wo trotz § 147 BBauG (jetzt § 217 I BauGB) eine allgemeine Leistungsklage im Verfahren vor den Gerichten für Baulandsachen für statthaft erklärt wurde.
13) *SG*, Rdnr. 522 ff. Unter Hinweis auf den Streitstand der 60er Jahre findet sich dort die Aussage: „Neben der Anfechtungsklage sind andere Gestaltungsklagen sowohl im Gleichordnungs- als auch im Über-/Unterordnungsverhältnis möglich, aber nur soweit sie durch Gesetz ausdrücklich zugelassen werden." Diese Konzeption sei eindeutig herrschende Meinung. Aber immerhin: Das letzte Wort dürfte noch nicht gesprochen sein. In der Tat: Die allgemeine Gestaltungsklage wurde durch § 40 VwGO ausdrücklich zugelassen!
14) So auch *Stern*, S. 72.
15) Vgl. nur OVG Lüneburg v. 28. 1. 1986, DVBl. 1986, 476.
16) Vgl. oben Fußn. 1.

werden[17]). Im Zivilprozeß mag der Grundsatz gerechtfertigt sein, weil dort das Gestaltungsurteil einen hoheitlichen Eingriff in Rechte und Rechtsverhältnisse Privater bedeutet, der durch spezielle gesetzliche Ermächtigungen gerechtfertigt sein muß[18]). Im Verwaltungsprozeß besteht eine völlig andere Situation. Die Kassation rechtswidriger belastender Hoheitsakte unterliegt nicht dem Gesetzesvorbehalt. Mehr noch: Der Grundsatz vom Numerus clausus der Gestaltungsurteile bedeutet im Verwaltungsprozeß einen Rückfall in die Zeiten des Aktionendenkens, als der Rechtsschutz noch nicht vollständig ausgebaut war. Die Zulässigkeit der allgemeinen Gestaltungsklage kann im übrigen bereits aus der VwGO selbst abgeleitet werden. Die Gestaltungs- und Leistungsklage wird in § 43 II VwGO ohne näheren Zusatz erwähnt. Üblicherweise wird § 43 II VwGO daher zur Begründung der Zulässigkeit einer allgemeinen Leistungsklage herangezogen[19]). Wer sich auf § 43 II VwGO zur Rechtfertigung der allgemeinen Leistungsklage beruft, muß folgerichtig auch die allgemeine Gestaltungsklage akzeptieren.

Die h. L., die dennoch die allgemeine Gestaltungsklage ablehnt, beruht auf unzutreffenden Prämissen oder hat die Vorteile, die diese Klageart bietet, noch gar nicht erkannt.

3. Anwendungsfälle

Welche Meinung auch immer sich durchsetzen wird: Mit Rücksicht auf den gebotenen effektiven Rechtsschutz wäre es untragbar, wenn hoheitliche Maßnahmen nur deshalb nicht angegriffen werden könnten, weil sie sich weder als Norm noch als VA einstufen lassen. Andererseits wäre es dogmatisch unbefriedigend, Hoheitsakte etwa nur deshalb (an sich unzutreffend) als VA zu qualifizieren, damit sie mit der Anfechtungsklage angefochten werden können. Mit der Anerkennung der allgemeinen Gestaltungsklage wird dagegen die Einordnung von Hoheitsakten als „aliud"[20]) oder „Entscheidungen eigener Art"[21]) unproblematisch.

Die allgemeine Gestaltungsklage ist auch die geeignete Klageform zur Kassation von Maßnahmen, die den Kläger in seinen Rechten verletzen, ohne nach

---

17) So aber *Schlosser*, Gestaltungsklagen und Gestaltungsurteile, 1966, S. 276 ff., der immerhin Gestaltungsurteile auf Grund analoger Gesetzesanwendung zuläßt. Vgl. auch *Barbey*, in: Festschr. f. Menger, S. 187 Fußn. 45.
18) *Schmidt*, JuS 1986, 39.
19) Vgl. unten § 10 Rdnr. 2.
20) Vgl. *Forsthoff*, S. 310.
21) Vgl. VG Frankfurt v. 19. 10. 1981, NVwZ 1982, 52.

außen gerichtet zu sein, wie z. B. Umsetzungen[22]) und formlos öffentlich-rechtliche Hausverweise[23]), sowie für Maßnahmen im Innenrechtsstreit[24]), namentlich im Kommunalverfassungsrechtsstreit[25]).

7 Die allgemeine Gestaltungsklage könnte weiter den vorbeugenden Rechtsschutz in den Fällen ergänzen, in denen eine Gestaltungswirkung de facto vorweggenommen wurde. Zu denken ist hier etwa an die Regelung der Zusicherung nach § 38 VwVfG, die so weit reicht, daß die Klagemöglichkeit des durch einen zugesagten VA betroffenen bereits gegen die Zusicherung geboten erscheint. Auch in den Fällen, in denen ein VA fingiert wird, ist die allgemeine Gestaltungsklage – nicht die Anfechtungsklage – die geeignete Klageart[26]). Schließlich dürfte sich mit der allgemeinen Gestaltungsklage das nach wie vor umstrittene Problem der Überprüfbarkeit von Geschäftsverteilungsplänen jedenfalls der Verwaltungsgerichte lösen lassen[27]).

Nach Ansicht des Dienstgerichts des Bundes ist der in richterlicher Unabhängigkeit beschlossene Geschäftsverteilungsplan zwar grundsätzlich nicht unmittelbar angreifbar[28]). Der Hinweis auf die richterliche Unabhängigkeit kann aber wohl nur meinen, daß die Geschäftsverteilung für die Parteien die Bestimmung des gesetzlichen Richters und damit funktionell Ausübung der rechtsprechenden Gewalt bedeutet. Daß die Parteien und Beteiligten den Geschäftsverteilungsplan nicht selbständig angreifen können, liegt auf der Hand. Anders verhält es sich, wenn ein Richter einen Geschäftsverteilungsplan angreift. Ihm gegenüber ist der Beschluß über den Geschäftsverteilungsplan funktional Verwaltungstätigkeit, ihm sind mittelbare Angriffsmöglichkeiten versagt. Richterliche Unabhängigkeit kollidiert hier mit richterlicher Unabhängigkeit; folglich muß eine Rechtsschutzmöglichkeit gegeben sein. Innerhalb der Verwaltungs-

---

22) Grundlegend BVerwG v. 22. 5. 1980, BVerwGE 60, 144 = JuS 1981, 232 *(Schulze-Osterloh);* hierzu auch *Menger,* VerwArch. 1981, 149 ff.; *Erichsen,* DVBl. 1982, 95 ff.; v. 12. 2. 1981, NVwZ 1982, 103 m. Anm. *Battis* = JuS 1983, 71 *(Osterloh);* BVerwG v. 29. 4. 1982, NJW 1983, 899.
23) Sofern man BayVGH v. 9. 7. 1980, DVBl. 1981, 1010 folgt. Hiergegen allerdings *Ronellenfitsch,* VerwArch. 1982, 465 ff.
24) Vorsichtiger *Erichsen,* in: Festschr. f. Menger, S. 211 ff. (232).
25) Vgl. *Graf,* BayVBl. 1982, 465 ff.
26) *Beispiel:* Wird eine Bundesfernstraße verbreitert, begradigt, unerheblich verlegt oder ergänzt, so gilt der neue Straßenteil durch die Verkehrsübergabe nach § 2 VI a FStrG als gewidmet. Die allgemeine Gestaltungsklage muß hier gegen den faktischen Akt der Verkehrsübergabe gerichtet werden; vgl. auch *Marschall/Schroeter/Kastner,* Bundesfernstraßengesetz, 4. Aufl. 1977, § 2 Anm. 1.5; *Ronellenfitsch,* in: Ein Vierteljahrhundert Straßenrechtsgesetzgebung, 1980, S. 591 ff.
27) Vgl. BVerwG v. 28. 11. 1975, BVerwGE 50, 11; hierzu *Erichsen,* VerwArch 1977, 179 ff.; *Kornblum,* NJW 1977, 666 f.; v. 7. 4. 1981, NJW 1982, 900; BayVerfGH v. 15. 12. 1977, BayVBl. 1978, 141; v. 19. 12. 1977, BayVBl. 1978, 337; BayVGH v. 10. 3. 1981, BayVBl. 1981, 464; OVG Lüneburg v. 28. 10. 1983, NJW 1984, 627; *Bockelmann,* JZ 1952, 641 ff.; *Kornblum,* in: Festschr. f. Schiedermair, 1976, S. 331 ff.; *Müller,* MDR 1977, 975 ff.; *Pentz,* DRiZ 1977, 179 ff.; *Wolt,* DRiZ 1976, 364 ff.
28) Urt. v. 30. 11. 1984, BGHZ 93, 100; ebenso BayVerfGH v. 6. 8. 1985, DVBl. 1986, 37.

gerichtsbarkeit bietet sich durchaus die allgemeine Gestaltungsklage an. An sich müßten die Verwaltungsgerichte auch die Geschäftsverteilungspläne der sonstigen Gerichte überprüfen können. Dies würde jedoch zu einer Durchbrechung der Gleichrangigkeit der einzelnen Gerichtszweige führen[29]). Folglich bleibt nur die Möglichkeit, in den anderen Gerichtszweigen nach vergleichbaren Rechtsschutzmöglichkeiten zu suchen. Das kann aber nicht Aufgabe einer öffentlich-rechtlichen Darstellung sein.

III. Anfechtungsklage

1. Allgemeines

Die Anfechtungsklage richtet sich normalerweise gegen einen noch nicht erledigten belastenden VA. Der VA muß objektiv vorliegen, die Meinung der Beteiligten ist grundsätzlich irrelevant[30]).

a) Verwaltungsakt

Die *Begriffsmerkmale* des VA müssen in aller Regel nicht schulmäßig durchgeprüft werden, zumal einige Merkmale − sofern sie überhaupt zweifelhaft sind − schon im Zusammenhang mit § 40 VwGO darzustellen sind.

Beispiel: Behörde ist nach § 1 IV VwVfG (Bund) jede Stelle, die Aufgaben der öffentlichen Verwaltung wahrnimmt. Also sind Behörden von staatlichen Organen abzugrenzen, die hoheitliche Maßnahmen etwa auf der Ebene des Verfassungsrechts treffen. Ob das der Fall ist, ergibt sich bereits aus der Abgrenzung von verwaltungs- und verfassungsrechtlichen Streitigkeiten. Ganz allgemein überschneiden sich die Gebietsklauseln des § 35 VwVfG (*"auf dem Gebiet des öffentlichen Rechts"*) mit den öffentlich-rechtlichen Streitigkeiten des § 40 VwGO.

Die übrigen Begriffsmerkmale ruft man sich am besten an Hand derjeniger Problemkonstellationen ins Gedächtnis, die mit dem jeweiligen Merkmal üblicherweise assoziiert werden. So geht es bei der *Regelung* („Anordnung,

---

29) Vgl. auch BayVGH v. 25. 10. 1978, DVBl. 1979, 562; BVerwG v. 7. 4. 1981, NJW 1982, 900.
30) OVG Lüneburg v. 5. 6. 1969, DÖV 1979, 390; vgl. auch *Renck*, NVwZ 1989, 117 ff.

die feststellend oder gestaltend bestimmt, was Rechtens sein soll") häufig um die Abgrenzung von Zweitbescheid und wiederholender Verfügung[31]). Ungeklärt ist auch, ob tatsächliche Verhaltensweisen, die eine Entscheidung erfordern, konkludent eine Regelung treffen[32]). Gestaltet die Widerspruchsbehörde eine interne Maßnahme in einen VA um, indem sie diese ausdrücklich als solchen bezeichnet, so liegt unabhängig vom Regelungsgehalt der Maßnahme von vornherein ein VA vor[33]).

Bei den *unmittelbaren Rechtswirkungen* nach außen handelt es sich um ein subjektives Kriterium[34]), das etwa bei behördlichen Mitwirkungen[35]), organisa-

---

[31] Der Zweitbescheid durchbricht die Bestandskraft des früheren VA. Die Behörde hat zu entscheiden, ob sie erneut in eine Sachprüfung eintritt. Die jüngere Lehre hält die neue Entscheidung unabhängig von ihrem Inhalt für einen neuen VA und spricht von positiven und negativen Zweitbescheiden; vgl. *Ule/Laubinger*, § 65 I 2; *Martens*, JuS 1981, 197. Die noch h.L. hält nur die neue Entscheidung in der Sache für einen Zweitbescheid. Die Weigerung der Behörde, wieder in die Sachprüfung einzutreten, ist dagegen kein VA. Sie heißt irreführend „wiederholende Verfügung". Gemeint ist, daß die ursprüngliche Verfügung wiederholt, daß eben keine neue Regelung – weder positiv noch negativ – getroffen wird. Die h. L. trifft insoweit zu: Bleibt es bei der Bestandskraft des ursprünglichen VA, so weist die Behörde nur auf die Rechtslage hin. Da es der Behörde freilich unbenommen ist, doch einen Zweitbescheid zu erlassen, geht die h.L. inkonsequent von einem Ermessensspielraum der Behörde aus mit der Folge, daß dem Antragsteller der Anspruch auf eine fehlerfreie Ermessensentscheidung nicht verwehrt werden kann. Die h.L. geht somit immer noch nicht weit genug. Der Umkehrschluß aus § 51 VwVfG ergibt nämlich, daß der Erlaß eines Zweitbescheids nur von Amts wegen erfolgen kann. Subjektiv-öffentliche Rechte des Antragstellers bestehen nicht.
[32] Vgl. z. B. VG Hannover v. 9. 6. 1983, NJW 1984 (Sperre von Fernsprechanschlüssen).
[33] Vgl. BVerwG v. 26. 6. 1987, NVwZ 1988, 51 = JuS 1988, 660 (Osterloh). Vgl. auch § 31 Rdnr. 5.
[34] Eine Konkretisierung erfolgte im Zusammenhang mit der Kontroverse um die Rechtsnatur der Bezeichnungsverfügung nach § 1 III LandbeschaffungsG. Im Verhältnis zu den betroffenen Bürgern fehlt es an den unmittelbaren Rechtswirkungen nach außen; vgl. VG München v. 7. 12. 1978, GewArch 1980, 37; BayVGH v. 21. 5. 1980, BayVBl. 1981, 241 m. Anm. *Paal*, bestätigt durch BVerwG v. 12. 11. 1982, DVBl. 1983, 345. Ähnlich sah man zunächst das Verhältnis zu den Gemeinden; vgl. BayVGH v. 27. 1. 1982, DÖV 1982, 646 m. Anm. *Geiger*. Das BVerwG hat dann aber hier das Vorliegen eines VA bejaht; vgl. Urt. v. 11. 4. 1986, BVerwGE 74, 124.
[35] Vgl. NWOVG v. 22. 12. 1980, MDR 1980, 435; *Zeitler*, in: Festschr. BayVGH, S. 51 ff. Ausnahmen: Zustimmung nach § 34 FlurbG; BayVGH v. 25. 5. 1977, GewArch 1979, 15; Ausnahmegenehmigung nach § 7 II HBO, HessVGH v. 25. 2. 1981, DVBl. 1981, 1069.

torischen Maßnahmen[36]), innerdienstlichen Weisungen[37]) und vorbereitenden Maßnahmen[38]) nicht vorliegt.

Insbesondere bei behördlichen Mitwirkungshandlungen kommt es darauf an, intra- und intersubjektive Streitigkeiten zu trennen. *Beispiel.* Fungiert die Gemeinde als untere Bauaufsichtsbehörde und wird ihr von der oberen Bauaufsichtsbehörde die Weisung erteilt, eine Baugenehmigung zu erteilen, so ist diese intrasubjektive Weisung kein VA. Beruft sich nun die Gemeinde auf ihre Planungshoheit und rügt das Fehlen ihres Einvernehmens nach § 36 BauGB, so muß sie eine Anfechtungsklage gegen die Baugenehmigung erheben, die ihr gegenüber einen belastenden VA darstellt[39]). Aufsichtsmaßnahmen gegen das rechtswidrig versagte Einvernehmen schließlich sind ebenfalls VAe, die zu intrasubjektiven Rechtsstreitigkeiten (Staat/Selbstverwaltungskörperschaft) führen.

Um es noch einmal zu betonen: Rechtswirkung kann auch eine Maßnahme entfalten, die nicht (subjektiv) nach außen gerichtet war. Dann liegt kein VA vor, aber Rechtsschutz ist im Wege der allgemeinen Gestaltungsklage gegeben[40]).

Differenziert werden muß dagegen bei den Zeugnisnoten[41]); denn einerseits sind Versetzungszeugnisse fraglos angreifbar, andererseits würde bei einer unbegrenzten gerichtlichen Kontrolle jeder einzelnen pädagogischen Bewertung das Schulwesen zusammenbrechen.

---

36) *Kommunaler Bereich:* Weisungen gegenüber Gemeinden vgl. BayVGH v. 29. 9. 1976, BayVBl. 1977, 152 m. Anm. *Czermak,* BayVBl. 1978, 310; BVerwG v. 19. 1. 1979, BayBVl. 1979, 313; NWOVG v. 5. 9. 1980, DVBl. 1981, 227; *Schmidt-Jortzig,* JuS 1979, 488 ff. Die Schließung eines Schlacht- und Viehhofs soll dagegen VA sein, so HessVGH v. 25. 8. 1988, DÖV 1989, 358. Maßnahmen zur Übertragung der Trägerschaft an einem kommunalen Kindergarten auf einen kirchlichen Träger stellen wiederum keinen VA dar, NWOVG v. 29. 5. 1989, NVwZ-RR 1990, 1. *Schulbereich:* Beendigung eines Schulversuchs, BVerwG v. 17. 12. 1975, DÖV 1976, 316; Schließung einer Volksschule, BayVGH v. 13. 5. 1977, BayVBl. 1977, 635; Bildung einer Klasse, BayVGH v. 22. 10. 1979, BayVBl. 1980, 244; v. 10. 11. 1981, BayVBl. 1982, 211; Auflösung einer Klasse, OVG Lüneburg v. 6. 11. 1980, DVBl. 1981, 54. Außengericht (VA) soll dagegen die Verlegung einer Schule sein, so BVerwG v. 5. 9. 1978, DÖV 1978, 842; v. 23. 10. 1978, MDR 1979, 247; NWOVG v. 30. 1. 1979, DVBl. 1979, 563; ähnliches soll auch im Verhältnis zu den Eltern gelten für die Auflösung einer Schule durch die Kommunalaufsichtsbehörde, NWOVG v. 23. 2. 1989, NVwZ-RR 1990, 23. Eindeutig außengerichtet sind die Versetzung in eine Parallelklasse, BayVGH v. 21. 6. 1985, DÖV 1985, 1022 und die Schulentlassung, BWVGH v. 13. 6. 1984, DÖV 1985, 1022; v. 11. 4. 1988, DVBl. 1989, 1262.
37) Vgl. Fußn. 36; ferner BVerwG v. 12. 2. 1981, DVBl. 1981, 495; *Battis,* NVwZ 1982, 87 f.; BremOVG v. 9. 8. 1988, NVwZ-RR 1989, 564; aber auch OVG Lüneburg v. 8. 7. 1980, DÖV 1981, 107 m. Anm. *Schwerdtner.*
38) Vgl. BVerwG v. 26. 6. 1981, BVerwGE 62, 342; v. 14. 9. 1981, DÖV 1982, 303; *Steinberg,* NVwZ 1983, 209 ff. zur Planungs- und Linienführungsbestimmung nach § 16 FStrG. Zu § 6 LuftVG *Ronellenfitsch,* DVBl. 1984, 506 f. m. w. N.
39) HessVGH v. 19. 8. 1988, NVwZ-RR 1990, 4.
40) Vgl. auch HessVGH v. 13. 9. 1982, NVwZ 1983, 551.
41) Wichtig: NWOVG v. 11. 11. 1977, GewArch. 1978, 381; ferner BVerwG v. 25. 4. 1983, BayVBl. 1983, 477; BerlOVG v. 7. 11. 1974, DVBl. 1975, 731; RhPfOVG v. 9. 1. 1980, DÖV 1980, 614; BWVGH v. 11. 4. 1988, DVBl. 1989, 1262; *Ossenbühl,* Rechtliche Grundfragen der Erteilung von Schulzeugnissen, 1978; *Löwer,* DVBl. 1980, 952 ff.; *Bryde,* DÖV 1981, 193 ff.; *Grupp,* JuS 1983, 351 ff.

Für die Differenzierung gibt es zwei Anknüpfungspunkte. Erstens ist es für das Ob des Verwaltungsrechtsschutzes gleichgültig, welche Klageart in Betracht kommt. Damit ist der Regelungscharakter der Note letztlich uninteressant. Jede Klage setzt aber voraus, daß die angegriffene Maßnahme unmittelbare Rechtswirkungen nach außen entfaltet. Folglich ist zweitens auf die Wirkungen der Zeugnisnoten abzustellen. Hat die Note gestaltende Wirkung (Versetzung), so liegt ein VA vor. Hat sie feststellende Wirkung in dem Sinn, daß sie zwingend in die gestaltende Entscheidung eingeht (Halbjahreszeugnis), so handelt es sich ebenfalls um einen (feststellenden) VA. Beeinflußt die Note mit ihrer Feststellungswirkung isoliert das Verhalten Dritter (Numerus clausus), so ist sie eine mit den allgemeinen Klagen angreifbare außenwirksame hoheitliche Maßnahme. Beeinflußt die Note dagegen nur den weiteren Dienstbetrieb, kann sie jedoch ohne weiteres korrigiert werden (Benotung einer Klassenarbeit), so ist sie unangreifbar, weil die Feststellungswirkung nicht nach außen reicht.

Das Merkmal des *Einzelfalls* zwingt zur Unterscheidung von Norm und VA[42]) – die nur selten Mühe bereitet, sieht man vom Standardproblem der Verkehrszeichen ab[43]).

Richtiger Ansicht nach ist das Verkehrszeichen kein dinglicher VA, da es Verhaltensweisen des jeweils konkreten Adressaten regelt. Das Zeichen selbst trifft keine Regelung. Vielmehr ist es die Form der Bekanntmachung einer zuvor getroffenen Verkehrsregelung durch die zuständige Behörde. Die Regelung wird durch die Bekanntmachung individualisiert. Sie ist daher keine Rechtsnorm. Im Ergebnis trifft die h. L. zu: „Das Verkehrszeichen" ist ein (persönlicher) VA[44]). Entsprechendes gilt natürlich auch für Parkuhren[45]).

Die Allgemeinverbindlichkeitserklärung eines Tarifvertrags stellt dagegen eine Rechtsnorm dar, die sogar im Wege der Feststellungsklage erstritten werden kann[46]), während andererseits eine Schutzbereichsanordnung nach § 2 SchBG nicht durch Rechtsverordnung, sondern durch Allgemeinverfügung zu treffen ist[47]).

---

42) Vgl. *v. Mutius,* in: Festschr. f. H.-J. Wolff, S. 167 ff.
43) BVerwG v. 9. 6. 1967, BVerwGE 27, 181; v. 7. 11. 1977, NJW 1978, 656 (VA); a. A. BayVGH v. 21. 12. 1977; BayVBl. 1978, 505; v. 15. 3. 1978, NJW 1978, 670; v. 16. 8. 1979, DVBl. 1979, 742 (Rechtsnorm); v. 1. 2. 1978, BayVBl. 1979, 341 (Tathandlung); hiergegen wiederum BVerwG v. 13. 12. 1979, BVerwGE 59, 221; BWVGH v. 20. 3. 1980, BWVPr. 1980, 258; vgl. auch *Zimmer,* DÖV 1980, 116 ff.; *Prutsch,* JuS 1980, 566 ff. mit Erwiderung *Czermak,* JuS 1981, 25 ff.
44) Folgerichtig BVerwG v. 17. 1. 1980, BVerwGE 59, 310; RhPfOVG v. 17. 9. 1985, DÖV 1986, 37.
45) BVerwG v. 26. 1. 1988, NZV 1988, 38.
46) BVerwG v. 3. 11. 1988, DÖV 1989, 449.
47) BVerwG v. 7. 9. 1984, DÖV 1985, 108.

b) Nebenbestimmungen

Im Fluß befindet sich die Rechtsprechung zum Rechtsschutz gegen Nebenbestimmungen[48]). Nach gängiger Formulierung sind Nebenbestimmungen Ergänzungen zum „Hauptinhalt des VA"[49]). Zahlreiche Nebenbestimmungen lassen sich aber vom Hauptinhalt des VA nicht trennen. Im strengen Wortsinn treffen nur einige Nebenbestimmungen eine eigene Regelung *neben* dem HauptVA. § 36 VwVfG unterscheidet daher „Neben"-Bestimmungen, mit denen ein VA erlassen wird (Befristung, Bedingung, Widerrufsvorbehalt) und andere Nebenbestimmungen (Auflage und Auflagenvorbehalt), die mit einem VA verbunden werden dürfen. Allen Nebenbestimmungen ist die Wirkung gemeinsam, daß die im VA getroffene Regelung hinter der begehrten Regelung zurückbleibt. Nebenbestimmungen sind damit unselbständige zusätzliche Anordnungen, die von einem VA abhängen oder zum Bestand des VA selbst gehören. „Neben" heißt nur, daß die Bestimmung von der im VA getroffenen Regelung in der Hauptsache zu trennen ist.

10

Keine Nebenbestimmungen sind solche Bestandteile der Regelung, die deren Inhalt näher bezeichnen *(Inhaltsbestimmungen)* der Hauptregelung). Inhaltsbestimmungen stellen klar, wie weit eine Regelung reicht. Eine bauliche Anlage etwa darf nur so errichtet werden, wie sie im Detail genehmigt worden ist; Maßnahmen über den Genehmigungsinhalt hinaus sind zumindest formell illegal. Bei unklaren oder interpretationsbedürftigen Anträgen konkretisieren die Behörden das Begehren des Antragstellers mit der Genehmigung, indem sie angeben, wie sie den Antrag verstanden haben und die Genehmigung verstanden wissen wollen. Ausdrücke wie „inhaltliche Beschränkung"[50]) oder „nach Maßgabe"[51]) besagen lediglich, daß der Antrag von der Behörde einschränkend ausgelegt wurde, nicht aber, daß die Behörde hinter dem Antrag zurückgeblieben ist.

11

Inhaltsbestimmungen lassen sich nur schwer von Nebenbestimmungen unterscheiden,

---

48) Hierzu *H. Jung*, Nebenbestimmungen der Verwaltungsakte, Diss. Mainz 1956; *Hönig*, Die Zulässigkeit von Nebenbestimmungen zu Verwaltungsakten, Diss. München 1968; *D. Karl*, Rechtsschutz gegenüber rechtswidrigen Nebenbestimmungen begünstigender Verwaltungsakte, Diss. Würzburg 1973; *Mutschler*, Nebenbestimmungen zur Atomanlagengenehmigung und die Zulässigkeit ihrer Verwendung zur Ausräumung von Versagungsgründen; *Schachel*, Nebenbestimmungen zu Verwaltungsakten, 1979, *ders.,* Jura 1981, 49 ff.; *Elster*, Begünstigende Verwaltungsakte mit Bedingungen, Einschränkungen und Auflagen, 1979; *H. J. Schneider*, Nebenbestimmungen und Verwaltungsprozeß, 1981; *Gern/Wachenheim*, JuS 1980, 276 ff.; *Mößle*, BayVBl. 1982, 193 ff.; *Laubinger*, VerwArch. 1982, 345 ff.; *ders.,* WiVerw. 1982, 117 ff.; *Schickedanz* BayVBl. 1983, 43 ff.; *Schenke*, WiVerw. 1982, 142 ff.; *ders.,* JuS 1983, 182 ff.; *Rademacher*, BWVPr. 1984, 6 ff.; *Weyreuther*, DVBl. 1984, 365 ff.; *Fehr*, DÖV 1988, 202 ff.; *K.-M. Hönig*, Rechtsschutz gegen Auflagen, Diss. Bonn 1989.
49) BVerwG v. 3. 5. 1974, DÖV 1974, 563 (564).
50) Vgl. BVerwG v. 14. 4. 1983, DVBl. 1983, 851.
51) BVerwG v. 17. 2. 1984, BVerwGE 69, 37.

weil der Gesetzgeber sich gelegentlich einer unklaren Ausdrucksweise bedient. So sind die „Benutzungsbedingungen" nach § 4 I S. 1 WHG keine Bedingungen i. S. v. § 36 II Nr. 2 VwVfG, sondern Bestimmungen über den zulässigen Inhalt der zugelassenen Gewässerbenutzung.

Da der VA ohne Inhaltsbestimmung seine Bedeutung verliert (zu unbestimmt wird), sind Inhaltsbestimmungen *nicht selbständig* im Wege der Anfechtungsklage *angreifbar*.

Nicht unter die Nebenbestimmungen fallen ferner *Erläuterungen* zu der im VA getroffenen Regelung und darüber hinausgehende weitere *Hinweise*. Beiden fehlt der Regelungsgehalt. Sie sind deshalb nicht rechtmäßig oder rechtswidrig, sondern richtig oder falsch. Falsche Erläuterungen und Hinweise können bestimmte Rechtsfolgen bewirken (§ 58 II VwGO), lassen aber die Rechtmäßigkeit des VA unberührt. Auch gegen sie ist die Anfechtungsklage *ausgeschlossen*.

12 Mit den Nebenbestimmungen *verwandt* sind (sachliche) Teilgenehmigungen und sog. modifizierende Gewährungen. Die Verwandtschaft drückt sich dadurch aus, daß die begünstigende Entscheidung dem Antrag nicht in vollem Umfang stattgibt. Um Nebenbestimmungen handelt es sich dennoch nicht, weil kein HauptVA ergeht.

Bei der *Teilgenehmigung* bleibt die im begünstigenden VA ausgesprochene Gewährung hinter dem Antrag zurück. Beispiel: Statt auf zwei Stunden wird die Sperrzeit nur auf eine Stunde verkürzt. Der VA regelt gegenüber dem begehrten VA ein Minus, das vom Antrag mitumfaßt wird. Begnügt sich der Antragsteller nicht mit diesen VA, so muß er notfalls auf Erteilung der restlichen Begünstigung klagen, im Beispiel also auf Verkürzung der Sperrzeit um eine weitere Stunde. Eine Anfechtungsklage ginge ins Leere; möglich ist nur die Verpflichtungsklage.

Die *modifizierte Gewährung*[52]) kommt in zwei Spielarten vor. Einmal kann der begünstigende VA mit unwesentlichen Abweichungen vom Antrag erteilt werden. Klassisches Beispiel: Der für eine bauliche Anlage vorgesehene Kamin muß wenige Meter verrückt werden. Die Abweichung wird normalerweise durch eine Auflage auferlegt[53]), läßt sich aber auch zum Bestandteil der Hauptregelung machen. Da bei verständiger Auslegung eine derartige Abweichung noch vom Antrag gedeckt sein wird, entspricht diese Form der modifizierten Gewährung im Ergebnis der Inhaltsbestimmung; der Antrag wurde im Sinne des Antragstellers modifiziert. Zum anderen kann die Behörde so weit vom Antrag abweichen, daß sie letztlich etwas anderes gewährt, als beantragt wurde. Die Behörde macht also ein Gegenangebot i. S. v. § 150 S. 2 BGB. Bei mitwir-

---

52) Vgl. *Ronellenfitsch*, Das atomrechtliche Genehmigungsverfahren, 1983, S. 369 ff.
53) Etwa wenn der Einbau des Kamins erzwungen werden soll.

kungsbedürftigen VAen ist die Regelung schwebend unwirksam. Wird der Antrag ausdrücklich oder konkludent nachgeholt, ist eine Heilung nach § 45 I Nr. 1 VwVfG möglich. Die modifizierte Gewährung ist freilich noch nicht ausdiskutiert. Besonders ihre zweite Spielart ist problematisch. Sie unterscheidet sich oft nur graduell von der noch zu erörternden modifizierenden Auflage und kann beim VA mit Drittwirkung zu einer Verkürzung der Rechtsstellung des Drittbetroffenen führen. Der ungewollt „Begünstigte" erlangt Rechtsschutz durch die Verpflichtungsklage.

Bei den *traditionellen Nebenbestimmungen* schien die Rechtslage in prozessualer Hinsicht lange Zeit geklärt: Die Auflage konnte mit der Anfechtungsklage selbständig angegriffen werden[54]); Bedingungen[55]) und Befristungen[56]), die von Anfang an mit einer Begünstigung verbunden waren, waren als integrierende Bestandteile des VAs einer gesonderten Anfechtung entzogen. Seit einigen Jahren schwankt aber die Rechtsprechung. So sollte nach dem Urteil des BVerwG vom 14. 12. 1977[57]) die selbständige Anfechbarkeit der Auflage bereits dann ausscheiden, wenn VA und Auflage auf einer einheitlichen Ermessensentscheidung beruhten[58]). Mit Urt. v. 12. 3. 1982[59]) gab das BVerwG diese Auffassung zu Recht wieder auf. Begünstigende VAe beruhen nämlich zumeist auf Ermessensentscheidungen, die auch die Auflagen mit umfassen. Würde bereits dies die gesonderte Anfechtbarkeit der Auflagen ausschließen, so bliebe vom Grundsatz ihrer gesonderten Anfechtbarkeit nichts übrig[60]). Da die Auflage aber selbständig durchgesetzt werden kann, muß sie schon mit Rücksicht auf den Suspensiveffekt selbständig mit der Anfechtungsklage angreifbar sein. Die Behörde wird dadurch geschützt, daß Aufhebung und Nichterfüllung der Auflage gleichgesetzt werden können, so daß ein Widerruf der gewährten Begünstigung nach § 49 II Nr. 2 VwVfG in Betracht kommt[61]). Eine Rückkehr zur uneingeschränkten isolierten Angreifbarkeit von Auflagen bedeutet die jüngste Rechtsprechung nicht. In Weiterführung, genauer gesagt in Abwandlung der sogleich zu behandelnden Rechtsprechung zur modifizierenden Auflage stellt das BVerwG jetzt vielmehr darauf ab, ob bei einer isolierten Aufhebung der Auflage die Genehmigung weiter mit einem Inhalt bestehen

---

54) Vgl. BVerwG v. 21. 10. 1970, BVerwGE 36, 145 (154); v. 8. 2. 1974, DÖV 1974, 380 (381); v. 3. 5. 1974, DÖV 1974, 563; auch BWVGH v. 28. 7. 1983, VBlBW 1984, 83.
55) Zum Sonderfall der Baubedingungen vgl. *Weyreuther*, DVBl. 1969, 232 ff., 295 ff.
56) Vgl. BVerwG v. 10. 7. 1980, BVerwGE 60, 269 (275 f.); v. 31. 3. 1981, DÖV 1981, 715; BayVGH v. 18. 5. 1979, BayVBl. 1980, 49.
57) BVerwGE 55, 135.
58) Ebenso *Meyer/Borgs*, § 36 Rdnr. 47, *Schneider* a. a. O. (Fußn. 48), S. 161 ff.
59) NJW 1982, 2269.
60) *SBL*, § 36, 20; vgl. auch BayVGH v. 1. 12. 1983, GewArch 1984, 161.
61) Vgl. *K.-M. Hönig*, A. a. O. (Fußn. 48).

kann, der der Rechtsordnung entspricht[62]). Dieser Gesichtspunkt betrifft aber nicht nur die Auflagen, sondern ist allgemein bedeutsam. Folgerichtig dürfte das Urteil des BVerwG v. 10. 7. 1980[63]) so zu verstehen sein, als lasse das Gericht nunmehr die Anfechtungsklage auch gegenüber Bedingungen und Befristungen zu, wie das im Schrifttum vielfach vertreten wird[64]). Diese Tendenz ist begrüßenswert, auch wenn sie zu erheblichen Abgrenzungsschwierigkeiten führt. Erforderlich ist nämlich die Prüfung, ob sich die angegriffene Verwaltungsentscheidung (sachlich, räumlich, zeitlich) auch sinnvollerweise teilen läßt[65]). Zusammenfassend gilt, daß eine selbständige Anfechtungsklage grundsätzlich gegen *alle traditionellen* Nebenbestimmungen erhoben werden kann.

14 Ein Sonderproblem im Zusammenhang mit den Nebenbestimmungen stellen die von *Weyreuther*[66]) so benannten *modifizierenden Auflagen* dar[67]). Während sie in der Rechtsprechung Fuß gefaßt haben[68]), sprechen ihnen zahlreiche Autoren eigenständige dogmatische Bedeutung ab[69]). Dies zu Unrecht. Entgegen aller Kritik läßt sich die modifizierende Auflage weder kurzerhand der modifizierten Gewährung noch den sonstigen Nebenbestimmungen zuschlagen. Vielmehr handelt es sich um eine Auflage, die die beantragte Begünstigung so sehr abwandelt, daß der Antrag im Ergebnis abgelehnt wird. *Weyreuther* spricht zutreffend von einer Entscheidung „Nein, aber". Genauer müßte es heißen: „So nicht, dafür aber so." Wie bei der modifizierten Gewährung wird dem Antragsteller die Erlaubnis gewissermaßen aufgedrängt. Auch hier muß der fehlende Antrag nachgeholt werden. Darüber hinaus ist die modifizierende Auflage selbständig erzwingbar und setzt voraus, daß überhaupt eine Nebenbestimmung zulässig ist. Soweit die modifizierende Auflage anerkannt wird, ist man sich einig, daß es sich nicht um einen selbständig angreifbaren VA handelt. Dem ist im Ergebnis zuzustimmen. Bezogen auf den beantragten VA bewirkt

---

62) Urt. v. 17. 2. 1984, NVwZ 1984, 366.
63) BVerwGE 60, 269; hierzu *Schenke*, JuS 1983, 182 ff.
64) Vgl. nur *Schachel*, a. a. O. (Fußn. 48), S. 166 ff.; *H.-J. Schneider*, a. a. O. (Fußn. 48), S. 149 ff. m. w. N.
65) Konsequent *Laubinger*, VerwArch 1982, 345 ff. (357 ff.).
66) DVBl. 1969, 232 ff., 295 ff.; *ders.*, DVBl. 1984, 365 ff.
67) Vgl. auch *Ehlers*, VerwArch 1976, 369 ff.; *Hoffmann*, DVBl. 1977, 514 ff.; *Lange*, AöR 102 (1977), 377 ff.; *Schachel*, a. a. O. (Fußn. 48), S. 64 ff.
68) BVerwG v. 17. 5. 1966, BVerwGE 24, 129 (132); v. 21. 10. 1970, BVerwGE 36, 145 (154); v. 17. 11. 1972, BVerwGE 41, 178 (181); v. 8. 2. 1974, DÖV 1974, 380; v. 3. 5. 1974, DÖV 1974, 563 (564); v. 27. 9. 1978, GewArch 1979, 170; v. 12. 3. 1982, NJW 1982, 2269; BWVGH v. 4. 2. 1975, BRS 29 Nr. 121 (S. 232); aber auch v. 5. 2. 1980, GewArch 1980, 197 (189); BayVGH v. 13. 7. 1973, BRS 27, Nr. 143 (S. 229); v. 6. 5. 1976, BayVBl. 1977, 87; v. 21. 5. 1976, BRS 30, Nr. 2 (S. 49); v. 30. 7. 1979, BayVBl. 1980, 19 (20); HessVGH v. 2. 12. 1976, DÖV 1978, 137; v. 13. 5. 1983, GewArch 1984, 206; RhPfOVG v. 28. 2. 1975, AS 14,24 (25 f.); VG Düsseldorf v. 19. 1. 1978, GewArch 1978, 394.
69) So *Ehlers*, VerwArch 1976, 382; *Hoffmann*, DVBl. 1977, 514 f.; *Lange*, AöR 102 (1977), 345; *Wolff/Bachof* I, § 49 I f.; *Gern/Wachenheim*, JuS 1980, 276 ff. (277 f.); *Schenke*, JuS 1983, 182 ff. (183); a. A. *Ronellenfitsch*, a. a. O. (Fußn. 52); S. 369 f.

die Auflage, daß insgesamt eine ablehnende Entscheidung ergeht. Der verbleibende positive Entscheidungsrest ergibt für sich keinen Sinn mehr. Wird etwa ein Haus statt mit einem Flachdach nur mit einem Giebeldach genehmigt, so wäre es sinnlos, das Haus ohne Dach zu bauen. Der isolierte Angriff auf die modifizierende Auflage nützt dem Antragsteller sonst nichts. Folglich kommt nur eine Verpflichtungsklage auf Erlaß des ursprünglich begehrten VA in Betracht. Akzeptiert der Antragsteller dagegen die modifizierende Auflage, so muß ein durch den (neuen) VA möglicherweise Belasteter die Anfechtungsklage erheben. Die materielle Rechtmäßigkeit der modifizierenden Auflage hängt davon ab, ob eine Nebenbestimmung rechtlich zulässig war und der erforderliche Antrag – ggf. die erforderliche Beteiligung belasteter Dritter – (beim Antragsteller zumindest konkludent) nachgeholt wurde.

Bei der Fallbearbeitung ist die modifizierende Auflage bereits im Rahmen der Sachurteilsvoraussetzungen zu erörtern, weil von der Abgrenzung zur schlichten Auflage die Bestimmung der richtigen Klageart abhängt. Faustregel: Eine modifizierende Auflage liegt vor, wenn durch sie ein beantragtes Vorhaben wesentlich, d. h. qualitativ verändert wird. Wichtigste Fälle: Die Änderung von Konzept, Standort oder Typ eines Vorhabens.

2. Isolierte Anfechtungsklage

Auch gegen einen ablehnenden VA ist die Anfechtungsklage grundsätzlich möglich[70]). In diesem Fall ist die Bezeichnung *„isolierte Anfechtungsklage"* gebräuchlich[71]). Isoliert deshalb, weil dem Kläger mit der Aufhebung der Ablehnung allein regelmäßig wenig gedient ist. Will der Kläger sein Begehren, d. h. einen begünstigenden VA, erreichen, so muß er eine Verpflichtungsklage erheben. Eine (zusätzliche) Anfechtungsklage ist nicht erforderlich, obwohl ein zusprechendes Urteil (§ 113 IV VwGO) implizit den ablehnenden VA aufhebt. Das hindert den Kläger aber nicht daran, nur die Ablehnung anzugreifen, wenn sich sein Aufhebungsbegehren von dem umfassenderen Leistungsbegehren isolieren läßt. Wie *Laubinger* zutreffend betont, wird weder die Anfechtungsklage von der Verpflichtungsklage verdrängt, noch läßt sich das Rechtsschutzbedürfnis für eine isolierte Anfechtungsklage pauschal verneinen[72]) Ob man dagegen, wie *Laubinger* fordert, ausschließlich die vorstehende Fallkonstella-

---

70) BVerwG v. 30. 4. 1971, BVerwGE 38, 99; *EF,* § 42, 10; *Kopp,* § 42, 22; a. A. *Bettermann,* DVBl. 1973, 374; *RÖ,* § 42, 3.
71) So erstmals *Sieveking,* MDR 1954, 568 f.
72) In: Menger-Festschr., S. 443 ff. (452 ff.). Anders das BVerwG in: Anerkennungsverfahren als Kriegsdienstverweigerer, vgl. BVerwG v. 7. 9. 1987, BVerwGE 78, 93; v. 2. 2. 1989, NVwZ 1989, 756. Die Wehrbereichsverwaltung ist wiederum zur isolierten Anfechtung eines Widerspruchsbescheids der Kammer für Kriegsdienstverweigerung befugt, BVerwG v. 12. 10. 1989, BVerwGE 84, 3.

tion unter die isolierte Anfechtungsklage faßt[73]), ist eine Frage der terminologischen Zweckmäßigkeit, und es besteht kein Grund, den Anwendungsbereich der isolierten Anfechtungsklage mehr oder weniger gewaltsam einzuengen. Nimmt man Klageziel und Klagegegenstand zum Bezugspunkt, so besteht nicht nur die Möglichkeit, das Aufhebungs- vom (umfassenderen) Leistungsbegehren zu isolieren.

Soweit (summative) Regelungen horizontal oder vertikal teilbar sind, sind vielmehr auch solche Teilregelungen selbständig angreifbar. Daher können weitere Formen der isolierten Anfechtungsklage unterschieden werden.

16 Die wichtigste Variante der isolierten Anfechtungsklage, die Anfechtung von Nebenbestimmungen, wurde soeben dargestellt. Sie ist, wie generell die isolierte Anfechtungsklage, kein Ausnahmefall mehr. Nur solange man bei bedingten und befristeten begünstigenden VA und bei mit Auflagen verbundenen Ermessensakten die Verpflichtungsklage als die allein geeignete Klageart ansah, war die isolierte Anfechtungsklage grundsätzlich unzulässig. Das hat sich gewandelt. Bei allen Nebenbestimmungen kann heute eine isolierte Anfechtungsklage zulässig sein. Eine spezielle Rechtfertigung ist nicht nötig.

17 Eine weitere Variante der isolierten Anfechtungsklage ergibt sich schließlich aus § 79 II S. 1 VwGO, wonach ein Widerspruchsbescheid isoliert angegriffen werden kann, wenn und soweit er gegenüber dem ursprünglichen VA eine zusätzliche selbständige Beschwer enthält. Als zusätzliche Beschwer gilt nach § 79 II S. 2 VwGO auch die Verletzung einer wesentlichen Verfahrensvorschrift, sofern der Widerspruch auf dieser Verletzung beruht. Bei gebundenen Verwaltungsentscheidungen scheidet damit die isolierte Anfechtung des verfahrensfehlerhaften Widerspruchsbescheids von vornherein aus[74]). Die Auffassung, die contra legem dennoch die Anfechtungsklage für zulässig erklärt[75]), läßt sich mit Rücksicht auf die §§ 45, 46 VwVfG nicht halten[76]). Aber auch bei Ermessensentscheidungen muß geprüft werden, ob ohne Verletzung der Verfahrensvorschrift eine andere Entscheidung hätte getroffen werden können, d. h., es kommt jedenfalls für § 79 II S. 2 VwGO auf die Kausalität von Verfahrensverstoß und Sachentscheidung an[77]).

---

73) Ebd. S. 446 ff. *Laubinger* wirft der hier vertretenen Ansicht vor, sie stifte nur Verwirrung. Fraglich ist aber, ob nicht gerade die Zusammenschau der denkbaren Isolierungsvarianten es ermöglicht, die Problematik des Rechtsschutzes bei teilbaren Entscheidungen in den Griff zu bekommen. Nicht von ungefähr schließt das Ergebnis von *Laubinger* über das Ziel hinaus.
74) Vgl. *Weides*, S. 227 f., 236. Allgemein *Seibert*, BayVBl. 1983, 174 ff.
75) *Kopp*, § 79, 12; *RÖ*, § 79, 7; *StBL*, § 35, 19.
76) BVerwG v. 7. 10. 1980, BVerwGE 61, 45 = JuS 1982, 146 *(Schulze-Osterloh)*.
77) Dies gilt entgegen der h. L. auch bei § 46 VwVfG, vgl. *Ronellenfitsch*, VEnergR 50, 1982, S. 31 f.

Zu unterscheiden sind damit zwei Fallkonstellationen:
1. die isolierte Anfechtung von Widerspruchsbescheiden, denen gebundene VA zugrunde liegen und die nur auf die materielle Rechtswidrigkeit des Widerspruchsbescheids gestützt werden kann. Entscheidung des Gerichts: endgültige Aufhebung des Widerspruchs;
2. die isolierte Aufhebung relevantverfahrensfehlerhafter Widerspruchsbescheide, denen Ermessensverwaltungsakte zugrunde liegen. Entscheidung des Gerichts: Aufhebung des Widerspruchs plus Zurückweisung der Sache an die Widerspruchsbehörde[78]).

IV. Sonstige besondere Gestaltungsklagen

Sonstige (besondere) Gestaltungsklagen, die die VwGO aus der ZPO übernommen hat, sind v. a. die Abänderungsklage nach § 173 VwGO i. V. m. § 323 ZPO und die Vollstreckungsgegenklage (§ 167 VwGO i. V. m. § 767 ZPO[79]).

18

Beispiel: Nach § 106 VwGO beendet der Prozeßvergleich das Klageverfahren. Macht nach Abschluß des Vergleichs eine Partei geltend, die Geschäftsgrundlage für den Vergleich sei weggefallen, so kann diese Frage nicht durch Fortsetzung des durch den Vergleich erledigten Rechtsstreits entschieden werden, weil der Wegfall der Geschäftsgrundlage keine Unwirksamkeit des Vergleichs ex tunc zur Folge hat. Erforderlich ist vielmehr eine Abänderungsklage oder – wenn aus dem Vergleich vollstreckt werden soll – eine Vollstreckungsgegenklage[80]).

---

78) BVerwG v. 15. 7. 1980, BayVBl. 1980, 725; BayVGH v. 10. 1. 1983, BayVBl. 1983, 530; vgl. auch unten § 24 Rdnr. 19.
79) Soweit eine Klagemöglichkeit nach den §§ 42, 43 VwGO besteht, ist die Vollstreckungsgegenklage unzulässig, BVerwG v. 26. 5. 1967, BVerwGE 27, 141; RhPfOVG v. 17. 11. 1981, NJW 1982, 2276; vgl. auch NWOVG v. 30. 6. 1970, OVGE 25, OVG Lüneburg v. 10. 12. 1973, DVBl. 1974, 371; BayVGH v. 26. 6. 1978, BayVBl. 1980, 51 m. Anm. *Renck* v. 15. 12. 1978, BayVBl. 1980, 179; v. 8. 6. 1983, BayVBl. 1984, 208 (209); LG Darmstadt v. 11. 1. 1982, NVwZ 1982, 525.
80) BayVGH v. 20. 7. 1977, BayVBl. 1978, 53; zur Vollstreckung eines Prozeßvergleichs s. auch OVG Lüneburg v. 2. 4. 1979, NJW 1980, 414. Zum Vollstreckungsmodell de lege ferenda *Zeiss*, ZRP 1982, 74 ff.

§ 10 Leistungsklagen

I. Begriff und Erscheinungsformen

1 Leistungsklagen sind auf die Verurteilung des Beklagten zu einem Tun, Dulden oder Unterlassen gerichtet.

Die Vielfalt der Erscheinungsformen der Leistungsklagen hängt mit der Vielfalt möglicher Leistungsbegehren zusammen. Das wichtigste Einteilungskriterium ergibt sich aus der Prüfung, ob der Erlaß eines beantragten VA (Verpflichtungsklage) oder eine sonstige Leistung (allgemeine Leistungsklage) begehrt wird. Ferner kann der Kläger eine gerichtliche Entscheidung über die Leistung selbst oder die Verpflichtung des Beklagten zur Entscheidung über die Leistung anstreben. Schließlich macht es auch prozessual einen Unterschied, ob der Beklagte die begehrte Leistung oder bereits die Entscheidung über die Leistung verweigert oder unterlassen hat.

II. Allgemeine Leistungsklage

2 Die VwGO regelt die allgemeine Leistungsklage nicht gesondert, erkennt sie aber in einer Reihe von Vorschriften ausdrücklich an oder setzt sie voraus (vgl. §§ 43 II, 111, 113 III, 169 II, 170, 191 I)[1]). Die allgemeine Leistungsklage ist eine „Auffangklage". Sie ist gegenüber der Verpflichtungsklage subsidiär und betrifft insoweit nur das schlichthoheitliche Verwaltungshandeln. Der Schluß von der negativen Grenzziehung auf eine positive Umschreibung des Klagegegenstands verleitet aber leicht zu Fehlern, insbesondere zu der Annahme, daß die allgemeine Leistungsklage sich *nur* auf Verwaltungs-Realakte beziehe[2]). Leistung kann nämlich ein Tun und ein Unterlassen sein. Die *Leistungs-Vornahme-Klage* dient in der Tat der Verpflichtung zur Vornahme von Realakten. Bei Klagen auf Erlaß eines VA zugunsten eines Dritten ist die Verpflichtungsklage die richtige Klageart.

3 Die *Unterlassungsklage* kann sich dagegen gegen jedes künftige Verwaltungshandeln richten.

Insbesondere die *vorbeugende Unterlassungsklage*[3]) ist nicht auf die

---

1) Vgl. BVerwG v. 25. 2. 1969, BVerwGE 31, 301; NWOVG v. 28. 6. 1972, NJW 1973, 110; *SG*, Rdnr. 520. Zur allgemeinen Leistungsklage umfassend *Steiner*, JuS 1984, 853 ff.
2) Vgl. *SG*, Rdnr. 528 ff.
3) BVerwGE v. 21. 2. 1973, DVBl. 1973, 448 m. Bespr. *Blümel*, S. 436 ff.; vgl. auch *Fromm*, BauR 1973, 265 ff.; *Ule*, VerwArch 1974, 291 ff.; *Schenke*, AöR 95 (1970), 223 ff.; *Maetzel*, DVBl. 197, 335 ff.; *Dreier*, JA 1987, 415 ff.

schlichthoheitliche Betätigung der Verwaltung[4]) beschränkt, sondern — ausnahmsweise — auch gegen einen (drohenden) VA zulässig[5]).

Beispiel: Der Inhaber eines im Außenbereich nach § 35 I Nr. 1 BauGB privilegierten Betriebs ist berechtigt, die heranrückende Bebauung, die die weitere Ausnutzung der Privilegierung (latenter Störer!) gefährden könnte, abzuwehren[6]).

Im Schrifttum wird die vorbeugende Unterlassungsklage gegen VAe zum Teil für unzulässig gehalten. *Kopp* versucht, die Schwierigkeiten durch Annahme einer Verpflichtungsklage — gerichtet auf Erlaß eines VA mit der Zusicherung, daß ein VA mit dem vom Kläger befürchteten Inhalt nicht ergehen werde — zu vermeiden[7]). Aber auch eine derartige Verpflichtungsklage ist eine vorbeugende Klage. Der Umweg ist unnötig und bestärkt den Irrtum, die begehrte Unterlassung selbst sei ein VA[8]). Das schlichte Unterlassen eines VA (nicht die Ablehnung des VA!) stellt indessen keine Regelung dar. Eine vorbeugende Verpflichtungsklage auf Ablehnung eines künftigen, möglicherweise überhaupt noch nicht beantragten VA, wäre in der Tat unzulässig. Um eine derartige Klage geht es bei der hier diskutierten vorbeugenden Leistungsklage aber gar nicht[9]). Vielmehr soll die Verwaltungstätigkeit von vornherein in eine bestimmte Richtung gelenkt werden, noch ehe ein VA ergangen ist. Dadurch nehmen die Gerichte nicht unter Verstoß gegen den Gewaltenteilungsgrundsatz Verwaltungsaufgaben wahr; denn die vorbeugende Unterlassungsklage ist nur zur Gewährleistung eines effektiven Rechtsschutzes zulässig; nur diesen Aspekt haben die Gerichte zu überprüfen. Die Bedenken gegen die vorbeugende Unterlassungsklage betreffen somit in Wahrheit nicht deren Statthaftigkeit, sondern das Rechtsschutzinteresse. Dadurch verliert auch der Einwand an Gewicht, bei einer generellen Zulässigkeit vorbeugender Unterlassungsklagen würden die spezifischen Zulässigkeitsvoraussetzungen der Anfechtungsklage umgangen und der Suspensiveffekt seine Bedeutung verlieren.[10]). Wo repressiver Rechtsschutz ausreicht, besteht kein Rechtsschutzbedürfnis für eine vorbeugende Unterlassungsklage. Da er indessen nicht immer ausreicht[11]),

---

4) Hierzu BVerwG v. 23. 5. 1989, NJW 1989, 2272 m. Bespr. *Meyn*, JuS 1990, 630 ff.
5) So die h. M.: vgl. BVerwG v. 16. 4. 1971, DVBl. 1971, 746 (Kraftfutterwerk-Urteil); OVG Lüneburg v. 26. 8. 1970, OVGE 26, 504 (Sperrzeitverlängerung); BremOVG v. 13. 9. 1967, NJW 1967, 2222 (polizeiliches Einschreiten); *RÖ*, § 42, 175; *Maetzel*, DVBl. 1974, 335 ff.
6) BVerwG v. 16. 4. 1971, DVBl. 1971, 746. Materiell-rechtlich verliert die Privilegierung an Gewicht, wenn für die heranrückende Bebauung die Baufreiheit spricht. Ist dem Außenbereichsvorhaben etwa ein Vorhaben im unbeplanten Innenbereich benachbart, so kann dessen Bebauung grundsätzlich nicht generell verhindert werden. Bei der Genehmigung des Innenbereichsvorhabens ist dann lediglich das Gebot der Rücksichtnahme zu beachten, BVerwG v. 10. 12. 1982, BayVBl. 1983, 277.
7) So *Kopp*, § 42, 8.
8) So *EF*, § 42, 23.
9) Unzutreffend daher *SG*, Rdnr. 443.
10) Vgl. *Schenke*, JuS 1989, 557 ff. (559 f.).
11) Vgl. die Fallgruppen bei *Schenke*, BK Art. 19 IV Rdnr. 394.

darf die Möglichkeit einer Leistungsklage auf Unterlassung eines drohenden VA nicht gänzlich ausgeschlossen werden.

Im übrigen muß das künftige Verwaltungshandeln bereits rechtlich konkretisiert sein, sonst wird die vorbeugende Klage zur unzulässigen *vorsorglichen Klage*[12]).

4   Die Beispiele für die Leistungs-Vornahme-Klage sind zahlreich. Denn sie decken den gesamten Bereich des schlichten Verwaltungshandelns ab und reichen von der Folgenbeseitigung[13]), über Geldleistungen[14]), den Widerruf von Äußerungen[15]) bis hin zu schlichten Auskünften[16]).

Behörden, die materiell-rechtlich nicht zum Erlaß eines VA verpflichtet sind, können auch dann eine Leistungsklage erheben, wenn der Anspruch durch VA hätte geltend gemacht werden können[17]).

III. Verpflichtungsklage

5   Der wichtigste Fall der Leistungsklage ist die Verpflichtungsklage, mit der der Erlaß eines beantragten VA begehrt wird. Der Begriff des VA richtet sich auch hier nach den allgemeinen Kriterien (§ 35 VwVfG) und ist nicht mit dem der Amtshandlung (vgl. § 113 IV VwGO) identisch[18]).

6   Die VwGO unterscheidet zwei *Hauptformen* der Verpflichtungsklagen, nämlich die Versagungs- oder Weigerungsgegenklage und die Untätigkeitsklage.

Die *Versagungsklage-* oder *Weigerungsgegenklage* ist auf den Erlaß eines abgelehnten VA gerichtet. Sie stellt eine eigenständige Klageart dar, und nur bei ihr handelt es sich i. e. S. um eine Verpflichtungsklage. Sie ist ferner zukunftgerichtet und erfaßt abschließend die Fälle, in denen ein VA begehrt wird.

Gelegentlich wird versucht, mit Hilfe der Verpflichtungsklage die Fristen für die Anfechtungsklage zu unterlaufen. Eine Verpflichtungsklage auf Rücknahme oder

---

12) Vgl. auch OlG Koblenz v. 11. 12. 1985, NJW-RR 1986, 935.
13) BVerwG v. 4. 2. 1988, NJW 1988, 2399 (2400); allgemein BVerwG v. 14. 4. 1989, NJW 1989, 2484; hierzu *Schenke*, JuS 1990, 370 ff. Auch die Räumung einer ursprünglich für Obdachlose beschlagnahmten Wohnung ist ein Fall der Folgenbeseitigung; a. A. BWVGH v. 20. 1. 1987, NVwZ 1987, 1101 = JuS 1988, 492 *(Brodersen)*. Vgl. auch § 31 Rdnr. 13.
14) *SG,* Rdnr. 544.
15) BVerwG v. 14. 4. 1988, NJW 1989, 412; NWOVG v. 25. 2. 1988, NJW 1988, 2636.
16) Vgl. aber auch BerlOVG v. 16. 12. 1986, NVw 1987, 817; allgemein *Jochum*, NVwZ 1987, 460 ff.; *Bierwirth*, BayVBl. 1989, 587 ff.
17) BVerwG v. 28. 9. 1979, DVBl. 1980, 294.
18) Grundlegend BVerwG v. 25. 2. 1969, BVerwGE 31, 301. Die Gegenansicht von *Bettermann*, DVBl. 1969, 703 dürfte endgültig überwunden sein, nachdem sie nicht einmal mehr im Kommentar von *EF* vertreten wird.

Widerruf eines VA ex tunc ist aber unzulässig. Die Verpflichtung muß immer auf Wirkungen in der Zukunft gerichtet sein[19]).

Die *Untätigkeitsklage* – ebenfalls i. e. S. – (§ 75 VwGO) ist geboten, wenn die Behörde auf Antrag[20]) überhaupt nicht tätig geworden ist[21]). Bei ihr ist die Verpflichtung nicht das Endziel; die Behörde soll zunächst einmal gezwungen werden, auf den Antrag zu reagieren.

Die Untätigkeitsklage nach § 75 VwGO schafft daher *keine besondere* Klageart sondern eröffnet für Anfechtungs- und Verpflichtungsklagen und sonstige Klagen, für die ein Vorverfahren vorgeschrieben ist, abweichend von der Regelung der §§ 68 ff., 74 VwGO unmittelbar den Klageweg[22]). Erläßt die Behörde nach zulässiger Erhebung der Untätigkeitsklage einen ablehnenden VA, so kann die Klage als Verpflichtungsklage weitergeführt werden. Der Durchführung eines Vorverfahrens bedarf es dann nicht, weil die Behörde dem Kläger das einmal bestehende Klagerecht nicht mehr nehmen kann[23]).

7

Mit der Verpflichtungsklage kann sowohl der Erlaß eines bestimmten VA *(Vornahmeklage)* als auch die Verurteilung der Behörde zur Verbescheidung eines Antrags unter Beachtung der Rechtsauffassung des Gerichts *(Bescheidungsklage)* begehrt werden[24]). Die gegenteilige Ansicht, die die Bescheidungsklage mangels gesetzlicher Grundlage für unzulässig hält[25]), überzeugt nicht. Bei der Bescheidungsklage werden keine Gesichtspunkte der Klagebegründetheit in die Zulässigkeitsprüfung verlagert. Vielmehr gibt sich der Kläger mit einem Weniger an Rechtsschutz zufrieden. Das hierfür erforderliche Rechtsschutzbedürfnis ist i. d. R.[26]) gegeben. Bei der Vornahmeklage unterliegt der Kläger nämlich mit seinem weitergehenden Verpflichtungsantrag, wenn das Gericht statt der beantragten Verurteilung zu einer bestimmten Ermessensentscheidung nur die Verpflichtung zu einer Bescheidung nach § 113 IV S. 2 VwGO ausspricht.

8

---

19) BayVGH v. 9. 11. 1983, BayVBl. 1984, 405.
20) Zum Antragserfordernis *RÖ*, § 42, 8.
21) Im Hinblick auf § 44 VwGO hat die Untätigkeitsklage an Bedeutung gewonnen. Lehnt etwa das Bundesamt für die Anerkennung ausländischer Flüchtlinge die Entgegennahme eines Asylantrags ab, so kann die Asylsuchende Untätigkeitsklage auf Anerkennung als Asylberechtigter erheben; so jedenfalls BayVGH v. 10. 10. 1979, DÖV 1980, 54.
22) Vgl. RhPfOVG v. 14. 9. 1967, NJW 1967, 2329; BWVGH v. 18. 2. 1970, NJW 1970, 1143; NWOVG v. 11. 9. 1973, DÖV 1974, 97.
23) BWVGH v. 30. 4. 1984, NJW 1986, 149; vgl. auch *Weides/Bertram*, NVwZ 1988, 673 ff.
24) So zutreffend HbgOVG v. 16. 6. 1964, DVBl. 1966, 39 m. Anm. *Bettermann* (vgl. auch HbgOVG v. 15. 9. 1967, DVBl. 1968, 262); NWOVG v. 19. 4. 1966, OVGE 22, 183; BayVGH v. 5. 7. 1973, BayVBl. 1974, 433; BVerwG v. 7. 10. 1988, NJW 1989, 1749; *Kopp*, § 42, 5; *Czermak*, BayVBl. 1981, 427 ff.
25) *SG*, Rdnr. 429.
26) Streitig ist die Zulässigkeit einer inhaltsunbestimmten Bescheidungsklage, mit der begehrt wird, daß die Behörde überhaupt tätig wird, vgl. ablehnend RhPfOVG v. 19. 1. 1971, NJW 1971, 1855; VG Saarlouis v. 15. 4. 1973, NJW 1973, 1764; NWOVG v. 11. 9. 1973, DÖV 1974, 97; bejahend OVG Lüneburg v. 6. 9. 1971, NJW 1971, 2278; *EF*, § 42, 9.

§ 10 III Leistungsklagen

Dieses vor allem im Hinblick auf die Kosten (§ 155 VwGO) nachteilige Ergebnis kann nur durch eine Bescheidungsklage vermieden werden.

Bei *gebundenen Entscheidungen* kommen ein Bescheidungsurteil und dementsprechend eine Bescheidungsklage grundsätzlich nicht in Betracht[27]). Eine Ausnahme bilden die gebundenen Entscheidungen, bei denen ein Beurteilungsspielraum besteht[28]). Wichtigster Fall: Bei der Verteilung gerichtlich festgestellter Restkapazitäten an Studienplätzen darf das Gericht nur die Hochschule verpflichten, ein Losverfahren durchzuführen[29]).

---

27) BayVGH v. 27. 10. 1983, GewArch 1984, 125.
28) Ein Beurteilungsspielraum ist anerkannt bei *1. Prüfungsentscheidungen,* vgl. BVerwG v. 14. 3. 1979, DÖV 1979, 752; v. 27. 2. 1981, DVBl. 1981, 583; *Stüer,* DÖV 1974, 257 ff.; *Gleisberg,* JuS 1979, 227 ff.; *Jacobs,* VBlBW 1981, 129 ff., 173 ff.; dann aber Beachtung des Fairneßgebots, BVerwG v. 20. 9. 1984, DÖV 1985, 488; *2. dienstlichen Beurteilungen,* vgl. BVerwG v. 26. 6. 1980, BVerwGE 60, 245; v. 28. 11. 1980, DVBl. 1981, 460; *Meixner,* PersV 1981, 14 ff.; *3. Entscheidungen von Fachgremien,* vgl. BVerwG v. 13. 12. 1979, BVerwGE 59, 213; v. 25. 6. 1981, DVBl. 1982, 29; *4. Prognoseentscheidungen,* vgl. BVerwG v. 27. 11. 1981, NJW 1982, 1168 = JuS 1982, 531 *(Schulze-Osterloh); Tettinger,* DVBl. 1982, 421 ff.; *5. Planungsentscheidungen,* vgl. BVerwG v. 7. 5. 1971, DVBl. 1971, 789; v. 22. 3. 1979, DVBl. 1979, 877. Generell dürfte ein Beurteilungsspielraum bei Beurteilungen in besonderen Gewaltverhältnissen gelten; vgl. BGHSt v. 22. 12. 1981, NJW 1982, 1057; *Ronellenfitsch,* DÖV 1981, 933 ff.; *ders.,* VerwArch 1982, 245 ff. Zusammenfassung der bisherigen Rspr. in BVerwG v. 26. 6. 1990, GewArch 1990, 355.
29) BWVGH v. 9. 4. 1981, DVBl. 1981, 1011 (teilweise Aufgabe von BWVGH v. 4. 8. 1980, NJW 1980, 2773). Weiteres Beispiel: Fachkunde nach § 13 III PBefG, BayVGH v. 31. 3. 1982, BayVBl. 1982, 367.

§ 11 Feststellungsklagen

I. Begriff und Erscheinungsformen

Die Wirkung der Feststellungsklage beschränkt sich auf den Ausspruch im Urteil, das nur hinsichtlich der Kosten vollstreckungsfähig ist. Zu unterscheiden sind die allgemeine Feststellungsklage des § 43 VwGO und verschiedene besondere Feststellungsklagen. Auch das Normenkontrollverfahren ist ein Unterfall der Feststellungsklage. Es weist aber so viele Eigentümlichkeiten auf, daß es in § 12 gesondert dargestellt wird.

II. Allgemeine Feststellungsklage

Die allgemeine Feststellungsklage[1]) dient der Feststellung des Bestehens *(positive Feststellungsklage)* oder Nichtbestehens *(negative Feststellungsklage)* eines Rechtsverhältnisses (§ 43 I VwGO 1. Alt.) und der Feststellung der Nichtigkeit eines VA (§ 43 I VwGO 2. Alt.) durch Urteil.

Unter *Rechtsverhältnis* sind „die aus einem konkreten Sachverhalt aufgrund einer Rechtsnorm (des öffentlichen Rechts) sich ergebenden rechtlichen Beziehungen einer Person zu einer anderen Person oder zu einer Sache" zu verstehen[2]). Auch ein selbständiger Teil eines Rechtsverhältnisses, insbesondere einzelne Berechtigungen und Verpflichtungen können Gegenstand der Feststellungsklage sein[3]), nicht dagegen unselbständige Teile oder Vorfragen von Rechtsverhältnissen, die nicht unmittelbar Rechte und Pflichten begründen[4]). Das Verbot der Popularklage gilt auch für Feststellungsklagen[5]).

Das Rechtsverhältnis muß – etwa durch Erlaß eines VA, durch Abschluß eines öffentlich-rechtlichen Vertrags oder durch formloses Verwaltungshandeln[6]) – hinreichend *konkretisiert* sein. Bei der negativen Feststellungsklage genügt es, wenn etwa das Bestehen einer Genehmigungspflicht streitig ist[7]).

Das bedeutet, daß auch eine *vorbeugende* Feststellungsklage statthaft ist. Die

---

1) Vgl. *Trzaskalik*, Die Rechtsschutzzone der Feststellungsklage im Zivil- und Verwaltungsprozeß, 1978; *Dickersbach*, GewArch 1989, 41 ff. (zum Lebensmittelrecht).
2) BVerwG v. 8. 6. 1982, BVerwGE 14, 235; RhPfOVG v. 10. 11. 1982, GewArch 1982, GewArch 1983, 69.
3) BWVGH v. 23. 7. 1968, JZ 1969, 23; HessVGH v. 20. 10. 1965, DÖV 1965, 857; OVG Lüneburg v. 23. 11. 1961, OVGE 17, 430.
4) BVerwG v. 26. 8. 1966, BVerwGE 24, 355; BGH v. 15. 10. 1956, BGHZ 22, 43.
5) Vgl. RhPfOVG v. 24. 9. 1975, AS 14, 79.
6) Vgl. *Pietzner*, JA 1971, ÖR 159. Zur Entziehung des Sicherheitsbescheids für einen beim Bundesnachrichtendienst tätigen Soldaten BVerwG v. 15. 2. 1989, NVwZ 1989, 1055.
7) BVerwG v. 7. 5. 1987 – 3 C 1/86 –, NJW 1988, 1534.

vorbeugende Feststellungsklage bezweckt nicht die (unzulässige)[8]) Klärung eines künftigen Rechtsverhältnisses, sondern bezieht sich auf künftige Rechte und Pflichten aus einem bereits konkretisierten Rechtsverhältnis. Die h. M. hält die vorbeugende Feststellungsklage zu Recht unter den gleichen Voraussetzungen für zulässig wie die vorbeugende Leistungsklage[9]). Die vorbeugende Feststellungsklage ist hiernach statthaft, wenn es dem Kläger aus besonderen Gründen unzumutbar ist, ein erst in Zukunft relevantes Rechtsverhältnis abzuwarten. Insbesondere soll der Kläger vor irreparablen Schäden geschützt werden, die auch mit den Möglichkeiten des vorläufigen Rechtsschutzes nach § 80 VwGO bzw. § 123 VwGO nicht verhindert werden könnten[10]). Problematisch ist folglich auch hier weniger die Zulässigkeit des vorbeugenden Rechtsschutzes als das besondere Rechtsschutzinteresse[11]).

6 Die Feststellung der *Nichtigkeit eines VA* setzt voraus, daß objektiv ein VA vorliegt. Wird geltend gemacht, ein VA sei nicht wirksam geworden (Nichtakt), so richtet sich die Zulässigkeit der Feststellungsklage nach § 43 I VwGO 1. Alt[12])

7 Untergesetzliche *Rechtsnormen* (Rechtsverordnungen und Satzungen) treffen abstrakt-generelle Regelungen, begründen also keine konkreten Rechtsverhältnisse. Sie können daher grundsätzlich nicht mit der Feststellungsklage angegriffen werden; wohl aber ist es möglich, ein Feststellungsurteil zu begehren im Hinblick auf einzelne oder alle in der Norm enthaltenen Gebote und Verbote, wenn das dadurch für den Kläger begründete Rechtsverhältnis durch einen bestimmten und bereits überschaubaren Sachverhalt hinreichend konkretisiert ist[13]). Ganz allgemein gilt der Grundsatz, daß das Ziel der abstrakten Normenkontrolle nicht mit der Feststellungsklage verfolgt werden darf, weil das die verkappte Einführung der Normenkontrolle in den Ländern bedeuten würde, die diese bewußt nicht vorgesehen haben. Der Grundsatz ist allerdings eng zu verstehen: Die Feststellungsklage darf zwar den Rechtssatz (seine Gültigkeit) nicht selbst zum Gegenstand haben; eine inzidente Normenkontrolle im Rahmen der Feststellungsklage ist jedoch durchaus möglich[14]). Wird ein VA als

---

8) NWOVG v. 28. 10. 1970, OVGE 26, 96 (102).
9) Vgl. BVerwG v. 12. 1. 1967, BVerwGE 26, 23 (24 f.); v. 8. 9. 1972, BVerwGE 40, 323 (326), hierzu *Pappermann*, JuS 1973, 689 ff. (693 ff.); v. 23. 2. 1979, Buchholz 406.16 Eigentumsschutz Nr. 12 S. 11 (17); v. 3. 6. 1983, DÖV 1983, 980; v. 7. 5. 1987 − 3 C 53/85, NVwZ 1988, 430 = JuS 1988, 825 *(Brodersen);* BWVGH v. 19. 3. 1989, DÖV 1980, 59 (Klage zur Vermeidung eines sich abzeichnenden Wahlanfechtungsgrundes); *RÖ*, § 43, 9; *Schenke*, AöR 95 (1970), 223 ff.; a. A. *Ule*, S. 157 f.
10) *Kopp*, § 43, 24.
11) Vgl. unten § 31 Rdnr. 6.
12) BVerwG v. 21. 11. 1986, NVwZ 1987, 330 = JuS 1988, 162 *(Brodersen).*
13) BVerwG v. 9. 12. 1982, BayVBl. 1983, 375; NWOVG v. 4. 8. 1978, ZfW 1979, 169.
14) BVerwG v. 9. 12. 1982, NJW 1983, 2208 = JuS 1983, 970 *(Brodersen);* ferner *Siemer*, Normenkontrolle durch Feststellungsklage?, 1971; *ders.*, in: Festschr. f. Menger, S. 501 ff.

Rechtsnorm erlassen, gegen die das Normenkontrollverfahren eröffnet ist, so ist zusätzlich die allgemeine Nichtigkeitsfeststellungsklage statthaft.

III. Fortsetzungsfeststellungsklage

1. Allgemeines

Die Fortsetzungsfeststellungsklage ist in § 113 I S. 4 VwGO nur fragmentarisch geregelt. Nach dem Wortlaut dieser Vorschrift bezieht sich die Fortsetzungsfeststellungsklage nur auf den Fall, daß sich ein VA nach Klageerhebung vor seiner gerichtlichen Aufhebung erledigt hat. Rechtsprechung und Schrifttum haben den Anwendungsbereich von § 113 I S. 4 VwGO aber erheblich ausgedehnt. Der Analogie sind jedoch Grenzen gesetzt. Die Fortsetzungsfeststellungsklage zielt nur auf die Feststellung der Rechtswidrigkeit eines *erledigten VA*. Sie ist daher immer und ausschließlich im Zusammenhang mit der Anfechtungsklage (und Verpflichtungsklage) zu sehen[15]).

Auf erledigte *Realakte* oder sonstiges schlichtes Verwaltungshandeln läßt § 113 I S. 4 VwGO sich *nicht* anwenden. Deshalb ist die Fortsetzungsfeststellungsklage unzulässig, wenn es sich bei der ursprünglichen Klage um eine allgemeine Gestaltungs- oder Leistungsklage gehandelt hat[16]). Eine Rechtsschutzlücke entsteht nicht, da insoweit die allgemeine Feststellungsklage in Betracht kommt. Auch im Normenkontrollverfahren ist § 113 I S. 4 VwGO nicht analog anwendbar[17]).

Die „Fortsetzungs"-Feststellungsklage setzt konstruktiv das *Scheitern* der Anfechtungsklage (oder Verpflichtungsklage) an der Erledigung voraus. Wo eine Anfechtungsklage (oder Verpflichtungsklage) von vornherein nicht zulässig ist oder als unbegründet abgewiesen werden müßte (z. B. im Fall des § 46 VwVfG), fehlt es am Substrat für die vom Kläger begehrte Festsetzung selbst dann, wenn der angegriffene VA rechtswidrig war. Eine auf die Feststellung dieser Rechtswidrigkeit bezogene isolierte Fortsetzungsfeststellungsklage ist begrifflich und durch § 43 VwGO (a. e. c.) ausgeschlossen. Hinzu kommt, daß die durch Art. 19 IV GG nicht gebotene objektive Rechtskontrolle nicht durch die Hintertür wieder eingeführt werden darf, zumal die Wirkung des Feststellungsurteils hier nur auf eine Disziplinierung der Exekutive hinausliefe. Der Beklagte kann dagegen die Feststellung verlangen, daß die Klage vor dem

---

15) Vgl. auch BVerwG v. 23. 6. 1981, BVerwGE 62, 317 (32).
16) NWOVG v. 13. 1. 1976, RiA 1976, 137; *Kopp*, § 113, 48; a. A. *RÖ*, § 113, 18; *Schnellenbach*, DVBl. 1990, 140 ff. (140) offengelassen BVerwG v. 22. 4. 1977, BVerwGE 52, 313 (316).
17) RhPfOVG v. 1. 8. 1979, VerwRspr. 31, 1015.

erledigenden Ereignis unzulässig oder unbegründet war, wenn er ein schutzwürdiges Interesse an der Feststellung hat[18]).

11 In den *vorläufigen Rechtsschutzverfahren* ist die Fortsetzungsfeststellungsklage ebenfalls nicht statthaft. Im Verfahren auf Erlaß einer e. A. nach § 123 VwGO ist im Anschluß an die Erledigung der Hauptsache der Übergang zur Fortsetzungsfeststellungsklage generell unzulässig, weil die summarische Prüfung einer endgültigen Klärung der Rechtslage entgegensteht[19]). Auch der Erlaß einer e. A. in Gestalt einer vorläufigen Feststellung ist ausgeschlossen[20]). Ähnliches gilt für das Verfahren nach § 80 V VwGO[21]). Hier ist freilich eine Begrenzung des Streitgegenstandes auf die Feststellung denkbar, daß ein Rechtsbehelf gegen einen erledigten VA aufschiebende Wirkung hatte. Diese Feststellung kann auch im vorläufigen Verfahren getroffen werden. Dennoch besteht auch insofern keine Regelungslücke, die durch analoge Anwendung des § 113 I S. 4 VwGO ausgefüllt werden müßte. Vielmehr reichen die Entscheidungsmöglichkeiten, die § 80 V S. 3 VwGO eröffnet, völlig aus.

12 *Erledigt* ist ein VA, wenn er keine Rechtswirkungen mehr entfaltet, etwa weil er zurückgenommen worden ist oder seine regelnde Wirkung durch Zeitablauf, Eintritt einer auflösenden Bedingung oder Wegfall des Regelungsobjekts verloren hat[22]).

Faustregel: Erledigung liegt vor, wenn die Aufhebung des VA *sinnlos* geworden ist[23]).

2. Anwendungsbereich

13 § 113 I S. 4 VwGO regelt an sich nur die Erledigung des VA *nach Erhebung einer Anfechtungsklage* („amputierte Anfechtungsklage"). Wie erwähnt, hat die Rechtsprechung den Anwendungsbereich der Vorschrift jedoch ausgedehnt.

14 Die Fortsetzungsfeststellungsklage betrifft einmal auch die rechtswidrige Ablehnung oder Unterlassung eines VA, also die Erledigung im Zusammenhang mit der *Verpflichtungsklage* („amputierte Verpflichtungsklage")[24]). In

---

18) BVerwG v. 14. 4. 1989, NVwZ 1989, 860.
19) BayVGH v. 24. 5. 1982, BayVBl. 1983, 24; v. 25. 6. 1984, BayVBl. 1985, 22 (23); BWVGH v. 7. 8. 1980, VBlBW 1981, 288 m. Anm. *Kopp;* HessVGH v. 18. 4. 1983, DÖV 1984, 118.
20) RhPfOVG v. 10. 9. 1986, NVwZ 1987, 145; v. 7. 11. 1986, DVBl. 1987, 851 (852); aber auch v. 19. 1. 1983, AS 18, 87.
21) BWVGH v. 8. 8. 1980, VBlBW 1981, 288; BayVGH v. 25. 6. 1984, BayVBl. 1985, 22 (23); RhPfOVG v. 10. 10. 1977, JZ 1977, 796; NWOVG v. 5. 1. 1977, OVGE 33, 210.
22) BVerwG v. 2. 7. 1982, NJW 1983, 774; BWVGH v. 14. 5. 1976, NJW 1977, 861. Vgl. insgesamt § 27 Rdnr. 29.
23) *Schenke,* in: Festschr. f. Menger, S. 462 f.
24) BVerwG v. 23. 11. 1967, Buchholz 418.42 § 39 Nr. 1 (insoweit in BVerwGE 28, 233 nicht abgedruckt); v. 22. 5. 1980, Buchholz 451.731 Nr. 2; v. 30. 4. 1981, Buchholz 451.74 § 8 Nr. 3; v. 24. 2. 1983, DVBl. 1983, 850 (851); HessVGH v. 16. 11. 1976, ESVGH 27, 169.

Fällen mangelnder Spruchreife kann analog § 113 I S. 4 VwGO die Feststellung begehrt werden, daß eine Verpflichtung zur Bescheidung bestand[25]).

Zum anderen erfaßt die Fortsetzungsfeststellungsklage den Fall, daß sich der angefochtene[26]) oder beantragte[27]) VA bereits *vor der Klageerhebung* erledigt hat.

15

3. Voraussetzungen

Soweit eine Anfechtungs- oder Verpflichtungsklage ohne Erledigung des VA möglich gewesen wäre, gelten für die Fortsetzungsfeststellungsklage die gleichen Voraussetzungen[28]). So findet auch § 74 I S. 2 VwGO Anwendung[29]). Bei Erledigung des VA vor Klageerhebung ist dagegen das Vorverfahren nicht erforderlich[30]). Die Erledigung muß allerdings vor Ablauf der Widerspruchsfrist eingetreten sein[31]).

16

IV. Zwischenfeststellungsklage und sonstige Feststellungsklagen

Auch eine Zwischenfeststellungsklage ist im Verwaltungsprozeß zulässig[32]). Sie setzt voraus, daß das festzustellende Rechtsverhältnis dem öffentlichen Recht zugehört und für die Hauptsache vorgreiflich ist. Bei Identität des Streitgegenstandes ist sie unzulässig.

17

Eine besondere Form des Feststellungsurteils ist die Bestätigung eines Vereinsverbots nach dem Vereinsgesetz[33]).

18

---

25) BVerwG v. 25. 7. 1985, BVerwGE 72, 38.
26) BVerwG v. 9. 2. 1967, BVerwGE 26, 161; v. 1. 7. 1975, BVerwGE 49, 36 (39); RhPfOVG v. 15. 7. 1981, NJW 1982, 1301; *Becker*, MDR 1973, 981.
27) BVerwG v. 23. 6. 1967, MDR 1968, 347; v. 23. 11. 1967, Buchholz 418.42 § 39 Nr. 1; NWOVG v. 24. 10. 1979, NJW 1980, 1069.
28) Vgl. *EF*, § 113, 51; *Schenke*, BayVBl. 1969, 304.
29) *Becker*, MDR 1973, 983; BWVGH v. 4. 6. 1980, NJW 1981, 364 wendet § 58 II VwGO an.
30) Vgl. § 31 Rdnrn. 29 ff.
31) *SG*, Rdnr. 513.
32) § 173 VwGO i. V. m. § 256 II ZPO. Vgl. *EF*, § 43, 1; *RÖ*, § 43, 30; *Schneider*, MDR 1973, 270; offen in BVerwG v. 9. 12. 1971, BVerwGE 39, 135.
33) Vgl. BVerwG v. 2. 12. 1980, NJW 1981, 1796 („Wehrsportgruppe Hoffmann"); v. 18. 10. 1988, BVerwGE 80, 299; BayVGH v. 21. 8. 1989, NJW 1990, 62.

§ 12 Verwaltungsgerichtliche Normenkontrolle

I. Begriff und Erscheinungsformen

1   Normenkontrolle ist ganz allgemein die Nachprüfung von Rechtssätzen durch die Rechtsprechung oder Exekutive. Folgt aus der Kontrollbefugnis die weitere Befugnis, die Gültigkeit oder Ungültigkeit von Rechtsnormen festzustellen (im letzteren Fall die Verwerfungskompetenz), so handelt es sich im engeren, technischen Sinn um Normenkontrolle. In diesem Sinn wird die Normenkontrolle in der Folge verstanden. Eine derartige Normenkontrolle steht nur der Rspr. zu; insoweit ist die Normenkontrolle durch die Exekutive grundsätzlich unzulässig (str.; vgl. unten § 56 Rdnr. 13). Da, wie erwähnt, bei der Normenkontrolle lediglich die Gültigkeit oder Ungültigkeit von Rechtsnormen festgestellt wird, sind Verpflichtungsanträge dem Normenkontrollverfahren wesensfremd[1]).

2   Eine Normenkontrolle mit nachfolgender allgemeinverbindlicher Entscheidung über den Rechtssatz kommt in erster Linie dem Bundesverfassungsgericht und den Verfassungsgerichten der Länder zu. Für die Nachprüfung von Rechtssätzen des Landesrechts im Range unter dem Gesetz eröffnet außerdem § 47 VwGO ein besonders geartetes Feststellungsverfahren, für das sich die nicht ganz korrekte Bezeichnung *„abstrakte Normenkontrolle"* eingebürgert hat. Der Anlaß der verwaltungsgerichtlichen Normenkontrolle ist i. d. R. konkret. Abstrakt ist die Normenkontrolle insoweit, als sie allgemein die Gültigkeit einer Rechtsnorm zum Gegenstand hat und sich nicht auf ein konkretes Rechtsverhältnis wie die allgemeine Feststellungsklage bezieht. Der konkrete Anlaß der Normenkontrolle zeigt sich wieder, wenn die Norm nicht verworfen wird. Dann wirkt die Entscheidung nur inter partes.

II. Funktion

3   Die Funktion der verwaltungsgerichtlichen Normenkontrolle[2]) ist umstritten. Gerichtliche Verfahren kann man entsprechend ihrem Zweck in (objektive) Beanstandungs- und Rechtsschutzverfahren unterteilen[3]). Die verwaltungsgerichtliche Normenkontrolle dient fraglos der objektiven Rechtskontrolle. Aber

---

1) HessVGH v. 15. 11. 1982, NJW 1983, 2895; BWVGH v. 17. 12. 1985, DVBl. 1986, 630.
2) Hierzu *Achterberg*, VerwArch. 1981, 163 ff.; *Besler*, Die Problem der verwaltungsgerichtlichen Normenkontrolle unter besonderer Berücksichtigung des § 47 VwGO; *Papier*, in: Festschr. für Menger, S. 517 ff.; zur Normenkontrolle von Bebauungsplänen *Rasch*, BauR 1981, 409 ff.; *ders.*, BauR 1985, 247 ff.; *Hahn*, JuS 1983, 678 ff.; *Dageförde*, VerwArch. 1988, 124 ff.; zu den praktischen Erfahrungen mit der Normenkontrolle *Paetow*, NVwZ 1985, 309 ff.; *Johlen*, NVwZ 1985, 477 ff.; *Bickel*, NJW 1985, 2441 ff.
3) Grundlegend *Georg Jellinek*, Allgemeine Staatslehre, 7. Neudruck der 3. Aufl., 1960, S. 791.

das ist nicht ihr Hauptzweck[4]) oder gar alleiniger Zweck[5]). Die Unterscheidung von VA und Normsetzungsakten der Exekutive hat eher historische als sachliche Gründe[6]). Sie rechtfertigt im Hinblick auf Art. 19 IV GG jedenfalls nicht, daß der Rechtsschutz gegen Normsetzungsakte der Exekutive nennenswert hinter dem Rechtsschutz gegen sonstige Hoheitsakte der Exekutive zurückbleibt[7]). Objektive Rechtskontrolle und subjektiver Rechtsschutz stehen somit bei der verwaltungsgerichtlichen Normenkontrolle gleichberechtigt nebeneinander[8]).

Das Normenkontrollverfahren nach § 47 VwGO ist nach langem Ringen[9]) zunächst durch das Gesetz zur Änderung verwaltungsprozessualer Vorschriften vom 24. 8. 1976 (BGBl. I S. 2437) grundlegend umgestaltet worden. 4

Bis zu diesem Zeitpunkt konnte der Landesgesetzgeber bestimmen, daß das OVG im Rahmen seiner Gerichtsbarkeit über die Gültigkeit einer landesrechtlichen, im Rang unter dem Landesgesetz stehenden Rechtsvorschrift entscheidet, soweit nicht die Nachprüfung der Rechtsvorschrift durch ein Verfassungsgericht gesetzlich vorgesehen ist. Von dieser Möglichkeit machten nur Baden-Württemberg, Bayern, Bremen, Hessen, Niedersachsen und Schleswig-Holstein Gebrauch. Die gebotene rechtliche Gleichstellung der übrigen Länder durch unmittelbaren Rückgriff auf Art. 19 IV GG wurde weitgehend abgelehnt[10]).

Die Novellierung von § 47 VwGO machte diesem unbefriedigenden Zustand wenigstens teilweise ein Ende. Für Satzungen nach dem BBauG und dem StBauFG sowie für Rechtsverordnungen auf Grund von § 188 II BBauG und § 92 II StBauFG schrieb § 47 I Nr. 1 VwGO nunmehr bundeseinheitlich das Normenkontrollverfahren vor. 5

Die Zusammenfassung des BBauG und StBauFG zum *BauGB* machte auch eine Anpassung des Art. 47 VwGO erforderlich. Durch Art. 2 Gesetz über das 6

---

4) So aber *Maurer*, in: Festschr. f. Kern, 1968, 277 ff. (288 f.); *SG*, Rdnr. 579; BayVGH v. 20. 7. 1983, BayVBl. 1983, 698 (699).
5) So *Renck*, BayVBl. 1979, 226 ff.; *ders.*, NJW 1980, 1022 ff. (1024 f.).
6) Im französischen Verwaltungsrecht umfaßt etwa der acte administratif Einzelentscheidungen (acte individuel) und allgemeine Regelungen (réglements administratifs). Jeder, der eine besonders geartete Lage „im Hinblick auf den Akt" nachweisen kann, kann in gleicher Weise die objektive gerichtliche Rechtskontrolle von Norm und Einzelakt herbeiführen; vgl. *Fromont*, Rechtsschutz gegenüber der Verwaltung in Deutschland, Frankreich und den Europäischen Gemeinschaften, 1967, S. 224; *F. Mayer*, in: Festschr. f. Michelakis, S. 455 ff. (458 f.).
7) Grundlegend *Obermeyer*, DÖV 1965, 625 ff.
8) So im Ergebnis wohl auch die h. L.; vgl. *Kopp*, § 47, 3; HessVGH v. 9. 4. 1973, DVBl. 1973, 956; BremOVG v. 14. 1. 1986, NJW 1986, 2335. Nach BVerwG v. 2. 9. 1983, NJW 1984, 881 steht bei Satzungen nach dem BauGB mit konkret-individuellem Inhalt die Rechtsschutzfunktion des Normenkontrollverfahrens sogar im Vordergrund.
9) Vgl. BT-Drucks. VI/3675; BT-Drucks. 7/4324; BT-Drucks. 7/5492; *Redeker*, NJW 1974, 1648 f.; 1975, 2279 ff.; *Schenk/Meyer-Ladewig*, DVBl. 1976, 198 ff.
10) Vgl. BVerfG v. 27. 7. 1971, BVerfGE 31, 364; BVerwG v. 27. 11. 1964, DÖV 1965, 169; *RÖ*, § 47, 3; *EF*, § 47, 1; *Kopp*, § 47, 8; a. A. *Blümel*, DVBl. 1972, 124; *Umbach*, DVBl. 1971, 741.

Baugesetzbuch vom 8. 12. 1986 (BGBl. I S. 2191) wurde einmal § 47 I Nr. 1 mit Wirkung zum 1. 7. 1987 geändert. Bundeseinheitlich erstreckt sich nunmehr das Normenkontrollverfahren auf Satzungen, die nach den Vorschriften des BauGB erlassen worden sind sowie auf Rechtsverordnungen auf Grund des § 246 II BauGB. In der Sache hat sich durch diese Neufassung nichts geändert. Eine qualitative Umgestaltung (Aufwertung) der verwaltungsgerichtlichen Normenkontrolle bedeutet demgegenüber die ferner mit der Änderung des § 47 VwGO durch das BauGB eingeführte Nichtvorlagebeschwerde nach § 47 VII VwGO (n. F.)[11], die die ambivalente Funktion der Normenkontrolle bestätigt. Die Einführung einer Nichtvorlagebeschwerde wurde im übrigen früher mit Rücksicht auf die besondere Situation Berlins nur zurückhaltend betrieben. Nachdem sich die politische und rechtliche Lage Deutschlands grundlegend gewandelt hat, sollte erwogen werden, im Normenkontrollverfahren die Vorlage an das BVerwG als echtes Rechtsmittel auszugestalten.

III. Anwendungsbereich

1. Gegenstand

7   Bundeseinheitlich ist die prinzipiale Normenkontrolle gegeben bei Satzungen und Rechtsverordnungen nach dem BauGB (§ 47 I Nr. 1 VwGO). Gemeint sind nur Satzungen und Rechtsverordnungen, die auf der Grundlage des BauGB bzw. des BBauG und StBauFG ergingen, nicht dagegen nach § 173 II BBauG übergeleitete, auch unter der Geltung des BauGB noch gültige Bebauungspläne[12]. Nicht nachprüfbar sind weiter die in den Bebauungsplan nur nachrichtlich (§ 9 IV und VI BauGB) übernommenen Festsetzungen[13].

> Seit Einführung von § 47 I Nr. 1 VwGO haben etwa 90% aller Normenkontrollverfahren Bebauungspläne zum Gegenstand[14].

In Berlin, Hamburg und Bremen besteht die Besonderheit, daß die Form der Rechtsetzung an Stelle der Satzungen nach dem BauGB von den Ländern bestimmt werden kann, so daß beispielsweise Bebauungspläne als förmliche Gesetze ergehen können. Gegen solche förmlichen (!) Gesetze ist nach der

---

11) Hierzu *Sendler*, DVBl. 1982, 162 ff.; *Stich*, DVBl. 1982, 173 ff.; *Schlichter*, NJW 1985, 2446 ff.; *Eyermann*, UPR 1988, 361 ff.; *v. Oertzen*, DÖV 1988, 296 ff.; *Kopp*, NVwZ 1989, 234 ff.; *Grootehorst*, DVBl. 1989, 1176 ff.
12) BerlOVG v. 26. 10. 1979, ZfBR 1980, 51.
13) SaarlOVG v. 4. 12. 1981, NVwZ 1983, 42.
14) *Bickel*, NJW 1985, 2443.

dogmatisch fragwürdigen Ansicht des BVerfG ebenfalls das Normenkontrollverfahren nach § 47 VwGO eröffnet[15]).

Über die Einführung des Normenkontrollverfahrens im übrigen bestimmt weiterhin der Landesgesetzgeber (§ 47 I Nr. 2 VwGO). Uneingeschränkt eingeführt ist danach die verwaltungsgerichtliche Normenkontrolle in Baden-Württemberg (§ 5 AGVwGO), Bayern (Art. 5 AGVwGO); Bremen (Art. 7 AGVwGO); Hessen (§ 11 AGVwGO); Niedersachsen (§ 6 a AGVwGO) und Schleswig-Holstein (§ 5 a AGVwGO). Für Rheinland-Pfalz schränkt § 4 S. 2 AGVwGO die Normenkontrolle dahingehend ein, daß Handlungen eines Verfassungsorgans i. S. des Art. 130 I der Landesverfassung nicht angreifbar sind.

Gegenstand des Normenkontrollverfahrens sind ferner untergesetzliche *landesrechtliche* Rechtsvorschriften[16]). Hierzu zählen Rechtsverordnungen[17]), autonome Satzungen[18]), rechtsetzende Vereinbarungen[19]) und abgeleitetes Gewohnheitsrecht[20]). Aktuelle Bedeutung kommt in diesem Zusammenhang dem Rechtsschutz gegen die Landes- und Regionalplanung zu. Da sich die Planung den überkommenen Handlungsformen der Verwaltung nicht nahtlos einpassen läßt, bestand früher die Neigung, den Gemeinden — eine Rechtsbetroffenheit Privater scheidet ohnehin in aller Regel aus — den Rechtsschutz von vornherein zu versagen. Insbesondere lehnten es die Gerichte ab, Raumordnungspläne als Rechtsvorschriften zu qualifizieren[21]). Seit einigen Jahren zeichnet sich demgegenüber die Tendenz ab, Raumordnungspläne unmittelbarer gerichtlicher Kontrolle zu unterwerfen[22]). Die Lösungsansätze sind vielfältig. So werden beispielsweise Regionalpläne als allgemeine Verwaltungsvorschriften

---

15) Beschl. v. 14. 5. 1985, BVerfGE 70, 35 = DVBl. 1985, 1367 m. Anm. *Schenke* = JZ 1985, 2315 m. Anm. *Zuck* = JuS 1986, 310 *(Brodersen)*.
16) Greift der Gesetzgeber Regelungen der untergesetzlichen Normen auf ("Korrekturgesetz"), so wird die Normenkontrolle nach § 47 VwGO unzulässig; BayVGH v. 22. 12. 1982, BayVBl. 1983, 564.
17) Vgl. *RÖ*, § 47, 8 f.; zur Bestimmung zentraler Orte des Landesentwicklungsprogramms durch VO nach dem BayLplG vgl. BayVGH v. 18. 11. 1974, BayVBl. 1975, 168 m. Anm. *Meyer/Helbig*, a. a. O., S. 166 ff.
18) Insbes. Bebauungspläne (vgl. BWVGH v. 22. 7. 1966, ESVGH 17, 101; v. 13. 9. 1973, ESVGH 24, 90), für die die Normenkontrolle bundeseinheitlich vorgesehen ist. Bei Organisationsakten ist auf die äußere Erscheinungsform abzustellen; ergehen sie in Form einer Rechtsvorschrift, so kommt in den Ländern, die die Normenkontrolle über die bundeseinheitliche Regelung hinaus eingeführt haben, das Verfahren nach § 47 VwGO in Betracht, vgl. BayVGH v. 15. 3. 1978, BayVBl. 1980, 22; v. 11. 12. 1979, BayVBl. 1980, 209.
19) *EF*, § 47, 20.
20) *RÖ*, § 47, 11; *EF*, § 47, 19; a. A. *Ule*, S. 162.
21) Vgl. OVG Lüneburg v. 23. 11. 1973, OVGE 29, 429 = DVBl. 1973, 151, 457 m. Anm. *Körting;* hierzu auch *Löwer*, JuS 1975, 779 ff.
22) Zur Kontrolle von Abfallbeseitigungsplänen BVerwG v. 20. 12. 1988 – 7 NB 2/88 –, NVwZ 1989, 458 und – 7 NB 3/88 – NVwZ 1989, 461; hierzu *Weidemann*, NVwZ 1989, 1033 ff.

eingestuft, die gleichwohl mit der Normenkontrolle angreifbar seien[23]). Häufig qualifiziert man Raumordnungspläne als Rechtsnormen, obwohl es an den Voraussetzungen des Art. 80 GG oder der Satzungsgewalt der Planungsbehörden mangelt[24]). Der BayVGH hat einzelne Ziele der Raumordnung und Landesplanung, soweit sie generelle und abstrakte Regelungen mit Bindungswirkung enthalten, als landesrechtliche, im Range unter dem Gesetz stehende Rechtsvorschriften bezeichnet[25]). Auch das OVG Lüneburg erklärte mit Urt. v. 11. 4. 1986 − 6 OVG C 17/83 − ein Normenkontrollverfahren gegen das die Ziele der Raumordnung enthaltende Landes-Raumordnungsprogramm Niedersachsens − Teil II − für zulässig. Nun spricht in der Tat viel dafür, Landes- und Regionalpläne materiell als untergesetzliche Außenrechtsnormen zu verstehen. Auch dürfte die Normenkontrolle gem. § 47 I Nr. 2 VwGO eine angemessene Form direkter gerichtlicher Überprüfung solcher Pläne sein. Dennoch erscheint es problematisch, die Entscheidung der Landesgesetzgeber, solche Pläne nicht als Rechtsnormen auszugestalten, kurzerhand zu ignorieren. Die Festlegung von Zielen der Raumordnung und Landesplanung ist im übrigen auch dann mit der Garantie der kommunalen Selbstverwaltung vereinbar, wenn sie inhaltlich und verfahrensmäßig nicht auf einer konkreten gesetzlichen Grundlage beruht[26]), da die kommunale Planungshoheit nur im Rahmen der gesetzlichen Anpassungsklauseln, insbesondere des § 1 IV BauGB, besteht[27]). Berücksichtigt man weiter, daß in Nordrhein-Westfalen das Normenkontrollverfahren nicht in Betracht kommt, so überzeugt die extensive Handhabung des Normenkontrollverfahrens in den anderen Ländern ebensowenig wie die überwundene Ausweitung des VA-Begriffs. Die auch für allgemeine Verwaltungsvorschriften vertretene Leistungsklage auf Aufhebung[28]) erweist sich wiederum als Umweg, der sich erübrigt, wenn man die allgemeine Gestaltungsklage für zulässig hält[29]).

---

23) So *Löhr*, DVBl. 1980, 13 ff. (14 ff); *Schmidt-Aßmann*, DÖV 1981, 237 ff. (245); *Weidemann*, DVBl. 1984, 767 ff. (770), vgl. auch BVerwG v. 15. 3. 1989, NVwZ 1989, 654.
24) Einzelheiten bei *Blümel/Ronellenfitsch/Bambey*, Rechtsgutachten zu Fragen der Braunkohlenplanung im Rheinischen Braunkohlengebiet (n. v.) 1984, S. 69 ff.
25) Urt. v. 30. 3. 1982, BayVBl. 1982, 726.
26) Anderer Ansicht BremStGH v. 22. 8. 1983, DVBl. 1983, 1144.
27) Richtig *Bielenberg*, DÖV 1969, 376 ff.
28) So *Schenke*, DÖV 1979, 622 ff. (626).
29) Vgl. oben § 9 Rdnr. 2 ff.

2. Vorbehaltsklausel

Das Verfahren nach § 47 VwGO ist nur im Rahmen der *Verwaltungsgerichtsbarkeit* möglich[30]).

10

Die Vorbehaltsklausel des früheren § 47 VwGO („soweit nicht gesetzlich vorgesehen ist, daß die Rechtsvorschrift durch ein Verfassungsgericht nachprüfbar ist") führte zu zahlreichen Kontroversen und abweichenden Entscheidungen der Oberverwaltungsgerichte. Umstritten war, ob es sich bei dem Vorbehalt der verfassungsgerichtlichen Kontrolle um eine Zulässigkeitsvoraussetzung der Normenkontrolle nach § 47 VwGO[31]) oder um eine Beschränkung des Prüfungsmaßstabs handelte[32]). Gegensätzliche Auffassungen wurden weiter zur Frage vertreten, ob bereits die objektive (von der Person des Antragstellers unabhängige) Möglichkeit einer verfassungsgerichtlichen Normenkontrolle dem Verfahren nach § 47 VwGO entgegensteht (*abstrakte Betrachtungsweise*)[33]) oder ob dies nur gilt, wenn der Antragsteller selbst die Nachprüfung der beanstandeten Norm durch ein Verfassungsgericht erreichen kann (*konkrete Betrachtungsweise*)[34]). Von der jeweiligen Betrachtungsweise hing die Bestimmung des Prüfungsmaßstabs bei der Normenkontrolle ab. Die Anhänger der abstrakten Betrachtungsweise erkannten als Prüfungsmaßstab nur die Landesverfassung und die Landesgesetze an[35]). Die Oberverwaltungsgerichte, die der konkreten Betrachtungsweise folgten, gelangten zu sehr unterschiedlichen Ergebnissen[36]).

§ 47 III VwGO, der an die Stelle der umstrittenen Vorbehaltsklausel getreten ist, folgt der *konkreten Betrachtungsweise*. Maßstab der Normenkontrolle ist auch das Bundesrecht einschließlich des Verfassungsrechts und der Grund-

11

---

30) Hierzu BWVGH v. 16. 8. 1978, DÖV 1978, 848; OVG Lüneburg v. 24. 10. 1979, DVBl. 1980, 369.
31) BayVGH v. 16. 11. 1961, BayVBl. 1962, 57; v. 5. 7. 1977; *EF*, § 47, 8.
32) HessVGH v. 28. 11. 1968, NJW 1969, 1733; vgl. aber HessVGH v. 28. 11. 1973, ESVGH 24, 45; vgl. auch *Kopp*, § 47, 36.
33) BremOVG v. 9. 1. 1970, NJW 1970, 1970, 877.
34) HessVGH v. 9. 4. 1973, ESVGH 23, 177; v. 28. 11. 1973, ESVGH 24, 45; v. 28. 9. 1976, DVBl. 1977, 216; BayVGH v. 11. 1. 1967, BayVBl. 1967, 319; OVG Lüneburg v. 9. 7. 1969, NJW 1969, 2219.
35) BremOVG v. 9. 1. 1970, NJW 1970, 877.
36) Vgl. Fußnote 34.

rechte[37]), soweit nicht eine ausschließliche Zuständigkeit eines Landesverfassungsgerichts besteht[38]).

12 Neben der vom Gesetzgeber bezweckten Bereinigung des Streits um die jeweilige Betrachtungsweise trägt § 47 V und VII VwGO zur Rechtsvereinheitlichung bei, weil damit die *Zuständigkeit des BVerwG* im Normenkontrollverfahren eröffnet ist.

Die Vorschrift ist so zu verstehen, daß das OVG (VGH) verpflichtet ist, die Sache unter Begründung seiner Rechtsauffassung dem BVerwG zur Entscheidung vorzulegen, wenn die Rechtssache grundsätzliche Bedeutung hat oder das OVG (VGH) von der Entscheidung eines anderen OVG (VGH), des BVerwG oder des Gemeinsamen Senats der Obersten Gerichtshöfe des Bundes abweichen will[39]). Dem Gewicht einer Entscheidung nach § 47 VwGO entsprechend entscheidet das BVerwG in der Besetzung von fünf Richtern[40]). Über die Beschwerde nach § 47 VII 1 VwGO entscheidet das BVerwG dagegen in der Besetzung von drei Richtern[41]).

---

37) So bereits früher OVG Lüneburg v. 24. 6. 1966, DVBl. 1966, 760; BWVGH v. 25. 6. 1968, ESVGH 19, 18 und v. 20. 6. 1968, ESVGH 19, 124 (Bundesrecht als Prüfungsmaßstab); a. A. BayVGH v. 7. 7. 1972, NJW 1972, 2149; BWVGH v. 30. 12. 1971, ESVGH 22, 180 (Grundrechte). Vgl. auch *Schenk*, DVBl. 1976, 198 ff. (203); m. w. N. Kritisch de lege lata *Pestalozza*, NJW 1978, 1782 ff. (1786 f.)
38) Die Überprüfung von Normen am Maßstab der jeweiligen Landesverfassung – in Bayern etwa im Rahmen einer Popularklage nach Art. 98 S. 4 BV – bleibt Angelegenheit der Verfassungsgerichte der Länder; BayVerfGH v. 10. 2. 1983, BayVBl. 1983, 303. Sieht das Landesrecht eine Prüfungskompetenz des Landesverfassungsgerichts vor und gewährleistet die Landesverfassung zudem Grundrechte, so besteht eine ausschließliche Verwerfungs- *und* Prüfungskompetenz des Verfassungsgerichts; vgl. BayVerfGH v. 23. 3. 1984, BayVBl. 1984, 460; a. A. *SG*, S. 239 m. w. N. HessVGH v. 10. 9. 1980, ESVGH 31, 1 lehnt die verwaltungsgerichtliche Normenkontrolle sogar im Hinblick auf Bundesgrundrechte, soweit für inhaltsgleiche Landesgrundrechte eine ausschließliche Nachprüfung durch das Landesverfassungsgericht vorgesehen ist; hiergegen *Sachs*, BayVBl. 1982, 396 ff.
39) BWVGH v. 16. 3. 1979, DÖV 1979, 528.
40) Vgl. BVerwG v. 14. 7. 1978, BVerwGE 56, 172; v. 2. 10. 1979, BayVBl. 1980, 26 v. 8. 12. 1987, NVwZ 1988, 726. Zur Besetzung des OVG (VGH) bei der Vorlageentscheidung BVerwG v. 18. 9. 1987, NVwZ 1988, 726.
41) BVerwG v. 8. 12. 1987, NVwZ 1988, 726.

§ 13 Ordnungsgemäßheit der Klageerhebung und Antragstellung

I. Allgemeines

Mit den formellen Voraussetzungen einer wirksamen Klageerhebung befassen sich die §§ 81 und 82 VwGO. Im Normenkontrollverfahren und in den Verfahren zur Erlangung vorläufigen Rechtsschutzes gelten diese Vorschriften entsprechend. § 81 VwGO regelt die zwingenden Formvorschriften, § 82 VwGO die Voraussetzungen der Klage[1]). Der mangelhafte Inhalt einer Klageschrift kann nachträglich ergänzt werden (§ 82 II VwGO)[2]). Der Verstoß gegen die Anforderungen des § 81 VwGO ist dagegen nicht heilbar[3]). Anders als nach § 253 ZPO gehört die Zustellung der Klageschrift an den Beklagten nicht zur Klageerhebung.

II. Form

Die Klage ist *schriftlich*, d. h. durch Einreichung eines Schriftsatzes, bei Gericht zu erheben. Beim VG kann sie auch zur Niederschrift des Urkundsbeamten der Geschäftsstelle (§ 13 VwGO) erhoben werden. Nach verbreiteter Ansicht soll die Klageerhebung zur Niederschrift des Urkundsbeamten auch beim OVG möglich sein[4]). Dem steht jedoch der eindeutige Wortlaut des § 81 I VwGO entgegen. Insbesondere im Normenkontrollverfahren muß der Antrag schriftlich gestellt werden[5]).

Die Klageschrift ist ein bestimmender Schriftsatz (vgl. § 129 ZPO) und bedarf der *eigenhändigen* Unterschrift des Klägers oder seines Prozeßbevollmächtigten[6]).

---

1) Eine schlichte Verweisung „auf die Erfordernisse des § 82 I VwGO" im VA oder Widerspruchsbescheid ohne inhaltliche Darlegung dieser Erfordernisse ist noch keine Rechtsbehelfsbelehrung. Die Rechtsbehelfsbelehrung „fehlt" i. S. v. § 58 II VwGO. HessVGH v. 18. 9. 1985, AnwBl. 1986, 355 geht von einer „unrichtigen" Rechtsbehelfsbelehrung aus.
2) Kommen nach dem Inhalt der Klageschrift mehrere Personen aus einem eingegrenzten Kreis als Kläger in Betracht, so muß auf Grund richterlicher Verfügung nach § 82 II VwGO geklärt werden, wer Kläger sein soll. Ein Urteil gegen eine Person, deren Klägereigenschaft auf diese Weise zu verneinen ist, ist wirkungslos; BWVGH v. 20. 1. 1986, VBlBW 1986, 379.
3) BVerwG v. 27. 10. 1961, BVerwGE 13, 141; v. 9. 11. 1967, Buchholz 310 § 82 Nr. 7.
4) *Kopp*, § 81, 12; *SDC*, § 81, 1 d.
5) Zutreffend *EF*, § 47, 33; offengelassen BayVGH v. 8. 9. 1983, BayVBl. 1984, 117.
6) BFH v. 29. 7. 1969, JZ 1970, 254 und v. 20. 2. 1970, JZ 1970, 654, jew. m. Anm. *Vollkommer* sowie v. 5. 11. 1973, BFHE 111, 278; ferner BVerwG v. 26. 8. 1983, BayVBl. 1984, 251 und v. 29. 6. 1984, Buchholz 310 § VwGO Nr. 11, hierzu *Willms*, NVwZ 1987, 479 ff.. Zu weitgehend OLG Saarbrücken v. 20. 11. 1969, NJW 1970, 434, 1051 m. Anm. *Vollkommer* und *Brandenburg*. Nach GmS-OGB v. 30. 4. 1979, BGHZ 75, 340 (126) findet § 126 BGB keine Anwendung.

Vom Merkmal der Eigenhändigkeit läßt die Rechtsprechung in begrenztem Umfang *Ausnahmen* zu, wenn ohne Rückfrage oder Beweiserhebung gesichert ist, daß die Klageschrift von der als Verfasser angegebenen Person stammt und mit ihrem Wissen und Wollen in den Verkehr gelangt ist. So genügt eine vervielfältigte Unterschrift[7]) ebenso wie die Einreichung einer Fotokopie der eigenhändig unterschriebenen Klageschrift in einem Briefumschlag mit handschriftlicher Absenderangabe[8]) für eine wirksame Klageerhebung. Die Unterschrift muß von einer natürlichen Person stammen[9]) und einen individuellen Bezug auf den Namen des Unterzeichners erkennen lassen[10]).

Die Unterschrift braucht nicht lesbar zu sein; eine gekrümmte Linie ist jedoch auch bei Anerkenntnis der Unterschrift unzureichend[11]). Bei Körperschaften und Anstalten des öffentlichen Rechts sowie Behörden, die selbst vor Gericht auftreten können, genügt es, wenn der in Maschinenschrift wiedergegebene Name des Verfassers mit einem Beglaubigungsvermerk versehen ist[12]).

4   Die Klage kann auch *fernschriftlich*[13]) oder durch *Telegramm* erhoben werden[14]). Es muß dann aber entweder das Aufgabetelegramm unterschrieben sein oder das telefonisch aufgegebene Telegramm mit dem Namen des Klägers oder seines Prozeßbevollmächtigten schließen[15]). Ähnliches gilt für die neueren technischen Übertragungssysteme des *Fernkopierens* einer Vorlage. Danach kann eine Klage erhoben werden entweder durch Telebrief (Fernkopie an die nächstgelegene Postanstalt, die die Kopie per Eilboten noch am gleichen Tag überbringt) oder durch direkte Telefax-Übermittlung zum Empfangsgerät des Gerichts[16]). Die Fernkopie muß dabei nicht von einem Fernkopieranschluß der Bundespost, des Klägers oder seines Prozeßbevollmächtigten aus gesendet werden; ausreichend ist auch die Verwendung des Privatanschlusses eines Dritten[17]). Das Erfordernis der Unterschrift zur Identifizierung des Urhebers der Fernkopie bleibt aber unvermindert bestehen, zumal sich bei einer Fernko-

---

7) BVerwG v. 25. 11. 1970, BVerwGE 36, 296; v. 26. 6. 1980, Buchholz 310 § 81 VwGO Nr. 8, S. 12 f.
8) BVerwG v. 7. 11. 1973, VerwRspr. 26, 252.
9) OVG Lüneburg v. 17. 1. 1972, OVGE 28, 361; BFH v. 24. 7. 1973, BFHE 110, 232.
10) BVerwG v. 23. 8. 1970, BVerwGE 43, 113.
11) BGH v. 21. 3. 1974, NJW 1974, 1090; vgl. aber auch BayVerfGH v. 18. 7. 1975, VGHE 28 II, 138.
12) GmS-OGB, BGHZ 75, 340.
13) OVG Lüneburg v. 17. 1. 1962, VerwRspr. 24, 369. Der Eingang des Fernschreibens außerhalb der Dienststunden in der nicht besetzten Fernschreibanlage des Gerichts wahrte nach BGH v. 15. 4. 1975, BGHZ 65, 10 etwaige Fristen nicht. Auf die Klageeinlegung per Telefax dürfte sich diese Rechtsprechung nicht mehr übertragen lassen. Hierzu weiteres im Text.
14) Bereits der GS des RG ging im Beschl. v. 28. 11. 1932, RGZ 139, 45 von einem Gewohnheitsrecht aus; vgl. ferner BVerfG v. 15. 1. 1974, BVerfGE 36, 298 (304); v. 11. 2. 1987, BVerfGE 74, 228 (235); BAG v. 1. 7. 1971, NJW 1971, 2190; BGH v. 21. 3. 1974, NJW 1974, 1090.
15) Vgl. RÖ, § 81, 3.
16) Vgl. BVerwG v. 26. 1. 1983 – 8 B 17.82 –, v. 17. 1. 1989, NVwZ 1989, 673; BFH v. 10. 3. 1982, BFHE 136, 38 (41); BAG v. 24. 9. 1986, BAG 53, 105 (107); BGH v. 28. 2. 1983, BGHZ 87, 63 (65); BWVGH v. 29. 7. 1985, VBlBW 1986, 102.
17) BAG v. 14. 3. 1989, NJW 1989, 1822.

pie die eigenhändige Unterschrift durch das Empfangsgerät ohne weiteres reproduzieren läßt[18]).

Anders als bei den vorstehend behandelten Ausnahmen lehnt die Rechtsprechung die Zulässigkeit einer *telefonischen* Klageeinlegung zu Protokoll überwiegend selbst dann ab, wenn die Klage vom Urkundsbeamten wörtlich niedergeschrieben, vorgelesen und vom Anrufer genehmigt wird[19]). Dem ist beizupflichten, da sich telefonisch die Identität des Klägers nicht mit Gewißheit klären läßt. Vergleichbar ist die Situation, wenn beim Telebrief ein privater Bote zwischengeschaltet wird. Auch hier ist nicht sicher, daß die Weiterleitung der Klage an das Gericht dem Willen des Urhebers entspricht[20]).

III. Inhalt

Die Klage hat einen notwendigen und einen durch Sollvorschrift geforderten Inhalt. Mängel des Klageinhalts können geheilt werden. Das Gericht hat auf die Heilung hinzuwirken (§§ 82 II, 86 III, 91 I VwGO). Die Verpflichtung des Gerichts, auf einen sachdienlichen Antrag hinzuwirken, umfaßt auch eine Formulierungshilfe, die regelmäßig in einer mündlichen Verhandlung erteilt werden muß[21]).

Zum Mindestinhalt der Klage gehören die Bezeichnung des Klägers, des Beklagten und des Streitgegenstandes. Zur *Bezeichnung des Klägers* genügen die Angabe des Namens und der ladungsfähigen Anschrift[22]).

Zur *Bezeichnung des Beklagten* genügt bei Anfechtungs- und Verpflichtungsklagen die Angabe der Behörde, die den angefochtenen VA erlassen oder den beantragten VA abgelehnt oder unterlassen hat (§ 78 I VwGO). Wurde der falsche Beklagte bezeichnet, so ist eine Berichtigung nur durch Klageänderung (Parteiwechsel) möglich[23]). Nach einer verbreiteten Ansicht berührt bei fristgebundenen Klagen ein derartiger Parteiwechsel die Klagefrist nicht[24]). Dem ist nicht zuzustimmen. Formalien sind nicht Selbstzweck. Für die Klagefrist ist

---

18) Vgl. BVerwG v. 29. 8. 1983, NVwZ 1985, 34; v. 13. 2. 1987, BayVBl. 1987, 406; BWVGH v. 21. 11. 1988, VBlBW 1989, 208.
19) BVerwG v. 22. 11. 1963, BVerwGE 17, 166; BayVGH v. 11. 2. 1971, BayVBl. 1971, 238; ebenso für die Berufung in Strafsachen BGH v. 26. 3. 1981, MDR 1981, 396.
20) BGH v. 5. 2. 1981, BGHZ 79, 314 (318).
21) Die Äußerungen von Bedenken gegen den gewählten Antrag reicht nicht aus, vgl. BVerwG v. 9. 11. 1976, DÖV 1977, 334. In *Examensarbeiten* darf regelmäßig eine entsprechende Anregung des Gerichts und ihre Befolgung durch den Kläger unterstellt werden.
22) HessVGH v. 21. 12. 1988, NJW 1990, 138 (für das Verfahren nach § 123 VwGO). Zu den Umständen, unter denen bei Fehlen der Bezeichnung des Klägers in der Klageschrift dieses Erfordernis auch nach Ablauf der Klagefrist nachgeholt werden kann BVerwG v. 5. 5. 1982, DVBl. 1982, 1000.
23) *Fliegauf*, DVBl. 1968, 664 ff.
24) BWVGH v. 21. 5. 1963, DVBl. 1964, 154 mit zust. Anm. *Ule*.

der Zeitpunkt der Klageerhebung maßgeblich, und bei Bezeichnung des falschen Beklagten ist nun einmal die Klage noch nicht erhoben[25]). Bei Feststellungsklagen und allgemeinen Leistungsklagen sind die Bundesrepublik, das Land oder eine Körperschaft, Anstalt oder Stiftung aufzuführen, wenn nicht ein Land von der Befugnis des § 61 Nr. 3 VwGO Gebrauch gemacht hat[26]).
Durch die *Bezeichnung des Streitgegenstandes* individualisiert der Kläger den Rechtsstreit. Aufgabe des Gerichts ist es sodann, diesen Streitgegenstand für die Beteiligten rechtlich verbindlich zu identifizieren[27]). Aus dieser Arbeitsteilung folgt, daß für die Bezeichnung des Streitgegenstandes die Aufgabe des angefochtenen oder angestrebten VA oder des Rechtsverhältnisses, dessen Bestehen oder Nichtbestehen der Kläger festzustellen begehrt, ausreichend ist. Bei Leistungsklagen muß die Forderung durch kurze Angabe des Rechtsgrundes und Sachverhalts, aus dem sie sich ergeben soll, bestimmt werden.

8   Die Klage soll einen bestimmten Antrag enthalten und die zur Begründung dienenden Tatsachen und Beweismittel angeben; ferner sollen bei Anfechtungs- und Verpflichtungsklagen der angefochtene VA und der etwaige Widerspruchsbescheid in Urschrift oder in Abschrift beigefügt werden. Die Bestimmtheit des Antrags bezieht sich auf die begehrte Entscheidungsformel, die vollstreckungsfähig sein muß, falls eine Vollstreckung notwendig werden sollte. Bei Stattgabe stellt die Entscheidung nämlich die Antwort auf das Begehren des Klägers dar. Der bestimmte Antrag ist auch erforderlich, damit das Gericht nicht einerseits entgegen § 88 VwGO mehr zuerkennt, als der Kläger begehrt, und andererseits das Begehren des Klägers voll ausschöpft (vgl. § 120 VwGO).

9   Der Antrag geht bei der Anfechtungsklage auf vollständige oder teilweise Aufhebung des VA (in der Gestalt des Widerspruchsbescheids, § 79 I Nr. 1 VwGO) oder des Widerspruchsbescheids (§ 79 I Nr. 2, II VwGO), bei der Verpflichtungsklage auf Erlaß des beantragten oder unterlassenen VA (§ 42 I VwGO)[28]) bzw. auf Bescheidung (§ 113 IV), bei der Untätigkeitsklage (§ 75 VwGO) auf Verpflichtung oder Bescheidung, bei der Feststellungsklage auf Feststellung des Bestehens oder Nichtbestehens des bestrittenen Rechtsverhältnisses oder der Nichtigkeit des VA (§ 43 I VwGO) und bei der Leistungsklage auf Verurteilung des Beklagten zur begehrten Leistung. Vom prozessualen Antrag zu unterscheiden ist der Antrag im Verwaltungsverfahren. Bei auf

---

25) *Jaekel,* DÖV 1985, 479 ff.
26) Vgl. *Ule,* S. 221; *RÖ,* § 82, 2; a. A. *Kopp,* § 82, 5. Zur Lage in Bad.-Württ. *Wahl,* VBlBW 1984, 123 ff.
27) *Barbey,* in: Festschr. Menger, S. 177 ff.
28) Bei der Versagungsgegenklage ist ein Aufhebungsantrag bezüglich der ablehnenden Bescheide üblich, aber nicht erforderlich, wenn man der h. M. folgt, wonach das Leistungsbegehren der Verpflichtungsklage die Anfechtung der Leistungsversagung einschließt, vgl. BVerwG v. 21. 5. 1976, DVBl. 1976, 779; *Kopp,* § 42, 20; a. A. *SDC,* § 42, 3 a bb.

Schadensersatz oder Folgenbeseitigung gerichteten Leistungsklagen ist ein vorheriger Antrag an die Behörde Klagevoraussetzung[29]). Da der Klageantrag nur ein Sollerfordernis der Klage ist, wird die Klage selbst dann nicht unzulässig, wenn der Antrag trotz Aufforderung des Gerichts bis zum Schluß der mündlichen Verhandlung oder – bei Verzicht auf mündliche Verhandlung – bis zur Herausgabe der Entscheidung nicht gestellt wird[30]).

---

29) Vgl. BVerwG v. 4. 11. 1976, DVBl. 1978, 608.
30) BFH – GrS – v. 26. 11. 1979, NJW 1980, 1415; VG Saarlouis v. 31. 8. 1982, RdE 1983, 50 (53).

§ 14 Klage- und Antragsbefugnis (Allgemein)

I. Subjektiver Rechtsschutz

1. Konzeption der VwGO

1   Nach § 42 II VwGO sind Anfechtungs- und Verpflichtungsklagen regelmäßig[1]) nur zulässig, wenn der Kläger geltend macht, durch den VA oder seine Ablehnung oder Unterlassung in *seinen Rechten* verletzt zu sein. Zweck der Regelung ist, vereinfachend ausgedrückt, der Ausschluß von Popularklagen[2]). Der Rechtsgedanke des § 42 II VwGO findet daher ebenso auf die allgemeine Leistungsklage[3]) sowie die Gestaltungsklagen und Feststellungsklagen[4]) Anwendung. Selbst die Antragsbefugnis im verwaltungsgerichtlichen Normenkontrollverfahren macht entgegen der vorherrschenden Auffassung keine Ausnahme[5]). Von der Klagebefugnis hängt ferner die Antragsbefugnis nach § 80 V VwGO ab[6]). Da der Rechtsgedanke des § 42 II VwGO erweiternd auf alle Klage- und Antragsarten übertragen wurde, ist es nur konsequent, eine der Klagebefugnis entsprechende Antragsbefugnis in allen Verfahren nach § 123 VwGO zu fordern, d. h. nicht nur wenn der einstweilige Erlaß eines VA begehrt wird[7]).

2. Ausschluß von Popularklagen

2   Durch die Formel „Ausschluß von Popularklagen" wird das Ergebnis einer langwierigen Auseinandersetzung um die *Funktion der Verwaltungsgerichtsbarkeit* auf einen griffigen Nenner gebracht. Die deutsche Verwaltungsgerichts-

---

1) Das heißt, „soweit gesetzlich nichts anderes bestimmt ist"; hierzu Rdnrn. 26 ff.
2) BVerwG v. 6. 10. 1964, BVerwGE 19, 269; NWOVG v. 10. 11. 1988, NVwZ-RR 1989, 638. Nach OLG Frankfurt v. 6. 3. 1979, NJW 1979, 1613 beruht die Regelung zugleich auf dem allgemeinen prozeßrechtlichen Schikaneverbot. Das ist unzutreffend. Das prozeßrechtliche Schikaneverbot betrifft das Rechtsschutzinteresse, das mit der Klagebefugnis nicht vermengt werden darf. Zur dogmatischen Einordnung der Klagebefugnis vgl. *Grunsky*, S. 271 ff. u. vor allem *Skouris*, der bei der Anfechtungslegitimation zwischen der Popular-, Interessenten- und Verletztenklage unterscheidet (S. 7 ff.); s. auch *Neumeyer*, passim; *Achterberg*, DVBl. 1981, 278 ff.
3) BVerwG v. 17. 1. 1980, MDR 1980, 782 (783); v. 12. 9. 1980, NJW 1981, 2075; a. A. *Achterberg*, DVBl. 1981, 278 ff.
4) Vgl. RhPfOVG v. 24. 9. 1975, AS 14, 79; v. 15. 7. 1981, NJW 1982, 1301 = JuS 1982, 469 (*Selmer*); v. 2. 2. 1982, NVwZ 1983, 303. Zur Nichtigkeitsfeststellung BVerwG v. 9. 12. 1981, NJW 1982, 2205. Bei der Fortsetzungsfeststellungsklage muß die „Eingangsklage" im Zeitpunkt der Erledigung zulässig gewesen sein; vgl. BVerwG v. 17. 11. 1980, BayVBl. 1982, 151; v. 22. 12. 1981, DÖV 1989, 600.
5) Vgl. unten Rdnrn. 15 ff.
6) BWVGH v. 3. 9. 1974, BWVPr. 1974, 252; BayVGH v. 2. 2. 1976, BayVBl. 1976, 239; RhPfOVG v. 9. 6. 1976, et 1976, 539.
7) Mit dieser Einschränkung ebenso *Kopp*, § 123, 23.

barkeit diente in ihrer historischen Entwicklung verschiedenen Zwecken. In den einschlägigen Darstellungen wird in diesem Zusammenhang regelmäßig das preußische Modell der *objektiven Rechtskontrolle* dem namentlich in Württemberg entwickelten *subjektiven Rechtsschutz* gegenübergestellt. Dem folgt dann häufig die Aussage, daß sich Art. 19 IV GG zugunsten des Individualrechtsschutzes entschieden habe[8]). Gerade die historischen Modelle zeigen aber bei näherer Betrachtung, daß sich objektive Rechtskontrolle und subjektiver Rechtsschutz in der Praxis häufig nur schwer trennen lassen. Verantwortlich hierfür dürften auch begriffliche Unklarheiten sein. Bei der objektiven Rechtskontrolle wird geprüft, ob die Verwaltung gegen den Grundsatz der Gesetzmäßigkeit der Verwaltung verstoßen hat. Welche Rechtsnormen verletzt sein könnten, ist dabei unerheblich. Anders beim Individualrechtsschutz: Relevant ist nur der Verstoß gegen Rechtsnormen, die dem Individualschutz dienen. Individuelle Rechte sind einem Rechtssubjekt zugeordnet, wobei auch ein Kollektiv das Rechtssubjekt sein kann. Das Rechtssubjekt hat die Verletzung *eigener* („seiner"), nicht jedoch fremder Rechte zu rügen. Schwierigkeiten entstehen nun dadurch, daß dem Gesetzmäßigkeitsgrundsatz gelegentlich – insbesondere auf dem Gebiet des Umweltschutzes – überhaupt keine subjektiven Rechte korrespondieren. Dann besteht für manche die Neigung, sich zum Wahrer des Allgemeininteresses (nicht kollektiver subjektiver Rechte) zu bestellen, eben eine Popularklage zu erheben. In Wahrheit geht es denjenigen, die solche Popularklagen erheben, jedoch nicht um die Einhaltung des Grundsatzes der Gesetzmäßigkeit der Verwaltung. Vielmehr soll der Vorrang partikulärer Belange durchgefochten werden; die Grenzen zur Interessendurchsetzung verfließen. Ist aber schon die Trennung von subjektiven Rechten und objektivem Recht schwierig, so erweist sich die Trennung von *Individualinteressen* und Interessen der Allgemeinheit als undurchführbar. Deshalb darf nie vergessen werden, daß § 42 II VwGO nur individuellen *Rechtsschutz* gewährt.

Ausschluß der Popularklage bedeutet somit, daß nur die Verletzung eigener (nicht: fremder) Rechte (nicht: eigener oder fremder Interessen) gerügt werden kann.

3. Innenrechtsstreit

a) Grundsätze

Die Unterscheidung von Außenverhältnis (Staat/Bürger) und Innenverhältnis ist vielfach zu grob, um alle rechtlich relevanten Konfliktsfälle zu erfassen.

---

8) Vgl. nur *Krebs,* Festschr. f. Menger, S. 191 ff.

Auch wenn die Verwaltung in der Bundesrepublik nur als funktionelle Einheit zu begreifen ist[9]) und die in den frühen 70er Jahren populären Angriffe gegen das hierarchische Prinzip (zunächst einmal) abgeschlagen werden konnten[10]), so ist es doch eine banale Erkenntnis, daß in der Bundesrepublik eine äußerst vielfältige und differenzierte Verwaltungsorganisation besteht, die nach einer rechtlichen Ordnung auch des staatlichen Binnenbereichs verlangt. Rechtliche Ordnung bedeutet die Möglichkeit rechtlicher Auseinandersetzungen. Oft richten sich Maßnahmen staatlicher Instanzen (i. w. S.) *unmittelbar* gegen andere staatliche Instanzen, d. h. gegen andere Subjekte der Staatsgewalt. Erinnert sei nur an die Problematik der Polizeipflicht von Hoheitsträgern[11]) oder an Aufsichtsmaßnahmen gegen öffentlich-rechtliche Körperschaften[12]). Hierbei handelt es sich um *intersubjektive Streitigkeiten*. Von den intersubjektiven Streitigkeiten zu unterscheiden sind Streitigkeiten, die sich innerhalb desselben Trägers der Staatsgewalt abspielen (*intrasubjektive Streitigkeiten*). Hauptbeispiel sind die Organstreitigkeiten, deren wichtigste Formen bereits erwähnt wurden[13]). Noch häufiger sind die Fälle, in denen nach außen gerichtete Maßnahmen *zugleich* den staatlichen Innenbereich (einschließlich der Selbstverwaltungskörperschaften) berühren. So können etwa eine Baugenehmigung oder ein Planfeststellungsbeschluß der Planungskonzeption einer Gemeinde zuwiderlaufen. Oder ein landesweiter Numerus clausus begünstigt bestimmte Universitäten zu Lasten anderer. Immer stellt sich dann die Frage nach dem Rechtsschutz, genauer nach den eigenen Rechten, deren Verletzung von staatlichen Instanzen geltend gemacht werden müßte. Ob staatlichen Instanzen gegen andere staatliche Instanzen eigene *Rechte* zustehen können, erscheint zweifelhaft. Das subjektive öffentliche Recht jedenfalls ist auf Zivilpersonen zugeschnitten. Die Annahme subjektiver öffentlicher Rechte des Staates[14]) ist als Rückfall in die vorstaatliche Epoche der landesherrlichen Hoheitsrechte abzulehnen. Wie die Grundrechte, richten sich ganz allgemein die subjektiven öffentlichen Rechte gegen den Staat und nicht umgekehrt gegen den Bürger (Konfusionsargument)[15]). Wie bei den Grundrechten gilt aber, daß sich juristische Personen des öffentlichen Rechts auf solche Rechtspositionen berufen können, die ihnen ausdrücklich zugewiesen wurden und die sie inso-

---

9) *Forsthoff*, S. 16; *Oldiges*, NVwZ 1987, 737 ff. (738); *Wendt*, NWVwBl. 1987, 33 ff. (34).
10) Zur Einheit der Verwaltung *Bryde* und *Haverkate*, VVDStRL 46 (1988), 181 ff., 217 ff.; ferner *Oebecke*, DVBl. 1987, 866 ff.; *Schuppert*, DÖV 1987, 757 ff.; *Sachs*, NJW 1987, 2338 ff.
11) Hierzu nur *Martens*, in: Drews/Wacke/Vogel/Martens, Gefahrenabwehr, 9. Aufl. 1986, S. 240 ff., 294 f.
12) Vgl. BVerwG v. 9. 7. 1964, BVerwGE 19, 121; v. 21. 6. 1974, BVerwGE 45, 207 (211); StBL, § 35, 87.
13) Vgl. oben § 7 Rdnr. 12.
14) So *Bauer*, DVBl. 1986, 208 mit Erwiderung *Bleckmann* und *Duplik*, S. 666 ff. Zutreffend demgegenüber *Forsthoff*, S. 452.
15) Vgl. *Ronellenfitsch*, JuS 1983, 594 ff.

weit vom Staat distanzieren. Solche Rechtspositionen vermitteln *neben* den subjektiven öffentlichen Rechten eigene „Rechte" i. S. des § 42 II VwGO[16]). Mit den Kriterien der *speziellen Zuordnung* und *Staatsdistanz* lassen sich die aufgeführten Fälle des Innenrechtsstreits lösen.

b) Anwendungsfälle

Polizeiliche Maßnahmen gegen Behörden des eigenen oder eines fremden Verwaltungsträgers sind richtiger Ansicht nach unzulässig und unbeachtlich. Rechtsschutz gegen derartige Kompetenzanmaßungen erübrigt sich in aller Regel. Folgt man indessen der Mindermeinung, die polizeiliche Maßnahmen auch gegen Hoheitsträger für zulässig hält[17]), so ist die Klagebefugnis jedenfalls der fremden Verwaltungsträger zu bejahen, weil diese vom Staat distanziert, gleichsam wie Bürger behandelt werden.

4

Aufsichtsstreitigkeiten zwischen Selbstverwaltungskörperschaften und Aufsichtsorganen der unmittelbaren Staatsverwaltung stellen ihrer Struktur nach einen Außenrechtsstreit dar[18]). Die Staatsdistanz ist hier evident. Die Klagebefugnis ergibt sich schon daraus, daß die Selbstverwaltungskörperschaften Adressat der belastenden Aufsichtsmaßnahmen sind, deren Rechtswidrigkeit geltend gemacht wird.

5

Auch der *Organstreit* dient ausschließlich dem Individualrechtsschutz[19]). Subjektiv-öffentliche Rechte der Organe oder Organteile bestehen zwar nicht[20]), die organschaftlichen − persönlichen und funktionalen − Rechte sind aber den subjektiven öffentlichen Rechten angenähert. Ob dabei diese Rechte als eigene Mitgliedschaftsrechte geltend gemacht werden[21]) oder ob man die dogmatisch bestechende, jedoch umständliche Konstruktion einer „organschaftlichen Prozeßstandschaft"[22]) wählt − die ganze Bandbreite der Organstreitigkeiten schöpft wohl nur die Kombination beider Ansätze aus −, kann letztlich

6

---

16) *Kopp*, § 42, 44.
17) Vgl. etwa *Rudolf*, Polizei gegen Hoheitsträger, 1965, S. 24 ff.; ferner W. *Wagner*, Die Polizeipflicht von Hoheitsträgern, 1971; *Schönfelder*, Polizeiliche Eingriffe gegen Hoheitsträger, Diss. Frankfurt/M. 1969; *Schultes*, Die Polizeipflicht von Hoheitsträgern, Diss. Tübingen 1984.
18) *Fehrmann*, DÖV 1983, 311 ff. (317).
19) RhPfOVG v. 29. 8. 1984, DÖV 1985, 155; hierzu *Schröder*, NVwZ 1985, 246 ff.; SaarlOVG v. 29. 11. 1985, NVwZ 1987, 914 (915 f.); *Fehrmann*, NWVBl. 1990, 303 ff.
20) *Erichsen*, in: Menger-Festschr., S. 211 ff. (226); a. A. *Kisker*, JuS 1975, 704 ff., (708); *Bethge*, DVBl. 1980, 309 ff. (312).
21) NWOVG v. 15. 12. 1971, OVGE 27, 209; *Schröder*, NVwZ 1985, 246. Hierbei sind wiederum die Mitgliedschaftsrechte der Organe oder Organteile von denen der Organwalter zu unterscheiden. Bei „Organwalterklagen" stellt sich die Frage, ob sie nicht bereits das Außenverhältnis betreffen, so daß echte subjektiv-öffentliche Rechte im Streit sind, so *Papier*, DÖV 1980, 297.
22) *Hoppe*, Organstreitigkeiten vor den Verwaltungs- und Sozialgerichten, 1970, S. 195 ff.; *ders.*, NJW 1980, 1017 ff. (1019 f.).

dahinstehen, solange der Organstreit nicht zum objektiven Beanstandungsverfahren wird. Gerügt werden kann nur die Verletzung eigener Rechte des Organs/Organteils oder ihrer Mitglieder.

7 Wirken sich Verwaltungsmaßnahmen auf das Gebiet von Gebietskörperschaften aus, so können diese in ihrem Aufgabenbereich beeinträchtigt sein. Vor allem Gemeinden sind wehrfähig gegen die *Inanspruchnahme von Gemeindegebiet*. Eine derartige Beanspruchung kommt zunächst in Betracht als Folge der Erteilung begünstigender VAe. Im Anschluß an die gängige Terminologie[23]) war in den Vorauflagen auch in diesem Zusammenhang von *doppelwirksamen Entscheidungen* die Rede. Die Bezeichnung kann beibehalten bleiben, wenn man sich der Unterschiede zum „normalen" VA mit Drittwirkung (Doppelwirkung) im Außenverhältnis bewußt bleibt. Nicht jeder VA, der sich auf Gemeindegebiet auswirkt, entfaltet der Gemeinde gegenüber automatisch Drittwirkung. Ein Klagerecht der Gemeinde besteht nur, wenn bei der Erteilung des VA Vorschriften anzuwenden waren, die zumindest auch dem Schutz der besonderen Belange der Gemeinde dienen[24]). Zu den besonderen Belangen der Gemeinde zählt vorrangig die kommunale *Planungshoheit*. Die Planungshoheit der Gemeinden umfaßt das ihnen als Selbstverwaltungskörperschaften zustehende Recht auf Planung und Regelung der Bodennutzung auf ihrem Gebiet[25]). In diese Planungshoheit greifen ferner in erster Linie fremde Fachplanungen ein[26]). Bei Inanspruchnahme des Gemeindegebiets durch überörtliche Fachplanungen ist die Gemeinde, wenn sie ordnungsgemäß beteiligt wurde[27]), nur klagebefugt, wenn erstens für das betroffene Gebiet eine hinreichend bestimmte gemeindliche Planung vorliegt[28]) und zweitens die Störung der

---

23) Vgl. *Becker*, Die Klagebefugnis der Gemeinden bei Verwaltungsakten mit Drittwirkung, Diss. Bonn 1972. Allgemein zur Klagebefugnis der Gemeinden BVerwG v. 12. 9. 1980, DÖV 1981, 380; BayVGH v. 19. 12. 1983, BayVBl. 1984, 303; SaarlOVG v. 21. 5. 1984, UPR 1985, 65.
24) Vgl. RhPfOVG v. 2. 5. 1974, VerwRspr. 26, 414. *Hauptbeispiel:* Baugenehmigung wird trotz fehlenden Einvernehmens nach § 36 BauGB erteilt; hierzu BVerwG v. 16. 12. 1969, DÖV 1970, 349; RhPfOVG v. 2. 5. 1974, AS 13, 388. Besondere Schwierigkeiten bereitet auch der umgekehrte Fall, daß aufsichtliche VA oder Widerspruchsbescheide Drittbelastungen mit sich bringen. *Beispiel:* Aufhebung einer von einer kreisfreien Stadt erteilten Baugenehmigung im Wege der Ersatzvornahme; hierzu *Knemeyer*, BayVBl. 1977, 129 ff.
25) BVerwG v. 13. 7. 1976, NJW 1976, 2175 (2176).
26) Überblick bei *Ronellenfitsch*, Planungsrecht, S. 102 ff.
27) Die Verletzung von Beteiligungsrechten kann isoliert zum Gegenstand von Klagen gemacht werden. Die Beteiligung am Verwaltungsverfahren führt aber nicht zwingend zur Klagebefugnis in materiell-rechtlicher Hinsicht; vgl. BVerwG v. 6. 10. 1974, BVerwGE 19, 269.
28) BVerwG v. 22. 6. 1979, Buchholz 442, 40 § 6 LuftVG.

kommunalen Planungshoheit nachhaltig ist[29]). Nicht immer, wenn ein privater Nachbar einen drittbegünstigenden oder dinglichen VA angreifen könnte, ist folglich die Gemeinde, deren Gebiet durch den VA berührt wird, klagebefugt. Umgekehrt kann die Gemeinde unter Berufung auf ihre Planungshoheit gegen fremde Planungsentscheidungen Klage erheben, die subjektive öffentliche Rechte privater Dritter nicht oder noch nicht beeinträchtigen[30]).

II. Klagebefugnis

1. Geltendmachung der Rechtsverletzung

§ 42 II VwGO bereitet beträchtliche Interpretationsschwierigkeiten. So wird nur gefordert, daß der Kläger geltend macht, durch den VA oder seine Ablehnung oder Unterlassung in seinen Rechten verletzt zu sein. Demgegenüber stellt § 113 I S. 1 VwGO auf die Rechtsverletzung *und* die Rechtswidrigkeit des VA ab. Aus dem Vergleich beider Vorschriften glaubt man schließen zu müssen, daß die Geltendmachung der Rechtswidrigkeit des angegriffenen oder der Ablehnung oder Unterlassung des begehrten VA keine Sachurteilsvoraussetzung sei[31]). Die Rechtsverletzung setzt jedoch die Rechtswidrigkeit der angegriffenen Verwaltungsentscheidung voraus. Der in § 113 I S. 1 VwGO durch das Wort „dadurch" zum Ausdruck gebrachte Zusammenhang besteht auch bei der Klagebefugnis. Ohne Eingehen auf die Rechtswidrigkeit der angegriffenen Verwaltungsmaßnahme kann die eigene Rechtsverletzung nicht plausibel geltend gemacht werden[32]).

8

Die Anforderungen an die *Art und Weise* („wie") der Geltendmachung sind Gegenstand eines eher akademischen Meinungsstreits.

9

Nach der sog. *Schlüssigkeitstheorie* genügt „die schlüssige Behauptung des Klägers, daß er – und d. h. gerade er und nicht irgendein anderer – durch den VA oder seine Ablehnung oder Unterlassung in seinen Rechten verletzt werde, falls sich der VA oder seine Ablehnung oder Unterlassung als objektiv rechtswidrig erweist"[33]). Die Bezeichnung der Theorie ist unglücklich. Um die Schlüssigkeit des Klagevorbringens im Sinne des Zivilprozeßrechts geht es ihr ersichtlich nicht. Vielmehr soll nur die eigene Rechtsverletzung schlüssig dargetan werden. Die so begrenzte Schlüssigkeitsprüfung geht aber einerseits immer noch zu weit, weil sie sich nicht mit dem Amtsermittlungsgrundsatz (§ 86 VwGO) in Einklang bringen läßt. Andererseits greift sie zu kurz, da

---

29) BVerwG v. 29. 6. 1983, DVBl. 1984, 88; v. 11. 5. 1984, UPR 1985, 130; vgl. auch BVerwG v. 30. 5. 1984, DÖV 1985, 358. Zum Themenkreis „kommunale Selbstverwaltung und überörtliche Planung" *Kühling*, Rdnr. 1 ff.; *Gaentzsch*, WiVerw. 1985, 235 ff.; *Erbguth*, NVwZ 1988, 289 ff.; *Schmidt-Aßmann*, VBlBW 1986, 2 ff.; *Schulte*, VBlBW 1988, 81 ff.; *Birk*, NVwZ 1989, 905 ff.
30) BVerwG v. 6. 3. 1986, DÖV 1986, 744 (zu § 41 FlurbG).
31) *RÖ*, § 42, 15 m. w. N.
32) *SG*, Rdnr. 206 ff.
33) So *Ule*, S. 202; vgl. auch *H. Hoffmann*, VerwArch. 1962, 297 ff. (325 ff.).

sie die Rechtswidrigkeit der angegriffenen Verwaltungsentscheidung unterstellen muß. Mit der bloßen Behauptung der Rechtswidrigkeit ist es aber nicht getan. Erst recht genügt die Behauptung der Verletzung eigener Rechte nicht. Die *Behauptungstheorie* und alle ihr nahekommenden Ansichten[34]) sind somit ebenfalls abzulehnen.

10 Zu Recht wird gemeinhin – ohne dies immer ausdrücklich zu betonen – die *Möglichkeitstheorie* angewendet. Zur Geltendmachung der Rechtsverletzung hat der Kläger danach substantiiert vorzutragen, daß und warum gerade er in seinen eigenen Rechten verletzt ist. Die Rechtswidrigkeit des angegriffenen VA oder seiner Ablehnung und Unterlassung und die dadurch hervorgerufene Rechtsverletzung des Klägers müssen darüber hinaus nach den Behauptungen des Klägers zumindest möglich sein[35]).

Die Prüfung wird häufig erleichtert durch die negative Umschreibung der Möglichkeitstheorie: Mangels Klagebefugnis ist die Klage nur unzulässig, wenn unter Zugrundelegung des Klagevorbringens „offensichtlich und eindeutig nach keiner Betrachtungsweise" subjektive Rechte des Klägers verletzt sein, bzw. die vom Kläger behaupteten Rechte bestehen oder ihm zustehen können[36]).

Die Frage, ob die Rechtsverletzung tatsächlich vorliegt, gehört demgegenüber zur Begründetheit der Klage.

11 Solange der Kläger Adressat des angefochtenen oder begehrten VA ist, bereitet die Bestimmung der Klagebefugnis kaum Schwierigkeiten. Es gilt die sog. *Adressatentheorie*[37]).

Bei der Adressatentheorie fallen übrigens Schlüssigkeits- und Behauptungstheorie zusammen. Nach der Möglichkeitstheorie muß wenigstens die Möglichkeit bestehen, daß das begehrte oder unterlassene Verwaltungshandeln rechtswidrig ist. Lediglich das Vorbringen der Verletzung eigener Rechte entfällt.

2. Drittschutz

12 Ist der Kläger nicht Adressat des angefochtenen oder begehrten VA (bzw. nicht Adressat des angegriffenen oder begehrten Verwaltungshandelns oder nicht Beteiligter des festzustellenden Rechtsverhältnisses), so muß genau

---

34) Vgl. etwa *Henke*, JZ 1972, 625; *Laubinger*, Der Verwaltungsakt mit Doppelwirkung, 1967, S. 115 ff.; viel zu weitgehend *Neumeyer*, S. 111 ff., 135 f., der die für die Prozeßführungsbefugnis im Zivilprozeß geltenden Voraussetzungen auf die Klagebefugnis überträgt.
35) *EF*, § 42, 85; *Kopp*, § 42, 93; BVerwG v. 25. 2. 1972, BVerwGE 39, 345 = JZ 1972, 625 m. krit. Anm. *Henke;* vgl. auch *Erichsen*, VerwArch. 1973, 319 ff.; v. 12. 9. 1980, NJW 1981, 2075; v. 30. 4. 1980, NJW 1980, 2268; HbgOVG v. 19. 5. 1981, UPR 1982, 29.
36) BVerwG v. 30. 10. 1963, Buchholz 310 § 42 Nr. 11; v. 23. 3. 1982, BayVBl. 1982, 471 (472).
37) Vgl. *Achterberg*, DVBl. 1981, 278 f.; BVerwG v. 15. 3. 1988, NJW 1988, 2752 (2753).

geprüft werden, ob subjektive eigene Rechte[38]) oder nur Interessen[39]) oder Rechtsreflexe des Klägers verletzt sind.

Das Vorliegen eines öffentlichen Rechts beurteilt sich nach der *Schutz-* 13 *zweck- oder Schutznormtheorie.* Diese wurde insbesondere für die Anfechtungsklage eines Drittbetroffenen gegen einen begünstigenden VA entwickelt, gilt aber ganz allgemein. Ihre gängige Umschreibung lautet: „Die Anfechtungsklage eines Drittbetroffenen ist nur dann begründet, wenn die Verwaltung Grundrechte des Klägers oder eine einfach-gesetzliche Norm verletzt hat, die den Kläger als Teil eines normativ hinreichend deutlich abgegrenzten Personenkreises gerade auch vor dem betreffenden rechtswidrigen VA schüt-

---

38) Zum subjektiven öffentlichen Recht *Forsthoff*, § 10; *Henke*, DÖV 1980, 621 ff.
39) Unzulässig ist die Klage des Mieters (neben dem Bauherrn) auf Anerkennung seiner Wohnung als steuerbegünstigt, BVerwG v. 4. 10. 1965, BVerwGE 22, 113; des Stiefvaters auf Fürsorgeleistungen an sein Kind, BVerwG v. 10. 2. 1960, DVBl. 1960, 437; der Eltern eines volljährigen Kindes gegen dessen Nichtzulassung zur Reifeprüfung, BVerwG v. 13. 3. 1964, NJW 1964, 1687; des privaten Gläubigers eines Reisegewerbekarteninhabers auf Entziehung der Gewerbekarte, BWVGH v. 11. 12. 1974, GewArch. 1975, 374; desjenigen, zu dessen Gunsten ein Nießbrauch besteht, aber noch nicht ins Grundbuch eingetragen wurde, gegen eine wasserrechtliche Planfeststellung, BVerwG v. 3. 7. 1987, NJW 1988, 1228; eines privaten Dritten auf Feststellung, daß der Betrieb eines Landeplatzes genehmigungsbedürftig sei, BWVGH v. 25. 11. 1988, NVwZ-RR 1990, 287; die Handwerkskammer gegen die staatliche Zuerkennung der fachlichen Eignung zur Ausbildung von Lehrlingen, RhPfOVG v. 28. 10. 1986, NVwZ 1987, 239. Zulässig ist demgegenüber die Klage des Teilungskäufers auf Erteilung der Bodenverkehrsgenehmigung nach § 19 III BBauG, BVerwG v. 9. 4. 1976, BayVBl. 1976, 470; von Strombeziehern gegen eine Tarifgenehmigung, BVerwG v. 8. 7. 1977, DÖV 1978, 619 (620); VG Berlin v. 24. 2. 1982, RdE 1982, 144; v. Flugschulen, die an einem Flughafen angesiedelt sind, gegen die Änderung der luftrechtlichen Genehmigung zu Lasten der general aviation, BVerwG v. 26. 7. 1989, NVwZ 1990, 262; der Adoptiveltern eines volljährigen Ausländers gegen Verlängerung der Aufenthaltserlaubnis, BWVGH v. 5. 4. 1989, NVwZ 1989, 1194; des Ehegatten auf Erteilung der Aufenthaltserlaubnis, BWVGH v. 10. 12. 1986, NVwZ 1987, 920; des erschließungsbeitragspflichtigen Anliegers gegen die Einstufung einer Straße als Gemeindestraße, BWVGH v. 26. 6. 1986, NVwZ 1986, 1031 oder überhaupt gegen eine Widmung, RhPf v. 28. 11. 1986, NJW 1987, 1284; eines Vereinsmitglieds gegen ein Vereinsverbot, BWVGH v. 31. 3. 1989, NJW 1990, 61; des Vertretungsberechtigten der Heimbetreibers gegen die Untersagung des Betriebes, RhPfOVG v. 7. 10. 1986, NVwZ 1987, 425 = JuS 1987, 665 (*Selmer*). Vgl. insgesamt auch den abweichenden Ansatz von *Knemeyer*, DVBl. 1978, 37 ff.

zen will"[40]). Auf die Zulässigkeitsprüfung bezogen bedeutet das, daß die Norm, auf der die angegriffene Verwaltungsentscheidung beruht, daraufhin zu untersuchen ist, ob sie dazu bestimmt ist, *rechtliche Einzelinteressen konkreter Bürger* zu schützen. Ein *Rechtsreflex* ergibt sich aus Normen, die *ausschließlich* öffentlichen Interessen dienen sollen, jedoch *faktisch* auch Individualinteressen zugute kommen[41]).

14 Die Abgrenzung von subjektivem Recht und Rechtsreflex zählt zu den Hauptschwierigkeiten des Verwaltungsprozeßrechts. Ganz allgemein läßt sich u. a. im Schrifttum eine starke Tendenz zur Ausweitung der Klagebefugnis feststellen.

Eine bemerkenswerte Abweichung von der Adressatentheorie für den Bereich gemeinnütziger Planfeststellungen vertritt *Löwer*[42]), der zwar ausdrücklich nur eine Erweiterung der Kontrolldichte befürwortet und die Klagebefugnis unverändert lassen will, dessen Erwägungen jedoch auch die Interpretation von § 42 II VwGO beeinflussen. Nach *Löwer* ist bei gemeinnützigen Planfeststellungsbeschlüssen nicht der Staat Adressat einer sich selbst erteilten Unternehmergenehmigung. Adressaten seien vielmehr die belasteten Dritten. Der zweite Schritt ist indessen nicht zwingend. Allenfalls könnte man den Planfeststellungsbeschluß mit einem dinglichen VA vergleichen[43]), der zugleich Drittwirkung entfalten kann. Damit würde man

---

40) Vgl. BVerwG v. 28. 4. 1967, BVerwGE 27, 29 (31 f.); v. 6. 12. 1967, BVerwGE 28, 268 (270); v. 21. 10. 1968, DVBl. 1969, 263; v. 13. 6. 1969, BVerwGE 32, 173; v. 11. 11. 1970, BVerwGE 36, 24; v. 16. 4. 1971, DVBl. 1971, 746; v. 20. 10. 1972, BVerwGE 41, 58 (63 f.); v. 14. 12. 1973 – IV C 50.71 –, BVerwGE 44, 235 (238 f.); – IV C 71.71 –, BVerwGE 44, 244; v. 23. 8. 1974, BVerwGE 47, 19 (22); v. 17. 10. 1975, BVerwGE 49, 244; v. 25. 2. 1977, BVerwGE 52, 122 (129); v. 29. 7. 1977, BVerwGE 54, 211 (217); v. 31. 10. 1977, Buchholz 406.19 Nachbarschutz Nr. 33; v. 14. 4. 1978, NJW 1979, 995; v. 22. 2. 1980, Buchholz 407.4 § 17 Nr. 33 S. 98 (101 f.); v. 13. 6. 1980, NJW 1981, 67; v. 22. 12. 1980, BVerwGE 61, 256 (262, 264 ff.); v. 13. 2. 1981, NJW 1981, 1973; v. 13. 3. 1981, ZfBR 1981, 149; v. 29. 5. 1981, BVerwGE 62, 243 (246 ff.); v. 23. 3. 1982, BVerwGE 65, 167 (171); v. 18. 5. 1982, BVerwGE 65, 313; v. 22. 10. 1982, NJW 1983, 1507; v. 1. 12. 1982, BVerwGE 66, 307 (308 ff.); v. 10. 12. 1982 – 4 C 49/79 –, NJW 1983, 1574; – 4 C 28/81 –, NJW 1983, 2460; v. 5. 8. 1983, BVerwGE 67, 334; v. 16. 8. 1983, NVwZ 1984, 38; v. 30. 9. 1983 – 4 C 74.78, BVerwGE 68, 58; – 4 C 18/80 –, NJW 1984, 250; – 4 B 233/83 –, NJW 1984, 2174; v. 11. 1. 1985, BVerwGE 70, 365; v. 10. 9. 1984, NVwZ 1985, 39; v. 20. 9. 1984, NVwZ 1985, 37; v. 5. 10. 1984, NVwZ 1985, 38; grundlegend O. *Bühler*, Die subjektiven öffentlichen Rechte und ihr Schutz in der Verwaltungsrechtsprechung, 1914, S. 21, 42 ff.; *ders.*, in: Gedächtnisschr. f. W. Jellinek, 1955, S. 269 ff.; ferner *Bachof*, ebd., S. 287 ff. (296 ff.). Abgelehnt wird die Schutznormtheorie von *Bartlsperger*, VerwArch. 1969, 35 ff. (47 ff.); *Bernhardt*, JZ 1963, 302 (306 ff.); *Bothe*, JZ 1975, 399 ff.; *Brohm*, VVDStRL 30 (1971), S. 272 f.; *Henke*, Das subjektive öffentliche Recht, 1968, S. 57 ff.; *M. Hoffmann*, Der Abwehranspruch gegen rechtswidrige hoheitliche Realakte, 1969, S. 53 ff.; *Sening*, NuR 1980, 105 ff.; *Zulegg*, DVBl. 1976, 509 ff.

41) Vgl. NWOVG v. 11. 6. 1964, MDR 1965, 1629. Zur Klagebefugnis eines Gemeindebürgers, der die Rechtsaufsichtsmaßnahme der Gemeinde angreift, durch der Bürgerentscheid gegen eine Eingliederung für ungültig erklärt wird, vgl. BWVGH v. 14. 11. 1974, DVBl. 1975, 552.

42) DVBl. 1981, 528 ff.

43) Vgl. aber *Ronellenfitsch*, Die Verwaltung, 1990, 323 ff. (350 ff.).

aber zu Ergebnissen gelangen, wie sie ohnehin üblicherweise vertreten werden[44]). Ein Anlaß, vom traditionellen Verständnis des Planfeststellungsbeschlusses abzuweichen, besteht somit nicht.

Selbst wenn namentlich im grundrechtsrelevanten Bereich[45]) eine Vermutung für den drittschützenden Charakter von Rechtsnormen sprechen sollte[46]), kann auf die Prüfung eben dieses drittschützenden Charakters oder gar auf die Klagebefugnis schlechthin[47]) keineswegs verzichtet werden.

Die Abgrenzung von subjektivem Recht und Rechtsreflex ist vor allem wichtig bei der sog. Nachbarklage und Konkurrentenklage. Dabei handelt es sich um keine besonderen Klagearten, sondern um Bezeichnungen für Problembereiche im Zusammenhang mit § 42 II VwGO. Lediglich wegen ihrer praktischen Bedeutung werden sie anschließend separat erörtert.

III. Antragsbefugnis im Normenkontrollverfahren

1. Allgemeines

Die Auslegung von § 47 II VwGO ist kaum weniger problematisch als die von § 42 II VwGO[48]). Hinzu kommt, daß § 47 II VwGO zweierlei regelt, nämlich erstens, wer einen Antrag auf Normenkontrolle stellen kann und gegen wen der Antrag zu richten ist (Antragsberechtigung und Antragsadressat), und zweitens, unter welchen Voraussetzungen der Antrag erhoben werden kann. Antragsbefugt sind nur diejenigen antragsberechtigten natürlichen und juristischen Personen, die durch die angegriffene Rechtsvorschrift oder deren Anwendung einen Nachteil erlitten oder in absehbarer Zeit zu erwarten haben. Die Parallele zu § 42 II VwGO ist offensichtlich[49]); der „Nachteil" in § 47 II VwGO ist keine Umschreibung des Rechtsschutzinteresses („berechtigtes Interesse")[50]), sondern Gegenstück zur Klagebefugnis. Die Parallele zur

---

44) Es muß also geklärt werden, ob der Planfeststellungsbeschluß in fremde Rechte eingreift. Ein Kläger, der mit der Anfechtungsklage gegen einen Planfeststellungsbeschluß geltend macht, durch die Trassenführung einer Bundesautobahn werde Erholungslandschaft beeinträchtigt, kann sich – jedenfalls im hessischen Rechtsbereich – nicht auf eigene Rechte berufen, vgl. HessVGH v. 18. 3. 1975, DVBl. 1975, 911.
45) Zum „gesetzesvertretenden" Einsatz von Grundrechten durch die Rechtsprechung *Pestalozza*, NJW 1978, 1782 ff. (1784).
46) So *SG*, Rdnrn. 229 ff.
47) So aber *Gierth*, DÖV 1980, 893 ff.; *Rupp*, DVBl. 1982, 144 ff.
48) Vgl. allgemein *Braun*, Antragsbefugnis und Antragserfordernisse sowie die Vorbehaltsklausel zugunsten der Landesverfassungsgerichte im verwaltungsgerichtlichen Normenkontrollverfahren (§ 47 Abs. 2, Abs. 3 VwGO), Diss Würzburg 1982; *ders.*, BayVBl. 1983, 577 ff.; *Krebs*, VerwArch. 1978, 323 ff.; *Löwer*, NJW 1979, 1264 ff.
49) Vgl. *Kopp*, § 47, 24.
50) So aber *SG*, Rdnr. 600.

Klagebefugnis fiel allein deshalb nicht deutlicher aus, weil bei Behörden, die die beanstandete Rechtsvorschrift zu vollziehen haben, Antragsberechtigung und Antragsbefugnis zusammenfallen. Ansonsten bleibt es dabei: Für die Antragsbefugnis ist zusätzlich zur Antragsberechtigung ein Nachteil erforderlich.

2. Antragsberechtigung und Antragsadressat

16   Antragsberechtigt nach § 47 II S. 1 VwGO ist jede natürliche und juristische Person[51]) und jede Behörde[52]). Da bei Behörden die Antragsbefugnis unmittelbar aus der Antragsberechtigung folgt, während die natürlichen und juristischen Personen daneben einen Nachteil geltend machen müssen, ist eine eindeutige Abgrenzung der beiden Gruppen der Antragsberechtigten notwendig.

17   Die im Gesetzgebungsverfahren streitige[53]) besondere *Antragsberechtigung der Behörde* ist nur vorgesehen, weil richtiger Ansicht nach eine Normverwerfungskompetenz der Exekutive nicht besteht[54]). Der „Nachteil" der Behörde liegt gewissermaßen in der Gesetzesbindung. Ferner ist es Sinn des Verfahrens nach § 47 VwGO, den möglichen zahlreichen Einzelprozessen aus Anlaß der konkreten Anwendung einer Norm vorzubeugen. Nicht „jede" Behörde ist folglich antragsberechtigt, sondern nur eine Behörde, die die Norm anzuwenden (zu vollziehen) oder zumindest bei der Erfüllung ihrer öffentlichen Aufgaben zu beachten hat, ohne sie – ungeachtet der Inzidenterprüfung – ändern oder aufheben zu können[55]). Ob die Norm „verwaltungsfreundlich" ist, spielt keine Rolle. Bei Behörden der Kommunalverwaltung muß unterschieden werden, ob eine derartige Normbetroffenheit vorliegt oder ob die Behörden nur das Selbstverwaltungsrecht ihrer Gemeinden geltend machen. Die Trennung wird verwischt, wenn man annimmt, eine Gemeinde könne im Hinblick auf

---

51) Erfaßt werden damit auch juristische Personen des öffentlichen Rechts. Zur Antragsbefugnis eines Bistums (Gebietskörperschaft) NWOVG v. 26. 1. 1983, NJW 1983, 2592.
52) Der Behördenbegriff wird von der h. L. im Anschluß an § 1 IV VwVfG weit ausgelegt; vgl. *Stettner*, JA 1982, 394 ff.; *RÖ*, § 47, 27; *Kopp*, § 47, 19.
53) Die ursprünglich vorgesehene Streichung der behördlichen Antragsbefugnis wurde im Zuge der Novellierung des § 47 VwGO wieder fallengelassen; vgl. BTDrucks. 7/4324, S. 11.
54) Vgl. NWOVG v. 24. 3. 1982, NuR 1983, 202. Die immer wieder geforderte Normenverwerfungskompetenz der Exekutive, vgl. etwa *Jäde*, BayVBl. 1988, 5 ff., vermochte sich nicht durchzusetzen.
55) *RÖ*, § 47, 25; *Kopp*, § 47, 32; s. auch BWVGH v. 10. 12. 1976, NJW 1977, 1469 (1470); BayVGH v. 2. 10. 1975, BayVBl. 1976, 178; NWOVG v. 31. 3. 1978, DVBl. 1979, 193; BremOVG v. 3. 6. 1979, DVBl. 1980, 369; RhPfOVG v. 8. 7. 1980, DÖV 1981, 213. Auch staatliche Aufsichtsbehörden, die die Satzung genehmigt haben oder sie beanstanden könnten, sind antragsbefugt, BayVHG v. 1. 4. 1982, BayVBl. 1982, 654; 1983, 86 m. Anm. *Renck*; a. A. *Braun*, BayVBl. 1983, 581. Jedenfalls kann eine höhere Verwaltungsbehörde die Prüfung der Gültigkeit eines von ihr genehmigten Bebauungsplans beantragen, sofern sie den Bebauungsplan in unterschiedlicher Weise anzuwenden hat, BVerwG v. 11. 8. 1989, NVwZ 1990, 57.

ihren allumfassenden Wirkungsbereich *als Behörde* jede ihr Gebiet erfassende Norm angreifen[56]). Wehrt sich eine Gemeinde etwa gegen die benachbarte Bauleitplanung (kommunale Nachbarklage[57])), so kann sie dies nur als juristische Person, muß also einen eigenen Nachteil geltend machen[58]). Die gilt erst recht bei der „Konkurrentennormenkontrolle"[59]).

Beispiel: Eine Gemeinde wehrt sich dagegen, daß statt ihrer eine andere Gemeinde zum Kleinzentrum bestimmt wurde[60]).

Umgekehrt kann eine Gemeinde die Prüfung der Gültigkeit einer von ihr zwar nicht erlassenen, aber in ihrem Gebiet geltenden Rechtsvorschrift stets beantragen, wenn sie diese Vorschrift als Behörde zu beachten hat. Ob die Rechtsvorschrift das Selbstverwaltungsrecht der Gemeinde berührt, spielt hier keine Rolle[61]).

Die *Antragsberechtigung natürlicher und juristischer Personen* hängt von der besonderen Beschwer ab, daß sie einen bereits erlittenen oder doch in absehbarer Zeit zu erwartenden[62]) Nachteil geltend machen können. Im Gegensatz zur Klagebefugnis genügt es nicht, daß der Nachteil nur möglich ist. Vielmehr hängt die Zulässigkeit der Normenkontrolle davon ab, daß der Nachteil tatsächlich vorliegt oder zu erwarten ist.

18

Antragsgegner ist immer der Rechtsträger (oder sein Nachfolger), der die angegriffene Rechtsvorschrift erlassen hat. Das gilt auch im Verfahren nach § 123 VIII VwGO[63]).

19

3. Begriff des Nachteils

Der Begriff des Nachteils ist noch nicht abschließend geklärt.

20

Bereits vor der bundesweiten Einführung des Normenkontrollverfahrens hat der Begriff des Nachteils der Rechtsprechung beträchtliche Schwierigkeiten bereitet. Während der BWVGH bis auf wenige Ausnahmen die Ansicht vertrat, daß eine Beeinflussung der tatsächlichen Verhältnisse genüge, ein Rechtsnachteil oder gar die

---

56) So noch BWVGH v. 12. 6. 1984, DÖV 1986, 161.
57) Hierzu unten § 15 Rdnrn. 30 ff.
58) Zutreffend OVG Lüneburg v. 23. 11. 1982, BauR 1983, 220; BWVGH v. 27. 2. 1987, NVwZ 1987, 1088; NWOVG v. 9. 2. 1988, DÖV 1988, 843; *Dürr*, Die Antragsbefugnis bei der Normenkontrolle von Bebauungsplänen, 1987, S. 114 ff.
59) Zur Konkurrentenklage unten § 16.
60) BayVGH v. 14. 12. 1983, BayVBl. 1984, 241.
61) BVerwG v. 15. 3. 1989, DVBl. 1989, 662 (663); OVG Lüneburg v. 23. 11. 1972, DVBl. 1973, 151 (152); *Griwotz*, DVBl. 1988, 768 ff.
62) Vgl. Hess VGH v. 28. 9. 1976, NJW 1977, 216.
63) *Kopp*, § 47, 21; HessVGH v. 13. 4. 1983, DÖV 1983, 777.

Verletzung subjektiver Rechte nicht erforderlich sei[64]), sah die überwiegende Rechtsprechung die Beeinträchtigung rechtlich geschützter Interessen als Mindestvoraussetzung für die Zulässigkeit des Antrags[65]).

Nachdem der Rechtsschutz im Klage- und Normenkontrollverfahren weitgehend angeglichen worden ist, spricht alles dafür, die Antragsbefugnis der durch die Norm Betroffenen und Klagebefugnis gleichzusetzen. Es leuchtet nämlich nicht ein, wieso ein Nachbar im Wege des Normenkontrollverfahrens einen ganzen Bebauungsplan soll zu Fall bringen können, während die Anfechtungsklage gegen eine auf Grund des gleichen Bebauungsplans erteilte Baugenehmigung in Ermangelung eines subjektiv-öffentlichen Rechts des Nachbarn abgewiesen werden müßte[66]). Bestimmt man die Antragsbefugnis in Anlehnung an die Klagebefugnis, so werden zugegebenermaßen an die Antragsbefugnis höhere Anforderungen gestellt, weil dann − bezogen auf die Rechtsverletzung des Antragstellers − bereits im Rahmen der Zulässigkeit eine Begründetheitsprüfung vorgenommen wird. Das ist aber nur die logische Folge der Funktion der Normenkontrolle. Hat der Antragsteller die Zulässigkeitshürde überwunden, erfolgt nämlich losgelöst von der subjektiven Rechtsverletzung eine umfassende Überprüfung der Norm. Dadurch werden die überschießenden Anforderungen bei der Zulässigkeit kompensiert.

21 Die Rechtsprechung geht − jedenfalls im Baurecht − in eine andere Richtung. Auf Vorlage mehrerer OVG traf das *BVerwG am 9. 11. 1979* eine

---

64) Beschl. v. 3. 12. 1969, ESVGH 21, 41; v. 10. 1. 1977, BWVPr. 1977, 105; v. 11. 2. 1977, NJW 1977, 1212; a. A. Beschl. v. 14. 2. 1967, ESVGH 17, 177; v. 2. 6. 1967, ESVGH 18, 23. Nach der bundesweiten Einführung des Normenkontrollverfahrens hielt der VGH zunächst an der bisherigen Auffassung fest, vgl. Urt. v. 21. 2. 1978, ESVGH 28, 153; schloß sich dann aber der überwiegenden Rechtsprechung an, vgl. Beschl. v. 3. 8. 1979, AgrarR 1980, 53; v. 29. 11. 1986, DVBl. 1986, 626.
65) BayVGH v. 28. 3. 1963, VGHE 16, 31; v. 19. 1. 1973, VGHE 26, 34; v. 18. 11. 1974, BayVBl. 1975, 168; v. 5. 7. 1977, BayVBl. 1978, 271 (272); v. 26. 7. 1978, DVBl. 1978, 965 (966); v. 26. 7. 1977, BayVBl. 1979, 719; v. 30. 3. 1979, BayVBl. 1980, 292; BlnOVG v. 2. 5. 1977, ET 1977, 161; v. 26. 1. 1979, NJW 1980, 1121; HessVGH v. 19. 12. 1969, NJW 1970, 1619; v. 3. 3. 1971, NJW 1971, 2005; v. 1. 6. 1977, DVBl. 1977, 737 (738); NWOVG v. 27. 7. 1977, DÖV 1978, 144; SaarlOVG v. 28. 10. 1977, DÖV 1978, 144; RhPfOVG v. 2. 10. 1978, DÖV 1979, 105; auch BVerwG v. 14. 7. 1978, KStZ 1979, 34. Ebenso das überwiegende Schrifttum, vgl. die Angaben bei *Rasch*, BauR 1977, 147 ff. (149); a. A. *Ritter*, DÖV 1976, 702 ff. (810); *Hoffmann*, Die Antragsbefugnis im verwaltungsgerichtlichen Normenkontrollverfahren nach § 47 VwGO, Diss. Heidelberg, 1974, S. 33 ff.; *Krebs*, VerwArch. 1978, 323 ff.
66) Vgl. *Mößle*, BayVBl. 1976, 611 ff. (612, 613); a. A. *Groth*, DVBl. 1979, 179; *Löwer*, NJW 1976, 1265. Allgemein *Braun*, a. a. O. (Fußn. 48); *Dürr*, a. a. O. (Fußn. 58); *Groß*, DVBl. 1989, 1076 ff. Im Hinblick auf die Rechtsprechung des BVerwG interessant *Skouris*, S. 266 ff. Der umgekehrte Weg, die Klagebefugnis an die Antragsbefugnis anzugleichen (so *Sailer*, BayVBl. 1980, 272 ff., 276), ist entschieden abzulehnen.

Entscheidung, die über die frühere Fragestellung hinausgeht[67]). Ein Nachteil ist danach gegeben, „wenn der Antragsteller durch den Bebauungsplan oder durch dessen Anwendung negativ, d. h. verletzend, in einem Interesse betroffen wird bzw. in absehbarer Zeit betroffen werden kann, das bei der Entscheidung über den Erlaß oder den Inhalt dieses Bebauungsplans als privates Interesse des Antragstellers in der Abwägung berücksichtigt werden mußte".

Abwägungserheblich sind „alle privaten Belange, von denen bei der Entscheidung über den Plan mit hinreichender Wahrscheinlichkeit absehbar ist, daß sie als nicht geringwertige und auch schutzwürdige Interessen bestimmter Personen von dem Plan in nicht mehr geringfügiger Weise betroffen werden[68]).

Beispiel: Ein Landwirt, der sich gegen die Ausweisung eines Wohngebiets in der Nähe seines Hofes wendet, ist antragsberechtigt, wenn die Gefahr besteht, daß er später in der Führung seines Betriebs beschränkt werden wird (Schweinemästerproblematik!)[69]).

Wird der Begriff des Nachteils ausgefüllt durch das „negative Betroffensein in beachtlichen Interessen", so verwandelt er sich von einem prozeßrechtlichen in einen *materiell-rechtlichen* Begriff. Denn welche Interessen beachtlich sind, ergibt sich nur aus dem materiellen Recht. Dann ist es aber nur konsequent, die zeitliche Grenze für die Abwägungsbeachtlichkeit eines Interesses, welche das BVerwG zunächst im Zeitpunkt der Beschlußfassung über die Bauleitplanung ansetzte[70]), fallenzulassen. Diesen Schritt vollzog das BVerwG mit Beschluß vom 11. 11. 1988[71]). Dort heißt es, daß ein Mieter auch dann einen Antrag auf Entscheidung über die Gültigkeit eines Bebauungsplans stellen kann, der erst nach Inkrafttreten des Bebauungsplans in das Plangebiet gezogen ist und dem im Hinblick auf die Festsetzungen des Bebauungsplans eine Nutzung seiner Räume untersagt werden kann. Bezugspunkt der Ermittlung des Nachteils ist somit § 1 VI BauGB, und zu diesem Ergebnis wäre das BVerwG auch gelangt, wenn es Antrags- und Klagebefugnis gleichgestellt hätte; Bebauungspläne und Planfeststellungsbeschlüsse unterscheiden sich insoweit nicht. Problematisch werden nach der Rechtsprechung des BVerwG lediglich die Fälle, bei denen Nachbarn einen Bebauungsplan angreifen, deren Nachbarklagen gegen die Zulassung von – durch den Bebauungsplan ausgewiesenen – Vorhaben abge-

22

---

67) BVerwGE 59, 87 = DVBl. 1980, 233 m. Anm. *Bettermann* = DÖV 1980, 217 m. Anm. *Müller* = JuS 1980, 460 *(Brodersen);* vgl. *Skouris,* DVBl. 1980, 315 ff. Aus der sonstigen Rechtsprechung BWVGH v. 12. 8. 1982, DÖV 1982, 993; SaarlOVG v. 4. 12. 1981, NVwZ 1983, 42 (43); BayVGH v. 21. 10. 1982, BayVBl. 1983, 369; v. 9. 3. 1983, BayVBl. 1983, 371; BremOVG v. 4. 11. 1986, ZfBR 1987, 51; v. 15. 12. 1987, UPR 1988, 196.
68) NWOVG v. 29. 10. 1981, NJW 1982, 1171.
69) NWOVG v. 5. 6. 1981, UPR 1982, 94.
70) BVerwGE 59, 27 (104).
71) DVBl. 1989, 359 m. Anm. *Dürr.* Vgl. auch BerlOVG v. 5. 9. 1986, DÖV 1986, 1068.

wiesen werden müßten, weil keine nachbarschützenden Normen verletzt sind (z. B. beim Verbauen der Aussicht)[72]. Ob es sich hierbei um beachtliche Interessen handelt, erscheint jedoch zweifelhaft[73]).

23 Praktisch läuft die Rechtsprechung darauf hinaus, daß bereits bei der Zulässigkeit der Normenkontrolle die meisten Fragen der materiellen Rechtmäßigkeit der angegriffenen Norm erörtert werden müssen. Unerläßlich ist dabei die Kenntnis der wichtigsten Entscheidungen zur planerischen Abwägung[74]).

24 Auch bei wohlwollender Beurteilung läßt sich kaum behaupten, daß die Rechtsprechung den Begriff des Nachteils geklärt hat. Auf lange Sicht erscheint es daher nicht ausgeschlossen, daß die Rechtsprechung wieder auf die geschützte Rechtsposition abstellt, wie dies etwa auch von *Brohm*[75]) vorgeschlagen wurde. Im übrigen ist die Rechtsprechung ersichtlich auf Bebauungspläne zugeschnitten. Damit verbleibt Raum, in anderen Normenkontrollverfahren den Begriff des Nachteils enger auszulegen.

25 Der Ausschluß der Popular- und anschließend zu behandelnden Verbandsklage[76]) bezieht sich auch auf § 47 VwGO. Daher kann nur eine Norm beanstandet werden, von der selbst noch gegenwärtig oder absehbar zukünftig eine eigenständige nachteilige Wirkung auf die rechtlich geschützten Interessen des Antragstellers auszugehen vermag[77]). Wie der BWVGH zu Recht betont:

---

72) Vgl. auch HessVGH v. 27. 1. 1987, NVwZ 1987, 514.
73) Zur Kritik an der Rechtsprechung *Groß*, DVBl. 1989, 1076 ff., der im Ergebnis freilich kaum von ihr abweicht.
74) Grundsatzentscheidung: BVerwG v. 12. 12. 1969, BVerwGE 34, 301 (planerische Gestaltungsfreiheit); ferner BVerwG v. 5. 7. 1974, BVerwGE 45, 309 (Floatglas); v. 1. 11. 1974, BVerwGE 47, 144 (Hamburger Tierpark); v. 27. 3. 1980, BayVBl. 1980, 440 (Wahrunterstellung bei der Abwägung); BayVGH v. 30. 3. 1979, BayVBl. 1980, 292 (Münchner Freiheit); NWOVG v. 10. 11. 1980, DÖV 1981, 336 (Gewerbe- neben Wohngebiet); v. 25. 9. 1980, DÖV 1981, 345 (Unterschreitung des Planungsermessens); v. 30. 6. 1981, NJW 1982, 845 (Inhalt baugestalterischer Vorschriften); OVG Lüneburg v. 23. 6. 1981, NJW 1982, 843; BerlOVG v. 27. 11. 1981, RdE 1982, 99 (Gebot der Konfliktbewältigung); zur dogmatischen Begründung *Hoppe*, Festg. BVerwG 1978, S. 295 ff.; *ders.* Jura 1979, 133 ff.; *Koch*, DVBl. 1983, 1125 ff.; *Heine*, NVwZ 1986, 87 ff.; *Erbguth*, DVBl. 1986, 1230 ff.; *Blumenberg*, DVBl. 1989, 86 ff. Mängel im Abwägungsvorgang sind nach § 214 III S. 2 BauGB nur erheblich, wenn sie auf das Abwägungsergebnis von Einfluß gewesen sind. Unerhebliche Mängel begründen auch keinen Nachteil i. S. v. § 47 II VwGO. Zu § 214 III S. 2 BauGB (= § 155b II S. 2 BBauG), BVerwG v. 21. 8. 1981, NVwGE 64, 33; hierzu *Schwerdtfeger*, JuS 1983, 270 ff.; *Breuer*, NVwZ 1982, 273 (279); ferner NWOVG v. 10. 9. 1980, DÖV 1981, 111; BayVGH v. 22. 3. 1982, NVwZ 1983, 297 (298). Wurden Mängel nicht fristgerecht gerügt, so ist das ein Anhaltspunkt dafür, daß ein Interesse nicht beachtlich ist; vgl. auch *Schmaltz*, DVBl. 1990, 77 ff.
75) NJW 1981, 1689 ff.
76) BWVGH v. 22. 7. 1966, ESVGH 17, 101 (102).
77) RhPfOVG v. 19. 1. 1982, NVwZ 1982, 1170. Zum maßgeblichen Zeitpunkt für die Beurteilung des Nachteils NWVGH v. 27. 2. 1987, NVwZ 1987, 1088.

Die individuelle Rechtssphäre des Antragstellers muß *durch* die Rechtsvorschrift oder *durch* deren Anwendung nachteilig betroffen sein[78]).

Die Feststellung der Teilnichtigkeit eines Bebauungsplans ist zwar nicht davon abhängig, daß der Antragsteller gerade durch den nichtigen Teil einen Nachteil erlitten oder zu erwarten hat. Der Normenkontrollantrag ist aber dann unzulässig, wenn mit ihm nur die Feststellung der Nichtigkeit des Bebauungsplans in solchen Teilen begehrt wird, die den Antragsteller nicht berühren[79]).

Insbesondere müssen juristische Personen oder Personenvereinigungen durch die angegriffene Norm *selbst* betroffen sein[80]).

IV. Prozeßstandschaft und Verbandsklage

1. Grundlagen

Ein Recht zur Prozeßführung im eigenen Namen kann ausnahmsweise sogar dann gegeben sein, wenn die eigene Rechtsbetroffenheit fehlt. Wird ein fremdes Recht im eigenen Namen prozessual geltend gemacht, so spricht man von *Prozeßstandschaft*. Auch der Verwaltungsprozeß kennt die Prozeßstandschaft. Auf die eigene Rechtsverletzung kann nämlich auf Grund gesetzlicher Bestimmungen verzichtet werden (§ 42 II VwGO: „Soweit gesetzlich nichts anderes bestimmt ist..."). Es liegt dann ein Fall der gesetzlichen Prozeßstandschaft vor; die gewillkürte Prozeßstandschaft ist im Verwaltungsprozeß ausgeschlossen[81]). So können der Konkursverwalter und Testamentsvollstrecker auch Verwaltungsprozesse führen. Bei der Bundesauftragsverwaltung nehmen die Länder prozessual die Rechte des Bundes wahr[82]). Die § 61 Nr. 3 und § 78 Abs. 1 Nr. 2 VwGO bewirken ebenfalls eine gesetzliche Prozeßstandschaft.

Generell ist aber die gesetzliche Verleihung der Prozeßführungsbefugnis zur Wahrung fremder Rechte im Verwaltungsprozeß selten. Dies gilt namentlich für Vereinigungen, Körperschaften und sonstige Verbände. Beispielsweise sind die Studentenschaften richtiger Ansicht nach nicht befugt, Individualrechte ihrer Mitglieder gerichtlich geltend zu machen[83]). Ähnlich verhält es sich bei

---

78) Beschl. v. 29. 11. 1985, DVBl. 1986, 626. So betrifft eine VO, die eine Fachhochschule nicht mit Rechtsfähigkeit ausstattet, ersichtlich nicht die Rechtsstellung der Fachhochschullehrer.
79) BVerwG v. 18. 7. 1989, NVwZ 1990, 157.
80) Vgl. BWVGH v. 23. 2. 1972 zur (verneinten) Antragsbefugnis einer Bürgergemeinschaft, die keinen Grundbesitz im Auswirkungsbereich eines angefochtenen Bebauungsplans besitzt. Siehe auch *Skouris*, S. 269 f.; ferner BVerwG v. 3. 12. 1959, MDR 1960, 338.
81) A. A. *Kopp*, Vorb. § 40, 25, dessen Beispiele für die gewillkürte Prozeßstandschaft aber gerade die gesetzliche Prozeßstandschaft betreffen. Der gesetzliche Vertreter, der die prozessualen Rechte aus § 19 V WPflG geltend macht, wurde hierzu nicht vom Vertretenen ermächtigt; vgl. auch BVerwG v. 16. 12. 1971, BVerwGE 39, 216.
82) Vgl. BVerwG v. 15. 4. 1977, BVerwGE 52, 226; auch *Kopp*, Vorb. § 40, 24.
83) Hierzu *Zimmerling*, DÖV 1977, 278 ff.

Bürgerinitiativen, die sich auf Rechte einzelner Bürger berufen[84]). Offenbar scheint in Deutschland die Neigung unausrottbar, sich zum selbsternannten Sprecher anderer (der schweigenden Mehrheit, der engagierten Minderheit, der Öffentlichkeit, künftiger Generationen usw.) zu machen. Anders läßt sich nicht erklären, wieso der Ladenhüter der *Verbandsklage* immer noch als Modeartikel verkauft werden kann.

28   Der emotional überfrachtete Oberbegriff „Verbandsklage" ist zudem wenig aussagekräftig; denn hinter ihm verbergen sich völlig unterschiedliche *Fallkonstellationen*. Man muß folglich bestimmte Formen von Verbandsklagen trennen. Der Ausgangspunkt ist ebenso klar wie trivial: Eine Verbandsklage liegt vor, wenn ein Verband im eigenen Namen klagt. Nun kann der Verband eigene materielle Rechte geltend machen. Dann handelt es sich um eine sog. *egoistische* Verbandsklage[85]). Hauptbeispiel: Das Klagerecht der Handwerkskammern nach § 8 IV HandwO. Die egoistische Verbandsklage ist unproblematisch[86]). Sie gehört nicht in den vorliegenden Zusammenhang und hat auch mit der Prozeßstandschaft nichts zu tun. Die Bezeichnung „egoistisch" hat auch keinen negativen Beigeschmack; denn der subjektive Rechtsschutz ist per definitionem egoistisch: nur egoistische Klagen sind überhaupt zulässig. Schwierigkeiten bereiten dagegen die sog. *„altruistischen"* Verbandsklagen, bei denen man in der Regel darüber streiten kann, ob der Verband sich für das Gemeinwohl einsetzt oder nur für Sonderbelange. Altruistisch bedeutet, nüchtern betrachtet, daß Verbände *fremde* Rechte und Belange geltend machen. Die altruistische Verbandsklage überschneidet sich daher weitgehend mit der Prozeßstandschaft, bedarf also der ausdrücklichen gesetzlichen Zulassung. Die altruistische Verbandsklage greift allerdings teilweise noch über die Prozeßstandschaft hinaus. In manchen Bereichen (Umwelt, Nachwelt) gibt es überhaupt keine Rechtsträger, die verletzt werden könnten. Eine Prozeßstandschaft scheidet von vornherein aus. *Forsthoff* hat nun vor zwanzig Jahren die Regel aufgestellt, daß es für die Durchsetzung eines Interesses eine optimale Größe der Unterstützung dieses Interesses gebe. Werde diese Größe überschritten, sinke die Realisierungschance; gehe es – wie beim Umweltschutz – um das Interesse von

---

84) BWVGH v. 12. 11. 1979, DÖV 1981, 147.
85) Eine allgemein anerkannte Terminologie besteht leider nicht. Im älteren Schrifttum faßte man unter die egoistische Verbandsklage auch die zusätzliche Wahrnehmung kollektiver Interessen durch den Verband; vgl. *M. Wolf*, Die Klagebefugnis der Verbände, 1971, S. 20 f., 34 ff., 47 ff.; *Faber*, Die Verbandsklage im Verwaltungsprozeß, 1972, S. 49 ff.; ähnlich *Battis/Dünnebacke*, JuS 1990, 188 ff. (189). Gründe für eine Abweichung vom natürlichen Sprachgebrauch sind aber nicht ersichtlich.
86) Schwierig ist allenfalls die Abgrenzung zur altruistischen Verbandsklage; vgl. zur Klage nach § 13 I UWG etwa *Ungern/Sternberg*, NJW 1981, 2328 ff.; *Pietzcker*, NJW 1982, 1840 ff. Zur Klage eines Sozialleistungsträgers gegen die Festsetzung einheitlicher Pflegesätze BVerwG v. 22. 9. 1983, DVBl. 1984, 523. Zur Klage gegen ein Vereinsverbot BVerwG v. 13. 8. 1984, DÖV 1984, 940.

Jedermann, dann werde die Realisierungschance äußerst gering[87]). *Forsthoff* folgerte daraus, die einzige Instanz, die den einzelnen und die Gemeinschaft vor den unerwünschten Folgen der „technischen Realisation" bewahren könne, sei der Staat[88]). Während der Befund auf allgemeine Zustimmung stieß, wurde die Folgerung vielfach abgelehnt, halten sich doch die zahlreichen (Umweltschutz-)Verbände viel eher für die Aufgabe berufen, die Gemeinschaft vor den negativen Folgen der Industriegesellschaft zu bewahren. Daß in den staatlichen Aufgabenbereich eingegriffen wird, läßt sich jedoch nicht bestreiten. Die über die Prozeßstandschaft hinausgehende Verbandsklage dient folglich der prozessualen Wahrung oder Durchsetzung sektoraler öffentlicher Belange und muß erst recht gesetzlich zugelassen sein.

2. Formen der Verbandsklage

a) Kommunale Verbandsklage

Der insbesondere von *Blümel* geforderte kompensatorische Rechtsschutz kommunaler Selbstverwaltungskörperschaften für ihre Einwohner[89]) vermochte sich nicht durchzusetzen. Er wird, insbesondere aus kommunalpolitischen Erwägungen, zwar immer wieder erwogen, ist aber − mit Rücksicht auf die Einheitlichkeit der Staatsgewalt und die Unteilbarkeit des öffentlichen Interesses[90]) − prinzipiell abzulehnen[91]).

29

b) Altruistische Verbandsklage

Abzulehnen ist grundsätzlich auch die altruistische Verbandsklage[92]), die als komplementäre Klage neben die Individualklage treten und damit ohne Zwang das bestehende Rechtsschutzsystem verändern würde[93]). Allenfalls könnte ein Bedarf für eine *subsidiäre* Verbandsklage bestehen, wo ansonsten niemand

30

---

87) Der Staat der Industriegesellschaft, 1971, S. 121.
88) Vgl. hierzu auch *Ronellenfitsch*, DVBl. 1989, 851 ff. (855).
89) VVDStRL 36 (1978), 171 ff. (286 f.); ferner *Pfaff*, VerwArch. 1979, 1 ff.
90) Vgl. *Ronellenfitsch*, DÖV 1972, 191 ff. (195).
91) Ebenso BWVGH v. 8. 10. 1975, ESVGH 27, 130 (134); v. 19. 1. 1977, DVBl. 1977, 345 und v. 24. 3. 1977, GewArch. 1977, 240 (241 f.); BayVGH v. 9. 4. 1979, DVBl. 1979, 673 (678 f.); v. 19. 11. 1985, UPR 1986, 154.
92) Aus dem umfangreichen Schrifttum *Bender*, Festg. BVerwG, S. 37 ff.; *Breuer*, NJW 1978, 1558 ff.; *W. Schmidt*, NJW 1978, 1769 ff.; *Ule/Laubinger*, Gutachten B zum 52. DJT, 1978, S. 99 ff.; *Sening*, NuR 1979, 9 ff.; *Skouris*, S. 211 ff.; *Embacher*, Die Verbandsklage im Verwaltungsprozeß, Diss. Saarbrücken, 1979.
93) Zutreffend *Achterberg*, NJW 1978, 1993 ff. (1997). Gegen die Verbandsklage auch BVerwG v. 16. 7. 1980, NJW 181, 362 = JuS 1981, 302 *(Brodersen);* hierzu *Skouris*, JuS 1982, 100 ff. Ablehnend gegenüber der Verbandsklage auch *Eyermann*, BayVBl. 1974, 237 ff.; *Weyreuther*, Verwaltungskontrolle durch Verbände?, 1975; *Hammer*, GewArch. 1978, 14 ff.

klagebefugt wäre. Aber auch hier gilt, daß demokratisch legitimierte staatliche Instanzen das öffentliche Interesse auf dem Umweltsektor allemal besser vertreten als selbsternannte Anwälte des Gemeinwohls, mögen diese auch organisiert auftreten. Damit sollen die Nutzen einer Verbandsbeteiligung im Verwaltungsverfahren nicht in Abrede gestellt werden. Die Beteiligung sachkundiger Verbände verbreitert sicherlich die Informationsbasis der Behörden. Das Beteiligungsrecht nach § 29 BNatSchG ist deshalb durchaus systemgerecht. Aus dem Beteiligungsrecht folgen wiederum Klagerechte, nämlich zunächst auf Anerkennung als beteiligungsberechtigter Verband[94]) und sodann auf Einhaltung des Beteiligungsrechts. Hier handelt es sich dann jedoch wieder um egoistische Verbandsklagen. Somit kann ein Verband nur auf die Einhaltung der Beteiligungsrechte klagen, nicht aber die Aufhebung von Verwaltungsentscheidungen begehren, die unter Verstoß gegen die Beteiligungsrechte zustande gekommen sind[95]). Ein Privileg, wie die zusätzliche Zuerkennung eines altruistischen Verbandsklagerechts, müßte vom Gesetzgeber ausdrücklich zugesprochen worden sein. Dies ist durch § 29 BNatSchG jedoch bewußt nicht geschehen.

31   Auf *Landesebene* ist der Verbandsklage freilich der Durchbruch geglückt. Es haben nämlich die Länder Bremen in § 43a des Gesetzes über Naturschutz und Denkmalpflege vom 17. 9. 1979 (GVBl. I S. 345), Hessen in § 36 des Naturschutzgesetzes vom 19. 9. 1980 (GVBl. I S. 309), Hamburg in § 41 des Naturschutzgesetzes vom 2. 7. 1981 (GVBl. I S. 167) und Berlin in § 39a des Naturschutzgesetzes i. d. F. vom 3. 10. 1983 (GVBl. I S. 1290) ein eingeschränktes Klagerecht von Verbänden eingeführt. Rechtspolitisch am sinnvollsten ist die Regelung in Berlin, wo die Klagebefugnis sich auf die Verletzung naturschutzrechtlicher Vorschriften beschränkt und das Klagerecht nur besteht, wenn ein anderweitiges Klagerecht nicht besteht. Das OVG Berlin hatte zwar gerade wegen dieser Subsidiaritätsklausel die gesamte Regelung für nichtig erklärt[96]). In dem Grundsatzurteil vom 18. 12. 1987[97]) bestätigte das BVerwG dagegen mit insoweit billigenswerter Begründung die Berliner Regelung. Die *bundesstaatlichen Konsequenzen* dieser Entscheidung lassen sich dagegen noch nicht abschließend beurteilen, da Streitgegenstand nur Klagen gegen Landesbehörden waren. Das BVerwG neigt wohl der Meinung zu, daß der Landesgesetzgeber auch die Verbandsklage gegen VA von Bundesbehörden zulassen könne. Dem ist entschieden entgegenzutreten[98]). Das landesrechtlich eingeführte Klagerecht dient nur der

---

94) BVerwG v. 6. 2. 1985, BVerwGE 72, 277.
95) So zutreffend früher HessVGH v. 31. 8. 1982, NuR 1983, 160 gegen *Sening*, NuR 1983, 146 ff.; bedauerlicherweise aufgegeben durch HessVGH v. 11. 7. 1988, NVwZ 1988, 1040; richtig dagegen BWVGH v. 15. 1. 1988, NVwZ 1988, 1039, aufgehoben durch BVerwG v. 31. 10. 1990 – 4 C 7. 88 – unter unzutreffender Verabsolutierung des Beteiligungsrechts.
96) NVwZ 1986, 318; hierzu *Möllers*, NuR 1987, 217.
97) BVerwGE 78, 347 = JuS 1989, 67 *(Lerke/Osterloh);* hierzu *Battis/Dünnebacke*, JuS 1990, 188 ff.
98) Vgl. auch HessVGH v. 21. 12. 1984, NuR 1985, 154.

Kontrolle der dem Landesgesetzgeber zugeordneten Exekutive, d. h. der Landesverwaltung. Um eine objektive Rechtskontrolle geht es auch hier nicht; daher spielt es keine Rolle, ob die angegriffenen Verwaltungsmaßnahmen in bundesrechtlich geregelten Verfahren ergehen[99]). Vielmehr wird ein sektorales öffentliches Interesse gerügt[100]), so daß in der Tat von einer Treuhandklage gesprochen werden kann[101]). Unzulässig ist die Verbandsklage somit nach wie vor gegen Maßnahmen der unmittelbaren und mittelbaren Bundesverwaltung[102]). Entsprechendes muß — wegen der Ingerenzrechte des Bundes (Art. 85 III GG) und mit Blick auf die materielle Rechtslage — auch für die Bundesauftragsverwaltung gelten.

Auf *Bundesebene* hat sich zwar die Befürchtung zerschlagen, daß die Verbandsklage ausgerechnet im Atomrecht eingeführt wird, wo sich gegen jedes Vorhaben immer wieder zahlreiche Kläger mobilisieren lassen. Im (Bundes-) Naturschutzrecht will es dagegen einfach nicht gelingen, die Geister von gestern zu vertreiben[103]). 32

c) Kompensatorische Verbandsklage

Eine *gegenläufige* Stoßrichtung zur komplementär-altruistischen Verbandsklage verfolgt die kompensatorische Verbandsklage. Mit Hilfe der kompensatorischen Verbandsklage könnten massenweise erhobene gleichgerichtete Individualklagen ersetzt und kanalisiert werden. Diese Klageform käme den Bedürfnissen der Praxis entgegen. Aus — wenn auch zumeist übertrieben hochgespielten — verfassungsrechtlichen Gründen (Art. 19 IV GG) dürfte sie nur in Ausnahmefällen zulässig sein[104]). 33

Beispiel: Klage der Teilnehmergemeinschaft gegen den Wege- und Gewässerplan nach § 41 FlurbG[105]). In diesen Zusammenhang gehört auch das Jagdausübungsrecht einer Jagdgenossenschaft, das erst in deren Hand zu einem klagefähigen Recht erstarkt[106]).

---

99) Ob die Regelungen über die Verbandsklage verwaltungsverfahrensrechtlicher oder verwaltungsprozessualer Natur sind, spielt keine Rolle, a. A. *Battis/Dünnebacke,* JuS 1990, 190.
100) Der Sache nach handelt es sich um den anachronistischen (und damit schon wieder modernen) Rückfall in das Prinzip der Realdepartements, welches bereits dem Freiherrn vom Stein Sorge bereitete, da nach ihm „ein Geschäftszweig vor dem anderen begünstigt wird"; vgl. Immediatsbericht v. 23. 11. 1807, zit. nach *Botzenhart,* Freiherr vom Stein, Bd. 2, 1936, S. 298 ff. (300).
101) *Gassner,* Treuhandklage zugunsten von Natur und Landschaft, 1984. Eher könnte man freilich von einer Geschäftsführung ohne Auftrag sprechen.
102) Richtig schon VG Kassel v. 10. 11. 1983, DÖV 1984, 122; ebenso HessVGH v. 21. 12. 1984, NuR 1985, 154 m. Anm. *Ladeur;* vgl. auch *Neumeyer,* UPR 1987, 327 ff. (330).
103) Zutreffend kritisch *Schlichter,* UPR 1982, 209 ff.
104) Vgl. *Blümel,* Masseneinwendungen im Verwaltungsverfahren, in: Festschr. f. Werner Weber, 1974, S. 539 ff. (564 f.); *Blümel/Ronellenfitsch,* Die Planfeststellung in der Flurbereinigung, 1975, S. 92 f.; *Scholz,* VVDStRL 34 (1976), 146 ff. (209 f.); *Schmidt-Aßmann,* ebd., S. 222 ff. (250 f.); *Kopp,* DVBl. 1980, 320 ff. Allgemein: *Schmel,* Massenverfahren vor den Verwaltungsbehörden und Verwaltungsgerichten, 1982.
105) BVerwG v. 6. 2. 1986, BVerwGE 74, 1; hierzu *Ronellenfitsch,* VerwArch. 1988, 323 ff.
106) BVerwG v. 4. 3. 1983, DÖV 1983, 678.

Gleichwohl ist es sinnvoller, solche Ausnahmefälle herauszuarbeiten, als Einzelfällen für die komplementär-altruistische Verbandsklage nachzuspüren.

V. Verwirkung der Klage- und Antragsbefugnis

1. Verwirkung der Klagebefugnis

34 Jede Rechtsposition kann grundsätzlich durch Nichtgebrauch verwirkt werden. Die Klagebefugnis macht keine Ausnahme[107]). Der Verwirkungsgedanke beruht letztlich auf dem Grundsatz von Treu und Glauben und überschneidet sich mit dem Verbot des Rechtsmißbrauchs (§ 226 BGB). Werden subjektive Rechte nur um ihrer selbst willen, d. h. nur um die Klagebefugnis zu rechtfertigen, begründet, so ist das rechtsmißbräuchlich. Auch der vielberufene Grundrechtsschutz durch Verfahren bedeutet nicht Grundrechtsschutz des Verfahrens, sondern soll nur die materielle Rechtsposition verbessern. Die prozessuale Rechtsposition darf daher nicht zum Selbstzweck degenerieren. „Sperrgrundstücke"(!), die dazu erworben werden, durch eine zeitlich beschränkte Eigentümerposition das Verbot der Popularklage zu unterlaufen, begründen noch keine Klagebefugnis[108]). Den Auswüchsen der Massenprozesse (Parzellierung von Grundstücken zur Ausweitung des Kreises der Kläger, Erwerb von strategisch wichtigen Grundstücken durch Bürgerinitiativen) sollte an vorderster Front, also bereits bei der Klagebefugnis begegnet werden. Vom Verwirkungsgedanken wird bislang viel zu zurückhaltend Gebrauch gemacht.

2. Verwirkung der Antragsbefugnis

35 Die einseitige Sicht der Normenkontrolle als objektes Rechtsbeanstandungsverfahren verleitet zu der Annahme, eine Verwirkung der Antragsbefugnis sei ausgeschlossen[109]). Das trifft aber nicht zu. Abgesehen davon, daß die Antragsbefugnis zumindest eine prozessuale Rechtsposition darstellt, die verwirkt werden kann, schützt der Verwirkungsgedanke in erster Linie den prozessualen Gegner; bei der Normenkontrolle die Allgemeinheit (Rechtsfrieden)[110]). Folglich kann auch die Antragsbefugnis verwirkt werden[111]). Da der Normenkon-

---

107) Vgl. *RÖ*, § 75, 14.
108) BayVGH v. 20. 12. 1988, DÖV 1989, 403. Diese weiterführende und begrüßenswerte Entscheidung verliert durch unnötige politische Werturteile leider an Überzeugungskraft.
109) So *EF*, § 47, 30, 33 m. w. N.
110) Vgl. BVerfG v. 26. 1. 1972, BVerwGE 33, 305 (309).
111) RhPfOVG v. 7. 6. 1983, NJW 1984, 444; vgl. auch *Blümel*, VerwArch. 1983, 153 ff.

trollantrag nicht fristgebunden ist, geht allerdings allein durch Zeitablauf oder durch Erwerb eines Grundstücks im Gebiet eines verwirklichten Bebauungsplans das Antragsrecht nicht verloren. Vielmehr müssen besondere Umstände hinzutreten, die die (verspätete) Geltendmachung des Nachteils als treuwidrig erscheinen lassen[112]).

---

112) BVerwG v. 9. 2. 1989, DÖV 1989, 660; v. 7. 2. 1974, BVerwGE 44, 339 (343).

§ 14 V 2 Klage- und Antragsbefugnis (Allgemein)

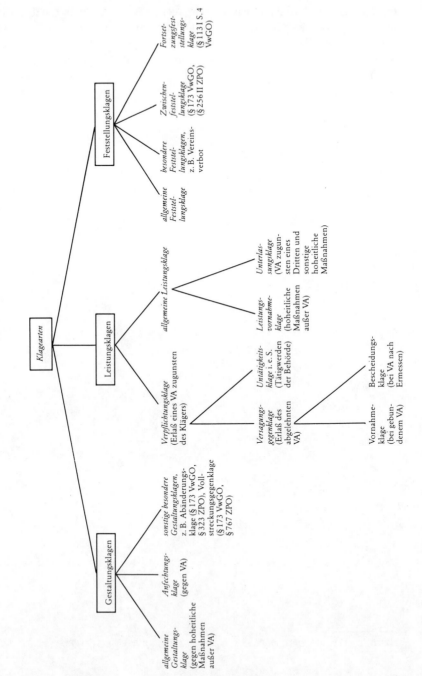

Schaubild 8

Schaubild 9

Die zeitliche Dimension des gerichtlichen Rechtsschutzes

	Gestaltungsklagen		Leistungsklagen		Feststellungsklagen		Normenkontrollverfahren
	Anfechtungs-klage	sonstige Gestaltungs-klagen	Verpflich-tungsklage	sonstige Leistungs-klagen	allgemeine Feststellungs-klage	sonstige Feststellungs-klagen	
Normalfall: *repressiver Rechtsschutz*							
vorläufiger Rechtsschutz	§ 80 VwGO		§ 123 VwGO				§ 47 VIII VwGO
vorbeugender Rechtsschutz	keine vorbeugende Gestaltungsklage (aber ausnahmsweise vor-beugende Leistungs- oder Feststellungsklage)		vorbeugende Vornahme-klage oder vorbeugende Unterlassungsklage		vorbeugende Feststellungs-klage	kein vorbeugender Rechtsschutz	

§ 15 Nachbarklage

I. Allgemeines

1   Auf die drittschützende Wirkung von Normen kommt es insbesondere bei der Nachbarklage an[1]). Statt von Drittschutz spricht man hier gleichbedeutend vom Nachbarschutz. Nachbarschutz begehren diejenigen, in deren *räumlicher Nähe* eine störende Anlage oder ein sonstiges lästiges Vorhaben vom Staat zugelassen, geduldet oder selbst verwirklicht wird.

2   Der öffentlich-rechtliche Nachbarschutz spielt in zahlreichen *Rechtsgebieten* eine zentrale Rolle. Nachbarliche Beziehungen bestehen hauptsächlich zwischen Grundeigentümern. Zu rechtlichen Auseinandersetzungen kommt es vor allem dann, wenn ein Grundstück bebaut werden soll. Da hierzu regelmäßig eine Baugenehmigung erforderlich ist, wehrt sich der Nachbar, indem er die Baugenehmigung angreift. Der klassische Fall der Nachbarklage ist daher die Baunachbarklage. Materiell-rechtlich sind für den Nachbarstreit nicht nur Normen des Baurechts, sondern beispielsweise auch des Gewerbe- und Umweltrechts relevant; denn bauliche Vorgänge betreffen zumeist nicht nur den Boden, sondern verursachen auch schädliche Umwelteinwirkungen, die besonders intensiv die Nachbarschaft beeinträchtigen. Bauliche Anlagen und erst recht emittierende Anlagen haben ferner immer einen planerischen Einschlag. Mit wachsender Raumrelevanz werden sie zu Fachplanungen. An die Stelle des allgemeinen Baurechts tritt das Fachplanungsrecht. Das Recht der Gesamtplanungen ist berührt, wenn sich Nachbargemeinden über die Zulässigkeit raumbeanspruchender Vorhaben streiten.

3   Nachbarschutz kann nur begehren, wer sich auf eine *Schutznorm* berufen kann. Ob eine Vorschrift nachbarschützend ist, ist eine Frage des *materiellen Rechts*. Generell gilt, daß ein besonderer räumlicher Kontakt des Klägers mit dem angegriffenen Vorhaben bestehen muß, damit man überhaupt nachbarliche Beziehungen annehmen kann. Die räumliche Beziehung ist grundstücksbezogen, nicht personenbezogen. Sie wird daher (grundsätzlich) durch dingliche Rechte sowie durch eine räumlich-gegenständliche Abgrenzung der Nachbarschaft vermittelt.

---

1) *Berger*, Grundfragen umweltrechtlicher Nachbarklagen, 1982; *Breuer*, DVBl. 1983, 431 ff.; *Degenhart*, JuS 1984, 187 ff.; *Dolde*, NJW 1984, 1726 ff.; *Gassner*, DÖV 1981, 615 ff.; *Goerlich*, DÖV 1982, 631 ff.; *Groth*, Das Grundeigentum 1984, 410 ff.; *Jarass*, NJW 1983, 2844 ff.; *Klein-Coridaß*, WiVerw 1984, 182 ff.; *Konrad*, BayVBl. 1984, 33 ff.; *Ladeur*, UPR 1984, 1 ff.; *Lenz*, BauR 1983, 326 ff.; *Menger*, VerwArch. 1978, 313 ff.; *Ortloff*, NJW 1983, 961 ff.; ders., NVwZ 1985, 13 ff. (18 ff.); *Ronellenfitsch/Wolf*, NJW 1986, 1955 ff.; *Schenke*, NuR 1983, 81 ff.; *Schlichter*, NVwZ 1983, 641 ff.; ders., BauR 1983, 520 ff.; *Schröer*, DVBl. 1984, 426 ff.; *Schulte*, JZ 1984, 297 ff.; *Schwabe*, NVwZ 1983, 523 ff.; *Schwerdtfeger*, NVwZ 1982, 5 ff.; ders., NVwZ 1983, 199 ff.; *Steinberg*, NJW 1984, 457 ff.; *Thiele*, DÖV 1979, 236 ff.; *Wahl*, JuS 1984, 477 ff.

Schutzgut im Nachbarstreit ist in erster Linie das *Eigentum* in allen Formen (Miteigentum, Wohnungseigentum), geschützt sind ferner das Erbbaurecht[2]), der dingliche Nießbrauch[3]), die durch eine Vormerkung gesicherte Eigentumsanwartschaft[4]), dingliche Wohnrechte sowie der eingerichtete und ausgeübte Gewerbebetrieb. Bei der Anerkennung obligatorischer Rechte als Abwehrrechte ist die Rechtsprechung jedenfalls im Baunachbarstreit sehr zurückhaltend[5]).

Zum *Kreis der Nachbarn* zählen nur solche (i. d. R. dinglich) Berechtigten, die sich deutlich von der Allgemeinheit unterscheiden. Nach der neueren Rspr. des BVerwG müssen sie sich aus individualisierbaren Tatbestandsmerkmalen der Schutznorm ermitteln lassen[6]). Ausschlaggebend ist also auch hier allein das materielle Recht.

II. Baurechtliche Nachbarklage

Hauptanwendungsfall der Nachbarklage in Praxis (und Examen) ist nach wie vor die baurechtliche Nachbarklage[7]). Sie bereitet zwar besondere Schwierigkeiten. Auf dem Boden der Schutznormtheorie ist es jedoch der Rspr., namentlich dem BVerwG gelungen, ein plausibles, abgestuftes System des Nachbarschutzes zu entwickeln, dem die Lehre bislang nichts Besseres entgegensetzen konnte. Dennoch scheint sich das BVerwG allmählich von seiner eigenen Systematik zu lösen[8]).

Die drei Grundlagen des Nachbarschutzes (Schutznorm, Gebot der Rücksichtnahme, unmittelbarer Zugriff auf Art. 14 I GG) verschwimmen. Offenbar zeigen die Angriffe aus dem Schrifttum auf die Schutznormtheorie nun doch Wirkung; die Entwicklung in der Rspr. deutet auf eine Inflation der Schutznormen, was der Schutznormtheorie die Grundlage entziehen würde.

Dies wäre äußerst bedauerlich; denn die bisherige Systematik ermöglichte einen ausgewogenen Ausgleich der Interessen des belasteten Nachbarn und des begünstigten[9]) Bauherrn, der sich ebenfalls auf Art. 14 I GG berufen kann. Den Nachbarn baulicher Vorhaben sind so viele Rechtsschutzmöglichkeiten eröff-

---

2) HessVGH v. 10. 9. 1969, BRS 22 Nr. 169 S. 236.
3) BayVGH v. 25. 4. 1969, BRS 22 Nr. 170, S. 237.
4) BVerwG v. 29. 10. 1982, DVBl. 1983, 344.
5) Vgl. unten mit Rdnr. 7. Zur Klagebefugnis eines Jagdpächters gegen einen Straßenplanfeststellungsbeschluß (ablehnend) BVerwG v. 4. 3. 1983, BayVBl. 1983, 503.
6) Vgl. Urt. v. 16. 3. 1989, BVerwGE 81, 329 (334).
7) Vgl. außer den Nachw. in Fußn. 1 *Timmermann*, Der baurechtliche Nachbarschutz, 1969; *Bender/Dohle*, Nachbarschutz im Zivil- und Verwaltungsrecht, 1972 Rdnrn. 25 ff., 46 ff., 135 ff.; *Weyreuther*, BauR 1975, 1 ff.; *ders.*, DÖV 1977, 419 ff.; *Hahn*, JuS 1987, 536 ff.
8) Vgl. *Gaentzsch*, DÖV 1988, 891 f.
9) Durch die Baugenehmigung wird im Regelfall lediglich die Baufreiheit bestätigt (str.).

net, daß kein Anlaß besteht, die Schutznormtheorie aufzuweichen. Solange das BVerwG die Abkehr vom abgestuften Nachbarschutz nicht ausdrücklich vollzogen hat, sollten die bewährten Argumentationsmuster auf keinen Fall über Bord geworfen werden.

7 Geschütztes Rechtsgut bei der baurechtlichen Nachbarklage ist das *Eigentum*.

> Daß auch die Verletzung der in Art. 2 II GG genannten höchstpersönlichen Rechtsgüter gerügt werden kann, versteht sich von selbst. Vorausgesetzt ist aber, daß bereits ein Nachbarverhältnis besteht[10]). Das bedeutet, daß der Eigentümer spezifisch als Nachbar in Leben und körperlicher Unversehrtheit geschützt ist. Wer *nur* Art. 2 II GG rügen kann, muß dartun, wieso gerade er in einem räumlichen Bezug zur baulichen Anlage steht. Kann er der Beeinträchtigung ohne Preisgabe subjektiver Rechte ausweichen, so ist er nicht stärker geschützt als die Allgemeinheit; es fehlt an der Schutznorm.

Auszugehen ist dabei freilich nicht von dem weiten, alle vermögenswerten Rechte umfassenden Eigentumsbegriff des Art. 14 I GG, sondern von dem *grundstücksbezogenen* dinglichen Eigentum[11]).

Geklärt werden muß daher jeweils, ob ein Eingriff in das Eigentum des klagenden Nachbarn vorliegt.

---

10) Vgl. auch BWVGH v. 17. 5. 1984, NVwZ 1984, 525.
11) Vgl. Fußn. 4. Die Nachbarklage von Mietern wurde vom BerlOVG (Beschl. v. 9. 6. 1978, NJW 1978, 1822) bejaht. Hiergegen aber BerlOVG v. 5. 10. 1978, NJW 1978, 282; BWVGH v. 24. 3. 1983, VBlBW 1984, 19. Ob angesichts des ausgeprägten Mieterschutzes zumindest bei längerfristigen Mietverhältnissen sich die Rechtsstellung des Mieters nicht der eines dinglich Berechtigten annähert, erscheint zweifelhaft. Ein dinglich Wohnberechtigter ist jedenfalls klagebefugt, vgl. BremOVG v. 27. 3. 1984, DÖV 1985, 33. Das betrifft aber nur den echten Nachbarschutz. Ein Wohnungseigentümer kann die Baugenehmigung, die der Eigentümergemeinschaft für einen zum Gemeinschaftseigentum gehörenden Gebäudeteil erteilt wurde, nicht angreifen; er wäre sonst Störer und Gestörter zugleich, BWVGH v. 20. 12. 1984, DÖV 1985, 246 = JuS 1985, 562 *(Selmer);* BVerwG v. 27. 4. 1988, NJW 1988, 2056. Entsprechendes gilt für den Sondereigentümer, BVerwG v. 4. 5. 1988, NJW 1988, 3279.

Der *Eingriff* geht immer vom Staat aus[12]). Er läßt sich auf mehrfache Weise feststellen. Am zweckmäßigsten ist folgende *Prüfungsreihenfolge:*
- unmittelbarer Zugriff auf das Eigentum des Nachbarn
- Verletzung einer Schutznorm
- Verstoß gegen das Gebot der Rücksichtnahme
- Verletzung von Art. 14 I GG
- Verletzung einer Zusage

Die anschließende Darstellung der Eingriffskriterien kann sich nicht an diese Prüfungsreihenfolge halten, weil sonst die Sachzusammenhänge gesprengt würden.

Zunächst liegt ein Eingriff immer dann vor, wenn der angegriffene VA – normalerweise die Erteilung einer Bauerlaubnis – gegen eine Norm verstößt, die zumindest auch dem Schutz des Nachbarn dient *(Schutznorm)*. In diesem Fall genügt nach dem BVerwG die objektive Rechtswidrigkeit des Eingriffs. Eine spürbare Beeinträchtigung des Eigentums sei nicht zusätzlich erforderlich[13]). Das letzte Wort in dieser Frage dürfte aber noch nicht gesprochen sein.

Das *Auffinden einer Schutznorm* ist nicht einfach, zumal es grundsätzlich der Dispositionsbefugnis des Gesetzgebers überlassen bleibt, ob und unter welchen Voraussetzungen er Individualrechte begründet[14]). Insbesondere im Baurecht muß bei jeder einzelnen Vorschrift geprüft werden, ob sie nur der Wahrung von Allgemeininteressen dient und allenfalls Reflexwirkungen entfaltet oder ob sie drittschützenden Charakter hat.

Nachbarschützende Normen finden sich vor allem im *Bauordnungsrecht*.

---

12) Nach *Schwerdtfeger,* NVwZ 1982, 5 ff. (7) ist es nicht der Staat, sondern der Bauherr, der in das Eigentum des Dritten eingreift. Im Nachbarstreit geht es jedoch um rechtswidrige Baumaßnahmen. Wer rechtmäßig baut, übt eigene Rechte aus, kann also überhaupt nicht die Rechte anderer verletzen. Bei (materiell) rechtswidrigen Baumaßnahmen macht dagegen der Bauherr nicht von seiner Baufreiheit Gebrauch. Vielmehr wird die Baufreiheit durch die rechtswidrige Baugenehmigung erst gewährt. In dieser Gewährung liegt, wovon das BVerwG in ständiger Rspr. ausgeht – wenn überhaupt –, der „klassische" Eingriff des Staates. Der problematischen Konstruktion eines grundrechtlichen Schutzanspruchs bedarf es daher nicht. Damit besteht für den baurechtlichen Drittschutz auch kein Parlamentsvorbehalt; a. A. – von seinem Standpunkt aus folgerichtig – *Schwerdtfeger,* NVwZ 1983, 199 ff.; vgl. demgegenüber *Schwabe,* NVwZ 1983, 523 ff. Auch die Gewährung von Baufreiheit durch Erteilung einer Baugenehmigung vermittelt dem Bauherrn eine Rechtsposition, die nicht ohne weiteres entzogen werden kann. Der Nachbar ist nur klagebefugt, wenn die Gewährung ihn möglicherweise in seinen Rechten verletzt. Gibt das VG der Anfechtungsklage gegen eine nur objektiv rechtswidrige Baugenehmigung statt, so kann der Bauherr mit Erfolg Berufung einlegen, BVerwG v. 13. 6. 1980, NJW 1981, 67 = JuS 1981, 58 *(Selmer).*
13) BVerwG v. 10. 9. 1984, DÖV 1985, 243.
14) BVerfG v. 31. 5. 1988, BVerfGE 78, 214 (226); BVerwG v. 29. 5. 1981, BVerwGE 62, 243; v. 28. 3. 1982, BVerwGE 65, 167.

Ein *Beispiel* bieten die Vorschriften über die Mindestabstände nach den Abstandsflächenverordnungen[15]). Die meisten Bauordnungen der Länder sehen allerdings vor, daß vor der Erteilung von Befreiungen von solchen Vorschriften die Nachbarn anzuhören oder zu benachrichtigen sind[16]). Die Nachbarn geben dann i. d. R. eine Zustimmungserklärung zu dem Bauvorhaben ab. In der Zustimmungserklärung ist der Verzicht auf die Einhaltung nachbarschützender Bestimmungen zu sehen, der den Verlust der Klagebefugnis bewirkt[17]).

12   Noch komplizierter liegen die Dinge im *Bauplanungsrecht*.

Zunächst gilt festzuhalten, daß dem ohnehin zweifelhaften[18]) Erfordernis vorgängiger Bauleitplanung für Großvorhaben keine nachbarschützende Funktion zukommt[19]). Im übrigen sind die Baugebiete des BauGB zu unterscheiden.

Im Geltungsbereich eines qualifizierten Bebauungsplans *(beplanter Innenbereich)* ist ein Vorhaben zulässig, wenn es den Festsetzungen dieses Plans entspricht und die Erschließung gesichert ist (§ 30 BauGB) oder wenn es aufgrund einer im Bebauungsplan nach Art und Umfang ausdrücklich vorgesehenen Ausnahme zugelassen wird (§ 31 I BauGB) oder wenn eine Befreiung von den Festsetzungen des Bebauungsplans gem. § 31 II oder § 37 BauGB erteilt wird. Maßgeblich sind immer die Festsetzungen des einzelnen Bebauungsplans, die auf den Schutz der Allgemeinheit, aber auch der Nachbarschaft abzielen können.

Beispiel: Zu Recht zweifelhaft ist zwar, ob die Festsetzung der Wohnungsdichte zur Sicherung des Wohnniveaus zulässig ist[20]). Bejaht man dies aber, so vermittelt die Festsetzung auch Nachbarschutz[21]).

Festsetzungen über die Art der baulichen Nutzung sind besonders häufig nachbarschützend, während Festsetzungen über das Maß der baulichen Nutzung normalerweise nur nachbarschützend sind, wenn sie den Gebietscharakter prägen (z. B. durch Festlegung der Geschoßflächen oder der offenen Bauweise).

Im Fluß ist die Entwicklung bei den Befreiungen nach § 31 II BauGB. Hier hat bei der Entscheidung über die Befreiung ausdrücklich eine „Würdigung nachbarlicher Interessen" zu erfolgen. Die nachbarlichen Interessen müssen jedoch nur abgewogen werden, sind also noch nicht zu subjektiven-öffentlichen Rechten erstarkt[22]). Dennoch reicht nach der neueren Rspr. des BVerwG

---

15) Vgl. SaarlOVG v. 24. 1. 1983, DÖV 1983, 985; BremOVG v. 31. 1. 1984, DÖV 1985, 249.
16) Vgl. *Ortloff,* NJW 1983, 961 ff. (962 f.).
17) BWVGH v. 1. 4. 1982, NVwZ 1983, 229; Vgl. auch unten § 36 Rdnr. 4.
18) Hierzu *Ronellenfitsch,* VerwArch. 1984, 281 f.
19) SaarlOVG v. 29. 1. 1982, NJW 1982, 2086; wenig überzeugend *Degenhart,* JuS 1984, 187 ff.
20) Ablehnend *Grabe,* BauR 1986, 258 ff. (260).
21) SaarlOVG v. 3. 6. 1980, BRS 36 Nr. 198; BerlOVG v. 25. 2. 1988, NVwZ-RR 1989, 116; offen BremOVG v. 5. 4. 1989, DÖV 1989, 728.
22) BVerwG v. 12. 1. 1968, BayVBl. 1969, 432; v. 9. 6. 1978, BVerwGE 56, 71.

bereits das subjektive Recht auf Einbeziehung der nachbarlichen Belange in die Abwägungsentscheidung für die Annahme der Klagebefugnis selbst dann aus, wenn die Festsetzung, von der abgewichen werden soll, nicht nachbarschützend ist[23]). Dies hätte im Hinblick auf das Abwägungsgebot einen Dammbruch bedeuten können. Denn die Ausgewogenheit des Nachbarschutzes ist nur dann nicht gefährdet, wenn man auf den Ausnahmecharakter der Befreiung abstellt. Daher ist es begrüßenswert, daß das BVerwG wenigstens mit Urt. v. 6. 10. 1989[24]) § 31 II BauGB als Ausnahmevorschrift bezeichnet hat, deren Anwendungsbereich auf die Erteilung einer Befreiung beschränkt sei. Die Befreiungsmöglichkeit bringt indessen ebenfalls die prinzipielle Baufreiheit zum Ausdruck. Die frühere Rspr. war daher stringenter und überzeugender. Wie ehedem sollte es im Rahmen des § 31 BauGB generell darauf ankommen, ob Ausnahmen und Befreiungen von nachbarschützenden Festsetzungen erteilt werden[25]). Entsprechend verläuft die Prüfung für *Vorhaben im künftigen Planbereich*. Für einen aus § 33 BauGB selbst herzuleitenden Nachbarschutz besteht keine Notwendigkeit[26]). Im *nichtbeplanten Innenbereich* (§ 34 BauGB) kann man in Anwendung der sog. Rahmentheorie[27]) zum Nachbarschutz verstoßen. Die Rahmentheorie beruht aber auf der zutreffenden Annahme, daß auch § 34 dem Nachbarn unmittelbar keine Rechte vermittelt[28]). Im *Außenbereich* sind die privilegierten Vorhaben des § 35 I BauGB zumindest gegen die heranrückende Bebauung wehrfähig[29]). Dabei spielt es keine Rolle, ob das angegriffene Vorhaben selbst privilegiert ist. Auch Baugenehmigungen für benachbarte Wohnbauvorhaben in einem im Zusammenhang bebauten Ortsteil können mit dem Ziel angegriffen werden, eine Konfliktminderung zu erreichen[30]). Für die sonstigen Vorhaben besteht kein Nachbarschutz unmittelbar aus § 35 II BauGB.

---

23) BVerwG v. 19. 9. 1986, BauR 1987, 70 = JuS 1987, 751 *(Selmer)* unter Bezugnahme auf Urt. v. 25. 2. 1977, BVerwGE 52, 122. Ferner BVerwG v. 6. 10. 1989, DVBl. 1990, 364 (365).
24) DVBl. 1989, 364.
25) BVerwG v. 10. 12. 1982, NJW 1983, 1574 = JuS 1983, 887 *(Selmer);* v. 20. 9. 1984, DÖV 1985, 243 (244).
26) *Hahn*, JuS 1987, 538.
27) Vgl. BVerwG v. 26. 5. 1978, BVerwGE 55, 369; v. 3. 4. 1981, BRS 38, 69; v. 10. 12. 1982, NJW 1983, 2460; s. auch *Broß/Ronellenfitsch*, Fall 5. Zum Gebot der Rücksichtnahme weiteres im Text.
28) BVerwG in st. Rspr. Zu § 34 BBauG a. F. grundlegend BVerwG v. 13. 6. 1969, BVerwGE 32, 173. Zu § 34 I BBauG in der letzten Fassung BVerwG v. 13. 2. 1981, NJW 1981, 1973 = JuS 1982, 145 *(Selmer);* ferner v. 31. 10. 1977, Buchholz 406.19 Nachbarschutz Nr. 44 S. 4 (8); v. 26. 5. 1978, BVerwGE 55, 369; v. 13. 3. 1981, DVBl. 1981, 928 = JuS 1982, 145 *(Selmer);* v. 10. 12. 1982, NJW 1983, 2460; VG Köln v. 19. 8. 1980, NJW 1981, 1463 = JuS 1982, 71 *(Selmer).*
29) Vgl. oben § 10 Rdnr. 3.
30) Vgl. NWOVG v. 21. 10. 1987, NVwZ 1988, 377 = JuS 1989, 237 *(Selmer).*

13 Läßt sich eine nachbarschützende Norm nicht auffinden, so kann sich der *Nachbarschutz* dennoch aus *anderen Erwägungen* ergeben. Wichtiger als jede noch so ausgefeilte Dogmatik ist hier ein gesundes Augenmaß. Die berechtigte Zurückhaltung der Rspr. bei der Anerkennung des nachbarschützenden Charakters von Rechtsnormen machte es erforderlich, (ungeschriebene) Grundsätze zu entwickeln, die gleichwohl Nachbarschutz ermöglichen, die aber zugleich flexibel genug sind, Auswüchse des Nachbarschutzes zu verhindern.

14 Den ersten Schritt zum Nachbarschutz trotz Fehlens nachbarschützender Normen bedeutet, die dem Nachbarn gegenüber erteilte *Zusage* der Verwaltung, das objektive Recht einzuhalten[31]). Dadurch bekommt das objektive Recht aber noch keinen individuellen Einschlag. Vielmehr besteht die Klagebefugnis des Nachbarn nur insoweit, als er auf Einhaltung der Zusage klagen kann. Es besteht somit nur ein *mittelbarer Nachbarschutz*, der freilich durchaus effektiv sein kann, solange die objektiv rechtswidrige Baugenehmigung nicht erteilt wurde. Dann rechtfertigt nämlich die Zusage eine vorbeugende Unterlassungsklage, für die sonst die Klagebefugnis fehlen würde.

15 Wichtiger ist, daß dem objektivrechtlichen *Gebot der Rücksichtnahme* drittschützende Wirkung zukommt, soweit in qualifizierter und zugleich individualisierter Weise auf schützwürdige Interessen eines erkennbar abgegrenzten Kreises Dritter Rücksicht zu nehmen ist. Die Qualifizierung betrifft die Schwere des Eingriffs, die Individualisierung den Kreis der Betroffenen. Die dogmatische Fundierung des Gebots der Rücksichtnahme ist bislang noch nicht zufriedenstellend geglückt.

Die objektivrechtliche Seite des Gebots war im Verfassungsrecht schon lange bekannt, ehe es in der Rspr. des BVerwG im Urt. v. 25. 10. 1967[32]) erwähnt wurde. Nach dem grundlegenden Aufsatz von *Weyreuther*, „Das baurechtliche Gebot der Rücksichtnahme und seine Bedeutung für den Nachbarschutz"[33]), erkannte das BVerwG mit Urt. v. 25. 2. 1977[34]) die auf Ausnahmen beschränkte Drittschutzwirkung des Rück-

---

31) BVerwG v. 17. 10. 1975, DVBl. 1976, 220, 715 m. Anm. *Schwabe*, vgl. auch *Hailbronner*, DVBl. 1979, 767 ff.
32) BVerwGE 28, 145 (152 f.); ferner BVerwG v. 6. 2. 1967, BVerwGE 28, 268 (274); v. 10. 4. 1968, BVerwGE 29, 286 (288); v. 3. 3. 1972, BRS 25 Nr. 39; v. 8. 9. 1973, BRS 25 Nr. 14.
33) BauR 1975, 1 ff.
34) BVerwGE 52, 122 (126) = DVBl. 1977, 722 m. Anm. *Schrödter*, und Bespr. *Menger*, VerwArch. 1977, 313 ff. (314).

sichtnahmegebots an. Während sich diese Rspr. in der Praxis verhältnismäßig rasch durchsetzte[35]), stieß sie im Schrifttum auf herbe Kritik[36]).

Die kritischen Äußerungen aus dem Schrifttum veranlaßten offenbar das BVerwG, das Gebot der Rücksichtnahme zu relativieren. Nach der jüngsten Rspr. des BVerwG handelt es sich nicht um ein außergesetzliches, das gesamte Bau- und Planungsrecht umfassendes Gebot. Vielmehr muß es in den jeweils maßgeblichen Rechtsnormen verankert sein: In § 34 BauGB ist es im Begriff des „Einfügens" enthalten[37]), bei § 35 III BauGB gehört es zu den „öffentlichen Belangen"[38]); schließlich wird es durch § 15 I BauNVO konkretisiert[39]). § 15 I BauNVO ist an sich nur anwendbar, wenn ein Vorhaben in Übereinstimmung mit den Festsetzungen eines Bebauungsplans steht oder wenn es als Ausnahme zugelassen werden könnte. Erst recht gelangt man über § 15 I BauNVO (analog) zum Gebot der Rücksichtnahme, wenn ein Vorhaben den Festsetzungen des Bebauungsplans widerspricht[40]). Das Gebot der Rücksichtnahme gilt

---

35) Vgl. BWVGH v. 2. 9. 1980, VBlBW 1981, 220; v. 30. 9. 1980, VBlBW 1981, 219; v. 13. 3. 1981, DVBl. 1981, 928 = JuS 1982, 145 (Selmer); BayVGH v. 8. 12. 1980 AgrarR 1981, 19; v. 13. 12. 1982, BayVBl. 1983, 275; BremOVG v. 2. 12. 1980, UPR 1982, 25; HbgOVG v. 19. 5. 1981, UPR 1982, 29 (30); NWOVG v. 11. 10. 1977, BauR 1977, 389; v. 25. 1. 1978, AgarR 1978, 170; OVG Lüneburg v. 25. 2. 1977, BauR 1977, 244; v. 19. 10. 1982, Die Gemeinde (Schl.-H.) 1983, 112; v. 17. 11. 1983, NJW 1985, 217; VG Schleswig v. 24. 5. 1978, Die Gemeinde 1978, 350.
36) So *Breuer*, DVBl. 1982, 1065 ff.; *Erbguth*, in: Festschr. f. Ernst 1980, S. 89 ff.; *Erichsen*, DVBl. 1978, 573 ff.; *Franke*, AgrarR 1983, 231 ff.; *Menger*, VerwArch. 1978, 313 ff.; *Müller*, DVBl. 1978, 80 ff.; ders., NJW 1979, 2378 ff.; *Peine*, DÖV 1984, 963 ff.; *Redeker*, DVBl. 1984, 870 ff.; *Schenke*, NuR 1983, 81 ff. (83); *Thiele*, DÖV 1979, 236 ff. Positiv dagegen *Alexy*, DÖV 1984, 953 ff.; *Dolde*, NJW 1984, 1713 ff. (1721 f.); *Dürr*, NVwZ 1985, 719 ff.; *Hüttenbrink*, ZfBR 1983, 209 ff.; *Schlichter*, NVwZ 1983, 642 ff.; ders., DVBl. 1984, 85 ff.; *Schulte*, UPR 1984, 212 ff.; *Ziegert*, BauR 1984, 19 ff.; vgl. noch *Mühl*, in Festschr. f. Baur, 1981, S. 84 ff.
37) BVerwG v. 26. 5. 1978, BVerwGE 55, 369 (386); v. 13. 2. 1981, NJW 1981, 1573; v. 17. 2. 1981, BauR 1981, 1573; v. 13. 3. 1981, DÖV 1981, 672 = JuS 1982, 145 (Selmer); v. 30. 9. 1983, ZfBR 1984, 92 (93); BWVGH v. 3. 3. 1983, NVwZ 1984, 44; HbgOVG v. 27. 1. 1983, NVwZ 1984, 48 (49).
38) BVerwG v. 25. 2. 1977, BVerwGE 52, 122; v. 3. 6. 1977, BVerwGE 54, 79; v. 18. 6. 1982, UPR 1983, 95; v. 18. 2. 1983, BVerwGE 67, 33 (39); hierzu *Ronellenfitsch*, VerwArch. 1984, 407 ff. (416); BWVGH v. 2. 9. 1980, VBlBW 1981, 220; NWOVG v. 24. 1. 1983, BauR 1984, 148.
39) BVerwG v. 11. 7. 1983 – 4 B 123/83 –; v. 5. 8. 1983, NJW 1984, 138; v. 16. 8. 1983, NVwZ 1984, 38; v. 3. 2. 1984, DVBl. 1984, 632 (634).
40) Insoweit zutreffend BVerwG v. 6. 10. 1989, DVBl. 1990, 364. Die weitere „Berücksichtigung der Interessenbewertung des § 31 II BauGB" durch das BVerwG zeigt, daß das BVerwG immer noch nicht zum richtigen Weg zurückgefunden hat. Widerspricht bzw. widerspräche ein Vorhaben den Festsetzungen eines Bebauungsplans, ist aber eine Befreiung nach § 31 II BauGB möglich, so besteht nach der Rspr. des BVerwG in vollem Umfang Nachbarschutz; der Nachbar kann also die Verletzung objektiven Rechts rügen. Wäre nicht einmal eine Befreiung möglich, so müßte um so mehr umfassender Nachbarschutz gegeben sein; der Nachbar müßte jeden Verstoß gegen einen Bebauungsplan rügen können. Damit bricht jedoch das ganze System zusammen. Es geht gar nicht anders: Auch § 31 II BauGB vermittelt nur Drittschutz, soweit von nachbarschützenden Festsetzungen abgewichen wird.

also generell nur, soweit eine einfachrechtliche Normierung besteht, die sich in Ausnahmefällen als Schutznorm interpretieren läßt[41]).

Materiell-rechtlich wird das Gebot der Rücksichtnahme ebenfalls relativiert, nämlich dann, wenn sich der Vorhabenträger auf Privilegierungen berufen kann. *Beispiel:* Das öffentliche Interesse an einem offenen Strafvollzug (§ 2 S. 1 StVollzG) geht den Abwehrinteressen der Eigentümer von Nachbargrundstücken vor[42]).

16 Fehlt eine Schutznorm und greift das Gebot der Rücksichtnahme nicht, so kann immer noch der Eingriff so schwer sein, daß der *Nachbarschutz durch unmittelbaren Rückgriff auf Art. 14 GG* gerechtfertigt wird[43]). Beim eingerichteten und ausgeübten Gewerbebetrieb geht das BVerwG noch einen Schritt weiter. Dort sind Erwerbschancen eigentumsrechtlich zwar nicht gesichert; sind diese Chancen aber objektivrechtlich geschützt und wurde der Gewerbebetrieb auf sie aufgebaut, so dürfen sie jedenfalls dann nicht durch Maßnahmen der Verwaltung entzogen werden, wenn dadurch der Bestand des Gewerbebetriebs ernsthaft in Frage gestellt würde[44]).

17 Auf die Eingriffsschwere kommt es wiederum überhaupt nicht an, wenn sich der angegriffene VA *unmittelbar* auf das Grundstück des klagenden Nachbarn auswirkt[45]). Damit schließt sich der Kreis der Möglichkeiten im Baunachbarstreit, die — wie eingangs erwähnt — kein logisches Stufenverhältnis bilden.

18 Insgesamt läßt sich somit festhalten, daß zahlreiche Möglichkeiten bestehen, auch bei Fehlen nachbarschützender Normen zum Nachbarschutz zu gelangen. Die Versuchung ist nun groß, noch einen Schritt weiterzugehen und aus dem Gedanken des nachbarlichen Austauschverhältnisses die *potentiell nachbarschützende Wirkung jeder Norm des materiellen Baurechts* abzuleiten[46]). Dadurch würde aber die ausgefeilte Systematik des BVerwG „kippen" und die Flexibilität in Rechtsunsicherheit umschlagen. Das BVerwG hat zu Recht dieser Ansicht eine klare Absage erteilt[47]). Eine ebenso deutliche Stellungnahme zum Abwägungsgebot wäre wünschenswert.

---

41) BVerwG v. 20. 9. 1984, DVBl. 1985, 122; v. 18. 10. 1985, NJW 1985, 1703 = JuS 1986, 654 *(Selmer);* v. 19. 9. 1986, BauR 1987, 70; OVG Lüneburg v. 24. 6. 1986, BauR 1987, 296. Außerhalb des Baurechts gibt es Ansatzpunkte für das Gebot der Rücksichtnahme etwa in § 4 I 2 WHG; vgl. BVerwG v. 15. 7. 1987, DVBl. 1988, 237 m. Anm. *Kunig;* vgl. auch *Knauber,* NVwZ 1988, 997 ff.
42) So NWOVG v. 13. 11. 1984, NJW 1985, 2350 (im konkreten Zusammenhang bedenklich).
43) BVerwG v. 13. 6. 1969, BVerwGE 32, 173; v. 14. 12. 1973, BVerwGE 44, 244 (246 ff.); v. 21. 6. 1974, Buchholz 11 Art. 14 GG Nr. 148 S. 165 (168); v. 14. 4. 1978, BBauBl. 1978, 455 = JuS 1979, 136 *(Selmer);* HbgOVG v. 2. 7. 1983, NVwZ 1984, 48 (50); vgl. auch *Thiele,* DÖV 1979, 236 ff.
44) Urt. v. 1. 12. 1982, NVwZ 1983, 151 = JuS 1983, 890 *(Selmer).*
45) BVerwG v. 26. 3. 1976, DÖV 1976, 563 m. Anm. *Müller,* DÖV 1977, 215; v. 21. 9. 1984, DÖV 1985, 362.
46) So NWOVG v. 10. 9. 1982, NVwZ 1983, 414; *Degenhart,* JuS 1984, 187 ff. (191 ff.).
47) Beschl. v. 16. 8. 1983, NVwZ 1984, 38.

Sind bei der Erteilung einer Baugenehmigung öffentliche und private Belange abzuwägen, so streiten die öffentlichen Belange in aller Regel nicht für das Vorhaben. Wird von der Genehmigungsbehörde fälschlich die Verletzung öffentlicher Belange verneint, so berührt das den Nachbarn nicht, da seine individuelle Rechtsposition durch diese Belange nicht beeinflußt wird. Anders als bei der gemeinnützigen Planfeststellung droht ihm keine Enteignung. Das Abwägungsgebot setzt im Baurecht den Nachbarschutz voraus, kann ihn also nicht erst begründen.

III. Planfeststellungsrechtliche Nachbarklage

Stärker als (schlichte) bauliche Anlagen belasten *planfeststellungsbedürftige Vorhaben* die Umgebung.

19

Das Planfeststellungsrecht wurde, soweit nicht ohnehin vorkonstitutionelles Recht fortgalt, anfangs in den Fachplanungsgesetzen des Bundes und der Länder geregelt. Die Vorschriften des VwVfG, ursprünglich dazu gedacht, als Muster für zukünftige Planfeststellungsregelungen zu dienen, traten lange Zeit hinter den speziellen Normierungen zurück. Durch die Bereinigungen des Verwaltungsverfahrensrechts haben jetzt aber die §§ 72–78 VwVfG an Bedeutung gewonnen. Die Vorschriften der Fachplanungsgesetze regeln grundsätzlich nur noch das materielle Planfeststellungsrecht.

Bei der Planfeststellung handelt es sich um eine mit bestimmten Rechtsfolgen ausgestattete behördliche Feststellung eines Plans zur Errichtung konkreter Anlagen[48]. Der Nachbarschutz gegen solche Anlagen hängt vor allem von der Wirksamkeit des *Rechtsschutzes gegen die Planung* selbst ab. Was den Nachbarschutz gegen den „Betrieb" solcher Anlagen und Vorhaben angeht (Betrieb eines Flughafens; Benutzung einer Bundesfernstraße u. dgl.), so kann sinngemäß auf die immissionsschutzrechtlichen Grundsätze verwiesen werden[49]. Der Rechtsschutz gegen Zulassung planfeststellungsbedürftiger Vorhaben unterscheidet sich im Hinblick auf die Klagebefugnis nicht grundlegend von der Baunachbarklage. Das folgt schon aus der Verwandtschaft des Planfeststellungsbeschlusses mit der Baugenehmigung. Wie die Baugenehmigung ist der Planfeststellungsbeschluß ein feststellender VA (§ 75 I S. 1 Halbs. 1 VwVfG), der ein präventives Verbot mit Erlaubnisvorbehalt aufhebt[50]. Das Wesen des Planfeststellungsbeschlusses macht aber erst die über die Zulassungswirkung hinausgreifende Konzentrations-, Gestaltungs- und Ausschlußwirkung aus, die den Rechtsschutz beeinflussen. Vor allem wird nicht die auf der Grundlage eines Konditionalprogramms (Wenn/dann-Schema) ausgesprochene Genehmigung einer fertig konzipierten Anlage angegriffen, sondern eine (final programmierte) Planungsentscheidung. Planung bedeutet einerseits planerische Gestal-

---

48) Einzelheiten bei *Ronellenfitsch*, VerwArch. 1989, 93.
49) Vgl. Rdnrn. 32 ff.
50) BVerwG v. 22. 2. 1980, Buchholz 407 § 17 FStrG Nr. 33, S. 98 (100).

tungsfreiheit. Andererseits wird gerade diese Freiheit durch das *Abwägungsgebot* begrenzt, das im Zusammenhang mit der Bauleitplanung schon erwähnt wurde[51]) und das bei allen Planungen, also auch bei Fachplanungen gilt[52]). Das Abwägungsgebot besagt, daß alle für die Planung relevanten öffentlichen und privaten Belange untereinander und gegeneinander abzuwägen sind. Eine vollständige Abwägung liegt somit nur vor, wenn wirklich *alle* Belange berücksichtigt wurden. Daraus könnte man schließen, daß ein Kläger auch die Fehleinschätzung oder -gewichtung objektiver Belange rügen darf, weil dadurch möglicherweise die Abwägung seiner Belange nachteilig beeinflußt wurde. Von diesem Ansatz ist es aber − ähnlich wie bei der Baunachbarklage[53]) − nur ein Schritt zur objektiven Rechtskontrolle. Das BVerwG räumte daher zutreffend dem von der Planung Betroffenen mit dem Recht auf eine gerechte Abwägung zwar ein subjektives öffentliches Recht ein, das sich aber nach seinem Gegenstand nach nur auf die *eigenen Belange* des Betroffenen bezog[54]). Das Urteil v. 18. 3. 1983[55]) geht jedoch weiter: Solle die Planfeststellung dazu dienen, dem Kläger Grundeigentum notfalls im Wege der Enteignung zu entziehen, dann komme der Eigentumsschutz des Art. 14 GG voll zur Geltung; d. h. die Verletzung des Abwägungsgebots kann auch unter Berufung auf öffentliche Belange gerügt werden. Das ist nur folgerichtig. Bei *unmittelbarer Eigentumsbeeinträchtigung* muß auch im Baunachbarstreit keine Schutznorm gesucht werden. Ein in das Eigentum eines privaten Klägers eingreifender Planfeststellungsbeschluß (genauer: ein Planfeststellungsbeschluß, der die Voraussetzung für eine Enteignung schafft) ist nur dann durch das Wohl der Allgemeinheit (Art. 14 III GG) gerechtfertigt, wenn er insgesamt gesetzmäßig ist, also nicht an formellen oder materiellen Fehlern leidet[56]). Die Auflockerung der Schutznormtheorie läßt sich hier rechtfertigen; streng genommen kommt die Schutznormtheorie gar nicht zum Zug, weil von vornherein Art. 14 GG Anwendung findet. Daraus folgt indessen, daß die Geltendmachung aller Abwägungsbelange auf den Schutz des Privateigentums beschränkt bleiben muß. Ansonsten gilt nach wie vor: Gerügt werden können nur eigene abwägungsrelevante Belange der Planbetroffenen.

> Nur wer die Besonderheiten des *Nachbar*schutzes nicht begriffen hat, wird es befremdlich finden, daß Art. 2 II GG einen schwächeren Schutz vermittelt als Art. 14 GG.

---

51) Vgl. § 14 Rdnr. 22.
52) Vgl. nur BVerwG v. 7. 7. 1978, BVerwGE 56, 110 (116 f.); ferner *Ronellenfitsch*, Fachplanungsrecht, S. 8; *Kühling*, Fachplanungsrecht, Rdnrn. 174 ff.
53) Vgl. Rdnr. 12.
54) BVerwG v. 14. 2. 1975, BVerwGE 48, 56.
55) BVerwGE 67, 74 = DVBl. 1984, 140 m. Anm. *Schwabe* und *Broß*, DÖV 1985, 253 ff.
56) Insofern richtig RhPfOVG v. 30. 10. 1984, DÖV 1985, 157.

Mit der wichtigsten *eisenbahnrechtlichen Planfeststellung* befaßt sich § 36 BBahnG. Für den Planfeststellungsbeschluß bestehen die üblichen Anforderungen an eine gemeinnützige Planfeststellung[57]. Nachbarklagen werden sich, nachdem die Verfassungsmäßigkeit von § 36 BBahnG weitestgehend geklärt ist[58], vorwiegend auf Schutzvorkehrungen[59] und Folgemaßnahmen[60] beziehen.

Die *fernmelderechtliche Planfeststellung* nach § 7 TWG ist zwar eine echte Planfeststellung[61], Nachbarklagen waren aber mit Rücksicht auf die Besonderheiten dieser Planfeststellung bisher selten. Gerichtliche Auseinandersetzungen beschränkten sich im wesentlichen auf das Verhältnis der Gemeinden zur Deutschen Bundespost[62].

Mit der praktisch bedeutsamsten *straßenrechtlichen Planfeststellung*, insbesondere der Planfeststellung für Bundesfernstraßen, beschäftigt sich eine reichhaltige Rechtsprechung, und auch literarisch ist die Materie gut aufbereitet[63]. Dennoch gibt es in verfahrens- und materiell-rechtlicher Hinsicht noch zahlreiche offene Fragen[64]. Nicht einmal die Reichweite des Abwägungsgebots etwa im Zusammenhang mit Zwangspunkten und im Verhältnis zur Planrechtfertigung ist abschließend geklärt[65]. Die meisten Nachbarstreitigkeiten betreffen den Lärmschutz[66]; wie generell die Auslegung des früheren § 17 IV FStrG, nunmehr § 74 II S. 2 und 3 VwVfG.

Die *personenbeförderungsrechtliche Planfeststellung* lehnte sich eng an die straßenrechtliche Planfeststellung an. Nunmehr richtet sie sich noch weitergehend nach den §§ 72 ff. VwVfG[67]. Sonderprobleme betreffen eher die Abgrenzung von § 13 PBefG zu § 28 PBefG, also weniger das spezifische Planungsrecht. Die Genehmigung zur Einrichtung und zum Betrieb eines Linienverkehrs mit Bussen nach § 13 PBefG ist nicht nachbarschützend[68].

Besonders zahlreich sind die Nachbarstreitigkeiten bei der *luftrechtlichen*

---

57) Vgl. BVerwG v. 14. 12. 1979, BVerwGE 59, 253 (257).
58) Vgl. BVerwG v. 24. 8. 1987, DVBl. 1987, 1267; v. 9. 4. 1987, DÖV 1987, 870.
59) BVerwGE 59, 253.
60) BVerwG v. 12. 2. 1988, DVBl. 1988, 843.
61) Grundlegend BVerwG v. 29. 6. 1967, BVerwGE 27, 253.
62) BVerwG v. 18. 3. 1987 – 7 C 28/85 –, BVerwGE 77, 128 – 7 C 31.85 –, BVerwGE 77, 135; hierzu *Ronellenfitsch*, VerwArch. 1988, 211 ff.
63) Speziell zum Rechtsstaat *Steinberg*, Nachbarrecht, S. 83 ff., 212 ff. als Repräsentant derjenigen, die dazu neigen, den Rechtsschutz der Nachbarn auszudehnen.
64) Nachw. bei *Ronellenfitsch*, VerwArch. 1989, 109 ff.
65) Hierzu BVerwG v. 6. 12. 1985, BVerwGE 72, 282 (288); v. 24. 11. 1989, DVBl. 1989, 424.
66) Grundlegend BVerwG v. 14. 2. 1975, BVerwGE 48, 56; v. 22. 5. 1987, BVerwGE 77, 295 und v. 20. 10. 1989, BVerwGE 84, 31 (39 ff.).
67) Die ergänzende Anwendbarkeit war schon vor der Rechtsbereinigung geklärt; vgl. BVerwG v. 27. 1. 1988, UPR 1988, 189.
68) HessVGH v. 29. 8. 1986, UPR 1988, 149.

Planfeststellung und (isolierten) Genehmigung. Bei der Zulassung von Verkehrsflughäfen ist die Planfeststellung nach den §§ 8 ff. LuftVG zusätzlich zur Genehmigung nach § 6 LuftVG erforderlich. Während das BVerwG der als „leere Hülse" bezeichneten Genehmigung anfänglich jegliche Drittwirkung absprach[69]), gestand es später den Gemeinden zum Schutz ihrer Planungshoheit ein Klagerecht, beschränkt auf die Rüge der Verletzung formaler Beteiligungsrechte im Genehmigungsverfahren zu[70]). Die inhaltliche Angreifbarkeit der Genehmigungsentscheidung durch die Gemeinden und die Klagebefugnis von Bürgern lehnt das BVerwG in st. Rspr. weiterhin zutreffend ab[71]). Der Planfeststellungsbeschluß ist angreifbar wie alle anderen Planfeststellungsbeschlüsse auch. Gerade hier steht der Lärmschutz im Vordergrund[72]). Da auf absehbare Zeit nur im Gebiet der früheren DDR mit der Anlegung neuer Verkehrsflughäfen zu rechnen ist, werden sich die verwaltungsgerichtlichen Auseinandersetzungen auf die unerläßlichen Erweiterungen und Änderungen bestehender Verkehrsflughäfen konzentrieren[73]). Hier ist das Verhältnis von Genehmigung und Planfeststellung noch problematischer als bei der erstmaligen Anlegung von Flughäfen. Die Genehmigung, gewissermaßen die Eintrittskarte zum Planfeststellungsverfahren, kann hier nicht vorgreiflich sein; denn sie liegt bereits vor. Sie braucht vor Erlaß eines Planänderungsbeschlusses nicht geändert zu werden[74]), sondern ist lediglich nach § 6 IV S. 1 LuftVG dem Ergebnis der Änderungsplanfeststellung anzupassen. Drittwirkung kann somit lediglich der Planänderungsbeschluß entfalten. Wesentliche betriebliche Änderungen erfordern umgekehrt keine Planfeststellung. Die Änderungsgenehmigung nach § 6 IV S. 2 LuftVG ist daher mit der isolierten Genehmigung bei der Erstanlegung von Flugplätzen vergleichbar und folglich angreifbar.

25 Die *wasserwirtschaftliche Planfeststellung* ist bundesrechtlich in § 31 WHG geregelt. Zwar handelt es sich nur um eine Rahmenvorschrift, die auf Ergänzung durch die Landeswassergesetze angelegt ist. Innerhalb des Rahmens hat der Bund aber einige Vollregelungen getroffen (Begriff des Gewässers, Abgrenzung zwischen Unterhaltung und Ausbau). Vor allem erwähnt § 31 II WHG die „Rechte anderer"[75]) nicht zuletzt, um privatnützige[76]) Ausbauvorhaben

---

69) Urt. v. 11. 10. 1968, DÖV 1968, 283; ferner BVerwG v. 14. 2. 1969, DVBl. 1969, 362; v. 23. 3. 1974, DVBl. 1974, 562.
70) Beschl. v. 21. 2. 1973, DÖV 1973, 342; ferner BVerwG v. 29. 11. 1973, ZLW 1975, 58; v. 7. 7. 1978, BVerwGE 56, 110; v. 11. 12. 1978, DÖV 1979, 517; v. 22. 6. 1979, NJW 1980, 718; v. 8. 3. 1983, ZLW 1983, 276; v. 20. 11. 1987, DVBl. 1988, 532.
71) Vgl. *Ronellenfitsch*, DVBl. 1984, 506 f. m. w. N.
72) Vgl. BayVGH v. 27. 7. 1989, DVBl. 1989, 114 (München II).
73) Vgl. BWVGH v. 19. 6. 1989, DVBl. 1990, 110 (Stuttgart).
74) BVerwG v. 5. 12. 1986, BVerwGE 75, 214.
75) Zum Begriff BayVGH v. 18. 4. 1977, BayVBl. 1977, 699.
76) Zur privatnützigen Planfeststellung BVerwG v. 10. 2. 1978, BVerwGE 55, 220.

planfeststellungs- oder genehmigungsfähig zu machen. Zu beachten ist aber, daß die Rechtsposition des Grundeigentümers nicht den unveränderten Erhalt der Nutzungsart der Nachbargrundstücke zum Gegenstand hat. Ein Gewässerausbau, der sich negativ auf die Nutzbarkeit benachbarter Grundstücke auswirkt, kann nicht abgewehrt werden[77]). Auch der Verlust der Uferlage infolge von Ausbaumaßnahmen begründet noch kein Abwehrrecht[78]). Dennoch handelt es sich bei den Rechten anderer um private Belange, die bei der planerischen Abwägung zu berücksichtigen sind. Wurden sie nicht oder nur unzureichend berücksichtigt, so begründet das die Klagebefugnis. Auf die Verkennung bloß tatsächlicher Interessen des Klägers kann eine Klage dagegen nicht gestützt werden[79]).

Die *flurbereinigungsrechtliche Planfeststellung* weicht im Hinblick auf den Rechtsschutz von den sonstigen Planfeststellungen ab. Das hängt mit der Struktur des in zwei Abschnitte unterteilten Flurbereinigungsverfahrens zusammen. Der erste Abschnitt hat ausschließlich kollektiven, der zweite Abschnitt individuellen Bezug. Die Feststellung des Wege- und Gewässerplans nach § 41 FlurbG fällt in den ersten Abschnitt[80]). Der Rechtsschutz der einzelnen Teilnehmer am Flurbereinigungsverfahren und die Vorverlagerung des Rechtsschutzes in das Verwaltungsverfahren können jedoch nur an den zweiten Abschnitt (Klärung der privaten Rechtsverhältnisse durch den Flurbereinigungsplan) anknüpfen. Durch die Feststellung des Wege- und Gewässerplans werden die Teilnehmer nicht individuell, sondern nur als Gesamtheit betroffen. Verfahrensbeteiligung und Rechtsschutz sind beim Vorstand der Teilnehmergemeinschaft gebündelt. Nur dieser ist klagebefugt[81]). Für die Gemeinden macht das BVerwG eine – wenig überzeugende – Ausnahme[82]).

26

Der *abfallrechtlichen Planfeststellung*[83]) sollte eigentlich die Zukunft gehören; denn die geordnete Abfallverwertung und -entsorgung ist bei allen Abfallvermeidungsbestrebungen[84]) das zentrale Problem des modernen Umweltschutzes. Die Standortsuche und -durchsetzung von Abfallentsorgungsanlagen

27

---

77) BGH v. 22. 5. 1967, BGHZ 48, 46 zur Errichtung von Wassersportanlagen in der Nähe eines Villengrundstücks.
78) BGH v. 20. 10. 1967, BGHZ 48, 340; BWVGH v. 1. 10. 1975, ESVGH 26, 121 (124 ff.); BayVGH v. 5. 12. 1978, BayVGHE 32, 59 (65 ff.)
79) Zutreffend *Steinberg*, Nachbarrecht IV, Rdnr. 38, gegen BayVGH v. 26. 6. 1979, BayVBl. 1979, 632 (633).
80) Überblick bei *Ronellenfitsch*, VerwArch. 1989, 118.
81) BVerwG v. 6. 2. 1986, BVerwGE 74.1.
82) Urt. v. 6. 3. 1986, BVerwGE 74, 84; insoweit ablehnend *Ronellenfitsch*, VerwArch. 1988, 341 ff.
83) Hierzu *Beckmann/Appold/Kuhlmann*, DVBl. 1988, 1002 ff.
84) Eine zwingende Rangordnung ist durch das AbfG ausdrücklich nicht vorgegeben und darf auch durch Landesgesetz nicht vorgeschrieben werden; abzulehnen BayVerfGH v. 27. 3. 1990, DVBl. 1990, 692 m. Anm. *Mann*.

erweist sich aber als frustrierendes Unterfangen, weil die Zulassung von Abfallentsorgungsanlagen namentlich durch Planfeststellungsbeschlüsse jeweils zu einer Prozeßlawine führt, die bereits die Abfalltransporte erfaßt hat[85]). Gerade hier, wo Verhinderung Verlagerung bedeutet, kommt es auf die Ausgewogenheit des Rechtsschutzes an. Dabei fällt auf, daß bei der abfallrechtlichen Planfeststellung Reste des Regelungsmodells der Unternehmergenehmigung erhalten blieben. Nach (fragwürdiger[86])) Ansicht des BVerwG gibt es bei der Zulassung von Abfallentsorgungsanlagen zwar keine rein privatnützigen Planungen, so daß die Unterscheidung von gemeinnützigen und privatnützigen Planfeststellungen im Rahmen des § 8 AbfG entfalle[87]). Damit soll aber wohl nur zum Ausdruck gebracht werden, daß die Abfallentsorgung immer im Wohl der Allgemeinheit liegt. Träger privater Anlagen können daneben durchaus eigennützige, unternehmerische Zwecke verfolgen. Dementsprechend ist § 8 III AbfG konditional ausgestaltet, was die klare Unterscheidung drittschützender und nicht drittschützender Bestimmungen erleichtert. Läuft ein Planfeststellungsbeschluß nach § 8 III S. 1 AbfG den Feststellungen eines Abfallentsorgungsplans zuwider, so kann das nicht einmal von der Standortgemeinde gerügt werden[88]). Nachbarschützend ist vielmehr lediglich § 8 III S. 2 Nr. 3 AbfG[89]). Dem Abwägungsgebot unterliegt auch die abfallrechtliche Planfeststellung[90]).

28 Die *atomrechtliche Planfeststellung* nach § 9 b AtG betrifft lediglich die Endlagerung radioaktiver Abfälle. Erkundungsbohrungen werden nicht erfaßt[91]). Der Nachbarschutz entspricht dem bei sonstigen kerntechnischen Anlagen[92]). Die Berücksichtigung des Abwägungsgebots bringt hier faktisch keine Erweiterung des Rechtsschutzes.

29 Planfeststellungsverfahren sind langwierig. Im Interesse der Verfahrensbeschleunigung ist daher immer zu prüfen, ob ein *Verzicht auf Planfeststellung*[93])

---

85) Zum (zutreffend verneinten) Drittschutz gegen eine Verbringungsgenehmigung nach § 13 I S. 2 Nr. 4 c AbfG BWVGH v. 9. 10. 1989, DVBl. 1990, 60.
86) § 8 IV AbfG setzt voraus, daß bestimmte Vorhaben nicht dem Wohl der Allgemeinheit dienen. Dann kann es sich aber nicht um Vorhaben der Daseinsvorsorge handeln; denn auch diese wird nur durch das Gemeinwohl legitimiert. Warum die Zulassung einer ortsfesten Abfallentsorgungsanlage stets ein Entsorgungsinteresse erfordern soll, wie das BVerwG annimmt, ist nicht einsichtig. Liegen keine Versagungsgründe vor, so muß ein privates Vorhaben auch dann zugelassen werden, wenn kein Entsorgungsinteresse besteht, weil andernfalls die Planrechtfertigung in eine verfassungswidrige Bedürfnisprüfung übergehen würde.
87) Urt. v. 9. 3. 1990, DVBl. 1990, 589 m. Anm. *Weidemann;* anders BayVGH v. 17. 3. 1987, UPR 1988, 199 (LS); v. 20. 12. 1988, DVBl. 1989, 526 (LS).
88) Zutreffend *Schwermer,* in: Kunig/Schwermer/Versteyl, Abfallgesetz, Komm. 1988, § 8 Rdnr. 38.
89) Vgl. BVerwG v. 20. 7. 1979, DÖV 1980, 133; OVG Lüneburg v. 24. 1. 1986, DVBl. 1986, 418.
90) Vgl. BVerwG v. 20. 7. 1979, NJW 1980, 953.
91) BVerwG v. 9. 3. 1990, DVBl. 1990, 593 m. Anm. *Wagner*.
92) Hierzu Rdnr. 36.
93) Vgl. ausführlich *Ronellenfitsch,* Die Verwaltung, 1990, 323 ff.

möglich ist. Die Entscheidung, daß eine Planfeststellung unterbleiben kann, enthält zugleich die Aussage, daß das geplante Vorhaben zulässig ist *(Plangenehmigung)*. Sie ist also ein VA mit Drittwirkung[94]). Nachbarn können aber nur das Vorhaben selbst angreifen. Allein durch den Verzicht auf Planfeststellung wird nicht in ihre Rechte eingegriffen, da ein Anspruch Dritter auf Durchführung eines Planfeststellungsverfahrens nicht besteht[95]). Dies gilt auch für Naturschutzverbände.

IV. Gemeindenachbarklage

Die Gemeindenachbarklage[96]) ist ein Sonderfall der planungsrechtlichen Nachbarklage. Sie ist v. a. gegeben, wenn die Gemeinde durch eine Nachbargemeinde in ihrer *Planungshoheit* verletzt wird, etwa wenn die Nachbargemeinde die Abstimmung der Bebauungsplanung unterläßt (§ 2 II BauGB)[97]). Überörtliche *Gesamtplanungen* sind unter dem Aspekt des gemeindlichen Nachbarschutzes regelmäßig nicht angreifbar. 30

So können Ziele der Raumordnung und Landesplanung (§ 5 IV ROG) nur ausnahmsweise dem Schutz der Interessen einzelner Gemeinden dienen, etwa wenn eine Gemeinde im Landesentwicklungsprogramm als Mittelzentrum ausgewiesen wurde und in dieser Funktion durch die Bauleitplanung der benachbarten Gemeinde beeinträchtigt wird[98]). Konsequenterweise muß die angegriffene Gemeinde sich gegen die Festsetzung ihrer Nachbargemeinde als Mittelzentrum zur Wehr setzen können, wenn dadurch ihre konkretisierten Planungsabsichten beschnitten werden. Zumeist handelt es sich aber weniger um kommunale Nachbarstreitigkeiten als um Konkurrentenstreitigkeiten.

Wehrfähig sind die Gemeinden dagegen gegen benachbarte *Fachplanungen*. Der Nachbarschutz der Gemeinden bleibt hier aber hinter dem allgemeinen Nachbarschutz zurück. 31

Wie im *Sassbach-Beschluß* des BVerfG v. 8. 7. 1982[99]) überzeugend dargelegt wurde, ist das privatrechtliche Eigentum der Gemeinden nicht grundrechtsgeschützt. Folglich scheidet für Gemeinden der Rückgriff auf Art. 14 GG aus, und auch auf das Gebot

---

94) BVerwG v. 15. 1. 1982, BVerwGE 64, 325.
95) BVerwG v. 22. 2. 1980, DÖV 1980, 516 = JuS 1981, 546 *(Selmer)*.
96) *Hoppe*, in: Festschr. f. H. J. Wolff, 1973, S. 307 ff.; *Pappermann*, JuS 1973, 689 ff.; *Fingerhut*, Die planungsrechtliche Gemeindenachbarklage, 1976; *Rauch*, BayVBl. 1980, 612 ff.; *Kriener*, BayVBl. 1984, 97 ff.
97) Leitentscheidung: BVerwG v. 8. 9. 1972, BVerwGE 40, 323 *(Krabbenkamp)*; ferner BVerwG v. 15. 12. 1989, DVBl. 1990, 427. S. a. BWVGH v. 21. 12. 1976, BauR 1977, 184; BayVGH v. 24. 11. 1975, BayVBl. 1976, 112; v. 26. 10. 1976, BayVBl. 1977, 303.
98) RhPfOVG v. 19. 10. 1988, NVwZ 1989, 983.
99) BVerfGE 61, 62; hierzu *Ronellenfitsch*, JuS 1983, 594 ff.

der Rücksichtnahme können sie sich allenfalls berufen, soweit sie in ihrer Planungshoheit berührt sind[100]).

V. Nachbarklage gegen emittierende Anlagen

32 Im *Immissionsschutzrecht*[101]) sind noch viele Fragen des Nachbarschutzes offen. Maßgeblich ist in erster Linie das BImSchG. Das BImSchG gilt für genehmigungsbedürftige (§§ 4 ff.) und nicht genehmigungsbedürftige Anlagen (§§ 22 ff.) und wird durch Spezialgesetze des Bundes und der Länder ergänzt[102]). Nachbarklagen richten sich v. a. gegen die in der 4. BImSchV aufgeführten Anlagen, deren Errichtung und Betrieb nach § 4 I BImSchG bzw. wesentliche Änderungen nach § 15 I BImSchG genehmigungspflichtig sind.

Grundsatz: Genehmigungsbedürftig sind solche Anlagen, die aufgrund ihrer Beschaffenheit oder ihres Betriebes in besonderem Maße geeignet sind, schädliche Umwelteinwirkungen (§ 3 I BImSchG) hervorzurufen oder in anderer Weise die Nachbarschaft (!) zu gefährden, erheblich zu benachteiligen oder erheblich zu belästigen (§ 5 I Nr. 1 BImSchG in Anlehnung an § 18 GewO a. F.). Das Genehmigungsverfahren regeln § 10 BImSchG und die 9. BImSchV. Die maßgeblichen Genehmigungsvoraussetzungen ergeben sich aus den §§ 5 bis 7 BImSchG. Nach § 6 BImSchG ist die Genehmigung zu erteilen, wenn sichergestellt ist, daß die einzelnen Genehmigungspflichten erfüllt werden. Am wichtigsten sind hierbei die in § 5 I BImSchG normierten Grundpflichten (Schutz- und Vorsorgeprinzip sowie verschiedene Entsorgungsprinzipien).

33 Das *Schutzprinzip* dient der Gefahrenabwehr. Folglich muß die Eintrittswahrscheinlichkeit von Schäden im Rückgriff auf den wissenschaftlich-technischen Erkenntnisstand ermittelt werden[103]). Erhebliche Nachteile und Belästigungen sind gleichbedeutend mit unzumutbaren Immissionen. Die Erheblichkeit ist ein Abwägungskriterium. Zumeist wird die Abwägung vorgenommen durch die Bestimmung der schädlichen Umwelteinwirkungen auf der Grundlage von § 48 BImSchG[104]). Das *Vorsorgeprinzip* setzt unterhalb der Schädlichkeits- und Erheblichkeitsgrenze an, stellt auf den Stand der Technik ab und entspricht richtiger Ansicht nach Verteilungsinteressen[105]). Die Reststoffvermeidungs-, -verwertungs- und -beseitigungspflichten konkretisieren das *Entsorgungsprinzip*. Die Abwärmenutzungspflicht läßt sich dem Vorsorgeprinzip

---

100) Vgl. auch NWOVG v. 10. 11. 1982, ZLW 1983, 71 (78); BWVGH v. 10. 12. 1984 – 5 S 2203/84 –; *Bambey*, DVBl. 1983, 936 ff.
101) Hierzu *Marburger*, Verh. des 56. DJT I Teil C, 1986 m. w. N.
102) Abgedruckt etwa bei *Jarass*, BImSchG 1983, Anh. 1 ff.
103) Vgl. nur *Darnstädt*, Gefahrenabwehr und Gefahrenvorsorge, 1983, S. 121 ff.
104) Vgl. TA-Lärm, Beil.BAnz. Nr. 137 v. 16. 7. 1986; TA-Luft, GMBl. 1986, S. 95.
105) Vgl. *Feldhaus*, DVBl. 1980, 133 ff. (135); *Kutscheidt*, in: Landmann/Rohmer, GewO III, BImSchG, § 1 Rdnr. 7; a. A. *Rengeling*, DVBl. 1982, 625 ff.

zuordnen[106]). Die immissionsschutzrechtliche Unternehmergenehmigung kennt Abstufungen (§§ 8, 9 BImSchG). Nebenbestimmungen, auch nachträgliche (§ 17 BImSchG), sind möglich. Nachbarschutz eröffnet allein das Schutzprinzip nach § 5 I Nr. 1 BImSchG und damit korrespondierend § 17 BImSchG[107]). § 5 I Nr. 1 BImSchG ist eine spezielle Ausprägung des Gebots der Rücksichtnahme, das folglich nicht zusätzlich herangezogen werden kann[108]). Das Vorsorgeprinzip (§ 5 I Nr. 2 BImSchG) dient allenfalls dem Schutz künftiger Mitbewerber, nicht aber den bereits durch § 5 I Nr. 1 BImSchG hinreichend geschützten Nachbarn[109]). Ebenfalls nicht individualrechtlich strukturiert sind die Entsorgungsprinzipien, und auch der allgemeine Planungsgrundsatz des § 50 BImSchG enthält für die Planbetroffenen kein subjektives öffentliches Recht[110]).

Soweit nachbarschützende Vorschriften vorhanden sind, bedeutet das nicht, **34** daß jeder (im Verwaltungsverfahren Einwendungsberechtigte) sich auf sie berufen könnte. Nachbarschaft setzt vielmehr eine gewisse *räumliche und zeitliche Beziehung zur angegriffenen Anlage* voraus. Zur Nachbarschaft gehören dinglich Berechtigte im Einwirkungsbereich der Anlage[111]) sowie solche Personen, die nach ihren Lebensumständen der Anlage in gleicher Weise ausgesetzt sind wie Anwohner. Gelegentliche Aufenthalte in der Freizeit oder sporadische Besuche aus Anlaß der Berufsausübung begründen noch kein Nachbarschaftsverhältnis[112]). Wird der Klage des „Nachbarn" stattgegeben, obwohl eine nachbarschützende Norm nicht verletzt ist, dann ist auf die Berufung des Unternehmers das erstinstanzliche Urteil auch dann aufzuheben, wenn die immissionsschutzrechtliche Genehmigung objektiv rechtswidrig ist[113]).

Im *Gaststättenrecht* ist streitig, ob dem Versagungsgrund des § 4 I Nr. 3 **35** GastG nachbarschützende Wirkung zukommt.

Die Vorschrift geht zurück auf § 2 I Nr. 3 und 4 GastG 1930, der allein öffentlichen Interessen diente. Der Regierungsentwurf zu § 4 I Nr. 3 GastG 1970 wollte die Rechtslage ausdrücklich ändern und führte die Bewohner der Nachbargrundstücke als zu schützender Personenkreis auf. Diese Formulierung wurde jedoch im weiteren Gesetzgebungsverfahren gestrichen, damit dem angesprochenen Personenkreis nicht

---

106) Vgl. *Feldhaus*, UPR 1985, 387 ff.
107) Vgl. die Voerde-Entscheidungen des NWOVG v. 7. 7. 1976, NJW 1976, 2360 und BVerwG v. 17. 12. 1978, BVerwGE 55, 250 = DVBl. 1978, 591 m. Anm. *Breuer* = NJW 1978, 1450, 2409 m. Anm. *Horn* = DÖV 1978, 591 m. Anm. *Vallendar;* ferner BVerwG v. 18. 5. 1982, BVerwGE 65, 313 (320) = JuS 1983, 399 *(Selmer);* v. 30. 9. 1983, BVerwGE 68, 58 (59); v. 30. 9. 1983, NJW 1984, 2174 (2175).
108) BVerwGE 68, 58 (60 f.).
109) BVerwGE 65, 313; VG Saarland v. 31. 8. 1982, RdE 1983, 51.
110) BVerwG v. 10. 9. 1981, NJW 1982, 348 = JuS 1982, 389 *(Selmer)*.
111) *Marburger*, a. a. O. (Fußn. 101), S. 86 ff.
112) BVerwG v. 22. 10. 1982, DVBl. 1983, 183 = JuS 1983, 888 *(Selmer)*.
113) BVerwGE 68,58.

ein Klagerecht zugebilligt werden könne[114]). § 4 I Nr. 3 GastG war demnach zunächst eindeutig keine nachbarschützende Norm. Der Wortlaut der Vorschrift wurde indessen durch das BImSchG neu gefaßt.

Jedenfalls was die „schädlichen Umwelteinwirkungen" angeht, die nach der Legaldefinition des § 3 I BImSchG auch die Nachbarschaft beeinträchtigen, kann dem Nachbarn ein Klagerecht gegen die Erteilung der Gaststättenerlaubnis nicht mehr abgesprochen werden[115]). Nachbarschützend sind auch § 18 GastG und die auf seiner Grundlage erlassenen landesrechtlichen Bestimmungen[116]).

36 Im *Atomrecht*[117]) ist die Lage auf den ersten Blick kompliziert. Wenn man sich die Grundgedanken der gesetzlichen Regelung vergegenwärtigt, läßt sich jedoch der Nachbarschutz plausibel und widerspruchsfrei handhaben. Wer eine ortsfeste Anlage zur Erzeugung oder zur Bearbeitung oder Verarbeitung oder zur Spaltung von Kernbrennstoffen oder zur Aufarbeitung bestrahlter Kernbrennstoffe errichtet, betreibt oder sonst innehat oder die Anlage oder ihren Betrieb wesentlich verändert, bedarf nach § 7 I AtG der Genehmigung. Die Erteilung der atomrechtlichen Genehmigung hängt von der Erfüllung *materieller* Genehmigungsvoraussetzungen ab, die sich in erster Linie aus § 7 II AtG ergeben. Dabei sind die Genehmigungsvoraussetzungen des § 7 II Nr. 1, 2 und 4 AtG nur in (oder nach) der Betriebsphase nachbarschützend[118]). Ausschließlich um Allgemeininteressen ging es bei der Umweltverträglichkeitsprüfung, die früher schon in § 7 II Nr. 6 AtG vorgesehen war[119]). Das UVPG hat hieran nichts geändert. Die Schadensvorsorge nach § 7 II Nr. 3 AtG und der Schutz gegen Einwirkungen nach § 7 II Nr. 5 AtG haben dagegen auch einen individualrechtlichen Bezug[120]). Entsprechendes gilt für § 17 AtG[121]). Allerdings muß sich der Kläger auf *Gefahren* berufen können, denen gerade er unterliegt. Insbesondere sind die verschiedenen Betriebszustände kerntechnischer Anlagen auseinanderzuhalten (bestimmungsgemäßer Betrieb, Störfall, Unfall). Wer aus räumlichen Gründen nur bei Abweichungen vom bestimmungsgemäßen Betrieb einer kerntechnischen Anlage geschädigt werden kann, kann nur die unzureichende Auslegung der Anlage gegen Stör- und Unfälle

---

114) BT-Drucks. V/205, S. 24; V/3623, S. 2.
115) SaarlOVG v. 14. 2. 1974, GewArch. 1974, 235; VG Regensburg v. 15. 11. 1979, GewArch. 1980, 197; *Kienzle*, GewArch. 1987, 258 ff. (261); ebenso BremOVG v. 2. 8. 1978, GewArch. 1978, 338; OVG Lüneburg v. 28. 4. 1979, GewArch. 1979, 236 für die vergleichbare Vorschrift des § 60a GewO; a. A. *Heinrich*, GewArch. 1975, 1 ff.; v. *Ebner*, GewArch. 1975, 108 ff.
116) HessVGH v. 24. 11. 1989, DVBl. 1990, 718.
117) Hierzu *Ronellenfitsch*, in: Azizi/Griller, Rechtsstaat und Planung, 1982, S. 99 ff. (105 f.).
118) Vgl. VG Schleswig v. 30. 11. 1979, et 1980, 305.
119) VG Würzburg v. 25. 3. 1977, NJW 1977, 1649.
120) Vgl. nur BWVGH v. 27. 10. 1983, RdE 1984, 84 (85).
121) BVerwG v. 13. 7. 1989, DVBl. 1990, 58; NWOVG v. 19. 12. 1988 – 21 AK 8/88 –.

rügen (also nicht die Strahlenbelastung im Normalbetrieb)[122]). Das bedeutet, daß der Kreis der Nachbarn nicht von vornherein räumlich fixiert ist, sondern je nach dem substantiierten Vorbringen der Kläger variiert[123]). Auch *ausländische* Grenznachbarn sind gegen atomrechtliche Genehmigungen klagebefugt[124]). Im übrigen spricht nichts dagegen, auf den Nachbarschaftsbegriff des § 5 I Nr. 1 BImSchG zurückzugreifen[125]). Die über die Gefahrenabwehr hinausgehende, nach h. L. im Versagungsermessen verortete *Risikovorsorge* ist nicht nachbarschützend. Vor allem ist dem Kläger die Berufung auf das Bevölkerungsrisiko verwehrt[126]). Nicht nachbarschützend ist ferner der Entsorgungsnachweis (§ 9 a AtG)[127]). Anders als die Dosisgrenzwerte des § 45 StrlSchV vermittelt das in § 28 I Nr. 2 StrlSchV niedergelegte und in § 46 I Nr. 2 StrlSchV wiederholte Strahlenminimierungsgebot keinen Drittschutz[128]). *Verfahrensrechte* können zwar bei Beachtung von § 46 VwVfG die Klagebefugnis begründen, aber nicht selbständig durchgesetzt werden (§ 44a VwGO). Die Aufgliederung des atomrechtlichen Genehmigungsverfahrens in Verfahrensstufen[129]) ist nur dann angreifbar, wenn der Regelungsgehalt der Teilgenehmigungen zu unbestimmt ist[130]).

---

122) Grundlegend BVerwG v. 22. 12. 1980, BVerwGE 61, 256 = JuS 1981, 617 *(Brodersen)*; OVG Lüneburg v. 1. 7. 1981, RdE 1981, 215.
123) Vgl. auch VG Schleswig v. 5. 10. 1983, RdE 1984, 115.
124) BVerwG v. 17. 12. 1986, BVerwGE 75, 285 = DVBl. 1987, 375 m. Anm. *Weber* = EuGRZ 1987, 116 m. Anm. *Beyerlin* = JZ 1987, 351 m. Anm. *Preu* = JuS 1987, 997 *(Murswiek)*.
125) VG Oldenburg v. 28. 9. 1983, RdE 1984, 80.
126) BVerwGE 61, 256; falsch OVG Lüneburg v. 24. 11. 1982, DÖV 1984, 34 m. Anm. *Winter*.
127) BWVGH v. 27. 10. 1983, DVBl. 1984, 880.
128) VG Oldenburg v. 28. 9. 1983, RdE 1984, 80.
129) Hierzu BVerwG v. 19. 12. 1985, BVerwGE 72, 300 (306 ff.).
130) BVerwG v. 9. 9. 1988, BVerwGE 80, 207.

§ 16 Konkurrentenklage

I. Allgemeines

1   Der Nachbarklage an Bedeutung vergleichbar ist die Konkurrentenklage, die im öffentlichen Dienstrecht und Wirtschaftsverwaltungsrecht eine große Rolle spielt[1]). Die Konkurrentenklage ist *keine spezielle Klageart*. Sie umfaßt außerdem so unterschiedliche Fallkonstellationen, daß ihr nicht kurzerhand eine der möglichen Klagearten zugeordnet werden kann. Deshalb wird sie auch nicht bei den Klagearten dargestellt, sondern dort, wo Gemeinsamkeiten bestehen: nämlich bei der Klagebefugnis. Gleichwohl muß auch hier differenziert werden. Ausgangspunkt ist dabei der Begriff des Konkurrenten, also des Mitbewerbers oder Rivalen. Verwaltungsrechtlich relevante Konkurrenzsituationen ergeben sich, wenn ein Mitbewerber am Markt durch hoheitliche Maßnahmen in seiner Wettbewerbssituation gegenüber anderen Mitbewerbern beeinträchtigt wird, ferner wenn mehrere eine öffentlich-rechtliche Position oder Leistung begehren, die nur einer erlangen kann (Mitbewerberklage[2])). Die größte Affinität zur Nachbarklage weist die sog. defensive Konkurrentenklage auf, mit der sich Konkurrenten gegen Begünstigungen Dritter zur Wehr setzen, die ihre Wettbewerbschancen beeinträchtigen. Im weiteren Sinn zählen zur Konkurrentenklage auch Klagen Privater gegen die Aufnahme der erwerbswirtschaftlichen Betätigung der öffentlichen Hand[3]). Hierbei geht es aber in erster Linie um Rechtsstreitigkeiten, die nicht vor den Verwaltungsgerichten zu entscheiden sind[4]). Darüber hinaus gehört diese Form des Konkurrentenschutzes nicht in den Sachzusammenhang des Rechtsschutzes gegen Begünstigungen Dritter. Es empfiehlt sich daher nicht, auch solche Streitigkeiten unter den verwaltungsprozessualen Begriff der Konkurrentenklagen zu fassen.

II. Mitbewerberklage

2   Eine Mitbewerberklage wird erhoben, wenn mehrere Konkurrenten einen begünstigenden VA begehren, der nur einem von ihnen erteilt werden kann[5]). Primäres Klageziel ist eine Leistung, so daß die *Verpflichtungsklage* die gebo-

---

1) Vgl. *Weinhardt*, Die Klagebefugnis der Konkurrenten, 1974; *Mössner*, JuS 1971, 131 ff.; *Scherer*, Jura, 1985, 11. ff.; *Brohm*, in: Festschr. f. Menger, S. 235 ff.; *Miebach*, JuS 1987, 956 ff.; *Ronellenfitsch*, VerwArch. 1991, 121 ff.
2) Terminologie nach *Skouris*, S. 191.
3) Vgl. BayVGH v. 23. 7. 1976, GewArch. 1976, 326 = JuS 1977, 199 (kommunale Wohnungsvermittlung).
4) Vgl. oben § 5 Rdnr. 26.
5) Vgl. *Zuleeg*, Subventionskontrolle durch Konkurrentenklage, 1974; *Scholz*, WiR 1972, 33 ff.; *Bothe*, JZ 1975, 399 ff.; *Fröhler/Lenz*, GewArch. 1976, 73 ff.; *Friehe*, JuS 1981, 867 ff.; *Heinrich*, WiVerw 1985, 1 ff.

tene Klageart ist. Mit einer Anfechtungsklage allein wäre dem Mitbewerber nicht gedient. In Hinblick auf die Klagebefugnis bereitet die Verpflichtungsklage an sich auch keine Schwierigkeiten, da der Kläger die Leistung für sich selbst begehrt. Die Leistung muß jedoch möglich sein, und dies ist nicht mehr der Fall, wenn dem Mitbewerber die Begünstigung erteilt wurde und der begünstigende VA nicht mehr aufgehoben werden kann. Bei der Mitbewerberklage genügt es folglich regelmäßig nicht, daß der Kläger mit der Verpflichtungsklage seine eigene Begünstigung betreibt. Zugleich muß er vielmehr die Begünstigung des Mitbewerbers verhindern, sich also gegen einen fremdbegünstigenden VA wenden. Erforderlich ist *zusätzlich* eine *Anfechtungsklage*. Insofern ist die Geltendmachung der möglichen Rechtsbeeinträchtigung des Klägers schwieriger; denn das beeinträchtigte Recht soll ja gerade erst durch die Verpflichtungsklage erstritten werden. Nun könnte man die Ansicht vertreten, daß in der Verpflichtungsklage in Form der Versagungsgegenklage die Anfechtungsklage enthalten sei, so daß die Adressatenproblematik bei der Klagebefugnis gar nicht bestehe. Die Versagungsgegenklage richtet sich indessen gegen die Versagung des vom Kläger begehrten VA. Bei der Mitbewerberklage müssen demgegenüber mindestens zwei VA ergehen, die getrennt bekanntzumachen sind und dementsprechend zu unterschiedlichen Zeitpunkten wirksam werden können, nämlich ein stattgebender und ein versagender VA. Der stattgebende VA ist zugleich ein VA mit Drittwirkung, den der Adressat des versagenden VA ebenfalls angreifen muß. Es bleibt also dabei: Schon mit Rücksicht auf den vorläufigen Rechtsschutz ist es bei der Mitbewerberklage geboten, zusätzlich zur Verpflichtungsklage die Anfechtungsklage zu erheben (Klagehäufung[6])).

Im *Beamtenrecht* steht heute zwar außer Streit, daß der trotz besserer Eignung bei einer Einstellung oder Beförderung nicht berücksichtigte Bewerber die Verletzung eigener Rechte rügen kann. Die Klagebefugnis soll aber nach immer noch verbreiteter Ansicht i. d. R. daran scheitern, daß dem übergangenen Bewerber kein Anspruch auf Ernennung oder Beförderung zustehe[7]). Diese restriktive Ansicht überzeugt nicht, solange der Konkurrent noch nicht wirksam ernannt ist, weil jedenfalls ein Anspruch auf fehlerhafte Ermessensbetätigung besteht und das Prinzip der „Ämterstabilität" noch nicht greift[8]). Hier

3

---

[6] Vgl. BayVGH v. 15. 12. 1981, NJW 1982, 2134; v. 22. 7. 1982, DVBl. 1983, 274; *Püttner/ Lingemann*, JA 1984, 274 ff. (276 f.); *Roth*, WiVerw 1985, 46 ff. (59).
[7] Vgl. etwa HessVGH v. 14. 7. 1982, DVBl. 1983, 86; *Remmel*, PersV. 1983, 41 ff.; allgemein *ders.*, Die Konkurrentenklage im Beamtenrecht, 1982; *ders.*, RiA 1982, 1 ff., 21 ff.; *v. Mutius*, VerwArch. 1978, 103 ff.; *Solte*, NJW 1980, 1027 ff.; *Finkelnburg*, DVBl. 1980, 809 ff.; *Schmitt-Kammler*, DÖV 1980, 285 ff.; *Schenke*, in: Festschr. f. Mühl, 1981, S. 571 ff.; *Siegmund-Schultze*, VerwArch. 1982, 127 ff.; *Günther*, ZBR 1983, 45 ff.; *Lecheler*, DÖV 1983, 953 ff.; *Pogruba*, Konkurrentenklage im Beamtenrecht?, Diss. Mannheim, 1983; *Weiß*, ZBR 1989, 273 ff. Wichtig für das Wehrdienstverhältnis: BVerwG v. 22. 4. 1975, BVerwGE 53, 33.
[8] Weitergehend *Lecheler*, DÖV 1983, 953 ff.

sollte die Klagebefugnis für Anfechtungs- und Verpflichtungsklage (Neubescheidungsklage) bejaht werden, so daß sich der Ausweg über die vorbeugende Feststellungsklage erübrigt[9]). *Daß* der im Streit um den Zugang zu einem öffentlichen Amt unter Verstoß gegen Art. 33 Abs. 2 GG abgelehnte Bewerber die Möglichkeit haben muß, vor Gericht die Beachtung seiner Rechte durchzusetzen, folgt jedenfalls bereits aus Art. 19 IV GG. Vor Besetzung des Amtes ist daher der Dienstherr verpflichtet, den unterlegenen Bewerber vom Ausgang des Auswahlverfahrens so rechtzeitig zu unterrichten, daß dessen Rechtsschutz nicht vereitelt wird[10]). Wurde von dem begünstigenden VA nämlich bereits Gebrauch gemacht, wurde etwa die Beförderungsstelle, um die sich mehrere Beamten beworben hatten, besetzt, so ist auch die Konkurrentenklage des unterlegenen Mitbewerbers unzulässig geworden[11]). In Betracht kommt allenfalls noch ein Folgenbeseitigungsanspruch auf Gewährung eines gleichwertigen Amtes[12]).

4   Weitere typische Anwendungsfälle der Mitbewerberklage sind die Vergabeverfahren nach § 10 III GüKG[13]) − in Ausnahmesituationen −, nach § 13 IV PBefG[14]) und nach den Landesrundfunkgesetzen[15]). Für die Mitbewerberklage ist aber nur dann Raum, wenn das Kontingent der Genehmigungen unstreitig erschöpft ist[16]). Andernfalls ist ein Angriff gegen den Mitbewerber unnötig. Wird gleichwohl eine Konkurrentenklage erhoben, so handelt es sich in Wirklichkeit um eine defensive Konkurrentenklage.

5   Generell liegt demnach *keine* Mitbewerberklage vor, wenn nicht der gleiche, sondern nur ein gleichartiger VA begehrt wird. Dieser VA hat nämlich keine (rechtliche) Drittwirkung, sondern schließt häufig die Begünstigung anderer nur aus tatsächlichen Gründen aus.

Beispiel: Begehren mehrere die Zulassung zu einem Studium, so geht es um die Zulassung als solche, nicht um einen bestimmten Studienplatz. Ähnlich ist die Situation, wenn sich mehrere Schausteller um einen (nicht einen bestimmten!) Platz

---

9) Ebenso *Battis*, NJW 1984, 1332 ff. (1336); wohl auch *Maaß*, NJW 1985, 303 ff.
10) BVerfG, Beschl. v. 19. 9. 1989, DVBl. 1989, 1247, DVBl. 1990, 106 m. Anm. *Busch;* BVerwG v. 25. 8. 1988, BVerwGE 80, 127.
11) HessVGH v. 4. 5. 1979, ESVGH 29, 175, 178 gegen *v. Mutius*, VerwArch. 1978, 103 ff. Vgl. auch VG Berlin v. 7. 5. 1982, ZBR 1983, 103; BayVGH v. 11. 1. 1983, DÖV 1983, 391; hierzu (a. A.) *Müller*, JuS 1985, 275 ff.; BVerwG v. 25. 8. 1988, BVerwGE 80, 127.
12) Vgl. OVG Lüneburg v. 2. 2. 1965, DVBl. 1967, 206.
13) BVerwG v. 2. 9. 1983, NVwZ 1984, 507; *Quaas*, DÖV 1982, 434 ff. (438 ff.); vgl. auch *Balfanz/ v. Tegelen*, Güterkraftverkehrsgesetz, Komm., Losebl., § 10, 7.
14) Vgl. auch *Fromm*, WiVerw. 1989, 26 ff.
15) Vgl. VG Neustadt v. 10. 5. 1990 − 3 L 1199/90/NW − und v. 15. 5. 1990 − 3 L 1431/NW −; *Ronellenfitsch*, Die Erlaubnis zur Veranstaltung landesweiter Hörfunkprogramme in Rheinland-Pfalz, Rechtsgutachten, 1990; BWVGH v. 14. 12. 1988, NJW 1990, 340.
16) BVerwG v. 7. 10. 1988, DÖV 1989, 270.

auf einem Volksfest bemühen. Die Begehren sind jeweils rechtlich selbständig und voneinander unabhängig; eine rechtliche Konkurrenzsituation besteht nicht[17]).

III. Defensive Konkurrentenklage

Häufig werden Teilnehmer am Wirtschaftsverkehr durch VAe in der Weise begünstigt, daß eine *Verschiebung der Wettbewerbschancen* im Verhältnis zu den Konkurrenten eintritt, die diese Begünstigung nicht begehrt hatten. Eine einheitliche Linie der Rechtsprechung zu diesem Problemkreis ist nicht festzustellen. Dennoch wird an der bereits in den Vorauflagen vertretenen Auffassung festgehalten, daß grundsätzlich jedem Teilnehmer am Wirtschaftsverkehr die *Anfechtungsklage* zustehen sollte, falls zu seinem rechtlichen Nachteil ein aktueller oder potentieller Konkurrent durch einen VA begünstigt wird[18]). Die Parallele zur Nachbarklage wurde bereits angedeutet. Auch eine defensive Konkurrentenklage oder „negative Konkurrentenklage"[19]) kommt nur in Betracht, wenn der Angriff in eine eigene Rechtsposition abgewehrt werden soll. Verletzt die Begünstigung des Konkurrenten nur öffentliche Interessen, so fehlt es an der möglichen Rechtsbeeinträchtigung des Konkurrenten. Zum Verteidiger des Gemeinwohls darf sich auch hier niemand aufschwingen. Das bedeutet, daß nicht bereits gegen jede beliebige Zulassung von Konkurrenten vorgegangen werden kann. Andernfalls würde die defensive Konkurrentenklage zu einem generellen Schutz unternehmerischer Erwerbschancen[20]).

6

Beispiele für defensive Anfechtungsklagen gegen VAe durch welche Konkurrenten begünstigt werden, sind die Klage eines Ladeninhabers gegen eine Ausnahmebewilligung für verlängerte Ladenöffnungszeiten[21]), die Klage gegen die Zulassung eines Pflanzenschutzmittels eines Konkurrenten[22]), die Klage eines Taxiunternehmers gegen die einem Konkurrenten erteilte Genehmigung zum Verkehr mit Mietwagen[23]) wie − nach verbreiteter Meinung − generell die Klagen von Taxiunternehmern gegen die Erteilung von neuen Taxikonzessionen[24]). Ob § 13 IV und V PBefG den Schutz einzelner Unternehmer bezweckt, die bereits Inhaber einer Taxikonzession sind, erscheint aber zweifelhaft.

7

---

17) BVerwG v. 8. 2. 1980, DVBl. 1980, 922; BWVGH v. 23. 9. 1983, GewArch 1984, 26.
18) Ebenso *Stern*, S. 128. Dogmatische Fundierung bei *Lübbe-Wolff*, Die Grundrechte als Eingriffsabwehrrechte, 1988, S. 294, 305.
19) So *Miebach*, JuS 1987, 956 ff.
20) BVerwG v. 22. 5. 1980, NJW 1980, 2764 = JuS 1981, 233 *(Selmer)*; RhPfOVG v. 15. 7. 1981, NJW 1982, 1301 = JuS 1982, 469 *(Selmer)*; BayVGH v. 10. 4. 1984, NJW 1985, 758.
21) BVerwG v. 23. 3. 1982, NJW 1982, 2513 (2514).
22) VG Braunschweig v. 16. 3. 1984, NJW 1985, 83.
23) BayVGH, NJW 1985, 758.
24) Vgl. BayVGH v. 29. 10. 1980, VGH n. F. 33, 161; differenzierend NWOVG v. 1. 2. 1980, NJW 1980, 2323 = JuS 1981, 152 *(Selmer)*.

Geschützt wird nämlich die Funktionsfähigkeit des örtlichen Taxigewerbes im öffentlichen Verkehrsinteresse[25]). Bei der Taxikonzession besteht somit eine Parallele zu den Vorschriften der HandwO (z. B. § 8 I), die ebenfalls dem öffentlichen Interesse an der Erhaltung eines leistungsfähigen Handwerks dienen und nicht dem Schutz der einzelnen Handwerker[26]).

8 Wehrt sich der Konkurrent gegen einen öffentlich-rechtlichen Subventionsvertrag, so dürfte die Feststellungsklage die richtige Klageart sein[27]). Die Leistungsklage auf Unterlassung der Auszahlung des Subventionsbetrags wird nämlich in aller Regel zu spät kommen.

---

25) Vgl. BVerwG v. 15. 4. 1988, BVerwGE 79, 208; v. 7. 9. 1989, NJW 1990, 1376. Die Kritik von *Langer*, NJW 1990, 1328 ff. geht fehl. Die Entscheidung nach § 13 IV PBefG ist keine Leistung; vielmehr handelt es sich bei der Ablehnung der Begünstigung um einen Eingriff, der der Rechtfertigung bedarf. Rechtfertigungsgrund kann nur ein überragend wichtiges Gemeinschaftsgut sein, nicht aber der Schutz privater Dritter.
26) BVerwG v. 22. 3. 1982, GewArch 1982, 271; v. 20. 7. 1983, DVBl. 1983, 1251.
27) NWOVG v. 22. 9. 1982, GewArch 1984, 227 = JuS 1985, 153 *(Selmer); Friehe*, DÖV 1980, 675 ff.; *Knuth*, JuS 1986, 523 ff.

§ 17 Vorverfahren und Klagefristen

I. Vorverfahren

Das Vorverfahren wird zusammenhängend in den §§ 24—50 behandelt. Dort finden sich insbesondere Ausführungen darüber, wann das Vorverfahren als Sachurteilsvoraussetzung erforderlich ist und wann das nicht der Fall ist. An dieser Stelle genügt der Hinweis, daß die Rechtsprechung an die Einhaltung der §§ 68 ff. VwGO einen großzügigen Maßstab anlegt. So soll in Sonderfällen das Vorverfahren aus Gründen der Prozeßökonomie dadurch entbehrlich werden, daß der Beklagte sich auf die Klage einläßt und deren Abweisung beantragt[1]). Rügt dagegen der Beklagte die Unzulässigkeit der Klage und äußert er sich nur vorsorglich materiell zum Vorbringen des Klägers, so macht das das Vorverfahren nicht überflüssig[2]).

Ganz allgemein verzichtet die Rechtsprechung auf die Durchführung des Vorverfahrens, wenn dessen Zweck schon auf andere Weise erfüllt worden ist oder offensichtlich nicht (mehr) erfüllt werden kann[3]). Das ist der Fall, wenn der angefochtene oder begehrte VA nur einen VA abändert, ersetzt oder in unmittelbarem Zusammenhang mit diesem steht, gegen den bereits ein Vorverfahren durchgeführt war[4]). Ferner braucht gegen einen Bescheid, der auf Widerspruch einem früheren Bescheid z. T. abhilft, in seinem belastenden Teil aber den früheren Bescheid lediglich wiederholt, nicht erneut Widerspruch eingelegt zu werden[5]). Bei mehreren Klägern hält es das BVerwG entgegen einer weit verbreiteten Meinung[6]) für ausreichend, wenn das Vorverfahren durch einen Kläger durchgeführt wurde[7]). Die Selbstkontrolle der Verwaltung hat dann nämlich stattgefunden; die Einstellung der Behörde ist klar, ein weiteres Vorverfahren wäre überflüssig, da es den Rechtsstreit nicht verhindern würde.

---

1) BVerwG v. 27. 2. 1963, BVerwGE 15, 306; v. 6. 4. 1979; BayVBl. 1979, 472; v. 23. 10. 1980, DVBl. 1981, 502; v. 24. 6. 1982, NJW 1983, 638; v. 2. 9. 1983, BayVBl. 1984, 155; BGH v. 22. 4. 1983, BGHZ 88, 1 (2); einschränkend NWOVG v. 24. 3. 1966, OVGE 22, 166; a. A. *EF*, § 68, 2 a; *Kopp*, Vorb. § 68, 10 f.; v. *Mutius*, S. 176 ff.; vgl. auch *RÖ*, § 68, 4.
2) BayVGH v. 9. 2. 1983, BayVBl. 1983, 309.
3) Vgl. BGH v. 10. 12. 1971, BGHZ 57, 344; hierzu v. *Mutius*, VerwArch. 1972, 461; BVerwG v. 7. 1. 1972, DÖV 1972, 644.
4) BVerwG v. 26. 6. 1969, BVerwGE 32, 243; v. 23. 3. 1982, BayVBl. 1982, 471; NWOVG v. 8. 3. 1966, OVGE 22, 124; v. 13. 8. 1969, BB 1970, 289; *Kopp*, § 68, 23, *RÖ*, § 79, 3.
5) BayVGH v. 8. 11. 1974, BayVBl. 1975, 21.
6) Vgl. *Kopp*, § 68, 7.
7) BVerwG v. 9. 6. 1967, DVBl. 1967, 773 m. Anm. *Martens*; v. 2. 11. 1968, DÖV 1970, 248; v. 7. 1. 1972, Buchholz 406.11 § 30 BBauG Nr. 5; v. 13. 6. 1975, NJW 1976, 1516.

3   Handelt die Behörde in der irrigen Annahme, ein Widerspruchsverfahren sei nicht erforderlich, so ist die Klage ohne Vorverfahren zulässig[8]).

4   Heftig umstritten ist schließlich die *Rspr. zum formfehlerhaften oder verspäteten Widerspruch.* Hierbei ist zu unterscheiden, ob die Widerspruchsbehörde den Widerspruch als unzulässig zurückgewiesen oder ob sie sich auf eine Sachentscheidung eingelassen hat. Im ersten Fall ist zunächst der Widerspruchsbescheid angreifbar (§ 79 II VwGO). Stellt sich heraus, daß der Widerspruch tatsächlich unzulässig war, dann muß richtiger Ansicht nach ein Prozeßurteil ergehen[9]). Ansonsten hat das Gericht zur Sache zu entscheiden. Größere Schwierigkeiten bereitet der zweite Fall. Das BVerwG vertritt den Standpunkt, der Widerspruchsbehörde stehe als „Herrin über den Streitstoff" die Befugnis zu, eine erneute Sachentscheidung zu treffen[10]). Diese Rechtsprechung nähert sich der Lage im finanzgerichtlichen Verfahren. Dort stellt die *Sprungklage* nach § 45 I FGO eine gesetzliche Ausnahme vom Erfordernis des Vorverfahrens dar. Die auf Anfechtungsklagen zugeschnittene Vorschrift wurde dort mittlerweile auf Verpflichtungsklagen ausgedehnt[11]). Die Einführung der Sprungklage in die allgemeine Verwaltungsgerichtsbarkeit – so § 72 VwPO – ist umstritten[12]). Demgegenüber wird zu Recht geltend gemacht[13]), daß bei unzulässigem Widerspruch der ursprüngliche VA (Klagegegenstand!) bereits formell rechtskräftig geworden ist. Die Widerspruchsbehörde ist dann nur Herrin des Verfahrens, wenn sie auf Grund eines Selbsteintrittsrechts einen Zweitbescheid erlassen dürfte[14]).

Zutreffend daher BayVGH v. 21. 6. 1983[15]). Die rechtswidrige Zulassung eines nicht fristgerecht erhobenen Widerspruchs nach § 134 II u. III FlurbG bindet das Gericht nicht und beseitigt nicht die Unanfechtbarkeit des Flurbereinigungsplans.

Beim VA mit Drittwirkung darf die Widerspruchsbehörde zudem nicht die

---

8) BVerwG v. 13. 1. 1971, BVerwGE 37, 87; BVerwG v. 19. 1. 1972, BVerwGE 39, 265; a. A. *Kopp,* § 68, 33.
9) *v. Mutius,* S. 190 ff; a. A. BVerwG v. 16. 1. 1964, DVBl. 1965, 89 m. Anm. *Siegmund-Schultze;* vgl. aber auch BVerwG v. 7. 5. 1965, BVerwGE 21, 93; vgl. ferner *Hofmann,* VerwArch. 1967, 64 ff., 135 ff.
10) BVerwG v. 16. 1. 1964, DVBl. 1965, 89; v. 13. 12. 1967, BVerwGE 28, 305; v. 24. 5. 1969, BayVBl. 1969, 357; v. 2. 10. 1970, DÖV 1971, 319; v. 7. 1. 1972, DVBl. 1972, 423; v. 28. 10. 1982, BayVBl. 1983, 311; v. 20. 6. 1988, NVwZ-RR 1989, 85; ebenso *Ule,* S. 119 f.; *SG,* Rdnr. 269; *Martens,* S. 102; ähnlich *RÖ,* § 70; *Trzaskalik,* S. 60 ff.
11) BFH v. 21. 1. 1985, NVwZ 1985, 686 = JuS 1986, 74 *(Brodersen).*
12) Vgl. BT-Drucks. 1986, 74.
13) Vgl. *Buri,* DÖV 1962, 483 ff., 929 ff. Für Unzulässigkeit der Klage: *v. Mutius,* S. 192 ff.; *Kopp,* § 70, 9; *Schütz,* NJW 1981, 2785 ff.; differenzierend, aber im Ergebnis wie hier *Schoch,* BayVBl. 1983, 358 ff. Einzelheiten unten § 42 Rdnrn. 3 ff.
14) Auf ein Vorverfahren kann verzichtet werden. Die Begründung des Selbsteintrittsrechts mit dem angeblichen Devolutiveffekt des verspäteten Widerspruchs ist eine petitio principii; a. A. BWVGH v. 31. 8. 1979, DÖV 1980, 383 (384); v. 26. 10. 1981, DÖV 1982, 206.
15) BayVBl. 1984, 20.

Vertrauensposition (vgl. § 50 VwVfG) des begünstigten Dritten zunichte machen[16]). Im übrigen kommt nur eine Klage nach § 79 II VwGO in Betracht[17]).

Die Frage, ob das Verwaltungsgericht zur Gewährung der *Wiedereinsetzung bei Versäumung der Widerspruchsfrist* zuständig ist, wird ebenfalls unterschiedlich beantwortet. Nach einer Ansicht soll nur die Möglichkeit bestehen, die Behörde auf Wiedereinsetzung zu verklagen, da nur so die innerbehördliche Kontrolle (Ermessen!) sichergestellt sei[18]). Dabei wird übersehen, daß die Entscheidung über die Wiedereinsetzung eine rechtlich gebundene Vorfragenentscheidung darstellt und aus Gründen der Konnexität von der Instanz getroffen werden muß, die mit der Hauptfrage, d. h. mit der Zulässigkeit des Widerspruchs, betraut ist. Da § 60 VwGO nicht abschließend verstanden werden muß, bedeutet das, daß das Gericht selbst über die Wiedereinsetzung im Rahmen des Hauptantrags entscheiden kann[19]).

II. Klagefristen

1. Allgemeines

Für bestimmte Klagearten[20]) sieht die VwGO Klagefristen vor, bei deren Versäumung die Klage durch Gerichtsbescheid (§ 84 I VwGO) abgewiesen werden kann[21]). Gegen die Versäumung der Frist kann der Kläger Wiedereinsetzung in den vorigen Stand beantragen (§ 60 VwGO).

2. Anfechtungs- und Verpflichtungsklage

Nach § 74 VwGO beträgt die Klagefrist bei der Anfechtungsklage und – wenn der Antrag auf Vornahme eines VA abgelehnt worden ist – bei der Verpflichtungsklage einen Monat. § 74 VwGO gilt entsprechend bei Leistungs- und Feststellungsklagen gem. § 126 III BRRG und bei der Fortsetzungsfeststellungsklage, soweit diese ein Vorverfahren erfordert[22]).

Hat sich der angefochtene VA vor Klageerhebung erledigt, so muß die Fortsetzungsfeststellungsklage innerhalb der Jahresfrist des § 58 II VwGO erhoben werden[23]).

---

16) Vgl. *Niethammer*, NJW 1981, 1544 ff. Vgl. auch BVerwG v. 29. 10. 1969, DÖV 1969, 142; v. 4. 8. 1982, NVwZ 1983, 285 = JuS 1983, 722 *(Osterloh)*.
17) Vgl. *RÖ*, § 68, 7.
18) So *Schmidt*, DÖV 1981, 229.
19) BWVGH v. 28. 5. 1980, DÖV 1981, 228; BVerwG v. 8. 3. 1983, BayVBl. 1983, 476 sowie unten § 34 Rdnrn. 8 ff.
20) Nicht fristgebunden sind v. a. allgemeine Festetellungs- und Leistungsklagen.
21) Früher war die Möglichkeit eines Vorbescheids gegeben.
22) Zu undifferenziert *Kopp*, § 74, 2 einerseits und *RÖ*, § 74, 1 andererseits; vgl. auch BWVGH v. 14. 7. 1969, DVBl. 1970, 511; RhPfOVG v. 15. 7. 1981, NJW 1982, 1301 (1302).
23) BWVGH v. 4. 6. 1980, NJW 1981, 364 (nur LS).

Abweichende Regelungen können nur noch durch Bundesrecht getroffen werden[24]). Die Klagefrist beginnt mit der Zustellung des Widerspruchsbescheids oder in den Fällen, in denen ein Widerspruchsverfahren nicht erforderlich ist, mit der Bekanntgabe des VA (§ 74 I VwGO). Wird der Bescheid mehreren Personen zugestellt oder bekanntgegeben, läuft die Klagefrist für jeden gesondert. Nach der Rechtsprechung kommt es auf den Zeitpunkt der Verwaltungsentscheidung für den Fristbeginn nicht an. Eine zunächst wegen Fristablaufs abgewiesene Klage wird daher zulässig, wenn die Widerspruchsbehörde erst nach Einlegung der Berufung sachlich über den Widerspruch entscheidet[25]). Die Monatsfrist beginnt nur zu laufen, wenn eine zutreffende Rechtsbehelfsbelehrung erteilt wurde (§ 58 I VwGO). Bei fehlender oder unrichtiger[26]) Rechtsbehelfsbelehrung gilt die Jahresfrist des § 58 II VwGO. Schwierigkeiten bereitet die Fristberechnung, wenn einem Nachbarn eine Baugenehmigung nicht (mit Rechtsbehelfsbelehrung) mitgeteilt wurde. Nach VG Berlin[27]) soll dann nicht der Zeitpunkt maßgeblich sein, zu dem der Nachbar vom tatsächlichen Baubeginn Kenntnis erlangt, sondern erst der Zeitpunkt, in welchem das Vorhaben in seiner Eigenschaft als potentiell umweltbelastend für den Nachbarn erkennbar ist. Das geht aber viel zu weit. Das das Nachbarverhältnis prägende Gebot der Rücksichtnahme ist ambivalent. Den Nachbarrechten korrespondieren auch Lasten. Bemerkt jemand Baumaßnahmen in seiner Nachbarschaft, so muß er sich unverzüglich Kenntnis von der Tragweite des Vorhabens verschaffen. Dies gilt im übrigen nicht nur für die unmittelbaren Grenznachbarn, sondern für alle klagebefugten Nachbarn. Sobald diese sichere Kenntnis von dem Vorhaben erlangt haben – Indiz ist der Baubeginn –, beginnt die Frist des § 58 II VwGO zu laufen[28]).

8   Fristen erfüllen nur dann ihre Ordnungsfunktion, wenn sie nicht allzu großzügig gehandhabt werden. Werktage sind bei der Fristberechnung daher auch dann zu berücksichtigen, wenn dienstfrei ist[29]). Eine versehentlich bei

---

24) Vgl. BVerfG v. 17. 1. 1967, BVerfGE 21, 106. Eine Ausnahmefrist, die leicht übersehen wird, folgt aus § 190 I Nr. 4 VwGO i. V. m. § 142 I FlurbG (zwei Wochen).
25) BayVGH v. 15. 2. 1973, VGH n. F. 26, 57; vgl. auch BVerwG v. 18. 9. 1970, DÖV 1971, 393.
26) Vgl. unten § 48 Rdnr. 13. Ob ein Verweis auf die gesetzlichen Vorschriften überhaupt eine Rechtsbehelfsbelehrung darstellt, erscheint zweifelhaft. Jedenfalls ist diese „Belehrung" unrichtig; vgl. HessVGH v. 18. 9. 1985, NVwZ 1986, 1032 (LS). Auch in diesem Zusammenhang sollte ergebnisorientiert argumentiert, also darauf abgestellt werden, ob der Rechtsschutz durch die Belehrung beeinträchtigt ist. Heißt es fälschlich, die Klagefrist beginne nach der „Bekanntgabe" statt nach der „Zustellung" des Widerspruchsbescheids zu laufen, so ist das unschädlich, wenn Bekanntgabe und Zustellung zeitlich zusammenfallen; HessVGH v. 24. 6. 1988, NVwZ-RR 1989, 583. Zum Inhalt der Rechtsbehelfsbelehrung bei Entschädigungsfeststellungsbeschlüssen BGH v. 7. 4. 1983, NVwZ 1983, 570.
27) Urt. v. 21. 9. 1984, NVwZ 1985, 932.
28) BVerwG v. 28. 8. 1987, NJW 1988, 389; vgl. auch § 33 Rdnrn. 11 ff.
29) BWVGH v. 24. 11. 1986, NJW 1987, 1553.

einem unzuständigen Gericht erhobene Klage vermag selbst bei Verweisung an das zuständige Gericht die Klagefrist nicht zu wahren[30]).

3. Untätigkeitsklage

Bei der Untätigkeitsklage überkreuzen sich das Verwaltungsverfahren und das verwaltungsgerichtliche Verfahren. Das führt gelegentlich zu Problemen. Unklar war früher vor allem, inwieweit die Klageerhebung und der Ablauf der Klagefrist das Verwaltungsverfahren beeinflussen. Die mit der Klagefrist verbundenen Zweifelsfragen wollte die Änderung der VwGO vom 24. 8. 1976 beseitigen. Seit dem 1. 1. 1977 findet die als unbefriedigend empfundene Regelung des § 76 VwGO keine Anwendung mehr. Durch die *Streichung von § 76 VwGO* wurde aber nicht viel gewonnen. Die Rspr. hat jetzt nämlich zu klären, unter welchen Voraussetzungen erst nach Jahren erhobene Klagen *mißbräuchlich* sind[31]). Die alten Kontroversen wirken insoweit nach.

9

Nach § 76 VwGO mußte die Klage vor Ablauf eines Jahres seit Einlegung des Widerspruchs oder seit der Stellung des Antrags auf Vornahme eines VA erhoben werden[32]), außer wenn die Klageerhebung vor Ablauf der Jahresfrist infolge höherer Gewalt oder unter den besonderen Verhältnissen des Einzelfalls unterblieben war. In diesem Zusammenhang waren die Gründe für die Untätigkeit der Verwaltung nur erheblich, wenn sie das Klageverhalten des Klägers bestimmten. Nach Wegfall der besonderen Verhältnisse des § 76 VwGO beschränkte sich die Klagefrist entsprechend § 74 I VwGO auf die Dauer von einem Monat. Heftig umstritten war die Frage, welche Rechtsfolgen sich aus dem Ablauf der Jahresfrist nach § 76 VwGO ergaben. Nach Ansicht des BVerwG wurde die Verwaltungsentscheidung unanfechtbar und damit vollstreckbar; die a. W. des Widerspruchs entfiel[33]). Eine den Rechtsweg neu eröffnende Entscheidung der Verwaltungsbehörde sollte aber weiterhin möglich sein. Diese Kriterien dürften bei Feststellung einer Verwirkung der Klagebefugnis nach wie vor hilfreich sein.

Nach wie vor relevant ist überdies die Frage, ab wann die Untätigkeitsklage erhoben werden darf. Hiermit befaßt sich § 75 VwGO: Die Klage kann nach Ablauf von drei Monaten seit Einlegung des Widerspruchs oder des Antrags auf Erlaß eines VA erhoben werden, wenn eine sachliche Entscheidung ohne

10

---

30) RhPfOVG v. 8. 10. 1989, NJW 1981, 1005. Vgl. aber auch oben § 5 Rdnr. 29 sowie BGH v. 20. 2. 1986, NJW 1986, 2255. Nach BayVGH v. 27. 10. 1981, BayVBl. 1982, 213 kann die Zustellung an einen empfangsbevollmächtigten Kraftfahrer einer Behörde die Frist in Lauf setzen.
31) *Kopp*, DÖV 1977, 199 f. Das BVerwG (NJW 1988, 389) hält denn auch mit Recht an der früheren Rspr. fest; vgl. Urt. v. 25. 1. 1974, BVerwGE 44, 294.
32) Die Frist begann auch ohne entsprechende Belehrung zu laufen, vgl. BVerwG v. 20. 1. 1967, BVerwGE 26, 54; BayVGH v. 30. 10. 1974, BayVBl. 1975, 90.
33) BVerwG v. 13. 12. 1967, BVerwGE 28, 305 = DÖV 1968, 253 m. Anm. *Czermak* = NJW 1968, 1491 m. Anm. *Reigl*.

zureichenden Grund unterblieben ist[34]). Ergeht nach Ablauf der Sperrfrist der VA, so ist das Vorverfahren nachzuholen. Die Klage wird jedoch nicht im Hinblick auf § 74 I VwGO unzulässig; die förmliche und fristgebundene Einlegung des Widerspruchs ist überflüssig[35]).
Bei besonderen Umständen ist eine Verkürzung der Sperrfrist geboten[36]).

III. Fehlen anderweitiger Rechtshängigkeit

11   Nach § 90 II VwGO ist eine neue Klage über die gleiche Streitsache während der Rechtshängigkeit vor einem Gericht der allgemeinen Verwaltungsgerichtsbarkeit, einem ordentlichen Gericht oder einem Gericht der Arbeits-, Finanz- oder Sozialgerichtsbarkeit unzulässig. Die Aufzählung der Gerichte ist abschließend, so daß die Rechtshängigkeit der Streitsache bei der Verfassungsgerichtsbarkeit einem Prozeß vor den Verwaltungsgerichten nicht entgegensteht[37]).

12   Die Streitsache ist rechtshängig bei Identität der Beteiligten und Identität des Streitgegenstandes. Anders als im Schrifttum vielfach vertreten[38]), sind damit nicht nur die Hauptbeteiligten und deren Rechtsnachfolger, sondern auch die notwendig Beigeladenen erfaßt, da auch deren materiellen Rechte streitbefangen sind. Der Streitgegenstand bestimmt den Umfang der Rechtshängigkeit.

Die Rechtshängigkeit beginnt mit der Erhebung der Klage (§ 90 I VwGO)[39]). Die Rechtshängigkeit endet mit dem rechtskräftigen Abschluß des Verfahrens, mit Klagerücknahme (§ 92 II S. 1 VwGO), mit Abschluß eines Prozeßvergleichs (§ 106 VwGO) oder mit übereinstimmenden Erledigungserklärungen (§ 161 II VwGO).

13   Die *Klagerücknahme* ist die Erklärung des Klägers, daß er sein Klagebegehren im anhängigen Verfahren nicht mehr weiterverfolgen will[40]). Sie muß dem Gericht gegenüber ausdrücklich[41]) erklärt werden und ist bis zur Rechtskraft des Urteils jederzeit zulässig (§ 92 I S. 1 VwGO).

---

34) Als zureichende Gründe kommen etwa die besonderen Schwierigkeiten des Einzelfalls und die außergewöhnliche Überlastung der Behörde in Betracht, BFH v. 3. 3. 1959, JZ 1959, 570; BVerwG v. 27. 3. 1968, DÖV 1968, 496; OVG Lüneburg v. 30. 1. 1964, NJW 1964, 1637.
35) Vgl. BVerwG v. 23. 3. 1973; BVerwGE 42, 108 (110); v. 13. 1. 1983, DVBl. 1983, 849; BWVGH v. 30. 4. 1984, NJW 1986, 149.
36) *Faustregel:* Besondere Gründe liegen dann vor, wenn der Kläger bei einer ablehnenden Entscheidung vorläufigen Rechtsschutz begehren könnte.
37) BVerwG v. 5. 2. 1976, BVerwGE 50, 124.
38) *Kopp*, § 90, 12; wie hier *Baden*, NVwZ 1984, 144 ff.
39) Erhoben ist die Klage mit dem Zugang bei Gericht. Im Gegensatz zum Zivilprozeß ist die Zustellung der Klageschrift an den Beklagten nicht erforderlich (vgl. § 81 VwGO). Die Zulässigkeit der Klage spielt für die Rechtshängigkeit keine Rolle, *RÖ*, § 90, 2; *EF*, § 90, 1.
40) Vgl. *Kopp*, § 92, 4.
41) *RÖ*, § 92, 1; *SDC*, § 92, 1.

§ 17 III Fehlen anderweitiger Rechtshängigkeit 175

Ob nach Abgabe übereinstimmender Erledigungserklärungen die Klage noch wirksam zurückgenommen werden kann, wird von der Rspr. unterschiedlich beurteilt. Der BayVGH hält wegen Beendigung der Rechtshängigkeit die Zurücknahme für unzulässig[42]). Nach den Erledigungserklärungen, die ohnehin die Rechtshängigkeit nur ex tunc beseitigen, bleibt das Verfahren jedoch wegen der Kosten abhängig. Die Finanzgerichte halten daher zu Recht eine Klagerücknahme noch für möglich[43]).

Nach Stellung der Anträge des Beklagten oder des VÖI setzt die Klagerücknahme deren Einwilligung voraus. Mit der Klagerücknahme gilt das Verfahren als nicht rechtshängig geworden; das Gericht stellt das Verfahren durch deklaratorischen Beschluß ein (§ 92 II VwGO) und legt in aller Regel die Kosten des Verfahrens dem Kläger auf (§ 155 II VwGO). Gegen die Kostenentscheidung im Einstellungsbeschluß ist Beschwerde gegeben. Im übrigen muß bei Streit über die Wirksamkeit der Klagerücknahme die Fortsetzung des ursprünglichen Verfahrens beantragt werden, soweit der Streit nach Erlaß des Einstellungsbeschlusses entstand[44]).

Nach § 106 VwGO können die Beteiligten zur vollständigen oder teilweisen Erledigung des geltend gemachten Anspruchs einen *Prozeßvergleich*[45]) zur Niederschrift (§ 105 VwGO) des Gerichts oder des beauftragten oder ersuchten Richters abschließen, soweit sie über den Streitgegenstand verfügen können. Bei Streit über die Wirksamkeit des Vergleichs ist das Verfahren fortzusetzen[45]. 14

Häufig wird bei Abschluß des Vergleichs dessen Widerruf innerhalb einer bestimmten Frist vorbehalten. Hier ist es zweckmäßig, wenn das Gericht am Ende der mündlichen Verhandlung beschließt, daß im Falle des Widerrufs eine gerichtliche Entscheidung – in einem gleichzeitig festgesetzten Verkündungstermin – verkündet oder unter Verzicht auf Verkündung gem. § 116 II VwGO zugestellt wird. Gegen die Beratung der im Widerrufsfall zu treffenden Entscheidung bereits am Tag der mündlichen Verhandlung sprechen keine prozessualen Bedenken[46]).

Nachträgliches Unwirksamwerden des Vergleichs – nicht Nichtigkeit[47]) – durch veränderte Umstände kann nur in einem neuen Prozeß geltend gemacht werden. So kommt beim Wegfall der Geschäftsgrundlage eine Abänderungs-

---

42) Urt. v. 28. 12. 1979, BayVBl. 1980, 342.
43) Vgl. BFH v. 5. 12. 1967, BStBl. II 1968, 202; FG München v. 26. 7. 1982, BayVBl. 1983, 314; ebenso *Pietzner*, VerwArch. 1984, 75 ff.
44) Zutreffend *Kopp*, § 92, 18; a. A. *RÖ*, § 92, 12 ff. m. w. N. (Beschwerde gegen den Einstellungsbeschluß). Nach HessVGH v. 2. 11. 1979, NJW 1981, 197 kann der Kläger entweder die Fortsetzung des erstinstanzlichen Verfahrens beantragen oder Beschwerde gegen den Einstellungsbeschluß einlegen. Da das erstinstanzliche Gericht jedoch nicht an den Einstellungsbeschluß gebunden ist, fehlt für die Beschwerde nicht nur das Rechtsschutzbedürfnis (vgl. *RÖ*, § 92, 14 ff.). Vielmehr mangelt es auch an der funktionellen Zuständigkeit des Beschwerdegerichts, das die Streitsache an das VG zurückverweisen muß; so BayVGH v. 2. 7. 1981, NVwZ 1982, 45, der freilich auch die Aufhebung des Einstellungsbeschlusses fordert.
45) Hierzu *Schröder*, Der Prozeßvergleich in den verwaltungsgerichtlichen Klagearten, 1971. Zur Rechtsnatur BVerwG v. 4. 11. 1987, NJW 1988, 662 (663).
46) So *Dawin*, NVwZ 1983, 143 gegen NWOVG v. 16. 7. 1981, NVwZ 1982, 378.
47) Vgl. BayVGH v. 13. 6. 1979, DVBl. 1980, 62.

klage (§ 323 I und IV ZPO i. V. m. § 173 VwGO) oder wenn aus dem Vergleich vollstreckt werden soll eine Vollstreckungsgegenklage (§ 767 ZPO i. V. m. § 173 VwGO) in Betracht[48]).

15 Die *Erledigung der Hauptsache* spielt in der Praxis eine große Rolle. Die Prozeßordnungen beschäftigen sich mit ihr nur am Rande. § 91 a ZPO wurde erst 1950 nachträglich eingefügt[49]). Auch § 161 II VwGO befaßt sich nur mit der Kostenentscheidung, wenn die Erledigung der Hauptsachen eingetreten ist[50]). Die Frage, wann und unter welchen Voraussetzungen von einer Erledigung ausgegangen werden kann, richtet sich daher nach den *allgemeinen,* von Rechtsprechung und Wissenschaft entwickelten Grundsätzen. Der Ausdruck „Grundsätze" darf allerdings nicht darüber hinwegtäuschen, daß zahlreiche Fragen umstritten sind. Einigkeit besteht lediglich im Ausgangspunkt, nämlich daß zwischen übereinstimmender und einseitiger Erledigungserklärung zu unterscheiden ist.

16 Durch die *übereinstimmende Erledigungserklärung* wird der Rechtsstreit *automatisch* beendet[51]). Die übereinstimmende Erledigungserklärung ist Ausfluß der auch für den Verwaltungsprozeß maßgeblichen Dispositionsmaxime. Eine Überprüfung der Erledigung durch das Gericht und die Erledigungsfeststellung von Amts wegen in Ausnahmefällen scheiden daher aus[52]).

Die Erledigungserklärung kann nicht angefochten und nur bis zu dem Zeitpunkt widerrufen werden, in dem auch der Gegner eine entsprechende Erklärung abgegeben hat[53]).

Beruht die Erledigungserklärung auf einem Gesetz, das vom Bundesverfassungsgericht (ex tunc!) für nichtig erklärt wird, so ist sie gegenstandslos mit der Folge, daß das Klageverfahren vor den Verwaltungsgerichten fortgesetzt werden muß[54]).

---

48) Vgl. BayVGH v. 20. 7. 1977, BayVBl. 1978, 53. Zur Vollstreckung eines Prozeßvergleichs OVG Lüneburg v. 2. 4. 1979, NJW 1980, 414.
49) Vgl. aber bereits § 4 I der 3. VereinfachungsVO v. 16. 5. 1942 (RGBl. I S. 333); zur historischen Entwicklung *Göppinger,* Die Erledigung des Rechtsstreits in der Hauptsache, 1958, S. 171 ff. Zum FGG vgl. *Lerch,* NJW 1987, 1923 ff.
50) Zur Erledigung der Hauptsache im Verwaltungsprozeß *Müller-Tochtermann,* VerwArch. 1962, 45 ff.; *Maetzel,* DÖV 1971, 613 ff.; *Steiger,* BWVpr. 1980, 246 ff.; *Pietzner,* VerwArch. 1984, 79 ff.; *ders.,* VerwArch. 1986, 299 ff.; *Günther,* DVBl. 1988, 612 ff.
51) Das gilt für ein Verfahren, das allein auf Grund eines Rechtsmittels des VÖI anhängig war, selbst dann, wenn der VÖI das Rechtsmittel aufrechterhält; das Rechtsmittel ist in diesem Fall als unzulässig zu verwerfen; vgl. NWOVG v. 19. 9. 1978, MDR 1980, 260; BayVGH v. 28. 12. 1979, BayVBL. 1980, 342.
52) *Pietzner,* VerwArch. 1984, 87 ff.; vgl. auch BerlOVG v. 22. 1. 1985, NVwZ 1986, 672.
53) Vgl. BVerwG v. 20. 7. 1972, DVBl. 1973, 369; BayVGH v. 15. 5. 1975, BayVBl. 1975, 513. Die Erledigungserklärung ist bedingungsfeindlich. Eine hilfsweise Erledigungserklärung ist von vornherein unzulässig; vgl. RhPfOVG v. 10. 10. 1977, JZ 1977, 786; OVG Lüneburg v. 11. 10. 1982, NJW 1983, 902; BWVGH v. 11. 2. 1988, NVwZ-RR 1989, 445; a. A. NWOVG v. 5. 1. 1977, JZ 1977, 398.
54) So jedenfalls BVerwG v. 9. 3. 1979, BVerwGE 57, 311 mit abl. Bespr. *Menger,* VerwArch. 1979, 341 ff.

Bei der in der Regel nach § 161 II VwGO zu treffenden unanfechtbaren[55]) Kostenentscheidung entscheidet das Gericht nach „billigem" (nicht freiem) Ermessen. Hierbei ist der bisherige Sach- und Streitstand zu berücksichtigen. Es kommt also einmal darauf an, wer die Kosten hätte tragen müssen, wenn sich die Hauptsache nicht erledigt hätte[56]). Zum anderen spielt es eine Rolle, ob einer der Beteiligten die Erledigung verursacht hat.[57]).

War die Klage bereits unzulässig, so hat ohne weiteres der Kläger die Kosten zu tragen. Zweifelhaft ist lediglich, ob das angerufene Gericht überhaupt eine Entscheidung nach § 161 II VwGO treffen darf, wenn die gerichtsbezogenen Sachurteilsvoraussetzungen nicht vorliegen. Dies wird überwiegend aus Gründen der Prozeßökonomie bejaht[58]). Die zusätzlichen Kosten, etwa wenn nach § 17a II GVG, § 83 VwGO verwiesen wird, sind gewiß unerfreulich. Dennoch muß das billige Ermessen vom gesetzlichen Richter ausgeübt werden. Nur das zuständige Gericht ist folglich zur Entscheidung nach § 161 II VwGO befugt. Für die kursorische Begründetheitsprüfung ist maßgeblich die Sach- und Rechtslage unmittelbar vor dem erledigenden Ereignis[59]).

Ausnahmen von der Regel des § 161 II VwGO ergeben sich, wenn der Beklagte durch sein Verhalten keine Veranlassung zur Erhebung der Klage gegeben hat und den Anspruch sofort, d. h. ehe der Rechtsstreit streitig anhängig war, *anerkennt* (§ 156 VwGO). Bei Anfechtungs- und Verpflichtungsklagen geht § 161 III VwGO dem § 156 VwGO als lex specialis vor. Danach trägt prinzipiell der Beklagte die Kosten der Untätigkeitsklage, wenn der Kläger mit seiner Bescheidung vor Klageerhebung rechnen durfte. Die Privilegierung des Beklagten bedingt die Zulässigkeit der Untätigkeitsklage[60]). Ergeht nachträglich der beantragte VA, führt der Kläger den Rechtsstreit aber zunächst weiter und erklärt erst danach die Erledigung der Hauptsache, so

---

55) § 158 II VwGO; vgl. auch BVerwG v. 3. 11. 1981, BayVBl. 1982, 156; OVG Lüneburg v. 29. 10. 1979, NJW 1980, 855 (LS).
56) *Günther*, DVBl. 1988, 613.
57) Mit *Czermak*, BayVBl. 1975, 698 und *Stoeckle*, BayVBl. 1981, 203 ist aber der vom BayVGH mit Beschl. v. 15. 5. 1975, BayVBl. 1975, 513 und v. 2. 5. 1980 Nr. 3 XV 78 aufgestellte Grundsatz abzulehnen, wonach (immer) demjenigen Beteiligten die Kosten aufzuerlegen sind, der das die Hauptsache erledigende Ereignis aus eigenem Entschluß herbeigeführt hat; so auch BayVGH v. 18. 1. 1979, BayVBl. 1979, 246. Zu den Besonderheiten des Hochschulzulassungsstreits in diesem Zusammenhang BVerwG v. 11. 5. 1982, NVwZ 1982, 500 gegen SaarlOVG v. 14. 10. 1983, NVwZ 1984, 128.
58) Vgl. *Günther*, DVBl. 1988, 613; *Kopp*, § 161, 13; *RÖ*, § 107, 16.
59) Wegen der Einzelheiten kann pauschal auf *Günther*, DVBl. 1988, 612 ff. verwiesen werden. Zur „Heilung" eines gesetzlosen VA durch nachträglichen Erlaß der Rechtsgrundlage BayVGH v. 4. 10. 1985, NVwZ 1986, 1032; OVG Lüneburg v. 3. 8. 1988, NVwZ-RR 1989, 447. Zur Erledigung einer Anfechtungsklage infolge behördlichen Verhaltens BVerwG v. 21. 4. 1989, NVwZ 1989, 859. Gegenbeispiel: Erledigung einer Verpflichtungsklage auf Baugenehmigung infolge der Rücknahme des Bauantrags, BVerwG v. 14. 4. 1989, NVwZ 1989, 860.
60) A. A. *Kopp*, § 161, 35.

richtet sich die Kostenentscheidung nach den allgemeinen Vorschriften[61]). Der Rechtsmittelausschluß bei § 161 II VwGO gilt sinngemäß auch für die Kostenentscheidung nach § 161 III VwGO[62]). Beenden die Beteiligten den Rechtsstreit in der Hauptsache durch Vergleich nach § 106 VwGO, so können sie eine Kostenübereinkunft treffen. Für eine gerichtliche Entscheidung ist dann insoweit kein Raum. Fehlt eine Kostenübereinkunft, so findet § 160 VwGO Anwendung. § 160 VwGO ist aber nur ein Notbehelf. Schließen die Beteiligten einen außergerichtlichen Vergleich mit oder ohne Kostenregelung und erklären dann übereinstimmend den Rechtsstreit in der Hauptsache für erledigt, so ist die Kostenentscheidung entgegen einer verbreiteten Ansicht[63]) nicht entsprechend § 160 VwGO zu treffen, sondern nach § 161 II VwGO[64]). Bei der Billigkeitsentscheidung ist dann der Kostenabrede Rechnung zu tragen.

19 Bei einer *einseitigen Erledigungserklärung des Klägers*[65]), der sich der Beklagte mit aufrechterhaltenem Abweisungsantrag widersetzt (streitige Erledigungserklärung), kann der Prozeß ohne Entscheidung des Gerichts nicht enden. Entschieden werden muß dann die Frage, ob der *Rechtsstreit,* nicht ob das mit der Klage verfolgte subjektive Recht des Klägers erloschen ist. Hält das Gericht die Hauptsache tatsächlich für erledigt, so kommt es nach der verwaltungsprozessualen h. M. auf Zulässigkeit und Begründetheit des ursprünglichen Klagebegehrens grundsätzlich nicht mehr an; die Erledigung der Hauptsache kann durch Urteil festgestellt werden[66]), soweit keine verdeckte Klagerücknahme vorliegt[67]). Nach einer im Schrifttum verbreiteten, der Rspr. des BGH folgenden[68]) Meinung setzt demgegenüber die gerichtliche Feststellung der Hauptsachenerledigung die ursprüngliche Zulässigkeit und Begründetheit der Klage voraus[69]). Verneint danach das Gericht die ursprüngliche Zulässigkeit oder Begründetheit der Klage, so ist der Erledigungsantrag als unbegründet[70]),

---

61) OVG Lüneburg v. 4. 5. 1973, NJW 1974, 1103; BayVGH v. 24. 9. 1975, BayVBl. 1976, 243.
62) BerlOVG v. 10. 5. 1983, DÖV 1983, 686 m. abl. Anm. *Schultz,* S. 987 f.; a. A. OVG Lüneburg v. 21. 10. 1980, NJW 1981, 1111 (LS).
63) So etwa BayVGH v. 12. 10. 1979, BayVBl. 1980, 119.
64) HessVGH v. 7. 2. 1983, DÖV 1983, 558; vgl. auch NWOVG v. 29. 7. 1982, DÖV 1983, 347 (LS).
65) Hierzu ausführlich *Pietzner,* VerwArch. 1986, 299 ff.; *J. Schmidt,* DÖV 1984, 622 ff.
66) Vgl. BVerwG v. 14. 1. 1965, BVerwGE 20, 146; v. 27. 2. 1969, BVerwGE 31, 318; v. 25. 11. 1981, BVerwGE 73, 312 (313); BayVGH v. 28. 7. 1973, BayVBl. 1974, 281; RhPfOVG v. 6. 3. 1978, AS 14, 82; *Maetzel,* DÖV 1971, 613 ff. m. w. N.
67) Zur Lehre von der „verschleierten Klagerücknahme" *Pietzner,* VerwArch. 1986, 313; ablehnend auch BayVGH v. 17. 4. 1975, BayVBl. 1975, 476; v. 24. 9. 1984, BayVBl. 1986, 86 f.; *Schmidt,* DÖV 1984, 626.
68) Vgl. BGH v. 8. 5. 1985, BGHZ 94, 268 (274); *Pietzner,* VerwArch. 1986, 300 ff. m. w. N.
69) Vgl. *EF,* § 161, 146; *RÖ,* § 107, 21.
70) *Köppl,* BayVBl. 1979, 460 ff. (462).

verneint das Gericht die Erledigung der Hauptsache, so ist der vom Kläger gestellte Erledigungsantrag als unzulässig abzuweisen[71]). Die h. L. verdient den Vorzug. Anders als im Zivilprozeß ist der Beklagte im Verwaltungsprozeß zumeist nicht schutzbedürftig, vielmehr muß gerade im Interesse des Klägers die Waffengleichheit hergestellt werden[72]). Im übrigen vertritt das BVerwG die These von der Unabhängigkeit der Erledigungsfeststellung von ursprünglicher Zulässigkeit und Begründetheit nur im Grundsatz. Besteht ein „schutzwürdiges Interesse" des Beklagten an der Frage, ob die Klage gegen ihn zu Recht erhoben worden ist, dann ist die Erledigung der Hauptsache nur festzustellen, wenn die Klage im Zeitpunkt des Eintritts des erledigenden Interesses zulässig und begründet war[73]). Das schutzwürdige Interesse muß über das allgemeine Interesse an der Klärung von Rechtsfragen und über das allgemeine Rechtsschutzinteresse hinausgehen. Es ist vergleichbar mit dem „berechtigten Interesse" i. S. v. § 113 I S. 4 VwGO und beispielsweise gegeben, wenn zwischen den Beteiligten mehrere Verfahren anhängig sind oder wenn weitere Auseinandersetzungen der Beteiligten vermieden werden können[74]). Für ein schutzwürdiges Interesse des Beklagten genügt es aber nicht, daß Rechtsfragen geklärt werden können, die für seine Rechtsbeziehungen zu anderen Personen bedeutsam sind[75]).

Die Kostenentscheidung bei der streitigen Erledigungserklärung ist nach § 154 I VwGO zu treffen[76]).

Die *einseitige Erledigungserklärung des Beklagten* hat keine selbständige Bedeutung und ist allenfalls eine zusätzliche Begründung für den Antrag auf Klageabweisung. Bei tatsächlicher Erledigung ist die Klage mangels Rechtsschutzinteresses gem. § 154 I VwGO kostenpflichtig abzuweisen[77]).

20

---

71) So BayVGH v. 17. 4. 1975, BayVBl. 1975, 476; zustimmend *Czermak*, BayVBl. 1975, 689; a. A. *Kopp*, § 161, 22 (unbegründet).
72) Zutreffend *Pietzner*, VerwArch. 1986, 396 ff.
73) So bereits BVerwGE 20, 154; ferner BVerwG v. 25. 4. 1989, NVwZ 1989, 862; HessVGH v. 19. 5. 1987, NVwZ 1988, 266; v. 24. 8. 1988, NVwZ-RR 1989, 447.
74) Nachw. bei *Pietzner*, VerwArch. 1986, 318 ff.
75) BVerwG, NVwZ 1989, 862.
76) BVerwGE 31, 32; BWVGH v. 6. 3. 1989, VBlBW 1980, 21; BayVGH v. 17. 5. 1972, DÖV 1973, 61; v. 4. 10. 1985, BayVBl. 1986, 148 (149); HessVGH v. 18. 7. 1972, ESVGH 22, 243 (246); NWOVG v. 6. 2. 1974, OVGE 30, 164 (174); SaarlOVG v. 5. 10. 1977, NJW 1978, 121; a. A. (§ 161 II VwGO) BVerwGE 20, 153; OVG Hamburg v. 9. 3. 1977, NJW 1977, 1356; OVG Lüneburg v. 9. 5. 1979, VerwRspr. 31, 254; *Kopp*, § 161, 20.
77) So auch für das finanzgerichtliche Verfahren BFH (GS) v. 5. 3. 1979, BFHE 127, 147 = JuS 1979, 910.

21 Das Vorliegen einer *rechtskräftigen Entscheidung in der gleichen Sache* verbietet lediglich eine abweichende neue Entscheidung zwischen den gleichen Beteiligten über denselben Streitgegenstand. Darüber hinaus ist richtiger Ansicht nach eine erneute Sachentscheidung nicht ausgeschlossen[78]). Ein nichtiges Urteil kann den Einwand der res iudicata nicht begründen[79]).

---

78) *Ule*, S. 313; *RÖ*, § 121, 5; BVerwG v. 4. 6. 1970, BVerwGE 35, 234; a. A. *Kopp,* § 121, 9; *EF,* § 121, 7 und 40; BVerwG v. 29. 8. 1966, BVerwGE 25, 7.
79) Rechtsbehelfe gegen das nichtige Urteil sind die Wiederaufnahme des Verfahrens nach § 153 I VwGO i. V. m. §§ 578 ff. ZPO; die Feststellungsklage nach § 43 VwGO sowie Berufung und Revision; vgl. BayVGH v. 18. 11. 1980, BayVBl. 1983, 502.

§ 18 Rechtsschutzbedürfnis

I. Allgemeines

Nach ganz überwiegender Meinung muß für jede Verfahrenshandlung ein Rechtsschutzbedürfnis bestehen[1]). Zu *unterscheiden* sind dabei das allgemeine und das besondere Rechtsschutzbedürfnis[2]).

Das *besondere* Rechtsschutzbedürfnis wird bei den einzelnen Klagetypen näher umschrieben – vgl. §§ 43 I, 113 I S. 4 VwGO, §§ 256, 257, 259 ZPO.

Das *allgemeine* Rechtsschutzbedürfnis ist dagegen nirgendwo geregelt. Sein *Geltungsgrund* ist nach wie vor ungeklärt. Außer Streit steht lediglich, daß die Gerichte vor überflüssigen, nutzlosen und mutwilligen Prozessen bewahrt werden sollen. Der sog. Prozeßzweck oder Gesichtspunkte der Prozeßökonomie rechtfertigen es aber allein noch nicht, Rechtsschutz in der Sache zu versagen. Nicht nur die Gerichte sind vor unnützen Prozessen zu schützen (damit sie ihre Arbeitskraft relevanten Streitigkeiten zuwenden können), sondern auch und vor allem der Prozeßgegner. Das Rechtsschutzbedürfnis läßt sich deshalb auf das *Arglistverbot* zurückführen, genauer auf das Verbot des Mißbrauchs prozessualer Rechte[3]).

Der Mißbrauch prozessualer Rechte dürfte äußerst selten sein bzw. wird sich nur ausnahmsweise nachweisen lassen. Bei den meisten Klagen kann deshalb ohne weiteres vom Vorliegen des Rechtsschutzbedürfnisses ausgegangen werden[4]). Eine nähere Erörterung des Rechtsschutzbedürfnisses ist nur erforderlich, wenn Anhaltspunkte dafür bestehen,

- daß der Kläger oder Antragsteller sein prozessuales Ziel sachgerechter (einfacher, umfassender, schneller oder billiger) erreichen könnte (*ineffektiver Rechtsschutz*)[5]),
- daß die Ausübung der prozessualen Befugnisse die Rechtsstellung des Klägers oder Antragstellers nicht verbessern kann, weil ein zu beseitigender

---

1) Vgl. *Schönke*, Das Rechtsschutzbedürfnis, 1950; *Pohle*, Festschr. f. Lent, 1957 S. 195 ff.; *Stephan*, Das Rechtsschutzbedürfnis – eine Gesamtdarstellung unter besonderer Berücksichtigung des Verfassungsprozesses, 1967; *Wieser*, Das Rechtsschutzbedürfnis des Klägers im Zivilprozeß, 1971; speziell zum Verwaltungsprozeß *Bock*, Das Rechtsschutzbedürfnis im Verwaltungsprozeß, Diss. Göttingen 1971; *Spanner*, Festschr. f. Jahrreis, 1964, S. 411 ff.; *A. Blomeyer*, Festschr. Bötticher, 1969, S. 61 ff.; *Böhm*, JBl. 1974, 1 ff.; *Laubinger*, Festschr. f. Menger 1985, S. 443 ff. (454 ff.).
2) *SG*, Rdnr. 154 f.
3) Vgl. *Zeiss*, Die arglistige Prozeßpartei, 1967, S. 150 ff.; *SG*, Rdnr. 156.
4) Vgl. *Ule*, S. 210.
5) BGH v. 20. 1. 1971, BGHZ 55, 201. Das Rechtsschutzbedürfnis für eine Klage wird aber nicht allein dadurch ausgeschlossen, daß das Klagebegehren einen Anspruch aus einem sittenwidrigen oder gesetzwidrigen Rechtsverhältnis zum Gegenstand hat, OLG Hamburg v. 10. 5. 1973, MDR 1973, 941.

Nachteil gar nicht besteht oder ein bestehender Nachteil nicht behebbar ist (*nutzloser Rechtsschutz*)[6]),
- daß die Klage oder der Antrag ausschließlich dazu dienen, den Gegner zu schädigen oder das Gericht zu belästigen (*Schikaneverbot*)[7]),
- daß Klage oder Antrag verfrüht sind (*unzeitiger Rechtsschutz*)[8]).

Im übrigen hängen die spezifischen Anforderungen an das (allgemeine und besondere) Rechtsschutzbedürfnis von der jeweiligen Klageart ab.

II. Das Rechtsschutzbedürfnis bei den einzelnen Klagearten

1. Gestaltungsklagen

2   Weil nur das Urteil endgültig gestalten kann, fehlt bei Gestaltungsklagen nur ausnahmsweise das Rechtsschutzbedürfnis. Bei *Anfechtungsklagen* liegt es regelmäßig vor, wenn der Kläger die Aufhebung eines ihn belastenden VA beantragt[9]); die Adressatentheorie wirkt sich also auch insoweit aus. Entsprechendes gilt für *Abänderungsklagen* und *Vollstreckungsgegenklagen* sowie für *allgemeine Gestaltungsklagen,* die ausschließlich auf die Aufhebung hoheitlicher Maßnahmen zielen.

3   Besondere Umstände, die das Rechtsschutzbedürfnis *ausschließen,* müssen im Einzelfall nachgewiesen werden[10]). Von praktischer Bedeutung sind hier namentlich die sog. *akzessorischen VAe* von denen die Wirksamkeit privatrechtliche Rechtsgeschäfte abhängt[11]). Da die Verdoppelung des Rechtswegs nach Möglichkeit zu vermeiden ist und über die Gültigkeit des Rechtsgeschäfts die ordentlichen Gerichte zu entscheiden haben, sind bei identischem Streitgegenstand Anfechtungsklagen unzulässig, wenn das Schwergewicht des Rechts-

---

6) *Bock* (Fußn. 1), S. 63 ff.; BVerwG v. 31. 7. 1984, DVBl. 1985, 244 (245). Besondere Bedeutung hat dieser Gesichtspunkt in Verfahren mit dem Ziel der Anerkennung als Kriegsdienstverweigerer aus Gewissensgründen erlangt. Hier läßt nur die dauernde Wehrdienstausnahme das Rechtsschutzbedürfnis entfallen; vgl. BVerwG v. 11. 8. 1986, BVerwGE 74, 342; v. 19. 4. 1988, Buchholz 448.6 § 13 KDVG Nr. 8; v. 21. 6. 1989, BVerwGE 82, 154. Für eine isolierte Anfechtung der Verwaltungsentscheidung besteht freilich kein Rechtsschutzbedürfnis; vgl. BVerwG v. 20. 12. 1988, NVwZ 1989, 756 sowie weiter im Text mit Rdnr. 4.
7) *Kopp* Vorb. § 40, 31; OLG Frankfurt v. 6. 3. 1979, NJW 1979, 1613. Gegen die Zulässigkeit einer Klage, die zur „Verhöhnung" des Gerichts erhoben wurde, bereits *Hellwig,* System des deutschen Zivilprozeßrechts, I, 1912, S. 258.
8) *Martens,* S. 116.
9) BVerwG v. 5. 4. 1960, JR 1960, 430.
10) Vgl. die Beispiele bei *RÖ,* § 42, 25.
11) Beispiele: Vertrags- und Auflassungsgenehmigungen nach § 19 BauGB; die Zustimmung zur Kündigung nach § 9 Mutterschutzgesetz, BVerwG v. 18. 8. 1977, BVerwGE 54, 276 (277) oder zu Massenentlassungen nach § 17 Kündigungsschutzgesetz; vgl. *RÖ,* § 42, 26; *Ule,* S. 211. Allgemein zur Thematik demnächst *Jarass,* VVDStRL 50.

verhältnisses dem Zivilprozeß angehört[12]). Nichts mit dem Rechtsschutzbedürfnis zu tun hat die Frage, ob Dritte akzessorische VA angreifen können. Das ist vielmehr eine Frage der Klagebefugnis, die zumeist fehlt, da die Genehmigung privater Rechtsgeschäfte in aller Regel nur im öffentlichen Interesse erfolgt[13]).

Ausdrücklich *nachgewiesen* werden muß demgegenüber das Rechtsschutzbedürfnis bei der *isolierten Anfechtungsklage,* weil hier der Kläger seinem Klageziel mit der Verpflichtungsklage näher käme[14]). Das BVerwG stellt darauf ab, daß „die gleichen Kriterien maßgebend sein müssen, die in der Rechtsprechung der Zivilgerichte für das Verhältnis von Feststellungsklagen zu den rechtsschutzintensiveren Leistungsklagen entwickelt worden sind"[15]). Danach ist eine isolierte Anfechtungsklage unzulässig, wenn sich abzeichnet, daß der Kläger auch eine Verpflichtungsklage erheben will und wird. Die Parallele von Feststellungs- und Leistungsklagen läßt sich unschwer auf das Verhältnis von Gestaltungsklagen und Leistungsklagen im allgemeinen übertragen. *Laubinger* vertritt demgegenüber die auf den ersten Blick bestechende Ansicht, nicht für die isolierte Anfechtungsklage fehle das Rechtsschutzbedürfnis, sondern für die anschließende Verpflichtungsklage[16]). Aber wie das Übermaßverbot zwei Seiten hat, so gilt auch im Prozeßrecht, daß die Rechtsschutzmöglichkeiten nicht dosiert (in Raten) ausgeübt werden dürfen, sondern ausgeschöpft werden müssen. Einem Kläger, der seine prozessualen Chancen testet, sollte man dennoch nicht mit der Unzulässigkeit der Verpflichtungsklage den Erfolg in der Sache völlig abschneiden. Ein negatives Prozeßurteil über die Anfechtungsklage schließt im Gegensatz zu einem, die Anfechtungsklage zulassenden bzw. stattgebenden Urteil eine Verpflichtungsklage nicht aus. Im übrigen bestätigt die Subsidiaritätsklausel des § 43 II S. 1 VwGO den Vorrang der rechtsschutzintensiveren Klageform. Das bedeutet aber auch, daß für eine isolierte Anfechtungsklage im eigentlichen Sinne, die auch wirklich isoliert (ausschließlich) erhoben wird, das Rechtsschutzbedürfnis nicht fehlt. Sie ist ein Aliud – kein Weniger – im Verhältnis zur Verpflichtungsklage.

2. Leistungsklagen

Bei der *Verpflichtungsklage* ist das Rechtsschutzbedürfnis regelmäßig vorhanden, wenn der Kläger einen Rechtsanspruch auf Erlaß des begehrten VA

---

12) BVerwG v. 13. 3. 1957, BVerwGE 4, 317 und 332.
13) Vgl. BVerwG v. 8. 7. 1977, DÖV 1978, 619 zur Tarifgenehmigung nach § 43 LuftVZO; a. A. *Kopp,* Vorb. § 40, 37.
14) *SG,* Rdnr. 169.
15) Urt. v. 30. 4. 1971, BVerwGE 38, 99.
16) A. a. O. (Fußn 1), S. 457.

geltend macht[17]). Dies gilt auch beim feststellenden VA. Dem Interesse an rechtlicher Klarstellung wird nämlich nicht allein durch die Möglichkeit der Feststellungsklage Rechnung getragen. Vielmehr muß auch die (einfachere) Möglichkeit bestehen, die Streitfrage im Verwaltungsverfahren auszutragen. Die Verpflichtungsklage kommt dann freilich nur in Form der Bescheidungsklage in Betracht[18]).

6 Bei der *allgemeinen Leistungsklage* kommt es darauf an, worin die begehrte Leistung besteht. Für eine Leistungsklage, die auf eine den Kläger begünstigende Verwaltungstätigkeit (z. B. Erteilung einer Auskunft[19])) gerichtet ist, genügt die Fälligkeit des eingeklagten Anspruchs. Das Rechtsschutzinteresse fehlt, wenn der Kläger bereits einen Vollstreckungstitel über den eingeklagten Anspruch hat[20]) oder wenn er die Befriedigung seines Anspruchs in einem einfacheren Verfahren (z. B. durch Leistungsbescheid[21])) erreichen kann.

Im *Prüfungsrecht* besteht die Besonderheit, daß für die isolierte Klage auf Erteilung einer besseren Note für einzelne Prüfungsleistungen, die das Prüfungsergebnis selbst nicht beeinflußt haben, nur die allgemeine Leistungsklage statthaft ist. Ein Rechtsschutzbedürfnis besteht aber nur, wenn die Einzelnote gesondert auszuweisen ist und ihre Verbesserung für den Prüfungsbewerber eine „nachweisbare hohe individuelle

---

17) Vgl. BVerwG v. 17. 1. 1989, BVerwGE 81, 164 (165 f.) mit der wenig aussagekräftigen Argumentation, bereits dadurch, daß sich der Kläger wegen der ausstehenden Leistung an das Gericht wende, werde offenbar, daß er an der gerichtlichen Entscheidung „subjektiv" interessiert sei: Daraus, daß der Kläger auf Leistung an sich selbst klage, ergebe sich das „objektive" Interesse der Rechtsordnung an der Inanspruchnahme des Gerichts. Offenbar bahnt sich hier eine dogmatische Entwicklung an, die das Rechtsschutzinteresse bei allen Klagen auf einen gemeinsamen Nenner bringen soll.
18) BayVGH v. 18. 8. 1980, NJW 1981, 2076.
19) Zur Rechtsnatur von Auskünften grundlegend BVerwG v. 25. 2. 1969, BVerwGE 31, 301 = DVBl. 1969, 700 m. Anm. *Bettermann* = JR 1969, 272 m. Anm. *Reuss,* hierzu auch *Menger/Erichsen,* VerwArch. 1969, 385 ff.; BFH v. 25. 7. 1978, DVBl. 1979, 560 m. Anm. *Lässig; Krause,* Rechtsformen des Verwaltungshandelns, 1974, 288 ff., 331 ff. Die Erteilung einer Auskunft ist eine schlichte Leistung. Sie wird nicht dadurch zum VA, daß ihr die interne Entscheidung vorausgeht, ob die Leistung erbracht wird oder nicht. Auch die interne Entscheidung stellt regelmäßig keinen VA dar, es sei denn, sie soll einen Rechtsanspruch auf die Leistung begründen (Auskunftsermessen) oder bestätigen; vgl. auch *Meyer/Borgs,* § 35, 40 sowie BerlOVG v. 16. 12. 1986, NJW 1987, 817. Zum Rechtsschutzinteresse bei Klagen auf Benennung eines verantwortlichen Postbediensteten im Falle postalischen Fehlverhaltens BVerwG v. 29. 11. 1974, ArchivPF 1976, 74 m. Anm. *Altmannsperger.*
20) *BLAH,* ZPO, Grundz. § 253, 5 A.
21) Str. wie hier *Stern,* S. 113; a. A. *Ule,* S. 200; BayVGH v. 16. 11. 1970, BayVBl. 1972, 47. NWOVG v. 28. 10. 1982, DÖV 1983, 428 stellt darauf ab, ob ein Leistungsbescheid auch tatsächlich durchsetzbar ist. Sei die geltend gemachte Forderung nach Grund der Höhe streitig und sei ohnehin mit der gerichtlichen Austragung des Rechtsstreits zu rechnen, so sei auch das Rechtsschutzbedürfnis für eine Leistungsklage zu bejahen. Besonderheiten bestehen jedenfalls für das Erstattungsverfahren, vgl. BVerwG v. 24. 11. 1966, BVerwGE 25, 280 und v. 12. 12. 1971, BVerwGE 37, 102. Bejaht man in diesen Fällen das Rechtsschutzbedürfnis, so ist es im Unterschied zur Verpflichtungsklage auch nicht erforderlich, daß das begehrte Verwaltungshandeln bei der zuständigen Behörde beantragt wurde; so zutreffend *Bettermann,* DVBl. 1969, 703.

Bedeutung" hat[22]). Der Umstand, daß etwa jeder Schüler ein Recht darauf hat, bei der pädagogisch-fachlichen Bewertung seiner Leistungen gerecht behandelt zu werden[23]), ändert hieran nichts. Denn dieser Anspruch ist kein Selbstzweck; nur in Verbindung mit einem vernünftigen Zweck der Rechtsverfolgung begründet er ein Rechtsschutzbedürfnis[24]).

Bei Klagen auf eine in ihrem Bestand gewisse[25]) *künftige Leistung* muß aus der Sicht des Klägers die begründete Besorgnis bestehen, daß der Schuldner die Leistung nicht erbringen wird (§ 173 VwGO i. V. m. § 259 ZPO). Die Besorgnis der Rechtsbeeinträchtigung ist auch dann als Prüfungsmaßstab heranzuziehen, wenn mit der Leistungsklage eine den Kläger belastende Verwaltungstätigkeit verhindert werden soll. Bei der Klage auf Unterlassung einer schlichen Amtshandlung genügt es zur Bejahung des Rechtsschutzbedürfnisses, wenn der Kläger eine Rechtsbeeinträchtigung zu besorgen hat[26]).

7

Strengere Anforderungen werden dagegen an das Rechtsschutzbedürfnis bei der *vorbeugenden Unterlassungsklage* – insbesondere wenn diese auf die Unterlassung eines VA gerichtet ist – gestellt. Nach st.Rspr. des BVerwG setzt der vorbeugende Rechtsschutz ein entsprechend *qualifiziertes,* gerade auf die Inanspruchnahme vorbeugenden Rechtsschutzes gerichtetes *Rechtsschutzinteresse* voraus; dem Kläger muß es „unzumutbar" sein, die drohende Rechtsverletzung abzuwarten[27]). Dies gilt auch dann, wenn der vorbeugende mit dem vorläufigen Rechtsschutz kombiniert wird; ein Antrag nach § 123 VwGO erfordert dann ebenfalls ein qualifiziertes Rechtsschutzbedürfnis[28]).

8

Die Neigung der Rechtsprechung, vorbeugende Unterlassungsklagen an der fehlenden Unzumutbarkeit scheitern zu lassen, ist mit Rücksicht auf den Gewaltenteilungsgrundsatz begrüßenswert. Vor allem im *Planungsrecht* darf das aber nicht zu einer Verkürzung des effektiven Rechtsschutzes aller Beteilig-

---

22) BWVGH v. 14. 12. 1981, DÖV 1982, 164.
23) Vgl. *Löwer,* DVBl. 1980, 952 ff. (959).
24) BVerwG v. 25. 4. 1983, DÖV 1983, 819; a. A. *Kopp,* Vorb. § 40, 31.
25) BGH v. 16. 12. 1964, BGHZ 43, 28.
26) BVerwG v. 20. 7. 1962, BVerwGE 14, 323; *Ule,* S. 204.
27) Grundlegend die Krabbenkamp-Entscheidung des BVerwG v. 8. 9. 1972, BVerwGE 40, 323 sowie Urt. v. 29. 7. 1977, BVerwGE 54, 211 (215 f.); ferner BVerwG v. 3. 6. 1983, NVwZ 1984, 168 (169); v. 9. 3. 1990, BVerwGE 85, 54 (Gorleben). Zur Zulässigkeit einer vorbeugenden Unterlassungsklage gegen eine Sperrstundenverkürzung OVG Lüneburg v. 26. 8. 1970, OVGE 26, 504.
28) BWVGH v. 10. 6. 1987, GewArch 1987, 295. Die Feststellung im vorläufigen Verfahren muß im übrigen endgültig sein. Eine nur vorläufige Feststellung wäre unzulässig; vgl. RhPfOVG v. 10. 9. 1986, DVBl. 1986, 1215.

ten führen[29]). Trotz der *Floatglas-Entscheidung* des BVerwG[30]) besteht zumindest der Verdacht, daß Gerichte sich von vollendeten Tatsachen beeinflussen lassen, sobald diese eine gewisse Dimension (Flughafen, Kernkraftwerk) erreicht haben[31]). Zwar wird das aus Kreisen der Gerichtsbarkeit immer wieder bestritten, und gibt es zahlreiche Gegenbeispiele. Aber es wäre durchaus richtig, wenn die Gerichte sich wirklich beeinflussen ließen. Es bedeutet nun einmal qualitativ etwas anderes, den Bau einer extrem teuren, häufig gemeinnützigen, Großanlage zu verbieten, als den Abriß der bereits gebauten Anlage anzuordnen. Rechtsschutz, der zu spät kommt, ist für *alle* Beteiligten nicht akzeptabel. Zu restriktiv sollte man die vorbeugende Unterlassungsklage hier somit nicht handhaben. Andererseits soll damit nicht einer schrankenlosen vorbeugenden Unterlassungsklage das Wort geredet werden. Fehlt es – wie in Umweltprozessen häufig – bereits an der Beschwer des Klägers, so ist auch eine vorbeugende Unterlassungsklage unzulässig[32]).

3. Feststellungsklagen

a) Allgemeine Feststellungsklage

9   Bei der allgemeinen Feststellungsklage fordert § 43 I VwGO neben dem Rechtsschutzbedürfnis ein berechtigtes Interesse des Klägers an der baldigen Feststellung des Bestehens oder Nichtbestehens eines Rechtsverhältnisses oder der Nichtigkeit eines VA *(Feststellungsinteresse).*

Das Feststellungsinteresse ist anders als die Klagebefugnis kein Unterfall der Prozeßführungsbefugnis, sondern eine *Ergänzung des Rechtsschutzbedürfnisses.* Gerade an der *gerichtlichen Feststellung* muß ein rechtliches Interesse bestehen. Dieses Feststellungsinteresse setzt die Klagebefugnis voraus. Besonders deutlich zeigt dies die Nichtigkeitsfeststellungsklage. Nur wer durch einen

---

29) Vgl. die Übersicht bei *Ule,* VerwArch. 1974, 291 ff. (292). Das Rechtsschutzinteresse wird zu Recht insbesondere verneint bei vorbeugenden Unterlassungsklagen gegen die Genehmigung nach § 6 LuftVG; vgl. BVerwG v. 21. 2. 1973, DVBl. 1973, 448 (dazu *Blümel,* DVBl. 1973, 436 ff.; *Fromm,* BauR 1973, 265 ff.); OVG Lüneburg v. 13. 7. 1972, DVBl. 1972, 795 m. Anm. *Blümel* und v. 17. 4. 1973, NJW 1974, 821; BVerwG v. 29. 11. 1973, ZLW 1975, 58; vgl. auch *Beine,* Festschr. f. A Meyer, 1975, S. 13 ff. Zur Frage, in welchem Umfang Gemeinden die Genehmigung angreifen können BVerwG v. 7. 7. 1978, BVerwGE 56, 110 = NJW 1979, 64 m. Anm. *Bickel;* BVerfG v. 2. 5. 1980, DVBl. 1981, 46; hierzu *Schmidt-Aßmann,* DVBl. 1981, 334 ff.; *Ronellenfitsch,* DVBl. 1984, 501 ff. (506 ff.); a. A. *Blümel,* HKWP I, 1981, S. 229 ff. (259 ff.); *Bäumler,* DÖV 1981, 43 ff. Für zulässig gehalten wird die vorbeugende Unterlassungsklage gegen eine Ortsplanung, BVerwGE 40, 323; BayVGH v. 24. 11. 1975, BayVBl. 1976, 112; v. 26. 10. 1976, BayVGH 1977, 303.
30) BVerwG v. 5. 7. 1974, BVerwGE 45, 309 = NJW 1975, 70 m. Anm. *David* = DÖV 1975, 92 m. Anm. *Heyl;* dazu *Müller,* JuS 1975, 228 ff.; *Schröder,* DÖV 1975, 308 ff.; *Papier,* DVBl. 1975, 461 ff.; *Gelzer,* BauR 1975, 145 ff. (147, 149 ff.).
31) Hierzu *Blümel,* DVBl. 1975, 695 ff. (701); *Degenhart,* AöR 103 (1978), 163 ff.
32) Vgl. BVerwG v. 29. 7. 1977, NJW 1978, 554; hierzu *Birk,* JuS 1979, 412 ff.

angegriffenen VA möglicherweise in seinen Rechten verletzt ist, kann die gerichtliche Feststellung der Nichtigkeit verlangen. Für die Feststellung selbst genügt dann allerdings ein berechtigtes Interesse[33]). Für die Feststellung des Bestehens oder Nichtbestehens eines Rechtsverhältnisses kann nichts anderes gelten. Von diesem Rechtsverhältnis müssen *eigene* Rechte des Klägers zumindest abhängen. Das ist vor allem relevant bei Binnenrechtsstreitigkeiten (Aufsichtsstreitigkeiten[34]), kommunalverfassungsrechtliche Organstreitigkeiten[35])).

Das *berechtigte Interesse* ist weiterreichend als das rechtliche Interesse nach § 256 ZPO und umfaßt je nach Sachlage jedes schutzwürdige Interesse rechtlicher, wirtschaftlicher oder ideeller Art an der Klärung eines umstrittenen Rechtsverhältnisses[36]) oder der Nichtigkeitsfeststellung des VA[37]). Eine Feststellungswiderklage, die ausschließlich den Klageanspruch zum Gegenstand hat, ist unzulässig[38]).   10

Streitig ist, ob das Feststellungsinteresse für *Behörden* entfällt, weil diese selbst eine hoheitliche Entscheidung herbeiführen können[39]). Die Rspr. stellt auf den Einzelfall ab und hat bereits mehrfach das Feststellungsinteresse für Klagen des Staates bejaht[40]). Grundsätzlich ist aber die Klärung der Rechtslage originäre Aufgabe der Verwaltung, so daß die Gerichte nur ausnahmsweise angerufen werden können.

Das Interesse an *baldiger Feststellung* liegt vor, wenn die Gefährdung der klägerischen Rechtsstellung zu besorgen ist[41]). Das Feststellungsinteresse ist einerseits zukunftgerichtet, so daß vergangene Vorgänge nur klärungsbedürftig sind, wenn sie weiterwirken oder Wiederholungsgefahr besteht[42]). Anderer-   11

---

33) Richtig BVerwG v. 9. 12. 1981, NJW 1982, 2205; weniger exakt BVerwG v. 6. 2. 1986, BVerwGE 74, 1 (4); BWVGH v. 14. 12. 1987, DÖV 1988, 469 (470); a. A. *Schoch*, JuS 1987, 783 ff. (790); *Kopp*, § 43, 21, 23 (inkonsequent § 43, 16: neben den eigenen Rechten des Klägers wird „außerdem" das Feststellungsinteresse gefordert); *SG*, Rdnr. 487.
34) Zum Feststellungsinteresse für die Klage einer Gemeinde gegen den Träger der Rechtsaufsicht BWVGH v. 27. 5. 1974, BWVPr. 1974, 200.
35) RhPfOVG v. 29. 8. 1984, AS 19, 65, hierzu *Schröder*, NVwZ 1985, 246 ff.; *Schoch*, JuS 1987, 783 ff.; BWVGH v. 19. 4. 1983, DÖV 1983, 862; v. 14. 12. 1987, DÖV 1988, 469.
36) Vgl. BVerwG v. 8. 12. 1972, BVerwGE 41, 253 (Dienstpostenbewertung eines Ruhestandsbeamten; v. 3. 5. 1988, NVwZ-RR 1990, 18 (Verwendung eines Schulbuchs); BWVGH v. 27. 2. 1989, NJW 1990, 268 (Baulast).
37) Vgl. BVerwGE 74, 1 (4).
38) BWVGH v. 27. 10. 1980, BVlBW 1981, 256.
39) So *Ule*, S. 213; *Kopp*, § 43, 24.
40) BVerwG v. 25. 10. 1967, BVerwGE 28, 153 (generell bejaht); v. 5. 3. 1968, BVerwGE 29, 166 (für eine negative Feststellungsklage im konkreten Fall verneint).
41) *RÖ*, § 43, 23; *Ule*, S. 212; allgemein *Trzaskalik*, Die Rechtsschutzzone der Feststellungsklage im Zivil- und Verwaltungsprozeß, 1978, S. 168 ff.
42) Beispiel: Die Eltern eines versetzten Schülers haben dann ein berechtigtes Interesse an der Feststellung, daß die Verwendung eines Schulbuchs in einer Jahrgangsstufe rechtswidrig war, wenn ihre jüngeren Kinder die gleiche Schule besuchen; vgl. BVerwG v. 3. 5. 1988, NVwZ-RR 1990, 18.

seits muß das Bedürfnis des Klägers nach Klarstellung der Rechtslage bereits in der Gegenwart oder für eine nicht ferne Zukunft bestehen[43]).
Umstritten ist in diesem Zusammenhang, ob mit der Feststellungsklage ein *Zivilprozeß* vorbereitet werden darf. Während gelegentlich das Feststellungsinteresse mit der Begründung geleugnet wird, der Zivilrichter müsse selbst über die öffentlich-rechtlichen Vorfragen entscheiden[44]), stellt das BVerwG darauf ab, ob der vorzubereitende Zivilprozeß offenbar aussichtslos ist[45]). Insofern bestehen keine Unterschiede zwischen der allgemeinen Feststellungsklage und der Fortsetzungsfeststellungsklage[46]). Dem ist zuzustimmen. Unter der genannten Einschränkung sollte mit Rücksicht auf § 148 ZPO eine Feststellungsklage als *fachspezifischere Rechtsschutzform* generell zulässig sein[47]).

Der Gesichtspunkt der fachspezifischeren Rechtsschutzform spielt auch eine Rolle, wenn durch die Feststellungsklage Einfluß auf Straf-, Ordnungswidrigkeiten-[48]) oder Disziplinarverfahren Einfluß genommen werden soll. Die Feststellungsklage dient hier der *Vermeidung von Sanktionen.* Das macht sie aber noch nicht zur vorbeugenden Feststellungsklage. Die Feststellungsklage soll klären, was dem Kläger aktuell erlaubt, verboten oder geboten ist. Sie ist leider auch deshalb unverzichtbar, weil Strafverfolgungsbehörden und Strafgerichte wenig Neigung zeigen, die Bindungswirkung behördlicher Genehmigungen und Duldungen zu akzeptieren und beispielsweise die Genehmigungspflicht lästiger Anlagen oder Abgabenpflichten als strafrechtliche Vorfragen selbst zu prüfen. Dem kann wohl nur gegengesteuert werden, indem man wenigstens eine Aussetzungspflicht (§ 262 II StPO analog i. V. m. Ermessensreduzierung auf Null) zugunsten einer Feststellungsklage vor den Verwaltungsgerichten annimmt. Erst recht muß eine Feststellungsklage vor Anklageerhebung statthaft sein.

Beispiel: Wird die Weinwerbung einer Firma von der Überwachungsbehörde beanstandet und zum Gegenstand einer Anzeige bei der Staatsanwaltschaft gemacht, so hat die Firma selbst dann ein berechtigtes Interesse an der Klärung der mit der Beanstan-

---

43) *EF,* § 43, 13; *SG,* Rdnr. 490.
44) BWVGH v. 12. 3. 1957, VerwRspr. 10 Nr. 67; RhPfOVG v. 27. 6. 1957, VerwRspr. 11 Nr. 121; *Ule,* S. 213; *Bartlsperger,* DVBl. 1968, 221; *Schrödter,* DVBl. 1973, 366. Allgemein demnächst VVD-StRL 50.
45) BVerwG v. 15. 12. 1972, BVerwGE 37, 247; v. 12. 9. 1978, NJW 1980, 197; v. 14. 1. 1989, DÖV 1980, 917; vgl. auch NWOVG v. 29. 3. 1979, NJW 1979, 2061; 1980, 197 m. Anm. *Hruby.*
46) Vgl. NWOVG v. 15. 7. 1986, NVwZ 1987, 335 sowie unten Rdnr. 16.
47) Vgl. auch *Becker-Kavan,* ArchivPF 1974, 491 ff.
48) Vgl. VG Frankfurt v. 23. 7. 1981, NVwZ 1982, 143.

dung zusammenhängenden Rechtsfragen, wenn nur die für sie verantwortlich handelnden Personen der Gefahr strafrechtlicher Verfolgung ausgesetzt sind[49]).

Das berechtigte Interesse besteht zumindest solange, wie sich ein Feststellungsurteil noch auf die anderen Verfahren auswirken kann[50]).

Die vorbeugende *Feststellungsklage* erfordert ein *qualifiziertes Feststellungsinteresse*, das dem besonderen Rechtsschutzinteresse bei der vorbeugenden Unterlassungsklage entspricht[51]). Demnach muß ein längeres Zuwarten für den Kläger unzumutbar sein, insbesondere weil der nachträgliche Rechtsschutz unzulänglich wäre. 12

Beispiel: Sieht die Überwachungsbehörde von der Beanstandung irreführender Werbebehauptungen eines Lebensmittelherstellers ab und leitet statt dessen ordnungswidrigkeitenrechtliche Maßnahmen ein oder droht mit der Einleitung, so ist es für den Lebensmittelhersteller unzumutbar, die Sanktionen abzuwarten[52]). Anders verhält es sich, wenn der Umfang der lebensmittelrechtlichen Warenuntersuchungspflichten eines Lebensmittelimporteurs unklar ist, im Zeitpunkt der Klageerhebung aber keinerlei Eingriffsmaßnahmen der Lebensmittelbehörde anstehen oder auch nur angedroht wurden[53]).

Im Hinblick auf die vorbeugende Feststellungsklage gegen den Vollzug eines Abgabenbescheids hat das BVerwG Grundsätze entwickelt, die generell für die Prüfung der Zulässigkeit einer vorbeugenden Feststellungsklage hilfreich sind[54]):

Danach verbietet sich die Inanspruchnahme vorbeugenden Rechtsschutzes ohne weiteres, wenn der abzuwehrende Rechtsnachteil (noch) gar nicht droht, nämlich wenn:
1. vor Einleitung von Vollzugsmaßnahmen erst noch ein VA ergehen muß oder erwirkt werden kann,
2. der in Zusammenhang mit diesem VA eröffnete „normale" Rechtsschutz den betroffenen hinreichend sichert und
3. keine Anhaltspunkte dafür bestehen, daß sich die Behörde über die dafür einschlägigen Vorschriften hinwegzusetzen gedenkt.

Die Klage auf Feststellung des Bestehens oder Nichtbestehens eines Rechtsverhältnisses, also nicht die Nichtigkeitsfeststellungsklage, ist gegenüber der Gestaltungs- oder Leistungsklage *subsidiär* (§ 43 II VwGO). Die Subsidiari- 13

---

49) VG Braunschweig v. 16. 2. 1989, ZLR 1989, 497 m. Anm. *Koch.* Abzulehnen VG Berlin v. 3. 2. 1989, NVwZ-RR 1989, 469: Kein berechtigtes Interesse einer GmbH als Betreiberin einer inzwischen nach §§ 4 ff. BImSchG genehmigten Anlage auf Feststellung, daß die Anlage früher nicht illegal betrieben werden, selbst dann, wenn die Geschäftsführer nach § 327 II Nr. 1 StGB angeklagt sind (!). Allgemein demnächst *Schröder,* VVDStRL 50.
50) *Lässig,* NVwZ 1988, 410 ff. (412); enger VG Frankfurt v. 11. 2. 1987, NVwZ 1988, 470 (bereits ein nicht rechtskräftiges Strafurteil schließt das Feststellungsinteresse aus); wohl zutreffend weiter: *Kopp,* § 43, 24.
51) Vgl. BVerwG v. 8. 9. 1972, BVerwGE 40, 323; v. 3. 6. 1983, DÖV 1983, 980.
52) Vgl. aber HessVGH v. 17. 12. 1985, NVwZ 1988, 445.
53) BVerwG v. 7. 5. 1987, BVerwGE 77, 207 (211) = ZLR 1987, 682 m. Anm. *Zindel;* zu dieser und zu der in Fußn. 52 erwähnten Entscheidung *Lässig,* NVwZ 1988, 410 ff.
54) BVerwG v. 3. 6. 1983, NVwZ 1984, 168.

tätsklausel ist im Gesetz zu pauschal und zudem ungenau formuliert. Stellt man auf Sinn und Zweck der Vorschrift ab, so gilt die Subsidiarität der allgemeinen Feststellungsklage nur unter *Einschränkungen*.

14 Generell kann die Feststellungsklage nur gegenüber Gestaltungs- oder Leistungsklagen subsidiär sein, soweit der Rechtsschutz durch diese Klagearten in gleichem Umfang und mit derselben Effektivität sichergestellt ist[55]). Die Subsidiarität der Feststellungsklage schließt materiell-rechtliche Vereinbarungen nicht aus, die die Wahl gerade dieser Klageart ermöglichen sollen[56]). Im übrigen soll die Subsidiaritätsklausel verhindern, daß die besonderen Anforderungen an die Zulässigkeit von Anfechtungs- und Verpflichtungsklagen durch Erhebung einer Feststellungsklage unterlaufen werden[57]). Dementsprechend gilt § 43 II Satz 1 nicht für Gestaltungs- oder Leistungsklagen in einem anderen Rechtsweg[58]) oder für die allgemeine Leistungsklage[59]).

Das ist v. a. im Organstreit wichtig. Ein Vorrang der allgemeinen Leistungsklage besteht auch hier nicht[60]). Das Interesse an einer baldigen Feststellung ist ferner gegeben, wenn bei einem einheitlichen Rechtsverhältnis die – an sich mögliche – Durchsetzung von einzelnen künftigen Ansprüchen mit der Leistungsklage zu einer Vielzahl von Prozessen führen würde[61]).

15 Die Subsidiaritätsklausel kommt weiter nicht zum Zug, wenn das Klageziel mit einer Feststellung erreicht ist (Beispiel: Verpflichtungsklage auf Erlaß eines feststellenden VA). Ändert sich während der Anhängigkeit einer Verpflichtungsklage die Rechtslage zum Nachteil des Klägers, so kann er den Verpflichtungsantrag aufrechterhalten und hilfsweise die Feststellung beantragen, daß das Vorhaben nach der alten Rechtslage zulässig war[62]), oder generell auf die Feststellungsklage übergehen[63]).

Das BVerwG wendet die Subsidiaritätsklausel bei *Klagen gegen einen Träger der öffentlichen Gewalt* nicht an, weil hier wegen Art. 20 III GG ein Vollstreckungsdruck nicht erforderlich sei[64]). Im Schrifttum wird diese Ansicht überwiegend abgelehnt[65]). Gleichgültig ist es dagegen, ob Anfechtungs- oder Verpflichtungsklagen gegen Dritte gerichtet werden müssen.

---

55) BVerwG v. 18. 6. 1969, BVerwGE 32, 333; v. 18. 10. 1985, NJW 1986, 1826; v. 29. 8. 1986, DVBl. 1987, 239 = JuS 1987, 663 (*Brodersen*); BerlOVG v. 18. 4. 1978, NJW 1978, 1644.
56) BVerwG v. 12. 3. 1982, DVBl. 1982, 841.
57) BVerwG v. 25. 5. 1972, Buchholz 310 § 43 VwGO Nr. 41; RhPfOVG v. 24. 9. 1975, AS 14, 79 (87).
58) BVerwG v. 17. 2. 1971, BVerwGE 37, 243; *Ule*, S. 201.
59) BVerwG v. 27. 10. 1970, BVerwGE 36, 179 (181 f.); v. 8. 9. 1972, BVerwGE 40, 323 (327 f.).
60) VG Münster v. 22. 8. 1978, NJW 1979, 1720.
61) HessVGH v. 28. 11. 1978, NJW 1979, 997.
62) § 113 I 4 VwGO; vgl. BVerwG v. 24. 10. 1980, NJW 1981, 2426.
63) BVerwG v. 13. 6. 1980, NJW 1981, 473.
64) BVerwG v. 27. 10. 1970, BVerwGE 36, 179 (Leitentscheidung); v. 30. 4. 1971, BVerwGE 38, 99 (Parallele zur isolierten Anfechtungsklage).
65) Vgl. v. *Mutius*, VerwArch. 1972, 229 ff.; *RÖ*, § 43, 26 m. w. N.

Beispiel: Die auf Feststellung gerichtete Klage einer Handwerkskammer, daß der Inhaber eines Unternehmens nicht berechtigt sei, seinen Betrieb ohne Eintragung in die Handwerksrolle zu führen, ist unzulässig, da die Handwerkskammer diese Frage nach § 16 III HandwO durch Verpflichtungsklage gegen die Ordnungsbehörden klären lassen kann[66]).
Dagegen liegt ein berechtigtes Interesse an der Feststellung der Rechtswidrigkeit eines VA immer vor, wenn diese zu den tatbestandsmäßigen Voraussetzungen eines Folgenbeseitigungsanspruchs zählt[67]).

b) Fortsetzungsfeststellungsklage

Bei der Fortsetzungsfeststellungsklage ist das Feststellungsinteresse ähnlich wie bei der allgemeinen Feststellungsklage geregelt. Dem Wortlaut nach entfällt im Fall des § 113 I S. 4 VwGO lediglich das Interesse an der *baldigen* Feststellung. Trotzdem ist das Feststellungsinteresse nach § 43 VwGO nicht mit demjenigen nach § 113 I S. 4 VwGO identisch[68]). Als schutzwürdiges Interesse an der gerichtlichen Feststellung reicht nicht nur (ebenfalls) ein Interesse rechtlicher, wirtschaftlicher und ideeller Art aus[69]). Vielmehr sind an das Feststellungsinteresse bei der Fortsetzungsfeststellungsklage geringere Anforderungen zu stellen, weil hier bereits ein gerichtliches Verfahren stattgefunden hat oder zulässig gewesen wäre. Die *Interessenkonstellationen,* die ein Interesse zu einem Feststellungsinteresse i. S. v. § 113 I S. 4 VwGO machen, lassen sich nicht erschöpfend beschreiben. Erste Orientierungspunkte bilden aber die Kriterien der Rehabilitation, der Wiederholungsgefahr, der Vorbereitung von Amtshaftungsprozessen und die Fortdauer von Grundrechtsbeeinträchtigungen[70]). 16

Das *Rehabilitierungsinteresse* ist regelmäßig ein Interesse ideeller Art. Es ist gegeben, wenn der beanstandete erledigte VA nach Ausspruch, Begründung oder Begleitumständen seines Zusatzabkommens sich für den Betroffenen fortdauernd *diskriminierend* auswirkt[71]). 17

Beispiel: Wird eine Gaststättenerlaubnis wegen Unzuverlässigkeit widerrufen und gibt der Gaststätteninhaber nach Erhebung der Anfechtungsklage die Gaststätte auf, so hat sich – im Gegensatz zum Untersuchungsverfahren nach § 35 I S. 3 GewO – das Verfahren erledigt. Gleichwohl besteht ein Rehabilitierungsbedürfnis (§ 149 II Nr. 1 a

---

66) OVG Lüneburg v. 29. 9. 1978, NJW 1979, 1998.
67) BWVGH v. 29. 1. 1982, DVBl. 1982, 454.
68) BVerwG v. 20. 6. 1974, Buchholz 310 § 113 VwGO Nr. 74; a. A. RÖ, § 113, 14; *EF,* § 43, 41; NWOVG v. 27. 10. 1982, DVBl. 1983, 1017 (1018); *Schnellenbach,* DVBl. 1990, 140.
69) BVerwG v. 4. 3. 1976, BVerwGE 53, 134 (137).
70) *Schnellenbach,* DVBl. 1990, 142 ff.
71) Vgl. BVerwG v. 8. 5. 1969, Buchholz 310 § 113 Nr. 45; v. 9. 9. 1971, Buchholz 310 § 113 Nr. 59; v. 15. 3. 1977, Buchholz 310 § 113 Nr. 83; v. 23. 6. 1981, Buchholz 310 § 113 Nr. 106; NWOVG v. 27. 10. 1982, DVBl. 1983, 1017.

und Nr. 2 GewO), das zur Annahme eines Fortsetzungsfeststellungsinteresses genügt[72]).

Streitigkeiten über die diskriminierende Wirkung von VAen sind vor allem im schulischen Bereich[73]) und im öffentlichen Dienst[74]) häufig, weil sich dort auch erledigte Maßnahmen auf den beruflichen Werdegang des Betroffenen auswirken können.

Bejaht wurde beispielsweise das Feststellungsinteresse eines – unter nach Ansicht des Gerichts diskriminierenden Umständen – abgewiesenen Bewerbers um eine Professorenstelle[75]) sowie eines von einer, ihn in der Achtung der Öffentlichkeit oder seiner Kollegen herabsetzenden Entziehungsentscheidung Betroffenen, dessen Sicherheitsüberprüfung allgemein bekanntgeworden war[76]). *Verneint* wurde dagegen das berechtigte Interesse an der Feststellung der Rechtswidrigkeit der Entziehung des Sicherheitsbescheids, wenn der Kläger nur unsubstantiiert behauptete, die Entziehung sei Ursache dafür gewesen, daß er nicht auf den Offizierslehrgang geschickt worden sei[77]).

Geht es nicht um den weiteren beruflichen Werdegang oder um Diskriminierungen des Klägers, so darf unter dem Aspekt der „Rehabilitation" nicht jedem rechthaberischen Anliegen entsprochen werden.

So hat die Pflicht eines Medizinstudenten an Tierversuchen teilzunehmen, keine diskriminierende Wirkung; das für das Feststellungsinteresse erforderliche Rehabilitationsinteresse fehlt[78]). Erledigte polizeiliche Überwachungsmaßnahmen gegen eine Demonstration begründen nur dann ein Rehabilitationsinteresse, wenn zugleich die Voraussetzungen des Folgenbeseitigungsanspruchs gegeben sind[79]). Ein Feststellungsinteresse bei versammlungsrechtlichen Maßnahmen ergibt sich dort weniger aus Rehabilitationserwägungen als aus dem Gesichtspunkt der Wiederholungsgefahr, der bei Demonstrationen grundsätzlich keine Rolle spielen sollte, es sei denn, man hält „Berufsdemonstranten" und „Demonstrationstouristen" für besonders schutzwürdig[80]).

18 Die Fortsetzungsfeststellungsklage ist weiter zulässig, um der Wiederholung gleichartiger rechtswidriger VAe vorzubeugen *(Wiederholungsgefahr)*[81]). Dabei muß der Fall der Wiederholung tatsächlich bevorstehen, in absehbarer Zeit

---

72) OVG Lüneburg v. 16. 2. 1977, GewArch. 1977, 233; vgl. auch BVerwG v. 14. 7. 1978, NJW 1979, 229.
73) Vgl. BVerwG v. 14. 7. 1978, NJW 1979, 229: Feststellungsinteresse, wenn der beanstandete VA der Nichtversetzung sich dadurch erledigt hat, daß der Kläger die entsprechende Klasse mit Erfolg durchlaufen hat.
74) Vgl. BVerwG v. 29. 3. 1979, ZBR 1981, 227.
75) OVG Lüneburg v. 11. 8. 1982, NJW 1984, 1639; best. durch BVerwG, RiA 1986, 45; zu diesem Rechtsstreit auch BVerwG v. 21. 2. 1984, NJW 1984, 1636.
76) BVerwG v. 15. 2. 1989, NVwZ 1989, 1056 (L).
77) BVerwGE 53, 134 (137 f.).
78) BWVGH v. 15. 11. 1983, NJW 1984, 1832.
79) Vgl. BWVGH v. 29. 1. 1982, DVBl. 1982, 454.
80) Bedenklich VG Bremen v. 5. 12. 1988, NVwZ 1989, 895; BremOVG v. 4. 11. 1986, NVwZ 1987, 235.
81) BVerwG v. 24. 2. 1983, DVBl. 1983, 850 (851).

möglich sein oder sich konkret abzeichnen[82]). Die *Gleichartigkeit* der zu erwartenden Entscheidung ist nach der Rspr. des BVerwG nur gegeben, wenn sich die tatsächlichen und rechtlichen Verhältnisse seit Erlaß des erledigten VA nicht geändert haben und diese Verhältnisse auch noch im Zeitpunkt der zukünftig zu erwartenden Entscheidungen mit hinreichender Wahrscheinlichkeit noch vorliegen werden[83]). Haben sich die Verhältnisse geändert, so kann nur noch mit einer gleichartigen Entscheidung gerechnet werden, wenn die Behörde eine entsprechende Absicht erkennen läßt[84]).

Beispiel: Der Antrag eines Beamten auf Sonderurlaub für Demonstrationen[85]) ist bei jeder Demonstration neu zu prüfen. Wird der Antrag mit der (zutreffenden) Begründung abgelehnt, Sonderurlaub werde in Fällen dieser Art nie erteilt (Ermessensentscheidung), so begründet dies die Gleichartigkeit und damit die Wiederholungsgefahr.

Eine Fortsetzungsfeststellungsklage zur *Vorbereitung eines Zivilprozesses,* insbesondere eines Amtshaftungsprozesses, läßt die überwiegende Rspr. nur zu, wenn die Klage im Zivilprozeß bereits anhängig oder mit hinreichender Sicherheit zu erwarten („ernsthaft beabsichtigt") ist[86]) und der Zivilprozeß nicht offensichtlich aussichtslos ist[87]). Außerdem besteht nur ein Feststellungsinteresse, wenn das verwaltungsgerichtliche Urteil für den Zivilprozeß vorgreiflich ist. Dies ist nicht der Fall bei der Feststellung der Rechtswidrigkeit, des Verschuldens und bei der Schadenshöhe[88]). Bei Entscheidungen mit Ermessen oder Beurteilungsspielraum kann das Verwaltungsgericht nicht die Feststellung treffen, daß die Behörde zu der begehrten Amtspflicht verpflichtet gewesen sei[89]). Vorgreiflich ist allein die Entscheidung, ob der Beurteilungsspielraum nicht eingehalten oder ein Ermessensfehler gemacht wurde. Generell gilt, daß die Fortsetzungsfeststellungsklage nur einen Ausgleich schaffen will für den

19

---

82) NWOVG v. 10. 6. 1981, NVwZ 1982, 45; vgl. auch BVerwG v. 27. 11. 1981, BayVBl. 1982, 312; (insgesamt) nicht überzeugend BayVGH v. 8. 11. 1982, BayVBl. 1983, 434 m. Anm. *Köhler.*
83) BVerwG v. 24. 8. 1979, Buchholz 310 § 113 Nr. 91. Kein berechtigtes Interesse besteht an der Feststellung der Rechtswidrigkeit einer Paßentziehung, da die Ausstellung eines neuen Passes begehrt werden kann, NWOVG v. 25. 2. 1986, NVwZ 1986, 935 (zu den materiellen Fragen NWOVG v. 31. 3. 1987, OVGE 39, 103).
84) BVerwG v. 3. 7. 1961, Buchholz 310 § 113 Nr. 2.
85) Vgl. auch BVerwG v. 15. 3. 1973, BVerwGE 42, 79.
86) BVerwG v. 12. 9. 1978, NJW 1980, 197; NWOVG v. 25. 9. 1975, NJW 1976, 439; vgl. auch BFH v. 30. 7. 1975, NJW 1976, 80.
87) So das BVerwG in st.Rspr.; vgl. BVerwG v. 15. 3. 1977, GewArch 1977, 224; v. 12. 9. 1978, NJW 1980, 197; v. 17. 8. 1982, BayVBl. 1983, 121; v. 3. 6. 1983, Buchholz 310 § 113 VwGO Nr. 131; v. 4. 5. 1984, NJW 1985, 876; v. 15. 11. 1984, NVwZ 1985, 265; v. 18. 10. 1985, NJW 1986, 1826 = JuS 1987, 73 *(Brodersen);* v. 2. 10. 1986, NVwZ 1987, 229; ferner NWOVG v. 29. 3. 1979, NJW 1979, 2061; 1980, 197 m. Anm. *Hruby;* BWVGH v. 15. 11. 1983, NJW 1984, 1832; a. A. *RÖ,* § 113, 14; RhPf v. 31. 3. 1976, NJW 1977, 72, 1078 m. Anm. *Becker-Kavan;* BayVGH v. 3. 7. 1979, JA 1980, 373 m. Anm. *Hoffmann,* aufgehoben durch BVerwG v. 14. 1. 1980, NJW 1980, 2426 = JuS 1981, 384 *(Brodersen).*
88) Vgl. BVerwG v. 17. 12. 1981, BayVBl. 1982, 348.
89) BVerwG v. 2. 10. 1986, NVwZ 1987, 229.

Anfechtungskläger, der nutzlos in einen Prozeß gedrängt oder für den Verpflichtungskläger, der grundlos in einen Prozeß getrieben wurde. Hat sich der angefochtene oder begehrte VA bereits vor Klageerhebung erledigt und erstrebt der Kläger letztlich nur Schadensersatz, dann muß er gleich den hierfür gebotenen Zivilrechtsweg beschreiten. Ein Fortsetzungsfeststellungsinteresse besteht insoweit nicht[90]). Eine Ausnahme ergibt sich nur dann, wenn die Widerspruchsbehörde nach Erledigung des angefochtenen VA dessen Rechtmäßigkeit (noch einmal) ausdrücklich feststellt[91]).

20 Die Ansicht, wonach ein Fortsetzungsfeststellungsinteresse gegeben ist, wenn aus dem erledigten VA „*fortdauernde Grundrechtsbeeinträchtigungen*" resultieren[92]), hat noch keine klaren Konturen gewonnen. Mit den fortdauernden Grundrechtsbeeinträchtigungen sind wohl die mittelbaren Folgen des VA gemeint, da andernfalls der VA nicht erledigt wäre[93]). Die im Schrifttum in diesem Zusammenhang vertretene Unterscheidung von „besonders bedeutsamen" und weniger bedeutsamen Grundrechten[94]) ist abzulehnen; alle Grundrechte sind bedeutsam. Eher dürfte auf die Eingriffsschwere abzustellen sein.

Beispiel: Die Versagung der Verlängerung des Reisepasses eines seit vielen Jahren im Ausland lebenden Deutschen kann bewirken, daß diesem dort der Einwandererstatus entzogen wird. Nach Verstreichen des Zeitpunkts, bis zu dem eine Verlängerung höchstens zulässig gewesen wäre, besteht ein berechtigtes Interesse an der Feststellung, daß die Versagung rechtswidrig war[95]).

Das Abstellen auf die Intensität der Grundrechtsbeeinträchtigung birgt freilich die Gefahr in sich, daß die Fortdauer der Beeinträchtigungen aus dem Blick gerät. Eingriffe in „besonders wichtige" Grundrechte bzw. richtiger besonders schwere Eingriffe in Grundrechte begründen denn auch nach einer gelegentlich geäußerten Ansicht per se ein Feststellungsinteresse.

Beispiel: Wurde eine Telefonüberwachung wegen des Verdachts der Zusammenarbeit mit der RAF nur deswegen aufgehoben, weil der Kläger im Ausland zu einer mehrjährigen Haftstrafe verurteilt wurde, so soll mit Rücksicht auf Art. 10 GG ein berechtigtes Interesse an der Klärung der Frage bestehen, ob die Anordnung der Telefonüberwachung rechtmäßig war[96]).

Diese Ansicht ist abzulehnen. Gehen von einem VA keinerlei Folgen mehr aus, dann besteht auch kein Interesse an der Feststellung seiner Rechtswidrigkeit mehr, mag diese noch so grundrechtsrelevant gewesen sein.

---

90) BVerwG v. 17. 8. 1982, BayVBl. 1983, 121; BayVGH v. 25. 3. 1983, BayVBl. 1983, 473.
91) BWVGH v. 20. 9. 1983, NVwZ 1984, 251.
92) Vgl. *Schenke*, in: Festschr. f. Menger, S. 461 ff. (472).
93) Insoweit richtig *Schnellenbach*, DVBl. 1990, 145.
94) Ebd.
95) NWOVG, OVGE 39, 103.
96) NWOVG v. 27. 10. 1982, DVBl. 1983, 1017.

c) Sonstige Feststellungsklagen

Bei der *Zwischenfeststellungsklage* und bei dem Feststellungsantrag im Zusammenhang mit dem *Verbot einer Vereinigung* ist neben dem allgemeinen Rechtsschutzbedürfnis kein besonderes Feststellungsinteresse erforderlich. 21

4. Normenkontrollverfahren

Im Normenkontrollverfahren indiziert die Antragsbefugnis bei natürlichen und juristischen Personen das Rechtsschutzbedürfnis. Denn wer durch die angegriffene Norm einen Nachteil erlitten oder zu erwarten hat, hat regelmäßig auch ein Rechtsschutzbedürfnis für sein Vorgehen. Dennoch müssen auch hier Antragsbefugnis und Rechtsschutzbedürfnis klar auseinandergehalten werden[97]). Nur bei Behörden, die als Behörden antragsbefugt sind, besteht kein Anlaß, Antragsbefugnis und Rechtsschutzbedürfnis gesondert zu erörtern[98]). 22

Das Rechtsschutzbedürfnis für die Nichtigerklärung einer Satzung entfällt, wenn diese nur eine unmittelbar geltende gesetzliche Bestimmung wortgleich wiederholt[99]). Dagegen beseitigt die gleichzeitige Erhebung einer Gestaltungsklage gegen den Vollzugsakt der Norm das Rechtsschutzbedürfnis nicht[100]). Kein Rechtsschutzbedürfnis besteht dann aber, wenn die Klage gegen die angegriffene Maßnahme unabhängig von der Aufhebung der Norm aussichtslos ist[101]). Zweifelhaft ist ferner, ob auch dann ein Rechtsschutzbedürfnis besteht, wenn die Norm vollzogen wurde und der Vollzugsakt unanfechtbar ist. Das BVerwG hat das Rechtsschutzinteresse verneint, wenn der Antragsteller im Normenkontrollverfahren seine Rechtslage derzeit nicht verbessern könne[102]). Dem ist zuzustimmen. Um die Popularklage zu vermeiden, wird ein Rechtsschutzbedürfnis nur unter ähnlichen Voraussetzungen wie denen des § 113 I S. 4 VwGO zu bejahen sein[103]). 23

Der Hinweis auf § 113 I S. 4 VwGO bedeutet nicht, daß die Vorschrift entsprechend anzuwenden ist. Das Ergebnis folgt vielmehr unmittelbar aus § 47 II S. 1 VwGO. Zur Begründung kann § 47 VI S. 3 i. V. m. § 183 VwGO herangezogen werden, wonach

---

97) Zutreffend BWVGH v. 9. 2. 1982, NVwZ 1983, 163; BerlOVG v. 10. 7. 1981, NVwZ 1983, 164.
98) Vgl. unten Rdnr. 24.
99) BWVGH v. 27. 1. 1987, NJW 1987, 1350.
100) *Kopp*, § 47, 34.
101) BWVGH v. 12. 8. 1982, DÖV 1982, 993; BerlOVG v. 10. 7. 1981, NVwZ 1983, 164. Bedenklich daher BayVGH v. 29. 1. 1988, NVwZ 1988, 546, wonach im Verfahren über den Normenkontrollantrag eines Nachbarn unter dem Gesichtspunkt des Rechtsschutzinteresses nicht zu prüfen sei, ob ein im Bebauungsplan vorgesehenes Vorhaben auch nach § 35 BauGB verwirklicht werden könne.
102) BVerwG v. 28. 8. 1987, NJW 1988, 839.
103) Vgl. *Schenk*, DVBl. 1976, 198 ff. (201).

– von der Vollstreckung abgesehen – nicht mehr anfechtbare Entscheidungen der Verwaltungsgerichte, die auf einer für nichtig erklärten Norm beruhen, unberührt bleiben. Dieser allgemeine Rechtsgedanke gilt auch für unanfechtbare VAe die auf der Grundlage einer ungültigen Norm erlassen wurden. Voraussetzung ist aber, daß etwa die Baugenehmigungen bereits verwirklicht wurden. Ein Rechtsschutzbedürfnis ist zu bejahen, wenn die Nichtigerklärung des Bebauungsplans die Tatbestandsvoraussetzungen für eine Rücknahme oder nachträgliche Einschränkung der Baugenehmigungen schafft[104]).

Nach dem Beschluß des BVerwG v. 14. 7. 1978[105]) bedarf es auch eines besonderen Rechtsschutzbedürfnisses, wenn eine aufgehobene Rechtsvorschrift Gegenstand der Normenkontrolle ist. Eine nach § 47 II S. 1 VwGO anerkennenswerte Beschwer komme nur dann in Betracht, wenn die aufgehobene Rechtsvorschrift noch Rechtswirkungen zu äußern vermöge, weil in der Vergangenheit liegende Sachverhalte nach dieser Vorschrift zu entscheiden seien. Diese enge Auslegung hat das BVerwG aber durch Beschl. v. 2. 9. 1983[106]) modifiziert. Der Beschluß betrifft die Frage, ob der Antragsteller die Feststellung begehren kann, daß eine Veränderungssperre nach § 14 BBauG (= § 14 BauGB) ungültig war, wenn die Veränderungssperre während der Anhängigkeit eines nach § 47 II S. 1 VwGO (ursprünglich) zulässigen Antrags außer Kraft tritt. Das BVerwG bejaht dies unter zutreffender Betonung der Rechtsschutzfunktion des Normenkontrollverfahrens.

24 Ein besonderes Rechtsschutzbedürfnis für den Normenkontrollantrag der *Behörden* (in ihrer Funktion als normvollziehende oder normgebundene Verwaltungsorgane) ist entgegen der überwiegenden Ansicht[107]) *nicht erforderlich*[108]). Behörden haben immer ein Interesse daran, nur rechtmäßige Normen anzuwenden oder zu beachten.

III. Rechtsschutzbedürfnis bei behördlichen Verfahrenshandlungen

1. Grundrechtsschutz durch Verfahren

25 Nicht zuletzt wegen des *Mülheim-Kärlich-Beschlusses* des BVerfG vom 20. 12. 1979[109]) wurde der Grundrechtsschutz durch Gestaltung des Verwal-

---

104) BWVGH v. 3. 3. 1983, NVwZ 1984, 44.
105) BVerwGE 56, 172.
106) BVerwGE 68, 12.
107) Vgl. etwa BVerwG v. 15. 3. 1989, NVwZ 1989, 654; BayVGH v. 26. 6. 1974, BayVBl. 1975, 114; *EF*, § 47, 26; *Rasch*, BauR 1977, 147 ff. (150).
108) Zutreffend *Renck*, JA 1971, ÖR S. 246; *Kopp*, § 47, 35.
109) BVerfGE 53, 30 = RdE 1980, 162 m. Anm. *Meyer-Wöbse* = DÖV 1980, 299 m. Anm. *Winters* = DVBl. 1980, 356, 831 m. Anm. *Rauschning* = JZ 1980, 307 m. Anm. *Weber* = JuS 1980, 602 ff. *(H. Weber);* vgl. auch *Lettow*, atw 1980, 250 ff.

tungsverfahrens zu einem Modethema, das immer noch nicht ausdiskutiert ist[110]). Bekanntlich haben nach Ansicht des BVerfG Verfahrensvorschriften, die nach dem Willen des Gesetzgebers ein Grundrecht grundlegend sichern, Verfassungsrang. Die Verletzung von Verfahrensvorschriften soll sich auf das jeweilige Einzelgrundrecht auswirken. Im konkreten Fall kann mit solchen Aussagen indessen wenig angefangen werden. Ganz abgesehen davon, daß weder Anlaß noch Notwendigkeit für die Hochstufung einfacher Verfahrensvorschriften auf die Ebene des Verfassungsrechts besteht, ließ das BVerfG selbst offen, welche Verfahrensvorschriften im einzelnen grundrechtsrelevant sind. Offen blieb außerdem, welche Sanktionen an die Verletzung von Verfahrensvorschriften geknüpft sind. Auf den ersten Blick liegt die verbreitete Argumentation nahe, Verfahrensvorschriften seien grundrechtsrelevant und damit so wichtig, daß ihre Verletzung automatisch zur Aufhebung der späteren Verwaltungsentscheidung führen müsse. Diese Argumentation überzeugt jedoch nicht. In den meisten Fällen stellen Verfahrensvorschriften nämlich lediglich den geordneten Ablauf des Verwaltungsverfahrens sicher. Sie haben dann nur komplementäre Bedeutung; denn allein maßgeblich ist die rechtmäßige Sachentscheidung. Letztlich kann also nur ein Verfahrensverstoß beachtlich sein, der die Sachentscheidung beeinflußt hat. Trennt man Verfahrensverstoß und Sachentscheidung, so wird die Verfahrenskontrolle zum Selbstzweck; genauer: die Aufhebung der sachlich richtigen Entscheidung wegen eines Verfahrensfehlers dient der Disziplinierung der Verwaltungsbehörde. Mit Grundrechtsschutz durch Verfahrensgestaltung hat das in Wahrheit nichts mehr zu tun. Für den Grundrechtsschutz, wie allgemein für den Rechtsschutz, kommt es allein auf die materielle Rechtsbeeinträchtigung an. Daraus folgt zweierlei: Zum einen muß eine Verwaltungsentscheidung nicht aufgehoben werden, weil sie unter Verletzung von (nicht zwingenden) Verfahrensvorschriften zustande gekommen ist, wenn keine andere Entscheidung in der Sache hätte getroffen werden können. §§ 46 VwVfG, 214 BauGB und § 4 AtVfV bringen insoweit nur einen allgemeinen Rechtsgedanken zum Ausdruck. Zum anderen besteht für die Rechtsbehelfe gegen behördliche Verfahrenshandlung i. d. R.

---

110) Vgl. *Haeberle*, VVD-StRL 30 (1972), 43 ff. (86 ff.; 121 ff.); *Hesse*, EuGRZ 1978, 427 ff. (434 ff.); *Goerlich*, Grundrechte als Verfahrensgarantien, 1981; *ders.*, NJW 1981, 2616 ff.; *Blümel*, in: Frühzeitige Bürgerbeteiligung bei Planungen, 1982, S. 23 ff.; *Redeker*, NJW 1980, 1593 ff.; *ders.*, DÖV 1982, 631 ff. (633 ff.); *Ossenbühl*, Festschr. f. Eichenberger, 1982, S. 183 ff., *ders.*, NVwZ 1982, 465 ff.; *Lerche*, Kernkraft und rechtlicher Wandel, 1981, S. 20 ff.; *Bethge*, NJW 1982, 1 ff.; *Dolde*, NVwZ 1982, 65 ff.; *Laubinger*, VerwArch. 1982, 61 ff.; *Ronellenfitsch*, VEnergR 50, 1982, S. 13 ff.; *Pietzker*, VVD-StRL 41 (1983), 193 ff.; *Held*, Der Grundrechtsbezug des Verwaltungsverfahrens, 1984; *Schmidt-Glaeser/Schmidt-Aßmann* (Hrsg.), Verfahrensrecht als staats- und verwaltungsrechtliche Kategorie, 1984; *Hill*, Das fehlerhafte Verwaltungsverfahren und seine Folgen im Verwaltungsrecht, 1986; S. 229 ff.; *Hufen*, Fehler im Verwaltungsverfahren, 1986, S. 36 ff.; *Burmeister*, UTR Bd. 5, 1988, S. 122 ff. (135 ff.); *Schmidt-Aßmann*, in: HdbStR III, 1988, § 70 Rdnrn. 15 ff.; *Stern*, Staatsrecht III/1, 1988, S. 953 ff.

allenfalls dann ein Rechtsschutzbedürfnis, wenn sie zusammen mit den gegen die Sachentscheidung zulässigen Rechtsbehelfen geltend gemacht werden.

2. Einheitlicher Rechtsschutz

26 Den zuletzt dargestellten Gedanken verdeutlicht die durch § 97 Nr. 2 VwVfG eingefügte, seit 1. 1. 1977 gültige Vorschrift des § 44a VwGO, die weder verfassungspolitisch verfehlt ist[111]), noch der verfassungskonformen restriktiven Auslegung bedarf[112]). Im Ergebnis geht hiervon auch das BVerwG aus, das freilich meint, der Ausschluß der selbständigen Anfechtung behördlicher Verfahrenshandlungen ergebe sich nicht daraus, daß es am Rechtsschutzbedürfnis fehle. Vielmehr beruhe § 44a S. 1 VwGO darauf, daß den nicht in § 44a S. 2 VwGO genannten behördlichen Verfahrenshandlungen der einem VA eigene Regelungsgehalt fehlte[113]). Wie *Stelkens* zutreffend bemerkt, ist für § 44a S. 1 VwGO nicht maßgebend, ob es sich bei der streitigen Verfahrenshandlung um einen VA handelt, sondern ob die Handlung über das anhängige Verfahren hinaus materielle Rechte des Bürgers berührt und insoweit anfechtbar ist[114]).

27 Verfahrenshandlungen, die nicht isoliert angegriffen werden können, sind etwa die Akteneinsicht[115]), Anhörungen[116]) oder die Entgegennahme eines Antrags[117]).

28 Schließt man sich der hier vertretenen Auffassung an, daß der Grundrechtsschutz durch Verfahren nicht als Selbstzweck betrieben werden darf, dann steht einer Verknüpfung von § 44a S. 1 VwGO und § 46 VwVfG nichts entgegen[118]). Dogmatisch ist die Lage ohnehin eindeutig: § 44a S. 1 VwGO bezieht sich auf die Zulässigkeit, § 46 VwVfG auf die Begründetheit der Klage. Mit Begründetheitserwägungen darf eine Vorschrift über die Klagezulässigkeit nicht interpretiert werden.

---

111) So aber *Kopp*, § 44a, 1.
112) A. A. *Blümel*, a. a. O. (Fußn. 289), S. 59ff.; *Redeker*, NJW 1980, 1597; *RÖ*, § 44a; *Sellner*, BauR 1980, 396; *Steinberg*, DÖV 1982, 619ff. (629); *Schmidt*, JuS 1982, 745ff.
113) Urt. v. 27. 5. 1981, NJW 1982, 120.
114) NJW 1982, 1137f. Die Argumentation des BVerwG ist ein Rückfall in das Enumerationsprinzip. Für die Qualifizierung von § 44a VwGO als Vorschrift, die das Rechtsschutzbedürfnis regelt, *EF*, § 44a, 2; *Kopp*, § 44a, 1.
115) NWOVG v. 13. 6. 1980, DVBl. 1980, 964.
116) *Stelkens*, NJW 1982, 1137.
117) BayVGH v. 10. 10. 1979, BayVBl. 1979, 753.
118) Ebenso BVerwG v. 27. 5. 1981, NJW 1982, 120.

3. Isolierter Rechtsschutz gegen behördliche Verfahrenshandlungen

Genügen Rechtsbehelfe gegen die Sachentscheidung dem Rechtsschutzinteresse des durch behördliche Verfahrenshandlungen in seinen Rechten Betroffenen nicht, so ermöglicht § 44a S. 2 VwGO die isolierte Anfechtung der Verfahrenshandlungen. Das Gesetz erwähnt Verfahrenshandlungen, die selbständig vollstreckt werden können, z. B. die Beschlagnahme und Verwertung von Briefen eines Beteiligten[119]) und Verfahrenshandlungen gegen Nichtbeteiligte. Die im Schrifttum gelegentlich vertretene[120]) weite Auslegung der Ausnahmevorschrift (!) verstößt gegen den Gesetzeswortlaut.

29

---

119) *StBL*, § 97 (§ 44a VwGO), 11; *MB*, § 97, 20.
120) Vgl. *Pagenkopf*, NJW 1979, 2382 ff.; *Kopp*, § 44a, 9.

3. Abschnitt: Das Urteil

§ 19 Arten und Verfahren

I. Die Arten der Urteile

1   Nach § 107 VwGO wird, soweit nichts anderes bestimmt ist, durch Urteil über die Klage entschieden. Durch Urteil entscheidet außerdem seit 1. 1. 1977 das OVG (VGH) im Normenkontrollverfahren, es sei denn, das Gericht hält eine mündliche Verhandlung nicht für erforderlich (§ 47 VI VwGO). Wie im Zivilprozeß lassen sich bestimmte Arten von Urteilen unterscheiden[1]).

2   Für den Umfang der Rechtskraft ist es wichtig, ob über eine (zulässige) Klage in der Sache entschieden wird *(Sachurteil)* oder ob wegen Fehlens einer Sachurteilsvoraussetzung nur ein *Prozeßurteil* ergehen kann.

3   Von Bedeutung ist weiter die formelle Einteilung in *Zwischen- und Endurteile.* Endurteile beenden das Verfahren in der Instanz. Je nachdem ob sie den Streitgegenstand ganz oder nur zu einem abtrennbaren Teil behandeln, handelt es sich um *Voll- und Teilurteile.* Vor allem bei Leistungsklagen kann[2]) ein Teilurteil erlassen werden, wenn nur ein Teil des Streitgegenstandes zur Entscheidung reif ist (§ 110 VwGO). Das dann über das noch offengebliebene Klagebegehren entscheidende Endurteil heißt *Schlußurteil.* Zwischenurteile entscheiden über einzelne Streitfragen, ohne das Verfahren zu beenden[3]). Besonders geregelt sind das *Grundurteil* (§ 111 VwGO), das über den Grund eines Anspruchs vorab entscheidet, wenn Grund und Betrag eines Anspruchs streitig sind, das *Zulässigkeitszwischenurteil,* durch welches das Vorliegen einer Sachurteilsvoraussetzung bejaht wird (§ 109 VwGO), und das – ausnahmsweise mit der Beschwerde anfechtbare[4]) – Zwischenurteil über die Rechtmäßigkeit der Zeugnisverweigerung (§ 98 VwGO i. V. m. § 387 ZPO). Über die gesetzlich geregelten Fälle hinaus steht es im Ermessen des Gerichts, weitere Entscheidungen durch Zwischenurteil zu treffen[5]).

4   Nach dem Klagebegehren richtet sich die für die Tenorierung maßgebliche

---

1) Vgl. *SG*, Rdnrn. 695 ff.; *Ule*, S. 290 ff.; *RÖ*, § 107, 2/9; *EF*, § 107, 2 a; *SDC*, § 107; 2; *BS*, S. 181 ff.
2) Anders als nach § 301 ZPO steht der Erlaß des Teilurteils im Ermessen des Gerichts, NWOVG v. 8. 3. 1973, OVGE 28, 250.
3) Durch Zwischenurteil kann auch über die Zulässigkeit von Berufung und Revision entschieden werden; vgl. BVerwG v. 4. 2. 1982, BayVBl. 1982, 282.
4) Str.; wie hier OVG Lüneburg v. 7. 5. 1958, OVGE 12, 448; VG Bremen v. 19. 7. 1968, NJW 1968, 1946; *Ule*, S. 322; *EF*, § 98, 11; *Kopp*, § 98, 11; a. A. (Beschluß) *RÖ*, § 98, 7 und § 109, 2.
5) *RÖ*, § 107, 3.

Unterscheidung von *Gestaltungs-, Leistungs- und Feststellungsurteilen*[6]). Im einzelnen kann hier auf die Ausführungen zur Unterscheidung der Klagearten verwiesen werden[7]).

Eine weitere Unterscheidung knüpft an das prozessuale Verhalten der Beteiligten an. Auch im Verwaltungsprozeß sind danach *Anerkenntnisurteile* allein auf Grund des Anerkenntnisses des Beklagten und *Verzichturteile* bei entsprechenden Anträgen der Beteiligten möglich (§ 173 VwGO) i. V. m. §§ 306, 307 ZPO).

Schließlich kennt der Verwaltungsprozeß noch Vorbehalts- und Abänderungsurteile (§ 173 VwGO i. V. m. §§ 302, 323 ZPO)[8]).

II. Das Urteilsverfahren

1. Mündliche Verhandlung

Urteile ergehen in der Regel auf Grund — im Normenkontrollverfahren (seit 1. 1. 1977) nur bei — mündlicher Verhandlung (§ 101 I und III VwGO). Eine mündliche Verhandlung ist nicht erforderlich, wenn alle Beteiligten i. S. v. § 63 VwGO mit einer Entscheidung ohne mündliche Verhandlung einverstanden sind (§ 101 II VwGO). Ergeht das Urteil auf Grund mündlicher Verhandlung, so kann es nach § 112 VwGO nur von denjenigen Richtern gefällt werden, die an der dem Urteil zugrundeliegenden Verhandlung teilgenommen haben[9]).

§ 112 VwGO ist nicht anwendbar, wenn das Urteil nicht auf Grund mündlicher Verhandlung ergeht. In diesem Fall wird die Entscheidung von den nach der Zuständigkeitsverteilung im Geschäftsverteilungsplan dazu berufenen Richtern unter Ausschluß sonstiger Personen gefällt[10]).

2. Erlaß

Wirksamkeit erlangt das Urteil erst mit seinem Erlaß. Die VwGO kennt mehrere Formen des Erlasses. Wird auf Grund mündlicher Verhandlung entschieden, dann wird das Urteil in der Regel in dem Termin, in dem die mündliche Verhandlung geschlossen wird, verkündet. Möglich ist auch die

---

6) Vgl. *Maetzel,* MDR 1977, 362 ff.
7) Vgl. §§ 9 ff.
8) *RÖ,* § 107, 8/9; *Ule,* S. 293.
9) Rubrum: „..., auf die mündliche Verhandlung..., an der teilgenommen haben...", vgl. *Ule,* S. 283. Bei mehreren Terminen ist die letzte mündliche Verhandlung maßgebend. Beachten Sie aber: Bei der Verkündung müssen nicht dieselben Richter mitwirken, die das Urteil gefällt haben; vgl. *BS,* S. 198.
10) Vgl. § 55 VwGO i. V. m. §§ 192 ff. GVG; *Kopp,* § 112, 6. Zur Bedeutung des Verzichts auf weitere mündliche Verhandlung BVerwG v. 20. 7. 1970, VerwRspr. 22, 379; v. 2. 8. 1984, Buchholz 310 § 112 VwGO Nr. 6.

Verkündung in einem besonderen Termin, der am Schluß der mündlichen Verhandlung durch Beschluß anberaumt wird und nicht über zwei Wochen hinaus angesetzt werden soll (§ 116 I VwGO).

10 Im Gegensatz zum Zivilprozeß ist die *Verkündung* nicht zwingend. Zulässig ist auch die Zustellung des Urteils, das dann binnen zwei Wochen nach der mündlichen Verhandlung der Geschäftsstelle zu übergeben ist[11]).

Haben die Beteiligten auf die mündliche Verhandlung verzichtet[12]), so ergeht die Entscheidung stets durch Zustellung (§ 116 III VwGO). Mit der Zustellung an einen Hauptbeteiligten ist das Urteil erlassen[13]).

3. Bindung des Gerichts

11 Nach § 173 VwGO i. V. m. § 318 ZPO ist das Gericht an das erlassene Urteil gebunden. Von diesem Grundsatz kennt die VwGO drei Ausnahmen: Einmal kann eine offenbare Unrichtigkeit auf Grund eines entsprechenden Beschlusses nach § 118 VwGO behoben werden. Ferner ist ebenso zu verfahren bei nicht offensichtlichen Unrichtigkeiten oder Unklarheiten des Tatbestands, wenn die Berichtigung binnen zwei Wochen nach Zustellung des Urteils beantragt wird (§ 119 VwGO).

Durch ein nachträgliches Urteil schließlich wird das ursprüngliche Urteil ergänzt, wenn ein nach dem Tatbestand von einem Beteiligten gestellter Antrag oder die Kostenfolge bei der Entscheidung ganz oder zum Teil übergangen ist (§ 120 VwGO). Auch hier ist der Antrag eines Beteiligten erforderlich[14]).

---

11) Nach BVerwG v. 24. 6. 1971, BVerwGE 38, 220; v. 11. 11. 1971, BVerwGE 39, 51; BWVGH v. 6. 8. 1973, NJW 1974, 1399; *RÖ*, § 116, 3; *Kopp*, § 116, 11; *EF*, § 116, 12 genügt zur Wahrung der Frist die Übergabe der unterschriebenen Urteilsformel. Präziser NWOVG v. 2. 4. 1981, et 1981, 387: Die Übergabe des Urteils an die Geschäftsstelle *und* die Bekanntgabe der Entscheidung an einen oder die Beteiligten ist der Verkündung des Urteils gleichzusetzen. Das vollständige Urteil ist dann alsbald abzusetzen, zu unterschreiben und der Geschäftsstelle zu übergeben. Eine starre Frist für die Abfassung der Entscheidungsgründe besteht nicht; vgl. zu § 117 IV VwGO BVerwG v. 2. 7. 1975, BVerwGE 49, 61; vgl. aber auch UPR 1990, 442 und v. 5. 10. 1990 – IV CD 18/90 (5 Monate). Die Beurkundungsfunktion der Entscheidungsgründe ist jedoch i. d. R. nicht mehr gewahrt, wenn zwischen der Verkündung und Zustellung mehr als ein Jahr verstrichen ist, BVerwG v. 3. 9. 1982, MDR 1983, 260. Die Entscheidung des Gerichts, daß das Urteil statt im Verkündungs- im Zustellungsweg ergehen soll, ist im Anschluß an die mündliche Verhandlung durch Beschluß zu verkünden; der Beschluß kann ggf. im schriftlichen Verfahren nachgeholt werden, vgl. BVerwG v. 1. 7. 1975, NJW 1976, 124.

12) Der Verzicht muß klar, eindeutig und vorbehaltlos erklärt werden, was im Regelfall eine schriftliche oder zur Niederschrift des Urkundsbeamten der Geschäftsstelle abgegebene Erklärung voraussetzt; vgl. BVerwG v. 20. 2. 1981, NJW 1981, 1852.

13) *RÖ*, § 116, 7; *Kopp*, § 116, 13; *EF*, § 116, 15; a. A. *Ule*, S. 297.

14) Zur Zulässigkeit des Ergänzungsantrags NWOVG v. 11. 8. 1972, OVGE 28, 90.

§ 20 Der Urteilsinhalt

Schaubild 10

Aufbau: Urteil
1. Rubrum 2. Tenor 3. Tatbestand 4. Entscheidungsgründe 5. Rechtsmittelbelehrung
6. Streitwertbeschluß

I. Vorbemerkung

Für das verwaltungsgerichtliche Urteil gelten grundsätzlich die gleichen Aufbauregeln, die vom zivilgerichtlichen Urteil bekannt sind. Der Inhalt des verwaltungsgerichtlichen Urteils ergibt sich aus § 117 VwGO. Danach ist insbesondere das Urteil schriftlich abzufassen und von den an der Entscheidung beteiligten Berufsrichtern zu unterschreiben. Ferner ist im Tatbestand der Sach- und Streitstand, unter Hervorhebung der gestellten Anträge, seinem wesentlichen Inhalt nach gedrängt darzustellen, wobei im übrigen auf Schriftsätze, Protokolle und andere Unterlagen verwiesen werden soll, soweit sich aus diesen der Sach- und Streitstand ausreichend ergibt. Die Abfassung in Schriftform und deutscher Sprache setzt voraus, das allgemeinverständliche Schrift- und Zahlenzeichen verwendet werden[1]. Zur Abfassung des Urteils dürfen auch Textbausteine verwendet werden[2]. Der Verweis durch Schlüsselzeichen oder Kennzeichen auf außerhalb des schriftlichen Urteils befindliche Textbestandteile ist dagegen unzulässig[3]. 1

---

1) (Zulässige) Urteile in Versform werden wohl nicht Schule machen; vgl. aber LG Frankfurt v. 17. 2. 1982, NJW 1982, 690.
2) BVerwG v. 1. 2. 1982 – 9 B 13015.81 –.
3) HessVGH v. 26. 6. 1984, NJW 1984, 242.3.

II. Die einzelnen Bestandteile des Urteils

1. Urteilseingang (Rubrum)

a) Eingangsformel

2   Das Urteil ergeht „im Namen des Volkes". Unmittelbar vor oder nach dieser Überschrift folgt die Angabe, ob es sich um ein „Urteil", „Zwischenurteil", „Teil-" oder „Schlußurteil" handelt. Die Überschrift „Urteil" ist entbehrlich und wird häufig weggelassen.

b) Die Bezeichnung der Beteiligten und Bevollmächtigten

3   Die Bezeichnung der Beteiligten schließt im Genetiv an die Formulierung „In der Verwaltungsstreitsache" („In der Verwaltungsrechtssache", „In dem Verwaltungsrechtsstreit", „In dem Normenkontrollverfahren") an.

Die Beteiligten, ihre gesetzlichen Vertreter und die Bevollmächtigten müssen mit Namen, Anschrift, Beruf und Verfahrensstellung genau bezeichnet werden[4]).

Hier ist Vorsicht geboten. Prüfer neigen dazu, aus ungenauen Bezeichnungen im Rubrum auf materiell- oder verfahrensrechtliche Fehler zu schließen. Die Möglichkeit des Gerichts, eine fehlerhafte Beteiligtenbezeichnung nach §§ 118, 119 VwGO zu berichtigen, nützt dann gewöhnlich nichts.

2. „Betreff"

4   Wie im Zivilprozeß ist eine kurze Bezeichnung des Streitgegenstandes üblich, aber nicht notwendig. Der „Betreff" ist ausreichend bestimmt, wenn mit ihm bei Einlegung eines Rechtsmittels geklärt werden kann, welcher Senat nach der Geschäftsverteilung zuständig ist. Einen unbestimmten oder nichtssagenden „Betreff" läßt man am besten weg.

3. Bezeichnung des Gerichts

5   Bindeglied zwischen der Bezeichnung des erkennenden Gerichts sowie des Spruchkörpers und den Namen der Mitglieder des Gerichts, die an der Entscheidung mitgewirkt haben, ist die Feststellung, ob und bejahendenfalls an welchem Tag die mündliche Verhandlung stattgefunden hat, auf die das Urteil ergeht: „... hat die X. Kammer des Verwaltungsgerichts Karlsruhe auf die mündliche Verhandlung vom ..., an der teilgenommen haben[5]) ... für Recht erkannt."

---

4) Amtsinhaber (Minister, Regierungspräsident, Landrat, Bürgermeister) sind *nicht* namentlich aufzuführen, weil sonst jede personelle Veränderung der Ämter zu prozessualen Schwierigkeiten führen würde. Von den Behörden in die mündliche Verhandlung entsandte Beamte werden im Rubrum nicht genannt.

5) Oder: „unter Mitwirkung", „durch".

Schaubild 11

Rubrum eines verwaltungsgerichtlichen Urteils

Aktenzeichen   Verwaltungsgericht Karlsruhe
 	
               IM NAMEN DES VOLKES
                      Urteil
           (Zwischen-, Teil-, Schlußurteil)
 	
                 In der Verwaltungsrechtssache[6])
des Landwirts Klaus Hofmann, Plöck 12, Heidelberg,
                                                      Klägers,
Prozeßbevollmächtigter: Rechtsanwalt Dornemann,
                  Friedrich-Ebert-Anlage 17, Heidelberg,
 	
                            gegen
die Stadt Heidelberg,
                                                    Beklagte,
vertreten durch den Oberbürgermeister,
beigeladen: . . .
beteiligt: . . .
                            wegen
Sondernutzungsgebühr
hat die 3. Kammer des Verwaltungsgerichts Karlsruhe auf Grund (auf die . . .) der mündlichen Verhandlung vom 30. 1. 1991 (ohne mündliche Verhandlung am . . . oder: im Wege der schriftlichen Entscheidung auf Grund der Beratung vom . . .), an der teilgenommen haben (durch, unter Mitwirkung von):
1. Vorsitzende(r) Richter(in) am Verwaltungsgericht
2. Richter(in) am Verwaltungsgericht
3. Richter(in)[7])
4. ehrenamtliche(r) Richter(in)
5. ehrenamtliche(r) Richter(in)
für Recht erkannt:

---

6) Auch gebräuchlich: Verwaltungsstreitsache (BVerwG, BayVGH, BerlOVG), Verwaltungsrechtsstreit (NWOVG, RhPfOVG, SaarlOVG), Verwaltungsstreitverfahren (HessVGH). Den obigen Eingang verwenden BWVGH, BremOVG, HambgOVG und OVG Lüneburg.

7) Die Amtsbezeichnung „Richter" führt nur der Richter auf Probe (§ 19a III DRiG). Bei einer gerichtlichen Entscheidung darf nicht mehr als ein Richter auf Probe, kraft Auftrags, im Nebenamt oder ein abgeordneter Richter mitwirken (§ 29 DRiG, § 18 II VwGO).

4. Urteilsformel (Tenor)

6 Schon in den Vorauflagen hieß es: „Die Urteilsformel ist praktisch kaum mehr als eine Vorankündigung der eigentlichen Entscheidung[8])." Dieser Satz erregte häufig Anstoß. Nach wie vor herrscht nämlich die Auffassung vor, die Urteilsformel enthalte die „eigentliche" Entscheidung, der die Entscheidungsgründe „nur" die nähere Begründung liefern[9]). Das mag im Strafprozeß zutreffen. Im Verwaltungsprozeß liegen die Dinge wohl etwas komplizierter. Aber dies ist nicht der Ort, über heilige Kühe zu streiten. Selbstverständlich ist auf den Entwurf der Urteilsformel größte Sorgfalt zu verwenden. Die Urteilsformel sagt den Beteiligten (nicht mehr und nicht weniger), wie der Prozeß gelaufen ist. Eine ähnliche Funktion hat sie im Examen: Sie ist regelmäßig der erste Anhaltspunkt, ob die richtige Lösung gefunden wurde.

Wichtig für die mündliche Assessorprüfung: Erklärt im Normenkontrollverfahren das OVG (VGH) die angegriffene Rechtsvorschrift für nichtig, so ist die Entscheidungsformel nach § 47 VI S. 2 VwGO ebenso zu veröffentlichen wie die Rechtsvorschrift bekanntzumachen wäre.

7 Die Urteilsformel muß von allen anderen Teilen des Urteils erkennbar abgesetzt sein, neben dem Ausspruch zur Sache eine Kostenentscheidung enthalten (§§ 161 VwGO) und sich gegebenenfalls über die Zulassung der Berufung oder Revision auslassen (§ 131, 132 VwGO). Gewöhnlich enthält sie auch einen Ausspruch über die vorläufige Vollstreckbarkeit (§ 167 VwGO i. V. m. §§ 708 ff. ZPO). Muster für typische Urteilsformeln finden sich unter III.

5. Tatbestand

8 Der Tatbestand ist von den Entscheidungsgründen zu trennen[10]).

Lediglich das Bundesverwaltungsgericht faßt den Tatbestand (I) und die Entscheidungsgründe (II) unter den Oberbegriff „Gründe".

Er beurkundet den für die Entscheidung maßgeblichen Tatsachenstoff und muß erkennen lassen, welcher Sachverhalt der rechtlichen Würdigung zugrunde liegt. Der Tatbestand liefert daher nicht nur nach § 173 VwGO i. V. m. § 314 ZPO Beweis für das mündliche Parteivorbringen, sondern gem. § 98 VwGO i. V. m. § 418 I ZPO auch vollen Beweis über die in ihm bezeugten eigenen Wahrnehmungen und Handlungen des Gerichts[11]). Der für die Entscheidung

---

8) *Martens*, S. 167.
9) Vgl. etwa *Klein*, S. 133.
10) Vgl. § 117 II und III VwGO. Erforderlich ist eine inhaltliche, nicht zwingend eine äußerliche Trennung; BVerwG v. 18. 8. 1976, Buchholz 310 § 117 VwGO Nr. 10.
11) BVerwG v. 16. 10. 1984, DÖV 1985, 579; v. 3. 7. 1987, NJW 1988, 1228.

maßgebliche Verhandlungsstoff ergibt sich daher aus dem Tatbestand und nicht aus der Verhandlungsniederschrift[12]).

Rechtsbehelf gegen die Formulierung des Tatbestands ist der binnen zweier Wochen nach Zustellung des Urteils zu stellende Antrag auf Berichtigung (§ 119 VwGO)[13]).

Da der Verwaltungsprozeß vom Untersuchungsgrundsatz[14]) beherrscht wird (§ 86 I VwGO), weicht § 117 III VwGO in einigen Punkten von der Parallelregelung des § 313 II ZPO ab. Der Tatbestand beginnt mit der sog. *Geschichtserzählung,* die den unstreitig vorgetragenen oder vom Gericht ermittelten Sachverhalt und das Vorverfahren umfaßt und im Indikativ des Imperfekts darzustellen ist. Ein strenger Schematismus ist nicht erforderlich. Die Unterscheidung zwischen unstreitigem und streitigem Vorbringen kann gegebenenfalls im Interesse einer besser verständlichen Darstellung entfallen. Die tatsächlichen und rechtlichen Ausführungen der Beteiligten im Vorverfahren brauchen nur angedeutet zu werden, wenn sie im Prozeß wiederholt wurden. Der Geschichtserzählung folgt die *Prozeßgeschichte,* die Auskunft geben soll über die Entwicklung des Rechtsstreits vom Eingang der Klage bei Gericht bis zum Urteil. Die Prozeßgeschichte ist im Perfekt zu schildern. Normalerweise erschöpft sie sich in der Angabe des Datums der Klageerhebung und leitet zum Vortrag der Parteien, zum *Streitstand* über. Zunächst werden die Behauptungen und Rechtsansichten des Klägers mitgeteilt. Dann folgt etwas abgesetzt und eingerückt der Antrag des Klägers, dem nach Möglichkeit der Antrag des Beklagten gegenüberzustellen ist. Daran schließen die Behauptungen und rechtlichen Ausführungen des Beklagten an. Die Einzelheiten sind vom Zivilprozeß bekannt. Auch Repliken und Dupliken sind denkbar. Die Anträge sollen wörtlich gebracht werden. Zur Kennzeichnung des Tatsachenverlaufs sind technische Ausdrücke wie „behaupten", „darstellen", „vortragen" zu verwenden. Über rechtliche Vorgänge können die Parteien dagegen nur eine „Meinung", „Auffassung" oder „Ansicht" vertreten.

---

12) BVerwG v. 6. 12. 1978, Buchholz 402.5 WaffG Nr. 15.
13) Vgl. auch BVerwG v. 6. 12. 1978, DVBl. 1979, 726; v. 26. 6. 1986, NVwZ 1987, 128.
14) Hierzu *Redeker,* DVBl. 1981, 83 ff. Zur Befugnis des VG, sich auf von den Beteiligten in das Verfahren eingebrachte Sachverständigengutachten zu stützen, BVerwG v. 18. 1. 1982, DÖV 1982, 410; ferner BVerwG v. 26. 4. 1985, NVwZ 1987, 48; v. 20. 8. 1986, NVwZ 1987, 47.

Schaubild 12

Aufbau des Tatbestands eines verwaltungsgerichtlichen Urteils

1. Geschichtserzählung
   a) unstreitiger Sachverhalt
   b) Vorverfahren
2. Prozeßgeschichte
3. Streitstand
   a) Behauptungen und Rechtsausführungen des Klägers
   b) Antrag des Klägers
   c) Antrag des Beklagten
   d) Behauptungen und Rechtsausführungen des Beklagten
4. Beweiserhebungen

10   Die Rechtsausführungen der Beteiligten sind im Verwaltungsprozeß anders als im Zivilprozeß erschöpfend darzustellen. Für den Vortrag der Beteiligten verwendet man die indirekte Rede (Konjunktiv Präsens), für die Anträge Indikativ Präsens.

11   Nach der Schilderung des Streitstandes folgt eine knappe Wiedergabe der *Beweisaufnahme*. Die in der Praxis übliche Verweisung auf die Akten u. dgl. ist in Examensarbeiten unzulässig.

6. Entscheidungsgründe

12   Während der Geltungsdauer des EntlG sahen die §§ 2, 6, 7 des Art. 2 EntlG Erleichterungen für die Begründung gerichtlicher Entscheidungen vor:
1. Instanz: Das VG konnte in der Entscheidung (Urteil oder Gerichtsbescheid)[15] von einer weiteren Darstellung der Entscheidungsgründe absehen, soweit es der Begründung des VA oder des Widerspruchsbescheids folgte und dies in seiner Entscheidung feststellte (Art. 2 § 2 EntlG).
2. Instanz: Auch das OVG (VGH) durfte richtiger Ansicht nach auf die Begründung der Verwaltungsentscheidungen Bezug nehmen[16]). Im übrigen konnte das OVG (VGH) im Urteil über die Berufung von einer weiteren Darstellung der Entscheidungsgründe absehen, soweit es die Berufung aus den Gründen der angefochtenen Entscheidung als unbegründet zurückwies (Art. 2 § 6 EntlG)[17]).
Diese Erleichterungen sind nunmehr als endgültige Regelungen in die VwGO übernommen worden (§ 117 V, § 130b VwGO).

---

15) Vgl. BVerwG v. 27. 3. 1979, MDR 1979, 871.
16) So *Meyer-Ladewig,* DVBl. 1979, 539 ff. gegen *RÖ,* § 125, 9.
17) Zur Verfassungsmäßigkeit von Art. 2 § 7 EntlG BVerwG v. 20. 7. 1979, DÖV 1980, 133.

Die Entscheidungsgründe greifen die in der Urteilsformel ausgesprochene **13** oder wenigstens angekündigte Entscheidung wieder auf und liefern die Begründung für diese Entscheidung.

Obwohl sich die Entscheidungsgründe eigentlich an die Beteiligten richten sollten, werden Urteile häufig von Juristen für Juristen geschrieben. Das mag man kritisieren[18]). Die im Examen zu entwerfenden Entscheidungsgründe werden auf jeden Fall von einem Juristen bewertet. Examenskandidaten dürfen und sollen mit Gesetzestexten arbeiten und geläufige Abkürzungen verwenden. Das Eingehen auf die von den Beteiligten vorgetragenen Rechtsansichten ist immer ratsam: in der Praxis, weil die Beteiligten eine Würdigung ihrer Meinung erwarten dürfen[19]), im Examen, weil der Aufgabentext in aller Regel keine überflüssigen Angaben enthält. Der Tatbestand ist voll auszuschöpfen. Wenn bei der Abfassung der Entscheidungsgründe wesentliche Gesichtspunkte auftauchen, die im tatsächlichen Bereich nicht ausreichend abgedeckt sind, muß der Tatbestand nach Möglichkeit ergänzt werden.

Vor allen Dingen darf man die getroffene Entscheidung nie aus den Augen verlieren. Nur diese Entscheidung ist zu begründen. Es nützt nichts und schadet sogar, wenn die „Lösung" einer umstrittenen Rechtsfrage gelingt, die mit der zu treffenden Entscheidung nichts zu tun hat.

Der *Inhalt der Entscheidung* richtet sich nach dem Klagebegehren. Bei **14** klageabweisenden Urteilen ergibt sich (ähnlich wie bei rein kassatorischen Urteilen) erst aus den Entscheidungsgründen, in welchem Umfang das Urteil die Beteiligten bindet[20]). Hier muß deutlich herausgearbeitet werden, aus welchen Gründen die Klage keinen Erfolg hatte. Entscheidende Bedeutung hat dabei die Prüfungsreihenfolge. Wo ein Prozeßurteil in Betracht kommt, sind alle – auch hilfsweisen – Ausführungen zur Sache falsch. Bei stattgebenden Urteilen unterscheidet man sinnvollerweise, ob das Klagebegehren auf eine Gestaltung, Leistung oder Feststellung abzielt.

Bei *Gestaltungsklagen* wird grundsätzlich eine *kassatorische* Entscheidung **15** getroffen[21]). Bei der allgemeinen Gestaltungsklage wird die angegriffene Verwaltungsmaßnahme aufgehoben, soweit sie rechtswidrig ist und dadurch den Klägern in seinen Rechten verletzt; bei den sonstigen Gestaltungsklagen entspricht das Gericht dem speziellen Gestaltungsbegehren des Klägers.

Ausdrücklich geregelt ist der Entscheidungsgehalt des Gestaltungsurteils bei **16** der *Anfechtungsklage*. Nach §§ 113 I S. 1, 115 VwGO werden bei einer

---

18) *Martens*, S. 173 ff.
19) Allgemein zur Entscheidungsbegründung vgl. *Brüggemann*, Die richterliche Begründungspflicht, 1971, 100 ff. Zu den ausgefertigten Entwürfen des BVerwG *Renck* u. *Scheder*, NVwZ 1987, 26 ff., 303 ff.
20) *Klein*, S. 149; *Martens*, S. 166 ff.
21) *RÖ*, § 113, 1.

Anfechtungsklage der angegriffene VA und etwaige Widerspruchsbescheide aufgehoben, soweit sie rechtswidrig sind und dadurch den Kläger in seinen Rechten verletzen. Der Erfolg der Anfechtungsklage hängt also von *drei Voraussetzungen* ab: Der angegriffene VA bzw. Widerspruchsbescheid muß erstens „rechtswidrig" und zweitens muß der „Kläger in seinen Rechten verletzt" sein. Durch das Wort „dadurch" werden drittens die erste und zweite Voraussetzung in der Weise miteinander verknüpft, daß sich die objektive Rechtswidrigkeit „spiegelbildlich als Verletzung auch eines subjektiven Rechts des Klägers darstellt"[22]). Einfacher ausgedrückt: *Nicht jede* objektive Rechtswidrigkeit ist relevant, sondern nur die Rechtswidrigkeit, „soweit" sie subjektive Rechte des Klägers verletzt.

17 Aus der Formulierung „*soweit*" ergibt sich somit, daß eine *Teilaufhebung* nicht nur möglich, sondern u. U. – im Rahmen des Klagebegehrens – zwingend geboten ist, nämlich dann, wenn die angefochtene Verwaltungsentscheidung nur teilweise rechtswidrig ist und/oder wenn sie den Kläger nur teilweise in seinen Rechten verletzt. Die Teilaufhebung kann dabei die angefochtene Entscheidung in räumlicher[23]), sachlicher[24]), persönlicher[25]) und zeitlicher Hinsicht betreffen[26]).

Wurde etwa ein ursprünglich rechtmäßiger VA nachträglich rechtswidrig, so scheidet eine Rücknahme mit Wirkung ex tunc aus; nichts spricht aber gegen eine „Rücknahme ex nunc", d. h. gegen eine Rücknahme zu dem Zeitpunkt, an dem die Rechtswidrigkeit eintrat.

Zur Begründung des Anfechtungsurteils muß genau dargestellt werden, weshalb der VA in der Gestalt des Widerspruchsbescheids rechtswidrig ist und inwiefern der Kläger durch den rechtswidrigen VA in der Gestalt des Widerspruchsbescheids in seinen Rechten verletzt wird.

18 Mit der kassatorischen Entscheidung kann die Verpflichtung verbunden werden, die Vollziehung des VA rückgängig zu machen, wenn ein entsprechender Antrag vorliegt, die Behörde dazu in der Lage und diese Frage spruchreif ist (§ 113 I S. 2/3 VwGO). Der *Vollzugsfolgenbeseitigungsanspruch* ist immer noch Gegenstand zahlreicher Kontroversen[27]). Deshalb ist es bedauerlich, daß die VwGO nur eine fragmentarische Regelung enthält.

---

22) *Weyreuther,* in: Festschr. f. Menger, S. 681 ff. (691).
23) Beispiel: Der insgesamt angefochtene Planfeststellungsbeschluß für eine Straße wird nur für einen bestimmten Straßenabschnitt aufgehoben.
24) Zur isolierten Anfechtungsklage oben § 9 Rdnr. 15.
25) Beispiel: Eine durch Allgemeinverfügung angeordnete Verkehrsregelung verletzt nur bestimmte Personen in ihrem Recht auf Anliegergebrauch.
26) Hierzu *Ronellenfitsch,* Teilbarkeit, S. 39 ff.
27) Klassisches Beispiel: Polizeiliche Räumungspflicht einer zur Unterbringung Obdachloser rechtswidrig beschlagnahmten Wohnung. Ähnlich ist die Situation im Fall der ursprünglich rechtmäßigen Beschlagnahme nach Ablauf der Beschlagnahmepflicht. Die Räumung liegt nicht nur im öffentlichen Interesse. Daher besteht auch kein polizeiliches Entschließungsermessen; der von der (nicht mehr rechtmäßigen) Beschlagnahme Betroffene hat ein subjektives öffentliches Recht auf Räumung; vgl. BWVGH v. 22. 2. 1990, VBlBW 1990, 351. Vgl. auch § 31 Rdnr. 7 (Fußn. 15).

Die durch § 3 StHG in die VwGO (§ 113 IV VwGO a. F.) eingefügte prozessuale Ergänzung des materiell-rechtlichen Folgenbeseitigungsanspruchs wurde vom BVerfG ohne Zwang aufgehoben, weil insoweit eine Gesetzgebungskompetenz des Bundes besteht und die Regelung isoliert einen Sinn ergab[28]).

Abgesehen von dieser speziellen Regelung des Folgenbeseitigungsanspruchs gestattet § 113 IV VwGO die Verbindung eines Gestaltungs- und Leistungsurteils. Ein ersetzendes Gestaltungsurteil, bei dem das Gericht nicht nur eine Verwaltungsentscheidung aufhebt, sondern selbst eine Regelung trifft, ist ausnahmsweise bei der Festsetzung von Leistungen in anderer Höhe[29]) und bei feststellendem VA möglich (§ 113 II VwGO).

19 Urteile, die einer *Leistungsklage* stattgeben, sprechen die Verpflichtung zur Vornahme der beantragten Leistung aus. Bei der Verpflichtungsklage wird die Behörde entweder zur Vornahme des begehrten VA oder zur Bescheidung unter Beachtung der Rechtsauffassung des Gerichts verpflichtet (§§ 113 V, 114 VwGO). Im Bescheidungsurteil darf auf alle umstrittenen spruchreifen Rechtsfragen eingegangen werden. Die sonst verpönten Hilfsbegründungen sind hier zulässig[30]). Bei der Versagungsgegenklage ist es zweckmäßig, den ablehnenden Bescheid und Widerspruchsbescheid ausdrücklich aufzuheben[31]).

20 *Feststellungsurteile* beschränken sich auf die begehrte Feststellung. Sie sind in der Hauptsache nicht vollstreckbar. Ihr Inhalt entspricht dem Antrag, wenn diesem nach dem Gesetz entsprochen werden darf.

21 Im *Normenkontrollverfahren* ergeht ebenfalls nur eine feststellende Entscheidung. Leistungsbegehren sind daher unzulässig, da der Gesetzgeber nicht zum Tätigwerden verpflichtet werden kann[32]). Auch die (positive) Feststellung einer derartigen Verpflichtung scheidet grundsätzlich aus. Nicht ausgeschlossen ist indessen die Feststellung, daß eine untergesetzliche Rechtsnorm etwa im Hinblick auf das Gebot der Konfliktbewältigung lückenhaft und deshalb rechtswidrig sei. Denn regelmäßig erklärt zwar gem. § 47 VI S. 2 VwGO das OVG (VGH) die angegriffene Rechtsvorschrift für *nichtig*, wenn es von ihrer Ungül-

---

28) Vgl. aber BVerfG v. 19. 10. 1982, BVerfGE 61, 149 = DÖV 1982, 982 m. Anm. *Ossenbühl* = JuS 1983, 141 *(H. Weber)* = JZ 1983, 137 m. Anm. *Peine*.
29) Eine Ermessensentscheidung steht dem Gericht dabei nicht zu, VG Sigmaringen v. 27. 8. 1970, BaWüVBl. 1971, 45; *RÖ*, § 113, 3; *EF*, § 113, 57; a. A. NWOVG v. 20. 4. 1960, OVGE 15, 284.
30) *Klein*, S. 151.
31) *RÖ*, § 113, 19; *Kopp*, § 113, 73; weitergehend *SDC*, § 113, 3 b gg; *EF*, § 113, 65; a. A. *Czermak*, NJW 1962, 776 ff.
32) Die Mindermeinung (vgl. *Westbomke*, Der Anspruch auf Erlaß von Rechtsverordnungen und Satzungen, 1976, S. 23 ff.; *v. Barby*, Verwaltungsgerichtliche Klagen auf Rechtsetzung?, Diss. Köln 1973, S. 66 ff.; *ders.*, NJW 1989, 80 f.; *Würtenberger*, AöR 105 [1980], 389 ff.) vermochte sich nicht durchzusetzen; demgegenüber RhPfOVG v. 10. 3. 1988, NJW 1988, 1684; hierzu *Robbers*, JuS 1988, 949 ff.; *Kopp*, § 47, 9 m. w. N.

tigkeit überzeugt ist[33]). Über den Gesetzeswortlaut hinaus hält die Rspr. aber auch die *Feststellung der Rechtswidrigkeit der Vorschrift* ohne Nichtigerklärung für zulässig mit der Folge, daß die Vorschrift (vorläufig) weiter anwendbar ist[34]). Dieses Druckmittel der Gerichte im Verhältnis zum Normgeber ist nicht ganz unbedenklich. Im Hinblick auf die Vertauschbarkeit exekutiver Handlungsformen erscheint es jedoch akzeptabel. Es hat darüber hinaus den Vorteil, daß ein bescheidener Ausgleich geschaffen wird für den fehlenden Anspruch auf Normerlaß. Bei einem Unterlassen des Normgebers hätte nämlich die Nichtigkeit wenig Sinn. Ansonsten bleibt es dabei: § 47 VwGO ist im Verhältnis zu § 43 VwGO lex specialis. Neben der Feststellung der Rechtswidrigkeit normgeberischen Unterlassens nach § 47 VwGO bleibt für die Feststellung einer Normerlaß- oder Ergänzungspflicht nach § 43 VwGO kein Raum.

22 Den *maßgeblichen Zeitpunkt bei der Beurteilung der Sach- und Rechtslage* durch das Gericht bestimmt eine im Schrifttum verbreitete Ansicht generell nach dem Inhalt des Klageantrags[35]). Dies wird der unterschiedlichen Zielrichtung der einzelnen Klagearten nicht gerecht. Der für die Entscheidung maßgebliche Zeitpunkt muß vielmehr für die jeweiligen Klagearten *unterschiedlich* bestimmt werden.

Die Frage des maßgeblichen Zeitpunkts hat nichts mit der Frage zu tun, welches Recht anzuwenden ist. (Beispiel: Nach welcher Fassung der BauNVO bemißt sich die Zulässigkeit eines baulichen Vorhabens?) Für das anzuwendende Recht sind nicht prozessuale Regeln ausschlaggebend, sondern allein das materielle Recht[36]).

Insbesondere bei der *Anfechtungsklage* ist der maßgebliche Zeitpunkt umstritten[37]). Die früher h. L. stellte ausschließlich auf die Sach- und Rechtslage im Zeitpunkt der letzten Verwaltungsentscheidung ab[38]). Für die Gegen-

---

33) Die Bindungswirkung der Entscheidung ist umstritten. Während der 2. Senat des BWVGH als Gegenstand des Normenkontrollverfahrens nur den bestimmten angegriffenen Rechtssatz betrachtet (Beschl. v. 27. 11. 1972, BaWüVBl. 1973, 89), stellt der 1. Senat des BWVGH auf die Frage ab, ob und unter welchen Voraussetzungen der Normgeber befugt sei, eine Norm diesen Inhalts zu erlassen (Beschl. v. 26. 9. 1978, DÖV 1979, 571). Nach der vorzugswürdigen letzteren Ansicht umfaßt die von einem Normenkontrollurteil(-beschluß) ausgehende Bindungswirkung für den Verordnungs- oder Satzungsgeber auch das Verbot, ohne Änderung der maßgeblichen Sach- oder Rechtslage eine Rechtsvorschrift gleichen Inhalts zu erlassen.
34) Vgl. BWVGH v. 16. 3. 1979, DÖV 1979, 258; aber auch v. 27. 11. 1979, DÖV 1980, 259; BerlOVG v. 22. 4. 1983, NVwZ 1983, 416.
35) *SG*, Rdnr. 718 m. w. N.
36) BVerwG v. 14. 2. 1975, Buchholz 407.4 § 17 FStrG Nr. 19; v. 18. 5. 1982, BVerwGE 65, 313 (315).
37) Vgl. *Bähr*, Die maßgebliche Sach- und Rechtslage für die gerichtliche Beurteilung von Verwaltungsakten, 1967; v. *Mutius*, Jura 1979, 559 ff.; *Schenke*, NVwZ 1986, 522 ff.; *ders.*, NVwZ 1988, 1 ff.; *Kopp*, in: Festschr. f. Menger, S. 693 ff.; *Ronellenfitsch/Wolf*, NJW 1986, 1957; *Schenke*, NVwZ 1986, 522 ff. Zu den Besonderheiten des Atomrechts, *Breuer*, DVBl. 1981, 300 ff.; *Büdenbender*, Energierecht, 1982, Rdnr. 1284 ff.; s. auch Fußn. 33.
38) Vgl. *Ule*, S. 304.

position ist der Klageantrag maßgeblich[39]). Das Bundesverwaltungsgericht verfolgt eine mittlere Linie: Grundsätzlich kommt es auf den Zeitpunkt an, zu welchem der VA erlassen wurde[40]). Von diesem Grundsatz bestehen Ausnahmen[41]), wenn der Erlaß des VA im Zeitpunkt der mündlichen Verhandlung infolge neuer Umstände (z. B. Gesetzesänderung) rechtswidrig wäre und ein Aufhebungsantrag ex nunc gestellt wurde, bei Dauerverwaltungsakten[42]) und bei rechtsgestaltenden VA, deren Wirkung noch aufgeschoben ist[43]).

Im Erschließungsbeitragsrecht besteht die Besonderheit, daß die Beitragspflicht in dem Zeitpunkt entsteht, in dem alle gesetzlichen Voraussetzungen erfüllt sind[44]) und daß die hierzu zählende Beitragssatzung rückwirkend erlassen werden kann[45]). Für die Rechtmäßigkeit eines Beitragsbescheids kommt es deshalb auf die abschließende mündliche Verhandlung der letzten Tatsacheninstanz an[46]).

---

39) *EF*, § 113, 2; *SG*, Rdnr. 723.
40) BVerwG v. 12. 12. 1967, BVerwGE 28, 292; v. 30. 10. 1969, BVerwGE 34, 155; v. 16. 12. 1971, BVerwGE 39, 197; v. 14. 2. 1975, BVerwGE 48, 56; OVG Lüneburg v. 20. 11. 1967, OVGE 23, 498; BayVGH v. 14. 1. 1970, BayVBl. 1971, 233; vor allem im Nachbarstreit können sich dem Nachbarn günstige Rechtsänderungen, die nach Erteilung der Baugenehmigung eingetreten sind, im allgemeinen nicht zu Lasten des Bauherrn auswirken, vgl. BVerwG v. 14. 4. 1978, DVBl. 1978, 614; NWOVG v. 8. 11. 1978, GewArch 1979, 164. Wehrt sich ein Ausländer gegen seine Ausweisung, so ist die Sachlage im Zeitpunkt des Erlasses des Widerspruchsbescheids zugrunde zu legen. Vgl. BVerwG v. 27. 9. 1978, BVerwGE 56, 246. Ausnahmen – etwa mit Rücksicht auf Art. 6 I GG – erscheinen nicht gerechtfertigt. So auch BVerwG v. 20. 5. 1980, BVerwGE 60, 133. Für die Rechtmäßigkeit des Einberufungsbescheids kommt es auf den Gestellungszeitpunkt an, BVerwG v. 24. 6. 1981, NVwZ 1982, 116.
41) BVerwG v. 5. 8. 1965, BVerwGE 22, 16 = JZ 1966, 138 m. Anm. *Bachof* v. 18. 5. 1982, BVerwGE 65, 313 (315); v. 21. 12. 1989, Buchholz 310 § 113 Nr. 214 (maßgeblich ist die materielle Rechtslage); NWOVG v. 18. 11. 1963, OVGE 19, 135; OVG Lüneburg v. 9. 1. 1969, OVGE 25, 389; BayVGH v. 11. 2. 1981, BayVBl. 1982, 215; zu den Besonderheiten des VA mit Doppelwirkung vgl. *Buhren*, DVBl. 1976, 68 ff.
42) BVerwG v. 12. 12. 1967, BVerwGE 28, 292; v. 11. 2. 1970, GewArch 1970, 176; *RÖ*, § 108, 19. Das früher wichtigste Beispiel, der Entzug der Gewerbeerlaubnis nach § 35 I GewO, gehört nicht mehr hierher. Die Neufassung von § 35 VI S. 1 GewO veranlaßte nämlich das BVerwG, unter Preisgabe der bisherigen Rechtsprechung nunmehr auf den Zeitpunkt der letzten Verwaltungsentscheidung abzustellen; vgl. Urt. v. 2. 2. 1981 – 1 C 146.80 –, DVBl. 1982, 694; OVG Lüneburg v. 14. 9. 1982, GewArch 1983, 188 = JuS 1983, 970 *(Selmer)*; HessVGH v. 20. 12. 1982, DÖV 1983, 737; anders für die Verpflichtungsklage auf Wiedergestattung des untersagten Gewerbes HessVGH v. 18. 3. 1985, NJW 1986, 1983 = JuS 1986, 73 *(Selmer)*. In einem weiteren Urt. v. 2. 2. 1981 – 1 C 20.78 –, GewArch 1982, 200 erklärte das BVerwG, daß in einem nach § 15 II GewO zu beurteilenden Fall die Sachlage zum Zeitpunkt der letzten mündlichen Verhandlung in der Berufungsinstanz maßgeblich sei; ebenso Urt. v. 10. 6. 1986 – 1 C 9.85 –; anders in § 15 II i. V. m. § 4 I Nr. 1 GastG, BVerwG v. 16. 12. 1987, GewArch 1988, 229; hierzu *Aßfalg*, GewArch 1988, 219 ff. Kein VA mit Dauerwirkung ist auch der Widerruf der Bestellung zum Bezirksschornsteinfeger; vgl. VG Düsseldorf v. 18. 4. 1978, GewArch 1978, 297 sowie der Standortvorbescheid nach § 7 a AtG; vgl. BVerwG v. 9. 7. 1982, DÖV 1982, 820.
43) Vgl. BVerwG v. 10. 3. 1983, BayVBl. 1983, 474 (Namensänderung). Zu weiteren Anfechtungsmöglichkeiten bei noch nicht vollzogenem VA vgl. BayVGH v. 20. 2. 1979, BayVBl. 1979, 688 (690).
44) BVerwG v. 14. 3. 1975, Buchholz 406.11 § 132 BBauG Nr. 17.
45) BVerwG v. 28. 11. 1975, BVerwGE 50, 2.
46) BVerwG v. 25. 11. 1981, DVBl. 1982, 544.

23 Für *Leistungsklagen* ist nach herrschender Ansicht regelmäßig die letzte mündliche Verhandlung bzw. die letzte gerichtliche Entscheidung maßgeblich[47]).

Ausnahmsweise ist ein früherer Zeitpunkt maßgeblich, wenn der Kläger auf Grund eines inzwischen aufgehobenen oder abgeänderten Gesetzes einen Anspruch auf die begehrte Leistung hatte[48]): bei Prüfungsklagen[49]) und wenn es dem Kläger um die Anerkennung dauernder Leistungspflichten (Bezüge, Renten u. dgl.) geht[50]).

Bei *Verpflichtungsklagen* differenziert das BVerwG zwischen Ermessensentscheidungen und gebundenen Entscheidungen. Danach ist der Zeitpunkt der gerichtlichen Entscheidung maßgeblich, soweit es keine „rechtzeitige Entscheidungsalternative" mehr gibt. Die Rechtmäßigkeit der Ermessensentscheidung beurteilt sich dagegen nach der im Zeitpunkt der Entscheidung der Widerspruchsbehörde bestehenden Sachlage[51]). Dem wird man folgen müssen[52]), wenn man die fragwürdige Ansicht teilt, § 45 I Nr. 2 VwVfG stehe dem Nachschieben von Ermessenserwägungen im Verwaltungsprozeß entgegen[53]).

Ausnahmsweise kann auch ein späterer Zeitpunkt als der der mündlichen Verhandlung maßgeblich sein, etwa wenn Hindernisse für einen begünstigenden VA im Zeitpunkt, zu dem er begehrt wird, weggefallen sind[54]).

24 Lediglich bei *Feststellungsklagen* (einschließlich der Normenkontrolle) bestimmt sich der maßgebliche Zeitpunkt immer nach dem Inhalt des Klageantrags[55]). Bei der Nichtigkeitsfeststellungsklage „fixiert" freilich die Klageart den Antrag, da die Nichtigkeit eines VA nicht zur Disposition der Beteiligten stehen kann[56]).

25 Bei der *revisionsgerichtlichen* Beurteilung eines Gestaltungs- und Feststellungsurteils ist auf die Rechtslage abzustellen, die für das Berufungsgericht maßgeblich wäre, wenn es zur gleichen Zeit entschiede[57]). Bei Verpflichtungsklagen ist maßgeblicher Zeitpunkt für die Beurteilung der Sach- und Rechtslage das die Tatsacheninstanz abschließende Urteil[58]).

---

47) BVerwG v. 26. 4. 1968, BVerwGE 29, 304; v. 6. 1. 1969, BVerwGE 31, 170; v. 28. 1. 1971, BVerwGE 37, 151; v. 17. 12. 1976, BVerwGE 52, 1 (3); v. 10. 2. 1978, BayVBl. 1978, 34; v. 21. 3. 1986, BVerwGE 74, 115 (118); v. 28. 7. 1989, NJW 1989, 3233 (3234); BayVGH v. 16. 12. 1977, BayVBl. 1978, 309; NWOVG v. 4. 4. 1979, NJW 1979, 2221; *Schroer*, DVBl. 1969, 241 ff.; *Heise*, DÖV 1972, 271 ff.; *Kopp*, § 113, 95 ff.; a. A. *SG*, Rdnr. 729.
48) BVerwG v. 22. 6. 1973, BVerwGE 42, 296; *Kopp*, § 113, 96.
49) BVerwG v. 7. 2. 1973, VerwRspr. 25, 274.
50) BVerwG v. 29. 9. 1971, BVerwGE 38, 299; v. 19. 1. 1972, BVerwGE 39, 261.
51) BVerwG v. 13. 11. 1981, NJW 1982, 1413; ebenso BWVGH v. 6. 10. 1983, VBlBW 1984, 179.
52) *Müller*, NJW 1982, 1370 ff.
53) So z. B. *Müller*, NJW 1978, 1354 ff.; vgl. aber auch OVG Lüneburg v. 2. 10. 1979, DVBl. 1980, 885.
54) VG Ansbach v. 31. 3. 1983, GewArch 1984, 201.
55) *RÖ*, § 108, 26.
56) Vgl. *SG*, Rdnr. 720.
57) BVerwG v. 18. 8. 1981, DÖV 1982, 159.
58) BVerwGE 52, 1 (3).

7. Kostenentscheidung und Vollstreckbarkeit

Die Entscheidungen über die Kosten (§ 162 I VwGO) und über die Vollstreckbarkeit sind vom zivilgerichtlichen Urteil bekannt. Für die Kostenentscheidung genügt der Hinweis auf die maßgebliche Vorschrift (§§ 154 bis 156 VwGO). Vergessen darf man nicht, daß einem Beigeladenen die Kosten auferlegt werden müssen, soweit er erfolglos Anträge gestellt oder Rechtsmittel eingelegt hat (§ 154 III VwGO). Im Baunachbarstreit entspricht es der Billigkeit, die dem notwendig beigeladenen Bauherrn entstandenen Kosten auch dann zuzubilligen, wenn er keine Anträge gestellt hat[59]).

26

Die im bürgerlichen Recht geltenden Grundsätze über die Zubilligung von *Prozeßzinsen* (§ 291 BGB) sind auch im öffentlichen Recht sinngemäß anwendbar[60]). Voraussetzung ist, daß unmittelbar auf Leistung einer fälligen Geldforderung geklagt oder eine Verpflichtungsklage erhoben wurde, die auf Erlaß eines unmittelbar die Zahlung auslösenden VA gerichtet war[61]).

27

Die *Kostenfestsetzung* erfolgt nach § 164 VwGO durch den Urkundsbeamten des Gerichts des ersten Rechtszugs. Rechtsbehelf gegen die Kostenfestsetzung ist nicht die Erinnerung nach § 104 III ZPO, sondern der Antrag auf gerichtliche Entscheidung[62]).

Über die *vorläufige Vollstreckbarkeit* ist nach § 167 I i. V. m. §§ 708 f. ZPO zu befinden.

28

Im verwaltungsgerichtlichen Vollstreckungsverfahren richtet sich die Kostenentscheidung aber nicht nach § 708 I ZPO, sondern nach §§ 154 ff. VwGO[63]).

Urteile auf Anfechtungs- und Verpflichtungsklagen können nur hinsichtlich der Kosten für vorläufig vollstreckbar erklärt werden (§ 167 II VwGO). Entsprechendes gilt für Klagen auf Unterlassung eines VA[64]). Die Erklärung ist auch bei klageabweisenden Urteilen erforderlich. Urteile, die auf allgemeine Leistungsklagen und sonstige Klagen in Parteistreitigkeiten über vermögensrechtliche Ansprüche ergehen, sind auch in der Hauptsache für vorläufig vollstreckbar zu erklären[65]).

---

59) BWVGH v. 25. 7. 1983, VBlBW 1984, 74. Die Kosten eines zur zweckentsprechenden Rechtsverfolgung notwendigen Privatgutachtens sind der obsiegenden Partei grundsätzlich voll zu ersetzen, BayVGH v. 7. 2. 1980, BayVBl. 1980, 298.
60) BVerwG v. 18. 5. 1973; NJW 1973, 1854.
61) BVerwG v. 9. 11. 1976, MDR 1977, 427.
62) HambOVG v. 7. 8. 1979, MDR 1980, 258.
63) So SaarlOVG v. 8. 1. 1982, DÖV 1982, 416 gegen OVG Lüneburg v. 7. 5. 1981, DÖV 1972, 392.
64) OVG Lüneburg v. 26. 8. 1970, DÖV 1971, 352; v. 30. 8. 1989, NVwZ 1990, 275; HessVGH v. 19. 9. 1989, NVwZ 1990, 273; *Kopp*, § 167, 3. Fehlt die Erklärung nach § 167 II VwGO, so kann Urteilsergänzung nach § 167 I 1 VwGO i. V. m. § 716 ZPO beantragt werden; HessVGH v. 18. 5. 1988, NVwZ 1990, 275.
65) Ausführlich insgesamt *Pietzner*, JA 1974, ÖR S. 43/48.

8. Streitwertfestsetzung

29 Für die verwaltungsprozessuale Streitwertfestsetzung ist wie im Zivilprozeß ausschließlich das *GKG* maßgeblich.

Im Examen kann eine gelungene Streitwertfestsetzung zusätzliche Punkte einbringen. Eine fehlerhafte Streitwertfestsetzung ist in aller Regel unschädlich.

30 Die Streitwertfestsetzung erfolgt auf Antrag eines Beteiligten, der Staatskasse oder – was regelmäßig der Fall sein wird[66]) – wenn das Gericht es für angemessen erachtet, durch Beschluß (§ 25 GKG), der nach § 122 II VwGO zu begründen[67]) und mit der Beschwerde nach § 25 II GKG, nicht nach § 146 VwGO, anfechtbar ist.

Auch die Staatskasse kann eine zu niedrige Streitwertfestsetzung angreifen; vgl. BayVGH v. 27. 9. 1978, BayVBl. 1979, 246. Entsprechendes gilt für den Anwalt (§ 9 II BRAGO), nicht jedoch für die siegreichen Beteiligten.

Auch bei Festsetzung im Urteil ist die Entscheidung als gesonderter Beschluß zu behandeln[68]).

31 Zentrale Vorschrift für die Bestimmung des Streitwerts im verwaltungsgerichtlichen Verfahren[69]) ist § 13 GKG. Danach ist der Streitwert vorbehaltlich der folgenden Vorschriften nach der Bedeutung der Sache für den Kläger[70]), die sich durch dessen Antrag ergibt, durch Ermessensentscheidung des Gerichts zu bestimmen (§ 13 I S. 1 GKG)[71]).

Beispiele: Für einen Rechtsstreit über die Erlaubnis oder Untersagung einer Gewerbeausübung ist der „nachhaltig erzielbare" Jahresreingewinn maßgeblich[72]). Die Frage nach der Bemessung des Streitwerts eines *Beweissicherungsverfahrens* ist umstritten. Nach einer Auffassung bestimmt sich der Streitwert nach dem vollen Wert des zu sichernden oder abzuwehrenden Anspruchs; vgl. *Lauterbach/Hartmann,* Anh. § 12 GKG, S. 73f. Vorzugswürdig ist jedoch die Gegenansicht, die auf das regelmäßig geringer zu bewertende Interesse des Antragstellers an der Sicherstellung abstellt; so *Heintzmann,* NJW 1970, 2097ff.; vgl. auch BWVGH v. 9. 12. 1983, VBlBW 1984, 244. Bei *Nachbarklagen* ging man bisher pauschal von einem Drittel des Wertes der Nachbargrundstücke aus. Das HbgOVG hat jedoch mit Beschl. v. 12. 1. 1981, MDR

---

66) *Kopp,* § 189, 6; *RÖ,* § 165, 15.
67) *Kopp,* § 189, 6.
68) *RÖ,* § 165, 16; *Lauterbach/Hartmann,* § 25 GKG.
69) § 148 KO ist ggb. § 13 GKG lex specialis; NWOVG v. 26. 8. 1982, NVwZ 1984, 188.
70) Im Fall der Streitgenossenschaft ist der volle Streitwert für jeden Streitgenossen anzunehmen; BayVGH v. 11. 10. 1982, BayVBl. 1983, 157.
71) Vgl. allgemein *Zimmer,* NVwZ 1988, 706ff.; *Sendler,* NVwZ 1989, 1041ff. VBlBW 1981, 1ff.; *Wolff,* NVwZ 1984, 223ff.; ferner *Dörndorfer,* Der Streitwert für Anfänger, 1988.
72) Vgl. RhPfOVG v. 18. 4. 1977, GewArch 1977, 193 (Vorführung von Pornofilmen); v. 24. 10. 1977, GewArch 1978, 23 (ärztliche Berufserlaubnis); NWOVG v. 11. 1. 1979, NJW 1979, 1727 (Bau- oder Bebauungsgenehmigung für gewerbliche Räume); v. 13. 11. 1980, GewArch 1981, 130; v. 15. 2. 1982, GewArch 1982, 155 (Betriebsschließung); NWOVG v. 31. 3. 1989, NVwZ-RR 1990, 111 (Nutzungsuntersagung); BWVGH v. 22. 3. 1989, NVwZ-RR 1990, 111 (Ruhegehalt).

1981, 433 diese Ansicht zu Recht aufgegeben, stellte auf die Umstände des Einzelfalls ab und legte für Einfamilienhäuser im Außenbereich einen Rahmen von 40 000,— bis 60 000,— DM zugrunde. Im *Normenkontrollverfahren* (vgl. § 13 III GKG) kommt es auf Art und Umfang des Nachteils an, den der Antragsteller aus der Anwendung der Norm für sich erwartet; vgl. BayVGH v. 31. 7. 1980, BayVBl. 1982, 285 (20 000,— DM). Zum Streitwert bei Klagen aus *Immissionen* BVerwG v. 20. 12. 1989, NJW 1990, 930; bei *unbestimmten Geldleistungen* BVerwG v. 29. 12. 1989, DÖV 1989, 452. Insgesamt sieht es so aus, als ob die Rechtsprechung — wohl contra legem — die wirtschaftlichen und sozialen Belange des Klägers in die Streitwertfestsetzung einfließen läßt; vgl. grundlegend BVerwG v. 16. 3. 1972, DVBl. 1972, 678 (682). Dies wird der Bedeutung von Großprozessen (KKW, Flugplatz usw.) nicht gerecht; vgl. auch OVG Lüneburg v. 9. 10. 1981, DÖV 1982, 204 m. Anm. *Fromm.*

Betrifft der Antrag des Klägers eine bezifferte Geldleistung oder einen hierauf gerichteten VA, so ist deren Höhe maßgebend (§ 13 II GKG). Zinsen bleiben außer Betracht (§ 22 I GKG). In der Verwaltungsvollstreckung kommt es für die Streitwertfestsetzung auf den Betrag an, der beigetrieben werden soll[73]). Bietet der bisherige Sach- und Streitstand keine genügenden Anhaltspunkte für die Bemessung, so ist seit 1. 1. 1987 ein Streitwert von 6000,— DM, früher 4000,— DM, anzunehmen (§ 13 I S. 2 GKG).

Beispiel: Die Studienzulassung ist kein unmittelbar in Geldwert meßbarer wirtschaftlicher Vorgang. Auf das im Rahmen der nach Abschluß des Studiums angestrebten Berufsausübung zu erzielende Einkommen kann nicht abgestellt werden[74]). Auch für das gerichtliche Verfahren auf Anerkennung als Asylberechtigte wurde allgemein ein Streitwert von 4000,— DM angenommen, weil keine genügenden Anhaltspunkte für die Bestimmung von Individualinteressen bestehen. Die meist im gleichen Verfahren erhobene Klage gegen aufenthaltsbeendende Maßnahmen wurde dann als Folge der Ablehnung des Asylantrags (§ 5 des 2. AsylBeschlG) geringer, nämlich mit 2000,— DM bewertet[75]).

Für typische Sonderfälle nimmt die Rechtsprechung eine pauschale Erhöhung des Regelwertes vor.

Beispiel: In Verwaltungsprozessen um die allgemeine Fahrerlaubnis war der Streitwert von 4000,— DM sachgerecht. Ging es dagegen um die Erlaubnis für mehrere Fahrzeugklassen oder zur Fahrgastbeförderung, so erhöhte sich der Regelwert auf 6000,— DM (BayVGH v. 22. 6. 1979, BayVBl. 1979, 476). Durch die auf der Klägerseite gegebene subjektive Klagehäufung in der Form der einfachen Streitgenossenschaft tritt i. d. R. keine Verdoppelung des Streitwertes ein (BayVGH v. 10. 3. 1982, BayVBl. 1982, 315). Anders liegen die Dinge bei einer Klage, die auf Aufhebung einer Ausweisungsverfügung und Verpflichtung auf Erteilung der Aufenthaltserlaubnis gerichtet ist (BVerwG v. 29. 1. 1982, BayVBl. 1982, 380).

---

73) Vgl. BayVGH v. 30. 11. 1977, BayVBl. 1978, 155.
74) Vgl. BWVGH v. 20. 10. 1976, BWVPr. 1976, 279; BayVGH v. 8. 2. 1977, BayVBl. 1977, 341. Zur Streitwertfestsetzung im einstweiligen Anordnungsverfahren bei Studienzulassung vgl. ferner BWVGH v. 18. 8. 1976, NJW 1977, 862; NWOVG v. 28. 10. 1976, RiA 1977, 79; vgl. ferner BayVGH v. 9. 2. 1981, BayVBl. 1982, 59 (Zustimmung zur Kündigung nach § 12 SchwbG).
75) BayVGH v. 1. 9. 1982, BayVBl. 1983, 123.

32 Als Sondervorschriften kommen § 14 GKG und § 17 III GKG[76]) in Betracht. Die Bedeutung der Sache für den Kläger muß jeweils nach den Umständen des Einzelfalls bestimmt werden[77]). Daher ist nicht ein besonderes Liebhaberinteresse und auch nicht jede denkbare Folgewirkung der Entscheidung in die Betrachtung einzubeziehen; zu berücksichtigen ist allein das im Antrag zum Ausdruck kommende objektive Interesse des Klägers[78]). Wie der Rechtsstreit in beamtenrechtlichen *Statussachen* zu bewerten ist, wird von den Gerichten unterschiedlich beantwortet. Das BVerwG legt bei Streitigkeiten um ein Beamtenverhältnis auf Widerruf oder auf Probe nur den geschätzten hälftigen Wert des jährlichen Endgrundgehalts der Bemessung zugrunde[79]). Der HessVGH wendet demgegenüber den auf Zahlungsansprüche zugeschnittenen § 17 III GKG entsprechend an und geht vom dreifachen Jahresbetrag der Anwärterbezüge (3 × 13 Bezüge einschließlich Sonderzuwendungen) aus[80]). Beim VA mit Drittwirkung bleibt das Interesse eines Beigeladenen außer Betracht[81]). In Verfahren nach §§ 80 V, 123 VwGO bemißt sich der Streitwert nach einem jeweils zu ermittelnden Bruchteil des Wertes der Hauptsache (vgl. § 20 III GKG).

Beispiel: In Abgabensachen besteht die Bedeutung des einstweiligen Rechtsschutzes darin, daß der im vorläufigen Verfahren obsiegende Antragsteller den geforderten Betrag allenfalls nach Abschluß des Verfahrens zur Hauptsache zahlen muß, während er sonst die Schuld sofort entrichten müßte (§ 80 II Nr. 1 VwGO). Folglich sind die bis zum Abschluß des Verfahrens ersparten Zinsen für die Festsetzung des Streitwerts maßgeblich. Für die Prozeßdauer können Sie pauschal von 2½ Jahren, für die Höhe der Zinsen von 10% ausgehen, so daß der Streitwert im vorläufigen Verfahren einem Viertel des Wertes der Hauptsache entspricht[82]).

33 Mehrere Ansprüche, die von selbständigem Wert sind, werden in entsprechender Anwendung von § 12 I GKG i. V. m. § 5 ZPO zusammengerechnet[83]).

Muster für Streitwertbeschlüsse finden Sie unter III 3.

---

76) Zur Streitwertfestsetzung in einem Verfahren, das die Übernahme eines Anwärters in den Vorbereitungsdienst zum Gegenstand hat, vgl. HessVGH v. 17. 12. 1976, ZBR 1977, 135.
77) *Noll*, NJW 1976, 219 ff. (220).
78) BWVGH v. 20. 12. 1976, NJW 1977, 827.
79) Beschl. v. 29. 10. 1979, ZBR 1980, 89 (90); v. 22. 2. 1990, Buchholz § 360, § 13 GKG Nr. 38.
80) Beschl. v. 27. 9. 1983, NVwZ 1984, 186.
81) So bereits vor der Kostennovelle BVerwG v. 16. 3. 1972, DVBl. 1972, 678 (682) (Würgassen) gegen NWOVG v. 27. 6. 1968, et 1968, 480 (481 f.) und VG Minden v. 1. 7. 1969, et 1969, 421; nunmehr BVerwG v. 9. 11. 1988, Buchholz 360 § 14 GKG Nr. 3. Vgl. aber auch BWVGH v. 25. 2. 1976, MDR 1976, 609. Eine gesonderte Streitwertfestsetzung für den Beigeladenen ist freilich nicht von vornherein ausgeschlossen. Praktisch kommt sie aber nur in Betracht, wenn sich die Beiladung nur auf einen Teil des Streitgegenstandes bezieht, vgl. OVG Lüneburg v. 2. 8. 1976, NJW 1977, 917.
82) Vgl. RhPfOVG v. 9. 12. 1976, KSZ 1977, 135.
83) BVerwG v. 22. 9. 1981, DÖV 1982, 410.

9. Rechtsmittelbelehrung

Die Verwaltungsgerichte verwenden üblicherweise Muster für die Rechtsmittelbelehrung. Von Examenskandidaten wird nicht erwartet, daß sie diese Muster auswendig beherrschen. Es genügt in aller Regel der Hinweis: „Rechtsmittelbelehrung...". Wird eine Rechtsmittelbelehrung ausdrücklich verlangt, dann läßt sich der notwendige Inhalt der Belehrung aus § 58 I VwGO entnehmen. Erforderlich sind danach Angaben, welches Rechtsmittel gegeben ist, wo dieses Rechtsmittel anzubringen ist und welche Frist- und Formvorschriften zu beachten sind. (Näheres zum Inhalt der Rechtsmittelbelehrung unten § 48.)

III. Beispiele für einige typische Urteilsformeln

1. Erstinstanzliche Urteile

a) Klageabweisung

Die Tenorierung bei klageabweisenden Urteilen ist einheitlich und entspricht der Formulierung im Zivilprozeß:
1. Die Klage wird abgewiesen.
2. Der Kläger hat die Kosten des Verfahrens zu tragen.
3. Das Urteil ist wegen der Kosten vorläufig vollstreckbar. Der Kläger darf die Vollstreckung durch Sicherheitsleistung abwenden, falls nicht der Beklagte Sicherheit in derselben Höhe leistet.

b) Stattgabe und Teilstattgabe

aa) Gestaltungsurteile

Die Fassung der Urteilsformel bei einer Anfechtungsklage ist durch § 113 I S. 1 VwGO vorgegeben. Für sonstige Gestaltungsklagen gilt Entsprechendes.

Die in § 79 I Nr. 1 VwGO gebrauchte Formulierung „... in der Gestalt, die er durch den Widerspruchsbescheid gefunden hat", kann sinnvollerweise nur übernommen werden, wenn der ursprüngliche VA durch den Widerspruchsbescheid überhaupt verändert wurde. Beschränkt sich der Widerspruchsbescheid auf die Zurückweisung des Widerspruchs, so ist er neben dem ursprünglichen VA aufzuheben.

(1.) Kassatorische Entscheidung

Stattgabe:
1. Der Bescheid des Polizeipräsidenten in ... vom 24. November 1989 und der Widerspruchsbescheid des Senators für Inneres vom 22. Dezember 1989 werden aufgehoben.

2. Die Zuziehung eines Bevollmächtigten für das Vorverfahren wird für notwendig erklärt[84]).
3. Der Beklagte trägt die Kosten des Verfahrens.
4. Das Urteil ist wegen der Kosten vorläufig vollstreckbar. Dem Beklagten wird nachgelassen, die Vollstreckung durch Sicherheitsleistung in Höhe von 350,– DM abzuwenden.

Teilstattgabe:
1. Der Bescheid des Beklagten vom 22. November 1989 in der Fassung des Widerspruchsbescheids vom 14. Februar 1989 wird insoweit aufgehoben, als ein Zwangsgeld von 150,– DM festgesetzt worden ist. Im übrigen wird die Klage abgewiesen.
2. Die Kosten des Verfahrens werden zu 9/10 dem Kläger, zu 1/10 dem Beklagten auferlegt.
3. Das Urteil ist wegen der Kosten vorläufig vollstreckbar.

(2.) Folgenbeseitigung (§ 113 I Satz 2, 3 VwGO)

Zusatz zu 1. (bei Stattgabe oder Teilstattgabe):

Der Beklagte wird verpflichtet, die Vollziehung durch Rückzahlung des Zwangsgeldes von 150,– DM rückgängig zu machen.

(3.) Abänderung (§ 113 II VwGO)

1. Der Bescheid der Beklagten vom 14. Januar 1990 wird dahin abgeändert, daß die vom Kläger zu entrichtende Gebühr auf 60,– DM festgesetzt wird.
2. Die Beklagte hat die Kosten des Verfahrens zu tragen.
3. Das Urteil ist wegen der Kosten vorläufig vollstreckbar. Der Beklagte darf die Vollstreckung durch Sicherheitsleistung in Höhe der noch festzusetzenden Kosten abwenden, falls nicht der Kläger Sicherheit in gleicher Höhe leistet.

(4.) Verbindung von Gestaltungs- und Leistungsurteil (§ 113 IV VwGO)

Hier Teilstattgabe:

1. Der Beklagte wird unter teilweiser Aufhebung der Bescheide des Landesamtes für . . . vom 28. Juli und 2. Dezember 1988 sowie des Widerspruchsbescheides des Senators für Finanzen vom 24. Februar 1988 verurteilt, an den Kläger weitere 102,37 DM, also insgesamt 513,63 DM zu zahlen. Im übrigen wird die Klage abgewiesen.
2. Der Kläger und der Beklagte haben die Kosten des Verfahrens je zur Hälfte zu tragen.
3. Das Urteil ist vorläufig vollstreckbar.

---

84) Vgl. § 162 II S. 2 VwGO.

bb) Leistungsurteile

aaa) Ausspruch bei Verpflichtungsklagen

Die Urteilsformel folgt aus § 113 V VwGO. Ein Vornahmeausspruch kommt bei Vornahmeklagen und Untätigkeitsklagen nur in Betracht, wenn die Sache spruchreif ist. Bei Vornahmeklagen werden zusätzlich die ablehnenden Verwaltungsentscheidungen aufgehoben. Ein Bescheidungsurteil hat zu ergehen, wenn die Sache nicht spruchreif ist. Ob der Klage nur teilweise stattzugeben ist, wenn auf eine Vornahmeklage ein Bescheidungsurteil ergeht, ist streitig. Das hier vorgeschlagene Beispiel folgt der Rechtsprechung des BVerwG[85]).

(1.) Vornahmeurteil

Stattgabe:

1. Der Beklagte wird (unter Aufhebung des Ablehnungsbescheids vom 14. Februar 1990 und des Widerspruchsbescheids vom 21. März 1990 verpflichtet, dem Kläger eine Einzelhandelserlaubnis zum Betrieb einer Apotheke zu erteilen.
2. Der Beklagte trägt die Kosten des Verfahrens.
3. Das Urteil ist wegen der Kosten vorläufig vollstreckbar. Der Beklagte darf die Vollstreckung durch Sicherheitsleistung abwenden, falls nicht der Kläger Sicherheit in derselben Höhe leistet.

Teilstattgabe:

1. Der Beklagte wird verpflichtet, hinsichtlich aller Eintragungen über den Kläger im Melderegister, jedoch nicht wegen seines Familiennamens, seiner Vornamen und seiner gegenwärtigen Anschrift, eine Auskunftssperre des Inhalts anzuordnen, daß die Eintragungen Dritten mit Ausnahme deutscher und alliierter Behörden und Dienststellen nur bekanntgegeben werden dürfen, wenn dies zur Beseitigung einer Störung der öffentlichen Sicherheit und Ordnung oder zur Abwehr einer im einzelnen Fall bevorstehenden Gefahr für die öffentliche Sicherheit oder Ordnung erforderlich ist.
Im vorstehenden Umfang werden die Verfügung des Polizeipräsidenten in ... vom 14. April 1989 und der Widerspruchsbescheid des Senators für Inneres vom 20. Juni 1989 aufgehoben. Im übrigen wird die Klage abgewiesen.
2. Die Kosten des Verfahrens werden gegeneinander aufgehoben.
3. Das Urteil ist wegen der Kosten vorläufig vollstreckbar.

---

85) Vgl. BVerwG v. 29. 1. 1959, VerwRspr. 12, 377.

(2.) Bescheidungsurteil

Stattgabe:

1. Die Beklagte (Filmförderungsanstalt) wird unter Aufhebung der Bescheide vom 22. November 1989 und 27. Februar 1990 und der diesen zugrundeliegenden Beschlüsse des Verwaltungsrats vom 8. November 1989 und 7./8. Februar 1990 verpflichtet, die Klägerinnen wegen Bewährung des Grundbetrages der Förderungshilfe für den Film unter Beachtung der Rechtsauffassung des Gerichts erneut zu bescheiden.
2. Die Beklagte trägt die Kosten des Verfahrens.
3. Die Kostenentscheidung ist gegen Sicherheitsleistung in Höhe von 4920,– DM vorläufig vollstreckbar.

Teilstattgabe (Bescheidungsurteil auf Vornahmeklage):

1. Der Beklagte wird unter Aufhebung seines Ablehnungsbescheides vom 3. September 1989 und des Widerspruchsbescheides des Regierungspräsidenten vom 19. Oktober 1982 verpflichtet, den Antrag des Klägers auf Erteilung einer Ausnahmegenehmigung für sein Bauvorhaben vom 20. Juli 1989 unter Beachtung der Rechtsauffassung des Gerichts neu zu bescheiden. Im übrigen wird die Klage abgewiesen.
2. Der Kläger und der Beklagte haben jeweils die Hälfte der Verfahrenskosten zu tragen.
3. Das Urteil ist wegen der Kosten vorläufig vollstreckbar.

bbb) *Ausspruch bei einer allgemeinen Leistungsklage*

(1.) Ausspruch bei einer Leistungsklage, die auf ein Tätigwerden des Beklagten gerichtet ist

1. Die Beklagte wird verurteilt, an den Kläger 18 000,– DM nebst 8% Zinsen seit dem 1. August 1990 zu zahlen.
2. Die Beklagte trägt die Kosten des Verfahrens.
3. Das Urteil ist gegen Sicherheitsleistung in Höhe von 20 000,– DM vorläufig vollstreckbar.

(2.) Ausspruch bei einer (vorbeugenden) Unterlassungsklage

1. Dem Beklagten wird untersagt, weitere Ausnahmegenehmigungen nach § 8 der Lärmverordnung für die Durchführung von Motorsportveranstaltungen auf der AVUS zu erteilen, soweit nicht Schutzmaßnahmen zugunsten der Klägerin angeordnet werden, welche über die bisher ergriffenen hinausgehen.
2. Die Kosten des Verfahrens werden dem Beklagten auferlegt.
3. Das Urteil ist vorläufig vollstreckbar.

cc) Feststellungsurteile

(1.) Ausspruch bei einer allgemeinen Feststellungsklage

1. Es wird festgestellt, daß die Kläger für die Errichtung einer Schwimmhalle auf dem Grundstück Gemarkung Römerberg, Flur 24, Flurstück 301, keiner naturschutzrechtlichen Ausnahmebewilligung bedürfen.
2. Der Beklagte trägt die Kosten des Verfahrens.
3. Das Urteil ist wegen der Kosten vorläufig vollstreckbar.

(2.) Ausspruch bei einer Fortsetzungsfeststellungsklage (§ 113 I Satz 4 VwGO)

Hier Teilstattgabe:

1. Es wird festgestellt, daß die polizeiliche Verwahrung der Klägerin am 11. Februar 1990 und die Anfertigung von Lichtbildern ihrer Person rechtswidrig gewesen sind. Im übrigen wird die Klage abgewiesen.
2. Die Kosten des Verfahrens werden der Klägerin zu ¼, der Beklagten zu ¾ auferlegt.
3. Das Urteil ist wegen der Kosten vorläufig vollstreckbar, durch die Klägerin jedoch nur gegen Sicherheitsleistung in Höhe von 570,- DM.

dd) Ausspruch bei Erledigung der Hauptsache[86])

(1.) Streitige Erledigung

1. Die Hauptsache ist erledigt[87]).
2. Die Kosten des Verfahrens werden dem Beklagten auferlegt.
3. Das Urteil ist wegen der Kosten vorläufig vollstreckbar.

(2.) Übereinstimmende Erledigungserklärung (§ 161 II VwGO)

Bei Teilerledigung ergeht Urteil, ansonsten – wie hier – Beschluß (2. Instanz)[88]):
1. Das Verfahren wird eingestellt. Das Urteil des Verwaltungsgerichts Darmstadt vom 7. Mai 1990 ist unwirksam (oder: . . . wird für gegenstandslos erklärt)[89]).
2. Die Kosten des Verfahrens werden dem Kläger auferlegt.
3. Der Wert des Streitgegenstandes wird auf 3000,- DM festgesetzt.

---

86) Zu den Voraussetzungen und zum Verfahren der Erledigung der Hauptsache vgl. § 17 Rdnrn. 15 ff.
87) Vgl. BVerwG v. 27. 2. 1969, BVerwGE 31, 318 ff.; v. 30. 10. 1969, BVerwGE 34, 159 ff.; v. 20. 3. 1974, Buchholz 310 § 161 II VwGO Nr. 42.
88) In entsprechender Anwendung des § 92 II VwGO; vgl. BVerwG v. 9. 10. 1970, BVerwGE 36, 130 (133).
89) § 173 VwGO i. V. m. entsprechender Anwendung des § 269 III ZPO: Vgl. BVerwG v. 27. 9. 1973, Buchholz 310 § 161 II VwGO Nr. 41.

2. Rechtsmittelentscheidungen
a) Berufung
(1.) Zurückweisung

1. Die Berufung des Beklagten gegen das Urteil des Verwaltungsgerichts Berlin vom 28. Juni 1990 wird zurückgewiesen.
2. Die Kosten des Berufungsverfahrens werden dem Beklagten auferlegt.
3. Das Urteil ist wegen der Kosten vorläufig vollstreckbar.
4. Dem Beklagten wird nachgelassen, die Zwangsvollstreckung durch Sicherheitsleistung in Höhe von 1700,– DM abzuwenden, falls nicht der Kläger in gleicher Höhe Sicherheit leistet.
5. Die Revision wird zugelassen.

(2.) Stattgabe

1. Unter Abänderung des Urteils des Verwaltungsgerichts Karlsruhe vom 5. März 1990 wird die Klage abgewiesen.
2. Der Kläger hat die Kosten des Verfahrens beider Rechtszüge zu tragen.
3. Das Urteil ist wegen der Kosten vorläufig vollstreckbar.
4. Die Revision wird nicht zugelassen.

(3.) Teilstattgabe

1. Unter Abänderung des Urteils des Verwaltungsgerichts Neustadt a. d. Weinstraße vom 17. Mai 1990 wird die beklagte Ortsgemeinde verurteilt, an die Klägerin einen Betrag von 16 000,– DM nebst 4% Zinsen ab Rechtshängigkeit zu zahlen; im übrigen wird die Berufung zurückgewiesen.
2. Die Kosten des Verfahrens beider Rechtszüge tragen die Parteien je zur Hälfte.[90])
3. Das Urteil ist gegen eine Sicherheitsleistung in Höhe von 18 000,– DM vorläufig vollstreckbar.
4. Die Revision wird nicht zugelassen.

b) Revision
(1.) Zurückweisung (§ 144 II VwGO)

Die Revision des Klägers gegen das Urteil des Verwaltungsgerichtshofs Baden-Württemberg vom 25. März 1989 wird zurückgewiesen.
Der Kläger trägt die Kosten des Revisionsverfahrens.

---

90) Die in § 155 I S. 1 VwGO auch vorgesehene Kostenaufhebung ist i. d. R. nur angebracht, wenn beide Parteien durch einen Rechtsanwalt vertreten sind, da Kostenaufhebung bedeutet, daß die Gerichtskosten jedem Teil zur Hälfte zur Last fallen und jeder seine außergerichtlichen Kosten selbst trägt (§ 155 I S. 2 VwGO).

(2.) Stattgabe (§ 144 III Nr. 1 VwGO)

Das Urteil des Oberverwaltungsgerichts für die Länder Niedersachsen und Schleswig-Holstein vom 19. Februar 1990 wird aufgehoben.
Die Berufung des Beklagten gegen den Gerichtsbescheid des Schleswig-Holsteinischen Verwaltungsgerichts vom 22. August 1990 wird zurückgewiesen.
Der Beklagte trägt die Kosten des Berufungs- und des Revisionsverfahrens. Gerichtskosten werden nicht erhoben.

Oder:

Das Urteil des Oberverwaltungsgerichts... vom... und das Urteil des Verwaltungsgerichts... vom... werden aufgehoben.
Die Klage wird abgewiesen.
Die Klägerin trägt die Kosten des Verfahrens.

Oder:

Das Urteil des Verwaltungsgerichtshofs... vom... und der Gerichtsbescheid des Verwaltungsgerichts. vom... werden aufgehoben.
Der Beklagte wird verpflichtet,...
Der Beklagte trägt die Kosten des Verfahrens.

(3.) Zurückverweisung an die Vorinstanz (§ 144 III Nr. 2 VwGO)

Das Urteil des Oberverwaltungsgerichts Berlin vom 15. Oktober 1990 wird aufgehoben.
Die Sache wird zur anderweitigen Verhandlung und Entscheidung an das Oberverwaltungsgericht Berlin zurückverwiesen.
Die Entscheidung über die Kosten bleibt der Schlußentscheidung vorbehalten.

3. Streitwertbeschlüsse

a) Festsetzung durch das VG

Beschluß:

Der Streitwert wird auf 2322,67 DM festgesetzt.

Gründe:

Der Streitwert entsprach der Höhe der vom Kläger geltend gemachten Nachforderung (§ 13 Abs. 2 GKG).

Rechtsmittelbelehrung:

Gegen diesen Beschluß kann innerhalb einer Ausschlußfrist von sechs Monaten, nachdem die Entscheidung in der Hauptsache Rechtskraft erlangt oder das Verfahren sich anderweitig erledigt hat, schriftlich oder zur Niederschrift des Urkundsbeamten der Geschäftsstelle beim Verwaltungsgericht in . . . Beschwerde eingelegt werden. Die Beschwerde ist jedoch nicht gegeben, wenn der Wert des Beschwerdegegenstandes 100,— DM nicht übersteigt (§ 25 Abs. 2 GKG). Über die Beschwerde entscheidet das Oberverwaltungsgericht . . ., wenn das Verwaltungsgericht ihr nicht abhilft.

gez. (A) (B) (C)

Oder:

Beschluß:

Der Streitwert wird auf 6000,— DM festgesetzt (§§ 25 Abs. 1 Satz 1, 13 Gerichtskostengesetz).

Gegen diese Entscheidung steht den Beteiligten und den sonst von der Entscheidung Betroffenen die Beschwerde nach Maßgabe des § 25 Abs. 2 GKG an das Oberverwaltungsgericht Rheinland-Pfalz in Koblenz, Regierungsstraße 7, zu.

Die Beschwerde ist bei dem Verwaltungsgericht in Koblenz, Regierungsstraße 7, schriftlich oder zur Niederschrift des Urkundsbeamten der Geschäftsstelle einzulegen. Sie kann auch bei dem Oberverwaltungsgericht eingelegt werden.

In Streitigkeiten über Kosten, Gebühren und Auslagen ist die Beschwerde nicht gegeben, wenn der Wert des Beschwerdegegenstandes 100,— DM nicht übersteigt (§ 146 Abs. 3 VwGO).

b) Festsetzung durch das OVG

Beschluß:

Der Wert des Streitgegenstandes wird unter Abänderung des Beschlusses des VG Köln vom 13. 12. 1989 für beide Rechtszüge auf je 5000,— DM festgesetzt.

Gründe:

Es ist gerechtfertigt, den vom Verwaltungsgericht angenommenen Streitwert gem. § 25 Abs. 1 Satz 3 GKG herabzusetzen, weil die vermögensmäßigen Aufwendungen, die für den Kläger durch die angefochtene Verfügung entste-

hen, nur nach den Kosten für die Beseitigung des Autowracks von seinem Grundstück zu berechnen sind. Dafür erscheint ein Betrag von 5000,- DM angemessen (§ 13 Abs. 1 Satz 1 GKG).
Dieser Beschluß ist unanfechtbar (§ 25 Abs. 2 Satz 2 GKG).
gez. (A) (B) (C)

c) Streitwertbeschwerde

Beschluß:

I. Die Beschwerde wird zurückgewiesen.
II. Der Beschwerdeführer trägt die Kosten des Beschwerdeverfahrens[91]).

Oder:

Der Streitwert des Verfahrens vor dem Verwaltungsgericht wird unter Abänderung des Beschlusses des Verwaltungsgerichts Ansbach vom 10. 1. 1990 auf 7000,- DM festgesetzt[92]).

4. Urteile im Normenkontrollverfahren

a) Abweisung

1. Der Antrag wird zurückgewiesen.
2. Die Kosten des Verfahrens werden dem Antragsteller auferlegt.

---

91) Nebenentscheidungen fehlen, weil das Beschwerdeverfahren gebührenfrei ist, Kosten nicht erstattet (§ 25 III GKG) und Auslagen nicht erhoben werden (Nr. 1920 des Kostenverzeichnisses, Anl. 1 zu § 11 I GKG).
92) Begründung: „Die Kostenentscheidung beruht auf § 154 II VwGO. Das Beschwerdeverfahren ist gebührenfrei; Kosten werden nicht erstattet (§ 25 III GKG)." Da der Beschwerdeführer jedenfalls gerichtliche Auslagen zu erstatten hat, ist gleichwohl eine Kostenentscheidung erforderlich.

b) **Stattgabe** (mit Rubrum)

IM NAMEN DES VOLKES!
Urteil!

In der Verwaltungsstreitsache
der Verkäuferin Ursula Oldinger, ...

Antragstellerin,

– Verfahrensbevollmächtigter: Rechtsanwalt Dr. Finkelnberg –

gegen

das Land Berlin, vertreten durch den Senator für Bau- und Wohnungswesen, Württembergische Straße 6–10, 1000 Berlin 31,

Antragsgegner,

hat der II. Senat des Oberverwaltungsgerichts Berlin im Normenkontrollverfahren auf die mündliche Verhandlung vom 3. 12. 1990 durch Vorsitzenden Richter am Oberverwaltungsgericht A, die Richter am Oberverwaltungsgericht B und C sowie die ehrenamtlichen Richter C und D für Recht erkannt:

1. Der Bebauungsplan XX 132 vom 18. 12. 1989 ist hinsichtlich der Festsetzung „Parkanlage und Dauerkleingärten" nichtig.
2. Die Kosten des Verfahrens werden der Antragsgegnerin auferlegt.

4. Abschnitt: Beschluß, Vorbescheid und Gerichtsbescheid

§ 21 Beschlüsse

I. Allgemeines

1. Vorbemerkung

Beschlüsse werden von den Prozeßordnungen stiefmütterlich behandelt. 1
Auch § 122 I VwGO erklärt nur einige für Urteile geltende Vorschriften für entsprechend anwendbar. Die Aufzählung in § 122 I VwGO ist zudem nicht abschließend[1]). Durch Beschlüsse werden vor allem — bezogen auf das Urteilsverfahren in der Hauptsache — untergeordnete prozessuale und gelegentlich auch materiell-rechtliche Fragen entschieden. Angesichts der Vielfalt derartiger Fragen scheidet eine umfassende Darstellung aller möglichen Beschlüsse aus.

Auch eine pauschale Aussage über die Examensrelevanz von Beschlüssen ist wegen dieser Vielfalt der Beschlußarten nicht möglich.

Die folgenden Ausführungen dienen daher nur der ersten Orientierung.

2. Arten

In der Regel handelt es sich bei den Beschlüssen nur um Anordnungen 2
innerhalb des Verfahrens, die der Erarbeitung der Entscheidung in der Hauptsache dienen (*vorbereitende Beschlüsse*)[2]).

Derartige Beschlüsse werden im Examen selten verlangt. Im Normalfall ist eine Sachentscheidung gefordert. Freilich ist nie ausgeschlossen, daß die gefundene, aus vertretbaren Gründen von der Musterlösung abweichende Lösung einer Sachentscheidung entgegensteht. In diesem Fall kann beispielsweise ein guter Beweisbeschluß (in Verbindung mit einem Hilfsgutachten) die Punkte einbringen, die die an sich gewünschte Urteilsformel gebracht hätte.

Von den Beschlüssen sind prozeßleitende Verfügungen[3]), sowie sonstige 3
Verfügungen und Anordnungen zu unterscheiden, die sich nur auf den äußeren Fortgang des Verfahrens beziehen. Sie werden vom Vorsitzenden oder vom Berichterstatter getroffen (§ 87 I VwGO), sind nicht formgebunden und können nicht angefochten werden (§ 146 II VwGO). Besondere Vorschriften gelten auch für die Entscheidungen des Urkundsbeamten.

Den vorbereitenden Beschlüssen vergleichbar sind Beschlüsse über die 4

---

1) Vgl. *Kopp,* § 122, 3; *SG,* Rdnr. 702.
2) *Ule,* S. 285; *RÖ,* § 122,1; *Kopp,* § 122,1.
3) Vgl. *Buck,* DÖV 1964, 537 ff.

nichtstreitige Beendigung (Einstellung) des Verfahrens. Sie sind selten und eignen sich nicht für Examensaufgaben. Ein über *Nebenfolgen* des Verfahrens befindender Beschluß dürfte ebenfalls kaum allein vorkommen, ist dagegen in Verbindung mit der Sachentscheidung häufig (v. a. Streitwertbeschluß).

5 Wichtig sind dagegen die *streitentscheidenden Beschlüsse*[4]), die die gleiche Funktion wie Urteile erfüllen, nämlich die Beschlüsse nach § 47 VI und VIII, 80 V und VIII, 123, 125 II, 133 V und 144 I VwGO. Auf sie finden grundsätzlich alle für das Urteilsverfahren geltenden Bestimmungen Anwendung, mit Ausnahme des § 101 I VwGO (Erfordernis einer mündlichen Verhandlung); § 101 III VwGO.

Im *Examen* bedeutsam sind in erster Linie Normenkontrollbeschlüsse (§ 46 VI S. 1 VwGO) und Beschlüsse im vorläufigen Verfahren. Beschlüsse gem. § 125 II, 144 I VwGO haben dagegen im Examen praktisch keine Bedeutung.

3. Sonderfall: Zurückweisung der Berufung

6 Nach § *130 a VwGO* kann das OVG (VGH) eine Berufung ohne mündliche Verhandlung durch Beschluß zurückweisen. Diese Möglichkeit besteht bis zur Anberaumung der mündlichen Verhandlung und bis zur Anberaumung einer Beweiserhebung. Sie ist auch noch gegeben nach Aufhebung eines Berufungsurteils und Zurückverweisung der Sache an das Berufungsgericht[5]). Voraussetzung ist, daß das Gericht die Berufung einstimmig für unbegründet und daß es eine mündliche Verhandlung nicht für erforderlich hält.

Verfassungsrechtlich ist die Regelung unbedenklich, da sich die Gebote effektiven Rechtsschutzes (Art. 19 IV GG) und rechtlichen Gehörs (Art. 103 I GG) auch ohne mündliche Verhandlung erfüllen lassen[6]). Die dem Berufungsgericht eingeräumte Wahlmöglichkeit, über eine Berufung in der Beschlußbesetzung oder auf Grund mündlicher Verhandlung ggf. unter Hinzuziehung ehrenamtlicher Richter zu entscheiden, verstößt auch nicht gegen Art. 101 GG[7]). Der Hinweis, das Gericht erwäge die Anwendung des Verfahrens nach § 130 a VwGO rechtfertigt (selbstverständlich) nicht die Besorgnis der Befangenheit[8]).

7 Ähnlich wie ein Gerichtsbescheid kann ein Zurückweisungsbeschluß nur *bis zur Anberaumung der mündlichen Verhandlung oder bis zur Anordnung einer Beweiserhebung* erlassen werden. „Anordnung" bedeutet, daß nur ein besonderes Verfahren mit Beweisbeschluß (§ 328 ZPO i. V. m. § 98 VwGO) gemeint ist. Beweismittel, die formlos in den Prozeß eingeführt werden können, hindern eine Entscheidung nach § 130 a VwGO nicht.

---

4) Vgl. *Martens*, S. 177.
5) BVerwG v. 5. 8. 1980, NJW 1981, 935.
6) BVerwG v. 6. 2. 1979, BVerwGE 57, 227; BayVGH v. 20. 11. 1978, BayVBl. 1979, 214; v. 28. 2. 1979, BayVBl. 1979, 694.
7) BVerwG v. 25. 7. 1985, DVBl. 1986, 286.
8) BVerwG v. 6. 2. 1979, DVBl. 1979, 560.

Dies war zunächst für vorbereitende Beweismaßnahmen nach § 87 VwGO i. V. m. § 273 II ZPO unstreitig[9]). Später entschied das BVerwG, daß das vereinfachte Beschlußverfahren nicht in Betracht komme, wenn das Gericht die von einem Prozeßbeteiligten zum Beweis einer streitigen Behauptung vorgelegten Akten zu Beweiszwecken auswertet[10]). Diese Ansicht gab das BVerwG aber mit Beschl. v. 15. 2. 1984 wieder auf[11]), nachdem es zuvor Art. 2 § 5 I EntlG schon dahingehend ausgelegt hatte, daß nicht nur die (vorbereitende) Einholung, sondern auch die Verwertung einer eingeholten amtlichen Auskunft einer vereinfachten Entscheidung nach dem EntlG nicht entgegenstehe[12]).

Das Gericht muß *einstimmig* die Berufung für unbegründet oder wegen anderer als der in § 125 II VwGO genannten Erfordernisse unzulässig halten. Keine Einstimmigkeit ist erforderlich im Hinblick auf die Frage, ob durch Urteil im normalen Verfahren oder durch Zurückweisungsbeschluß entschieden werden soll. Die Einstimmigkeit bezieht sich ferner nur auf das *Ergebnis*, nicht auf die Begründung der Entscheidung[13]). Die Beteiligten sind vor Erlaß des Beschlusses zu hören (§ 130 a S. 2 i. V. m. § 125 II S. 5 VwGO), ihre Zustimmung ist jedoch nicht erforderlich[14]). 8

Für die Anhörung reicht einerseits ein formularmäßiger Hinweis des Senatsvorsitzenden an die Beteiligten auf die Möglichkeit des § 130 a S. 1 VwGO nicht aus[15]). Andererseits gebietet § 130 a S. 2 VwGOEntlG dem Gericht nicht, dem Kläger diejenigen Erwägungen mitzuteilen, auf Grund derer es die Berufung für unzulässig hält[16]).

Für Streitigkeiten, die nach altem Recht abzuwickeln sind gilt: Der Beschluß ist *unzulässig*, wenn das VG durch *Gerichtsbescheid* entschieden hat (Art. 2 § 5 III EntlG i. V. m. Art. 21 4. VwGOÄndG). 9

Sinn dieser Regelung ist es, dem Rechtsschutzsuchenden jedenfalls eine Tatsacheninstanz mit mündlicher Verhandlung zu gewährleisten[17]). Sie findet daher keine Anwendung, wenn die mündliche Verhandlung in erster Instanz auf Grund des Einverständnisses der Beteiligten gem. § 101 II VwGO unterblieben ist[18]), wenn der Kläger trotz ordnungsgemäßer Ladung an der mündlichen Verhandlung vor dem VG nicht teilgenommen hat[19]) oder wenn verfahrensfehlerhaft durch Urteil ohne mündliche Verhandlung entschieden wurde[20]).

---

9) BVerwG v. 8. 6. 1979, MDR 1979, 871.
10) Urt. v. 4. 11. 1981, DÖV 1982, 161.
11) DVBl. 1984, 571.
12) Beschl. v. 16. 2. 1983, BayVBl. 1983, 408.
13) BVerwG v. 13. 12. 1983, BayVBl. 1984, 311; a. A. *Kopp*, EntlG § 5, 6.
14) BVerwG v. 6. 2. 1979, BVerwGE 37, 272; vgl. ferner BVerwG v. 12. 12. 1986, NVwZ 1987, 492; v. 2. 11. 1987, NJW 1988, 1280.
15) BVerwG v. 21. 8. 1981, NJW 1982, 1011 gegen BWVGH v. 21. 8. 1981, NJW 1981, 2316.
16) BVerwG v. 9. 6. 1981, BayVBl. 1981, 602.
17) Vgl. BVerwG v. 6. 2. 1979, BVerwGE 37, 272 (275).
18) BVerwG v. 28. 6. 1983, DVBl. 1983, 1014.
19) BVerwG v. 6. 11. 1987, DÖV 1988, 886.
20) BVerwG v. 22. 11. 1984, DÖV 1985, 589.

II. Form und Verfahren

10 Die maßgebliche Bestimmung für Entscheidungen in Beschlußform enthält § 122 VwGO, der § 329 ZPO nachgebildet und ähnlich lückenhaft ist. Neben den in § 122 I VwGO erwähnten Vorschriften sind auch §§ 86, 99, 108 II, 112, 116 und 117 VwGO entsprechend anwendbar. Auf streitentscheidende Beschlüsse finden grundsätzlich alle für das Urteilsverfahren geltenden Regeln Anwendung[21]); die mündliche Verhandlung bildet allerdings die Ausnahme (§ 101 III VwGO). Ob derartige Beschlüsse schriftlich zu begründen sind, ergibt sich nicht eindeutig aus § 122 II VwGO[22]). Im Examen wird auf jeden Fall eine schriftliche Begründung erwartet. Sobald Beschlüsse rechtlich existent geworden sind, ggf. also bereits vor der Zustellung, können sie mit Rechtsmitteln angefochten werden[23]).

III. Inhalt

11 Für den Inhalt der streitentscheidenden Beschlüsse gelten die gleichen Regeln wie für das Urteil. § 117 VwGO findet Anwendung[24]). Die Beschlüsse ergehen jedoch nicht „Im Namen des Volkes". Die formelle Trennung von Tatbestand und Entscheidungsgründen ist nicht üblich. Statt dessen folgt der Beschlußformel die Überschrift „Gründe".

Beschlüsse, die über ein Rechtsmittel entscheiden, bedürfen keiner weiteren Begründung, soweit das Gericht das Rechtsmittel aus den Gründen der angefochtenen Entscheidung zurückweist (§ 122 II S. 2 VwGO).

IV. Beispiele

1. Beweisbeschluß (§§ 96, 98 VwGO)

Beschluß:

In der Verwaltungsrechtssache
des Spenglermeisters Peter Petersen, Rege 9, 2000 Hamburg 65,

Klägers,

gegen

---

21) *Kopp*, § 122, 4.
22) Für zwingende Schriftform *EF*, § 122, 3; *Kopp*, § 122, 6; *Martens*, S. 177; s. auch HessVGH v. 14. 10. 1971, HessVGRspr. 1972, 16; a. A. *RÖ*, § 122, 4. Der Gesetzgeber ging offenbar von der Schriftform aus, vgl. §§ 122 II, 58 I VwGO.
23) Vgl. BayVGH v. 19. 8. 1982, BayVBl. 1983, 342.
24) *RÖ*, § 122, 6; *EF*, § 117, 17.

den Kreis Rendsburg-Eckernförde,
vertreten durch den Landrat, Verwaltungsstelle Eckernförde, in Eckernförde,

— Beklagten, —

wegen

Baugenehmigung

hat die VIII. Kammer des Schleswig-Holsteinischen Verwaltungsgerichts am 11. Februar 1990 beschlossen:

1. Zur weiteren Aufklärung des Sachverhalts soll eine Ortsbesichtigung vorgenommen werden.
2. Gleichzeitig soll mit den Prozeßbeteiligten die Sach- und Rechtslage erörtert werden.
3. Mit der Durchführung des Beweis- und Erörterungstermins wird der Berichterstatter beauftragt.
4. Termin wird von Amts wegen anberaumt werden.

Unterschrift   (A)   (B)   (C)

2. Beiladungsbeschluß (§ 65 VwGO)

Beschluß:

In der Verwaltungsrechtssache
des Vertreters Gerhard Rainer in Eutin,

Klägers,

gegen

den Landkreis Eutin, vertreten durch den Landrat,

Beklagten,

hat die II. Kammer des Schleswig-Holsteinischen Verwaltungsgerichts in Schleswig am 18. Mai 1990 beschlossen:

Zu dem Rechtsstreit wird gemäß § 65 VwGO beigeladen:

1. Steueramtmann Anton Schleppsäbel
2. Frau Erika Schleppsäbel
   beide Eutin

Gründe:

...
Dieser Beschluß ist nach § 65 Abs. 3 Satz 3 VwGO unanfechtbar.

3. Anordnung der aufschiebenden Wirkung (§ 80 V VwGO)

Beschluß:

In der Verwaltungsstreitsache
des Herrn August Ehrbar, Jahnstraße 2, Neustadt,

— Antragsteller —

gegen
die Stadt Neustadt, vertreten durch den Oberbürgermeister,
— Antragsgegnerin —

wegen
Pfändungs- und Überweisungsverfügung; hier:
Antrag auf Anordnung der aufschiebenden Wirkung
hat die 8. Kammer des Verwaltungsgerichts Neustadt/Weinstraße
am 25. 5. 1989
beschlossen:
1. Die aufschiebende Wirkung des Widerspruchs des Antragstellers gegen den Pfändungs- und Überweisungsbeschluß der Antragsgegnerin vom 14. 1. 1989 wird angeordnet.
2. Die Antragsgegnerin hat die Kosten des Verfahrens zu tragen.
3. Der Wert des Streitgegenstandes wird auf 500,— DM festgesetzt.

Gründe:
...

4. Einstweilige Anordnung (§ 123 VwGO)

Beschluß:

In der Verwaltungsstreitsache
der Studentin Anna-Lena Müller, Friedrich-Ebert-Str. 12, 1000 Berlin,
— Antragstellerin —

gegen
die Freie Universität Berlin, vertreten durch ihren Präsidenten, Altensteinstraße 40, 1000 Berlin 33,
— Antragsgegnerin —

hat die XII. Kammer des Verwaltungsgerichts Berlin durch Vorsitzenden Richter A, Richter B und Richter C ohne mündliche Verhandlung
am 11. Februar 1990
beschlossen:
1. Die Antragsgegnerin wird im Wege der einstweiligen Anordnung verpflichtet, die Antragstellerin vorläufig wieder zum Studium der Humanmedizin zuzulassen und sie in die Liste der Studierenden wieder einzutragen.
2. Die Kosten des Verfahrens trägt die Antragsgegnerin.
3. Der Wert des Streitgegenstandes wird auf 1500,— DM festgesetzt.

Gründe:

...

Rechtsmittelbelehrung:

5. Normenkontrollentscheidung (§ 47 VwGO)

Seit dem 1. 1. 1977 kommen Normenkontrollbeschlüsse nur noch in Betracht, wenn das OVG (VGH) eine mündliche Verhandlung nicht für erforderlich hält. Im übrigen ergeht ein Urteil.

Hessischer Verwaltungsgerichtshof

3 N .../87

Beschluß:

In dem Normenkontrollverfahren
des ...

Antragstellers,

Bevollmächtigt: Rechtsanwälte ...,

gegen

das Land Hessen,
vertreten durch den Hessischen Minister für Landwirtschaft, Forsten und Naturschutz, Hölderlinstraße 1-3, 6200 Wiesbaden,

Antragsgegner,

wegen

Normenkontrolle der Verordnung über die Bestandsregulierung von Rabenvögeln
hat der 3. Senat des Hessischen Verwaltungsgerichtshofs am 9. März 1988 durch den Vorsitzenden Richter am Hess. VGH A und die Richter am Hess. VGH B, C, D und E beschlossen:
Auf den Normenkontrollantrag des Antragstellers wird festgestellt, daß die Verordnung der Hessischen Landesregierung vom 28. Juli 1987 (GVBl. I S. 156) über die Bestandsregulierung von Rabenvögeln nichtig ist.
Der Antragsgegner trägt die Kosten des Verfahrens.
Der Wert des Streitgegenstandes wird auf 6000,- DM festgesetzt.

Gründe:

Rechtsmittelbelehrung

Durch Beschwerde kann nach § 47 Abs. 7 VwGO angefochten werden, daß die Sache nicht dem Bundesverwaltungsgericht zur Entscheidung über die Auslegung revisiblen Rechts wegen grundsätzlicher Bedeutung oder wegen Abweichung von der Entscheidung eines anderen Oberverwaltungsgerichts, des Bundesverwaltungsgerichts oder des Gemeinsamen Senats der obersten Gerichtshöfe vorgelegt wurde. Die Beschwerde ist durch einen Rechtsanwalt oder einen Rechtslehrer an einer deutschen Hochschule einzulegen. In der Beschwerdeschrift muß die grundsätzliche Bedeutung der Rechtssache dargelegt oder die Entscheidung des Oberverwaltungsgerichts, des Bundesverwaltungsgerichts oder des Gemeinsamen Senats der obersten Gerichtshöfe des Bundes, von der die Entscheidung abweicht, bezeichnet werden.

Die Beschwerde ist innerhalb eines Monats nach Zustellung dieser Entscheidung einzulegen bei dem
Hessischen Verwaltungsgerichtshof
Brüder-Grimm-Platz 1
3500 Kassel

Hinweis: Die Streitwertfestsetzung ist unanfechtbar (§ 152 Abs. 1 VwGO).
Unterschrift   (A)   (B)   (C)   (D)   (E)

6. Rechtsmittelbeschlüsse

a) Zurückweisung einer Berufung (§ 130 a VwGO)

In der Verwaltungsstreitsache
Laszlo Holdy
Bevollmächtigter: Rechtsanwalt Peter Schaeffer, Weissenburger Str. 20–22,
        8750 Aschaffenburg

                                                  Kläger,

                        gegen
die Bundesrepublik Deutschland,

                                                  Beklagte,
vertreten durch den Bundesminister des Innern in Bonn, dieser vertreten durch den Leiter des Bundesamtes für die Anerkennung ausländischer Flüchtlinge in Zirndorf, beteiligt: Bundesbeauftragter für Asylangelegenheiten in Zirndorf

                        wegen
Asylrechts;

hier Berufung des Klägers gegen das Urteil des Verwaltungsgerichts Ansbach vom 9. Januar 1989 erläßt der Bayer. Verwaltungsgerichtshof, 22. Senat,

durch

den Richter am Bayer. Verwaltungsgerichtshof Dr. K als Vorsitzenden und die Richter am Bayer. Verwaltungsgerichtshof Dr. P und Dr. B ohne mündliche Verhandlung am 21. September 1990 folgenden

Beschluß:

I. Die Berufung wird zurückgewiesen.
II. Der Kläger trägt die Kosten des Berufungsverfahrens.
III. Die Revision wird nicht zugelassen.
IV. Der Streitwert des Berufungsverfahrens wird auf 4000,- DM festgesetzt.

Gründe:

I.

Der Kläger erstrebt seine Anerkennung als Asylberechtigter. Sein Antrag beim Bundesamt für die Anerkennung ausländischer Flüchtlinge in Zirndorf, sein Widerspruch bei diesem Amt und seine Klage beim Verwaltungsgericht Ansbach blieben erfolglos. Mit der gegenwärtigen Berufung verfolgt er sein Ziel weiter.

Der Kläger trägt vor: ...

Wegen des Sach- und Streitstandes wird auf die Gerichts- und Behördenakten Bezug genommen (§ 173 VwGO, § 543 ZPO).

II.

Der Senat hält die Berufung aus den Gründen der angefochtenen Entscheidung einstimmig für unbegründet; der Kläger hat keinen Anspruch auf Anerkennung als Asylberechtigter. Eine mündliche Verhandlung erscheint nicht erforderlich, da die Sache keine tatsächlichen oder rechtlichen Fragen aufwirft, die weiterer Erörterung bedürften. Nach Anhörung der Beteiligten konnte die Berufung daher durch Beschluß zurückgewiesen und von einer weiteren Begründung abgesehen werden (§ 130 a Satz 1 VwGO).

Kosten: § 154 Abs. 2 VwGO.
Nichtzulassung der Revision: § 132 Abs. 2 VwGO.
Streitwert: § 13 Abs. 1 GKG.

b) Zurückweisung einer Nichtzulassungsbeschwerde (§ 132 III VwGO)

Bundesverwaltungsgericht

BVerwG 5 B 40/90
OVG 13 A 140/88

Beschluß
In der Verwaltungsstreitsache
der Firma . . . GmbH und Co. KG, vertreten durch ihren
Prokuristen . . .

Klägerin, Berufungsklägerin
und Beschwerdeführerin,

Prozeßbevollmächtigte: Rechtsanwälte: . . .

gegen

den Direktor des Landschaftsverbandes Westfalen-Lippe – Hauptfürsorgestelle –, Warendorfer Straße 26, 4400 Münster,

Beklagten, Berufungsbeklagten
und Beschwerdegegner,

hat der 5. Senat des Bundesverwaltungsgerichts
am 11. September 1990
durch die Vorsitzende Richterin am Bundesverwaltungsgericht Dr. A und die Richter am Bundesverwaltungsgericht B und C
beschlossen:

> Die Beschwerde der Klägerin gegen die Nichtzulassung der Revision in dem Urteil des Oberverwaltungsgerichts für das Land Nordrhein-Westfalen vom 16. Mai 1990 wird zurückgewiesen.
>
> Die Klägerin trägt die Kosten des Beschwerdeverfahrens. Gerichtskosten werden nicht erhoben.

§ 22 Vorbescheid und Gerichtsbescheid

I. Vorbescheid

1. Anwendungsbereich

Ein Vorbescheid nach § 84 VwGO wird im Examen kaum einmal in Betracht kommen. Seit 1. 1. 1991 ist er ohnehin abgeschafft. „Altfälle" sind damit zwar nicht immer ausgeschlossen. Eine offenbar unbegründete Klage bietet sich aber als Examensfall nicht an. Mit dem Begriff der offenbaren Unbegründetheit sollte nie leichtfertig umgegangen werden. Eine unzulässige Klage ist eher denkbar. § 84 VwGO durchbricht das Prinzip der mündlichen Verhandlung und sollte als Ausnahmeregel nur bei eindeutiger Sach- und Rechtslage Anwendung finden[1]). Darüber hinaus können die Beteiligten binnen eines Monats nach Zustellung des Vorbescheids mündliche Verhandlung beantragen. Wird der Antrag rechtzeitig gestellt, so gilt der Vorbescheid als nicht ergangen. Das Gericht entscheidet, selbst wenn es dem Antrag nicht folgt, stets durch Urteil[2]). Da der Erlaß eines Vorbescheids im Ermessen des Gerichts steht, ist es ratsam, bei Zweifeln über die Zulässigkeit der Klage ein Prozeßurteil zu entwerfen.

2. Beispiel

Vorbescheid (§ 84 VwGO)

II. Kammer
des Verwaltungsgerichts Düsseldorf
 In der Verwaltungsrechtssache
des Lehrers Günter Pflästerer, Gruitener Str. 8, Ratingen,

Klägers,

g e g e n

den Schuldirektor der Stadt Ratingen,

Beklagten,

ergeht am 8. 2. 1990 folgender

Vorbescheid:

1. Die Klage wird abgewiesen.
2. Der Kläger hat die Kosten des Verfahrens zu tragen.

---

1) *RÖ*, § 84, 1.
2) BayVGH v. 24. 2. 1981, BayVBl. 1982, 17.

Gründe:

...

Rechtsmittelbelehrung:

Der Kläger kann innerhalb eines Monats nach Zustellung dieses Vorbescheids mündliche Verhandlung beantragen. Der Antrag ist bei dem Verwaltungsgericht in Düsseldorf schriftlich oder zur Niederschrift des Urkundsbeamten der Geschäftsstelle zu stellen.

II. Gerichtsbescheid

1. Allgemeines

3   Der Gerichtsbescheid soll den Verwaltungsgerichten die Möglichkeit geben, einfache Rechtsstreitigkeiten auf vereinfachte Weise zu entscheiden[3]). Er war in Art. 2 § 1 EntlG geregelt, also an sich nur für die begrenzte Zeit des Gesetzes konzipiert[4]). Durch die Aufnahme in § 84 VwGO ist er nunmehr auf Dauer angelegt. Der Gerichtsbescheid hat die Wirkung eines Urteils (§ 84 III VwGO), so daß er dem Urteil unter Verzicht auf die mündliche Verhandlung (§ 101 II VwGO) eher vergleichbar ist als der frühere Vorbescheid[5]).

4   Die Entlastung der Verwaltungsgerichte durch den Gerichtsbescheid liegt in dem vom Willen der Beteiligten unabhängigen Verzicht auf die mündliche Verhandlung. Verfassungsrechtliche Bedenken gegen diese Regelung[6]) greifen nicht durch, da Art. 19 IV GG eine mündliche Verhandlung nicht fordert[7]).

5   Die Examensrelevanz des Gerichtsbescheids läßt sich noch nicht abschätzen. Eine Sache, die keine besonderen Schwierigkeiten tatsächlicher oder rechtlicher Art aufweist, bietet sich nicht gerade als größere Examensaufgabe an.

In der Praxis hält sich das Gerücht, daß manche OVG-Präsidenten Gerichtsbescheiden reserviert gegenüberstehen, so daß sich gerade für jüngere Richter diese Entscheidungsform nicht unbedingt aufdrängt.

Gleichwohl kann man nicht ausschließen, daß im Examen etwa im Zusammenhang mit dem Aktenvortrag die Anfertigung eines Gerichtsbescheids verlangt wird.

---

3) Vgl. BR-Drucks. 276/77, S. 9.
4) Zu § 113 EVwPO vgl. *Ule*, DVBl. 1982, 821 ff. (826).
5) Vgl. *RÖ*, § 101, 9.
6) So aber *Kopp*, EntlG Art. 2, § 1, 2.
7) Zutreffend *Schnellenbach*, DÖV 1981, 317 ff.

2. Anwendungsbereich

Durch Gerichtsbescheid kann vom Verwaltungsgericht nur über Klagen entschieden werden. Angesprochen sind nur die Verwaltungsgerichte der ersten Stufe, nicht jedoch OVG (VGH) und BVerwG, selbst wenn diese erstinstanzlich entscheiden[8]). Die Beschränkung auf Klageverfahren ist sinnvoll, da im vorläufigen Verfahren die mündliche Verhandlung ohnehin nur fakultiv vorgesehen ist und auch im Normenkontrollverfahren ohne mündliche Verhandlung (durch Beschluß) entschieden werden kann.

3. Voraussetzungen

Die Kammer kann durch Gerichtsbescheid entscheiden, „wenn die Sache keine besonderen Schwierigkeiten tatsächlicher oder rechtlicher Art aufweist und der Sachverhalt geklärt ist" (§ 84 I VwGO)[9]).

Das Vorliegen der Voraussetzungen des Gerichtsbescheids muß vom Gericht – anders als früher – nicht mehr einstimmig bejaht werden. Die Entscheidung, ob ein Gerichtsbescheid ergehen soll und die Entscheidung in der Sache konnten schon unter der Geltung von Art. 2 § 1 S. 1 EntlG mit einfacher Mehrheit getroffen werden[10]).

Um den Beteiligten mit Rücksicht auf Art. 6 MRK wenigstens eine mündliche Verhandlung zu ermöglichen, setzte bisher der Gerichtsbescheid voraus, daß die Berufung nicht ausgeschlossen war (Art. 2 § 1 III S. 1 EntlG). § 84 II VwGO folgt jetzt einem anderen Regelungsmodell, indem er den fakultativen Zugang zur mündlichen Verhandlung ermöglicht.

4. Verfahren

Durch Gerichtsbescheid darf nur entschieden werden, solange das Gericht keine mündliche Verhandlung anberaumt und keine Beweiserhebung angeordnet hat. Vor Erlaß des Gerichtsbescheids sind die Beteiligten – üblicherweise in Form einer Anhörungsermittlung – zu hören.

---

8) Vgl. *Kopp*, EntlG Art. 2, § 1, 3.
9) Die Voraussetzungen sind aus § 348 ZPO übernommen, so daß auch die Rechtsprechung und Kommentarliteratur zu dieser Vorschrift herangezogen werden sollte.
10) Ebenso *Meyer-Ladewig*, NJW 1978, 858; a. A. *Weigert*, BayVBl. 1978, 393; *Schnellenbach*, DÖV 1981, 319 f. Der Gegenmeinung ist zuzugestehen, daß bei fehlender Übereinstimmung bezüglich der Rechtslage die Sache regelmäßig doch nicht so einfach ist. Dies muß aber nicht immer so sein.

In der Anhörungsmitteilung muß zumindest den anwaltlich nicht vertretenen Beteiligten eröffnet werden, daß der in Betracht kommende Gerichtsbescheid ohne mündliche Verhandlung ergeht[11]).

5. Beispiel

Gerichtsbescheid (§ 84 VwGO)

Nr. W 3 K 88.5

Bayer. Verwaltungsgericht Würzburg

In der Verwaltungsstreitsache
Martin Lehmann, Katharinenstraße 7, 8600 Bamberg,

– Kläger –

Bevollmächtigte: Rechtsanwälte Dr. Klug und Ernst,
Lindenaustraße 29, 8600 Bamberg,

gegen

das Studentenwerk Würzburg,

– Beklagter –

vertreten durch den Geschäftsführer, Am Studentenhaus, 8700 Würzburg,
beteiligt: Landesanwaltschaft Würzburg
als Vertreterin des öffentlichen Interesses,

wegen

Ausbildungsförderung
erläßt das Bayer. Verwaltungsgericht Würzburg, 3. Kammer,

durch

den Vorsitzenden Richter am Verwaltungsgericht Dr. A,
den Richter am Verwaltungsgericht Dr. B,
den Richter am Verwaltungsgericht[12]) C,
ohne mündliche Verhandlung
am 5. Oktober 1988
folgenden

Gerichtsbescheid:

I. Die Klage wird abgewiesen.

---

11) Vgl. BayVGH v. 29. 1. 1979, BayVBl. 1979, 273; v. 3. 3. 1980, NJW 1981, 69; HessVGH v. 19. 12. 1980, NJW 1981, 2771.
12) Vgl. § 20 Fußn. 7.

II. Der Kläger hat die Kosten des gerichtskostenfreien Verfahrens zu tragen.[13])

III. Der Gerichtsbescheid ist wegen der Kosten vorläufig vollstreckbar. Der Kläger kann die Vollstreckung durch Sicherheitsleistung in Höhe des zu vollstreckenden Betrages abwenden, wenn nicht der Beklagte vorher in gleicher Höhe Sicherheit leistet.

Gründe:

...

---

13) Oder: „Der Kläger trägt die Kosten des Verfahrens. Gerichtskosten werden nicht erhoben." Letzteres ergibt sich aus § 188 S. 2 VwGO.

3. Teil: Die verwaltungsbehördliche Entscheidung

1. Abschnitt: Überblick

§ 23 Formen verwaltungsbehördlicher Entscheidungen

1   Anders als das von großer Formenstrenge gekennzeichnete verwaltungsgerichtliche Verfahren mit seinem Numerus clausus der möglichen Entscheidungsformen (vgl. § 2 I) kennt das Verwaltungsverfahren vielfältige Formen des Verwaltungshandelns. Sie sind Ihnen im Grundsatz aus der Beschäftigung mit der Lehre vom VA, die ja in der Form der (negativen) Ausgrenzung die übrigen Handlungsformen mitbehandelt, bekannt.

Einen optischen Überblick über die Formen des Verwaltungshandelns finden Sie bei *Pietzner,* System der Staatsakte, JA-Studienbogen Nr. 6, 2. Aufl., 1982.

Ist der Verwaltungsvorgang noch nicht zur Entscheidungsreife gediehen, kann die Anfertigung

– eines Gutachtens,
– eines Aktenvermerks oder
– eines Schreibens an eine höhere Behörde

in Betracht kommen. Ansonsten können Sie mit der Abfassung oder dem Entwurf

– eines sog. Erstbescheids, also eines VA der „ersten Verwaltungsinstanz",
– eines Widerspruchsbescheids, in Bayern auch eines abgabenrechtlichen Einspruchs- oder Beschwerdebescheids,
– eines Bescheids in Beantwortung einer formlosen Beschwerde (Schreiben an den Petenten, ggf. aufsichtliche Verfügung an die Ausgangsbehörde),
– einer Aufsichtsverfügung (fachaufsichtliche Weisung, Beanstandungsverfügung),
– eines öffentlich-rechtlichen Vertrages oder
– einer Verordnung, Satzung oder Allgemeinen Verwaltungsvorschrift

konfrontiert werden. Mit dem Entwurf eines Vertrages, einer Verordnung, Satzung oder Verwaltungsvorschrift brauchen Sie allerdings in Klausuren und Aktenvorträgen i. d. R. nicht zu rechnen.

I. Entscheidungen im Widerspruchsverfahren

2   Am häufigsten wird im schriftlichen Teil des Examens und im Aktenvortrag eine *Entscheidung im Widerspruchsverfahren* oder/und ein Gutachten zur Vorbereitung der Entscheidung verlangt. Mit den Grundlagen und dem Ablauf

des Widerspruchsverfahrens machen wir Sie in den §§ 25 ff. vertraut. Die zu formulierende Entscheidung kann, je nach dem Stadium des Ihnen in Aktenform unterbreiteten Verfahrens,

- ein *Abhilfebescheid* nach § 72 VwGO,
- ein die Abhilfe verweigerndes *Vorlageschreiben* an die Widerspruchsbehörde oder
- ein *Widerspruchsbescheid* nach § 73 VwGO

sein. In allen drei Fällen müssen Sie zuerst prüfen, ob eine Entscheidung in der Sache überhaupt zulässig ist. Die im Widerspruchsverfahren zu beachtenden Sachbescheidungsvoraussetzungen sind dargestellt in den §§ 29 ff., die bei der Abfassung der Entscheidungen zu beachtenden Förmlichkeiten in den §§ 41 ff.

Für außergerichtliche Rechtsbehelfsentscheidungen nach der Abgabenordnung gelten weitgehend dieselben Grundsätze. Einen Überblick über die Sachbescheidungsvoraussetzungen mit Angabe der einschlägigen Vorschriften der AO 1977 finden Sie in Schaubild 15 (abgedruckt in § 29 Rdnr. 4), ein Muster für die Abfassung der Bescheide in § 50 Rdnrn. 6 f.

II. Erstbescheide

Für die *Abfassung von Erstbescheiden* gelten die für den Widerspruchsbescheid dargestellten Grundsätze entsprechend, soweit sich nicht aus der besonderen Förmlichkeit des Widerspruchsverfahrens Abweichungen ergeben. Die *Zulässigkeitsvoraussetzungen* beschränken sich auf die Prüfung 3

- der Zuständigkeit der Behörde,

bei antragsbedingten VAen zusätzlich auf die Fragen, ob

- ein wirksamer, insbesondere form- und fristgerechter Antrag (noch)[1] vorliegt (vgl. § 22 I S. 2 Nr. 2 VwVfG)[2],
- der Antragsteller beteiligtenfähig, handlungsfähig, ggf. ordnungsgemäß vertreten und antragsbefugt ist,
- ein Sachbescheidungsinteresse vorliegt.

In der äußeren Form und im Aufbau des Erstbescheids ergeben sich nur 4 insoweit Abweichungen zum Widerspruchsbescheid, als der Erstbescheid in der *Erlaßformel* mit „Bescheid", „Verfügung", ggf. auch konkreter, z. B. „Ordnungsverfügung" oder „Genehmigung", „Erlaubnis" (auch z. B. „Sondernutzungserlaubnis") zu bezeichnen ist. Zustellung und Rechtsbehelfsbeleh-

---

1) Zur Frage, bis wann der Antrag zurückgenommen werden kann, vgl. § 27 Rdnr. 20 sowie *J. Martens*, NVwZ 1988, 685 und BVerwG v. 3. 4. 1987, NJW 1988, 275. Die Antragsrücknahme ist als Verfahrenshandlung bedingungsfeindlich. Vgl. BVerwG v. 25. 10. 1988, NVwZ 1989, 476 und § 33 Rdnr. 17, § 36 Rdnr. 10.
2) Vgl. hierzu *Obermayer*, Festschr. Boorberg 1977, S. 122 f.; *Weides*, S. 36 f.; *Gusy*, BayVBl. 1985, 485 f.; *Stelkens*, NuR 1985, 217 f.; *J. Martens*, NVwZ 1986, 533 ff.; NVwZ 1988, 684 ff.; BSG v. 15. 10. 1981, NVwZ 1983, 767 f.; RhPfOVG v. 16. 10. 1985, NVwZ 1986, 576 ff. Generell: *Schnell*, Der Antrag im Verwaltungsverfahren, 1986.

rung sind zwar, soweit dies nicht gesetzlich besonders angeordnet ist, nicht erforderlich, gleichwohl aber zweckmäßig und durchaus üblich (vgl. § 48 Rdnrn. 3 f.).

Die Entscheidungsformel, der *Tenor des Bescheids,* setzt sich — ähnlich wie der des Widerspruchsbescheids — zusammen aus:
1. Entscheidung in der Sache.
2. Ggf. Androhung eines Zwangsmittels und Fristsetzung (vgl. z. B. § 13 II BVwVG).
3. Ggf. Anordnung der sofortigen Vollziehung (§ 80 II Nr. 4 VwGO).
4. Kostenentscheidung, soweit die Amtshandlung gebührenpflichtig ist.

5   Die inhaltliche Formulierung der Hauptsachenentscheidung richtet sich nach dem Charakter des jeweiligen VA, — soweit vorhanden — nach der gesetzlichen Grundlage und ggf. unter Berücksichtigung des gestellten Antrags. Maßgebliche Richtschnur bei der Formulierung ist auch hier, daß der Inhalt des zu erlassenden VA so bestimmt sein muß, daß der Empfänger das von der Behörde Gewollte unmißverständlich erkennen kann[3]).

III. Entscheidungen im formlosen Beschwerdeverfahren

6   Die bei der *Behandlung formloser Beschwerden* (Gegenvorstellung, Dienst-, Sachaufsichtsbeschwerde) zu beachtenden Zulässigkeitsvoraussetzungen und Mindestanforderungen an den Inhalt des Antwortschreibens sind in § 24 III dargestellt. Da mit dem Beschwerdebescheid keine Frist in Gang gesetzt wird, entfallen Zustellung und Rechtsbehelfsbelehrung. Auch die Hervorhebung einer Entscheidungsformel ist unüblich. Der Beschwerdebescheid wird vielmehr in der *Form eines einfachen behördlichen Schreibens* an den Bürger abgefaßt. Nach dem Bescheidseingang mit persönlicher Anrede wird üblicherweise formuliert:

„Auf Ihre Eingabe vom ... habe ich das Verhalten des .../die Entscheidung der Behörde ... geprüft, jedoch keinen Grund für eine Beanstandung gefunden.
— Darstellung des festgestellten Sachverhalts.
— Rechtliche und tatsächliche Würdigung des Beschwerdevorbringens.
Bei dieser Sachlage besteht kein Grund für ein dienstliches Einschreiten. Ich bitte um Ihr Verständnis, daß ich Ihnen keinen günstigeren Bescheid erteilen kann.
                                Hochachtungsvoll
                                i. V./i. A. Unterschrift"

7   Hat eine Gegenvorstellung Erfolg, ergeht neben oder anstelle des Antwortschreibens ein VA, für den die obigen Ausführungen zum Erstbescheid gelten. Hat eine Aufsichtsbeschwerde Erfolg, ist neben dem Antwortschreiben an den Bürger die Aufsichtsverfügung an die Ausgangsbehörde zu fertigen, mit der diese angewiesen wird, den beanstandeten VA aufzuheben oder den beantrag-

---

3) Eine eingehende Darstellung der Abfassung erstinstanzlicher Bescheide mit zahlreichen Mustern finden Sie bei *Linhart,* §§ 19, 22.

ten zu erlassen, denn die Aufsichtsbehörde ist — von den Ausnahmefällen des Selbsteintrittsrechts abgesehen — grundsätzlich nicht befugt, in der Sache selbst zu entscheiden (vgl. dazu § 42 Rdnrn. 11 f.).

IV. Aufsichtliche Verfügungen und Bescheide

Aufsichtliche Verfügungen und Bescheide werden grundsätzlich an die Behörde adressiert, deren Tätigkeit beanstandet wird. Soweit sie gegenüber dem beaufsichtigten Verwaltungsträger VAe darstellen oder darstellen können (z. B. kommunalaufsichtliche Beanstandungsverfügungen), sind wie bei normalen Erstbescheiden Zustellungsvermerk und Rechtsbehelfsbelehrung zweckmäßig. Die inhaltliche Formulierung des Tenors bestimmt sich nach den Verhältnissen des konkreten Falles unter Berücksichtigung der jeweils einschlägigen Normen über die Befugnisse der Aufsichtsbehörde. Insbesondere mit den Bestimmungen Ihrer Gemeindeordnung über die Befugnisse der Kommunalaufsichtsbehörde sollten Sie vertraut sein. Der *Tenor einer Beanstandungsverfügung*[4]) kann folgende Bestandteile enthalten:

1. Beanstandung ungesetzlichen Handelns (vgl. z. B. Art. 112 S. 1 BayGO) oder gesetzeswidriger Untätigkeit (vgl. z. B. Art. 112 S. 2 BayGO).
2. Aufhebungs- oder Änderungsverlangen (Art. 112 S. 1 BayGO) bzw. Aufforderung zur Durchführung der notwendigen Maßnahmen, verbunden mit der Setzung einer angemessenen Frist (Art. 113 S. 1 BayGO).
3. Androhung[5]) der Ersatzvornahme (Art. 113 BayGO).
4. Kostenentscheidung (i. d. R. Kostenfreiheit; vgl. Art. 3 I Nr. 1 BayKG).
5. Ggf. Anordnung der sofortigen Vollziehung (§ 80 II Nr. 4 VwGO)[6]).

V. Behördliche Schreiben an übergeordnete Behörden

Ausnahmsweise kann auch einmal die Anfertigung eines *behördlichen Schreibens an eine übergeordnete Behörde* zur Einholung einer Weisung oder beratenden Stellungnahme in Betracht kommen.

Weisungen einer übergeordneten Behörde für die Behandlung einer Angelegenheit sollen nur eingeholt werden, wenn die Entscheidung besonders schwie-

---

[4] Ein Muster einer rechtsaufsichtlichen Beanstandungsverfügung finden Sie abgedruckt bei *Linhart*, § 22, 32; vgl. auch den in BayVBl. 1983, 532 abgedruckten Tenor einer Beanstandungsverfügung wegen rechtswidriger Versagung des gemeindlichen Einvernehmens.
[5] Diese „Androhung" ist keine Vollstreckungsmaßnahme i. S. der Verwaltungsvollstreckungsgesetze, denn die kommunalrechtliche Ersatzvornahme ist ein spezialgesetzlich geregeltes Institut, dessen Ausübung nicht den formellen Bindungen der Verwaltungsvollstreckung unterliegt. Der Sache nach handelt es sich vielmehr um die von Art. 28 BayVwVfG grundsätzlich geforderte Ankündigung, die in der Praxis häufig nach Fristablauf in einem gesonderten Bescheid ergeht.
[6] Zum vorläufigen Rechtsschutz vgl. statt vieler RhPfOVG v. 19. 11. 1971, DVBl. 1972, 787; BayVGH v. 12. 7. 1983, BayVBl. 1983, 532 f.

11 rig ist oder Einheitlichkeit bei der Entscheidung solcher Angelegenheiten erreicht werden soll oder die Angelegenheit von grundsätzlicher oder weittragender Bedeutung ist. In dem Vorlageschreiben ist die eigene Auffassung der vorlegenden Behörde zum Ausdruck zu bringen[7]). Im Verkehr mit der übergeordneten Behörde ist grundsätzlich der *Dienstweg* einzuhalten[8]). Dies gilt auch für Gemeinden und Gemeindeverbände, wenn sie sich an Mittel- oder Zentralbehörden wenden[9]). Dem ist bei der Adressierung des Schreibens Rechnung zu tragen. Es müßte z. B. heißen: „An den Innenminister des Landes ... über den Regierungspräsidenten in ..." Persönliche Anrede und Grußformel entfallen wie bei allen zwischenbehördlichen Schreiben.

---

[7]) Vgl. Nr. 12 BWDO, Fundstelle unten § 41 Rdnr. 8.
[8]) Vgl. Nr. 15 BWDO; § 18 BayADO; § 30 NWGeschORP, Fundstellen unten § 41 Rdnr. 8; zur Bedeutung des Dienstweges vgl. *Glienicke*, BWVPr. 1976, 175 ff.
[9]) Vgl. RdErl. des NWMdI v. 29. 3. 1955 (MBl. NW S. 651 = SMBl. NW 2020) sowie NWOVG v. 11. 2. 1959, OVGE 14, 319 ff.

§ 24 Außergerichtliche Rechtsbehelfe

Rechtsbehelfe, mit denen der Bürger sein Recht außerhalb eines gerichtlichen Verfahrens verfolgt oder verteidigt, werden unter dem systematischen Oberbegriff „außergerichtliche Rechtsbehelfe" zusammengefaßt. 1
Vgl. die optische Darstellung im Schaubild 13 (unten Rdnr. 17) sowie die Überschrift des 7. Teils der AO 1977. Auch der Entwurf einer VwPO hat sich diese Terminologie nunmehr zu eigen gemacht (vgl. §§ 72 I S. 2, 73 Nr. 2, 74 I, 75 I, 76).

Je nach den für ihre Einlegung zu beachtenden Förmlichkeiten unterscheidet man zwischen *förmlichen* (vgl. § 79 VwVfG, § 62 SGB-VwVf) und *formlosen* Rechtsbehelfen.

I. Der Widerspruch

Der bekannteste förmliche Rechtsbehelf ist der Widerspruch. Er leitet das 2
der Anfechtungs- und Verpflichtungsklage im Verwaltungsprozeß vorgeschaltete Vorverfahren ein, das deshalb auch als *Widerspruchsverfahren* bezeichnet wird (§§ 68 ff. VwGO, 78 ff. SGG, 71 ff. EVwPO). In diesem (außergerichtlichen)[1]) *Vorverfahren* sind Rechtmäßigkeit und Zweckmäßigkeit des VA (bzw. seiner Ablehnung bei der Verpflichtungsklage) von der Verwaltung erneut zu überprüfen. Das Vorverfahren ist vom Gesetzgeber als „Voraussetzung der verwaltungsgerichtlichen Klage" (§ 77 II VwGO) eingerichtet worden. Seine erfolglose Durchführung ist deshalb Sachurteilsvoraussetzung im Verwaltungsprozeß[2]).

Das Vorverfahren hat drei, ineinander übergreifende Funktionen[3]). 3

a) Es dient zunächst dem *Rechtsschutz des Bürgers*, indem es die angefochtene Entscheidung nochmals in vollem Umfange − und zwar auch hinsichtlich der Ausübung des Ermessens − zur Nachprüfung der Behörde stellt. Insofern geht es über den gerichtlichen Rechtsschutz hinaus, der nur eine auf die Einhaltung der rechtlichen Grenzen beschränkte Ermessenskontrolle eröffnet (vgl. §§ 114 VwGO, 102 FGO, 54 II S. 2 SGG, 126 EVwPO).

b) Neben der individuellen Rechtsschutzfunktion hat das Vorverfahren auch

---

1) So die Überschrift zu § 71 EVwPO.
2) Siehe dazu oben § 17 I. Deutlicher § 71 I EVwPO.
3) Vgl. statt vieler BVerfG v. 28. 10. 1975, BVerfGE 40, 237 (255); BVerwG v. 23. 3. 1972, BVerwGE 40, 25 (28 f.); v. 12. 11. 1976, BVerwGE 51, 310 (314); BFH v. 8. 2. 1974, BFHE 112, 6 (8 f.); BGH v. 10. 12. 1971, DVBl. 1972, 178 (179); *Bettermann*, DVBl. 1959, 311; *Ule*, S. 113 f.; *Hufen*, S. 267 f.; kritisch *Presting*, DÖV 1976, 269 ff.; *Oerder*, S. 54 ff.

die Funktion einer *Selbstkontrolle der Verwaltung*. Ausgangs- und Widerspruchsbehörde haben im Vorverfahren Gelegenheit, die tatsächlichen Feststellungen und Rechtsauffassungen, die dem angegriffenen VA zugrunde liegen, zu überprüfen.

c) Dies kann und soll nach dem Zweck des Vorverfahrens zur Vermeidung unnötiger Prozesse führen. Wegen dieser Filterfunktion bezweckt das Vorverfahren auch die *Entlastung der Gerichte*.

4 Trotz seiner Bedeutung für das verwaltungsgerichtliche Verfahren ist das Widerspruchsverfahren weder Bestandteil des gerichtlichen noch ein ihm ähnliches Verfahren, sondern ein – wenn auch besonderes und auf das gerichtliche Verfahren hingeordnetes – *Verwaltungsverfahren*[4]). Dies ergibt sich eindeutig aus § 79 VwVfG, der subsidiär die Geltung des VwVfG anordnet, wenn die VwGO und die zu ihrer Ausführung ergangenen Rechtsvorschriften der Länder Regelungslücken enthalten.

5 Mit dieser Einordnung ist freilich noch nicht darüber entschieden, ob das Vorverfahren auch *kompetenzrechtlich* als Verwaltungsverfahren anzusprechen ist. Denn das historische Erscheinungsbild der Verwaltungsgerichtsbarkeit in Deutschland war bis in die Weimarer Zeit hinein geprägt durch eine innige Verschränkung gerichtlicher und außergerichtlicher Rechtsbehelfsverfahren, da ganz regelmäßig erst in der letzten Instanz ein echtes Gericht im Sinne unserer heutigen rechtsstaatlichen Vorstellung agierte. Wenn auch nach dem Verständnis des GG selbst ein justizförmig ausgestaltetes Widerspruchsverfahren nach Art des Verfahrens vor den saarländischen oder rheinland-pfälzischen Rechtsausschüssen der Sache nach Verwaltungsverfahren ist, so heißt dies nicht, daß das GG seine rechtsstaatlichen Vorstellungen über Gewaltenteilung und richterliche Unabhängigkeit gerade auch in den Kompetenzartikeln mit aller Schärfe zum Ausdruck bringen und eine *weite, am historisch geprägten Sachzusammenhang orientierte Auslegung* des Kompetenzbegriffs „gerichtliches Verfahren" in Art. 74 Nr. 1 GG ausschließen will.

> Die Frage nach Grund und Reichweite der Bundeskompetenz für das Widerspruchsverfahren gehört nach wie vor zu den – auch in der Rechtsprechung des BVerwG (§ 40 Rdnr. 10) – umstrittensten Grundproblemen der VwGO. Eine *weite Auslegung* der Bundesprozeßrechtskompetenz vertrat die Bundesregierung im Gesetzgebungsverfahren zum Erlaß der VwGO; sie hielt den Einwänden des Bundesrats entgegen, das Vorverfahren sei kein selbständiges Verwaltungsverfahren, sondern untrennbarer Bestandteil des verwaltungsgerichtlichen Verfahrens (BT-Drucks. III/55, S. 77). Dem ist im Ergebnis zuzustimmen; denn aus der Entstehungsgeschichte des GG ergibt sich, daß die Kompetenzmaterie „Verwaltungsgerichtsverfahren", die im Vorläufer des heutigen Art. 84 I GG neben den verwaltungsverfahrensrechtlichen Materien ausdrücklich aufgeführt war, das Widerspruchsverfahren erfaßte und in diesem Zuschnitt

---

[4]) Vgl. *SG*, Rdnr. 256; *Weides*, S. 170 ff.; *Allesch*, S. 26; *K/Busch*, 3 vor § 79.

in der Kompetenzmaterie „gerichtliches Verfahren" aufgegangen ist[5]). Das BVerfG hat bisher ausdrücklich nur die Grundsatzfrage entschieden, daß der Bundesgesetzgeber zur Einführung des Widerspruchsverfahrens gemäß Art. 74 Nr. 1 GG zuständig war, da es die Voraussetzung für ein Sachurteil im verwaltungsgerichtlichen Verfahren ist (vgl. BVerfG v. 9. 5. 1973, BVerfGE 35, 65/72). Die knappe Begründung und das Zitat von BVerwGE 17, 248 (vgl. § 40 Rdnr. 10) lassen allerdings die Vermutung zu, daß das BVerfG einer umfassenden Kompetenz des Bundes aus Art. 74 Nr. 1 GG nicht ablehnend gegenübersteht.

Vertritt man dagegen eine *enge*, an der materiellen Unterscheidung „gerichtliches Verfahren – Verwaltungsverfahren" ausgerichtete *Auslegung* des Art. 74 Nr. 1 GG, läßt sich eine umfassende Bundeszuständigkeit für das Vorverfahren nicht begründen (vgl. § 40 Rdnr. 8). Nach enger Auffassung wäre der Bund nur zuständig für *prozessuale Regelungen*, insonderheit für die Konstituierung der Sachurteilsvoraussetzung „erfolgloses Vorverfahren", womit – allenfalls – Vorschriften über Einlegung des Widerspruchs, seine Form und die Frist inbegriffen wären[6]). Eine *vermittelnde Meinung* geht weiter und erlaubt unter dem Gesichtspunkt des *Sachzusammenhangs* nach Art. 74 Nr. 1 GG auch verwaltungsverfahrensrechtliche Regelungen, wenn sie zu dem für eine sachgemäße Durchführung des Widerspruchsverfahrens erforderlichen Mindeststandard gehören[7]).

Charakteristisch für den Widerspruch als förmlichen außergerichtlichen **6** Rechtsbehelf ist, daß die VwGO ihn an bestimmte Formalien (Form und Frist) gebunden und mit bestimmten verfahrensrechtlichen Wirkungen ausgestattet hat. Der Widerspruch hat aufschiebende Wirkung (§ 80 I VwGO, sog. *Suspensiveffekt*; vgl. dazu § 53) und verlagert die Entscheidungszuständigkeit über den Widerspruch im Regelfalle auf die nächsthöhere Behörde, wenn die Ausgangsbehörde eine Abhilfe verweigert (§ 73 I S. 2 Nr. 1 VwGO, sog. *Devolutiveffekt*; vgl. dazu unten § 25 II). Der Widerspruch kann demnach als förmlicher außergerichtlicher Rechtsbehelf mit Vorschaltcharakter bezeichnet werden.

Da der Widerspruch, mit Ausnahme des Widerspruchs in beamtenrechtli- **7** chen Streitigkeiten, nur als Vorschaltrechtsbehelf für Anfechtungs- und Verpflichtungsklagen statthaft ist, kann man – entsprechend der Terminologie bei den gerichtlichen Rechtsbehelfen – unterscheiden[8]) zwischen

a) *Anfechtungswiderspruch* und
b) *Verpflichtungswiderspruch*.

---

5) Vgl. hierzu *Pietzner*, VerwArch. 1990, 275 f. Eine umfassende Bundeskompetenz aus Art. 74 Nr. 1 GG bejahen ebenfalls *Ule*, S. 118; *ders.*, DVBl. 1978, 656; *Bachof*, DVBl. 1958, 8; *Mandelartz*, VR 1978, 134; *RÖ*, § 68, 1. Zu einem ähnlichen Ergebnis gelangen die in § 40 Fußn. 21 aufgeführten Autoren durch Kombination der Kompetenztitel Art. 74 Nr. 1, Art. 84 I GG.
6) Vgl. *Bettermann*, VVDStRL 17 (1959), 154; *v. Mangoldt/Klein*, GG, 2. Aufl. 1969, Bd. III, Art. 84 Anm. III 5 bb; *Trzaskalik*, S. 44; *Renck*, JuS 1980, 29 f.; *Topel*, BayVBl. 1988, 10; *Oerder*, S. 40 ff.
7) Vgl. *MDHSch*, Art. 74, 83; *Allesch*, S. 29 f.; *Kopp*, 5 vor § 68. Vgl. auch BVerwG (4. Senat) v. 17. 11. 1972, Buchholz 310 § 73 VwGO Nr. 7: Annexkompetenz für die Regelung des Zustellungsverfahrens für Widerspruchsbescheide; a. A. insoweit z. B. *Langohr*, DöV 1987, 143.
8) Vgl. BayVGH v. 15. 12. 1972, BayVBl. 1973, 555.

II. Andere förmliche außergerichtliche Rechtsbehelfe

8   *Andere förmliche Vorschaltrechtsbehelfe* als den Widerspruch – vor Erlaß der VwGO: den Einspruch und die devolutiv wirkende (Verwaltungs-)Beschwerde – gibt es für den Bereich der allgemeinen Verwaltungsgerichtsbarkeit grundsätzlich nicht mehr. Sie sind, soweit sie auf Landesrecht beruhten, generell, soweit sie auf Bundesrecht beruhten, im Grundsatz beseitigt worden (§ 77 VwGO).

9   Die aufrechterhaltenen bundesrechtlichen Vorschriften über andere Vorschaltrechtsbehelfe, wie z. B. über die Beschwerde nach § 336 LAG, § 23 WehrBO, § 65 II ZDG, sind in § 190 VwGO, der sog. Verlustliste der Rechtseinheit, aufgeführt. Vorschaltrechtsbehelfe für das finanzgerichtliche Verfahren sind der ohne Devolutiveffekt ausgestattete Einspruch (§§ 348, 367 AO 1977) und die Beschwerde (§§ 349, 368 AO 1977).
Sondervorschriften über den Widerspruch finden sich z. B. in den §§ 33 WPflG, 18 KDVG, 72 ZDG und §§ 59, 141 FlurberG. Vgl. auch NW VorschaltverfahrensG v. 20. 2. 1979 (GV NW S. 40).

10 Vorschriften für Einspruchs- und Beschwerdeverfahren, die nicht als Voraussetzungen der verwaltungsgerichtlichen Klage (§ 77 II VwGO), also nicht als Vorschaltverfahren gedacht sind, hat die VwGO dagegen nur für das Bundesrecht, nicht aber für das Landesrecht aufgehoben.

Das Landesrecht hat sie allerdings fast ausnahmslos gestrichen (vgl. etwa Art. 15 BayAGVwGO, § 20 RhPfAGVwGO und die Nachw. bei *SG*, Rdnrn. 244 f.). Soweit sie aufrechterhalten worden sind und die Sonderregelung Lücken enthält, greifen § 79 VwVfG und die Parallelvorschriften der LandesVwVfGe ein.

III. Formlose Rechtsbehelfe

11 Unberührt geblieben von der VwGO sind dagegen, weil verfassungsrechtlich abgesichert, die sog. *formlosen Rechtsbehelfe*. Sie sind gesetzlich i. allg. nicht geregelt[9], sondern allenfalls vorausgesetzt[10], und gründen sich auf das Grund-

---

9) Ausnahmen bilden vor allem die gesetz- oder geschäftsordnungsmäßigen Regelungen der Parlamente über die Behandlung von Petitionen (abgedruckt bei *Pietzner*, Petitionsausschuß und Plenum, 1974, 101 ff.) sowie die Beamtengesetze und Regelungen anderer besonderer Gewaltverhältnisse, die häufig die Einhaltung des Dienstweges durch den Petenten vorschreiben. Vgl. § 171 BBG, § 57 BGSG, § 108 StrVollzG, BayVerfGH v. 3. 12. 1975, BayVBl. 1976, 301 f. und *Liebscher*, DVBl. 1972, 9 ff.
10) Vgl. z. B. § 46 II AO; Art. 12 IV, V BayPOG v. 10. 8. 1976 (GVBl. S. 303).

recht des *Art. 17 GG*, sich schriftlich mit Bitten oder Beschwerden an die zuständigen Stellen und an die Volksvertretung[11]) zu wenden.

Wendet sich der Bürger mit einer Bitte oder Beschwerde an das Parlament, spricht 12 man üblicherweise von einer *Petition*[12]), wendet er sich an die Verwaltung (oder an Organe der Rechtsprechung), hat es sich eingebürgert, zwischen *Gegenvorstellung, (Sach-)Aufsichtsbeschwerde* und *Dienstaufsichtsbeschwerde* zu unterscheiden.

Art. 17 GG gewährt lediglich einen *formellen Bescheidungsanspruch*, gibt 13 aber keinen Anspruch auf die inhaltliche Erledigung der Petition i. S. des Petenten oder gar auf die Beseitigung einer etwa geltend gemachten Rechtsverletzung[13]). Die mit der Petition befaßte Stelle muß die Eingabe entgegennehmen, prüfen und einen sachlichen Bescheid erteilen, aus dem ersichtlich ist, wie sie die Petition zu behandeln gedenkt[14]).

Ablehnende Petitionsbescheide sind deshalb nach der zutreffenden, wenn auch 14 umstrittenen Ansicht der h. M. *keine VAe*, weil sie keine Regelung enthalten, sondern lediglich die tatsächliche Erfüllung der Verpflichtung aus Art. 17 GG[15]). Richtige Klageart ist deshalb die *Leistungsklage*. Die früher vereinzelt vertretene Auffassung, gegen Petitionsbescheide sei nur die Verfassungsbeschwerde eröffnet[16]), beruht auf einer fragwürdigen Auslegung von BVerfGE 2, 225 ff., das eine Verfassungsbe-

---

11) Bestritten ist, ob kommunale Vertretungskörperschaften „*Volksvertretungen*" i. S. des Art. 17 GG sind. So z. B. NWOVG v. 25. 7. 1978, DVBl. 1978, 895 ff.; a. A. die h. M.: OVG Lüneburg v. 30. 5. 1967, OVGE 23, 403 (407 f.; *v. Mutius*, JuS 1978, 542 f.; VerwArch. 1979, 171 ff. und *Löwer*, StuGB 1979, 29 ff. m. w. N. Auf jeden Fall ist der Rat „*zuständige Stelle*" und kann sich im Rahmen seiner Zuständigkeit mit Petitionen befassen und zumindest zur Vorbereitung der Petitionsbescheidung auch Beschwerdeausschüsse bilden. Vgl. § 6 c I S. 3 NWGO und hierzu BVerwG v. 22. 5. 1980, NJW 1981, 700; OLG Düsseldorf v. 16. 3. 1983, NVwZ 1983, 502. Zum Petitionsrecht an den Rat vgl. Art. 56 III BayGO. Zur Rechtsstellung sog. „Überwachungsausschüsse" vgl. Art. 30 III, 32 II BayGO; Erl. BayStMI v. 16. 12. 1955 (MABl. S. 825) sowie OVG Lüneburg v. 20. 8. 1968, OVGE 24, 466 f.
12) Vgl. die Grundsätze des Petitionsausschusses des Dt. Bundestages über die Behandlung von Bitten und Beschwerden v. 8. 3. 1989, NVwZ 1989, 843. Zur neueren Entwicklung des Petitionsrechts vgl. *Friesenhahn*, Festschr. Hans Huber 1981, S. 353 ff.; zum Petitionsrecht in der parlamentarischen Praxis vgl. *Hempfer*, VBlBW 1984, 228 ff.; zum Petitionsinformierungsrecht vgl. *Hablitzel*, BayVBl. 1986, 97 ff.; *Pietzner*, Der Staat 1986, 625 ff.; umfassend *Vitzthum*, Petitionsrecht und Volksvertretung, 1985; *ders./März*, JZ 1985, 809 ff.
13) BVerfG v. 11. 7. 1961, BVerfGE 13, 54 (90); BVerwG v. 28. 11. 1975, NJW 1976, 638 f.; v. 1. 9. 1976, NJW 1977, 118; NJW 1981, 700; BerlOVG v. 26. 8. 1975, DVBl. 1976, 261 (262); HessStGH v. 7. 7. 1977, ESVGH 28, 129 (133); BayVGH v. 10. 10. 1979, BayVBl. 1981, 211 (212); v. 24. 7. 1985, BayVBl. 1986, 368 (369); BayVerfGH v. 12. 2. 1982, BayVBl. 1982, 431 (432); BremOVG v. 13. 2. 1990, JZ 1990, 965 (966); *Gierth*, DÖV 1977, 764 ff.
14) BVerfG v. 22. 4. 1953, BVerfGE 2, 225 (229 f.); BVerwG, NJW 1976, 638; BerlOVG, DVBl. 1976, 262; BayVerfGH v. 29. 7. 1987, BayVBl. 1987, 620 f. Zur Frage der Begründungspflicht vgl. BVerfGE 2, 230; BremOVG, JZ 1990 966 f. m. Anm. *J. Lücke*; BVerwG v. 13. 11. 1990 – BVerwG 7 B 85. 90 –; *Siegfried*, DÖV 1990, 279 ff.
15) Vgl. HambgOVG v. 20. 8. 1965, DVBl. 1967, 86; BVerwG, NJW 1977, 118 m. zustim. Anm. *Pietzner*, JA 1977, 37; *Weber*, NJW 1977, 594; BVerwG, NJW 1981, 700; BayVGH, BayVBl. 1981, 212; 1986, 368; *Neumeyer*, JuS 1979, 31 ff.; BremOVG, JZ 1990, 966; a. A. *Dürig*, MDHSch, Art. 17, 81; *Dagtoglou*, Bonner Komm., Art. 17, 140; *Kopp*, § 42, Anh. 27.
16) So *Seuffert*, Festschr. G. Müller 1970, S. 497; *Wolff*, III, § 166 III f3.

schwerde vor Erschöpfung des Rechtsweges angenommen hatte[17]), und dürfte heute als überwunden gelten[18]).

15 Die Bescheidung verbraucht das Petitionsrecht insoweit, als eine inhaltsgleiche Eingabe ohne neues Vorbringen von derselben Stelle nicht noch einmal (sachlich) beschieden zu werden braucht[19]).

16 Die Petition ist *fristlos*. *Jedermann*, nicht nur der Beschwerte, kann sie einreichen *(Popularbeschwerde)*. Sie ist *schriftlich* (Art. 17 GG) einzulegen, womit − entsprechend dem Sinn dieses formlosen Bitt- und Beschwerderechts, einen möglichst ungehinderten Zugang zu den staatlichen Stellen zu gewährleisten[20]) − allerdings lediglich ein Recht auf mündlichen Vortrag sowie die Zulässigkeit anonymer und ohne erkennbaren Absender eingereichter Petitionen ausgeschlossen sein soll[21]). Mündliche Beschwerden genießen zwar nicht den Grundrechtsschutz, sind aber gleichwohl zulässig. Eine Antwortpflicht besteht allerdings nicht, es sei denn, die mündliche Erhebung der Beschwerde ist ausdrücklich zugelassen (so z. B. § 2 RhPf Bürgerbeauftragten G). Petitionen müssen an eine *zuständige Stelle* adressiert sein, allerdings nicht den Instanzenzug einhalten[22]), haben aber weder Suspensiv- noch Devolutiveffekt.

Eine zulässige Petition liegt ferner nicht vor, wenn etwas gesetzlich Verbotenes gefordert wird, oder die Form der Petition den Anforderungen nicht entspricht, die an jede bei einer Behörde einzureichende Eingabe zu stellen sind, also etwa beleidigenden, herausfordernden oder erpresserischen Inhalt hat[23]).

---

17) Auch der BayVerfGH hat die Ausschöpfung des Verwaltungsrechtswegs bisher nicht für erforderlich gehalten. Vgl. BayVerfGH, BayVBl. 1982, 432.
18) Vgl. BVerwG, NJW 1976, 638; *Dürig*, Art. 17, 134; *Pietzner*, JA 1977, 37; BayVGH, BayVBl. 1986, 368 f.; ausdrücklich nunmehr BVerfG v. 19. 5. 1988, NVwZ 1989, 953.
19) BVerfGE 2, 231 f.; BerlOVG, DVBl. 1976, 263.
20) Vgl. BerlOVG, DVBl. 1976, 262. Deshalb auch für Ausländer, NWOVG, DVBl. 1978, 895; zur Frage, ob dies nur für im Bundesgebiet lebende Ausländer gilt, vgl. *v. Mutius*, VerwArch. 1979, 167 ff. m. w. N.
21) Vgl. *Woike*, DÖV 1984, 422.
22) BVerfGE 2, 229; OLG Düsseldorf, NVwZ 1983, 502. *Woike*, DÖV 1984, 422 plädiert mit Rücksicht auf den Notrufcharakter des Petitionsrechts mit einigem Recht dafür, in der Zuständigkeit kein Zulässigkeitserfordernis, sondern lediglich eine Sachbehandlungsvoraussetzung i. V. m. einer Abgabepflicht an die zuständige Behörde zu sehen.
23) BVerfGE 2, 229 f.; BayVerfGH v. 29. 1. 1982, BayVBl. 1983, 348 (350). Hierbei ist indes ein großzügiger Maßstab anzulegen; Worte eines Petenten, der subjektiv der Überzeugung ist, ihm sei Unrecht geschehen, sind nicht auf die Goldwaage zu legen. Vgl. OLG Düsseldorf, NVwZ 1983, 502 f.; *Woike*, DÖV 1984, 422.

§ 24 III Formlose Rechtsbehelfe 255

In der Regel sind Petitionen *gebührenfrei* und müssen es wegen des Schutzzwecks des Art. 17 GG auch sein. Allenfalls „Mutwillenskosten" sind zulässig[24]). Ebenso scheidet allerdings auch eine Kostenerstattung zugunsten des erfolgreichen Petenten aus, denn § 80 VwVfG gilt nur für förmliche Rechtsbehelfe[25]).

---

24) Wie hier BayVGH v. 8. 5. 1968, BayVBl. 1968, 361 (362); § 7 Nr. 2 BVwKostG; anders z. B. §§ 1, 2 BWLGebG v. 21. 3. 1961 (Ges.Bl. S. 59) i. V. m. Nr. 77.1 des Gebührenverzeichnisses v. 17. 2. 1981 (Ges.Bl. S. 105) und BWVGH v. 22. 5. 1967, ESVGH 18, 90 ff.; v. 28. 3. 1968, ESVGH 20, 137 (139 f.): Gebührenfreiheit nur für überwiegend im öffentlichen Interesse eingereichte Petitionen. Die neue Fassung der Nr. 77.1 des GebVz (ÄnderungsVO v. 18. 6. 1984, GBl. S. 371 = Nr. 76.1 GebVz v. 16. 12. 1985, GBl. S. 429) sieht eine Gebührenpflicht nur noch für *förmliche* Rechtsbehelfe im Verwaltungsverfahren vor.
25) Vgl. NWOVG v. 29. 6. 1981, NVwZ 1982, 251 f.; BVerwG v. 7. 2. 1982, NVwZ 1983, 345 f.; v. 20. 5. 1987, BVerwGE 77, 268 (270) für „Widersprüche" gegen nicht als VAe zu bewertende Verwaltungshandlungen. Vgl. auch BVerwG v. 29. 4. 1988, BVerwGE 79, 291 (293 f.) und § 46 Rdnr. 4.

17 ## Schaubild 13

Art. 17 GG: „*Jedermann* hat das Recht, sich einzeln oder in Gemeinschaft mit anderen *schriftlich* mit Bitten und Beschwerden an die *zuständigen* Stellen und an die Volksvertretung zu wenden."

Vgl. BVerfGE 2, 229 ff.; fristlos, formlos (eine nicht schriftliche Petition genießt allerdings nicht den Schutz des Art. 17 GG), kostenfrei, ohne Suspensiv- und Devolutiveffekt, nicht klagewahrend

fristgebunden, förmlich (Schriftform), kostenpflichtig, erfolglose Einlegung i. d. R. Klagevoraussetzung (deshalb Vorverfahren), Suspensiv- und/oder Devolutiveffekt, Gegenstand i. d. R. nur VAe

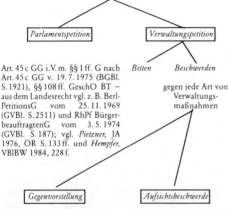

Parlamentspetition

Art. 45 c GG i.V. m. §§ 1 ff. G nach Art. 45 c GG v. 19. 7. 1975 (BGBl. S. 1921), §§ 108 ff. GeschO BT – aus dem Landesrecht vgl. z. B. Berl-PetitionsG vom 25. 11. 1969 (GVBl. S. 2511) und RhPf BürgerbeauftragtenG vom 3. 5. 1974 (GVBl. S. 187); vgl. *Pietzner,* JA 1976, ÖR S. 133 ff. und *Hempfer,* VBlBW 1984, 228 f.

Verwaltungspetition

Bitten Beschwerden

gegen jede Art von Verwaltungsmaßnahmen

Einspruch

§ 348 AO 1977, i. d. R. gegen rechtsgebundene SteuerVAe – kein Devolutiveffekt, es entscheidet die Ausgangsbehörde (§ 367), Monatsfrist (§ 335), Schriftform (§ 357), Rechtsbehelfsbefugnis und Beschwer (§§ 350, 352, 353), beschränkter Suspensiveffekt (§ 361), Kostenpflicht (§§ 250 ff. a. F. AO) wurde durch die AO 1977 beseitigt.

(förmliche) Beschwerde

§ 349 AO 1977, i. d. R. gegen Ermessensakte der Steuerbehörden – Devolutiveffekt, es entscheidet grds. die nächsthöhere Behörde, wenn die Ausgangsbehörde die Abhilfe verweigert (§ 368) – Zulässigkeitsvoraussetzungen und Folgen wie beim Einspruch

vgl. die durch § 190 VwGO aufrechterhaltenen Vorschriften über Beschwerdeverfahren (kurze Darstellung bei *EF,* § 190, Rdnrn. 1 ff.) in § 336 LAG, § 213 WehrbeschwO, § 31, 124 BDO

Beschwerdevorschriften außerhalb der Verwaltungsgerichtsbarkeit: z. B. § 24 SchutzBerG, §§ 23 ff. EGGVG

richtet sich an die Behörde, die gehandelt hat, Ziel: Aufhebung oder Änderung der Verwaltungsmaßnahme

Aufsichtsbeschwerde

vgl. *Kratzer,* Die Dienstaufsichtsbeschwerde, BayVBl. 1969, 189 ff.

Die früher bestehenden, sehr unterschiedlichen förmlichen Rechtsbehelfe hat § 77 VwGO auf Bundesebene insgesamt (Ausnahmen: §§ 190 ff. VwGO), auf Landesebene nur insoweit, als sie Voraussetzung der verwaltungsgerichtlichen Klage sind, aufgehoben. Insoweit gibt es nur noch den

Fachaufsichtsbehörde

rügt den Inhalt der Maßnahme, Ziel: wie Gegenvorstellung, es entscheidet i. d. R. die Aufsichtsbehörde

Dienstaufsichtsbeschwerde

rügt das persönliche Verhalten des Bediensteten bei der Durchführung einer Maßnahme, Ziel: disziplinarische Maßnahmen, es entscheidet i. d. R. der Dienstvorgesetzte

Vgl. zur verwaltungsmäßigen Behandlung von Eingaben und Beschwerden den RdErl. des Schl.-H. MdI v. 30. 12. 1972 (Amtsbl. 1973 S. 57 f.) und *Woike,* DÖV 1984, 419 ff.; v. Mutius, Jura 1989, 105 ff.

Widerspruch

§§ 68 ff. VwGO, §§ 78 ff. SGG, § 141 FlurbG

i. d. R. beschwerdeähnlichen Charakter, weil Devolutiveffekt (§ 73 I Nr. 1 VwGO, § 85 II Nr. 1 SGG), in den Fällen der §§ 731 Nr. 2, 3 VwGO, 85 II Nr. 2, 3 SGG einspruchsähnlich; Schriftform, Monatsfrist (§ 70 VwGO, § 84 SGG), Rechtsbehelfsbefugnis und Beschwer (§ 42 II VwGO, § 54 SGG), Suspensiveffekt (§ 80 VwGO, nur z. T. § 86 II, III SGG), Kostenpflicht (§§ 72, 73 III S. 2 VwGO i.V. m. § 80 VwVfG bzw. Landesrecht

§ 24 III Formlose Rechtsbehelfe   257

Ob Art. 17 GG nur die formlosen Rechtsbehelfe konstituiert[26]) oder auch im Umfang seiner Regelung einen Mindeststandard behördlicher Bescheidungspflichten bei förmlichen Rechtsbehelfen garantiert[27]), ist jedenfalls für den Widerspruch eine praktisch nicht relevante Frage, da die §§ 72, 73 VwGO die Behörde eindeutig zum Erlaß eines Abhilfe- bzw. Widerspruchsbescheides verpflichten (vgl. § 26 Rdnr. 4) und dem WF, weil zumindest auch seine Interessen schützend, ein korrespondierendes Recht auf Bescheidung gewähren.   18

Bestritten ist lediglich, wie dieser Anspruch durchzusetzen ist. Anerkannt ist die Möglichkeit der isolierten Anfechtungsklage gegen einen auf Verletzung wesentlicher Verfahrensvorschriften beruhenden Widerspruchsbescheid (§ 79 II S. 2 VwGO)[28]), die bei Erfolg die Widerspruchsbehörde zu einer Neubescheidung verpflichtet; ebenso die Befugnis des Gerichts, bei der Anfechtung des VA und des Widerspruchsbescheids allein den letzteren mit der Folge der Neueröffnung des Vorverfahrens aufzuheben[29]). Bleibt dagegen die Widerspruchsbehörde auf den Widerspruch untätig, ist neben der nach § 75 VwGO zulässigen Untätigkeitsklage auf Aufhebung des angefochtenen oder Erlaß des abgelehnten VA eine isolierte Verpflichtungsklage auf Erlaß eines Widerspruchsbescheids wegen mangelnden Rechtsschutzbedürfnisses unzulässig[30]), es sei denn, die verweigerte Widerspruchsentscheidung könnte dem WF im Einzelfall ein Mehr an Rechtsschutz gewähren als das Urteil, wie z. B. bei VAen nach Ermessen[31]). Auch für die isolierte Anfechtung eines Widerspruchsbescheids verlangt das BVerwG das Vorliegen eines besonderen Rechtsschutzbedürfnisses an einer Wiedereröffnung des Widerspruchsverfahrens (vgl. oben § 9 Rdnr. 17). Die Klage nach § 79 II S. 2 VwGO ist deshalb nur zulässig bei Entscheidungen, die nach Ermessens- und anderen   19

---

26) So *Dürig*, MDHSch, Art. 17, 19.
27) So *Gierth*, DÖV 1977, 763 f.
28) Vgl. NWOVG v. 5. 6. 1975, VerwRspr. 27, 761 ff.; BVerwG v. 1. 12. 1978, BVerwGE 57, 130 (147 f.) und unten § 25 Rdnr. 5, § 26 Rdnr. 14, § 30 Rdnr. 9, § 34 Rdnr. 8, § 43 Rdnr. 2.
29) Vgl. BVerwG v. 21. 11. 1961, BVerwGE 13, 195 (198); v. 17. 5. 1979, DÖV 1979, 791; v. 15. 7. 1980, BayVBl. 1980, 725 (726); v. 11. 10. 1984, BVerwGE 70, 196 (197); *Seibert*, BayVBl. 1983, 174 ff.; a. A. *H. J. Müller*, NJW 1982, 1371: einheitlicher, untrennbarer Verfahrensgegenstand.
30) BVerwG v. 30. 8. 1962, MDR 1962, 1010; BFH v. 5. 5. 1970, NJW 1971, 216; BerlOVG v. 24. 1. 1978 – OVG IV 220/77 (u. v.); *SDC*, § 75, 1 b; *EF*, § 73, 6; *Weides*, S. 203; a. A. vor allem *Kopp*, 13 vor § 68; § 75, 5: generell zulässig; zu weitgehend BayVGH v. 22. 10. 1975, BayVBl. 1976, 241, der wegen § 75 VwGO die Bescheidungspflicht lediglich als prozessuale Obliegenheit ansieht; ebenso *Renck*, JuS 1980, 30.
31) Vgl. *Bettermann*, NJW 1960, 1088.

Zweckmäßigkeitsgesichtspunkten[32]) oder auf Grund einer Beurteilungsermächtigung getroffen werden[33]), nicht aber, wenn sich der AusgangsVA nach zwingendem Recht beurteilt und der vollen gerichtlichen Nachprüfung unterliegt[34]).

---

32) Vgl. BVerwG, BayVBl. 1980, 726 – Ausweisung; BVerwGE 70, 196 (200) – Rücknahme; vgl. auch NWOVG v. 8. 3. 1973, OVGE 28, 250 (252 f.).
33) Vgl. BVerwG, DÖV 1979, 791 – dienstliche Beurteilung; BVerwGE 57, 147 f. – Prüfungsentscheidung; BVerwG v. 9. 5. 1985, BVerwGE 71, 251 (252 f.) – Eignungsprognose Verfassungstreue.
34) Vgl. BVerwG v. 5. 11. 1975, BVerwGE 49, 307 (308 f.); v. 7. 10. 1980, BVerwGE 61, 45 (47 f.); v. 7. 9. 1987, BVerwGE 78, 93 (94 ff.); v. 3. 12. 1987, NVwZ 1988, 346 f.; v. 20. 12. 1988, NVwZ 1989, 756 f. = JuS 1990, 68 *(Osterloh)* – zur Anerkennung als Kriegsdienstverweigerer; zusammenfassend BVerwGE 71, 252; ebenso RhPfOVG v. 25. 10. 1983, AS 19, 267 ff.; ebenso bereits *Bettermann*, NJW 1958, 83 f.; *Weides*, S. 227 f., 236; *Hill*, Das fehlerhafte Verfahren und seine Folgen im Verwaltungsrecht, 1986, S. 39 ff. (m. w. N.); wohl auch *StBL*, § 35, 23, § 46, 45; a. A. *Groschupf*, DVBl. 1962, 634; *Kopp*, § 79, 5, 12; *v. Mutius*, JK, VwGO § 79/3 und mit ausführlicher Darstellung der Gegenargumente NWOVG, VerwRspr. 27, 761 ff.; *Oerder*, S. 102 ff.

2. Abschnitt: Struktur und Verlauf des Widerspruchsverfahrens

§ 25 Einleitung des Vorverfahrens und Devolutiveffekt

I. Beginn des Vorverfahrens

Das Vorverfahren *beginnt* mit der Erhebung des Widerspruchs (§ 69 VwGO). *Erhoben* ist der Widerspruch in dem Zeitpunkt, in dem er der zu seiner Entgegennahme zuständigen Behörde *zugeht;* nicht entscheidend ist also, wann dem zuständigen Sachbearbeiter die Widerspruchsschrift vorgelegt wird. Von diesem Zeitpunkt ab treten die vollen Wirkungen des Widerspruchs, insbesondere der Suspensiveffekt, ein. *Zu erheben* ist der Widerspruch schriftlich binnen Monatsfrist bei der Behörde, die den VA erlassen hat (§ 70 I S. 1 VwGO).

Sind *Ausgangs-(Erst- oder Abhilfe-)* und *Widerspruchsbehörde*, wie im Regelfalle (§ 73 I S. 2 Nr. 1 VwGO), nicht identisch, wird die Frist auch durch Einlegung bei der Behörde, die den Widerspruchsbescheid zu erlassen hat, gewahrt (§ 70 I S. 2 VwGO).

Auch im Fall des § 70 I S. 2 VwGO beginnt das Vorverfahren mit dem Eingang des Widerspruchs bei der Widerspruchsbehörde. Bereits dann ist er erhoben i. S. des § 69 VwGO[1]). Die unterschiedliche Wortwahl in § 70 I S. 1 und S. 2 (erheben – einlegen) beruht auf sprachlichen Gründen; sie ist augenscheinlich synonym gemeint[2]) und hat keine Bedeutung für den Beginn des Vorverfahrens und den Eintritt der Wirkungen des Widerspruchs. Der EVwPO will den Sprachgebrauch bereinigen und benutzt beim Widerspruch das Wort „einlegen", bei der Klage das Wort „erheben" (vgl. §§ 78, 82 EVwPO sowie Begr. zu § 78, BT-Drucks. 9/1851, S. 109).

II. Der Devolutiveffekt des Widerspruchs

Da im Regelfall zwei Behörden unterschiedlicher Verwaltungsebenen als entscheidende Instanzen im Vorverfahren auftreten, bedarf es einer Bestimmung ihres Verhältnisses zueinander, einer Abgrenzung ihrer Zuständigkeiten. Die VwGO ordnet das Verhältnis der Ausgangs-(Abhilfe-)Behörde zur Widerspruchsbehörde durch das Institut des Devolutiveffekts, das sie in eigentümlicher, noch näher zu bestimmender Weise mit dem der Abhilfe verknüpft (§§ 72, 73 I S. 1 VwGO).

---

1) Vgl. *Renck,* DÖV 1973, 265; BAyVGH v. 27. 7. 1964, BayVBl. 1965, 66: spätestens mit Eingang des bei der Widerspruchsbehörde eingelegten und der Ausgangsbehörde übersandten Widerspruchs bei dieser.
2) Vgl. *v. Mutius,* S. 39; *SDC,* §§ 69, 70, 1. Vgl. auch § 80 IV S. 1 VwGO.

3   Bei den (gerichtlichen) Rechtsmitteln *Berufung* und *Revision* tritt der Devolutiveffekt mit ihrer Einlegung gleichsam „*automatisch*" ein. Die Einlegung des Rechtsmittels hebt ex lege den Rechtsstreit an die höhere Instanz. Die *Anfallwirkung* des Devolutiveffekts begründet gleichzeitig die Zuständigkeit des Oberrichters und beendet die des Unterrichters (vgl. §§ 124 II S. 1, 125, 132 V S. 1, 139 III, 148 I VwGO).

4   Der *Devolutiveffekt des Widerspruchs* dagegen ist *gehemmt, aufschiebend bedingt durch die Abhilfeverweigerung* seitens der Ausgangsbehörde. Seine zuständigkeitsbegründende Anfallwirkung ist abhängig von der Verweigerung der Abhilfe (§ 73 I S. 1 VwGO).

Insoweit ist der Widerspruch am ehesten mit dem Rechtsmittel der Beschwerde (vgl. § 148 I VwGO) vergleichbar.

Die nächsthöhere Behörde ist deshalb nur und erst dann zur Entscheidung über den Widerspruch zuständig, wenn zuvor die Ausgangsbehörde ausdrücklich oder konkludent, etwa durch Übersendung der Verfahrensakten, die Abhilfe verweigert hat[3]). Die zuständigkeitsbegründende Anfallwirkung des Devolutiveffekts des Widerspruchs tritt ein mit der Abhilfeverweigerung durch die Ausgangsbehörde, nicht erst mit dem Eingang der Verfahrensakten bei der nächsthöheren Behörde[4]), mag auch rein tatsächlich die Entscheidungsmöglichkeit i. d. R. von der Verfügbarkeit der Akten abhängen[5]).

5   Im Fall des § 70 I S. 2 VwGO hat deshalb die Widerspruchsbehörde zunächst der Ausgangsbehörde Gelegenheit zur Abhilfe zu geben, was formlos geschehen kann, i. d. R. aber durch Übersendung der Widerspruchsschrift erfolgen wird. Eine Mißachtung dieser Pflicht stellt einen wesentlichen Verfahrensmangel dar, der – ebenso wie die Entscheidung einer unzuständigen Widerspruchsbehörde[6]) – zur isolierten Anfechtung des Widerspruchsbescheides berechtigt (§ 79 II S. 2 VwGO)[7]), denn § 70 I S. 2 VwGO stellt nur eine Erleichterung für den WF hinsichtlich des Ortes der Widerspruchseinlegung und der Fristwahrung dar, enthält aber keine Änderung der in den §§ 72, 73 VwGO abschließend geregelten und zwingenden Zuständigkeiten.

6   Anders als im gerichtlichen Rechtsmittelrecht hat die *Anfallwirkung des Devolutiveffekts* nicht eine die Zuständigkeit der Abhilfebehörde beendende, sondern *nur* eine *relative*, eine Zuständigkeitskonkurrenz zwischen Abhilfe-

---

3) Vgl. *v. Mutius*, S. 206; *Schoch*, NVwZ 1983, 255.
4) Vgl. BayVGH, BayVBl. 1965, 66: spätestens mit Eingang des abhilfeverweigernden Schreibens der Ausgangsbehörde.
5) Vgl. *Renck*, DÖV 1973, 265.
6) Vgl. unten § 30 Rdnr. 9.
7) Vgl. BVerwG v. 4. 7. 1973, Buchholz 448.0 § 32 WpflG Nr. 10 und § 9 Rdnr. 17, § 24 Rdnr. 19. Weitergehend *v. Mutius*, S. 206 f.: grundsätzlich Aufhebung des Widerspruchsbescheids.

und Widerspruchsbehörde erzeugende *Wirkung*[8]). Die Ausgangsbehörde kann deshalb dem Widerspruch auch dann noch abhelfen, wenn sie die Abhilfe zunächst verweigert und die Sache der Widerspruchsbehörde vorgelegt hat[8]).

Zur Frage, ob die Widerspruchsbehörde die Ausgangsbehörde, anstatt einen Widerspruchsbescheid zu erlassen, durch fachaufsichtliche Weisung zur Abhilfe anhalten kann, vgl. unten § 42 Rdnrn. 29 ff.

Dies ergibt sich aus dem Wortlaut und dem systematischen Zusammenhang der §§ 72, 73 I S. 1 VwGO, die beide von dem Gedanken der Abhilfe beherrscht werden[9]) und ihr keine zeitlichen Schranken setzen[10]). Es kann nicht Sinn des § 73 I S. 1 VwGO sein, der Widerspruchsbehörde ein Entscheidungsmonopol zu sichern[9]).

Die Gegenansicht begründet die Annahme einer die Zuständigkeit der Abhilfebehörde beendenden Anfallwirkung des Devolutiveffekts mit dem Hinweis darauf, daß im gerichtlichen Rechtsmittelrecht die Vorlage an die nächsthöhere Instanz nach verweigerter Abhilfe anerkanntermaßen eine ausschließliche Zuständigkeit des Oberrichters begründe (§§ 132 V S. 1, 148 I VwGO[11]), § 174 SGG, § 571 ZPO[12]), § 306 II StPO) und, da dem Gesetzgeber dieser Begriff der „Abhilfe" bekannt war, kein Grund ersichtlich sei, ihn in den §§ 72, 73 I S. 1 VwGO anders zu verstehen[13]).

Gleichwohl hält auch diese Ansicht die Abhilfebehörde nach Vorlage des Widerspruchs und Eintritt des Devolutiveffekts für berechtigt, zugunsten des WF zu entscheiden und den angegriffenen VA aufzuheben. Nur sei diese Zugunstenentscheidung kein Abhilfebescheid i. S. des § 72 VwGO, sondern ein Zweitbescheid[14]). Die Zuständigkeit der Ausgangsbehörde hierfür ergebe sich deshalb nicht aus der VwGO, sondern aus der für den jeweiligen VA geltenden Zuständigkeitsregelung[15]).

---

8) Vgl. BVerwG v. 29. 3. 1979, Buchholz 310 § 72 VwGO Nr. 9; v. 21. 8. 1981, BayVBl. 1982, 29; v. 18. 4. 1986, NVwZ 1987, 224 (225); v. 27. 9. 1989, BVerwGE 82, 336 (338); BGH v. 13. 5. 1982, NJW 1982, 2251 (2252 f.); BayVGH v. 27. 7. 1964, BayVBl. 1965, 67 (VI. Senat); v. 23. 3. 1987, BayVBl. 1987, 465 (14. Senat); v. 25. 3. 1988, BayVBl. 1988, 628, 629 (23. Senat); RhPfOVG v. 9. 3. 1987, NVwZ 1987, 1098; *Schiedermair*, BayVBl. 1961, 359; *Scholler*, DÖV 1966, 232; *Renck*, DÖV 1973, 265; *RÖ*, § 73, 16; *Rüter/Oster*, S. 21; Schoch, NVwZ 1983, 255; *Allesch*, S. 150; *Hofmann*, Festschr. Menger 1985, S. 619; a. A. die in Fußn. 13, 14 Genannten.
9) BayVGH, BayVBl. 1965, 67.
10) BayVGH, BayVBl. 1965, 67; *Renck*, DÖV 1973, 265; *Allesch*, S. 150.
11) Vgl. *EF*, § 148, 4; *RÖ*, § 148, 2; BVerwG v. 11. 5. 1962, NJW 1962, 1692; a. A. *Bettermann*, ZZP 1975, 409 für die einfache Beschwerde.
12) Vgl. statt vieler *BLAH*, § 571, 2.
13) Vgl. *Birkner/Rott*, S. I/147, S. I/149 f. unter Hinweis auf die dort abgedruckte Entscheidung des BayVGH v. 24. 10. 1974 (VIII. Senat), LS: BayVBl. 1976, 691; *Linhart*, § 20, 20.
14) BayVGH v. 24. 10. 1974 unter Berufung auf *Kopp*, § 72, 2, 8; ebenso *Linhart*, § 20, 21; *P. Schmidt*, BayVBl. 1982, 89; *Bettermann*, in: Festg. 25 Jahre BVerwG 1978, S. 73 f.; wohl auch *Erichsen* in: *Erichsen/Martens*, Allg. VerwR, § 18 a II 2, S. 274.
15) BayVGH v. 24. 10. 1974; *Linhart*, § 20, § 21.

9 Überzeugend ist diese Ansicht nicht. Von einem Zweitbescheid kann schlechterdings nicht gesprochen werden, denn dieser setzt nach einhelliger Auffassung ein bestandskräftig abgeschlossenes Verwaltungsverfahren voraus[16]). Hieran fehlt es, solange der Widerspruch noch anhängig ist.

Keinen Abhilfebescheid, sondern einen Zweitbescheid erläßt die Ausgangsbehörde deshalb nur dann, wenn der Widerspruch verfristet[17]), das Vorverfahren durch bestandskräftigen Widerspruchsbescheid abgeschlossen oder gar der angegriffene VA durch rechtskräftiges Urteil bestätigt worden ist.

10 Richtig ist lediglich, daß die Ausgangsbehörde den angegriffenen VA jederzeit, auch und gerade bevor er unanfechtbar geworden ist, nach den §§ 48 I S. 1, 49 II VwVfG aufheben kann; Vertrauensschutzeinschränkungen bestehen, solange ein Rechtsbehelfsverfahren schwebt, grundsätzlich nicht (arg. § 50 VwVfG)[18]). Gerade wegen dieser umfassenden Sachherrschaft ist die Ausgangsbehörde als Abhilfebehörde in das Widerspruchsverfahren eingegliedert und durch § 72 VwGO in Pflicht genommen worden. Auch dies spricht entscheidend gegen die Beschränkung der Abhilfepflicht des § 72 VwGO auf die Zeit bis zum Eintritt des Devolutiveffekts. Nicht von ungefähr verwendet auch § 50 VwVfG den Begriff der Abhilfe in einem umfassenden Sinne: Aufhebung des angegriffenen VA durch die Ausgangsbehörde sowohl vor als auch nach Eintritt des Devolutiveffekts.

Daß § 50 VwVfG nur den Verfahrensabschnitt nach Eintritt des Devolutiveffekts erfasse[19]), kann nur der meinen, der die Entstehungsgeschichte ignoriert. § 50 VwVfG war vornehmlich als klarstellende „salvatorische" Norm gedacht. Sollten die §§ 72, 73 VwGO wegen der bestrittenen Bundeskompetenz tatsächlich nur als Verfahrensnormen zu verstehen sein[20]), würde sich die Aufhebung des angegriffenen VA im Widerspruchsverfahren materiell nach den §§ 79, 48, 49 VwVfG richten und damit die Abhilfe beim Drittwiderspruch den Vertrauensschutzschranken der §§ 48 I S. 2, 49 II VwVfG unterliegen, obwohl der Begünstigte während eines anhängigen Rechtsbehelfsverfahrens grundsätzlich keinen Vertrauensschutz verdient[21]). Eine derartige Interpretation auszuschließen, ohne zu der umstrittenen Kompetenzfrage Stellung nehmen zu müssen, war der erklärte Zweck des § 50 VwVfG[22]). Besteht aber der Sinn des § 50 VwVfG vornehmlich darin, den § 72 VwGO sicherheitshalber durch eine flankierende materielle Aufhebungsvorschrift zu ergänzen, ist einsichtig, daß § 50 VwVfG auch und vor allem die Abhilfe vor Eintritt des Devolutiveffekts erfaßt.

---

16) Vgl. statt vieler *Wolff/Bachof*, I, § 52 II d; *Maurer*, JuS 1976, 25 ff. und *Wilke*, Festschr. 125 Jahre Jur. Gesellschaft Berlin 1984, S. 851.
17) Vgl. dazu unten § 42 Rdnrn. 3 ff.
18) Vgl. *Erichsen* a. a. O., § 18 a II 2, S. 275 m. w. N.
19) So etwa *Erichsen*; a. a. O., S. 275; *ders.*, Jura 1981, 545; vgl. auch *Knoke*, S. 298, 300, der freilich § 50 VwVfG auf die Abhilfe nach § 72 VwGO überhaupt nicht anwenden will, weil er die §§ 72, 73 VwGO als abschließende Spezialregelungen – auch in materiell-rechtlicher Hinsicht – versteht; a. A. – wie hier – *Meyer/Borgs*, § 50, 16; *Lange*, Jura 1980, 463, 465; *Kopp*, VwVfG, § 50, 6, 15; *Erichsen*, VerwArch. 1978, 311; *K/Klappstein*, § 50, 3.3.
20) Vgl. oben § 24 Rdnr. 5 m. w. N.
21) Vgl. *K/Klappstein*, § 50, 3; *Lange*, Jura 1980, 463.
22) Vgl. BT-Drucks. 7/910, S. 74.

Auch die *Parallele zum Devolutiveffekt gerichtlicher Rechtsmittel* ist nicht haltbar, denn der Widerspruch ist kein Rechtsmittel, sondern ein außergerichtlicher Rechtsbehelf. Das Prozeßrecht kennt konkurrierende Zuständigkeiten mehrerer Gerichtsinstanzen nicht und kann sie wegen des verfassungsrechtlichen Grundsatzes des gesetzlichen Richters (Art. 101 I S. 2 GG) und der Neutralitäts- und Passivitätspflicht des Richters („ne eat judex ex officio")[23]) auch nicht kennen. Dem Verwaltungsverfahrensrecht sind dagegen konkurrierende Zuständigkeiten mehrerer Behörden nicht fremd, wie z. B. das Institut des Selbsteintrittsrechts der höheren Behörde zeigt[24]). Sie sind auch unbedenklich, weil dem Verwaltungsverfahren, auch in der Form des außergerichtlichen Rechtsbehelfsverfahrens, eben nicht die Funktion einer Streitentscheidung durch eine dritte, neutrale Instanz, sondern einer gesetzmäßigen Gestaltung des Verwaltungsrechtsverhältnisses zukommt. Weder die Funktion des Vorverfahrens, eine nochmalige Selbstkontrolle der Verwaltung herbeizuführen, noch seine Entlastungs- und Rechtsschutzfunktion erfordern eine die Abhilfebefugnis der Ausgangsbehörde beendende Anfallwirkung des Devolutiveffekts; im Gegenteil, allen drei Zwecken ist am besten gedient durch eine möglichst rasche, dem Gesetzmäßigkeitsprinzip Rechnung tragende Entscheidung. Dies aber wird am ehesten durch die Annahme einer Zuständigkeitskonkurrenz, reguliert durch das Prioritätsprinzip[25]), garantiert. Es besteht deshalb kein Grund, der Ausgangsbehörde nach Eintritt des Devolutiveffekts die Abhilfebefugnis zu verweigern.

11

---

23) Vgl. *Bettermann*, EvStL, Sp. 2779.
24) Vgl. dazu unten § 42 Rdnr. 11. Zur Zuständigkeitskonkurrenz im Sicherheitsrecht (Art. 6 BayLStVG) vgl. BayVGH v. 25. 3. 1974, BayVBl. 1974, 471 (472).
25) Vgl. *Renck*, DÖV 1973, 265; ebenso *Hofmann*, Festschr. Menger 1985, S. 619; BayVGH, BayVBl. 1987, 466.

§ 26 Die Entscheidung über den Widerspruch und die Struktur des Vorverfahrens

I. Die Entscheidung über die Abhilfe

1   Kraft des gehemmten Devolutiveffekts des Widerspruchs (§§ 72, 73 I S. 1 VwGO) ist also zunächst ausschließlich die Ausgangsbehörde zur Entscheidung über den Widerspruch zuständig. Sie prüft zunächst die Zulässigkeit des Widerspruchs (§ 70 VwGO)[1]) und sodann erneut die Rechtmäßigkeit und Zweckmäßigkeit des VA in vollem Umfang nach (§ 68 I S. 1 VwGO)[2]).

Der *Zweckmäßigkeitsnachprüfung* kommt besondere Bedeutung in Selbstverwaltungsangelegenheiten zu, wenn die nächsthöhere Behörde auf die Rechtmäßigkeitskontrolle beschränkt ist[3]).

2   Der dem VA zugrunde gelegte *Sachverhalt* ist von der Ausgangsbehörde erneut voll nachzuprüfen. Neu vorgetragene Tatsachen sind zu berücksichtigen, der Sachverhalt, falls erforderlich neu aufzuklären[4]). Zwischenzeitlich eingetretene *Rechtsänderungen* zugunsten des WF sind zu berücksichtigen[5]).

Nachteilige Rechtsänderungen können dagegen von der Abhilfebehörde nicht berücksichtigt werden, da die Verwerfungsbefugnis – wie sogleich darzulegen ist – nur der Widerspruchsbehörde zusteht.

Kann ein Dritter durch den Abhilfebescheid beschwert werden, so soll er vor Erlaß des Abhilfebescheides gehört werden (§ 71 VwGO)[6]).

3   Hält die Ausgangsbehörde den Widerspruch für zulässig[7]) und begründet, so hilft sie ihm ab[8]) und entscheidet über die Kosten (§ 72 VwGO)[9]). Ansonsten muß sie den Widerspruch unverzüglich der Widerspruchsbehörde vorlegen[8]), die einen schriftlichen, mit Rechtsbehelfsbelehrung und Kostenentscheidung versehenen Widerspruchsbescheid erläßt (§ 73 VwGO)[10]).

In *Hessen* muß die Abhilfebehörde vor Verweigerung der Abhilfe i. d. R. den Entscheidungsvorschlag eines beratenden Ausschusses einholen[11]).

4   Durch die Vorlage der Sache an die Widerspruchsbehörde wird die Abhilfe-

---

1) Vgl. dazu unten § 29 Rdnr. 1.
2) Hier gelten die gleichen Maßstäbe wie für die Nachprüfung durch die Widerspruchsbehörde; vgl. dazu unten §§ 38 ff.
3) Vgl. dazu unten § 37 Rdnrn. 17 f.
4) Vgl. *RÖ*, § 72, 1; *SDC*, § 72, 1 a.
5) Vgl. dazu unten § 38 Rdnrn. 15 f.
6) Dazu näher unten Rdnr. 12.
7) Vgl. dazu unten § 29 Rdnr. 1.
8) Zur Abfassung des Abhilfebescheides und des Vorlageschreibens vgl. unten § 41 Rdnrn. 15 ff.
9) Vgl. dazu unten §§ 44 ff.
10) Zum Inhalt des Widerspruchsbescheids und zum Verfahren der Widerspruchsbehörde vgl. unten Rdnrn. 11 ff. und §§ 38 ff.
11) Vgl. dazu unten Fußn. 41 und § 37 Rdnr. 23.

befugnis der Ausgangsbehörde nicht beseitigt; sie bleibt für die gesamte Dauer des Widerspruchsverfahrens erhalten (vgl. § 25 Rdnrn. 6 ff., § 45 Rdnr. 10). Die Abhilfebefugnis ist — ebenso wie die Entscheidungsbefugnis über die Kosten[12]) — auch *Pflicht* der Abhilfebehörde, da § 72 VwGO insoweit keinen Entscheidungsspielraum eröffnet[13]).

Nicht haltbar ist deshalb die *Praxis der bayerischen inneren Verwaltung*, in Fällen einer durch den WF zu vertretenden Änderung der Sach- und Rechtslage (etwa durch Einschränkung oder Erweiterung des ursprünglichen, dem VA zugrundeliegenden Antrags) die Ausgangsbehörde anzuhalten, dem Widerspruch nicht abzuhelfen, sondern ihn der Widerspruchsbehörde unter Hinweis darauf vorzulegen, daß sie beabsichtige, den VA im Hinblick auf die veränderte Sach- und Rechtslage aufzuheben[14]). Dies soll den Sinn haben, eine Kostenentscheidung nach § 72 VwGO zugunsten des WF zu vermeiden, da die Aufhebung nach Vorlage an die Widerspruchsbehörde nach Ansicht des BayVGH eine Erledigung[15]) darstellt, die eine flexible Kostenentscheidung ermöglicht. Dies stellt einen Verstoß gegen die Abhilfepflicht des § 72 VwGO und eine Umgehung der als unbefriedigend empfundenen Kostenregelung des Art. 16 AG VwGO (jetzt Art. 80 BayVwVfG) dar[16]).

Die *Abhilfebefugnis* der Ausgangsbehörde ist beschränkt auf die positive Entscheidung zugunsten des WF. Sie kann den angefochtenen VA nur ganz oder teilweise aufheben, den beantragten und abgelehnten VA nur ganz oder teilweise erlassen, nicht aber den Widerspruch als unzulässig oder unbegründet zurückweisen, verwerfen oder gar den ursprünglichen VA zum Nachteil des WF verbösern[17]). 5

Eine *Verwerfungsbefugnis* in diesem Sinne besitzt nur die Widerspruchsbehörde[18]). Eine nach außen wirkende Entscheidungszuständigkeit kommt also der Abhilfebehörde in den Verwerfungsfällen nicht zu[19]). Lehnt sie die Abhilfe ab, ist dies eine *verfahrensinterne Entscheidung*, die in den Akten zu vermerken und nur gegenüber der Widerspruchsbehörde, nicht aber gegenüber dem WF zu verlautbaren ist[20]). Erläßt 6

---

12) Vgl. dazu unten § 44 Rdnrn. 8, 10.
13) Vgl. v. *Mutius*, S. 45; *Kratzer*, BayVBl. 1960, 167; *Renck*, DÖV 1973, 266; *Linhart*, § 20, 25; *Knoke*, S. 295.
14) Vgl. Nr. II 1 c des RdSchr. des BayStMI v. 26. 7. 1965, abgedruckt bei *Birkner/Rott*, S. I/129 ff.; *Linhart*, § 20, 28.
15) Vgl. dazu unten § 27 Rdnr. 2.
16) Wie hier *Linhart*, § 20, 29, der zu Recht darauf hinweist, daß Unbilligkeiten hinsichtlich der Kostenlast in diesen Fällen wegen § 80 I S. 4 VwVfG kaum auftreten können; ebenso neuerdings *Allesch*, S. 151.
17) Eine Reformatio in peius (dazu unten § 40) ist also der Abhilfebehörde verwehrt; vgl. v. *Mutius*, S. 46, Fußn. 97, S. 222; *Freitag*, VerwArch. 1965, 330; *Skouris*, DÖV 1982, 133; *Kopp*, § 72, 3; *Allesch*, S. 148; BremOVG v. 6. 1. 1989, BauR 1989, 191 (193); a. A. *Oerder*, S. 162 ff.
18) Vgl. *Renck*, DÖV 1973, 265; v. *Mutius*, S. 46, 222.
19) Vgl. v. *Mutius*, S. 66.
20) Vgl. *Kopp*, § 72, 3; *SDC*, § 72, 2; v. *Mutius*, S. 205 f.; *K/Busch*, § 79, 6.7.2; *Sachs*, NVwZ 1982, 422; a. A. wohl *Weides*, S. 182 und vor allem *Linhart*, § 13, 4; § 20, 17, der die Mitteilung an den WF — entsprechend § 148 II VwGO — für zweckmäßig hält. Bejaht man die Zulässigkeit einer Verlautbarung gegenüber dem WF, kann sie allenfalls den Charakter einer rein verfahrensrechtlichen Zwischennachricht ohne Regelungsgehalt haben.

dennoch die Abhilfebehörde gegenüber dem WF einen ausdrücklichen Ablehnungsbescheid, bedarf es eines erneuten Widerspruchs nicht, da der Ablehnung keine selbständige rechtliche Bedeutung zukommt, sie vielmehr lediglich den Eintritt des Devolutiveffektes klarstellt und vom bereits anhängigen Widerspruch miterfaßt wird[21]).

7 Hält die Abhilfebehörde den Widerspruch für teilweise begründet, ist sie zum Erlaß eines *Teilabhilfebescheids* nicht verpflichtet[22]).

Eine Abhilfepflicht spricht § 72 VwGO nur für die (Voll-)Abhilfe aus[23]). Dies ergibt sich aus dem Vergleich mit § 113 I S. 1 VwGO, der ausdrücklich auch die Teilaufhebung mit einschließt („soweit"). Die unterschiedliche Behandlung der Voll- und Teilabhilfe rechtfertigt sich daraus, daß die VwGO für den Fall der Teilabhilfe noch einen Bescheid der Widerspruchsbehörde vorsieht und deshalb eine Abhilfepflicht nicht erforderlich ist.

8 Da die Teilabhilfe den Widerspruch nicht verbraucht[24]), wird auch in diesem Fall der gesamte Verfahrensgegenstand bei der Widerspruchsbehörde anhängig. Die Widerspruchsbehörde könnte deshalb den Teilabhilfebescheid aufheben und durch Zurückweisung des Widerspruchs den Ausgangs-VA wiederherstellen. Es wird deshalb i. d. R. zweckmäßig sein, die Teilabhilfe zu unterlassen und den Vorgang mit einer entsprechenden Stellungnahme an die Widerspruchsbehörde weiterzuleiten[25]), zumal auch die Kostenentscheidung erst im Widerspruchsbescheid getroffen werden kann, da erst dieser das Widerspruchs-

---

21) Vgl. *Kopp,* § 72, 7.
22) Vgl. auch *Pietzner,* VerwArch. 1982, 236 Fußn. 22. Wie hier *Linhart,* § 20,18; *Weides,* S. 181 f.; *Allesch,* S. 149; *K/Busch,* § 79, 6.7, 6.7.2; a. A. *RÖ,* § 72, 2; *Ule,* S. 123.
23) Anders freilich § 79 EVwPO, der § 72 VwGO durch das „soweit" ergänzt; die hieraus resultierende Problematik für die Kostenentscheidung (vgl. unten Rdnrn. 8 f.) wird von der Begr. allerdings übersehen (vgl. BT-Drucks. 9/1851, S. 109 f.).
24) Und zwar auch nicht teilweise (so aber *Renck,* DÖV 1973, 265; *Kopp,* § 72, 5), denn weder hat der WF mit der Teilabhilfe sein Verfahrensziel erreicht, noch ist die Widerspruchsbehörde an den Teilabhilfebescheid gebunden, wie sie auch nicht an den Ausgangs-VA gebunden ist. Vgl. weiterhin *Pietzner,* VerwArch. 1982, 234 f. Die gegenteilige Ansicht *Rencks* beruht m. E. zu sehr auf prozeßrechtlichen Vorstellungen, die aus der Verfahrensherrschaft der Prozeßbeteiligten und dem anders gearteten Verhältnis zweier einander übergeordneter Gerichtsinstanzen herrühren dürften. Wie hier *Allesch,* S. 149.
25) Ebenso Nr. 4.1 des RdErl. des NWMdI v. 21. 12. 1960 (SMBl. NW 2010); *Linhart,* § 20, 201; a. A. Nr. 1, 2 (3) des RdErl. des NdsMdI v. 11. 6. 1960 (MBl. S. 386), der eine Pflicht der Ausgangsbehörde zur Abhilfe annimmt und empfiehlt, den alten VA aufzuheben und durch einen neuen zu ersetzen, der seinerseits dem Widerspruch unterliege. Dies führt zu einer Zurückversetzung des Verfahrens in das Stadium des erstinstanzlichen (Ausgangs-)Verwaltungsverfahrens und widerspricht dem Sinn des Abhilfebescheids als Entscheidung in einem Rechtsbehelfsverfahren. *Weides,* S. 182 und *K/Busch,* § 79, 6.7.2 halten dies lediglich für eine Zweckmäßigkeitsfrage.

verfahren endgültig abschließt und erst zu diesem Zeitpunkt sich übersehen läßt, wer im Endergebnis unterliegt[26]).

Über die Kosten des Widerspruchsverfahrens darf die Abhilfebehörde nur entscheiden, wenn sie dem Widerspruch voll abhilft. Bei Teilabhilfe könnte sie von vornherein nur über die Kostenquote entscheiden, die dem Umfang des Obsiegens des WF entspricht, denn eine Verwerfungsbefugnis steht der Abhilfebehörde nicht zu (vgl. oben Rdnr. 6)[27]). Hält man eine Kostenentscheidung bei Teilabhilfe für geboten[28]), würde dies deshalb zwangsläufig zu Kostentrennung und Teilkostenentscheidungen von Abhilfe- und Widerspruchsbehörde führen – ein Ergebnis, das nicht nur unpraktikabel wäre, sondern auch gegen das den §§ 72, 73 III S. 2 VwGO, 80 VwVfG zugrundeliegende *Prinzip der Einheitlichkeit der Kostenentscheidung* verstieße[29]). Insonderheit die mit der Kostenentscheidung zu treffende Entscheidung über die Notwendigkeit der Beiziehung eines Bevollmächtigten (§ 80 III S. 2 VwVfG) kann für das gesamte Widerspruchsverfahren nur einheitlich getroffen werden.

9

Sind *Abhilfe- und Widerspruchsbehörde identisch, entfällt das Abhilfeverfahren*[30]). Abhilfe und Devolutiveffekt sind Institute, die auf das Tätigwerden zweier selbständiger Entscheidungsinstanzen zugeschnitten sind. Sie verlieren ihren Sinn, wenn über den Rechtsbehelf die Erlaßbehörde selbst zu entscheiden hat. Die allein auf den Wortlaut des § 73 I VwGO gestützten Argumente der Gegenansicht gehen an Systematik und Sinn der Regelung vorbei. § 73 I S. 1 VwGO ist – wie § 72 VwGO – am Regelfall des zweistufigen Widerspruchsverfahrens ausgerichtet. Sein Sinn besteht darin, die Voraussetzungen des Devolutiveffekts zu regeln. Kann dieser in Ermangelung einer nächsthöheren Behörde nicht eintreten, geht § 73 I S. 1 VwGO ins Leere, so daß nach der Systematik der §§ 72, 73 VwGO sogleich § 73 I S. 2 VwGO eingreift.

10

§ 367 II S. 3 AO 1977 („Einer Einspruchsentscheidung bedarf es nur insoweit, als die Finanzbehörde dem Einspruch nicht abhilft.") ist eine steuerrechtliche Sondervorschrift. Sie beruht auf der strikten innerbehördlichen Zuständigkeitsverteilung zwischen Veranlagungs- und Rechtsbehelfsstelle, die im Organisationsrecht der inneren Verwaltung keine Entsprechung findet.

---

26) Vgl. BVerwG v. 18. 12. 1975, Buchholz 424.01 § 147 FlurbG Nr. 3 S. 2; v. 15. 2. 1991 – BVerwG 8 C 83, 88 – A. u. S. 11; BayVGH v. 27. 7. 1964, BayVBl. 1965, 65 (67); Nr. II des RdSchr. des BayStMI v. 26. 7. 1965, abgedruckt bei *Birkner/Rott*, S. I/129; *Birkner/Rott*, Art. 11 KG, 8b (S. I/151); *Linhart*, § 20, 198, 201; *Rüter/Oster* S. 21; Nr. 2 AusfErl. Brem. Sen. f. I. (FdSt.: § 44 Rdnr. 13); Nr. 3 Berl. Sen. f. I. (FdSt.: § 44 Rdnr. 13); *RÖ*, § 72, 3 und ausführlich *Pietzner*, VerwArch. 1982, 232 ff.; a. A. BWVGH v. 18. 5. 1981, ESVGH 31, 224 (225); BayVGH v. 25. 3. 1988, BayVBl. 1988, 628 f.; ebenso *Kopp*, § 72, 4; *Renz*, DöV 1991, 138; wohl auch *SG*, Rdnr. 301. Vgl. auch unten § 45 Rdnr. 10.
27) Vgl. *Pietzner*, VerwArch. 1982, 235 f.
28) Vgl. BWVGH, ESVGH 31, 225; *Kopp*, § 72, 5.
29) Vgl. *Pietzner*, VerwArch. 1982, 233 f.
30) Wie hier im Ergebnis *Skouris*, DöV 1982, 132 ff.; *Gailus/Verleger*, Jus 1989, 401; a. A. *Weides*, S. 181; *Kopp*, § 72, 1; *Hufen*, S. 352; wohl auch *SG*, Rdnr. 276.

Bei Identität von Ausgangs- und Widerspruchsbehörde hat deshalb immer ein Widerspruchsbescheid zu ergehen, und zwar auch dann, wenn dem Widerspruch ganz oder teilweise abgeholfen wird[31]).

II. Die Entscheidung der Widerspruchsbehörde

11 Nach erfolgter Vorlage beginnt das Verfahren vor der Widerspruchsbehörde, die von Amts wegen (§ 79 i. V. m. §§ 24 ff. VwVfG), soweit erforderlich, den *Sachverhalt* erneut aufzuklären und grundsätzlich unter Berücksichtigung der zwischenzeitlich eingetretenen *Veränderungen der Sach- und Rechtslage* zu entscheiden hat (näher hierzu unten § 38 Rdnrn. 15 f.).

Soweit die Widerspruchsbehörde den Widerspruch für zulässig und begründet hält, hebt sie auf einen Anfechtungswiderspruch hin den VA auf. Auf einen Verpflichtungswiderspruch hin erläßt sie entweder den beantragten VA selbst oder verpflichtet die Ausgangsbehörde hierzu (näher im einzelnen unten § 42 Rdnrn. 13 ff.).

12 Kann die Aufhebung oder Änderung des VA im Widerspruchsbescheid einen *Dritten* beschweren, so *soll* er vor Erlaß des Widerspruchsbescheides *gehört* werden (§ 71 VwGO). § 43 II SchwbG ordnet als Spezialvorschrift zwingend eine Anhörung des Arbeitgebers und des Schwerbehinderten an.

Die Verletzung der Anhörungspflicht macht den Widerspruchsbescheid zwar nicht nichtig[32]), stellt aber einen wesentlichen Verfahrensmangel dar, der zur isolierten Anfechtung des Widerspruchsbescheids berechtigt (§ 79 II S. 2 VwGO)[33]) und jedenfalls dann zur Aufhebung führt, wenn eine andere Entscheidung in der Sache hätte getroffen werden können (§ 79 II S. 2 VwGO), wie typischerweise bei Ermessensentscheidungen[34]).

Rechtliches Gehör ist auch und erst recht dem WF zu gewähren (§ 79 i. V. m. § 28 VwVfG)[35]).

Soweit dies nicht gesetzlich geregelt ist, folgt der Anspruch auf rechtliches Gehör zwar nicht als Grundrecht aus Art. 103 I GG, der unmittelbar nur für das rechtliche Gehör

---

31) Auch BVerwG v. 18. 5. 1982, BVerwGE 65, 313 (318) scheint dieser Auffassung zu sein; es spricht von einer Stattgabe durch Widerspruchsbescheid gem. § 73 i. V. m. § 72 VwGO. Vgl. auch BVerwG v. 20. 7. 1984, BVerwGE 70, 4 (12): jedenfalls eine vorgeschaltete Nichtabhilfeentscheidung ist überflüssig, es hat sofort ein Widerspruchsbescheid zu ergehen.
32) Vgl. BayVGH v. 1. 10. 1974, BayVBl. 1975, 142.
33) Vgl. BVerwG v. 1. 10. 1963, DVBl. 1965, 26 (28 f.); BayVGH, BayVBl. 1975, 142; BremOVG v. 5. 11. 1982, NJW 1983, 1869; *EF,* § 71, 2; *RÖ,* § 71, 2; *Kopp,* § 71, 6.
34) Vgl. BVerwG, DVBl. 1965, 28 f.; v. 29. 8. 1986, NVwZ 1987, 215; BremOVG, NJW 1983, 1869; v. 16. 11. 1982, ZfSH/SGB 1984, 23 (24); *Kopp,* § 71, 8; *EF,* § 71, 2; *SG,* Rdnr. 287; *Allesch,* S. 200 ff. und § 24 Rdnr. 19, § 38 Rdnrn. 13 f.
35) Vgl. BVerwG, NVwZ 1987, 215; BremOVG, ZfSH/SGB 1984, 24; BWVGH v. 6. 4. 1987, VBlBW 1988, 18 f. und § 40 Rdnr. 31.

vor Gericht gilt[36]), wohl aber als allgemeiner Grundsatz rechtsstaatlichen Verwaltungshandelns aus Art. 20 III, 28 I GG[37]).

In der *Ausgestaltung des Verfahrens* ist die Widerspruchsbehörde wie die Ausgangsbehörde, soweit keine besonderen Rechtsvorschriften bestehen, grundsätzlich frei (§ 79 i. V. m. § 10 VwVfG). Fehlt eine besondere Regelung des rechtlichen Gehörs, genügt es, wenn der Betroffene Gelegenheit hatte, sich schriftlich an die entscheidenden Stellen zu wenden[38]). Ein Anspruch, persönlich in mündlicher Verhandlung gehört zu werden, besteht grundsätzlich nicht[38]).

Ansonsten ist das rechtliche Gehör in der gesetzlich vorgeschriebenen Form zu gewähren, in mündlicher Verhandlung also, wenn eine solche als Voraussetzung des das Widerspruchsverfahren abschließenden Bescheids vorgeschrieben ist[39]), wie z. B. grundsätzlich vor den Rechtsausschüssen in Rheinland-Pfalz und dem Saarland. 13

Die *mündliche Verhandlung* wird im Prinzip hier in Analogie zum gerichtlichen Verfahren abgewickelt und durchläuft i. d. R. folgende Verfahrensstufen[40]):
a) Aufruf der Sache,
b) Feststellung der Anwesenheit,
c) Sachvortrag durch den Vorsitzenden,
d) Ausführungen des Widerspruchsführers,
e) Ausführungen des Widerspruchsgegners,
f) Beweisaufnahme,
g) Würdigung der Beweisaufnahme,
h) geheime Beratung und Abstimmung,
i) Verkündung der Entscheidung mit kurzer mündlicher Begründung.

Schreibt ein Gesetz die *Mitwirkung oder Anhörung einer anderen Behörde* oder Stelle vor Erlaß des Widerspruchsbescheids vor, 14

vgl. etwa § 6 HessAGVwO und dazu unten § 37 Rdnr. 23 sowie § 114 II BSHG,

nach dem vor Erlaß des Widerspruchsbescheids sozial erfahrene Personen beratend zu beteiligen sind,

---

36) Vgl. BayVGH v. 30. 11. 1972, BayVBl. 1973, 71.
37) Vgl. BVerwG, DVBl. 1965, 28; v. 12. 11. 1975, NJW 1976, 588; HambgOVG v. 15. 11. 1973, MDR 1974, 697; *v. Mutius*, S. 204 f.; *Badura*, in: *Erichsen/Martens*, Allg. VerwR, § 40 II 3; *Feuchthofen*, DVBl. 1984, 172.
38) BVerwG v. 14. 1. 1965, BVerwGE 20, 160 (166); v. 10. 3. 1971, BVerwGE 37, 307 (309); HambgOVG, MDR 1974, 697.
39) HambgOVG, MDR 1974, 697. Mündliche Verhandlung ist in Hamburg für die Verhandlung der Widerspruchsausschüsse nicht zwingend vorgeschrieben. Hat der Widerspruchsausschuß mündlich verhandelt und zieht der Bezirksamtsleiter mittels seines Evokationsrechts (s. dazu § 37 Fußn. 43) die Sache zur Entscheidung an sich, muß er den WF auf die Überleitung der Widerspruchssache in das schriftliche Verfahren hinweisen und ihm eine angemessene Frist zur abschließenden Äußerung gewähren (HambgOVG, MDR 1974, 697 f. und § 12 III VO – vgl. § 37 Rdnr. 22).
40) Vgl. *Glienicke*, BWVPr. 1974, 218.

stellt die Verletzung dieser verfahrensrechtlichen Beteiligungspflicht i. d. R. einen wesentlichen Verfahrensmangel i. S. des § 79 II VwGO dar[41]).
Verwaltungsvorschriften sind allerdings keine wesentlichen Verfahrensvorschriften i. S. des § 79 II S. 2 VwGO (BVerwG v. 9. 5. 1985, BVerwGE 71, 251/255).

Der *Widerspruchsbescheid* selbst ist schriftlich zu erlassen, zu begründen, mit einer Rechtsbehelfsbelehrung zu versehen und zuzustellen. Er bestimmt auch, wer die Kosten trägt (§ 73 III VwGO).

Näheres unten §§ 42 ff. Zum Anspruch auf einen Widerspruchsbescheid oben § 24 Rdnr. 18.

III. Die Struktur des Vorverfahrens

15   Hilft die Ausgangsbehörde dem Widerspruch in vollem Umfange ab, hat der WF sein Verfahrensziel erreicht. Der Widerspruch ist „verbraucht"[42]). Der Devolutiveffekt tritt nicht ein. Die Widerspruchsbehörde wird mit der Angelegenheit nicht (mehr) befaßt[43]). § 72 VWGO läßt demnach keinen Zweifel daran, daß auch der Abhilfebescheid eine Entscheidung über den Widerspruch, mithin ebenso wie der Widerspruchsbescheid eine Entscheidung im Vorverfahren nach der VwGO darstellt, die zunächst den Regelungen der §§ 68 ff. VwGO[44]) und nur subsidiär denen des allgemeinen Verwaltungsverfahrensrechts unterliegt (§ 79 VwVfG). Zwar bezeichnet die VwGO nur den Bescheid der Widerspruchsbehörde ausdrücklich als Widerspruchsbescheid (§ 73 VwGO)[45]). Daraus läßt sich aber nicht der Schluß ziehen, das Abhilfeverfahren sei ein dem eigentlichen förmlichen Widerspruchsverfahren vorgeschaltetes formloses, Läuterungszwecken dienendes Zwischenverfahren[46]) und deshalb sachlich dem allgemeinen, auf Erlaß des VA hinzielenden Verwaltungsverfahren zuzuordnen[46]), denn eine solche Differenzierung ist mit Wortlaut und Systematik der

---

41) Vgl. BVerwG v. 2. 6. 1965, BVerwGE 21, 208 (210); v. 11. 10. 1984, BVerwGE 70, 196 (199 ff.) und HessVGH v. 21. 7. 1966, MDR 1967, 245 zu § 114 II BSHG. Vgl. §§ 9 Rdnr. 17, § 24 Rdnr. 19. Verstößen gegen die in § 6 HessAGVwGO vorgeschriebene Ausschußanhörung spricht HessVGH v. 29. 4. 1986, NJW 1987, 1096 f. jegliche Beachtlichkeit i. S. des § 79 II VwGO ab, weil das Anhörungsverfahren durch Landesrecht „außerhalb der Ermächtigung des § 73 II VwGO" eingeführt worden sei. Das überzeugt nicht; landesrechtliche Konkretisierungen des rechtlichen Gehörs im Widerspruchsverfahren sind m. E. zulässig.
42) Vgl. BVerwG v. 4. 2. 1981, Buchholz 310 § 73 VwGO Nr. 19; BayVGH v. 10. 1. 1983, BayVBl. 1983, 530.
43) Vgl. Nr. 1 des RdSchr. des BayStMI v. 26. 7. 1965, abgedruckt bei *Birkner/Rott*, S. I/129; BayVGH v. 27. 7. 1964, BayVBl. 1965, 65 (67); *Renck*, DÖV 1973, 265.
44) So richtig *Renck*, DÖV 1973, 265; *v. Mutius*, S. 66.
45) Zur Frage, ob ein durch den Abhilfebescheid beschwerter WF oder Dritter ein erneutes Vorverfahren durchführen muß, vgl. unten § 31 Rdnrn. 24 f.
46) So aber *Weides*, S. 180 f.; wohl auch BWVGH, ESVGH 31, 225; OVG Lüneburg v. 27. 10. 1989, NVwZ 1990, 675.

§§ 68 ff. VwGO unvereinbar. Die VwGO kennt die Begriffe Abhilfeverfahren und Widerspruchsverfahren nicht, sondern nur ein einheitliches Vorverfahren (§§ 68 I S. 1, 69)[47]). Nicht die Abhilfeverweigerung leitet das Widerspruchsverfahren ein[48]), sondern die Erhebung des Widerspruchs (§ 69 VwGO)[49]). Die Abhilfeverweigerung hat lediglich zuständigkeitsaktualisierende Wirkung (§ 73 I S. 1).

Beide Behörden werden demnach zu einem einheitlichen verfahrensmäßigen Zweck, der Verbescheidung des Rechtsbehelfs „Widerspruch" tätig[50]). Für beide Behörden gelten einheitliche Verfahrensnormen[51]). Die Abhilfebehörde hat wie die Widerspruchsbehörde die Rechtmäßigkeit und Zweckmäßigkeit des VA (§ 68 I S. 1 VwGO) sowie die Einhaltung der Formvorschriften (§ 70 I VwGO) nachzuprüfen. Das Verfahren vor Erlaß des Widerspruchsbescheids ist allenfalls insoweit förmlicher ausgestaltet, als § 71 VwGO die Anhörung eines möglicherweise beschwerten Dritten nur vor Erlaß des Widerspruchsbescheids ausdrücklich anordnet. Da aber § 71 VwGO systematisch vor den §§ 72, 73 VwGO steht, läßt sich durchaus argumentieren, daß die VwGO unter Widerspruchsbescheid *hier* auch den Abhilfebescheid meint. Selbst wenn man dem nicht folgen und mit der überwiegenden Meinung den § 71[52]) nur analog anwenden wollte, bestünden im Ergebnis jedenfalls keine unterschiedlichen Anforderungen an die Förmlichkeit des Vorverfahrens. Nur der Abschluß des Vorverfahrens ist von unterschiedlicher Förmlichkeit; nur der Widerspruchsbescheid ist nach § 73 III zu begründen und mit einer Rechtsbehelfsbelehrung versehen zuzustellen. Dies beruht indes darauf, daß die VwGO in § 72 VwGO offensichtlich nur den Regelfall bedacht hat, in dem es einer Regelung nach Art des § 73 III nicht bedarf, weil die Entscheidung über die Verweigerung der Abhilfe keine Außenwirkung hat und der positive Abhilfebescheid den WF im Regelfall nicht beschwert[53]). Enthält dagegen der Abhilfebescheid eine Beschwerde für einen Dritten oder für den WF (Kostenentscheidung!), liegt jedenfalls dann eine, durch analoge Anwendung des § 73 III VwGO zu schließende Regelungslücke vor[54]), wenn man – wie nach hier vertretener Auffas-

16

---

47) Vgl. *Theis*, Das Widerspruchsverfahren nach der VwGO, jur. Diss. Frankfurt/M. 1967, S. 91; *v. Mutius*, S. 65 ff.; *Renck*, DÖV 1973, 265; *Pietzner*, VerwArch. 1982, 236 f.; *Allesch*, S. 75; vgl. auch BVerwG v. 31. 1. 1968, BVerwGE 29, 99.
48) So aber wohl *Weides*, S. 181.
49) Vgl. aber *v. Mutius*, S. 66 f.
50) Vgl. *Renck*, DÖV 1973, 265.
51) Vgl. *Renck*, DÖV 1973, 265; *v. Mutius*, S. 65 ff.; *K/Busch*, § 79, 6.7.
52) Vgl. *RÖ*, § 71, 2; *SDC*, § 71, 2 d; *v. Mutius*, S. 66. Bei Anwendung des § 79 i. V. m. § 28 VwVfG (so *Weides*, S. 182; *Skouris*, DÖV 1982, 135) ergibt sich dasselbe Ergebnis.
53) Vgl. *v. Mutius*, S. 66.
54) Vgl. auch *Weides*, S. 182; *SDC*, § 72, 1 b; *Renck*, DÖV 1973, 266; *Skouris*, DÖV 1982, 135.

sung – auch für den Abhilfebescheid § 68 I S. 2 Nr. 2 VwGO anwendet und ein erneutes Vorverfahren nicht für erforderlich hält[55]).

Seiner Struktur nach ist demnach das Vorverfahren ein einheitliches förmliches Rechtsbehelfsverfahren im Bereich der Verwaltung. Es zerfällt nicht in zwei unterschiedlich zu beurteilende Verfahrensabschnitte.

---

55) Vgl. dazu unten § 31 Rdnrn. 24 f.

§ 27 Beendigung des Vorverfahrens

I. Abhilfebescheid

1. Abhilfebescheid und Widerspruchsbescheid

Das Vorverfahren endet im Regelfall mit dem Zugang des *Abhilfebescheids*, wenn dieser dem Widerspruchsbegehren voll *stattgibt* (vgl. dazu § 26 Rdnr. 15), ansonsten mit der Zustellung des *Widerspruchsbescheids*. Für den Zeitraum nach verweigerter Abhilfe, in dem Abhilfe- und Widerspruchsbehörde konkurrierend zuständig sind (vgl. oben § 25 Rdnrn. 6, 11), gilt nichts anderes. Die Verfahrensbeendigung richtet sich nach dem Prioritätsprinzip: Die zuerst ergehende Entscheidung beendet, auch mit Wirkung gegenüber der anderen Behörde, das Vorverfahren und führt es förmlich zum Abschluß[1]). Folglich hat auch die zuerst entscheidende Behörde über die Kosten zu entscheiden (vgl. dazu unten § 45 Rdnrn. 9 f.).

Die bereits mehrfach berichtete gegenteilige *Praxis in Bayern*, die für den Fall der nachträglichen Abhilfe, also nach Vorlage des Widerspruchs annimmt, das (ausschließlich) bei der Widerspruchsbehörde anhängige Widerspruchsverfahren habe sich erledigt und bedürfe eines förmlichen Abschlusses durch Erledigungsfeststellung und Kostenentscheidung seitens der Widerspruchsbehörde[2]), beruht auf einem unzutreffenden, dem gerichtlichen Rechtsmittelrecht entlehnten Verständnis des Devolutiveffekts (vgl. oben § 25 Rdnrn. 7 ff.) und auf der irrigen, von der VwGO nicht gedeckten Vorstellung eines zweiteiligen, in Abhilfe- und „eigentliches Widerspruchsverfahren" gegliederten Vorverfahrens (vgl. oben § 26 Rdnr. 15).

Die Entscheidung der Abhilfebehörde ist wie die der Widerspruchsbehörde eine Entscheidung über den Widerspruch (vgl. oben § 26 Rdnr. 15) und bringt das Vorverfahren förmlich zum Abschluß. Eine Erledigung kann hierin bereits per definitionem nicht gesehen werden[3]).

2. Abhilfebescheid und Rücknahme (Widerruf) „außerhalb des Vorverfahrens"

Keine Abhilfe, sondern eine *Rücknahme außerhalb des Widerspruchsverfahrens* liegt vor, wenn die Ausgangsbehörde, sei es aus eigenem Entschluß oder

---

1) Vgl. ausführlich *Renck*, DÖV 1973, 265 f.
2) Vgl. Nr. II 1 der Entschl. des BayStMdI v. 26. 7. 1965; BayVGH, BayVBl. 1965, 67 mit zustimm. Anm. *Kratzer*; BayVGH v. 24. 10. 1974, abgedruckt bei *Birkner/Rott*, S. I/150; zuletzt BayVGH v. 10. 5. 1979, BayVBl. 1979, 506 ff.; wie hier neuerdings *Linhart*, § 20, 173.
3) Vgl. *Renck*, DÖV 1973, 266; *Rüter/Oster*, S. 44 und § 45 Rdnr. 10.

auf Weisung der Aufsichtsbehörde, einen als rechtswidrig erkannten VA aus nicht widerspruchsbezogenen Erwägungen aufhebt oder ändert[4])
Erweist sich z. B. die vom Nachbarn angefochtene Baugenehmigung als objektiv rechtswidrig, sind aber nachbarschützende Normen nicht verletzt, kommt lediglich eine Rücknahme nach etwaigen Spezialvorschriften der LBauO oder nach § 48 VwVfG, nicht aber eine Abhilfe nach § 72 VwGO in Betracht[5]). Ebensowenig stellt es eine Abhilfe dar, wenn die Behörde bei Doppelanfechtung ein und desselben VA diesen auf Widerspruch des einen hin aufhebt, den des anderen aber unbeschieden läßt, weil er mangels Rechtsbetroffenheit des WF unzulässig ist[6]).

Ebenfalls keine Abhilfe sieht das BVerwG im Widerruf des mit Widerspruch angefochtenen Einberufungsbescheids, weil der WF nachträglich als Kriegsdienstverweigerer anerkannt worden ist und sich das Widerspruchsverfahren über die Einberufung erledigt habe[7]).

Von einem Aufhebungs- oder Änderungsbescheid außerhalb des Widerspruchsverfahrens unterscheidet sich der Abhilfebescheid durch seinen Charakter als *Rechtsbehelfsbescheid*. Seine Eigenart besteht darin, daß er über einen Rechtsbehelf und den mit diesem verfolgten materiellen Anspruch entscheidet. Hieraus ergeben sich in Voraussetzungen und Rechtsfolgen folgende Unterschiede:

4 a) Aufhebung oder Änderung gem. den §§ 48 ff. VwVfG dienen nicht dem Rechtsschutz des Bürgers, sondern allein der Wahrung der Gesetzmäßigkeit sowie der Zweckmäßigkeit der Gestaltung des Verwaltungsrechtsverhältnisses. Sie sind in diesem Sinne nicht widerspruchsbezogen. Erlaßvoraussetzung ist allein die objektive Rechts- oder Zweckwidrigkeit. § 72 VwGO bindet dagegen die Abhilfe daran, daß der Widerspruch zulässig und begründet ist, fordert also zusätzlich *subjektive Rechts- oder Zweckwidrigkeit*[8]).

5 b) Anders als die §§ 48 ff. VwVfG gewährt § 72 VwGO weder Ermessen noch Vertrauensschutz, sondern *verpflichtet* die Ausgangsbehörde zur Abhilfe[9])

---

4) Vgl. BVerwG v. 29. 10. 1968, DÖV 1969, 142 (143); v. 29. 3. 1979, Buchholz 310 § 72 VwGO Nr. 9 S. 3 f.; v. 17. 1. 1986, NVwZ 1986, 475; BWVGH v. 15. 1. 1981, AnwBl. 1981, 245 ff.; BayVGH v. 12. 2. 1982, BayVBl. 1982, 439 f.; OVG Lüneburg v. 7. 2. 1986, DVBl. 1986, 695 (697); Linhart, § 20, 21 ff.; StBL, § 48, 43 ff.; Kopp, § 72, 8; Allesch, S. 148; Knoke, S. 299 f.
5) Vgl. BWVGH, AnwBl. 1981, 245 ff. Vgl. auch den von BVerwG v. 18. 5. 1982, BVerwGE 65, 313 ff. entschiedenen immissionsschutzrechtlichen Fall (Verschärfung einer Auflage auf unzulässigen Nachbarwiderspruch).
6) Vgl. BVerwG v. 23. 2. 1982, NJW 1982, 1827 für den unzulässigen Widerspruch des Frachtschuldners gegen die Überleitung der tariflichen Nachforderung auf die BA für den Güterfernverkehr gem. § 23 III GüKG, wenn die Überleitungsanzeige auf den Widerspruch der Transportfirma hin aufgehoben wird.
7) BVerwG, NVwZ 1986, 475.
8) Vgl. BVerwGE 65, 318 f.; BayVGH v. 22. 6. 1982, BayVBl. 1983, 212 (213 ff.) und § 29 Rdnr. 1, § 38 Rdnr. 1. Zustimmend *Meister*, DÖV 1985, 148.
9) Vgl. § 26 Rdnr. 4 sowie *Schenke*, DÖV 1983, 323; BayVGH, BayVBl. 1983, 213 f.; StBL, § 48, 45; § 50, 5; *Meister*, DÖV 1985, 148; *Knoke*, S. 295 f.

ohne Rücksicht auf Vertrauensschutzinteressen eines begünstigten Dritten, wenn der Widerspruch zulässig und begründet ist. Diese Gebundenheit der Abhilfeentscheidung resultiert aus dem Rechtsschutzzweck der Abhilfe und dem vom WF mit seinem Rechtsschutzbegehren verfolgten Anspruch[10]). Wegen dieser Bindung stellt § 50 VwVfG die Behörde von den Vertrauensschutzeinschränkungen der §§ 48, 49 VwVfG frei, wenn ein begünstigender VA auf Drittwiderspruch hin aufgehoben wird, soweit dadurch dem Widerspruch abgeholfen wird.

Der Schutzzweck des § 50 VwVfG rechtfertigt diese Freistellung jedoch nur, soweit der Rechtsschutz des Dritten dies erfordert. Der Widerspruch des Dritten muß deshalb *zulässig*[11]) und *begründet*[12]) sein, und nur soweit er dies ist, muß der Vertrauensschutz des Begünstigten zurücktreten. Auf die subjektive Sicht der Behörde, das Für-Zulässig- oder Begründet-Halten[13]), kann es angesichts des Zwecks des § 50 VwVfG, die Rechtssphären des Begünstigten und des Belasteten gegeneinander abzugrenzen, nicht ankommen[12]). Nicht widerspruchsbezogene Aufhebungsgründe können die Anwendung des § 50 VwVfG nicht rechtfertigen, denn die Widerspruchsbezogenheit ist dem auch in § 50 VwVfG verwendeten Begriff der Abhilfe immanent (vgl. oben Rdnrn. 3 f.; a. A. NWOVG, NVwZ 1989, 73; Meyer/Borgs, § 50, 14). 6

c) Der Abhilfebescheid ist nach § 72 VwGO beschränkt auf die Entscheidung *zugunsten* des WF[14]). Will die Erlaßbehörde ihren angefochtenen AusgangsVA zu Lasten des WF verschärfen, ändern oder ersetzen, kann sie dies nur nach den §§ 48 ff. VwVfG oder diesen entsprechenden Spezialregelungen[15]). 7

---

10) Vgl. oben § 25 Rdnr. 10.
11) H. M.: Vgl. BVerwG v. 4. 8. 1982, NVwZ 1983, 285; v. 15. 2. 1990, NVwZ 1990, 857; NWOVG v. 25. 4. 1988, OVGE 40, 68 (69) = NVwZ 1989, 72; *Kopp*, VwVfG, § 50, 10; *K/Klappstein*, § 50, 4.1; *Meyer/Borgs*, § 50, 11; *Lange*, Jura 1980, 463 f.; *Erichsen* in: *Erichsen/Martens*, Allg. VerwR, § 18 a II 2, S. 276; *Schenke*, DÖV 1983, 324; *Gusy*, GewArch. 1988, 325; *Knoke*, S. 306 ff.; a. A. *Ule/Laubinger*, § 64 I 2 c: Zulässigkeit und Begründetheit spiele keine Rolle; ähnlich StBL, § 50, 64: der Rechtsbehelf dürfe nicht evident unzulässig oder evident unbegründet sein.
12) BVerwG, NVwZ 1990, 857; *Lange*, Jura 1980, 463 f.; *Erichsen*, a. a. O., S. 276; *Knoke*, S. 308 ff.; a. A. ausdrücklich *Ule/Laubinger*, a. a. O.; *Meyer/Borgs*, § 50, 12 ff.; *Schenke*, DÖV 1983, 328; NWOVG, OVGE 40, 71 f. = NVwZ 1989, 73; offengelassen von BVerwGE 65, 321 f.: Voraussetzung sei zumindest, daß die Behörde „bei verständiger Würdigung des klägerischen Vorbringens von einem Erfolg des Rechtsmittels ausgehen kann" (so *Schmidt-Aßmann*, in: Festgabe 25 Jahre BVerwG 1978, 583); ebenso *Kopp*, VwVfG, § 50, 10; weitergehend StBL, § 50, 64: Rechtsbehelf darf nicht offensichtlich unbegründet sein. Daß auch rechtmäßige VAe unter § 50 VwVfG fallen, spricht entgegen *Ule/Laubinger* und NWOVG, NVwZ 1989, 73 nicht gegen die hier vertretene Ansicht, denn die Widerspruchsbehörde kann auch rechtmäßige VAe aus Zweckmäßigkeitserwägungen aufheben, und der WF hat Anspruch auf diese Prüfung.
13) So wohl *Schmidt-Aßmann*, a. a. O., S. 583; *Knoke*, S. 309 f.
14) Vgl. oben § 26 Rdnr. 5; zustimmend *Meister*, DÖV 1985, 149.
15) Vgl. BayVGH, BayVBl. 1982, 439 f. für den Fall einer Ersetzung des AusgangsVA durch einen verschärften neuen Herstellungskostenbescheid. Vgl. auch BVerwGE 65, 313 ff. für die Verschärfung einer Auflage nach dem BImSchG.

§ 27 I 2 Beendigung des Vorverfahrens

Ein solcher Änderungsbescheid führt, da er keine Teilabhilfe beinhaltet, weder zu einer Beendigung noch zu einer Erledigung des Widerspruchsverfahrens, sondern allein zu einer Änderung des Verfahrensgegenstandes: Der geänderte VA wird entsprechend § 79 I Nr. 1 VwGO Gegenstand des Widerspruchsverfahrens[16]).

8   d) Der Abhilfebescheid *beendet* in der Reichweite seines Regelungsgehalts das Widerspruchsverfahren, Rücknahme oder Widerruf des VA außerhalb des Widerspruchsverfahrens führen dagegen lediglich zur *Erledigung* der Hauptsache. Es bedarf eines entsprechenden Abschlusses des Widerspruchsverfahrens, sei es durch Verfahrenseinstellung wegen Erledigung oder Entscheidung über einen Fortsetzungsfeststellungswiderspruch[17]).

9   e) Der Abhilfebescheid ist mit einer *Kostenlastentscheidung* zu versehen, die über den Erstattungsanspruch des WF dem Grunde nach zu entscheiden hat (§ 72 VwGO i. V. m. § 80 VwVfG)[18]). Die Aufhebung oder Änderung außerhalb des Vorverfahrens führt dagegen in aller Regel nicht zu einer Kostenerstattung, denn Kosten im Verwaltungsverfahren sind – von wenigen spezialgesetzlichen Ausnahmen abgesehen[19]) – nicht erstattungsfähig, und die Vorschriften über die Kostenerstattung im Vorverfahren erfassen – mit Ausnahme von Art. 80 I S. 5 BayVwVfG – den Fall der Erledigung nicht[20]).

10   § 80 I S. 1 VwVfG ist zwar insoweit bewußt undifferenziert und voraussetzungslos formuliert, als er weder darauf abstellt, ob dem Widerspruch aus Recht- oder Zweckmäßigkeitserwägungen stattgegeben worden ist, noch, in welchem Stadium des Widerspruchsverfahrens dieser Erfolg eingetreten ist. Vorausgesetzt wird aber, daß der Widerspruch erfolgreich war, mithin, daß über den Widerspruch entschieden worden ist und diese Entscheidung zugunsten des WF ausgefallen ist[21]). Diese Voraussetzung vermag eine Aufhebung des VA, die unabhängig vom Widerspruch erfolgt, nicht dem Rechtsschutz des WF, sondern allein der Wahrung der objektiven Gesetzmäßigkeit bzw. Zweckmäßigkeit dient und in diesem Sinne nicht widerspruchsbezogen ist, nicht zu erfüllen. Der Ausschluß einer Kostenerstattung in diesen Fällen ist auch sachgerecht. Sinn des § 80 I S. 1 VwVfG ist es, den sich aus den Prinzipien der Wirksamkeit auch rechtswidriger VAe (§ 43 VwVfG) und der Bestandskraft (Unanfechtbarkeit) nach Ablauf der Rechtsbehelfsfristen (§§ 70, 74, 58 VwGO) ergebenden Zwang zur Rechtsbehelfseinlegung auf der finanziellen Ebene auszugleichen und erträglich zu halten.

---

16) BVerwG v. 25. 3. 1981, BVerwGE 62, 80 (81 ff.); vgl. auch BFH v. 4. 2. 1976, BFHE 119, 168 (171 f.); v. 19. 1. 1977, BFHE 121, 421 (423); a. A. BayVGH, BayVBl. 1982, 440 für den Fall einer Ersetzung. In § 86 I SGG ist dies ausdrücklich angeordnet. § 80 EVwPO will dies übernehmen, aber davon abhängig machen, daß der WF nicht widerspricht.
17) Vgl. unten § 42 Rdnrn. 33 ff.
18) Vgl. unten § 44 Rdnr. 4, § 46 Rdnr. 13.
19) Vgl. z. B. § 48 II BLG, § 19 VIII WPflG, § 18 ZDG, § 12 KDVG. Vgl. BWVGH v. 11. 5. 1981, VBlBW 1982, 196. Vgl. auch § 24 Fußn. 23.
20) Vgl. unten § 46 Rdnrn. 10 ff.
21) Vgl. BVerwG v. 11. 5. 1981, BVerwGE 62, 201 (203 f.); v. 10. 6. 1981, Buchholz 316 § 80 VwVfG Nr. 6; v. 23. 2. 1982, NJW 1982, 1827.

Dieses Ausgleichs bedarf es nicht, wenn sich der WF unzulässigerweise zum Sachwalter der Allgemeinheit aufschwingt, seine Rechte nicht form- oder fristgerecht wahrt oder sich von vornherein unter Verzicht auf seinen materiellen Aufhebungsanspruch auf einen formlosen Rechtsbehelf beschränkt.

f) *Zuständig* für die Aufhebung eines VA außerhalb des Widerspruchsverfahrens ist die im Zeitpunkt der Aufhebung nach § 3 VwVfG zuständige Behörde, nach Unanfechtbarkeit sogar unabhängig davon, ob sie den aufzuhebenden VA erlassen hat oder nicht (§§ 48 V, 49 IV VwVfG). Die Abhilfe gem. § 72 VwGO erfolgt dagegen immer durch Erlaßbehörde. 11

Der nächsthöheren Behörde kommt eine Zuständigkeit zu Aufhebung oder Änderung eines erstinstanziellen VA grundsätzlich nur innerhalb des Vorverfahrens kraft des Devolutiveffekts des Widerspruchs zu. Auch hier ist Voraussetzung, daß der Widerspruch zulässig und begründet ist. Im übrigen ist die nächsthöhere Behörde – ebenso wie bei der Aufsichtsbeschwerde – auf die Inanspruchnahme ihrer Aufsichtsmittel beschränkt. Sie kann die Erlaßbehörde zur Aufhebung anweisen, regelmäßig aber nicht selbst den VA aufheben oder ändern (vgl. unten § 42 Rdnrn. 10 ff.). Nur wenn im Einzelfall die Widerspruchsbehörde neben ihrer Befugnis als Rechtsbehelfsbehörde gleichzeitig erstinstanzielle Zuständigkeiten besitzt, kann sie von diesen – unabhängig von der Zulässigkeit und Begründetheit des Widerspruchs – Gebrauch machen. 12

Wegen der unterschiedlichen Rechtsfolgen ist es zur Vermeidung von Unklarheiten erforderlich, daß die Ausgangsbehörde in ihrem Bescheid *klarstellt,* ob sie einen Abhilfe- oder Rücknahme-(Widerrufs-)Bescheid erlassen will[22]). 13

Im Regelfall wird es sich empfehlen, zuerst über den Widerspruch zu entscheiden oder die Entscheidung der nächsthöheren Behörde abzuwarten und dann den VA aufzuheben oder zu ändern. Bei umgekehrter Reihenfolge könnte der Rücknahme- oder Widerrufsbescheid leicht als Abhilfe mißverstanden werden und den WF verleiten, Kostenerstattung zu beanspruchen. Deklariert die Behörde eine Abhilfeentscheidung fälschlicherweise als Rücknahmeentscheidung, etwa um der Kostenerstattungslast zu entgehen, ist der WF nicht rechtsschutzlos. Er kann gegen die auch bei Einstellung des Widerspruchsverfahrens erforderliche Kostenlastentscheidung vorgehen und rügen, daß sie nach § 80 I S. 1 VwVfG hätte getroffen werden müssen, weil in Wahrheit seinem Widerspruch abgeholfen worden sei[23]).

---

22) Vgl. *StBL*, § 48, 44. Ein „Wahlrecht" hat die Ausgangsbehörde hierbei freilich nicht (insoweit hat uns *Knoke*, S. 299, mißverstanden); denn wenn die Voraussetzungen des Abhilfebescheides vorliegen, *muß* die Behörde ihn erlassen (oben Rdnr. 5) und kann sich dieser Pflicht auch nicht durch „Falschetikettierung" entziehen.

23) Vgl. BWVGH, AnwBl. 1981, 246; ähnlich *Meister*, DÖV 1985, 149 f. Dies verkennt *Trzaskalik*, JZ 1983, 418. „Entziehen" kann sich die Abhilfebehörde also einer Kostenerstattung nach § 80 VwVfG durch „Falschetikettierung" des Aufhebungsbescheids – wie *Knoke*, S. 299, argwöhnt – nicht (vgl. auch Fußn. 22).

II. Widerspruchsbescheid

14 Mit der wirksamen Zustellung des Widerspruchsbescheides wird das Widerspruchsverfahren förmlich abgeschlossen[24]).

Wird der Widerspruchsbescheid durch ein Gericht aufgehoben (vgl. oben § 24 Rdnr. 19), bewirkt dies nur dann eine *Wiedereröffnung des Vorverfahrens*, wenn die Aufhebung der Sache nach eine Zurückverweisung an die Widerspruchsbehörde enthält, wie z. B. bei Aufhebung wegen eines wesentlichen Verfahrensmangels bei VAen nach Ermessen oder in Ausübung einer Beurteilungsermächtigung. In diesen Fällen ist die Widerspruchsbehörde verpflichtet, nach Maßgabe des für sie geltenden Rechts und unter Beachtung der Rechtsauffassung des Gerichts über den Widerspruch erneut zu entscheiden (vgl. § 115 VwGO)[25]). Wird dagegen z. B. ein Widerspruchsbescheid wegen materieller Rechtswidrigkeit isoliert angefochten und unterliegt der AusgangsVA, weil er sich nach zwingendem Recht beurteilt, der vollen gerichtlichen Nachprüfung, geht die Entscheidungsbefugnis im Umfang des Klageantrags auf das Gericht über. Die gerichtliche Entscheidung über die Aufhebung des Widerspruchsbescheides gestaltet das Verwaltungsrechtsverhältnis abschließend; für eine Wiedereröffnung des Vorverfahrens, und sei es nur zu dem Zweck, den Widerspruch eines Dritten entsprechend der Rechtsauffassung des Gerichts zurückzuweisen, ist kein Raum[26]). Ficht also ein Bauherr oder Anlagenbetreiber einen Widerspruchsbescheid an, durch den auf Nachbarwiderspruch hin die Bauerlaubnis oder Anlagengenehmigung zu Unrecht aufgehoben worden ist, kann neben der Aufhebung des Widerspruchsbescheids nicht auch die Verpflichtung der Widerspruchsbehörde ausgesprochen werden, den Nachbarwiderspruch zurückzuweisen[26]).

Mit der Zustellung *endet* grundsätzlich die besondere, durch den Devolutiveffekt des Widerspruchs ausgelöste *Zuständigkeit (Sachherrschaft) der Widerspruchsbehörde* (vgl. dazu § 42 Rdnr. 10)[27]).

Die Widerspruchsbehörde kann deshalb nach Zustellung des Widerspruchsbescheides

---

24) BVerwG v. 10. 4. 1978, BVerwGE 55, 299 (302); v. 11. 5. 1979, BVerwGE 58, 100 (105). Vgl. auch BayVGH v. 16. 2. 1968, BayVBl. 1968, 210 f.; v. 22. 3. 1979, BayVBl. 1980, 298; NWOVG v. 1. 12. 1983, OVGE 37, 58 (59).
25) Vgl. BVerwG v. 21. 11. 1961, BVerwGE 13, 195 (198); v. 17. 5. 1979, DÖV 1979, 791.
26) So zu Recht BayVGH v. 10. 1. 1983, BayVBl. 1983, 530 gegen BremOVG v. 2. 4. 1965, NJW 1965, 1619; *EF*, § 113, 62 c.
27) Vgl. BVerwG v. 31. 1. 1963, BVerwGE 15, 259 (263 ff.); v. 18. 5. 1967, BVerwGE 27, 78 (79) für LAG-Beschwerdeverfahren; BVerwG v. 6. 12. 1971, BVerwGE 39, 128 (132 ff.); 58, 105 für Widerspruchsverfahren in Musterungs- und Kriegsdienstverweigerungssachen; v. 4. 2. 1981, Buchholz 310 § 73 VwGO Nr. 19 für das Flurbereinigungsrecht; HessVGH v. 9. 3. 1951, ESVGH 1, 10 (11); BayVGH v. 16. 6. 1965, BayVBl. 1966, 355 (356 f.); BayVBl. 1980, 298; v. 17. 5. 1982, BayVBl. 1982, 754 f.; v. 22. 6. 1982, BayVBl. 1983, 212 (216); RhPfOVG v. 1. 12. 1969, AS 11, 255 (257); NWOVG, OVGE 37, 60; BWVGH v. 10. 7. 1969, BWVBl. 1970, 13 f.; VG Regensburg v. 28. 5. 1980, BayVBl. 1981, 313 ff.; *Scholler*, DÖV 1966, 233 ff.; *v. Mutius*, S. 211; *Richter*, NJW 1964, 143 f.; *Haueisen*, NJW 1958, 443; *Sahlmüller*, BayVBl. 1980, 650; a. A. *EF*, § 79, 2; *Kopp*, VwVfG, § 48, 103: Aufhebungsbefugnis der Widerspruchsbehörde bis zur Unanfechtbarkeit, also längstens bis zum rechtskräftigen Abschluß eines anschließenden Prozesses; noch weitergehend *K/Busch*, § 79, 11.2.2: Aufhebungsbefugnis auch dann noch nach Bestandskraft, wenn erst Widerspruchsbehörde den VA erlassen hat; ebenso *Busch*, BayVBl. 1981, 297. Die in Fußn. 35 aufgeführten Entscheidungen betrafen − soweit ersichtlich − den Sonderfall des § 79 I Nr. 2, II VwGO.

diesen grundsätzlich nicht mehr sachlich ändern[27]) oder in sonstiger Weise Einfluß auf die Bestandskraft des Widerspruchsbescheides, etwa durch erneute Zustellung nehmen[28]).

Über *Rücknahme, Widerruf* oder *Wiederaufgreifen* des Verwaltungsverfahrens (§§ 48, 49, 51 VwVfG) *entscheidet* deshalb grundsätzlich die *Ausgangsbehörde*[29]). 15

Wenn und soweit die Widerspruchsbehörde gleichzeitig *Aufsichtsbehörde* der Ausgangsbehörde ist, kann sie auf diese Entscheidung der Ausgangsbehörde durch Weisungen Einfluß nehmen. Selbst in der Sache entscheiden kann sie jedoch nur dann, wenn und soweit ihr ausnahmsweise im Einzelfall ein Selbsteintrittsrecht zusteht (vgl. BayVGH, BayVBl. 1982, 755; BayVBl. 1983, 216 und unten § 42 Rdnr. 11).

Dies gilt auch dann, wenn der aufzuhebende VA erst von der Widerspruchsbehörde erlassen worden ist[30]), denn die Aufhebung des durch den Widerspruchsbescheid wirksam gewordenen VA erfolgt in einem neuen selbständigen Verwaltungsverfahren, für dessen Durchführung die außerhalb des Widerspruchsverfahrens geltenden Zuständigkeitsbestimmungen Anwendung finden.

Wegen dieses Charakters der Aufhebung von VAen als einer Neuordnung des Verwaltungsrechtsverhältnisses können auch keine Bedenken dagegen erhoben werden, daß die Ausgangsbehörde VAe der übergeordneten Instanz aufhebt[31]).

Die *Ausgangsbehörde* ist nach Wirksamwerden des Widerspruchsbescheides zwar grundsätzlich an diesen *gebunden,* doch reicht die Bindung nicht weiter als diejenige, die den vor ihr selbst erlassenen VAen innewohnt[32]). 16

Unterschiede bestehen lediglich im Maße des dem von der Aufhebung Betroffenen einzuräumenden *Vertrauensschutzes.* Insbesondere bei prozeßähnlich ausgestalteten Widerspruchsverfahren, in denen der Verwaltung Klagemöglichkeiten gegen den Widerspruchsbescheid eingeräumt sind, kann der Vertrauensschutz derart verstärkt zur Geltung kommen, daß i. d. R. eine Aufhebung ausscheidet und nur besonders zwingende und schwerwiegende, den Erwägungen der Rechtssicherheit übergeordnete Gründe durchschlagen können[33]).

---

28) BVerwGE 58, 105 f. Vgl. auch NWOVG, OVGE 37, 58 f.
29) BVerwGE 27, 80; Buchholz 310 § 73 VwGO Nr. 19; BWVGH, BWVBl. 1970, 14; BayVGH, BayVBl. 1982, 754 f.; BayVBl. 1983, 213; *Scholler,* DÖV 1966, 235 f.; BayVGH, BayVBl. 1980, 298: Ein dennoch erlassener „Zweitwiderspruchsbescheid" eröffnet nicht den Rechtsweg; ebenso NWOVG, OVGE 37, 60 f.
30) BVerwGE 27, 80; a. A. insbes. *K/Busch,* § 79, 11.2.2.
31) BVerwGE 27, 80: Nur dadurch sei auch gewährleistet, daß der durch die Aufhebung Beschwerte seine Rechte in allen Stufen des Verwaltungsverfahrens geltend machen könne.
32) Nach überwiegender Meinung dürfen deshalb Widerspruchsentscheidungen bei Vorliegen von Rücknahme- oder Widerrufsgründen aufgehoben werden. Vgl. *StBL,* § 48, 182; *K/Busch,* § 79, 11; *Kopp,* § 73, 25; RhPfOVG, AS 11, 258 ff.; v. 7. 2. 1977, AS 14, 416 (420 ff.); a. A. *Forsthoff,* S. 271; *Haueisen,* NJW 1958, 443; HessVGH, ESVGH 1, 11: Verbot der Rücknahme von Rechtsmittelentscheidungen als allgemeiner Grundsatz des Verwaltungsrechts; wohl auch BayVGH, BayVBl. 1980, 298.
33) Vgl. *Wolff/Bachof,* I, § 53 V e 7; RhPfOVG, AS 14, 420 ff.; *Rüter/Oster,* S. 26 f.; vgl. auch *Busch,* BayVBl. 1981, 298.

17 *Ausnahmen* von der Beendigung der Sachherrschaft der Widerspruchsbehörde durch förmlichen Abschluß des Vorverfahrens gelten nur dort, wo das Verwaltungsverfahrens- oder Verwaltungsprozeßrecht die *Zuständigkeit der Widerspruchsbehörde* über diesen Zeitpunkt hinaus *prolongiert.*
Dies ist z. B. der Fall bei *Wiedereinsetzungsentscheidungen* (arg. §§ 70 II, 60 IV VwGO und unten § 34 Rdnr. 5) und *übergangenen Kostenentscheidungen* (arg. § 80 III VwVfG und unten § 47 Rdnr. 13). Gleiches gilt für die *Berichtigung offenbarer Unrichtigkeiten* im Widerspruchsbescheid[34]). Der über § 79 VwVfG entsprechend anwendbare § 42 VwVfG läßt nämlich die Frage der Berichtigungszuständigkeit ausdrücklich offen, so daß aufgrund des engen Sinnzusammenhangs zwischen Erlaß- und Berichtigungszuständigkeit und im Interesse einer möglichst flexiblen Handhabung dieser Vorschrift zugunsten des Bürgers alles dafür spricht, zumindest auch die Widerspruchsbehörde für zuständig zu halten.

18 Eine *Prolongierung* der Zuständigkeit der Widerspruchsbehörde *in der Sache* wird man nur ausnahmsweise annehmen können, wenn und soweit der Widerspruchsbescheid selbständiger Gegenstand einer Klage (§ 79 VwGO) ist, da die VwGO in § 113 I S. 4 VwGO davon ausgeht, daß die verklagte Behörde bzw. ihr Rechtsträger durch die Rechtshängigkeit ihre Verfügungsbefugnis in der Sache nicht verliert, vielmehr den Kläger durch Aufhebung der angefochtenen Entscheidung klaglos stellen kann (vgl. auch § 50 VwVfG). Soweit die Widerspruchsbehörde nicht demselben Rechtsträger wie die Ausgangsbehörde angehört, würde in diesen Fällen die Verneinung einer Prolongierung der Sachherrschaft zu prozeßökonomisch unhaltbaren Ergebnissen führen[35])

III. Erledigung

19 Eine Beendigung des Vorverfahrens durch Erledigung in der Hauptsache kann demnach nur dadurch eintreten, daß das Widerspruchsverfahren vor seinem förmlichen Abschluß (und anders als) durch Abhilfe- oder Widerspruchsbescheid gegenstandslos wird. Eine derartige Erledigung kann durch *Zurücknahme des Widerspruchs*[36]) *oder „auf andere Weise"* (vgl. Art. 80 I S. 5 BayVwVfG) eintreten,

— bei *Anfechtungswidersprüchen* durch Erledigung des angefochtenen VA (§ 43 II VwVfG), also dadurch, daß der Geltungsanspruch des angegriffenen VA anders als durch Abhilfe- oder Widerspruchsbescheid erlischt, sich

---

34) Vgl. *Scholler,* DÖV 1966, 236; *v. Mutius,* S. 211; *Kopp,* § 73, 24; *Sahlmüller,* BayVBl. 1980, 651; BVerwG, Buchholz 310 § 73 VwGO Nr. 19.
35) Vgl. BVerwG v. 3. 12. 1954, BayVBl. 1955, 62; v. 24. 2. 1955, NJW 1955, 806; v. 16. 10. 1980, Buchholz 448.0 § 33 WPflG Nr. 26; BayVGH v. 20. 10. 1954, BayVBl. 1955, 61; BayVBl. 1966, 356; v. 17. 7. 1990, BayVBl. 1991, 19 (20); *Scholler,* DÖV 1966, 237; *K/Busch,* § 79, 11.1.2; wohl auch *Richter,* NJW 1964, 143; StBL, § 48, 182; *Busch,* BayVBl. 1981, 298; zu weitgehend *Sahlmüller,* BayVBl. 1980, 651 und VG Oldenburg v. 29. 2. 1984, NVwZ 1985, 68 f.
36) Zu den Voraussetzungen und Wirkungen der Zurücknahme vgl. unten § 36 Rdnrn. 7 ff.

inhaltlich erschöpft und alle seine in die Zukunft weisenden Rechtswirkungen fortfallen[37]),
- bei *Verpflichtungswidersprüchen* durch Gegenstandsloswerden des mit dem Antrag auf Erlaß eines bestimmten VA verfolgten materiellen Anspruchs[38]).

Hierbei ist an folgende Fälle zu denken:

1. Durch spätere Rechtsakte

- *Aufhebung* des angefochtenen VA oder rückwirkende Vernichtung des geltendgemachten Anspruchs durch Gesetz[39]), Aufhebung des angefochtenen VA außerhalb des Vorverfahrens[40]),
- *Verzicht* des Begünstigten auf einen zustimmungsbedürftigen VA[41]) bzw. *Rücknahme* des Antrags bei einem antragsbedingten VA[42]),

  Beispiel: Der Nachbar erhebt Widerspruch gegen die dem Bauherrn erteilte Bauerlaubnis, der Bauherr nimmt den Antrag zurück. Die Erlaubnis erlischt, das Widerspruchsverfahren hat sich erledigt durch Wegfall der Beschwer für den WF[43]).
  Ebenso wird einem Verpflichtungswiderspruch auf Erteilung einer Baugenehmigung durch die *Zurücknahme des Bauantrags* der Boden entzogen[44]). Dies kann auch noch im Prozeß erfolgen; die Einschränkungen des § 92 II VWGO gelten insoweit nicht[45]), denn die dort vorgesehene Beschränkung der prozessualen Dispositionsbefugnis läßt die im materiellen Recht und im Verwaltungsverfahrensrecht begründete Befugnis des Klägers, über die Sache zu verfügen, unberührt[44]).

- *Legalisierung* eines von einem Dritten angegriffenen formell illegalen Vorhabens,

  Beispiel: Der Nachbar verlangt mit Verpflichtungswiderspruch bauaufsichtliches Einschreiten gegen einen Schwarzbau; die Baugenehmigung wird nachträglich erteilt[46]).
- Abschluß eines *Vergleichs* (§ 79 i V. m. § 55 VwVfG)[47]).

---

37) Vgl. statt vieler *Wolff/Bachof*, I, § 54 I; BVerwG v. 9. 2. 1967, BVerwGE 26, 161 (165); v. 2. 7. 1982, BVerwGE 66, 75 (77); *Schenke*, Jura 1980, 133 f.
38) Vgl. BVerwG v. 24. 10. 1980, BVerwGE 61, 128 (134 f.); v. 15. 8. 1988, NVwZ 1989, 48.
39) Vgl. *Wolff/Bachof*, I, § 54 Ic 1; BVerwG v. 24. 7. 1980, BVerwGE 60, 328 (332 f.).
40) Vgl. dazu § 27 Rdnrn. 3 ff.
41) Vgl. BVerwG v. 15. 12. 1989, BVerwGE 84, 209 (211 f.): Verzicht auf immissionsschutzrechtliche Anlagengenehmigung.
42) Vgl. *Wolff/Bachof*, I, § 54 I c 2 und 3.
43) Vgl. BWVGH v. 6. 10. 1980, NJW 1981, 1524.
44) Vgl. BVerwG v. 14. 4. 1989, NVwZ 1989, 860 f.
45) A. A. OVG Lüneburg v. 31. 8. 1983, NVwZ 1985, 431 m. krit. Anm. *J. Martens*, NVwZ 1986, 536.
46) BVerwG, NVwZ 1989, 48.
47) Vgl. hierzu ausführlich *Weides*, § 24 und *Allesch*, S. 75 ff.

2. Durch spätere rechtserhebliche Änderung der Sachlage

21 — *Tod* der berechtigten oder verpflichteten Person bei *höchstpersönlichen Rechten* oder *Pflichten*[48]),

Beachten Sie: Durch den Tod des WF wird das Widerspruchsverfahren unterbrochen (§§ 79 VwVfG, 173 VwGO, 239 I ZPO entspr.)[49]) und kann sowohl vom Erben wie der Behörde entsprechend den §§ 239 ff. ZPO[49]) wieder aufgenommen werden[50]). Ist die Hauptsache erledigt, tritt der Rechtsnachfolger in das Widerspruchsverfahren nur noch hinsichtlich der Kosten ein[51]). Ansonsten übernimmt er das Widerspruchsverfahren in dem verfahrensrechtlichen Zustand, in dem es sein Rechtsvorgänger hinterlassen hat. Fristen beginnen nicht erneut zu laufen. Eine Verfristung des Widerspruchs nach § 70 VwGO muß er deshalb gegen sich gelten lassen[52]).

22 — *Zeitablauf,*

Beispiele: Ablauf der Frist bei befristeter Erlaubnis[53]); politisches Betätigungsverbot an Ausländer für die Dauer des Schahbesuchs[54]); Verbot einer Versammlung[55]) oder Duldungsverfügung (Betreten des Grundstücks)[56]) für den Tag X; Änderungsantrag für WahlO nach Wahldurchführung[57]).

— *Nichtgebrauch von Erlaubnissen,*

Beispiele: Die Baugenehmigung erlischt, je nach der Regelung der einschlägigen LandesBauO, nach einem Zeitraum von 1 bis 4 Jahren[58]) (vgl. Art. 78 BayBauO: nach 4 Jahren; Art. 75 I S. 2 BayBauO: Vorbescheid nach 3 Jahren), die Gaststättenerlaubnis nach 1 Jahr (§ 8 GastG), die Anlagengenehmigung nach § 18 BImSchG nach 3 Jahren.

---

48) Zur Vererblichkeit im öffentlichen Recht vgl. BVerwG v. 18. 9. 1981, BVerwGE 64, 105 (108 ff.); zur Rechtsnachfolge generell *Rumpf,* VerwArch. 1987, 269 ff. Die Rechtsnachfolge in bauaufsichtliche Beseitigungsanordnungen — soweit nicht ohnehin (neuerdings) gesetzlich geregelt (Art. 82 S. 3 BayBO, § 89 II S. 3 NdsBauO, § 78 S. 3 RhPflBauO, § 77 III SaarlLBO) —, wird von der ganz h. M. bejaht: vgl. BVerwG v. 22. 1. 1971, NJW 1971, 1624; RhPfOVG v. 26. 7. 1983, NVwZ 1985, 431 = JuS 1985, 1001 *(Selmer);* NWOVG v. 9. 9. 1986, OVGE 38, 291 ff. = NVwZ 1987, 427; *Ortloff,* JuS 1981, 574 ff.; *ders.,* in: *Finkelnburg/Ortloff,* Öffentliches Baurecht, Bd. II, 2. Aufl. 1990, S. 144 ff. m. w. N.; a. A. wohl nur noch HessVGH v. 1. 3. 1976, NJW 1976, 1910; v. 8. 7. 1985, NUR 1986, 126. Vgl. auch unten § 33 Rdnr. 12.
49) Vgl. *Wolff/Bachof,* I, § 42 IVd 2, S. 317; *Kopp,* VwVfG, § 11, 22; BremOVG v. 14. 2. 1984, NVwZ 1984, 917.
50) Zur Frage, gegen wen bei Testamentsvollstreckung aufzunehmen ist, vgl. BremOVG, NVwZ 1984, 917.
51) Vgl. *Wallerath,* JuS 1971, 461 f.
52) Rechtsgedanke der §§ 239 f., 325 ZPO, 121 VwGO, 45, 166 AO 1977. Vgl. *Wallerath,* JuS 1971, 464; *Knöpfle,* Festg. Maunz 1971, S. 242; *Martens,* JuS 1972, 192; *v. Mutius,* VerwArch. 1972, 90 f.; *Wolff/Bachof,* I, § 42 IVd 2, S. 317; *Kopp,* § 74, 6; BayVGH v. 27. 12. 1985, BayVBl. 1986, 304 (305); offengel. von BWVGH v. 30. 11. 1978, NJW 1979, 997 (999).
53) BVerwG v. 15. 12. 1983, DVBl. 1984, 530. Vgl. auch BVerwG v. 4. 11. 1976, BVerwGE 51, 264 (265): Berufung in das Beamtenverhältnis nach Ablauf der Altersgrenze.
54) BWVGH v. 14. 7. 1969, DVBl. 1970, 511.
55) BremOVG v. 3. 9. 1971, VerwRspr. 23, 589; OVG Lüneburg v. 24. 6. 1975, OVGE 31, 404 f.
56) BayVGH v. 8. 4. 1981, BayVBl. 1981, 756 f.
57) BVerwG v. 3. 9. 1963, BVerwGE 16, 312 (315 f.).
58) Vgl. NWOVG v. 3. 12. 1975, OVGE 31, 265; v. 28. 6. 1978, BRS 33 Nr. 155; BayVGH v. 22. 3. 1984, BayVBl. 1984, 596; *Ganter,* BayVBl. 1985, 267 f.

– *tatsächliches Unmöglichwerden* und andere Fälle des *Wegfalls des Regelungsobjekts*.

Beispiele: Der seuchenverdächtige Hund wird überfahren; Abbruchverfügung an Eigentümer, Duldungsverfügung an Besitzer zur Überwindung des sich aus seinen Besitzrechten ergebenden Vollstreckungshindernisses, Erledigung der Duldungsverfügung durch Eigentumserwerb des Besitzers[59])

3. Der Sonderfall des Vollzuges

Die *Vollziehung* eines VA – wie auch die Erfüllung seitens des Pflichtigen, um Zwang abzuwenden – bedeutet *grundsätzlich nicht seine Erledigung*[60]). Dies ergibt sich bereits aus § *113 I S. 2 VwGO*, der die Anfechtungsklage auch für die Aufhebung eines bereits vollzogenen VA zuläßt, nur zusätzlich zur Aufhebung das Gericht ermächtigt, „auf Antrag *auch*" auszusprechen, „daß und wie die Verwaltungsbehörde die Vollziehung rückgängig zu machen hat". Eine *Erledigung durch Vollzug* kann nur *ausnahmsweise* angenommen werden, wenn sich durch den Vollzug der VA inhaltlich derart erschöpft hat, daß aus ihm auch für die Zukunft nichts mehr abgeleitet werden kann.

Kontrollfrage: Ist die Aufhebung des VA oder wenigstens eine Folgenbeseitigung logisch denkbar und sinnvoll?

Erledigung ist deshalb bei VAen ohne Dauerwirkung denkbar, bei denen durch Vollzug irreparable Tatsachen geschaffen worden sind.

Beispiele:
– Tötung eines seuchenverdächtigen Rennpferdes.
– Gebot, Straße zu räumen, hat sich mit Räumung der Straße durch Schlagstockgebrauch inhaltlich erschöpft; die Anwendung unmittelbaren Zwanges kann nicht rückgängig gemacht werden[61]).

Keine Erledigung tritt ein, wenn der *VA als causa* des durch den Vollzug geschaffenen, reparablen Zustandes fortwirkt.

Beispiele:
– Gebrauchmachen einer Baugenehmigung erschöpft diese nur insoweit, als weitere Baumaßnahmen auf Grund der Genehmigung nicht gerechtfertigt sind. Sie wirkt aber weiter mit ihrem feststellenden Teil als causa des geschaffenen Baubestandes (formelle Baurechtmäßigkeit)[62].

---

59) BWVGH, NJW 1977, 861.
60) Vgl. statt vieler *Kopp*, § 113, 52; BWVGH v. 4. 10. 1972, BRS 25 Nr. 212; *Schenke*, Jura 1980, 134 f.
61) BVerwGE 26, 165 (Schwabinger Krawalle).
62) Vgl. RhPfOVG v. 31. 1. 1967, BRS Bd. 18, 234 (237); *Finkelnburg/Ortloff*, Öffentliches Baurecht, Bd. II, 1990, § 8 IV 2 b, S. 96.

- Zahlung des Pflichtigen auf Grund eines Leistungsbescheides erschöpft das Zahlungsgebot des VA, wirkt aber fort als causa der erfolgten Vermögensverschiebung und muß deshalb aufgehoben werden[63]).
- Vollzug eines VA durch Ersatzvornahme erschöpft Grundverfügung hinsichtlich der Handlungspflicht; als tragende Grundlage der Verwaltungsvollstreckung (Vollstreckungstitel!) wirkt die Verfügung fort und berechtigt die Behörde, Kostenerstattung zu verlangen[64]).
NWOVG v. 23. 10. 1971, OVGE 27, 138 (139): „Vielmehr hat sich mit der gepfändeten Forderung in Höhe des Schuldbetrages die Pfändungsverfügung auch nicht in dem Sinne erledigt, daß sie nunmehr weggefallen und rechtlich nicht mehr existent wäre. Durch die Überweisung des gepfändeten Betrages hat sich zwar ihre Bedeutung praktisch erschöpft. Jedoch ist die Pfändungsverfügung weiterhin bestehengeblieben und stellt auch jetzt noch die Rechtsgrundlage für die zwangsweise erfolgte Einziehung des Forderungsbetrages auf diesem Wege dar."

Keine Erledigung des Widerspruchsverfahrens stellt die rechtskräftige Abweisung einer Untätigkeitsklage dar[65]).

26 Während die *Rücknahme* des Widerspruchs das Vorverfahren *automatisch beendet* und die Abhilfe- oder Widerspruchsbehörde die Erledigung nur noch deklaratorisch feststellt, führt die *Erledigung des angegriffenen VA* nur dann auch zu einer Erledigung des Vorverfahrens, wenn der WF seinen Anfechtungs- oder Verpflichtungswiderspruch nicht auf einen *Fortsetzungsfeststellungswiderspruch* entsprechend § 113 I S. 4 VwGO umstellt[66]). Die Behörde muß deshalb den WF vor ihrer Entscheidung zu einer Erklärung auffordern. Legt der WF weiterhin Wert auf eine Entscheidung der Behörde über die Recht- oder Zweckmäßigkeit des erledigten VA – ein Feststellungsantrag braucht bereits im Klageverfahren[67]) und erst recht nicht im Widerspruchsverfahren[68]) ausdrücklich gestellt zu werden –, muß die Abhilfe- oder Widerspruchsbehörde nunmehr die Zulässigkeit und sodann die Begründetheit des Feststellungswiderspruchs prüfen und ihn entweder als unzulässig oder unbegründet zurückweisen[69]). Das Vorverfahren wird demnach in diesen Fällen durch einen förmlichen Bescheid in der (freilich geänderten) Hauptsache und nicht durch deklaratorische Verfahrenseinstellung (vgl. § 42 Rdnr. 33) abgeschlossen.

---

63) Vgl. NWOVG v. 6. 4. 1976, OVGE 32, 21 (25 ff.); BVerwG v. 3. 6. 1983, NVwZ 1984, 168.
64) BWVGH v. 19. 5. 1981, VBlBW 1981, 325; v. 30. 3. 1982, ESVGH 32, 88 (89).
65) Vgl. BayVGH v. 16. 2. 1968, BayVBl. 1968, 210 f.
66) Die Statthaftigkeit eines Fortsetzungsfeststellungswiderspruchs ist freilich umstritten; vgl. dazu unten § 31 Rdnrn. 29 f. Zur Widerruflichkeit einer einseitigen Erledigungserklärung vgl. BVerwG v. 23. 11. 1978, Buchholz 310 § 77 VwGO Nr. 1.
67) Vgl. BVerwG v. 9. 7. 1956, NJW 1956, 1652; NWOVG v. 25. 9. 1975, NJW 1976, 439.
68) Zum Antragserfordernis im Widerspruchsverfahren vgl. unten § 28 Rdnr. 3.
69) Vgl. zur Fortsetzungsfeststellungsklage NWOVG, NJW 1976, 440 m. w. N.

3. Abschnitt: Die Zulässigkeitsprüfung im Widerspruchsverfahren

§ 28 Auslegung des Rechtsbehelfsbegehrens

Formlose Rechtsbehelfe ersetzen zwar nicht den Widerspruch, weil sie die Klagefrist nicht wahren, können aber gleichwohl *anstatt oder neben einem Widerspruch eingelegt* werden. Da zudem die VwGO keinerlei förmliche Anforderungen an den Inhalt einer Widerspruchsschrift stellt, kann im Einzelfall die Feststellung des tatsächlich gewählten Rechtsbehelfs schwierig sein. Hinzu kommt, daß auch die *Teilanfechtung eines VA* zulässig ist. Vor der Zulässigkeitsprüfung muß deshalb bei unklarem Sachvortrag des Rechtsbehelfsführers (RF) durch Auslegung und ggf. Umdeutung geklärt werden, welches Verfahrensziel er anstrebt, welchen Rechtsbehelf er verfolgt. 1

In der Praxis wird die Behörde durch *Rückfragen beim RF* i. d. R. Unklarheiten beseitigen können (vgl. Nr. 2 des RdErl. d. Schl.-H.MdI v. 30. 12. 1972 – Amtsbl. 1973, S. 57; Gem.RdSchr. d.StKanz. u. d. Min. v. 21. 3. 1977 – RhPfMinBl. Sp. 217. Nach dem Gem.RdSchr. soll hierbei vorsorglich auf die Gebührenpflicht hingewiesen werden, damit der Bürger nicht durch Kostenentscheidungen überrascht wird, wenn entgegen seiner Absicht sein Schreiben als Widerspruch ausgelegt wird). Dieser Weg ist Ihnen jedoch im Examen verschlossen. Sie sind deshalb darauf angewiesen, anhand des Ihnen unterbreiteten Sachverhalts mit den im nachfolgenden dargestellten Auslegungsmitteln das Rechtsbehelfsbegehren festzustellen. 2

I. Feststellung des Rechtsbehelfsantrags

Der Widerspruch bedarf nach § 70 VwGO weder eines förmlichen Antrags noch einer Begründung[1]). Da auch die Einschränkung eines Rechtsbehelfs zulässig ist[2]), muß zunächst festgestellt werden, in welchem Umfang die Verwaltungsmaßnahme angegriffen wird. Dies wird der RF i. d. R. im Antrag zu erkennen geben. Ist ein Antrag nicht ausdrücklich gestellt und ergibt die Rechtsbehelfsschrift auch sonst keine Einschränkung, ist davon auszugehen, 3

---

1) Vgl. BVerwG v. 17. 1. 1957, BVerwGE 4, 233 (234) zur Beschwerde nach § 79 II GüKG; v. 20. 8. 1959, BVerwGE 9, 1110 (111 ff.) und v. 25. 2. 1960, DVBl. 1960, 397 zur Beschwerde nach § 336 LAG, alle mit allgemeiner, auch für § 70 VwGO geltender Begründung sowie *Kopp*, § 70, 5; vgl. auch BFH v. 27. 11. 1985, BFHE 145, 122 (123 f.) zum Einspruch.
2) Vgl. BVerwGE 9, 111; BVerwG v. 25. 6. 1969, DÖV 1970, 138; v. 26. 4. 1974, VerwRspr. 26, 430; z. B. nur Anfechtung der dem VA beigegebenen Auflage oder eines GeldleistungsVA nur in bestimmter Höhe. Vgl. auch § 40 Rndr. 21.

daß der RF die angefochtene Maßnahme in vollem Umfang zur Nachprüfung der Rechtsbehelfsbehörde stellt[3]).

Der Umfang des Rechtsbehelfsbegehrens kann vor allem von Bedeutung sein für die Kostenerstattung, da dem WF ein Erstattungsanspruch nur zusteht, *soweit* der Rechtsbehelf erfolgreich war (vgl. unten § 46 Rdnr. 1). Zu Recht weist deshalb der BMF in Nr. 2.4 seines Einführungsschreibens zu § 80a AO v. 15. 12. 1981 (BStBl. 1982 I 193) die Finanzbehörde an, dem RF Gelegenheit zu geben, sein Begehren zu präzisieren; komme er dem nicht nach, so sei davon auszugehen, daß er die Überprüfung im weitestmöglichen Umfang begehre. Die Praxis einiger Rechtsausschüsse in Rheinland-Pfalz, bei fehlendem Antrag zu unterstellen, der WF habe nur widersprechen wollen, soweit sein Widerspruch erfolgreich war, ist zwar bürgerfreundlicher, weil dem WF auch bei Teilerfolg immer ein Kostenerstattungsanspruch zugebilligt wird, verstößt aber schlicht gegen das Gesetz.

II. Feststellung des gewählten Rechtsbehelfs

4   Nach dem Sinn des Widerspruchsverfahrens, vor Klageerhebung eine nochmalige Nachprüfung des VA zu ermöglichen, ist es nicht erforderlich, daß das Schreiben ausdrücklich als Widerspruch oder als Widerspruchsschrift bezeichnet wird. Es reicht vielmehr aus, daß sich aus dem Gesamtinhalt der Erklärung einschließlich der Begleitumstände, unter denen sie erfolgt und die dem Empfänger erkennbar sind, der Wille des Absenders ergibt, sich mit dem VA nicht zufriedengeben zu wollen und dessen Änderung oder Beseitigung zu erstreben[4]).

Die Erklärung, die Zahlung erfolge „unter Vorbehalt"[5]), ist ebensowenig als Widerspruch zu werten wie die Bezeichnung einer selbst errechneten Lohnsummensteuererklärung als „vorläufig"[6]), weil eine solche Erklärung lediglich auf Bedenken hinweist, deren Geltendmachung nicht bestimmt angekündigt, sondern eben nur „vorbehalten" wird.

Falsche Bezeichnungen wie Einspruch, Beschwerde, Dienstaufsichtsbeschwerde u. dgl. schaden deshalb nicht (vgl. § 357 I S. 4 AO 1977), vielmehr sind auch Verwaltungsverfahrenshandlungen nach den allgemeinen, für Willenserklärungen geltenden Grundsätzen (vgl. insbes. § 133 BGB) unter Berücksichtigung des Antrags und der unterschiedlichen Wirkungen der einzelnen

---

3) Vgl. BVerwGE 9, 111; v. 22. 10. 1986, NVwZ 1988, 147 f.; *EF,* § 70, 1 a. Soweit Sondervorschriften eine Begründung der Rechtsbehelfsschrift vorschreiben, sollen sie i. d. R. der Behörde diese Nachprüfung erleichtern und sind deshalb zumeist als reine Ordnungsschriften ohne rechtliche Sanktion aufzufassen; vgl. BVerwGE 4, 234; 8, 111; DVBl. 1960, 397.
4) Vgl. OVG Lüneburg v. 26. 2. 1974, OVGE 30, 384 (385); BVerwG v. 17. 5. 1978, BVerwGE 63, 74 (76 f.); NWOVG v. 15. 3. 1989, NVwZ 1990, 676 (im konkreten Fall aber zu engherzig).
5) Vgl. BVerwG v. 18. 8. 1972, VerwRspr. 24, 894 f.; BWVGH v. 23. 10. 1984, ESVGH 35, 84 (86).
6) Vgl. BVerwG, VerwRspr. 24, 894 f. Zur Selbsterrechnungserklärung vgl. auch unten § 33 Rdnr. 17.

außergerichtlichen Rechtsbehelfe so auszulegen, daß sie dem Willen und der Zielsetzung des RF bei verständiger Würdigung gerecht werden[7]). Auch die *Umdeutung* ist möglich und erforderlich, wenn bei verständiger Überlegung anzunehmen ist, daß der RF bei Kenntnis der wirklichen Sach- oder Rechtslage den richtigen Rechtsbehelf ergriffen hätte[8]). Die *Grenze* für eine Auslegung oder Umdeutung liegt dort, wo sie den RF bevormunden und ihm einen Rechtsbehelf unterschieben würde, den er eindeutig nicht ergreifen wollte, obwohl er einer zweckentsprechenden Rechtsverfolgung dienlich wäre. Dies wäre aber nur dann der Fall, wenn der RF auf einem bestimmten, mit der zutreffenden und von ihm richtig verstandenen gesetzestechnischen Bezeichnung chrakterisierten Rechtsbehelf bestanden hätte, so daß auch unter Berücksichtigung aller Umstände für eine anderweitige Auslegung kein Raum wäre[9]).

Rechtsbehelfserklärungen, die von einem Rechtsanwalt abgegeben worden sind, sind deshalb einer Umdeutung grundsätzlich nicht zugänglich[10]).

Bei der Anwendung dieser abstrakten Maßstäbe sollten Sie von folgenden *Faustregeln* ausgehen:

a) Wendet sich der Betroffene ausschließlich gegen das persönliche Verhalten des Bediensteten, ohne die Sachentscheidung anzugreifen, liegt i. Zw. eine *Dienstaufsichtsbeschwerde* vor[11]).

b) Wendet sich der Betroffene gegen Maßnahmen, die keine VAe darstellen, oder fehlt ihm die Widerspruchsbefugnis, ist ein gleichwohl eingelegter „Widerspruch" i. Zw. in eine *Sachaufsichtsbeschwerde* umzudeuten oder bereits als solche auszulegen (vgl. unten § 35 Rdnr. 4)[12]).

c) Wendet sich dagegen der Betroffene unter Wahrung von Widerspruchsfrist und -form gegen einen VA, ist i. Zw. davon auszugehen, daß er den ihm

---

7) Vgl. BVerwG v. 20. 11. 1970, VerwRspr. 22, 634 f.; v. 23. 2. 1982, BayVBl. 1982, 473: „Einspruch" als Widerspruch; HessVGH v. 10. 10. 1973, HessVGRspr. 1974, 12 (14): „Antrag auf rechtsmittelfähigen Bescheid" als Widerspruch; BFH v. 8. 2. 1974, BStBl. 1974 II, 417 f.: „Erneuter Antrag" als Einspruch; BFH v. 22. 1. 1971, BFHE 101, 277 (280); vgl. auch BVerwG v. 27. 4. 1990, BayVBl. 1990, 600 (601).
8) So BVerwG v. 26. 10. 1966, BVerwGE 25, 191 (194) für die Umdeutung eines innerhalb der Rechtsbehelfsfrist gestellten Antrages, ein vermeintlich unanfechtbar abgeschlossenes Verfahren wiederaufzugreifen, in eine Beschwerde nach § 336 LAG; ebenso NWOVG v. 10. 5. 1984, OVGE 37, 120 ff.: Zweitantrag innerhalb der Widerspruchsfrist ist umzudeuten in einen Widerspruch; a. A. NWOVG, NVwZ 1990, 677: Umdeutung eines Leistungsantrags in einem Widerspruch scheidet regelmäßig aus.
9) Vgl. BFH, BStBl. 1974 II, 418; BVerwG v. 14. 11. 1978, BVerwGE 63, 152 f.
10) Vgl. BVerwG v. 22. 2. 1985, NJW 1985, 2658 (2660) m. w. N.
11) Vgl. *RÖ*, § 70, 10; *Tipke/Kruse*, AO, 13. Aufl. 1988, 10 vor § 347; *Woike*, DÖV 1984, 423.
12) Vgl. *Weides*, S. 199. Vgl. auch NWOVG v. 29 6. 1981, NVwZ 1982, 251 f. Unzulässig ist dagegen die Umdeutung von Gegenvorstellungen gegen einen erst angekündigten VA in einen wirksamen Widerspruch gegen den später erlassenen VA; vgl. BayObLGSt. v. 24. 6. 1971, VerwRspr. 23, 481 (488 f.) und unten § 33 Rdnr. 17.

günstigsten Rechtsbehelf ergreifen will. Dies ist der *Widerspruch*, weil er ihm die Möglichkeit der Klage offenhält[13]).

Besondere Bedeutung kann hierbei den Umständen der Übersendung zukommen. Geht z. B. die Eingabe wenige Tage vor Ablauf der Widerspruchsfrist mit Einschreiben ein, spricht dies – wegen des sich in den Umständen offenbarenden Zwecks der Fristwahrung – deutlich dafür, daß die Eingabe als Widerspruch gemeint ist (OVG Lüneburg, OVGE 30, 386).

8 Anderes kann im *Beamtenverhältnis* wegen der dort vorhandenen engen Bindungen zwischen Dienstherrn und Beamten gelten. Hier ist es nicht ungewöhnlich, daß der Dienstherr einen VA zunächst ohne Rechtsbehelfsbelehrung erläßt, in der Erwartung, der Beamte werde zunächst mehr zu unstreitigen, formlosen Verhandlungen geneigt sein, und der Beamte sich hiergegen tatsächlich zunächst auf formlose Gegenvorstellungen beschränkt.

Entscheidet in einem solchen Fall die Behörde die Eingabe unter Rechtsbehelfsbelehrung abschlägig und läßt damit deutlich erkennen, daß sie zunächst die Eingabe nur als Gegenvorstellung gewertet hat, muß der Beamte nunmehr innerhalb der Monatsfrist Widerspruch einlegen und kann sich nicht auf das Fehlen der Rechtsbehelfsbelehrung im Erstbescheid berufen[14]).

9 d) Wird neben dem VA auch das Verhalten des Bediensteten angegriffen, liegt i. Zw. ein *„gemischter Rechtsbehelf"*[15]) vor, da Widerspruch und Dienstaufsichtsbeschwerde wegen ihrer unterschiedlichen Angriffsziele durchaus sinnvoll miteinander verbunden und unabhängig voneinander geprüft werden können.

10 In einem solchen Fall ist i. d. R. zunächst zur Sache zu entscheiden. Im Widerspruchsbescheid ist darauf hinzuweisen, daß der Rechtsbehelf, soweit er Dienstaufsichtsbeschwerde ist, gesondert gewürdigt wird. Sodann ist ein Abdruck der Sachentscheidung nebst der Rechtsbehelfsschrift dem Dienstvorgesetzten zuzuleiten, der über die Dienstaufsichtsbeschwerde entscheidet[16]).

---

13) Vgl. die Lösungsskizze für einen Aufsichtsfall in BayVBl. 1974, 113 und *Drews/Wacke/Vogel/Martens*, Gefahrenabwehr, 9. Aufl., 1986, S. 574; *Tipke/Kruse*, AO, 10 vor § 347.
14) Vgl. BVerwG v. 26. 10. 1961, Buchholz 11 Art. 19 GG Nr. 21.
15) *Gierth*, DÖV 1977, 765: *„Kumulativer* Rechtsbehelf".
16) So Nr. 33 der Entschließung des BayStMdI v. 17. 5. 1963: Vollzug des PAG (MABl. S. 219), überholt, aber als sachdienlich wohl weiter anwendbar. Vgl. auch *Woike*, DÖV 1984, 425.

§ 29 Die Sachbescheidungsvoraussetzungen im Widerspruchsverfahren — Bedeutung und System

Ebenso wie bei der Klage ist beim Widerspruch *vor* der Begründetheitsprüfung *die Zulässigkeit* zu erörtern.

§ 358 AO 1977: „Die zur Entscheidung über den Rechtsbehelf berufene Finanzbehörde hat zu prüfen, ob der Rechtsbehelf zulässig, insbesondere in der vorgeschriebenen Form und Frist eingelegt ist. Mangelt es an einem dieser Erfordernisse, so ist der Rechtsbehelf als unzulässig zu verwerfen."

Für den Widerspruch ergibt sich dies aus § 72 VwGO, der der Ausgangsbehörde eine Abhilfe nur eröffnet, wenn sie den Widerspruch für begründet hält und mit dieser Terminologie die Bejahung der Zulässigkeit offensichtlich voraussetzt[1]).

Nur vereinzelt[2]) wird die Auffassung vertreten, die *Zulässigkeit* des außergerichtlichen Rechtsbehelfs könne *dahingestellt* bleiben, wenn deren Feststellung zeitraubende, schwierige Aufklärungen erfordern würde, die Unbegründetheit aber eindeutig und offensichtlich feststeht. Dies mag aus Gründen der Verfahrensökonomie zweckmäßig und im Widerspruchsverfahren auch vertretbar sein, da die von der Prozeßrechtslehre aus dem Umfang der Rechtskraft hergeleiteten Gegenargumente auf Verwaltungsentscheidungen nur bedingt übertragbar sind.

Einer näheren Auseinandersetzung bedarf es hier allerdings nicht, denn für das Examen ist dieses Problem eigentlich nur von theoretischem Interesse. Werden nämlich in einem Klausurtext Zulässigkeitsfragen aufgeworfen, können Sie sie schon deshalb nicht dahingestellt sein lassen, weil man von Ihnen erwartet, daß Sie den gestellten Problemen nicht ausweichen.

---

1) Vgl. *Weides*, S. 180; *v. Mutius*, S. 44; *Kopp*, § 72, 3; *Linhart*, § 20, 15, 82; BVerwG v. 29. 10. 1968, DÖV 1969, 142 f.; v. 17. 2. 1972, NJW 1972, 1100; BremOVG v. 7. 9. 1981, NVwZ 1982, 455 (456); a. A. *SG*, Rdnr. 278.
2) Vgl. *Tipke/Kruse*, 13. Aufl. 1988, AO, § 358, 12.

Schaubild 14

Sachbescheidungsvoraussetzungen im Widerspruchsverfahren nach der VwGO
1. Zuständigkeit der Widerspruchsbehörde (§ 73 VwGO)
2. Zulässigkeit des Verwaltungsrechtsweges (§ 40 VwGO)

3. Statthaftigkeit des Widerspruchs (§ 68 VwGO)
a) Vorliegen eines VA/Erstreben eines VA
   aa) Anfechtungswiderspruch (§ 68 I S. 1 VwGO)
   bb) Verpflichtungswiderspruch (§ 68 II VwGO)
   cc) Fortsetzungsfeststellungswiderspruch analog § 113 I S. 4 VwGO (bestr.)
b) Fehlen spezialgesetzlicher Ausschlußnormen (§ 68 I S. 2 VwGO)
c) VA einer Behörde unterhalb des Ranges einer obersten Bundes- oder Landesbehörde (§ 68 I S. 2 Nr. 1 VwGO)
d) keine erstmalige Beschwer eines Dritten (§ 68 I S. 2 Nr. 2 VwGO)
e) kein Untätigkeitswiderspruch (§§ 68 II, 75 VwGO)

4. Beteiligtenfähigkeit (§ 79 i. V. m. § 11 VwVfG) 5. Handlungsfähigkeit (§ 79 i. V. m. § 12 VwVfG) 6. Vorliegen der Vertretungsmacht (§ 79 i. V. m. § 14 VwVfG)
7. Ordnungsgemäße Widerspruchserhebung (§ 70 VwGO) 8. Wahrung der Widerspruchsfrist (§ 70 VwGO)
9. Widerspruchsbefugnis (§§ 70 I S. 1, 68, 42 II VwGO) 10. Widerspruchs-(Sachbescheidungs-)Interesse
11. Fehlender Rechtsbehelfsverzicht 12. keine Zurücknahme des Widerspruchs

Weides, S. 175, nennt folgende Reihenfolge: 1. (7., 11., 12.), 2. (1.), 3. (3.), 4. (2.), 5. (8.), 6. (9.), 7. (10.). Vgl. *v. Mutius,* Jura Extra, S. 159 ff., 169; *StBL,* § 79, 10.

Schaubild 15

Sachbescheidungsvoraussetzungen im außergerichtlichen Rechtsbehelfsverfahren nach der AO
1. Zuständigkeit der Rechtsbehelfsbehörde (§§ 367, 368 AO 1977)
2. Zulässigkeit des Finanzverwaltungsweges (§ 347 AO 1977), Erweiterung über § 33 FGO hinaus durch Sondergesetze, die die §§ 347 ff. AO 1977 für anwendbar erklären (§ 347 I Nr. 4 AO 1977), z. B. § 5 I SparprämienG
3. Statthaftigkeit des Rechtsbehelfs a) Einspruch (§ 348 AO 1977) b) Beschwerde (§ 349 AO 1977) c) Untätigkeitsbeschwerde (§ 349 II AO 1977) bei Nichtbescheidung eines Antrags auf Erlaß eines VA d) Ausschluß außergerichtlicher Rechtsbehelfe (§ 349 III AO 1977)
4. Handlungsfähigkeit (§ 365 I i. V. m. § 79 AO 1977)
5. Vorliegen der Vertretungsmacht (§ 365 I i. V. m. § 80 AO 1977)
6. Ordnungsgemäße Einlegung des Rechtsbehelfs (§ 357 AO 1977)
7. Wahrung der Rechtsbehelfsfrist (§ 337 AO 1977)
8. Rechtsbehelfsbefugnis (Beschwer) a) Allgemein: §§ 350, 351 AO 1977 b) bei einheitlichen Feststellungsbescheiden: § 352 AO 1977 c) des Rechtsnachfolgers: § 353 AO 1977
9. Fehlender Rechtsbehelfsverzicht (§ 354 AO 1977)
10. Keine Zurücknahme des Rechtsbehelfs (§ 362 AO 1977)

Vgl. *Tipke/Kruse*, 13. Aufl. 1988, § 358 AO, Rdnrn. 2 bis 12; *Ritzer*, BB 1977, 483 ff.

5   Aus dem Vorschaltcharakter des Widerspruchs folgt, daß Verwaltungsrechtsschutz grundsätzlich nur im selben Umfange eröffnet ist wie Verwaltungsgerichtsschutz. Die oben erörterten Sachurteilsvoraussetzungen für die verwaltungsgerichtliche Klage gelten deshalb grundsätzlich entsprechend auch als *Sachbescheidungsvoraussetzungen* für den Widerspruch, wenn sich nicht ausdrücklich aus der VwGO oder aus dem Charakter des Widerspruchsverfahrens etwas anderes ergibt[3]). Für die *Reihenfolge* der Prüfung der einzelnen Sachbescheidungsvoraussetzungen gilt das oben § 4 Rdnr. 5 zu den Sachurteilsvoraussetzungen Gesagte; sie ist weitgehend eine Frage der Zweckmäßigkeit, die Sie anhand des konkreten Falles entscheiden sollten.

6   Unsicherheiten bestehen erfahrungsgemäß häufig darüber, an welcher Stelle die *Zuständigkeit der Widerspruchsbehörde* zu prüfen ist. I. d. R. wird empfohlen, sie am Ende der Zulässigkeitsprüfung zu erörtern[4]). Die Praxis neigt eher dazu, die Zuständigkeit als ersten Punkt der Zulässigkeit zu prüfen[5]). Logischen Vorrang hätte allenfalls die Frage der Zulässigkeit des Verwaltungsrechtswegs, da von ihr das Eingreifen der Zuständigkeitsregelung des § 73 VwGO abhängt. Aber auch ein gegen eine zivilrechtliche Willenserklärung der Verwaltung erhobener Widerspruch muß verbeschieden werden. Deshalb spricht mehr dafür, die Zuständigkeit zuerst zu prüfen, denn auch ein formfehlerhafter, verfristeter, unstatthafter oder sonst unzulässiger Widerspruch darf jedenfalls nicht von der unzuständigen Behörde zurückgewiesen werden.

7   Die Prüfung der Zuständigkeit als erstem Punkt der Sachbescheidungsvoraussetzungen empfiehlt sich außerdem wegen des *Doppelcharakters der Zuständigkeit*. Im Gegensatz zu den weiteren Sachbescheidungsvoraussetzungen ist sie nicht allein Zulässigkeitsvoraussetzung des Widerspruchs, sondern auch und vor allem – wie die behördliche Zuständigkeit auch sonst – formelle Rechtmäßigkeitsbedingung des Verwaltungshandelns. *Zulässigkeitsvoraussetzung* des Widerspruchs ist die Zuständigkeit der Widerspruchsbehörde nur insoweit, als ihre Wahl vom Willen des WF abhängt[6]).

Wendet sich der WF an eine unzuständige Behörde, ist sein Widerspruch weder ordnungsgemäß erhoben noch vermag er die Frist zu wahren (vgl. unten § 33 Rdnr. 1). Wendet sich dagegen der WF an die Ausgangsbehörde und legt diese den Widerspruch einer unzuständigen Behörde vor, wird natürlich der Widerspruch nicht

---

3) H. M.: vgl. *Weides*, S. 176; *Kopp*, § 69, 4; *Vogel*, Verwaltungsrechtsfall, 8. Aufl. 1980, S. 62; *Löwer*, MDR 1965, 92.
4) Vgl. *Weides*, S. 175, 212.
5) Vgl. Nr. 72 BWDienstO i. d. F. v. 13. 1. 1976 (GABl. S. 193): „Bei der Bearbeitung ist zunächst die sachliche, örtliche und innerdienstliche Zuständigkeit zu prüfen. Zweifel über die Zuständigkeit sind unverzüglich zu klären." Ebenso *Linhart*, § 20, 67.
6) So richtig *v. Mutius*, Jura Extra, S. 160.

unzulässig⁷). Gleichwohl ist dieser wie auch der vom WF zu Unrecht angegangenen Behörde die Entscheidung über den Widerspruch verwehrt; sie hat vielmehr ihrerseits den Widerspruch der zuständigen Behörde vorzulegen.

Insoweit ist also die Zuständigkeit zwar nicht Zulässigkeitsvoraussetzung des Widerspruchs, wohl aber *Sachbescheidungsvoraussetzung*. Sie sollte deshalb zweckmäßigerweise wegen ihres andersartigen Charakters an erster Stelle vor den Zulässigkeitsvoraussetzungen im eigentlichen Sinne geprüft werden, um Zusammengehöriges nicht durch einen systematischen Fremdkörper auseinanderzureißen. Für die Gründe des Widerspruchsbescheides ergibt sich daraus grundsätzlich folgender Aufbau:

II.
1. Ich bin zur Entscheidung über Ihren Widerspruch gemäß . . . berufen.
2. Ihr Widerspruch ist zulässig.
3. Ihr Widerspruch ist auch begründet. Oder:
   In der Sache konnte Ihr Widerspruch jedoch keinen Erfolg haben.

---

[7] Dieses arg. ad absurdum wendet *v. Mutius*, a. a. O., gegen die Behandlung der Zuständigkeit als Zulässigkeitsvoraussetzung ein. Entgegen *v. Mutius* ist dies allerdings nie behauptet worden. Nicht von ungefähr haben wir deshalb immer den Oberbegriff „Sachbescheidungsvoraussetzung" verwendet.

§ 30 Zuständigkeitsbezogene Sachbescheidungsvoraussetzungen

I. Zulässigkeit des Verwaltungsrechtswegs (§§ 68, 40 VwGO)

Beachten Sie bitte auch hier die anderweitigen Rechtswegzuweisungen.

1 Die Zulässigkeit des Verwaltungsrechtswegs ist – wie alle Sachbescheidungsvoraussetzungen – selbstverständlich nur dann zu erörtern, wenn an ihrem Vorliegen nach dem Ihnen unterbreiteten Sachverhalt ernstliche Zweifel bestehen können. Nicht aber erübrigt sich die Prüfung des § 40 I VwGO deshalb, weil im Rahmen des VA-Begriffs das Vorliegen einer *öffentlich-rechtlichen* Regelung mitzuerörtern ist, wie *v. Mutius*, JuS 1978, 28 Fußn. 3 meint.

2 Hat die Verwaltung durch VA entschieden, liegt zwar stets eine öffentlich-rechtliche Streitigkeit vor, über die aber nicht notwendigerweise die Verwaltungsgerichte zu entscheiden haben.

3 *Bekanntestes Beispiel:* § 217 I BauGB. Im übrigen ist generell der Anspruch aus Enteignung, samt Nebenansprüchen wie z. B. dem Anspruch auf Erstattung von Anwaltskosten für das Enteignungsverfahren, nach § 40 I S. 1 VwGO i. V. m. Art. 14 III S. 4 GG im Zivilrechtsweg zu verfolgen, und zwar auch dann, wenn die Behörde über die Entschädigungsfrage durch VA entschieden hat[1]). Ebenso sollen nach BVerwG v. 25. 3. 1971, BVerwGE 38, 1 ff. über den durch *Erstattungsbeschluß* geltend gemachten Erstattungsanspruch des Dienstherrn gegen einen Angestellten des öffentlichen Dienstes wegen der arbeitsrechtlichen Natur des Anspruchs trotz des VA-Charakters des Erstattungsbeschlusses die Arbeitsgerichte entscheiden. Das läßt sich dogmatisch nur halten, wenn man § 13 ErstG als anderweitige Rechtswegzuweisung auslegt[2]), worauf das BVerwG mit keinem Wort eingeht[3]).

4 *VAe der Post* im Rahmen des *Fernsprechteilnehmerverhältnisses* waren wegen § 9 I S. 2 FAG (vgl. hierzu GmSOGB v. 15. 3. 1971, BVerwGE 37, 369 ff.), wenn und soweit materielle Einwendungen gegen den Fernsprechgebührenanspruch geltend gemacht werden, im ordentlichen, ansonsten im Verwaltungsrechtsweg anzufechten. Die Mehrgleisigkeit des Rechtswegs war in ihrem konkreten Verlauf kaum mehr zu überblicken[4]). Die Neufassung des § 9 FAG durch das PoststrukturG vom 8. 6. 1989 (BGBl. I S. 1026) wird spätestens bis zum 1. 7. 1991 (vgl. § 65 PostVerfG) eine weitgehende Rechtswegvereinheitlichung zugunsten des ordentlichen Rechtsweges bringen.

5 Der Rechtsschutz richtet sich in diesen Fällen ausschließlich nach der Verfahrensordnung des anderen Rechtsweges. Ein Widerspruch nach den §§ 68 ff.

---

1) Vgl. BVerwG v. 14. 12. 1971, BVerwGE 39, 169 ff. für die enteignende Festsetzung eines Wasserschutzgebietes (§§ 19, 20 WHG); BVerwG v. 14. 7. 1972, BVerwGE 40, 254 ff. für den Anspruch des Landabgabepflichtigen auf Erstattung der Anwaltskosten.
2) Vgl. hierzu *Ronellenfitsch*, JA 1975, ÖR S. 202.
3) Zu Recht deshalb abl. *Bettermann*, DVBl. 1971, 85 f.; *v. Mutius*, VerwArch. 1972, 97 ff.
4) Vgl. BVerwG v. 16. 9. 1977, NJW 1978, 335 ff. m. abl. Anm. *Rupp; Tettinger*, JA 1978, 289 ff.; *Pietzner*, ArchPF 1978, 306 ff.

VwGO ist *unzulässig*[5]), ein Vorverfahren nur dann erforderlich, wenn es das Zuweisungsgesetz (oder eine zu ihm ergangene Ausführungsvorschrift) ausdrücklich vorschreibt[6]).

Hieran hat auch § 79 VwVfG nichts geändert, denn die Vorschrift hat lediglich lückenfüllende Funktion, nicht aber konstitutiven Charakter. § 79 VwVfG setzt die Konstituierung eines förmlichen außergerichtlichen Rechtsbehelfs durch eine anderweitige gesetzliche Regelung voraus und will lediglich eine Verfahrensvereinheitlichung bei offengelassenen Lücken durch ergänzende Anwendung der VwGO und des VwVfG erreichen[7]). Auch dies gilt nur, wenn der dem anderen Rechtsweg zugewiesene VA überhaupt dem Geltungsbereich des VwVfG unterfällt. Soweit deshalb in Zivilprozeßsachen kraft Zuweisung das Zuweisungsgesetz kein Vorverfahren vorschreibt oder zuläßt, verbleibt es bei dem alten Rechtszustand: ein Widerspruch ist unzulässig.

6

II. Zuständigkeit der Widerspruchsbehörde (§ 73 VwGO)

Die Zuständigkeit zur Entscheidung über den Widerspruch wird in der Praxis üblicherweise als erster Punkt der rechtlichen Würdigung des Widerspruchs erörtert (vgl. oben § 29 Rdnr. 6).

7

Beispiel: „Gründe: II. Ich bin zur Entscheidung über Ihren Widerspruch gemäß § 126 Abs. 3 Nr. 2 BRRG in Verbindung mit der Anordnung des ... vom ... berufen."

Die Zuständigkeit zum Erlaß des Widerspruchsbescheides ist zwar in § 73 VwGO im Grundsatz recht einfach und übersichtlich geregelt. Durch die Zulassung zahlreicher Ausnahmen zugunsten der Landesgesetzgebung und durch die Verweisung auf das *jeweilige Organisationsrecht* des Bundes oder Landes kann es im Einzelfall jedoch große Schwierigkeiten bereiten, die

---

5) Vgl. *Baumgärtel,* ZZP 1960, 406; *Kopp,* 2. Aufl., § 40, 8; a. A. seit der 6. Aufl., 3 vor § 68 unter Überdehnung des § 79 VwVfG; falsch daher auch die Lösungsskizze in BayVBl. 1970, 337 zum Fall BVerwGE 39, 169 ff.
6) Vgl. etwa § 212 BBauG; § 24 II EGGVG (hierzu BVerfG v. 28. 10. 1975, BVerfGE 40, 237 ff.); § 109 III StrafVollzG; NW VorschaltverfahrensG v. 20. 2. 1979 (GV NW S. 40).
7) Lücken im *Vorverfahren nach* § 212 BBauG z. B. sind deshalb durch § 79 VwVfG zu schließen; ebenso *Meyer/Borgs,* § 79, 18, 24; *StBL,* § 79, 18; *Allesch,* S. 44 ff. Zu eng K/*Busch,* § 79, 5.1: Lückenfüllung nur für Vorverfahren im Einzugsbereich der Verwaltungsgerichtsbarkeit. Zu weitgehend dagegen *Kopp,* 3 vor § 68, der § 79 VwVfG auch konstitutive Bedeutung zumessen und damit den Widerspruch als notwendigen Vorschaltrechtsbehelf in Zivilprozeßsachen kraft Zuweisung ansehen will, wenn das Zuweisungsgesetz ihn nicht ausschließt. Die Bezugnahme auf BGH v. 2. 5. 1974, NJW 1974, 1336 ist nicht stichhaltig. Der BGH hatte für den Antrag auf gerichtliche Entscheidung gegen einen JustizVA zu untersuchen, ob die Rechtsbehelfsfrist für den Antrag entsprechend § 58 VwGO nicht zu laufen beginnt, wenn über den Rechtsbehelf nicht belehrt wird, dies verneint und in einem obiter dictum angemerkt, dies würde sich nach § 66 EntwVwVfG (= § 79 VwVfG) in Zukunft ändern. Dies war insoweit falsch, als der bereits im Entwurf enthaltene § 2 III Nr. 1 VwVfG JustizVAe aus dem Geltungsbereich des VwVfG ausnimmt und § 79 VwVfG zudem nur für *außergerichtliche* Rechtsbehelfe gilt, abgesehen von der falschen Prämisse aber insoweit mit der hier vertretenen Ansicht übereinstimmend, als der förmliche Rechtsbehelf bereits durch die §§ 23 ff. EGGVG konstituiert war und sein muß, um § 79 VwVfG eingreifen zu lassen.

zuständige Widerspruchsbehörde zu bestimmen. In der Praxis sind deshalb Zuständigkeitsfehler nicht eben selten.

8 Ändern sich nach Erlaß des VA die die örtliche Zuständigkeit begründenden Umstände, etwa durch Wohnsitzwechsel des Adressaten (vgl. § 3 I Nr. 3 a VwVfG), ist dies auf die Zuständigkeit von Abhilfe- und Widerspruchsbehörde ohne Einfluß. § 3 III VwVfG sieht zwar für das allgemeine Verwaltungsverfahren nur eine eingeschränkte *perpetuatio magistratus* vor, und die §§ 48 V, 49 IV VwVfG durchbrechen dieses Prinzip für Rücknahme und Widerruf zugunsten der nunmehr zuständigen Behörde völlig[8]). Selbst aber wenn man die Aufhebung eines VA im Widerspruchsverfahren als Unterfall der Rücknahme verstehen will[9]), kommen diese Regeln nach § 79 VwVfG nicht zur Anwendung, da die VwGO in den §§ 70, 72, 73 abschließende Sondervorschriften enthält, die allein auf den Erlaß des AusgangsVA und das Verhältnis der Widerspruchs- zur Ausgangsbehörde abstellen und insoweit eine Zuständigkeitsperpetuierung anordnen[10]). Späteres Bundesrecht kann freilich Abweichendes regeln (so z. B. § 45 a I BAföG).

9 Prozessual ist zwar die Verletzung der Zuständigkeitsvorschrift des § 73 VwGO insofern unbeachtlich, als sie keine Sachurteilsvoraussetzung darstellt und für die Zulässigkeit der Klage unerheblich ist[11]). Die Entscheidung einer unzuständigen Behörde über den Widerspruch stellt jedoch einen *wesentlichen Verfahrensfehler im Sinne des § 79 II S. 2 VwGO* dar, der zur isolierten Anfechtung des Widerspruchsbescheides berechtigt[12]).

Verwaltungsvorschriften stellen freilich keine wesentlichen Verfahrensvorschriften i. S. des § 79 II S. 2 VwGO dar[13]).

Nach Ansicht des BVerwG[14]) soll dieser Verfahrensfehler allerdings dadurch *geheilt* werden können, daß die zuständige Widerspruchsbehörde im gerichtlichen Verfahren erklärt, sie halte den angefochtenen VA für rechtmäßig, da

---

8) Vgl. zur bisherigen Rechtsprechung des BVerwG *Bettermann*, Festg. 25 Jahre BVerwG 1978, S. 61 ff.
9) So wohl BVerwG v. 21. 11. 1968, BVerwGE 31, 67 (69) und unten § 40 Fußn. 28.
10) Im Ergebnis ebenso *J. Schmidt*, DÖV 1977, 777; *Bettermann*, a. a. O., S. 61; *Finkelnburg/ Lässig*, VwVfG, § 3, 54; *Weides*, S. 212; *Kopp*, VwVfG, § 3, 45; *Allesch*, S. 71; BVerwG v. 8. 3. 1957, BVerwGE 4, 316 f.; v. 18. 7. 1975, Buchholz 448.0 § 33 WehrpflG Nr. 17 S. 3; HessVGH v. 11. 1978, II OE 1/76, A. U. S. 7, 9; v. 7. 2. 1983, ESVGH 33, 308 (LS); a. A. *StBL*, § 3, 34; *Meyer/Borgs*, § 3, 25: § 3 III VwVfG gilt auch im Widerspruchsverfahren; differenzierend *Louis/Abry*, DVBl. 1986, 333 f.: Eine Perpetuierung trete nur für Kassation und Abweisung, nicht aber für eigene Sachentscheidungen der Widerspruchsbehörde ein – hier müsse entspr. § 83 VwGO verwiesen werden. BVerwG v. 18. 4. 1986, NVwZ 1987, 224 f. betraf die Zuständigkeitsänderung vor Erlaß des VA; es ließ die Zustimmungserklärung nach § 3 III VwVfG bis zum Abschluß der Vorverfahrens zu.
11) Vgl. statt vieler *v. Mutius*, S. 207 f. und VerwArch. 1972, 463; BWVGH v. 26. 6. 1972, ESVGH 23, 196 (197); BVerwG v. 3. 1. 1964, DVBl. 1964, 357 (358).
12) Vgl. RhPfOVG v. 14. 7. 1961, VerwRspr. 23, 846 f.; NWOVG v. 8. 3. 1973, OVGE 28, 250 (252 f.); BerlOVG v. 6. 2. 1976, AS 14, 53 ff.; BVerwG v. 26. 3. 1980, Buchholz 310 § 79 VwGO Nr. 13 und unten §§ 9 Rdnr. 17, 24 Rdnr. 19.
13) Vgl. BVerwG v. 9. 5. 1985, BVerwGE 71, 251 (255).
14) BVerwG, DVBl. 1964, 358; bestätigt in BVerwG v. 10. 10. 1984, Buchholz 230 § 126 BRRG Nr. 18.

dadurch dem Zweck des Vorverfahrens, der Widerspruchsbehörde Gelegenheit zur nochmaligen Überprüfung der Einwendungen des WF zu geben, Rechnung getragen sei. Diese Entscheidung ist bisher vereinzelt geblieben, wird aber durch die Tendenz des BVerwG, an die Einhaltung der Vorschriften über das Vorverfahren einen großzügigen Maßstab anzulegen (vgl. dazu oben § 17 Rdnr. 2), bestätigt. Überzeugend ist diese Rechtsprechung nicht, da sie einseitig den Zweck der Verwaltungsselbstkontrolle in den Vordergrund stellt und die Entlastung der Verwaltungsgerichte wie den Rechtsschutz des Bürgers vernachlässigt[15]).

Die Zuständigkeiten im einzelnen werden in § 37 gesondert dargestellt.

---

15) Zu Recht deshalb ablehnend *v. Mutius*, S. 207 f.

§ 31 Statthaftigkeit des Widerspruchs

I. Vorliegen eines VA (§§ 68, 42 I VwGO)

1   Während der gerichtliche Rechtsschutz von der Generalklausel bestimmt wird, folglich das Vorliegen eines VA lediglich von Bedeutung für die Statthaftigkeit einer bestimmten Klageform ist, wird der *Rechtsbehelf „Widerspruch"* *nur enumerativ* gewährt, wenn im Anschluß an das Vorverfahren Anfechtungs- oder Verpflichtungsklage, letztere in der Form der Weigerungsgegenklage, zu erheben wäre.

2   Alle anderen Klagen können dagegen ohne ein Vorverfahren erhoben werden[1]). Ein Widerspruch ist hier *unstatthaft*, so daß das Vorliegen eines VA für das Widerspruchsverfahren rechtsschutzeröffnende Funktionen hat[2]).

3   *Ausnahme:* § 126 III BRRG[3]). Für Klagen aus dem Wehrdienstverhältnis fehlt eine entsprechende Vorschrift. Leistungsklagen eines Soldaten sind deshalb ohne Vorverfahren zulässig[4]).

1. Anfechtungswiderspruch (§ 68 I S. 1 VwGO)

4   Da § 68 VwGO den Widerspruch nur gewährt gegen bereits ergangene VAe, mithin für die Zulässigkeit des Widerspruchs ein bereits vorhandenes Anfechtungsobjekt voraussetzt[5]), ist sowohl ein *„Untätigkeitswiderspruch"* (vgl. unten Rdnrn. 26 ff.) als auch ein *„vorweggenommener* oder *vorsorglicher"* Widerspruch gegen einen erwarteten oder angekündigten VA (vgl. dazu unten § 33 Rdnr. 17) als auch ein „vorbeugender Unterlassungs- oder besser: *VA-Verhütungswiderspruch"*[6]) unstatthaft. Vorbeugende Unterlassungsklagen gegen drohende VAe sind deshalb – unabhängig davon, ob man sie systematisch als negative Verpflichtungsklagen[7]), vorverlegte Anfechtungs- oder VA-Verhü-

---

1) Vgl. BVerwG v. 25. 2. 1969, BVerwGE 31, 301 (305).
2) Vgl. statt vieler *Löwer*, DVBl. 1963, 344 f.; *Zimmermann*, DVBl. 1972, 44 f.; RhPfOVG v. 14. 7. 1971, VerwRspr. 23, 846 (847); NWOVG v. 18. 7. 1974, NJW 1975, 794; BremOVG v. 21. 10. 1987, NVwZ 1988, 651. Insoweit kann man deshalb auch von der Statthaftigkeit des Widerspruchs reden; vgl. *Weides*, S. 199; *Allesch*, S. 141.
3) Suspensiveffekt hat jedoch nur der der Anfechtungsklage vorgeschaltete „Anfechtungswiderspruch", z. B. also nicht der gegen eine nicht als VA zu qualifizierende Umsetzungsverfügung zwar statthafte, aber nicht anfechtende Widerspruch; so richtig *Zimmermann*, DVBl. 1972, 44; *v. Mutius*, VerwArch. 1975, 412, 414; NWOVG, NJW 1975, 794 ff.; BWVGH v. 10 12. 1977, BWVPr. 1978, 106; v. 24. 11. 1980, VBlBW 1981, 227 f.; a. A. etwa BerlOVG v. 1. 12. 1970, DVBl. 1972, 42 ff.
4) BVerwG v. 20. 4. 1977, BVerwGE 52, 247 (251).
5) Vgl. *Bettermann*, in: 10 Jahre VwGO, Schriftenreihe der Hochschule Speyer, Bd. 45, 1970, S. 194; *Ule*, VerwArch. 1974, 308 f.
6) Vgl. BVerwG v. 1. 9. 1989, NVwZ 1990, 59; dahingestellt in BVerwG v. 16. 4. 1971, DVBl. 1971, 746 (747).
7) So z. B. HessVGH v. 8. 3. 1961, ESVGH 11, 151 (152); OVG Lüneburg v. 26. 8. 1970, DVBl. 1971, 421 (422); *Schenke*, AöR 1970, 246.

tungsklagen⁸) oder als allgemeine Leistungsklagen⁹) einordnet — ohne Vorverfahren zulässig¹⁰).

Hinsichtlich des VA gilt das gleiche wie für die Statthaftigkeit der Anfechtungsklage: Der VA *muß objektiv vorliegen*, nicht nur behauptet werden¹¹). Entscheidend ist dabei allein, ob sich die behördliche Willenserklärung ihrem objektiven Erklärungsgehalt nach aus der Sicht des verständigen Adressaten als VA darstellt; unerheblich ist, als was sie gewollt war, erst recht, als was sie hätte ergehen dürfen. 5

Deshalb ist auch gegen eine als schlichte Willenserklärung erlassene *Rechnung* die Anfechtungsklage eröffnet, wenn die Widerspruchsbehörde sie im Widerspruchsbescheid als VA qualifiziert, also aus der Rechnung einen VA macht (vgl. BVerwG v. 26. 7. 1987, BVerwGE 78, 3/5 m. w. N.; abl. Anm. *Renck*, BayVBl. 1988, 409 und NVwZ 1989, 117). Rechtmäßig handelt die Widerspruchsbehörde dabei freilich nicht, denn sie ist weder befugt, die Statthaftigkeit des Widerspruchs zu begründen, noch besitzt sie, wenn sie nicht mit der Erlaßbehörde identisch ist, die Zuständigkeit zum (in einer solchen Umgestaltung liegenden) Erlaß erstinstanzlicher VAe (§ 40 Rdrn. 19; vgl. auch *Renck*, NVwZ 1989, 119; *Martens*, NVwZ 1988, 689). Daß der Betroffene eine solche Umgestaltung nicht nach § 79 II S. 1 VwGO anfechten könne, weil der Wechsel in der Rechtsform belastungs-indifferent sei (so BVerwGE 78, 6), trifft wegen der besonderen Formwirkungen des VA (vgl. nur § 53 VwVfG, § 1 VwVG, § 74 VwGO) nicht zu.

Die Anfechtungsrechtsbehelfe sind deshalb auch eröffnet gegen sog. (nur) *formelle VAe* oder *VAe kraft Form*, Fehlprodukte behördlicher Formenvertauschung, die zwar als VA ergangen sind, aber eigentlich als zivilrechtliche Willenserklärung, Verordnung oder Satzung hätten ergehen müssen¹²).

Beachten Sie: Ein *nichtiger VA* kann wegen der an seine reale — nicht rechtliche — Existenz anknüpfenden Rechtsscheinwirkungen mit Widerspruch und Anfechtungs- 6

---

8) So *Bettermann*, a. a. O., S. 194, der derartige Klagen jedoch wegen der Umgehung des Vorverfahrens für unzulässig hält.
9) So z. B. BVerwG v. 16. 4. 1971, DVBl. 1971, 746 (747); *Ule*, VerwArch. 1974, 308.
10) Ebenso im Ergebnis BVerwG, DVBl. 1971, 747; BVerwG v. 8. 9. 1972, BVerwGE 40, 323 (328); v. 8. 12. 1977, NJW 1978, 1870; *Weides*, S. 201; *Bettermann*, a. a. O., S. 194; *Ule*, VerwArch. 1974, 308 f., der allerdings eine Unterlassungsaufforderung des Klägers fordert, wenn dieser die Kostenfolge des § 156 VwGO bei sofortigem Anerkenntnis der beklagten Behörde vermeiden wolle; a. A. *Schenke*, AöR 1970, 247 f., weil der WF wegen der erweiterten Zweckmäßigkeitskontrolle durchaus ein Interesse an einem Vorverfahren haben könnte.
11) Vgl. BVerwG v. 22. 5. 1980, BVerwGE 60, 144 ff.; v. 29. 4. 1988, BVerwGE 79, 291 (296); *Weides*, S. 200; *Renck*, NVwZ 1989, 118; *RÖ*, § 42, 10 m. w. N. der h. M.; a. A. z. B. *EF*, § 42, 11 f.; *Schmidt-Jortzig*, JuS 1979, 491 f.
12) Vgl. OVG Lüneburg v. 23. 7. 1953, OVGE 7, 265 ff.; BVerwG v. 1. 10. 1963, BVerwGE 18, 1 ff.; v. 1. 3. 1967, BVerwGE 26, 251 ff.; v. 11. 9. 1968, BVerwGE 30, 211 ff.; v. 17. 3. 1982, DÖV 1982, 784 f.; v. 9. 11. 1984, NVwZ 1985, 264; *Kopp*, VwVfG, § 35, 19; instruktiv auch die — in der Begründung falsche — Entscheidung BVerwG v. 7. 3. 1958, NJW 1958, 1107 f. m. insoweit abl. Anm. *Obermayer*. Zur Frage der Anwendbarkeit des aus dem Zivilprozeßrecht geläufigen *Meistbegünstigungsprinzips* bei formal inkorrekter Entscheidung vgl. *Pestalloza*, Formenmißbrauch des Staates, 1973, S. 162 f.

klage angegriffen werden[13]). Dasselbe gilt für einen mangels gültiger Bekanntgabe nicht wirksam gewordenen VA (vgl. §§ 41, 43 VwVfG)[14]). BVerwG v. 21. 11. 1986, NVwZ 1987, 330 = JuS 1988, 162 *(Brodersen)* bezeichnet ihn als *Nichtakt* (krit. hierzu StBL, § 41, 8) und meint, hier träfe die Grunderwägung, die beim nichtigen VA das Rechtsschutzinteresse i. a. R. begründe (Begründung eines Rechtsscheins zu Lasten des Adressaten), nicht mit gleicher Regelmäßigkeit zu; es hält deshalb nicht die Nichtigkeitsfeststellungsklage, sondern die Klage auf Nichtbestehen eines Rechtsverhältnisses für die richtige Klageart. Für Anfechtungswiderspruch und -klage würde dies bedeuten, daß sie nur dann zulässig sind, wenn der Nichtakt den Rechtsschein der Wirksamkeit erzeugt, was m. E. wohl regelmäßig der Fall sein dürfte.

7   Mit dem Anfechtungswiderspruch kann als Annex ein *Vollzugsfolgenbeseitigungsantrag* verbunden werden, und zwar unabhängig davon, ob mit ihm lediglich reale Folgenbeseitigung oder der Erlaß eines VA begehrt wird, denn die VwGO sieht Anfechtung und Folgenbeseitigung als (verfahrensrechtliche) Einheit an und trägt damit der Tatsache Rechnung, daß es dem WF bei bereits erfolgtem Vollzug regelmäßig nicht nur um die im Bereich des Ideellen verbleibende Kassation des belastenden VA, sondern auch und vornehmlich um die reale Konsequenz, die Beseitigung der tatsächlichen Vollzugsfolgen geht (Rechtsgedanke der §§ 113 I S. 2, 80 V S. 3 VwGO)[15]).

8   Auch wenn mit dem Folgenbeseitigungsantrag der Erlaß eines VA erstrebt wird, ist deshalb die Durchführung eines selbständigen Antrags- und Widerspruchsverfahrens nicht erforderlich[16]).
Ein ausdrücklicher *Antrag* braucht nicht gestellt zu werden (vgl. oben § 28 Rdnr. 3), sondern ist der Widerspruchsschrift durch *Auslegung* zu entnehmen. Enthält die Widerspruchsschrift keine Einschränkung, ist regelmäßig davon auszugehen, daß der

---

13) Vgl. HessVGH v. 10. 10. 1973, HessVGRspr. 1974, 12 (14) für den Fall einer mangels Vorliegens eines Antrags nichtigen Urlaubsgewährung an Beamten und *Pietzner,* JA 1971, ÖR S. 528 f.; JA 1975, ÖR S. 70 m. w. N. Anfechtung ist allerdings nur innerhalb der Fristen zulässig. Vgl. BFH v. 26. 6. 1985, NVwZ 1987, 359 (360). Vgl. weiter zur Aufhebung eines nichtigen Bebauungsplans BVerwG v. 21. 11. 1986, BVerwGE 75, 142 (145).
14) Vgl. *StBL,* § 41, 8; BayObLG v. 21. 6. 1978, BayVBl. 1978, 770; HambgOVG v. 18. 8. 1981, DVBl. 1982, 218; BayVGH v. 25. 10. 1983, DÖV 1984, 453.
15) Vgl. BVerwG v. 17. 7. 1974, BVerwGE 46, 283 (286 f.); OVG Lüneburg v. 22. 3. 1962, OVGE 18, 341 (348); BWVGH v. 1. 6. 1978, ESVGH 28, 234; v. 30. 3. 1982, ESVGH 32, 88 (89 f.); *Kopp,* § 73, 8.
Zum *Folgenbeseitigungsanspruch* vgl. BVerwG v. 25. 8. 1971, NJW 1972, 269 = DÖV 1971, 857 m. Anm. *Bachof;* v. 19. 7. 1984, BVerwGE 69, 366 ff.; v. 14. 4. 1989, BVerwGE 82, 24 ff. m. Rezension *Schenke,* JuS 1990, 370 ff.; *Schoch,* VerwArch. 1988, 1 ff.; *Horn,* DÖV 1989, 976 ff.
16) Vgl. OVG Lüneburg, OVGE 18, 348; v. 25. 11. 1965, DVBl. 1965, 275 (276); BerlOVG v. 21. 4. 1967, BRS 18 Nr. 12; HessVGH v. 18. 12. 1968, VerwRspr. 20, 760 (763); BWVGH, ESVGH 28, 234; 32, 89; *EF,* § 113, 38; *Götz,* ZBR 1961, 137.

WF auch Folgenbeseitigung begehrt, da seinem Rechtsbehelfsinteresse mit der Aufhebung des VA allein ohne reale Vollzugsfolgenbeseitigung nicht gedient ist[17]).

2. Verpflichtungswiderspruch (§ 68 II VwGO)

Wird mit dem Widerspruch der Erlaß eines VA begehrt, muß ihm – wie bei der Verpflichtungsklage – zusätzlich ein *erfolgloses Antragsverfahren* vorausgegangen sein (§ 68 II VwGO)[18]), auf das nur verzichtet werden kann, wenn aus dem Zusammenhang mit einem anderen Verwaltungsverfahren eindeutig erkennbar ist, daß die Behörde auch diesen Antrag ablehnen würde[19]).

9

Begehrt der Bürger *auf Grund eines verwaltungsrechtlichen Vertrages* den Erlaß des zugesagten VA, ist dies ein Vertragserfüllungsverlangen und kein Antrag auf Erlaß eines VA. Die Vorschrift des § 68 II VwGO paßt auf derartige Erfüllungsklagen zur Durchsetzung von Vertragspflichten nicht. Ein Widerspruch ist hier unstatthaft; es ist Leistungsklage zu erheben[20]).

10

Wird ein *FBA selbständig* und nicht als Annex eines Anfechtungswiderspruchs erhoben, ist ein Verpflichtungswiderspruch nach erfolglosem Antrag

11

---

17) Im Ergebnis ebenso OVG Lüneburg, OVGE 18, 348; BWVGH, ESVGH 28, 234.
18) BVerwG v. 25. 2. 1969, DVBl. 1969, 702; v. 4. 11. 1976, DVBl. 1978, 607 f.; NWOVG v. 13. 9. 1976, DÖV 1977, 796 Nr. 139; BWVGH v. 21. 3. 1972, ESVGH 22, 238 f.; *Bettermann*, DVBl. 1969, 703; *SG*, Rdnr. 417; *Weides*, S. 201.
19) Vgl. BWVGH v. 27. 10. 1971, GewArch. 1973, 205; HessVGH v. 29. 11. 1973, ESVGH 24, 190 (191): Antrag auf Steuerstundung, Widerspruchsziel: Erlaß. Vgl. auch BWVGH v. 9. 12. 1977, ESVGH 28, 32 (35).
20) HessVGH v. 26. 3. 1964, DÖV 1964, 462 f.; *Lerche*, in: Staatsbürger und Staatsgewalt, Bd. II, 1963, S. 78; *Meyer/Borgs*, § 61, 4; *Ule/Laubinger*, S. 567; a. A. z. B. *Hegel*, DÖV 1965, 415; *Redeker*, DÖV 1966, 546; *Fluck*, Die Erfüllung des öffentlich-rechtlichen Vertrages durch VA, 1985, S. 84 ff.

im Verwaltungsverfahren nur dann statthaft (und erforderlich), wenn der Erlaß eines VA begehrt wird[21]).

12 *Entscheidend hierfür ist das Anspruchsziel*[21]). Begehrt der WF lediglich realen Folgenbeseitigungserfolg und überläßt es der Behörde, wie sie ihn bewirkt, ist richtige Klageform die allgemeine Leistungsklage, ein Widerspruch deshalb nicht statthaft.

II. Unstatthaftigkeit des Widerspruchs auf Grund spezialgesetzlicher Ausnahmen (§ 68 I S. 2 VwGO)

13 Unstatthaft ist der Widerspruch auch, wenn ein formelles (Bundes- oder Landes-)[22])*Gesetz* die Entbehrlichkeit des Vorverfahrens *„für besondere Fälle"*[22]) bestimmt (§ 68 I S. 2).

Beispiele:
- § 20 S. 1 GjS für Klagen gegen Entscheidungen der Bundesprüfstelle
- § 26 I S. 2 BerlAZG für Prüfungsentscheidungen in Hochschulangelegenheiten
- Art. 3 III S. 1 BayArchG für Entscheidungen des Eintragungsausschusses (vgl. zur hessischen Parallelvorschrift HessVGH v. 4. 12. 1973, ESVGH 24, 165 ff.)

---

21) Vgl. *Loppuch*, NJW 1954, 117; *Schmidt*, JuS 1969, 186 f.; *Rupp*, JA 1979, 511; *Wolff/Bachof*, I, § 54 II k; *SDC*, § 42, 4 e; *SG*, Rdnr. 543.
Vgl. aus der Rechtsprechung zum Antrag des Nachbarn auf Erlaß einer *Abbruchverfügung* BWVGH v. 12. 8. 1971, VerwRspr. 24, 815 (817 f.); v. 4. 7. 1973, BRS 27 Nr. 199; NWOVG v. 15. 12. 1972, BRS 25 Nr. 194; OVG Lüneburg v. 27. 3. 1981, BRS 38 Nr. 181.
Zur behördlichen *Besitzrückgabe* nach aufgehobener oder erledigter *Obdachloseneinweisung* OVG Lüneburg v. 24. 9. 1954, OVGE 8, 484 ff.; RhPfOVG v. 11. 7. 1963, AS 9, 88 (90); VG Düsseldorf v. 20. 9. 1960, ZMR 1961, 344; VG Neustadt v. 3. 4. 1964, NJW 1965, 833 f.; a. A. NWOVG v. 29. 7. 1954, OVGE 8, 65 ff.; v. 23. 1. 1959, OVGE 14, 315 f. mit der rechtsschutzbedingten, durch die Generalklausel überholten Fiktion, Folgenbeseitigung beinhalte „Regelung" der Wiederherstellung bzw. die faktische Aufrechterhaltung der Einweisung stehe einer Ordnungsverfügung gleich. Vgl. weiterhin BWVGH v. 20. 1. 1987, NVwZ 1987, 1101 = JuS 1988, 492 (*Brodersen*); v. 22. 2. 1990, NJW 1990, 2770.
Vgl. für den Antrag eines Anliegers auf Verhinderung rechtswidrig zugelassenen Durchgangsverkehrs HambgOVG v. 27. 9. 1977, NJW 1978, 658 sowie BayVGH v. 22. 2. 1978, DÖV 1978, 766 ff. für den Antrag auf Beseitigung einer rechtswidrig angelegten Haltestellenbucht. Zur Beseitigung öffentlicher Straßenteile (Betonsockel) vgl. HessVGH v. 18. 5. 1982, NVwZ 1982, 565; zur Versetzung von Straßenlampen: HessVGH v. 26. 4. 1988, NJW 1989, 1500; RhPfOVG v. 26. 9. 1985, NJW 1986, 953; Beseitigung einer Straße: BayVGH v. 15. 5. 1990, NVWZ – RR 1991, 57 f. Vgl. auch BWVGH v. 17. 8. 1989, NVwZ-RR 1990, 449 f.
Die *Gegenansicht* hält (von Ausnahmen wie § 126 III BRRG abgesehen) Widersprüche in Folgenbeseitigungsangelegenheiten generell für unstatthaft. So z. B. *Ule*, S. 156; *RÖ*, § 42, 159, 160, weil richtige Klageform für Anträge auf Erlaß eines VA gegen Dritte nicht die Verpflichtungs-, sondern die allgemeine Leistungsklage sei. Zum gleichen Ergebnis kommt die Auffassung, der FBA gewähre lediglich einen mit Leistungsklage geltend zu machenden Anspruch auf *realen* Folgenbeseitigungs*erfolg*. Die Mittel, mit denen die Behörde diesen Erfolg bewirkt, könne der Folgenbeseitigungskläger der Behörde nicht vorschreiben. So z. B. HambgOVG v. 11. 2. 1957, VerwRspr. 10, 225 (227); *Rösslein*, Der FBA, 1968, S. 92 f. Vgl. weiterhin *Horn*, DÖV 1989, 980.

22) Zur Auslegung vgl. BVerfG v. 9. 5. 1973, BVerwGE 35, 65 (72 ff.) und *v. Mutius*, VerwArch. 1974, 321 ff. m. w. N.

- § 6 I lit. b NWAG VwGO für Entscheidungen der ZVS[23])
- Art. 10 BayAGVwGO für ausländerrechtliche Maßnahmen im Rahmen oder im Anschluß an ein Asylverfahren
- §§ 10 III S. 1, 12 VIII, 16 III S. 2, 28 VI AsylVfG (vgl. BVerfG v. 20. 4. 1982, BVerfGE 60, 253/291)
- § 6 II Nr. 5 HambgAGVwGO für Entscheidungen des Ordnungsausschusses einer Hochschule
- § 65 II S. 2 DRiG und Art. 77 S. 2 BayRiG
- § 18 a VI FStrG, § 74 I VwVfG für Planfeststellungsverfahren (vgl. allerdings auch Art. 83 I Nr. 5 BayWG als „Ausnahme von der Ausnahme" – zur Rechtslage nach bad.-württ. Wasserrecht vgl. BWVGH v. 1. 3. 1984, NVwZ 1986, 234 f.)
- § 70 VwVfG für förmliche Verwaltungsverfahren
- § 17 KDVG für ablehnende Entscheidungen des Bundesamtes für den Zivildienst

Nach § 6 I NWAGVwGO ist ein Vorverfahren entbehrlich, „wenn eine Kollegialbehörde den angefochtenen VA in einem förmlichen Verfahren beschlossen hat". Förmliche Verfahren i. S. dieser Vorschrift sind nur solche Verwaltungsverfahren vor Kollegialbehörden, die auf Grund einschlägiger Rechtsvorschriften derart abzuwickeln sind, daß zumindest dem Betroffenen *vor* der zu treffenden Entscheidung – regelmäßig in einer gerichtsähnlichen mündlichen Verhandlung – volles rechtliches Gehör gesichert ist, nicht aber ein Verfahren vor Prüfungsausschüssen bei den Pädagogischen Prüfungsämtern, das nur durch Verwaltungsvorschriften geregelt ist und kein rechtliches Gehör vor Bekanntgabe des Prüfungsergebnisses gewährt[24]).

14

Strittig, aber zu bejahen ist die Frage, ob § 68 I S. 2 VwGO auch landesrechtliche Vorschriften, die *vor Erlaß der VwGO* bereits bestanden, meint. Dies war die erklärte Absicht des Reg.-Entw. („... wenn ein Gesetz ... bezieht sich auch auf vorhandene Spezialgesetze"), die im Text der VwGO hinreichend Ausdruck gefunden hat. So läßt sich „bestimmt" in § 68 I S. 2 sowohl als Futur wie auch als Präsens lesen. Auch § 77 II hat derartiges Landesrecht nicht beseitigt, weil es das Vorverfahren für entbehrlich erklärt und gerade nicht als Voraussetzung der gerichtlichen Klage normiert[25]).

15

Dies war vor allem von Bedeutung bei der Beurteilung der Gültigkeit der *Vorschriften der Gemeindeordnungen,* die das Vorverfahren bei gemeindlichen Klagen gegen Verfügung der Kommunalaufsichtsbehörden ausschließen[26]) (z. B. § 112 NWGO). Soweit die Gemeindeordnungen zwischenzeitlich neu bekanntgemacht worden sind (so z. B. die NWGO), hat sich die Streitfrage überlebt, da die entsprechenden Vorschriften als in den Willen des Landesgesetzgebers neu aufgenommene Normen nunmehr als nach der VwGO erlassene Gesetze anzusehen sind.
Beachten Sie bitte, daß § 112 NWGO das Vorverfahren nur bei der Anfechtung

16

---

23) Vgl. NWOVG v. 1. 4. 1976, NJW 1976, 1957.
24) Vgl. NWOVG v. 8. 9. 1966, OVGE 22, 267 (271 ff.); vgl. auch NWOVG v. 21. 12. 1967, OVGE 24, 1 (2) für die Prüfungsausschüsse für ärztliche Vorprüfung.
25) Wie hier BayVGH v. 15. 4. 1969, BayVBl. 1969, 434; *SDC,* § 68, 2 a; a. A. die überwiegende M. im Schrifttum: vgl. *SG,* Rdnr. 247; *Kopp,* § 68, 17 m. w. N.
26) Zur Gültigkeit des § 112 NWGO mit der auch oben angezogenen Begründung vgl. VG Münster v. 6. 11. 1962, *Kottenberg/Steffens,* Rspr.KomVerfR NW, GO § 108 Nr. 5; NWOVG v. 27. 10. 1969, *Kottenberg/Steffens,* GO § 112 Nr. 5 und *Rauball/Pappermann/Roters,* GONW, 3. Aufl., 1981, § 112, 1 m. w. N.

repressiver Aufsichtsmaßnahmen ausschließt, nicht aber bei der Verpflichtungsklage auf Erlaß (präventiver) Genehmigungen[27]).

III. VAe einer obersten Verwaltungsbehörde (§ 68 I S. 2 Nr. 1 VwGO)

17 Unstatthaft ist der Widerspruch weiterhin, wenn der VA von einer *obersten Bundes- oder Landesbehörde* erlassen worden ist[28]), außer wenn ein formelles (Bundes- oder Landes-)Gesetz die Nachprüfung vorschreibt (§ 68 I S. 2 Nr. 1).

Beispiele: § 126 III Nr. 1 BRRG; § 55 PBefG; § 40 I S. 2 SchwBG; Art. 8 BremAGVwGO.

Rechtspolitischer Grund des § 68 I S. 2 Nr. 1 VwGO: besondere fachliche Qualifikation oberster Bundesbehörden, die ein Vorverfahren nur als unnütze Verzögerung des Verwaltungsgerichtsschutzes erscheinen läßt (vgl. Begründung zum Reg.-Entw., BT-Drucks. III/55, S. 38).

18 *Oberste Bundesbehörden* sind: Bundespräsident[29]), Bundeskanzler, Bundesminister, die Präsidenten von Bundestag[30]), Bundesrat, Bundesverfassungsgericht (§ 1 BVerfGG), Bundesrechnungshof (Art. 114 II GG), Zentralbankrat und Direktorium der Dt. Bundesbank (Art. 88 GG, § 29 BBankG; vgl. *Ule,* S. 121), nicht aber z. B. Bundesbehörden nach Art. 87 III GG[31]).

19 Handeln nachgeordnete Behörden als *Mandatare* einer obersten Bundes- oder Landesbehörde, gilt ihr VA als VA der obersten Behörde, nicht aber, wenn sie als *Delegatare* auftreten[32]).

Vgl. z. B. die Ermächtigungen in § 60 I S. 1 BBG, § 126 III BRRG. Das Mandat muß – um wirksam zu sein – vom Mandatar *eröffnet* werden (z. B. „Namens und im Auftrag ..."‌)[33]).

---

27) Vgl. NWOVG v. 8. 1. 1964, OVGE 19, 192 ff.
28) Bestätigend § 6 II HambgAGVwGO für VAe der Bürgerschaft und Beschlüsse des Senats.
29) Vgl. unten § 37 Fußn. 14 sowie BVerwG v. 24. 2. 1966, BVerwGE 23, 295 (297) zur Versetzung eines Generals in den einstweiligen Ruhestand gem. § 50 SoldG.
30) Etwa bei der Entscheidung über Erstattung von Wahlkampfkosten; vgl. BVerfG v. 7. 10. 1969, BVerfGE 27, 152 (157); VG Stuttgart v. 15. 6. 1972, BWVBl. 1973, 43.
31) Nach HessVGH v. 19. 6. 1975 – VII OE 1/75 (u. v.) soll das HessJPA eine oberste Landesbehörde sein (dahingestellt in HessVGH v. 2. 8. 1977, HessVGRspr. 1977, 99).
32) Vgl. Nr. 2.2 des RdErl. des NWMdI v. 21. 12. 1960 (SMBl. NW 2010); *Kopp,* § 68, 19 m. w. N. Zum Unterschied zwischen Delegation und Mandat vgl. HessVGH v. 25. 4. 1952, ESVGH 1, 139 ff.; v. 30. 1. 1974, HessVGRspr. 1974, 25 (26 ff.); BVerwG v. 20. 11. 1964, DVBl. 1965, 163 f.; v. 12. 6. 1979, Buchholz 442.08 § 21 BbG Nr. 1; *Schwabe,* DVBl. 1974, 69 ff.; *Schenke,* VerwArch. 1977, 118 ff. m. w. N. Zur Auslegung von Delegationsnormen (Subdelegation an „Regierungspräsidenten" als Behörde, nicht als Person) vgl. RhPfOVG v. 11. 4. 1979, DÖV 1979, 607 f.
33) Vgl. HessVGH, HessVGRspr. 1974, 28 zu § 60 I S. 1 BBG; *Schenke,* VerwArch. 1977, 161. Zur rechtlichen Zulässigkeit zwischenbehördlicher Mandate vgl. BDiszG v. 24. 1. 1985, DÖV 1985, 451 f. mit Anm. *Schenke* sowie *Horn,* NVwZ 1986, 808 ff. m. w. N.

Auch bei der sog. *Organleihe* wird das Handeln des entliehenen Organs dem Entleiher zugerechnet[34]).

IV. Erstmalige Beschwer eines Dritten (§ 68 I S. 2 Nr. 2 VwGO)

Ein nochmaliger Widerspruch ist unzulässig, wenn ein Dritter durch einen Widerspruchsbescheid erstmalig beschwert wird (§ 68 I S. 2 Nr. 2 VwGO). 20

Ein weiteres, durch den Dritten zu betreibendes Vorverfahren wird hier für entbehrlich erklärt, weil Filter- und Selbstkontrollfunktion des Widerspruchsverfahrens bereits zum Tragen gekommen sind und dem Rechtsschutzinteresse des Dritten durch die Anhörungspflicht nach § 71 VwGO Genüge getan ist.

„Normalfall" ist der *VA mit Drittwirkung:* Die zunächst erteilte, auf Widerspruch des Nachbarn versagte Baugenehmigung beschwert erstmalig den Bauherrn, die zunächst mit Auflagen zum Schutz des Anliegers versehene, von der Widerspruchsbehörde von Auflagen befreite wasserrechtliche Erlaubnis erstmalig den Anlieger[35]). Aber auch andere Konstellationen fallen unter § 68 I S. 2 Nr. 2: Ein Widerspruchsbescheid, der auf Widerspruch des Nichtpflichtigen gegen einen diesem zugestellten Abgabenbescheid unter Zurückweisung und Zahlungsaufforderung erstmals dem Pflichtigen zugestellt wird, beschwert den Pflichtigen als Dritten (NWOVG v. 23. 6. 1971, OVGE 27, 63/65). 21

Seinem Zweck *entsprechend* ist § 68 I S. 2 Nr. 2 auch dann anzuwenden, wenn nicht ein Dritter, sondern ein *Beteiligter* des Vorverfahrens durch den Widerspruchsbescheid erstmals beschwert wird[36]). 22

Beispiel: Ein Widerspruchsbescheid des Landratsamtes, der dem von der Gemeinde abgelehnten Antrag auf Befreiung vom Anschluß an die Müllabfuhr stattgibt, beschwert die Gemeinde, weil er sie in ihrem Selbstverwaltungsrecht beeinträchtigen kann[37]). Ebenso wird der Vertreter der Interessen des Ausgleichsfonds erstmals beschwert, wenn auf Beschwerde des Antragstellers der LAG-Bescheid zu dessen Gunsten erhöht wird[38]).

Dasselbe gilt, wenn der Widerspruchsbescheid den *WF selbst* zusätzlich beschwert (arg. § 79 II VwGO)[39]). 23

Beispiel: Verböserung; Kostenentscheidung; Verletzung einer wesentlichen, dem

---

34) Vgl. BVerwG v. 13. 2. 1976, Buchholz 11 Art. 104 a GG Nr. 2; BVerfG v. 12. 1. 1983, BVerfGE 63, 1 (31 ff.).
35) BVerwG v. 1. 10. 1963, DVBl. 1965, 26 f. Vgl. auch den von BremOVG v. 5. 11. 1982, NJW 1983, 1869 entschiedenen Fall.
36) Vgl. BVerwG v. 23. 3. 1972, BVerwGE 40, 25 (27).
37) BWVGH v. 21. 5. 1963, ESVGH 13, 120 (122 f.) mit zustimm. Anm. *Ule,* DVBl. 1964, 156; v. 24. 11. 1977, BRS 33 Nr. 145; vgl. auch BVerwG v. 9. 7. 1964, BVerwGE 19, 121 (122 ff.) und BayVGH v. 17. 5. 1982, NVwZ 1983, 161.
38) BVerwG v. 23. 3. 1972, BVerwGE 40, 25 (27); vgl. auch BVerwG v. 22. 11. 1963, BVerwGE 17, 148 (150).
39) Vgl. *Kopp,* § 68, 21; *v. Mutius,* Jura Extra S. 162; HessVGH v. 22. 9. 1969, HessVGRspr. 1970, 11 (12); v. 21. 6. 1971, HessVGRspr. 1971, 89 (90); BWVGH v. 31. 1. 1974, BRS 28 Nr. 124.

§ 31 IV Statthaftigkeit des Widerspruchs

Schutz des WF dienenden Verfahrensvorschrift; Ablehnung eines Widerspruchsbescheids in der Sache[40]).

24 Nicht anwendbar soll § 68 I S. 2 Nr. 2 sein, wenn nicht die Widerspruchsbehörde, sondern bereits die Ausgangsbehörde durch den sog. *Abhilfebescheid* (§ 72) den Dritten erstmalig beschwert, da nach dem Sprachgebrauch der VwGO der Abhilfebescheid kein Widerspruchsbescheid sei[41]).

Beispiel: Die Baugenehmigung wird auf Widerspruch des Nachbars bereits von der Baugenehmigungsbehörde wieder aufgehoben.

25 Richtig ist zwar, daß § 73 VwGO nur den Bescheid der Widerspruchsbehörde ausdrücklich als Widerspruchsbescheid bezeichnet. Immerhin spricht auch § 72 von einer Entscheidung über den Widerspruch, und § 71, der eine Anhörung des Dritten vor Erlaß des Widerspruchsbescheides vorschreibt, steht systematisch vor § 72, so daß er auch Geltung für das Abhilfeverfahren beanspruchen kann[42]) und es sich mit der gleichen Berechtigung argumentieren ließe, daß an dieser Stelle die VwGO auch den Abhilfebescheid als Widerspruchsbescheid versteht. Im Ergebnis muß zudem die h. M. den Abhilfebescheid mit einem Erstbescheid gleichsetzen, die Zugehörigkeit des Abhilfeverfahrens zum Widerspruchsverfahren leugnen und es in das allgemeine, auf Erlaß einer VA hinzielende Verwaltungsverfahren einordnen[43]). Dies aber widerspricht dem eindeutigen Wortlaut und der Systematik der VwGO, die von einem einheitlichen, durch Widerspruch eingeleiteten Vorverfahren ausgeht (§§ 68 I S. 1, 69, 72, 73 II S. 1)[44]). Daß auch die Abhilfeentscheidung den Zwecken des Vorverfahrens genügt, läßt sich schon deshalb nicht bestreiten, weil die VwGO auch in den Fällen des § 73 I S. 2 Nr. 2 und 3 ein zweiinstanzliches Vorverfahren nicht vorschreibt. § 68 I S. 2 Nr. 2 ist deshalb auch auf den Abhilfebescheid anzuwenden[45]).

---

40) Vgl. HessVGH v. 1. 2. 1971, NJW 1971, 1717f.; BVerwG v. 15. 1. 1970, Buchholz 310 § 70 VwGO Nr. 5.
41) Vgl. Nr. 2.3 des RdErl. des NWMdI v. 21. 12. 1960 (SMBl. NW 2010); *Kopp,* § 72, 7; *RÖ,* § 72, 2; *Weides,* S. 182, 207; *SG,* Rdnr. 279. *Weides,* S. 182, will wenigstens das Abhilfeverfahren entfallen und den Widerspruch sofort bei der nächsthöheren Instanz anfallen lassen.
42) Vgl. *RÖ,* § 71, 2.
43) So ausdrücklich *Weides,* S. 180f.; *RÖ,* § 72, 2; *Kopp,* § 72, 7; *SG,* Rdnr. 279.
44) So zutreffend *v. Mutius,* S. 65 ff.; *Renck,* DÖV 1973, 265; BayVGH v. 4. 3. 1985, BayVBl. 1985, 467 (468).
45) Ebenso HessVGH v. 22. 9. 1969, HessVGRspr. 1970, 11 (12); v. 21. 6. 1971, HessVGRspr. 1971, 89 (90) und *Renck,* DÖV 1973, 266; offengelassen von BayVGH v. 22. 6. 1982, BayVBl. 1983, 212 (214); v. 23. 3. 1987, BayVBl. 1987, 465 (466).

V. Untätigkeit der Behörde auf Vornahmeantrag (§§ 68 II, 75 VwGO)

Einen „*Untätigkeitswiderspruch*" gibt es nach der VwGO – anders als im abgaberechtlichen Beschwerdeverfahren (§ 349 II AO 1977) – nicht, denn § 68 II VwGO schreibt den Widerspruch als Vorschaltsrechtsbehelf nur für die Weigerungsgegenklage vor, und § 75 S. 1 VwGO erklärt das Vorverfahren bei Untätigkeit der Behörde auf einem Vornahmeantrag für entbehrlich. Dies wird bestätigt durch § 68 I S. 1 VwGO, der Widerspruch nur stattfinden läßt gegen bereits ergangene VAe[46]).

Insoweit stellt auch § 126 III BRRG *keine* Ausnahme dar, da nach seinem Wortlaut „für Klagen ..., einschließlich der Leistungs- und Feststellungsklagen ... die Vorschriften des 8. Abschnitts der VwGO" – und damit auch § 75 – gelten[47]).

Rechtspolitisch sinnvoll ist die Ausnahme vom Vorverfahren bei Untätigkeit nicht; Rechtsschutz-, Entlastungs- und Selbstkontrollfunktion fordern auch hier die Durchführung eines Vorverfahrens. Zu Recht will deshalb § 71 II Nr. 2 EVwPO den Untätigkeitswiderspruch generell einführen[48]).

Ist die *Untätigkeitsklage* zulässigerweise erhoben und wird nunmehr der Vornahmeantrag von der Behörde abgelehnt, soll nach BVerwG v. 23. 3. 1973, BVerwGE 42, 108 ff. jedenfalls dann die Durchführung des Widerspruchsverfahrens erforderlich sein, wenn die Behörde aus einem zureichenden Grund untätig geblieben ist und den Antrag innerhalb der vom Gericht gesetzten Frist beschieden hat.

Ist dagegen das Verwaltungsgericht nicht nach § 75 S. 3 VwGO verfahren, bleibt eine zulässigerweise erhobene Untätigkeitsklage zulässig und erfordert selbst dann kein Vorverfahren, wenn die Behörde den Kläger doch noch während des Rechtsstreits ablehnend bescheidet (vgl. BVerwG v. 13. 1. 1983, BVerwGE 66, 342ff.; v. 16. 1. 1983, Buchholz 310 § 75 VwGO Nr. 9; BWVGH v. 30. 4. 1984, NJW 1986, 149).

Einer ausdrücklichen Einlegung des Widerspruchs bedürfe es nicht, er sei mit der Klage antizipiert. Das anhängig bleibende Klageverfahren könne erst fortgeführt werden, wenn auch die Widerspruchsbehörde die Frist des § 75 VwGO ungenutzt verstreichen lasse. Diese Auffassung wird zu Recht überwiegend abgelehnt, weil sie den Rechtsschutz des Untätigkeitsklägers unangemessen verkürzt[49]).

---

46) Vgl. oben Rdnr. 4.
47) So richtig Nr. 1.2 des RdErl. des NWMdI vom 21. 12. 1960 (SMBl. NW 2010) und die h. M.: vgl. *Ule*, Beamtenrecht, 1970, § 126 BRRG, 3; *Stich*, ZBR 1960, 208 ff., insbes. 211; *EF*, § 68, 18.
48) Zustimm. *Kopp*, DVBl. 1982, 617; *Schenke*, DÖV 1982, 716; abgelehnt vom 54. DJT, vgl. *Laubinger*, DÖV 1982, 897.
49) Vgl. *RÖ*, § 75, 10 und ausführlich *Ehlers*, DVBl. 1976, 71 ff. m. w. N.; zustimm. dagegen *Weides*, S. 178; *ders./Bertrams*, NVwZ 1988, 677; *Kopp*, § 75, 21; *EF*, § 75, 11.

VI. Erledigung des VA in der Hauptsache (§ 113 I S. 4 VwGO entsprechend)

29 Erledigt sich ein VA vor Klageerhebung (zum Begriff der Erledigung oben § 27 Rdnrn. 19 ff.), gewährt bekanntlich die Rechtsprechung Rechtsschutz in Form der sog. *Fortsetzungsfeststellungsklage analog § 113 I S. 4 VwGO*, wobei zwar die Durchführung eines Vorverfahrens, nicht aber die Einhaltung der Widerspruchs- bzw. Klagefrist für entbehrlich erklärt wird[50]).

Die vom BVerwG angezogene Begründung, die Klage analog § 113 I S. 4 sei keine Anfechtungs-, sondern eine ohne Vorverfahren zulässige Feststellungsklage, zudem falle es nicht unter die Aufgabe der Verwaltung, verbindlich über die Rechtswidrigkeit eines erledigten VA zu entscheiden, kann nur dahin verstanden werden, daß das Gericht das Vorverfahren nicht nur für entbehrlich, sondern einen Widerspruch überhaupt für unstatthaft hält[51]).

Erledigt sich der angefochtene VA während des Widerspruchsverfahrens, darf sich nach Ansicht des BVerwG eine Widerspruchsentscheidung in der Sache nicht mehr ergeben. Das Widerspruchsverfahren ist vielmehr einzustellen. Ein gleichwohl ergehender Widerspruchsbescheid beschwert – jedenfalls, wenn er den Widerspruch zurückweist – den WF, weil er den Eindruck erweckt, der (erledigte) VA sei bestandskräftig geworden, und ist deshalb auf Klage aufzuheben (vgl. BVerwG v. 20. 1. 1989, BVerwGE 81, 226/229).

30 Überzeugend ist diese Auffassung nicht. Zunächst handelt es sich bei der Fortsetzungsfeststellungsklage, wie bereits die gewählte Analogie zu § 113 I S. 4 VwGO erkennen läßt, nicht um eine reine Feststellungsklage, sondern vielmehr um eine kupierte, auf die auch sonst in der Anfechtungsklage mit inbegriffene Feststellung der Rechtswidrigkeit des angegriffenen VA zurückgeschnittene Anfechtungsklage. Ansonsten ließe sich auch das Erfordernis der Fristwahrung dogmatisch nicht sauber begründen. Zum anderen ist es nicht einzusehen, warum es der Verwaltung verwehrt sein sollte, Feststellungen über die Rechtswidrigkeit eines erledigten VA zu treffen.

In beamtenrechtlichen Streitigkeiten ist der Fortsetzungsfeststellungswiderspruch ohnehin geltendes Recht (§ 126 III BRRG und BVerwG, DVBl. 1981, 502 f.). Die Verwaltungspraxis hat auch im übrigen wenig Scheu, sich derartigen Feststellungen zu

---

50) Vgl. BVerwG v. 9. 2. 1967, BVerwGE 26, 161 (165 ff.); v. 5. 6. 1974, DÖV 1974, 855 f.; v. 7. 6. 1978, BVerwGE 56, 24 (26); BFH v. 17. 7. 1985, NJW 1986, 2273 f.; BWVGH v. 4. 6. 1980, VBlBW 1980, 20 f.; RhPfOVG v. 15. 7. 1982, NJW 1982, 1301 (1302); BayVGH v. 17. 11. 1980, BayVBl. 1982, 151 (152); VG Frankfurt v. 19. 8. 1986, NVwZ 1988, 381; *Pietzner*, JA 1971, ÖR 207 f. und oben § 11 Rdnr. 16.
51) Vgl. neben BVerwGE 26, 165 ff.; v. 23. 10. 1980, DVBl. 1981, 502 f.; BWVGH v. 14. 7. 1969, DVBl. 1970, 512; BremOVG v. 3. 9. 1971, VerwRspr. 23, 589; RhPfOVG v. 14. 7. 1982, 1302; auch BVerwG v. 2. 12. 1971, BVerwGE 43, 291 (292); zustimmend insoweit *Menger/Erichsen*, VerwArch. 1968, 182; *v. Mutius*, S. 233 f.; *Würtenberger jun.*, JuS 1974, 321; *SG*, Rdnr. 513; *Allesch*, S. 154; *RÖ*, § 73, 16. Offengelassen in HessVGH v. 30. 1. 1974, HessVGRspr. 1974, 25 (26); BayVGH v. 1. 12. 1980, BayVBl. 1981, 469 (470).

stellen (vgl. etwa den von BWVGH v. 20. 8. 1983, NVwZ 1984, 251 entschiedenen Fall).

Ähnliche Feststellungen kann und muß sie auch bei für nichtig erkannten VAen treffen, wie § 44 V VwVfG in Anerkennung eines allgemeinen Rechtsgedankens ausdrücklich vorsieht[52]). Eine derartige Feststellung ist auch für den WF nicht ohne Interesse, denn sie ist, gerade wenn sie von der nächsthöheren Behörde im Widerspruchsverfahren getroffen wird, geeignet, die realen Folgen des erledigten VA zu beseitigen (Wiederholungsgefahr, Diskriminierungen u. dgl.) und dadurch unnötige Prozesse zu vermeiden. Nach hier vertretener Ansicht sind deshalb auch *„Fortsetzungsfeststellungswidersprüche"* zulässig, wenn der WF ein berechtigtes Interesse i. S. des § 113 I S. 4 VwGO hat[53]).

VII. Unstatthaftigkeit bei richterrechtlichen Ausnahmen vom Erfordernis des Vorverfahrens?

In den Fällen dagegen, in denen die Rechtsprechung die Durchführung eines Vorverfahrens vor Klageerhebung über die gesetzlich geregelten Ausnahmen hinaus für entbehrlich erklärt[54]), ist zwar der Widerspruch nicht erforderlich, um die Zulässigkeit der Klage zu eröffnen, gleichwohl aber statthaft[55]). Dies ergibt sich sowohl aus dem Anliegen dieser Rechtsprechung, lediglich den gerichtlichen Rechtsschutz nicht über Gebühr hinauszuzögern, wie auch aus der Tatsache, daß nach dem Gesetz der Widerspruch in diesen Fällen jedenfalls für statthaft erklärt wird.

31

---

52) Zustimm. *Weides*, S. 238; *StBL*, § 44, 123; § 79, 33; *Dreier*, NVwZ 1987, 477.
53) Ebenso VG Wiesbaden v. 2. 2. 1981, AnwBl. 1981, 450; *Wittig*, BayVBl. 1964, 395 f.; *Schenke*, BayVBl. 1969, 305 ff.; Jura 1980, 140 f.; DÖV 1982, 716 f.; Festschr. Menger 1985, S. 467 ff.; *I. Becker*, MDR 1973, 983; *Kopp*, § 68, 34; § 72, 6; § 73, 9; *StBL*, § 79, 33; *Weides*, S. 209, 237 f.; *Linhart*, § 20, 22; *Dreier*, NVwZ 1987, 477; vgl. auch *Ule*, S. 258 f.; weitergehend *EF*, § 113, 51: Vorverfahren erforderlich.
54) Vgl. hierzu *Kopp*, § 68, 22 ff. m. w. N. und oben § 17 Rdnrn. 1 f.
55) Vgl. *Kopp*, § 68, 22.

§ 32 Beteiligtenbezogene Sachbescheidungsvoraussetzungen

I. Beteiligtenfähigkeit, Handlungsfähigkeit

1   Für die Fähigkeit, am Verfahren beteiligt zu sein *(Beteiligtenfähigkeit,* § 11 VwVfG), sowie für die Fähigkeit, Verfahrenshandlungen vorzunehmen *(Handlungsfähigkeit,* § 12 VwVfG), gilt im Verwaltungsverfahren und Vorverfahren das zur Beteiligten- und Prozeßfähigkeit Gesagte entsprechend[1]), wenn und soweit dies nicht bereits ausdrücklich — zumeist in fast wörtlicher Anlehnung an die §§ 61, 62 VwGO — gesetzlich geregelt ist (§ 79 i. V. m. §§ 11 ff. VwVfG).

Fehlt die Handlungsfähigkeit, können VAe nur an den gesetzlichen Vertreter wirksam bekanntgegeben werden (vgl. oben § 31 Rdnr. 6); ggf. ist ein Ergänzungspfleger oder ein gesetzlicher Vertreter nach § 16 I Nr. 4 VwVfG zu bestellen[2]).

2   Sondervorschriften des öffentlichen Rechts, die für bestimmte Verfahren Minderjährigen Handlungsfähigkeit verleihen[3]) — z. B. §§ 19 V, 44 I S. 5 WehrpflG[4]); § 7 I StVZO[5]); § 6 AsylVfG[6]); § 36 SGB-AT — sind zu beachten.

II. Vertretung

3   Auch im Verwaltungsverfahren einschließlich des Vorverfahrens können sich die Beteiligten, soweit es sich nicht um unvertretbare Handlungen handelt (z. B. Prüfung), durch einen Bevollmächtigten vertreten lassen (§ 79 i. V. m. § 14 VwVfG).

Häufig ist z. B. die *Bevollmächtigung des Architekten* im Baugenehmigungsverfahren, etwa dadurch, daß der Bauherr eine formblattmäßige Baubeschreibung einreicht, in der der Architekt als „Betreuer/Beauftragter, Planverfasser und Bauleiter" bezeichnet wird[7]).

4   Ein Bevollmächtigter ist *zurückzuweisen,* wenn er geschäftsmäßig fremde Rechtsangelegenheiten besorgt, ohne dazu befugt zu sein (§ 14 V VwVfG i. V. m. Art. 1 §§ 1, 5 RBerG); die Zurückweisung ist nur in bezug auf ein

---

1) Vgl. *Krause,* VerwArch. 1970, 310 ff.; *v. Mutius,* S. 218. Vgl. auch *Laubinger,* in: Festschr. Ule 1987, S. 161 ff.
2) Vgl. KG v. 29 7. 1977, NJW 1978, 2454; v. 10. 11. 1981, NJW 1982, 526.
3) Generell *Robbers,* DVBl. 1987, 709 ff.; *Meyer,* Die Stellung des Minderjährigen im öffentl. Recht, 1988.
4) Vgl. BVerwG v. 23. 5. 1958, BVerwGE 7, 66 (67).
5) Vgl. BVerwG v. 3. 12. 1965, MDR 1966, 442.
6) Zur Handlungsfähigkeit minderjähriger Ausländer in ausländerbehördlichen Verfahren vgl. BVerwG v. 11. 1. 1982, NJW 1982, 539 f.; a. A. *Kunz,* NJW 1982, 2707 ff. m. w. N.
7) Vgl. den Fall in NWOVG v. 3. 2. 1977, NJW 1977, 1981. Vgl. auch OVG Lüneburg v. 24. 2. 1986, NdsRPfl. 1987, 62 f.

konkretes Verwaltungsverfahren, nicht generell zulässig (vgl. BayVGH v. 21. 9. 1984, BayVBl. 1984, 724 f.).

Zur erlaubnisfreien, im notwendigen unmittelbaren Zusammenhang mit seiner eigentlichen Berufstätigkeit stehenden ergänzenden Hilfstätigkeit gehört beim *Architekten* die Beratung des Bauherrn in Fragen des öffentlichen Baurechts und die Verhandlungen mit der Baugenehmigungsbehörde. Im Widerspruchs- und Klageverfahren kann er den Bauherrn fachlich und organisatorisch *unterstützen* (vgl. § 15 II Nr. 4 HOAI v. 17. 9. 1976, BGBl. I S. 2805, zuletzt geändert durch VO v. 17. 3. 1988, BGBl. I S. 359). Die *Vertretung* im Rechtsbehelfsverfahren gehört dagegen *nicht* zum „Berufsbild" des Architekten[8]). Ebensowenig ist der *Steuerberater* befugt, Widersprüche in kommunalen Gebühren- und Beitragsstreitigkeiten zu erheben. Sie sind zwar Abgaben-, aber keine „Steuersachen" (vgl. §§ 1, 3 f. StBerG und *Wohlfahrt*, KStZ 1981, 207 ff.).

Der unter Verstoß gegen das RBerG abgeschlossene Geschäftsbesorgungsvertrag ist zwar nach § 134 BGB nichtig, jedoch schlägt dies wegen des abstrakten Charakters der Vollmacht nicht auf diese durch[9]).

Verfahrenshandlungen des Zurückgewiesenen aus der Zeit vor der Zurückweisung bleiben aus Gründen der Rechtssicherheit wirksam (vgl. § 14 VII S. 2 VwVfG, § 80 VII S. 2 AO 1977, § 13 VII S. 2 SGB-VwVf)[10]) Zurückzuweisen sind auch Bevollmächtigte, die unter Verstoß gegen *kommunalrechtliche Vertretungsverbote*[11]) tätig werden.

Die *Vollmacht* ermächtigt zu allen das Verwaltungsverfahren betreffenden Verfahrenshandlungen, sofern sich aus ihrem Inhalt nicht etwa anderes ergibt. Vgl. § 14 I S. 2 VwVfG; § 80 I S. 2 AO 1977; § 13 I S. 2 SGB-VwVf; § 79 I S. 2 Schl.-H.LVwG; § 125 I FlurbG. Für die Auslegung der Vollmacht ist entsprechend § 133 BGB maßgebend, wie sie der Empfänger bei objektiver Würdigung verstehen konnte (BVerwG v. 15. 1. 1988, NJW 1988, 1612).

Ihrem *Umfang* nach bezieht sie sich nur auf die jeweilige formell verselbständigte Verfahrenseinheit, also nur auf das Verwaltungsverfahren einschließlich des Vorverfahrens, das mit dem erstinstanzlichen Verwaltungsverfahren eine Einheit bildet (arg. § 79 VwGO), nicht aber auf das anschließende Gerichtsverfahren[12]).

---

8) Vgl. *Schmalzl*, NJW 1968, 24; OVG Lüneburg v. 7. 10. 1971, OVGE 27, 493 (494 f.); NWOVG v. 11. 12. 1978, NJW 1979, 2165 (2166); a. A. NWOVG v. 27. 4. 1966, OVGE 22, 188 ff. Generell zum Umfang der erlaubten Rechtsberatung des Architekten BGH v. 10. 11. 1977, BGHZ 70, 12 ff. m. w. N.; zu der des Steuerberaters BGH v. 5. 6. 1985, NJW 1986, 1050 ff.
9) Vgl. BGH v. 25. 6. 1962, BGHZ 37, 258 (261 ff.); BayVGH v. 11. 11. 1980, BayVBl. 1983, 444; *Wohlfahrt*, KStZ 1981, 208 f.
10) Zur Prozeßvollmacht vgl. BWVGH v. 30. 7. 1962, ESVGH 12, 171 (174); OLG Köln v. 18. 5. 1973, MDR 1974, 310 f.; BayVGH v. 11. 11. 1980, BayVBl. 1983, 444; *Friedländer*, JZ 1955, 308; *Habscheid*, NJW 1964, 1504 f. Zu § 13 VII SGB-VwVf vgl. BayVGH, BayVBl. 1984, 725.
11) Zu deren Zulässigkeit vgl. BVerfG v. 7. 10. 1987, NJW 1988, 694; BVerwG v. 25. 1. 1988, NJW 1988, 1994.
12) So mit eingehender Begründung *v. Mutius*, VerwArch. 1973, 448 f.; ebenso *Redeker*, NJW 1976, 1118; a. A. dagegen NWOVG v. 21. 6. 1972, NJW 1972, 1910; *Allesch*, S. 108.

Ist dagegen einem Anwalt bereits vor Einleitung des Vorverfahrens eine Prozeßvollmacht gem. §§ 81, 82 ZPO erteilt worden, gilt sie selbstverständlich für den nachfolgenden Prozeß, im Zweifel aber auch für das Vorverfahren, da es notwendige Voraussetzung für eine zulässige Klageerhebung ist und der WF durch die frühzeitige Erteilung der Vollmacht zu erkennen gegeben hat, daß er sich auch im Vorverfahren sachkundig vertreten lassen wolle.

6 *Eigene Erklärungen des Vertretenen* werden durch die Bevollmächtigung nicht ausgeschlossen[13]). Auf Grund der geringeren Förmlichkeit des Verwaltungsverfahrens ist die Bevollmächtigung nicht – wie im Prozeß (§ 80 I ZPO) – ex lege durch schriftliche, zu den Akten einzureichende Vollmacht nachzuweisen, es sei denn, dies ist ausnahmsweise gesetzlich besonders angeordnet.

Vgl. z. B. § 110 II S. 3 BauGB; § 123 FlurbG.

Ansonsten hat der Bevollmächtigte nur *auf Verlangen seine Vollmacht schriftlichen nachzuweisen.*

Vgl. § 14 I S. 3 VwVfG; § 80 I S. 3 AO 1977; § 13 I S. 3 SGB-VwVf; § 79 II S. 1 Schl.-H.LVwG. Die Beachtlichkeit eines Antrags, etwa hinsichtlich der Verschweigungsfrist der Behörde gem. § 19 III S. 6 BauGB, hängt deshalb nicht vom schriftlichen Vollmachtnachweis ab[14]).

7 Die Vorlage der Vollmacht wird die Behörde i. d. R. nur verlangen, wenn an der Vertretungsmacht vernünftige Zweifel bestehen. Bei Anwälten und Ehegatten kann regelmäßig die Bevollmächtigung unterstellt werden (vgl. hierzu und zur *Anscheinsvollmacht* unter Ehegatten BSG v. 15. 10. 1981, NVwZ 1983, 767f.; HessVGH v. 9. 2. 1987, NVwZ 1987, 898f.).

Der *Verwalter einer Wohnungseigentümergemeinschaft* ist nach § 27 II Nr. 4 WEG befugt, im Namen der Wohnungseigentümer z. B. einen baurechtlichen Nachbarwiderspruch zu erheben, da der Widerspruch fristgebunden ist und seine Erhebung deshalb eine Maßnahme darstellt, die zur Wahrung einer Frist erforderlich ist[15]).
Zur Vertretung einer Jagdgenossenschaft vgl. *Herold,* BayVBl. 1985, 235 f.

8 Die Vollmacht wird weder durch den *Tod des Vollmachtgebers* noch durch eine Veränderung in seiner Handlungsfähigkeit oder seiner gesetzlichen Vertretung aufgehoben; der Bevollmächtigte hat jedoch, wenn er für den *Rechtsnachfolger* im Verwaltungsverfahren auftritt, dessen Vollmacht auf Verlangen schriftlich beizubringen.

Vgl. § 14 II VwVfG; § 13 II SGB-VwVf; § 80 II AO 1977; § 126 I FlurbG.

Zum Erlöschen der Vollmacht führt allein der *Widerruf,* der aus Gründen der Rechtssicherheit der Behörde gegenüber jedoch erst mit *Zugang der*

---

13) Vgl. BayVGH v. 17. 10. 1975, NJW 1976, 1117.
14) BVerwG v. 9. 5. 1979, DVBl. 1979, 625.
15) Vgl. BayVGH v. 1. 10. 1974, BayVBl. 1975, 141; OVG Lüneburg v. 17. 1. 1986, OVGE 39, 375 ff. Vgl. auch BGH v. 25. 9. 1980, NJW 1981, 282 f.; VG Freiburg v. 12. 5. 1987, NJW 1988, 2689.

Widerrufsanzeige wirksam wird (zur Mandatsniederlegung durch den Bevollmächtigten vgl. § 49 Rdnr. 20).

Vgl. § 14 I S. 4 VwVfG; § 80 I S. 4 AO 1977; § 13 I S. 4 SGB-VwVf; § 79 I S. 3 Schl.-H.LVwG; § 126 II FlurbG. Soweit gesetzliche Regelungen fehlen, folgt dies aus Rechtsanalogie zu den genannten Vorschriften[16]).
Die Anzeige kann nur ausnahmsweise durch schlüssige Handlungen erfolgen. Allein in der Tatsache, daß der Vertretene vor der Behörde selbst Erklärungen abgibt und einen von seinem Bevollmächtigten eingelegten Widerspruch zurücknimmt, kann eine Widerrufsanzeige nicht gesehen werden, insbesondere dann nicht, wenn die Rücknahmeerklärung bei persönlicher Vorsprache abgegeben wird, da sich der Beamte hier ohne besondere Schwierigkeiten vergewissern kann, ob die Vollmacht fortbesteht[17]).

Ist für das Verfahren ein Bevollmächtigter bestellt, so soll sich die Behörde an ihn wenden. Sie kann sich an den Beteiligten selbst wenden, soweit er zur Mitwirkung verpflichtet ist, soll in diesem Fall aber den Bevollmächtigten verständigen.   9

Vgl. § 14 III S. 1 bis 3 VwVfG; § 80 III S. 1 bis 3 AO 1977; weitergehend § 79 II S. 2 und 3 Schl.-H.LVwG (*ist der Bevollmächtigte zu benachrichtigen*); § 13 III S. 1 SGB-VwVf (Behörde *muß* sich an Bevollmächtigten wenden).

Die Nichtbeteiligung des bevollmächtigten Anwalts verletzt diesen in seinem Beteiligungsrecht aus §§ 1, 3 BRAO[18]). *Zustellungen* und *Bekanntgabe* von VAen können an den Bevollmächtigten gerichtet werden (§§ 41 I S. 2, 14 III S. 4 VwVfG i. V. m. § 8 I S. 1 VwZG)[19]). Hat er schriftliche Vollmacht vorgelegt, *muß* an ihn zugestellt werden (§ 8 I S. 2 VwZG). Eine Heilung des Zustellungsmangels nach § 9 I VwZG ist möglich (vgl. BVerwG v. 15. 1. 1988, NJW 1988, 1612 f. und § 33 Rdnr. 16), es sei denn, durch die Zustellung soll die Klagefrist in Lauf gesetzt werden (vgl. § 49 Rdnrn. 3, 20).

Bei mehreren gesetzlichen Vertretern, etwa den Eltern, genügt die Zustellung an einen von ihnen (§ 7 III VwZG)[20]); erst recht gilt dies für die formlose Bekanntgabe[21]). Bei mehreren Bevollmächtigten gilt nichts anderes (vgl. BVerwG v. 21. 12. 1983, NJW 1984, 2115).

Ein von einem *Vertreter ohne Vertretungsmacht* eingelegter Widerspruch ist   10

---

16) Vgl. BayVGH, NJW 1976, 1117 f. (zustimm. Anm. *Redeker);* BremOVG v. 11. 3. 1974, NJW 1974, 1722; BerlOVG v. 27. 7. 1976, NJW 1977, 1167; NWOVG v. 3. 2. 1977, NJW 1977, 1981.
17) BayVGH, NJW 1976, 1117 f.
18) Vgl. BayVGH, NJW 1976, 1117 f.; v. 17. 10. 1978, BayVBl. 1979, 123 f.; BerlVG v. 20. 9. 1983, NVwZ 1984, 601 f.; HessVGH v. 9. 4. 1984, NVwZ 1984, 802; a A. BVerwG v. 10. 7. 1984, NJW 1985, 339 f.: § 14 III VwVfG diene nicht zum Schutz des Bevollmächtigten.
19) *Drescher,* NVwZ 1988, 680 ff. hält § 14 III S. 1 VwVfG für vorrangig und nimmt deshalb bei der Bekanntgabe gebundenes Ermessen an; ebenso BWVGH v. 7. 10. 1986, VBlBW 1987, 297 (298).
20) Vgl. BFH v. 22. 10. 1976, BFHE 120, 148; BVerwG v. 29. 1. 1980, Buchholz 303 § 84 ZPO Nr. 1.
21) BayVGH v. 21. 7. 1978, BayVBl. 1979, 52; BFH v. 23. 6. 1988, NJW 1989, 1182 f.

als unzulässig zu verwerfen[22]). Diese Entscheidung ergeht gegenüber dem vollmachtlosen Vertreter[23]). Dem Vertreter ist entsprechend den Rechtsgedanken der §§ 179, 164 II BGB die Berufung auf den mangelnden Willen, im eigenen Namen handeln zu wollen, versagt; er muß sich deshalb als Beteiligter behandeln lassen; sein Rechtsbehelf ist als Drittwiderspruch mangels Widerspruchsbefugnis *unzulässig*.

11 Die ganz h. M. hält dagegen den angeblich Vertretenen für den Beteiligten, gegen den die Entscheidung ergeht, will aber im Regelfall dem Vertreter die Kosten auferlegen[24]).
Begründung: Der vollmachtlose Vertreter habe nicht in eigenem, sondern in fremdem Namen den Rechtsbehelf eingelegt; der in fremdem Namen Handelnde werde nicht selbst dadurch Partei, daß ihm die Vertretungsmacht fehle. Die Kosten fielen – entsprechend dem kostenrechtlichen Grundsatz der Veranlasserhaftung[25]) – dem vollmachtlosen Vertreter zur Last, es sei denn, es sei offenkundig, daß der Vertretene das Tätigwerden des Vertreters veranlaßt habe[26]).
Die dogmatischen Schwächen der h. M. sind offenkundig: Sie vermag weder zu erklären, wie der angeblich Vertretene ohne sein Zutun Verfahrensbeteiligter werden kann[27]), noch, wie einen angeblich nicht Verfahrensbeteiligten eine Kostenpflicht

---

22) Vgl. BayVGH v. 1. 10. 1974, BayVBl. 1975, 141; vgl. auch BFH v. 13. 9. 1963, BStBl. 1963 III 17; BayVGH v. 26. 7. 1965, BayVBl. 1965, 429; BWVGH v. 7. 10. 1981, VBlBW 1982, 44 (45); GmS – OGB v. 17. 4. 1984, BVerwGE 69, 380 (381).
23) Ebenso für den Sonderfall des Art. 3 § 1 EntlG, daß der Vollmachtmangel wegen Ablaufs der Ausschlußfrist nicht mehr geheilt werden kann, BerlFG v. 29. 7. 1980, EFG 1981, 101 f. – a. A. die ganz h. M.: vgl. BayVGH, BayVBl. 1965, 429; BFH v. 10. 11. 1966, BFHE 87, 1 (2); v. 19. 4. 1968, BFHE 92, 173 (174); v. 13. 12. 1972, BFHE 108, 477 (478); v. 17. 10. 1973, BFHE 111, 221 (222); v. 11. 1. 1980, BFHE 129, 306 (307); v. 11. 11. 1981, BStBl. 1982 II 168; BVerwG v. 20. 9. 1974, Buchholz 310 § 67 VwGO Nr. 39; v. 25. 11. 1974, Buchholz 310 § 155 VwGO Nr. 2; v. 23. 3. 1982, NVwZ 1982, 499; BWVGH v. 7. 10. 1981, VBlBW 1982, 44 f.; *Rosenberg/Schwab*, Zivilprozeßrecht, 14. Aufl. 1986, § 55 II 2; speziell für die Einlegung außergerichtlicher Rechtsbehelfe durch vollmachtlose Vertreter: HessFG v. 5. 11. 1974, EFG 1975, 121 (122); *Tipke/Kruse*, § 80 AO 1977, 6; *Linhart*, § 20, 96 f.; *Kopp*, VwVfG, § 14, 7.
24) Vgl. RG v. 20. 4. 1907, RGZ 66, 37 (39); BGH v. 18. 11. 1982, NJW 1983, 883 f.; v. 24. 6. 1987, NJW 1988, 49 (50 f.); NWOVG v. 6. 2. 1950, OVGE 1, 81; HessVGH v. 1. 8. 1963, DVBl. 1964, 876 f. und von den Nw. in Fußn. 23 insbes. BayVGH, BayVBl. 1965, 429; BVerwG, Buchholz 310 § 67 VwGO Nr. 39; BFHE 87, 2; 92, 174; 111, 222; HessFG, EFG 1975, 122; a. A. vor allem *Renner*, MDR 1974, 355 ff.: Kostenpflicht des angeblich Vertretenen, der sich außerhalb des Prozesses am vollmachtlosen Vertreter schadlos zu halten hat.
25) Vgl. neben den Nw. in Fußn. 24 *Rosenberg/Schwab*, § 55 II 2 sowie OVG Lüneburg v. 5. 7. 1967, OVGE 23, 482 (483 f.); BayVGH v. 20. 12. 1972, BayVBl. 1973, 193; BWVGH, VBlBW 1982, 44 f.; v. 9. 11. 1981, NJW 1982, 842, die die Kostenpflicht des vollmachtlosen Vertreters zusätzlich auf eine Rechtsanalogie zu den §§ 179 BGB, 89 I S. 3 ZPO stützen.
26) Vgl. BVerwG, Buchholz 310 § 67 VwGO Nr. 39, § 155 Nr. 2; BayVGH, BayVBl. 1965, 429; BFHE 108, 478; 129, 308; BWVGH, NJW 1982, 843; *Rosenberg/Schwab*, § 55 II 2. Auf ein Mißverständnis kann sich der Vertreter, wenn er ohne Auftrag gehandelt hat, nicht berufen.
27) Vgl. insoweit die Kritik des BerlFG, EFG 1981, 101 f. Daß dem angeblich Vertretenen hierdurch kein sachlich-rechtlicher Nachteil entsteht, weil sich die Rechtskraftwirkung des Prozeßurteils auf die Frage der Bevollmächtigung beschränkt (vgl. *Renner*, MDR 1974, 35), ist richtig, rechtfertigt aber nicht, jemanden ohne seinen Willen in die Rolle der Partei zu zwingen.

treffen kann[28]). Der von der h. M. für sich reklamierte Vorteil, die Parteirolle erhalte dem Vertretenen die Möglichkeit, die unbefugte Verfahrensausübung zu genehmigen (vgl. § 89 II ZPO)[29]) und sich dadurch die Wahrung bestimmter Prozeßvoraussetzungen wie Klagefrist und erfolgloses Vorverfahren für seine Person zunutze zu machen, ist zwar von erheblichem Gewicht, aber keineswegs an die Konstruktion der h. M. gebunden[30]).

Die Behörde kann den Vertreter ohne Vertretungsmacht jedoch auch vorläufig zu Erklärungen zulassen und eine Frist zur Vorlage der Vollmacht setzen. Wird innerhalb der Frist weder Vollmacht vorgelegt noch der Widerspruch vom Vertretenen genehmigt, werden die Erklärungen des Vertreters unwirksam[31]). 12

Ein von einem *Handlungsunfähigen* erhobener Widerspruch ist unwirksam, kann aber nachträglich (auch nach Fristablauf) mit rückwirkender Kraft durch *Genehmigung* des gesetzlichen Vertreters oder des handlungsfähig Gewordenen selbst *geheilt* werden[32]). 13

---

28) Vgl. die insoweit berechtigte Kritik bei *Renner*, MDR 1974, 356. Nicht von ungefähr hat deshalb die „Leitentscheidung" RGZ 66, 39 ausgeführt, der vollmachtlose Vertreter sei „hinsichtlich der Kostenpflicht als Partei zu behandeln" (ähnlich *Ule*, § 154 I). Die Ausgangsthese der h. M. nötigt bei der Kostenentscheidung zu Konstruktionen, die im strikt geregelten und in besonderem Maße auf Rechtssicherheit angelegten Kostenrecht keinen Platz haben. Im Widerspruchsverfahren würde zwar die Kostenlastenentscheidung hinsichtlich der Verwaltungskosten keine Schwierigkeiten bereiten, da das Verwaltungskostenrecht eindeutig vom Veranlasserprinzip beherrscht wird (vgl. Art. 2 I BayKostG), mit Wortlaut und Systematik des § 80 VwVfG aber wäre eine allein an der Veranlassung ausgerichtete Kostenlastentscheidung schwer vereinbar.
29) Vgl. HessVGH v. 4. 12. 1953, ESVGH 3, 215 (217); BFH v. 28. 9. 1967, NJW 1968, 910 f.; BFHE 111, 222; HessFG, EFG 1975, 122; BWVGH v. 6. 2. 1974, BWVPr. 1974, 133 f.; BVerwG v. 4. 6. 1962, BVerwGE 14, 209 (212); v. 13. 4. 1978, Buchholz 237.2 § 79 LBG Berlin Nr. 2 S. 6; BGH v. 24. 10. 1979, MDR 1980, 308; vgl. auch *Fenger*, NJW 1987, 1183. Vgl. auch GmS – OGB, BVerwGE 69, 380 ff.
30) So ließe sich z. B. an eine Rechtsnachfolge in die Parteirolle durch Genehmigung denken. Vgl. *BLAH*, § 89, 3.
31) Vgl. § 124 FlurbG und *Wolff/Bachof*, III, § 156, 23; *Kopp*, VwVfG, § 14, 12; *K/Clausen*, § 14, 3.5. Vgl. auch GmS – OGB, BVerwGE 69, 381.
32) Vgl. BVerwG, Buchholz 237.2 § 79 LBG Berlin Nr. 2 für ein beamtenrechtliches Zwangspensionierungsverfahren, jedoch mit verallgemeinerungsfähigen Gründen.

§ 33 Ordnungsgemäßheit der Widerspruchserhebung

I. Form des Widerspruchs (§ 70 I VwGO)

1   Der Widerspruch ist schriftlich oder zur Niederschrift bei der Behörde zu erheben, die den VA erlassen hat (§ 70 I S. 1). Er kann auch bei der Widerspruchsbehörde erhoben werden (§ 70 I S. 2).

Wird der Widerspruch bei einer unzuständigen Behörde erhoben, ist es deren Amtspflicht, den Widerspruch unverzüglich an die zuständige Behörde weiterzuleiten. Unterläßt sie dies, kann der Gedanke der *Einheit der Verwaltung* dazu führen, daß die Verwaltung den Widerspruch als ordnungsgemäß erhoben gegen sich gelten lassen muß (so BVerwG v. 12. 9. 1980, Buchholz 407.4 § 17 FStrG Nr. 35; vgl. auch BWVGH v. 27. 4. 1990, VBlBW 1990, 335). Im entschiedenen Fall war dies im Ergebnis sicher richtig (das Straßenbauamt war als „Briefträger" des Regierungspräsidenten aufgetreten, ohne durch Rechtsbehelfsbelehrung klarzustellen, ob es aus eigener Zuständigkeit oder nur als Bote handele). Generell ist jedoch der amorphe Gedanke der Einheit der Verwaltung (vgl. *Haverkate*, VVDStRL 46, 1988, 243 ff.) in dem auf Rechtssicherheit angelegten System des § 70 VwGO nicht tragfähig; er führt im Ergebnis zur Verwirkung, die mit dem indisponiblen Charakter der Vorschrift nicht vereinbar ist (vgl. hierzu unten § 42 Rdnr. 8).

2   Zur Wahrung der *Schriftform* gehört grundsätzlich das Bekenntnis zum Inhalt der Widerspruchsschrift durch *eigenhändige Unterschrift*[1]), weil in aller Regel allein diese die verläßliche Zurechenbarkeit der Eingabe sicherstellt. Die *mündliche Erklärung*, mit dem Bescheid nicht einverstanden zu sein, reicht für die formgerechte Erhebung des Widerspruchs jedenfalls nicht aus[2]); ebensowenig ein über die mündliche Einlegung des Widerspruchs später gefertigter *Aktenvermerk*[3]). Der Widerspruch muß vielmehr *in Anwesenheit des WF zu Protokoll genommen*, vorgelesen und genehmigt werden. Die Unterschrift braucht zwar nicht unbedingt *lesbar* zu sein; auch Undeutlichkeiten und Verstümmelungen schaden grundsätzlich nicht.

Ein willkürliches Handzeichen, das keinerlei individuellen Bezug auf den Namen des WF erkennen läßt, reicht aber nicht[4]); ebensowenig ein Faksimile[5]). Eine Unterschrift in ausländischen Schriftzeichen (z. B. arabisch) ist aber zumindest dann genügend, wenn der Name in deutscher Schrift an anderer Stelle erscheint[6]).

3   Die von § 70 VwGO verlangte Schriftform ist jedoch nicht derart zwingend,

---

1) Vgl. BVerwG v. 17. 10. 1968, BVerwGE 30, 274 (276 f.); v. 26. 8. 1983, BayVBl. 1984, 251 sowie BFH-GS v. 5. 11. 1973, BFHE 111, 278 (281 ff.) zur Schriftform im Prozeß mit erschöpfenden Nachw. aus der Judikatur aller Gerichte. Weiterhin BVerwG v. 6. 12. 1988, BVerwG 81, 32 ff.
2) Vgl. BVerwG v. 16. 2. 1967, BVerwGE 26, 201 (202 f.); HessVGH v. 18. 12. 1963, DVBl. 1964, 599 f.; NWOVG v. 28. 6. 1972, OVGE 28, 63 (64); *RÖ*, § 70, 1; *Weides*, S. 177.
3) Vgl. NWOVG, OVGE 328, 64; HessVGH, DVBl. 1964, 599 f.; SaarlOVG v. 22. 3. 1985, NVwZ 1986, 578.
4) BVerwG v. 25. 8. 1970, BVerwGE 43, 113 (114 f.); BGH v. 11. 2. 1982, NJW 1982, 1467; v. 29. 10. 1986, NJW 1987, 1333.
5) Vgl. BFH v. 7. 8. 1974, BFHE 113, 490 (491 f.).
6) Vgl. BayVGH v. 16. 8. 1976, NJW 1978, 510 f.

daß eine Widerspruchsschrift ohne Unterschrift stets und ausnahmslos unwirksam wäre. Ist die Widerspruchsschrift nicht unterzeichnet, so genügt sie gleichwohl dem Erfordernis der Schriftform, wenn sich aus ihr selbst oder aus sonstigen Unterlagen oder aus den besonderen Umständen des Einzelfalls ohne Rückfrage oder Beweiserhebung zweifelsfrei ergibt, daß sie von dem WF herrührt und mit dessen Willen in den Verkehr gelangt ist[7]).

Beispiel: maschinenschriftlich mit zutreffendem Briefkopf gefertigter, aber nicht unterschriebener Widerspruch, der allerdings im Absendervermerk auf dem Briefumschlag einen eigenhändig vollzogenen Namenszug enthält[8]). BVerwG v. 26. 5. 1978, NJW 1979, 120 (IV. S.) gegen VI. S. v. 20. 4. 1977, VerwRspr. 29, 764 ff. läßt sogar genügen, daß *maschinenschriftlich* mit dem Namen *unterzeichnet* wird, wenn sich nur aus dem Schreiben (voller Briefkopf, Betreff mit zutreffendem Aktenzeichen, Adressierung an Sachbearbeiter der richtigen Behörde, Bezugnahme auf Vorkorrespondenz u. dgl.) eindeutig die Urheberschaft des WF ergibt (maschinenschriftliche Unterzeichnung und Beifügung von Fotokopien des angefochtenen Bescheides allein hält BVerwG, BayVBl. 1984, 251 für nicht hinreichend). In seiner neuesten Rspr. geht das BVerwG noch weiter: Während es früher daran festhielt, daß Urheberschaft und Entäußerungswille in irgendeiner Weise in den übersandten Schriftstücken ihren Niederschlag gefunden haben mußten, läßt es nunmehr auch die besonderen Begleitumstände der Rechtsbehelfseinlegung ausreichen[9]). Damit ist das Erfordernis der eigenhändigen Unterschrift – zu Recht – praktisch aufgegeben. HessVGH v. 5. 6. 1975, ESVGH 26, 171 ff. läßt ausreichen, wenn der WF durch sein Verhalten im Widerspruchsverfahren sich eindeutig zu dem nicht unterschriebenen Widerspruch bekennt. Dies muß aber auf jeden Fall innerhalb der Frist erfolgen.

Der Schriftform wird auch genügt durch *telegrafische* oder *fernschriftliche* Erhebung des Widerspruchs (vgl. § 357 I S. 3 AO 1977[10]) oder durch Widerspruchserhebung mittels *Telebrief/Telekopie*[11]). Angesichts der Gepflogenheiten des heutigen Rechtsverkehrs ist dem Eingang der schriftlichen Telegrammausfertigung die mündliche Durchsage eines Telegramms („*Ankunftstele-* 4

---

7) BVerwG v. 9. 6. 1982, Buchholz 448.0 § 33 WPflG Nr. 28 sowie BVerwG v. 26. 6. 1980, Buchholz 310 § 81 VwGO Nr. 8; v. 26. 8. 1983, BayVBl. 1984, 251; BVerwGE 81, 36 ff. m. zahlreichen N.
8) BVerwG v. 17. 10. 1968, BVerwGE 30, 274 (276 ff.); ebenso BVerwG v. 7. 11. 1973, VerwRspr. 26, 252 f. für die ohne Anwaltsvertretung eingereichte Klageschrift. Vgl. auch NWOVG v. 30. 9. 1971, OVGE 27, 115 ff. und BVerwG, Buchholz 310 § 81 VwGO Nr. 8.
9) Vgl. BVerwG, Buchholz 448.0 § 33 WPflG Nr. 28. Vgl. auch BVerwG v. 30. 6. 1983, NJW 1984, 444: Unbedenklich, wenn RF Rechtsmittelschrift nicht unterschrieben, aber offen seinem Vorgesetzten zur Weiterleitung übergeben hat. Vgl. BVerwGE 81, 39 f.
10) Vgl. mit ausführlichen Nachw. BGH v. 9. 3. 1982, BGHSt 31, 7 f. (Gewohnheitsrecht!); BGHZ v. 19. 6. 1986, NJW 1986, 2646 (2647); v. 25. 3. 1986, BGHZ 97, 283 ff.; BFH v. 10. 3. 1982, NJW 1982, 2520; BVerwG, BayVBl. 1984, 251; BVerwGE 81, 34; BVerfG v. 11. 2. 1987, BVerfGE 74, 228 (235).
11) Vgl. BFH, NJW 1982, 2520; BAG v. 1. 6. 1983, NJW 1984, 199 f.; v. 14. 3. 1989, NJW 1989, 1822 f.; v. 5. 7. 1990, NJW 1990, 3165; BSG v. 28. 6. 1985, NJW 1986, 1778 (LS); BGH v. 28. 2. 1983, BGHZ 87, 63 ff.; v. 6. 10. 1988, NJW 1989, 589; v. 11. 10. 1989, NJW 1990, 188 = JuS 1990, 419 *(Schmidt);* BVerwG v. 13. 2. 1987, BVerwGE 77, 38 ff.

gramm") gleichzustellen[12]). Die Frist ist gewahrt mit dem Eingang der fernmündlichen Durchsage. Die den Wortlaut der Durchsage bestätigende Telegrammausfertigung hat nur deklaratorische, beweissichernde Funktion[13]). Ebenso ist die fernmündliche Bestellung des *„Aufgabetelegramms"* zulässig. Das Telegramm oder Fernschreiben muß allerdings die *Unterschrift* des WF oder seines Bevollmächtigten — bei juristischen Personen die der natürlichen, handlungsbefugten Personen — tragen, da die Besonderheiten des telegrafischen bzw. fernschriftlichen Verkehrs nur die Befreiung von der Eigenhändigkeit der Unterschrift erfordern.

Die Angabe der juristischen Person als Unterschrift (Stadt X — Rechtsamt) ist ungenügend[14]). Unter Berufung auf die oben bei Fußn. 8 nachgewiesene Rspr. rückt der 7. Senat des BVerwG (v. 22. 6. 1978, BayVBl. 1978, 577 f.) von diesem Erfordernis ab, wenn die Angaben im Telegramm (hier: Bezeichnung des Beklagten, des genauen Streitgegenstandes, des Widerspruchsbescheides mit Datum und Aktenzeichen und die Person der Klägerin) so detailliert sind, daß an der Urheberschaft des Klägers keine Zweifel bestehen können. Diese Rspr. läßt sich nicht verallgemeinern, da das BVerwG wesentlich darauf abstellt, daß Telegramme — anders als Schriftsätze — nach der Lebenserfahrung nicht versehentlich aufgegeben werden.

5   Nicht gefordert werden kann dagegen die handschriftliche Unterzeichnung des Aufgabetelegramms[15]), wenn man die telefonische Aufgabe entsprechend den Gepflogenheiten des modernen Geschäftsverkehrs zuläßt.

Bestimmende Schriftsätze einer Behörde genügen der Schriftform, wenn der maschinenschriftlichen Unterschrift ein handschriftlich unterzeichneter Beglaubigungsvermerk beigegeben ist[16]). Die Beifügung eines Dienstsiegels oder Kanzleistempels ist nicht erforderlich[17])

6   Nicht ausreichend ist dagegen die *fernmündliche Einlegung* des Widerspruchs, und zwar auch dann nicht, wenn der den Fernruf entgegennehmende Beamte über dessen Inhalt einen schriftlichen Vermerk fertigt, ihn nochmals vorliest und genehmigen läßt. Hieraus kann jedoch ein Wiedereinsetzungsgrund folgen[18]).

Daß die Rechtsbehelfseinlegung zur Niederschrift der Behörde nicht fernmündlich erfolgen könne, wird damit begründet, daß eine Prüfung der Identität des WF bei

---

12) Vgl. BVerwG v. 8. 4. 1954, BVerwGE 1, 103; v. 14. 12. 1955, BVerwGE 3, 56 ff.; BVerwGE 81, 34.
13) Anderer Ansicht wohl der RdErl. des NdsMdI v. 12. 3. 1973 (MBl. S. 404).
14) Vgl. BVerwGE 3, 56 ff.; OVG Lüneburg v. 17. 1. 1972, OVGE 28, 361 (362 ff.); BFH v. 24. 7. 1973, BFHE 110, 232 f. m. w. N. Vgl. auch BWVGH v. 17. 9. 1981, VBlBW 1982, 49.
15) So *Kopp*, § 81, 9; BWVGH, VBlBW 1982, 49.
16) Vgl. BFH v. 23. 5. 1974, BFHE 116, 142 (145); GmS-OGB v. 30. 4. 1979, BVerwGE 58, 359 ff. gegen die Ansicht des vorlegenden BSG.
17) Vgl. BVerwG-GS v. 15. 6. 1959, BVerwGE 10, 1 ff.; zustimm. GmS-OGB, BVerwGE 58, 367 entgegen BFHE 116, 145.
18) BVerwG v. 22. 11. 1963, BVerwGE 17, 166 ff.; v. 27. 2. 1976, BVerwGE 50, 248 ff. und unten § 34 Fußn. 2.

fernmündlicher Einlegung nicht möglich sei und deshalb die Gefahr des Mißverständnisses und der Täuschung durch Unbefugte zu groß sei. Dies gilt jedoch für Telegramm und Fernschreiber im selben Maße und ist deshalb inkonsequent. BGHSt v. 20. 12. 1979, NJW 1980, 1290 f. läßt dagegen den fernmündlich zur Niederschrift erklärten Einspruch (§ 67 OWiG) zu, weil häufig Aufenthaltsort des Betroffenen und Sitz der Behörde so weit auseinanderlägen, daß das Festhalten am persönlichen Erscheinen die Möglichkeit der Einlegung zur Niederschrift leerlaufen ließe.

II. Widerspruchsfrist (§ 70 VwGO)

Der Widerspruch ist innerhalb eines *Monats*, nachdem der VA dem Beschwerten bekanntgegeben worden ist, bei der Ausgangsbehörde zu erheben (§ 70 I S. 1), kann aber auch fristwahrend bei der Widerspruchsbehörde erhoben werden (§ 70 I S. 2).

Spezialvorschriften: § 33 I WPflG, § 72 II ZDG, § 18 I KDVG (2 Wochen).

Beachten Sie: Für die Fristberechnung gilt aus denselben Gründen, die für die Anwendung des § 56 II VwGO maßgeblich sind (vgl. unten § 49 Rdnr. 1), § 57 VwGO i. V. m. § 222 ZPO, §§ 187 ff. BGB, nicht §§ 79, 31 VwVfG i. V. m. §§ 187 ff. BGB[19]). Da beide Vorschriften bei den §§ 187 ff. BGB enden und die §§ 222 II ZPO, 193 BGB inhaltsgleiche Regelungen enthalten, hat die Streitfrage auf das Ergebnis keinen Einfluß und ist allenfalls im Examen als Frage nach der richtigen Verweisungskette von theoretischem Interesse.

Wird der Widerspruch bei einer anderen Behörde erhoben, ist die Frist nur gewahrt, wenn diese den Widerspruch an die zuständige Behörde innerhalb der Frist abgibt (vgl. jedoch oben Rdnr. 1). Da das BVerfG dem Bürger als verfassungsrechtlich gebotenen (Art. 103 GG) Ausgleich für die Befristung eines Rechtsbehelfs zubilligt, Fristen voll auszuschöpfen und die Rechtsbehelfsschrift auch noch nach Ablauf der Dienstzeit in den Hausbriefkasten der Behörde einzuwerfen[20]), kann es für die Wahrung der Widerspruchsfrist nicht – wie bei der Bekanntgabe des VA[21]) und öffentlich-rechtlichen Willenserklärung (§ 130 BGB) des Bürgers[22]) – auf die bei gewöhnlichem Verlauf und normaler Gestaltung der Verhältnisse zu beurteilende Kenntnismöglichkeit, sondern lediglich auf den *tatsächlichen Eingang der Widerspruchsschrift in die Verfügungsgewalt der Behörde* ankommen. Unterhält diese zu

---

19) So zutreffend *Allesch*, 63 ff.; *EF*, § 70, 4; *SDC*, § 57, 1; a. A. *Linhart*, APF 1983, 90; *RÖ*, § 70, 2; *K/Busch*, § 79, 7.2.19; *Meyer/Borgs*, § 79, 12; *StBL*, § 31, 39; *Weides*, § 18 Fußn. 7 und die Lösungsskizze BayVBl. 1984, 573; widersprüchlich *Kopp*, § 57, 1 wie hier; a. A. in VwVfG, § 31, 2. Auch § 78 II S. 1 EVwPO folgt der hier vertretenen Ansicht.
20) Vgl. BVerfG v. 7. 4. 1976, BVerfGE 42, 128 ff.; v. 3. 10. 1979, BVerfGE 52, 203; schon früher BVerwG v. 12. 12. 1964, BVerwGE 18, 51; v. 18. 9. 1973, NJW 1974, 73. Vgl. auch BGH v. 26. 3. 1981, NJW 1981, 1789. Zusammenfassend zuletzt BVerfG v. 14. 5. 1985, NJW 1986, 244 f.
21) Vgl. unten Fußn. 53.
22) Vgl. unten § 36 Rdnr. 9.

ihrer Erleichterung ein *Postfach*, gilt deshalb der Widerspruch mit dem Zeitpunkt des Einsortierens als zugegangen und erhoben[23]).

8 § 70 VwGO gilt allerdings nur, wenn sich der Widerspruch gegen einen VA richtet, also nicht bei beamtenrechtlichen Leistungs- oder Feststellungswidersprüchen.

Ein Widerspruch gegen eine dienstliche Beurteilung oder Umsetzung unterliegt deshalb – wenn man sie mit dem BVerwG nicht als VA wertet – weder der Monatsfrist noch der Jahresfrist der §§ 70 II, 58 II VwGO, sondern lediglich den Rechtsgrundsätzen der unten dargestellten Verwirkung[24]). Nach Erlaß des Widerspruchsbescheids muß der WF jedoch die *Klagefrist* des § 74 VwGO beachten[25]).

9 Unter *Bekanntgabe* ist nicht jede – etwa zufällige –, sondern *nur die amtlich veranlaßte Kenntnisnahme* zu verstehen. Begrifflich setzt nämlich die Bekanntgabe den Willen der Behörde zur Eröffnung des VA an den Betroffenen voraus, andernfalls würde in die Fristvorschrift durch Zufälligkeiten und durch die Erschwerung des Nachweises der Bekanntgabe eine unerträgliche Rechtsunsicherheit hineingetragen werden[26]). Eine anders als durch amtliche Bekanntgabe vermittelte Kenntnis des Beschwerten von dem VA kann deshalb die Widerspruchsfrist nicht in Lauf setzen. Dies hat zur Folge, daß in diesen Fällen *auch nicht die Jahresfrist des § 58 II S. 1 VwGO* läuft, vielmehr der amtlich nicht bekanntgegebene VA grundsätzlich unbefristet mit Widerspruch angegriffen werden kann[27]).

Das gleiche gilt, wenn das Fachrecht Zustellung vorschreibt, bei amtlich veranlaßter Kenntnisnahme ohne Zustellungswillen (vgl. unten Rdnr. 16). Vorausgesetzt ist aber immer, daß der VA überhaupt *existent* geworden ist. Hat der VA nur einen Adressaten und ist er diesem ohne Bekanntgabewillen zur Kenntnis gelangt, z. B. durch versehentliche Versendung eines VA-Entwurfs, liegt ein *„Nichtakt"* vor (vgl. BFH v. 27. 6. 1986, NVwZ 1987, 632; v. 24. 11. 1988, NVwZ 1990, 104 und oben § 31 Rdnr. 6).

Die hier im Interesse der Rechtssicherheit notwendigen Schranken ergeben sich aus dem *Verbot unzulässiger Rechtsausübung*. In der Rechtsprechung ist

---

23) Vgl. BVerwG v. 31. 1. 1964, NJW 1964, 788; BSG v. 2. 9. 1977, MDR 1978, 83; v. 1. 2. 1979, ZBR 1980, 195; BGH, NJW 1986, 2647; a. A. BSG v. 11. 8. 1976, BSGE 42, 140 ff.; wohl auch HessVGH v. 21. 12. 1977, HessVGRspr. 1978, 41 f.
24) BVerwG v. 13. 11. 1975, BVerwGE 49, 351 (357 f.) und *Blümel*, VerwArch. 1983, 156 m. w. N.
25) HessVGH v. 25. 10. 1978, ESVGH 29, 40 f.
26) Vgl. BVerwG v. 23. 7. 1965, BVerwGE 22, 14 (15 f.); v. 25. 1. 1974, BVerwGE 44, 294 (296 f.). Vgl. auch BWVGH v. 9. 9. 1981, VBlBW 1982, 132.
27) Vgl. z. B. NWOVG v. 30. 6. 1971, OVGE 27, 68 f. zur Zustellung eines Vergnügungssteuerbescheids nur an den Gastwirt, nicht auch an den Automatenaufsteller. Vgl. auch BVerwG v. 16. 9. 1977, VerwRspr. 29, 495 (498): Fehlt es an einer durch das Landesrecht bestimmten Bekanntgabe des VA (hier öffentl. Bekanntm. der Eintragung eines Weges in das Wegebestandsverzeichnis), ist der Beginn eines nach der VwGO beachtlichen Fristenlaufs bereits nach § 57 I VwGO ausgeschlossen.

anerkannt, daß nicht nur die Ausübung materieller Ansprüche[28]), sondern ebenso auch die Ausübung verfahrensrechtlicher Befugnisse durch den *Grundsatz von Treu und Glauben* inhaltlich begrenzt wird, insbesondere auch verwirkt werden kann[29]). In Fällen illoyaler Berufung auf die mangelnde Bekanntgabe des VA erweist sich die Einlegung des Widerspruchs als unzulässige Rechtsausübung und rechtfertigt – nicht anders als bei einem verfristeten Widerspruch – die Zurückweisung des Widerspruchs als unzulässig[30]).

Beachten Sie: Von der prozessualen Verwirkung ist dogmatisch die materiell-rechtliche streng zu scheiden, obwohl sie natürlich Hand in Hand gehen können und häufig bei Annahme einer prozessualen auch eine materielle Verwirkung eingetreten sein dürfte. Gleichwohl hat die Unterscheidung Konsequenzen: Die prozessuale Verwirkung führt zur Unzulässigkeit des Rechtsbehelfs[31]), die materielle zur Unbegründetheit[32]); nur die verfahrensrechtliche Verwirkung setzt voraus, daß eine Baugenehmigung zuvor erteilt worden ist, die materielle kann auch gegenüber ungenehmigten Bauvorhaben eintreten (BVerwG v. 18. 3. 1988, NVwZ 1988, 730). Wegen der unterschiedlichen Reichweite der Rechtskraft eines Prozeßurteils ist die Prüfung der prozessualen Verwirkung vorrangig[31]).

10

Beschränkt auf den Sonderfall des *baurechtlichen Nachbarwiderspruchs* hat das BVerwG[33]) – gestützt auf das besondere Rücksichten gebietende nachbarliche Gemeinschaftsverhältnis – die Grundsätze von Treu und Glauben dahin konkretisiert, daß sich der Nachbar von dem Zeitpunkt ab, von dem er von der erteilten Baugenehmigung „zuverlässige Kenntnis erlangt" hat, in aller Regel so behandeln lassen muß, als sei ihm die Baugenehmigung amtlich bekanntgegeben worden mit der Folge, daß er binnen Jahresfrist (§§ 70, 58 II VwGO) Widerspruch einlegen muß. BVerwGE 44, 294 betraf nur einen Fall *unmittel-*

11

---

28) Vgl. hierzu *Stich*, VBl. 1959, 234 f., und *Menger*, VerwArch. 1975, 85 m. w. N.; aus der Rechtsprechung vgl. BVerwG v. 18. 12. 1973, NJW 1974, 2247 ff. (Rückforderungsansprüche aus rechtswidrigen Verträgen); v. 6. 9. 1988, BVerwGE 80, 178 ff. (Folgenbeseitigungsanspruch). Vgl. auch BVerwG v. 23. 5. 1975, BVerwGE 48, 247 ff.; BayVGH v. 2. 2. 1979, BayVBl. 1979, 435 zur Verwirkung des Rechts einer Gemeinde, Vorausleistungen auf Erschließungsbeiträge zu verlangen.
29) Vgl. BVerwG v. 20. 10. 1972, DÖV 1973, 350; BVerwG v. 25. 1. 1974, BVerwGE 44, 294 (298 ff.) mit krit. Anm. *Mittenzwei*, NJW 1974, 1884 f. und *Menger*, VerwArch. 1975, 85 ff. mit zahlreichen Nachw. für den baurechtlichen Drittwiderspruch; BVerwG v. 7. 2. 1974, BVerwGE 44, 339 (343 ff.) zum Wiederaufnahmerecht einer LAG-Behörde; BSG v. 29. 6. 1972, SGb. 1973, 406 (408) zum Anfechtungsrecht des Bürgers; BVerfG v. 26. 1. 1972, BVerfGE 32, 305 (308) zum Antrag auf Wiederaufnahme eines Steuerstrafverfahrens; OVG Lüneburg v. 19. 1. 1973, ZBR 1974, 385 zum Antrag auf Abänderung einer dienstlichen Beurteilung; BSG v. 30. 11. 1978, BSGE 47, 194 ff. zur Geltendmachung von Beitragsforderungen; BVerwG v. 22. 5. 1987, NVwZ 1987, 793 f. zur Berufung auf Zustellungsmängel. Zur Verwirkung des Antragsrechts nach § 47 VwGO vgl. BVerwG v. 18. 12. 1989, NVwZ 1990, 554 f. und *Blümel*, VerwArch. 1983, 153 ff. m. w. N.
30) Vgl. BVerwG, DÖV 1973, 350; BVerwGE 44, 300 f.
31) Vgl. BVerwG v. 20. 10. 1972, BRS 25 Nr. 176 S. 308 f.; NVwZ 1988, 730.
32) Vgl. NWOVG v. 4. 3. 1970, BRS 23 Nr. 168; v. 15. 9. 1980, NJW 1981, 598 f.; BVerwG, NVwZ 1988, 730.
33) BVerwGE 44, 298 ff.; vgl. auch OVG Lüneburg v. 1. 3. 1985, OVGE 38, 416 f.

barer Grenznachbarschaft. Das BVerwG hat nunmehr klargestellt, daß diese Rechtsprechung gleichermaßen auch für den *Drittschutz anderer Nachbarn* gilt, da der Drittschutz im Baurecht generell im nachbarlichen Gemeinschaftsverhältnis wurzelt und es auf das Kriterium der räumlichen Nähe nicht entscheidend ankomme[34]).

12 *Beachten Sie:* Aus der Schutzfunktion der Baugenehmigung zugunsten des Bauherrn folgert BWVGH v. 30. 11. 1978, NJW 1979, 999 (ebenso im Ergebnis BayVGH v. 24. 2. 1978, BRS 33 Nr. 161), daß der Eintritt der Bestandskraft durch *Fristversäumnis* des Nachbarn diesem ebenso wie ein Rechtsverzicht (vgl. § 36 Rdnr. 6) alle Einwendungen gegen die Rechtmäßigkeit der Baugenehmigung abschneidet (materielle Ausschlußwirkung) und dieser Einwendungsverlust auch *zu Lasten des Einzelrechtsnachfolgers* wirkt, da die öffentlich-rechtlichen Abwehrrechte des Nachbarn, ebenso wie seine baurechtlichen Pflichten[35]) nicht höchstpersönlicher, sondern sachbezogener Natur seien (Annex der dinglichen Berechtigung; vgl. § 36 Rdnr. 6).
Diese materiell-rechtliche Lösung des Rechtsnachfolgeproblems bedingt, daß das Bestehen der nachbarrechtlichen Abwehrbefugnis des Rechtsnachfolgers im Rahmen der Widerspruchsbefugnis (so BayVGH für § 42 II VwGO) oder der Begründetheit (so BWVGH), nicht aber im Rahmen der Fristvorschriften zu prüfen ist. BWVGH, NJW 1979, 999 lehnt eine *Bestandskrafterstreckung auf den Rechtsnachfolger* ausdrücklich ab[36]), weil der subjektive Umfang der Unanfechtbarkeit nach den §§ 58 II, 70 VwGO begrenzt sei auf diejenigen, denen der VA amtlich bekanntgegeben worden ist, und anderweitige Bundesrechtsnormen über Bestandskrafterstreckung fehlten. Dies ist jedoch inkonsequent, da der materielle Einwendungsverlust lediglich verfahrensrechtlich bedingt ist und der materiellen Rechtsnachfolge eine verfahrensrechtliche korrespondieren muß. Die zweifellos vorhandene verfahrensrechtliche Lücke ist deshalb durch eine Rechtsanalogie zu den §§ 121 VwGO, 325 ZPO, 182 II S. 1, 353 AO 1977, 127 LAG zu schließen[35]).

13 Gleiches soll gelten, wenn der Nachbar die zuverlässige Kenntnis hätte haben müssen, weil sich ihm das Vorliegen der Baugenehmigung aufdrängen mußte und es ihm möglich und zumutbar war, sich hierüber – etwa durch Anfrage beim Bauherrn oder bei der Baugenehmigungsbehörde – Gewißheit zu verschaffen[37]).

14 Diese „Treu-und-Glauben"-Rechtsprechung führt im praktischen Ergebnis für den baurechtlichen Nachbarstreit i. d. R. zu einer – vom BVerwG zuvor abgelehnten – entsprechenden Anwendung der §§ 58, 70 VwGO. Das BVerwG betont aber ausdrücklich, daß dies nur für den Nachbarwiderspruch, nicht für VAe mit Doppel-

---

34) Vgl. BVerwG v. 28. 8. 1987, BVerwGE 78, 85 (89 f.) = JuS 1988, 576 *(Selmer).* Ebenso früher bereits VG München v. 21. 9. 1978, NJW 1979, 1375; NWOVG NJW 1981, 598 f.; VG Berlin v. 21. 9. 1984, NVwZ 1985, 932 f.; OVG Lüneburg v. 6. 3. 1985, NVwZ 1985, 506 f.
35) Vgl. oben § 27 Rdnr. 21. Vgl. auch BVerwG v. 17. 7. 1980, BVerwGE 60, 297 (315).
36) A. A. BWVGH v. 29. 10. 1971, BRS 24 Nr. 162; wohl auch BWVGH v. 23. 1. 1979, NJW 1979, 1565 f. zur Einzelrechtsnachfolge in eine Abbruchanordnung.
37) Vgl. BVerwGE 44, 300 f.; 78, 88; v. 3. 7. 1987, NJW 1988, 1228; v. 18. 1. 1988, NVwZ 1988, 532.

wirkung schlechthin gilt und daß weiterhin für den Verlust des Widerspruchsrechts die jeweiligen *Umstände des Einzelfalls* entscheidend sind: Er könne im Einzelfall deshalb *vor*[38]) oder auch erst *nach* Ablauf der Jahresfrist eintreten.
BVerwGE 78, 90 diskutiert, ob die Erhebung des Normenkontrollantrags innerhalb der Jahresfrist, auch wenn sie einen Widerspruch gegen die Baugenehmigung nicht ersetzt, nicht doch das Vertrauen auf der Seite des Bauherrn, die ihm erteilte Baugenehmigung werde Bestand haben, zerstört haben könnte. Denn die aus dem nachbarlichen Gemeinschaftsverhältnis abzuleitenden rechtlichen Folgerungen richteten sich nach den Gegebenheiten auf *beiden* Seiten dieses Verhältnisses.

Die *Verwirkung* als Hauptanwendungsfall des Verbots widersprüchlichen **15** Verhaltens (venire contra factum proprium) bedeutet, daß ein Recht nicht mehr ausgeübt werden darf, wenn seit der Möglichkeit der Geltendmachung längere Zeit verstrichen ist und besondere Umstände hinzutreten, die die verspätete Geltendmachung als Verstoß gegen Treu und Glauben erscheinen lassen[39]). Das ist insbesondere der Fall, wenn der Verpflichtete infolge eines bestimmten Verhaltens des Berechtigten darauf vertrauen durfte, daß dieser das Recht nach so langer Zeit nicht mehr geltend machen würde *(Vertrauensgrundlage),* der Verpflichtete ferner tatsächlich darauf vertraut hat, daß das Recht nicht mehr ausgeübt würde *(Vertrauenstatbestand)* und sich infolgedessen in seinem Verhalten so eingerichtet hat, daß ihm durch die verspätete Durchsetzung des Rechts ein unzumutbarer Nachteil entstehen würde[40]). Ob der Berechtigte auch Kenntnis von seinem Anspruch haben mußte *(subjektive Zurechenbarkeit),* ist bestritten, aber gleichwohl zu bejahen[41]).

Bekanntgabe (§ 41 VwVfG)[42]) schließt als Oberbegriff jede zulässige Art der **16**

---

38) Vgl. BVerwGE, 44, 301 f. Das setzt jedoch voraus, daß der Bauherr aus aktivem Tun des Nachbarn oder einer ihm gleichzusetzenden Duldung auf dessen Einverständnis hätte schließen können. Vgl. BVerwG v. 17. 2. 1989, Buchholz 409.19 Nachbarschutz Nr. 87. Einen derartigen Fall finden Sie in OVG Lüneburg v. 25. 4. 1974, OVGE 30, 399 ff.: Hat der Nachbar einem Bauvorhaben schriftlich zugestimmt, muß er spätestens in dem Zeitpunkt, in dem die konkrete Form der Bauausführung für ihn erkennbar wird und er meint, sie stimme nicht mit den von ihm gebilligten Bauvorlagen überein und verletze seine Nachbarrechte, die von ihm geschaffene Vertrauenslage *unverzüglich* und mit den rechtlich gebotenen Mitteln, also durch Widerspruch aufheben. Ansonsten verwirkt er seinen Abwehranspruch. Vgl. auch OVG Lüneburg, OVGE 38, 418; BWVGH v. 28. 8. 1987, NVwZ 1989, 76 (78).
39) Vgl. BVerwGE 32, 308 f.; 44, 343; DÖV 1975, 716; BSG, SGb. 1973, 468; BSGE 47, 196.
40) Vgl. BVerwGE 44, 343 f. (in Anlehnung an *Stich,* DVBl. 1959, 236 f.); DÖV 1975, 716; RhPfOVG v. 13. 12. 1979, BRS 36 Nr. 216.
41) Vgl. *Stich,* DVBl. 1959, 237 m. w. N.; BSG, SGb. 1973, 408; offengelassen von BVerwGE 44, 344; verneint von BVerwGE 44, 300 für den Sonderfall des Grenznachbarwiderspruchs, für den die positive Kenntnis durch pflichtwidrige, weil gegen die aus dem nachbarlichen Gemeinschaftsverhältnis folgende Erkundigungspflicht verstoßende Unkenntnis ersetzt wird; wohl auch NWOVG, NJW 1981, 598 f. für „normale" Nachbarwidersprüche; ablehnend insoweit *Menger,* VerwArch. 1975, 91. Nach der Ausdehnung der Grenznachbarrechtsprechung auf alle Nachbarwidersprüche nunmehr wie NWOVG auch BVerwG v. 18. 1. 1988, NVwZ 1988, 532.
42) Zur Bekanntgabe von Steuerbescheiden vgl. das RdSchr. des BMF v. 30. 4. 1982, NVwZ 1984, 224 ff., 358 ff. und *Schlücking,* BB 1982, 917 ff.

Eröffnung des VA an den Betroffenen ein, auch die *förmliche Zustellung*, ist aber mit ihr nicht gleichzusetzen[43]).

Richtet sich ein (zusammengefaßter) VA an mehrere Adressaten, z. B. Eheleute, muß, wenn die Adressaten sich nicht gegenseitig zur Empfangnahme des VA bevollmächtigt haben, jedem Adressaten ein eigenes, für ihn bestimmtes Schriftstück übermittelt werden[44]). Eine Heilung ist nicht möglich (s. unten Fußn. 48). Im *Geltungsbereich der AO 1977* (s. a. die Verweisungsklauseln der Kommunalabgabengesetze der Länder) ist seit 1. 1. 1986 durch § 155 V AO i. d. F. des SteuerbereinigungsG 1986 v. 19. 12. 1985 (BGBl. I S. 2436) die Bekanntgabe an Eheleute usw. durch Übermittlung einer Ausfertigung unter der gemeinsamen Anschrift zugelassen.

Ist Zustellung vorgeschrieben[45]), läuft die Frist erst mit bewirkter Zustellung[46]). Werden bei der Zustellung zwingende Zustellungsvorschriften verletzt, kann der Formfehler nach § 9 I VwZG geheilt werden, da die Widerspruchsfrist nicht unter die der Heilung nach § 9 II VwZG nicht zugänglichen Fristen fällt[47]). Der VA gilt dann nach § 9 I VwZG in dem Zeitpunkt

---

43) Vgl. BVerwGE 22, 15 f.; v. 5. 5. 1978, Buchholz 316 § 43 VwVfG Nr. 2; v. 9. 12. 1988, NVwZ 1989, 648 (649); NWOVG v. 25. 7. 1972, NJW 1973, 165; *Weides*, S. 149 ff.; vgl. auch § 41 VwVfG.
44) Vgl. unten § 49 Rdnr. 6. Was dort für die Zustellung gesagt wurde, gilt auch für die Bekanntgabe. Eine unterschiedliche Behandlung der einzelnen Eröffnungsarten schriftlicher VAe ist nicht gerechtfertigt. Vgl. BFH v. 26. 3. 1985, NVwZ 1986, 156 f.; *Preißer*, NVwZ 1987, 870; *StBL*, § 41, 25; *Obermayer*, VwVfG, § 41, 29; a. A. OVG Lüneburg v. 18 3. 1982, NVwZ 1984, 246 f.; *Ule/Laubinger*, § 53 II 1; *Linhart*, § 18, 102.
45) Vgl. z. B. § 73 III VwGO für den Widerspruchsbescheid und unten § 49; § 44 I WehrPflG; § 71 II ZDG; § 175 BBG (hierzu BVerwG v. 20. 8. 1985, BVerwGE 83, 40/42); § 332 II LAG; BWVGH v. 28. 8. 1987, NVwZ 1989, 76 (77) für Baugenehmigung nach BWBauO. Zustellung kann auch durch behördliche Anordnung vorgeschrieben sein. Vgl. BVerwG, Buchholz 316 § 43 VwVfG Nr. 2; HessVGH v. 8. 12. 1977, ESVGH 28, 192 (194); BGH v. 15. 6. 1983, NVwZ 1984, 398 f.; RhPfOVG v. 31. 1. 1983, AS 18, 101 (103 f.).
46) Vgl. BVerwGE 22, 16; v. 31. 8. 1965, BVerwGE 25, 20 (21); RhPfOVG v. 7. 9. 1955, AS 4, 406 (407 f.); AS 18, 103 f.; HessVGH v. 1. 10. 1976, HessVGRspr. 1976, 94 (96); BWVGH, NVwZ 1989, 77.
47) Vgl. BVerwG v. 9. 7. 1986, Buchholz 340 § 9 VwZG Nr. 10; v. 9. 12. 1988, NVwZ 1989, 648 (649); BGH v. 6. 4. 1972, NJW 1974, 1238 f.; BayVGH v. 21. 7. 1978, BayVBl. 1979, 51 f.; BWVGH v. 6. 2. 1980, DÖV 1980, 655; v. 8. 6. 1988, NJW 1989, 1180; NVwZ 1989, 77; *EF*, § 56, 23. Da SteuerVAe in der in § 348 AO 1977 bezeichneten Art alternativ mit Einspruch oder unmittelbar mit Sprungklage angegriffen werden können (§ 45 I FGO), gilt § 9 I VwZG zwar wegen § 9 II nicht für den Lauf der Sprungklagefrist, wohl aber für den Einspruchsfrist (vgl. BFH-GS v. 22. 11. 1976, NJW 1977, 647).
Das Landesrecht erfaßt z. T. auch die Widerspruchsfrist; vgl. Art. 9 II BayVwVZG und *Linhart*, § 18, 159.

als zugestellt, in dem ihn der Empfangsberechtigte nachweislich erhalten hat[48]).

Die Anwendung des § 9 VwZG setzt allerdings voraus, daß die Behörde den Willen hatte, eine Zustellung vorzunehmen[49]). Fehlt der *Zustellungswille*, etwa bei formloser Übersendung der VA, unterliegt der Widerspruch nur den oben in Rdnrn. 9 ff. dargestellten Verwirkungsschranken.

Empfangsberechtigter i. S. des § 9 I VwZG ist nur derjenige, an den die Zustellung des Schriftstücks nach dem Gesetz *zu richten war*, nicht aber auch der Personenkreis, an den die Zustellung nach den Vorschriften des VwZG − ersatzweise − *erfolgen darf*[50]).

Keineswegs muß der Empfangsberechtigte mit dem Adressaten des VA identisch sein. Hat z. B. ein Vertreter schriftliche Vollmacht vorgelegt, sind Zustellungen an ihn zu richten (§ 8 II S. 2 VwZG), ist er Empfangsberechtigter[51]). Unterbleibt dies und erhält der Vollmachtgeber den VA ausgehändigt, tritt eine Heilung nicht ein, da der VA nicht dem Empfangsberechtigten zugegangen ist[52]).

Erhalten hat der Empfangsberechtigte den VA in dem Zeitpunkt, in dem er tatsächlich über ihn verfügen und von seinem Inhalt Kenntnis erlangen konnte, ohne daß es auf die tatsächliche Kenntnisnahme ankommt[53]).

Die Abhängigkeit des Fristbeginns bei gesetzlich vorgeschriebener Zustellung von der Bewirkung der Zustellung soll jedoch vornehmlich dem Schutz des WF dienen und schließt nicht aus, daß der Widerspruch bereits *vor* förmlicher Zustellung zulässig ist, wenn der Betroffene vom zuständigen Beamten über die Ablehnung seines Antrags unterrichtet worden ist[54]). Ansonsten ist ein „vorweggenommener" oder *„vorsorglicher"*, durch Erlaß des VA

17

---

48) Wird bei einem (zusammengefaßten) VA an mehrere Adressaten, die sich nicht zur Empfangnahme bevollmächtigt haben, nur ein Schriftstück übermittelt, fehlt es an der Übergabe (zum Alleinbesitz); eine Heilung tritt nicht ein. Vgl. BFH v. 11. 12. 1985, NVwZ 1986, 968; RhPfOVG v. 29. 4. 1974, DÖV 1974, 714; v. 25. 6. 1986, NVwZ 1987, 899 (900); BayVGH v. 8. 1. 1982, NVwZ 1984, 249; BWVGH v. 13. 2. 1985, ESVGH 35, 180 (182); FG Hamburg v. 22. 2. 1983, NVwZ 1984, 270 f.; BerlOVG v. 12. 6. 1985, NVwZ 1986, 136 f.; a. A. HessVGH v. 11. 3. 1985, ESVGH 35, 187 (189 ff.); offengelassen in U. v. 29. 5. 1985, NVwZ 1986, 138 (139).
49) Vgl. BVerwG v. 19. 6. 1963, BVerwGE 16, 165 (166 f.); v. 29. 4. 1968, BVerwGE 29, 321 (322 f.); v. 15. 1. 1988, NJW 1988, 1612 (1613); v. 9. 12. 1988, NVwZ 1989, 648 (650); BWVGH, NVwZ 1989, 77.
50) Vgl. BWVGH v. 5. 12. 1986, NVwZ 1987, 511 und unter § 49 Rdnrn. 4, 9, 11.
51) Vgl. BVerwG v. 7. 6. 1972, BVerwGE 40, 116 (125 f.); NJW 1988, 1612 f.
52) Vgl. BFH v. 9. 12. 1980, BFHE 132, 380 f. und unten § 49 Rdnr. 20. Vgl. auch BSG v. 26. 10. 1989, NVwZ 1990, 1108 f.
53) Vgl. NWOVG, OVGE 27, 56 f.; BVerwG v. 16. 8. 1983, Buchholz 427.3 § 234 Nr. 19 m. w. N.; für die Einlegung in ein Postfach des Adressaten vgl. BFH v. 14. 8. 1975, NJW 1976, 2040. Ein VA ist empfangs-, nicht annahmebedürftig; BVerwG v. 5. 5. 1978, Buchholz 316 § 43 VwVfG Nr. 2.
54) Vgl. BVerwGE 25, 22 f.: jedenfalls wenn der VA bereits unterschrieben ist; strenger BFH v. 13. 12. 1973, BStBl. 1974 II, 433 (434); v. 8. 4. 1983, BStBl. 1983 II, 551: erst ab Bekanntgabe des schriftlichen VA. Zum Parallelproblem eines nur telefonisch mitgeteilten § 80 V-Beschlusses vgl. Bay VGH v. 13. 6. 1978, BayVBl. 1978, 671 ff. und *Korber*, NVwZ 1982, 85 f.

bedingter Widerspruch gegen einen noch nicht ergangenen, wenn auch angekündigten oder absehbaren VA mangels Beschwer sowie wegen der für jeden Rechtsbehelf geltenden Bedingungsfeindlichkeit[55]) grundsätzlich unzulässig und wird auch nicht durch den nachträglichen Erlaß des VA wirksam[56]).

Hat die Behörde durch die mißverständliche Fassung eines Anhörungsschreibens den verfrühten Widerspruch provoziert, kann sie gehalten sein, bei der späteren Antragsablehnung auf die Notwendigkeit der Erneuerung des Widerspruchs besonders hinzuweisen[57]).

In dem *Sonderfall* der Steuererhebung durch Selbsterrechnungserklärung des Steuerpflichtigen kann in der Steuererklärung allerdings selbst Widerspruch erhoben werden, da in diesen Fällen ein förmlicher Festsetzungsbescheid nicht zu ergehen pflegt[58]).

Eine weitere Ausnahme nimmt das BVerwG für die Untätigkeitsklage an:

Der innerhalb der Aussetzungsfrist des § 75 S. 3 VwGO erlassene Ablehnungsbescheid ist gleichsam schon bei seinem Erlaß mit dem in der Untätigkeitsklage antizipierten Widerspruch behaftet[59]).

18 Ist eine *Rechtsbehelfsbelehrung unterblieben* oder *unrichtig erteilt,* so ist die Einlegung des Widerspruchs nur innerhalb eines Jahres seit Zustellung, Eröffnung oder Verkündung zulässig, außer wenn die Einlegung vor Ablauf der Jahresfrist infolge höherer Gewalt unmöglich war oder eine schriftliche Belehrung dahin erfolgt ist, daß ein Rechtsbehelf nicht gegeben sei (§ 70 II i. V. m. § 58 II S. 1 VwGO)[60]).

Da § 70 I S. 1 VwGO – anders als § 74 I S. 1 – nur den Oberbegriff der Bekanntgabe verwendet und die Rechtsbehelfsbelehrung auf die Art der jeweiligen Bekanntmachung nicht hinzuweisen braucht[61]), ist die Rechtsbehelfsbelehrung nicht unrichtig, wenn sie auf einen Monat nach Bekanntgabe lautet, selbst wenn im Einzelfall Zustellung des AusgangsVA vorgeschrieben ist[62]).

---

55) Vgl. BVerfG v. 29. 10. 1975, BVerfGE 40, 272 (275); v. 17. 10. 1984, BVerfGE 68, 132 (142) und BVerwG v. 27. 4. 1990, BayVBl. 1990, 608 (601) m. w. N.
56) Vgl. BVerwGE 25, 21; v. 8. 12. 1977, NJW 1978, 1870 f.; v. 6. 2. 1985, BayVBl. 1985, 605; BayOblGSt v. 24. 6. 1971, VerwRspr. 23, 481 (488 f.). Zum *vorbeugenden* Widerspruch vgl. oben § 31 Rdnr. 4.
57) Vgl. NWOVG v. 31. 5. 1985, NVwZ 1986, 134 f. = OVGE 38, 111 f.
58) Vgl. BVerwG v. 20. 1. 1967, BVerwGE 26, 54 (55 f.). Zu weitgehend HessVGH v. 29. 4. 1976, ESVGH 27, 111 f., der einen Widerspruch gegen die *Aufforderung,* die Selbsterrechnungserklärung vorzulegen, ausreichen läßt.
59) Vgl. BVerwG v. 23. 3. 1973, BVerwGE 42, 108 (114) und oben § 31 Rdnr. 28.
60) Vgl. unten § 48 Rdnr. 16
61) Vgl. unten § 48 Rdnr. 12.
62) Vgl. BWVGH v. 2. 6. 1981, VBlBW 1982, 14 (16) unter Hinweis auf NWOVG v. 5. 6. 1975, DÖV 1976, 607 f.

§ 34 Wiedereinsetzung in den vorigen Stand

§ 70 II VwGO erklärt bei schuldloser[1]) Versäumung der Widerspruchsfrist[2]) 1
§ 60 I bis IV VwGO für entsprechend anwendbar.
Beruht die verspätete Anfechtung auf einem Begründungs- oder Anhörungsmangel, gilt die Fristversäumung als nicht verschuldet (§ 45 III VwVfG)[3]). *Vertreterverschulden* ist bei der Anwendung des § 60 I VwGO gem. § 173 VwGO i. V. m. § 85 II ZPO dem Vertretenen zuzurechnen; dies gilt gem. § 70 II VwGO auch für das Widerspruchsverfahren[4]).

I. Form und Verfahren

Der Antrag auf Wiedereinsetzung muß binnen zwei Wochen, grundsätzlich 2
längstens binnen Jahresfrist (§ 60 III VwGO) nach Wegfall des Hindernisses gestellt, die versäumte Rechtshandlung, also die Widerspruchseinlegung, innerhalb der Frist nachgeholt werden (§ 60 II VwGO). Ist letzteres geschehen, kann die Wiedereinsetzung auch ohne Antrag gewährt werden (§ 60 II S. 4 VwGO).

Wiedereinsetzung in den vorigen Stand ist auch wegen Versäumung der Wiedereinsetzungsfrist des § 60 II S. 1 VwGO zulässig (BVerwG v. 5. 9. 1985, Buchholz 310 § 60 VwGO Nr. 149).

Der *Antrag* bedarf derselben Form, die für die versäumte Rechtshandlung vorgeschrieben ist[5]), also der Schriftform (vgl. oben § 33 I). Er muß nicht

---

1) Vgl. hierzu oben § 3 Rdnr. 5 sowie BVerfG v. 11. 2. 1976, BVerfGE 41, 332 (336); BVerwG v. 21. 10. 1976, NJW 1977, 542 f.; v. 8. 3. 1983, NJW 1983, 1923 (1924).
2) Ist zwar fristgemäß, aber nicht wirksam, weil nicht formgerecht Widerspruch eingelegt worden, kann dies wegen der engen Verknüpfung von Form und Frist (der formwidrige Widerspruch ist nicht fristwahrend) eine Wiedereinsetzung rechtfertigen, so z. B., wenn der WF über die Form nicht belehrt worden ist und der Sachbearbeiter seinen telefonischen Widerspruch ohne Beanstandung entgegennimmt (BVerwG v. 27. 2. 1976, BVerwGE 50, 248 ff.; HessVGH v. 4. 1. 1980, HessVGRspr. 1980, 81 [82]) oder ein mündlich eingelegter Widerspruch nicht zu Protokoll genommen wird (*v. Mutius*, S. 202; a. A. HessVGH v. 18. 12. 1963, DVBl. 1964, 599 f.; *Weides*, S. 224 Fußn. 38). Vgl. auch § 42 Fußn. 2
3) Vgl. zum inhaltsgleichen § 126 III AO 1977 BFH v. 30. 7. 1980, BStBl. 1981 II 3 (4). Landesrechtliche, dem § 45 III VwVfG entsprechende Regelungen scheitern entgegen *Kopp*, VwVfG, § 45, 49 und *Allesch*, S. 137 nicht am Kodifikationsprinzip der VwGO, denn § 45 III VwVfG hat den § 60 VwGO als späteres Bundesgesetz insoweit ergänzt und auf als Ergänzung durch den Landesgesetzgeber angelegte Teilkodifikaton den Ländern insoweit einen Regelungsraum eröffnet.
4) Vgl. BVerwG v. 9. 10. 1973, Buchholz 340 § 3 VwZG Nr. 4 S. 12; vgl. auch BVerfG v. 20. 4. 1982, BVerfGE 60, 253 ff. zur Zurechnung von Vertreterverschulden in grundrechtssensiblen Bereichen (Asyl).
5) Vgl. *Kopp*, § 60, 18; *EF*, § 60, 18.

ausdrücklich gestellt werden, kann also durch Auslegung ermittelt werden[6]). Hierauf beruht letztlich auch § 60 II S. 4 VwGO, der davon ausgeht, daß in der Nachholung der versäumten Rechtshandlung konkludent der Wiedereinsetzungsantrag enthalten ist[7]).

3   Die Tatsachen zur Begründung des Antrags sind bei der Antragstellung oder im Verfahren über den Antrag glaubhaft zu machen (§ 60 II S. 2 VwGO). § 60 II S. 2 VwGO gilt aber nur für das Glaubhaftmachen der Wiedereinsetzungsgründe, nicht für den Vortrag der Gründe als solcher; er muß deshalb innerhalb der Zwei-Wochen-Frist erfolgen, es sei denn, die in Betracht kommende Tatsachen sind für die Behörde offenkundig[8]).

4   *Zuständig* für die Wiedereinsetzung ist entsprechend § 60 IV VwGO sowohl die Abhilfe- wie die Widerspruchsbehörde. Da die Zuständigkeit der Abhilfebehörde im Widerspruchsverfahren auf die Fälle beschränkt ist, in denen sie abhelfen will (vgl. oben § 26 Rdnr. 5), ist auch ihre Befugnis, über den Antrag auf Wiedereinsetzung zu entscheiden, auf diese Fälle beschränkt[9]).

Hiervon aus Zweckmäßigkeitserwägungen abzugehen[10]), ist nach der eindeutigen Rechtslage unzulässig. Da nach den §§ 72, 70 II, 60 IV VwGO die Zuständigkeit zur Wiedereinsetzung von der zur Entscheidung über den Widerspruch abhängig ist, muß die Abhilfebehörde zuerst – ggf. durch neue Sachverhaltsermittlungen – klären, ob sie abhilft[11]); eine Wiedereinsetzung „auf Verdacht" ist unzulässig und für die Widerspruchsbehörde nicht bindend[12]).

Hilft die Ausgangsbehörde nicht ab, hat sie den Wiedereinsetzungsantrag mit den Akten der Widerspruchsbehörde vorzulegen.

5   Die Zuständigkeit der Widerspruchsbehörde endet an sich mit dem Erlaß des Widerspruchsbescheides. Da es aber gerade Sinn einer Wiedereinsetzung ist, den Wiedereintritt in ein abgeschlossenes Verfahren zu ermöglichen, bleibt die Zuständigkeit für die

---

6) Vgl. BayVerfGH v. 29. 10. 1976, BayVBl. 1977, 177.
7) Vgl. eingehend *Rotter*, DVBl. 1971, 379 ff. OVG Lüneburg v. 7. 4. 1970, NJW 1971, 72 fordert, daß der Rechtsbehelfsführer zumindest das Bewußtsein einer möglichen Verfristung gehabt haben muß. Der Bedeutung des § 60 VwGO für das rechtliche Gehör und die Effektivität des Rechtsschutzes entspricht es eher, in § 60 II S. 4 VwGO eine gesetzliche Fiktion des konkludenten Antrags zu sehen, so daß im praktischen Ergebnis in diesen Fällen die Wiedereinsetzung von Amts wegen zu prüfen ist (vgl. *Kopp*, § 60, 17).
8) Vgl. BVerwG v. 21. 10. 1975, BVerwGE 49, 252 (254); v. 9. 7. 1975, NJW 1976, 74; v. 19. 3. 1981, DÖV 1981, 636; v. 22. 8. 1984, Buchholz 310 § 60 VwGO Nr. 142; v. 28. 11. 1986, VBlBW 1987, 332; RhPfOVG v. 24. 8. 1972, NJW 1972, 2326; BayVGH v. 17. 2. 1971, BayVBl. 1972, 308; *Kopp*, § 60, 25; vgl. auch zur Parallelvorschrift des § 32 VwVfG *Meyer/Borgs*, § 32, 10; *StBL*, § 32, 24.
9) Vgl. *Buri*, DÖV 1963, 499; DÖV 1964, 693 f.; *EF*, § 70, 9; *SDC*, §§ 69, 70, 7 c; *RÖ*, § 70, 5; *Sachs*, NVwZ 1982, 422; *SG*, Rdnr. 271, Fußn. 71; a. A. *Weller*, DÖV 1964, 691 f. (nur die Widerspruchsbehörde) sowie BremOVG v. 7. 9. 1981, NVwZ 1982, 455 (456: Ausgangsbehörde unter bestimmten Voraussetzungen auch, wenn sie nicht abhilft).
10) So BremOVG, NVwZ 1982, 456.
11) Wie hier *Sachs*, NVwZ 1982, 422.
12) Vgl. *Sachs*, NVwZ 1982, 422; a. A. BremOVG, NVwZ 1982, 456.

Wiedereinsetzung auch dann erhalten, wenn die Widerspruchsbehörde den Widerspruch bereits als verfristet zurückgewiesen hat und nunmehr der WF einen Wiedereinsetzungsantrag bei der Behörde stellt[13]).

Die Entscheidung der Widerspruchsbehörde über die Wiedereinsetzung ist ein *(verfahrensgestaltender)* VA[14]), der im Widerspruchsverfahren als Nebenentscheidung ergeht und deshalb der Formvorschrift des § 73 III S. 1 VwGO unterliegt[15]). Sie ist als isolierte Entscheidung schriftlich (und damit ausdrücklich[16])) zu erlassen, zu begründen, mit einer Rechtsbehelfsbelehrung zu versehen und zuzustellen. In der Regel wird sie als Bestandteil mit in den Widerspruchsbescheid aufgenommen. In diesem Fall genügt es, wenn sich die Wiedereinsetzung aus der Widerspruchsentscheidung im Wege der Auslegung ermitteln läßt[17]), etwa dadurch, daß in der Sachverhaltsdarstellung die vom WF vorgetragenen Tatsachen erwähnt und sodann zur Sache entschieden wird.

6

Auf keinen Fall aber reicht es für die Annahme einer Wiedereinsetzung aus, wenn die Behörde zur Sache entschieden, die Frage der Wiedereinsetzung aber in keiner Weise erkennbar in ihren Willen aufgenommen, sondern die Fristversäumung möglicherweise übersehen hat[18]).

II. Rechtsschutz

Anders als im Verwaltungsprozeß (§ 60 V VwGO) ist die Wiedereinsetzung nicht unanfechtbar (§ 70 II VwGO verweist auf § 60 V nicht). Sowohl der WF als auch der betroffene Dritte können gegen die Versagung oder die Gewährung gerichtlichen *Rechtsschutz* in Anspruch nehmen. Sehr umstritten ist allerdings die Form dieses Rechtsschutzes.

7

Grundfall: Der WF legt verspätet Widerspruch ein und beantragt gleichzeitig Wiedereinsetzung; die Widerspruchsbehörde lehnt die Wiedereinsetzung ab und weist deshalb den Widerspruch als unzulässig zurück.

---

13) Vgl. RhPfOVG v. 5. 6. 1974, AS 13, 433 (434 f.); a. A. *Scholler,* DÖV 1966, 236.
14) Vgl. BWVGH v. 3. 10. 1972, NJW 1973, 727; v. 26. 10. 1981, NVwZ 1982, 316 f.; *Buri,* DÖV 1963, 498; *Weides,* S. 223; *Söhn,* Gedächtnisschrift Johann Riederer 1981, 194 f., 196; vgl. auch *Meyer/Borgs,* § 32, 16; *StBL,* § 32, 34. Er bewirkt bei Wiedereinsetzung eine rückwirkende Durchbrechung der bereits eingetretenen Bestandskraft des angefochtenen VA (vgl. BVerwG v. 3. 1. 1961, BVerwGE 11, 322 f.; RhPfOVG, AS 13, 434).
15) Vgl. *Weides,* S. 224; a. A. wohl BremOVG, NVwZ 1982, 456 (fernmündlich).
16) Vgl. *v. Mutius,* S. 199; *Bettermann,* JZ 1965, 267; *SDC,* §§ 69, 70, 7 c; *Weides,* S. 224; a. A. – auch konkludent – *RÖ,* § 70, 5; *Kopp,* § 70, 11; wohl auch *Wallerath,* DÖV 1970, 657. Die hiervon abweichenden Auffassungen zu § 32 VwVfG (vgl. etwa *Meyer/Borgs,* § 32, 16; *StBL,* § 32, 33) lassen sich im Widerspruchsverfahren wegen der Sondervorschrift des § 73 III S. 1 VwGO nicht heranziehen.
17) Vgl. BVerwG v. 1. 4. 1965, BVerwGE 21, 47 (48); v. 22. 4. 1971, BVerwGE 38, 60 (66); v. 17. 1. 1980, DVBl. 1980, 879 (880 f.); *Kopp,* § 70, 11; *Wallerath,* DÖV 1970, 657. Die hier zitierten Stimmen wollen wohl zum Teil weitergehen und eine konkludente Wiedereinsetzung generell zulassen. Dies verstößt jedoch gegen § 73 III S. 1 VwGO.
18) BVerwGE 38, 66.

8   Der überwiegende Teil der Rechtsprechung gestattet dem WF in diesem Fall, seinen Anspruch auf Aufhebung des angefochtenen oder Erlaß des abgelehnten VA mit einer Klage in der Hauptsache (§ 79 I Nr. 1 VwGO) zu verfolgen und hält das *Gericht* für befugt, die *Wiedereinsetzung selbst* zu gewähren[19]).

Ob der Widerspruch rechtzeitig erhoben ist und ob, wenn dies nicht der Fall ist, dem WF Wiedereinsetzung zu gewähren ist, ist nach Ansicht des BVerwG eine die Zulässigkeit der Klage betreffende verfahrensrechtliche Frage, die selbst das Revisionsgericht ohne Bindungen an die tatsächlichen Feststellungen in dem angefochtenen Urteil entscheiden kann[20]).

Da § 60 V VwGO bei Versäumung der Widerspruchsfrist nicht gilt, kann auch die beklagte Behörde die gerichtlich gewährte Wiedereinsetzung anfechten[21]).

Der WF hat darüber hinaus (wahlweise) die Möglichkeit, den Widerspruchsbescheid nach § 79 II VwGO isoliert anzufechten, da die zu Unrecht versagte Wiedereinsetzung einen wesentlichen Verfahrensmangel darstellt, und auf diese Weise zu erreichen, daß die Widerspruchsbehörde nunmehr erneut und in der Sache entscheiden muß[22]). Hieran kann er insbesondere bei Ermessensentscheidungen ein Interesse haben.

9   Die *Gegenansicht* hält das Gericht nicht für befugt, die Wiedereinsetzung selbst zu gewähren, da dies nach dem entsprechend anwendbaren § 60 IV VwGO in die Zuständigkeit der Verwaltung falle, denn ausschließlich sie habe über die versäumte Rechtshandlung, den Widerspruch, zu entscheiden. Der WF könne deshalb Wiedereinsetzung in die Widerspruchsfrist *nur* im Wege der Verpflichtungsklage erstreiten[23]).

Durch § 78 IV S. 2 EVwPO („Ist Klage erhoben, kann das Gericht Wiedereinsetzung gewähren.") soll die Streitfrage „im Interesse der Verfahrensbeschleunigung" (vgl. BT-Drucks. 9/1851, S. 109) im auch hier vertretenen Sinne entschieden werden.

10   Die Gegenansicht überzeugt nicht, weil die Wahrung der Widerspruchsfrist Zulässigkeitsvoraussetzung sowohl des Widerspruchs- wie des Klageverfahrens ist, also auch die Klage als versäumt anzusehen ist, wenn die Widerspruchsfrist

---

19) Vgl. BVerwG v. 13. 3. 1962, GewArch. 1962, 190 f.; BVerwGE 21, 50; BVerwG v. 9. 10. 1973, BVerwGE 44, 104 (108 f.); v. 21. 10. 1976, NJW 1977, 542; v. 27. 4. 1977, BayVBl. 1977, 641 f.; v. 19. 3. 1981, DÖV 1981, 636; v. 8. 3. 1983, NJW 1983, 1923 f.; HessVGH v. 31. 3. 1976, ESVGH 27, 175 (176 f.); NWOVG v. 5. 6. 1975, VerwRspr. 27, 761; BWVGH v. 28. 3. 1980, DÖV 1981, 228 f. Vgl. auch die Nachw. in den Fußn. 27, 28 und 29 zu den weiteren Varianten des Grundfalles.
20) Vgl. BVerwG, GewArch. 1962, 191; NJW 1977, 542; NJW 1983, 1923; v. 9. 12. 1988, NVwZ 1989, 648 (649).
21) BVerwG, NJW 1977, 542; NJW 1983, 1923.
22) Vgl. BVerwG v. 27. 10. 1966, DVBl. 1967, 237; v. 25. 4. 1975, DÖV 1976, 167; v. 28. 11. 1986, VBlBW 1987, 332; BWVGH, DÖV 1981, 229; NWOVG v. 5. 6. 1975, VerwRspr. 27, 761; RhPfOVG, AS 13, 433 (436); *v. Mutius*, S. 196; *Wallerath*, DÖV 1970, 654.
23) Vgl. *Buri*, DÖV 1963, 500; BWVGH, NJW 1973, 727; NVwZ 1982, 316 f.; OVG Lüneburg v. 10. 7. 1962, DVBl. 1963, 335; *Weides*, S. 225; *J. Schmidt*, DÖV 1981, 229 ff.; *ders.*, VBlBW 1983, 97; *Kopp*, § 70, 13; *Söhn*, Gedächtnisschrift f. Riederer 1981, 198 ff.; wohl auch *RÖ*, § 70, 5.

nicht gewahrt ist[24]). Wird deshalb vom WF Klage in der Hauptsache erhoben, geht die Zuständigkeit zur Entscheidung über die Wiedereinsetzung nach § 60 IV VwGO auf das Gericht der Hauptsache über[25]). Bedenken aus dem Gewaltenteilungsprinzip[26]) ergeben sich hier nicht, da die Wiedereinsetzungsentscheidung der Behörde wegen ihrer Bedeutung auch für die Zulässigkeit der Klage in den Bereich der dritten Gewalt übergreift und deshalb, wenn das Gericht mit der Hauptsache befaßt ist, auch zu seiner Disposition stehen muß.

Darüber hinaus widerspricht die Gegenansicht den Grundsätzen der Prozeßökonomie und der Effektivität des Rechtsschutzes (Art. 19 IV GG), da sie den WF zwingt, ein isoliertes Verfahren über die Wiedereinsetzung anzustrengen, um dann erneut in das Vorverfahren einzutreten und erst nach dessen Abschluß in der Hauptsache Klage erheben zu können. Hält man mit *Buri* (DÖV 1963, 500 f.) einen erneuten Eintritt in das Vorverfahren nicht für erforderlich, sondern lediglich eine positive Wiedereinsetzung der Widerspruchsbehörde, nach der sodann in der Hauptsache geklagt werden könne, erstarrt die Gegenansicht vollends zur Förmelei.

Wird die Fristversäumnis erst im Prozeß über die Hauptsache erkannt, ist nach hier vertretener Ansicht das Gericht für die Wiedereinsetzung zuständig[27]). **11**

Hat der WF den Wiedereinsetzungsantrag bei der Behörde erst gestellt, nachdem sein Widerspruch bereits wegen Fristversäumnis zurückgewiesen worden ist, kann er auch isolierte Verpflichtungsklage auf Wiedereinsetzung erheben[28]). Das Gericht kann in diesem Fall, da die Hauptsache bei ihm nicht anhängig ist, die Wiedereinsetzung nicht selbst aussprechen.

Wird von der Widerspruchsbehörde Wiedereinsetzung gewährt, der Widerspruch aber in der Sache zurückgewiesen, hat das Gericht von Amts wegen die Voraussetzungen des § 60 VwGO zu prüfen und bei negativem Ergebnis die **12**

---

24) Vgl. *Bettermann*, JZ 1965, 268; *v. Mutius*, S. 92, 137, 195, 198; *Wallerath*, DÖV 1970, 655; BVerwG v. 13. 2. 1987, NVwZ 1988, 63.
25) Sogen. *Grundsatz der Konnexität* (des Sachzusammenhanges), der in § 60 IV VwGO seinen Ausdruck gefunden hat. Vgl. BVerwG, GewArch. 1962, 191; NJW 1983, 1924; BayVGH v. 12. 10. 1961, VerwRspr. 14, 358 f.; BWVGH, NJW 1970, 347; RhPfOVG, AS 13, 436; HessVGH, ESVGH 27, 177; *v. Mutius*, S. 196; *EF*, § 70, 10; *SDC*, §§ 69, 70, 7 d; a. A. vor allem BWVGH, NJW 1973, 727; NVwZ 1982, 316 f., der aber übersieht, daß Versäumung der Widerspruchsfrist zugleich Versäumung der Klagefrist bedeutet und *hierfür* gerade Konnexität mit der Klage in der Hauptsache besteht (vgl. *v. Mutius*, S. 196).
26) Wie sie etwa von *Buri*, DÖV 1963, 500 erhoben werden; a. A. – wie hier – *Bettermann*, JZ 1965, 268; BWVGH, NJW 1970, 347; DÖV 1981, 229.
27) Vgl. BVerwG, GewArch. 1962, 190; BWVGH, NJW 1970, 347; BayVGH, VerwRspr. 14, 358 f.; v. 17. 2. 1971, BayVBl. 1972, 308; *EF*, § 70, 10. Die Gegenansicht fordert die Aussetzung des Verfahrens, damit die Entscheidung der Widerspruchsbehörde über die Wiedereinsetzung nachgeholt werden kann (vgl. *Weides*, S. 225; *RÖ*, § 70, 5; OVG Lüneburg, DVBl. 1963, 335).
28) Vgl. RhPfOVG, AS 13, 436 f.; BWVGH v. 13. 8. 1971, NJW 1972, 461.

Klage als unzulässig abzuweisen[29]). Von der Rechtsprechung wird diese sich aus der Natur der Widerspruchsfrist als zwingende Prozeßvoraussetzung ergebende Konsequenz nicht immer durchgehalten (vgl. dazu unten § 42 I 2).

---

29) Vgl. BVerwG, NJW 1977, 542; *Kopp*, § 70, 13; *v. Mutius*, S. 195; *Bettermann*, JZ 1965, 268; *EF*, § 70, 8; *SDC*, §§ 69, 70, 7 d; *Buri*, DÖV 1963, 501. Die Gegenansicht nimmt z. T. eine Bindung des Gerichts an die behördliche Wiedereinsetzung an, es sei denn, ein beschwerter Dritter ficht sie an. *RÖ*, § 70, 6; OVG Lüneburg, OVGE 17, 452; *Wallerath*, DÖV 1970, 657; *SG*, Rdnr. 273.

§ 35 Berechtigung zur Widerspruchserhebung

I. Widerspruchsbefugnis (§§ 70 I S. 1, 68, 42 II VwGO)

Ebenso wie eine Popularklage ist auch ein „*Popularwiderspruch*" unzulässig. Widerspruch kann deshalb nicht jedermann einlegen, sondern nur, wer durch den VA oder seine Ablehnung in *seinen* Rechten „beschwert" ist (arg. § 70 I S. 1)[1]).

1

Gesetzliche Regelung: § 350 AO 1977: „Befugt, Rechtsbehelfe einzulegen, ist nur, wer geltend macht, durch einen VA oder dessen Unterlassung beschwert zu sein."
Einen *Nachbarwiderspruch* z. B. kann deshalb nur befugterweise erheben, wer zum Zeitpunkt der Erteilung der streitigen Baugenehmigung Eigentümer oder entsprechend dinglich Berechtigter ist[2]) und sich auf nachbarschützende Normen berufen kann[3]). Kraft dinglicher Rechtsnachfolge kann die Widerspruchsbefugnis nur erworben werden, wenn der Rechtsvorgänger noch in ihrem Besitz war, insbesondere also die Baugenehmigung nicht bestandskräftig geworden oder auf Einwendungen verzichtet worden ist[4]).
Ebensowenig kann der Frachtschuldner einer Überleitungsanzeige nach § 23 III GüKG widersprechen, da der verfügte Gläubigerwechsel die Schuldnerposition unberührt läßt und beim Frachtschuldner allenfalls eine faktische bzw. wirtschaftliche Betroffenheit auslöst[5]).

2

Strittig ist lediglich, welcher Art diese *Beschwer* sein muß. Die früher überwiegende Meinung[6]) fordert in Analogie zu § 42 II und unter Hinweis auf den Vorschaltcharakter des Widerspruchsverfahrens, daß der WF — soweit gesetzlich nichts anderes bestimmt ist[7]) — geltend machen muß, durch den VA oder seine Ablehnung in seinen *Rechten verletzt* zu sein, geht mithin davon aus, daß der Kreis der Widerspruchsbefugten mit dem der Klagebefugten identisch ist. Richtig ist zwar, daß die Beeinträchtigung bloßer (wirtschaftlicher oder anderer) Interessen nicht ausreicht[8]). Darüber hinausgehend aber eine

3

---

1) Vgl. auch §§ 68 I S. 2, Nr. 2, 71, 78, 79 I Nr. 2, II S. 1 VwGO und neben § 33 Fußn. 51 BVerwG v. 4. 7. 1973, BVerwGE 43, 318 (319 f.); BWVGH v. 18. 9. 1969, VerwRspr. 21, 506. Falsch dagegen SG Hamburg v. 8. 5. 1972, NJW 1972, 1488; wie hier *Engelbrecht*, SGb. 1973, 438, Fußn. 32; a. A. *Linhart*, § 20, 103, der objektive Rechts- oder Zweckwidrigkeit genügen läßt. Vgl. hierzu § 38 Rdnr. 1.
2) Vgl. BayVGH v. 24. 2. 1978, BRS 33 Nr. 161.
3) Vgl. § 38 Rdnr. 1; zur Definition der Drittschutz vermittelnden Norm vgl. BVerwG v. 23. 3. 1982, BVerwGE 65, 167 (171); v. 15. 11. 1985, BVerwGE 72, 226 (229 f.); v. 15. 7. 1987, BVerwGE 78, 40 (41).
4) Vgl. oben § 33 Rdnr. 12 und unten § 36 Rdnrn. 4 ff.
5) Vgl. BVerwG v. 23. 2. 1982, NJW 1982, 1827.
6) Vgl. *SDC*, §§ 69, 70, 2 a; *Schiedermair*, BayVBl. 1961, 358; *Buri*, DÖV 1962, 930; *Menger/Erichsen*, VerwArch. 1966, 263; *Simon*, BayVBl. 1969, 100; *Vogel*, Verwaltungsrechtsfall, 8. Aufl. 1980, S. 62; wohl auch *Drews/Wacke/Vogel/Martens*, Gefahrenabwehr, 1986, S. 574; HessVGH v. 6. 10. 1969, VerwRspr. 21, 787; *Skouris*, S. 83 ff.; BayVGH v. 22. 6. 1982, BayVBl. 1983, 212 (214); NWOVG v. 25. 4. 1988, DÖV 1989, 456.
7) Vgl. z. B. § 33 II S. 3 WPflG: Widerspruchsbefugnis des Kreiswehrersatzamtsleiters; § 16 III HandwO: Widerspruchsbefugnis der IHK und RhPfOVG v. 9. 7. 1980, GewArch 1980, 300 f.
8) Vgl. *Weides*, S. 239; BFH v. 16. 12. 1977, NJW 1978, 1456 zu § 350 AO 1977 und oben Fußn. 5.

Rechts*verletzung* zu fordern, ist jedoch mit § 68 I S. 1 nicht vereinbar, da dieser ausdrücklich anordnet, daß im Vorverfahren über die Rechtmäßigkeit des VA hinaus dessen Zweckmäßigkeit zu überprüfen ist. Der Widerspruchsbehörde ist es deshalb verwehrt, einen Widerspruch allein wegen der Rechtmäßigkeit des angegriffenen VA mangels Beschwer als unzulässig zurückzuweisen. Ein rechtmäßiger, aber unzweckmäßiger VA kann zwar den WF nicht in seinen Rechten *verletzen*, wohl aber beschweren[9]). Bei VAen nach *Ermessen* muß es demnach für die Widerspruchsbefugnis ausreichen, wenn der WF geltend macht, durch die Zweckwidrigkeit des VA in seinen Rechten beeinträchtigt zu sein[10]).

4   *Beachten* Sie aber, daß die Ermessensnorm zumindest auch dem Interesse des WF zu dienen bestimmt sein muß[11]).
Begehrt z. B. ein Bürger mit einem Verpflichtungswiderspruch *aufsichtsbehördliches Einschreiten*, kann die erstrebte Maßnahme der Aufsichtsbehörde gegenüber dem beaufsichtigten Rechtsträger zwar sehr wohl einen VA darstellen, wenn sie diesen in seinem gegenüber der Aufsicht abgeschirmten Rechtskreis beeinträchtigen würde, nicht aber das ein Einschreiten im Aufsichtswege ablehnende Schreiben gegenüber dem Bürger[12]). Die Zulässigkeit des Widerspruchs würde aber auf jeden Fall an der fehlenden Widerspruchsbefugnis scheitern, da die Normen über die Aufsicht ausschließlich im öffentlichen Interesse erlassen sind, mithin unserer Rechtsordnung ein Anspruch auf aufsichtsbehördliches Einschreiten schlicht unbekannt ist[13]).
Die Entscheidung des NWOVG v. 27. 10. 1970, OVGE 26, 93 ff., die einen solchen Anspruch immerhin für möglich und deshalb eine Anfechtungsklage für zwar zulässig, in aller Regel aber für unbegründet hielt, wirft praktisch die bereits sehr geringen Anforderungen der Möglichkeitstheorie an die Klagebefugnis über Bord (vgl. die Kritik von *Herzog*, JA 1971, ÖR S. 151) und hat deshalb zu Recht keine Nachfolge gefunden.

---

9) Vgl. HessVGH v. 29. 5. 1972, ESVGH 22, 232 (234).
10) Ebenso *Bettermann*, Staatsbürger und Staatsgewalt, Bd. II, 1963, S. 463; *Löwer*, MDR 1965, 93 f.; *v. Mutius*, S. 215 ff.; *Wolff/Bachof*, III, § 161, 16; *Kopp*, § 69, 6; *Weides*, S. 239; *K/Busch*, § 79, 9.2; BVerwG v. 29. 10. 1968, DÖV 1969, 142 f.; HessVGH v. 10. 10. 1969, HessVGRspr. 1970, 26; HessVGH, ESVGH 22, 234; wohl auch *RÖ*, § 69, 5; § 70, 11. Zu § 350 AO 1977 *v. Wallis*, in: Hübschmann/Hepp/Spitaler, AO, 8. Aufl., 1981 ff., § 350, 2; ebenso BFH, NJW 1978, 1456, der zwar die Verletzung rechtlich geschützter Interessen fordert, ausdrücklich aber hiervon Ermessensentscheidungen ausnimmt.
11) Vgl. BVerwG v. 7. 1. 1972, BVerwGE 39, 235 (237); v. 29. 6. 1990, BVerwGE 85, 220 (222 f.); NWOVG, DÖV 1989, 456; *v. Mutius*, S. 216 f. So dient z. B. nach Ansicht des BVerwG (v. 12. 2. 1988 BVerwGE 79, 68/71) das Auswahlermessen der Wehrsatzbehörden bei der Einberufung von Reservisten zu Wehrübungen ausschließlich dem öffentlichen Interesse an einer optimalen Personalbedarfsdeckung der Bundeswehr und nicht zugleich auch privaten Interessen der Wehrpflichtigen (kritisch hierzu *Wolf*, DVBl. 1988, 1227 f.). Das wasserbehördliche Erlaubnisermessen hat dagegen auch drittschützende Funktion (vgl. BVerwGE 78, 44 f.).
12) Vgl. zur Beanstandung BayVGH v. 6. 12. 1989, BayVBl. 1990, 338 f.; zur fachaufsichtlichen Weisung BayVGH v. 20. 9. 1976, BayVBl. 1977, 152; v. 16. 3. 1978, BayVBl. 1979, 305; BWVGH v. 24. 11. 1977, BRS 33 Nr. 145; BVerwG v. 27. 2. 1978, NJW 1978, 1820 f. m. Rezension *Schmidt-Jortzig*, JuS 1979, 488 ff.; vgl. auch BVerwG v. 27. 11. 1981, NVwZ 1982, 310 f.; v. 11. 11. 1988, NVwZ-RR 1989, 359 f.; zum Antwortschreiben der Staatsaufsicht vgl. BVerwG v. 1. 9. 1976, NJW 1977, 119.
13) Vgl. NWOVG v. 17. 4. 1975, OVGE 31, 51 (53 f.); BVerwG, NJW 1977, 119 mit zustimm. Anm. *Pietzner*, JA 1977, 38 und *A. Weber*, NJW 1977, 595; RhPfOVG v. 29. 5. 1985, DÖV 1986, 152; ebenso *Kopp*, § 42, 49; *M. Schröder*, JuS 1986, 375 m. w. N.

In einer Examensarbeit müßten Sie in einem solchen Falle überprüfen, ob die Widerspruchsschrift sich nicht als Aufsichtsbeschwerde auslegen oder umdeuten läßt (vgl. dazu oben § 28 Rdnr. 6). Ist dies nicht der Fall, weil der Widerspruch z. B. von einem Anwalt erhoben und eindeutig als solcher gewollt ist, muß der Widerspruch als unzulässig verworfen werden. Daneben müßten Sie aber überlegen, ob das Widerspruchsvorbringen der Aufsichtsbehörde Anlaß gibt, von Amts wegen einzuschreiten. Selbst wenn der Bearbeitervermerk ausdrücklich nur die Anfertigung des Widerspruchsbescheids verlangt, bestünde unter examenstaktischen Erwägungen hinreichend Anlaß, die sonst nicht berücksichtigungsfähige materielle Rechtslage einer hilfsgutachtlichen Prüfung zu unterziehen.

Auch hier reicht insoweit für die Zulässigkeit des Widerspruchs aus, daß die Beschwer nach dem Sachvortrag des WF *möglich* ist[14]). Selbst wenn die Unbegründetheit des Widerspruchs feststeht, ist der Widerspruch nicht als unzulässig, sondern als unbegründet zurückzuweisen[15]).

II. Widerspruchsinteresse

Die verwaltungsgerichtliche Sachurteilsvoraussetzung des Rechtsschutzbedürfnisses findet ihre Entsprechung im Verwaltungsverfahren im Erfordernis des *Antrags- oder Sachbescheidungsinteresses*[16]). Diese verfahrensrechtliche Maxime rechtfertigt sich aus dem Prinzip der Verwaltungswirtschaftlichkeit sowie aus dem Zweck des Verwaltungsverfahrens, eine einfache, zweckmäßige und wirksame Erfüllung der Verwaltungsaufgabe sicherzustellen[17]).

Beachten Sie jedoch, daß das Fehlen des Sachbescheidungsinteresses die große Ausnahme darstellt, die von der Verwaltung zu beweisen ist[18]).
Es fehlt nicht bereits dann, wenn der Antragsteller eine behördliche Genehmigung beantragt für ein Vorhaben, für das er noch eine weitere Genehmigung benötigt, die er aber noch nicht beantragt hat[19]).

---

14) Vgl. *Weides*, S. 240; NWOVG, DÖV 1989, 456 und die Nachweise für die Klagebefugnis oben § 14 Rdnr. 10.
15) Vgl. BVerwG v. 17. 2. 1972, NJW 1972, 1100; BVerwG 85, 221 f.
16) So im Anschluß an *Kienzle*, NJW 1965, 1498; *Menger/Erichsen*, VerwArch. 1965, 388; *Schwerdtfeger*, DÖV 1966, 495 f. (krit., aber wohl bejahend); *Wolff/Bachof*, III, § 156, 22; *Kopp*, Verfassungsrecht und Verwaltungsverfahrensrecht, 1971, S. 111, Fußn. 296; *Weides*, S. 241 i. V. m. S. 40 ff.; *Foerster*, NuR 1985, 58 ff. und ausführlich *Gierth*, DVBl. 1967, 848 ff., auf den auch die Prägung des Begriffs „Sachbescheidungsinteresse" zurückgeht. Aus der Rechtsprechung vgl. PrOVG v. 24. 3. 1902, PrOVGE 41, 372 (374 f.) und das BVerwG seit 1968; vgl. BVerwG v. 23. 3. 1973, BVerwGE 42, 115 (117 f.); v. 24. 10. 1980, BVerwGE 61, 128 (130 f.); v. 13. 1. 1987, BVerwGE 75, 304 (305, 309) m. w. N.
17) Vgl. § 10 VwVfG; § 75 Schl.-H.LVwG und *Kopp*, a. a. O., S. 211 ff., insbes. Fußn. 596.
18) Vgl. *Gierth*, DVBl. 1967, 849; *Obermayer*, Festschr. Boorberg-Verlag 1977, S. 125.
19) HambgOVG v. 25. 3. 1976, MDR 1976, 1050 für eine bauaufsichtliche Abbruchgenehmigung und die noch nicht beantragte Genehmigung nach der ZweckentfremdungsVO.

Ausnahmsweise kann die Widerspruchsbehörde einen Widerspruch als unzulässig zurückweisen, wenn dem WF ein schutzwürdiges Interesse an der Bescheidung seines Widerspruchs nicht zur Seite steht. Das *Widerspruchsinteresse* kann[20] fehlen,

7 a) wenn der WF *zur Verwirklichung seines Rechts einer behördlichen Entscheidung nicht bedarf;*

z. B. Bauerlaubnis für ein nicht genehmigungspflichtiges, sondern lediglich anzeigepflichtiges Vorhaben[21]); Bebauungsgenehmigung für ein Grundstück, dessen Bebaubarkeit nach § 21 I BBauG feststeht[22]); Ausnahmebewilligung für eine unselbständige Handwerksausübung[23]).

8 b) wenn die *beantragte Sachentscheidung für ihn offensichtlich nutzlos ist,* weil er die damit auszusprechende Rechtsfolge wegen „schlechthin nicht ausräumbarer"[24]) rechtlicher oder tatsächlicher Hindernisse nicht verwirklichen kann;

z. B. Baugenehmigung bei fehlender und nach Lage der Dinge nicht erreichbarer privatrechtlicher Berechtigung zum Bauen[25]); Rechtsbeistandserlaubnis für einen Beamten, dem die Nebentätigkeitserlaubnis durch den Dienstherrn versagt worden ist[26]); Bebauungsgenehmigung (Bauvoranfrage) für ein offensichtlich bauordnungsrechtlich unzulässiges Vorhaben[27]) oder bei bestehender Veränderungssperre nach § 34 FlurbG[28]); Gaststättenerlaubnis bei schlechthin nicht ausräumbaren baurechtlichen Hindernissen[29]).

Daß die Behörde nur berechtigt, *nicht aber verpflichtet* sei, die Baugenehmigung mangels zivilrechtlicher Berechtigung zu versagen[30]), widerspricht an sich der verfahrensrechtlichen Maxime, daß Zulässigkeitsmängel von Amts wegen zu berücksichtigen sind, rechtfertigt sich aber aus der Besonderheit des Baurechts, nach der Bauerlaubnisse unbeschadet privater Rechte Dritter zu erteilen sind — ein Grundsatz, der die Behörde von der verfahrensrechtlichen Prüfungspflicht entbindet. Auf keinen Fall hat der Grundsatz fehlenden Sachbescheidungsinteresses in diesen Fällen drittschützende Funktion, wie BVerwGE 50, 285 und BerlOVG, AS 14, 58 zu Recht

---

20) Im Anschluß an die Formulierung *Gierths,* DVBl. 1967, 849 ff.
21) Vgl. *Gierth,* DVBl. 1967, 849.
22) Vgl. BVerwG v. 10. 5. 1968, NJW 1969, 73.
23) Vgl. BVerwG v. 19. 10. 1971, BVerwGE 39, 15 (17); v. 13. 11. 1980, BVerwGE 61, 145 (150).
24) Vgl. BVerwG v. 23. 5. 1975, BVerwGE 48, 242 (247); v. 24. 10. 1980, BVerwGE 61, 128 (131); v. 17. 10. 1989, BVerwGE 84, 11 (13).
25) Vgl. PrOVGE 41, 374 f.; BVerwG v. 17. 12. 1964, BVerwGE 20, 124 ff.; 42, 115 (117 f.); v. 26. 3. 1976, BVerwGE 50, 282 (285 f.); 61, 130 f.; BerlOVG v. 7. 5. 1976, AS 14, 56 ff.; v. 25. 8. 1978, BauR 1979, 225 f.; *Kienzle,* NJW 1965, 1498; *Menger/Erichsen,* VerwArch. 1965, 386 ff.; *Schwerdtfeger,* DÖV 1966, 494 ff. Nach § 90 IV S. 3 HessBauO kann die Behörde vom Nichteigentümer den Nachweis verlangen, daß der Grundstückseigentümer keine Bedenken erhebt; nach Art. 69 IV S. 3 BayBauO sogar die Zustimmung des Eigentümers.
26) BVerwG v. 13. 2. 1970, NJW 1970, 1059 (1061).
27) SaarlOVG v. 29. 9. 1977, NJW 1978, 1495 (Mangel der verkehrsmäßigen Erschließung) und das hierzu ergangene Revisionsurteil BVerwGE 61, 128 (131).
28) BayVGH v. 25. 5. 1977, GewArch. 1979, 16.
29) Vgl. BVerwGE 84, 12 f.
30) BVerwGE 42, 117; 50, 286.

ausführen (ebenso BayVGH v. 12. 5. 1986, BayVBl. 1986, 595 zu Art. 69 IV S. 3 BayBauO − s. Fußn. 25).

c) wenn der WF ein *gegenwärtiges Interesse* an einer Sachentscheidung entweder noch nicht oder nicht mehr hat;

z. B. Feststellung künftiger Berechtigungen oder die Fälle des § 113 I S. 4 VwGO, ohne daß ein berechtigtes Interesse an der Feststellung der ursprünglichen Rechtswidrigkeit vorliegt. Erledigt sich der VA während eines anhängigen Widerspruchsverfahrens, wird der Widerspruch unzulässig − nach Ansicht einiger Oberverwaltungsgerichte, weil das Rechtsschutzinteresse an der nachträglichen Aufhebung des VA nunmehr fehlt[31]), richtigerweise, weil es an einem aufhebbaren VA fehlt und ein Fortsetzungsfeststellungsinteresse nicht vorliegt.

d) wenn der WF die Tätigkeit der Behörde *mißbräuchlich* in Anspruch nimmt;

z. B. übermäßige, insbesondere unnötige oder gar schikanöse Auskunftsverlangen aus dem Melderegister zur Durchsetzung wirtschaftlicher Interessen[32]).

---

31) So BWVGH v. 14. 7. 1969, DVBl. 1970, 511 (512); BremOVG v. 3. 9. 1971, VerwRspr. 23, 587 (589).
32) Vgl. NWOVG v. 28. 6. 1972, OVGE 28, 67 ff.

§ 36 Verzicht auf Durchführung eines Widerspruchsverfahrens

I. Rechtsbehelfsverzicht und verfahrensrechtliche Verwirkung

1   Auch im Verwaltungsverfahren ist entsprechend dem allgemeinen Rechtsgedanken, daß es der Partei überlassen bleiben muß, von einem Rechtsbehelf Gebrauch zu machen und sich hierüber noch vor Ablauf der Rechtsmittelfrist zu erklären, ein Verzicht auf Rechtsbehelfe zulässig[1]). Der Verzicht muß *unzweideutig*[2]) und *vorbehaltlos* – ohne Bedingungen (vgl. unten Rdnr. 10) – erklärt werden.

Allerdings kann bei der *Steuererhebung durch Selbsterrechnungserklärung* des Steuerpflichtigen in der Steuererklärung selbst ein Rechtsbehelfsverzicht für den Fall ausgesprochen werden, daß die Steuer nicht abweichend von der Steueranmeldung festgesetzt wird (vgl. § 354 I S. 2 AO 1977 und BVerwGE 26, 53). In diesem Zusatz die Beifügung einer – die Wirksamkeit des Rechtsbehelfsverzichts aufschiebenden – Bedingung sehen zu wollen (so wohl Kopp, § 74, 22), wird seiner Bedeutung nicht gerecht; ein Zusatz dieses Inhalts ist vielmehr Wirksamkeitsvoraussetzung für einen Rechtsbehelfsverzicht im Selbsterrechnungsverfahren, in dem ein förmlicher Steuerbescheid nicht zu ergehen pflegt, um klarzustellen, auf welchen VA der Verzicht sich bezieht (BVerwGE 26, 53). Auf *Rechtsbehelfsverzichte im Rahmen gestufter Verwaltungsverfahren*, deren Wirksamkeit von einem bestimmten Inhalt künftiger VAe späterer Stufen abhängig gemacht werden, läßt sich dies nicht übertragen. Es ist gerade Sinn der verwaltungsverfahrensrechtlichen Stufung, die späteren Stufen von den Fragen zu entlasten, die bereits in früheren Stufen durch VA entschieden worden sind. Dieser Sinn würde vereitelt, wenn es zulässig wäre, auf Rechtsbehelfe gegen VAe früherer Stufen nur unter der Bedingung zu verzichten, daß VAe späterer Stufen einen bestimmten Inhalt haben.

2   Für die *Form* gilt – vorbehaltlich gesetzlicher Regelung (z. B. § 354 II AO 1977) – § 70 VwGO entsprechend. Der Verzicht kann *nicht vor Bekanntgabe* des VA (vgl. § 354 I S. 1 AO 1977), bei vorgeschriebener Zustellung nicht vor Zustellung rechtswirksam abgegeben werden, da der WF vor Bekanntgabe des VA keine ausreichenden Grundlagen zur Verfügung hat, um eine vernünftige, die Tragweite seines Verzichts übersehende Entscheidung treffen zu können, und die Vorschriften über die Bekanntgabe des VA auch den Sinn haben, ihn vor einem übereilten Verzicht zu schützen[3]). *Unwirksam* ist auch ein Rechtsbe-

---

1) Vgl. BVerwG v. 8. 2. 1957, NJW 1957, 1374 f.; v. 30. 6. 1964, DVBl. 1964, 874 (875); BVerwG v. 20. 1. 1967, BVerwGE 26, 50 ff. Ausdrückliche Regelung in § 354 AO 1977.
2) BVerwG, DVBl. 1964, 875; BFH v. 10. 7. 1980, BStBl. 1981 II, 5.
3) Vgl. BVerwG v. 3. 6. 1958, DÖV 1958, 737 f.; DVBl. 1964, 875; BVerwG v. 31. 8. 1966, BVerwGE 25, 20 (21 f.). Dies gilt allerdings nur für den einseitigen, *nicht* aber für den rechtsgeschäftlich, etwa in Form eines Vergleichs *vereinbarten Verzicht*. Vgl. *Kopp*, § 74 22; BerlOVG v. 9. 2. 1978, AS 14, 178 (180).

helfsverzicht, den die Behörde unter Mißbrauch ihrer behördlichen Übermacht und unter Verstoß gegen Treu und Glauben erwirkt hat, weil ohne diese Sanktion der grundrechtlichen Garantie eines effektiven Rechtsschutzes (Art. 19 IV GG) nicht genügt wäre[4]).

Hat der WF mit Rücksicht auf den vermeintlich wirksamen Rechtsbehelfsverzicht die Widerspruchsfrist versäumt, ist Wiedereinsetzung zu gewähren.

Ein wirksam erklärter Rechtsbehelfsverzicht nimmt dem Widerspruch die Zulässigkeit (vgl. § 354 I S. 3 AO 1977; NWOVG v. 9. 11. 1982, NVwZ 1983, 681 f.; zur Widerruflichkeit vgl. BWVGH v. 1. 4. 1982, NVwZ 1983, 229 f. und unten Rdnr. 10).

Bei VAen mit Drittwirkung kann sich auch die Konstellation ergeben, daß der belastete Dritte sich gegenüber dem Begünstigten gegen *Zahlung eines Entschädigungsbetrages* verpflichtet, gegen die Anlagengenehmigung keinen Widerspruch einzulegen bzw. einen eingelegten Widerspruch zurückzunehmen. Derartige Verträge sind grundsätzlich mit den §§ 134, 138 BGB vereinbar[5]). Nur eine sorgfältige Prüfung des Einzelfalls kann zeigen, ob etwa die Genehmigungsbehörde in unzulässiger Weise auf den Rechtsbehelfsverzicht hingewirkt hat (§ 134 BGB i. V. m. Art. 19 IV GG), der WF eine Zwangslage des Begünstigten ausgebeutet oder sich auffällig überhöhte Entschädigungsbeträge ausgehandelt hat (§ 138 II BGB) oder schließlich die Abstandnahme von der Verteidigung immaterieller Interessen gegen Geld sich als sittenwidrig erweist[5]). 3

Die verfahrensrechtliche Befugnis zur Einlegung eines Widerspruchs kann auch *verwirkt* werden (vgl. oben § 33 Rdnrn. 9 ff.). Die Verwirkung verfahrensrechtlicher Rechte, etwa des Nachbarn, setzt — wie der Rechtsbehelfsverzicht und anders als Rechtsverzicht (Rdnr. 5) und materiell-rechtliche Verwirkung (vgl. § 33 Rdnr. 10 und unten Rdnr. 6) — voraus, daß eine Baugenehmigung zuvor erteilt worden ist (BVerwG v. 18. 3. 1988, NVwZ 1988, 730).

II. Rechtsverzicht und materiell-rechtliche Verwirkung

Vom Rechtsbehelfsverzicht und der verfahrensrechtlichen Verwirkung zu unterscheiden sind die materiell-rechtliche Verwirkung (dazu unter Rdnr. 6) 4

---

4) Vgl. BVerwG, DÖV 1958, 737 f. und v. 14. 10. 1960, DVBl. 1961, 135 ff.: Beschleunigte Auszahlung von Kriegsgefangenenentschädigung gegen Rechtsmittelverzicht; BVerwG v. 27. 7. 1964, BVerwGE 19, 159 (160 ff.): Baudispens gegen Rechtsmittelverzicht; BayVGH v. 25. 2. 1977, BayVBl. 1977, 404: Entlassung aus der Abschiebungshaft gegen Rechtsmittelverzicht.

5) Vgl. BGH v. 11. 12. 1980, BGHZ 79, 131 ff. (Bürgerinitiative gegen Kohlekraftwerk; StEAG-Fall) sowie die Besprechung von *Knothe*, JuS 1983, 18 ff. und *Herzog*, ET 1984, 372 ff.

und der Verzicht auf das den Rechtsbehelf tragende *materielle* (subjektive) Recht[6]).

Beispiel: Der Nachbar verzichtet gegenüber der Baubehörde auf Einwendungen gegen das Vorhaben des Bauherrn[7]). Die BauOen sehen fast durchgehend in Anlehnung an § 92 MusterBauO eine Nachbarbeteiligung vor, die entfällt, wenn der Nachbar die Baupläne unterschrieben oder ihnen schriftlich zugestimmt hat (vgl. z. B. Art. 73 BayBauO, § 69 III NWBauO). Über diese verfahrensrechtliche Wirkung hinaus wird die Zustimmung auch als Verzicht auf die Abwehrrechte aus dem materiellen Baurecht gewertet[8]).

5   Ein solcher *Rechtsverzicht* läßt das subjektiv-öffentliche Abwehrrecht untergehen und entzieht damit einem späteren Widerspruch gegen die Baugenehmigung die materiell-rechtliche Grundlage[9]). Im Gegensatz zum Rechtsbehelfsverzicht ist er *bereits vor Erlaß des VA* zulässig, unterliegt den Formvorschriften des für ihn einschlägigen Verwaltungsverfahrensrechts[10]) und führt in der Regel zu Unbegründetheit des Widerspruchs, da der Nachbar die Baugenehmigung trotz seiner Verzichtserklärung nur dann anfechten wird, wenn Streit über

---

6) Zur Zulässigkeit im Öffentlichen Recht vgl. *Wolff/Bachof,* I, § 43 IV; *Bussfeld,* DÖV 1976, 765 ff.; BVerwG v. 28. 4. 1978, DÖV 1978, 775; NWOVG v. 3. 12. 1985, NJW 1987, 1964 f.; *Quaritsch,* Gedächtnisschr. W. Martens 1987, S. 409 ff. m. w. N.
Unwirksam ist auch der Rechtsverzicht, wenn er auf einer Ausnutzung behördlicher Übermacht beruht (vgl. oben Fußn. 4). OVG Lüneburg v. 3. 11. 1977, DVBl. 1978, 179 (181) wendet zu Recht den Rechtsgedanken des § 36 VwVfG an, da es ansonsten die Behörde in der Hand hätte, die besonderen Schranken für Nebenbestimmungen dadurch zu umgehen, daß sie sich verbotene Gegenleistungen durch „erzwungenen" Verzicht versprechen läßt (im konkreten Fall: Umbauerlaubnis für Garage gegen Verzicht auf spätere Errichtung einer - baurechtlich unbedenklichen - neuen Garage).
7) Ein solcher Einwendungsverzicht wird von der h. M. für zulässig gehalten: vgl. BWVGH v. 9. 9. 1968, ESVGH 19, 38 ff.; v. 15. 6. 1977, BRS 32 Nr. 164; v. 27. 1. 1978, ESVGH 28, 146 ff.; v. 16. 8. 1978, BRS 33 Nr. 176; v. 1. 4. 1982, VBlBW 1983, 75 (76); SaarlOVG v. 12. 5. 1978, BauR 1979, 135 ff.; v. 24. 7. 1981, BRS 38 Nr. 179; v. 14. 3. 1983, AS 18, 183 (184 f.); HessVGH v. 3. 5. 1974, BRS 28 Nr. 126; RhPfOVG v. 28. 3. 1974, BRS 28 Nr. 142; v. 22. 5. 1981, BRS 38 Nr. 180; BremOVG v. 15. 6. 1976, BRS 30 Nr. 142; BayVGH v. 9. 11. 1976, BRS 30 Nr. 143; *Hablitzel/Heiß,* BayVBl. 1973, 235; krit. dagegen BayVGH v. 21. 12. 1971, BayVGHE 26, 1 (6).
8) Vgl. BWVGH v. 16. 5. 1973, BRS 27 Nr. 164; ESVGH 28, 149 f.; VBlBW 1983, 76; SaarlOVG, BauR 1979, 137 (Auslegungsfrage: i. d. R. materieller Verzicht); AS 18, 184 f.; HessVGH, BRS 28 Nr. 126; BayVGH, BRS 30 Nr. 143; RhPfOVG, BRS 38 Nr. 180; NWOVG v. 15. 6. 1984, NJW 1985, 644 = JuS 1985, 489 f. (Selmer); *Hablitzel/Heiß,* BayVBl. 1973, 234 ff.; a. A. noch BayVGH, BayVGHE 26, 4: nur verfahrensrechtliche Bedeutung.
Zur privatrechtlichen Reichweite des Rechtsverzichts vgl. BayObLG v. 2. 7. 1990, BayVBl. 1991, 28 f.
9) Vgl. BWVGH, BRS 32 Nr. 164; SaarlOVG, BRS 38 Nr. 179; NWOVG, NJW 1985, 644.
10) Vgl. BWVGH, ESVGH 19, 42.

den Inhalt seiner Erklärung besteht oder aber er sie angefochten oder widerrufen hat[11]).

In allen diesen Fällen erscheint nach dem Vortrag des WF eine Verletzung seiner Rechte jedenfalls als möglich, so daß die Frage, ob ein wirksamer Rechtsverzicht (noch) vorliegt, nicht im Rahmen der Widerspruchsbefugnis, sondern erst im Rahmen der Begründetheit zu prüfen ist[12]).

Der Verzicht des Nachbarn auf seine baurechtlichen Abwehrrechte wirkt auch *zu Lasten seines Rechtsnachfolgers*, da diese öffentlich-rechtlichen Befugnisse lediglich Annex der dinglichen Berechtigung sind[13]). 6

Dieselbe Wirkung wie dem Rechtsverzicht kommt der *Verwirkung des materiellen (subjektiven) Rechts* zu.

Sie ist in *baurechtlichen Nachbarstreitigkeiten* dann angenommen worden, wenn das Einverständnis mit dem Bauvorhaben nicht der Baubehörde (oben Rdnr. 4), sondern gegenüber dem Bauherrn erklärt worden ist (vgl. BVerwG v. 2. 12. 1974, BRS 28 Nr. 125; NWOVG v. 25. 4. 1974, OVGE 30, 400; BVerwG, NVwZ 1988, 730 f.).

Materielle Abwehrrechte des Nachbarn können *schon vor* und *unabhängig von der Erteilung einer Baugenehmigung*, ja sogar gegenüber einem *Schwarzbau* verwirkt werden. Entscheidend ist allein, ob der Nachbar in Kenntnis der ihn beeinträchtigenden Baumaßnahmen widerspruchslos hinnimmt, daß der Bauherr weitere Investitionen tätigt (BVerwG, NVwZ 1988, 730 f.).

III. Rücknahme des Widerspruchs

Da die VwGO keine ausdrückliche Vorschrift darüber enthält, bis zu welchem *Zeitpunkt* der Widerspruch wirksam zurückgenommen werden kann, gilt, soweit nicht abweichende Sonderregelungen bestehen, der zahlreichen 7

---

11) Überwiegend wird Anwendbarkeit der §§ 119 ff. BGB angenommen; vgl. BWVGH, BRS 32 Nr. 164; v. 7. 12. 1981, VBlBW 1983, 22 f.; HessVGH, BRS 28 Nr. 126; SaarlOVG, BauR 1979, 137 f.; BRS 38 Nr. 179; *Heiß*, BayVBl. 1973, 261 ff.; allgemein *Wolff/Bachof*, I, § 36 II c und *Krause*, VerwArch. 1970, 326 ff.; *Stichlberger*, BayVBl. 1980, 393 ff.; RhPfOVG v. 21. 12. 1983, DVBl. 1984, 281 ff. m. w. N.
Nach BVerwG v. 29. 7. 1976, Buchholz 316 § 23 VwVfG Nr. 1 ist eine Anfechtung, deren Möglichkeit es offenläßt, jedenfalls nur dann „*unverzüglich*", wenn sie, entsprechend dem Rechtsgedanken, der den Regelungen der §§ 70 I, 74, 124 II, 132 III, 139 I VwGO zugrunde liegt, innerhalb einer „Überlegungsfrist" von einem Monat erklärt wird. BayVGH, BayVGHE 26, 7 hält – entgegen der h. M., die § 130 BGB analog anwendet (vgl. BWVGH, VBlBW 1983, 76) – die Zustimmungserklärung des Nachbarn (jedenfalls) bis zum Erlaß der Baugenehmigung entspr. § 183 BGB für frei widerruflich (ebenso generell *Middel*, Öffentlich-rechtliche Willenserklärungen von Privatpersonen, 1971, S. 101 ff.).
12) Die von *Heiß*, BayVBl. 1973, 260, Fußn. 4 vertretene Gegenansicht dürfte lediglich in den Ausnahmefällen haltbar sein, in denen die Verzichtserkärung nicht umstritten ist und gleichwohl Widerspruch eingelegt wird.
13) Vgl. BWVGH, BRS 33 Nr. 176 unter Berufung auf den Rechtsgedanken der §§ 398, 399, 401 BGB; weiterhin NWOVG, NJW 1985, 644 = JuS 1985, 489 f. *(Selmer)*; HessVGH v. 15. 12. 1988, ESVGH 39, 130 (134) und oben § 33 Rdnr. 12; enger *Schröter*, BauR 1977, 236: Rechtsnachfolge nur, wenn Verzicht in Form einer Baulast erklärt worden ist.

Vorschriften zugrundeliegende verfahrensrechtliche Grundsatz, daß ein Rechtsbehelf jedenfalls so lange zurückgenommen werden kann, *als noch nicht über ihn entschieden worden ist*[14]). Dies gilt entsprechend auch für die Rücknahme der Erklärung über die Einlegung des Widerspruchs (§ 69 VwGO), so daß sich – bei mehrfacher Widerspruchseinlegung – die Frist des § 70 VwGO nach der aufrechterhaltenden Widerspruchseinlegung bemißt[15]).

Zur Gültigkeit von Verträgen, in denen sich der WF zur Zurücknahme gegen Geld verpflichtet, vgl. oben Rdnr. 3.

8   Strittig ist, ob die Regelungen der VwGO für die gerichtlichen Rechtsbehelfe, nach denen die Rücknahme sogar bis zur Rechtskraft der über den Rechtsbehelf getroffenen Entscheidung zulässig ist (§§ 92 I S. 1, 126 I S. 1, 140 I S. 1), entsprechend auch auf das Widerspruchsverfahren anwendbar sind mit der Wirkung, daß die Rücknahme auch noch *nach Erlaß des Widerspruchsbescheides* bis zum Ablauf der einmonatigen Klagefrist zulässig wäre. Für den WF hätte diese Lösung den großen Vorteil, daß er einer Reformatio in peius (vgl. dazu § 40) im Widerspruchsbescheid durch die Rücknahme des Widerspruchs nachträglich den Boden entziehen und so wenigstens den Status quo wahren könnte[16]).

Dies dürfte mit der h. M. zu verneinen sein, weil mit dem Erlaß des Widerspruchsbescheids das verfahrensrechtliche Ziel des Widerspruchs erreicht und damit der Widerspruch gleichsam in einer Weise „verbraucht" ist, die seine Rücknahme nicht mehr gestattet[17]).

9   Für den *Zeitpunkt des Wirksamwerdens* der Rücknahme, der insofern von entscheidender Bedeutung sein kann, als von ihm abhängt, ob die Rücknahme oder eine erneute Widerspruchserhebung noch erfolgen konnte oder ein gleichzeitig erklärter Widerruf der Rücknahme das Wirksamwerden der Rücknahmeerklärung verhindert hat, gelten die Grundsätze des *§ 130 BGB* entsprechend: Entscheidend für den Zugang ist der Zeitpunkt, in dem die Erklärung so in den Machtbereich der Behörde gelangt ist, daß bei Annahme gewöhnlicher Verhältnisse von ihrer Kenntnismöglichkeit auszugehen war, also z. B. bei Briefzustellung über ein Postfach nicht mit dem Einsortieren, sondern erst in dem Zeitpunkt, in dem das Postfach nach den Gepflogenheiten des Verkehrs oder nach dem von Behörden, die sich auf die Entgegennahme fristabhängiger Äußerungen einzustellen haben, zu erwartenden Vorkehrungen geleert zu werden pflegt[18]).

---

14) Vgl. § 362 I AO 1977 (bis zur Bekanntgabe der Entscheidung) und BVerwG v. 31. 8. 1973, BVerwGE 44, 64 (66); v. 22. 5. 1974, MDR 1975, 251; BSG v. 7. 10. 1976, BSGE 42, 279 ff.
15) Vgl. BVerwGE 44, 66 ff.
16) Bejahend *Weides*, S. 192 f.; *Kopp*, § 69, 8; Abschn. III der Entschl. des BayStMdI v. 26. 7. 1965, abgedruckt bei *Birkner/Rott*, S. I/129 ff.
17) Eingehend *Bergmann*, BayVBl. 1967, 195 ff.; BayVGH v. 27. 7. 1964, BayVBl. 1965, 65; BVerwGE 44, 66 f.; MDR 1975, 251; *v. Mutius*, S. 231 f.; *Renner*, DVBl. 1973, 343.
18) Vgl. BSGE 42, 279 f.; BFH v. 3. 8. 1978, DB 1978, 2252 und zur Geltung des § 130 BGB im öffentlichen Recht *Kempfler*, NJW 1965, 1951 f.; *Krause*, VerwArch. 1970, 319 ff.; *Middel*, Öffentlich-rechtliche Willenserklärungen von Privatpersonen, 1971, S. 94 ff.

Vorbehaltlich besonderer gesetzlicher Regelungen kann die Zurücknahme 10
des Widerspruchs nur ausdrücklich und nur in derselben *Form* erklärt werden,
die für die Einlegung zu beachten ist (§ 70 VwGO)[19]). Innerhalb der Widerspruchsfrist kann der WF *erneut Widerspruch* einlegen[20]). Als Verfahrenshandlung ist die Rücknahme des Widerspruchs grundsätzlich *bedingungsfeindlich,*[21])
unwiderruflich und unanfechtbar[22]).

Bei Vorliegen eines *Wiederaufnahmegrundes* (§§ 153 VwGO, 51 I Nr. 3 VwVfG, 580 ZPO) hält BVerwGE 57, 346 unter Hinweis auf BVerwG v. 26. 1. 1971, Buchholz 310 § 92 VwGO Nr. 3 einen *Widerruf ausnahmsweise* für zulässig. Dasselbe muß gelten für Fallgestaltungen, in denen ein Rechtsbehelfsverzicht unwirksam wäre (vgl. Rdnr. 2), will man hier nicht sogar die Rücknahmeerklärung ebenfalls für unwirksam halten[23]).

Die Regelung des fiktiven Nichteintritts der Rechtshängigkeit bei Klagerücknahme (§ 173 VwGO i. V. m. § 269 III S. 1 ZPO) ist eine prozessuale Sonderregelung, die sich auf das Widerspruchsverfahren nicht übertragen läßt[24]). Die Widerspruchsrücknahme beendet vielmehr das Vorverfahren *ex nunc*[24]) und stellt einen Unterfall der Erledigung dar (vgl. dazu oben § 27 Rdnr. 19). Ein förmlicher Abschluß des Verfahrens durch Einstellung entsprechend § 92 II VwGO (vgl. dazu unten § 42 Rdnr. 33) ist nicht erforderlich, aus Gründen der Klarstellung und Rechtssicherheit gleichwohl zweckmäßig und üblich[25]). 11

Art. 15 I S. 3 BayKG darf im Widerspruchsverfahren nicht angewandt 12
werden. Nach Art. 15 I S. 1 und 2 KG kann die Behörde eine Amtshandlung, die auf Antrag vorgenommen wird[26]), von der Zahlung eines Kostenvorschusses abhängig machen. Wird dieser nicht binnen der festgesetzten Frist eingezahlt, kann die Beböröde den Widerspruch als zurückgenommen behandeln, wenn sie bei der Vorschußanforderung darauf hingewiesen hat (Art. 15 I S. 3 KG). Anders als die durch das GKG aufgehobenen[27]) Vorschriften über die prozessuale Kostenvorschußpflicht und § 6 I S. 3 Saarld. KostO[28]) enthält Art. 15

---

19) BayVGH v. 8. 11. 1974, BayVBl. 1975, 21 f.; HessVGH v. 1. 2. 1971, NJW 1971, 1717 f. (LS e); *Weides,* S. 193; a. A. *EF,* § 69, 3: formlos.
20) H. M.: Vgl. *Kopp,* § 69, 8 m. w. N.; vgl. auch BVerwG v. 25. 6. 1969, DÖV 1970, 138; anders § 362 II S. 1 AO 1977, der der Rücknahme generell den Verlust des Rechtsbehelfs folgen läßt.
21) Vgl. BVerwG v. 21. 3. 1979, BVerwGE 57, 342 (347) und oben § 23 Fußn. 1, § 33 Rdnr. 17.
22) BayVGH v. 25. 9. 1974, BayVBl. 1975, 675; BVerwGE 57, 346 ff. Generell zur Berücksichtigung von Willensmängeln beim Rechtsmittelverzicht *Orfanides,* ZZP 1987, 63 ff. m. w. N.
23) Weitergehend BSGE 42, 282 unter Konkretisierung der sozialrechtlichen Betreuungspflicht der Behörde.
24) Vgl. *Lange,* DÖV 1974, 270 f.; *v. Mutius,* Jura Extra S. 165; a. A. *Kopp,* § 69, 8.
25) Vgl. unten § 42 Fußn. 65.
26) Wozu auch Widerspruchsentscheidungen gehören; vgl. BayVGH v. 8. 7. 1974, BayVBl. 1975, 80 f.; v. 8. 1. 1979, BayVBl. 1979, 564; v. 12. 7. 1979, BayVBl. 1979, 565; BVerwG v. 17. 2. 1981, BVerwGE 61, 360 (365); *Geiger,* BayVBl. 1979, 102 m. w. N.
27) Vgl. BayVGH v. 7. 10. 1975, BayVBl. 1975, 680 f.; krit. hierzu *Petzke,* BayVBl. 1976, 294 ff.
28) Vgl. § 44 Rdnr. 23.

I S. 3 BayKG *keine* gesetzliche *Fiktion* der Rücknahme, sondern räumt der Behörde nur die Ermessensbefugnis ein, den Antrag als zurückgenommen zu behandeln.

13 Im praktischen Ergebnis kommt diese Befugnis der Rücknahmefiktion jedoch gleich: Ist der „Rücknahmebescheid" zu Recht ergangen, muß die Klage gegen den AusgangsVA als unzulässig abgewiesen werden[29]). Da die VwGO die Klagevoraussetzungen auch insoweit abschließend geregelt hat (arg. aus dem ausdrücklichen, zeitlich befristeten und durch das GKG-ÄndG 1975 aufgehobenen Vorbehalt des § 189 II VwGO zugunsten landesrechtlicher *Gerichts*kostenvorschußregelungen mit verfahrensrechtlichen Auswirkungen), läßt sich ein Kompetenztitel der Länder für derartige Regelungen, die letztlich eine von der VwGO nicht vorgesehene Sachurteilsvoraussetzung aufrichten, nicht nachweisen. Die Länder können zwar wegen ihrer Zuständigkeit für das Verwaltungskostenrecht Vorschußregelungen auch für das Vorverfahren treffen, an sie aber keine die Zulässigkeit der Klage betreffenden Sanktionen knüpfen[30]).

Das BVerwG ist nunmehr den hier vorgetragenen Bedenken gefolgt und hat die Anwendung des Art. 15 I S. 3 KostG auf das Widerspruchsverfahren für verfassungswidrig erklärt (Art. 72 I, 74 Nr. 1 GG)[31]).

§ 6 I S. 3 Saarl. KostO war bereits früher vom SaarlOVG wegen mangelnder Kompetenz des Landesgesetzgebers für nichtig erklärt[32]) und seither nicht mehr praktiziert worden[33]).

---

29) Vgl. *Petermann*, BayVBl. 1973, 349; *Geiger*, BayVBl. 1979, 106; BayVGH, BayVBl. 1979, 116; BayVBl. 1979, 564; BayVBl. 1979, 565; BVerwG v. 15. 7. 1980, BayVBl. 1980, 725 (727).
30) Vgl. *Kopp*, § 69, 10; *RÖ*, § 69, 1; *Lüke*, NJW 1978, 928 f.; *Renck*, DÖV 1979, 559; *Renck-Laufke*, BayVBl. 1979, 559; BayVGH (11.S.) v. 1. 3. 1979, BayVBl. 1979, 567 f.; a. A. BayVGH (7.S.), BayVB. 1975, 81; BayVBl. 1979, 565 ff. (6.S.); BayVBl. 1979, 564; VG Ansbach v. 9. 10. 1979, BayVGl. 1980, 156 f.; *Birkner/Rott*, S. I/156.5; *Geiger*, BayVBl. 1979, 102 f.; *Rzepka*, BayVBl. 1979, 560; *Beyer*, BayVBl. 1980, 142; ausdrücklich offengelassen von BayVGH, BayVBl. 1979, 116.
31) BVerwG v. 17. 2. 1981, BVerwGE 61, 360 ff. Dieselben Bedenken treffen die Berliner Regelung. Vgl. unten § 42 Rdnr. 2.
32) SaarlOVG v. 13. 2. 1964, II Y 2/62, u. v. Vgl. auch die Fallösung von *Lüke*, JuS 1982, 689 ff.
33) Zu den verbleibenden Sanktionen der Vorschußpflicht vgl. unten § 45 Rdnr. 16. Der Vorstoß Bayerns über den Bundesrat, in die VwPO eine bundesrechtliche Ermächtigung zum Erlaß von Kostenvorschußregelungen aufzunehmen, ist bisher auf den Widerstand der Bundesregierung gestoßen. Vgl. BT-Drucks. 9/1851, S. 202, 208 zu § 190 b EVwPO.

§ 37 Die Zuständigkeit zur Entscheidung über den Widerspruch

Allgemeine Zuständigkeitsfragen im Rahmen der Zulässigkeitsprüfung sind bereits oben in § 30 II behandelt worden. Im folgenden sollen die Zuständigkeitsregelungen im einzelnen dargestellt werden.

I. Nächsthöhere Behörde als Widerspruchsbehörde

Über den Widerspruch entscheidet grundsätzlich die nächsthöhere Behörde, soweit nicht durch Gesetz eine andere höhere Behörde bestimmt wird (§ 73 I S. 2 Nr. 1 VwGO). 1

Begründung zum Reg.-Entw. (BT-Drucks. III/55, S. 38 zu § 70): „Das Vorverfahren kann die ihm zugedachte Aufgabe (nämlich,
– eine Selbstkontrolle der Verwaltung zu ermöglichen,
– den Rechtsschutz des Bürgers zu verstärken,
– die Verwaltungsgerichte zu entlasten)[1]
nur erfüllen, wenn die Zweitentscheidung grundsätzlich von einer übergeordneten Behörde zu erlassen ist."

Die *Ausnahme zugunsten der Länder,* eine andere höhere Behörde durch Gesetz zu bestimmen, ist durch Art. 12 des Gesetzes zur Erleichterung der Verwaltungsreform in den Ländern (ZuständigkeitslockerungsG) vom 10. 3. 1975 (BGBl. I S. 685) eingefügt worden, um die Durchführung der Funktionalreform zu erleichtern. 2

Die jetzige Fassung des Art. 12 des als Bundesratsentwurf eingebrachten ZuständigkeitslockerungsG geht auf eine Intervention der Bundesregierung zurück, die in ihrer Stellungnahme[2]) Bedenken dagegen erhoben hatte, die Zuständigkeit auch zugunsten unterer Behörden zu lockern und damit auch die Bestimmung der Ausgangsbehörde als Widerspruchsbehörde zuzulassen, da dem Devolutiveffekt nach der bereits zitierten Begründung zum Reg.-Entw. der VwGO erhebliche Bedeutung zukomme.

Wie sich aus § 73 I S. 2 Nr. 2 VwGO[3]) ergibt, ist diese Regelung auf einen *dreistufigen Verwaltungsaufbau* (Ministerium, Mittel- und Unterbehörden) zugeschnitten.

Nächsthöhere Behörde ist diejenige, die der Ausgangsbehörde nach dem jeweils einschlägigen Organisationsrecht des Landes oder des Bundes unmittelbar übergeordnet ist (für Selbstverwaltungsbehörden im übertragenen Wirkungskreis vgl. unten Rdnr. 13). 3

---

1) Vgl. § 24 Rdnr. 3.
2) BT-Drucks. 7/273, S. 25/25.
3) Dazu unter II.

Nächsthöhere Behörde im Bereich der *Bundeseigenverwaltung* mit eigenem Verwaltungsunterbau ist z. B.
- für die Grenzschutzämter die Grenzschutzdirektion (§ 43 BGSG);
- für die Wasser- und Schiffahrtsämter die Wasser- und Schiffahrtsdirektion (vgl. §§ 27 II, 28, 45 I, II WaStrG);
- für die Kreiswehrersatzämter die Wehrbereichsverwaltung (§ 14 I WehrpflG).

In den großen Flächenländern mit dreistufigem Verwaltungsaufbau sind dies für den Bereich der allgemeinen inneren Verwaltung die Behörden der *Mittelinstanz* (Regierungspräsident, Regierungspräsidien, Bezirksregierungen).

Hat also z. B. die untere Bauaufsichtsbehörde (in Baden-Württemberg: Baurechtsbehörde) die Erteilung einer Bauerlaubnis verweigert, entscheidet über den Widerspruch die obere (höhere) Bauaufsichts-(Baurechts-)Behörde.
Untere Bauaufsichtsbehörden sind i. d. R. die Landratsämter/Oberkreisdirektoren/ Oberstadtdirektoren, z. T. auch größere kreisangehörige Gemeinden unter bestimmten Voraussetzungen, *obere Bauaufsichtsbehörden* fast ausnahmslos die Behörden der Mittelinstanz.

Zum Teil ist in Spezialregelungen für bestimmte Verwaltungszweige die nächsthöhere Behörde ausdrücklich bestimmt.

Vgl. z. B. § 6 BWAGVwGO, Art. 12 BayPOG, § 119 III Schl.-H.LVwG.

4   Nächsthöhere Behörde bei *beliehenen Unternehmern* ist die für sie zuständige *Aufsichtsbehörde*, i. d. R. die Beleihungsbehörde[4]). Ist dies eine oberste Bundes- oder Landesbehörde, entscheidet der Beliehene selbst über den Widerspruch (§ 73 I S. 2 Nr. 2 VwGO)[5]).

Umstritten ist, wer über *Widersprüche gegen die Versagung der Zuteilung einer Prüfplakette* nach § 29 StVZO durch amtlich anerkannte, einem TÜV angehörende Sachverständige oder Prüfer zu entscheiden hat. Nach Ansicht des BayVGH[6]) ist dies der Leiter der Technischen Prüfstelle, weil die Sachverständigen in der Prüfstelle als organisatorischer Einheit zusammengefaßt seien, bei ihrer Tätigkeit der Aufsicht des Leiters unterstünden und die Prüfstelle unmittelbar der Aufsicht des Bayer. Staatsministeriums für Wirtschaft und Verkehr unterstellt sei (§ 73 I Nr. 2 VwGO). Andere dagegen halten die TÜV-Prüfer für Organe der Kfz-Zulassungsstelle und demgemäß die der Zulassungsstelle übergeordnete Behörde, i. d. R. die Mittelinstanz, für die zuständige Widerspruchsbehörde[7]). Da das Aufsichtsrecht des Leiters der Prüfstelle nur arbeitsrechtlicher Natur ist, der TÜV selbst nicht Beliehener ist und andererseits § 29 II S. 2 StVZO die anerkannten Prüfer gleichrangig neben die Zulassungsstellen setzt, also für deren Organstellung gegenüber den Zulassungsstellen nichts hergibt,

---

4) Vgl. *Weides*, S. 214; *Steiner*, JuS 1969, 74 f.; *Wolff/Bachof*, II, § 104 V b; *R. Michaelis*, Der Beliehene, Diss. Münster 1969, S. 208. Vgl. auch BVerwG v. 11. 11. 1988, NVwZ-RR 1989, 359. Zum Begriff des Beliehenen *Tettinger*, DVBl. 1976, 753 ff; BWVGH v. 18. 3. 1985, NVwZ 1987, 431 f.
5) Dazu unter II.
6) BayVGH v. 11. 2. 1974, DÖV 1975, 211; ebenso OVG Lüneburg v. 14. 2. 1977, DÖV 1979, 604 f.
7) Vgl. *Borchert*, JuS 1974, 726; *Götz*, DÖV 1975, 212.

sind die Prüfer als Ein-Mann-Behörden anzusehen. Sie entscheiden über Widersprüche selbst, da die Aufsichtsbehörden i. d. R. oberste Landesbehörden sind[8]).
Daß der Beliehene, auch als natürliche Person (z. B. Flugkapitän, TÜV-Sachverständiger), selbst *Behörde i. S. des § 73 VwGO* ist, ergibt sich aus dem funktionell zu verstehenden Behördenbegriff des Verfahrensrechts[9]).

II. Ausgangsbehörde als Widerspruchsbehörde

1. Überblick

Abweichend von der Grundregel der Nr. 1 entscheidet die Ausgangsbehörde selbst über den Widerspruch,

a) wenn die *Ausgangsbehörde selbst eine oberste Bundes- oder Landesbehörde* darstellt und das Verfahren abweichend von § 68 I S. 2 Nr. 1 VwGO vorgeschrieben ist (s. dazu oben § 31 III);

b) wenn die *Ausgangsbehörde eine Selbstverwaltungsbehörde* ist und in Selbstverwaltungsangelegenheiten entschieden hat, soweit nicht durch Gesetz anderes bestimmt ist (§ 73 I S. 2 Nr. 3 und dazu unten unter III);

c) wenn die *nächsthöhere Behörde eine oberste Bundes- oder Landesbehörde* ist (§ 73 I S. 2 Nr. 2 VwGO).

Rechtspolitischer Grund: Entlastung der Verwaltungsspitze, Freihalten von Einzelfallentscheidungen (vgl. Begründung zum Reg.-Entw. BT-Drucks. III/55, S. 38 zu §§ 71 bis 74).

Diese Regelung ist wie die der Nr. 1 auf die großen Flächenstaaten mit dreiinstanzigem Verwaltungsaufbau zugeschnitten. In den Stadtstaaten wie in den kleinen Flächenstaaten Saarland und Schleswig-Holstein, die eine Mittelinstanz i. d. R. nicht kennen, läßt *§ 185 II VwGO* ausdrücklich abweichende Regelungen zu. Diese Länder können also durch Gesetz auch die oberste Landesbehörde als nächsthöhere Behörde bestimmen.

Vgl. § 27 I BerlAZG; § 44 BerlASOG; Art. 9 I, II BremAGVwGO; § 6 I Nrn. 4, 5 SaarlAGVwGO; §§ 136 S. 2, 193 I, 218 I SaarlKSVG.
In *Schleswig-Holstein* erließ den Widerspruchsbescheid gegen VAe einer Kreisbehörde oder einer der Aufsicht eines Ministers unmittelbar unterstellten Gemeinde oder eines

---

[8]) Vgl. *Steiner*, NJW 1975, 1798; *Menger*, VerwArch. 1976, 209. Zur Frage des richtigen Beklagten vgl. VG München v. 28. 11. 1983, BayVBl. 1984, 410 m. Anm. *Bouskat; Ehlers*, Festschr. Menger 1985, S. 387f.

[9]) Vgl. statt vieler § 1 IV VwVfG und *Ossenbühl*, VVDStRL 29, 195. Behördeneigenschaft kann das Privatrechtssubjekt allerdings nur durch eine wirksame Beleihung erlangen, insbesondere dem (institutionellen) *Vorbehalt des Gesetzes* genügen muß. Vgl. NWOVG v. 13./27. 9. 1979, JZ 1980, 93 ff.; BVerwG v. 11. 12. 1980, BVerwGE 61, 222 (224 ff.); v. 19. 1. 1989, BVerwGE 81, 185 (188).

anderen Selbstverwaltungsträgers der *zuständige Minister*, soweit der VA in Erfüllung einer *Aufgabe nach Weisung* ergangen war (§ 119 II LVwG a. F.)[10]).
Beachten Sie: § 119 II LVwG galt nur für Behörden der Kommunen und anderer Selbstverwaltungsträger. Soweit deshalb der *Landrat als allgemeine untere Landesbehörde* tätig geworden war, blieb es bei der allgemeinen Regelung des § 73 I VwGO: Der Landrat entschied selbst, weil die nächsthöhere Behörde der Innenminister ist[11]). Durch das LVwG-ÄnderungsG vom 18. 12. 1978 (GVOBl. 1979 S. 2) ist diese Regelung aufgehoben und die Grundregel des § 73 I S. 2 Nr. 2 VwGO wieder hergestellt worden. § 119 II LVwG n. F. ermächtigt die Landesregierung, durch Rechtsverordnung[12]) die fachliche oberste Landesbehörde als Widerspruchsbehörde zu bestimmen.

7 Über Widersprüche gegen VAe der oberen Bundes- oder Landesbehörden wie auch der Behörden der Mittelinstanz, soweit sie nicht ausnahmsweise einer Oberbehörde nachgeordnet sind, entscheiden demnach diese selbst. Im Einzelfall kann die Feststellung, ob die nächsthöhere Behörde bereits die oberste Landesbehörde ist, durchaus Schwierigkeiten bereiten.

Nach HessVGH v. 31. 5. 1967, ESVGH 18, 55 (57) entscheidet über Widersprüche gegen VAe der *Hess. Tierseuchenkasse* als nichtrechtsfähigem Sondervermögen des Landes Hessen deren Vorstand, weil nächsthöhere Behörde das zuständige Ministerium ist (§§ 3, 5 HessAG ViehseuchenG i. d. F. vom 5. 3. 1986, GVBl. I S. 88). Ebenso entscheiden die *Bayerischen Gewerbeaufsichtsämter* selbst über Widersprüche, weil sie nach Meinung der Praxis nicht von der Bezirksregierung, sondern von dem dem Staatsministerium für Arbeit und Sozialordnung angehörenden Landesgewerbeaufsichtsamt beaufsichtigt werden (vgl. *Fellner*, DVBl. 1974, 612).

2. Der Sonderfall des § 126 III Nr. 2 BRRG

8 Die wichtigste examensrelevante *Ausnahme* von § 73 I S. 2 Nr. 2 VwGO stellt *§ 126 III Nr. 2 BRRG* (§ 172 BBG) dar. Danach entscheidet über *Widersprüche aus dem Beamtenverhältnis* grundsätzlich die *oberste Dienstbehörde*. Dies ist bei *staatlichen Beamten* die oberste Behörde ihres Dienstherrn, in deren Dienstbereich sie ein Amt bekleiden (§ 3 I BBG), i. d. R. das jeweilige Ressortministerium[13]).

Dies gilt auch für die Versetzung sog. *politischer Beamter* in den einstweiligen

---

10) Zur Auslegung des § 119 II a. F. vgl. Nr. 1 des RdErl. des MdI v. 2. 11. 1971 (Amtsbl. S. 755) und Nr. 3 des RdErl. v. 26. 5. 1972 (Amtsbl. S. 412) betr.: „Widerspruchsentscheidungen in Bausachen" und *Foerster*, Komm. zum LVwG, 1968 ff., § 7, Anm. 4 und § 119, Anm. 3 a.
11) Vgl. Nr. 4 des RdErl. des MdI v. 21. 6. 1971 (Amtsbl. S. 472).
12) Anders als bei § 68 VwGO (vgl. oben § 31 Rdnr. 13) ist im Rahmen des § 185 II VwGO kein formelles Gesetz erforderlich. Vgl. *RÖ*, § 68, 8; § 73, 4; *Kopp*, § 73, 5. Auf Grund des § 119 II LVWG ist ergangen die LVO über die Zuständigkeit der obersten Landesbehörden für Widerspruchsbescheide (ZVOWiBe) i. d. F. v. 27. 2. 1990 (GVOBl. S. 126 = GS Schl.H. II 20−1−9).
13) Für Beamte, die in der Bundestag, Bundesrat, dem Bundesverfassungsgericht oder dem Bundespräsidenten angegliederten Verwaltung tätig sind, ist oberste Dienstbehörde der *Präsident des Verfassungsorgans* bzw. der Bundespräsident.

Ruhestand, obwohl die Entlassungsentscheidung gemäß § 36 I BBG vom Bundespräsidenten getroffen wird[14]).

Oberste Dienstbehörde der *kommunalen Beamten* ist das nach dem jeweils einschlägigen Landesbeamten- bzw. Kommunalverfassungsrecht zuständige Organ, i. d. R. entweder das kommunale Repräsentativorgan (Vertretung)[15]) oder das Verwaltungsorgan der Selbstverwaltungskörperschaft, ausnahmsweise die staatliche Aufsichtsbehörde[16]).

Beachten Sie bitte – denn das wird häufig übersehen –, daß die oberste Dienstbehörde nach § *126 III Nr. 2 S. 2 BRRG* ihre Entscheidungszuständigkeit für die Fälle, in denen sie den VA nicht selbst erlassen hat (nicht also in den Fällen oben 1.), durch allgemeine, zu veröffentlichende *Anordnung* auf andere Behörden *übertragen* kann. Derartige Delegationen sind in weitem Umfang erfolgt.

9

Für den Bund finden Sie sie zusammengestellt unter der Gliederungsnummer 2030–14 des Fundstellennachweises A, Beilage zum BGBl. Teil I. Vgl. auch die Nachweise in Fußn. 2 zu § 126 BRRG im Sartorius.
Für die einzelnen Bundesländer sind dagegen die entsprechenden Anordnungen, soweit keine bereinigten Sammlungen des Landesrechts existieren, schwierig zu finden. Sie müssen dann in den Gesetzessammlungen oder in den Kommentaren zum Landesbeamtengesetz nachschlagen und sich notfalls von der letzten dort veröffentlichten Fundstelle an durch die nachfolgenden Gesetz- und Verordnungsblätter „durchgraben". Im Folgenden Beispiele für Anordnungen einzelner Bundesländer:
Baden-Württemberg: Vgl. die Nachweise bei bei *Dürig,* Anm. zu § 118 LBO.
Bayern: VO zur Durchführung des § 126 III BRRG v. 1. 10. 1971 (BayRS 2030–2–40–F, GVBl. S. 365; *Ziegler/Tremel,* Anm. 3 zu Art. 122 BayBG).
Bremen: Art. 3 der AnO ... zur Übertragung von dienstrechtlichen Befugnissen i. d. F. v. 1. 2. 1980 (GBl. S. 21 – SaBremR 2040c–1).
Hessen: VO zur Übertragung der Ermächtigung nach § 126 III Nr. 2 S. 2 BRRG v. 2. 10. 1980 (GVBl. I S. 350 – GVBl. II 320–74); AnO über Zuständigkeiten für die Entscheidung über Widersprüche im Verfahren nach § 126 I BRRG im Geschäftsbereich des MdI v. 16. 12. 1980 (GVBl. I S. 23 – GVBl. II S. 320–75); . . . des MdF v. 23. 6. 1988 (GVBl. I S. 284 – GVBl. II 320–107); weitere Nachw. GVBl. II unter Gliederungsnr. 320.
Niedersachsen: Gem.Allg.AnO v. 20. 8. 1974 (Nds.MBl. S. 1526).
Nordrhein-Westfalen: Fundstelle: SGV NW Gliederungsnr. 20305; z. B. § 7 VO zur

---

14) Vgl. BVerwG v. 17. 9. 1981, RiA 1982, 170 (172); v. 10. 10. 1984, Buchholz 230 § 126 BRRG Nr. 18; v. 9. 5. 1985, BVerwGE 71, 251 (254 f.); *Nierhaus,* JuS 1978, 602; zweifelnd BVerwG v. 27. 1. 1977, BVerwGE 52, 33 (40) unter Berufung auf BVerwG v. 24. 2. 1966, BVerwGE 23, 295 ff.; die letztere Entscheidung ist freilich zu anderen Vorschriften (§ 50 SoldG und § 68 I S. 2 Nr. 1 VwGO) ergangen (vgl. oben § 31 Rdnr. 18).
15) Z. B. Art. 143 BayBG i. V. m. Art. 29, 30 II, 43 I BayGO, 22, 23 I S. 2, 38 I BayLKrO und hierzu MErl. v. 17. 3. 1955 (MABl. S. 153); *H. Scholler,* BayVBl. 1961, 100; BayVGH v. 17. 11. 1961, BayVBl. 1962, 91; a. A. *Kratzer,* BayBgm. 1961, 127: Staatsministerium des Innern; vgl. weiterhin NWOVG v. 3. 3. 1973, DVBl. 1974, 60; v. 8. 3. 1973, OVGE 28, 252.
16) Vgl. BVerwG v. 9. 7. 1964, DVBl. 1965, 86 f.

§ 37 II 2 Zuständigkeit

Übertragung beamtenrechtlicher Zuständigkeiten des MP v. 17. 8. 1979 (GV NW S. 541).
Rheinland-Pfalz: Fundstelle: BS RhPf, Gliederungsnr. 2030–3, AnO über die Übertragung der Entscheidung über Widersprüche von Beamten und Richtern des Landes in Wohnungsfürsorgeangelegenheiten v. 18. 4. 1973 (GVBl. S. 114).
Saarland: Fundstelle: BS Saar Gliederungsnr. 2030–95, 2030–101 ff.; z. B. AnO zur Übertragung von Zuständigkeiten für den Erlaß von Widerspruchsbescheiden ... im Geschäftsbereich des MdF v. 14. 12. 1982 (Amtsbl. S. 1008) i. d. F. v. 26. 11. 1990 (Amtsbl. S. 1365); AnO ... des Min. für Kultus, Bildung und Sport v. 3. 4. 1985 (Amtsbl. S. 461).
Schleswig-Holstein: Allgem. AnO d. MdI über die Übertragung von Entscheidungen über Widersprüche auf dem Gebiet des Dienstwohnungsrechts im Dienstbereich der Landespolizei v. 18. 7. 1979 (Amtsbl. S. 490); Allgem. AnO des MdF ... in Beurteilungsverfahren im Geschäftsbereich der OFD Kiel v. 1. 6. 1981 (Amtsbl. S. 303).

In der Regel wird die Zuständigkeit der Ausgangsbehörde übertragen, so daß der Regelfall des § 73 I S. 2 Nr. 2 VwGO in der praktischen Konsequenz wieder hergestellt wird.

Sollten Sie deshalb einmal § 126 III Nr. 2 BRRG übersehen und die Zuständigkeit der Widerspruchsbehörde lediglich mit Hinweis auf § 73 I Nr. 2 VwGO begründet haben, wird Ihre Lösung zwar nicht im Ergebnis, wohl aber in der Begründung falsch sein. Ein derartiger Patzer wiegt gerade im zweiten Staatsexamen, in dem zu Recht auf die Kenntnis auch der Zuständigkeitsordnung Wert gelegt wird, schwer. Sie sollten sich deshalb möglichst schon vor Klausuren mit der entsprechenden Paragraphenkette Ihres Landesrechts vertraut machen. Sollte Ihnen in der Klausur der Text der entsprechenden Anordnung nicht zur Hand sein und sich aus der Aufgabe ergeben, daß der Widerspruch nicht der obersten Dienstbehörde vorgelegt worden ist, könnten Sie allerdings unterstellen, daß eine derartige Anordnung erfolgt ist.

3. Ausschluß bei Mitwirkung am Erstbescheid?

Ist die Widerspruchsbehörde mit der Ausgangsbehörde identisch, kann es im Einzelfall durchaus sein, daß der Widerspruch dem Beamten zur Entscheidung vorgelegt wird, der auch den ersten Bescheid erlassen hat. Nach Möglichkeit sollte zwar die Verwaltung durch geeignete organisatorische Maßnahmen Vorsorge treffen, daß der Widerspruchsbescheid nicht von einem Bediensteten erlassen wird, der an dem Erstbescheid mitgewirkt hat, da ansonsten die Erreichung der Zwecke des Vorverfahrens (s. dazu oben § 24 Rdnr. 3) gefährdet werden könnte[17]. Ein rechtlich beachtlicher Verfahrensfehler ist hierin jedoch nicht zu sehen, da dem Verwaltungsverfahrensrecht ein dem § 41 Nr. 6 ZPO entsprechender Ausschlußgrund (Ausschluß bei Mitwirkung in der

---

17) So ausdrücklich Nr. 8 des RdErl. des Schl.-H.MdI v. 2. 11. 1971 „Widerspruchsentscheidungen in Bausachen" (Amtsbl. S. 755) sowie Nr. 4.4 des RdErl. des NWMdI v. 21. 12. 1960 (SMBl. NW 2010); Anweisung des RhPfMdI v. 7. 3. 1977 – Az.: 145-63/5 (Vorsitz im Rechtsausschuß soll nicht der Beamte führen, der Verwaltungsverfahren durchgeführt oder VA unterzeichnet hat); *Wolff/Bachof*, III, § 161, 23; BVerwG v. 14. 12. 1970, DÖV 1971, 746; *Rüter/Oster*, S. 32; *Hufen*, S. 271.

Vorinstanz oder bei früherer Entscheidung) nicht bekannt ist und auch bewußt in das VwVfG nicht aufgenommen worden ist[18]).

Die Grundsätze der §§ 20, 21 VwVfG über ausgeschlossene Personen und Besorgnis der Befangenheit gelten allerdings auch im Vorverfahren (§ 79 VwVfG)[19]). Explizite Sondervorschrift: § 43 III SchwbG.

III. Widerspruchsbehörde in Selbstverwaltungsangelegenheiten

In Selbstverwaltungsangelegenheiten entscheidet die Selbstverwaltungsbehörde über den Widerspruch, soweit nicht durch Gesetz anders bestimmt wird (§ 73 I S. 2 Nr. 3 VwGO). 11

Begründung zum Reg.-Entw. (BT-Drucks. III/55, S. 38 zu § 71 bis 74): „In Selbstverwaltungsangelegenheiten ist eine nächsthöhere Behörde nicht vorhanden; eine Ermessensnachprüfung durch die staatliche Aufsichtsbehörde stellte aber einen unzulässigen Eingriff in das Selbstverwaltungsrecht dar."

1. Selbstverwaltungsbehörde

Welche Stelle einer Selbstverwaltungskörperschaft „*Selbstverwaltungsbehörde*" i. S. des § 73 I S. 2 Nr. 3 VwGO ist, bestimmt, sofern gesetzliche Regelungen des Landesorganisationsrechts fehlen, die Selbstverwaltungskörperschaft im Rahmen ihrer Organisationsgewalt selbst. 12

§ 73 I S. 2 Nr. 3 VwGO will klarstellen, daß in Selbstverwaltungsangelegenheiten der dem Widerspruch sonst grundsätzlich zukommende Devolutiveffekt das Vorverfahren nicht bei einer Stelle außerhalb der Selbstverwaltungskörperschaft, insbesondere nicht bei der staatlichen Rechtsaufsichtsbehörde, anhängig macht. Da diese Regelung gerade auf der Respektierung des Selbstverwaltungsrechts beruht, läßt sie sich sinnvollerweise nicht so verstehen, daß prinzipiell die Behörde der Selbstverwaltungskörperschaft, die den VA erlassen hat, auch über den Widerspruch zu entscheiden hätte. Eine solche Auslegung würde gerade die der Selbstverwaltung inhärente Organisationshoheit in inneren Angelegenheiten beeinträchtigen. Diesem Zweck des § 73 I S. 2 Nr. 3 VwGO entsprechend ist als „Selbstverwaltungsbehörde" die Gesamtheit der bei einer Selbstverwaltungskörperschaft bestehenden Behördeneinrichtung zu verstehen. Soweit spezialgesetzliche Regelungen fehlen, entscheidet deshalb über den Widerspruch gegen den VA einer Selbstverwaltungsbehörde die nach dem

---

18) Vgl. Begründung zum EVwVfG 1973 (BT-Drucks. 7/910), S. 46 f.; a. A. *Hufen*, S. 269: §§ 20, 21 VwVfG seien so auszulegen, daß der mit dem Erstbescheid befaßte Bedienstete als befangen anzusehen sei. Anders ist die Rechtslage im Wehrbeschwerderecht; vgl. BVerwG v. 11. 12. 1985, BVerwGE 83, 87 (88 f.).

19) Zur Auslegung des § 20 VwVfG vgl. BVerwG v. 30. 5. 1984, BVerwGE 69, 256 ff. = JuS 1986, 488 f. (*Osterloh*); v. 5. 12. 1986, BVerwGE 75, 214 (228 f.).

jeweils einschlägigen internen Organisationsrecht der Selbstverwaltungskörperschaft zuständige Behörde, beim Fehlen derartiger Regelungen die Ausgangsbehörde[20]).

Kann z. B. nach den Bestimmungen einer Innungssatzung gegen Beschlüsse des Innungsvorstandes die Entscheidung der *Innungsversammlung* beantragt werden, so erläßt diese den Widerspruch als Selbstverwaltungsbehörde[21]).

2. Selbstverwaltungsangelegenheiten

13 Selbstverwaltungsangelegenheiten sind *nur die weisungsfreien Angelegenheiten des eigenen Wirkungskreises*, nicht dagegen die Angelegenheiten des übertragenen Wirkungskreises, die sog. Auftragsangelegenheiten oder die Pflichtaufgaben zur Erfüllung nach Weisung. Für den *übertragenen Wirkungskreis* gelten die Vorschriften des § 73 I S. 2 Nr. 1 und 2 VwGO. Nächsthöhere Behörde i. S. des § 73 I S. 2 Nr. 1 ist i. d. R. die (Fach-)Aufsichtsbehörde; ist diese eine oberste Landesbehörde, entscheidet die Kommunalbehörde selbst[22]).

Für die kreisangehörigen Städte mit Sonderstatus ist Widerspruchsbehörde in *Hessen* der Regierungspräsident (vgl. VG Gießen v. 22. 11. 1988, NVwZ-RR 1989, 367; HessVGH v. 28. 11. 1988, ESVGH 39, 99 ff. = NVwZ 1990, 677 f.; *Albracht/ Naujoks*, NVwZ 1990, 640).

Die *Abgrenzung* zwischen eigenem und übertragenem Wirkungskreis kann im Einzelfall Schwierigkeiten bereiten.

So entscheidet z. B. über Widersprüche gegen die Verweigerung der *Bodenverkehrsgenehmigung* die Behörde der Mittelinstanz (Regierungspräsident u. dgl.) auch dann, wenn die Verweigerung von einer Gemeinde, die gleichzeitig Baugenehmigungsbehörde ist (§ 19 IV S. 1 BBauG), ausgesprochen worden ist; denn die Entscheidung über die Bodenverkehrsgenehmigung ist ebensowenig wie die über die Baugenehmigung eine Angelegenheit der kommunalen Selbstverwaltung[23]).
Ebensowenig greift § 73 I S. 2 Nr. 3 VwGO ein, wenn staatliche Behörden einer Selbstverwaltungskörperschaft nicht eingegliedert, sondern als organisatorisch selb-

---

20) So BWVGH v. 8. 8. 1963, DÖV 1963, 767 f.: Widerspruchsbehörde gegen die Ablehnung der Eintragung in die Architektenliste durch den Eintragungsausschuß der *Architektenkammer* ist nach deren Satzung der Landesvorstand der Kammer.
21) So VG Oldenburg v. 17. 7. 1963, GewArch 1964, 62. Vgl. auch BerlOVG v. 16. 2. 1966, JR 1967, 396: Börsenvorstand für die Berliner Börse (vgl. § 30 II lit. b AZG).
22) So ausdrücklich Art. 119 Nr. 2 BayGO; Art. 105 Nr. 2 BayLKrO; Art. 59 Nr. 2 BayKommZG; Art. 100 BayBezO. Ebenso § 7 NWAGVwGO und hierzu der RdErl. des NWMdI v. 21. 12. 1960 (SMBl. NW 2010) unter Nr. 5.1 c) aa), cc). Vgl. auch den RdErl. des HessMdI v. 5. 4. 1962 (StAnz. S. 502) unter Nr. 3 f sowie den RdErl. des NdsMdI v. 11. 6. 1960 (NdsMBl. S. 386) unter Nr. 3 IV.
23) Vgl. statt vieler NWOVG v. 30. 9. 1965, OVGE 21, 348 ff.

ständige Behörden lediglich angegliedert sind und ausschließlich der staatlichen Aufsicht unterliegen[24]).

Ob Maßnahmen zur Vollstreckung einer Geldforderung als Angelegenheiten der kommunalen Selbstverwaltung oder zur Erfüllung nach Weisung getroffen werden, bestimmt sich nach dem Wesen des VA, der vollstreckt wird (*Annexcharakter der Vollstreckung* wegen Geldforderungen)[25]).

Strittig ist insbesondere, ob eine *Gebühren-(Verwaltungskosten-)Erhebung durch Gemeinden* (Gemeindeverbände) auf Grund der staatlichen Gebühren-(Verwaltungskosten-)Gesetze auch dann als Selbstverwaltungsangelegenheit anzusehen ist, wenn die gebührenpflichtige Amtshandlung als Weisungsaufgabe erfüllt wird[26]). Da die Gebühren der Gemeinde als eigene Einnahme verbleiben und – soweit ausdrückliche sondergesetzliche Regelungen (z. B. § 14 III NWGebG) fehlen – lediglich die Verwaltungsaufgabe als solche, nicht aber die Ausübung der Gebührenhoheit der Sonderaufsicht unterworfen ist, fällt die Gebührenerhebung nach der Allzuständigkeitsvermutung der Gemeindeordnungen in den Selbstverwaltungsbereich der Kommunalbehörde.

14

Konsequenz dieser Auffassung ist allerdings eine Aufsplitterung der Zuständigkeit für die Entscheidung über den Widerspruch (für den VA in der Sache die nächsthöhere, für den Gebührenbescheid die Kommunalbehörde selbst), der bei der Rechtsmittelbelehrung Rechnung zu tragen ist. Dies mag rechtspolitisch unbefriedigend sein, läßt sich aber verwaltungstechnisch dadurch bewältigen, daß die Kommunalbehörde über den Widerspruch gegen den Gebührenbescheid erst dann entscheidet, wenn über den Widerspruch in der Sache entschieden ist (so auch früher Nr. 5.1 c, dd des RdErl. des NWMdI).

Ebenso war vor Erlaß der Handwerksnovelle 1965 umstritten, ob die von der *Handwerksordnung* vorgesehenen *Prüfungsausschüsse* als Organe berufsständi-

15

---

24) So NWOVG v. 21. 12. 1967, OVGE 24, 1 (2) für den Prüfungsausschuß für ärztliche Vorprüfung an einer Universität nach der BestallungsO für Ärzte i. d. F. v. 31. 3. 1965. Vgl. § 47 I S. 2 HandwO.
25) Vgl. näher Erl. d. HessMdI v. 14. 10. 1977, HessStAnz. 1977, S. 2096.
26) Bejahend für *Hessen:* HessVGH v. 15. 12. 1966, ESVGH 17, 235 (236); v. 17. 4. 1969, ESVGH 20, 111; v. 18. 5. 1978, HessVGRspr. 1978, 54; zustimmend *RÖ,* § 73, 2; ebenso für *Nordrh.-Westf.: Rietdorf/Heise/Böckenförde/Strehlau,* Ordnungs- und Polizeirecht in Nordrh.-Westf., 2. Auflage 1972, § 50 OBG, Rdnr. 3 unter Hinweis auf zwei unveröffentl. Entscheidungen des NWOVG v. 26. 1. und 18. 5. 1965 sowie mit ausführlicher Begründung der RdErl. des NWMdI v. 21. 12. 1960 (SMBl. NW 2010 unter Nr. 5.1 c) dd) – aufgehoben durch RdErl. v. 17. 3. 1972 (MBl. S. 641), da der am 1. 1. 1972 in Kraft getretene § 14 III NW GebG v. 23. 11. 1971 (GV NW S. 354/SGV NW 2011) nunmehr ausdrücklich bestimmt, daß die Selbstverwaltungsträger, wenn sie Kostengläubiger sind, „auch bei der Kostenentscheidung nicht i. R. der Selbstverwaltung handeln".
A.A für *Niedersachsen* der GemRdErl. der NdsMin. v. 8. 12. 1970 (NdsMBl. S. 198) unter Bezugnahme auf ein unveröffentlichtes Urteil des OVG Lüneburg v. 3. 10. 1968 Az. VI OVG A 2/68; aufrechterhalten in OVG Lüneburg v. 24. 2. 1986 Az. 6 OVG A 80/84, A.U. S. 9; ebenso die Praxis in *Baden-Württemberg.* Das Urteil des BWVGH v. 27. 2. 1985, VBlBW 1986, 22 betrifft einen Sonderfall (Kosten für unmittelbare Ausführung durch den Bürgermeister als Ortspolizeibehörde gem. § 8 II PolG) und läßt sich wohl nicht verallgemeinern.

scher Selbstverwaltung oder als staatliche Organe entscheiden würden. Entscheidungen der *Gesellenprüfungsausschüsse* (§ 33 HandwO) wurden einhellig als VAe der handwerklichen Selbstverwaltung angesehen[27]), da die Abnahme der Gesellenprüfung wie die Bildung der Prüfungsausschüsse ausdrücklich den Handwerkskammern bzw. -innungen zugewiesen war (so auch in der jetzigen Fassung §§ 54 I Nr. 4, 91 I.Nr. 5 HandwO).

Strittig war lediglich, ob über Widersprüche gegen die Entscheidungen der Gesellenprüfungsausschüsse der *Innungen* diese oder die Handwerkskammer zu entscheiden habe. Da nach § 54 I Nr. 4 HandwO die Abnahme der Prüfung und die Bildung des Prüfungsausschusses, wenn die Innung durch die Handwerkskammer dazu ermächtigt worden ist, ausdrücklich der Innung als Aufgabe der handwerklichen Selbstverwaltung zugewiesen ist, wurde dies in der Praxis im ersten Sinne entschieden[28]). Für die Zuständigkeit innerhalb der Innung gilt folgendes:
Die *Gesellenprüfungsausschüsse* sind (unselbständige) Organe der Innung, nicht selbst Behörden; ihnen fehlt die Befugnis, Entscheidungen nach außen in eigenem Namen zu treffen. Die Prüfungsentscheidung wird deshalb nach außen von der Innung, vertreten durch den Vorstand, getroffen; sie ist deshalb auch Widerspruchsbehörde, nicht der Ausschuß[29]).

16 Die *Meisterprüfungsausschüsse* dagegen wurden z. T. als Organe der berufsständischen Selbstverwaltung angesehen[30]), während die überwiegende Meinung sie dem staatlichen Bereich zurechnete, weil der Ausschuß von der höheren Verwaltungsbehörde eingerichtet wird und ausweislich der Entstehungsgeschichte der HandwO bewußt als staatliche Behörde konzipiert worden war, um zu verhindern, daß die Meisterprüfung zu einer versteckten Bedürfnisprüfung i. S. der Ausschaltung künftiger Konkurrenten werde[31]). Diese Streitfrage ist durch die Handwerksnovelle 1965 dadurch entschieden worden, daß § 47 I S. 2 HandwO die Meisterprüfungsausschüsse ausdrücklich als *staatliche* Prüfungsbehörden am Sitz der Handwerkskammer bezeichnet. Widerspruchsbehörde für ihre VAe ist deshalb die höhere Verwaltungsbehörde, i. d. R. das Regierungspräsidium (Bezirksregierung, Regierungspräsident[32]).

---

27) Vgl. BWVGH v. 18. 8. 1964, GewArch. 1965, 79 (80); *Kratzer*, GewArch 1961, 170; *Steininger*, GewArch 1984, 258 f.
28) Vgl. die Stellungnahme des NdsMfWV v. 12. 2. 1965, GewArch 1966, 91; NWOVG v. 11. 11. 1977, GewArch 1979, 21; *Schotthöfer*, GewArch 1981, 261; a. A. VG Oldenburg v. 20. 9. 1983, GewArch 1984, 128; *Steininger*, GewArch 1984, 260 f.; *Rückert*, GewArch 1986, 222 f.
29) Wie hier NWOVG, GewArch 1979, 21; *Kolbenschlag/Lessmann/Stücklen*, HandwO (Stand Mai 1983), § 33, 13; wohl auch BVerwG v. 20. 7. 1984, BVerwGE 70, 4 (9); a. A. NdsMfWV, GewArch 1966, 91; *Eyermann/Fröhler/Honig*, HandwO, 3. Aufl. 1973, § 33, 11; *Schotthöfer*, GewArch 1981, 260; *Schoch*, GewArch 1962, 49.
30) Vgl. *Kratzer*, GewArch 1961, 170 und *Eyermann/Fröhler/Honig*, § 42 HandwO, Anm. 2.
31) Vgl. BWVGH, GewArch 1965, 79 f. mit abl. Anm. v. *Fröhler*; NWOVG v. 3. 3. 1965, OVGE 21, 169 (170 f.); VG Karlsruhe v. 21. 4. 1966, GewArch 1967, 113; *Dohm*, DÖV 1958, 920 ff.
32) So VG Karlsruhe, GewArch 1967, 113. Die Kosten eines Widerspruchsverfahrens trägt deshalb auch nicht die Handwerkskammer, sondern das Land als Träger des Prüfungsausschusses. Vgl. BVerwG v. 12. 9. 1989, GewArch 1990, 68 f.

Das *Berufsbildungswesen außerhalb des Handwerks* gehört seit langem zu den Selbstverwaltungsangelegenheiten der Industrie- und Handelskammern (vgl. §§ 1 II, 11 I IHKG)[33]); sie sind die „zuständige Stelle" für die Prüfungen in der Aus- und Fortbildung (§ 75 i. V. m. §§ 36, 46 BBiG).

Den von ihnen errichteten *Prüfungsausschüssen* obliegt zwar der eigentliche Prüfungs- und Beurteilungsvorgang, nicht aber die Ausstellung des Zeugnisses (§ 34 II BBiG) und die Erteilung des Bescheides über das Prüfungsergebnis. Letzteres bleibt Sache der IHK als zuständiger Stelle, vertreten durch den Präsidenten und den Hauptgeschäftsführer nach näherer Bestimmung der Satzung (§ 7 II IHKG); folglich ist der Widerspruchsbescheid auch von der Geschäftsführung der IHK und nicht vom Prüfungsausschuß zu erlassen[34]) (zum Kontrollmaßstab vgl. § 37 Rdnr. 3).

3. Anderweitige gesetzliche Regelungen

§ 73 I S. 2 Nr. 3 VwGO ermächtigt den Landesgesetzgeber ausdrücklich, eine andere als die Selbstverwaltungsbehörde zur Widerspruchsbehörde zu erklären[35]).

Vgl. §§ 7, 8 BWAGVwGO, Art. 119 Nr. 1 BayGO, Art. 105 Nr. 1 BayLKrO, Art. 59 Nr. 1 BayKommZG, Art. 9 BremAGVwGO, § 10 HessAGVwGO, § 6 I RhPfAGVwGO, § 6 I SaarlAGVwGO.

Bei der Inanspruchnahme dieser Ermächtigung hat die Ausführungsgesetzgebung die bereits eingangs in der Begründung zum Regierungsentwurf der VwGO angezogene verfassungsrechtliche *Garantie der kommunalen Selbstverwaltung (Art. 28 II GG)* zu beachten. Wenn deshalb staatlichen Behörden die Zuständigkeit zur Entscheidung über Widersprüche gegen VAe der kommunalen Selbstverwaltung übertragen wird, muß die Kontrollbefugnis der staatlichen Widerspruchsbehörde *auf die Rechtmäßigkeitskontrolle beschränkt* werden[36]).

Vgl. § 7 I S. 2 BWAGVwGO, Art. 119 Nr. 1 BayGO, § 6 II RhPfAGVwGO, § 6 II SaarlAGVwGO. Nach Ansicht des BremOVG v. 14. 2. 1984, KStZ 1984, 138 handelt der zuständige Senator als Organ der Stadtgemeinde Bremen, wenn er über Widersprüche in Selbstverwaltungsangelegenheiten entscheidet.

Da dieser erhöhte verfassungsrechtliche Schutz lediglich den Gemeinden und Gemeindeverbänden zukommt, greift bei anderen Selbstverwaltungsträgern diese Schranke nicht ein. Sie können einer umfassenden Recht- und Zweckmäßigkeitskontrolle unterworfen werden[37]).

---

33) Vgl. BVerwG v. 17. 1. 1961, GewArch 1961, 42 (43); BVerwGE 70, 6.
34) Vgl. BVerwGE 70, 7 ff.; BayVGH v. 8. 3. 1982, NJW 1982, 2685 (2686); *Herkert*, BBiG (Stand März 1984), § 38, 21.
35) Diese Ermächtigung bezieht sich auch auf landesrechtliche Regelungen, die vor Inkrafttreten der VwGO erlassen worden sind. Vgl. NWOVG v. 3. 3. 1965, OVGE 21, 169 (171); a. A. *RÖ*, § 73, 2; *EF*, § 73, 3; *Kratzer*, BayVBl. 1960, 167.
36) Vgl. *RÖ*, § 73, 2; *EF*, § 73, 2; *Kratzer*, BayVBl. 1960, 167; *Scholler*, BayVBl. 1961, 97.
37) Vgl. *RÖ*, § 73, 2; *Ule*, §§ 69 bis 73, III 1; *Weides*, S. 216.

Vgl. z. B. § 8 I BWAGVwGO, Art. 9 III BremAGVwGO und § 10 HessAGVwGO für die Wasser- und Bodenverbände.

18 Soweit die Widerspruchsbehörde auf die Rechtmäßigkeitskontrolle beschränkt ist, kann sie auch prüfen, ob der Selbstverwaltungsbehörde bei der Ausübung des Ermessens *Rechtsfehler i. S. des § 114 VwGO* unterlaufen sind, nicht aber, ob die Selbstverwaltungskörperschaft innerhalb des Ermessensspielraums die zweckmäßigste Entscheidung getroffen hat. Diese Kontrollbefugnis verbleibt vielmehr bei der Selbstverwaltungskörperschaft, die sie im Rahmen des Abhilfeverfahrens nach § 72 VwGO vorzunehmen hat[38]).

19 Auch für diese Fälle des *aufgespaltenen Widerspruchsverfahrens* gilt nichts anderes als für das normale Abhilfeverfahren. Den Widerspruchsbescheid erläßt ausschließlich die staatliche Behörde, wobei sie dem WF die von der Gemeinde angestellten Zweckmäßigkeitserwägungen mitteilt, und zwar nicht als eigene Erwägungen, sondern als Stellungnahme der Selbstverwaltungsbehörde[39]).

Im Falle der *Zurückweisung des Widerspruchs als unbegründet* wird deshalb die Formulierung i. d. R. lauten: „Daß die Widerspruchsgegnerin ihr Ermessen überschritten oder mißbraucht habe, konnte nach alledem nicht festgestellt werden. Da die Widerspruchsbehörde im übrigen in eine Prüfung der Zweckmäßigkeit nicht eintreten kann (§ 7 I S. 2 BWAGVwGO), war der Widerspruch als unbegründet abzuweisen."

Zu beachten ist im Rahmen des § 73 I S. 2 Nr. 3 VwGO auch die Sondervorschrift des § 126 III Nr. 2 BRRG.

Für die Entscheidung über beamtenrechtliche Widersprüche von Gemeindebediensteten ist deshalb nicht die Rechtsaufsichtsbehörde nach § 7 BWAGVwGO, sondern die oberste Dienstbehörde zuständig[40]).

IV. Ausschüsse und Beiräte

1. Überblick

20 § 73 II S. 1 VwGO läßt Vorschriften, nach denen im Vorverfahren Ausschüsse oder Beiräte an die Stelle einer Behörde treten, unberührt. Nach § 73 II S. 2 können die Ausschüsse oder Beiräte *abweichend von § 73 II Nr. 1 auch bei der Behörde gebildet werden, die den VA erlassen hat*[41]). Nach seiner Entstehungsgeschichte ist § 73 II S. 2 nicht derart zwingend, daß die Ausschüsse nur

---

38) So ausdrücklich Art. 119 Nr. 1 BayGO; Art. 105 Nr. 1 BayLKrO, Art. 59 Nr. 1 BayKommZG.
39) So *Scholler*, BayVBl. 1961, 99; *(Helmreich)/Widtmann/Grasser*, Bayerische Gemeindeordnung, 5. Aufl., 1989, Art. 119, Anm. 7 b; *Goes*, BaWüVBl. 1965, 51 f. (52).
40) Vgl. Erl. des MdI über das Widerspruchsverfahren bei Entscheidungen der Gemeinden über das Maß der Inanspruchnahme von Beamten durch das Amt v. 18. 12. 1963 (GABl. 1964 S. 4).
41) § 73 II deckt auch Regelungen des Landesrechts, die zur Zeit des Inkrafttretens der VwGO bereits bestanden (arg. § 195 II VwGO). Vgl. BVerwG v. 2. 7. 1963, MDR 1963, 870 f.

bei den in § 73 I bezeichneten Behörden, also entweder bei der Ausgangsbehörde oder bei der nächsthöheren Behörde gebildet werden könnten.

In *Rheinland-Pfalz* ist deshalb der *Kreisrechtsausschuß* auch dann die richtige Widerspruchsbehörde, wenn als untere Bauaufsichtsbehörde nicht das Landratsamt, sondern die Stadtverwaltung einer (kleinen) kreisangehörigen Stadt tätig geworden ist. Sind nämlich einer kleinen kreisangehörigen Stadt die Aufgaben der unteren Bauaufsichtsbehörde übertragen worden, ist die Stadt in dieser Funktion dem Landratsamt als untere Bauaufsichtsbehörde gleich- und nicht untergeordnet. Nächsthöhere Behörde und somit zuständige Widerspruchsbehörde wäre dann die Bezirksregierung als obere Bauaufsichtsbehörde. Gleichwohl ist der Kreisrechtsausschuß nach § 6 I Nr. 1 lit. d RhPfAGVwGO als Widerspruchsbehörde zuständig, da der Landesgesetzgeber befugt war, nach der oben beschriebenen Auslegung des § 73 II S. 2 VwGO den Ausschuß abweichend von § 73 I Nr. 1 VwGO nicht nur bei der Ausgangs- oder nächsthöheren, sondern auch bei einer anderen Behörde der gleichen Stufe der Ausgangsbehörde zu bilden[42]). 21

Derartige Ausschüsse sind z. B. 22
auf *Bundesebene*

- die Beschwerdeausschüsse nach §§ 310, 336 LAG,
- die Widerspruchsausschüsse nach §§ 40 ff. SchwbG, § 51 KgfEG, § 23 HäftlingsHG, §§ 18, 20 SortenschutzG, §§ 38, 40 SaatgutverkehrsG,
- die Musterungskammern nach § 33 III WehrpflG, die Kammern für Kriegsdienstverweigerung nach § 18 I KDVG sowie die Beschlußkammer nach §§ 7 II, 8 der 3. DVO zum Gesetz über die Errichtung eines Bundesaufsichtsamtes für das Versicherungswesen (BGBl. III 7630−1−3),

auf *Landesebene*

- die Widerspruchsausschüsse in *Hamburg*[43]),
- die Stadt- und Kreisrechtsausschüsse in *Rheinland-Pfalz* und dem *Saarland*,
- der Ständige Prüfungs- und der Ausbildungsausschuß nach § 25 LehrerausbildungsG in *Bremen*.

2. Einzelne Landesregelungen

a) Hessen

Eine Besonderheit stellen die bei den Städten mit 30 000 und mehr Einwohnern und 23
bei den Landräten als Behörden der Landesverwaltung gebildeten *Ausschüsse* (§ 6 II AGVwGO) dar, durch die der WF in den in § 6 AGVwGO genannten Fällen *mündlich anzuhören* ist, wenn die Ausgangsbehörde dem Widerspruch nicht abhelfen will.[44]) Im Unterschied zu den früheren Einspruchs- und Beschwerdeausschüssen

---

42) So RhPfOVG v. 18. 12. 1969, AS 11, 275 ff.; *Rüter/Oster*, S. 20; a. A. offenbar *RÖ*, § 73, 6.
43) Vgl. § 7 II AGVwGO und die VO über Widerspruchsausschüsse v. 24. 3. 1987 (GVBl. S. 85). Eine Aufsichtsklage wie in Rheinland-Pfalz und dem Saarland ist nicht vorgesehen. § 1 IV VwBehördenG bleibt unberührt (§ 7 III AGVwGO), d. h., der Senat kann mit seinem *Evokationsrecht* jederzeit ein Widerspruchsverfahren an sich ziehen. Vgl. auch § 26 Rdnr. 13.
44) Vgl. die eingehende Erläuterung zu den §§ 6 ff. AGVwGO durch den RdErl. des HessMdI v. 5. 4. 1962 (StAnz. S. 502) unter II. 2 und 3. Zur Zusammensetzung vgl. § 8 AGVwGO.

nach §§ 40 a, 48 a VGG entscheidet der Ausschuß nicht mehr selbst, sondern hört den WF mündlich an[44]), erörtert die Rechts- und Sachlage mit den Beteiligten und wirkt auf eine *gütliche Einigung* hin. Das wesentliche Ergebnis der Anhörung ist in eine Niederschrift aufzunehmen und mit einem begründeten Entscheidungsvorschlag der Ausgangsbehörde vorzulegen (§ 9 AGVwGO). Bleibt die Ausgangsbehörde bei der Verweigerung der Abhilfe, legt sie den Widerspruch der nächsthöheren Behörde vor bzw. entscheidet selbst über den Widerspruch.

b) Rheinland-Pfalz

24 Anstelle der in § 73 I S. 2 Nr. 1 und 3 VwGO genannten Behörden erlassen nach § 6 I AGVwGO den Widerspruchsbescheid die bei der Kreis- bzw. Stadtverwaltung kreisfreier oder großer kreisangehöriger Städte gebildeten *Kreis- und Stadtrechtsausschüsse*[45]).
Bei der Nachprüfung von VAen der Kommunen und der anderen Selbstverwaltungsträger, die in *Selbstverwaltungsangelegenheiten* erlassen worden sind, sind die Rechtsausschüsse auf die *Rechtmäßigkeitsprüfung* beschränkt (§ 6 II AGVwGO). Der Begriff der *Stadt- bzw. Gemeindeverwaltung* in § 6 I AGVwGO ist funktionell zu verstehen und nicht im begrifflich-organisatorischen Sinne. Die Zuständigkeit der Kreis- bzw. Stadtrechtsausschüsse beschränkt sich deshalb nicht auf die Nachprüfung von VAen der monokratischen Stadt- bzw. Gemeindeverwaltungen, sondern erfaßt auch die Akte der kommunalen Vertretungskörperschaften, wenn und soweit es sich bei diesen um VAe handelt[46]).

25 Die *Rechtsausschüsse* entscheiden in der Besetzung von einem Vorsitzenden und zwei Beisitzenden i. d. R. auf Grund mündlicher, öffentlicher Verhandlung (§§ 7 II, 16 AGVwGO). Den Vorsitz führt der Landrat (Oberbürgermeister), der sich auch durch einen Beamten mit der Befähigung zum Richteramt (§ 174 VwGO) vertreten lassen kann (§ 8 AGVwGO). Die Beisitzer werden vom Kreistag (Stadtrat) für die Dauer seiner Wahlperiode gewählt (§§ 9 ff. AGVwGO). Die Reihenfolge der Heranziehung der Beisitzer hat in einem nach objektiven Kriterien vorauszubestimmenden Verfahren zu geschehen, das vom Landrat (Oberbürgermeister) vor Beginn des Kalenderjahres festzulegen ist (§ 13 I AGVwGO). Von der festgelegten Reihenfolge darf nur bei unvorhergesehener Verhinderung abgewichen werden (§ 13 II AGVwGO)[47]).

26 Die Rechtsausschüsse sind Ausschüsse des Landkreises (der kreisfreien oder großen kreisangehöriger Stadt) und in ihren Entscheidungen *keiner Weisung unterworfen,* und zwar weder durch Organe der Gebietskörperschaften, bei denen sie gebildet sind (§ 7 I S. 2 AGVwGO), noch durch Organe der staatlichen Verwaltung. Dies ergibt sich aus dem Institut der unten dargestellten Aufsichtsklage[48]). Dennoch sind die Rechtsausschüsse keine gerichtlichen Instanzen oder einem Gericht gleichzuachtende

---

45) Näher zum Verfahren und zu den rechtspolitischen Vor- und Nachteilen der Rechtsausschüsse *Glienicke,* BWVPr. 1974, 218 ff.; *v.* Oertzen, LKreis 1960, 367 ff.; *Röper,* DÖV 1978, 312 ff.; ausführlich *Rüter/Oster,* S. 11 ff., 28 ff.
46) So RhPfOVG v. 14. 7. 1971, VerwRspr. 23, 846 (852 f.) für die Versagung der Zustimmung zum Hinausschieben der Polizeistunde durch die Gemeindevertretung; ebenso RÖ, § 73, 7; *Rüster/Oster,* S. 19.
47) Ein Verstoß hiergegen impliziert einen wesentlichen Verfahrensfehler. RhPfOVG v. 2. 10. 1980, AS 16, 88 ff.
48) Vgl. RhPfOVG v. 9. 1. 1964, AS 9, 130 f.; SaarlOVG v. 4. 12. 1972, AS 13, 71 (76 f.).

Spruchkörper. Zwar sind sie nicht in der sonst üblichen Weise der Verwaltung eingegliedert, sondern stellen als sog. *ministerialfreier Raum* eine zulässige Ausnahme vom Prinzip der durchgehenden Regierungsverantwortung dar[49]). Auch ist das Verfahren vor dem Ausschuß durch den Grundsatz der mündlichen Verhandlung einem gerichtsförmigen Verfahren angenähert. Gleichwohl gehören die Ausschüsse nicht zur rechtsprechenden Gewalt, sondern sind *Teil der inneren Verwaltung*, ihre Entscheidungen mithin VAe[50]).

Zum Ausgleich des durch die Weisungsfreiheit verursachten Verantwortungs- und Kontrolldefizits gegenüber dem zuständigen (parlamentarisch verantwortlichen) Ressortminister[51]) wird deshalb der staatlichen Aufsichtsbehörde ein *gesetzliches*, von dem Bestehen eigener Rechte losgelöstes *Anfechtungsrecht* in Form der sog. Aufsichtsklage eingeräumt[52]).   27

Wird durch den Widerspruchsbescheid ein VA ganz oder teilweise aufgehoben oder die Behörde zum Erlaß eines abgelehnten VA verpflichtet, so ist der Widerspruchsbescheid außer den Beteiligten unverzüglich auch der *Bezirksregierung* zuzustellen (§ 16 III AGVwGO), damit diese von ihrem Recht nach § 17 AGVwGO, im öffentlichen Interesse Klage gegen den Widerspruchsbescheid zu erheben, Gebrauch machen kann. Für diese Klageverfahren ist die Bezirksregierung Beteiligte i. S. des § 61 Nr. 3 VwGO (§ 17 II AGVwGO). Diese *Beanstandungs- oder Aufsichtsklage* ist ihrer Natur nach eine Anfechtungsklage[53]), bei der der Landesgesetzgeber auf Grund des Vorbehalts des § 42 II VwGO vom Erfordernis der individuellen Rechtsverletzung (Klagebefugnis) befreien durfte.

Nur in dieser Deutung ist die Aufsichtsklage wegen der abschließenden Regelungen der VwGO über die Klagearten mit dem Bundesrecht vereinbar[54]). An alle anderen Erfordernisse der VwGO für die Anfechtungsklage ist der Landesgesetzgeber dagegen wegen des kodifikatorischen Charakters der VwGO gebunden. Die Aufsichtsklage muß deshalb binnen Monatsfrist erhoben (§ 74 VwGO) und gegen die Behörde der Körperschaft, der der Rechtsausschuß angehört (§ 73 VwGO), gerichtet werden. Die dem widersprechenden Vorschriften des RhPfAGVwGO (Anfechtungsfrist von fünf Wochen) und des SaarlAGVwGO (Klagegegner der durch den Widerspruchsbescheid Begünstigte, also auch der WF) sind daher vom BVerfG für nichtig erklärt worden.   28

---

49) Vgl. hierzu BVerfG v. 27. 4. 1959, BVerfGE 9, 268 (282) und v. 20. 6. 1967, BVerfGE 22, 106 (111). Zum ministerialfreien Raum zuletzt *W. Müller*, JuS 1985, 497 ff.
50) Vgl. BVerfG v. 11. 10. 1966, BVerfGE 20, 238 (252 f.); RhPfOVG, AS 11, 131 f.; AS 11, 409 f.
51) Vgl. RhPfOVG, AS 9, 131 f.; v. 9. 12. 1965, AS 9, 407 (409 f.); SaarlOVG, AS 13, 75. Unter dem Gesichtspunkt der Regierungsverantwortlichkeit ist eine derartige Aufsichtsklage nicht zu beanstanden (BVerfGE 22, 111), gleichwohl aber verfassungsrechtlich nicht gefordert, wie wohl das RhPfOVG anzunehmen scheint (vgl. *Löwer*, VerwArch. 1977, 354 f.). Die Hambg.VO über Widerspruchsausschüsse (vgl. oben Fußn. 43) hat auf sie verzichtet. Zur rechtspolitischen Zweckmäßigkeit der Aufsichtsklage krit. *Bull*, DVBl. 1971, 582.
52) Wegen ihrer Kompensationsfunktion ist die Aufsichtsklage nur insoweit gegeben, als durch den Widerspruchsbescheid die unmittelbare Ausübung des staatlichen Aufsichtsrechts ausgeschlossen wird, also nur, soweit die Bindungswirkung des Widerspruchsbescheids reicht. § 17 I RhPfAGVwGO ist insoweit einschränkend auszulegen; vgl. RhPfOVG, AS 9, 406 f.
53) Sie hat deshalb auch a. W.; vgl. SaarlOVG, AS 13, 71 ff.; zweifelnd dagegen *Bettermann*, NJW 1967, 436.
54) So BVerfGE 20, 238 (254 f.); BVerwG v. 10. 12. 1970, BVerwGE 37, 47 (48 f.) zum SaarlAG und BVerfG v. 17. 1. 1967, BVerfGE 21, 106 (116) zum RhPfAGVwGO.

c) Saarland

29 Das Saarland hat ebenso wie das Land Rheinland-Pfalz Rechtsausschüsse gebildet, und zwar
— den *Kreisrechtsausschuß* bei jedem Landrat,
— den *Stadtrechtsausschuß* bei jeder kreisfreien Stadt und
— den *Rechtsausschuß für den Stadtverband in der Landeshauptstadt Saarbrücken* (§ 5 I AGVwGO).

Die Rechtsausschüsse entscheiden auf Grund öffentlicher, mündlicher Verhandlung (§ 14 AGVwGO) in der Besetzung von einem Vorsitzenden (Landrat, Stadtverbandspräsident oder Oberbürgermeister, §§ 5 II, 7 AGVwGO). Der Widerspruchsbescheid ist gleichzeitig mit der Zustellung an die Beteiligten auch dem fachlich zuständigen *Minister zuzustellen* (§ 14 V AGVwGO), damit dieser durch die sog. *Aufsichtsklage* eine Entscheidung des Verwaltungsgerichts herbeiführen kann, wenn er geltend macht, daß der Widerspruchsbescheid des Rechtsausschusses rechtswidrig ist (§ 15 AGVwGO).
Zur Zulässigkeit derartiger Aufsichtsklagen vgl. die Ausführungen zum RhPfAGVwGO.
In kommunalen Selbstverwaltungsangelegenheiten und bei den VAen juristischer Personen der mittelbaren Staatsverwaltung beschränkt sich die Nachprüfung im Widerspruchsverfahren auf die Rechtmäßigkeit des VA (§ 6 II AGVwGO).
Zur Zuständigkeit der Rechtsausschüsse im einzelnen vgl. § 6 AGVwGO.

30 ## Schaubild 16

Zuständigkeiten zur Entscheidung über den Widerspruch	
Ausgangsbehörde	*Widerspruchsbehörde*
Oberste Bundes- oder Landesbehörde	Ausgangsbehörde selbst, wenn abweichend von § 68 I S. 2 Nr. 1 VwGO Vorverfahren vorgeschrieben
Mittelbehörde	Mittelbehörde selbst: § 73 I S. 2 Nr. 2 VwGO
Untere staatliche Verwaltungsbehörde	Mittelbehörde: § 73 I S. 2 Nr. 1 VwGO, soweit nicht durch Gesetz eine andere höhere Behörde bestimmt ist; nach § 185 II VwGO u. U. auch die Oberste Landesbehörde. Ist ein Ausschuß bei der Ausgangsbehörde gebildet (§ 73 II S. 2 VwGO), entscheidet dieser.
Selbstverwaltungsbehörde im übertragenen Wirkungskreis	Die nächsthöhere Aufsichtsbehörde: § 73 I S. 2 Nr. 1 VwGO. Ist diese eine oberste Behörde, entscheidet die Selbstverwaltungsbehörde (§ 73 I S. 2 Nr. 2 VwGO). Ausnahme: Ausschüsse nach § 73 II S. 2 VwGO
in Selbstverwaltungsangelegenheiten (eigener Wirkungskreis)	Selbstverwaltungsbehörde selbst: § 73 I S. 2 Nr. 3 VwGO, soweit nicht durch Gesetz die nächsthöhere Aufsichtsbehörde oder ein Ausschuß (§ 73 II S. 2 VwGO) bestimmt ist.

# 4. Abschnitt: Die Begründetheitsprüfung im Widerspruchsverfahren

§ 38 Der Prüfungsmaßstab

I. Rechtmäßigkeit und Zweckmäßigkeit

Begründet ist der Widerspruch, wenn und soweit der angefochtene VA oder — beim Verpflichtungswiderspruch — die Ablehnung des beantragten VA *rechtswidrig* und der WF dadurch in seinen Rechten verletzt ist. 1

Beachten Sie: Das „und" wird häufig übersehen. Die nächsthöhere Behörde darf in ihrer Funktion als Widerspruchsbehörde z. B. eine rechtswidrige Baugenehmigung auf Widerspruch des Nachbarn nur dann aufheben, wenn dieser zulässig *und* begründet ist. Fehlt es an einer Rechtsverletzung des WF, muß der Widerspruch trotz Rechtswidrigkeit der Baugenehmigung als unbegründet zurückgewiesen werden[1]) (vgl. auch § 27 Rdnr. 3).

Bei *VAen nach Ermessen* ist der Widerspruch auch dann begründet, wenn der VA oder die Ablehnung des beantragten VA unzweckmäßig und die Ermessensnorm zumindest auch den Interessen des WF zu dienen bestimmt ist (vgl. § 35 Rdnr. 4). *Unzweckmäßig* ist der VA dann, wenn er so, wie er ergangen ist, seinem Inhalt nach zwar rechtlich ergehen durfte, aber zur Erreichung des von der Verwaltung angestrebten Zweckes entweder nicht unerläßlich oder weniger geeignet ist als ein rechtmäßiger VA anderen, den WF weniger belastenden Inhalts oder gar ein Verzicht auf die Maßnahme[2]). 2

In der Verwaltungspraxis wird dies vornehmlich relevant werden bei der Auswahl zwischen mehreren geeigneten Mitteln.

Ein VA ist *rechtswidrig,* wenn das in dem für seine Beurteilung maßgeblichen 3

---

1) Vgl. BVerwG v. 29. 10. 1968, DÖV 1969, 142 f.; v. 23. 2. 1982, BayVBl. 1982, 473 (474); v. 18. 5. 1982, BVerwGE 65, 313 (318 f.); v. 30. 9. 1983, GewArch 1984, 242; BremOVG v. 16. 5. 1978, BRS 33 Nr. 146; BWVGH v. 15. 1. 1981, AnwBl. 1981, 245 ff.; *Weides,* S. 244 f.; a. A. BWVGH v. 5. 2. 1980, GewArch. 1980, 197 (200 – aufgehoben durch BVerwG v. 18. 5. 1982) und *Linhart,* § 20, 103, der aus dem unterschiedlichen Wortlaut der §§ 68 I S. 1 und 113 I S. 1 VwGO ableiten zu können glaubt, die Begründetheit des Widerspruchs erfordere die subjektive Rechts- oder Zweckwidrigkeit nicht. Dies ist jedoch falsch. Parallelnormen zu § 113 I S. 1 sind die §§ 72, 73 VwGO, die — im Zusammenhang mit § 70 I S. 1 gelesen — sehr wohl subjektive Rechtsbetroffenheit voraussetzen. Das Widerspruchsverfahren ist eben nicht nur ein objektives Verwaltungskontrollverfahren, sondern auch ein dem subjektiven Rechtsschutz dienendes Rechtsbehelfsverfahren (vgl. § 24 Rdnr. 3). Daß die VwGO hier von ihrer grundsätzlichen Ablehnung gegenüber Popularrechtsbehelfen (vgl. § 35 Rdnr. 1) abgehen wollte, ist nicht ersichtlich. Vgl. auch unten Rdnr. 16.

2) Vgl. *Wolff/Bachof,* I, § 51 VIII a; *Weides,* S. 245; SaarlOVG v. 12. 2. 1959, VerwRspr. 12, 300 (305); BVerwG v. 29. 11. 1961, BVerwGE 13, 195 (198); v. 29. 3. 1979, Buchholz 310 § 72 VwGO Nr. 9 S. 4 f.

Zeitpunkt geltende Recht unrichtig angewendet oder bei der Entscheidung von einem Sachverhalt ausgegangen worden ist, der sich als unrichtig erweist[3]).

II. Heilung von Form- und Verfahrensfehlern

4   Beachten Sie aber, daß eine *Verletzung von Verfahrens- und Formvorschriften*, soweit sie nicht ausnahmsweuise den VA nichtig macht[4]), durch Nachholung der gebotenen Verfahrenshandlung geheilt werden kann (§ 45 VwVfG)[5]).

Zuständig für die Heilung ist bis zur Abhilfeentscheidung (§ 72 VwGO) allein die Ausgangsbehörde, danach daneben auch die Widerspruchsbehörde, die dem VA die für die gerichtliche Nachprüfung maßgebende Gestalt gibt (§ 79 I Nr. 1 VwGO)[6]).

Eine Heilung des Verfahrensmangels durch die Widerspruchsbehörde scheidet allerdings dann aus, wenn Gegenstand des Widerspruchsverfahrens eine Ermessensentscheidung ist und die Widerspruchsbehörde ausnahmsweise nicht befugt ist, ihr Ermessen an die Stelle des Ermessens der Ausgangsbehörde zu setzen, also auf die Ermessenskontrolle i. S. des § 114 VwGO (als Rechtskontrolle) beschränkt ist[7]). Dasselbe gilt für Beurteilungsermächtigungen, wenn und soweit die Kontrollbefugnis der Widerspruchsbehörde auf die Rechtskontrolle beschränkt ist[8]).

5   Aus der Schutzfunktion der konkret verletzten Verfahrensvorschrift kann sich ergeben, daß bei Ermessensentscheidungen auch dann, wenn der Widerspruchsbehörde eine Zweckmäßigkeitskontrolle zusteht, eine Heilung nur durch die Ausgangsbehörde im Rahmen der Abhilfe zulässig ist.

So führt der 3. Senat des BVerwG zur *Anhörung* aus: Wenn die Widerspruchsbehörde mit der Zurückweisung des Widerspruchs bestätige, daß das Ermessen zweckmäßig ausgeübt worden sei, so schließe das nicht aus, daß sie nicht auch eine andere dem Betroffenen günstigere Ermessensausübung gebilligt hätte. Es sei also nicht auszuschließen, daß in Fällen vorheriger Anhörung eine für den Betroffenen günstigere Entscheidung ergeht, wie er sie im Widerspruchsverfahren nicht mehr erreichen kann.

---

3) BVerwG v. 30. 1. 1969, BVerwGE 31, 222 (223); GS v. 19. 12. 1984, BVerwGE 70, 356 (358).
4) So macht z. B. die fehlende Begründung bei einem objektiv mehrdeutigen VA (z. B. schlichte Zahlungsaufforderung) diesen derart unvollständig, daß er nichtig ist (vgl. *Schick*, JuS 1971, 7 f.).
5) Vgl. zur neueren Rechtsprechung *Laubinger*, VerwArch. 1981, 333 ff.
6) Vgl. *Laubinger*, VerwArch. 1981, 340 f.; *Schoch*, NVwZ 1983, 255; BVerwG v. 17. 8. 1982, BVerwGE 66, 111 (114 f.); v. 14. 10. 1982, BVerwGE 66, 184 (187); v. 18. 10. 1983, NVwZ 1984, 578 (579); wohl auch *Meyer/Borgs*, § 45, 33; enger *Kopp*, VwVfG, § 45, 37, der nach Abhilfeverweigerung allein die Widerspruchsbehörde für zuständig erachtet.
7) Vgl. BVerwGE 66, 115; 66, 189; *Schoch*, NVwZ 1983, 255 und oben § 37 Rdnrn. 17 f.
8) Vgl. unten § 39 Rdnrn. 5 f.

Darum könne die Nachholung nur durch eine Handlung der erlassenen Behörde selbst bewirkt werden[9]).

Geheilt werden kann:
- ein *Begründungsmangel* des Erstbescheides (§ 45 I Nr. 2 VwVfG)[10]). **6**

§ 45 I Nr. 2 VwVfG knüpft durch das Tatbestandsmerkmal der „erforderlichen Begründung" an § 39 I VwVfG an und meint deshalb nur die Heilung *formeller* Begründungsfehler[11]), also die Fälle gänzlich fehlender[12]) oder den formellen Mindestanforderungen des § 39 I VwVfG nicht genügender Begründungen[13]). Nur für die Heilung formeller Begründungsfehler gilt deshalb auch die verwaltungsverfahrensrechtliche Zeitschranke des § 45 II VwVfG. Die materielle, inhaltliche Unrichtigkeit einer formell ordnungsgemäßen Begründung ist dagegen ein Problem der materiellen Rechtswidrigkeit des angefochtenen VA[14]), für dessen „Heilung" durch Berichtigung, Ergänzung oder Erweiterung der Begründung nach wie vor die vom

---

9) Vgl. BVerwGE 66, 188 f. unter Übernahme der – allerdings speziell zum Einberufungsverfahren entwickelten (vgl. *Horn*, NVwZ 1984, 700) – Erwägungen des 8. Senats, Urt. v. 10. 3. 1971, BVerwGE 37, 307 (312 f.); ebenso BVerwG v. 15. 12. 1983, BVerwGE 68, 267 (274 f.); zustimm. *Weides*, JA 1984, 659 f.; *RÖ*, § 73, 14 a; *Messerschmidt*, NVwZ 1985, 879; *Meyer*, NVwZ 1986, 519; *Schilling*, VerwArch. 1987, 76 f.; a. A. (Heilung durch Widerspruchsbehörde auch bei Ermessensakten mit Ausnahme der Fälle oben Fußn. 7 f.) der 1. Senat: BVerwGE 66, 114 f.; NVwZ 1984, 579; wohl auch der 5. Senat, vgl. BVerwG v. 18. 8. 1977, BVerwGE 54, 276 (280); ebenso *Martens*, NVwZ 1984, 579. StBL, § 45, 40; K/Klappstein, § 45, 3.3.2.
10) Vgl. BVerwG v. 14. 10. 1965, BVerwGE 22, 215 (217 f.); v. 15. 3. 1973, BVerwGE 42, 79 (80); v. 18. 8. 1977, BVerwGE 54, 276 (280); v. 25. 4. 1979, BVerwGE 58, 37 (43); NWOVG v. 28. 10. 1980, NJW 1981, 936.
11) Vgl. *Schoch*, DÖV 1984, 402 ff.; StBL, § 45, 21; *Meyer/Borgs*, § 39, 34; § 45, 17, 18; *v. Mutius*, JK VwVfG § 39/3; *Messerschmidt*, NVwZ 1985, 878; *Hufen*, S. 404 f.
12) Vgl. BVerwG v. 19. 8. 1982, Buchholz 418.02 Tierärzte Nr. 2; v. 6. 11. 1986, BVerwGE 75, 119 (121); OVG Lüneburg v. 2. 10. 1979, DVBl. 1980, 885; NWOVG v. 28. 10. 1980, NJW 1981, 936; *Schoch*, DÖV 1984, 403, 405.
13) Vgl. OVG Lüneburg v. 14. 12. 1982, OVGE 37, 327 (330); wohl auch BVerwG v. 15. 12. 1983, BVerwGE 68, 267 (275); *Schoch*, DÖV 1984, 405 f.; *Meyer/Borgs*, § 45, 29.
14) Liegen z. B. bei Erlaß eines ErmessensVA die Gesichtspunkte a, b und c vor, auf die die Ermessensentscheidung gestützt werden könnte, und hält die Behörde den Gesichtspunkt a für derart durchschlagend, daß er den ErmessensVA allein zu tragen vermag, so braucht sie, um den formellen Anforderungen des § 39 I S. 3 VwVfG zu genügen, nur diesen zu nennen, denn nach dem Gesetzeswortlaut kommt es für die Reichweite des Begründungszwanges allein auf die rechtliche Einschätzung der Behörde an. Stellt sich im gerichtlichen Verfahren heraus, daß a nicht tragfähig ist, erweist sich die formell ordnungsgemäße Begründung aus sachlich unrichtig; die Gesichtspunkte b und c können, soweit dies die Schranken des Nachschiebens wahrt, von der Behörde über die zeitliche Schranke des § 45 II VwVfG hinaus nachgeschoben werden. So BVerwG, Buchholz 418.02 Tierärzte Nr. 2; v. 28. 4. 1983, DVBl. 1983, 1105 (1107 f.); BVerwGE 68, 275; v. 18. 9. 1985, Buchholz 237.5 § 14 Hess. LBG Nr. 2; *v. Mutius*, JKVwVfG § 39/3; a. A. BWVGH v. 20. 5. 1980, ESVGH 31, 23 (25 f.); VG Köln v. 24. 6. 1980, NJW 1981, 780 f.: nur die ursprüngliche Begründung, d. h. der Gesichtspunkt a, kann noch präzisiert und klargestellt werden; ebenso wohl FG Karlsruhe v. 15. 3. 1978, EFG 1978, 474 f.; zustimm. *Laubinger*, VerwArch. 1981, 337; *Meyer/Borgs*, § 45, 30 (arg. a fortiori aus § 45 II); ebenso wohl *Kopp*, VwVfG, § 45, 22; *Maurer*, Allgem. VerwR, 7. Aufl. 1990, § 10, 40; *Schenke*, VBlBW 1982, 325 (§ 45 II analog); ders., NVwZ 1989, 1 ff. Zum gleichen Ergebnis gelangen StBL, § 45, 30 ff.; *Schoch*, DÖV 1984, 408 ff. und *EF*, § 113, 19, die zwar § 45 II VwVfG auf die inhaltlich unrichtige Begründung nicht anwenden, aber eine Heilung durch Nachschieben von Gründen aus materiell-rechtlichen Erwägungen heraus für unzulässig halten. Vgl. auch BVerwG v. 18. 5. 1990, BVerwGE 85, 163 (165 ff.).

BVerwG entwickelten Zulässigkeitsschranken für das *Nachschieben von Gründen* im Verwaltungsprozeß gelten: Die nachträglich von der Behörde angegebenen Gründe müssen schon bei Erlaß des VA vorgelegen haben, der VA darf durch sie nicht in seinem Wesen verändert und der Betroffene nicht in seiner Rechtsverteidigung beeinträchtigt werden[15]). Unzulässig ist jedenfalls bei ErmessensVAen ein Nachschieben von Gründen im Prozeß durch eine mit der Widerspruchsbehörde nicht identische Ausgangsbehörde[16]).
Da die Heilung formeller Begründungsfehler bis zum Abschluß des Vorverfahrens erfolgen kann, ist es ausreichend, wenn die erforderliche Begründung im Widerspruchsbescheid gegeben wird[17]).

7 – die Verletzung *rechtlichen Gehörs*[18]) (§ 45 I Nr. 3 VwVfG)[19]).

Die nachzuholende *Anhörung* besteht darin, daß dem Beteiligten Gelegenheit gegeben wird, sich zu den für die Entscheidung wesentlichen Tatsachen zu äußern (§ 28 VwVfG)[20]). Eines *besonderen Hinweises* der nachholenden Behörde auf die Gelegenheit zur Äußerung bedarf es im Regelfall nicht; vielmehr genügt die Bekanntgabe eines mit Gründen und Rechtsbehelfsbelehrung versehenen Ausgangsbescheides[21]). Etwas anderes gilt lediglich dann, wenn die Ausgangsbehörde und der WF eine nach Auffassung der Widerspruchsbehörde entscheidungserhebliche Tatsache übersehen haben. In diesem Fall gebietet der Schutzzweck des § 28 VwVfG, den Beteiligten darauf hinzuweisen, daß die bisher übersehene Tatsache entscheidungserheblich sei

---

15) Zum Nachschieben von Gründen vgl. BVerwG v. 27. 1. 1982, BVerwGE 64, 356 (358 ff.); v. 19. 8. 1982, Buchholz 418.02 Tierärzte Nr. 2; v. 28. 4. 1983, DVBl. 1983, 1105 (1108); BVerwGE 75, 121 und *SG*, Rdnrn. 731 ff. m. w. N.
16) Vgl. BVerwG v. 13. 11. 1981, DVBl. 1982, 304 (305) und § 32 Rdnr. 2; weitergehend *StBL*, § 45, 32 und *Schoch*, DÖV 1984, 410 f.: auch bei Identität von Ausgangs- und Widerspruchsbehörde; insoweit a. A. BVerwG, Buchholz 418.02 Tierärzte Nr. 2.
17) Vgl. BVerwG v. 18. 8. 1977, BVerwGE 54, 276 (280); BWVGH v. 1. 2. 1983, DÖV 1983, 383 (384); *Schoch*, DÖV 1984, 407; *StBL*, § 45, 21.
18) Zur Auslegung des § 28 VwVfG vgl. *Mandelartz*, DVBl. 1983, 112 ff.; *Feuchthofen*, DVBl. 1984, 172 ff.; *Laubinger*, VerwArch. 1984, 55 f.; *Weides*, JA 1984, 648 ff.; *Krasney*, NVwZ 1986, 337 ff.; *Schilling*, VerwArch. 1987, 45 ff.; BVerwG v. 30. 4. 1981, Buchholz 451.74 § 8 KHG Nr. 3; BVerwGE 66, 113 ff., 186 ff.; 68, 270 ff.; v. 29. 4. 1983, DVBl. 1983, 997 ff.; v. 18. 10. 1988, BVerwGE 80, 299 (303 f.); NWOVG v. 1. 7. 1983, NVwZ 1983, 746 f.
19) § 45 I Nr. 3 VwVfG ist entsprechend anwendbar auf alle Verfahrenshandlungen, deren vornehmlicher Zweck darin besteht, den Beteiligten rechtliches Gehör zu gewähren, also etwa die für förmliche Verfahren vorgeschriebene mündliche Verhandlung (§ 67 I VwVfG); die in § 45 I Nr. 3 VwVfG genannte Anhörung (§ 28 VwVfG) ist hierfür nur ein Beispiel. Vgl. BVerwG v. 18. 10. 1983, NVwZ 1984, 578 (579); *Kopp*, VwVfG, § 45, 25; *Weides*, JA 1984, 651.
20) Vgl. BVerwGE 66, 114.
21) Vgl. BVerwGE 66, 114; 66, 189 f.; v. 20. 10. 1982, DÖV 1983, 246 f.; OVG Lüneburg v. 13. 10. 1986, NVwZ 1987, 511; a. A. NWOVG v. 19. 1. 1981, DVBl. 1981, 689 (690): besondere, über die Durchführung des Widerspruchsverfahrens hinausgehende Maßnahme; andernfalls wäre § 28 VwVfG überflüssig; ebenso wohl auch RhPfOVG v. 17. 1. 1979, AS 15, 167 (168 f.); *Meyer/Borgs*, § 45, 33; *Meyer*, NVwZ 1986, 519; *Hufen*, S. 407; *K/Klappstein*, § 45, 3.3.2; *Schoch*, NVwZ 1983, 254; *Mandelartz*, DVBl. 1983, 115 f.; *StBL*, § 45, 41 f.; ebenso auch zu § 13 III MusterungsVO BVerwGE 37, 311 ff.; v. 17. 2. 1972, NJW 1972, 1483. Differenzierend *Weides*, JA 1984, 658 f.; besonderer Hinweis erforderlich, wenn WF Widerspruch nicht begründet.
Die Bekanntgabe eines hinreichend begründeten VA, der insbes. die entscheidungserheblichen Tatsachen nicht nennt, genügt jedoch auf keinen Fall. Vgl. OVG Lüneburg v. 8. 6. 1983, OVGE 37, 403 ff.

und er Gelegenheit habe, sich dazu zu äußern[22]). Als entscheidungserheblich i. S. des § 28 I VwVfG sind nur diejenigen Tatsachen anzusehen, auf die es nach der rechtlichen Einschätzung der Behörde ankommt[23]).
Der Anhörungsmangel wird demnach i. d. R. geheilt, wenn der Betroffene seine Einwendungen im Wege des Widerspruchs vortragen kann, die zuständige Behörde etwaiges Vorbringen zur Kenntnis nimmt und bei ihrer Entscheidung, z. B. dem Widerspruchsbescheid (aus den Gründen erkennbar), in Erwägung zieht[24]).

— die unterlassene *Mitwirkung eines Ausschusses oder einer anderen Behörde*[25]) (§ 45 I Nrn. 4 und 5 VwVfG)[26]).

8

Eine Heilung ist allerdings ausgeschlossen, wenn das Gesetz die Mitwirkung zwingend *vor* Erlaß des VA vorschreibt und die Nachholung der Mitwirkung durch die Widerspruchsbehörde den Schutzzweck der Vorschrift unterlaufen würde[27]).

Die Möglichkeit der Heilung beschränkt § 45 II VwVfG im Gegensatz zur früher großzügigeren Rechtsprechung[28]) zeitlich bis zum Abschluß des Vorverfahrens, wo ein solches unstatthaft ist, bis zur Erhebung der verwaltungsgerichtlichen Klage[29]).

9

§ 45 II VwVfG setzt allein eine zeitliche, keine materielle Schranke. Aus ihm läßt sich deshalb nicht entnehmen, daß eine Heilung nur im Verwaltungs- und Widerspruchsverfahren möglich ist. Auch Sinn und Zweck des § 45 II stehen einer Auslegung, die

---

22) Vgl. BVerwGE 66, 114; 66, 189 f.; NWOVG v. 17. 3. 1983, NVwZ 1983, 617.
23) Vgl. BVerwGE 66, 190; *Weides,* JA 1984, 652; a. A. *Kopp,* VwVfG, § 28, 17; kritisch *Martens,* NVwZ 1984, 557.
24) Vgl. BVerwGE 66, 114 f.; v. 9. 12. 1988, NJW 1989, 1873 f.; NWOVG, NJW 1978, 1765.
25) Zu beachten ist, daß nach der Rechtsprechung des BVerwG § 45 VwVfG sich nur mit der nach außen wirkenden Tätigkeit der Behörden befaßt, nicht aber mit ihrer inneren Willensbildung. Personalvertretungen sind deshalb weder Behörden noch Ausschüsse i. S. des § 45 VwVfG (kritisch hierzu *Laubinger,* VerwArch. 1985, 449 ff. und *Battis,* NVwZ 1986, 889). Die Frage der Heilung ist deshalb allein nach dem Personalvertretungsrecht zu beurteilen, das allerdings für die oben beschriebene Mitwirkung weitgehend zu gleichen Ergebnissen kommt. Vgl. Fußn. 26, allerdings auch Fußn. 27.
26) Vgl. BVerwG v. 24. 6. 1965, BVerwGE 21, 240 (249 f.) zur *Mitwirkung des Personalrats* bei der Zwangspensionierung eines Beamten; BVerwG v. 24. 11. 1983, BVerwGE 68, 189 (193 ff.) zur *Mitwirkung des Personalrats* bei Entlassung eines Beamten auf Widerruf unter Einhaltung einer Frist (bestätigt in BVerwG v. 9. 5. 1985, DVBl. 1985, 1236); v. 11. 5. 1979, BVerwGE 58, 80 ff. zur Beteiligung sachverständiger Stellen der gewerblichen Wirtschaft nach § 3 III BLG. Zur Mitwirkung sozial erfahrener Personen nach § 114 II BSHG vgl. § 26 Rdnr. 14.
27) Vgl. für die vor der Entlassung eines schwerbehinderten Beamten durch § 47 II SchwbG vorgeschriebene Anhörung der Hauptfürsorgestelle BVerwG v. 13. 12. 1963, BVerwGE 17, 279 (281 ff.); v. 23. 10. 1969, BVerwGE 34, 133 (138); v. 17. 9. 1981, DVBl. 1982, 582 (583); für die *Anhörung des Personalrats* vor *fristloser* Entlassung eines Probebeamten NWOVG v. 8. 3. 1982, NJW 1982, 1163; BVerwG v. 1. 12. 1982, BVerwGE 66, 291 ff.; v. 9. 5. 1985, DVBl. 1985, 1236 f.; offengelassen für die Einholung eines amtsärztlichen Zeugnisses vor der Entlassung wegen Polizeidienstunfähigkeit von BVerwG v. 13. 12. 1963, DÖV 1974, 603; verneinend BVerwG v. 18. 8. 1977, BVerwGE 54, 276 (279) für die Anhörung der Schwangeren vor Zulässigerklärung der Kündigung nach § 9 III MuSchG. Vgl. auch *Laubinger,* VerwArch. 1981, 340.
28) Vgl. oben § 26 Fußn. 34 und *Kopp,* VwVfG, § 45, 39 m. w. N.
29) Durch einen Eilantrag nach den §§ 80, 123 VwGO wird diese Schranke nicht ausgelöst. Vgl. NWOVG, NJW 1978, 1765; RhPfOVG, AS 15, 168. Vgl. auch Fußn. 30.

eine Heilung auch in einem gerichtlichen Eilverfahren zuläßt, nicht entgegen[30]). Erforderlich ist allerdings, daß die zuständige Behörde die Stellungnahme des Betroffenen zur Kenntnis nimmt, sich mit ihr auseinandersetzt und im gerichtlichen Verfahren dem Betroffenen gegenüber zu erkennen gibt, ob sie an ihrer Entscheidung festhält oder nicht[31]).
Hat der Bürger trotz zwingend angeordneten Vorverfahrens sofort geklagt und das Gericht sein Verfahren zur Nachholung des Widerspruchsverfahrens ausgesetzt, so kann im Widerspruchsverfahren trotz anhängiger Klage geheilt werden (BSG v. 14. 1. 1984, NVwZ 1986, 596 f.; HessVGH v. 7. 3. 1989, NJW 1989, 2767 f.), nicht aber, wenn zulässigerweise Untätigkeitsklage erhoben worden ist (RhPfOVG v. 25. 2. 1986, NVwZ 1986, 654; differenzierter BVerwG v. 1. 7. 1986, NVwZ 1986, 913: Heilung jedenfalls dann möglich, wenn ein zureichender Grund i. S. des § 75 S. 3 VwGO vorlag).

10 Wird der Fehler durch die Widerspruchsbehörde geheilt, ist der Widerspruch, wenn der VA in der Sache rechtmäßig war, als unbegründet zurückzuweisen, jedoch sind der Ausgangsbehörde die *Kosten* aufzuerlegen (§ 80 I S. 2 VwVfG). Ist wegen unterlassener Begründung oder Anhörung die Widerspruchsfrist versäumt worden, kann der WF nach § 45 III VwVfG Wiedereinsetzung verlangen[32]).

III. Unbeachtlichkeit von Form- und Verfahrensfehlern

11 Nach § 46 VwVfG kann sogar die *Aufhebung* eines (nicht nichtigen) VA von Anfang an nicht *beansprucht werden,* wenn lediglich die Verletzung von Vorschriften über
– das Verfahren[33])

---

30) So NWOVG, NJW 1978, 1765; BayVGH v. 16. 2. 1983, BayVBl. 1983, 595; HessVGH v. 20. 5. 1988, NVwZ-RR 1989, 113 f.; *Laubinger,* VerwArch. 1981, 342; *Mandelartz,* DVBl. 1983, 116; offengelassen in HessVGH v. 28. 4. 1978, NJW 1979, 178 (179); v. 4. 12. 1986, NVwZ 1987, 510; a. A. RhPfOVG, AS 15, 168 f.; BerlOVG v. 9. 2. 1982, GewArch 1982, 372; *Meyer/Borgs,* § 45, 26; *K/Klappstein,* § 45, 3.3.2; *StBL,* § 45, 44; *Hufen,* S. 408; wohl auch *Schoch,* NVwZ 1983, 257 und neuerdings das obiter dictum in BVerwGE 68, 275 sowie *Weides,* JA 1984, 657.
31) Vgl. *Laubinger,* VerwArch. 1981, 342; HessVGH v. 4. 12. 1986, NVwZ 1987, 510. Nach BVerwGE 68, 275 muß jedenfalls bei Ermessensentscheidungen die Nachholung auch im Rahmen eines Verwaltungsverfahrens vorgenommen werden, das geeignet ist, auf Grund einer neuen Ermessensbetätigung zu einer Abänderung des ohne Anhörung erlassenen VA zu führen; dazu reiche die Durchführung einer mündlichen Verhandlung nicht. Ob damit ein Unterschied zur oben vertretenen Meinung aufgestellt wird, läßt sich angesichts der nicht aussagekräftigen Kürze des obiter dictums nicht beurteilen.
32) Vgl. *Kopp,* VwVfG, § 45, 43 ff.; *StBL,* § 45, 81; *Meyer/Borgs,* § 45, 17.
33) Vgl. z. B. NWOVG v. 2. 3. 1979, GewArch 1979, 331; RhPfOVG v. 17. 1. 1979, AS 15, 198 (200 f.); BVerwG v. 25. 8. 1981, Buchholz 451.20 § 35 GewO Nr. 34; BVerwGE 68, 276 für § 28 VwVfG.
Der Mangel eines Antrags bei mitwirkungsbedürftigen VAen (vgl. oben § 23 Rdnr. 3) ist allerdings deshalb beachtlich, weil ihm über die verwaltungsverfahrensrechtliche Qualität hinaus materiell-rechtliche Bedeutung zukommt, die von § 46 VwVfG nicht erfaßt wird. Vgl. RhPfOVG v. 16. 10. 1985, NVwZ 1986, 576 (578).

— die Form³⁴) oder
— die örtliche Zuständigkeit³⁵) (für die qualifizierte, an die res sita anknüpfende örtliche Zuständigkeit gilt dies wegen § 44 II Nr. 3 VwVfG nicht) gerügt wird und keine andere Entscheidung *in der Sache* hätte getroffen werden können.

Die Verletzung von Vorschriften über die *sachliche* oder gar die *Verbandszuständigkeit* wird von § 46 VwVfG nicht erfaßt³⁶). Derartige Zuständigkeitsverletzungen führen unabhängig von ihrer Entscheidungserheblichkeit stets zur Aufhebung (sondergesetzliche Ausnahme z. B.: § 8 I S. 2 BRRG) und werden auch nicht dadurch geheilt, daß die zuständige Behörde den Widerspruchsbescheid erläßt³⁷). 12

§ 46 VwVfG legt eine bereits vorher durch die höchstrichterliche Rechtsprechung herausgearbeitete Schranke für die Anfechtbarkeit von VAen fest: Nur solche Verfahrensfehler, auf denen die angefochtene Entscheidung beruhen kann (sog. *wesentliche Verfahrensfehler*), sollen zur Aufhebung des VA führen können³⁸). Wesentlich in diesem Sinne ist der Verfahrensfehler immer dann, wenn er einen durch das verwaltungsgerichtliche Verfahren nicht mehr korrigierbaren Einfluß auf die behördliche Entscheidung gehabt haben kann, wie dies typischerweise bei Ermessensentscheidungen der Fall ist³⁹). Bei gebundenen VAen dagegen soll dem Betroffenen trotz (formeller) Gesetzesverletzung der Aufhebungsanspruch versagt sein, wenn sich die Entscheidung in der Sache als richtig darstellt⁴⁰). Vor diesem Hintergrund wird deutlich, daß § 46 VwVfG für die Frage der *Entscheidungsalternative* allein darauf abstellt⁴¹), ob es sich bei dem angefochtenen VA um eine rechtlich gebundene oder eine im *Ermessen*⁴²) 13

---

34) Die inhaltliche Bestimmtheit fällt nicht hierunter. Vgl. BFH v. 5. 7. 1978, BStBl. 1978 II 542 f.; *Laubinger*, VerwArch. 1981, 343 ff.; differenzierend *Meyer/Borgs*, § 46, 18.
35) Vgl. BVerwG v. 13. 5. 1976, Buchholz 315.326 Rücknahme Nr. 8, S. 8 f. m. w. N. über den Meinungsstand vor Erlaß des VwVfG. Vgl. BVerwG v. 17. 2. 1981, Buchholz 442.10 § 4 StVG Nr. 58; v. 3. 5. 1982, NVwZ 1982, 618 f.; v. 22. 2. 1985, BVerwGE 71, 63 (65).
36) Vgl. *StBL*, § 46, 22 f.; *Ule/Laubinger*, S. 282; BWVGH v. 18. 5. 1978, DÖV 1978, 696; NWOVG v. 3. 10. 1978, OVGE 33, 274 ff.; BVerwG v. 29. 9. 1982, BVerwGE 66, 178 (183); a. A. *Bettermann*, Festschr. Menger 1985, S. 721 f.
37) Vgl. *StBL*, § 46, 23; *Menger/Erichsen*, VerwArch. 1970, 178 ff.; BVerwG v. 16. 7. 1968, BVerwGE 30, 138 (145). Zum Sonderfall der Heilung eines sachlichen Zuständigkeitsmangels durch nachträgliche Gesetzesänderung BVerwGE 66, 182 ff.
38) Vgl. hierzu BVerwG v. 21. 4. 1982, Buchholz 316 § 46 VwVfG Nr. 8 m. w. N.; *Papier*, Der verfahrensfehlerhafte Staatsakt, 1973; *Bettermann*, Festschr. Menger 1985, S. 711 ff.
39) Vgl. BVerwG, a. a. O., § 46 VwVfG Nr. 8 S. 6.
40) Vgl. BVerwG v. 7. 10. 1980, BVerwGE 61, 45 (49); v. 3. 5. 1982, BVerwGE 65, 287 (290).
41) BVerwGE 65, 289.
42) Vgl. *Bettermann*, Festschr. Ipsen 1977, S. 276; *ders.*, Festschr. Menger 1985, S. 722 ff.; *StBL*, § 46, 30 f.; *Ule/Laubinger*, S. 405 f.; *Krebs*, DVBl. 1984, 112 f.; NWOVG, NJW 1978, 1765; NJW 1981, 936; NVwZ 1983, 747; RhPfOVG, AS 15, 169; BVerwGE 61, 49; v. 26. 3. 1981, BVerwGE 62, 108 (116); BVerwGE 68, 276; BVerwGE 71, 65; kritisch *Hufen*, DVBl. 1988, 76 f.

oder in der Beurteilungs-(Einschätzungsprärogative)⁴³) stehende Entscheidung der Verwaltung handelt. Für letztere gilt § 46 VwVfG nicht; nur für gebundene VAe kann i. d. R. der Mangel der Entscheidungsalternative nachgewiesen werden.

Eine Ausnahme wird man lediglich für die Fälle der sog. *Ermessensreduzierung auf Null* anerkennen können, weil man bei ihnen mit vergleichbarer Sicherheit wie bei gebundenen Entscheidungen jede andere Entscheidungsmöglichkeit ausschließen kann⁴⁴).

14 § 46 VwVfG versagt dem WF und späteren Anfechtungskläger den *materiellen Aufhebungsanspruch*⁴⁵); die Möglichkeit der Aufhebung durch Verwaltung oder Gericht ist dagegen in § 46 VwVfG nicht angesprochen. Gleichwohl besteht auch für das Gericht wegen § 113 I S. 1 VwGO keine Aufhebungsbefugnis⁴⁶).

Dasselbe gilt für die Widerspruchsbehörde aus den oben in Rdnr. 1 dargelegten Erwägungen⁴⁷). In ihrer Funktion als Rechtsbehelfsbehörde ist die Widerspruchsbehörde zur Aufhebung des angefochtenen VA nur im Umfang der subjektiven Rechts- oder Zweckwidrigkeit befugt (vgl. oben § 27 Rdnrn. 3 ff.). Sind die Voraussetzungen des § 46 VwVfG gegeben, *ist* deshalb der Widerspruch als unbegründet zurückzuweisen⁴⁸).

IV. Maßgebliche Sach- und Rechtslage

15 Bei der Begründetheitsprüfung ist grundsätzlich auf die Sach- und Rechtslage zum *Zeitpunkt des Erlasses des Widerspruchsbescheides* abzustellen. Änderungen der tatsächlichen oder rechtlichen Grundlagen eines VA, die im Laufe des

---

43) Vgl. *Ule/Laubinger,* S. 405 f.; *Laubinger,* VerwArch. 1981, 346 ff.; *StBL,* § 46, 33; BVerwG, NVwZ 1982, 619. Zum Begriff § 39 Rdnr. 3 a. E.
44) *Ule/Laubinger,* S. 405; *Bettermann,* Festschr. Ipsen 1977, S. 277 ff.; *ders.,* Festschr. Menger 1985, S. 725 f.; *StBL,* § 46, 32 m. w. N.; BayVGH v. 16. 4. 1981, NVwZ 1982, 510 (513); RhPfOVG, AS 15, 169; NWOVG, DVBl. 1981, 691; v. 10. 12. 1984, NVwZ 1985, 661 (662); VG Köln v. 24. 6. 1980, NJW 1981, 780 (781) und BVerwGE 62, 116; v. 15. 1. 1988, NVwZ 1988, 525 (526) = JuS 1988, 995 *(Osterloh);* für Beurteilungsspielräume vgl. BVerwG v. 20. 11. 1987, BVerwGE 78, 280 (284 f.); a. A. *Meyer/Borgs,* § 46, 27.
45) Vgl. *Laubinger,* VerwArch. 1981, 350; *Kopp,* § 46, 7; *Meyer/Borgs,* § 46, 5; *Schenke,* DÖV 1983, 324 f.; DÖV 1986, 307 ff.; *Hufen,* S. 419; *ders.,* DVBl. 1988, 75.
46) Vgl. BVerwGE 65, 289 f.; BFH v. 2. 7. 1980, BStBl. 1980 II, 684 (685 f.); *Laubinger,* a. a. O.; *Bettermann,* a. a. O., S. 277 f.; *StBL,* § 46, 12; *Skouris,* NJW 1980, 1722; *Krebs,* DVBl. 1984, 110 f.; *Hufen,* DVBl. 1988, 77; a. A. *Götz,* NJW 1976, 1429; *Degenhart,* DVBl. 1981, 206 f.: „neuartiges richterliches Ermessen"; RhPfOVG v. 5. 10. 1977, EFG 1977, 618.
47) Vgl. NWOVG v. 7. 3. 1979, OVGE 34, 76 (77 f.); *Laubinger,* VerwArch. 1981, 351; *Bettermann,* a. a. O., S. 277; *Kopp,* § 46, 11; *K/Klappstein,* § 46, 5.4; *Skouris,* NJW 1980, 1722; *Schenke,* DÖV 1983, 325; DÖV 1986, 311; *Hufen,* S. 419; a. A. *Meyer/Borgs,* § 46, 13.; *Meyer,* NVwZ 1986, 521.
48) Vgl. *Kopp,* § 46, 7; *K/Klappstein,* § 46, 5.6.

Widerspruchsverfahrens eintreten, sind deshalb von der Widerspruchsbehörde grundsätzlich zu berücksichtigen[49]).

Vgl. hierzu die Leitentscheidung BVerwG v. 6. 4. 1955, BVerwGE 2, 55 (62): „Unter allgemeinen rechtsstaatlichen Gesichtspunkten liegt den Verwaltungsbehörden die Verpflichtung ob, die von ihnen noch nicht abschließend geregelten Fälle unter Kontrolle zu halten, solange sie – im Wirkungskreis der Verwaltung verblieben – noch der endgültigen Regelung harren. Diese Verpflichtung trifft mithin die Beschwerde- und die Einspruchsbehörde, wenn sie mit einem Rechtsmittel befaßt werden."
BayVGH v. 8. 11. 1955, BayVBl. 1956, 92: „Dies entspricht auch der legitimen Funktion der Verwaltung, sich wechselnden Lagen anzupassen (BVerfG v. 1. 7. 1953, BVerfGE 2, 380 [395])."

Dieser Grundsatz erleidet jedoch nach der Rechtsprechung des BVerwG **16** Einschränkungen für Fälle *baurechtlicher Nachbarwidersprüche*, da eine dem Begünstigten zum Zeitpunkt des Erlasses des VA zustehende Rechtsposition nicht nachträglich ohne ausdrückliche Rechtsgrundlage entzogen werden dürfe. Dies wird begründet mit dem Hinweis auf die Eigentumsgarantie des Art. 14 GG und einen das Bodenrecht kennzeichnenden Grundsatz, der dem Bauherrn eingeräumte Rechtspositionen trotz Rechtsänderung grundsätzlich belasse und ihre Beseitigung nur gegen Entschädigung gestatte (vgl. § 14 III BauGB und auch § 15 I Nr. 1 WHG)[50]).

Legt also z. B. der Nachbar Widerspruch gegen eine dem Bauherrn erteilte Baugenehmigung ein, so können Rechtsänderungen, die zwischen Wirksamwerden der Baugenehmigung und der Widerspruchsentscheidung zum Nachteil des Bauherrn eintreten, nicht berücksichtigt werden. Entscheidende Voraussetzung hierfür ist allerdings die – ebenfalls bestrittene – Annahme, daß die Baugenehmigung bereits mit der Bekanntgabe an den Bauherrn und nicht erst im Zeitpunkt des Zugehens beim letzten Betroffenen wirksam wird[51]).
Ebenso hat das BVerwG ein vor Inkrafttreten des WHG erteiltes, aber von einem Dritten angefochtenes *Wasser-(Benutzungs-)Recht* als nach § 15 I Nr. 1 WHG bestehengeblieben beurteilt, da die Änderung der Rechtslage während des Vorverfahrens nicht zum Nachteil des Begünstigten geltend gemacht werden könne[52]).

---

49) Vgl. auch RhPfOVG v. 9. 12. 1965, AS 9, 409; v. 21. 2. 1984, NVwZ 1985, 436; BWVGH v. 16. 9. 1969, VerwRspr. 21, 559 (562); HessVGH v. 27. 4. 1978, ESVGH 29, 73 (74); v. 23. 2. 1988, NVwZ 1988, 743 f.; BVerwG v. 23. 5. 1975, BayVBl. 1976, 26 (27); v. 24. 9. 1975, BVerwGE 49, 197 (198); v. 29. 3. 1979, Buchholz 310 § 72 VwGO Nr. 9; v. 24. 4. 1987, NJW 1988, 276 (277); *RÖ*, § 73, 14, 15; *Kopp*, § 68, 14; *Scheuing*, DÖV 1975, 149.
50) Vgl. BVerwG v. 31. 1. 1969, Buchholz 406.42 § 11 RGaO Nr. 10; v. 19. 9. 1969, DÖV 1970, 135 ff. mit ablehnender Anm. *Schuegraf*, NJW 1970, 581 f.; v. 14. 4. 1978, DVBl. 1978, 614 f.; BWVGH v. 30. 11. 1978, NJW 1979, 997 f.; v. 15. 4. 1981, VBlBW 1982, 137 (138); ablehnend *Kopp*, § 68, 14; zustimmend dagegen *EF*, § 73, 7 a; auch *Heise*, DÖV 1973, 779 f. und *Buhren*, DVBl. 1976, 69.
51) Vgl. BVerwG, DÖV 1970, 137 m. w. N. und *Wolff/Bachof*, I, § 47 VI c.
52) Vgl. BVerwG v. 10. 4. 1968, DÖV 1968, 736.

Auf das *Immissionsschutzrecht* läßt sich diese Rechtsprechung wegen der §§ 17, 67 IV BImSchG nicht übertragen[53]).

Das bedeutet freilich nicht, daß jede verschärfende nachträgliche Neuregelung im Verfahren über den Widerspruch eines Drittbetroffenen berücksichtigt werden kann. Denn ein Nachbarwiderspruch eröffnet der Widerspruchsbehörde nach der Rechtsprechung des BVerwG[54]) nicht die volle Sachherrschaft; die Widerspruchsbehörde ist vielmehr darauf beschränkt, den angegriffenen Verwaltungsakt auf die Verletzung nachbarschützender Vorschriften hin zu überprüfen. Daraus folgt, daß verschärfende Regelungen im — nicht Drittschutz vermittelnden — Vorsorgebereich (§ 5 I Nr. 2 BImSchG) außer Betracht zu bleiben haben[55]).

---

53) Vgl. BVerwG v. 18. 5. 1982, BVerwGE 65, 313 (315 ff.); BWVGH v. 5. 2. 1980, GewArch 1980, 197 (200); BayVGH v. 10. 1. 1983, BayVBl. 1983, 530.
54) Vgl. § 42 Rdnr. 4.
55) Vgl. BVerwGE 65, 318 f.; OVG Lüneburg v. 21. 10. 1986, NVwZ 1987, 341 (342).

§ 39 Der Prüfungsumfang

I. Der Grundsatz umfassender Kontrollkompetenz

Auf Grund der durch den Devolutiveffekt des Widerspruchs begründeten 1
Sachherrschaft (§ 42 Rdnr. 17) wächst der Widerspruchsbehörde innerhalb des
durch den Widerspruch abgesteckten Rahmens (§ 40 Rdnr. 19) die volle Entscheidungskompetenz der Ausgangsbehörde zu. Sie kann deshalb grundsätzlich
den ursprünglichen VA bestätigen, aufheben, abändern oder durch einen
anderen ersetzen oder den beantragten VA selbst erlassen[1]). Die Widerspruchsbehörde ist auch befugt, andere tatsächliche und rechtliche Gesichtspunkte zur
Begründung des von der Ausgangsbehörde erlassenen VA anzuführen[1]) sowie
die Ermessenserwägungen der Ausgangsbehörde uneingeschränkt abzuändern
und zu ersetzen[2]), also nicht nur andere Gründe für eine bereits getroffene
Ermessensentscheidung zu berücksichtigen, sondern auch eine *neue Ermessensentscheidung* zu treffen[3]). Dies ergibt sich aus dem umfassenden Kontrollzweck
des Widerspruchsverfahrens sowie der verfahrensrechtlichen Einheit von Ausgangs- und Widerspruchsbescheid (§§ 68, 79 VwGO)[4]). Für Ermessensakte
folgt hieraus, daß die gerichtliche Prüfung grundsätzlich am Widerspruchsbescheid auszurichten ist[5]).

> Ist z. B. eine Abrißverfügung auf naturschutzrechtliche Gründe gestützt worden, so
> kann im Vorverfahren die Widerspruchsbehörde eine neue Ermessensentscheidung
> treffen und dabei baurechtliche Gesichtspunkte heranziehen[3]).
> Zu beachten sind jedoch die Einschränkungen der Ermessenskontrolle bei Nachprüfung der VAe von Selbstverwaltungsbehörden durch staatliche Widerspruchsbehörden
> (vgl. § 37 Rdnrn. 17 ff.).

Die Grundsätze über das „Nachschieben von Gründen" und über die 2
Umdeutung fehlerhafter VAe greifen, solange das Widerspruchsverfahren noch
nicht abgeschlossen ist, für die Widerspruchsbehörde nicht ein[6]). Deshalb kann
ein wegen Ermessensunterschreitung rechtswidrig als gebundener erlassener
VA dadurch geheilt werden, daß die Widerspruchsbehörde die Rechtsgrund-

---

1) Vgl. BVerwG v. 17. 5. 1979, DÖV 1979, 791 (792); RhPfOVG v. 8. 11. 1973, AS 13, 291 (293);
   v. 21. 2. 1984, NVwZ 1985, 436; BayVGH v. 19. 3. 1981, NJW 1982, 460; SaarlOVG v. 12. 11.
   1982, AS 18, 15 (17 ff.) sowie die Nachw. in Fußn. 2 und 7.
2) BVerwG v. 3. 4. 1974, Buchholz 402.24 § 10 AuslG Nr. 34.
3) RhPfOVG, AS 13, 293.
4) BVerwG, Buchholz 402.24, § 10 AuslG Nr. 34; v. 27. 9. 1989, BVerwGE 82, 336 (338); v. 1. 12.
   1989, BVerwGE 84, 178 (181); RhPfOVG, AS 13, 293.
5) Vgl. BVerwG v. 16. 10. 1979, NJW 1980, 2033; v. 13. 11. 1981, DVBl. 1982, 304 (305); v. 26. 2.
   1987, Buchholz 310 § 68 VwGO Nr. 29; v. 27. 10. 1987, BVerwGE 78, 192 (200); v. 19. 8. 1988,
   NVwZ 1989, 66; v. 6. 4. 1989, NVwZ 1989, 768 (769); BWVGH v. 15. 11. 1989, NVwZ 1990, 1085.
6) Vgl. RhPfOVG, AS 13, 295; a. A. *StBL*, § 45, 35, der hier von einem durch den Devolutiveffekt
   des Widerspruchs nicht gedeckten Neuerlaß eines anderen VA ausgeht. Dies ist zu eng; vgl. unten
   § 40 Rdnr. 19.

lage auswechselt und ihn auf zutreffende Ermessenserwägungen stützt[7]), ein Verfahren, das nach Abschluß des Widerspruchsverfahrens unzulässig wäre, weil es den VA in seinem Wesen verändern würde[8]).

Keinesfalls kann ein ursprünglich als gebundener VA erlassener und von der Widerspruchsbehörde bestätigter VA im Verwaltungsrechtsstreit durch nachgeschobene Ermessenserwägungen der Ausgangsbehörde mit heilender Wirkung in eine Ermessensentscheidung umgewandelt werden, wenn die Ausgangsbehörde nicht mit der Widerspruchsbehörde identisch ist[9]). Anderenfalls würde dem Bürger die durch § 68 VwGO verbürgte vorprozessuale Zweckmäßigkeitsprüfung, die ihm bei Ermessensakten ein Mehr an Rechtsschutz gewähren kann, genommen.

Diese Befugnisse stehen der Widerspruchsbehörde jedoch nur innerhalb des durch Ausgangsbescheid und Widerspruch abgesteckten Rahmens zu (vgl. § 40 Rdnr. 19). Sie darf den AusgangsVA, soweit er durch Widerspruch angegriffen ist, anhand der in § 68 Abs. 1 Satz 1 VwGO niedergelegten Maßstäbe kontrollieren und ihm seine abschließende Gestalt geben, sich aber nicht an die Stelle der Ausgangsbehörde setzen und aus Anlaß des Widerspruchs einen anderen – nicht in ihre Zuständigkeit fallenden – VA erlassen; dies wäre kein Widerspruchsbescheid, sondern ein ihre Kompetenz überschreitender Erstbescheid.

Das wäre z. B. der Fall, wenn die Widerspruchsbehörde einen Geldleistungsbescheid zugunsten einer anderen Abgabenart aufrechterhält (z. B. festgesetzte Säumniszuschläge als Verzugszinsen zu rechtfertigen sucht), da dies den Ersterlaß eines anderen GeldleistungsVA bedeuten würde. Dazu wäre die Widerspruchsbehörde nur unter den Voraussetzungen des § 47 VwVfG berechtigt, die aber im Beispielsfall nicht vorliegen. § 47 I VwVfG verlangt nämlich Zielidentität, die bei Säumniszuschlag und Verzugszins fehlt: Der Säumniszuschlag soll den Rechtsungehorsam beugen, der Verzugszins nimmt ihn hin und gewährt Ersatz des durch ihn verursachten Schadens.

3   Der umfassende Kontrollzweck des Widerspruchsverfahrens verbietet es, daß die Widerspruchsbehörde den VA nur unter Beschränkung auf die in ihm angegebenen Gründe auf seine Rechtmäßigkeit und Zweckmäßigkeit hin überprüft. Macht der WF einen Verpflichtungs- oder Bescheidungsanspruch geltend, so darf sich die Widerspruchsbehörde *nicht auf eine Überprüfung der Gründe beschränken,* die in dem *ablehnenden Entscheid* angeführt sind. Vielmehr hat sie die Pflicht, über die Begründetheit des geltend gemachten

---

[7]) Vgl. BVerwG v. 14. 12. 1970, DÖV 1971, 746 (747); v. 28. 2. 1975, BVerwGE 48, 81 (84, 86); v. 21. 10. 1980, BVerwGE 61, 105 (110) und *Wolff/Bachof,* I, § 31 II d 1, S. 200.
[8]) Vgl. für das Nachschieben von Gründen nach § 38 Rdnr. 6 BVerwG v. 15. 6. 1971, BVerwGE 38, 191 (194 f.); v. 27. 1. 1982, BVerwGE 64, 356 (358) und NWOVG v. 17. 2. 1966, OVGE 22, 112 (114); für die Umdeutung § 47 III VwVfG und BVerwGE 48, 84 ff. Vgl. insgesamt *H. J. Müller,* NJW 1978, 1354 ff. und *StBL,* § 45, 32 f. m. w. N.
[9]) Vgl. BVerwG, DVBl. 1982, 305.

Anspruchs, soweit möglich, in vollem Umfang und abschließend zu entscheiden. Dies gilt stets und ohne Einschränkung auch dann, wenn sich die Ausgangsbehörde selbst auf die Prüfung einzelner Fragen beschränkt hat, diese aber nach Auffassung der Widerspruchsbehörde für die Ablehnung nicht ausreichen[10]).

Ähnliches gilt für Entscheidungen in Ausübung sog. *Beurteilungsermächtigungen.*

Die Terminologie ist noch nicht einheitlich. Früher sprach man von *Beurteilungsspielräumen,* neuerdings auch von *Beurteilungs-* oder *Einschätzungsprärogativen* (einen Überblick über die bisher anerkannten Fallgruppen geben StBL, § 40, 101 ff. und BVerwG v. 26. 6. 1990, DVBl. 1991, 49).

Ein Recht zur Letzterkenntnis kann der zur Beurteilung ermächtigten Ausgangsbehörde grundsätzlich nur im Rahmen richterlicher Kontrolle erwachsen, nicht aber ohne weiteres auch gegenüber der zur umfassenden Rechts- und Zweckmäßigkeitsprüfung verpflichteten Widerspruchsbehörde[11]).

4

Die Widerspruchsbehörde ist deshalb z. B. nicht auf die Prüfung beschränkt, ob der zum *Eignungsurteil* berufene Dienstvorgesetzte seinen Beurteilungsspielraum eingehalten hat, sondern hat grundsätzlich den Bewertungsvorgang erneut zu vollziehen[12]).

II. Einschränkungen der Kontrollbefugnis

Einschränkungen der Kontrollbefugnis der Widerspruchsbehörde können sich ausnahmsweise ergeben:
a) aus *rechtlichen* Gründen.

5

§ 68 I S. 2, 1. Alt. VwGO ermächtigt nicht nur zur gesetzlichen Abschaffung des Vorverfahrens (vgl. oben § 31 Fußn. 22), sondern auch zur Beschränkung des Kontrollmaßstabes der Widerspruchsbehörde[13]). Deshalb kann der Gesetzgeber die

---

10) Vgl. RhPfOVG v. 9. 12. 1965, AS 9, 407 (408 f.).
11) BVerwG v. 1. 12. 1978, BVerwGE 57, 130 (145); v. 17. 5. 1979, DÖV 1979, 791 (792); v. 9. 5. 1985, BVerwGE 71, 251 (254); *Kopp,* § 68, 9; *StBL,* § 40, 123; *Pietzcker,* Verfassungsrechtliche Anforderungen an die Ausgestaltung staatlicher Prüfungen, 1975, S. 120 f.; a. A. für Prüfungsentscheidungen z. B. *Alberts/Füssel,* JA 1975, ÖR, S. 184; *Blasius,* StKV 1972, 7 ff.
12) BVerwGE 57, 145 f.; DÖV 1979, 792; BremOVG v. 1. 10. 1976, DöD 1977, 137; vgl. auch BayVGH v. 11. 2. 1977, BayVGHE 30, 44 ff.; ebenso NWOVG v. 8. 9. 1966, NJW 1967, 949 (950) für Reifeprüfungen.
13) BVerwG v. 27. 10. 1978, Buchholz 421.0 Nr. 98; BVerwGE 57, 147; DÖV 1979, 793; v. 16. 2. 1981, Buchholz 421.0 Prüfungsrecht Nr. 140; BayVGH v. 8. 3. 1982, NJW 1982, 2685 (2686); *EF,* § 68, 10; *Kopp,* § 68, 13.

Beurteilungsermächtigung auch lediglich der Ausgangsbehörde zuweisen, ihr vorbehalten, was durch Auslegung zu klären ist[14]).
Nach Ansicht des BVerwG schränkt z. B. auch § 36 BBG die Entscheidungsbefugnis der Widerspruchsbehörde bei Überprüfung der Ermessensentscheidung des Bundespräsidenten über die Versetzung eines politischen Beamten in den einstweiligen Ruhestand (vgl. § 37 Fußn. 14) ein[15]). Verwaltungsvorschriften und die in ihnen geregelten internen Mitwirkungsbefugnisse anderer Behörden jedenfalls vermögen eine derartige Beschränkung der umfassenden Prüfungskompetenz der Widerspruchsbehörde nicht zu bewirken[16]).

6 b) aus *tatsächlichen* Gründen.

Leistungen, die in einer einmaligen und nicht wiederholbaren Prüfungssituation, etwa im *Prüfungsgespräch*, erbracht worden sind, wird eine übergeordnete Behörde, deren Organwalter der Prüfung nicht persönlich beigewohnt haben, im allgemeinen nicht mehr uneingeschränkt selbst bewerten können[17]), denn nach einem anerkannten Grundsatz des Prüfungs- und Bewertungsrechts setzt die Bewertung einer Leistung ihre volle Kenntnis voraus[18]).

Der Widerspruchsbehörde verbleibt also in diesen Fällen dieselbe Aufgabe wie dem Verwaltungsgericht, nämlich festzustellen, ob die Prüfer die Verfahrensvorschriften und das anzuwendende materielle Recht beachtet haben, insonderheit den Rahmen der Beurteilungsermächtigung eingehalten, ihrer Beurteilung einen richtigen und vollständigen Sachverhalt zugrunde gelegt, allgemeingültige Bewertungsmaßstäbe beachtet und sich sachfremder Erwägungen enthalten haben[19]).

7 *Besondere Probleme* ergeben sich, wenn die Widerspruchsbehörde die Versagung einer bauaufsichtlichen Genehmigung, die auf der *Verweigerung des gemeindlichen Einvernehmens* (§ 36 I BauGB) beruht, zu überprüfen hat.

Nach st. Rspr. des BVerwG ist die Mitwirkungsbefugnis der Gemeinde ein *Verwaltungsinternum*, ihre Versagung deshalb kein anfechtbarer VA. Im Außenverhältnis zum Bürger ist ausschließlich die Baugenehmigungsbehörde zum Erlaß dieses (sog.

---

14) Bejaht von BayVGH v. 27. 10. 1978 – 7 B 198/78 (revisionsrechtlich nicht beanstandet von BVerwG, Buchholz 421.0 Nr. 98) für das Verhältnis von Prüfungsausschuß und Universitätspräsident nach bayerischem Hochschulrecht; von BayVGH, NJW 1982, 2686 und BVerwG v. 20. 7. 1984, BVerwGE 70, 4 (10 f.) für das Verhältnis Prüfungsausschuß (§ 36 BBiG) – IHK; BVerwG, Buchholz 421.0 Nr. 140 für Juristische Staatsprüfung in Niedersachsen sowie BVerwG v. 14. 2. 1984, Buchholz 421.0 Prüfungswesen Nr. 193; v. 5. 5. 1988, NJW 1988, 2632 für Bremen, Hamburg und Schleswig-Holstein; verneint von BVerwGE 57, 147 für das Verhältnis von KG-Präsident und Justizsenator nach Berliner Juristenausbildungsrecht; von BVerwG, DÖV 1979, 793 für das Bundesbeamtenrecht.
15) BVerwG v. 27. 1. 1977, BVerwGE 52, 33 (40 f.); DÖV 1979, 793; v. 17. 9. 1981, RiA 1982, 170 (172).
16) BVerwGE 71, 254.
17) BVerwGE 57, 145; DÖV 1979, 792; Buchholz 421.0 Nr. 140; BayVGH, NJW 1982, 2686; BremOVG, DöD 1977, 138; *Kopp*, § 68, 9 a; *Pietzcker*, S. 120.
18) Vgl. BVerwGE 57, 145; BayVGHE 30, 46; NJW 1982, 2686 und *Pietzcker*, S. 120 f. m. w. N.
19) BVerwGE 70, 11 f.

mehrstufigen) *VA* befugt[20]). Ohne das erklärte Einvernehmen der Gemeinde darf weder die Baugenehmigungs- noch die Widerspruchsbehörde die Baugenehmigung erteilen. Dies gilt grundsätzlich auch dann, wenn das Einvernehmen rechtswidrig versagt wurde[21]). Haben Baugenehmigungs- und Widerspruchsbehörde das Einvernehmen nicht eingeholt oder sich über die Versagung hinweggesetzt, weil sie sie für rechtswidrig hielten, ist auf Klage der Gemeinde die Baugenehmigung allein wegen dieses Verfahrensfehlers aufzuheben, ohne daß es auf die materielle Rechtmäßigkeit der Baugenehmigung ankäme[22]). Die Anwendung des § 46 VwVfG ist ausgeschlossen, weil nach Ansicht des BVerwG die Beachtung des § 36 BBauG nicht nur verfahrensrechtliche Bedeutung hat, sondern auch und vornehmlich die Planungshoheit der Gemeinde sichern soll[23]). Eine „Heilung" durch Nachholung im gerichtlichen Verfahren ist wegen § 45 II VwVfG unzulässig[24]).

Eine *Ersetzung* des rechtswidrig vorenthaltenen Einvernehmens der Gemeinde ist nach Ansicht des BVerwG nur möglich im Wege der *Rechtsaufsicht* (Beanstandung, Fristsetzung, Ersatzvornahme) durch die Kommunalaufsichtsbehörde[25]) oder durch das *Gericht* im Rahmen eines vom Bauwerber gegen die Versagung der Baugenehmigung eingeleiteten Überprüfungsverfahrens[26]).

Legt man diese Rechtsprechung zugrunde[27]), kann die Widerspruchsbehörde lediglich die Ablehnungsgründe der Baugenehmigungsbehörde überprüfen, grundsätzlich aber nicht das verweigerte Einvernehmen der Gemeinde ersetzen. Dies ist von ihr ebenso hinzunehmen wie von der Baugenehmigungsbehörde[28]), es sei denn, der Widerspruchsbehörde ist durch die Vorschriften des anzuwendenden materiellen Rechts und seiner Zuständigkeitsvorschriften eine weitergehende Befugnis zur Entscheidung in der Sache eingeräumt als der Erstbehörde[29]).

Eine Ausnahme besteht für die *Stadtrechtsausschüsse* in Rheinland-Pfalz und dem Saarland. Bei Identität von Genehmigungs- und Gemeindebehörde bedarf es nach

---

20) Vgl. BVerwG v. 19. 11. 1965, BVerwGE 22, 342 (344 f.); v. 25. 10. 1967, BVerwGE 28, 145; v. 29. 5. 1968, DÖV 1969, 145; v. 7. 2. 1986, NVwZ 1986, 556; v. 10. 8. 1988, NVwZ-RR 1989, 6 f.
21) BVerwGE 22, 347 f.; v. 19. 11. 1965, DVBl. 1966, 181 (182); v. 11. 11. 1968, DÖV 1969, 146; v. 16. 12. 1969, DÖV 1970, 349 f.; NWOVG v. 30. 4. 1971, OVGE 27, 411 (413); SaarlOVG v. 20. 2. 1989, NVwZ 1990, 172 (174).
22) BVerwGE 22, 347 f.; DVBl. 1966, 182; NVwZ 1986, 557; NVwZ-RR 1989, 6 f.; BWVGH v. 19. 11. 1965, DVBl. 1966, 177 (178); vgl. auch BVerwG v. 14. 2. 1969, DVBl. 1969, 362 (364); BayVGH v. 6. 11. 1978, BayVBl. 1979, 22 (24); HessVGH v. 18. 6. 1984, NVwZ 1984, 738; v. 19. 8. 1988, BauR 1989, 450 f.
23) Vgl. BVerwGE 22, 347; DVBl. 1966, 181 f.; BayVGH, BayVBl. 1979, 24.
24) BVerwG, DVBl. 1969, 364.
25) BVerwGE 22, 347 f.; DVBl. 1966, 182; BWVGH, DVBl. 1966, 178 f.; NWOVG v. 24. 6. 1970, DÖV 1970, 785 f.; OVGE 27, 413; HessVGH v. 5. 10. 1971, BRS 24 Nr. 141; BayVBl. 1979, 24.
26) BVerwGE 28, 147 f.; DÖV 1969, 146; NWOVG, OVGE 27, 413 ff.
27) So z. B. die Erlasse des HessMdI v. 31. 8. 1979 (HessStAnz. S. 1908) und des Schl.-H.MdI v. 3. 10. 1975 (Amtsbl. S. 1099); vgl. auch HessVGH v. 11. 4. 1990, NVwZ 1990, 1185.
28) BVerwG, DÖV 1969, 146; NVwZ 1986, 557; Nr. 2.3 Erl. Schl.-H.MdI; Nr. 4.6 Erl. HessMdI.
29) BVerwG, NVwZ 1986, 557; NVwZ-RR 1989, 6 f. – verneint für § 36 BBauG, für das rh.-pf. Landesrecht dagegen offengelassen.

Sinn und Zweck des § 36 I BauGB der förmlichen Herstellung des gemeindlichen Einvernehmens nicht[30]). Der Stadtrechtsausschuß als Kommunalorgan kann deshalb die Versagung der Baugenehmigung in vollem Umfang überprüfen und bei Vorliegen der gesetzlichen Voraussetzungen ohne Rücksicht auf ein verweigertes Einvernehmen erteilen[31]), ohne daß die Stadt hiergegen klagen könnte, denn in ihrem Recht auf Ausübung der Planungshoheit kann sie nicht durch ein eigenes Organ, dessen Entscheidungen ihr rechtlich zuzurechnen sind, verletzt werden[32]). Für das Verhältnis Gemeinde–Kreisrechtsausschuß gelten dagegen die allgemeinen Grundsätze[33]).

11 Ist die Widerspruchsbehörde der Auffassung, die Gemeinde habe ihr Einvernehmen rechtswidrig verweigert, so soll sie eine Überprüfung durch die *Kommunalaufsichtsbehörde* herbeiführen[34]). Diese kann unter Einhaltung des aufsichtlichen Verfahrens anstelle der Gemeinde das Einvernehmen im Wege der Ersatzvornahme erklären[35]). Erst die Unanfechtbarkeit oder rechtskräftige gerichtliche Bestätigung dieser Erklärung räumt das Rechtshindernis des mangelnden Einvernehmens endgültig aus[36]). Bis dahin ist das Widerspruchsverfahren grundsätzlich *auszusetzen*.

Dies gilt auch dann, wenn die Widerspruchsbehörde gleichzeitig Kommunalaufsichtsbehörde ist, da das kommunalaufsichtliche Verfahren ein vom Widerspruchsverfahren unabhängiges und besonderen Verfahrensregelungen unterstelltes Verfahren ist[37]).

Lehnt die Aufsichtsbehörde ein Einschreiten gegen die Gemeinde ab[38]) und sind auch Remonstrationen bei den übergeordneten Aufsichtsbehörden erfolg-

---

30) Vgl. BVerwG, DÖV 1970, 349; v. 21. 6. 1974, BVerwGE 45, 207 (212 ff.); HessVGH v. 26. 2. 1971, BRS 24 Nr. 140. Auch bei Identität von Genehmigungs- und Gemeindebehörde muß allerdings der Ablehnungsbescheid erkennen lassen, ob mit ihm auch das nicht förmlich zu erklärende Einvernehmen als Zwischenentscheidung im Bereich planungsrechtlicher Selbstverwaltungsangelegenheiten abgelehnt wurde, da die Widerspruchsbehörde die Verweigerung auch dann beachten muß, wenn sie nicht förmlich zu erklären ist. Vgl. BVerwG, DÖV 1970, 349; Nr. 4.6 Erl. HessMdI; Nr. 4.3 Erl. Schl.-H.MdI.
31) BVerwGE 45, 213 f.
32) BVerwGE 45, 214; ebenso SaarlOVG v. 20. 2. 1989, NVwZ 1990, 174 f. sowie *Löwer*, VerwArch. 1977, 352 ff. m. w. N. auch der Gegenpositionen.
33) BVerwG v. 21. 6. 1974, NJW 1974, 1838 (insoweit in BVerwGE 45, 207 ff. nicht abgedruckt); NVwZ 1986, 557; NVwZ-RR 1989, 6 f.
34) Nr. 4.7 Erl.HessMdI.
35) Vgl. NWOVG, DÖV 1970, 786; HessVGH, BRS 24 Nr. 141; BayVGH v. 12. 7. 1983, BayVBl. 1983, 532 f.
36) Nr. 4.7 Erl.HessMdI. Als gestaltender VA ist zwar die Ersatzvornahme sofort vollziehbar, Widerspruch oder Klage der Gemeinde hätten jedoch a. W. Deshalb sollte grundsätzlich Bestandskraft abgewartet werden, wenn nicht Gründe für eine AnOsVollz. vorliegen.
37) So wohl auch BWVGH, DVBl. 1966, 179 (zustimm. BVerwGE 22, 349); BayVGH, BayVBl. 1979, 24.
38) Es steht grundsätzlich im Ermessen der Aufsichtsbehörde. BGH v. 26. 4. 1979, DÖV 1979, 867 (869) berichtet aus Schleswig-Holstein als ständige Übung, daß die Kommunalaufsichtsbehörden nicht in die verfassungsrechtlich gewährleistete Selbstverwaltung der Gemeinden einzugreifen pflegen, wenn der betroffene Bürger die Möglichkeit hat, eine auch die Gemeinde bindende gerichtliche Klärung herbeizuführen. Der BGH billigt dies ausdrücklich, ohne der Kommunalaufsicht amtspflichtwidriges Verhalten vorzuwerfen.

los, *muß* die Widerspruchsbehörde die Baugenehmigung *versagen* und sich einem Prozeß mit dem Bauwerber stellen[39]).

Das RhPfOVG[40]) hat diese Rechtsprechung heftig kritisiert und gewährte der Baugenehmigungs- und Widerspruchsbehörde die Befugnis, sich über ein rechtswidrig verweigertes Einvernehmen hinwegzusetzen: Es sei inkonsequent, nur dem Gericht, nicht aber der Behörde die Ersetzungsbefugnis zu geben, denn dadurch würde die Behörde – trotz ihrer Außenverantwortung für die Baugenehmigung – zu einer Versagung gezwungen, die vor Gericht keinen Bestand haben könne. Dasselbe gelte für die Widerspruchsbehörde, deren materielle Prüfungsbefugnis ebenfalls blockiert würde. Damit aber sei das Widerspruchsverfahren seines gesetzlichen Zweckes beraubt und stelle nur noch eine sinnlose, den Bürger unnötig belastende Formalie dar[41]). Diese berechtigten Einwände werden zwar durch die Möglichkeiten der Rechtsaufsicht abgeschwächt, aber bei Verschiedenheit von Widerspruchs- und Kommunalaufsichtsbehörde nicht vollends ausgeräumt. Die Lösung des RhPfOVG verdient deshalb den Vorzug, zumal sie die Prozeßführungslast gerecht verteilt[42]). Der Rechtsschutz der Gemeinde gegenüber der Baugenehmigungs- und Widerspruchsbehörde wird dadurch nicht verkürzt, da sie die Baugenehmigung mit der Begründung anfechten kann, ihr Einvernehmen sei zu Unrecht ersetzt worden[43]).

Das RhPfOVG hat nunmehr seine Rechtsprechung mit Rücksicht auf die in Fußn. 43 genannten höchstrichterlichen Entscheidungen aufgegeben und den vom BVerwG gewiesenen Ausweg, seine Rechtsprechung *landesrechtlich* zu begründen (vgl. Fußn. 29), nicht genutzt.

Einschränkungen der Kontrollbefugnis der Widerspruchsbehörde können schließlich daraus folgen, daß nach h. M. der Verwaltung keine *Inzident-*

12

---

39) In diesem ist die Gemeinde notwendig beizuladen (vgl. § 7 Rdnr. 7), ohne daß ihr allerdings bei Obsiegen des Bauwerbers, wenn sie keinen Antrag stellt, die Kosten auferlegt werden könnten (vgl. § 154 III VwGO). Generell zu den Haftungsproblemen vgl. *Pappermann*, DVBl. 1975, 637 ff. Zur Haftung der Gemeinde gegenüber dem Bürger vgl. BGH v. 29. 9. 1975, BGHZ 65, 182 ff.; DÖV 1979, 868 f.
40) RhPfOVG v. 14. 7. 1966, AS 10, 136 (141 f.). Vgl. auch die Kritik bei *Schrödter*, DVBl. 1966, 182 ff. und *Pappermann*, DVBl. 1975, 637 ff.
41) *Schenke*, DÖV 1982, 717 f. plädiert deshalb de lege ferenda für einen gesetzlichen Ausschluß des Vorverfahrens in diesen Fällen.
42) Wie hier *Weides*, S. 251.
43) Vgl. oben Fußn. 22. Vgl. auch BWVGH v. 24. 11. 1977, BRS 33 Nr. 145 m. w. N. Zur Ausnahme bei gemeindeeigenen Widerspruchsbehörden vgl. Rdnr. 10. Vgl. allerdings auch die Einwände von BWVGH, DVBl. 1966, 178. BVerwG, NVwZ 1986, 556 f.; NVwZ-RR 1989, 6 f. setzt sich noch einmal ausführlich mit dem Rh.-Pf.OVG auseinander und weist darauf hin, der Gesetzgeber habe sich im Konflikt zwischen Planungshoheit und Baufreiheit für erstere entschieden. Mit einer Anfechtungsklage gegen eine gleichwohl erteilte Baugenehmigung könnte die Gemeinde eine von ihr durch Veränderungssperre, Bebauungsplan u. dgl. veränderte Rechtslage nicht mehr zur Geltung bringen.

Verwerfungsbefugnis gegenüber Satzungen und anderen im Range unter dem förmlichen Gesetz stehenden Rechtsnormen zukommt[44]).

Das BVerwG[45]) hat bisher nur entschieden, daß die höhere Verwaltungsbehörde als Plangenehmigungsbehörde weder befugt ist, die Nichtigkeit eines von ihr als ungültig erkannten Bebauungsplans verbindlich festzustellen, noch nach Inkrafttreten des Plans die rechtswidrig erteilte Genehmigung zurückzunehmen oder ihre Nichtigkeit festzustellen; der als ungültig erkannte Bebauungsplan ist vielmehr in dem für die Aufhebung von Bebauungsplänen geltenden Verfahren aufzuheben, um damit den Anschein seiner Rechtsgeltung zu beseitigen[46]).

Ausdrücklich offengelassen wurde dagegen, wie sich eine Behörde bei der Entscheidung eines Einzelfalles – wie etwa die Bauaufsichtsbehörde bei der Entscheidung über ein Baugesuch – zu verhalten hat, wenn sie Zweifel an der Gültigkeit eines – entscheidungserheblichen – Bebauungsplanes hat[47]).

13 Die Widerspruchsbehörde hat in solchen Fällen das *Verfahren auszusetzen*[48]) und die Gültigkeitsfrage zu klären. Hierfür stehen ihr mehrere Möglichkeiten zur Verfügung:

a) Hat sie selbst Verfügungsmacht über die Norm, steht ihr nur das *förmliche Aufhebungsverfahren* zur Verfügung; für einen Normenkontrollantrag nach § 47 VwGO fehlt ihr das Rechtsschutzinteresse[49]). Fehlt ihr eine solche Verfügungsmacht, kann sie den *Antrag nach § 47 VwGO* stellen[49]) und/oder ein förmliches Normaufhebungsverfahren beim zuständigen Normgeber anregen[50]).

b) Daneben kann sie, wenn sie gleichzeitig (Kommunal-)Aufsichtsbehörde des Normurhebers ist, mit den Mitteln der *Rechtsaufsicht* ein Normaufhebungsverfahren einleiten, notfalls im Wege der Ersatzvornahme die Norm selbst aufheben (vgl. oben Rdnrn. 8, 11). Widerspruchsbehörden, die nicht gleichzeitig die Funktion der Aufsichtsbehörde haben, können ein aufsichtliches Einschreiten anregen (vgl. oben Rdnr. 11).

c) Widerspruchsbehörden, die wie die Stadtrechtsausschüsse in Rheinland-Pfalz und dem Saarland (§ 37 Rdnrn. 24 ff. und oben Rdnr. 10) Teil der Gemeindeverwal-

---

44) Vgl. oben § 14 Rdnr. 17 und *Schmidt*, BayVBl. 1976, 1 ff.; *Kopp*, DVBl. 1983, 821 ff.; *Jung*, NVwZ 1985, 790 ff.; *Hill*, 58. DJT, 1990, Bd. I, D 102; BayVGH v. 1. 4. 1982, BayVBl. 1982, 654 m. abl. Anm. *Renck;* SaarlOVG v. 20. 2. 1989, NVwZ 1990, 172 ff.; vgl. auch Nr. 40.3.2 der NdsVV-BBauG 1980 v. 31. 10. 1980 (NdsMinBl. S. 1513). Für die Gegenansicht vgl. *Pietzcker*, DVBl. 1986 S. 806 ff.; *Volhard*, NVwZ 1986, 105 ff.; *Maurer*, Allg.VerwR, 6. Aufl. 1988, § 4, 46 f.; *Gaentzsch*, in: Berliner Kom. BBauG, 1988, § 10, Rdnr. 19, S. 402 f.; HessVGH v. 20. 12. 1989, NVwZ 1990, 885 f.
45) BVerwG v. 21. 11. 1986, BVerwGE 75, 142 ff. = DVBl. 1987, 481 m. Anm. *Steiner*.
46) Zu Bedeutung und Zulässigkeit sog. Klarstellungs- oder Nichtigkeitsfeststellungsbeschlüsse vgl. *Gaentzsch*, a. a. O., S. 401; HessVGH v. 8. 1. 1987, DÖV 1987, 450; NWOVG v. 24. 3. 1982, DÖV 1983, 86; *Jäde*, BayVBl. 1988, 5 ff.
47) Vgl. BVerwGE 75, 146.
48) Vgl. oben Rdnr. 11 und BGH v. 10. 4. 1986, DVBl. 1986, 1264 (1266); SaarlOVG, NVwZ 1990, 174; *Steiner*, DVBl. 1987, 486. Vgl. auch BVerfG v. 21. 2. 1961, BVerfGE 12, 180 (186).
49) Vgl. BVerwG v. 15. 3. 1989, BVerwGE 81, 307 (310).
50) Vgl. BayVGH, BayVBl. 1982, 654; *Gaentzsch*, a. a. O., S. 401.

tung sind, können beim Rat als dem zuständigen Ortsgesetzgeber ein förmliches Normaufhebungsverfahren anregen[51]), darüber hinaus aber auch einen Normenkontrollantrag stellen, da sie eigenständige Behörden sind, ohne aber selbst über die Norm verfügen zu können[52]).

Läßt die Widerspruchsbehörde diese Möglichkeiten ungenutzt oder aber führen sie nicht zur Aufhebung der Norm, hat die Widerspruchsbehörde die Norm trotz der Gültigkeitsbedenken ihrer Entscheidung zugrunde zu legen.

---

51) Vgl. SaarlOVG, NVwZ 1990, 174; *Gaentzsch*, a. a. O., S. 403 f.
52) Vgl. BVerwG 81, 310. Sehr strittig – vgl. *Jäde*, BayVBl. 1986, 6 m. w. N. Das Verbot des Insichprozesses (vgl. § 7 Rdnr. 12) greift hier wegen der objektivrechtlichen Ausgestaltung des Normenkontrollverfahrens (*jede* Behörde!) nicht ein (vgl. auch § 14 Rdnr. 16 f.).

§ 40 Die Reformatio in peius

1   Ergibt die Begründetheitsprüfung, daß der angefochtene VA rechtswidrig oder zweckwidrig ist, weil er den WF zuwenig belastet oder ihm zuviel gewährt, ist der Widerspruch auf jeden Fall unbegründet. Heftig umstritten ist, ob die Widerspruchsbehörde in diesen Fällen den angefochtenen VA auch zum Nachteil des WF abändern, reformieren, verbösern darf[1]).

Ausdrücklich zugelassen ist die Reformatio in peius in:
- § 337 II LAG[2]): „Der Beschwerdeausschuß kann den Bescheid auch zum Nachteil dessen, der die Beschwerde eingelegt hat, ändern."
- § 367 II S. 2 AO 1977: „Der VA kann auch zum Nachteil dessen, der den Einspruch eingelegt hat, geändert werden, wenn dieser auf die Möglichkeit einer verbösernden Entscheidung unter Angabe von Gründen hingewiesen und ihm Gelegenheit gegeben worden ist, sich hierzu zu äußern."[3])
- § 3 I Nr. 7 BWKAG: „Auf die Kommunalabgaben sind die folgenden Bestimmungen der AO sinngemäß anzuwenden: . . . 7. aus dem 7. Teil . . . § 367 II S. 2 mit der Maßgabe, daß an die Stelle des abgabenrechtlichen Einspruchs (§ 348 AO) der Widerspruch (§ 68 VwGO) tritt."[4])

I. Begriff

2   Von einer Reformatio in peius (Verböserung, Verschlechterung – im folgenden: Rip) spricht man nur dann, wenn *innerhalb eines Rechtsbehelfsverfahrens* die angefochtene Verwaltungsentscheidung *zum Nachteil des Rechtsbehelfsführers* (RF) reformiert wird.

Außerhalb eines Rechtsbehelfsverfahrens greifen die Grundsätze über die Rücknahme rechtswidriger VAe ein[5]).

---

1) Vgl. *Freitag*, VerwArch. 1965, 314 ff.; *v. Mutius*, S. 220 ff.; *Laubinger*, JA 1970, ÖR S. 139 ff. (545 ff.); *Trzaskalik*, S. 13 ff., 49 ff.; *Renner*, DVBl. 1973, 340 ff.; *Weides*, S. 252 ff.; *Mandelartz*, VR 1978, 133 ff.; *Greifeld*, NVwZ 1983, 725 ff.; *Topel*, BayVBl. 1988, 9 ff.; *Fischer-Hüftle*, BayVBl. 1989, 229 ff.; *Pietzner*, VerwArch. 1989, 501 ff.; VerwArch. 1990, 261 ff.; *Oerder*, S. 157 ff.; *Renz*, DöV 1991, 138 ff.; vgl. auch die Fallösung von *Weides*, JuS 1987, 477 ff.
2) Vgl. hierzu BVerwG v. 23. 3. 1972, BVerwGE 40, 25 (29).
3) § 243 III RAO gestand die Verböserung allen Rechtsmittelbehörden zu. Aus der heutigen Beschränkung des Wortlauts auf den Einspruch schließt deshalb die h. M., daß der Beschwerdebehörde die Verböserung versagt ist. Vgl. statt vieler *Tipke/Kruse*, 13. Aufl., Rdnr. 4 zu § 368 AO. Zu § 367 II S. 2 AO 1977 *Seitrich*, BB 1988, 1799 ff.
4) Eingefügt durch KAG ÄndG v. 15. 12. 1986 (GBl. S. 465) als Reaktion auf die Rspr. des BWVGH, der aus der Nichterwähnung des § 367 II S. 2 AO in § 3 BWKAG (zu Unrecht) ein Verböserungsverbot folgerte (vgl. Beschluß v. 17. 12. 1984 – 2 S 1466/84 – sowie Urteile v. 30. 11. 1989 – 2 S 1987/87 – und v. 30. 3. 1988 – 2 S 1858/86). Zur Begründung vgl. LT-Drucks. 9/3778, S. 5, 9.
5) Vgl. z. B. BVerwG v. 19. 5. 1965, BVerwGE 21, 142 (145); v. 12. 7. 1968, BVerwGE 30, 132 mit Anm. *Schröder*, JuS 1970, 615. Vgl. auch unten Fußn. 28, 31.

Eine Verböserung liegt *nicht* bereits darin, daß die Widerspruchsbehörde dem 3
VA eine *andere materiell-rechtliche Begründung* gibt, also die Entscheidungsgründe austauscht, sondern nur und erst dann, wenn der Entscheidungsausspruch – der Tenor – zum Nachteil des WF geändert wird[6]).

Im Einzelfall kann freilich – je nach der Aussage des anzuwendenden materiellen Rechts – das Auswechseln etwa der Rechtsgrundlage durchaus auch mit einem Eingriff in den Spruch des Bescheides verbunden sein, wenn und weil die Angabe der Rechtsgrundlage zum Spruch des Bescheides gehört, ihr Auswechseln mithin das Wesen des Bescheides berührt[7]).

Für das gerichtliche Verfahrensrecht ist das Verbot der Rip anerkannt. Es 4
wird dort aus der Dispositionsmaxime und der hieraus abgeleiteten Bindung des Gerichts an die Anträge der Beteiligten (§§ 88, 122, 129, 141 VwGO) gefolgert[8]). Selbst aber im Verwaltungsprozeß greift das Verböserungsverbot nicht schrankenlos ein, sondern wird durchbrochen durch das Institut des *Anschlußrechtsmittels* (§§ 127, 141 VwGO), das eine Verböserung zu Lasten des RF zuläßt, wenn der Prozeßgegner Anschlußberufung oder -revision einlegt. Keine Durchbrechung des Verböserungsverbots, sondern bereits begrifflich kein Fall der Rip liegt dann vor, wenn nur einer von mehreren Beteiligten ein Rechtsmittel einlegt und das Gericht das Urteil der ersten Instanz zum Nachteil des nicht als Rechtsmittelführer auftretenden Beteiligten abändert, da das Verböserungsverbot, wie eingangs betont, nur eine Verschlechterung *zu Lasten* des RF selbst verbietet. Dementsprechend ist auch die Widerspruchsbehörde im Vorverfahren jedenfalls nicht durch das Verböserungsverbot daran gehindert, eine Baugenehmigung, die lediglich vom drittbelasteten Nachbarn angefochten wird, zum Nachteil des Bauherrn aufzuheben oder mit Auflagen zu versehen, da der Bauherr selbst nicht als WF aufgetreten ist und sich deshalb nicht auf das Verböserungsverbot berufen kann[9]).

Schranken der Reformationsbefugnis der Widerspruchsbehörde können sich in einem 5
solchen Fall allenfalls aus Vorschriften des materiellen Verwaltungsrechts ergeben. Vgl. hierzu die in Fußn. 9 angeführten Entscheidungen und oben § 38 Rdnr. 16. Nur diesen Fall regelt § 50 VwVfG, indem er die Behörde von den Vertrauensschutzschranken der §§ 48, 49 VwVfG befreit, „soweit" durch die Rücknahme oder den Widerruf „dem Widerspruch oder der Klage abgeholfen wird" (vgl. § 27 Rdnrn. 5 f.).

---

6) Vgl. BVerwG v. 15. 5. 1957, Buchholz 454.3 § 14 WBewG Nr. 11; v. 22. 4. 1971, BVerwGE 38, 60 (65); v. 27. 2. 1976, Buchholz 406.11 § 134 BBauG Nr. 3 und für das gerichtliche Verfahren BVerwG v. 15. 9. 1965, BVerwGE 22, 45 (46) sowie *Freitag*, VerwArch. 1965, 317 f.
7) Vgl. BVerwG v. 19. 8. 1988, BVerwGE 80, 96 (97 f.).
8) Vgl. statt vieler *Bettermann*, Festschr. Wacke 1972, S. 235 f.; *RÖ*, § 88, 4.
9) Vgl. BVerwG v. 19. 9. 1969, NJW 1970, 263, 581 mit Anm. *Schuegraf*; v. 29. 10. 1968, DÖV 1969, 142; v. 21. 11. 1968, BVerwGE 31, 67 (69); v. 18. 5. 1982, BVerwGE 65, 313 (318 f.); BayVGH v. 23. 10. 1967, BayVBl. 1968, 35; v. 10. 1. 1983, BayVBl. 1983, 530 und *Freitag*, VerwArch. 1965, 315, 318 f. Dies verkennt grundlegend *Greifeld*, NVwZ 1983, 725 ff., der aus BVerwGE 65, 313 ff. (Verschärfung einer immissionsschutzrechtlichen Auflage auf Drittwiderspruch hin) Schranken für die Zulässigkeit der Verböserung herleiten will.

6 Eine Verböserung kann in unterschiedlichen *Fallvarianten* auftreten, sei es, daß

a) die Widerspruchsbehörde die angefochtene Belastung verschärft,

z. B. eine bauaufsichtliche Beseitigungsanordnung auf weitere Anlagen(-teile) erstreckt[10]); statt einer auf die Nacht beschränkten Teilbetriebsstillegung die vollständige Betriebsstillegung verfügt[11]), einen Abgabenbescheid[12]) oder einen Bescheid über die Rückforderung von Gasölsubventionen[13]) oder BAföG-Leistungen[14]) erhöht oder die Sperrfrist für die Wiedererteilung eines Jagdscheins von drei auf fünf Jahre verlängert[15]);

b) eine dem WF bereits gewährte, aber von ihm als zu niedrig angegriffene Begünstigung ganz oder teilweise wieder entzieht,

z. B. einen auf das Führen einer Gaspistole beschränkten Waffenschein[16]) oder eine unter Nebenbestimmungen erteilte Investitionszulagenbescheinigung[17]) ganz versagt oder eine Leistung niedriger festsetzt[18]);

c) oder die einer Begünstigung beigegebenen und vom WF angefochtenen Einschränkungen verschärft,

z. B. einer Baugenehmigung weitere Bedingungen oder Auflagen beifügt oder die einer wasserrechtlichen Bewilligung beigefügten Auflagen verschärft[19]).

II. Zulässigkeit der Verböserung

7 Das Verbot der Rip ist *kein Wesensmerkmal* eines jeden dem Individualrechtsschutz dienenden Rechtsbehelfs[20]). Es fußt nicht auf begrifflichen Notwendigkeiten, sondern auf legislatorischen Zweckmäßigkeitserwägungen bei der Abwägung der einander widerstreitenden Rechtsprinzipien der materiellen

---

10) Vgl. z. B. BayVGH v. 21. 3. 1973, BayVBl. 1973, 556 und BWVGH v. 13. 5. 1974, BRS 28 Nr. 157 mit BVerwG v. 12. 11. 1976, BVerwGE 51, 310 ff.
11) Vgl. HambgOVG v. 1. 11. 1956, DVBl. 1957, 284 f. mit BVerwG v. 10. 9. 1957, DÖV 1957, 782. Vgl. auch BayVGH v. 19. 11. 1987, GewArch 1988, 276 (277): Verschärfung einer Anordnung nach § 24 BImSchG; HambgOVG v. 24. 4. 1990, GewArch 1990, 405 f.: Ausdehnung der Gewerbeuntersagung auf alle Gewerbe (§ 35 I S. 2 GewO).
12) Vgl. BVerwG v. 15. 4. 1983, BVerwGE 67, 129 (134) mit Rezension *Stelkens*, JuS 1984, 930 ff.
13) Vgl. BVerwG v. 29. 8. 1986, NVwZ 1987, 215 = JA 1987, 330 *(Petz)* = JuS 1987, 833 *(Osterloh)*.
14) Vgl. BremOVG v. 16. 11. 1982, ZfSH/SGB 1984, 23 (26 f.) mit BVerwG v. 6. 12. 1984, Buchholz 436.36 § 20 BAföG Nr. 20; ebenso BWVGH v. 9. 10. 1989 − 7 S 571/86 − A. U. S. 8 ff.
15) Vgl. OVG Lüneburg v. 6. 8. 1965, OVGE 21, 367 (369 f.).
16) Vgl. BayVGH v. 27. 4. 1971, DÖV 1972, 318.
17) Vgl. BVerwG v. 24. 4. 1987, NJW 1988, 276 (277).
18) Vgl. BVerwG v. 23. 5. 1962, BVerwGE 14, 175 (178 ff.).
19) Vgl. BVerwG v. 21. 1. 1972, DÖV 1972, 789.
20) Vgl. BVerwG, DÖV 1957, 782 unter Hinweis auf *Schultzenstein*, ZZP 1903, 1 ff.; BVerwGE 14, 178; 51, 314 f.; a. A. wohl *Menger/Erichsen*, VerwArch. 1966, 285. Einen anschaulichen Beleg hierfür gab § 80 Südd.VGG, der die Verböserung auch im verwaltungsgerichtlichen Verfahren zuließ. Ein weiteres Beispiel bietet das Institut des Anschlußrechtsmittels (vgl. oben Rdnr. 4).

Gerechtigkeit und der Gesetzmäßigkeit der Verwaltung einerseits und der Rechtssicherheit und des Vertrauensschutzes andererseits.

1. Rechtsgrundlagen

Eine *bundeseinheitliche Regelung* der Verböserung wäre nur möglich über die Gerichtsverfahrenskompetenz des Art. 74 Nr. 1 GG; denn Verwaltungsverfahrensrecht kann der Bund jedenfalls im Bereich des landeseigenen Vollzugs von Landesrecht überhaupt nicht – auch nicht mit Zustimmung des Bundesrates – regeln[21]).

Nach hier vertretener Ansicht[22]) besitzt der Bund auf Grund einer historisch geprägten weiten Auslegung des Art. 74 Nr. 1 GG die Befugnis, das Widerspruchsverfahren umfassend und damit auch die Rip zu regeln.

So haben dies auch die Mitglieder des Bund-Länder-Ausschusses zur Erarbeitung eines Musterentwurfs eines VwVfG gesehen. Sie bezweifelten, ob die Regelung der Rip in den VwVfGen der Länder überhaupt zulässig sei und befürworteten deshalb eine verfassungsrechtlich zweifelsfreie Regelung durch eine Änderung der VwGO (vgl. Musterentwurf 1964, S. 183 f.). Die Folge davon ist, daß sich die VwVfGe des Bundes und der Länder bewußt einer Regelung der Verböserungsproblematik enthalten haben.

Von dieser Befugnis hat der Bund jedoch entgegen den verschiedentlich vertretenen Auffassungen, die Verböserung im Widerspruchsverfahren der §§ 68 ff. VwGO sei bundesrechtlich für zulässig erklärt[23]) oder sei – umgekehrt – bundesrechtlich ausgeschlossen worden[24]), bisher keinen Gebrauch gemacht.

So das BVerwG in ständiger Rechtsprechung: vgl. BVerwGE 14, 178; 51, 313 ff.; 65, 319; NVwZ 1987, 215. BVerwGE 51, 313 hat der bisherigen Rechtsprechung zur Enthaltsamkeit der VwGO den Satz hinzugefügt: „Die Zurückhaltung des Bundesgesetzgebers mag sich daraus erklären, daß er nicht befugt ist, das Verwaltungsverfahren der Bundesländer in vollem Umfange zu regeln, sondern insoweit nur die erforderlichen Regelungen über das Verwaltungsvorverfahren als Voraussetzung der Klageerhe-

---

21) So bereits BVerwG-GS v. 1. 11. 1965, BVerwGE 22, 281 (284); vgl. auch *Allesch*, S. 28; *Oerder*, S. 25 f. Dies leugnet eine weitverbreitete Ansicht, die Art. 74 Nr. 1 und Art. 84 I GG dergestalt miteinander kombiniert, daß der Bund nach Art. 74 Nr. 1 GG zur Einführung und nach Art. 84 I GG zur Durchführung des Widerspruchsverfahrens befugt sei, weil die Länder bei der Durchführung des Widerspruchsverfahrens ein Bundesgesetz, nämlich des § 68 VwGO, vollzögen. Vgl. *Weides*, JuS 1964, 277; *ders.*, S. 172; *von Mutius*, S. 165 f.; *ders.*, VerwArch. 1974, 326 f.; *Hofmann*, Festschr. Menger 1985, 609 mit Fußn. 13. Das sprengt den systematischen Zusammenhang zwischen Art. 74 und Art. 84 I GG; denn Art. 84 I GG meint mit Bundesgesetzen nicht verfahrens-, sondern materiell-rechtliche Regelungen, da nur diese im Sinne einer verwaltungsmäßigen Durchführung vollzogen werden können. Vgl. *Oerder*, S. 29 f. m. w. N.
22) Vgl. oben § 24 Rdnr. 5 und unten Rdnr. 10.
23) So vor allem *Freitag*, VerwArch. 1965, 333 ff.; wohl auch *Sahlmüller*, BayVBl. 1973, 543.
24) So vor allem *Ule*, Anm. V zu § 69 bis 73; *ders.*, S. 124; *Renck*, BayVBl. 1974, 639; wohl auch *Menger/Erichsen*, VerwArch. 1966, 283 ff.; *dies.*, VerwArch. 1969, 381.

bung treffen durfte (Art. 74 Nr. 1 GG)." Dies ist jedoch keineswegs einhellige Auffassung unter den Senaten des BVerwG. Während der 8. Senat die Auffassung des 4. Senats, die nähere Ausgestaltung des Vorverfahrens sei dem Verwaltungsverfahrensrecht im Sinne des Art. 84 I GG zuzurechnen, teilt (vgl. BVerwG vom 17. 9. 1964, DVBl. 1965, 241/242 = BayVBl. 1965, 312 m. Anm. *Kratzer;* v. 18. 4. 1986, NVwZ 1987, 224/225; v. 27. 9. 1989, BVerwGE 82, 336/338 f.), ist der 7. Senat der Ansicht, das Widerspruchsverfahren stelle verfahrensrechtlich einen Bestandteil des in der VwGO geregelten verwaltungsgerichtlichen Verfahrens dar (vgl. BVerwG v. 6. 12. 1963, BVerwGE 17, 246/248; vgl. auch BVerwG v. 17. 2. 1981, BVerwG 61, 360/362). Zu Recht bezeichnet deshalb der 6. Senat die Kompetenzfrage als in der Rechtsprechung des BVerwG umstritten (vgl. BVerwG v. 21. 3. 1979, BVerwGE 57, 342/346).

11 Folglich richtet sich die Zulässigkeit der Rip nach dem *jeweils anzuwendenden (formellen und materiellen) Bundes- oder Landesrecht.*

BVerwGE 51, 314: „Ob im Widerspruchsverfahren die Rip zulässig ist, ist nicht in der VwGO geregelt, sondern richtet sich nach dem jeweils anzuwendenden Bundes- oder Landesrecht (LS 2)... Der Senat ist der Auffassung, daß der Bundesgesetzgeber insoweit die Regelung der anderweitigen Normierung – sei es im Verwaltungsverfahrensrecht oder in Spezialgesetzen der Länder, sei es in Spezialregelungen des Bundes – überlassen hat."[25])

Derartiges Spezialrecht war und ist freilich selten. Vgl. oben Rdnr. 1 und § 4 II AFWoG (BGBl. 1981 I S. 1523, 1542) – Verböserungsverbot für bereits zurückliegende Zeitabschnitte (NWOVG v. 14. 9. 1988, NWVBl. 1989, 202 f.). Materielles Verwaltungsrecht, das Verböserung grundsätzlich erlaubt: § 20 BAföG (oben Fußn. 14), § 11 GVLwG (oben Fußn. 13).

Einschlägiges Bundes- oder Landesrecht in diesem Sinne findet und fand sich aber nicht nur im geschriebenen Recht, also in den vorhandenen verwaltungsrechtlichen Spezialgesetzen des Bundes und der Länder, sondern auch und vor allem in den nicht positivierten – in Konkretisierung der rechtsstaatlichen Verfassungsprinzipien über Gesetzmäßigkeit, Rechtssicherheit und Vertrauensschutz zu gewinnenden – *Grundsätzen des allgemeinen Verwaltungsrechts*[26]), die die Lücken des geschriebenen Verwaltungsrechts füllen und als Gewohnheitsrecht auch nach Erlaß der VwVfGe des Bundes und der Länder fortgelten,

---

25) Das ist vom 11. Senat des BayVGH dahin mißverstanden worden, daß die Widerspruchsbehörde den angefochtenen VA grundsätzlich nicht zuungunsten des Betroffenen abändern dürfe, es sei denn, ein Spezialgesetz lasse dies ausdrücklich zu. Vgl. BayVGH v. 7. 6. 1977, BayVBl. 1978, 16 ff. = JuS 1978, 353 *(Schulze-Osterloh)* m. zustimm. Anm. *Renck-Laufke,* BayVBl. 1978, 247 f.; abl. Anm. *Theuersbacher,* BayVBl. 1978, 18 f.: sinnentstellende Wiedergabe des BVerwG-Urteils. Demselben Mißverständnis ist der 2. Senat des BerlOVG erlegen (vgl. unten Rdnr. 30).
Daß bei (dem regelmäßigen) Fehlen positivrechtlichen Spezialrechts auf die ungeschriebenen Grundsätze des allgemeinen Verwaltungsrechts zurückzugreifen ist, ergibt sich aus BVerwGE 51, 315 selbst und der späteren Rspr. Vgl. *Pietzner,* VerwArch. 1990, 263 f.
26) Zur Rechtsnatur derartiger allgemeiner Grundsätze vgl. BVerwG v. 21. 1. 1955, BVerwGE 2, 22 (23 f.) und *Ossenbühl,* in: *Erichsen/Martens,* Allgem. VerwR, 8. Aufl. 1988, S. 121 ff.

wenn und soweit die verwaltungsverfahrensrechtlichen Kodifikationen eine Regelungslücke enthalten (vgl. unten Rdnr. 27).

BVerwGE 65, 319: „Nach der neueren Rechtsprechung des BVerwG ist sie (erg.: die Rip im Rahmen des Widerspruchsverfahrens) nur zulässig nach Maßgabe des jeweils anzuwendenden Bundes- oder Landesrechts, also vorrangig nach Maßgabe positivrechtlicher Spezialregelungen oder, wo solche fehlen, nach den Grundsätzen über die Rücknahme und den Widerruf von VAen."[27])

BVerwG, NVwZ 1987, 215: „Ihre Zulässigkeit folgt zwar nicht schon aus den §§ 68 ff., 73 VwGO, sondern richtet sich vielmehr nach dem jeweils anzuwendenden materiellen Bundes- oder Landesrecht einschließlich seiner Zuständigkeitsvorschriften."

2. Materiell-rechtliche Beurteilung der Verböserung

Die ältere Rechtsprechung des BVerwG bis zum Erlaß der VwVfGe des Bundes und der Länder war vornehmlich der Herausarbeitung dieser allgemeinen Grundsätze des Verwaltungsrechts gewidmet. Nach ihnen ist die Rip materiell-rechtlich *in aller Regel zulässig.* Bei *begünstigenden VAen* ist die Regelungslücke des positiven Rechts nach Ansicht des BVerwG durch *eine vergleichende Heranziehung* (nicht Anwendung!)[28]) der allgemeinen *Grundsätze über den Widerruf* (nach heutiger Terminologie: *Rücknahme)* rechtswidriger begünstigender VAe zu schließen:[29])

12

BVerwGE 14, 179: „Wie beim Widerruf eines begünstigenden VA entsteht auch hier

---

27) Damit soll ersichtlich nicht mit BVerwGE 14, 179 gebrochen werden (vgl. unten Fußn. 28, 32).
28) Die Grenze, die nach BVerwGE 21, 145 die Grundsätze über die Rip im Widerspruchsverfahren von denen über Rücknahme und Widerruf von VAen trennt, liegt beim Eintritt der Unanfechtbarkeit des Erstbescheides (vgl. *Pietzner,* VerwArch. 1989, 511). Freilich sind die Verböserungsgrundsätze – wie aus BVerwGE 14, 179 ersichtlich – in enger Anlehnung an die Rücknahmegrundsätze entwickelt worden, so daß sie i. w. S. zu den Grundsätzen über Rücknahme und Widerruf von VAen zu rechnen sind. In diesem weiteren Sinne ist auch BVerwGE 65, 319 (vgl. oben Fußn. 27) zu verstehen. Mehr meint auch nicht die Aussage in BVerwG v. 21. 11. 1968, BVerwGE 31, 67 (69), Aufhebung eines im Rechtsbehelfsverfahren angefochtenen VA und die Rücknahme eines VA unterschieden sich ihrem Wesen nach nicht; die zuerst genannte sei ein Unterfall der zuletzt genannten. Dogmatische Bedeutung hat nämlich die Terminologie erst durch die (Teil-)Kodifizierung der allgemeinen Grundsätze in den VwVfGew des Bundes und der Länder erlangt. Vgl. dazu unten Rdnrn. 27 f.
29) Vgl. BVerwGE 14, 179; 21, 145; 31, 69 – alle zum AbgeltungsG; DÖV 1972, 789 (WHG); v. 15. 4. 1983, BVerwGE 67, 129 (134 – Erschließungsbeitragsrecht); Buchholz 436.36 § 20 BAföG Nr. 20; v. 24. 6. 1986, NVwZ 1986, 840 (Beamtenrecht); NVwZ 1987, 215 und NJW 1988, 276 zum Subventionsrecht.
Ebenso BWVGH, BRS 28 Nr. 157 (Baurecht) und v. 29. 8. 1989 – 4 S 1393 – A. U. S. 9 ff. (NVwZ-RR 1990, 205 nur LS – BeamtVersG); BayVGH, DÖV 1972, 318 (WaffG); BayVBl. 1973, 556 (Baurecht); GewArch. 1988, 277 (BImSchG); NWOVG v. 30. 1. 1975, DVBl. 1976, 46 (47 – USG); OVG Lüneburg, OVGE 21, 369 (BJagdG); RhPfOVG v. 10. 6. 1987, AS 21, 224 (226 f. – Nebentätigkeitsrecht).

das Problem aus der Berührung des Interesses an einer gesetzmäßigen und rechtswidrigen Entscheidung mit dem Interesse an Rechtssicherheit. Es verlangt daher eine ähnliche Lösung wie das des Widerrufs rechtswidriger begünstigender VAe. Allerdings kann der Begünstigte, der mit der ihm gewährten Begünstigung nicht zufrieden ist und im Rechtsbehelfsverfahren noch mehr erreichen will, sich nicht in demselben Maß auf Vertrauensschutz berufen, wie der durch einen unangefochtenen oder unanfechtbaren VA Begünstigte. Denn der zuerst Genannte hat selbst die Ursache für die Unbeständigkeit des ergangenen VA gesetzt. Er kennt die Unbeständigkeit und kann sein Verhalten darauf einrichten; er verdient daher einen geringeren Schutz, ja, in aller Regel überhaupt keinen ... Das Verbot der nachteiligen Änderung ... kann mithin nur in ganz seltenen Ausnahmefällen in Betracht kommen, so daß in aller Regel die Rip zulässig ist."

BVerwGE 21, 145: „Der Grundsatz der Rechtssicherheit – bezogen auf die ‚Bestandskraft' von Bescheiden – gewinnt bei VAen im allgemeinen erst dann den Vorrang, wenn Unanfechtbarkeit eingetreten ist."

13   Diese Grundsätze gelten auch und erst recht für *belastende VAe*.[29]) Denn belastende VAe bieten von vornherein dem Adressaten wenig Anlaß, überhaupt ein schutzfähiges und schutzwürdiges Vertrauen zu bilden.

Wem wie dem Kläger im Verfahren BVerwG, DÖV 1957, 782 (vgl. oben Fußn. 11) geboten wird, eine lärmintensive gewerbliche Betätigung zur Nachtzeit zu unterlassen, mag hoffen, den Betrieb zur Tageszeit aufrechterhalten zu können. Vertrauen kann er hierauf nicht; denn eine entsprechende Aussage enthält weder der Tenor des Bescheides, noch ist sie seinen Gründen zu entnehmen. Anders mag dies zu beurteilen sein, wenn der belastende VA den Adressaten zu vermögenswirksamen Aufwendungen nötigt, die sich später als Fehlinvestition erweisen, weil die Verwaltung zu einem stärkeren Mittel greift, das mit dem früheren nicht in einem Minus-majus-Verhältnis steht, sondern ein aliud darstellt, für dessen Erfüllung die Aufwendungen des Adressaten nicht verwertbar sind.[30])

14   Bei *Abgabenbescheiden* dagegen, die eine Geldleistung aus bestimmtem Anlaß oder für einen bestimmten Zeitraum festsetzen, liegt die Erwartung des Adressaten nicht fern, daß mehr als festgesetzt für den Anlaß oder den Zeitraum nicht geschuldet werde. Hier mag für die Aufhebung des Abgabenbescheides außerhalb eines laufenden Rechtsbehelfsverfahrens das Eingreifen von Vertrauensschutzgesichtspunkten diskutiert werden[31]). Der Zulässigkeit einer Rip stehen sie aber grundsätzlich ebensowenig entgegen wie bei der Verböserung begünstigender VAe.

BVerwGE 67, 134: „Der Kläger hat den Bescheid ... mit dem Widerspruch angefochten. Damit hat er selbst die Aufrechterhaltung dieses Bescheides in Frage gestellt und ihm die Eignung als Grundlage eines schutzwürdigen Vertrauens genommen. Wer einen Bescheid anficht, muß ... grundsätzlich auch die Verschlechterung seiner Position in Kauf nehmen und kann deshalb ein entgegenstehendes schutzwürdiges Vertrauen auf Grund dieses Bescheids nicht bilden."

---

30) Vgl. *Lange*, WiVerw. 1979, 18 f.; *Stelkens*, JuS 1984, 930 ff. und *Pietzner*, VerwArch. 1989, 509.
31) Vgl. BVerwGE 30, 132 (134) m. Rezension *M. Schröder*, JuS 1970, 615 ff.; BVerwGE 67, 129 (134) m. Rezension *Stelkens*, JuS 1984, 930 ff.; *Driehaus*, Erschließungs- und Ausbaubeiträge, 3. Aufl. 1991, Rdnrn. 226 ff. sowie *Knoke*, S. 56 ff. m. w. N.

An dieser durch die allgemeinen Grundsätze des Verwaltungsrechts geprägten Rechtslage hat sich durch den *Erlaß der VwVfGe* des Bundes und der Länder nichts geändert; denn diese haben sich bewußt einer Regelung der Rip enthalten (vgl. oben Rdnr. 8).   15

Konkreten Ausdruck hat diese Zurückhaltung in § 43 II VwVfG gefunden. Diese Vorschrift nennt neben der Rücknahme und dem Widerruf eines VA noch dessen anderweitige Aufhebung und gibt damit zu erkennen, daß nach der Systematik des VwVfG die Aufhebung im Rechtsbehelfsverfahren nicht unter den Begriff der Rücknahme oder des Widerrufs fällt. Zwar gelten die §§ 48 f. VwVfG auch vor Eintritt der Unanfechtbarkeit mit der Folge, daß ein VA vor Ablauf der Widerspruchsfrist außerhalb des Widerspruchsverfahrens zurückgenommen oder widerrufen werden kann (vgl. dazu § 27 Rdnrn. 3 ff.). Wird von dieser Möglichkeit Gebrauch gemacht, setzt die Behörde ein weiteres, zweites Verwaltungsverfahren in Gang. Der eingelegte Widerspruch dagegen verhindert den endgültigen Abschluß des ursprünglichen Verwaltungsverfahrens, und der einer Rücknahme oder einem Widerruf unterliegende VA gewinnt erst Gestalt durch den Widerspruchsbescheid (vgl. § 39 Rdnr. 1). Auch das BVerwG scheint einer direkten Anwendung der §§ 48, 49 VwVfG ablehnend gegenüberzustehen, ohne daß diese Thematik bisher ausdrücklich erörtert worden wäre[32]).

Offengeblieben ist in der bisherigen Rechtsprechung des BVerwG auch, ob   16
und inwieweit die Kodifizierung der allgemeinen Grundsätze über Rücknahme und Widerruf von VAen in den §§ 48 ff. VwVfG Rückwirkung auf das in Geltung gebliebene allgemeine Verwaltungsrecht über die Rip im Widerspruchsverfahren hat. Richtiger Ansicht nach können die §§ 48 ff. VwVfG nur insoweit *vergleichend* herangezogen werden, als sie die allgemeinen Grundsätze in ihrer prätorischen Ausprägung positivieren und konkretisieren. Darüber hinausgehende Neuschöpfungen des Gesetzgebers, wie Vertrauensschutz als Vermögensschutz (§ 48 III VwVfG) und Rechtsausübungsfristen (§ 48 IV VwVfG), müssen als Rechtsquelle allgemeiner Grundsätze in Ermangelung allgemeingültiger Aussagen außer Betracht bleiben[33]).

Die Rip ist demnach nach materiellem Verwaltungsrecht grundsätzlich zulässig. Dies gilt auch für *Ermessensentscheidungen*, da bei ihnen unter dem   17

---

32) Vgl. BVerwG, NJW 1988, 276 (277) und hierzu *Pietzner*, VerwArch. 1990, 266 f. – BVerwG, NVwZ 1986, 840 kann das Gegenteil nicht entnommen werden, denn die dort anzutreffende Auseinandersetzung mit § 48 IV VwVfG erklärt sich allein daraus, daß der dort – im Widerspruchsbescheid verschärfte – VA selbst ein Rücknahmebescheid war. Auch die immer wieder in der Literatur zum Beweis des Gegenteils zitierte Passage aus BVerwGE 65, 319 wird insoweit überinterpretiert (vgl. oben Fußn. 28).
Gegen eine direkte Anwendbarkeit der §§ 48 f. VwVfG *Ule/Laubinger*, S. 413 f., 428; *StBL*, § 48, 48 f.; *Kopp*, § 48, 10; *K/Busch*, § 79, 10.3.1.; für die Anwendung der §§ 48 ff. VwVfG auf die Rip dagegen *SG*, Rdnr. 292; *Meyer/Borgs*, § 43, 7; *Topel*, BayVBl. 1988, 11; *Petz*, JA 1987, 331; *Oerder*, S. 161 ff.; *Renz*, DÖV 1991, 144 f.; wohl auch *Weides*, S. 257 f.

33) Ähnlich *StBL*, § 48, 49; BWVGH v. 9. 10. 1989 – 7 S 571/89 – A. U. S. 9 (Fußn. 14); wohl auch BWVGH v. 29. 8. 1989 – 4 S 1393/88 – A. U. S. 9 ff. (NVwZ-RR 1990, 205 nur LS), aber für § 48 IV VwVfG offengelassen.

Gesichtspunkt des Vertrauensschutzes des WF Abweichungen nicht ersichtlich sind[34]).

Ausnahmen ergeben sich nur für die Fälle, in denen eine Widerspruchsbehörde ausdrücklich auf die Rechtskontrolle beschränkt ist[35]). Zu denken wäre auch daran, dem Vertrauensschutzinteresse des WF dann ein höheres Gewicht beizumessen, wenn die Verböserung nicht aus Rechtswidrigkeits-, sondern aus Zweckwidrigkeitsgründen vorgenommen wird[36]).

18 *Weides*[37]) meint, BVerwG 51, 315 die Aussage entnehmen zu können, daß die Widerspruchsbehörde bei der Verböserung lediglich insoweit Bindungen unterliege, als der Kernbestand der Grundsätze über den Vertrauensschutz und über Treu und Glauben betroffen sei. Das ist ein Mißverständnis. *Weides* übersieht, daß das BVerwG ausdrücklich vom *„revisiblen bundesverfassungsrechtlichen Kernbestand"* spricht und deshalb mit der Kernbestandsklausel nur einen dem Bundesverfassungsrecht entnommenen Mindeststandard meint, der dem Revisionsgericht als bundesrechtlicher Maßstab einen – beschränkten – Kontrollzugriff auf das Landesverwaltungsrecht erlaubt. Hinter diesem bundesverfassungsrechtlichen *Minimalstandard* darf weder die Rechtsprechung noch der Landes- oder Bundesgesetzgeber zurückbleiben. Nicht ausgeschlossen ist jedoch die Gewährung von Vertrauensschutz, die über diesen Minimalstandard hinausgeht.

Was zum Minimalstandard bundesverfassungsrechtlichen Vertrauensschutzes gehört, läßt sich BVerwGE 51, 315 nicht entnehmen. Aufschlußreicher ist insoweit BVerwGE 67, 134 f., nach der die Grenze der verfassungsrechtlichen Kernbestandsgarantie durch die grundsätzliche Versagung von Vertrauensschutz für den anfechtenden WF erst erreicht wird, wenn die Verböserung *„zu nahezu unerträglichen Verhältnissen für den Betroffenen führen würde"*. Genau besehen, ist der bundesverfassungsrechtliche Kernbestand identisch mit den verfassungsrechtlichen Anforderungen, die der Rechtsstaatsgrundsatz und das aus ihm folgende Prinzip der Beachtung des Vertrauensschutzes an die Aufhebung von VAen stellen[38]). Diese schließen eine typisierende, an abstrakt-generellen Fallgruppen ausgerichtete Abwägung ebensowenig aus wie eine weitgehende Freiheit des einfachen Gesetzgebers, die gegenläufigen Interessen zu bewerten und das Spannungsverhältnis zwischen Rechtssicherheit und Gerechtigkeit im Einzelfall nach der einen oder anderen Seite hin zu entscheiden, fordern aber die

---

34) Dahingestellt von BVerwGE 14, 181 unter Hinweis auf BVerwGE 8, 45, deren Aussagen aber eigentlich nicht Ermessensfragen betreffen, sondern sich auf eine inzwischen durch den Gesetzgeber bereinigte Auslegung des § 337 LAG beziehen (vgl. die Nachw. in BVerwG v. 23. 3. 1972, BVerwGE 40, 29). Wie hier OVG Lüneburg, OVGE 21, 370; BayVGH, BayVBl. 1973, 556; BWVGH, BRS 28 Nr. 157 (bestätigt von BVerwGE 51, 310); *Weides*, S. 256; *EF*, § 73, 7; StBL, § 48, 50; a. A. wohl *RÖ*, § 73, 20; *Menger*, VerwArch. 1963, 201; *Menger/Erichsen*, VerwArch. 1966, 285.
35) Vgl. BayVGH, BayVBl. 1973, 555 und *Sahlmüller*, BayVBl. 1973, 544 f.; *Weides*, S. 256; *Allesch*, S. 147.
36) Vgl. StBL, § 48, 50 und *K/Busch*, § 79, 10.3.3.
37) Vgl. *Weides*, JuS 1987, 482.
38) Vgl. hierzu eingehend BVerfG v. 16. 12. 1981, BVerfGE 59, 128 (166 f.) und *Pietzner*, VerwArch. 1990, S. 269 f.

Offenheit der Abwägung für Besonderheiten und Härten des Einzelfalls, die sich von den prägenden Merkmalen der Typisierung signifikant abheben.

Den Anforderungen dieses rechtsstaatlichen Vertrauensschutzmodells genügt die Rechtsprechung des BVerwG zur Rip im Widerspruchsverfahren dadurch, daß sie zwar im Regelfall den Vorrang des Gesetzmäßigkeitsinteresses betont, den Richter aber gleichwohl – auch bei zwingendem Spezialrecht, das ein Aufhebungsermessen nicht einräumt – für verpflichtet hält der Frage nachzugehen, ob nicht einer der (seltenen) Ausnahmefälle vorliegt, in denen der Vertrauensschutzgedanke zu einem Verböserungsverbot führt[39])

Beachten Sie: Eine nur scheinbare Ausnahme von der grundsätzlichen Zulässigkeit der Verböserung im Vorverfahren stellen die *Fälle der Teilanfechtung* dar. Enthält ein VA mehrere rechtlich selbständige Entscheidungen, so kann die Anfechtung auf jeden selbständigen Teil beschränkt werden (vgl. oben § 28 Rdnr. 3). Insoweit besteht rechtlich kein Unterschied zwischen der Teilanfechtung im Verwaltungsprozeß und im Widerspruchsverfahren. Eine Rip zu Lasten des WF hinsichtlich des nichtangefochtenen Teils des VA scheidet dann aus[40]), weil insoweit eine Entscheidungszuständigkeit der Widerspruchsbehörde nicht begründet worden ist.

19

Ähnliches gilt, wenn die Widerspruchsbehörde einen Widerspruch zum Anlaß nimmt, über die Bestätigung oder Änderung des angefochtenen VA hinaus einen hiervon rechtlich unabhängigen *zusätzlichen* Eingriffsakt gegenüber dem WF zu erlassen[41]). Auch dies wäre keine Entscheidung über den Widerspruch mehr, sondern eine (neue) Erstentscheidung, die von der Widerspruchsbehörde rechtmäßig nur dann erlassen werden kann, wenn sie hierfür auch zuständig ist, also entweder mit der Ausgangsbehörde identisch ist oder ein Selbsteintrittsrecht (vgl. § 27 Rdnr. 12, § 42 Rdnr. 10 ff.) besitzt.

---

39) Vgl. z. B. BVerwGE 14, 179; Buchholz 436.36 § 20 BAföG Nr. 20; NVwZ 1987, 215 und RhPfOVG, AS 21, 228; BWVGH, NVwZ-RR 1990, 205 (Fußn. 29).
40) Vgl. BVerwG v. 22. 10. 1958, Buchholz 427.4 § 1 WAG Nr. 9; v. 15. 6. 1970, Buchholz 427.3 § 337 LAG Nr. 18; BayVGH v. 15. 12. 1972, BayVBl. 1973, 554 f.; v. *Mutius*, S. 221; *Menger/ Erichsen*, VerwArch. 1966, 281; *Weides*, S. 259; a. A. wohl *Freitag*, VerwArch. 1965, 327.
41) Vgl. BWVGH v. 31. 1. 1974, BRS 28 Nr. 124: Aufhebung der Baugenehmigung auf Drittwiderspruch hin und Abbruchverfügung; BerlOVG v. 7. 1. 1977, NJW 1977, 1166 ff.: Zurückweisung des Widerspruchs gegen Versagung der Aufenthaltserlaubnis und Ausweisung; BayVGH, BayVBl. 1978, 16 ff.; Bestätigung der Entziehung der Fahrerlaubnis (Klasse 3) und Entziehung der Klasse 1, fälschlich vom BayVGH als Fall einer Rip ausgegeben, in Wahrheit ein Fall einer zusätzlichen neuen Entscheidung (so zu Recht *Theuersbacher*, BayVBl. 1978, 19), deshalb im Ergebnis richtig entschieden; HessVGH v. 16. 1. 1981, BRS 38 Nr. 201: Ausdehnung einer Abbruchverfügung auf ein zweites, bisher nicht erfaßtes Bauwerk durch ausdehnende, objektiv nicht gerechtfertigte Auslegung des Ausgangsbescheides durch die Widerspruchsbehörde; BayVGH v. 19. 3. 1981, DÖV 1982, 83 f.: Bestätigung einer Betriebsschließungsverfügung und erstmalige Zwangsmittelandrohung durch die Widerspruchsbehörde; wohl aber: Ersetzung einer Abrißverfügung durch ein Nutzungsverbot; vgl. SaarlOVG v. 12. 11. 1982, AS 18, 15 ff.

3. Verwaltungsverfahrensrechtliche Beurteilung der Verböserung

20   Ist demnach die Rip nach materiellem Verwaltungsrecht grundsätzlich zulässig, so folgt daraus noch keineswegs, daß gerade auch die Widerspruchsbehörde zu ihrer Vornahme befugt ist.

Unproblematisch sind dabei die Fälle, in denen *Widerspruchs- und Ausgangs-(Erlaß-) Behörde identisch* sind, da kein Grund ersichtlich ist, warum einer Behörde eine Befugnis, die ihr nach dem jeweils einschlägigen Bundes- oder Landesverwaltungsverfahrensrecht im „normalen" Verwaltungsverfahren zusteht, versagt sein soll, wenn dieselbe Behörde als Widerspruchsbehörde eine zweite Entscheidung über den gleichen Verfahrensgegenstand treffen soll[42]).

BVerwG, DÖV 1957, 782: „Denn es würde im Hinblick auf die Rechtsstellung des Betroffenen des Sinnes entbehren, wollte man einer solchen Behörde im Rahmen des Einspruchsverfahrens eine Befugnis absprechen, die ihr außerhalb dieses Verfahrens, insbesondere also nach dessen Abschluß zusteht."

21   Entscheidet dagegen − wie es dem gesetzlichen Regelfall (§ 73 I S. 2 Nr. 1 VwGO) entspricht − die *nächsthöhere Behörde* über den Widerspruch, bedarf es des Nachweises einer Kompetenznorm, die der Widerspruchsbehörde die Befugnis zuspricht, *im Außenverhältnis zum Bürger* das Verwaltungsrechtsverhältnis abschließend zu gestalten. Denn außerhalb des Widerspruchsverfahrens ist die nächsthöhere Behörde als Aufsichtsbehörde grundsätzlich auf Weisungen im Innenverhältnis beschränkt und nur − ausnahmsweise − unter den strengen Voraussetzungen des *Selbsteintrittsrechts* befugt, selbst VAe im Außenverhältnis zum Bürger zu erlassen[43]).

22   Eine verbreitete Ansicht entnimmt die Außenzuständigkeit der Widerspruchsbehörde dem in § 73 I VwGO geregelten *Devolutiveffekt* des Widerspruchs[44]) und mißt ihm die verwaltungsverfahrensrechtliche Kraft zu, die sachliche Zuständigkeit der Aus-

---

42) Vgl. *Fischer-Hüftle*, BayVBl. 1989, 231; *Oerder*, S. 168. Derartige Fallgestaltungen lagen BVerwGE 65, 313 (Gewerbeaufsichtsamt) und BVerwG, NJW 1988, 276 (Bundesamt für gewerbliche Wirtschaft) zugrunde, weshalb dort die Frage der Zuständigkeit der Widerspruchsbehörde, im Außenverhältnis zum Bürger das Verwaltungsrechtsverhältnis unmittelbar zu gestalten, nicht thematisiert wird. Soweit BVerwGE 65, 318 ausführt, nach § 73 i. V. m. § 72 VwGO sei die Widerspruchsbehörde lediglich befugt, einem Widerspruch lediglich dann stattzugeben, wenn sie ihn für begründet halte − weitergehende Befugnisse verleihen ihr die §§ 68 ff. VwGO nicht −, wird keine Zuständigkeitsfrage erörtert sondern ein Problem des materiellen Verwaltungsrechts, nämlich die Befugnis, auf einen unzulässigen oder unbegründeten Widerspruch den angefochtenen VA zu Lasten des begünstigten Adressaten aufzuheben oder zu ändern (vgl. § 38 Rdnr. 1, § 42 Rdnr. 4 f.). Dies mißversteht *Greifeld*, NVwZ 1983, 726, wenn er meint, der 7. Senat habe alten §§ 72, 73 VwGO einen bundesrechtlichen Ausschluß von Verböserungszuständigkeiten entnommen.
43) Vgl. § 27 Rdnr. 12, § 42 Rdnrn. 10 f.
44) Vgl. *Theuersbacher*, BayVBl. 1978, 18; *Mandelartz*, VR 1978, 135; *Kopp*, § 68, 10; *SG*, Rdnr. 293; *Weides*, JuS 1987, 482; *Allesch*, S. 144; *Petz*, JA 1987, 331; *K/Busch*, § 79, 10.3.1. Zum gleichen Ergebnis gelangt *Trzaskalik*, S. 48, der den §§ 68 ff. VwGO aus prozessualen Erwägungen die Wirkung zuerkennt, die binnenrechtliche Befugnisse der Aufsichtsbehörde nach außen zu kehren. Ähnlich *Renz*, DöV 1991, 143 f., der dem Gewohnheitsrecht einen „Integrationsgrundsatz" entnimmt, durch den die internen Aufsichtsbefugnisse zu Außenrecht erstarken.

gangsbehörde (die „Sachherrschaft") auf die Widerspruchsbehörde zu verlagern und damit deren Zuständigkeit zu begründen, das Verwaltungsrechtsverhältnis gegenüber dem Bürger unmittelbar (und nicht nur vermittelt über verwaltungsinterne Weisungen an die Ausgangsbehörde) zu gestalten. Prämisse dieser Auffassung ist allerdings, daß Art. 74 Nr. 1 GG auch den Erlaß derartiger verwaltungsverfahrensrechtlicher Vorschriften rechtfertigt (vgl. § 24 Rdnr. 5).

Das *BVerwG* dagegen hat, getreu seiner Grundaussage, die VwGO habe sich jeglicher Regelung der Verböserung enthalten, den § 73 I VwGO in diesem Zusammenhang nie bemüht, sondern auch hier auf das jeweils anzuwendende Bundes- oder Landesrecht *„einschließlich seiner Zuständigkeitsvorschriften"* (BVerwG, NVwZ 1987, 217 und unten Rdnr. 29) zurückgegriffen. Da auch hier in aller Regel positiv-rechtliche Spezialregelungen fehlen, war auch insoweit die Rechtsprechung gezwungen, allgemeine Grundsätze des (Landes- oder Bundes-)Verwaltungsverfahrensrechts herauszuarbeiten. 23

Nach diesen *allgemeinen Grundsätzen des Verwaltungsverfahrensrechts* ist die Verböserung nur dann *zulässig,* wenn

a) die *Widerspruchsbehörde mit der Ausgangsbehörde identisch* oder *mit denselben Zuständigkeiten ausgestattet ist* wie diese (vgl. dazu oben Rdnr. 20)[45]) oder aber 24

b) zumindest als *vorgesetzte Behörde* der Ausgangsbehörde gegenüber *weisungsbefugt* ist[46]). 25

BVerwG, MDR 1959, 421 f.[47]): „Zu einem anderen Ergebnis führt auch nicht etwa die Erwägung, daß § 337 II LAG lediglich die Bestätigung eines ohnehin im Verwaltungsverfahren geltenden Grundsatzes darstelle, der eine Schlechterstellung des RF im Verwaltungsvorverfahren gestatte. Eine solche wird nämlich nach h. A. . . ., wenn nicht ein Spezialgesetz ihre Zulässigkeit ausdrücklich bestimmt (wie z. B. in § 243 III RAO), nur dann für zulässig gehalten, wenn die Rechtsmittelinstanz zugleich eine, wenn auch mit beschränkten Weisungsrechten ausgestattete vorgesetzte Behörde die den angefochtenen VA erlassende Behörde ist (*Fleiner*, Institutionen des Dt.VerwR, 8. Aufl., 1928, S. 234; *Forsthoff*, 7. Aufl. 1958, S. 485; *van Husen*, VGG 1947, § 40 Anm. 3 S. 68; *Klinger*, MRVO, 3. Aufl. 1954, § 46 Anm. A 1 S. 311; im Ergebnis ebenso *O. Mayer*, Dt.VerwR, 3. Aufl., Bd. I 1924, S. 129 Note 13 a. E.; a. A. — für grundsätzliche Zulässigkeit der Rip im Verwaltungsvorverfahren — *v. Turegg*, VerwR., 3. Aufl. 1956, S. 192 f.; *Schlochhauer*, Öffentl. Recht 1957, S. 235)".

---

45) Vgl. HambgOVG, DVBl. 1957, 284 f.; GewArch 1990, 406; BVerwG, DÖV 1957, 782 (Einspruchs- bzw. Widerspruchsausschuß nach hambg. Recht); RhPfOVG, AS 21, 226 (LAmt für Jugend u. Soziales); BWVGH, NVwZ-RR 1990, 205 (nur LS: LAmt für Besoldung).
46) Vgl. BWVGH, BRS 28 Nr. 157 (Regierungspräsidium); v. 9. 10. 1989 (Fußn. 14 — LAmt f. Ausbildsfö); BayVGH, DÖV 1972, 318; BayVBl. 1973, 556 und GewArch. 1988, 277 (Regierung); BerlOVG v. 4. 10. 1957, Bd. 5, 7 (10); v. 24. 10. 1960, Bd. 6, 171 (173 f.); v. 9. 6. 1987 — OVG 4 B 81.86 — A. U. S. 7 f. — alle für den Fachsenator in Mietpreissachen; BremOVG, ZfSH/SGB 1984, 26 f. (Fachsenator); HessVGH v. 12. 7. 1984, ESVGH 35, 159 (höhere Naturschutzbehörde); OVG Lüneburg v. 11. 7. 1952, OVGE 6, 309 (311 — Beschwerdeausschuß für Sonderhilfsachen); OVGE 21, 369 (Fachminister); RhPfOVG, AS 21, 226.
47) BVerwG v. 27. 11. 1958, MDR 1959, 421 f. (in BVerwGE 8, 45 f. insoweit nicht abgedruckt).

BVerwG 5 C 148.59[48])*:* „Da die Beschwerdebehörde die untere Behörde auch anweisen kann (im konkreten Fall: ein nds. Verwaltungsbezirkspräsident), einen begünstigenden VA zurückzunehmen, wenn sie die Voraussetzungen hierfür für gegeben hält, muß ihr aus verfahrensökonomischen Gründen auch die Befugnis eingeräumt werden, selbst den VA abzuändern, wenn sie nach Einlegung einer Beschwerde zur Entscheidung berufen ist."

26 c) Ist die Widerspruchsbehörde dagegen *auf die Rechtsschutzfunktion beschränkt,* ist ihr eine Verböserung versagt, es sei denn, die Zuständigkeit hierzu ist ihr durch Gesetz — wie z. B. in § 337 II LAG — ausdrücklich eingeräumt.

BVerwG, MDR 1959, 421 f.[47]): „Diese Ansicht findet ihre Rechtfertigung darin, daß die Befugnisse einer Beschwerdeinstanz, die nicht zugleich vorgesetzte Behörde ist, sich in der Gewährung bzw. Versagung von Rechtsschutz erschöpfen. . . . Die nach § 310 LAG gebildeten *Beschwerdeausschüsse* sind ihrer Funktion nach Rechtsschutz-, nicht Verwaltungsorgane. Da ihnen auch nicht die Fachaufsicht über die Ausgleichsämter zusteht, die (im LAG als ‚Sachaufsicht' bezeichnet) vielmehr durch § 311 III LAG den Landesausgleichsämtern übertragen ist, können die Beschwerdeausschüsse VAe, die den Beschwerdeführer begünstigen, nur dann zu seinem Nachteil abändern oder aufheben, wenn ihnen die Zuständigkeit hierzu durch das Gesetz ausdrücklich eingeräumt ist. Dies ist in § 337 II LAG für die Verfahren nach dem 2. Titel des 13. Abschnitts über Leistungen mit Rechtsanspruch geschehen, nicht aber auch für das Verfahren bei Leistungen ohne Rechtsanspruch nach dem 3. Titel."[49])

Eine ähnliche Rechtslage wie früher im Lastenausgleichsrecht herrscht noch heute im rheinland-pfälzischen Landesrecht für die weisungsfreien Kreis- und Stadtrechtsausschüsse[50]) sowie auf der Ebene des Bundesrechts im Flurbereinigungsrecht: Hier kann zwar die Flurbereinigungsbehörde als Abhilfebehörde verbösern (§ 60 I S. 2 FlurbG)[51]), nicht aber die obere Flurbereinigungsbehörde als Widerspruchsbehörde (arg. § 141 I S. 4 FlurbG)[52]).

27 Die in der Rechtsprechung herausgearbeiteten allgemeinen Grundsätze des Verwaltungsverfahrensrechts über die Befugnis dienstvorgesetzter Behörden, VAe nachgeordneter Behörden im außergerichtlichen Rechtsbefehlsverfahren zum Nachteil des RF zu verschlechtern, besitzen — wie in BVerwG, MDR

---

48) BVerwG v. 23. 11. 1960 (in den Veröffentlichungen NJW 1961, 1035 = MDR 1961, 257 nicht abgedruckt).
49) Vgl. BVerwG v. 23. 8. 1956, NJW 1957, 195 f.; v. 27. 11. 1958, BVerwGE 8, 45 f. = MDR 1959, 421. Der Gesetzgeber hat dieses Versäumnis durch Art. 1 § 1 Nr. 24 des 11. ÄndG LAG v. 29. 7. 1959 (BGBl. I S. 545) dadurch nachgeholt, daß er in die Beschwerderegelung des 3. Titels eine Verweisung auf § 337 aufgenommen hat (§ 345 II S. 1 LAG).
50) Vgl. RhPfOVG v. 8. 5. 1961, AS 8, 273 (279 f.); zustimm. *Rüter/Oster,* S. 25. Bei anderen Widerspruchsbehörden dagegen gelten die allgemeinen Grundsätze: vgl. RhPfOVG, AS 21, 226 f. Für die Widerspruchsausschüsse in Hamburg vgl. Fußn. 45.
51) Vgl. BVerwG v. 29. 5. 1980, Buchholz 424.01 § 60 FlurbG Nr. 4.
52) Vgl. BVerwG v. 8. 11. 1973, BayVBl. 1975, 49 (50) m. w. N.

1959, 421 (oben Rdnr. 25) dargelegt — eine lange Tradition; sie wurzeln in ungebrochenen Rechtsüberzeugungen, die bis an den Beginn dieses Jahrhunderts zurückreichen. Sie können deshalb mit Fug als *gemeindeutsches Gewohnheitsrecht*[53]) bezeichnet werden. Ihr Geltungsanspruch hat den Erlaß der Landesorganisations- und Landesverwaltungsgesetze ebenso überdauert wie der der materiellen Verböserungsgrundsätze das Inkrafttreten der VwVfGe des Bundes und der Länder (vgl. oben Rdnr. 15); denn ebenso wie die VwVfGe haben sich die Landesorganisations- und Landesverwaltungsgesetze einer Regelung der Rip im Widerspruchsverfahren enthalten und sich auf die Regelung der allgemeinen Befugnisse der Aufsichtsbehörden einschließlich des Selbsteintrittsrechts beschränkt.

Das Gegenteil behauptet das *OVG Lüneburg*[54]) für das Schl.-H.LVwG, obwohl auch dieses erklärtermaßen die Rip ebensowenig regeln wollte wie das VwVfG (vgl. LT-Drucks. 5/650, S. 223). Wenn aber sich das LVwG auf diesem Gebiet einer Regelung enthalten hat, kann es insoweit auch keine inhaltsgleichen oder entgegenstehenden Rechtsvorschriften im Sinne der allgemeinen Derogationsklausel des § 317 II S. 1 enthalten. 28

Ebensowenig folgt aus § 16 III Schl.-H.LVwG der Ausschluß einer Verböserungszuständigkeit dienstvorgesetzter Widerspruchsbehörden. Daß die Fachaufsichtsbehörde nur unter den Voraussetzungen des sog. *Selbsteintrittsrechts* befugt ist, VAe, die nach der verwaltungsrechtlichen Zuständigkeitsordnung an sich Sache der unteren Behörde sind, zu erlassen[43]), zwingt nicht zu der Folgerung, eine entsprechende Befugnis sei im Widerspruchsverfahren ausgeschlossen. Ebenso wie die Verböserungsbefugnis beruhte das Selbsteintrittsrecht der Aufsichtsbehörde in Schleswig-Holstein auf Gewohnheitsrecht[55]). Warum aus der Tatsache, daß eines dieser gewohnheitsrechtlichen Institute des Landesverwaltungsverfahrensrechts durch geschriebenes Recht abgelöst worden ist, die Derogation des anderen Instituts folgen soll, ist nicht ersichtlich. Die Verböserungsbefugnis ist weder identisch mit dem Selbsteintrittsrecht, noch besteht bei ihr die Gefährdungslage für die Verantwortlichkeit der unteren Verwaltungsinstanz und den Rechtsschutz des Bürgers, die beim Selbsteintritt Anlaß für die kodifikatorische Konstitutionalisierung des Verwaltungsrechtsinstituts waren[56]).

Auch in seiner letzten Entscheidung zur Rip hat das BVerwG[13]) seine Rechtsprechung, daß sich ihre Zulässigkeit nicht nach der VwGO, sondern 29

---

53) Vgl. *Kopp*, § 68, 10; *Renck*, JuS 1980, 30; *Pietzner*, VerwArch 1990, 277 f.; *Renz*, DöV 1991, 143 f. (vgl. oben Fußn. 44).
54) Vgl. OVG Lüneburg v. 28. 4. 1982, OVGE 37, 237 (349 f.); a. A. noch OVG Lüneburg, OVGE 21, 369.
Greifeld, NVwZ 1983, 726 behauptet ein Verbot von Gewohnheitsrecht im Verwaltungsorganisationsrecht. Dem Vorbehalt des Gesetzes, Art. 20 III oder Art. 2 I GG ist dies freilich nicht zu entnehmen. Vgl. BVerfG v. 6. 5. 1958, v. 14. 10. 1975 und 31. 5. 1988, BVerfGE 8, 155 (167 ff.); 40, 237 (248 ff.); 78, 214 (227). *Oerder*, S. 18 f. verneint ebenfalls entsprechendes Gewohnheitsrecht.
55) Begründet durch ständige Rechtsprechung des PrOVG. Vgl. PrOVG v. 28. 2. 1918, PrOVGE 74, 341 ff.
56) Hierauf hat zu Recht *Trzaskalik*, S. 48 hingewiesen. Vgl. dazu BVerwG, NVWZ 1987, 216.

nach dem jeweils anzuwendenden Bundes- oder Landesrecht einschließlich seiner Zuständigkeitsvorschriften richte, konsequent fortgeführt und wegen des mißverständlichen Hinweises des OVG auf die §§ 68, 73 VwGO[57]) klargestellt, daß diese nicht die Zuständigkeit zur Verböserung regeln, sondern nur die Zuständigkeit zum Erlaß eines Widerspruchsbescheids, mithin die Frage, wann und durch wen ein Widerspruchsbescheid zu ergehen hat. Für eine Rip muß die Widerspruchsbehörde also *zwei Zuständigkeitsnormen* anführen können: § 73 VwGO *und* eine Zuständigkeitsvorschrift des Bundes- oder Landesrechts zur Vornahme der Verschlechterung[58]). Die letztere kann, da geschriebenes Verwaltungsverfahrensrecht insoweit in aller Regel weder im Bund noch in den Ländern anzutreffen ist, nach Lage der Dinge nur in den – gewohnheitsrechtlichen – allgemeinen Grundsätzen des Verwaltungsverfahrensrechts gefunden werden, die in der bisherigen Rechtsprechung herausgearbeitet worden sind und das in aller Regel geschriebene Recht der Fachaufsicht ergänzen.

4. Rechtsprechungsüberblick

Beurteilt sich die Zulässigkeit der Verböserung nach alledem weder nach der VwGO noch nach den VwVfGen[59]), sondern nach dem jeweils anzuwendenden formellen und materiellen Verwaltungsrecht des Bundes und/oder der Länder[60]), so kommt es im Examen entscheidend auf die Kenntnis der Rechtsprechung des für die Auslegung des jeweiligen Verwaltungsrechts letztinstanzlich zuständigen Gerichts an.

Baden-Württemberg: Spezialregelung im BWKAG (vgl. Rdnr. 1 mit Fußn. 4), Verböserung dort seit dem ÄnderungsG v. 15. 12. 1986 entsprechend § 367 II S. 2 AO 1977 zulässig; ansonsten gelten die allgemeinen Grundsätze (vgl. die Nachw. in Fußn. 10, 14, 29, 33, 46).

Bayern: Verböserung grundsätzlich zulässig (vgl. die Nachw. in Fußn. 10, 11, 16, 46); die abw. Ansicht des 11. Senats (vgl. Fußn. 25) hat sich nicht durchzusetzen vermocht.

Berlin: Verböserung grundsätzlich zulässig (vgl. oben Fußn. 46 und BerlOVG, NJW 1977, 1167; VG Berlin v. 22. 3. 1983 – VG 8 A 265/81 – A. U. S. 7 ff.) Der 2. Senat des OVG hat allerdings in einem obiter dictum erkennen lassen, daß er an seiner früheren Rspr. zur grundsätzlichen Zulässigkeit der Rip im Vorverfahren mit „Hinblick auf die neuere Rspr. des BVerwG" nicht mehr festhalte, sondern der Auffassung zuneige, „daß die Verböserung im Widerspruchsverfahren nur bei

---

57) Das wohl der Lehre vom Devolutiveffekt (vgl. Rdnr. 22 mit Fußn. 44) folgte. Vgl. NWOVG v. 23. 2. 1984 – 4 A 1243/83 – A. U. S. 10 ff.; die wichtigsten Passagen sind abgedruckt und kommentiert bei *Pietzner*, VerwArch. 1990, 279 f.
58) So auch BayVGH, GewArch 1988, 277.
59) Das gleiche gilt für das SGB X (VwVf) – vgl. die Nachw. in Fußn. 14.
60) Nicht selten wird sich die materiell-verwaltungsrechtliche Seite der Verböserung nach Bundesrecht, die verwaltungsverfahrensrechtliche nach Landesrecht beurteilen. Vgl. z. B. BVerwG, NVwZ 1987, 216.

Vorliegen einer ausdrücklichen normativen Regelung zulässig ist" (U. v. 16. 1. 1987 – OVG 2 B 81/86 – A. U. S. 9). Dasselbe Mißverständnis der höchstrichterlichen Rspr. ist bereits dem 11. Senat des BayVGH unterlaufen (vgl. oben Fußn. 25).

Bremen: BremOVG v. 16. 11. 1965, DÖV 1966, 575 sah in § 10 BremVwVfG 1960 (GBl. S. 37) ein landesrechtliches Verböserungsverbot. Nach Streichung der Vorschrift durch § 98 BremVwVfG 1976 Rip grundsätzlich zulässig (BremOVG, ZfSH/SGB 1984, 26 und oben Fußn. 14).

Hamburg: Allgemeine Grundsätze (vgl. Nachw. in Fußn. 11, 45).

Hessen: Verböserung grundsätzlich zulässig, wenn und soweit durch Gesetz nichts anderes vorgesehen (HessVGH, ESVGH 35, 159).

Niedersachsen: Es gelten die allgemeinen Grundsätze (OVG Lüneburg, OVGE 6, 311 – vgl. Fußn. 46).

Nordrhein-Westfalen: Verböserung grundsätzlich zulässig (vgl. die Nachw. in Fußn. 29, 57 und oben Rdnr. 11).

Rheinland-Pfalz: Verböserungsverbot für die Kreis- und Stadtrechtsausschüsse, ansonsten Rip i. allg. zulässig (vgl. oben Fußn. 45, 50).

Saarland: Rechtsprechung zur Rip existiert – soweit ersichtlich – bisher nicht.

Schleswig-Holstein: Rip grundsätzlich nach der älteren Rspr. zulässig (OVG Lüneburg, OVGE 21, 369 und oben Fußn. 15, 46); nach der neueren Rspr. Verböserungsverbot durch angebliche Beseitigung der allgemeinen Grundsätze des Verwaltungsverfahrensrechts durch Erlaß des LVwG 1967 (vgl. dazu oben Rdnr. 28).

5. Verböserung und Anhörung

Der drohenden Verböserung kann der WF dadurch entgehen, daß er den Widerspruch vor Erlaß des Widerspruchsbescheids *zurücknimmt*[61]. § 367 II S. 2 AO 1977 verpflichtet die Einspruchsbehörde, vor der Verböserung den RF auf die Möglichkeit einer verbösernden Entscheidung unter Angabe von Gründen hinzuweisen und ihm Gelegenheit zu geben, sich hierzu zu äußern[62]. Im allgemeinen Verwaltungsverfahren gilt diese weitgehende *Anhörungspflicht* nicht. Da der WF nach materiellem Verwaltungsrecht grundsätzlich auch mit einer Verschlechterung seiner Position im Widerspruchsverfahren rechnen muß und die grundsätzlich auch im Widerspruchsverfahren geltende Anhörungspflicht (§§ 28, 79 VwVfG)[63] sich nur auf die entscheidungserheblichen Tatsa-

31

---

61) Vgl. § 36 Rdnr. 8.
62) Vgl. oben Rdnr. 1. Diesen Erfordernissen wird die Mitteilung des Finanzamts (FA) nur dann gerecht, wenn aus den mitgeteilten Gründen i. V. m. der Steuerfestsetzung für den Einspruchsführer objektiv und nachprüfbar erkennbar ist, in welcher Beziehung und in welchem Umfang das FA seine der Steuerfestsetzung zugrundeliegende Auffassung geändert hat. Vgl. BFH v. 21. 9. 1983, BStBl. II 1984, 177 (178); weiterhin BFH v. 10. 11. 1989, NVwZ 1990, 1109.
63) Vgl. § 26 Rdnr. 12.

chen bezieht, ist die Widerspruchsbehörde nur zur Anhörung des WF verpflichtet, wenn die Verböserung auf *neuen Tatsachen* beruht[64]).

Rechtliche Bedeutung kann ein solcher Anhörungsfehler im Widerspruchsverfahren freilich nur haben im Rahmen einer gegen den Widerspruchsbescheid gerichteten Klage nach § 79 II VwGO, die allerdings ein besonderes Rechtsschutzbedürfnis voraussetzt, das in der Regel nur bei VAen nach Ermessen oder in Ausübung einer Beurteilungsermächtigung gegeben ist[65]).

---

64) Vgl. *StBL,* § 48, 51; *K/Busch,* § 79, 10.3.1; BVerwG v. 22. 6. 1972, Buchholz 427.3 § 337 LAG Nr. 19; weitergehend in Richtung einer umfassenden Anhörungspflicht nach Art des § 367 II S. 2 AO 1977 BSG v. 1. 3. 1979, SozR 1200 § 34 SGB I Nr. 8; BremOVG, ZfSH/SGB 1984, 24; *Renner,* DVBl. 1973, 341 ff.; *Weides,* S. 258 f.; *ders.,* JuS 1987, 481; *Laubinger,* VerwArch. 1984, 76 f.; offengelassen in BVerwG, NVwZ 1987, 215.
65) Vgl. § 24 Rdnr. 19 und § 26 Rdnr. 12.

5. Abschnitt: Der Widerspruchsbescheid

§ 41 Die äußere Gestaltung der im Vorverfahren ergehenden Bescheide

Anders als für Urteile (§§ 113 bis 115, 117 VwGO) enthält die VwGO über Form und Inhalt eines Widerspruchsbescheides nur unvollkommene Regelungen. Nach § 73 III VwGO ist der Widerspruchsbescheid zu begründen, mit einer Rechtsmittelbelehrung sowie einer Kostenentscheidung zu versehen und zuzustellen. Aus dem Zustellungserfordernis folgt zwingend auch die Schriftform, da nur schriftliche Bescheide zugestellt werden können. Als schriftlicher VA muß der Widerspruchsbescheid die erlassende Behörde erkennen lassen und die Unterschrift oder die Namenswiedergabe des Behördenleiters, seines Vertreters oder seines Beauftragten enthalten (§ 79 i. V. m. § 37 III VwVfG).

Widerspruchsbescheide von Ausschüssen brauchen nur vom Vorsitzenden und nicht auch von den Beisitzern unterschrieben zu werden (RdErl. d. RhPfMdI v. 26. 10. 1962, BerMinBl. 1968 Bd. 1 Sp. 15; zustimm. *Rüter/Oster*, S. 60; a. A. v. *Oertzen*, LKreis 1960, 370).

I. Form des Widerspruchsbescheids

Ob der Widerspruchsbescheid dagegen in einer dem gerichtlichen Beschluß angenäherten Form oder in Form eines schlichten Bescheids erlassen wird, ist von der VwGO freigestellt, wenn er nur die in § 73 III geforderten Bestandteile enthält und den Adressaten, die erlassende Behörde sowie den Entscheidungsausspruch aufführt[1]). Dementsprechend uneinheitlich ist auch die behördliche Praxis. Einige Behörden legen ihn wie einen Gerichtsbeschluß an und formulieren unpersönlich. Andere Widerspruchsbescheide sind in der „Ich"-Form abgefaßt und reden den Bürger im Entscheidungssatz wie in den Gründen unmittelbar an, wobei teilweise eine persönliche Anrede und eine Höflichkeitsschlußformel verwendet wird.

Muster der unterschiedlichen Formen finden Sie unten in § 50.

---

1) So *RÖ*, § 73, 18. Die zuletzt genannten Erfordernisse ergeben sich aus allgemeinem Verwaltungsrecht als Mindestanforderungen an den Inhalt eines VA (vgl. § 37 I und III VwVfG).

1. Bescheid- oder Beschlußform?

4   Da die VwGO hinsichtlich der formalen Gestaltung des Widerspruchsbescheides keine Regelungen enthält, ist dies weitgehend eine Frage der Zweckmäßigkeit. Sie sollten sich deshalb, bevor Sie ins Examen gehen, über die in Ihrem Bundesland gebräuchliche Form des Widerspruchsbescheides Gewißheit verschaffen. Häufig wird Ihnen dies aus Ihrer Praxis in der Verwaltungsstation bekannt sein. Gibt es keine einheitliche Praxis bei Ihnen, sollten Sie *nicht die Beschlußform* wählen, da sie dem Charakter des Widerspruchsbescheides nicht angemessen ist.

5   Trotz seiner Regelung in der VwGO und seines Charakters als Vorschaltverfahren ist und bleibt das Widerspruchsverfahren nämlich ein Verwaltungsverfahren. Die Widerspruchsbehörde entscheidet nicht − wie der Richter − als neutraler Dritter einen Rechtsstreit zwischen der Ausgangsbehörde und dem WF[2]), sondern als Organ der dem Bürger gegenüber als Einheit auftretenden Verwaltung[3]). Der Widerspruchsbescheid ist deshalb nicht unpersönlich, neutral wie ein gerichtliches Urteil oder ein Beschluß unter Nennung der am Verfahren Beteiligten zu formulieren, sondern prinzipiell genauso wie der Erstbescheid als persönliches Anschreiben an den WF zu adressieren[4]).

Zur Frage der Höflichkeitsanrede und Grußformel vgl. unten Rdnr. 12.

6   Etwas anderes gilt, wenn der Widerspruchsbescheid von einem *Widerspruchs- bzw. Rechtsausschuß* getroffen wird[5]). Die kollegiale Zusammensetzung dieser Widerspruchsausschüsse sowie ihr formalisiertes, regelmäßig in Form einer mündlichen Verhandlung ablaufendes Verfahren wirken sich auch auf die Fassung des Widerspruchsbescheides aus, der in seiner äußeren Form der eines verwaltungsgerichtlichen Beschlusses stark ähnelt. Dem sachlichen Gehalt des Widerspruchsverfahrens entspricht dies an sich nicht (vgl. oben § 1 Rdnr. 29).

Die Beschwerdeausschüsse in Lastenausgleichssachen entscheiden kraft gesetzlicher Anordnung „durch Beschluß" (vgl. § 337 I S. 1 LAG).

7   Ob der Widerspruchsbescheid in der „Ich"-Form abgefaßt oder unpersönlich formuliert wird, ist ebenfalls eine Frage der Zweckmäßigkeit, die von Land zu Land und von Behörde zu Behörde unterschiedlich gehandhabt wird. Sinnvoll

---

2) Vgl. dazu oben § 37 Rdnr. 26 und § 25 Rdnr. 11.
3) Dies ergibt sich u. a. aus § 79 I Nr. 1 VwGO, der als Gegenstand der Anfechtungsklage grundsätzlich den ursprünglichen VA in der Gestalt, die er durch den Widerspruchsbescheid gefunden hat, nennt. Vgl. auch BVerwG v. 23. 2. 1982, BayVBl. 1982, 473 (474); v. 27. 9. 1989, BVerwGE 82, 336 (338).
4) Vgl. *Junker*, StKV 1972, 313.
5) Vgl. dazu oben § 37 Rdnrn. 21, 24 ff.

ist die Wahl der „*Ich*"-*Form* nur dann, wenn die offizielle Bezeichnung der Behörde auf eine natürliche Person hindeutet[6]).
Ist also Widerspruchsbehörde z. B. „Der Polizeipräsident, Der Oberkreisdirektor, Der Regierungspräsident, Der Innenminister", können Sie formulieren: „Auf Ihren Widerspruch vom . . . hebe ich die Verfügung des . . . vom . . . auf."
Ist dagegen Widerspruchsbehörde z. B. „Der Rhein-Neckar-Kreis, Das Landratsamt, Die Bezirksregierung, Die Regierung von Oberbayern, Die Grenzschutzverwaltung X", ist die Wahl der „Ich"-Form unangemessen. Hier sollten Sie formulieren: „Auf Ihren Widerspruch vom . . . erläßt die Bezirksregierung XY folgenden Widerspruchsbescheid: Der Bescheid der Stadt A vom . . . wird aufgehoben."

2. Die äußere Gestaltung im einzelnen

In der Regel haben die großen Flächenländer für ihe Behörden durch Runderlasse Geschäfts- bzw. Dienstordnungen erlassen, in denen sie die Gestaltung des behördlichen Schriftverkehrs regeln.

Baden-Württemberg: Dienstordnung für die Landesbehörden in Baden-Württemberg (DO) v. 13. 1. 1976 (GABl. 1976 S. 193, ber. S. 676), Weitergeltungsanordnung v. 1. 12. 1986 (GABl. S. 1188).

Bayern: Allgemeine Dienstordnung – ADO – v. 1. 9. 1971 (GVBl. S. 305, ber. S. 395 – *Ziegler/Tremel* Nr. 140), zuletzt geändert am 13. 6. 1978 (GVBl. S. 325), nebst Bek. des StMdI v. 23. 8. 1972 „Vollzug der ADO" (MABl. S. 703); vgl. auch das Muster einer DO für die Landratsämter, Bek. des StMdI v. 16. 1. 1975 (MABl. S. 113) i. d. F. v. 2. 3. 1982 (MABl. S. 147).

Berlin: Gemeinsame Geschäftsordnung für die Berliner Verwaltung, Allgemeiner Teil (GGO I) v. 4. 12. 1984, Beilage zum ABl. Teil I Nr. 9 v. 7. 2. 1985, geändert durch Verwaltungsvorschriften v. 17. 3. 1987 (DBl. I S. 79) und v. 21. 3. 1989 (DBl. I S. 49).

Bremen: Gemeinsame Geschäftsordnung für die Bremische Verwaltung (BremGGO) v. 3. 9. 1985 (ABl. S. 559).

Niedersachsen: RdErl. des MdI v. 10. 4. 1979 „Geschäftsordnung für die Bezirksregierungen" (MBl. S. 656), zuletzt geändert am 17. 7. 1984 (MBl. S. 689).

Nordrhein-Westfalen: RdErl. des MdI v. 29. 5. 1979: „Geschäftsordnung für die Regierungspräsidenten" (MBl. S. 1116 = SMBl. NW 20020). Die in der a. F. der GeschO enthaltenen Regelungen über die äußere Gestaltung von Bescheiden sind nach § 2 GeschO n. F. ergänzenden Ordnungen und Dienstanweisungen der Regierungspräsidenten vorbehalten.

---

6) Vgl. z. B. § 47 II der GeschO für die Kreispolizeibehörden des Landes Nordrhein-Westfalen, RdErl. des MdI v. 9. 7. 1962 (SMBl. NW 20020). Nr. 37 III BremGGO (unten Rdnr. 8): „Die Senatorischen Behörden führen ihren Schriftverkehr in der ‚Ich-Form'. Satz 1 gilt nicht für die Senatskommission für das Personalwesen; sie schreibt wie alle übrigen Dienststellen in der ‚Wir-Form'. Die ‚Ich-Form' ist dann anzuwenden bei Briefbögen mit einer personifizierten Dienststellenbezeichnung (z. B. ‚Chef der Senatskanzlei', ‚Präsident des OVG')." § 64 I BerlGO I i. d. F. 1989 (unten Rdnr. 8) ordnet grundsätzlich die „Wir"-Form an. Nur die Bezirksbürgermeister und ihre Stellvertreter dürfen in der „Ich"-Form schreiben (§ 64 II). Vgl. allgemein zum „persönlichen Stil" *Linhart*, § 6, 3 ff.

Rheinland-Pfalz: RdErl. des MdI v. 15. 6. 1971: „Geschäftsordnung für die Bezirksregierungen" (MBl. Sp. 579), zuletzt geändert am 25. 3. 1981 (MBl. S. 242 – *Rumetsch* Nr. 14 aa).

9 Entwurf und Reinschrift erhalten oben links auf der ersten Seite die *Behördenbezeichnung,* darunter das *Geschäftszeichen,* das in den beiden ersten Stellen das Kennzeichen des jeweiligen Dezernats angibt; dahinter ist ein Punkt zu setzen, dem dann das Aktenzeichen des betreffenden Vorganges folgt. *Ort und Datum* stehen oben rechts. Die Reinschrift hat außerdem die Straßenbezeichnung, die Fernsprech- und Fernschreibnummer sowie die Nummer des Hausapparates des Sachbearbeiters zu enthalten[7]).

10 Unter der Anschrift des Empfängers ist vor dem Text der behandelte Sachgegenstand in Stichworten zu bezeichnen *(„Betr.: . . .").* Anschließend ist auf das veranlassende Ereignis hinzuweisen *(„Bezug: . . .")*[8]) sowie die Zahl der *Anlagen* anzugeben.

11 Da der Widerspruchsbescheid zuzustellen ist, ist in Entwurf und Reinschrift auch die *Art der Zustellung*[9]) anzugeben, üblicherweise rechts neben der Anschrift. Der Zustellungsvermerk lautet i. d. R. bei Zustellung an den WF: „Durch (Gegen) Postzustellungsurkunde"; bei Zustellung an einen bevollmächtigten Anwalt: „Gegen Empfangsbekenntnis" (vgl. dazu unten § 49).

Unterzeichnet wird der Widerspruchsbescheid durch den Dezernenten oder Sachbearbeiter mit dem Zusatz „Im Auftrag"[10]).

12 Im Schriftverkehr mit Privatpersonen sind *Höflichkeitsanreden* (Sehr geehrter Herr, Frau, Fräulein . . .) und eine *Grußformel* (z. B. Hochachtungsvoll) zu gebrauchen, wenn die Person des Empfängers oder der Inhalt des Schreibens dies als angebracht erscheinen lassen[11]). In Nordrhein-Westfalen wird dies i. d. R. auch auf Widerspruchsbescheide angewandt.

Nach § 46 II S. 3 der NdsGeschO sollen bei förmlichen Bescheiden, zu denen auch der Widerspruchsbescheid gehört, keine Höflichkeitsformeln verwendet werden. Dies entspricht wohl auch der überwiegenden Praxis in den Bundesländern, da man eine zu persönlich gehaltene Note mit Höflichkeitsanrede und Grußformel der notwendigen Förmlichkeit des Widerspruchsbescheides nicht für angemessen hält[12]).

13 Auf keinen Fall sollte der Widerspruchsbescheid durch seine äußere Gestaltung oder inhaltliche Formulierung darüber hinwegtäuschen, daß er den förmli-

---

7) Vgl. Nr. 165 I BWDO, § 25 Nr. 1 bis 5 BayADO.
8) Vgl. Nr. 165 III BWDO, § 25 Nr. 6, 7 BayADO.
9) Vgl. Nr. 89 II BWDO, § 24 II BayADO.
10) Vgl. § 38 NWGeschO, Nr. 91 II BWDO, § 26 V BayADO, § 60 NdsGeschO, Nr. 42 BremGGO, § 71 I BerlGGO I. Nur der Vertreter des Behördenchefs zeichnet „In Vertretung".
11) Vgl. Nr. 4 II BWDO, § 55 II NdsGeschO, Nr. 14 II BremGGO, § 66 III BerlGGO I.
12) Vgl. *Junker,* StKV 1972, 313.

chen Abschluß eines Rechtsbehelfsverfahrens, der seinerseits wiederum Fristen in Lauf setzt, darstellt. Er sollte deshalb ausdrücklich *als Widerspruchsbescheid überschrieben* werden, um Zweifel bei dem Empfänger von vornherein auszuschließen. Die VwGO fordert — wie gesagt — dies nicht; sollte die ausdrückliche Bezeichnung als Widerspruchsbescheid einmal fehlen, muß nach den allgemeinen Regeln über die Auslegung von VAen beurteilt werden, ob der Betroffene bei sachgemäßer Würdigung nach Treu und Glauben die Mitteilung der Behörde als Widerspruchsbescheid verstehen mußte.

Das Fehlen einer Rechtsmittelbelehrung und förmlicher Zustellung ist insoweit unschädlich. Unerheblich ist auch, wie die Behörde üblicherweise ihre Widerspruchsbescheide gestaltet, sofern dies dem WF nicht bekannt ist[13]).

Wird von Ihnen im Bearbeitungsvermerk ausdrücklich der Entwurf eines Widerspruchsbescheides verlangt, müssen Sie ihn als solchen kennzeichnen und die nach dem normalen Verwaltungsgang erforderlichen *Begleitverfügungen* schreiben, bei Zeitnot wenigstens stichwortartig andeuten. Auch wenn ein Entwurf nicht ausdrücklich verlangt wird, können Sie durch die Begleitverfügungen zusätzliche Punkte sammeln.

14

Die einzelnen Teile eines Entwurfs (Aktenvermerk, Anschreiben und nachfolgende Bearbeitungsvermerke) sind in zahlenmäßiger Reihenfolge zu ordnen[14]); nach dem Widerspruchsbescheid das Schreiben an die Ausgangsbehörde, mit dem dieser eine Abschrift des Widerspruchsbescheides und ggf. der überlassene Verwaltungsvorgang übersandt wird. Wird mit dem Widerspruchsbescheid ein Kostenfestsetzungsbescheid verbunden, ist ein Vermerk über die Eintragung in die Verwaltungsgebührenkontrolliste anzufügen. Als Schluß des Entwurfs ist je nach Sachlage zu verfügen: Wvl./Wv. (Wiedervorlage), z.V./z.Vg. (zum Vorgang), z.d.A. (zu den Akten), wgl./wegl. (weglegen)[14]); beim Widerspruchsbescheid i. d. R. z.d.A., es sei denn, die Widerspruchsbehörde ist ausnahmsweise selbst Beklagter im anschließenden Verwaltungsprozeß oder mit der Vertretung des Bundes/Landes in Verwaltungsprozessen beauftragt. Dann empfiehlt sich „Wvl. am ... (Klage erhoben?)."

II. Form des Abhilfebescheids und des Vorlageschreibens

Statt eines Widerspruchsbescheides kann im Einzelfall von Ihnen auch einmal die Fertigung eines *Abhilfebescheides* verlangt werden. Dieser kann entweder in der Aufhebung oder Änderung des angefochtenen, dem Erlaß eines bisher verweigerten VA oder in der lediglich verfahrensinternen Vorlageentscheidung

15

---

13) Vgl. NWOVG v. 12. 11. 1971, DÖV 1972, 799 Nr. 326 und *Kopp*, § 73, 6.
14) § 35 II NWGeschO; Nr. 81 III BWDO; Nr. 32 II BremGGO; § 55 II BerlGGO I; vgl. auch § 50 III NdsGeschO.

an die Widerspruchsbehörde bestehen[15]). Richtet sich der Abhilfebescheid an den Bürger, gelten die für den Widerspruchsbescheid dargelegten Grundsätze über die äußere Gestaltung des behördlichen Bescheids entsprechend[16]).

16 Abweichungen ergeben sich nur für das *Vorlageschreiben* insoweit, als dienstliche Schreiben im zwischenbehördlichen Verkehr grundsätzlich an die Behörde und nicht an einen Sachbearbeiter zu richten sind und deshalb auf jeden Fall persönliche Anrede und Grußformel wegfallen. Das gleiche gilt für den Zustellungsvermerk.

17 Inhaltlich hat das Vorlageschreiben den Sachverhalt darzulegen und zur Zulässigkeit und Begründetheit des Widerspruchs Stellung zu nehmen. Hierbei kann auf den Ausgangsbescheid Bezug genommen werden, um Wiederholungen zu vermeiden[17]). In der Praxis werden Vorlageschreiben häufig mit der Bitte abgeschlossen, den Widerspruch zurückzuweisen. Erforderlich ist dies nicht, da die Abhilfebehörde weder Bitt- noch Antragsteller im Widerspruchsverfahren ist. Verfehlt wäre es deshalb auf jeden Fall, das Vorlageschreiben mit der Stellung eines Antrags abzuschließen.

III. Entscheidungsformel(satz, Tenor)

1. Vorbemerkung

a) Gesetzliche Grundlagen

18 § 73 VwGO fordert nur, *daß* ein Widerspruchsbescheid zu ergehen habe, sagt aber — im Gegensatz zu § 113 für verwaltungsgerichtliche Urteile — nichts über den möglichen Inhalt der Entscheidungsformel eines derartigen Bescheides aus.[18]) Wegen seiner Unvollständigkeit und wegen der nur beschränkten Analogiefähigkeit der auf das verwaltungsgerichtliche Urteil zugeschnittenen Vorschriften kann § 73 VwGO nicht als kodifikatorische Vollregelung verstanden werden. Deshalb sind die Länder befugt, den offengelassenen Raum durch eigene Regelungen des Verwaltungsverfahrensrechts auszufüllen, soweit sie dabei die durch den Sinn und Zweck eines Widerspruchsbescheides vorgezogenen Grenzen einhalten.[19])

19 § 16 III RhPfAGVwGO nennt als möglichen Inhalt des Widerspruchs die Voll- oder Teilaufhebung oder die Verpflichtung der Ausgangsbehörde zum Erlaß eines abgelehnten VA. § 14 I S. 2 SaarlAGVwGO erklärt § 84 VwGO für entsprechend anwendbar (vgl. unten Rdnrn. 24 f.).

---

15) Vgl. hierzu oben § 26 Rdnr. 6.
16) Zu Recht folgert *Allesch*, S. 157 aus § 70 VwGO die Schriftform; § 37 II VwVfG ist nicht anwendbar.
17) Ein Muster eines Vorlageschreibens finden Sie abgedruckt bei *Linhart*, § 13, 5.
18) Vgl. BVerwG v. 10. 12. 1970, BVerwGE 37, 47 (52 f.).
19) Vgl. BremOVG v. 16. 11. 1965, DÖV 1966, 575.

Selbstverständlich kann auch der Bundesgesetzgeber verwaltungsverfahrensrechtliche Regelungen über den Inhalt eines Widerspruchsbescheides treffen. Für Gesetze nach Erlaß der VwGO folgt dies aus der Lex-posterior-Regel, für frühere aus der unvollständigen Regelung des § 73 VwGO, z. T. sogar aus § 190 VwGO.

20

Vgl. § 3371 S. 2 LAG: „Der Beschwerdeausschuß entscheidet durch Beschluß. Er kann, statt selbst zu entscheiden, die Sache an das Ausgleichsamt zurückverweisen."

b) Allgemeines zur Tenorierung

Leitender Gesichtspunkt bei der Formulierung des Entscheidungssatzes ist der für alle VAe geltende Grundsatz der *inhaltlichen Bestimmtheit* (§ 79 i.V.m. § 37 I VwVfG)[20]). Die Bescheidungsformel hat deshalb unmißverständlich und klar zu sein.

21

Schlichtweg *falsch* sind deshalb Formulierungen wie: „Ich gebe Ihrem Widerspruch statt." Richtig ist vielmehr z. B. bei einem erfolgreichen Anfechtungswiderspruch: „Auf Ihren Widerspruch vom ... hebe ich die Verfügung des ... vom ... auf."

In der Praxis ist es vielfach üblich, den Grund der Zurückweisung des Widerspruchs mit in den Entscheidungssatz aufzunehmen, den Widerspruch also als unbegründet oder unzulässig zurückzuweisen. Korrekt ist dies nicht, denn wie beim gerichtlichen Urteil sind derartige Zusätze Teile der Begründung der Entscheidung, die folglich auch dort zu behandeln sind.

---

20) Vgl. BVerwG v. 15. 5. 1986, BVerwGE 74, 196 (205); v. 6. 4. 1989, Buchholz 316 § 37 VwVfG Nr. 4.

Schaubild 17

	Aufbau des Widerspruchsbescheides	
Bescheidseingang	Widerspruchsbehörde Geschäftszeichen	PLZ Ort und Datum Straßenbezeichnung Fernsprechnr. (Hausapparat)
	Postanschrift des Empfängers	Zustellungsvermerk
	Betreff: Bezug: Anlagen:	
	(Anrede) Erlaßformel: … folgenden **Widerspruchsbescheid:**	
Tenor	1. Entscheidung in der Sache 2. Entscheidung nach § 80 VwGO 3. Kostenentscheidung	
Gründe	**Gründe** (Begründung): I. Sachverhaltsdarstellung II. Rechtliche Würdigung 1. Zuständigkeit 2. Zulässigkeit 3. Begründung der Sachentscheidung (Rechtsgrundlage und Subsumtion) 4. Begründung der Entscheidung nach § 80 VwGO 5. Begründung der Kostenentscheidung	
Schluß	**Rechtsbehelfsbelehrung** (Grußformel) (i. A., i.V.) Unterschrift	

2. Zulässigkeit von Vorbescheiden

Erweist sich der Widerspruch als unzulässig oder als offenbar unbegründet, kam ein Vorbescheid *entsprechend § 84 VwGO* i. d. R. nicht in Betracht, da diese Vorschrift auf Verfahren mit mündlicher Verhandlung zugeschnitten war und im Widerspruchsverfahren offensichtlich ihren Sinn verfehlt[21]). Im Verfahren vor den *Rechtsausschüssen in Rheinland-Pfalz* ergab sich die Unzulässigkeit des Vorbescheides bereits aus § 16 AGVwGO, der das Absehen von mündlicher Erörterung abschließend regelt und eine dem § 84 VwGO entsprechende Vorschrift nicht enthält[22]). Das gleiche galt für die *Hamburgischen Widerspruchsausschüsse* (vgl. § 9 I VO über die Widerspruchsausschüsse – vgl. § 37 Rdnr. 22).

23

Ausdrücklich zugelassen war der Vorbescheid dagegen im Verfahren vor den *Saarländischen Rechtsausschüssen* (§ 14 I S. 2 AGVwGO). Die entsprechende Anwendung des § 84 VwGO bedeutete, daß anstelle des Ausschusses der Vorsitzende entscheiden konnte und hiergegen der Antrag auf mündliche Verhandlung des Ausschusses binnen Monatsfrist zulässig war. Wurde er gestellt, galt der Vorbescheid als nicht ergangen. Da andererseits auch der Vorbescheid Widerspruchsbescheid i. S. der VwGO ist und die VwGO hiergegen (allein) den Rechtsbehelf der Klage vorsieht, bestanden Zweifel, ob § 14 I SaarlAGVwGO insoweit mit dem Bundesrecht vereinbar war[23]). Dies hing davon ab, wieweit man den Vorbehalt zugunsten der Landesgesetzgebung in § 73 II VwGO zu interpretieren geneigt ist. Der Zweck der abweichenden Regelung für Ausschüsse im Vorverfahren fordert jedenfalls nicht den Ausschluß der Klagemöglichkeit. § 14 SaarlAGVwGO konnte deshalb allenfalls dahin verstanden werden, daß er alternativ den Antrag auf mündliche Ausschußverhandlung zur Verfügung stellte, wenn dem WF an der Überprüfung durch den Ausschuß gelegen war.

24

In dieser Interpretation dürften gegen § 14 SaarlAGVwGO bundesrechtliche Einwände nicht zu erheben gewesen sein.

Nachdem der Vorbescheid durch das 4. VwGO-Änderungsgesetz vom 17.12. 1990 (BGBl. I S. 2809) mit Wirkung zum 1. 1. 1990 zugunsten des Gerichtsbescheids abgeschafft worden ist, hat das hier erörterte Problem nur noch Bedeutung für Examensarbeiten, die nach altem Recht zu lösen sind. Für die Zukunft kann § 14 I S. 2 SaarlAGVwGO, wenn er als dynamische Verweisung gemeint gewesen sein sollte (was wohl zu verneinen sein dürfte), allenfalls als Ermächtigung verstanden werden, unter den Voraussetzungen des § 84 I S. 1 und 2 VwGO n. F. von mündlicher Verhandlung abzusehen.

25

---

21) Vgl. *RÖ*, § 73, 16; *v. Oertzen*, LKreis 1960, 369; *Allesch*, S. 75.
22) Ebenso im Ergebnis *v. Oertzen*, LKreis 1960, 369; vgl. auch *SDC*, VGG, § 22 Anm. 3 c zum früheren Rechtszustand.
23) Verneinend *RÖ*, § 73, 16; *Allesch*, S. 75.

§ 42 Die inhaltliche Gestaltung der im Vorverfahren ergehenden Bescheide

I. Entscheidung bei unzulässigem Widerspruch

1. Zurückweisung des Widerspruchs

1   Ist der Widerspruch nicht statthaft oder mangelt es an einer anderen Sachbescheidungsvoraussetzung (dazu oben §§ 29 ff.), ist der Widerspruch grundsätzlich als unzulässig zurückzuweisen.

Der WF kann sich hiergegen mit der isolierten Anfechtung des Widerspruchsbescheids wehren (§ 79 II VwGO)[1]).

Ausdrücklich geregelt ist die *Pflicht zur Zurückweisung* in § 358 AO 1977 (abgedruckt oben § 29 S. 1 Rdnr. 1).

2   Nach § *16 V S. 1 BerlGebührG* kann die Widerspruchsbehörde vom WF die Zahlung eines Vorschusses in Höhe der vollen Gebühr für das Widerspruchsverfahren verlangen. Sie hat hierbei eine Frist zu setzen, innerhalb derer ihr die Zahlung des Vorschusses nachzuweisen ist (S. 2). Wird die Einzahlung nicht innerhalb der Frist nachgewiesen, *ist* der Widerspruch als unzulässig zurückzuweisen (S. 3), wenn auf diese Folge bei der Anforderung des Vorschusses hingewiesen worden ist (S. 4).

Das BerlOVG sah in § 16V S. 3 BerlGebührG in st.Rspr. weder einen Verstoß gegen Art. 19 IV GG noch gegen die §§ 68 ff. VwGO (vgl. BerlOVG v. 21. 6. 1972, OVG I B 76/71, A.U. S. 3 f.; v. 27. 6. 1979, OVG I B 144/78, A.U. S. 4; v. 16. 7. 1979, OVG I B 162/78, A.U. S. 4; v. 5. 12. 1979, OVG I B 147/78, A.U. S. 4) und wies Klagen gegen den AusgangsVA i. d. F. des Widerspruchsbescheids wegen nicht durchgeführten Vorverfahren als unzulässig zurück. Auch diese Regelung verstößt gegen die kodifikatorische Regelung der VwGO hinsichtlich der Sachurteilsvoraussetzungen (vgl. § 36 Rdnr. 13). Der Berl. Senator f. Finanzen hat deshalb mit Schreiben vom 10. 7. 1981 die mit Widersprüchen befaßten Behörden angewiesen, § 16 V S. 3 BerlGebührG nicht mehr anzuwenden.

2. Entscheidung in der Sache trotz Verfristung oder Formfehler?

3   Während § 358 AO 1977 auch bei Verfristung und Formfehlerhaftigkeit des Rechtsbehelfs eine Pflicht zur Zurückweisung vorsieht, ist nach ständiger, allerdings heftig angefeindeter *Rechtsprechung des BVerwG* die Widerspruchsbehörde in der Regel *nicht verpflichtet,* den Widerspruch wegen Fristversäu-

---

1) Vgl. BWVGH v. 12. 2. 1971, ESVGH 22, 97 f.; *v. Mutius,* S. 193; *Bettermann,* JZ 1965, 266, 270 f.; *Wallerath,* DÖV 1970, 653 f. und oben § 24 Rdnr. 19.

mung²) zurückzuweisen³), vielmehr soll es ihrem *freien Ermessen* überlassen bleiben, den verfristeten Widerspruch sachlich zu bescheiden und damit den Klageweg in vollem Umfang (neu) zu eröffnen⁴). Begründet wird dies damit, daß die *Sachherrschaft* der Behörde durch die Versäumung der Widerspruchsfrist nicht berührt werde, da außerhalb der streng formalisierten Vorschriften des Prozeßrechts die im Verwaltungsverfahren zuständigen Behörden Herren über den Streitstoff und deshalb in der Lage blieben, durch sachlich begründete Bescheide die Voraussetzung für einen anschließenden Verwaltungsprozeß zu schaffen⁵). Ergeht trotz Verfristung ein sachlicher Bescheid, so schließe das für das nachfolgende gerichtliche Verfahren die Beachtlichkeit der Verspätung aus⁶). § 70 VwGO setze weder eine gesetzliche Ausschlußfrist des materiellen Rechts noch eine die Zulässigkeit der Klage betreffende Frist⁷).

Eine *Begrenzung der Sachherrschaft* der Behörde nimmt das BVerwG nur 4 dann an, wenn durch die Sachbescheidung schutzwürdige Positionen von *Dritten*, die auf die Unanfechtbarkeit des VA vertraut hatten, beeinträchtigt würden⁸).

---

2) Für Formmängel kann im Prinzip nichts anderes gelten, da sie die Wirksamkeit der Widerspruchserhebung beeinträchtigen und nur ein wirksamer Widerspruch die Frist wahrt, mithin ein formfehlerhafter Widerspruch stets auch verfristet ist. Vgl. *v. Mutius*, S. 201 f. Folgerichtig wenden deshalb NWOVG v. 28. 6. 1972, OVGE 28, 63 (64 f.) und SaarlOVG v. 22. 3. 1985, NVwZ 1986, 578 die oben dargestellten Grundsätze auch auf formfehlerhafte Widersprüche an, während der HessVGH v. 18. 12. 1963, DVBl. 1964, 599 f. im Gegensatz zu seiner Stellungnahme zum verfristeten Widerspruch bei dem formfehlerhaften keine Verfügbarkeit der Widerspruchsbehörde annimmt; ebenso VG Augsburg v. 17. 9. 1980, BayVBl. 1981, 315 f.; BVerwG v. 20. 6. 1988, NVwZ-RR 1989, 85 f. Zur Wiedereinsetzung in diesen Fällen oben § 34 Fußn. 2.
3) Allerdings auch grundsätzlich nicht verpflichtet, den Widerspruch in der Sache zu bescheiden; vgl. BVerwG v. 26. 8. 1977, NJW 1978, 508 m. w. N.
4) Vgl. § 10 Rdnr. 4 BVerwG v. 27. 11. 1963, DVBl. 1964, 190; v. 19. 5. 1965, BVerwGE 21, 142 (145); v. 18. 9. 1970, DÖV 1971, 393 f.; v. 18. 9. 1970, NJW 1971, 1195; v. 21.1. 1972, DÖV 1972, 789; v. 21. 3. 1979, BVerwGE 57, 342 (344 f.); v. 4. 8. 1982, DÖV 1982, 940; v. 28. 10. 1982, BayVBl. 1983, 311; v. 28. 10. 1982, NVwZ 1983, 608; NVwZ-RR 1989, 87; BWVGH v. 25. 5. 1965, BaWüVBl. 1966, 173 (174); v. 12. 2. 1971, ESVGH 22, 97 (99); v. 31. 8. 1979, DÖV 1980, 383 (in ausführlicher Auseinandersetzung m. der hier vertr. Ansicht); v. 26. 10. 1981, NVwZ 1982, 316 (317); HessVGH v. 10. 10. 1969, HessVGRspr. 1970, 25; RhPfOVG v. 2. 10. 1980, AS 16, 88 (92 f).
5) BVerwG v. 14. 10. 1958, DVBl. 1959, 285; v. 27. 11. 1963, DVBl. 1964, 190; v. 16. 1. 1964, DVBl. 1965, 90 f.; *Ule*, S. 124; *SG*, Rdnr. 269.
6) BVerwGE 21, 145; BVerwG v. 24. 5. 1969, BayVBl. 1969, 357; v. 2. 10. 1970, BayVBl. 1971, 272; DÖV 1982, 941; BayVBl. 1983, 311; NVwZ 1983, 608.
7) BVerwG, DVBl. 1965, 90; BayVBl. 1983, 311; NVwZ 1983, 608; NVwZ-RR 1989, 87. Sie diene – jedenfalls bei Widerspruchsverfahren, die (nur) das Verhältnis zwischen Behörde und dem durch den VA Betroffenen berühren – vornehmlich dem Schutz der Behörde selbst (BVerwG, DÖV 1982, 941).
8) BVerwG, DVBl. 1959, 285; v. 29. 10. 1968, DÖV 1969, 142 f.; DÖV 1972, 789; v. 17. 7. 1980, NJW 1981, 359; DÖV 1982, 941; ebenso: HessVGH, HessVGRspr. 1970, 26; BWVGH, ESVGH 22, 99. Vgl. auch *Niethammer*, NJW 1981, 1545 f. Ablehnend gegen die Sonderbehandlung von VAen mit Drittwirkung *Trzaskalik*, JZ 1983, 418 f.

Beispiel: Eine mit bestimmten Auflagen zum Schutz des Nachbarn erteilte Baugenehmigung wird von der Widerspruchsbehörde auf einen verfristeten Widerspruch des Bauherrn hin von den nachbarschützenden Auflagen befreit, ein Bauwichdispens auf verspäteten Nachbarwiderspruch hin aufgehoben.

5 In diesen Fällen darf die Rechtslage zum Nachteil des Begünstigten nur noch nach den Grundsätzen über die Rücknahme rechtswidrig begünstigender VAe verschlechtert werden[9]).

Der Eingriff in die durch die Bestandskraft vermittelte „gesicherte Rechtsposition"[10]) erfordert eine besondere Ermächtigungsgrundlage[11]). Diese enthalten die §§ 68 ff. VwGO nicht, da sie die Zulässigkeit des Widerspruchs voraussetzen[12]). Dasselbe gilt für § 50 VwVfG[13]). Für Rücknahme und Widerruf außerhalb des Vorverfahrens ist dagegen die Ausgangsbehörde zuständig (§§ 48 V, 49 IV VwVfG)[14]). Eine Aufhebung oder Änderung durch die Widerspruchsbehörde kommt also nur dann in Betracht, wenn sie mit der Ausgangsbehörde identisch ist oder ihr ausnahmsweise ein Selbsteintrittsrecht zusteht[15]); ansonsten kann sie anläßlich des unzulässigen Widerspruchs nur mit Weisungen auf die Aufhebung oder Änderung durch die Ausgangsbehörde hinwirken und auch dies nur, wenn sie gleichzeitig Aufsichtsbehörde der Ausgangsbehörde ist[16]).

6 Ein schutzwürdiges Vertrauen erkennt das BVerwG regelmäßig dann nicht an, wenn der Dritte selbst noch ein Widerspruchsverfahren betreibt, weil er dann mit einer Verschlechterung seiner Rechtsstellung (durch eine „Reformatio in peius") zu seinen Lasten rechnen mußte[17]). Außerdem könne eine derartige Vertrauensposition, die die Sachherrschaft der Widerspruchsbehörde einzuschränken in der Lage sei, nur bei beteiligten privaten Dritten, *nicht* aber bei *beteiligten Gemeinden* entstehen[18]), da es abwegig wäre, der Gemeinde einen Vertrauensschutz zuzubilligen, wie ihn der begünstigte Dritte nach der Rechtsprechung gegenüber dem Widerruf genießt[19]).

7 *Unberührt* von diesen Grundsätzen bleibt die *Befugnis* der Widerspruchsbehörde als *Aufsichtsbehörde,* den Widerspruch — ebenso wie Eingaben anderer

---

9) BVerwG, DÖV 1969, 142 f.
10) Vgl. BVerwG v. 17. 10. 1975, BVerwGE 49, 244 (249); DÖV 1982, 941.
11) BVerwG, DÖV 1982, 941; vgl. auch BVerwG v. 17. 7. 1980, BVerwGE 60, 297 (314).
12) Vgl. § 27 Rdnr. 4.
13) Vgl. § 27 Rdnr. 6 und BVerwG, DÖV 1982, 941.
14) Vgl. § 27 Rdnr. 11 und unten Rdnr. 10.
15) Vgl. § 27 Rdnr. 12.
16) Vgl. unten Rdnr. 7.
17) BVerwG, DÖV 1972, 789.
18) BVerwG, DÖV 1971, 394; NJW 1971, 1195; v. 7. 1. 1972, DVBl. 1972, 424; a. A. BWVGH, ESVGH 22, 97 (99 f.); SaarlOVG v. 22. 3. 1985, NVwZ 1986, 578 f.; *Scholler,* DÖV 1966, 234 f.; *Siegmund-Schultze,* DVBl. 1965, 92; *Jarosch,* DÖV 1964, 299; *Hofmann,* VerwArch. 1967, 167 f.
19) BVerwG, NJW 1971, 1195; a.A. BWVGH, ESVGH 22, 100; SaarlOVG, NVwZ 1986, 579. Die Gemeinde habe ein Recht auf Einhaltung der gesetzlichen Vorschriften — auch der Fristbestimmung des § 70 VwGO — durch die Rechtsaufsichtsbehörde; § 70 VwGO schütze die Rechtssicherheit, ein Rechtsgut, auf das sich auch die Gemeinde berufen könne.

Bürger — zum Anlaß zu nehmen, die Rechtmäßigkeit des VA von Amts wegen zu überprüfen und im Rahmen ihrer Zuständigkeit einen etwa rechtswidrigen begünstigenden VA nach den dafür entwickelten Regeln aufzuheben oder seine Aufhebung zu veranlassen[20]).

Diese Rechtsprechung befriedigt in mehrfacher Hinsicht nicht. Im Ergebnis führt sie dazu, daß die *Fristvorschrift des § 70 VwGO* zur Disposition der Widerspruchsbehörde gestellt wird. Disponibel kann aber eine Vorschrift nur für denjenigen sein, in dessen ausschließlichem Interesse sie erlassen worden ist. Gerade dies trifft aber für § 70 VwGO nicht zu, denn die Befristung dient nicht nur den Interessen der Widerspruchsbehörde, sondern auch denen der Ausgangsbehörde und beteiligter Dritter an Bestandsschutz und Rechtssicherheit und darüber hinaus dem übergeordneten öffentlichen Interesse an Vermeidung uferlosen Prozessierens und übermäßiger Inanspruchnahme der Verwaltungsgerichte. Sie steht deshalb *nicht zur Disposition der Widerspruchsbehörde*[21]). Dies ergibt sich zudem mit Deutlichkeit aus § 70 II VwGO, der die Frage der Fristversäumung ausdrücklich regelt, indem er auf die Vorschrift über die Wiedereinsetzung (§ 60 I bis IV) verweist und damit die Beseitigung der Fristversäumung nur in bestimmten Fällen und nur in einem formalisierten Verfahren zuläßt[22]). Ein verfristeter Widerspruch ist deshalb nicht in der Lage, den Devolutiveffekt zu entfalten und damit die Zuständigkeit der nächsthöheren Behörde als Widerspruchsbehörde für die Entscheidung in der Sache zu begründen. Die Widerspruchsbehörde hat ihn daher als unzulässig zurückzuweisen.

8

Zum anderen vernachlässigt diese Rechtsprechung das Prinzip der formellen *Bestandskraft* (Unanfechtbarkeit), das in der zeitlichen Beschränkung der Geltendmachung des Aufhebungsanspruchs durch die Fristvorschriften der VwGO für Widerspruch und Klage zum Ausdruck kommt[23]). Mit dem Ablauf der Widerspruchs- oder Anfechtungsfrist erlangt der angegriffene VA Bestandskraft, die nur noch durch Wiedereinsetzung in den vorigen Stand oder

9

---

20) Vgl. BVerwG, DÖV 1969, 143; BWVGH v. 23. 4. 1969, DÖV 1969, 646; *Scholler*, DÖV 1966, 237; *Ule*, §§ 69 bis 73, Anm. VI; *SDC*, § 73, 9; eingehend zum Verhältnis von Widerspruchs- und Aufsichtsverfahren *Schiedermair*, BayVBl. 1961, 357 f.
21) Vgl. *Wallerath*, DÖV 1970, 658 f.; *v. Mutius*, S. 198; *Bettermann*, JZ 1965, 267; *Linhart*, § 20, 34, 92; *ders.*, APF 1984, 93 f.; *Rüter/Oster*, S. 24; *Kopp* § 70, 9; *Schütz*, NJW 1981, 2786 ff; *Oerder*, S. 79 ff.; vgl. auch *Hofmann*, VerwArch. 1967, 147; *ders.*, Festschr. Menger 1985, S. 617 ff.; BayVGH, DVBl. 1965, 93; wohl auch *Weides*, S. 221, 284, der eine Bescheidung eines verfristeten Widerspruchs nur durch die Abhilfebehörde für zulässig hält.
22) Vgl. *Menger/Erichsen*, VerwArch. 1965, 292; *Bettermann*, JZ 1965, 267 f.; *Wallerath*, DÖV 1970, 659; *Judick*, NVwZ 1984, 356.
23) Vgl. *Wallerath*, DÖV 1970, 655 f., 658 f.; *EF*, § 70, 15 a; *Schütz*, NJW, 1981, 2786; *Linhart*, APF 1984, 93. Was demgegenüber BVerwG, NVwZ 1983, 608 f. vorträgt, zeigt nur, daß die Mißachtung der Bestandskraft nicht zu dogmatisch unerträglichen Konsequenzen führt, beweist aber die Richtigkeit der Ausgangsthese nicht.

durch Wiederaufnahme des Verwaltungsverfahrens nach den Regeln des allgemeinen Verwaltungsrechts[24]) beseitigt werden kann[25]). Für ein Widerspruchsverfahren gegen den bestandskräftig gewordenen VA ist nur Raum im Falle der Wiedereinsetzung in den vorigen Stand.

Fehl geht deshalb der Hinweis *J. Schmidts*, VBlBW 1983, 97, die These der Rechtsprechung habe ihre Bestätigung in den §§ 48 I S. 1, 49 I VwVfG gefunden, die dem Bürger auch nach Eintritt der Bestandskraft einen Anspruch gegen die Ausgangsbehörde auf eine Ermessensentscheidung darüber einräumten, ob nochmals in der Sache entschieden werden solle oder nicht. Dies ist zwar richtig, trägt aber die Rechtsprechung nicht. Ein Wiederaufgreifen im Ermessenswege (§ 51 V i. V. m. §§ 48 I S. 1, 49 I VwVfG) hat einen ganz anderen Streitgegenstand als das Widerspruchsverfahren. Mit dem letzteren wird, sei es auf Anfechtungs- oder Verpflichtungswiderspruch hin, ein materieller Anspruch durchgesetzt. Gegenstand des Wiederaufnahmeverfahrens ist dagegen lediglich der formelle Anspruch auf fehlerfreie Ausübung des Wiederaufgreifenermessens[26]).

10 Dies hat erhebliche praktische Relevanz, denn die *Zuständigkeit* und damit auch die *Sachherrschaft*[27]) für die Wiederaufnahme eines bestandskräftig abgeschlossenen Verwaltungsverfahrens liegt regelmäßig ausschließlich bei der Ausgangsbehörde und nicht bei der ihr übergeordneten Widerspruchsbehörde.

So ist z. B. zuständig für die Erteilung einer Bauerlaubnis nach dem Bauordnungsrecht der Länder i. d. R. ausschließlich die untere Bauaufsichtsbehörde, nicht aber die höhere, die i. d. R. gleichzeitig Widerspruchsbehörde ist. Nur wenn und soweit die höhere Bauaufsichtsbehörde im Rahmen eines zulässigen Widerspruchsverfahrens angegangen wird, geht die Sachherrschaft kraft des Devolutiveffekts auf sie über, so daß sie eine abgelehnte Baugenehmigung selbst erteilen kann. Als höhere Bauaufsichtsbehörde außerhalb des Widerspruchsverfahrens hat sie dagegen lediglich Aufsichtsbefugnis und kann die Baugenehmigung nicht selbst erteilen, sondern lediglich die untere Behörde zur Erteilung anweisen[28]).

Ebenso liegt die Befugnis, einen VA auf dem Gebiet der Selbstverwaltung nach Unanfechtbarkeit noch einmal sachlich zu überprüfen, bei der Selbstverwaltungsbehörde und nicht bei der Rechtsaufsichtsbehörde. Deshalb kann die Rechtsaufsichtsbe-

---

24) Vgl. hierzu *Maurer*, JuS 1976, 25 ff.; *Gosch*, JA 1976, ÖR S. 201 ff.; *Sachs*, JuS 1982, 264 ff.; *Wilke*, in: Festschr. 125 Jahre Jurist. Gesellschaft Berlin, 1984, S. 847 ff.; *Schwabe*, JZ 1985, 545 ff.; *Selmer*, JuS 1987, 363 ff. m. w. N. In der Regel wird ein *Wiederaufgreifen i. e. S.* nach § 51 VwVfG, auf das dort der Antragsteller unter den dort genannten Voraussetzungen einen Rechtsanspruch hat (vgl. BVerwG v. 21. 4. 1982, NJW 1982, 2204 ff. = DÖV 1982, 856 ff. m. Anm. *Korber*), nicht in Betracht kommen, sondern allenfalls ein *Wiederaufgreifen i. w. S.* (Wiederaufgreifen im Ermessenswege; zur Begriffsbildung und Unterscheidung vgl. BVerwG v. 14. 12. 1977, Buchholz 316 § 36 VwVfG Nr. 1; v. 25. 5. 1981, NJW 1981, 2595), bei dem ein Wiederaufgreifensanspruch nur in besonders gelagerten Fällen durch Ermessensverdichtung auf Null in Frage kommen kann (BVerwG, NJW 1981, 2595).
25) Vgl. *Kurz*, BayVbl. 1980, 714; *Schütz*, NJW 1981, 2786 f.; *Judick*, NVwZ 1984, 375 f.
26) Vgl. BVerwG v. 30. 1. 1974, BVerwGE 44, 333 ff.; v. 21. 3. 1979, BVerwGE 57, 342 (345).
27) Vgl. hierzu *Scholler*, DÖV 1966, 232 ff. Hierauf geht BWVGH, DÖV 1980, 383 f. leider nicht näher ein. Vgl. auch *v. Mutius*, JK, VwGO, § 70 I/2; *Schütz* NJW 1981, 2788 f.; *Judick*, NVwZ 1984, 357 f.; *Linhart*, APF 1984, 94; *Oerder*, S. 188 f.
28) Vgl. HessVGH, HessVGRspr. 1970, 25 f.; BWVGH v. 21. 3. 1972, ESVGH 22, 238 (239 f.); v. 12. 2. 1974, BRS 28 Nr. 155; v. 3. 5. 1974, BRS 28 Nr. 157; *Simon*, BayVBl. 1969, 101.

hörde, die mit einem verspäteten Widerspruch in einer Selbstverwaltungsangelegenheit befaßt wird, nicht nach ihrem Ermessen darüber befinden, ob durch eine neue Sachentscheidung der Gerichtsweg wieder voll eröffnet werden soll[29]).

Nur wenn und soweit der höheren Behörde — ausnahmsweise — ein *Selbsteintrittsrecht* zusteht[30]) oder die Widerspruchsbehörde mit der Erlaßbehörde identisch ist, kann sie auf einen unzulässigen Widerspruch hin in der Sache entscheiden, muß hierbei aber die Grundsätze über Rücknahme und Widerruf beachten.

11

Beachten Sie aber: In der Sache handelt es sich dann jedoch um einen sog. *Zweitbescheid* nach Wiederaufgreifen des Verwaltungsverfahrens[31]), nicht um einen Widerspruchsbescheid, der folglich auch nicht die Kostenerstattungsfolgen des § 80 VwVfG auslösen kann[32]). Schon wegen § 80 VwVfG ist deshalb der Charakter des Bescheids ausdrücklich zu benennen[33]). Der Zweitbescheid erledigt im Umfang seiner Abhilfe das Widerspruchsverfahren und kann mit dem (verfahrenseinstellenden) Widerspruchsbescheid verbunden werden[34]). Ein durch den Zweitbescheid belasteter Dritter muß Widerspruch erheben. § 68 I S. 2 Nr. 2 VwGO gilt für diesen Fall nicht[35]).

Fehlt der Widerspruchsbehörde ein Selbsteintrittsrecht, muß sie den Widerspruch als unzulässig zurückweisen. Ist sie gleichzeitig Aufsichtsbehörde gegenüber der Abhilfebehörde, kann sie jedoch den ihr bekanntgewordenen Vorgang zum Anlaß nehmen, der Ausgangsbehörde eine Weisung hinsichtlich der Wiederaufnahme des bestandskräftig abgeschlossenen Verwaltungsverfahrens zu erteilen[36]).

12

---

29) So zutreffend BWVGH, ESVGH 22, 100 gegen BVerwG, DVBl. 1972, 424 (oben Fußn. 18).
30) Vgl. z. B. § 44 I S. 2 StVO; § 1 V HambgVwBehG; §§ 13 III NWLOG, SaarLOG; §§ 16 III, 18 I, 21 Schl.-H. LVwG i. d. F. v. 19. 3. 1979 (GVOBl. S. 181); Art. 3 a BayVwVfG (ÄnderungsG v. 23. 7. 1985, GVBl. 269) und Bekm. der Bayer. Staatsministerien v. 9. 9. 1985 (MABl. S. 446); weiterhin *Süß*, BayVBl. 1987, 1 ff.; *Kaup*, BayVBl. 1990, 193 ff. und *Boettcher*, BayVBl. 1990, 202 ff.; die Vorschriften des Sicherheitsrechts, die bei Gefahr im Verzuge ein Eintrittsrecht anderer Behörden vorsehen (vgl. z. B. § 2 IV BerlASOG, § 10 OBG NW); generell zum Selbsteintritt *Brunner*, DÖV 1969, 773 ff.; *Scholler*, DÖV 1966, 232 f., 236; *Mußgnug*, Das Recht auf den gesetzlichen Verwaltungsbeamten, 1970, S. 52 ff.; *Völker*, Der Selbsteintritt der übergeordneten Behörde, Diss. Tübingen 1970; *Engel*, DVBl. 1982, 757 ff.; RhPfOVG v. 14. 5. 1969, AS 7, 302 ff.; BremOVG v. 16. 11. 1965, DÖV 1966, 575; BerlOVG v. 7. 1. 1977, NJW 1977, 1167; BayVGH v. 19. 3. 1981, DÖV 1982, 83 f. = VGH n. F. 34, 75 (77); BVerwG v. 18. 3. 1977, Buchholz 310 § 137 VwGO Nr. 84.
31) Vgl. oben Fußn. 24, 25 und *Weides*, S. 284. Dies wird im Grunde auch vom BVerwG gesehen. Vgl. BVerwG, BayVBl. 1983, 311 f.
32) Vgl. oben § 27 Rdnr. 9.
33) Vgl. oben § 27 Rdnr. 13.
34) Vgl. oben § 27 Rdnr. 8.
35) Vgl. *Kopp*, § 70, 10.
36) BVerwG, DÖV 1969, 143; BWVGH, DÖV 1969, 646; ESVGH 22, 239 f.; HessVGH, HessVGRspr. 1970, 25; *Kopp*, § 68, 12; *Völker*, S. 60 ff.; *Simon*, BayVBl. 1969, 101.

Erst wenn die Weisung nicht befolgt wird, ist z. T. ein Selbsteintritt der Aufsichtsbehörde vorgesehen (vgl. etwa § 7 II Nr. 3 BerlASOG). Ein *generelles* Selbsteintrittsrecht folgt aber aus der Weisungsbefugnis der Aufsichtsbehörde gerade nicht[37]).

II. Entscheidung bei begründetem Widerspruch

1. Anfechtungswiderspruch

13   Erweist sich ein Anfechtungswiderspruch als begründet, wird der angefochtene VA — je nach dem Umfang seiner Rechtswidrigkeit — ganz oder teilweise aufgehoben. War der angefochtene VA im Zeitpunkt der Widerspruchsentscheidung bereits ganz oder teilweise vollzogen und hat der WF ausdrücklich oder sinngemäß *Folgenbeseitigung* beantragt, hat die Widerspruchsbehörde auch darüber zu entscheiden, ob und wie die Vollziehung rückgängig zu machen ist (vgl. oben § 31 Rdnr. 7).

Hat der WF als Folgenbeseitigung den Erlaß eines VA gegen einen Dritten beantragt, bemißt sich die Frage der Erlaßzuständigkeit der Widerspruchsbehörde nach den folgenden Ausführungen zu den Rdnrn. 15 ff.

2. Verpflichtungswiderspruch

a) Aufhebung des Versagungsbescheides

14   Auf einen begründeten Verpflichtungswiderspruch hin *kann* die Widerspruchsbehörde den *Versagungsbescheid aufheben* und sollte es aus Gründen der Rechtsklarheit auch[38]). Erforderlich ist dies — wenn nicht ausdrücklich gesetzlich angeordnet (so früher § 10 Nr. 3 BremVwVfG 1960) — nicht, da der Verpflichtungswiderspruch voraussetzungsgemäß die Anfechtung des Versagungsbescheides mit umfaßt und der gewährende VA als Actus contrarius den Versagungsbescheid wenigstens konkludent beseitigt, ihn gegenstandslos werden läßt[39]).

b) Erlaß des beantragten VA oder Verpflichtung der Ausgangsbehörde?

15   Bei der Bescheidung eines begründeten Verpflichtungswiderspruchs ist die Widerspruchsbehörde *nicht an § 113 IV VwGO gebunden,* da diese Vorschrift auf der Respektierung der Eigenständigkeit der Verwaltung gegenüber Eingrif-

---

37) Vgl. BerlOVG, NJW 1977, 1167; BWVGH, BRS 28 Nr. 155; BayVGH v. 7. 6. 1977, BayVBl. 1978, 17 f.; DÖV 1982, 83 f.; *Wolff/Bachof,* II, § 72 IV C 4; *Engel,* DVBl. 1982, 760 ff.
38) Vgl. *Kopp,* § 113, 73; BVerwG v. 19. 5. 1987, NVwZ 1987, 893 (894).
39) A. A. *Linhart,* § 20, 250: Pflicht.

fen der Judikative beruht und auf das Verhältnis zweier instanziell einander übergeordneter Behörden der dem Bürger gegenüber als Einheit auftretenden Verwaltung nicht übertragbar ist[40]).

Unabhängig von der entsprechenden Anwendung des § 113 IV VwGO ist gleichwohl strittig, ob die Widerspruchsbehörde den beantragten VA selbst erlassen kann[41]) oder darauf beschränkt ist, die Ausgangsbehörde zum Erlaß des VA zu verpflichten[42]), denn nach dem Verwaltungsorganisationsrecht des Bundes und der Länder ist die nächsthöhere Behörde i. d. R. lediglich Aufsichtsbehörde und kann als solche die nachgeordnete Behörde zum Erlaß des beantragten und abgelehnten VA anweisen, nicht aber ihn selbst erteilen (vgl. dazu oben Rdnr. 10). 16

Die erstgenannte Auffassung läßt sich deshalb nur halten, wenn man dem sog. *Devolutiveffekt des Widerspruchs* (§ 73 I VwGO) die im gerichtlichen Verfahrensrecht unbestrittene Eigenschaft zuerkennt, die Sachbefugnis der Ausgangsbehörde in vollem Umfang auf die Widerspruchsbehörde übergehen zu lassen[43]) oder aber einen entsprechenden ungeschriebenen Grundsatz des allgemeinen Verwaltungsverfahrensrechts über die Außenrechtsbefugnisse dienstvorgesetzter Behörden im außergerichtlichen Rechtsbehelfsverfahren nachweist (vgl. dazu oben § 40 II 3)[44]). 17

Die Streitfrage kann jedoch dahinstehen. Selbst wenn die Widerspruchsbehörde befugt sein sollte, einen beantragten VA selbst zu erlassen, ist sie dazu jedenfalls nicht verpflichtet, denn § 73 VwGO schreibt einen bestimmten Inhalt des Widerspruchsbescheides nicht vor[45]). Auch Sinn und Zweck des Vorverfahrens werden durch einen die Ausgangsbehörde anweisenden Bescheid nicht beeinträchtigt. Für die Selbstkontroll- und Entlastungsfunktion ist dies offensichtlich. Für die Rechtsschutzfunktion gilt nichts anderes, denn die Anweisung an die Ausgangsbehörde genügt dem Verfahrensziel des WF im praktischen Ergebnis ebenso wie der den VA erteilende Widerspruchsbescheid, zumal eine zeitliche Verzögerung im Zweifel schon deshalb nicht eintritt, weil die Widerspruchsbehörde weder personell noch verwaltungstechnisch (z. B. 18

---

40) Vgl. *Schiedermair*, BayVBl. 1961, 360.
41) So *Schiedermair*, BayVBl. 1961, 360; *Freitag*, VerwArch. 1965, 331 f.; *SDC*, § 73, 4 b; *Kopp*, § 68, 9; § 73, 7; *Bull*, DVBl. 1970, 244; *Obermayer*, S. 245; *K/Busch*, § 79, 10.2; *v. Mutius*, Jura Extra, S. 167; *Allesch*, S. 144; wohl auch *Klinger*, § 73, B 1 d; *Kratzer*, BayVBl. 1960, 173; BVerwG v. 12. 10. 1970, BVerwGE 37, 47 (52 f.); v. 17. 5. 1979, DÖV 1979, 791 (792); v. 24. 6. 1981, NVwZ 1982, 116 (117); SaarlOVG v. 12. 11. 1982, AS 18, 15 (17); vgl. auch HessVGH, HessVGRspr. 1970, 26; offengelassen von BWVGH, ESVGH 22, 238 (239).
42) So *Köhler*, § 73 III 1; *Trzaskalik*, S. 48 ff., der in § 73 VwGO nur die Ermächtigung der nächsthöheren Behörde sieht, ihre sonst verwaltungsintern wahrzunehmenden Aufsichtsbefugnisse auch im Außenverhältnis gegenüber dem WF auszuüben; wohl auch *Weides*, S. 247 und *RÖ*, § 73, 19.
43) Vgl. vor allem *Schiedermair*, BayVBl. 1961, 360; *Freitag*, VerwArch. 1965, 331 f.; *K/Busch*, § 79, 10.2; *v. Mutius*, Jura Extra, S. 167, und oben § 40 Rdnr. 22.
44) *Oerder*, S. 184 ff., erkennt zwar entsprechendes Gewohnheitsrecht für stattgebende Widerspruchsbescheide an, verneint aber, daß dieses auch zur Verböserung ermächtigte (S. 188 f.).
45) BVerwGE 37, 47 (52 f.).

Formulare für Baugenehmigungen) für die Erteilung des beantragten VA im selben Maße ausgerüstet ist wie die Ausgangsbehörde. Schon aus Gründen der Verwaltungseffektivität und auch der Verfahrensbeschleunigung wird deshalb regelmäßig der Anweisung der Vorzug zu geben sein. Dies ist auch fast durchgängig die Praxis der Widerspruchsbehörden.

19 Auch *Einschränkungen der Ersetzungsbefugnis* der Widerspruchsbehörde *durch Landesgesetz* sind zulässig, soweit der Landesgesetzgeber das Widerspruchsverfahren auch ganz abschaffen könnte[46]) oder landesrechtliche Regelungen durch § 73 II VwGO aufrechterhalten worden sind (vgl. § 37 Rdnrn. 20 ff.). Keine Bedenken sind deshalb gegen *§ 16 III RhPfAG VwGO* zu erheben.

Da § 16 III RhPfAG VwGO den Erlaß eines VA nicht erwähnt, ist der Rechtsausschuß nicht befugt, auf einen Verpflichtungswiderspruch hin anstelle der Behörde den VA, z. B. eine Baugenehmigung, selbst zu erlassen. Er hat deshalb nur die gleichen Entscheidungsbefugnisse wie das Gericht: Aufhebung des Ablehnungsbescheides und Anweisung der Ausgangsbehörde, den beantragten VA zu erlassen oder den Antrag des WF unter Beachtung der Rechtsauffassung des Ausschusses erneut zu entscheiden[47]).

20 Anders als das Gericht ist aber der Rechtsausschuß bei seiner *Ermessenskontrolle* nicht auf die Nachprüfung auf Ermessensfehler i. S. des § 114 VwGO hin beschränkt, sondern kann und muß sein Ermessen an die Stelle des Ermessens der Ausgangsbehörde setzen, soweit er nicht ausdrücklich wegen der Achtung des Selbstverwaltungsrechts der Ausgangsbehörde nach § 6 II RhPfAG VwGO auf die Rechtskontrolle beschränkt ist[48]).

21 Eine Verpflichtung der Ausgangsbehörde, den WF erneut zu bescheiden, kann insbesondere dann in Betracht kommen, wenn die Sache noch nicht spruchreif ist, weil etwa im Baugenehmigungsverfahren die Ausgangsbehörde den Antrag aus Rechtsgründen abgelehnt und die bautechnischen Einzelheiten (wie Statik, Auflagen usw.) noch nicht geprüft hat.
Ein solcher „*Bescheidungstenor*" kommt allerdings nur in dem sogleich unter 3. erörterten Umfang in Betracht. Keinesfalls darf sich der Rechtsausschuß vor der Entscheidung spruchreifer Rechtsfragen „drücken"[49]).

---

46) Vgl. § 31 Rdnr. 13 und § 39 Rdnrn. 5 f.
47) Vgl. *RÖ*, § 73, 19; *v. Oertzen*, LKreis 1960, 368; *Rüter/Oster*, S. 40 f.; ebenso zum Rechtsstand nach § 22 VGG RhPfOVG v. 25. 10. 1955, AS 4, 425 (427 f.); v. 8. 5. 1961, AS 8, 273 (279 f.); *SDC*, VGG, § 22 Anm. 3 c.
48) Vgl. RhPfOVG v. 8. 11. 1973, AS 13, 291 (292 f.).
49) Vgl. unten Fußn. 52 f. Zu Recht hat deshalb VG Koblenz v. 15. 10. 1976 – 7 K 208/76 (u. v.) auf Beanstandungsklage der Bezirksregierung einen Widerspruchsbescheid aufgehoben, der zur Neubescheidung eines allein aus planungsrechtlichen Erwägungen (§ 35 II BBauG) abgelehnten Bauantrages verpflichtet hatte, *ohne* die bauordnungsrechtliche Unbedenklichkeit zu prüfen.

3. Zurückverweisung der Sache an die Ausgangsbehörde?

Umstritten ist weiterhin die Zulässigkeit einer Zurückverweisung der Sache an die Ausgangsbehörde.

Die sondergesetzliche Zulassung durch § 337 I S. 2 LAG ist, da durch § 190 VwGO aufrechterhalten, unbedenklich.

Sie wird z. T. in *entsprechender Anwendung des § 130 VwGO* für zulässig gehalten[50]), z. T. auf die Fälle beschränkt, in denen die Widerspruchsbehörde nicht befugt oder nicht in der Lage ist, den beantragten VA selbst zu erlassen[51]), wobei allerdings nie klar gesagt wird, welche Fallgestaltungen unter den Begriff der Zurückweisung fallen sollen.

Nach Ansicht des *BVerwG* fordert § 73 I S. 1 VwGO nicht, daß der VA, der an die Stelle des angefochtenen VA tritt, in allen Fällen von der Widerspruchsbehörde in seiner endgültigen Form erlassen wird. Sei nur die Ablehnung eines beantragten VA im Streit, so bestünden keine Bedenken gegen eine Entscheidung im Widerspruchsverfahren, die − ähnlich wie im Falle eines Urteils nach § 113 IV S. 2 VwGO − der Erstbehörde aufgibt, einen neuen VA zu erlassen und dabei die Rechtsauffassung der Widerspruchsbehörde zu beachten.

So BVerwG v. 10. 12. 1970, BVerwGE 37, 47 (52 f.) mit zustimm. Anm. von *Bull*, DVBl. 1971, 583 für die Entscheidung eines Saarl. Rechtsausschusses, der in Wohngeldsachen einen Ablehnungsbescheid mit der Begründung aufhob, daß Versagungsgründe nicht vorlägen, und der Wohngeldbehörde aufgab, den Antrag nach der Auffassung des Stadtrechtsausschusses erneut zu bescheiden. Da die Aufgabe der Wohngeldbehörde nur noch darin bestehen sollte, das dem WF zustehende Wohngeld zu berechnen und zu bewilligen, seien keine Bedenken dagegen zu erheben, daß die damit verbundene Arbeit vom Rechtsausschuß nicht übernommen worden sei, weil er für die umfassende Tätigkeit, die der Erteilung eines Wohngeldbescheides vorausgehe, nicht ausgerüstet sei.

Dieser Entscheidung mag man für den konkreten Fall zustimmen, da angesichts der personellen Zusammensetzung des Rechtsausschusses dieser mit der konkreten Errechnung des Wohngelds in der Tat überfordert wäre und dem Interesse des WF mit dem Erlaß eines *Widerspruchsbescheides „dem Grunde nach"* ausreichend gedient ist.

Insoweit kann auf die vorstehenden Ausführungen zur Zulässigkeit der Erlaßanweisung durch die Widerspruchsbehörde verwiesen werden, denn hinter dem Bescheidungstenor des Widerspruchsbescheides verbirgt sich nichts anderes als die Anweisung zum Erlaß eines zwar ziffernmäßig noch offenen, aber gesetzlich fixierten und deshalb bestimmten VA.

---

50) Vgl. *SDC*, § 73, 4 b; *Klinger*, § 73, B 1 c; *Ule*, §§ 69 bis 73, III 1; *Köhler*, § 73, III; NWOVG v. 25. 8. 1955; OVGE 10, 87 (88); wohl auch BVerwG v. 19. 5. 1965, BVerwGE 21, 142 f. zum Vorverfahren nach dem AbgeltungsG.
51) Vgl. *RÖ*, § 73, 19; *Bull*, DVBl. 1970, 244; DVBl. 1971, 583; *K/Busch*, § 79, 10.2.4.

25 Die über den konkreten Fall hinausweisende Begründung greift allerdings zu weit und ist abzulehnen, denn die unbeschränkte Zulassung der Zurückverweisung an die Ausgangsbehörde ist mit Sinn und Zweck des Vorverfahrens nicht vereinbar[52]). Der umfassende Kontrollzweck des Widerspruchsverfahrens (§ 68 I S. 1 VwGO) gebietet der Widerspruchsbehörde, über die Begründetheit des vom WF geltend gemachten Anspruchs, soweit möglich, in vollem Umfang und abschließend zu entscheiden.

Hat sich z. B. die Ausgangsbehörde einer Bescheidung in der Sache enthalten, weil sie den Antrag für unzulässig hielt, etwa wegen Versäumung einer Antragsfrist oder wegen fehlenden Sachbescheidungsinteresses, kann sich die Widerspruchsbehörde nicht darauf beschränken, den Versagungsbescheid aufzuheben und die Sache zur erneuten Entscheidung zurückzuverweisen, sondern muß die Begründetheit in vollem Umfange nachprüfen. Das gleiche gilt, wenn die Ausgangsbehörde die materielle Prüfung auf einzelne Punkte beschränkt hat, z. B. eine Baugenehmigung versagt hat, weil das Grundstück für eine Bebauung nicht geeignet oder die Wasserversorgung nicht gesichert ist, diese Ablehnungsgründe aber nach Ansicht der Widerspruchsbehörde nicht ausreichen. Die Widerspruchsbehörde hat vielmehr die Unbedenklichkeit des Vorhabens umfassend und abschließend zu prüfen[53]).

Bestätigt wird dies durch § 73 I S. 2 VwGO, der die Widerspruchsbehörde unmißverständlich zum Erlaß eines Widerspruchsbescheides und damit zu einer abschließenden Regelung des Verwaltungsrechtsverhältnisses anhält.

26 Zudem würde eine Zurückverweisung in der Sache dem verfassungsrechtlich verbürgten Rechtsschutzanspruch des WF widersprechen. Art. 19 IV GG läßt zwar die Vorschaltung eines zweiinstanzigen Verwaltungsverfahrens vor der Rechtswegeröffnung zu, gebietet aber andererseits effektiven Rechtsschutz, der ohne zwingenden sachlichen Grund zeitlich nicht unzumutbar lange hinausgezögert werden darf[54]). Gerade diesen Erfolg hätte aber die Zurückverweisung in Verpflichtungssachen, da das Verwaltungsverfahren unter Hintansetzung des Verfahrensziels des WF, den erstrebten VA zu erlangen, in das Stadium der erstinstanzlichen Antragsbescheidung zurückversetzt wird, ohne daß über die Berechtigung des geltend gemachten Anspruchs abschließend befunden worden wäre.

27 Auch die *Verletzung wesentlicher Verfahrensvorschriften* durch die Ausgangsbehörde ist grundsätzlich kein zwingender sachlicher Grund für eine Zurückverweisung, da i. d. R. der Verfahrensfehler durch Nachholung der gebotenen Verfahrenshandlung seitens der Widerspruchsbehörde geheilt werden kann[55]). Selbst wenn ausnahmsweise eine Heilung nur durch eine Maßnahme der Ausgangsbehörde möglich ist, besteht kein Anlaß zur Aufhebung des VA und zur Zurückverweisung durch die Wider-

---

52) Vgl. RhPfOVG v. 9. 12. 1965, AS 9, 407 (408 f.); ähnlich *Rüter/Oster*, S. 41 f.; *Oerder*, S. 179; wohl auch *Allesch*, S. 153 und *Hufen*, S. 352 f.
53) Vgl. RhPfOVG, AS 9, 407 (408 f.).
54) Vgl. BVerfG v. 28. 10. 1975, BVerwGE 40, 237 (256 f.) m. w. N.
55) Vgl. BVerwG v. 13. 7. 1967, BVerwGE 27, 295 (299 ff.); v. 25. 7. 1973, NJW 1974, 158 f.

spruchsbehörde. Vielmehr kann die Widerspruchsbehörde in diesen Fällen der Ausgangsbehörde die Nachholung der Verfahrenshandlung aufgeben und bis zu diesem Zeitpunkt des Widerspruchsverfahren aussetzen[56]).

Die *Zurückverweisung* ist demnach *auf die Fälle zu beschränken*, in denen die *Widerspruchsbehörde in ihrer Kontrollbefugnis beschränkt ist* und eine abschließende Entscheidung in der Sache nicht treffen kann.

So kann z. B. die Widerspruchsbehörde den Bescheid, durch den eine Gemeinde den Erlaß einer *gemeindlichen Gebühr* (Beitrag, Steuer) abgelehnt hat, wegen Ermessensmißbrauchs aufheben, die Gemeinde unter Bindung an die Aufhebungsgründe zur erneuten Bescheidung verpflichten, nicht aber der Erlaß selbst gewähren oder die Gemeinde hierzu anweisen (die Fälle der Ermessensschrumpfung ausgenommen), da der Widerspruchsbehörde nur die Rechtmäßigkeitskontrolle zusteht und die Erlaßanweisung ein Eingriff in die Selbstverwaltungsgarantie wäre.

Ebenso kommt bei der Aufhebung einer Beurteilungs- oder *Prüfungsentscheidung* wegen eines wesentlichen Verfahrensfehlers nur die Zurückverweisung in Betracht, wenn und soweit der Widerspruchsbehörde eine eigene Beurteilungsermächtigung nicht zusteht[57]).

4. Fachaufsichtliche Weisung statt Widerspruchsbescheid?

Ist die Widerspruchsbehörde als nächsthöhere Behörde — wie häufig — zugleich auch die der Ausgangsbehörde übergeordnete Aufsichtsbehörde, zieht sie es in der Praxis nicht selten vor, die Ausgangsbehörde durch fachaufsichtliche Weisung zur Abhilfe anzuhalten, um so eine Erledigung des Widerspruchsverfahrens ohne förmlichen Widerspruchsbescheid zu erreichen. Dies mag mehrere Gründe haben: Zum einen bereitet die fachaufsichtliche Weisung weniger Arbeit, da sie nicht so ausführlich begründet zu werden braucht wie ein Widerspruchsbescheid. Zum anderen vermeidet sie, da sie dem WF i. d. R. nicht bekannt wird, die Desavouierung der Ausgangsbehörde durch die nächsthöhere. Schließlich — und das mag wohl der entscheidende Grund sein[58]) — schiebt dieses Verfahren der Ausgangsbehörde die Prozeßführungslast samt Kostenrisiko zu, wenn ein Dritter durch den Abhilfebescheid beschwert wird.

Nach hier vertretener Ansicht[59]) ist in diesen Fällen ein erneutes Widerspruchsverfahren nicht erforderlich. Nach der entgegengesetzten Auffassung müßte der Dritte nunmehr selbst Widerspruch einlegen, was zu einer — für ihn gerade in den Fällen des baurechtlichen Drittwiderspruchs äußerst lästigen — Hinauszögerung des gerichtlichen Rechtsschutzes führen würde, während bei einer Aufhebung oder Erteilung einer

---

56) Vgl. BVerwG v. 10. 3. 1971, BVerwGE 37, 307 (313) für die unterbliebene vorherige Anhörung des Wehrpflichtigen vor Erlaß des Einberufungsbescheides, die nach Sinn und Zweck des § 13 III MusterungsVO i. d. F. v. 6. 2. 1963 (BGBl. I S. 113) nur durch eine Maßnahme des Kreiswehrersatzamtes selbst nachgeholt werden kann. Vgl. auch oben § 38 Rdnr. 5.
57) Vgl. oben § 39 Rdnrn. 5 f.
58) Vgl. hierzu *Bull*, DVBl. 1970, 243 f.
59) Vgl. oben § 31 Rdnrn. 24 f.

Baugenehmigung durch die Widerspruchsbehörde der Dritte direkt das Verwaltungsgericht anrufen könnte.

30 Höchstrichterlich entschieden ist diese Frage – soweit ersichtlich – bisher noch nicht. Anerkannt ist lediglich, daß die Befugnis der Ausgangsbehörde, einem Widerspruch nach § 72 VwGO abzuhelfen, diese nicht von fachaufsichtlichen Weisungen freistellt, da § 72 VwGO lediglich eine Einschränkung des sog. Devolutiveffekts, nicht aber – worauf die Freistellung von fachaufsichtlichen Weisungen im Ergebnis hinauslaufen würde – eine Ausweitung der Befugnisse der Ausgangsbehörde beinhaltet[60]).

31 Damit ist allerdings nur klargestellt, daß die Widerspruchsbehörde, wenn sie von dem bei der Ausgangsbehörde anhängigen Widerspruchsverfahren Kenntnis erhält – in der Regel dadurch, daß der Widerspruch bei ihr eingelegt wird und sie ihn der Ausgangsbehörde zur Abhilfe weiterreicht –, auf die Entscheidung der Abhilfebehörde durch Fachweisungen Einfluß nehmen darf. Erst wenn die Ausgangsbehörde die Abhilfe verweigert und den Widerspruch der nächsthöheren Behörde zur Entscheidung vorgelegt hat, wird deren Zuständigkeit als Widerspruchsbehörde durch den Devolutiveffekt begründet. Ob die Widerspruchsbehörde auch noch in diesem Stadium von ihrem Weisungsrecht Gebrauch machen darf, ist eine Frage, die sich nicht nach § 72, sondern nach § 73 I VwGO bemißt. Angesichts der unmißverständlichen und bestimmten Fassung des § 73 I (...„so ergeht ein Widerspruchsbescheid... diesen erläßt") spricht alles dafür, daß die VwGO die Widerspruchsbehörde zum Erlaß eines Widerspruchsbescheides verpflichten will. Deshalb ist der Ansicht der Vorzug zu geben, daß die Widerspruchsbehörde – wenn und soweit sie gleichzeitig Fachaufsichtsbehörde ist – sich dieser Pflicht nicht durch den Erlaß einer fachaufsichtlichen Weisung entledigen darf[61]).

III. Entscheidung bei unbegründetem Widerspruch

32 Ist der Widerspruch unbegründet, muß ihn die Widerspruchsbehörde zurückweisen. Die Unbegründetheit kann darauf beruhen, daß der angefochtene VA rechtmäßig *und* zweckmäßig ist. Unbegründet ist der Widerspruch aber auch, wenn der angefochtene VA rechtswidrig oder zweckwidrig ist, weil er den WF zuwenig belastet oder ihm zuviel gewährt wird (vgl. oben § 40 Rdnrn. 1 ff.).

---

60) So überzeugend BVerwG v. 21. 1. 1971, DÖV 1971, 355; zustimmend *Kopp*, § 72, 4; BayVGH v. 27. 7. 1964, BayVBl. 1965, 67; a. A. *Wand*, StKV 1975, 274, der ohne nähere Begründung Abhilfe nur als freiwilliges Handeln der Ausgangsbehörde verstehen will.
61) Ebenso im Ergebnis mit ausführlicher Begründung *Bull*, DVBl. 1970, 243 ff.; ebenso *Wand*, StKV 1975, 273 f.; *K/Busch*, § 79, 10.2; *Altenmüller*, DVBl. 1978, 287; *Hofmann*, Festschr. Menger 1985, 618; *Hufen*, S. 354; a. A. *RÖ*, § 73, 16; BayVGH, BayVBl. 1965, 67. Differenzierend *Allesch*, S. 154: unzulässig nur, wenn sie nicht zur vollständigen Abhilfe führt oder einen Dritten erstmals belasten würde.

Nochmals: Unbegründet ist ein Drittwiderspruch auch, wenn der angefochtene VA objektiv rechtswidrig ist, aber den Dritten nicht in seinen Rechten verletzt (vgl. § 38 Rdnr. 1).

IV. Entscheidung bei Erledigung des Widerspruchs

Erledigt sich das Widerspruchsverfahren durch Zurücknahme des Widerspruchs oder auf andere Weise, etwa durch Untergang der durch den VA in Anspruch genommenen Sache oder durch Beendigung des zeitlichen Geltungsanspruchs des VA, ist das Widerspruchsverfahren einzustellen[62]). Es ist zwar nicht erforderlich, gleichwohl aus Gründen der Rechtssicherheit empfehlenswert, dies im Tenor des Widerspruchsbescheids ausdrücklich festzustellen, um damit das Widerspruchsverfahren auch in der Sache formell abzuschließen[63]); eine Kostenentscheidung ist nach § 73 III S. 2 VwGO ohnehin erforderlich (vgl. unten § 47 Rdnr. 2).

33

Der *Tenor* des Widerspruchsbescheids lautet im Falle der Erledigung:
„Das Widerspruchsverfahren wird eingestellt."[64])
Bei streitiger Erledigung lautet der Tenor auch dann nicht anders, wenn der WF für erledigt erklärt, die Widerspruchsbehörde aber den Eintritt eines erledigenden Ereignisses bestreitet. Anders als im Verwaltungsprozeß kommt im Widerspruchsverfahren eine streitige Erledigungsentscheidung (i. S.: „Die Hauptsache ist erledigt") von vornherein nicht in Betracht, da die Ausgangsbehörde nicht „Partei" ist und die Verfügungsbefugnis über den Verfahrensgegenstand allein dem WF zusteht[65]). Ob wirklich erledigt ist, kann deshalb allein bei der zu treffenden Kostenentscheidung von

---

62) So richtig *Linhart,* § 20, 203. Vgl. auch BVerwG v. 20. 1. 1989, BVerwGE 81, 226 (228 f.) und oben § 31 Rdnr. 29.
63) Insoweit dürfte § 69 III VwVfG einen allgemeinen Rechtsgedanken für Verfahren enthalten, die ein gewisses Maß an Förmlichkeit aufweisen. Wie oben im übrigen Nr. IV des RdSchr. des BayStMdI v. 26. 7. 1965, abgedruckt bei *Birkner/Rott,* S. I/129 ff.; *Birkner/Rott,* S. I/148 ff.; *Kopp,* § 73, 9; *Rüter/Oster,* S. 444; *Linhart,* § 20, 203; *Obermayer,* Festschr. Boorberg 1977, S. 134; *Weides,* S. 194; *SDC,* §§ 69, 70, 8; *Allesch,* S. 236; a. A. *RÖ,* § 73, 16 f. Vgl. auch oben § 36 Rdnr. 11.
64) So zutreffend *Linhart,* § 20, 203, § 23, 10. Der auf Nr. IV des RdSchr. des BayStMdI zurückgehende, in den Vorauflagen auch von uns vertretene Tenorierungsvorschlag „Der Widerspruch ... hat sich erledigt" (vgl. auch BayVGH v. 27. 7. 1964, BayVBl. 1965, 65 ff.; v. 16. 2. 1968, BayVBl. 1968, 210 f.) ist abzulehnen, weil er unzutreffende Assoziationen mit der streitigen Erledigungserklärung im Prozeß provoziert und statt der (deklaratorisch) auszusprechenden Rechtsfolge, die allein in den Tenor gehört, Elemente der Begründung in den Tenor aufnimmt.
65) Dies verkennt grundlegend *Allesch,* S. 241, der sogar eine übereinstimmende Erledigungserklärung nur bei tatsächlicher Erledigung für zulässig hält (ähnlich wohl auch BayVGH v. 12. 2. 1982, BayVBl. 1982, 439/440), weil das Widerspruchsverfahren nicht nur dem Rechtsschutz, sondern auch öffentlichen Belangen diene. Letzteres ist zwar richtig (vgl. oben § 24 Rdnr. 3), gleichwohl gibt aber das Gesetz die Verfahrensherrschaft über Beginn und Beendigung allein in die Hand des WF. Unabhängig vom erreichten Verfahrensstand kann er deshalb – anders als der Kläger (vgl. § 92 II S. 2 VwGO) – allein durch seine Erklärung das Widerspruchsverfahren beenden.

§ 42 IV Inhaltliche Gestaltung

Bedeutung sein. Die Ausgangsbehörde ist durch die kurze Widerspruchsfrist gegen eine Rechtsbehelfswiederholung ausreichend geschützt.

Begehrt der WF eine Widerspruchsentscheidung in der Sache, obwohl die Hauptsache erledigt ist, darf die Widerspruchsbehörde nicht einstellen[66]), sondern den Widerspruch wegen fehlenden Rechtsschutzbedürfnisses zurückzuweisen.

Auf Antrag des WF ist bei Vorliegen eines berechtigten Interesses *entsprechend § 113 I S. 4 VwGO* festzustellen, daß der angegriffene VA rechtswidrig gewesen ist[67]). Soweit eine Rechtsgrundlage hierfür vorhanden ist, muß auch über die Kosten des Widerspruchsverfahrens entschieden werden (vgl. § 47 Rdnr. 2).

34 *Zuständig* für die Verfahrenseinstellung und Kostenentscheidung ist die Behörde, unter deren Verfahrensherrschaft das erledigende Ereignis eingetreten ist, also die *Ausgangsbehörde allein* bis zu dem Zeitpunkt, in dem sie die Abhilfe verweigert und die Sache der Widerspruchsbehörde vorlegt[68]), nach Eintritt des Devolutiveffektes daneben *auch die Widerspruchsbehörde*[69]). Daß nach § 72 VwGO die Verwerfungsbefugnis hinsichtlich des Widerspruchs der Widerspruchsbehörde vorbehalten ist[70]), hindert die Abhilfebehörde an der Erledigungsfeststellung nicht, denn § 72 VwGO will nur die Verwerfungsbefugnis der Ausgangsbehörde ausscheiden, weil eine derartige Entscheidung „in eigener Sache" potentiell geeignet ist, die Zwecke des Widerspruchsverfahrens zu gefährden. Die deklaratorische Erledigungsfeststellung wird hiervon nicht erfaßt.

35 Anders verfuhr dagegen die *Praxis der bayerischen inneren Verwaltung*, die ausschließlich die Widerspruchsbehörde für berechtigt hielt, die Erledigungsfeststellung zu treffen und deshalb die Vorlage des Vorgangs durch die Abhilfebehörde verlangte. Dies wurde speziell für den Fall der Zurücknahme des Widerspruchs damit begründet, daß diese auf den Zeitpunkt der Einlegung des Rechtsbehelfs zurückwirke, damit den Widerspruch gegenstandslos werden lasse und der Ausgangsbehörde die Abhilfemöglichkeit entziehe. Deshalb sei allein die Widerspruchsbehörde für die nunmehr erforderlichen Entscheidungen zuständig[71]). Überzeugend war diese Argumentation schon deshalb nicht, weil bei Zurücknahme während des Abhilfeverfahrens der Devolutiveffekt noch gar nicht eingetreten und eine Entscheidungszuständigkeit der nächsthöheren Behörde gar nicht begründet worden ist. Zu Recht ist deshalb diese Praxis nunmehr aufgegeben worden[72]).

---

66) Vgl. BVerwG v. 24. 4. 1969, DVBl. 1970, 215 f. Vgl. auch *Meyer/Borgs*, § 80, 18.
67) Vgl. *Kopp*, § 73, 9 und oben § 31 Rdnrn. 29 f.
68) Vgl. BayVGH, BayVBl. 1982, 440; SaarlOVG v. 8. 9. 1988, AS 22, 254 (258); *Kopp*, § 72, 6; *Lange*, DÖV 1974, 270.
69) Vgl. oben § 25 Rdnrn. 6, 11 und *Allesch*, S. 238 ff.; enger SaarlOVG, AS 22, 258: nach Vorlage nur die Widerspruchsbehörde.
70) Vgl. *Renck*, DÖV 1973, 265 und oben § 26 Rdnrn. 5 ff.
71) Vgl. III des RdSchr. d. BayStMdI v. 26. 7. 1965, abgedruckt bei *Birkner/Rott*, S. I/129 ff.
72) Vgl. RdSchr. des BayStMdI v. 16. 8. 1979 Nr. I A 3 – 183/7; *Birkner/Rott*, S. I/131, 147.

Begehrt der WF, daß die Behörde die Rechts- oder Zweckwidrigkeit des erledigten VA feststellt, lautet der *Tenor* im Falle der Zulässigkeit und Begründetheit[73]): 36

„Es wird festgestellt, daß der Bescheid des ... vom ... rechtswidrig gewesen ist."

Ansonsten wird der Widerspruch als unzulässig oder unbegründet zurückgewiesen.

---

73) Vgl. dazu oben § 31 Rdnr. 30.

§ 43 Begründung

1   Nach der Entscheidungsformel folgt unter der Überschrift *„Begründung"* oder *„Gründe"* die von § 73 III VwGO vorgeschriebene Begründung des Widerspruchsbescheides. § 73 III VwGO konkretisiert einen rechtsstaatlichen, aus Art. 19 IV, 20 III, 28 I GG folgenden Grundsatz, der dem Bürger, in dessen Rechte die Verwaltung eingreift, einen Anspruch darauf gibt, die hierfür maßgeblichen Gründe zu erfahren, weil er nur dann seine Rechte sachgemäß verteidigen kann[1]). Neben der *Rechtsschutzfunktion* dient der Begründungszwang auch im besonderen der *Entlastungsfunktion* des Widerspruchsverfahrens, da er dem WF die Prüfung der Erfolgsaussichten einer etwaigen Klage ermöglichen und dadurch auch unnötiges Prozessieren verhindern soll.

2   Fehlt die Begründung oder ist sie mangelhaft, liegt ein *wesentlicher Verfahrensfehler* vor, der nach § 79 II S. 2 VwGO zur selbständigen Anfechtung des Widerspruchsbescheides berechtigt. Nach vereinzelter Ansicht soll der Mangel – allerdings mit der Kostenfolge des § 155 V VwGO zu Lasten der Behörde – geheilt werden können, wenn die Widerspruchsbehörde ihre Gründe im gerichtlichen Verfahren nachträglich bekanntgibt[2]). Diese Auffassung widerspricht der Funktion des Begründungszwanges des § 73 III VwGO[3]) und auch neueren Tendenzen in der Gesetzgebung (vgl. § 45 II VwVfG).
Die VwGO enthält in den §§ 73 III, 79 II S. 2 VwGO Spezialrecht für den Widerspruchsbescheid, das die Themen der §§ 39, 46 VwVfG behandelt, ohne sich zur Problematik des § 45 VwVfG zu äußern. Dies legt den Schluß nahe, daß eine Heilung i. S. des § 45 VwVfG überhaupt ausgeschlossen ist. Selbst wenn man aber über § 79 VwVfG den § 45 I Nr. 2 VwVfG anwenden wollte[4]), käme nach § 45 II VwVfG eine Heilung nur in der kurzen Pause zwischen Zustellung des Widerspruchsbescheids und Erhebung der isolierten Anfechtungsklage nach § 79 II S. 1 VwGO in Betracht[5]). § 46 VwVfG findet wegen § 79 II S. 2 VwVfG, der freilich zum gleichen Ergebnis führt[6]), keine Anwendung[7]).

3   Die Begründung muß die *wesentlichen tatsächlichen und rechtlichen Gründe* mitteilen, die die Widerspruchsbehörde zu ihrer Entscheidung bewogen haben

---

1) Vgl. statt vieler BVerfG v. 16. 1. 1957, BVerfGE 6, 32 (44); v. 29. 10. 1975, NJW 1976, 38; v. 23. 8. 1988, FamRZ 1989, 145; BVerwG v. 14. 10. 1965, BVerwGE 22, 215 (217); v. 15. 6. 1971, BVerwGE 38, 191 (194); v. 7. 5. 1981, DÖV 1982, 76 (77) und *Schick,* JuS 1971, 1 ff.; *Scheffler,* DÖV 1977, 768 f.; *Dolzer,* DÖV 1986, 9 ff.
2) Vgl. *RÖ,* § 73, 23; wohl auch *EF,* § 73, 8.
3) Vgl. *v. Mutius,* S. 209 f.; *Ule,* § 24 III 3; *Oerder,* S. 118. Vgl. auch oben § 38 Rdnr. 6.
4) So z. B. *SG,* Rdnr. 297; *StBL,* § 45, 84; *K/Busch,* § 79, 7.3.9; *Rüter/Oster,* S. 17.
5) Vgl. *StBL,* § 45, 84; *Rüter/Oster,* S. 17. Für die isolierte Anwendung allein des § 45 I Nr. 2 VwVfG (so wohl *RÖ,* § 73, 23) gibt es kein nachvollziehbares Argument.
6) Vgl. *Rüter/Oster,* S. 17 und oben § 9 Rdnr. 17, § 24 Rdnr. 19; a. A. z. B. *Oerder,* S. 118; *v. Mutius,* S. 209 f.
7) Vgl. *Hufen,* S. 279; *Kopp,* § 73, 14; a. A. *SG,* Rdnr. 297; *Obermayer,* VwVfG, 2. Aufl. 1990, § 79, 45; wohl auch *StBL,* § 46, 45.

(vgl. § 39 I S. 2 VwVfG), also Sachverhalt, Rechtsgrundlage und wesentliche Subsumtionswege. Welchen *Inhalt und Umfang* die Begründung des Widerspruchsbescheides haben muß, richtet sich nach den Besonderheiten des jeweiligen Rechtsgebietes und nach den Umständen des Einzelfalles. Maßgebliches Kriterium ist, daß der WF in die Lage versetzt werden muß, die Erfolgsaussichten einer Klage abschätzen und sie sachgemäß begründen zu können. Die Begründung braucht sich nicht ausdrücklich mit allen in Betracht kommenden Umständen und Einzelüberlegungen auseinanderzusetzen; sie kann sich sehr kurz halten, wenn die Gründe auf der Hand liegen oder dem Betroffenen bekannt sind[8]).

Dies gilt insbesondere für stattgebende Widerspruchsbescheide, soweit durch sie ein Dritter nicht belastet wird. Eine knappe Begründung ist aber auch hier erforderlich (vgl. *Gailus/Verleger,* JuS 1989, 402 Fußn. 50 und unten Fußn. 12).

Bei *Ermessensentscheidungen* muß die Begründung auch die Gesichtspunkte erkennen lassen, von denen die Behörde bei der Ausübung des Ermessens ausgegangen ist (vgl. § 39 I S. 3 VwVfG)[9]). Entsprechendes gilt für Entscheidungen in Ausübung von *Beurteilungsprärogativen,* wenn und soweit eine voll inhaltliche Nachprüfung durch die Widerspruchsbehörde zulässig ist[10]). Hier muß die Widerspruchsbehörde auch die Beurteilungsmaßstäbe erkennen lassen, die sie ihrer Entscheidung zugrunde gelegt hat[11]).

Ausnahmen von der Begründungspflicht sieht § 73 III VwGO – anders als § 39 II VwVfG – nicht vor; über § 79 VwVfG kommt deshalb nur eine ergänzende Anwendung des § 39 I VwVfG in Betracht[12]).

Anders als beim Urteil wird in Verwaltungsentscheidungen der *Sachverhalt* zur Entscheidungsgründung im weiteren Sinne gerechnet[13]) und nicht als „Tatbestand" gesondert abgesetzt. Der Sachverhalt ist zweckmäßigerweise in einem eigenen Absatz darzustellen, der – wenn längere Ausführungen erforderlich sind – auch mit einer römischen Gliederungsziffer kenntlich gemacht werden kann. Für den *Aufbau* des Sachverhalts gelten die beim Urteilstatbestand dargestellten Regeln entsprechend, allerdings mit den oben § 1 Rdnrn. 29 dargestellten Abweichungen. Für den *Umfang* der Sachverhaltsdarstellung lassen sich keine allgemeinen Regeln aufstellen, außer denen, die sich aus dem oben dargestellten Zweck der Begründungspflicht ergeben. Da der Widerspruchsbe-

4

---

8) Vgl. BVerwGE 22, 218; 38, 194; v. 15. 5. 1986, BVerwGE 74, 196 (205); RhPfOVG v. 20. 9. 1972, VerwRspr. 25, 100 (102).
9) Vgl. BVerwGE 38, 195; v. 7. 5. 1981, DVBl. 1982, 198 (199); v. 5. 7. 1985, BVerwGE 72, 1 (6 f.).
10) Vgl. § 39 Rdnrn. 4 ff.
11) Vgl. BVerwG v. 16. 1. 1971, BVerwGE 39, 197 (204).
12) Vgl. *Skouris,* DÖV 1982, 135; *K/Busch,* § 79, 7.3.4; *RÖ,* § 73, 22; *Kopp,* § 73, 11; *StBL,* § 39, 6, 32, 50; *Hufen,* S. 277; differenzierend *SG,* Rdnr. 296.
13) Vgl. *Schick,* JuS 1971, 5; *Linhart,* § 19, 177.

scheid den förmlichen Abschluß eines einheitlichen Verwaltungsverfahrens darstellt, kann ausdrücklich oder konkludent auf den bereits im Ausgangsbescheid dargestellten Sachverhalt Bezug genommen werden, wenn die Sachlage unverändert geblieben ist, denn regelmäßig kann davon ausgegangen werden, daß dem WF der Sachverhalt aus den Verwaltungsverfahren bekannt ist. Eine ausführlichere Darstellung des Sachverhalts ist nur erforderlich,

– wenn die Widerspruchsbehörde mit einem WF konfrontiert wird, der im Ausgangsverfahren nicht beteiligt war,

etwa einem Dritten beim Drittwiderspruch oder einem Rechtsnachfolger des Antragstellers,

– wenn die Widerspruchsbehörde ihrer Entscheidung neue Tatsachen zugrunde legt,

etwa weil sich die Sachlage im Verlauf des Widerspruchsverfahrens geändert hat oder weil sie von einer anderen rechtlichen Beurteilung ausgeht als die Ausgangsbehörde und deshalb die Ermittlung anderer Tatsachen erforderlich war, oder weil die Ausgangsbehörde aus formalen Gründen eine Entscheidung in der Sache abgelehnt und deshalb den Sachverhalt in materieller Hinsicht nicht aufgeklärt hat.

5   Im Regelfall reicht dagegen eine wenige Sätze umfassende, aus Geschichtserzählung und Verfahrensgeschichte komprimierte Darstellung aus, wobei die Begründung der Ausgangsbehörde für ihren VA wie die Begründung der Widerspruchsschrift nur umrißhafte Erwähnung zu finden braucht.

Beispiel[14]):

Gründe:
Im Jahre 1981 erwarben Sie das Grundstück Lgb. Nr. 3. Es liegt außerhalb des Geltungsbereichs des Bebauungsplans XY am Rande des bebauten Ortskerns der Gemeinde X. Die nördlich an Ihr Grundstück angrenzenden Grundstücke Lgb. Nrn. 1 und 2 sind unbebaut. Auf den südlich angrenzenden Grundstücken Lgb. Nrn. 4 und 5 sind Einfamilienhäuser errichtet.
Am 11. 8. 1982 stellten Sie den Antrag auf Erteilung einer Baugenehmigung zur Errichtung eines Einfamilienhauses, der durch Bescheid der Kreisverwaltung X vom 12. 11. 1982 abgelehnt wurde, weil Ihr Grundstück außerhalb des Geltungsbereichs eines Bebauungsplanes und außerhalb eines im Zusammenhang bebauten Ortsteiles liegt.
Gegen diesen Ablehnungsbescheid richtet sich Ihr Widerspruch vom 22. 11. 1982. In der Begründung berufen Sie sich auf die vorhandene Bebauung auf den Grundstücken Lgb. Nrn. 4 und 5. Durch die Ausführung Ihres Vorhabens würde der vorhandene Baukomplex nach Ihrer Auffassung abgerundet werden.
Ihr Widerspruch ist zulässig, aber nicht begründet.

---

14) Vgl. als Beispiel auch die Lösungsskizze zur Aufgabe 12 der 2. Juristischen Staatsprüfung 1970 (Text: BayVBl. 1976, 94) in BayVBl. 1976, 123 ff.

§ 44 Die Kostenentscheidung im Vorverfahren (Überblick)

I. Grundbegriffe

1. Kosten

Ebenso wie im gerichtlichen Verfahren können im Vorverfahren Kosten entstehen, über deren Erstattung folglich entschieden werden muß. Zu den *Kosten des Widerspruchsverfahrens* gehören die *Verwaltungskosten* (Gebühren und Auslagen) der Widerspruchsbehörde und die zur zweckentsprechenden Rechtsverfolgung oder Rechtsverteidigung *notwendigen Aufwendungen* der Beteiligten (vgl. Art. 80 II S. 1 BayVwVfG). Auch hier sind deshalb grundsätzlich drei Fragenkreise zu unterscheiden:

a) Welche Kosten und von wem kann die *Widerspruchsbehörde* für ihre Tätigkeit im Vorverfahren ersetzt verlangen? Dies beantwortet das für den Rechtsträger, dem die Widerspruchsbehörde angehört, einschlägige Verwaltungskostenrecht (vgl. unten Rdnrn. 20 ff. und § 45). Es ist in seiner Funktion dem GKG vergleichbar und sieht wie dieses Abgeltung der Kosten durch *Gebühren* und *Auslagen* vor. 1

b) Welche Vergütung kann ein *Rechtsanwalt* vom Auftraggeber für seine Bemühungen im Rahmen eines Vorverfahrens beanspruchen? Diese Antwort gibt – wie im gerichtlichen Verfahren – die BRAGebO (hier: §§ 118, 119). 2

c) Schließlich: Wem fallen die von den *Beteiligten* (also dem WF, einem nach § 13 II VwVfG hinzugezogenen Dritten oder der Ausgangsbehörde) zur zweckentsprechenden Rechtsverfolgung oder Rechtsverteidigung gemachten notwendigen *Aufwendungen* zur Last? Dies beantworten die Vorschriften über die *Erstattung von Kosten im Vorverfahren*, vornehmlich also § 80 VwVfG und die entsprechenden Normen des Landesrechts (vgl. unten Rdnrn. 12 ff. und § 46). 3

2. Kostenlast- und Kostenfestsetzungsentscheidung

Ebenso wie im gerichtlichen Verfahren sind bei der Kostenentscheidung im Vorverfahren auseinanderzuhalten[1]) die 4

a) *Kostenlastentscheidung* über die Kostenpflicht dem Grunde nach und wen sie trifft (§§ 72, 73 III S. 2 VwGO, §§ 80 III S. 2 VwVfG, 63 III S. 2 SGB-VwVf) sowie die

b) *Kostenfestsetzungsentscheidung* (§§ 80 III S. 1 VwVfG, 63 III S. 1 SGB-VwVf).

Diese Trennung ist insbesondere wegen der unterschiedlichen Rechtsbehelfe (vgl. unten § 47 Rdnrn. 10 f.) zu beachten. Zum notwendigen Inhalt der *Kostenlastentscheidung* gehören nach Wortlaut und Systematik der §§ 80

---

1) Vgl. zu dieser Differenzierung statt vieler *RÖ*, § 73, 24; *Renck*, DÖV 1973, 267 f.; *StBL*, § 80, 1; BVerwG v. 27. 2. 1981, Buchholz 316 § 80 VwVfG Nr. 4; v. 10. 6. 1981, BVerwGE 62, 296 (298).

VwVfG, 63 SGB-VwVf auch die Entscheidung, ob ein Erstattungsberechtigter bestimmte Aufwendungen wegen Verschuldens selbst zu tragen hat (§§ 80 I S. 4 VwVfG, 63 I S. 3 SGB-VwVf)[2]), sowie die Bestimmung über die Notwendigkeit der Zuziehung eines Bevollmächtigten (§§ 80 III S. 2 VwVfG, 63 III S. 2 SGB-VwVf), obwohl letztere sachlich eigentlich in das Kostenfestsetzungsverfahren gehört[3]) (vgl. unten Rdnr. 6).

§ 80 III S. 2 VwVfG erfaßt allerdings nicht den Fall, daß der Anwalt den WF zwar berät, aber nicht als förmlicher Bevollmächtigter gegenüber der Widerspruchsbehörde auftritt; über die Notwendigkeit dieser Beratungskosten ist deshalb im Festsetzungsverfahren zu entscheiden[4]).

3. Kostenlastentscheidung als Grundlage der Kostenfestsetzung

5   Das *Kostenfestsetzungsverfahren* baut auf der – konstitutiven[5]) – Kostenlastentscheidung auf. Sie ist Grundlage und Titel der Kostenfestsetzung. Erst durch sie wird überhaupt ein Kostenerstattungsanspruch dem Grunde nach zur Entstehung gebracht (vgl. unten § 46 Rdnr. 14). Im Kostenfestsetzungsverfahren wird lediglich über die *konkrete Höhe* der zu erstattenden Kosten entschieden. Kostenfestsetzung ist deshalb nur möglich auf der Grundlage und im Rahmen einer Kostenlastentscheidung.

6   *Konkret bedeutet dies:* Kostenerstattung kann der erfolgreiche WF nur verlangen, wenn er eine ihm günstige Kostenlastentscheidung vorweisen kann. Ein Kostenfestsetzungsantrag wie nachfolgende Rechtsbehelfe setzen deshalb, wenn eine Kostenlastentscheidung bisher unterblieben ist, um überhaupt erfolgreich sein zu können, rechtslogisch voraus, daß der WF zumindest gleichzeitig den Erlaß einer ihm günstigen Kostenlastentscheidung begehrt[6]).

---

2) Vgl. BVerwG, Buchholz 316 § 80 VwVfG Nr. 4; *RÖ*, § 73, 32; a. A. *K/Busch*, § 80, 7.3.3; *Altenmüller*, DÖV 1978, 908; StBL, § 80, 62.
3) Vgl. BVerwGE 62, 298; v. 29. 8. 1983, BVerwGE 68, 1 (3); v. 5. 9. 1984, BVerwGE 70, 58 (59 f.); v. 29. 10. 1986, BVerwGE 75, 107 (108); v. 18. 4. 1988, BVerwGE 79, 226 (229). § 80 III S. 2 VwVfG ist § 162 II S. 2 VwGO nachgebildet, der die Notwendigkeitserklärung dem Gericht vorbehält, weil der Kostenfestsetzungsbeamte wegen der rechtlichen Schwierigkeiten überfordert sein könnte. § 175 III S. 3 EVwPO teilt diese Sorge nicht mehr (vgl. BT-Drucks. 9/1851, S. 165). Im Widerspruchsverfahren kann der Gesichtspunkt unterschiedlicher Sachkompetenz zwischen Kostenentscheidungs- und Festsetzungsinstanz nicht tragend sein, da i. d. R. beide Zuständigkeiten in einer Hand liegen. Die Zuordnung der Notwendigkeitserklärung zur Kostenlastentscheidung beruht vielmehr auf dem Gesichtspunkt der sachlichen Nähe zur Widerspruchsentscheidung und dem Anliegen, das Kostenfestsetzungsverfahren von schwierigen Fragen zu entlasten.
4) Vgl. BVerwGE 79, 229 ff. und StBL § 80, 60. Vgl. auch NW OVG v. 11. 3. 1988, OVGE 40, 40 ff. = NVwZ-RR 1988, 128; v. 14. 4. 1988, OVGE 40, 61 ff. zu § 162 II S. 2 VwGO.
5) Vgl. BVerwGE 75, 108; 79, 231; v. 16. 12. 1988, NVwZ-RR 1989, 581 f.; *Odenthal*, NVwZ 1990, 642.
6) Vgl. BWVGH v. 25. 8. 1981, VBlBW 1982, 46 f.; BVerwG v. 20. 5. 1987, BVerwGE 77, 268 (270).

Hat die Widerspruchsbehörde bewußt (zum versehentlichen „Übergehen" vgl. unten § 47 Rdnr. 12) eine Kostengrundentscheidung unterlassen und der WF den Bescheid unanfechtbar werden lassen, ist deshalb eine Kostenerstattung ausgeschlossen[7]).

Dasselbe gilt für Anträge, die Hinzuziehung eines Bevollmächtigten im Vorverfahren für notwendig zu erklären. Die Entscheidung über die Notwendigkeit der Beiziehung eines Bevollmächtigten bestimmt dem Grunde nach über die Erstattungsfähigkeit der Gebühren und Auslagen des Bevollmächtigten, beides Posten innerhalb der erstattungsfähigen Aufwendungen; sie gehört sachlich in das Kostenfestsetzungsverfahren und setzt deshalb eine Kostenlastentscheidung voraus[8]).

Ist ausnahmsweise nur die Erstattungsfähigkeit der Bevollmächtigtenkosten, nicht aber die Kostenlast dem Grunde nach ausdrücklich tenoriert worden, darf deshalb in aller Regel der Widerspruchsbescheid dahin interpretiert werden, daß er (konkludent) auch über die Kostenerstattungspflicht mitentschieden hat (BVerwGE 68, 3 f.). Dies gilt freilich nicht in den Fällen, in denen § 80 VwVfG eine Kostenerstattung nicht zubilligt, wie z. B. bei Drittbeteiligten; hier fehlt es an der Basis für einen Schluß auf eine (konkludente) Kostenlastentscheidung[9]).

Andererseits *bindet* eine *bestandskräftig gewordene* Kostenlastentscheidung im Umfang ihres Regelungsgehalts auch im Rahmen des Kostenfestsetzungsverfahrens. Das Bestehen der Kostenpflicht dem Grunde nach kann von der Festsetzungsbehörde nicht mehr verneint[10]), Kostenfestsetzung vom WF aber auch nur im Rahmen der Kostenlastentscheidung verlangt werden.

7

Hat die Behörde bestimmte Aufwendungen wegen Verschuldens nach § 80 I S. 4 VwVfG von der Erstattungspflicht ausgenommen und der WF die Kostenentscheidung unanfechtbar werden lassen, kann er im Kostenfestsetzungsverfahren nicht mehr volle Erstattung verlangen. Umgekehrt kann die Verwaltung dem WF im Kostenfestsetzungsverfahren nicht Verschulden i. S. des § 80 I S. 4 VwVfG entgegenhalten, wenn sie die Kostenlastentscheidung ohne Einschränkungen zugunsten des WF getroffen hat[11]). Auch die in der Kostenlastentscheidung mitzutreffende Entscheidung, daß die Zuziehung eines Bevollmächtigten notwendig war, ist im Kostenfestsetzungsverfahren verbindlich[12]).

---

7) Vgl. BremOVG v. 20. 10. 1965, NJW 1965, 564.
8) Vgl. BVerwGE 62, 298; 68, 3 f.
9) Vgl. BVerwG v. 22. 5. 1986, NVwZ 1987, 490.
10) Vgl. BVerwG v. 29. 4. 1988, BVerwGE 79, 291 (297).
11) Vgl. BVerwG, Buchholz 316 § 80 VwVfG Nr. 4. Allgemein *Altenmüller*, DÖV 1978, 907; StBL § 80, 7.
12) Vgl. BSG v. 22. 3. 1984, AnwBl. 1985, 652; BVerwGE 79, 297.

II. Die Rechtsgrundlagen der Kostenentscheidung
1. §§ 72, 73 III S. 2 VwGO

8   Nach § 72 VwGO hat die Ausgangsbehörde, wenn sie einem Widerspruch abhilft, über die Kosten zu entscheiden. Nach § 73 III S. 2 VwGO bestimmt der Widerspruchsbescheid „auch, wer die Kosten trägt".

Die Vorschrift des § 162 VwGO, die ausdrücklich die Kosten des Vorverfahrens in die erstattungsfähigen außergerichtlichen Kosten einbezieht, beschränkt sich ihrem Anwendungsbereich nach auf den Inhalt der gerichtlichen Kostenentscheidung, mithin auf den Fall, daß im Anschluß an das Vorverfahren Klage erhoben worden ist[13]), erfaßt also nicht das sog. *„isolierte"*, nicht durch einen Prozeß fortgesetzte *Vorverfahren.*

9   Nur für ein Verfahren in der *Hauptsache* ist die Durchführung eines Vorverfahrens Sachurteilsvoraussetzung, nur hier können deshalb die Kosten des Vorverfahrens als Vorbereitungskosten dem gerichtlichen Verfahren zugerechnet werden. *Vorläufige Rechtsschutzverfahren* nach den §§ 80, 123 VwGO sind dagegen selbständige Nebenverfahren, die über einen anderen Streitgegenstand geführt werden und allenfalls die Erhebung des Widerspruchs (vgl. § 80 V S. 2 VwGO), nicht aber die Durchführung des Vorverfahrens zur Voraussetzung haben. Bei ihnen ist deshalb eine Einbeziehung der Vorverfahrenskosten in die gerichtliche Kostenentscheidung unzulässig[14]).
Die Gegenansicht, die für die Anwendbarkeit des § 162 VwGO lediglich verlangte, daß sich überhaupt ein gerichtliches Verfahren nach eingelegtem Widerspruch anschloß[15]), war offensichtlich von dem Bestreben getragen, dem Rechtsschutz des WF hinsichtlich seiner Kostenerstattung angesichts der weitgehenden Lücken im Verwaltungsverfahrensrecht (dazu sogleich unten im Text) soweit als vertretbar Rechnung zu tragen. Mit Wortlaut und Systematik der VwGO ließ sie sich allerdings nicht vereinbaren. Nach Erlaß des § 80 VwVfG hat sie nunmehr vollends ihre Berechtigung eingebüßt.
Das gleiche gilt für NWOVG v. 12. 9. 1974, NJW 1975, 277 ff. mit krit., aber doch im Ergebnis zustimm. Anm. *Bachof*, NJW 1975, 846 f., das dem WF zugestand, ohne den Verlust der Erstattungsmöglichkeit nach § 155 V VwGO eine ihm zumutbare Aufklärung im Widerspruchsverfahren zu unterlassen, um erst im anschließenden Verwaltungsprozeß zu obsiegen und sich damit die Erstattung der Anwaltskosten nach § 162 VwGO zu „erschleichen". Nach Erlaß der verwaltungsverfahrensrechtlichen Kostenerstattungsregelungen besteht keinerlei Rechtfertigung mehr, ein derart arglistiges Prozeßverhalten zu Lasten der Allgemeinheit zu belohnen.

---

13) Wird das Klageverfahren nicht durch eine Sachentscheidung abgeschlossen, sondern durch Rücknahme oder Hauptsachenerledigung mit der Wirkung, daß der Rechtsstreit als nicht anhängig geworden anzusehen ist (§ 173 VwGO i. V. m. § 269 III S. 2 ZPO), bleibt die Kostenentscheidung des Widerspruchsbescheids unberührt (vgl. BWVGH v. 9. 8. 1982, VBlBW 1982, 72 f. m. im Ergebnis zustimm. Anm. *Kopp*).
14) Vgl. OVG Lüneburg v. 6. 8. 1974, NJW 1974, 2022 (zustimm. Anm. *Busch*); v. 20. 1. 1972, OVGE 28, 366 (369); NWOVG v. 1. 8. 1974, NJW 1975, 325; v. 29. 3. 1973, OVGE 29, 25 ff.; BayVGH v. 2. 11. 1972, BayVBl. 1973, 163; HessVGH v. 15. 5. 1974, HessVGRspr. 1975, 55 f.; BWVGH v. 18. 8. 1982, 168 f.; *Friese*, DÖV 1974, 264 f.; *Kopp*, § 162, 16; *SDC*, § 162, 3 d, dd.
15) Vgl. NWOVG v. 18. 5. 1972, OVGE 28, 31 f.; VG Köln v. 9. 2. 1973, NJW 1973, 1015 (zustimm. Anm. *Grave*).

Den §§ 72, 73 III S. 2 VwGO ist lediglich zu entnehmen, *daß* und *wann* eine 10
Kostenlastentscheidung zu ergehen hat und wer dafür *zuständig* ist[16]). Über den
Inhalt der Kostenlastentscheidung dagegen schweigt die VwGO.

Vereinzelt waren die Fragen der Kostenerstattung zwischen den Beteiligten vor Erlaß 11
der VwVfGe des Bundes und der Länder durch Landesrecht geregelt (Art. 16
BayAGVwGO, § 18 a RhPfAGVwGO, § 120 Schl.-H.LVwG). Die verbleibende
Lücke wirkte sich vor allem zu Lasten des Bürgers aus, denn im Falle seines
Unterliegens hatte er nach den Verwaltungskostengesetzen fast durchgehend Widerspruchsgebühren zu bezahlen, die er als einseitige, gleichheitswidrige Kostenerstattungsbegünstigung der ihm gegenüber als Einheit auftretenden Verwaltung empfinden
mußte[17]). Die vom Schrifttum unter Hinweis auf eine Äußerung des Rechtsausschusses in den Beratungen zur VwGO (BT-Drucks. III/1094, S. 8) fast einhellig geforderte
Ausfüllung der Lücke durch entsprechende Anwendung der §§ *154 ff*. *VwGO* oder
doch eines allgemeinen, in den §§ 154 ff. VwGO zum Ausdruck kommenden Rechtsgrundsatzes[18]) scheiterte am Votum des Großen Senats des BVerwG[19]). Dieser deutete
die §§ 72, 73 III S. 2 VwGO als *Vorschriften rein verfahrensrechtlicher Art*, die der
materiellen Ausfüllung durch das Verwaltungsverfahrens- und Verwaltungskostenrecht bedürfen. In der praktischen Konsequenz bedeutete diese Rechtsprechung, daß
die §§ 72, 73 III S. 2 VwGO inhaltlich leerliefen, wenn Kostenregelungen im Verwaltungsrecht des Bundes oder des betreffenden Landes fehlten. In diesen Fällen konnte
der erfolgreiche WF allenfalls Auslagenerstattung unter dem Gesichtspunkt der
Amtspflichtverletzung (§ 839 BGB i. V. m. Art. 34 GG), der Enteignung oder der
Fürsorgepflichtverletzung verlangen[20]).

---

16) Vgl. *Renck*, DÖV 1973, 266; BayVGH v. 27. 7. 1964, BayVBl. 1965, 67; BVerwG v. 29. 3. 1979, Buchholz 310 § 72 VwGO Nr. 9 S. 4; v. 10. 6. 1981, BVerwGE 62, 296 (299).

17) Die Vereinbarkeit dieses Zustandes mit Art. 3 I GG (sachlich vertretbare Gründe für eine Abweichung von § 162 VwGO?) war vom BVerfG bejaht worden; vgl. BVerfG v. 29. 10. 1969, BVerfGE 27, 175 (176 f.); v. 20. 6. 1973, BVerwGE 35, 283 (292 f.).

18) Vgl. *Menger/Erichsen*, VerwArch. 1966, 388 f.; *Kronenbitter*, MDR 1967, 721 ff.; *v. Mutius*, S. 230; *Renck*, DÖV 1973, 268; *Bachof*, NJW 1975, 847; *Maué*, MDR 1961, 203 f.; *Kortmann*, DÖV 1972, 816 ff. Neuerdings wieder *Renck*, DÖV 1979, 558 ff., 782 f. und hiergegen *Pietzner*, DÖV 1979, 779 ff.
Aus der zunächst befürwortenden Rechtsprechung vgl. BVerwG v. 6. 12. 1963, BVerwGE 17, 246 ff.; v. 6. 12. 1963, DVBl. 1964, 243 f.; NWOVG v. 29. 7. 1963, OVGE 19, 58 ff.; RhPfOVG v. 22. 1. 1963, DÖV 1963, 275 ff.; BWVGH v. 19. 12. 1962, DVBl. 1963, 372 ff.; vgl. auch HessVGH v. 22. 9. 1969, HessVGRspr. 1970, 11 ff.; v. 21. 6. 1971, HessVGRspr. 1971, 90.

19) BVerwG-GS v. 1. 11. 1965, BVerwGE 22, 281 ff. Zustimmend BVerwG v. 30. 8. 1972, BVerwGE 40, 313 ff.; v. 14. 8. 1974, Buchholz 448 § 19 WpflG Nr. 16; BWVGH v. 30. 10. 1967, ESVGH 19, 120 ff.; NWOVG v. 19. 10. 1971, OVGE 27, 125 ff.; OVG Lüneburg v. 30. 8. 1968, OVGE 24, 476 ff.; RhPfOVG v. 1. 12. 1969, AS 11, 255 (260); BerlOVG v. 28. 4. 1969, AS 10, 121 ff.; *Ule*, S. 132.

20) Vgl. BVerwGE 40, 322; v. 14. 7. 1972, BVerwGE 40, 254 ff.; v. 30. 8. 1973, BVerwGE 44, 52 (56 ff.); LG Heidelberg v. 24. 5. 1967, NJW 1967, 2317; BGH v. 6. 2. 1975, NJW 1975, 972 ff. Vgl. allgemein *Meßerschmidt*, DÖV 1983, 449 f.

2. § 80 VwVfG und die Parallelvorschriften des Bundes- und Landesrechts

Durch § 80 VwVfG und die nahezu gleichlautenden Parallelvorschriften des Landesrechts ist diese Lücke nunmehr weitgehend geschlossen worden.

12 § 80 VwVfG gilt kraft Verweisung in Berlin und Niedersachsen. Gleichlautende und gleichnumerierte Vorschriften enthalten das BWVVfG, BremVwVfG, HambgVwVfG, HessVwVfG, NWVwVfG und das SaarlVwVfG. Im wesentlichen gleichlautend ist § 19 RhPfAGVwGO i. d. F. v. 5. 12. 1977 (GVBl. S. 451). Art. 80 BayVwVfG geht als vollständigste Regelung der Kostenerstattung zum Teil über § 80 VwVfG hinaus. § 120 Schl.-H.LVwG als älteste Regelung bleibt dagegen im Gehalt hinter § 80 VwVfG zurück (auch i. d. F. v. 18. 12. 1978, GVOBl. 1979, S. 2). Die *Neuregelung gilt* auch für Vorverfahren, die am 1. 1. 1977 noch nicht abgeschlossen waren (§ 96 IV VwVfG). Abgeschlossen ist das Vorverfahren erst mit der Zustellung des schriftlichen Widerspruchsbescheides (vgl. § 27 Rdnr. 14).

13 Soweit in Ihrem Bundesland *Verwaltungsvorschriften* zur Ausführung des § 80 VwVfG (i. f.: VwV § 80 VwVfG) existieren, können Sie aus ihnen wertvolle Hinweise auf die in Ihrem Land gängige Verwaltunspraxis gewinnen.

Bayern: Bek. BayStMI v. 18. 2. 1977 (MABl. S. 94)
Berlin: RdSchr. Sen. f. I. v. 26. 2. 1979 (DBl. I S. 31)
Bremen: Ausf.Erl. Sen. f. I. v. 20. 9. 1978 (ABl. S. 491), geändert am 30. 4. 1979 (ABl. S. 195) und 15. 2. 1985 (ABl. S. 140)
Nordrhein-Westfalen: RdErl. NWMdI v. 10. 10. 1977 (MBl. S. 1590 = SMBl. NW 2010, angefügt als Nr. 7 des RdErl. „Das Vorverfahren nach der VwGO")
Rheinland Pfalz: RdSchr. d. MdI. v. 12. 9. 1977 (MinBl. Sp. 958)

Wegen der Ausnahmen vom Geltungsbereich des VwVfG (§ 2) und der in der Regelung nicht bedachten Fälle (vgl. § 46 Rdnrn. 8 ff.) bleiben aber nach wie vor Freiräume, bei deren Ausfüllung die alte Diskussion um die analoge Anwendung der §§ 154 ff. VwGO oder des § 80 VwVfG selbst wiederaufleben wird.

Vereinzelt finden sich sogar jüngere Bundesgesetze, die die Anwendung des § 80 VwVfG für ihren Geltungsbereich ausschließen (so § 54 V S. 6 SaatgutverkehrsG – BGBl. 1985 I S. 1633 – und § 33 V S. 6 SortenschutzG – BGBl. 1985 I S. 2170 – zur Begründung vgl. BT-Drucks. 10/816, S. 26).

14 Die von § 2 VwVfG offengelassenen Freiräume sind vom Gesetzgeber bisher erst zum Teil ausgefüllt worden. Für die *Sozialverwaltung* enthält § 63 SGB-VwVf eine fast wörtlich dem § 80 VwVfG entsprechende Regelung, die sich von § 80 VwVfG nur darin unterscheidet, daß sie von einer Kostenpflicht des erfolglosen WF aus sozialpolitischen Erwägungen absieht.

Im Recht des *Lastenausgleichs* (§ 2 II Nr. 5 VwVfG) finden sich vergleichbare Vorschriften in § 334 II LAG, in Bezug genommen u. a. in den §§ 39 II FeststellungsG, 9 VI WährungsausgleichsG. Zu § 334 II LAG vgl. BVerwG v. 21. 8. 1975, Buchholz 427.3 § 334 LAG Nr. 1; v. 8. 11. 1984, Buchholz 427.3 § 327 LAG Nr. 1.

15 Im Bereich der von § 2 II Nr. 1 VwVfG ausgenommenen *Steuerverwaltung* existiert eine dem § 80 VwVfG vergleichbare Vorschrift nicht. Das außergerichtliche Rechtsbehelfsverfahren ist vielmehr von der AO 1977 kosten-, aber

auch erstattungsfrei ausgestaltet worden, weil es sich aufgrund der Eigenart der Steuerverwaltung (Massenverwaltung mit typischerweise häufigen Fehlerquellen) lediglich als verlängertes Veranlagungsverfahren darstelle[21]).

Als Ausgleich für den faktischen Ausschluß der Steuerverwaltung von den Vorschriften des neuen Staatshaftungsgesetzes hatte § *80a Satz 1 AO*[22]) erstmals einen Erstattungsanspruch des erfolgreichen RF begründet, ihn aber zusätzlich davon abhängig gemacht, daß „die Finanzbehörde binnen eines halben Jahres nach Einlegung des Rechtsbehelfs ohne zureichenden Grund nicht entschieden hat". Da Art. 14 des EStG-ÄnderungsG das Inkrafttreten des § 80a AO 1977 von dem des StHG abhängig gemacht hat, das StHG aber vom BVerfG[23]) für nichtig erklärt worden ist, hat § 80a AO 1977 keine Gültigkeit erlangt[24]).

Dieser verwaltungsverfahrensrechtliche Ausschluß einer Kostenerstattung hatte und hat freilich nicht die Bedeutung einer in den Bereich des materiellen Schadensersatzrechts hineinwirkenden abschließenden Regelung. Die zweite Säule eines *materiellrechtlichen Kostenerstattungsanspruchs,* in Sonderheit: § 839 BGB i. V. m. Art. 34 GG (vgl. oben Rdnr. 11 a. E.), steht also auch dem Steuerbürger zur Verfügung[25]).

Die LVwVfGe enthalten ebenfalls (unterschiedlich formulierte) Exemtionsvorschriften für das Landesabgabenrecht, die durch Verweisungsnormen der KAGe auf Vorschriften der AO 1977 ausgefüllt werden. Da die Verweisungsnormen aber gerade nicht die §§ 347ff. AO 1977 über das außergerichtliche Rechtsbehelfsverfahren in Bezug nehmen, ist strittig geworden, ob für das Widerspruchsverfahren in *Kommunalabgabensachen* nicht doch das LVwVfG und damit auch § 80 gilt.

16

Die zunächst überwiegende Meinung verneinte dies[26]). Sie konnte für sich den Wortlaut der Exemtionsklauseln, die das einschränkende „soweit" nicht verwenden, und ihren Zweck, das Steuererhebungsverfahren auf Landesebene zu vereinheitlichen,

---

21) Vgl. Bericht des Finanzausschusses, BT-Drucks. 7/4292, S. 8f.; kritisch hierzu unter Gleichheitsgesichtspunkten *Meßerschmidt,* DÖV 1983, 453f.
22) § 80a AO ist eingefügt worden durch Art. 2 Nr. 1 Buchst. a des EStG-ÄnderungsG v. 18. 8. 1980 (BGBl. I S. 1537). Vgl. auch das Einführungsschreiben des BMF zur Anwendung des § 80a AO v. 15. 12. 1981 (BStBl. 1982 I 193) sowie *Pietzner,* VerwArch. 1982, 240ff.
23) BVerfG v. 19. 10. 1982, BVerfGE 61, 149ff.
24) Vgl. Bek. des BayStMdI v. 19. 1. 1983 (MABl. S. 82) und des BMF v. 9. 12. 1982 (BStBl. 1982 I 900) sowie BayVGH v. 5. 3. 1984, BayVBl. 1984, 542 und *Allesch,* KStZ 1984, 144; a. A. noch *StBl,* § 80, 1 in der 2. Aufl. Durch Art. 5 I Nr. 1 StBereinigungsG 1986 (BGBl. 1985 I S. 2436/2444) ist Art. 2 EStG-ÄnderungsG (Fußn. 22) zur Klarstellung gestrichen worden.
25) Vgl. *Pietzner,* VerwArch. 1982, 240f.; OLG Frankfurt v. 30. 10. 1980, BB 1981, 228f. mit zustimm. Anm. *Hein; Hidien,* NJW 1987, 2211f. m. w. N.
26) Vgl. HessVGH v. 13. 7. 1978, HessStGZ 1978, 405; v. 2. 6. 1982, ESVGH 32, 319 (LS); v. 30. 9. 1982, ESVGH 33, 152 (LS); NWOVG v. 7. 3. 1979, OVGE 34, 76ff. (m. abl. Anm. *Kortmann,* DVBl. 1980, 600f.); v. 21. 3. 1979, NJW 1980, 356f. = JuS 1980, 303f. *(Schulze-Osterloh);* OVG Lüneburg v. 28. 1. 1981 – 9 A 9/80 – (vgl. BVerwG v. 12. 8. 1981, Buchholz 316 § 1 VwVfG Nr. 8 – überholt durch Gesetzesänderung, vgl. Fußn. 30); Nr. 7 des RdErl. des NWMdI (Rdnr. 13); RdSchr. des BWStMI v. 26. 9. 1978, BWGZ 1979, 160; Nr. 5 RdErl. des BWStMI zum novellierten KAG v. 17. 7. 1979, StAnz. Nr. 65 v. 11. 8. 1979, S. 5.

anführen. Die neuerdings im Vordringen begriffene Gegenmeinung[27]) weist darauf hin, daß in KAG-Sachen nach wie vor die §§ 68 ff. VwGO gelten und der Sinn der §§ 79, 80 LVwVfG, das Widerspruchsverfahren zu vereinheitlichen, und die Entstehungsgeschichte dazu anhalten, die Exemtionsklauseln einschränkend zu verstehen. Hinzu kommt, daß sachliche Gründe für die Versagung der Kostenerstattung in kommunalen Abgabenstreitigkeiten unter dem Gesichtspunkt des Art. 3 GG nicht ersichtlich sind. Die für die Steuerverwaltung angeführten Gründe sind kaum übertragbar, denn im Kommunalabgabenrecht bereitet die Feststellung der abgabenrelevanten Fakten der Behörde in aller Regel keine besonderen Schwierigkeiten, weil sie entweder nicht im Herrschaftsbereich des Abgabepflichtigen realisiert werden oder aber die Abgabenpflicht an äußerlich ohne weiteres erkennbaren Vorgängen bzw. an bereits von anderen Behörden bindend festgestellten Bemessungsgrundlagen anknüpft. Kommunalabgabenverfahren sind deshalb jedenfalls nicht vom Typus her Massenverfahren mit den diesen eigenen häufigen Fehlerquellen, die ein nachfolgendes Widerspruchsverfahren lediglich als verlängertes Veranlagungsverfahren erscheinen lassen könnten[28]). Auch unter dem Gesichtspunkt der verfassungskonformen Auslegung ist deshalb ein einengendes Verständnis der landesrechtlichen Exemtionsklauseln geboten[29]).

Das BVerwG (v. 27. 9. 1989, BVerwGE 82, 336 ff. m. abl. Anm. *Allesch*, KStZ 1990, 63 ff.) hat sich nunmehr bei der Auslegung des Art. 2 II Nr. 1 BayVwVfG („Dieses Gesetz gilt... nicht für... Verfahren, die unter Art. 10 KAG fallen") der erstgenannten Meinung angeschlossen, gleichzeitig aber deutlich gemacht, daß diese Frage nach der konkreten Fassung der Exemtionsklausel zu beantworten und folglich anders zu beurteilen sei, wenn die Geltung des LVwVfG nur ausgeschlossen ist, „soweit" die AO anzuwenden ist (vgl. BVerwGE 82, 339 f. und z. B. § 2 II Nr. 1 BremVwVfG, § 2 II Nr. 1 NdsVwVfG F. 1985).

Die Bedeutung dieser Entscheidung für die Rechtseinheit im Kommunalabgabenrecht wird gering bleiben und sich auf *Hessen* und *Nordrhein-Westfalen* beschränken. In *Niedersachsen* und *Bayern* ist § 2 II Nr. 1 VwVfG im Sinne der hier vertretenen Ansicht geändert worden[30]). Für *Baden-Württemberg* und das *Saarland* (vgl. Fußn. 27) ist das BVerwG nicht zuständig (vgl. Art. 99 GG), Art. 19

---

27) Vgl. *Stolterfoth*, AnwBl. 1979, 461 ff.; BWVGH v. 18. 5. 1981, ESVGH 31, 224 (226); v. 25. 8. 1981, VBlBW 1982, 46 (47); BayVGH v. 12. 2. 1982, BayVBl. 1982, 439; v. 5. 3. 1984, BayVBl. 1984, 542; BayStMI, Nr. 1 b der Bek. zum BayVwVfG v. 18. 2. 1977 (MABl. S. 94) und Nr. 4 der Bek. zum novellierten KAG v. 15. 4. 1977 (MABl. S. 390); SaarlOVG v. 24. 7. 1985, AS 19, 342 ff.; *Pietzner*, VerwArch. 1982, 238 f.
28) Vgl. *Stolterfoth*, AnwBl. 1979, 461; BWVGH, VBlBW 1982, 47; SaarlOVG, AS 19, 440 f.; *Pietzner*, VerwArch. 1982, 239; Begründung zum Regierungsentwurf der Änderung des NdsKAG (vgl. Fußn. 30); a. A. NWOVG, DVBl. 1979, 788; BVerwGE 82, 342.
29) Vgl. *Pietzner*, VerwArch. 1982, 238 f.; *Meyer/Borgs*, § 80, 4 und *Meßerschmidt*, DÖV 1983, 453; a. A. BVerwGE 82, 342 wegen abw. Ansicht zu Fußn. 28.
30) Vgl. Art. II Nr. 1 des Gesetzes zur Änderung des NdsKAG und anderer abgabenrechtlicher Vorschriften vom 2. 7. 1985 (GVBl. S. 207); Begründung: LT-Drucks. 10/3930, S. 14 f. Vgl. 2. Gesetz zur Änderung des BayVwVfG v. 24. 7. 1990 (GVBl. S. 235), durch dessen § 1 die oben zitierte Klausel aus Art. 2 II Nr. 1 BayVwVfG gestrichen worden ist.

RhPfAGVwGO kennt keine Einschränkung, und die Exemtionsklauseln in *Berlin* und *Hamburg* stellen auf Finanzbehörden ab.

Die sich bisher in der Literatur abzeichnende Meinung zu den *Fällen des § 2 VwVfG* tendiert überwiegend dahin, eine ausdehnende Anwendung des § 80 VwVfG über den Anwendungsbereich des Gesetzes hinaus abzulehnen[31]). Daß dies dem Willen des Gesetzgebers entspricht, ergibt sich eindeutig aus § 80 IV VwVfG, der in einer an sich durch § 2 VwVfG ausgenommenen Spezialmaterie (Richterdienstrecht) ausdrücklich die Anwendung des § 80 VwVfG anordnet[32]).   17

Seinem Wortlaut nach beschränkt sich § 80 VwVfG auf *Vorverfahren nach den §§ 68 ff. VwGO*. Soweit indes VAe, die dem Geltungsbereich des VwVfG unterfallen, durch Spezialgesetz einem anderen Rechtsweg zugewiesen sind und die Spezialzuweisung die Erhebung eines förmlichen außergerichtlichen Rechtsbehelfs vorsieht, wird der Anwendungsbereich des § 80 VwVfG durch § 79 *VwVfG* erweitert[33]). Diese Vorschrift ordnet nämlich für alle förmlichen außergerichtlichen Rechtsbehelfe (selbstverständlich nur gegen VAe, die dem Geltungsbereich des VwVfG unterliegen) die lückenfüllende Anwendung des VwVfG und damit auch des § 80 an[34]).   18

Eine *entsprechende Anwendung der §§ 154 ff. VwGO* oder ein Rückgriff auf einen allgemeinen Rechtsgedanken scheidet nach Erlaß des VwVfG nunmehr endgültig aus, da der Gesetzgeber klar zu erkennen gegeben hat, daß eine Kostenerstattung nur auf der Grundlage einer ausdrücklichen gesetzlichen Anordnung in Betracht kommt[35]). Dies gilt auch für eine *analoge Anwendung des § 80 VwVfG* selbst für die in § 80 VwVfG nicht geregelten Erstattungsfragen, etwa bei Drittwidersprüchen und bei Rücknahme oder anderweitiger   19

---

31) Vgl. *Böhm*, NJW 1977, 1720; StBL, § 80, 7; *Altenmüller*, DVBl. 1978, 285; *K/Busch*, § 80, 3.4.1.; *Erichsen*, VerwArch. 1979, 355; Nr. 1.2 BerlVwV § 80 VwVfG; NWOVG, DÖV 1979, 648; a. A. *Kopp*, § 73, 17; *ders.*, VwVfG, § 80, 44, 47; *Meyer/Borgs*, § 80, 4; *RÖ*, § 73, 25.
32) So treffend *Altenmüller*, DVBl. 1978, 285; BVerwGE 82, 341 f. Belegt wird dies durch das Bemühen des Gesetzgebers, durch eigenständige Regelungen die nach Erlaß des VwVfG verbliebenen Lücken zu füllen (vgl. z. B. § 63 SGB-VwVf). Hierzu ist der Gesetzgeber auch verfassungsrechtlich gehalten, da er i. d. R. keine sachlich einleuchtenden Gründe für die gleichheitswidrige Versagung der Kostenerstattung in den von § 2 VwVfG ausgenommenen Bereichen anzuführen in der Lage sein dürfte. Vgl. auch oben Rdnr. 16; *Meyer/Borgs*, § 80, 4 und *Meßerschmidt*, DÖV 1983, 450 ff.
33) Vgl. oben § 30 Fußn. 7. Für formlose Rechtsbehelfe gilt § 80 VwVfG − wie sich aus § 79 VwVfG ergibt − allerdings von vornherein nicht (vgl. § 24 Fußn. 23); erst recht nicht für erstinstanzliche Verwaltungsverfahren (vgl. BWVGH v. 11. 5. 1981, VBlBW 1982, 196; BVerwG v. 1. 9. 1989, NVWZ 1990, 59).
34) Vgl. *Meyer/Borgs*, § 80, 8; *Kopp*, VwVfG, § 80, 42; *Altenmüller*, DVBl. 1978, 285; StBL, § 80, 6; *Allesch*, S. 247; a. A. *K/Busch*, § 80, 3.4.2.
35) Vgl. NWOVG, NVwZ 1982, 252; BVerwG v. 7. 2. 1982, NVwZ 1983, 345 (346) für Gegenvorstellung; BVerwGE 77, 275 f. für unstatthaften Widerspruch; BVerwG v. 11. 5. 1981, BVerwGE 62, 201 (204 f.); v. 23. 2. 1982, BayVBl. 1982, 473 (474) für die Erledigung; BVerwGE 70, 61 ff. für Drittbeteiligte; BVerwGE 82, 341 f. für Kommunalabgaben; allgemein StBL § 80, 7.

Erledigung des Widerspruchs, denn bereits während der Gesetzgebungsarbeiten zum VwVfG lagen vollständige Erstattungsvorschriften nach Art. 16 BayAGVwGO vor, deren Unkenntnis man dem Gesetzgeber schwerlich unterstellen kann[36]). Lediglich in den Ausnahmefällen einer vom Gesetzgeber nicht bedachten planwidrigen Lücke[37]) ist deshalb eine vorsichtige Analogie zu § 80 VwVfG zulässig. Ansonsten ist nach wie vor auf die Grundsätze der Amtshaftung, der Enteignung oder der Fürsorgepflichtverletzung zurückzugreifen, die aber nur insoweit als Grundlage einer Kostenentscheidung nach den §§ 72, 73 III S. 2 VwGO in Betracht kommen, als sie dem Verwaltungsrechtsweg unterliegen[38]).

3. Das Verwaltungskostenrecht

20   § 80 VwVfG beschränkt sich auf die Regelung der Kostenerstattung zwischen WF und Ausgangsbehörde. Welche Gebühren und Auslagen die Widerspruchsbehörde und von wem verlangen kann, war und ist allein in den Verwaltungskostengesetzen geregelt[39]).

Soweit allerdings der WF unabhängig vom Ausgang des Vorverfahrens (neben der unterlegenen Behörde, der die Kosten auferlegt worden sind) Kostenschuldner ist und auf Grund eines Vorschußverlangens der Widerspruchsbehörde bereits Gebühren gezahlt hat, sind diese Teil der nach § 80 VwVfG zu erstattenden Verfahrensaufwendungen (vgl. unten § 46 Rdnr. 16).

21   Daß im Widerspruchsverfahren *überhaupt Gebühren* erhoben werden dürfen, kann entgegen *Renck-Laufke*, BayVBl. 1979, 559, nicht ernsthaft bestritten werden, denn das Vorverfahren ist nicht nur ein ausschließlich öffentlichen Interessen dienendes Verfahren zur Selbstkontrolle der Verwaltung, sondern − wie nunmehr § 79 VwVfG ausdrücklich klarstellt − ein außergerichtliches Rechtsbehelfsverfahren, das neben seinen anderen Zwecken auch und vornehmlich dem Rechtsschutz des Bürgers dient (vgl. oben § 24 Rdnr. 3)[40]).

22   Da § 80 I S. 3 VwVfG lediglich den auch von den §§ 68, 73 VwGO vorausgesetzten Regelfall des *„dreigliedrigen"* Verfahrensverhältnisses zur

---

36) Vgl. *Altenmüller*, DVBl. 1978, 286; *Stühler*, DVBl. 1980, 875 ff.; BVerwG, BayVBl. 1982, 474; BVerwGE 70, 62 f.; SaarlOVG v. 14. 10. 1982, AS 17, 440 (445); BWVGH v. 19. 7. 1983, VBlBW 1984, 375 f.; HessVGH v. 16. 3. 1984, ESVGH 35, 5 (8) und die Nachw. unten § 46 Rdnrn. 8 ff.
37) Vgl. unten § 46 Rdnrn. 3, 4.
38) Vgl. BVerwGE 40, 322; NWOVG, OVGE 27, 129; a. A. HessVGH, HessVGRspr. 1971, 90 f.
39) Vgl. *Kopp*, VwVfG, § 80, 2; *K/Busch*, § 80, 5; *StBL*, § 80, 13; *Altenmüller*, DVBl. 1978, 288; Nr. 7.1. RdErl. NWMdI (FdSt.: Rdnr. 13); Nr. 5.3.3.2. Erl. d. Brem. Sen. f. I. v. 20. 9. 1978 (FdSt.: Rdnr. 13); RhPfOVG v. 27. 9. 1980, AS 16, 38 (39). Umgekehrt gibt natürlich auch das Verwaltungskostenrecht keine Rechtsgrundlage für ein Erstattungsverlangen eines Verfahrensbeteiligten (vgl. SaarlOVG, AS 17, 441 f.
40) Folgerichtig hat BVerfG v. 6. 2. 1979, BVerfGE 50, 217 ff. die Zulässigkeit von Widerspruchsgebühren im Grundsatz auch nicht in Zweifel gezogen. Vgl. auch OVG Lüneburg v. 8. 12. 1981, OVGE 36, 487 (494).

Grundlage seiner Regelung macht, gewährt er der Verwaltung keinen Erstattungsanspruch in den Fällen, in denen Widerspruchs- und Erlaßbehörde identisch sind, wie z. B. bei erstinstanzlichen Entscheidungen der Mittelinstanz. Auch in diesen Fällen findet deshalb eine Erstattung der Verfahrensaufwendungen der Behörde allein nach Verwaltungskostenrecht statt[41]).

Rechtsgrundlagen:
Bund: Widerspruchsgebühren können von Bundesbehörden nur in den z. Z. äußerst seltenen Fällen erhoben werden, in denen das Sachgesetz hierzu ermächtigt (vgl. z. B. § 147 IV FlurbG[42]), § 54 I, II Nr. 5, III und V SaatgutverkehrsG, § 34 I, II Nr. 3, III und V SortenschutzG i. V. m. Nrn. 124, 246 des GebVz, Anlage zu § 12 der VO über Verfahren vor dem Bundessortenamt v. 30. 12.1985, BGBl. 1986 I S. 23). Das VwKostG v. 23. 6. 1970 (BGBl. I S. 821) selbst begründet nämlich keine Kostenpflichten, sondern regelt als ausfüllendes, ergänzendes Recht lediglich die Modalitäten einer anderweitig begründeten Kostenpflicht[43]). Dies gilt auch für Rechtsbehelfsgebühren. Auch sie werden vom VwKostG nicht begründet, sondern vorausgesetzt (vgl. § 22 II VwKostG).
Soweit Landesbehörden ein Bundesgesetz ausführen und dieses für Widersprüche Gebühren vorsieht (vgl. z. B. § 1 I Nr. 1 der Staatsangehörigkeits-GebVO und hierzu BVerwG v. 1. 12. 1989, BVerwGE 84, 178 ff.), richten sich Kostenpflicht und Kostenfestsetzung durch die Landesbehörden im Widerspruchsverfahren nach diesem Gesetz i. V. m. dem VwKostG. Freilich bedarf eine solche Bundesnorm zu ihrer Gültigkeit der Zustimmung des Bundesrates (vgl. z. B. Art. 84 I, 80 II GG), da Verwaltungsgebührenrecht kompetenzrechtlich zum Verwaltungsverfahren gehört[44]).
Baden-Württemberg:
§§ 1, 2, 26 BWGebG v. 21. 3. 1961 (*Dürig* Nr. 41) i. V. m. lfd. Nr. 76.1 des Gebührenverzeichnisses (GebVZ) i. d. F. v. 24. 10. 1988 (vgl. unten § 50 Rdnr. 2 und *Dürig* Nr. 40 Fußn. 2).
Für kommunale Gebietskörperschaften, die *nicht* unter § 7 I AGVwGO fallen, im eigenen Wirkungskreis §§ 8, 2 KAG (*Dürig* Nr. 60) i. V. m. der entspr. VwGeb-Satzung, im übertragenen Bereich das BWGebG (§ 13 III LVwG – *Dürig* Nr. 40).
Bayern:
Art. 11, 10, 13 BayKostG i. d. F. v. 25. 6. 1969 (BayRS 2013–1–1–F = *Ziegler/ Tremel* Nr. 380) i. V. m. der VO über den Erlaß des Kostenverzeichnisses (KVz.) zum KostG v. 18. 5. 1983 (BayRS 2013–1–2–F = *Ziegler/Tremel* Nr. 381)[45]).
Berlin:
§§ 16, 5, 6 BerlGebG v. 22. 5. 1957 (BRV 2013–1 = *Kuhle/Steuerwald* Nr. 146) i. V. m. der VwGebO i. d. F. v. 13. 11. 1978 (BRV 2013–1–8 = *Kuhle/Steuerwald* Nr. 146 d), und Tarifstelle 1901 des GebVz. (Anlage zu § 1 VwGebO) i. d. F. der 16. ÄnderungsVO zur VwGebO v. 18. 12. 1989 (GVBl. S. 2246).

---

41) Vgl. *Altenmüller*, DVBl. 1978, 288; *K/Busch*, § 80, 5.1; *RÖ*, § 73, 28; *Meyer/Borgs*, § 80, 27; Nr. 7.1. RdErl. d. NWMdI (FdSt.: Rdnr. 13).
42) Vgl. hierzu *Haselhoff*, RdL 1988, 225 ff., *ders.* RdL 1988, 254 f.
43) Vgl. § 1 VwKostG; BVerwG v. 18. 9. 1984, DÖV 1985, 110 (111); v. 1. 12. 1989, BVerwGE 84, 178 (182).
44) Vgl. BVerwG v. 22. 3. 1979, BayVBl. 1979, 471; v. 1. 12. 1989, Buchholz 310 § 73 VwGO Nr. 31.
45) Zum Nachbarwiderspruch vgl. § 45 Fußn. 1, 9.

Bremen:
§§ 8, 9 II S. 2, 3, 10, 11, 1,3 BremGebBeitrG v. 16. 7. 1979 (GBl. S. 279 = SaBremR 203−b−1), zuletzt geändert durch Art. 1 des KostenrechtsänderungsG v. 14. 12. 1990 (GBl. S. 483), i. V. m. Nr. 001.09 KVz, Anlage zu § 1 BremKostO i. d. F. der Bekm. v. 28. 3. 1983 (GBl. S. 161, ber. 1984 S. 9 = SaBremR 203−b−2), zuletzt geändert durch Art. 2 Nrn. 2 und 3 des KostenrechtsänderungsG.
Hamburg:
§§ 3 II, 2, 5, 7, 10 II, 12 III, IV HambgGebG v. 5. 3. 1986 (GVBl. S. 37 = HambgGV 202−1) i. V. m. Nr. 6 der Anlage zu § 2 GebG und den auf Grund von § 2 GebG erlassenen GebOen, z. B. die GebO für Maßnahmen auf dem Gebiet der öffentlichen Sicherheit und Ordnung v. 20. 7. 1982 (GVBl. S. 257 = HambgGV 202−1−10), vor allem BauGebO v. 6. 12. 1988 (GVBl. S. 279 = HambgGV 202−1−55) und Nr. 12 der Anlage, beide zuletzt geändert durch die VO v. 4. 12. 1990 (GVBl. S. 261).
Hessen:
Gebühren werden für Widersprüche grundsätzlich nicht erhoben, es sei denn, es ist durch besondere Rechtsvorschrift etwas anderes bestimmt (vgl. Rdschr. des HessMdI v. 10. 12. 1976 betr. HessVwVfG, StAnz. 52/1976, S. 2285), was − soweit ersichtlich − nicht der Fall ist.
Niedersachsen:
§§ 12, 13, 1, 3 NdsVwKostG v. 7. 5. 1962 (*März* Nr. 213 A), zuletzt geändert durch Art. 18 Nds.RvereinfachungsG 1990 v. 22. 3. 1990 (GVBl. S. 101) i. V. m. der Allgem.GebO v. 22. 9. 1966 (*März* Nr. 213−2) und dem Kostentarif, Anlage 2 der Allgem.GebO (insbes. Nr. 54) i. d. F. v. 26. 8. 1983 (GVBl. S. 183), zuletzt geändert durch VO v. 17. 7. 1990 (GVBl. S. 293, ber. S. 438).
Für die Erhebung von Widerspruchsgebühren im eigenen Wirkungskreis der kommunalen Gebietskörperschaften gelten sinngemäß die gleichen Grundsätze: vgl. § 4 NdsKAG i. d. F. v. 5. 3. 1986 (*März* Nr. 221 C) i. V. m. der entspr. VwKost-Satzung der Gebietskörperschaft; vgl. die Mustersatzung, RdErl. des NdsMdI v. 19. 7. 1990 (MBl. S. 997), § 4 und Tarif-Nr. 27 des Kostentarifs.
Nordrhein-Westfalen:
§§ 15 III bis IV, 10, 2 NWGebG v. 23. 11. 1971 (GV NW S. 354), zuletzt geändert durch G. v. 19. 3. 1985 (GV NW S. 256) i. V. m. der Allgem. VwGebO v. 5. 8. 1980 (GV NW S. 924), zuletzt geändert durch VO vom 30. 5. 1990 (GV NW S. 300) und Tarifstelle 31 des Allgem. Gebührentarifs, neu erlassen durch die 5. ÄnderungsVO zur Allgem. VwGebO v. 14. 5. 1985 (GV NW S. 436 − geltende Fassung der Vorschriften in SGV NW 2011)[45]). Für die Erhebung von Widerspruchsgebühren im eigenen Wirkungskreis der kommunalen Gebietskörperschaften § 5 III, II, VI und VII NWKAG v. 21. 10.1969 (GV NW S. 712 = SGV NW 610) i. V. m. der entspr. VwGeb.-Satzung der betr. Gebietskörperschaft. Vgl. auch Nr. 3.7.4 bis 3.7.7 der Allgem.VwV (GebG) vom 28. 4. 1975 (MBl. NW S. 914).
Rheinland-Pfalz:
§§ 15 IV bis VI, 10, 1 RhPfGebG v. 2. 12. 1974 (GVBl. S. 578 = BS RhPf 2013−1).
Saarland:
§ 23 II SaarlAGVwGO i. V. m. §§ 1 ff. KostO für das Widerspruchsverfahren vom 14. 1. 1961 (Amtsbl. S. 42 = BS Saar 34−1−1) und dem SaarlGebG v. 24. 6. 1964 (Amtsbl. S. 629 = BS Saar 2013−1) sowie dem AllgemGebVz. i. d. F. v. 29. 2. 1984 (Amtsbl. S. 381 = BS Saar 2013−1−1).
Ab 1. 7. 1982: § 9a SaarlGebG i. d. F. des Gesetzes Nr. 1141 v. 12. 5. 1982 (*Hümmerich/Kopp* Nr. 80) i. V. m. den Richtlinien über die Festsetzung von Gebühren im

§ 44 II 3 Rechtsgrundlagen (Verwaltungskostenrecht) 437

Widerspruchsverfahren gem. § 9 a SaarlGebG (*Hümmerich/Kopp* Nr. 81).
Übergangsrecht: Vgl. Art. 2 Nr. 2 Gesetz Nr. 1141.
Schleswig-Holstein:
§§ 15 III, IV, 10, 7, 2 Schl.-H.VwKostG v. 17. 1. 1974 (GVOBl. S. 37 = GS Schl.-H. II 2013−2) i. V. m. dem Allgem. Gebührentarif der VwGebVO (diese i. d. F. v. 14. 1. 1980, GVOBl. S. 9 = GS Schl.-H. II 2013−2−1) i. d. F. v. 17. 3. 1987 (GVOBl. S. 81), zuletzt geändert durch VO v. 10. 12. 1990 (GVOBl. S. 658) sowie den speziellen VwGebVOen einzelner Landesminister auf Grund des § 4 VwGebVO, z. B. BauGebVO v. 18. 11. 1985 (GVOBl. S. 37 = GS Schl.-H. II 2013−2−23), insbes. Tarifstelle 11 des Gebührentarifs.
Für die Erhebung von Widerspruchsgebühren im eigenen Wirkungskreis der kommunalen Gebietskörperschaften § 5 IV, V Schl.-H.KAG i. d. F. v. 29. 1. 1990 (GVOBl. S. 50) i. V. m. der entspr. VwGeb-Satzung; vgl. die Mustersatzung, RdErl. des Schl.-H. MdI v. 31. 1. 1975 (Amtsbl. S. 234) i. d. F. v. 25. 1. 1983 (Amtsbl. S. 61), § 5 IV und Nr. 10 der Gebührentabelle (Anlage 2 zur Satzung).

§ 45 Die Entscheidung über die Verwaltungskosten

Die Widerspruchsbehörde kann für ihre Tätigkeit im Vorverfahren *Gebühren* und *Auslagen* als Abgeltung ihrer Verwaltungskosten erheben, wenn und soweit das für sie einschlägige Verwaltungskostenrecht den Erlaß des Widerspruchsbescheides als gebührenpflichtigen Tatbestand umschreibt.

I. Kostenlast

1. „Zweiseitige" Verwaltungskostenlast

1 Umfassende Regelungen der *Gebührenpflicht für alle Widerspruchsbescheide,* unabhängig vom Ausgang in der Sache, existieren nur in Rheinland-Pfalz und dem Saarland. Hier werden prinzipiell für jeden Widerspruch Verwaltungskosten erhoben. Bei Mißerfolg trifft die Kostenlast den WF, soweit er unterliegt; bei Erfolg des Widerspruchs dagegen fallen Gebühren und Auslagen des Widerspruchsverfahrens dem Rechtsträger zur Last, dessen Behörde die angefochtene Amtshandlung erlassen oder den Erlaß der beantragten Amtshandlung zu Unrecht verweigert hat. Bei Teilerfolg sind die Kosten verhältnismäßig zu teilen.

Vgl. § 15 IV und V RhPfGebG und *Rüter/Oster,* S. 49; § 9 a I, II und III SaarlGebG sowie SaarlOVG v. 8. 9. 1988, AS 22, 254 (256 f.) für die bei Zurücknahme des Widerspruchs und anderweitiger Erledigung zu treffenden Kostenentscheidung nach billigem Ermessen (§ 9 a IV SaarlGebG).
Zu Recht stellt § 9 a III S. 2 und 3 SaarlGebG den allein wegen § 45 VwVfG erfolglosen Widerspruch dem erfolgreichen gleich.

2. „Einseitige" Verwaltungskostenlast

2 In den übrigen Ländern ist die Erhebung einer Widerspruchsgebühr nur vorgesehen *für erfolglose Widersprüche,*

§§ 1, 2 BWGebG i. V. m. Nr. 76.1.1. GebVz.; Art. 11 I und III BayKostG; § 8 BremGebBeitrG i. V. m. Nr. 001.09 GebVz; §§ 3 II, 10 II, 12 II HambgGebG i. V. m. lfd. Nr. 6 der Anlage; § 12 NdsVwKostG i. V. m. Nr. 54 des Kostentarifs der Allgem. GebO; § 41 Nds.Mustersatzung. Nach § 8 III BremGebBeitrG besteht allerdings Gebührenfreiheit, wenn die Erfolglosigkeit ausschließlich auf Fristversäumung, Unzuständigkeit der Behörde oder auf § 45 VwVfG beruht.
Die Regelung in *Niedersachsen* ist etwas verwirrend. § 12 NdsVwKostG behandelt nur Widersprüche gegen *gebührenpflichtige* VAe, § 12 I Widersprüche des Adressaten, § 12 II Drittwidersprüche, allerdings nur unter dem Aspekt der Kostenlast des Adressaten: Hat der Drittwiderspruch Erfolg, ist dem Adressaten der die Ablehnungsgebühr übersteigende Anteil der Amtshandlungsgebühr zu erstatten; bei unrich-

tigen oder unvollständigen Angaben des Antragstellers entfällt die Erstattungspflicht. Nr. 54 des Kostentarifs erfaßt dagegen als Auffangtatbestand Widersprüche in *nicht gebührenpflichtigen Angelegenheiten* sowie Drittwidersprüche. Letzteres ist durch die Neufassung des Kostentarifs 1981 (vgl. Fußn. 10) ausdrücklich klargestellt worden. Vgl. OVG Lüneburg v. 8. 12. 1981, OVGE 36, 487 ff.

zum Teil sogar lediglich für erfolglose Widersprüche gegen VAe, durch die eine *Amtshandlung gebührenpflichtig* versagt oder vorgenommen worden ist.

§ 16 II BerlGebG; § 15 III NWGebG; § 15 III, IV Schl.-H.VwKostG; § 5 III NWKAG; § 5 IV Schl.-H.KAG.

In diesen Ländern kann die Widerspruchsbehörde die Gebühren auch nicht der Erlaßbehörde auferlegen; vielmehr unterbleibt eine Gebührenerhebung überhaupt. Entsprechendes gilt allerdings nicht für *besondere Auslagen* wie etwa Sachverständigenkosten, Porti u. dgl., die von dem Rechtsträger der Ausgangsbehörde auch dann zu erstatten sind, wenn dieser sog. persönliche Kostenfreiheit genießt (vgl. Art. 5, 11 III S. 1 BayKostG; § 5 BerlGebG; § 11 BremGebBeitrG; § 5 IV HambgGebG; § 10 II NWGebG; § 10 II Schl.-H.VwKostG).

Zu Recht nimmt NWOVG v. 19. 2. 1979, OVGE 34, 56 ff. *baurechtliche Nachbarwidersprüche* vom Geltungsbereich des § 15 III NWGebG aus, da Drittwidersprüche im Gebührentatbestand nicht berücksichtigt sind (die angegriffene Amtshandlung ist ja gerade nur für den Bauherrn gebührenpflichtig) und seine Anwendung auf den Dritten wegen der nur für den Antragsteller vorgesehenen Ermäßigungen (§ 15 II) für den Nachbarn eine gleichheitswidrige und unverhältnismäßige Belastung darstellen würde[1]. Nr. 3.7.4 Allgem. VwVGebG v. 28. 4. 1975 (MBl. S. 914) suchte deshalb über § 3 Allgem. VwGebO zu einer der Billigkeit entsprechenden Lösung zu kommen. Für Berlin[1]) und Schleswig-Holstein gilt, soweit die GebGe inhaltlich übereinstimmen, entsprechendes. § 15 IV NWGebG, i. d. F. vom 19. 3. 1985 (GV NW S. 256) gibt nunmehr eine Ermächtigung, für erfolglose Dritt- und Kostenwidersprüche Gebühren zu verlangen (ebenso Nr. 12.2 und 12.3 der Anlage zur HambgBauGebO – § 44 Rdnr. 23). 3

Kostenpflichtig sind z. T. auch die *Zurücknahme des Widerspruchs* 4

§ 1, 2, 11 I S. 3 BWGebG i. V. m. Nr. 76.1.2 GebVz.; Art. 11 II BayKostG; § 9 II S. 2 BremGebBeitrG; § 12 IV HambgGebG; § 11 III lit. b. NdsVwKostG und § 4 II Nds.Mustersatzung; § 15 IV S. 4 i. V. m. § 15 II Nr. 1 RhPfGebG; § 15 III S. 3 Schl.-H.VwKostG; § 9a IV SaarlGebG.

und *andere Arten der Erledigung.*

Art. 11 II BayKostG; § 15 IV RhPfGebG; § 4 II SaarlKostO; § 15 III S. 3 Schl.H.VwKostG; § 9a IV SaarlGebG.

Für Widersprüche auf bestimmten Sachgebieten besteht z. T. *sachliche* 5 *Gebühren-(Kostenlast-)Freiheit,* so z. B. auf dem Gebiet der öffentlichen *Fürsorge*

§ 5 I Nr. 2 BWGebG; § 1 der 15. VO zu Art. 7 BayKostG v. 23. 2. 1983 (GVBl. S. 47); § 3 Nr. 2 BerlVwGebO, Tarifstelle 1901 GebVz; § 61 Nr. 4, II Brem-

---

1) Vgl. auch BVerfG v. 6. 2. 1979, BVerfGE 50, 217 ff. Wie NWOVGE 34, 56 ff. auch SaarlOVG v. 30. 9. 1983, AS 18, 267 ff. zum inzwischen aufgehobenen § 2 KostOWvF. (vgl. oben § 44 Rdnr. 23) und BerlOVG v. 30. 1. 1987, Bd. 18, 29 ff. zu § 16 II S. 1 BerlGebG.

GebBeitrG); § 10 HambgGebG i. V. m. §§ 3 ff. GebührenfreiheitsVO v. 6. 2. 1987 (GVBl. S. 55), zuletzt geändert durch VO v. 4. 12. 1990 (GVBl. S. 261); § 7 II Nr. 1—3 RhPfGebG i. V. m. §§ 1 ff. LVO über die sachliche Gebührenfreiheit v. 24. 6. 1977 (BS RhPf 2013—1—2);

und für Widersprüche gegen VAe, die im Rahmen eines bestehenden oder früheren öffentlich-rechtlichen *Dienst- oder Amtsverhältnisses* oder einer bestehenden oder früheren gesetzlichen Dienstpflicht oder einer Tätigkeit, die anstelle der gesetzlichen Dienstpflicht geleistet werden kann, erlassen worden sind.

§ 5 I Nrn. 3, 5 BWGebG; Art. 3 I Nr. 8 und II BayKostG; § 3 Nr. 1 BerlVwGebO; § 6 I Nr. 3, II BremGebBeitrG; § 7 Nrn. 3, 4 NWGebO; § 7 II Nrn. 4, 5 RhPfGebG i. V. m. § 4 LVO; § 7 Nrn. 4, 5 Schl.-H.VwKostG.

Die Regelungen über die sachliche Gebührenfreiheit in öffentlichen Dienst- und Amtsverhältnissen tragen dem Gedanken der Fürsorgepflicht des Dienstherrn Rechnung. Sie beruhen auf der Erkenntnis, daß im öffentlichen Dienstrecht sich der Bedienstete gegen hoheitliche Handlungen zur Regelung seines Dienstverhältnisses nur dann erfolgversprechend wehren kann, wenn sein Rechtsschutz nicht durch ein übermäßiges Kostenrisiko entscheidend beeinträchtigt wird (so die Begründung BT-Drucks. 7/910, S. 92).

6 Bei *erfolgreichem Widerspruch* fallen dem WF keine Verwaltungskosten zur Last.

So ausdrücklich Art. 11 III S. 1 BayKostG; § 6 I Nr. 5, II BremGebBeitrG; § 12 III S. 1 HambgGebG. In Niedersachsen besteht jedoch Gebührenpflicht, wenn der Widerspruch deshalb Erfolg hat, weil der AusgangsVA auf unrichtigen oder unvollständigen Angaben des WF beruhte (Nr. 54 des Kostentarifs der Allgem.GebO). Vgl. auch § 10 BremGebBeitrG und § 12 III S. 2 HambgGebG.

Lediglich die Kosten auf einer den Widerspruch hin vorzunehmenden Amtshandlung hat er zu tragen.

So ausdrücklich Art. 11 III S. 2 BayKostG; § 12 I S. 2 NdsVwKostG; § 15 IV S. 1 RhPfGebG.

7 Kostenlast des Antragstellers, wenn der beantragte VA auf *erfolgreichen Drittwiderspruch* hin aufgehoben wird, sah lediglich

§ 4 I Nr. 1 BWGebG i. V. m. Nr. 77.1.1 GebVz. in den Fassungen des GebVz. vor 1985 vor. Nach Art. 11 III S. 2 BayKostG hat in diesem Fall der Antragsteller die für die Ablehnung der entsprechenden Amtshandlung vorgeschriebenen Kosten zu tragen[2]). Ähnlich § 14 I SaarlGebG.

8 Hat der Widerspruch nur zum *Teil Erfolg*, wird die Kostenlast gequotelt bzw. ermäßigt.

Art. 11 III S. 1 BayKostG; § 16 II S. 1 BerlGebO (soweit); § 8 I S. 3 BremGebBeitrG i. V. m. Nr. 001.09 GebVz.; §§ 3 II, 12 III HambgGebG i. V. m. lfd. Nr. 6 der Anlage; § 12 I NdsVwKostG (soweit); § 4 II Nds. Mustersatzung; § 15 III, IV

---

2) Zur Erhebungszuständigkeit vgl. Nr. 3 der Bek. des BayStMdI v. 18. 2. 1977 (MABl. 1977 S. 95).

NWGebG, § 5 II NWKAG (soweit); § 15 V S. 2 RhPfGebG; § 9 a II S. 2 SaarlGebG; § 15 III S. 1 Schl.-H.VwKostG (soweit).

3. Zuständigkeit für die Kostenlastentscheidung

Zuständig für die Kostenlastentscheidung ist die Ausgangsbehörde, wenn sie abhilft (§ 72 VwGO), ansonsten die Widerspruchsbehörde (§ 73 III S. 2 VwGO). Hilft die Ausgangsbehörde nur zum Teil ab, bleibt die Kostenentscheidung der Widerspruchsbehörde vorbehalten (vgl. § 26 Rdnr. 9).

Erledigt sich das Widerspruchsverfahren durch Zurücknahme des Widerspruchs oder auf andere Weise, trifft die Kostenlastentscheidung die Ausgangsbehörde allein, wenn sie die Sache noch nicht der Widerspruchsbehörde vorgelegt hat; nach Eintritt des Devolutiveffekts ist auch die Widerspruchsbehörde zuständig[3]).

Endet ein Widerspruchsverfahren dadurch, daß die *Ausgangsbehörde* dem Widerspruch in vollem Umfange *abhilft,* obwohl sie zunächst die Abhilfe verweigert und die Sache der Widerspruchsbehörde zur Entscheidung vorgelegt hatte, so soll nach Ansicht des BayVGH[4]) dies ein Fall der Erledigung und die Widerspruchsbehörde für die nach billigem Ermessen zu treffende isolierte Kostenentscheidung nach Art. 16 II S. 2 AGVwGO (jetzt Art. 80 I S. 5 BayVwVfG) zuständig sein, weil das Widerspruchsverfahren bereits bei der Widerspruchsbehörde anhängig geworden sei und nicht anders beurteilt werden könnte als der Fall der Teilabhilfe, in dem die Kostenentscheidung im vollem Umfange von der Widerspruchsbehörde zu treffen sei. Die angezogene Parallele zur Teilabhilfe überzeugt jedoch nicht, da in diesem Fall das Widerspruchsverfahren gerade noch nicht abgeschlossen ist und sich noch nicht endgültig übersehen läßt, wer im Ergebnis unterliegen wird. Der voll stattgebende Abhilfebescheid dagegen verbraucht den Widerspruch und beendet das Widerspruchsverfahren und damit die Zuständigkeit der Widerspruchsbehörde, so daß für eine Kostenentscheidung der nächsthöheren Behörde kein Raum mehr ist[5]).

---

3) Vgl. § 42 Rdnrn. 34 f.; SaarlOVG, AS 22, 256 meint, die §§ 72, 73 III VwGO erfaßten diese Fälle nicht, die Pflicht zur Kostenlastentscheidung ergebe sich mithin allein aus dem LVwVfG oder dem LGebG, wenn und soweit sie den Fall der Erledigung kostenrechtlich regeln. Jedenfalls bei § 73 III S. 2 VwGO wird dies schon dem Wortlaut nicht gerecht.
4) Vgl. BayVGH v. 27. 7. 1964, BayVBl. 1965, 65 (67) mit zustimm. Anm. *Kratzer,* BayVBl. 1965, 68; v. 10. 5. 1979, BayVBl. 1979, 506 f.; v. 29. 12. 1982, BayVBl. 1983, 246; *Linhart,* § 20, 347 und oben § 27 Rdnr. 2. Offengelassen neuerdings in BayVGH v. 4. 3. 1985, BayVBl. 1985, 467 (469); v. 2. 8. 1988, NVwZ-RR 1989, 221.
5) Wie hier *Renck,* DÖV 1973, 266; *RÖ,* § 73, 16; *Kopp,* § 72, 5; *Meyer/Borgs,* § 80, 19; *K/Busch,* § 80, 9; *Altenmüller,* DVBl. 1978, 287; *Rüter/Oster,* S. 21; *Allesch,* S. 234 ff.; BVerwG v. 29. 3. 1979, Buchholz 310 § 72 VwGO Nr. 9; wohl auch BVerwG v. 21. 8. 1981, BayVBl. 1982, 29. Das gleiche gilt, wenn das Vorverfahren sich unter der Verfahrensherrschaft der Abhilfebehörde durch Zurücknahme des Widerspruchs oder anders erledigt (vgl. § 42 Rdnrn. 34 f.).

II. Kostenfestsetzung

1. Verfahren und Zuständigkeit

11 Die Festsetzung der Verwaltungskosten erfolgt *von Amts wegen* (vgl. z. B. § 14 I S. 1 BundesVwKostG). Zuständig hierfür ist die Behörde, die die kostenpflichtige Amtshandlung vorgenommen, also den Abhilfe- bzw. Widerspruchsbescheid erlassen hat (vgl. z. B. § 12 BWGebG, § 11 I BerlGebG).

Dem § 80 III S. 1 Halbs. 2 VwVfG[6]) vergleichbare Vorschriften existieren nicht, so daß für die Praxis einiger Rechtsausschüsse in Rheinland-Pfalz und dem Saarland, die Kostenfestsetzung der Behörde zu überlassen, bei der er gebildet ist, keine Rechtsgrundlage besteht (a. A. *Rüter/Oster*, S. 50).

12 Zum Teil ordnet das Gesetz an, daß die Festsetzung, soweit möglich, zusammen mit der Sachentscheidung ergehen soll (vgl. z. B. § 14 I S. 2 NWGebG). Eine verfahrensmäßige Trennung zwischen Kostenlastentscheidung und Kostenfestsetzung ist dem Verwaltungskostenrecht fremd. In der Praxis wird deshalb die Gebührenfestsetzung häufig mit in den Tenor des Widerspruchsbescheids aufgenommen[7]).

Der Kostenfestsetzungsbescheid ist *Vollstreckungstitel*. Der Ausschluß des Suspensiveffekts nach § 80 II Nr. 1 VwGO greift hier jedoch i. d. R. nicht ein[8]).

2. Höhe der Verwaltungskosten

13 Die der Behörde erwachsenen *Auslagen* sind in der Regel durch die Gebühr mit abgegolten. Nur besondere bare Auslagen sind neben der Gebühr zu erstatten (vgl. z. B. Art. 13 BayKostG). Sie sind in der tatsächlich angefallenen Höhe festzusetzen.

Die *Widerspruchsgebühren* sind dagegen i. d. R. Rahmengebühren. Bei ihrer Festsetzung ist zu berücksichtigen:

- der mit der Amtshandlung verbundene Verwaltungsaufwand, soweit Aufwendungen nicht als Auslagen gesondert berechnet werden;
- die Bedeutung, der wirtschaftliche Wert oder der sonstige Nutzen der Amtshandlung für den WF sowie dessen wirtschaftliche Verhältnisse.

Vgl. § 8 BWGebG; Art. 8 BayKostG; § 8 II BerlGebG; lfd. Nr. 6 der Anlage zu § 2 HambgGebG; § 9 I NdsVwKostG; § 9 I NWGebG; § 9 I RhPfGebG; § 9 I Schl.-H.VwKostG.

---

6) Vgl. § 46 Rdnr. 21.
7) Vgl. § 47 Rdnrn. 3, 7 f.
8) Vgl. unten § 54 Rdnrn. 9 ff.

Der *Gebührenrahmen* beträgt in **14**

Baden-Württemberg: Zurückweisung des Widerspruchs: 20,– bis 5000,– DM (Nr. 76.1.1 GebVz); bei Zurücknahme des Widerspruchs, wenn mit der sachlichen Bearbeitung begonnen worden war: 10,– bis 2500,– DM (Nr. 76.1.2 GebVz).

Bayern: 1½fache der vollen Amtshandlungsgebühr[9]) nach dem KostVz., mindestens 10,– DM (Art. 11 I KostG), Erhöhungen und Ermäßigungen nach Art. 11 I S. 4 i. V. m. Art. 10 I KostG, bei Rücknahme und Erledigung ¹⁄₁₀ bis ½ der Gebühr nach Art. 11 I KostG (Art. 11 II KostG), bei Teilerfolg entsprechende Ermäßigung der Gebühr (Art. 11 IV KostG).

Berlin: Gebühr in der für den angefochtenen VA nach dem GebVz. vorgesehenen Höhe (§ 16 II S. 1 GebG), bei Widersprüchen gegen Gebühren- oder Beitragsbescheide eine Gebühr nach der Tabelle zu § 11 II GKG (§ 16 III GebG), bei Wideprüchen gegen Allgemeinverfügungen 12,– bis 1200,– DM (§ 16 IV GebG i. V. m. Tarifstelle 1901 GebVz.).

Bremen: 75% der Amtshandlungsgebühr, bei Teilanfechtung oder Teilerfolg entspr. Ermäßigung, mind. 50,– DM, höchstens 5000,– DM (§ 8 I GebBeitrG i. V. m. Nr. 001.09 GebVz.), bei baurechtlichem Drittwiderspruch ist als Amtshandlungsgebühr die Vorbescheidsgebühr einzusetzen (Nr. 001.09.00.01 i. V. m. Nr. 601.08 GebVz.), bei gebührenfreier Amtshandlung i. d. R. 50,– DM (§ 8 II GebBeitrG i. V. m. Nr. 001.09 GebVz.), bei isolierter Kostenanfechtung 10% des angefochtenen Betrages, jedoch mind. 30,– DM, höchstens 500,– DM (Nr. 001.09.01 GebVz.), bei Zurücknahme kann von einer Gebühr abgesehen werden (§ 9 II S. 2 GebBeitrG).

Hamburg: Bei Anfechtungs- oder Verpflichtungswidersprüchen bezüglich einer gebührenpflichtigen Amtshandlung 50,– DM bis zur vollen Amtshandlungsgebühr (Nr. 6 a der Anlage zu § 2 II GebG), in allen übrigen Fällen 20,– DM bis 1000,– DM (Nr. 6 b der Anlage); bei Rücknahme kann ganz oder teilweise von der Gebührenerhebung abgesehen werden (§ 12 IV GebG).

Niedersachsen: 1½fache der Amtshandlungsgebühr, mindestens 1,– DM (§ 12 I S. 1 VwKostG), ansonsten[10]) 10,– bis 1000,– DM, bei isolierter Kostenanfechtung i. d. R. 10% der festgesetzten Verwaltungskosten (Anmerkung zu Nr. 54 des Kostentarifs); ebenso § 4 I S. 1 Mustersatzung und Nr. 27 Kostentarif.

Nordrhein-Westfalen: Gebühr in der für den angefochtenen VA nach dem Allgem. Gebührentarif vorgesehenen Höhe (§ 15 III S. 1 und 2 GebG) , bei Teilanfechtung entspr. Ermäßigung (§ 15 III S. 3 GebG), bei Widersprüchen gegen die Ablehnung eines Antrags ermäßigt sich die Gebühr um ¼ (§ 15 II GebG); 5,– bis 1000,– DM bei Widersprüchen Dritter gegen eine Sachentscheidung, 5,– bis 200,– DM bei

---

9) Ficht der Nachbar eine Baugenehmigung an, ist nicht das 1½fache der Baugenehmigungsgebühr, sondern eine eigene (geringere) Amtshandlungsgebühr für die Einwendungsprüfung gem. Art.6 I S. 3 i. V. m. Art. 8 KostG (Rahmen: 1 bis 50000,– DM) zu berechnen (BayVGH v. 6. 12. 1974, BayVBl. 1976, 495 ff.).

10) Einschließlich der Entscheidungen über Drittwidersprüche; vgl. Nr. 54 des Kostentarifs seit der Fassung v. 17. 11. 1981 (GVBl. S. 365).

Widersprüchen gegen Kostenentscheidungen[11]) (Tarifstelle 31 des Allgem. GebTarifs). Bei Widerspruchsbescheiden der Gebietskörperschaften im eigenen Wirkungskreis beträgt die Gebühr höchstens ½ der für den angefochtenen VA nach der VwGeb-Satzung festzusetzenden Höhe (§ 5 III S. 2 KAG).
Rheinland-Pfalz: 10,– bis 1000,– DM[12]), bei isoliertem Widerspruch gegen eine Kostenentscheidung 5,– bis 100,– DM (§ 15 IV S. 1 GebG), bei Teilerfolg Quotelung (§ 15 V S. 2 GebG), bei Erledigung auf andere Weise als durch Entscheidung oder Zurücknahme Entscheidung nach billigem Ermessen unter Berücksichtigung des bisherigen Sachstandes (§ 15 VI GebG).
Saarland: 15,– DM bis 2000,– DM, bei isoliertem Kostenwiderspruch 5,– bis 100,– DM (§ 9a I S. 1 GebG)[13]), bei Teilerfolg Quotelung (§ 9a II S. 2), bei Erledigung durch Zurücknahme oder auf andere Weise Entscheidung nach billigem Ermessen unter Berücksichtigung des bisherigen Sachstandes (§ 9a IV und oben Rdnr. 1).
Schleswig-Holstein: 5,– DM bis zur Höhe der Amtshandlungsgebühr, bei Rücknahme und anderweitiger Erledigung ¼ der obigen Gebühr (§ 15 III S. 2, 3 VwKostG), bei isoliertem Widerspruch gegen eine Kostenentscheidung 10% des angefochtenen Betrages, mindestens 5,– DM (§ 15 IV); speziell für die Zurückweisung eines Nachbarwiderspruchs: Gebühr 50,– bis 2000,– DM (Tarifstelle 11 Gebührentarif der BauGebVO). Bei kommunalen Widerspruchsbescheiden beträgt die Gebühr höchstens ½ der Gebühr für den angefochtenen VA (§ 5 IV S. 2 KAG i. V. m. § 5 IV der Mustersatzung und Nr. 10 der Gebührentabelle).

III. Kostenvorschuß

15   In der Regel werden die Kosten erst mit Beendigung des Vorverfahrens erhoben, entweder im Widerspruchsbescheid oder in einem besonderen Kostenfestsetzungsbescheid (vgl. § 47 Rdnrn. 3, 7 f.). Das Verwaltungskostenrecht sieht allerdings fast durchgehend vor, daß eine Amtshandlung, die auf

---

11) § 15 IV GebG sah bei isoliertem Widerspruch gegen eine Kostenentscheidung ¼ der Amtshandlungsgebühr vor. Er ist vom BVerfG (v. 6. 2. 1979, BVerfGE 50, 217 ff. m. zustimm. Anm. *Busch,* DVBl. 1979, 776 f.) wegen Verstoßes gegen Art. 3 I GG für nichtig erklärt worden, weil die Anknüpfung an die Amtshandlungsgebühr willkürlich den Grundsatz der Kostenbezogenheit der Gebühr außer acht läßt. Diesen Bedenken hat die Tarifstelle 31 (i. d. F. v. 14. 5. 1985), gestützt auf den nur noch eine Ermächtigung enthaltenden § 15 IV GebG i. d. F. v. 19. 3. 1985, Rechnung getragen (FdSt.: § 44 Rdnr. 23).
12) Zur Verfassungsmäßigkeit des Gebührenrahmens vgl. RhPfOVG v. 29. 7. 1980, AS 16, 38 ff. Die Praxis wendet vielfach die vom Landkreistag empfohlene Gebührentabelle (*Rüter/Oster,* Anhang 4, S. 66 f.) an, die nach Gegenstandswerten und Verwaltungsaufwand staffelt (vgl. Sonderrundschreiben des Landkreistages Rh.-Pf. v. 16. 10. 1975 – S 255/75 –). Die Höhe des Gegenstandswertes begrenzt die Gebührenhöhe keineswegs zwingend (vgl. RhPfOVG, AS 16, 43 f.).
13) Zur Ausfüllung des Gebührenrahmens hat der Saarl. MdF „Richtlinien über die Festsetzung der Gebühren im Widerspruchsverfahren gem. § 9a SaarlGebG" v. 21. 7. 1982 (GMBl. Saar S. 305) erlassen, die wie die Gebührentabelle des Rh.-Pf. Landkreistages nach Gegenstandswerten und Verwaltungsaufwand staffelt.

Antrag vorzunehmen ist[14]), von einem angemessenen Gebührenvorschuß abhängig gemacht werden kann.

§ 16 VwKostG; § 16 BWGebG; Art. 15 BayKostG; § 16 V BerlGebG; § 16 II BremGebBeitrG; § 18 HambgGebG; § 7 II S. 1 NdsVwKostG; § 16 NWGebG; § 16 RhPfGebG; § 6 SaarlKostO; § 16 Schl.-H.VwKostG; anders dagegen § 9a I S. 2 SaarlGebG.

Die Heranziehung des WF zur Vorschußpflicht[15]) liegt im *Ermessen* der Widerspruchsbehörde[16]).

Von ihr ist abzusehen, wenn dadurch dem WF oder einem Dritten ein wesentlicher Nachteil entstehen würde oder die Anforderung aus anderen Gründen unbillig wäre, etwa bei einem offensichtlich begründeten Rechtsbehelf[17]) (vgl. § 16 S. 2 BWGebG; Art. 15 II BayKostG; § 16 V S. 5 BerlGebG).

Sanktioniert ist ein derartiges Kostenvorschußverlangen durch mehrere, nach Ermessen unter Beachtung des Verhältnismäßigkeitsprinzips wählbare Rechtsfolgen, auf die aus Gründen rechtsstaatlicher Verwaltungsführung in der Vorschußanforderung hingewiesen werden muß:

— Beitreibung des Vorschusses im Verwaltungswege.
— Nichteintritt in die Sachbehandlung (unter Ausschluß der Untätigkeitsklage)[18]).

Die Behandlung des Widerspruchs als zurückgenommen in *Bayern* (Art. 15 I S. 3 BayKostG) und die Zurückweisung des Widerspruchs als unzulässig (§ 16 V BerlGebG) in *Berlin* sind nicht mehr zulässig[19]).

16

Obsiegt der WF ganz oder teilweise in der Sache, kann er *Erstattung* der vorgeschossenen Gebühren, soweit sie den endgültig festgesetzten Betrag nicht übersteigen, nur dann von der Widerspruchsbehörde verlangen, wenn und soweit der erfolgreiche Widerspruch gebührenfrei ist, also der Widerspruchsbehörde im Ergebnis überhaupt keine Gebühren zustehen. Dieser Erstattungsanspruch beurteilt sich allein nach Verwaltungskostenrecht[20]). Ist dagegen auch der erfolgreiche Widerspruch gebührenpflichtig (vgl. oben Rdnr. 1 und § 15

17

---

14) Worunter auch ein Widerspruchsbescheid verstanden wird; vgl. Nr. 3.8. der Allgem. VwV zur Durchführung des GebG für das Land NW, RdErl. d. MdI v. 28. 4. 1975 (MBl. NW S. 914) und BayVGH v. 8. 7. 1974, BayVBl. 1975, 80f.; v. 12. 7. 1979, BayVBl. 1979, 565.
15) Sie erfolgt durch VA. Ein Beispiel einer solchen Kostenrechnung finden Sie als Muster 5a in der Anlage zur Bek. des StMdF über die Kostenverwaltung bei den Behörden des Freistaates Bayern v. 2. 12. 1971 (StAnz. Nr. 50) i. d. F. v. 22. 11. 1977 (StAnz. Nr. 48).
16) Da sie eine Ermessensentscheidung ist, die unter mehreren Reaktionsmöglichkeiten wählt, muß ihr eine auf den konkreten Fall abgestellte Begründung beigegeben werden, die erkennen läßt, warum die Behörde von ihrem Ermessen gerade in dieser Weise Gebrauch gemacht hat; vgl. BayVGH v. 24. 2. 1978, BayVBl. 1979, 116; *Geiger*, BayVBl. 1979, 104f.; Nr. 2 Bek. d. BayStMdI v. 24. 9. 1979 (MABl. S. 535); a. A. BayVGH v. 8. 1. 1979, BayVBl. 1979, 564f.; v. 12. 7. 1979, BayVBl. 1979, 565 (567) unter Bezugnahme auf § 39 II Nr. 2 VwVfG.
17) Vgl. II Nr. 2a der Bek. des BayStMdF über die Erhebung von Kostenvorschüssen nach Art. 15 KostG v. 16. 2. 1972 (StAnz. Nr. 8), abgedruckt bei *Birkner/Rott*, S. I/185.
18) Zustimm. *Linhart*, § 20, 267.
19) Vgl. oben § 36 Rdnr. 13 und § 42 Rdnr. 2.
20) Vgl. BVerwG v. 31. 1. 1975, BayVBl. 1976, 57f.

III, IV RhPfGebG; § 9 a I bis III SaarlGebG), haftet der WF, der nach dem Verwaltungskostenrecht als Antragsteller ebenfalls Kostenschuldner ist, neben der von der Kostenentscheidung im Widerspruchsbescheid betroffenen Erlaßbehörde als Gesamtschuldner, so daß die Widerspruchsbehörde die Gebühren zu Recht erhalten hat. Die Erstattungspflicht trifft deshalb in diesen Fällen ausschließlich die Erlaßbehörde[21]). Die vorgeschossenen Gebühren sind als Teil der notwendigen Verfahrensaufwendungen des WF Gegenstand des verfahrensrechtlichen Erstattungsanspruches nach § 80 VwVfG und deshalb im Festsetzungsverfahren nach § 80 III VwVfG mit zu berücksichtigen.

---

21) SaarlOVG v. 13. 2. 1964, II Y 2/62, A. U. S. 17 f. (u. v.). Vgl. auch RhPfOVG v. 26. 4. 1990, NVwZ-RR 1990, 668.

§ 46 Die Entscheidung über die Erstattung der Aufwendungen Beteiligter

I. Kostenlast

Die Erstattungslastregelungen des § 80 VwVG und der landesrechtlichen Parallelvorschriften orientieren sich weitgehend am Vorbild der §§ 154 ff. VwGO. Als *Grundsatz* gilt auch hier, daß die Kostenlast nach dem Erfolg in der Hauptsache zu verteilen ist: Wer unterliegt, trägt neben seinen eigenen Aufwendungen die des obsiegenden Beteiligten. Bei *Teilerfolg* sind die Kosten verhältnismäßig zu teilen, also zu quoteln.

So ausdrücklich Art. 80 I S. 3 BayVwVfG unter Verweisung auf § 155 I VwGO. Bei den übrigen Vorschriften ergibt sich dies aus dem „soweit"[1]). Wenn nicht ausnahmsweise wie in Art. 80 I S. 3 BayVwVfG die entsprechende Anwendung des § 155 Abs. 1 VwGO bei Teilerfolg angeordnet ist, dürfen die Kosten nicht *gegeneinander aufgehoben* werden; wegen der regelmäßig unterschiedlichen Belastung von WF und Ausgangsbehörde, die mit einer solchen Kostenentscheidung verbunden ist, bedarf es einer ausdrücklichen Ermächtigungsgrundlage[2]). Diese enthält § 80 I S. 1 VwVfG gerade nicht, denn „soweit" der Erfolg reicht, besteht eine Erstattungs*pflicht* („hat"). Ein von der Widerspruchsbehörde erwirkter Verzicht des WF auf Kostenerstattung wird nur in Ausnahmefällen mit Sinn und Zweck des § 80 VwVfG vereinbar sein[3]).

Die Ausführungen zur *Zuständigkeit* in § 45 Rdnrn. 9 f. gelten auch hier.

1. Kostenerstattung bei erfolgreichem Widerspruch

Soweit der Widerspruch erfolgreich ist − ihm also durch Abhilfe-[4]) oder Widerspruchsbescheid stattgegeben worden ist −, hat der Rechtsträger, dessen Behörde den angefochtenen VA erlassen hat, dem WF die zur zweckentsprechenden Rechtsverfolgung oder Rechtsverteidigung notwendigen Auslagen zu erstatten (§ 80 I S. 1 VwVfG). *Rechtsträger* ist der Hoheitsträger, dessen Funktionen die Ausgangsbehörde wahrgenommen hat, bei Beliehenen (vgl.

---

1) Vgl. Begründung zum EVwVfG (BT-Drucks. 7/910, S. 92); Nr. 4.2.2 BerlVwV § 80 VwVfG; RdErl. des RhPfMdI v. 12. 9. 1977 (MinBl. Sp. 958) unter 4. Ebenso *Kopp*, VwVfG, § 80, 13; *K/Busch*, § 80, 4.3; *Altenmüller*, DVBl. 1978, 287; *StBL*, § 80, 26; a. A. *Meyer/Borgs*, § 80, 33; *Böhm*, NJW 1977, 1721, die eine Aufteilung der erstattungsfähigen Aufwendungen unter dem Gesichtspunkt verlangen, ob sie sich gerade auf den Teilerfolg beziehen oder nicht − ein kaum praktikabler Weg (vgl. auch *Altenmüller*, DÖV 1978, 909).
2) Wie hier Nr. 2.4 des Einführungsschreibens des BMF zu § 80a AO 1977 v. 15. 12. 1981 (BStBl. 1982 I S. 193); *K/Busch*, § 80, 5.1; *Altenmüller*, DÖV 1978, 909 f.; *Allesch*, S. 232 f.; *StBL*, § 80, 27; a. A. − allerdings ohne Begründung − *Kopp*, § 80, 13; *Ule/Laubinger*, § 47 II 1; *SDC*, § 73, 5 b, ee.
3) Vgl. oben § 36 Rdnr. 2 und BWVGH v. 17. 10. 1985, NJW 1986, 1370 (1372 f.).
4) Vgl. BSG v. 22. 3. 1984, AnwBl. 1985, 652; BVerwG v. 23. 2. 1982, NJW 1982, 1827 und unten Rdnr. 13.

§ 37 Rdnr. 4) also die Beleihungskörperschaft (vgl. NWOVG v. 19. 5. 1989, NVwZ 1990, 678 f.).

Worauf der Erfolg beruht, ob z. B. der VA allein aus Zweckmäßigkeitsgründen aufgehoben worden ist, bleibt bei der Kostenverteilung, die vom Gesetz bewußt voraussetzungslos und undifferenziert formuliert worden ist (vgl. BT-Drucks. 7/910, S. 92), unberücksichtigt. Deshalb ist es auch unerheblich, ob der Widerspruch − bei zutreffender Würdigung der Sach- und Rechtslage − hätte Erfolg haben dürfen, die Widerspruchsbehörde sich etwa über die Zulässigkeit des Widerspruchs geirrt hat; allein auf den Erfolg, die Stattgabe kommt es an[5]). § 80 I S. 1 VwVfG gewährt den Erstattungsanspruch auch unabhängig davon, ob der WF den das Vorverfahren auslösenden Widerruf einer ihm gewährten Vergünstigung durch die rechtzeitige Vorlage eines ihm obliegenden Nachweises hätte vermeiden können (BVerwG, NVwZ 1988, 249). § 80 VwVfG macht auch keinen Unterschied zwischen Widersprüchen, die von Anfang an begründet waren, und solchen, die dies erst im Laufe des Widerspruchsverfahrens geworden sind[6]).

3   Als erfolgreichen Widerspruch *fingiert* § 80 I S. 2 VwVfG auch die Widersprüche, die nur deshalb keinen Erfolg hatten, weil die Verletzung einer Verfahrens- oder Formvorschrift nach *§ 45 VwVfG* unbeachtlich ist.

Diese Vorschrift ist trotz ihres Billigkeitsanliegens auf die Fälle des *§ 46 VwVfG nicht analog* anwendbar[7]), da es an der Wertungsgleichheit der Interessenlage fehlt: Dem Widerspruch ist nicht durch behördliches Verhalten nachträglich die Erfolgschance genommen worden; er war vielmehr von Anfang an unbegründet.

4   Trotz seines etwas mißverständlichen Wortlauts („angefochtener VA") gilt § 80 VwVfG auch für *Verpflichtungswidersprüche,* da eigentlich nur hier *Rechtsverfolgungs*kosten entstehen. Darüber hinaus ist § 80 VwVfG wegen seiner voraussetzungslosen Überschrift auf alle Vorverfahren nach der VwGO anzuwenden, mögen sie Anfechtungs- oder Verpflichtungswidersprüche oder aber *Leistungs- und Feststellungswidersprüche* wie im Falle des § 126 III BRRG zum Gegenstand haben[8]).

Im Regelfall des § 68 VwGO verbleibt es freilich bei dem Grundsatz, wo kein VA, dort kein Widerspruch (§ 31 Rdnr. 2) und keine Kostenerstattung nach § 80 VwVfG (§ 24 Rdnr. 16 Fußn. 25; § 44 Rdnr. 18, Fußn. 33), es sei denn, die Behörde übersieht dies, läßt sich auf den Widerspruch ein und hilft ihm ab (vgl. oben Rdnr. 2 bei Fußn. 5).

5   Aufwendungen, die durch das *Verschulden* eines Erstattungsberechtigten

---

5) BVerwG v. 14. 1. 1983, NVwZ 1983, 544 f.; v. 14. 8. 1984, NVwZ 1988, 249.
6) BWVGH, NJW 1986, 1370 f. für einen WF, der im Widerspruchsverfahren „nunmehr" als wieder geeignet zum Führen von Kraftfahrzeugen beurteilt wird.
7) So aber *Kopp,* VwVfG, § 80, 12; *Altenmüller,* DVBl. 1978, 288; *RÖ,* § 73, 27; *Hufen,* S. 354; wie hier dagegen: *StBL,* § 80, 33; *Meyer/Borgs,* § 80, 15; *K/Busch,* § 80, 4.4; *EF,* § 73, 11 a; *Allesch,* S. 233 f. Die weitergehende Fassung des § 19 I S. 2 RhPfAG VwGO erfaßt dagegen auch den Fall des § 46 VwVfG (vgl. *RÖ,* § 73, 27; *StBL,* § 80, 34).
8) Vgl. *Meyer/Borgs,* § 80, 6 f.; *Altenmüller,* DVBl. 1978, 285; *K/Busch,* § 80, 3.4.2; *Allesch,* S. 247. Vgl. auch oben § 31 Rdnrn. 2 f.

entstanden sind, hat dieser selbst zu tragen, wobei das Verschulden eines Vertreters dem Vertretenen zuzurechnen ist (§ 80 I S. 4 VwVfG). Auch hierüber ist in der Kostenlastentscheidung mit zu befinden (vgl. oben § 44 Rdnrn. 4, 7).

Als Verschulden i. S. dieser Vorschrift kommt auch schuldhaftes Verhalten des WF oder seines Vertreters im vorangegangenen Verwaltungsverfahren in Betracht, insbesondere wenn er dort in vorwerfbarer Weise nicht oder unzureichend mitgewirkt hat[9]). Das Verschulden muß sich aber (unmittelbar) auf einzelne, selbständig ausscheidbare Aufwendungen beziehen, die im Widerspruchsverfahren entstanden sind. Der Erstattungsanspruch des erfolgreichen WF kann deshalb nicht nach § 80 I S. 4 VwVfG verweigert werden, wenn dieser durch rechtzeitige Vorlage von Unterlagen den Erlaß des angefochtenen VA und damit das Vorverfahren insgesamt zumutbar hätte vermeiden können (vgl. BVerwG, NVwZ 1988, 249; a. A. wohl *StBL*, § 80, 62).

2. Kostenerstattung bei erfolglosem Widerspruch

Soweit der Widerspruch erfolglos geblieben ist, also weder die Abhilfe- noch die Widerspruchsbehörde dem Begehren des WF stattgegeben hat, trifft die Erstattungslast den WF.

6

§ 120 Schl.-H.LVwG sieht eine Erstattungslast des WF nicht vor. Sie war im Entwurf des LVwG-ÄnderungsG 1978 vorgesehen, hat sich jedoch nicht durchgesetzt (LT-Drucks. 8/1092, S. 76). Hier kann also lediglich die Widerspruchsbehörde Ersatz ihrer Verwaltungskosten verlangen.

Erstattungsberechtigt ist die Behörde, die den angefochtenen VA erlassen bzw. den begehrten VA verweigert hat. *Kein* Erstattungsanspruch steht der Erlaßbehörde zu:

- in den Fällen des § 45 VwVfG (§ 80 I S. 2 VwVfG);
- wenn der Widerspruch gegen einen VA eingelegt worden ist, der im Rahmen (also nicht zur Anbahnung)[10])
  1. eines bestehenden oder früheren öffentlich-rechtlichen Dienst- oder Amtsverhältnisses (nach § 80 I S. 3 Nr. 1 BVwVfG auch eines Schulverhältnisses) oder
  2. einer bestehenden oder früheren gesetzlichen Dienstpflicht oder einer Tätigkeit, die anstelle der gesetzlichen Dienstpflicht geleistet werden kann, erlassen wurde;
  3. in Rheinland-Pfalz darüber hinaus bei Widersprüchen gegen VAe in einer Angelegenheit, für die aufgrund einer Rechtsverordnung nach § 7 II Nr. 1 und 2 GebG Gebührenfreiheit besteht (§ 19 I S. 3 Nr. 3 RhPfAGVwGO). Diese Befreiung von der Erstattungspflicht beruht ebenso wie die vergleichbaren Vorschriften des Verwaltungskostenrechts (vgl. § 45 Rdnr. 5) auf dem Gedanken der Fürsorgepflicht des Dienstherrn. Sie gilt entsprechend deshalb

7

---

9) Nr. 3 RdErl. des RhPfMdI v. 12. 9. 1977 (MinBl. Sp. 958); offengelassen vom BVerwG v. 27. 2. 1981, Buchholz 316 § 80 VwVfG Nr. 4.
10) Wie hier *K/Busch*, § 80, 5.2; *Meyer/Borgs*, § 80, 30; a. A. *Kopp*, § 80, 15; *StBL*, § 80, 48.

auch bei erfolglosen Leistungs- oder Feststellungswidersprüchen im Rahmen des § 126 III BRRG[11]).

3. Kostenerstattung bei Drittwidersprüchen

8 Nicht berücksichtigt sind in § 80 VwVfG die Besonderheiten bei Drittwidersprüchen. Als Erstattungspflichtiger kommt lediglich in Betracht der WF oder der Rechtsträger der Ausgangsbehörde, nicht aber derjenige, der einen VA beantragt hat, wenn auf Widerspruch eines Dritten hin dieser aufgehoben wird[12]).

Eine Kostenpflicht in diesen Fällen sah früher Art. 16 I S. 3 BayAGVwGO vor. Diese Vorschrift ist durch das BayVwVfG ersatzlos aufgehoben worden.

9 Ebensowenig kennt § 80 VwVfG die Erstattung der Aufwendungen des dem Verfahren nach § 13 II VwVfG beigezogenen Begünstigten, wenn der Dritte mit seinem Widerspruch erfolglos geblieben ist.

Art. 80 II S. 2 BayVwVfG erklärt Aufwendungen anderer Beteiligter für erstattungsfähig, wenn sie aus Billigkeit demjenigen, der die Kosten des Widerspruchsverfahrens zu tragen hat oder der Staatskasse auferlegt werden[13]). Hierüber ist im Tenor des Widerspruchsbescheides zum Kostenpunkt ausdrücklich zu befinden.

Eine Lückenfüllung durch entsprechende Anwendung des § 162 III VwGO kommt wegen des abschließenden Charakters des § 80 VwVfG nicht in Betracht[14]).

4. Kostenerstattung bei Rücknahme des Widerspruchs und anderweitiger Erledigung

10 § 80 VwVfG beschränkt die Kostenerstattung auf die Fälle, in denen das Widerspruchsverfahren durch einen Widerspruchsbescheid abgeschlossen wird, der dem Widerspruch ganz oder teilweise stattgibt oder ihn abweist[15]). Daß das Widerspruchsverfahren auch auf andere Weise, sei es durch Zurücknahme des Widerspruchs, Erledigung der Hauptsache oder Vergleichsvertrag enden kann (vgl. § 27 Rdnrn. 19 ff.), wird vom Gesetz nicht berücksichtigt.

---

11) Vgl. *Meyer/Borgs*, § 80, 28; *K/Busch*, § 80, 5.2.
12) Vgl. *K/Busch*, § 80, 4.5; *Altenmüller*, DÖV 1978, 911; *StBL*, § 80, 39.
13) Vgl. hierzu VG Regensburg v. 16. 7. 1981, BayVBl. 1981, 634 f.; *Jäde*, BayVBl. 1989, 202.
14) Vgl. *StBL*, § 80, 40; *Altenmüller*, DVBl. 1978, 286; *K/Busch*, § 80, 5.4; *Stühler*, DVBl. 1980, 875 ff.; *Meyer/Borgs*, § 80, 31 f.; *Allesch*, S. 243 f.; und neuerdings BVerwG v. 5. 9. 1984, BVerwGE 70, 58 ff.; v. 22. 5. 1986, BayVBl. 1986, 567; a. A. *Kopp*, VwVfG, § 80, 44; *Weides*, S. 272; *EF*, § 73, 11 a; *SDC*, § 73, 5 b, hh.
15) Vgl. BVerwG v. 10. 6. 1981, BVerwGE 62, 296 (299); v. 23. 2. 1982, NJW 1982, 1827; v. 17. 1. 1986, Buchholz 310 § 72 VwGO Nr. 13; SaarlOVG v. 14. 10. 1982, AS 17, 440 (444).

Unter den landesrechtlichen Parallelregelungen sieht lediglich Art. 80 BayVwVfG bei Zurücknahme und anderweitiger Erledigung eine Erstattungspflicht vor. Im ersten Fall trägt der WF die Kosten (Art. 80 I S. 2), im zweiten Fall ist über die Kosten nach billigem Ermessen unter Berücksichtigung des bisherigen Sachstandes zu entscheiden (Art. 80 I S. 5).

Auch hier ist eine analoge Anwendung der §§ 155 II, 161 II VwGO oder des 11 § 80 VwVfG selbst wegen des abschließenden Charakters des § 80 VwVfG unzulässig[16]). Bei der Beendigung des Vorverfahrens durch *Vergleich* besteht hierfür auch rechtspolitisch kein Bedürfnis, da die Beteiligten die Kostenerstattung vertraglich regeln können[17]). Die Freistellung des WF von der Erstattungspflicht bei *Zurücknahme* des Widerspruchs erleichtert diesem zwar die Flucht vor einer drohenden Abweisung und der damit verbundenen Erstattungslast, entspricht aber der Entlastungsfunktion und damit einem wichtigen Zweck des Vorverfahrens[18]).

Nimmt allerdings der WF den Widerspruch zurück, nachdem ein Mangel des VA nach § 45 VwVfG geheilt worden ist, erscheint eine analoge Anwendung des § 80 I S. 2 VwVfG gerechtfertigt[19]), um unnötigen Verfahrensaufwand zu vermeiden; andernfalls würde man den WF zwingen, lediglich wegen der Kostenerstattung auf der Zurückweisung des Widerspruchs zu bestehen.

Lediglich bei *anderweitiger Erledigung* der Hauptsache kann das Fehlen 12 einer Erstattungsregelung als mißlich empfunden werden. Dies gilt allerdings nur bei unstreitiger Erledigung[20]) und nur in den Fällen, in denen der WF kein berechtigtes Interesse an einem Fortsetzungsfeststellungswiderspruch besitzt[21]). Bei streitiger Erledigung muß die Widerspruchsbehörde über die Erledigung der Hauptsache durch Widerspruchsbescheid und damit auch über die Kosten entscheiden[22]). Auch nach festgestellter oder unstreitiger Erledigung ist jeden-

---

16) Vgl. BVerwG v. 11. 5. 1981, BVerwGE 62, 201 (204 ff.); v. 10. 6. 1981, BVerwGE 62, 300; v. 23. 2. 1982, NJW 1982, 1827; RhPfOVG v. 2. 2. 1982, NJW 1982, 2460 (nur LS zu § 19 RhPfAGVwGO); SaarlOVG, AS 17, 443 ff.; BWVGH v. 19. 7. 1983, VBlBW 1984, 375 ff. (8. Senat) unter Abweichung vom 3. und 5. Senat (s. u.); HessVGH v. 16. 3. 1984, ESVGH 35,5 ff.; *Meyer/Borgs*, § 80, 17; *Linhart*, § 20, 345, 351; *Dreier*, NVwZ 1987, 476; *StBL*, § 80, 43, 45; *K/Busch*, § 80, 3.4.3, 5.5; *Weides*, S. 275; *Ule/Laubinger*, § 47 III 3; *Altenmüller*, DVBl. 1978, 286; *ders.*, DÖV 1978, 910 f.; *v. Rotberg*, BWVwPr. 1977, 53; Nr. 1.3.2 BerlVwV § 80 VwVfG; a. A. generell *Kopp*, VwVfG, § 80, 44; *EF*, § 73, 11; für Rücknahme und Erledigung wollen *RÖ*, § 73, *31* sowie *SDC*, § 73, 5 b, hh § 80 I S. 1 und 3 VwVfG analog anwenden. Ähnlich VG Bremen v. 18. 4. 1979, DVBl. 1979, 824 ff.: § 161 II VwGO analog; ebenso BWVGH v. 6. 10. 1980, NJW 1981, 1524 f.; v. 15. 1. 1981, AnwBl. 1981, 245 (247); VG Wiesbaden v. 2. 2. 1981, AnwBl. 1981, 450 f.; zustimm. *Trzaskalik*, JZ 1983, 417 f.
17) Vgl. *Meyer/Borgs*, § 80, 20; *Altenmüller*, DVBl. 1978, 286; *RÖ*, § 73, 31; *StBL*, § 80, 44.
18) Im Ergebnis wie hier *Meyer/Borgs*, § 80, 26; *StBL*, § 80, 43; *K/Busch*, § 80, 5.5.2.
19) So VG Hamburg v. 25. 2. 1981, AnwBl. 1981, 249 f.
20) Das BVerwG (BVerwGE 62, 205 f.; NJW 1982, 1827) verweist insoweit mit einigem Recht auf die zum Verwaltungsprozeßrecht bestehenden Unterschiede (keine neutrale Entscheidungsinstanz, erweiterter Prüfungsmaßstab, Zweckmäßigkeit); vgl. auch *Meyer/Borgs*, § 80, 17.
21) Vgl. VG Wiesbaden, AnwBl. 1981, 450.
22) Vgl. *Meyer/Borgs*, § 80, 18; *v. Rotberg*, BWVPr. 1977, 53; *Altenmüller*, DVBl. 1978, 286; *StBL*, § 80, 45; *Allesch*, S. 237; *Dreier*, NVwZ 1987, 477 f.

falls über einen Fortsetzungsfeststellungswiderspruch förmlich durch Widerspruchsbescheid zu befinden und die Kosten nach dem Ausgang dieser nunmehr geänderten Hauptsache zu verteilen.[21] Hält man allerdings einen Widerspruch analog § 113 I S. 4 VwGO für unstatthaft[23]), entfällt auch hier die Möglichkeit der Kostenerstattung.

13 *Keine Erledigung,* sondern eine die Kostenerstattungspflicht nach den §§ 72 VwGO, 80 I S. 1 VwVfG auslösende Abhilfeentscheidung stellt die Aufhebung des angefochtenen VA durch die Erlaßbehörde dar, und zwar auch dann, wenn sie die Abhilfe zunächst verweigert und die Sache der Widerspruchsbehörde vorgelegt hatte[24]).

Dient allerdings die Aufhebung des angefochtenen VA nicht der Abhilfe, sondern *allein* der Korrektur des als objektiv rechtswidrig erkannten VA[25]), liegt ein echter Fall der Erledigung vor[26]). Hier der Ausgangsbehörde durch eine entsprechende Anwendung des § 161 II VwGO zu einer Kostenerstattung zu verhelfen[27]), ist schon deshalb nicht gerechtfertigt, weil die Abhilfebehörde es in der Hand hat, sich durch Abwarten des zurückweisenden Widerspruchsbescheids ihren Erstattungsanspruch zu erhalten.

II. Kostenfestsetzung

14 Die Kostenlastentscheidung im Widerspruchs- oder Abhilfebescheid bringt einen *verfahrensrechtlichen Erstattungsanspruch*[28]) dem Grunde nach zur Entstehung. Über seine konkrete Höhe ist gesondert im Kostenfestsetzungsverfahren zu entscheiden.

1. Die erstattungsfähigen Aufwendungen

15 Der abstrakte Umfang des Erstattungsanspruchs hängt zunächst vom Maße des Erfolgs in der Hauptsache ab. In diesem Rahmen sind erstattungsfähig die Aufwendungen, die zur zweckentsprechenden Rechtsverfolgung/-verteidigung *notwendig* waren. Dies ist ebenso wie bei § 162 VwGO aus der *Ex-ante-Sicht* einer *verständigen* (nicht aus der Sicht einer rechtskundigen) Partei unter Berücksichtigung der rechtlichen und tatsächlichen Schwierigkeiten der Sache zu beurteilen[29]).

---

23) Vgl. oben § 31 Rdnrn. 29 f.
24) Vgl. VG Oldenburg v. 13. 6. 1980, AnwBl. 1980, 419 f.; *Allesch,* S. 234 ff. und oben § 27, 2, 8 ff., § 45 Rdnr. 10.
25) Vgl. § 27 Rdnrn. 3 ff.
26) Vgl. § 27 Rdnr. 8.
27) So aber BWVGH v. 15. 1. 1981, AnwBl. 1981, 245 ff.; wie hier *StBL,* § 80, 46.
28) Vgl. VG Bremen v. 20. 10. 1965, NJW 1966, 564; *Altenmüller,* DVBl. 1978, 287. Vgl. auch BVerwG v. 16. 12. 1988, NVwZ-RR 1989, 581 f.
29) Vgl. BVerwG v. 10. 4. 1978, BVerwGE 55, 299 (306 f.). Die umfangreiche Rechtsprechung zu § 162 VwGO ist hier sinngemäß verwertbar.

In Betracht kommen etwa Porti, Telefon- und Telegrammgebühren, Reisekosten bei Fahrten zum Termin, Kosten für anwaltlichen Rat ohne förmliche Bevollmächtigung des Rechtsanwalts (§ 44 Rdnr. 4) oder für Privatgutachten u. dgl. mehr. Auch hier gilt der zu § 162 VwGO entwickelte Grundsatz, daß jeder Verfahrensbeteiligte die Pflicht hat, die Kosten im Rahmen des Verständigen nach Möglichkeit niedrig zu halten. Keine Rechtsverfolgungskosten sind dagegen z. B. die Kosten für ein in Fahrerlaubnissachen beizubringendes Eignungsgutachten[30]) oder für ein von der Ausgangsbehörde nach der BauvorlagenVO gefordertes Lärmgutachten, selbst wenn diese Forderung erst im Widerspruchsverfahren gestellt wird[31]). Ähnliches gilt für zu Unrecht gezahlte *Verwaltungsgebühren* für die erstinstanzliche Amtshandlung[32]); ihre Erstattung richtet sich allein nach Verwaltungskostenrecht.

Stets erstattungsfähig sind die vom WF vorgeschossenen *Widerspruchsgebühren*, wenn und soweit er in der Sache obsiegt. Sie fallen allerdings nur dann unter die nach § 80 VwVfG zu erstattenden Aufwendungen, wenn die Erlaßbehörde gebührenpflichtig ist. Bei Gebührenfreiheit der Erlaßbehörde dagegen ist der Erstattungsanspruch ausschließlich gegen die Widerspruchsbehörde zu richten[33]). Er beruht dann auf Verwaltungskostenrecht (vgl. etwa § 21 NWGebG). 16

Wird der Widerspruchsbescheid im verwaltungsgerichtlichen Verfahren aufgehoben, sind bereits gezahlte Widerspruchsgebühren Teil der notwendigen außergerichtlichen Aufwendungen des Klägers (§ 162 I VwGO)[34]).

Nicht erstattungsfähig ist der Aufwand für das auf den Erlaß des VA hinzielende (erstinstanzliche) Verwaltungsverfahren sowie der *allgemeine*, nicht konkret ausscheidbare *Verfahrensaufwand* an Zeit und Mühe[35]). 17

Deshalb ist die Erlaßbehörde nicht befugt, ihren allgemeinen, durch das Abhilfeverfahren beanspruchten Verwaltungsaufwand geltend zu machen, wohl aber konkretisierbare Kosten, wie z. B. Reisekosten bei erneutem Ortstermin, Porti für die Übersendung der Akten an die Widerspruchsbehörde u. dgl. In der Praxis dürfte deshalb der Erstattungsanspruch zugunsten der Erlaßbehörde kaum große Bedeutung erlangen.

Die Ausgrenzung des Zeitaufwandes und der Mühewaltung für das Betreiben des Verfahrens aus den erstattungsfähigen Aufwendungen ist sachgerecht und beruht auf der Grundanschauung des Rechtsverkehrs, der die Mühewaltung für die Rechtswahrung zum eigenen Aufgabenkreis des Beteiligten rechnet[36]).

---

30) Vgl. BWVGH v. 17. 10. 1985, NJW 1986, 1370 (1371 f.).
31) Vgl. OVG Lüneburg v. 11. 2. 1985, UPR 1986, 186 f.
32) Vgl. BWVGH, NJW 1986, 1372; StBL, § 80, 54.
33) Vgl. oben § 45 Rdnr. 17.
34) Vgl. HambgOVG v. 27. 6. 1975, VerwRspr. 27, 1006 ff. Dies gilt jedoch nur für bereits gezahlte Widerspruchsgebühren; falsch daher BayVGH v. 22. 8. 1983, BayVBl. 1984, 691 f.
35) Vgl. BayVGH v. 14. 8. 1974, BayVBl. 1975, 29; v. 12. 8. 1982, BayVBl. 1982, 692 (693); *Altenmüller*, DVBl. 1978, 290; *Kopp*, VwVfG, § 80, 19; *K/Busch*, § 80, 7.3.2; kritisch dagegen *Meyer/Borgs*, § 80, 34.
36) Vgl. BGH v. 9. 3. 1976, BGHZ 66, 112 (114).

18 Deshalb ist auch die Auffassung zutreffend, ein in eigener Sache im Vorverfahren tätiger Rechtsanwalt könne keine Erstattung (fiktiver) Gebühren und Auslagen verlangen[37]). Die Gegenansicht[38]) mißachtet den Wortlaut des § 80 II VwVfG, der die tatsächliche, nicht fiktive Beauftragung eines Bevollmächtigten verlangt, setzt sich wegen der unterschiedlichen Behandlung von „Normalbürger" und Rechtsanwalt dem Vorwurf eines Gleichheitsverstoßes aus[39]) und behauptet zu Unrecht, § 91 II S. 4 ZPO enthalte einen allgemeinen Rechtsgedanken[40]).

19 In Parallele zu § 162 II S. 2 VwGO erklärt § 80 II VwVfG die gesetzlichen (nicht die vereinbarten) *Gebühren und Auslagen eines Verfahrensbevollmächtigten* für erstattungsfähig, wenn die Zuziehung *notwendig* war, worüber im Tenor des Widerspruchsbescheides zum Kostenpunkt von Amts wegen mitzubefinden ist (§ 80 III S. 2 VwVfG)[41]).

Die Beauftragung eines Rechtsanwalts ist das gute Recht des Bürgers, das im Grunde erst die Waffengleichheit mit der i. d. R. über juristisch ausgebildete Beamte verfügenden Erlaßbehörde darstellt. Die Erkenntnis- und Urteilsfähigkeit des Bürgers, ob die Beauftragung eines Rechtsanwalts notwendig sei, darf deshalb nicht überschätzt werden, vielmehr wird i. d. R. eine Erstattung zu gewähren sein[42]). Andererseits wird die Beiziehung eines Rechtsanwalts durch die Erlaßbehörde in aller Regel nicht als notwendig anerkannt werden können, da sie grundsätzlich über ausreichenden juristischen Sachverstand verfügt[43]).

---

37) So BayVGH v. 11. 4. 1978, DÖV 1978, 697 f.; K/Busch, § 80, 6.2; Nr. 7.3.3.1 BerlVwV § 80 VwVfG; ebenso zur Parallelproblematik bei §§ 162 II S. 2 VwGO, 139 III S. 3 FGO: BFH v. 10. 2. 1972, BFHE 104, 306 ff.; v. 29. 3. 1973, NJW 1973, 1720 = BFHE 108, 574 ff.; VG Düsseldorf v. 1. 10. 1964, NJW 1965, 1039 f.; OVG Lüneburg v. 18. 12. 1974, VerwRspr. 1976, 125 (126).
38) BVerwG v. 16. 10. 1980, BVerwGE 61, 100 (102 ff.); BWVGH v. 28. 11. 1979, AnwBl. 1980, 219 f.; *Meyer/Borgs*, § 80, 34, 36 (doch in sich konsequent, weil sie auch den allgemeinen Verwaltungsaufwand für erstattungsfähig halten); Nr. 5.3.2.1 BremVwV § 80 VwVfG; *Kopp*, VwVfG, § 80, 19; *StBL*, § 80, 52; *Söhn*, in: Hübschmann/Hepp/Spitaler, AO, 8. Aufl., § 80 a (Sept. 1982), 80; kritisch und differenzierend, doch im Ergebnis zustimm. *P. Schmidt*, BayVBl. 1982, 90 f.; zu § 162 II S. 2 VwGO ebenso BWVGH v. 26. 5. 1975, ESVGH 26, 178 ff.; BayVGH v. 26. 9. 1972, BayVBl. 1972, 645; NWOVG v. 21. 6. 1989, NVwZ 1990, 668.
39) Vgl. *Kopp*, VwVfG, § 80, 19; *Meyer/Borgs*, § 80, 34.
40) Zur verfassungsrechtlichen Zulässigkeit differenzierender Regelungen in den einzelnen Verfahrensordnungen vgl. BVerfG v. 26. 2. 1980, BVerfGE 53, 207 ff.
41) Zur Auslegungsfähigkeit des Tenors vgl. BVerwG v. 29. 10. 1986, BVerwGE 75, 107 (109). Vgl. auch § 44 Rdnrn. 4, 6.
42) Vgl. BVerwGE 55, 306 ff. m. zustimm. Anm. *Wolter*, DVBl. 1978, 1006 f.; v. 29. 3. 1979, Buchholz 310 § 72 VwGO Nr. 9; v. 29. 8. 1983, BVerwGE 68, 1 (3) – jedenfalls bei KDV-Widersprüchen; BayVGH, BayVBl. 1978, 379; NWOVG v. 28. 10. 1982, NVwZ 1983, 355; v. 25. 10. 1982, NVwZ 1983, 356; BremOVG v. 16. 8. 1988, NVwZ 1989, 75 f.; RhPfOVG v. 26. 8. 1987, NVwZ 1988, 842; *StBL*, § 80, 67 f.; *Mallmann*, NVwZ 1983, 338 f.; strenger BVerwGE 61, 101 f.; v. 21. 9. 1982, NVwZ 1983, 346; v. 14. 1. 1983, BayVBl. 1983, 605; v. 26. 11. 1985, VBlBW 1986, 257; v. 13. 2. 1987, NVwZ 1987, 883 f.: Im Widerspruchsverfahren bedürfe es noch nicht der Herstellung völliger „Waffengleichheit", da die Verwaltung an das Gesetz gebunden und noch gerichtlicher Kontrolle unterworfen sei. Vielmehr sei insoweit vom Gesetzgeber zunächst das unmittelbare persönliche Gespräch zwischen Behörde und Bürger als zweckmäßiger angesehen worden. Ebenso BerlOVG v. 1. 3. 1990, NVwZ 1990, 517.
43) Vgl. *StBL*, § 80, 70; *K/Busch*, § 80, 6.3.2; *Weides*, S. 273.

2. Verfahren

Die Behörde, die die Kostenentscheidung getroffen hat, setzt *auf Antrag* den 20
Betrag der zu erstattenden Aufwendungen fest (§ 80 III S. 1 VwVfG). Antragsberechtigt ist der in der Kostenlastentscheidung *titulierte* Erstattungsberechtigte. Dies kann — neben der Ausgangsbehörde — nach § 80 I S. 1 VwVfG nur der WF selbst sein. Der Bevollmächtigte hat, ebenso wie im gerichtlichen Verfahren (vgl. § 103 ZPO, § 164 VwGO[44]); Ausnahme: § 126 I ZPO), weder ein eigenes Antragsrecht noch ein Anfechtungsrecht[45]); er kann den Kostenerstattungsanspruch nur im Namen seines Mandanten oder als Zessionar geltend machen, muß aber im letzteren Fall die Abtretung nachweisen[46]).

Ein Antrag, die festgesetzten Kosten seit Anbringung des Kostenfestsetzungsgesuchs mit 4% zu *verzinsen*, ist im Widerspruchsverfahren unstatthaft, da § 104 I S. 2 ZPO nur im gerichtlichen Verfahren gilt und § 80 III VwVfG sich insoweit trotz der ansonsten bewußten Parallele zu den §§ 164 VwGO, 104 ZPO verschweigt[47]).

Hat ein *Ausschuß* oder Beirat nach § 73 II VwGO die Kostenentscheidung 21
getroffen, so obliegt die Kostenfestsetzung der Behörde, bei der der Ausschuß gebildet ist.

§ 80 III S. 1 Halbsatz 2 VwVfG; § 9 III Halbsatz 2 RhPfAGVwGO: die Kreisverwaltung als Behörde des Landkreises oder die Stadtverwaltung.
Bei den Musterungskammern nach § 34 WPflG und den Kammern für Kriegsdienstverweigerung nach § 18 I KDVG ist dies die Wehrbereichsverwaltung (vgl. BVerwGE 68, 5 f.).
Diese Regelungen weichen von § 164 VwGO, der die Kostenfestsetzung generell dem Urkundsbeamten des Gerichts des ersten Rechtszuges überantwortet, ab, weil nicht erwartet werden könne, daß die Ausgangsbehörde die Kosten mit der nötigen Unbefangenheit festsetzen werde, wenn ihr VA von der nächsthöheren Behörde aufgehoben worden ist (vgl. BT-Drucks. 7/910, S. 92).

Bei der Kostenfestsetzung ist zu prüfen, ob die vom WF geltend gemachten 22
Aufwendungen *notwendig* waren. Der Erstattung von Rechtsanwaltsgebühren hat eine *Festsetzung des Gegenstandswerts* (§ 7 I BRAGO) in entsprechender Anwendung der für die Gerichtsgebühren geltenden Wertvorschriften des GKG (§ 8 I S. 2 BRAGO) vorauszugehen. Die Festsetzung erfolgt inzidenter

---

44) Vgl. BayVGH v. 15. 6. 1977, BayVBl. 1977, 611; RhPfOVG v. 2. 10. 1984, AS 19, 87 (89); *BLAH*, § 104, 4 A c; *Rennen*, MDR 1973, 644 f.; *RÖ*, § 165, 2; a. A. OVG Lüneburg v. 21. 4. 1972, NJW 1972, 2015; *Kopp*, § 165, 4.
45) Wie hier BVerwG v. 8. 11. 1984, Buchholz 427.3 § 327 LAG Nr. 1 S. 7; v. 26. 3. 1986, NJW 1986, 2128; RhPfOVG, AS 19, 89; *StBL*, § 80, 81; *Kopp*, VwVfG, § 80, 38; a. A. BremOVG v. 11. 3. 1980, MDR 1980, 873; VG Augsburg v. 23. 11. 1983, AnwBl. 1984, 319.
46) Vgl. BVerwG, Buchholz 427.3 § 327 LAG Nr. 1 S. 8; *E. Schneider*, Die Berufsgenossenschaft 1983, S. 222.
47) BayVGH v. 10. 5. 1979, BayVBl. 1979, 506 (508); v. 12. 8. 1982, BayVBl. 1982, 692 (693); BVerwGE 61, 105; a. A. wohl BWVGH, AnwBl. 1980, 220.

im Kostenfestsetzungsverfahren. Für eine isolierte, selbständige Gegenstandswertfestsetzung im Tenor des Widerspruchsbescheids, die bestandskraftfähig wäre und Bindungswirkung gegenüber dem Bevollmächtigten hätte, ist kein Raum, da eine den §§ 9 I, 10 I BRAGO entsprechende Ermächtigungsnorm fehlt[48]). Die dem Anwalt regelmäßig zustehende *Geschäftsgebühr* (§ 118 I Nr. 1 BRAGO) weist einen Rahmen von 5/10 bis 10/10 auf, innerhalb dessen der Anwalt die Gebühr unter Berücksichtigung aller Umstände nach billigem Ermessen bestimmt; die vom Anwalt getroffene Bestimmung ist dann nicht verbindlich, wenn sie unbillig ist und die Gebühr von einem Dritten zu ersetzen ist (§ 12 I BRAGO).

In durchschnittlichen Widerspruchsverfahren ist i. d. R. von der „Mittelgebühr" von 7,5 Zehnteln auszugehen[49]). Wegen des dem Rechtsanwalt durch § 12 I BRAGO eingeräumten Spielraums kann die von ihm bestimmte Gebühr erst dann als unbillig hoch bezeichnet werden, wenn sie die von der Behörde oder vom Gericht für angemessen gehaltene Gebühr um 20% und mehr übersteigt[50]).

Bei Inanspruchnahme anwaltlicher Beratung ohne förmliche Bevollmächtigung des Anwalts beträgt die *Ratsgebühr* 1/10 bis 10/10 (§ 20 I BRAGO – vgl. BVerwGE 79, 226/234).

Das Gebührenfestsetzungsermessen des Anwalts bezieht sich im übrigen auch auf den Gegenstandswert. Innerhalb des dem Anwalt eingeräumten Rahmens hat deshalb die Behörde gem. § 80 III S. 1 VwVfG keine Befugnis, zu einer anderen Bestimmung des Gegenstandswerts zu kommen[51]).

23 Zu Recht billigt der BayVGH dem Anwalt neben der Geschäftsgebühr (§ 118 I Nr. 1 BRAGO) eine Erledigungsgebühr gem. § 24 BRAGO zu, wenn er durch eine überzeugende Widerspruchsbegründung ersichtlich die Zurücknahme des VA verursacht hat[52]). Hat der Anwalt bereits für das vorausgegan-

---

48) Vgl. BVerwG, NJW 1986, 2128 f.; RhPfOVG, AS 19, 88; VG Regensburg v. 11. 11. 1975, BayVBl. 1976, 187 (188); BerlOVG v. 12. 3. 1982, NJW 1982, 2516 (2517); *Altenmüller*, DVBl. 1978, 289; ders., DÖV 1978, 911; *RÖ*, § 73, 35; *StBl*, § 80, 82; *Linhart*, § 20, 422; a. A. *Maetzel*, MDR 1980, 94; VG Augsburg v. 23. 11. 1983, AnwBl. 1984, 319 ff. Demgemäß scheidet auch ein Anfechtungsrecht des Bevollmächtigten entspr. § 9 II BRAGO aus (vgl. oben Fußn. 45).
49) Vgl. BVerwG v. 14. 3. 1979, Buchholz 310 § 73 VwGO Nr. 15; v. 22. 4. 1980, BayVBl. 1981, 125; v. 8. 5. 1981, BVerwGE 62, 196 (198 ff.); BWVGH v. 21. 2. 1985, AnwBl. 2985, 595 f.
50) BVerwGE 62, 201.
51) BVerwG, NJW 1986, 2128.
52) BayVGH v. 10. 5. 1979, BayVBl. 1979, 506 ff.; ebenso Nr. 5.3.2.2.3 BremVwV § 80 VwVfG i. d. F. v. 30. 4. 1979 (Amtsbl. S. 195); Nr. 7.3.3.1 BerlVwV § 80 VwVfG; a. A. BVerwG v. 21. 8. 1981, BayVBl. 1982, 29 f. m. abl. Anm. *H. Schmidt*; v. 4. 10. 1985, BayVBl. 1986, 158; BWVGH v. 24. 7. 1980, VBlBW 1981, 115 f.; v. 23. 4. 1990, VBlBW 1990, 373 f.; Nrn. 2.1 f. d. Bekanntm. des BayStMdI: Erledigungsgebühr gem. § 24 BRAGO im verwaltungsgerichtlichen Vorverfahren v. 29. 1. 1982 (MABl. S. 69).

gene Verwaltungsverfahren eine Gebühr berechnet, kommt eine Gebührenberechnung für das Widerspruchsverfahren nicht in Betracht (§ 119 BRAGO)[53]).

Das *Kostenfestsetzungsverfahren* ist ein erneutes, selbständiges Verwaltungsverfahren i. S. des § 9 VwVfG. Der Erstattungspflichtige ist deshalb z. B. vor Erlaß des Kostenfestsetzungsbescheides zu hören (§ 28 VwVfG). Trotz dieser Selbständigkeit des Kostenfestsetzungsverfahrens bestehen enge Verknüpfungen zum Widerspruchsverfahren. Der Kostenfestsetzungsbescheid hat den Charakter eines *Folgebescheides*, der die Kostenlastentscheidung im Widerspruchsbescheid zur Grundlage und ihr gegenüber Vollziehungscharakter hat. Er darf deshalb erst ergehen, wenn die Kostenlastentscheidung *unanfechtbar* geworden ist oder Rechtsbehelfe gegen sie *keine a. W.* haben[54]).

24

Zu beachten ist, daß § 80 II Nr. 1 VwGO für unselbständige Kostenentscheidungen nicht gilt[55]).

Der *Kostenfestsetzungsbescheid* ist ein vollstreckungsfähiger VA i. S. des Verwaltungsvollstreckungsrechts[56]). Die begünstigte *Behörde* kann aus ihm vollstrecken, muß aber zunächst noch den Schuldner zur Leistung auffordern, da dieses Leistungsgebot im Kostenfestsetzungsbescheid nicht enthalten ist (vgl. § 3 II lit. a VwVG und § 5 I VwVG i. V. m. § 254 I AO 1977).

25

Die sonst dem Vollstreckungsrecht fremde Aufsplitterung der Zuständigkeiten für die Leistungsfestsetzung und die Leistungsaufforderung, die *Altenmüller* für seine abw. Ansicht anführt, erklärt sich aus dem besonderen Anliegen des § 80 III S. 1 Halbsatz 2 VwVfG (vgl. dazu oben).

Zugunsten des *Bürgers* ist dagegen eine Vollstreckung aus dem Festsetzungsbescheid nicht möglich. Die Generalklauseln des Verwaltungsvollstreckungsrechts ermächtigen lediglich zur Beitreibung verwaltungseigener Forderungen. Die Fremdvollstreckung zugunsten eines Bürgers bedarf besonderer gesetzlicher Anordnung, die das VwVfG, anders als in § 61 II S. 2 für Vertragspflichten, für den Festsetzungsbescheid hinsichtlich der zu erstattenden Aufwendungen nicht enthält. Der Bürger muß deshalb notfalls *Leistungsklage* erheben[57]).

26

---

53) Ebenso ist mit der Gebühr nach § 146 I KostO der Widerspruch des Notars gegen die Versagung einer behördlichen Genehmigung zum Vollzug des beurkundeten Geschäfts abgegolten. Vgl. BremOVG v. 11. 3. 1980, MDR 1980, 873.
54) Wie hier OVG Lüneburg v. 23. 2. 1974, OVGE 30, 382; *Kopp*, VwVfG, § 80, 39; *Böhm*, NJW 1977, 1721; *v. Rotberg*, BWVwPr. 1977, 53; *Altenmüller*, DVBl. 1978, 289 f.; weitergehend (erst ab Bestandskraft): *Meyer/Borgs*, § 80, 45; *K/Busch*, § 80, 7.2; *StBL*, § 80, 85; *Weides*, S. 274; *Allesch*, S. 244; Nr. 6.1 BerlVwV § 80 VwVfG; RhPfOVG, AS 19, 90.
55) Vgl. dazu unten § 54 Rdnr. 10.
56) Ebenso *Böhm*, NJW 1977, 1721; *StBL*, § 80, 83; a. A. (neuer titulierender Leistungsbescheid der Erlaßbehörde erforderlich): *Altenmüller*, DVBl. 1978, 291; wohl auch *K/Busch*, § 80, 8.2.2; *Meyer/Borgs*, § 80, 47; *Allesch*, S. 245.
57) H. M.: vgl. statt vieler *Meyer/Borgs*, VwVfG, § 80, 48; *K/Busch*, § 80, 8.2.2; *StBL*, § 80, 84; *Altenmüller*, DVBl. 1978, 291 und zuletzt BayVGH v. 12. 8. 1982, BayVBl. 1982, 692 (693).

§ 47 Inhalt der Kostenentscheidung, Tenorierung und Rechtsschutz

I. Inhalt

1   Zum *notwendigen Inhalt* der Kostenentscheidungen im Vorverfahren gehört lediglich die Kostenlastentscheidung; nur diese meinen die in bewußter Parallele zu den §§ 154 ff. VwGO formulierten §§ 72, 73 III S. 2 VwGO und § 80 III VwVfG[1]).

2   Eine *Kostenlastentscheidung* muß auf jeden Fall ergehen, und zwar auch dann, wenn ihr die materiell-rechtliche Grundlage im Verwaltungskosten- bzw. Verwaltungsverfahrensrecht fehlt[2]). Dies fordert sowohl das Anliegen der Rechtssicherheit, durch die Entscheidung klare Verhältnisse zu schaffen, als auch der unmißverständliche Wortlaut der §§ 72, 73 III S. 2 VwGO, *daß* eine Kostenentscheidung zu ergehen hat[3]). Mit in den *Tenor des Widerspruchsbescheids im Kostenpunkt* ist aufzunehmen:
– die Entscheidung darüber, ob die *Zuziehung eines Verfahrensbevollmächtigten* notwendig war (§ 80 III S. 2 VwVfG)[4]),
– die Entscheidung darüber, ob ein Erstattungsberechtigter schuldhaft verursachte Aufwendungen selbst zu tragen hat (§ 80 I S. 4 VwVfG)[5]),
– in Bayern die Entscheidung darüber, ob anderen Beteiligten als dem WF und der Erlaßbehörde Aufwendungen zu erstatten sind und wen die Erstattungslast trifft (Art. 80 I S. 2 BayVwVfG)[6]).

3   *Nicht in den Tenor* des Widerspruchsbescheides gehört die *Festsetzung der Höhe der* dem WF oder der Ausgangsbehörde zu ersetzenden *Aufwendungen* (vgl. § 46 Rdnrn. 20 ff.)[7]). Auch die Festsetzung der Verwaltungsgebühr sowie die Entscheidung darüber, ob und welche Auslagen der Widerspruchsbehörde zu erstatten sind, gehört sachlich ins Kostenfestsetzungsverfahren. Da jedoch die Widerspruchsbehörde i. d. R. gleichzeitig Kostenfestsetzungsbehörde ist, wird in der Praxis häufig die *Gebührenfestsetzung* – nicht die Auslagenfestsetzung – mit im Kostenpunkt des Widerspruchsbescheides getroffen[8]).

---

1) Vgl. *Renck*, DÖV 1973, 266; BVerwG v. 27. 2. 1981, Buchholz 316 § 80 VwVfG Nr. 4.
2) Anders Nr. 7.1 des RdErl. d. NWMdI (FdSt.: § 42 Rdnr. 13); wohl auch *Altenmüller*, DÖV 1978, 910.
3) Ebenso wohl BVerwGE 40, 322; ausdrücklich II Nr. 3 g des RdErl. d. HessMdI v. 5. 4. 1962 (StAnz. S. 502); *StBL*, § 80, 16.
4) Vgl. § 44 Rdnrn. 4, 6.
5) Vgl. § 44 Rdnrn. 4, 7; § 46 Rdnr. 5.
6) VG Regensburg v. 2. 6. 1981, BayVBl. 1981, 634 (635).
7) Zur Gegenstandswertfestsetzung vgl. § 46 Rdnr. 22.
8) Vgl. *Linhart*, § 20, 416.

Zwingend ist dies auch dann nicht, wenn das Verwaltungskostenrecht ausdrücklich anordnet, daß die Kostenentscheidung zusammen mit der Hauptsacheentscheidung ergehen soll. Zum einen ist dies lediglich eine Soll-Vorschrift, die zudem auf erstinstanzliche VAe zugeschnitten ist, zum anderen wird diesem Gebot auch hinreichend genügt, wenn im Anschluß an die Rechtsbehelfsbelehrung des Widerspruchsbescheides ein gesonderter Kostenfestsetzungsbescheid angefügt wird. Dies dürfte sich vor allem deswegen empfehlen, weil für die notwendigerweise in der Kostenlastentscheidung mitzuregelnden Punkte und die ausschließlichen Kostenfestsetzungsentscheidungen unterschiedliche Rechtsbehelfe gegeben sind (vgl. dazu unten Rdnrn. 10 ff.) und letztere daher auch einer gesonderten Rechtsbehelfsbelehrung bedürfen.

II. Tenorierung

Fehlen materiell-rechtliche Vorschriften über den Inhalt der Kostenentscheidung, lautet der *Tenor* im Kostenpunkt: 4

„Verfahrenskosten werden nicht erhoben.
Aufwendungen Verfahrensbeteiligter werden nicht erstattet."[9])

Ebenso kann tenoriert werden, wenn der Widerspruch erfolgreich war, eine Kostenerstattung zugunsten des WF nicht vorgesehen ist und der Rechtsträger der Ausgangsbehörde Gebührenfreiheit genießt.

An sich entspricht eine positiv formulierte Kostenentscheidung eher dem Wortlaut des § 73 III S. 2 VwGO. Dies wäre jedoch in den oben genannten Fällen nur recht kompliziert auszudrücken, da letztlich alle Beteiligten ihre Verfahrensaufwendungen bzw. Verwaltungskosten selbst tragen. Ähnliches gilt für *erfolglose Widersprüche in Beamten- und ähnlichen Dienstverhältnissen*, da hier der Beamte Verwaltungskosten- und Aufwendungserstattungsfreiheit genießt und vom Rechtsträger der Ausgangsbehörde, der regelmäßig zugleich Träger der Widerspruchsbehörde ist, keine Verwaltungskosten erhoben werden. Ein positiv formulierter Tenor im Kostenpunkt könnte hier wie folgt aussehen:

„Der Widerspruchsführer hat die Kosten des Verfahrens mit Ausnahme der dem Regierungspräsidium X entstandenen Aufwendungen zu tragen. Verwaltungskosten werden nicht erhoben."

---

9) So richtig II Nr. 3 g des RdErl. d. HessMdI v. 5. 4. 1962 (HessStAnz. S. 502).

5   War der *Widerspruch erfolgreich*, lautet der *Tenor* bei voller Kostenlast des Rechtsträgers der Ausgangsbehörde:

„Die Stadt X hat die Kosten des Verfahrens zu tragen"[10])[11]).
Ggf.: „Die Zuziehung eines Rechtsanwalts wird für notwendig erklärt."
Wird der erste Satz versehentlich vergessen, ergibt er sich in aller Regel im Wege der Auslegung als konkludent mitentschieden aus dem zweiten Satz, da dieser den ersten zur gedanklich notwendigen Voraussetzung hat (vgl. § 44 Rdnr. 6, zweiter Absatz).

Genießt der Widerspruchsgegner *sachliche Gebührenfreiheit*, ist zu formulieren:

„Die Stadt X hat die Kosten des Verfahrens zu tragen. Die Zuziehung eines Rechtsanwalts wird für nötig erklärt. Verwaltungskosten werden nicht erhoben."

Oder, wenn Gebühren-, aber nicht Auslagenfreiheit besteht: „Dieser Bescheid ergeht gebührenfrei."

Offensichtlich in Konkretisierung der behördlichen Betreuungspflicht gegenüber dem Bürger schlagen Nr. 4.2.1 BremVwV und Nr. 5.3 BerlVwV zu § 80 VwVfG am Schluß des Tenors zum Kostenpunkt folgenden Hinweis vor:

„Die Ihnen entstandenen Kosten werden gem. § 80 Abs. 3 BremVwVfG nur auf Antrag erstattet. Der Antrag muß eine genaue Aufstellung der Ihnen entstandenen Kosten enthalten; die Aufwendungen sind zu belegen."

Dies ist – ebenso wie bei gerichtlicher Tenorierung – zwar unüblich, gleichwohl unschädlich.

---

10) Bei Abhilfebescheiden und bei Widerspruchsbescheiden, die von der Behörde erlassen werden, die den angefochtenen VA erlassen hat, schlägt Nr. 7.1 des RdErl. des NWMdI (vgl. § 44 Rdnr. 13) folgenden Tenor vor: „Die Kosten des Widerspruchsverfahrens werden dem WF erstattet." Korrekter ist die oben vorgeschlagene Tenorierung, da in diesen Fällen die Behörde auch für die eigenen Aufwendungen die Kostenlast trifft. Wie hier Nr. 5.1.1 BerlVwV § 80 VwVfG.

11) *K/Busch*, § 80, 4.2., 5.1 und *Meyer/Borgs*, § 80, 40 meinen, die Kostenentscheidung müsse auch ausdrücklich die Erstattungspflicht des Unterlegenen, bei teilweisem Obsiegen die wechselseitigen Erstattungspflichten aussprechen; der hier vorgeschlagene Tenor entspreche nur dem § 73 III S. 2 VwGO, nicht aber dem des § 80 VwVfG. Dies verkennt grundlegend das Verhältnis der §§ 73 III S. 2 VwGO, 80 VwVfG zueinander. Die von § 73 III S. 2 VwGO vorgesehene Kostengrundentscheidung wird von § 80 VwVfG – ebenso wie vom Verwaltungskostenrecht – lediglich konkretisiert, indem § 80 VwVfG und das Verwaltungskostenrecht bestimmen, was zu den Kosten des Widerspruchsverfahrens gehört und wer sie unter welchen Voraussetzungen zu tragen hat. § 73 III S. 2 VwGO verklammert verfahrensrechtlich den § 80 VwVfG und das Verwaltungskostenrecht und fordert von der Widerspruchsbehörde, deren Aussagen in einer einheitlichen Kostenlastentscheidung zusammenzufassen. Der obige Tenor bedeutet deshalb: „Kosten des (Widerspruchs-)Verfahrens = Verwaltungskosten der Widerspruchsbehörde und Rechtsverfolgungs-(Verteidigungs-)Aufwendungen des WF und der Ausgangsbehörde." Vgl. auch Fußn. 12. Wie hier im Ergebnis *Altenmüller*, DÖV 1978, 910.

Bei *Teilerfolg des Widerspruchs* werden die Kosten entsprechend gequotelt[12]): 6

„Die Kosten des Widerspruchsverfahrens hat der Widerspruchsführer zu ¼, das Land ... zu ¾ zu tragen. Das Land ... ist jedoch von der Zahlung einer Widerspruchsgebühr befreit. Die Zuziehung eines Bevollmächtigten durch den Widerspruchsführer wird für notwendig erklärt."

War der *Widerspruch erfolglos* und wird die *Gebührenfestsetzung* mit in den Tenor aufgenommen, kann z. B. formuliert werden: 7

„Der Widerspruchsführer hat die Kosten des Verfahrens (einschließlich der dem Land X erwachsenen notwendigen Aufwendungen) zu tragen.
Für diesen Bescheid wird eine Gebühr von ... DM festgesetzt."

An sich ist es nur konsequent, bei dieser Art der Tenorierung die restlichen Bestandteile der Kostenfestsetzung, also Angaben über

– die als Gebühren und Auslagen zu zahlenden Beträge sowie

– wo, wann und wie die Gebühren und Auslagen zu zahlen sind[13]),

mit in den Tenor aufzunehmen. Dies würde allerdings den Tenor überlasten und wird deshalb in der Praxis weitgehend unterlassen. Ausreichend für die Klausur sind auf jeden Fall die oben aufgeführten Tenorierungen.

In einer Hausarbeit oder wenn Sie es sich in der Klausur zeitlich leisten können, ist es besser, den Tenor auf die Kostenlastentscheidung zu beschränken und den Kostenfestsetzungsbescheid nach der Rechtsbehelfsbelehrung anzufügen: 8

---

12) Eine *Kostenaufhebung* ist nur aufgrund ausdrücklicher Ermächtigung zulässig (vgl. oben § 46 Fußn. 2). Eine solche findet sich lediglich in Art. 80 I S. 3 BayVwVfG i. V. m. § 155 I S. 1 und 2 VwGO. Ein Tenorierungsbeispiel findet sich in BayVGH v. 29. 12. 1982, BayVBl. 1983, 246: „Die Kosten des Widerspruchsverfahrens werden gegeneinander aufgehoben. Der auf den Freistaat Bayern entfallende Anteil an den Verwaltungskosten wird nicht erhoben." Das VG hielt diesen Tenor für unbestimmt, da in sich widersprüchlich; im Widerspruchsverfahren trete dem WF die Verwaltung als Einheit gegenüber; ein dreigliedriges Verfahrensverhältnis wie im Prozeß gelange erst zur Entstehung; deshalb bedeute Kostenaufhebung, daß die Verwaltung ihre Kosten selbst zu tragen habe, was der Tenor nicht zum Ausdruck bringe. In der Charakterisierung des Widerspruchsverfahrens hat das VG zwar recht, nur hat der Gesetzgeber bei der Kostenerstattungsregelung – gleichsam fiktiv – ein dreigliedriges Verfahrensverhältnis zugrunde gelegt (vgl. deutlich Art. 80 II S. 1 BayVwVfG). Kostenaufhebung bedeutet deshalb im Widerspruchsverfahren das gleiche wie im Prozeß: Die Verwaltungskosten (= Gebühren und Auslagen der Widerspruchsbehörde; im Prozeß: die Gerichtskosten – vgl. § 162 I VwGO) trägt jeder Teil zur Hälfte (§ 155 I S. 2 VwGO), die zur zweckentsprechenden Rechtsverfolgung/ -verteidigung gemachten Aufwendungen (im Prozeß die sog. außergerichtlichen Kosten, § 162 I und III VwGO) jeder selbst. Vgl. BayVGH, BayVBl. 1983, 247. Die Aufwendungen der Ausgangsbehörde sind der Sache nach natürlich auch Verwaltungskosten, nur behandelt sie Art. 80 II S. 1 BayVwVfG nicht als solche, sondern in bewußter Parallele zu § 162 I VwGO als „Parteiaufwendungen".

13) Vgl. z. B. § 14 I Nrn. 4 und 5 BVwKostG.

Kostenfestsetzung

Die Kosten des Widerspruchsverfahrens werden auf ... DM festgesetzt.
Sie setzen sich zusammen aus einer Gebühr in Höhe von ... DM und
Auslagen für ... (z. B. Zustellgebühren) in Höhe von ... DM.
Die Kostenfestsetzung beruht auf ...
Zahlen Sie bitte zur Vermeidung der zwangsweisen Beitreibung den Betrag
innerhalb von ... an die ... Kasse ... (Konto-Nr. bei ...) unter Angabe
des o. a.Aktenzeichens (der lfd. Nr. .../1976) der Widerspruchsgebühren-
liste/des Sollverzeichnisses).

Rechtsbehelfsbelehrung:
...

III. Rechtsschutz gegenüber der Kostenentscheidung

9   Kostenentscheidungen ergehen zwar im Zusammenhang mit einer Sachent-
scheidung und setzen deren Existenz voraus, sind aber *selbständige Verwal-
tungsakte*[14]), die bei Fehlen von Sonderregelungen vor Klageerhebung mit
Widerspruch anzugreifen sind. Sie können zusammen mit der Sachentschei-
dung oder selbständig angefochten werden (vgl. z. B. § 22 I BVwKostG)[15]).
Das Verbot isolierter Kostenanfechtung (§ 158 I VwGO) gilt für behördliche
Kostenentscheidungen wegen Art. 19 IV GG nicht[16]). Rechtsbehelfe gegen die
Sachentscheidung ergreifen nach §§ 22 I BVwKostG, NWGebG, RhPfGebG,
Schl.-H.KostG ex lege auch die Kostenentscheidung.

> NWOVG v. 3. 2. 1984, KStZ 1984, 217 verneint die Anwendbarkeit des § 22
> I NWGebG auf Widerspruchsgebührenbescheide, da der Landesgesetzgeber den
> Klagegegenstand nicht auf Folgeentscheidungen eines Widerspruchsbescheides, die
> von § 79 I VWGO nicht erfaßt werden, ausdehnen könne. Für isoliert ergehende
> Gebührenbescheide mag dies zutreffen. Wird dagegen die Gebühr im Widerspruchs-
> bescheid festgesetzt, kann das Landesrecht ihr dasselbe prozessuale Schicksal zuwei-
> sen wie dem Widerspruchsbescheid, denn § 73 VWGO regelt nicht kodifikatorisch,
> was Inhalt des Widerspruchsbescheids sein kann.

---

14) Vgl. BVerwG v. 26. 11. 1954, NJW 1955, 318.
15) Zum Anfechtungsrecht des Bevollmächtigten im eigenen Namen vgl. oben § 46 Rdnr. 20.
16) Ständ. Rspr. des BVerwG (vgl. NJW 1955, 318 und U. v. 18. 12. 1975, Buchholz 424.01 § 147
    FlurbG Nr. 3) und h. M. in der Lit. (vgl. statt vieler *EF*, § 42, 93). § 10 SaarlKostO war deshalb
    verfassungswidrig; vgl. *Weides*, S. 276 Fußn. 31; *Lüke*, JuS 1982, 691.

1. Vorverfahren

Gegen die Teile der Kostenentscheidung, die kraft Gesetzes Bestandteile des Widerspruchsbescheides sind (vgl. oben Rdnrn. 2 f.), führt der Rechtsschutz unmittelbar zum Gericht[17]) (entspr. §§ 68 I S. 2 Nr. 2, 79 II VwGO)[18]). Die Klage ist nach §§ 79 II S. 3, 78 II VwGO gegen die Widerspruchsbehörde bzw. ihre Trägerkörperschaft zu richten[19]).

10

Werden der AusgangsVA und der Widerspruchsbescheid angefochten, handelt es sich i. d. R. um die „Einheitsklage" nach § 79 I Nr. 1 VwGO. Hat sie Erfolg, hebt das Gericht den VA „und den etwaigen Widerspruchsbescheid auf" (§ 113 I S. 1 VwGO). Die Kostenentscheidung teilt in diesem Fall also das verfahrensrechtliche Schicksal des AusgangsVA. Nur wenn der Kläger die Rechtswidrigkeit der Kostenentscheidung aus von der Hauptsache unabhängigen Erwägungen rügt, kann eine isolierte Anfechtungsklage gegen den Widerspruchsbescheid angenommen werden, die dann allerdings auch gegen den richtigen Klagegegner gerichtet werden muß (vgl. BVerwG v. 27. 11. 1975, Buchholz 310 § 58 VwGO Nr. 29; v. 26. 3. 1980, Buchholz 310 § 79 VwGO Nr. 13; v. 25. 8. 1982, Buchholz 310 § 79 Nr. 18; BWVGH v. 2. 2. 1987, VBlBW 1987, 336; v. 15. 11. 1989, NVwZ 1990, 1085; BayVGH v. 22. 8. 1989, BayVBl. 1990, 312 f.; BerlOVG v. 16. 10. 1985, Bd. 17, 162/164).

Beachten Sie: Bei isolierter Kostenanfechtung wird der Widerspruchsbescheid ansonsten bestandskräftig. Einwendungen gegen den Gebührenanspruch können deshalb nicht mehr daraus hergeleitet werden, der Widerspruch sei zu Unrecht zurückgewiesen worden; etwas anderes gilt auch dann nicht, wenn andere WF im Massenverfahren ihre Widersprüche gegen den VA im gerichtlichen Verfahren weiterverfolgen (vgl. OVG Lüneburg v. 8. 12. 1981, OVGE 36, 487/494 ff.).

Zu den Auswirkungen eines gerichtlichen Vergleichs auf die Widerspruchsgebühr vgl. BVerwG v. 31. 1. 1975, NJW 1975, 1715; NWOVG v. 14. 8. 1979, DVBl. 1981, 55 f. m. abl. Anm. *Redeker;* BWVGH v. 18. 6. 1982, VBlBW 1983, 102 f.; zur Auswirkung der Erledigung des angefochtenen VA und der Sachentscheidung im Widerspruchsbescheid auf die Widerspruchsgebühr vgl. BWVGH v. 14. 5. 1976, NJW 1977, 861 (LS 3).

Eines *Vorverfahrens* bedarf es auch dann nicht, wenn der Widerspruchsbescheid angefochten wird und diese Klage kraft Gesetzes im Widerspruchsbe-

11

---

17) Vgl. statt vieler BVerwGE 17, 246 (249); BayVGH v. 2. 8. 1988, BayVBl. 1989, 757; *Kopp,* § 68, 21; *StBL,* § 80, 21; Nr. 4.1 BremVwU und Nr. 4.5 BerlVwV zu § 80 VwVfG und oben Fußn. 16.
18) Dies ist zwar ausdrücklich nur für die erstmalige Beschwer eines Dritten geregelt, gilt aber entsprechend für alle Fälle, in denen der Widerspruchsbescheid selbständiger Gegenstand der Klage sein kann; vgl. BVerwG v. 23. 3. 1972, BVerwGE 40, 25 (27); v. 29. 11. 1985, Buchholz 310 § 162 VwGO Nr. 20; HessVGH, HessVGRspr. 1970, 12; BayVGH v. 1. 12. 1980, BayVBl. 1981, 469 (470). Für den Abhilfebescheid gilt entsprechendes, da nach unserer Auffassung § 68 I Nr. 2 VwGO auf ihn analog anwendbar ist (vgl. oben § 31 Rdnrn. 24 f.; wie hier *P. Schmidt,* BayVBl. 1982, 90; BayVGH v. 4. 3. 1985, BayVBl. 1986, 467/468; a. A. z. B. *StBL,* § 80, 21; Nr. 4.5, 5.1.4 und 7.3.3.1 BerlVwV § 80 VwVfG).
19) Vgl. BVerwG, Buchholz 424.01 § 147 FlurbG Nr. 3 gegen BayVGH v. 3. 4. 1974, BayVBl. 1975, 56 f.; BVerwG, Buchholz 310 § 162 VwGO Nr. 20; *Ehlers,* Festschr. für Menger 1985, S. 391 f. Wie hier nunmehr auch BayVGH, BayVBl. 1981, 470; v. 20. 11. 1984, BayVBl. 1985, 350.

scheid enthaltene Festsetzungsentscheidungen mit erfaßt (vgl. oben Rdnr. 9). Ansonsten sind Kostenfestsetzungsentscheidungen, da sie nicht Bestandteil des Widerspruchsbescheides, sondern lediglich Folgenentscheidungen sind, wie normale Erstbescheide zunächst mit Widerspruch anzugreifen[20]).

2. Rechtsschutz gegenüber der Kostenlastentscheidung

Richtige Klageart ist die *Anfechtungsklage*, wenn die Beschwer des WF in einem isoliert aufhebbaren Teil der Kostenlastentscheidung besteht, etwa wenn ihm Aufwendungen wegen angeblichen Verschuldens nach § 80 I S. 4 VwVfG trotz Obsiegens in der Sache auferlegt worden sind, ansonsten die *Verpflichtungsklage*, wenn der Erlaß, die Änderung oder Ergänzung der Kostenlastentscheidung, wie etwa die verweigerte oder unterlassene Erklärung über die Notwendigkeit der Zuziehung eines Bevollmächtigten, erstrebt wird[21]).

Der Zulässigkeit einer Verpflichtungsklage des WF auf eine ihm günstige Kostenlastentscheidung steht nicht entgegen, daß er bei der Einlegung des Widerspruchs regelmäßig eine Kostenentscheidung nicht ausdrücklich beantragt haben wird. Da die Widerspruchsbehörde die Kostenlastentscheidung von Amts wegen im Widerspruchsbescheid zu treffen hat, ist dem vorprozessualen Antragsverfahren als Sachurteilsvoraussetzung der Verpflichtungsklage durch den Widerspruch als Antrag in der Hauptsache genügt.

12 Unterbleibt dagegen im Widerspruchsbescheid *versehentlich* eine Kostenlastentscheidung oder ein Teil von ihr, etwa die Entscheidung über die Notwendigkeit der Beiziehung eines Verfahrensbevollmächtigten, liegt insoweit eine bestandskräftige Entscheidung nicht vor. In diesem Fall kann der WF seinen

---

20) Für eine Kostenfestsetzung nach § 80 III VwVfG nahezu einhellige Meinung: BVerwG v. 18. 4. 1988, BVerwGE 79, 226 (236); vgl. *Meyer/Borgs*, § 80, 51; *Kopp*, VwVfG, § 80, 9; *K/Busch*, § 80, 8.2.1; *StBL*, § 80, 79; Nr. 5.1 RdErl. d. Brem. Sen f. I. (oben § 46 Rdnr. 13); a. A. insoweit nur *Altenmüller*, DVBl. 1978, 290 f.; *Allesch*, S. 247.
Für die Gebührenfestsetzung wie hier: NWOVG, KStZ 1984, 217; Nr. 2 RdErl. d. Schl.-H.-MdI v. 26. 5. 1972 (Amtsbl. S. 412); a. A. *Kopp*, § 73, 19; § 68, 21, 25; BayVGH v. 16. 2. 1968, BayVBl. 1968, 210; v. 29. 12. 1982, BayVBl. 1983, 246 (247); VG Stuttgart v. 20. 1. 1988, VBlBW 1988, 485 (486); wohl auch SaarlOVG v. 30. 9. 1983, AS 18, 268 ff.; v. 8. 9. 1988, AS 22, 254 (259); unklar Nr. 7.4 RdErl. d. NWMdI (oben § 42 Rdnr. 13): gegen die „Kostenentscheidung gemäß § 73 III S. 2 VwGO" unmittelbar Klage.
21) Vgl. BVerwG v. 6. 12. 1963, DVBl. 1965, 244; Buchholz 424.01 § 147 FlurbG Nr. 3; v. 10. 6. 1981, BVerwGE 62, 296 (297); v. 8. 11. 1984, Buchholz 427.3 § 327 LAG Nr. 1; v. 14. 8. 1987, NVwZ 1988, 249; BayVGH, BayVBl. 1989, 757; *Maetzel*, MDR 1980, 94; *Meyer/Borgs*, § 80, 50; *StBL*, § 80, 22; zu undifferenziert dagegen *K/Busch*, § 80, 8.1.2 (nur Anfechtungsklage) und *Altenmüller*, DVBl. 1978, 289 (nur Verpflichtungsklage).

Rechtsschutz durch Verpflichtungsklage in Form der sog. *Untätigkeitsklage* suchen. Die dreimonatige Sperrfrist des § 75 S. 2 VwGO gilt hier nicht[22]).

Ebenso kann die Behörde die übergangene Kostenlastentscheidung jederzeit *von Amts wegen*[23]) nachholen, und zwar auch die *Widerspruchsbehörde*. 13
Dem steht nicht entgegen, daß die Sachherrschaft nach Erlaß des Widerspruchsbescheids auf die Ausgangsbehörde zurückfällt. Dies kann nämlich nur für die Sachherrschaft hinsichtlich der Hauptsache, nicht aber hinsichtlich der Kostenentscheidung gelten[24]), da sowohl das Verwaltungskostenrecht wie § 80 VwVfG die Zuständigkeit der Widerspruchsbehörde für die Kostenfestsetzung über den förmlichen Abschluß des Widerspruchsverfahrens hinaus prolongieren. Sinn dieser Regelungen ist es, die Zuständigkeiten für Kostenlast und Kostenfestsetzung wegen ihres engen funktionellen Zusammenhangs bei einer Behörde zu konzentrieren, so daß die Festsetzungszuständigkeit der Widerspruchsbehörde auch die Kostenlastentscheidung ergreift und insoweit deren Schicksal von dem der Hauptsachenentscheidung trennt.

Allerdings wird man für den Fall der übergangenen Kostenlastentscheidung 14
verlangen müssen, daß der WF vor Erhebung der Verpflichtungsklage einen entsprechenden *Ergänzungsantrag* bei der Widerspruchsbehörde stellt. Zwar muß die Widerspruchsbehörde über die Kostenlast von Amts wegen entscheiden, und ein entsprechender Antrag des WF ist zunächst nicht erforderlich, gleichwohl dürfte ihm nach Erlaß des Widerspruchsbescheids für eine unmittelbare Klage das Rechtsschutzbedürfnis abzusprechen sein, weil er den nächstliegenden und einfacheren Weg noch nicht beschritten hat[25]). Dieser Ergänzungsantrag unterliegt jedoch *nicht* der Zweiwochenfrist des *§ 120 VwGO*. Diese rechtfertigt sich aus dem Schutz der Rechtskraft gerichtlicher Entscheidungen und dem Verbot der isolierten Anfechtung von Kostenentscheidungen (§ 158 VwGO) und kann deshalb auf verwaltungsbehördliche Kostenentscheidungen nicht entsprechend angewandt werden[26]).

---

22) Vgl. *SDC*, § 73, 5 c; *K/Busch*, § 80, 8.1.3. Ihr Sinn ist es unter anderem, einer verfrühten und deshalb unter Rechtsschutzgesichtspunkten (noch) nicht gerechtfertigten Klageerhebung entgegenzuwirken und dadurch die Gerichte zu entlasten (BVerwG v. 23. 3. 1973, BVerwGE 42, 108 ff., 110). Hat die Behörde vor Ablauf der Sperrfrist zwar über den Widerspruch, nicht aber über die Kosten entschieden, kann angesichts des zwingenden Gebots der §§ 72, 73 III S. 2 VwGO nicht von einer verfrühten Klagemöglichkeit gesprochen werden.
23) Vgl. BerlOVG v. 12. 3. 1982, NJW 1982, 2516; StBL, § 80, 22.
24) Vgl. *v. Mutius*, S. 212 f.; weitergehend RhPfOVG v. 1. 12. 1969, AS 11, 255 (256 f.); *Rüter/Oster*, S. 27.
25) Vgl. *SG*, Rdnr. 551.
26) Vgl. VG Münster v. 31. 8. 1967, NJW 1968, 1004 ff.; VG Düsseldorf v. 10. 12. 1968, NJW 1969, 859; VG Regensburg, BayVBl. 1981, 635; *RÖ*, § 73, 33; *Altenmüller*, DVBl. 1978, 289; StBL, § 80, 22; *K/Busch*, § 80, 8.1.3; offengelassen von BVerwG v. 29. 8. 1983, BVerwGE 68, 1 (2, 4); v. 18. 4. 1988, BVerwGE 79, 226 (228); im Ergebnis ebenso BremOVG v. 20. 10. 1965, NJW 1966, 564; *Kopp*, § 73, 19; *v. Mutius*, S. 211 f.; *Renck*, DÖV 1973, 267; *SDC*, § 73, 5 c; *Allesch*, S. 167, 243, die zwar § 120 I, nicht aber § 120 II VwGO für entsprechend anwendbar halten.

3. Rechtsschutz im Kostenfestsetzungsverfahren

15 Verweigert die Behörde im Kostenfestsetzungsverfahren die Erstattung bestimmter Aufwendungen überhaupt oder in bestimmter Höhe, so ist dagegen – nach vorausgegangenen Vorverfahren[20]) – die *Verpflichtungsklage* eröffnet[27]). Soweit die erstrebte Kostenentscheidung (einschließlich der in der Kostenlastentscheidung zu treffenden Feststellungen) nicht im Ermessen der Behörde steht, was regelmäßig der Fall ist, kann mit der Verpflichtungsklage auch – entsprechend § 113 II VwGO[28]) – eine *Änderungsfeststellung* oder *-festsetzung* durch das Gericht selbst beantragt werden[29]).

Ebensowenig wie die Kostenfestsetzungsentscheidung der Widerspruchsbehörde[30]) ist das Änderungsfestsetzungsurteil des Gerichts ein Vollstreckungstitel für den erstattungsberechtigten Bürger, denn das Festsetzungsurteil erläßt anstelle der Behörde den VA selbst mit der Folge, daß die Änderungsfestsetzung nicht dem Gericht, sondern der Behörde zuzurechnen ist und deshalb wie deren Festsetzungsbescheid kein Titel für die Vollstreckung zugunsten des Bürgers ist[31]). Der Bürger, der eine höhere Kostenfestsetzung erstrebt und diese auch vollstrecken können will, muß deshalb die Änderungsfestsetzungsklage mit einer allgemeinen *Leistungsklage* auf Auszahlung des festzusetzenden Betrages kombinieren. Die Möglichkeit dieser Klagenverbindung ergibt sich aus einer *entsprechenden Anwendung des § 113 III VwGO*, dessen Grundgedanke, Stufenstreitigkeiten aus Gründen der Verfahrensökonomie in einem Verfahren abzuwickeln, auch für Verfahren der vorliegenden Art Geltung beanspruchen kann[32]).

Unter bestimmten Voraussetzungen sind auch *Stufenklagen* denkbar[33]), die Kostenlast- und Kostenfestsetzungsentscheidungen umfassen.

Hat die Behörde eine Kostenerstattung überhaupt abgelehnt, enthält die Klage auf Zahlung der geltend gemachten Anwaltskosten – neben der Leistungsklage auf Zahlung entsprechend § 113 III VwGO – ein auf den Erlaß *dreier VAe* gerichtetes Verpflichtungsbegehren:[34])
1. eine Kostenlastentscheidung zugunsten des WF (§ 80 III S. 1 VwVfG i. V. m. §§ 72, 73 III S. 2 VwGO),
2. einen in dieser Kostenentscheidung enthaltenen Ausspruch, daß die Zuziehung eines Rechtsanwalts oder sonstigen Bevollmächtigten notwendig war (§ 80 III S. 2 VwVfG i. V. m. § 80 II VwVfG),

---

27) Vgl. BVerwG v. 20. 5. 1987, BVerwGE 77, 268 (270); BVerwGE 79, 228, 236.
28) Zur entsprechenden Anwendung des § 113 II VwGO vgl. BVerwG v. 18. 1. 1978, BVerwGE 55 170 (172); v. 3. 5. 1982, DVBl. 1982, 1145 f.
29) Vgl. BayVGH v. 12. 8. 1982, BayVBl. 1982, 692 (693).
30) Vgl. § 46 Rdnr. 26.
31) Vgl. BayVGH, BayVBl. 1982, 693. Auch eine Vollstreckung gem. § 170 VwGO kommt nicht in Betracht, da diese Spezialform des Verpflichtungsurteils durch den Erlaß des VA die Vollstreckung bereits in sich trägt und die Vollstreckung des VA Sache der Verwaltung bleibt.
32) Vgl. *Maetzel*, MDR 1980, 94; BayVGH, BayVBl. 1982, 693; wohl auch BVerwGE 68, 4 f.; 77, 269 f.; 79, 227; v. 16. 12. 1988, NVwZ-RR 1989, 581 f.
33) Vgl. *Maetzel*, MDR 1980, 94; *Odenthal*, NVwZ 1990, 643.
34) Vgl. BVerwGE 77, 270; NVwZ-RR 1989, 582, das eine derartige Klagehäufung wohl für zulässig hält.

3. die Festsetzung der zu erstattenden Aufwendungen gemäß § 80 III S. 1 VwVfG). Eines Vorverfahrens für den 3. Verpflichtungsantrag bedarf es nach § 75 S. 1 VwGO nicht, da die Behörde es wegen der Vorgreiflichkeit der Entscheidungen zu 1. und 2. ablehnen wird, den Festsetzungsantrag zu bescheiden[35]).

---

35) Vgl. *Maetzel,* MDR 1980, 94; *Odenthal,* NVwZ 1990, 643.

§ 47 III 3 Kostenentscheidung

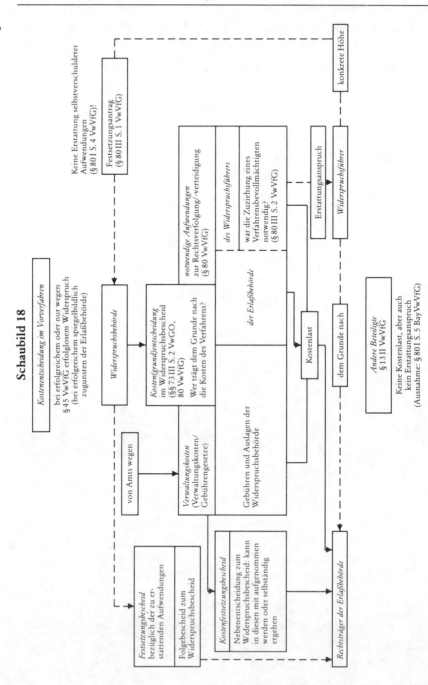

Schaubild 18

§ 48 Rechtsbehelfsbelehrung

I. Vorbemerkung

Im Examen wird von Ihnen i. d. R. nicht erwartet, daß Sie den vollständigen 1
Text einer Rechtsbehelfsbelehrung niederschreiben, da Ihre Zeit ohnehin knapp
bemessen ist. Es genügt deshalb der *Hinweis:* „Rechtsbehelfsbelehrung: Klage
beim Verwaltungsgericht (§§ 73 III, 58 I, 74 VwGO)".

Sollte einmal eine Rechtsbehelfsbelehrung ausdrücklich verlangt werden,
orientieren Sie sich an den zitierten Vorschriften und beschränken die Belehrung auf den notwendigen Inhalt[1]).

Wenn wir trotzdem die mit dem erforderlichen Inhalt der Rechtsbehelfsbelehrung
verbundenen Probleme eingehender darstellen, so deshalb, weil sie für den Beginn und
die Länge der Rechtsbehelfsfrist entscheidende Bedeutung haben und Sie im Examen
im Rahmen der Zulässigkeitsprüfung von Widerspruch und Klage mit ihnen konfrontiert werden können. Aus Gründen des Sachzusammenhangs wird die Rechtsbehelfsbelehrung bei Ausgangsbescheiden an dieser Stelle mitbehandelt.

Zur Terminologie: Der Begriff „*Rechtsmittel*" ist auf die gerichtlichen Rechtsbehelfe, 2
mit denen eine gerichtliche Entscheidung der höheren Instanz zur Nachprüfung
unterbreitet wird, also Berufung, Revision und Beschwerde, zu beschränken. Widerspruch und Klage sind zwar Rechtsbehelfe, aber keine Rechtsmittel (arg. § 155 II
VwGO). Korrekt muß es deshalb heißen: Rechtsbehelfsbelehrung. Der Ausdruck
„Rechtsmittelbelehrung" in § 73 III VwGO beruht auf einem Redaktionsfehler, da
ansonsten die VwGO die Unterscheidung zwischen Rechtsmittel und Rechtsbehelf
genauestens durchhält.

II. Erforderlichkeit einer Rechtsbehelfsbelehrung

Eine Rechtsbehelfsbelehrung schreibt die VwGO nur für *Widerspruchsbe-* 3
scheide (§ 73 III VwGO) und für *schriftliche,* der Anfechtung unterliegende
VAe von Bundesbehörden (§ 59 VwGO)[2]) vor[3]).

Schriftliche VAe sind auch − trotz der gegenüber § 36 SGB-VwVf und § 3
BerlVwVfG engeren Fassung − schriftlich bestätigte, aber ursprünglich mündliche
oder auf andere Weise erlassene VAe[4]). § 59 VwGO soll, weil in der VwGO
systematisch verfehlt, in § 36 SGB-VwVf angepaßter Form in das VwVfG als § 40 a
übernommen werden[5]).

---

1) Vgl. dazu unten Rdnrn. 8 ff., 13 f.
2) Zur Geltung in Zivilprozeßsachen kraft Zuweisung vgl. *Pietzner,* DÖV 1978, 874 f.
3) Eine verfassungsrechtliche Pflicht zur Rechtsbehelfsbelehrung existiert nach h. M. nicht. Vgl.
   Kopp, § 59, 2; BFH v. 1. 12. 1954, JZ 1955, 347 ff. m. abl. Anm. *Fritz Werner;* BVerwG v. 21. 9.
   1972, DVBl. 1973, 313 f.; *Pietzner,* DÖV 1978, 875 m. w. N.; offengelassen von BVerfG v.
   28. 10. 1975, BVerfGE 40, 237 (258 f.).
4) Vgl. *Stelkens,* Natur + Recht 1982, 11.
5) Vgl. § 191 IX Nr. 3 EVwPO.

Für VAe von Landesbehörden hat die VwGO dies dem für das Verwaltungsverfahrensrecht jeweils zuständigen Gesetzgeber überlassen, der eine Belehrungspflicht nur in Ausnahmefällen vorgesehen hat.
Vgl. z. B. § 211 BauGB, § 3 BerlVwVfG, § 136 II S. 2 Schl.-H.LVwG. In der Regel haben sich die Länder darauf beschränkt, durch Verwaltungsanweisungen die Beifügung von Rechtsbehelfsbelehrungen vorzuschreiben.
Die AO 1977 enthält in den §§ 157 I S. 3, 366 S. 2 den §§ 59, 73 III VwGO vergleichbare Regelungen.

4   Zuständig ist dagegen der Bundesgesetzgeber, die Folgen einer unterbliebenen oder unrichtigen Rechtsbehelfsbelehrung für den *Lauf der Widerspruchs- und Klagefrist* zu regeln, da dies in das gerichtliche Verfahrensrecht fällt. Er hat dies für Widerspruch und Klage in den §§ 70 II, 58 II VwGO mit der Maßgabe getan, daß Widerspruchs- und Klagefrist bei fehlender oder unrichtiger Rechtsbehelfsbelehrung nicht zu laufen beginnen, vielmehr die Monatsfrist durch eine einjährige Ausschlußfrist ersetzt wird (vgl. unten Rdnrn. 15 f.). Die §§ 70 II, 58 II VwGO enthalten demnach lediglich eine Obliegenheit, die allerdings in der Praxis einen mittelbaren Zwang zur Rechtsbehelfsbelehrung bewirkt. Die unten Rdnr. 17 zitierten Verwaltungserlasse empfehlen deshalb regelmäßig, schriftliche, der Anfechtung unterliegende VAe mit einer Rechtsbehelfsbelehrung zu versehen.
Für das Steuerrecht vgl. §§ 356 AO 1977, 55 FGO.

III. Umfang der Rechtsbehelfsbelehrung

1. Sinn

5   Die Rechtsbehelfsbelehrung hat den Sinn, die Rechtsunkenntnis des Rechtssuchenden in verfahrensrechtlicher Hinsicht zu beseitigen[6]) und muß sich wegen dieses Zweckes auch an Art. 103 I GG messen lassen.

6   Der der deutschen Sprache nicht hinreichend mächtige *Ausländer,* dem ein Strafbefehl (oder Bußgeldbescheid) in deutscher Sprache ohne eine ihm verständliche Rechtsbehelfsbelehrung zugestellt worden ist, kann deshalb im Falle der Fristversäumung nicht anders behandelt werden, als wenn die Rechtsbehelfsbelehrung unterblieben wäre[7]). Zwar hat der Ausländer keinen Anspruch auf eine Belehrung in seiner Heimatsprache. Ihm darf aber, wenn er der deutschen Sprache nicht hinreichend mächtig ist, im Wiedereinsetzungsverfahren nicht pauschal entgegengehalten werden, er habe sich nicht rechtzeitig um Wiedereinsetzung bemüht. Nur wenn er nach Lage des Einzelfalles einer Wahrnehmung seiner Rechte mit vermeidbarer Gleichgültigkeit gegenüber-

---

6) Vgl. BVerwG v. 9. 11. 1966, BVerwGE 25, 261 (262).
7) So BVerfG v. 10. 6. 1975, BVerfGE 40, 95 (98); a. A. BVerwG v. 14. 8. 1974, Buchholz 310 § 58 VwGO Nr. 27 für eine Ausweisungsverfügung mit der gegenüber Art. 103 I GG nicht haltbaren Begründung, die Amts- und Gerichtssprache sei deutsch und der Ausländer müsse sich über den Inhalt mit Hilfe eines Dolmetschers vergewissern.

standen und sich nicht um eine Übersetzung bemüht hat, obwohl er nach Lage des Falles dazu Anlaß hatte und in der Lage war (etwa erfaßt, es könne sich um ein amtliches, ihn belastendes Schriftstück handeln und gleichwohl sich binnen Monatsfrist nicht Gewißheit über den genauen Inhalt verschafft), kann ihm Wiedereinsetzung verweigert werden[8]).

Gleichwohl richtet sich aber die Rechtsbehelfsbelehrung an den *geschäfts- und prozeßfähigen Bürger,* dem sie nicht jede Unsicherheit hinsichtlich Frist und Form des einzulegenden Behelfs abnehmen muß[9]). An ihren Inhalt sind deshalb keine übertriebenen Anforderungen zu stellen.

7

2. Notwendiger Inhalt

Zwingend vorgeschrieben ist vom Gesetz (§ 58 I VwGO) lediglich eine Belehrung über:

a) Den Rechtsbehelf

Insoweit muß die Rechtsbehelfsbelehrung klar und eindeutig zum Ausdruck bringen, ob und inwieweit ein Rechtsbehelf zulässig ist.

8

Enthält eine behördliche Maßnahme neben VAen auch privatrechtliche Erklärungen oder ist dies zweifelhaft, so genügt es nicht, über den Rechtsbehelf zu belehren, „soweit in dieser Urkunde VAe enthalten sind"[10]). Ebensowenig ersetzt die Belehrung über die (isolierte) Anfechtbarkeit des Widerspruchsbescheids (§ 79 I Nr. 2 oder § 79 II VwGO i. V. m. § 78 II VwGO) die Belehrung über die Klagemöglichkeit gegen den Ausgangsbescheid (in der Gestalt des Widerspruchsbescheids - § 79 I Nr. 1 VwGO; vgl. oben § 47 Rdnr. 10); dies selbst dann nicht, wenn Rechtsträger beider Behörden derselbe ist (vgl. BayVGH v. 16. 10. 1986, BayVBl. 1987, 278 f.; HessVGH v. 30. 3. 1982, NJW 1983, 242; *RÖ,* § 58, 5).

Da § 73 III die Rechtsbehelfsbelehrung zwingend vorschreibt, ist sie auch einem Widerspruchsbescheid, der dem Widerspruch voll stattgibt, beizufügen, und zwar unabhängig davon, ob ein Dritter beschwert wird[11]).

Etwas anderes mag dort gelten, wo das Gesetz die Pflicht zur Rechtsbehelfsbelehrung auf VAe begrenzt, „die der Anfechtung unterliegen", wie z. B. § 59 VwGO und § 3 BerlVwVfG[12]).

Da die Feststellung, ob der WF durch den stattgebenden Widerspruchsbe-

---

8) So BVerfG v. 7. 4. 1976, BVerfGE 42, 120 ff.; differenzierender, aber wohl zu streng BVerwG v. 14. 4. 1978, NJW 1978, 1988; BayVGH v. 19. 3. 1976, NJW 1977, 1213; BFH v. 9. 3. 1976, NJW 1978, 1335; BVVGH v. 28. 6. 1979, BWVPr. 1979, 254; zu weitgehend dagegen VG Kassel v. 8. 7. 1976, NJW 1977, 543.
9) Vgl. BVerwGE 25, 262; *Stelkens,* Natur + Recht 1982, 12.
10) Vgl. BVerwG v. 21. 5. 1965, DÖV 1967, 713 (714).
11) Ebenso *RÖ,* § 73, 37; *Kopp,* § 73, 20; *SDC,* § 73, 7; a. A. *EF,* § 73, 9.
12) Vgl. Nr. 2 II, III RdSchr. Berl.Sen. f. I. v. 14. 6. 1979 (DBl. I S. 226).

scheid nicht doch beschwert wird, im Einzelfall schwierig sein kann, würde das Fehlen der Rechtsbehelfsbelehrung die Bestandskraft des Widerspruchsbescheids ein Jahr lang in Schwebe halten. Die Rechtsbehelfsbelehrung ist also auch in diesen Fällen generell anzuraten.

9   *Nicht unter die Belehrungspflicht* des § 58 VwGO *fällt* nach h. M. der Hinweis, daß gegen den kraft Gesetzes (§ 80 II Nr. 1 bis 3 VwGO) oder kraft behördlicher Vollziehungsanordnung (§ 80 II Nr. 4 i. V. m. § 80 III VwGO) eintretenden Ausschluß des Suspensiveffektes Rechtsschutz durch *Antrag auf Anordnung bzw. Wiederherstellung der aufschiebenden Wirkung* (§ 80 IV und V VwGO) möglich ist[13]); dies deshalb, weil der Antrag unbefristet und § 58 VwGO auf derartige Rechtsschutzmöglichkeiten nicht zugeschnitten ist. Als Sanktion käme deshalb nur die Rechtswidrigkeit der sofortigen Vollziehung in Betracht, die aber vom Gesetz nur für den Fall der mangelhaften Begründung (§ 80 III VwGO) vorgesehen wird. Dies mag rechtspolitisch unbefriedigend sein, weil der Bürger aus Rechtsunkenntnis seine vorläufigen Rechtsschutzmöglichkeiten u. U. nicht ausnutzen kann, verstößt aber gleichwohl nicht gegen Art. 19 IV GG[14]) (vgl. auch die Sonderregelung des § 10 III S. 4 AsylVfG).

Auch über Möglichkeit und Voraussetzungen einer Wiedereinsetzung ist nach h. M. nicht zu belehren (vgl. BVerwG v. 28. 11. 1986, VBlBW 1987, 332).

b) Die Verwaltungsbehörde oder das Gericht, bei denen der Rechtsbehelf anzubringen ist

10 Zur Vollständigkeit genügt der Hinweis auf die Behörde oder das Gericht, bei denen der Rechtsbehelf zu erheben *ist*. Ein Hinweis auch auf die Behörde oder das Gericht, bei denen der Rechtsbehelf ebenfalls wirksam eingelegt werden *kann*, ist nicht erforderlich[15]), *allein* aber nicht ausreichend[15]).

---

13) Vgl. *RÖ*, § 58, 3; *EF*, § 58, 4; § 80, 33; *Kopp*, § 58, 5; *Köhler*, § 58 Anm. II, 6; *Stelkens*, Natur + Recht 1982, 12; insoweit zustimm. *Stober*, BayVBl. 1976, 170 ff., der aber eine Rechtsbehelfsbelehrung aus verfassungsrechtlichen Gesichtspunkten für erforderlich hält. Vgl. auch Nr. 10 RdSchr.Berl.Sen. f. I.; Belehrung steht im pflichtgemäßen Ermessen.
14) A. A. insoweit *Stober*, BayVBl. 1976, 171 ff.
15) Vgl. BVerwG v. 17. 9. 1954, BVerwGE 1, 192 f.; v. 22. 8. 1974, Buchholz 310 § 58 VwGO Nr. 28; NWOVG v. 23. 1. 1974, NJW 1974, 879; v. 7. 3. 1978, DÖV 1979, 104.

c) Den Sitz

Die Belehrung über den Sitz verlangt nur die Bezeichnung des *Ortes*, an dem die Verwaltung oder das Gericht errichtet ist. Die Mitteilung der Anschrift ist nicht erforderlich[16]).

11

d) Die einzuhaltende Frist

Für die Fristbelehrung genügt die Bezeichnung der *abstrakten Frist*, die konkrete Bestimmung ihres Laufs fällt in die Eigenverantwortlichkeit des Betroffenen[17]).

12

Die Rechtsbehelfsbelehrung braucht deshalb auf die Art der jeweiligen Zustellung nicht hinzuweisen[18]). Sie muß aber in sich korrekt sein und dem § 74 I VwGO entsprechen, also: innerhalb eines Monats nach Zustellung, nicht nach Bekanntgabe[19]).

Der Hinweis, daß der Rechtsbehelf innerhalb der angegebenen Frist bei dem Gericht eingegangen sein muß, ist nach § 58 VwGO nicht erforderlich[20]).

3. Fakultativer Inhalt

Eine Belehrung über die *Form*[21]) und den *notwendigen Inhalt* der Klageschrift (§§ 81, 82 VwGO) oder die Form des Widerspruchs (§ 70 VwGO) fordert § 58 I VwGO dagegen nicht. Sie gehört deshalb nicht zu den zwingen-

13

---

16) Vgl. BVerwGE 25, 261 ff.; v. 23. 8. 1990, 85, 298 (300); *Noack*, DÖV 1961, 217; weitergehend *Kopp*, § 58, 11; *EF*, § 58, 9; *RÖ*, § 58, 7; *Bössl*, StKV 1974, 274; HessVGH v. 26. 8. 1965, ESVGH 19, 119: auch Straße und Hausnummer, wenn Verwechslungsgefahr besteht.
17) Vgl. BVerwG v. 12. 1. 1970, MDR 1970, 531; v. 28. 11. 1975, NJW 1976, 865; v. 14. 6. 1983, Buchholz 310 § 60 VwGO Nr. 132; v. 27. 4. 1990, BayVBl. 1990, 600; BVerfG v. 27. 7. 1971, BVerfGE 31, 388 (390); BFH v. 21. 8. 1980, BStBl. 1981 II 70 f.
18) BVerwG, Buchholz 310 § 58 VwGO; Nr. 25 zu § 17 II VwZG; BVerwG, Buchholz 310 § 60 VwGO Nr. 132; v. 5. 7. 1985, NVwZ 1985, 900; v. 9. 12. 1988, NVwZ 1989, 648 (650); BayVGH v. 2. 2. 1977, BayVBl. 1977, 341 zu § 4 I VwZG; a. A. BFH v. 22. 1. 1964, NJW 1964, 1246 ff.; v. 29. 10. 1974, BStBl. 1975 II 155 ff.; *Hingerl*, BayVBl. 1977, 607 m. w. N.
19) Für die Zustellung mit PZU wie hier BWVGH v. 4. 3. 1988, VBlBW 1988, 255; a. A. BVerwG, BayVBl. 1990, 600 f. und die Vorinstanz HessVGH v. 24. 6. 1988, ESVGH 38, 289 f., weil bei dieser Zustellungsart auch aus der Sicht des Empfängers Zustellung und Bekanntgabe stets zusammenfielen. Das trifft wegen der Möglichkeit der Niederlegung des Schriftstücks bei der Post nicht zu. Vgl. auch NWOVG v. 25. 7. 1972, NJW 1973, 165 und v. 25. 2. 1975, NJW 1975, 2087 f. für die irreführende Beschreibung des Fristbeginns bei Zustellung nach § 17 II VwZG; HessVGH v. 8. 12. 1977, ESVGH 28, 192 (194 f.) für AusgangsVA, der über „Zustellung" belehrt, tatsächlich aber formlos bekanntgegeben wurde. Vgl. auch § 33 Rdnr. 18.
20) Vgl. BVerwG v. 21. 1. 1972, NJW 1972, 1435; v. 3. 9. 1981, Buchholz 310 § 58 VwGO Nr. 45; a. A. BVerwG v. 14. 11. 1969 und v. 26. 8. 1970, BVerwGE 43, 26 und 115 (117) für Sondervorschriften im Wehrdisziplinar- und Wehrbeschwerdeverfahren.
21) Anders dagegen § 36 SGB-VwVf und § 53 I EVwPO, § 40 a EVwVfG (vgl. oben Fußn. 5).

den Elementen der Rechtsbehelfsbelehrung[22]). Gleichwohl wird sie als Nobile officium empfunden und regelmäßig mit in die Rechtsbehelfsbelehrung aufgenommen. In den amtlichen Mustern (vgl. unten Rdnrn. 17 ff.) finden sich häufig auch Hinweise darauf, daß der Rechtsbehelf fristwahrend auch beim Magistratus/Iudex ad quem eingelegt werden könne (oben Rdnr. 10), die Anschrift der Behörde oder des Gerichts (oben Rdnr. 11) sowie der Hinweis, daß bei schriftlicher Einlegung der Rechtsbehelf innerhalb der Frist eingegangen sein müsse (oben Rdnr. 12). Derartige Hinweise sind, wie bereits ausgeführt, nicht erforderlich, um den Lauf der Rechtsbehelfsfrist in Gang zu setzen.

14   *Beachten Sie aber,* daß *Zusätze und Bestandteile,* die über den zwingenden Inhalt hinaus in die Rechtsbehelfsbelehrung aufgenommen werden, *auf jeden Fall korrekt und vollständig* sein müssen, denn eine Rechtsbehelfsbelehrung ist auch dann unrichtig i. S. des § 58 II VwGO, wenn sie einen unzutreffenden oder irreführenden Inhalt hat, der seiner Art nach generell (abstrakt) geeignet ist, die Einlegung des Rechtsbehelfs zu erschweren[23]).

Dies hat die Rechtsprechung insbesondere dann angenommen, wenn die Rechtsbehelfsbelehrung den Eindruck erweckt, bestimmte inhaltliche Anforderungen an die Klageschrift, die lediglich auf Sollvorschriften beruhen, seien zwingender Natur[24]). HessVGH v. 4. 6. 1980, HessVGRspr. 1980, 81 (82) hält eine *analoge Anwendung* des § 58 II VwGO für erwägenswert, wenn die Rechtsbehelfsbelehrung richtig ist, aber die Behörde den WF durch eine falsche „authentische Interpretation" ihrer eigenen Rechtsbehelfsbelehrung davon abhält, formgerecht zu widersprechen (vgl. auch § 34 Fußn. 2).

---

22) So BVerwG v. 17. 9. 1954, BVerwGE 1, 192 (193); v. 27. 2. 1976, BVerwGE 50, 248 (250 ff.); v. 13. 12. 1978, BVerwGE 57, 188 (190); BayVBl. 1990, 600; SaarlOVG v. 17. 12. 1971, AS 12, 33 f.; NWOVG v. 8. 9. 1981, NVwZ 1982, 564; a. A. Kopp, § 58, 10; EF, § 58, 7; RÖ, § 58, 9; differenzierend *Noack,* DÖV 1961, 218.

23) Vgl. BVerwG v. 1. 11. 1967, BVerwGE 28, 178 ff.; v. 13. 1. 1971, BVerwGE 37, 85 ff.; v. 26. 10. 1966, BVerwGE 25, 191 (192); Buchholz 310 § 58 VwGO Nr. 25; v. 27. 2. 1981, DÖV 1981, 635; v. 29. 11. 1985, Buchholz 310 § 162 VwGO Nr. 20; BayVBl. 1990, 600; NWOVG, NJW 1975, 2087 f.; v. 7. 3. 1978, DÖV 1979, 104; HessVGH v. 30. 3. 1982, NJW 1983, 242.

24) Vgl. BVerwGE 37, 85 (86) für die Stellung eines bestimmten Antrages; BVerwG v. 17. 1. 1980, NJW 1980, 1707 f. (abl. Anm. *Petersen,* DÖV 1981, 344 f.); BSG v. 22. 7. 1982, SozR 1500 § 93 SGG Nr. 1 und HessVGH v. 7. 11. 1989, NVwZ-RR 1990, 671 f. für die Einreichung der Klage in mehreren Ausfertigungen; vgl. BVerwGE 28, 178 für eine Rechtsbehelfsbelehrung, die den Eindruck erweckt, die Klage müsse innerhalb der Klagefrist begründet werden; BVerwGE 57, 190 f. für die gegen § 70 VwGO verstoßende Belehrung, der Widerspruch sei schriftlich einzulegen und die Bitte, eine Begründung in doppelter Fertigung einzureichen; HessVGH v. 30. 3. 1982, NJW 1983, 242 und BayVGH v. 16. 12. 1986, DVBl. 1987, 698 für die Belehrung, Klage sei gegen den Widerspruchsbescheid zu erheben, obwohl Fall des § 79 I Nr. 1 VwGO. Vgl. weiterhin HessVGH v. 18. 9. 1985, AnwBl. 1986, 355. Nicht als irreführend wurde dagegen angesehen: „ ... schriftlich bzw. zur Niederschrift ... " statt: „ ... oder ... " (BVerwG, DÖV 1981, 635).

Auch aus diesem Grund können wir nur unsere eingangs ausgesprochene Empfehlung wiederholen, sich bei der Ausformulierung einer Rechtsbehelfsbelehrung auf den notwendigen Inhalt zu beschränken, denn beim fakultativen Inhalt können Ihnen zu leicht Fehler unterlaufen.

IV. Rechtsfolgen fehlerhafter Rechtsbehelfsbelehrungen

Fehlt die Rechtsbehelfsbelehrung oder wird sie unrichtig erteilt, beginnt die Monatsfrist für Widerspruch und Klage nicht zu laufen. Der Rechtsbehelf ist *innerhalb eines Jahres* seit Zustellung zulässig (*§ 58 II VwGO*). Die Jahresfrist ist eine *Ausschlußfrist*, die dem Gedanken der Rechtssicherheit Rechnung trägt[25]). *Über die Jahresfrist hinaus* ist die Einlegung der Klage nur dann zulässig, wenn sie vor Ablauf der Jahresfrist infolge höherer Gewalt unmöglich war oder eine schriftliche Belehrung dahin erfolgt ist, daß ein Rechtsbehelf nicht gegeben sei (§ 58 VwGO). Im ersten Fall ist die Zulässigkeit der Klage durch die Zwei-Wochen-Frist des § 60 II VwGO, im zweiten lediglich durch das Institut der Verwirkung zeitlich begrenzt.

15

Wird fälschlich über eine längere als die gesetzliche Rechtsbehelfsfrist belehrt, beginnt, da die Belehrung über die längere (unrichtige) Frist auch die kürzere (richtige) Frist einschließt, die Klagefrist zu laufen mit der Folge, daß sie noch bis zum Ablauf der längeren (unrichtigen) Frist genutzt werden kann[26]), jedoch nie über die einjährige Ausschlußfrist hinaus, da § 58 II VwGO von diesem Zeitpunkt das Vertrauen auf die Richtigkeit der (unrichtigen) Rechtsbehelfsbelehrung nicht mehr schützt. Dies gilt auch, wenn die Belehrung dahin ging, der Rechtsbehelf sei unbefristet gegeben[27]). Ist eine Rechtsbehelfsbelehrung unterblieben oder unrichtig, kann dies jederzeit durch Nachholung oder Berichtigung geheilt werden, allerdings nur innerhalb der Ausschlußfrist des § 58 II VwGO[28]). Der Lauf der Frist bestimmt sich dann vom Zeitpunkt des Zugangs der fehlerfreien Rechtsbehelfsbelehrung an. Die Nachholung oder Berichtigung kann in einem einfachen dienstlichen Schreiben erfolgen. Zustellung ist nicht erforderlich, da die Rechtsbehelfsbelehrung kein Bestandteil des Widerspruchsbescheides ist und der Zustellungszwang des § 73 III VwGO sie deshalb nicht ergreift; gleichwohl ist sie aus Gründen der Rechtssicherheit üblich und empfehlenswert.

16

---

25) Vgl. BVerwG v. 10. 11. 1966, NJW 1967, 591.
26) Vgl. BVerwG, NJW 1967, 592; a. A. BFH v. 6. 7. 1983, BStBl. II 1984, 84 (85) zu § 356 II AO 1977 unter Aufgabe seiner früheren gegenteiligen Auffassung (Jahresfrist).
27) Vgl. BVerwG, NJW 1967, 592.
28) Vgl. *Kopp*, § 58, 8; *EF,* § 58, 16; RhPfOVG v. 30. 4. 1957, AS 6, 112 ff.; BVerwG, NJW 1967, 592; a. A. *RÖ*, § 58, 16 mit der Begründung, die Nachholung sei als neuer VA zu werten.

V. Muster für Rechtsbehelfsbelehrungen

17 Die Behörden selbst verwenden üblicherweise Muster, die durch *ministerielle Runderlasse* vorgeschrieben oder doch empfohlen sind.
Vgl. z. B. für:
Bund: RdSchr. des MdI v. 3. 11. 1972, Belehrung über Rechtsbehelfe nach der VwGO (GMBl. S. 656).
Bayern: Bek. des BayStMdI v. 10. 3. 1980 (MABl. S. 146) i. d. F. v. 13. 1. 1986 (MABl. S. 62)[29]): Vollzug der VwGO; Rechtsbehelfsbelehrungen; Entschl. des BayStMdI v. 19. 10. 1966, Rechtsbelehrungen auf gemeindlichen Steuerbescheiden (MABl. S. 558) sowie Bek. des BayStMdI v. 24. 11. 1982 (MABl. S. 777): Verwaltungsgerichtliches Vorverfahren nach § 126 III BRRG bei Klagen aus dem Beamtenverhältnis.
Berlin: RdSchr. des Sen. f. Inn. v. 14. 6. 1979 über die Erteilung von Rechtsbehelfsbelehrungen (DBl. I S. 226) sowie AV über das Verfahren in beamtenrechtlichen Streitigkeiten v. 17. 11. 1975 (ABl. S. 1896), geändert durch VV v. 21. 8. 1979 (ABl. S. 1690).
Bremen: Empf. des Sen. f. Inn. v. 25. 2. 1976 (ABl. S. 275), Hinweis auf die Rechtsbehelfsbelehrung im Verwaltungsverfahren.
Hessen: Erl. des HessMdI v. 5. 4. 1962, betr. Inkrafttreten des HessAGVwGO (StAnz. S. 502).
Niedersachsen: RdErl. des NdsMdI v. 19. 1. 1982, Rechtsbehelfsbelehrung nach der VwGO (MBl. S. 128).
Nordrhein-Westfalen: RdErl. des MWMdI v. 1. 4. 1960, Belehrung über Rechtsbehelfe (MBl. S. 887 – SMBl. NW 2010).
Rheinland-Pfalz: RdSchr. des RhPfMdI v. 18. 7. 1984 (MinBl. Sp. 368), Belehrung über Rechtsbehelfe nach der VwGO.

18 Von ihnen drucken wir nachfolgend als Beispiel das Rundschreiben des Bundesministers des Innern ab. Zum zwingenden Inhalt einer Rechtsbehelfsbelehrung gehören in den Mustern 2 bis 4 lediglich die Ausführungen im ersten Absatz, wobei sogar noch die Belehrungen über die genaue Anschrift des zuständigen Verwaltungsgerichts und über die Form, in der der Rechtsbehelf zu erheben ist, überflüssig sind.

Belehrung über Rechtsbehelfe nach der Verwaltungsgerichtsordnung (VwGO)
– RdSchr. BMI v. 3. 11. 1972 – VII 3 – 132 120/6 –
Die in den nachfolgenden Anlagen 1 bis 4 enthaltenen vier Muster einer Rechtsbehelfsbelehrung treten an die Stelle der mit meinem Rundschreiben vom 24. März 1960 (GMBl. S. 150) veröffentlichten drei Muster. Sie haben nur Gültigkeit für das allgemeine Verwaltungsverfahren; für besondere Verwaltungsverfahren gelten teilweise abweichende Regelungen.

---

29) Auch abgedruckt bei *Ziegler/Tremel* Nr. 904.

An die
obersten Bundesbehörden

Muster einer

Anlage 1   19
(Muster 1)

Rechtsbehelfsbelehrung

bei einem schriftlich erlassenen anfechtbaren (belastenden) Verwaltungsakt, wenn vor Erhebung der Anfechtungsklage oder der Verpflichtungsklage ein Vorverfahren durchzuführen ist (§ 68 Abs. 1 Satz 1 VwGO oder § 68 Abs. 2 in Verbindung mit § 68 Abs. 1 Satz 1 VwGO), sofern nicht nach §§ 190 bis 192 VwGO besondere Vorschriften gelten.

Gegen den (diese)... (Bescheid, Verfügung, Anordnung oder Entscheidung) kann innerhalb eines Monats nach Bekanntgabe Widerspruch erhoben werden. Der Widerspruch ist bei... (Anschrift der Behörde, die den Verwaltungsakt erlassen hat) schriftlich oder zur Niederschrift einzulegen.

Muster einer

Anlage 2   20
(Muster 2)

Rechtsbehelfsbelehrung

bei einem Widerspruchsbescheid in den Fällen des § 79 Abs. 1 Nr. 1 VwGO, sofern nicht nach §§ 50, 190 bis 192 VwGO besondere Vorschriften gelten.

Gegen den (die)... (Bescheid, Verfügung, Anordnung oder Entscheidung) der... (Bezeichnung und Anschrift der Behörde, die den Verwaltungsakt erlassen hat) vom.. 19... kann innerhalb eines Monats nach Zustellung dieses Widerspruchsbescheides Klage bei dem Verwaltungsgericht in... (Anschrift des nach § 52 VwGO zuständigen Verwaltungsgerichts) schriftlich oder zur Niederschrift des Urkundsbeamten der Geschäftsstelle erhoben werden.

Die Klage muß den Kläger, den Beklagten und den Streitgegenstand bezeichnen. Sie soll einen bestimmten Antrag enthalten. Die zur Begründung dienenden Tatsachen und Beweismittel sollen angegeben werden.

Der Klage nebst Anlagen sollen so viele Abschriften beigefügt werden, daß alle Beteiligten eine Ausfertigung erhalten können.

Muster einer

Anlage 3   21
(Muster 3)

Rechtsbehelfsbelehrung

bei einem Widerspruchsbescheid in den Fällen des § 79 Abs. 1 Nr. 2 und Abs. 2 VwGO, sofern nicht nach §§ 50, 190 bis 192 VwGO besondere Vorschriften gelten.

Gegen diesen Widerspruchsbescheid kann innerhalb eines Monats nach Zustellung Klage bei dem Verwaltungsgericht in... (Anschrift des nach § 52 VwGO zuständigen Verwaltungsgerichts) schriftlich oder zur Niederschrift des Urkundsbeamten der Geschäftsstelle erhoben werden.

Die Klage muß den Kläger, den Beklagten und den Streitgegenstand bezeichnen. Sie soll einen bestimmten Antrag enthalten. Die zur Begründung dienenden Tatsachen und Beweismittel sollen angegeben werden.

Der Klage nebst Anlagen sollen so viele Abschriften beigefügt werden, daß alle Beteiligten eine Ausfertigung erhalten können.

22

Muster einer

Anlage 4
(Muster 4)

Rechtsbehelfsbelehrung

bei einem schriftlich erlassenen anfechtbaren (belastenden) Verwaltungsakt, gegen den nach § 68 Abs. 1 Satz 2 VwGO oder § 68 Abs. 2 in Verbindung mit § 68 Abs. 1 Satz 2 VwGO unmittelbar die Anfechtungsklage oder die Verpflichtungsklage gegeben ist, sofern nicht nach §§ 50, 190 bis 192 VwGO besondere Vorschriften gelten.

Gegen diesen (diese) ... (Bescheid, Verfügung, Anordnung oder Entscheidung) kann innerhalb eines Monats nach Bekanntgabe Klage bei dem Verwaltungsgericht ... in (Anschrift des nach § 52 VwGO zuständigen Verwaltungsgericht) schriftlich oder zur Niederschrift des Urkundsbeamten der Geschäftsstelle erhoben werden.

Die Klage muß dem Kläger, den Beklagten und den Streitgegenstand bezeichnen. Sie soll einen bestimmten Antrag enthalten. Die zur Begründung dienenden Tatsachen und Beweismittel sollen angegeben werden.

Der Klage nebst Anlagen sollen so viele Abschriften beigefügt werden, daß alle Beteiligten eine Ausfertigung erhalten können.

GMBl. 1972, S. 656

§ 49 Zustellung

I. Rechtsgrundlagen und Rechtsfolgen der Zustellung

Die Zustellung von Widerspruchsbescheiden erfolgt nach den *VwZG des* 1
Bundes [vgl. auch die VwV-VwZG i. d. F. v. 13. 12. 1966 (GMBl. 1967 S. 28),
geändert am 27. 4. 1973 (GMBl. S. 235)], und zwar auch dann, wenn durch
Landesbehörden zugestellt wird, denn § 56 II VwGO verweist als allgemeine,
vor die Klammer gezogene Vorschrift für *alle* Zustellungen nach der VwGO
– nicht nur für die im gerichtlichen Verfahren – auf das VwZG[1]).

Die wirksame Zustellung bringt das Vorverfahren förmlich zum Abschluß (vgl. oben 2
§ 27 Rdnr. 14) und setzt die Klagefrist in Lauf. Bei mehrfacher Zustellung ist hierfür
die *erste wirksame* maßgebend. Der zweiten Zustellung kommt keine rechtliche
Bedeutung mehr zu, insbesondere beseitigt sie nicht eine bereits eingetretene
Bestandskraft, da es ansonsten die Widerspruchsbehörde in der Hand hätte, die
Zuständigkeitsvorschriften des § 60 VwGO zu umgehen[2]).

Da die Zustellung des Widerspruchsbescheides die Klagefrist in Lauf setzen 3
soll (§§ 74, 75 VwGO), ist eine Zustellung unter Verletzung zwingender
Zustellungsvorschriften einer *Heilung nach § 9 I VwZG* (s. dazu oben § 33
Rdnr. 16) *nicht zugänglich (§ 9 II VwZG).*

Dies gilt auch für die von Rechtsausschüssen vielfach praktizierte „Verkündung" des
Widerspruchsbescheids im Anschluß an eine mündliche Verhandlung, denn § 73 III
VwGO schreibt als Bekanntgabeform zwingend die Zustellung vor (vgl. *Rüter/Oster,*
S. 45 f.)

Die Klagefrist kann nur durch erneute – fehlerfreie – Zustellung in Lauf
gesetzt werden. Unterbleibt dies, ist die Klagemöglichkeit des WF nur durch
das Institut der *Verwirkung* (vgl. dazu oben § 33 Rdnr. 15) begrenzt.

Beachten Sie bitte: Neben der Funktion, den Lauf von Fristen in Gang zu setzen, hat 4
die Zustellung auch *Bedeutung für den Eintritt der (äußeren) Wirksamkeit des VA*
(§ 43 I VwVfG). § 9 II VwZG beschränkt sich seinem Sinn und Zweck nach auf das
Ingangsetzen der Klagefrist, erfaßt dagegen nicht das Wirksamwerden des VA. Dieses
richtet sich vielmehr nach dem Zugang entsprechend § 9 I VwZG[3]). Eine Heilung des
Zustellungsmangels tritt allerdings nur ein, wenn der *Empfangsberechtigte* den VA

---

1) St. Rspr. seit BVerwG v. 19. 1. 1972, BVerwGE 39, 258 f. Die Kompetenz des Bundesgesetzgebers für die eigentlich verwaltungsverfahrensrechtliche Vorschrift des § 73 III VwGO ergibt sich nach Ansicht des 4. Senats des BVerwG wegen des engen Sachzusammenhanges mit der Bestimmung der Klagefrist (§ 74 VwGO) aus Art. 74 Nr. 1 GG („gerichtliches Verfahren"). Vgl. BVerwG v. 17. 11. 1972, MDR 1973, 522; a. A. insoweit *Langohr,* DÖV 1987, 143. Vgl. zum Kompetenzproblem § 24 Rdnr. 5.
2) Vgl. BVerwG v. 11. 5. 1979, BVerwGE 58, 100 (105 f.).
3) Vgl. z. B. BSG v. 29. 6. 1972, BSGE 34, 211 (213 ff.); vgl. auch GmS-OBG v. 9. 11. 1976, BVerwGE 51, 378; BVerwG v. 7. 11. 1979, NJW 1980, 1482; BGH v. 24. 3. 1987, NJW 1987, 2868; BFH v. 24. 10. 1986, NVwZ 1988, 768; *Linhart,* § 18, 157 f.

erhalten hat[4]). Im Einzelfall kann allerdings ein Zustellungsmangel auch die Wirksamkeit des fehlerhaft zugestellten VA in Frage stellen, nämlich dann, wenn die Auslegung des die Zustellung vorschreibenden Spezialgesetzes ergibt, daß die Zustellung von unmittelbarer materiell-rechtlicher Bedeutung sein soll und der VA aufgrund des Zustellungsmangels die ihm zugewiesene materiell-rechtliche Funktion nicht erfüllen kann[5]).

5 § 9 II VwZG ist Ausdruck des das Zustellungsrecht beherrschenden Grundsatzes der Formenstrenge und abschließend gemeint. Deshalb darf eine von der Verwaltung gewählte, aber formfehlerhaft durchgeführte Zustellungsart *nicht* in eine andere formfehlerfreie Zustellungsart *umgedeutet* werden[6]).

II. Zustellungsarten

6 Die *Zustellung* besteht in der Übergabe des Schriftstücks in Urschrift, Ausfertigung oder beglaubigter Abschrift oder in dem Vorlegen der Urschrift (§ 2 I S. 1 VwZG).

Richtet sich der VA an mehrere Adressaten, muß deshalb grundsätzlich jedem eine eigene, für ihn bestimmte Urkunde ausgehändigt werden; ansonsten ist die Zustellung unwirksam[7]). Einem Zustellungsbevollmächtigten mehrerer Beteiligter sind so viele Ausfertigungen und Abschriften zuzustellen, als Beteiligte vorhanden sind (§ 8 II VwZG); nur bei einem für mehrere Beteiligte bestellten gemeinsamen Vertreter genügt die Zustellung eines Schriftstücks an ihn für alle Beteiligte (§ 8 I S. 3 VwZG).

Das VwZG stellt hierfür mehrere Zustellungsarten zur Auswahl (§ 2 I S. 2, 3 VwZG).

---

4) Vgl. oben § 33 Rdnr. 16. Wird der VA einem nicht empfangsberechtigten Minderjährigen (vgl. HambgOVG v. 18. 8. 1981, DVBl. 1982, 218; BayVGH v. 25. 10. 1983, DÖV 1984, 433 f.) übergeben oder fehlt es an der Übergabe eines geeigneten Übergabeobjekts (vgl. BayVGH v. 8. 1. 1982, BayVBl. 1982, 630 f.), ist der VA nicht wirksam geworden (vgl. oben § 33 Rdnr. 6).
5) So VG Koblenz v. 22. 1. 1974, Gemeindetag 1975, 209; HessVGH v. 1. 10. 1976, HessVGRspr. 1976, 96 für die frühere Rechtslage bei Erschließungsbeitragsbescheiden.
6) Vgl. NWOVG v. 16. 6. 1971, OVGE 27, 50 (54 f.); BFH v. 9. 9. 1970, BFHE 100, 179 ff.; BWVGH v. 10. 1. 1977, NJW 1977, 645 und *Linhart*, BayVBl. 1982, 214 f.
7) Vgl. BVerwG v. 8. 7. 1958, DÖV 1958, 715 (716); BayVGH v. 8. 1. 1982, NVwZ 1984, 249 f.; BWVGH v. 21. 9. 1983, NVwZ 1984, 249; v. 5. 12. 1985, ESVGH 35, 180 (181); v. 28. 4. 1989, NVwZ-RR 1989, 593 f.; v. 29. 9. 1989, NVwZ-RR 1989, 597 f.; HessVGH v. 11. 3. 1985, ESVGH 35, 187 (188); v. 29. 5. 1985, NVwZ 1986, 138 f.; v. 9. 2. 1987, NVwZ 1987, 898; BerlOVG v. 12. 6. 1985, NVwZ 1986, 136; RhPf.OVG v. 25. 6. 1986, NVwZ 1987, 899; BayVGH v. 2. 5. 1986, NVwZ 1987, 900 f.;
Zur Zustellung an Eheleute vgl. BVerwG, DÖV 1958, 716; v. 13. 2. 1976, DÖV 1976, 353 (354); BFH v. 28. 7. 1983, NVwZ 1984, 270; v. 26. 3. 1985, NVwZ 1986, 156 f.; FG Hamburg v. 22. 2. 1983, NVwZ 1984, 270 f.; BWVGH, ESVGH 35, 181; HessVGH, ESVGH 35, 188; NVwZ 1986, 138 f.; NVwZ 1987, 898 f.; BerlOVG, NVwZ 1986, 136; RhPf.OVG, NVwZ 1987, 899; BayVGH, NVwZ 1987, 900 f.; BWVGH, NVwZ-RR 1989, 597 f. und oben § 33 Rdnr. 16.

1. Zustellung durch die Post

Die Zustellung durch die Post[8]) erfolgt
- durch Zustellungsurkunde (§ 3 VwZG i. V. m. §§ 180 bis 186, 195 II ZPO) oder
- mittels eingeschriebenen Briefes (§ 4 VwZG).

a) Bei der **Zustellung durch Postzustellungsurkunde** wird das in einem besonderen (inneren) Umschlag nach Muster Anlage 2 a VwV-VwZG verschlossenen Schriftstück zusammen mit einem Vordruck für die Zustellungsurkunde (Muster Anlage 2 b VwV-VwZG) in einem (äußeren) Umschlag (Muster Anlage 2 a VwV-VwZG) der Post übergeben. Die Sendung ist mit der Anschrift des Empfängers, der Bezeichnung der absendenden Dienststelle und mit einer Geschäftsnummer versehen (§ 3 I S. 2 VwZG).

7

Die Angabe des Geschäftszeichens ist zwingend, da sie unentbehrlich ist, um die Identifikation der übergebenen mit der in der Urkunde als zugestellt bezeugten Sendung eindeutig sicherstellen zu können[9]).

Der Postbedienstete stellt nach den §§ 180–186, 195 II ZPO zu, beurkundet die Zustellung und leitet die Zustellungsurkunde an die Behörde zurück.

8

Wird der Tag der Zustellung auf der dem Empfänger übergebenen Sendung nicht, nicht richtig oder nicht eindeutig vermerkt (§ 195 II S. 2 ZPO), wird die Klagefrist nicht in Lauf gesetzt[10]).

Ersatzzustellung ist möglich i. R. der §§ 181 bis 186 ZPO.

9

Unwirksam ist z. B. eine Ersatzzustellung, wenn die schriftliche Mitteilung über die Niederlegung bei der Post unter Verletzung des § 182 ZPO nicht in der bei gewöhnlichen Briefen üblichen Weise abgegeben, sondern in der Wohnung des Empfängers hinterlassen wird[11]) oder der Empfänger zum Zeitpunkt der Ersatzzustellung unter der Zustellungsanschrift nicht mehr wohnt, d. h. die Räumlichkeit tatsächlich nicht mehr

---

8) Eingehend zum Verfahren *Volbers,* Fristen, Termine und Zustellungen, 6. Aufl. 1988, S. 219 ff.
9) Vgl. BVerwG v. 24. 11. 1966, DÖV 1967, 688; HessVGH v. 21. 12. 1977, HessVGRspr. 1978, 41; BWVGH v. 15. 2. 1982, VBlBW 1982, 367 (368) m. w. N.
10) GmSOGB v. 9. 11. 1976, NJW 1977, 621 f.; BVerwG v. 7. 11. 1979, NJW 1980, 1482; v. 9. 12. 1982, NJW 1983, 1076; BFH v. 29. 10. 1986, NVwZ 1988, 478 f.; v. 13. 1. 1987, NVwZ 1988, 288; a. A. noch BVerwG v. 2. 2. 1972, DÖV 1972, 391.
11) Vgl. BVerwG v. 5. 5. 1973, BVerwGE 42, 180 (181 ff.); *EF,* § 56, 5: zu weitgehend; vgl. auch BFH v. 22. 7. 1980, BStBl. 1981 II 115 f.: Einschieben in seitlichen Türspalt ist kein Befestigen i. S. des § 182 ZPO; ebenso HessVGH v. 16. 2. 1989, NJW 1990, 1500 f. Zum Fristbeginn vgl. NWOVG v. 8. 9. 1981, NVwZ 1982, 564.

benutzt, wobei es entscheidend auf die Benutzung zum Schlafen ankommt[12]).[13]) Ersatzzustellung durch schriftliche Mitteilung über die Niederlegung bei der Post setzt einen vorherigen vergeblichen Zustellungsversuch in der Wohnung des Zustellungsempfängers voraus, ist also nach einem lediglich im Geschäftslokal vorgenommenen Zustellungsversuch unzulässig (BGH v. 5. 11. 1975, NJW 1976, 149; BremOVG v. 20. 6. 1986, NJW 1986, 2132).

Zur Verfassungsmäßigkeit der §§ 3 III VwZG, 182 ZPO vgl. BVerwG v. 11. 5. 1979, BVerwGE 58, 100 (103 f.); zur Auslegung des Begriffs „in der bei gewöhnlichen Briefen üblichen Weise" sowie zur Beweiskraft der Postzustellungsurkunde vgl. BVerwG v. 13. 11. 1984, NJW 1985, 1179 f.; v. 16. 5. 1986, NJW 1986, 2127 f.; BFH v. 1. 8. 1984, BStBl. 1985 II, 110 f.

10 b) Bei der **Zustellung mittels eingeschriebenen Briefes** gilt dieser mit dem 3. Tag nach der Aufgabe zur Post als zugestellt, es sei denn, daß das zuzustellende Schriftstück nicht oder zu einem späteren Zeitpunkt zugegangen ist. Bei Zweifeln trifft die Beweislast für den Zugang wie für den Zeitpunkt[14]) die Behörde (§ 4 I VwZG). § 4 I VwZG enthält eine gesetzliche, unter eine Bedingung gestellte Fiktion; er gilt auch dann, wenn das Schriftstück nachweislich vor dem 3. Tag zugegangen ist[15]).

Wegen dieser Fiktionswirkung verlängert sich der 3-Tage-Zeitraum nicht, wenn der 3. Tag ein Sonntag oder ein gesetzlicher Feiertag sein sollte[16]).

11 Die Zustellung mittels eingeschriebenen Briefs ist ordnungsgemäß, wenn sie den Vorschriften der PostO[17]) genügt[18]). Die Sendung wird dem in der

---

12) BVerwG v. 14. 8. 1974, Buchholz 340 § 3 VwZG Nr. 5; v. 4. 7. 1983, DVBl. 1984, 90; v. 20. 8. 1985, BVerwGE 83, 40 (42 f.); BFH v. 20. 10. 1987, BayVBl. 1988, 123.
13) Zur Zulässigkeit der Ersatzzustellung im Geschäftslokal des Adressaten bei Poststücken, die an die Privatadresse gerichtet sind, vgl. BVerwG v. 9. 10. 1973, BVerwGE 44, 104 ff.; keine Ersatzzustellung an den im Nebenhaus wohnenden Bruder (vgl. BayVGH v. 16. 2. 1978, BayVBl. 1978, 278), wohl aber an den Lebensgefährten (*Meyer/Rang*, NJW 1988, 811 f.; HambgOVG v. 5. 6. 1987, NJW 1988, 1807 f.; BGHZ v. 14. 3. 1990, NJW 1990, 1666 = JZ 1990, 759 m. zustimm. Anm. *Roth*: jedenfalls, wenn er mit einer Familie zusammenlebt; a. A. für den Fall, daß der Adressat nur mit seinem Lebensgefährten zusammenlebt BGH v. 8. 1. 1987, BGHSt 34, 250 = NJW 1987, 1562; BFH v. 29. 4. 1982, NJW 1982, 2895 f.).
14) Vgl. BayVerfGH v. 24. 3. 1977, BayVBl. 1977, 335. Die Forderung nach einem „substantiierten" Bestreiten des Adressaten überfordert diesen in Sondereinheit beim behaupteten Nichtzugang, da negative Tatsachen weder bewiesen noch substantiiert dargetan werden können. Ausreichend ist also das „schlichte" Bestreiten, denn die Behörde hat es in der Hand, durch die Wahl beweissicherer Zustellungsarten die Beweisnot zu vermeiden. Wie hier im Ergebnis *Rail*, BayVBl. 1986, 391; wohl auch BayVerfGH, BayVBl. 1977, 335; wie hier neuerdings BFH v. 14. 3. 1989, NVwZ 1990, 303 f.; a. A. BWVGH v. 14. 11. 1984, VBlBW 1985, 424.
15) BVerwG v. 23. 7. 1965, BVerwGE 22, 11 ff.; v. 3. 7. 1987, NVwZ 1988, 63 f.; vgl. auch BVerwGE 36, 128; NWOVG v. 25. 7. 1972, NJW 1973, 165.
16) Vgl. BFH v. 7. 10. 1976, NJW 1977, 216; v. 5. 3. 1986, BayVBl. 1986, 413 f.; BayVGH-GS v. 23. 7. 1990, BayVBl. 1990, 693 ff.; *Rail*, BayVBl. 1986, 391 f.; offengelassen von BVerwG v. 27. 5. 1983, DÖV 1983, 1011; a. A. *Kopp*, VwVfG, § 41, 41.
17) PostO v. 16. 5. 1963 (BGBl. I S. 341; BGBl. III 901-1-1).
18) BVerwG v. 20. 2. 1980, Buchholz 340 § 4 VwZG Nr. 7; v. 14. 1. 1983, a. a. O., Nr. 9; BayVerfGH v. 30. 10. 1981, NJW 1982, 2660 (2661).

Anschrift bezeichneten Empfänger, seinem Ehegatten oder Postbevollmächtigten zugestellt (§ 50 I PostO). Eine *Ersatzzustellung* i. S. des Niederlegens bei Nichtantreffen oder Verweigerung der Annahme wie bei der Zustellung durch Zustellungsurkunde (§ 3 III VwZG i. V. m. §§ 182, 186 ZPO) oder durch Empfangsbekenntnis (§§ 5 III, 11, 13 VwZG) ist nicht möglich[19]), sondern lediglich die *Zustellung an Ersatzempfänger* (§ 51 III i. V. m. II Nrn. 1 bis 3 PostO), wie z. B. an den Vermieter oder Angehörige[20]).

§ 51 II Nr. 1 PostO fordert jedoch nicht, daß die in dieser Vorschrift aufgeführten Personen Hausgenossen des Empfängers sein müßten und die Zustellung nur in der Wohnung des Empfängers vorgenommen werden dürfte (vgl. oben Rdnr. 9). Der Empfänger muß aber zu dem Ort der Zustellung in einer derart engen Beziehung stehen, die es rechtfertigt, diesen als seine „Anschrift" i. S. des § 50 I PostO anzusehen[21]).

Ein minderjähriger Angehöriger kommt als Ersatzempfänger nur in Betracht, wenn er genügend einsichtsfähig ist, um die unverzügliche Weitergabe der Sendung an den Empfänger erwarten zu lassen[22]).

Zugegangen ist der Einschreibebrief aber nur, wenn er in den Verfügungsbereich des Empfängers gelangt ist, sei es auch nur durch Entgegennahme seitens eines Ersatzempfängers. Wird nur ein Benachrichtigungsschein in den Briefkasten oder das Postfach eingelegt, ist der VA erst mit Aushändigung des Briefes zugegangen[23]), und zwar auch dann, wenn der Empfänger die Abholung bewußt verzögert[24]), denn er ist zur Entgegennahme der Einschreibsendung nicht verpflichtet (vgl. Rdnr. 19). Die Wahl der Zustellung durch eingeschriebenen Brief trifft deshalb die Behörde angesichts dieser Unsicherheitsfaktoren auf eigenes Risiko.

12

Der *Tag der Aufgabe zur Post ist in den Akten zu vermerken;* eines Namenszeichens bedarf es nicht (§ 4 II VwZG).

13

Nach überwiegender Meinung soll § 4 II VwZG eine zwingende Formvorschrift

---

19) BVerwG v. 1. 10. 1970, BVerwGE 36, 127 (129 f.); v. 20. 2. 1980, Buchholz 340 § 4 VwZG Nr. 7; *Herrmann*, DÖV 1970, 846 f.
20) BVerwG v. 19. 1. 1972, BVerwGE 39, 257 (261).
21) BVerwG, Buchholz 340 § 4 VwZG Nr. 4. Anders § 51 II Nr. 2 und 3 PostO; vgl. hierzu BayLSG v. 11. 12. 1979, Breith. 1980, 617.
22) BVerwG v. 27. 4. 1977, NJW 1977, 2092; Buchholz 340 § 4 VwZG Nr. 9; BWVGH v. 15. 12. 1977, NJW 1978, 719.
23) H. M.: vgl. BSG v. 30. 9. 1966, NJW 1967, 597 f.; BVerwGE 36, 129 f.; BVerwG, DÖV 1983, 1012; BayVerfGH v. 16. 11. 1973, BayVGHE 26, 127 (134 ff.); BayVGH v. 28. 11. 1974, BayVGHE 28, 31 (32); NWOVG v. 12. 9. 1976, JZ 1977, 644 f.; a. A. SG Freiburg v. 20. 12. 1978, MDR 1979, 525; *Behn*, ArchPF 1981, 202 ff. (Zugang mit Benachrichtigungsschein und Ablauf des darauffolgenden Werktages). Es reicht allerdings auch hier die Aushändigung an einen Ersatzempfänger i. S. der §§ 50 I, 51 PostO, wenn dieser den Benachrichtigungsschein vorlegt (§ 52 VPostO). Vgl. BayVerfGH, NJW 1982, 2661 m. w. N.
24) NWOVG, JZ 1977, 645; offengelassen vom BVerwG, DÖV 1983, 1012. Weitergehend NWLSG v. 14. 6. 1989, NWVBl. 1990, 137 f.: wird Annahme verweigert, gilt Sendung nach § 242 BGB als am Tag der Vorlage zugestellt.

sein[25]). Der Vermerk „Abgesandt am . . ." soll nicht ausreichen, da dies auch der Tag der Übergabe an den behördlichen Boten sein kann. Erforderlich sei „Zur Post am . . ."[26]). Ebensowenig soll der Aktenvermerk durch die Einheftung des Posteinlieferungsscheins oder durch die Beiziehung des behördlichen „Einschreibebuches" ersetzt werden können[27]). Da der Beweiswert des Aktenvermerks gering ist und der Aufgabetag durch den mit der Geschäftsnummer des zuzustellenden Schriftstücks versehenen Posteinlieferungsschein bewiesen werden kann, ist der Ansicht, die in § 4 II VwZG nur eine die Wirksamkeit der Zustellung nicht beeinträchtigende Ordnungsvorschrift sieht, der Vorzug zu geben. BVerwG v. 5. 7. 1985, NVwZ 1985, 900 stellt jedenfalls an die Förmlichkeit des Aktenvermerks nur geringe Anforderungen und läßt deshalb z. B. einen Aktenvermerk der Widerspruchsbehörde nach Rückfrage bei der Erstbehörde ausreichen. BVerwG, NVwZ 1989, 649: Jedenfalls dann Zustellungsmangel, wenn die Behörde den Tag der Aufgabe zur Post nicht auf andere Weise nachweisen kann.

2. Zustellung durch die Behörde

Die Zustellung durch die Behörde[28]) erfolgt

- gegen Empfangsbekenntnis (§§ 5, 10 bis 13 VwZG) oder
- mittels Vorlegen der Urschrift (§ 6 VwZG).

14   In der Praxis bedeutsam ist nur die *Zustellung durch Empfangsbekenntnis*, bei der der zustellende Bedienstete das Schriftstück dem Empfänger aushändigt, dieser das mit dem Aushändigungsdatum versehene Empfangsbekenntnis unterschreibt und der Bedienstete das Zustellungsdatum auf dem Schriftstück vermerkt (§ 5 I VwZG)[29]). *Ersatzzustellung* ist möglich i. R. der §§ 11 und 13 VwZG.

15   An *Behörden, Rechtsanwälte* und andere Angehörige der rechts- und steuer-(wirtschafts)beratenden Berufe kann das Schriftstück *auch auf andere Weise* (ohne besondere Übergabe), i. d. R. durch *einfachen Brief mit beiliegendem Empfangsbekenntnis* nach Muster der Anlage 4 zu den VwV-VwZG, übermittelt werden; als Nachweis der Zustellung genügt dann das Empfangsbekenntnis, das mit Datum und Unterschrift versehen an die Behörde zurückzusenden ist (§ 5 II VwZG).

---

25) Vgl. *EF*, § 56, 9; *Kopp*, § 56, 14; BFH v. 28. 2. 1969, NJW 1970, 80; BayObLG v. 5. 5. 1970, VerwRspr. 22, 883 f.; BayVGH, BayVBl. 1978, 278; – zweifelnd BVerwGE 39, 260; – ablehnend BremOVG v. 11. 3. 1974, NJW 1974, 172 f.; *v. Dreising*, Dt. Bundesrecht 1975, I B 20, S. 12; *Kohlrust/Eimert*, Das Zustellungsverfahren nach dem VwZG, 1967, § 4 Anm. 3.
26) BayObLG, BayVBl. 1969, 36 f.; a. A. wohl BVerwG, NJW 1977, 2092.
27) Vgl. *Kopp*, § 56, 14; Schl.-H.LSG v. 11. 12. 1970, NJW 1971, 776; NWOVG v. 11. 7. 1984, OVGE 37, 149 (151 f.); a. A. BremOVG, NJW 1974, 1722; BVerwG v. 15. 6. 1981. Buchholz 340 § 4 VwZG Nr. 8.
28) Hierzu eingehend *Volbers* (Fußn. 8), S. 232 ff.
29) Ausreichend ist es, wenn der Bedienstete den Aushändigungsvermerk an das Ende des Bescheides nach der Rechtsbehelfsbelehrung setzt (vgl. NWOVG v. 14. 6. 1988, DÖV 1989, 359). Fehlt das Zustellungsdatum, wird die Klagefrist nicht in Lauf gesetzt (vgl. oben Fußn. 10); a. A. noch BayVGH v. 25. 2. 1975, BayVBl. 1975, 477.

Der Empfänger kann Empfang und Annahmewillen auf beliebige Weise schriftlich bestätigen, etwa in der Klageschrift; die Verwendung des Vordrucks ist kein Wirksamkeitserfordernis (vgl. BGH v. 11. 3. 1987, NJW 1987, 2679 f.). Auf andere als die dort ausdrücklich genannten Personengruppen kann § 5 II VwZG auch nicht analog angewandt werden; die sorgfältige Enumeration weist § 5 II VwZG als erkennbar abschließende Norm aus[30]).

In diesem Fall tritt die Ausstellung des Empfangsbekenntnisses durch den Anwalt an die Stelle der Beurkundung durch den Beamten. Maßgebend für den Zeitpunkt der Zustellung ist nicht der Eingang bei der Anwaltskanzlei, sondern der Zeitpunkt, zu dem der Anwalt von dem zuzustellenden Schriftstück Kenntnis erlangt und bereit ist, die Zustellung entgegenzunehmen[31]). Läßt sich die Erteilung des Empfangsbekenntnisses nicht nachweisen, ist die Zustellung unwirksam[32]).

Das Fehlen des Datums auf dem Empfangsbekenntnis ist dagegen unbeachtlich, wenn sich der Zeitpunkt auf andere Weise nachweisen läßt[33]). Das Unterschriftserfordernis ist allerdings zwingend, Abkürzungen reichen nicht aus[34]). Lesbarkeit ist andererseits nicht erforderlich. Es genügt ein die Individualität des Unterzeichners ausreichend kennzeichnender Schriftzug[35]).

Der von Nr. 7 III S. 4 VwV-VwZG geforderte *Vermerk*, die Übersendung geschehe zum Zwecke der Zustellung, entbehrt – anders als bei § 6 S. 2 VwZG – der gesetzlichen Grundlage. Sein Fehlen beeinträchtigt deshalb die Wirksamkeit der Zustellung nicht[36]).

16

---

30) BFH v. 8. 3. 1972, BFHE 105, 508 (509) für Wirtschaftsprüfer vor deren Einfügung in § 5 II VwZG; *Engelhardt*, VwVG-VwZG, 2. Aufl. 1988, § 5 VwZG, Anm. 2; a. A. BSG v. 14. 8. 1959, BSG 10, 244; v. 9. 11. 1961, BSG 15, 216 (221) und *Meyer-Ladewig*, SGG, 3. Aufl. 1987, § 63 Rdnr. 5 für die in § 73 VI S. 3 SGG genannten Verbandsvertreter.
31) BGH v. 10. 6. 1976, BGHZ 67, 10 (12); v. 31. 5. 1979, NJW 1979, 2566; BVerwG v. 17. 5. 1979, BVerwGE 58, 107 ff. (unter Aufgabe der gegenteiligen Auffassung im B. v. 1. 2. 1971, DVBl. 1971, 418); v. 24. 5. 1984, Buchholz 310 § 117 VwGO Nr. 23; v. 12. 10. 1984, Buchholz 340 § 5 VwZG Nr. 10. Den Willen des Anwalts, die Zustellung „anzuerkennen", setzt die Wirksamkeit der Zustellung freilich nicht voraus. Der Anwalt kann sich allerdings bei Ausstellung des Empfangsbekenntnisses durch einen Zustellungsbevollmächtigten (auch Büroangestellten) vertreten lassen. Vgl. BGHZ 67, 12 ff.
Entsprechend ist die Zustellung *an eine Behörde* erst dann bewirkt, wenn das Schriftstück einem zeichnungsberechtigten und zur Empfangnahme bereiten Beamten vorgelegt wird, und nicht schon mit dem Eingang in der Postannahmestelle. Vgl. BSG v. 23. 3. 1966, NJW 1966, 1382; BFH v. 26. 9. 1969, BFHE 97, 57; offengelassen von BFH v. 24. 9. 1975, BFHE 117, 11; v. 30. 3. 1978, KKZ 1979, 13. Die abw. A. des BVerwG v. 14. 2. 1966, Buchholz 340 § 8 VwZG Nr. 5; DVBl. 1971, 418 ist durch BVerwG v. 21. 12. 1979, BayVBl. 1980, 249; v. 14. 12. 1989, Buchholz 340 § 5 VwZG Nr. 13 ebenfalls aufgegeben worden.
32) BGH v. 30. 1. 1975, NJW 1975, 1171. Vgl. allerdings BFH v. 6. 3. 1990, BayVBl. 1990, 699 f.
33) BVerwG v. 7. 1. 1972, DÖV 1972, 390; *Schütz*, DVBl. 1973, 354 f. Vgl. auch BGH v. 29. 10. 1986, NJW 1987, 1335 zur Beweiskraft des EB.
34) BGH v. 26. 10. 1971, BGHZ 57, 160 (163 f.); *EF*, § 56, 11; a. A. BVerwG v. 4. 4. 1972, Buchholz 340 § 5 VwZG Nr. 4.
35) BVerwG v. 11. 9. 1978, Buchholz 340 § 5 VwZG Nr. 5.
36) Vgl. BSG v. 27. 8. 1971, NJW 1971, 2248; BVerwG, Buchholz 340 § 5 VwZG Nr. 5.

3. Sonderarten der Zustellung

Von den in den §§ 14 bis 16 VwZG geregelten Sonderarten der Zustellung sind in der Praxis bedeutsam:

17 a) die **öffentliche Zustellung durch öffentliche Bekanntmachung** (§ 15 VwZG)[37]), insbesondere für den Fall, daß der Aufenthaltsort des Empfängers unbekannt ist. Da die öffentliche Zustellung i. allg. dem Empfänger nicht bekannt wird, sind an ihre Zulässigkeit — auch aus verfassungsrechtlichen Gründen (rechtliches Gehör!)[38]) — strenge Anforderungen zu stellen. Sie setzt i. d. R. einen erfolglosen Zustellungsversuch an die letzte bekannte Adresse des Empfängers[39]) sowie Nachforschungsbemühungen der Behörde (wie Suchvermerk im Bundeszentralregister, § 15 V VwZG) voraus.

Das Schriftstück wird an der von der Behörde hierfür allgemein bestimmten Stelle ausgehängt und gilt nach zwei Wochen nach dem Tage des Aushängens als zugestellt (§ 15 II und III VwZG).

Der Tag des Aushängens und der Abnahme sind von dem zuständigen Bediensteten auf dem Schriftstück mit vollem Namenszug zu vermerken; ansonsten ist die Zustellung unwirksam (§ 15 III S. 3, V S. 5 VwZG)[40]).

b) die formlose **Zustellung nach dem Beamtenrecht** durch mündliche Bekanntgabe, Einsichtsgewährung u. dgl. (§ 16 VwZG).

c) des weiteren sind **Sondervorschriften** über die Zustellung, wie z. B. § 17 AsylVfG, zu beachten.

III. Die Wahl der Zustellungsart durch die Behörde

18 Die Behörde kann nach *pflichtgemäßem Ermessen* zwischen den einzelnen Zustellungsarten wählen (§ 2 II VwZG). Sie soll hierbei die Höhe der jeweiligen Postgebühren berücksichtigen (Nr. 4 I S. 4 VwV-VwZG).

Gebührenmäßig schneidet die Zustellung durch Einschreiben i. d. R. etwas günstiger ab als die durch Postzustellungsauftrag.

19 Gleichwohl ist in der Praxis, wenn der Widerspruchsbescheid an den WF selbst zugestellt wird, die *Zustellung mit Zustellungsurkunde* die gebräuchlichste Form. Bei der Wahl der Zustellungsart ist nämlich weiterhin zu beachten,

---

37) Eingehend hierzu *Volbert*, DOK 1973, 480 f.
38) Vgl. BVerfG v. 2. 12. 1987, NJW 1988, 1255 (1256); v. 26. 10. 1987, NJW 1988, 2361.
39) Vgl. BayVGH v. 29. 7. 1970, BayVGHE 23, 143 ff.; vgl. auch BayObLG v. 28. 7. 1983, NVwZ 1983, 765 f.
40) BGH v. 19. 5. 1981, BGHZ 80, 320 ff.; BFH v. 5. 3. 1985, NVwZ 1986, 156. Zu den Anforderungen an den Inhalt der Benachrichtigung nach § 15 II 2 VwZG, die statt des Schriftstücks ausgehängt werden kann, vgl. BayVGH v. 26. 1. 1988, BayVBl. 1989, 246. Weiterhin BayVGH v. 26. 4. 1989, BayVBl. 1989, 662 zur Bedeutung des „Schwarzen Brettes".

daß eine *Ersatzzustellung*, wenn der Empfänger nicht angetroffen wird oder die Annahme verweigert, nur bei Zustellung mit Zustellungsurkunde (§ 3 III VwZG i. V. m. §§ 181 ff. ZPO) oder bei der Zustellung gegen Empfangsbekenntnis (§§ 11, 13 VwZG) möglich ist. Da eingeschriebene Briefe nicht durch Niederlegen oder Zurücklassen zugestellt werden können und zudem der Empfänger wie auch der Ersatzempfänger die Annahme verweigern können, ist diese Zustellungsart nur zweckmäßig, wenn zu erwarten ist, daß der Empfänger bzw. Ersatzempfänger angetroffen und auch bereit sein wird, das zuzustellende Schriftstück anzunehmen (vgl. Nr. 6 II VwV-VwZG).

Wird der WF durch einen *Bevollmächtigten* im Vorverfahren vertreten und hat dieser eine *schriftliche Vollmacht* vorgelegt, *muß* an ihn zugestellt werden (§ 8 I S. 2 VwZG und § 32 Rdnr. 9),

Die Mißachtung des § 8 I S. 2 VwZG durch Zustellung an den Vollmachtgeber macht die Zustellung unwirksam[41]). Auch nach Anzeige der Mandatsniederlegung ist an den Bevollmächtigten zuzustellen, wenn der Vollmachtvertrag und damit die Verfahrensvollmacht in Wirklichkeit fortbesteht, etwa weil die Verbindung zum Vollmachtgeber abgerissen war und der Vollmachtvertrag vom Bevollmächtigten deshalb nicht wirksam hatte gekündigt werden können[42]).

ansonsten *kann* an ihn zugestellt werden (§ 8 I S. 1 VwZG).

Ist aber der Widerspruch von einem Rechtsanwalt eingelegt worden und hat die Widerspruchsbehörde ihn, obwohl er keine schriftliche Vollmacht vorgelegt hat, als Bevollmächtigten durch Anführung im Rubrum anerkannt, dann muß sie an ihn zustellen; eine andere Handhabung ist ermessensmißbräuchlich und setzt die Klagefrist nicht in Lauf[43]).

Ist der Bevollmächtigte ein Rechtsanwalt oder sonstiger Angehöriger der in § 5 II VwZG aufgeführten rechts- oder steuerberatenden Berufe, wird in der Praxis i. d. R. *gegen Empfangsbekenntnis* nach § 5 II VwZG durch einfachen Brief zugestellt.

---

41) Die bei der Zustellung erstinstanzlicher Bescheide mögliche Heilung des Zustellungsmangels (vgl. BVerwG v. 15. 1. 1988, NJW 1988, 1612 f. und § 33 Rdnr. 16) scheidet bei Widerspruchsbescheiden wegen § 9 II VwZG aus.
42) Vgl. BVerwG, DVBl. 1984, 90.
43) Vgl. BFH v. 25. 10. 1963, BStBl. 1963 III 600 f.; BayVGH v. 7. 4. 1975 Nr. 90 VI 74 (u. v.). Weitere Fälle fehlerhaften Ermessensgebrauchs nennt das RdSchr. des BMF v. 30. 4. 1982, BB 1982, 912 (914). Vgl. weiterhin NWOVG v. 14. 12. 1989, NVwZ-RR 1990, 451.

§ 50 Muster für Widerspruchsbescheide und Begleitverfügungen

I. Widerspruchsbescheid

1. Bescheidform

1 a) **Form des persönlichen Schreibens**

Der Regierungspräsident... PLZ..., den
Mein Zeichen:... Postfach
Hauptstraße 5

Frau
Marta Ritter Durch Postzustellungsurkunde
Pappelstraße 10
PLZ Oberhausen

<u>Bezug:</u> Kostenbescheid der Stadt Oberhausen vom... Az....
<u>Betr.:</u> Ihr Widerspruch vom...

Widerspruchsbescheid[1]

Sehr geehrte Frau Ritter!

Auf Ihren Widerspruch vom... hebe ich den Kostenbescheid des Ordnungsamts der Stadt Oberhausen vom..., Az.:... auf.

Die Kosten des Verfahrens trägt die Stadt Oberhausen. Dieser Bescheid ergeht kostenfrei.

Oder:

Auf Ihren Widerspruch vom... ergeht folgender

Widerspruchsbescheid

Der gegen Sie vom Ordnungsamt der Stadt Oberhausen am... erlassene Kostenbescheid (Az.:...) wird aufgehoben.

Gründe:

(Sachbericht und rechtliche Würdigung können sehr knapp gehalten werden, da dem Widerspruchsbegehren entsprochen wird.)

---

1) Vgl. auch das Beispiel in der Klausurlösung *Gailus/Verleger*, JuS 1989, 395 (402).

Die Kostenentscheidung beruht auf §§ 73 Abs. 3 Satz 2 VwGO, 80 Abs. 1 S. 1 des Verwaltungsverfahrensgesetzes für das Land Nordrhein-Westfalen (VwVfG.NW.) vom 21. 12. 1976 (GV.NW. S. 437), zuletzt geändert durch Art. 3 des Gesetzes vom 15. März 1988 (GV.NW. S. 160), die Kostenfreiheit des Widerspruchsverfahrens auf § 15 Abs. 3 S. 1 des Gebührengesetzes für das Land Nordrhein-Westfalen (GebG NW) vom 23. 11. 1971 (GV.NW. S. 354), zuletzt geändert durch Gesetz vom 19. 3. 1985 (GV.NW. S. 256).

Hochachtungsvoll
Im Auftrage:
gez. Dr. Müller

b) Form des unpersönlichen Schreibens[2])   2

... -kreis   PLZ ..., den
Landratsamt   Postfach
− Kommunalrechtsamt −   Neckarstraße 20
Az.:

Herrn
Rechtsanwalt   Gegen Empfangsbekenntnis
Dr. Max Wagemut
Burggraben 20
PLZ Altstadt

Betr.:   Erschließungsbescheide der Gemeinde Altstadt
Bezug: Widerspruch des Herrn Fritz Sandstein, vertreten durch Rechtsanwalt Dr. Max Wagemut, Altstadt, vom ...
Anlagen −1− (Durchschrift für Mandanten)

Widerspruchsbescheid

1. Der Widerspruch des Herrn Fritz Sandstein, Altstadt, Am Hang 2, gegen den Erschließungsbeitragsbescheid der Gemeinde Altstadt vom ... Kto.-Nr. ... für das Grundstück Lgb. Nr. ..., Am Hang 2, wird (als unbegründet)[3]) zurückgewiesen.
2. Der Antrag auf Aussetzung der Vollziehung des Bescheids wird abgelehnt.
3. Die Kosten des Verfahrens hat der Widersprecher[4]) zu tragen.
4. Für diese Entscheidung wird eine Gebühr von 40,− DM festgesetzt[5]).

---

2) Vgl. auch die die bayerische Praxis wiedergebenden Muster bei *SG*, Rdnr. 310 und *Linhart*, § 23, 3 ff.
3) Vgl. dazu oben § 41 Rdnr. 21.
4) Nur üblich in Baden-Württemberg, ansonsten: Widerspruchsführer.
5) Die Aufnahme der Gebührenfestsetzung in den Tenor ist üblich, aber nicht erforderlich. Ein Muster für einen isolierten Kostenfestsetzungsbescheid finden Sie oben § 47 Rdnr. 8.

Gründe:

I.

Der Widersprecher ist Eigentümer des Grundstücks ... (Sachbericht einschließlich einer knappen Darstellung des Widerspruchsvorbringens).

II.

Der Widerspruch ist zulässig, insbesondere form- und fristgerecht erhoben, aber nicht begründet. Eine erneute Überprüfung der Sach- und Rechtslage hat auch unter Berücksichtigung der im Widerspruchsverfahren vorgebrachten Einwände ergeben, daß der Widersprecher zu Recht zu dem angeforderten Erschließungsbeitrag herangezogen worden ist.
(Ermächtigungsgrundlage: §§ 127 ff. BauGB i. V. m. der gemeindlichen Erschließungsbeitragssatzung, Subsumtion des festgestellten Sachverhalts unter Würdigung des Widerspruchsvorbringens.)
Der Widerspruch mußte somit als unbegründet zurückgewiesen werden.

III.

Bei dieser Sach- und Rechtslage kann auch dem Antrag auf Aussetzung der Vollziehung nach § 80 Abs. 4 VwGO nicht stattgegeben werden, denn ...

IV.

Die Kostenentscheidung beruht auf §§ 73 Abs. 3 Satz 2 VwGO, 80 Abs. 1 Satz 3 des Verwaltungsverfahrensgesetzes für Baden-Württemberg (Landesverwaltungsverfahrensgestz − LVwVfG) vom 21. 6. 1977 (GBl. S. 227), geändert durch Gesetz vom 18. 7. 1983 (GBl. S. 369), in Verbindung mit §§ 1 Abs. 1, 2 Abs. 1 des Landesgebührengesetzes vom 21. 3. 1961 (GBl. S. 59), zuletzt geändert durch Gesetz vom 4. 7. 1983 (GBl. S. 265), und Nr. 76.1.1 des Gebührenverzeichnisses (GebVerz.), Anlage zu § 1 der Verordnung der Landesregierung über die Festsetzung der Gebührensätze für Amtshandlungen der Staatlichen Behörden − GebVO − vom 16. 12. 1985 (GBl. S. 429, ber. 1986, S. 160), in der Fassung der VO vom 24. 10. 1988 (GBl. S. 324), zuletzt geändert durch Verordnung vom 25. 6. 1990 (GBl. S. 194).

Rechtsbehelfsbelehrung

In Vertretung:
Dr. Müller

2. Beschlußform

a) Form bei Verfahren ohne mündliche Verhandlung 3

Bezirksregierung PLZ..., den...
... Postfach
Az.: ... Pfalzstraße 10

In der Widerspruchssache

des griechischen Staatsangehörigen Wassilos Hainakis, geb. am 13. 1. 1940 in Piräus, wohnhaft in Großstadt, Kolonnadenstraße 4,

Widerspruchsführer,

– Verfahrensbevollmächtigter: Rechtsanwalt Dr. Max Schnell, Schloßallee 12, Großstadt –

gegen

das Land Rheinland-Pfalz, vertreten durch das Polizeipräsidium Großstadt,

Widerspruchsgegnerin,

wegen

Versagung der Aufenthaltserlaubnis zur selbständigen Erwerbstätigkeit erläßt die Bezirksregierung... folgenden

Widerspruchsbescheid:

1. Der Widerspruch gegen die Verfügung des Polizeipräsidiums Großstadt vom..., Az.: ... wird zurückgewiesen.
2. Der Widerspruchsführer hat die Kosten des Verfahrens zu tragen.
3. Für diesen Bescheid wird eine Gebühr von 50,– DM festgesetzt.

Gründe:

I.

(Sachbericht)

II.

(Rechtliche Würdigung)

III.

Die Kostenentscheidung beruht auf §§ 73 Abs. 3 Satz 2 VwGO, 19 Abs. 1 Satz 3 des Landesgesetzes zur Ausführung der VwGO (AG VwGO) i. d. F. vom 5. 12. 1977 (GVBl. S. 452), zuletzt geändert durch Gesetz vom 6. 11. 1989 (GVBl. S. 225), in Verbindung mit §§ 15 Abs. 4, 13 Abs. 1 Nr. 1 des Landesgebührengesetzes für Rheinland-Pfalz (LGebG) vom 3. 12. 1974 (GVBl. S. 578), geändert durch gesetz vom 5. 5. 1986 (GVBl. S. 103).

Rechtsbehelfsbelehrung

Im Auftrag
gez. Dr. Müller

Gegen Empfangsbekenntnis
in Abdruck

Herrn
Rechtsanwalt
Dr. Max Schnell
Schloßallee 12
PLZ Großstadt

b) Form bei Entscheidung eines Rechtsausschusses

Stadtverwaltung Hochstadt   PLZ Hochstadt, den ...
– Stadtrechtsausschuß –   Parkstraße 12
Az.: ...

Herrn
Rechtsanwalt
Dr. Günther Klug   Gegen Empfangsbekenntnis
Akazienallee 28
PLZ Hochstadt

In der Widerspruchssache
des Herrn Willi Pfeil, Hessenweg 5, Hochstadt,

Widerspruchsführer,
vertreten durch Rechtsanwalt Dr. Günther Klug, Akazienallee 28, Hochstadt,

gegen

die Stadtverwaltung Hochstadt – Bauaufsichtsbehörde –,

Widerspruchsgegnerin,

wegen

Versagung einer Baugenehmigung

hat der Stadtrechtsausschuß bei der Stadtverwaltung Hochstadt auf Grund der mündlichen Verhandlung vom ... (ggf.: ohne mündliche Erörterung in seiner Sitzung am ...), an der teilgenommen haben[6]):

Stadtrechtsdirektor Dr. Müller   als Vorsitzender,
Malermeister Spachtel   als Beisitzer,
Elektriker Schnur   als Beisitzer

folgenden

Widerspruchsbescheid

erlassen:

1. Der Bescheid der Stadtverwaltung Hochstadt — Bauaufsichtsbehörde — vom ..., Az.: ..., wird aufgehoben. Die Stadtverwaltung Hochstadt — Bauaufsichtsbehörde — wird verpflichtet, die Baugenehmigung gemäß dem Bauantrag des Widerspruchsführers vom ... zu erteilen (oder: ..., den Bauantrag des Widerspruchsführers vom ... unter Beachtung der Rechtsauffassung des Stadtrechtsausschusses erneut zu bescheiden)[7]).
2. Die Stadt Hochstadt trägt die Kosten des Verfahrens.
3. Die Zuziehung eines Rechtsanwalts durch den Widerspruchsführer wird für notwendig erklärt.

Gründe:

I.

(Sachbericht)

II.

(Rechtliche Würdigung)

---

6) Die Praxis der Rechtsausschüsse bei der Abfassung des Rubrums ist sehr unterschiedlich. Zum Teil werden alle bei der mündlichen Verhandlung anwesenden Personen (Protokollführer, Vertreter des WF und der Ausgangsbehörde) oder doch wenigstens der Protokollführer mitaufgeführt. Sinnvoll ist lediglich — wie bei gerichtlichen Rubren (§ 117 II Nr. 2 VwGO) — die Nennung der Ausschußmitglieder, da die Eingangsformel insoweit ausschließlich die Funktion hat, den Autor der Entscheidung zu benennen.
7) Zur Zulässigkeit derartiger Verpflichtungstenöre vgl. oben § 42 Rdnrn. 15 ff.

III.

Die Kostenentscheidung beruht auf §§ 73 Abs. 3 S. 2 VwGO, 80 Abs. 1 Satz 1, Abs. 2 des Saarländischen Verwaltungsverfahrensgesetzes (SVwVfG) vom 15. 12. 1976 (Amtsbl. S. 1151) in Verbindung mit § 9 a Abs. 2 Satz 1 des Gesetzes über die Erhebung von Verwaltungs- und Benutzungsgebühren im Saarland (SaarlGebG) vom 24. 6. 1964 (Amtsbl. S. 629) i. d. F. des Gesetzes vom 12. 5. 1982 (Amtsbl. S. 534).

Rechtsbehelfsbelehrung

Beisitzer:	Vorsitzender:	Beisitzer:
gez. Spachtel	gez. Dr. Müller	gez. Schnur

5
II. Entwurf eines Widerspruchsbescheids mit Begleitverfügungen

Entwurf
(E., Entw.)

Der Regierungspräsident ...
Az.: ...   PLZ ..., den

Vfg.

1. Gegen Empfangsbekenntnis

An die Herren
Rechtsanwälte
Dr. Spitz und Kannenroth
Domgasse 12
PLZ ...

Betr.:   Versagung einer Ausnahmegenehmigung nach § 4 Landschaftsschutzverordnung für die Fischereigerätehütte des Herrn Martin Gluck in ...
Bezug: Ihr Widerspruch vom ...
Anlagen: −1− (Durchschrift für Mandanten)

Sehr geehrte Herren Rechtsanwälte!

Auf Ihren namens und im Auftrag Ihres Mandanten Martin Gluck eingelegten Widerspruch vom ... gegen die Verfügung des Oberkreisdirektors − Untere Naturschutzbehörde − in ... vom ... Az.: ..., ergeht folgender

Widerspruchsbescheid:

1. Der Widerspruch wird zurückgewiesen.
2. Die Kosten des Verfahrens trägt der Widerspruchsführer.

Gründe:

. . .

Rechtsbehelfsbelehrung

. . .

2. Gegen Einschreiben (Empfangsbekenntnis)

An den
Oberkreisdirektor . . .
Postfach
PLZ . . .

Betr.: Versagung einer Ausnahmegenehmigung nach § 4 Landschaftsschutzverordnung gegenüber Herrn Martin Gluck in . . .
Anlage: −2−

In der Anlage übersende ich den mir überlassenen Vorgang sowie meinen Widerspruchsbescheid in Durchschrift mit der Bitte um Kenntnisnahme. Sollte Klage erhoben werden, bitte ich, mir zu berichten.

Wenn Gebühr festgesetzt ist:

3. Eintrag der Gebühr im Sollverzeichnis/in die Verwaltungsgebührenkontrolliste/Haushaltsüberwachungsliste Nr.: . . .
4. z. d. A.

Im Auftrag:
gez. Dr. Müller

III. Steuerrechtliche Einspruchsentscheidung

1. Entwurf einer Einspruchsentscheidung mit Begleitverfügungen[8])

---

[8]) Das nachstehend abgedruckte Formular wurde uns freundlicherweise von der OFD München zur Verfügung gestellt. Vgl. zu Form, Inhalt und Bekanntgabe außergerichtlicher Rechtsbehelfsentscheidungen *Frenkel*, DStR 1980, 558 ff.

§ 50 III 1 Muster

Zu den Akten

Finanzamt _____

PLZ, Ort, Datum

Steuernummer/Aktenzeichen _____
(Bitte bei allen Eingaben angeben)

Straße, Hausnummer

Rechtsbehelfsliste _____ Nr. _____

Fernsprecher   Zimmer-Nr.

⌐ Mit **Postzustellungsurkunde** ¬
  Herrn / Frau / Fräulein / Firma

Das Finanzamt (Finanzkasse) hat folgende Konten:

L _____ ⌋

Anlage(n): _____

Einspruchsentscheidung

Über den Einspruch vom _____ des/der _____

vertreten durch _____

gegen den _____

entscheidet das Finanzamt: _____

Rechtsbehelfsbelehrung

Sie können gegen diese Entscheidung beim **Finanzgericht München, 8000 München 86, Postfach 86 03 60**, schriftlich oder zur Niederschrift des Urkundsbeamten der Geschäftsstelle beim **Finanzgericht München in München, Maria-Theresia-Straße 17**, Klage erheben. Die Klage ist gegen das vorstehend bezeichnete Finanzamt zu richten.

Die Frist für die Erhebung der Klage beträgt einen Monat. Sie beginnt mit Ablauf des Tages, an dem Ihnen die Entscheidung bekanntgegeben worden ist. Tag der Bekanntgabe ist bei Zustellung mit Postzustellungsurkunde oder gegen Empfangsbekenntnis der Tag der Zustellung. Bei Zustellung durch eingeschriebenen Brief gilt die Bekanntgabe mit dem dritten Tag nach Aufgabe zur Post als bewirkt, es sei denn, daß die Entscheidung zu einem späteren Zeitpunkt zugegangen ist.

Die Frist für die Erhebung der Klage gilt als gewahrt, wenn die Klage beim vorstehend bezeichneten Finanzamt oder der angegebenen Außenstelle innerhalb der Frist angebracht oder zur Niederschrift gegeben wird.

Die Klage muß den Kläger, den Beklagten und den Streitgegenstand sowie die angefochtene Entscheidung bezeichnen. Sie soll einen bestimmten Antrag enthalten und die zur Begründung dienenden Tatsachen und Beweismittel angeben. Die Klageschrift soll in zweifacher Ausfertigung eingereicht werden.

ASt 231 Einspruchsentscheidung (Verfügung)   50 000/1.81-15/722/81

§ 50 III 1 Einspruchsentscheidung mit Begleitverfügungen

Erledigungsvermerke

Zutreffendes ankreuzen [X] oder ausfüllen

		Erledigt	
		Datum	Nz.
1.	Eintragen in		
	Rechtsbehelfsliste		
	☐ Eingabebogen für die Speicherung personeller Veranlagungsergebnisse fertigen		
	☐ _____		
2.	Mitteilung(en) an		
	☐ Wohnsitzfinanzamt (-ämter)		
	☐ Gemeinde(n) betreffend ☐ GewSt-Meßbetrag – ☐ Grst-Meßbetrag –		
	☐ Neue Zerlegung durchführen		
3.	☐ Änderung auf dem vorangegangenen Berechnungsbogen/Eingabebogen oder der Durchschrift des maschinellen Steuerbescheides vermerken		
4.1.	Einspruchsentscheidung fertigen (Dienstsiegel u. Beglaubigungsvermerk anbringen):		
	___ Ausfertigung(en) für den/die Rechtsbehelfsführer ⎫ Beteiligte gemäß § 359 AO		
	___ Ausfertigung(en) für den/die Hinzugezogenen ⎭		
	a) _____		
	b) _____		
	c) _____		
	1 Abdruck für den steuerlichen Vertreter		
	1 Abdruck für den Vorgang		
	___ Abdruck(e) für _____		
4.2.	Postzustellungsurkunde fertigen – als Geschäfts-Nr. ist neben der Steuer-Nr. die Rechtsbehelfs-Nr. anzugeben –		
5.	☐ Ausfertigung der Einspruchsentscheidung an die Finanzkasse, wenn ein Steuerbetrag geändert wird		
	☐ mit 1 Abdruck für den steuerlichen Vertreter		

		19___	19___	19___
Steuerart und Jahr				
Steuerschuld(en) lt. Einspruchsentscheidung				
abzügl. anzurechnende Steuerabzugsbeträge				
neues Soll				
bisheriges Soll				
lt. Bescheid / vom				
davon erlassen (E) / niedergeschlagen (N)				

6.1.	☐ Finanzkasse zum Soll stellen und Abrechnung mit Leistungsgebot erteilen		

6.2	☐	Bei Finanzämtern mit automatisiertem Erhebungsverfahren Buchungszeile	**Progr. Nr. 500**			
	St.Nr.	Zeitraum	Abgabeart	Betrag DM	Fälligkeitstag	Buch.text
						Ⓔ
						Ⓟ

7.	☐ Ausfertigung(en) – ☐ mit Abdruck – absenden **zur Post am**		
8.	Postzustellungsurkunde(n) zu den Vorgängen nehmen		
9.1.	☐ Im Falle der Aussetzung der Vollziehung sind nach Eingang der Postzustellungsurkunde a) der Einspruchsführer b) die Finanzkasse auf die innerhalb eines Monats nach der Bekanntgabe der Entscheidung eintretende Fälligkeit des ausgesetzten Betrages hinzuweisen		
9.2.	☐ Bei Aussetzung der Vollziehung eines Grundlagenbescheides sind die davon betroffenen Finanzämter und Gemeinden, die die Aussetzung eines Folgebescheides verfügt haben, über die Beendigung der Vollziehungsaussetzung zu benachrichtigen und auf die Zinspflicht nach § 237 AO hinzuweisen		
9.3.	☐ Aussetzungszinsen (§ 237 AO) sind nach Bestandskraft festzusetzen		
10.	1 Abdruck der Entscheidung zur Akte		
11.	☐ WV am:		
12.	☐ Z. d. A.		

* (Sachgebietsleiter)   (Datum)   (Bearbeiter)

* Die EE ist am Schluß der Gründe mit voller Namensunterschrift des Sachgebietsleiters zu versehen.

2. Entwurf einer Einspruchsentscheidung mit Tenorierungsvorschlägen[9])   7

---

[9]) Das nachstehend abgedruckte Formular wurde uns freundlicherweise von der OFD Koblenz zur Verfügung gestellt.

Finanzamt	....	Hinweis für Kanzlei:
Steuernummer:	☐☐☐ ☐☐☐☐	Zustellung — mit PZU — gegen Empfangsbekenntnis —*)

Rechtsbehelfsliste Nr.: ....

Einspruchsentscheidung
Reinschrift nach Vordruck StA - 52 - 53*)

1. Auf den Einspruch

   de.... ....

   ....

   — vertreten durch ....

   ....

   vom ....

   gegen den — die — .... bescheid

   für das — die — Jahr... 19..

   vom ....

   hat das Finanzamt am ....

   wie folgt entschieden:

   Der Einspruch wird als unbegründet zurückgewiesen. *)

   Der Einspruch wird als unzulässig verworfen. *)

   Unter Abänderung des angefochtenen Bescheids des Finanzamts wird *)

   die .... steuer für — den — die — Veranlagungszeitraum(räume) ....

   die .... steuer für — den — die — Veranlagungszeitraum(räume) ....

   die .... steuer für — den — die — Veranlagungszeitraum(räume) ....

   der Gewerbesteuermeßbetrag für den Erhebungszeitraum ....

   anderweitig wie folgt festgesetzt:

   Die .... auf .... DM

   Die .... auf .... DM

   Die .... auf .... DM

   Die .... auf .... DM

   Der Gewerbesteuermeßbetrag auf .... DM

   Einzelberechnung siehe Anlage -;

   der lohnsteuerfreie Betrag für die Zeit ab .... 19...... anderweitig auf .... DM festgesetzt;

   der Einheitswert des .... am ....

   anderweitig auf .... DM festgestellt;

   der Gewinn anderweitig auf .... DM festgestellt. Die Gewinnverteilung ergibt sich aus der Anlage;

   im übrigen wird der Einspruch zurückgewiesen.

*) — Nichtzutreffendes streichen —

StA 51 — Einspr.-Entsch. Entw. — (Ko 0779 - 15 000)

4. Teil: Der vorläufige Rechtsschutz

1. Abschnitt: Grundlagen

§ 51 Bedeutung und System des vorläufigen Rechtsschutzes

I. Die zeitliche Dimension des Rechtsschutzes

1   Art. 19 IV GG gewährleistet umfassenden und damit *effektiven Rechtsschutz* auch auf dem Gebiet der Verwaltung[1]). Ein effektiver Rechtsschutz hat den Zeitfaktor zu berücksichtigen[2]). Die Entscheidung, durch die einem Rechtsbehelf stattgegeben wird, ist nutzlos, wenn sie zu spät kommt, weil bereits vollendete Tatsachen geschaffen worden sind oder die begehrte Leistung nicht mehr erbracht werden kann[3]). Diesem Gesichtspunkt tragen die Bestimmungen der VwGO über den vorläufigen Rechtsschutz Rechnung[4]). Zu nennen sind hier insbesondere die §§ 80, 123, 47 VIII VwGO[5]).

II. Arten des vorläufigen Rechtsschutzes

2   Die VwGO kennt *zwei* Arten des vorläufigen Rechtsschutzes, je nachdem ob im Hauptsacheverfahren eine Anfechtungsklage oder eine sonstige Klage zu

---

1) BVerfG v. 18. 6. 1973, BVerfGE 35, 263 (274); v. 18. 7. 1973, BVerfGE 35, 382 (401); v. 29. 10. 1975, BVerfGE 40, 272 (275); v. 19. 10. 1977, BVerfGE 46, 166 (178); v. 27. 9. 1978, BVerfGE 49, 220, 241; v. 13. 6. 1979, BVerfGE 51, 268 (279, 284); v. 16. 1. 1980, BVerfGE 53, 115 (127 ff.); v. 27. 3. 1980, BVerfGE 54, 39 (40 f.); v. 1. 8. 1980, DVBl. 1981, 374; v. 11. 2. 1982, BayVBl. 1982, 276; v. 21. 3. 1985, BVerfGE 69, 220 (227); v. 25. 10. 1988, BVerfGE 79, 69 (74); v. 15. 6. 1989, BVerfGE 80, 244 (252); *Herrmann*, in: Festschr. f. Armbruster, 1979, S. 341 ff.; *Finkelnburg*, in: Festg. BVerwG, S. 169 ff.; *Fröhler*, in: Festschr. f. Ule, 1987, S. 55 ff.; *Papier*, in: HdbStR VI, § 154 Rdnrn. 75 ff.; *Schenke*, in: BK, Art. 19 IV Rdnrn. 383 ff.; *Schmidt-Aßmann*, in: MD, Art. 19 IV Rdnrn. 273 ff.
2) Vgl. *Blümel*, DVBl. 1975, 695 ff. (701 ff.); *ders.*, in: Festg. f. Forsthoff, 1967, S. 133 ff.; *Degenhart*, AöR 103 (1978), 163 ff.
3) Vgl. die vorige Anm.; ferner *Martens*, S. 206 ff.; *Ule*, S. 364; *SG*, Rdnr. 390.
4) Zum vorläufigen Rechtsschutz im Verwaltungsprozeß vgl. neben dem Standardwerk von *Finkelnburg/Jank* die Monographien von *Wiesel*, Der vorläufige Rechtsschutz gegen Verwaltungsakte, 1967; *Rohmeyer*, Geschichte und Rechtsnatur der einstweiligen Anordnung im Verwaltungsprozeß, 1967; *Leipold*, Grundlagen des einstweiligen Rechtsschutzes, 1971; *Limberger*, Probleme des vorläufigen Rechtsschutzes bei Großprojekten und *Schoch*, Vorläufiger Rechtsschutz und Risikoverteilung im Verwaltungsrecht, 1988; ferner *Stern*, JuS 1981, 343 ff.; *Erichsen*, Jura 1984, 414 ff., 478 ff.; *Huba*, JuS 1990, 382 ff., 805 ff.
5) Vgl. noch §§ 148, 167 VwGO.

erheben bzw. ein Antrag im Normenkontrollverfahren zu stellen ist: das *Aussetzungsverfahren* und das *Anordnungsverfahren.*

Bei der Anfechtungsklage kommt es darauf an zu verhindern, daß der belastende VA vollzogen wird oder vollzogen bleibt[6]). Dem dient das spezielle Verfahren nach § 80 VwGO. Bei allen übrigen (§ 123 VVwGO) Klagen hat das Gericht einstweilige Anordnungen zu treffen, die sich nach dem jeweiligen Klagebegehren richten[7]). Dies gilt auch für den vorläufigen Rechtsschutz nach § 47 VIII VwGO im Rahmen des Normenkontrollverfahrens.

§ 80 I VwGO gewährt gegenüber belastenden VAen vorläufigen Rechtsschutz dadurch, daß er den Rechtsbehelfen Widerspruch und Anfechtungsklage grundsätzlich *aufschiebende Wirkung* (a. W.) beimißt. Dieser sog. Suspensiveffekt ist eine adäquate Ausprägung der verfassungsrechtlichen Rechtsschutzgarantie und ein fundamentaler Grundsatz des öffentlich-rechtlichen Prozesses[8]). Er stellt den notwendigen Ausgleich dafür dar, daß die Exekutive bei dem Erlaß von Eingriffs-VAen sozusagen in der „Vorhand" und auf Grund des Wirksamkeitsprinzips (§ 43 VwVfG) in der Lage ist, vor endgültiger gerichtlicher Klärung der Rechtmäßigkeit (vorläufig) verbindliche Regelungen zu treffen[9]). Da er den Sinn hat, effektiven Gerichtsschutz gegenüber Maßnahmen der Exekutive zu sichern und durchzusetzen sowie die Schaffung vollendeter Tatsachen durch Vollzug zu verhindern[10]), ist der *Suspensiveffekt* die *Regel;* er entfällt nur kraft ausdrücklicher gesetzlicher Anordnung (§ 80 II Nr. 1 bis 3 VwGO) oder durch Anordnung der sofortigen Vollziehung seitens der Behörde (§§ 80 II Nr. 4, 80 III VwGO), die aber nach der gesetzlichen Systematik der VwGO wie auch nach dem Anspruch des Art. 19 IV GG die Ausnahme bildet und deshalb ein *besonderes öffentliches Interesse* voraussetzt, das über jenes Interesse hinausgehen muß, das den VA selbst rechtfertigt[11]).

Bei begünstigenden VAen mit belastender Drittwirkung und bei mehrpoligen Rechtsverhältnissen sieht die Situation anders aus. Hier würde die einsei-

---

6) *Ule,* S. 364.
7) Auf den Antrag kommt es entgegen NWOVG v. 18. 7. 1974, NJW 1975, 794 nicht an; zutreffend *Martens,* S. 212; *Kopp,* § 123, 3; vgl. auch BVerwG v. 4. 11. 1971, Buchholz 310 § 80 VwGO Nr. 17.
8) Vgl. BVerfGE 35, 272 ff.; 35, 401 ff.; ferner BVerfG v. 16. 7. 1974, BVerfGE 38, 52 (57 ff.); v. 19. 10. 1977, BVerfGE 46, 166 (178); v. 11. 2. 1982, BayVBl. 1982, 276; BVerwG v. 2. 9. 1963, BVerwGE 16, 289 (292); v. 6. 7. 1973, DÖV 1973, 786 und v. 29. 4. 1974, DÖV 1974, 422; BGH v. 8. 11. 1976, NJW 1977, 436; krit. zu diesen Formulierungen *Bettermann,* DVBl. 1976, 65.
9) Vgl. *Quaritsch,* VerwArch. 1960, 222 f.; RhPfOVG v. 28. 2. 1972, AS 12, 311 (312 f.); *v. Mutius,* VerwArch. 1975, 414 und *Pietzner,* JA 1975, ÖR S. 65 (249).
10) Vgl. oben Rdnr. 1.
11) Vgl. BVerfGE 35, 273; 35, 402; BVerfG, BayVBl. 1982, 276; BVerwG, DÖV 1974, 422; BGH, NJW 1977, 437.

tige Betonung des Verhinderungsinteresses der Betroffenen den effektiven Rechtsschutz der Begünstigten gefährden. Daher muß hier auf die Ausgewogenheit des Rechtsschutzes abgestellt werden (hierzu unter III).

4   Die beiden Arten des vorläufigen Rechtsschutzes sind in Wesen und Konstruktion verschieden[12]).

Die Unterscheidung der Aussetzungs- und Anordnungsverfahren ist weitgehend historisch bedingt. Während die besatzungsrechtlichen Vorläufer der VwGO praktisch alle die a. W. vorsahen[13]), kannten nur § 30 BVerwGG und § 64 Landesgesetz über die Verwaltungsgerichtsbarkeit in RhPf v. 14. 4. 1950[14]) die e. A. Zum Teil bestanden daher Verweisungen auf die ZPO, die eine entsprechende Anwendung der §§ 935, 940 ZPO ermöglichten. Da in der britischen Zone eine vergleichbare Verweisung fehlte, ließen die Gerichte erst nach einigem Zögern die entsprechende Anwendung zu[15]). Bei Erlaß der VwGO übernahm der Gesetzgeber diese Praxis und damit die Unterschiede der beiden Rechtsschutzformen.

Eine allgemeine Kennzeichnung der Besonderheiten beider Rechtsschutzformen ist schwierig. Als Faustregel wird häufig vertreten, im Verfahren nach § 80 VwGO gelte es, einen Nachteil abzuwehren, während durch die einstweilige Anordnung (nur) ein Vorteil erlangt werden solle[16]). Das ist jedoch irreführend, weil gerade in der a. W. ein Nachteil (des durch den VA Begünstigten) liegen kann[17]).

Vielversprechend erscheint der Ansatz von *Kuhnt*: Bei § 123 VwGO gehe es um eine vorgelagerte Rechtsschutzgewährung, während es sich bei § 80 V VwGO um eine nachgelagerte Rechtsschutzgewährung handle. Liege bereits eine behördliche Entscheidung vor, so verdiene diese einen Vertrauensvorschuß[18]). Dieser Gesichtspunkt führt freilich bei der Unterscheidung des Verfahrens nach § 80 VwGO vom Anordnungsverfahren nach § 47 VIII VwGO nicht weiter, weil im Normenkontrollverfahren ebenfalls eine Verwaltungsentscheidung vorgegeben ist. Nicht jede einstweilige Anordnung läßt sich somit als Surrogat einer Verwaltungsentscheidung begreifen.

5   Auf weitere allgemeine Ausführungen zu den konstruktiven Unterschieden der Arten des vorläufigen Rechtsschutzes wird bewußt verzichtet, da der Eindruck vermieden werden soll, als schlössen sich die unterschiedlichen Verfahren stets wechselseitig aus[19]). Um sich die Konsequenzen zu vergegen-

---

12) Vgl. die Übersicht, Rdnr. 7. Unter dem verfassungsrechtlichen Gesichtspunkt der Effektivitätsgehalte des Art. 19 IV GG sind sie gleichwertig (BVerfGE 51, 285 ff.).
13) Vgl. *Wieseler*, S. 116 f.
14) Beide Gesetze wurden aufgehoben durch § 195 VwGO.
15) NWOVG v. 27. 1. 1955, ZBR 1955, 124; v. 8. 2. 1956, OVGE 10, 305; v. 29. 8. 1957, OVGE 12, 31; v. 13. 11. 1957, OVGE 13, 119; OVG Lüneburg v. 28. 6. 1957, OVGE 11, 503.
16) Nunmehr differenzierter *SG*, Rdnrn. 329 ff.
17) Hierzu unten Rdnr. 6.
18) et 1982, 495 ff. (500 f.).
19) Vgl. nur HessVGH v. 11. 1. 1989, NVwZ-RR 1989, 547. Zum Zusammentreffen des einstweiligen Rechtsschutzes nach § 80 V und § 123 VwGO vgl. auch Mitbewerberklage vgl. BayVGH v. 15. 12. 1981, NJW 1982, 2134; vgl. auch *Ronellenfitsch*, VerwArch. 1991, 121 ff. Zur Sondersituation der Flurbereinigung *Maaß*, BayVBl. 1983, 139 ff. mit Erwiderung *Hoechst*, BayVBl. 1983, 429 ff.; vgl. auch *ders.*, AgrarR 1983, 85 ff.

wärtigen, die die Wahl der einen oder anderen Rechtsschutzform hat, ist die Kenntnis der Unterschiede im Detail unerläßlich. Diese bestehen in Folgendem:

- Im Aussetzungsverfahren ist das Gericht der Hauptsache zuständig[20]; es besteht also die Chance, im Revisionsverfahren, d. h. fernab vom Hauptkriegsschauplatz, eine Entscheidung des BVerwG zu bekommen. Die einstweilige Anordnung erläßt das erstinstanzliche Gericht, das BVerwG also nur in den seltenen Fällen erstinstanzlicher Zuständigkeit.
- Das Aussetzungsverfahren setzt einen bestimmten, bereits erlassenen belastenden VA voraus. Einziges Ziel des Verfahrens ist die AnO oder Wiederherstellung der a. W. des eingelegten Rechtsbehelfs. Gegenstand des Anordnungsverfahrens ist ein Recht oder Rechtsverhältnis des Antragstellers. Ein Hauptsacheverfahren ist nicht erforderlich. Das Verfahren ist selbständig. Die Anordnungen kann das Gericht flexibel gestalten.
- Ist das Gericht beim „Wie" der Entscheidung im Anordnungsverfahren frei, so folgt daraus an sich im Gegenschluß, daß das „Ob" der Entscheidung rechtlich gebunden ist.

Im Aussetzungsverfahren ist dagegen eine Interessenabwägung vorzunehmen, d. h. eine Ermessensentscheidung zu treffen.

- Im Anordnungsverfahren trifft den Antragsteller die Beweislast. Im Streit um die Wiederherstellung der a. W. muß die Behörde nachweisen, daß die AnOsVollz im öffentlichen Interesse liegt.
- Ein Schadensersatzrisiko besteht nach h. L. nur im Anordnungsverfahren.
- Schließlich unterscheiden sich noch die Rechtsbehelfe.

Die aufgeführten Unterschiede machen deutlich, daß man es sich im Einzelfall mit der Abgrenzung nicht zu leicht machen darf[21].

III. Effektiver und ausgewogener Rechtsschutz

Die vielfach beschworene Effektivität des Rechtsschutzes bezog sich ursprünglich auf das Verhältnis des Bürgers zur Eingriffsverwaltung, und hier hat in der Tat der Suspensiveffekt einen guten Sinn. Beim VA mit Doppel- oder Drittwirkung liegen die Dinge dagegen völlig anders. Hier geht es nicht darum, den Bürger vor dem Staat zu schützen, sondern einen Ausgleich der Interessen im *mehrpoligen Rechtsverhältnis*[22] konträr betroffener Bürger (und der Allgemeinheit) zu finden. Wer den effektiven Rechtsschutz einseitig zur Bewahrung

6

---

20) Vgl. § 57 Rdnr. 7.
21) Vgl. vorerst *Martens*, S. 211; zu den Einzelheiten weiter im Text.
22) Vgl. BVerwG v. 17. 7. 1980, BVerwGE 60, 297.

des Status quo einsetzt, beeinträchtigt Rechte des Begünstigten in unangemessener Weise. Verzögerung ist nach dem zweiten Parkinsonschen Gesetz bekanntlich schlimmer als der Tod. Vor allem bei Großvorhaben hat die – schwerpunktmäßig in den einstweiligen Verfahren ausgefochtene – rechtliche Auseinandersetzung gerade wegen der Aspekte des effektiven Rechtsschutzes und der vollendeten Tatsachen eine unglückliche Schlagseite erfahren. Art. 19 IV GG rechtfertigt kein „Verhinderungsinteresse". Verfehlt ist es aber auch, ein „Durchsetzungsinteresse" der Behörden und (beigeladenen) privaten Unternehmer in der Interessenabwägung, etwa im Verfahren nach § 80 V VwGO, zu berücksichtigen. Zwar dürfte es zur Vermeidung vollendeter Tatsachen bisweilen geboten sein, ein Vorhaben vor der Entscheidung in der Hauptsache (auf eigenes Risiko!) zunächst einmal fertigzustellen[23]). Abzuwägen sind aber immer nur Aufschub- und Vollzugsinteresse. Genauer: Zu prüfen ist, welche Konsequenzen der einstweilige Rechtsschutz haben wird, wenn der im Eilverfahren Obsiegende im Hauptsacheverfahren unterliegt. Bei mehrpoligen Rechtsverhältnissen kommt es damit nicht allein darauf an, daß der Rechtsschutz effektiv ist; der durch Art. 19 IV GG geforderte Rechtsschutz muß hier in erster Linie *ausgewogen* sein[24]).

---

23) Zutreffend RhPfOVG v. 2. 10. 1981, et 1982, 50 (52); VG Koblenz v. 1. 8. 1975, et 1975, 537 (540 f.).
24) Hierzu grundlegend *Schmidt-Aßmann*, NVwZ 1983, 1 ff.; ferner *Ronellenfitsch*, in: Blümel (Hrsg), die Teilbarkeit von Planungsentscheidungen, 1984, S. 37 ff. (43); BayVGH v. 22. 11. 1983, GewArch 1984, 242.

§ 51 III Effektiver und ausgewogener Rechtsschutz   505

Schaubild 19

Vorläufiger Rechtsschutz im Klageverfahren

Aufschiebende Wirkung (§ 80 VwGO)

Grds. nur als vorläufiger Rechtsschutz gegenüber dem Vollzug belastender VAe – wird erzeugt durch Widerspruch und Anfechtungsklage (§ 80 I).

Einstweilige Anordnung (§ 123 VwGO)

§ 123 V: Die §§ über die e. A. gelten nicht für die Vollziehung angefochtener VAe. Deshalb kann vorläufiger Rechtsschutz nach § 123 VwGO nur *außerhalb* des Bereiches der Anfechtungsklage gewährt werden. Die Klageform in der *Hauptsache* entscheidet also über die Form des vorläufigen Rechtsschutzes. E. A. deshalb vorläufiger Rechtsschutz für Verpflichtungsklage, Allgem. Leistungsklagen, Unterlassungs- und Feststellungsklagen.

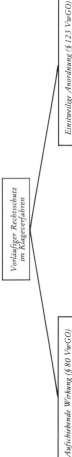

Unterschiede zwischen a.W. und e.A.

a.W.	e.A.
Beweislast: Behörde muß nachweisen, daß sofortige Vollziehung (§ 80 II Nr. 4, III) im öffentl. Interesse liegt	Antragsteller muß Anordnungsanspruch und Anordnungsgrund glaubhaft machen
Schadensersatz: nein, nur Bereicherungs- bzw. Erstattungsansprüche des Bürgers (§ 945 ZPO gilt nicht)	Schadensersatz (Risikohaftung) nach § 123 III VwGO/§ 945 ZPO
Anspruch: Ermessensentscheidung des Gerichts	gebundene Entscheidung des Gerichts
Zuständigkeit: jeweils Gericht der Hauptsache	Gericht der 1. Instanz oder Berufungsgericht

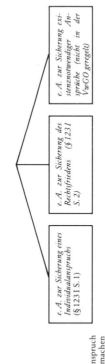

e.A. zur Sicherung eines Individualanspruchs (§ 123 I S. 1)	*e.A. zur Sicherung des Rechtsfriedens (§ 123 I S. 2)*	*e.A. zur Sicherung existenznotwendiger Ansprüche (nicht in der VwGO geregelt)*
„... wenn die Gefahr besteht, daß durch eine Veränderung des bestehenden Zustandes die Verwirklichung eines Rechts des Antragstellers vereitelt oder wesentlich erschwert werden könnte." *(Sicherungsanordnung)*, z. B. vorläufige Zulassung zum Studium.	„... zur Regelung eines vorläufigen Zustandes in bezug auf ein streitiges Rechtsverhältnis, wenn diese Regelung, vor allem bei dauernden Rechtsverhältnissen, um wesentliche Nachteile abzuwenden oder drohende Gewalt zu verhindern oder aus anderen Gründen nötig erscheint." *(Regelungsanordnung)*, z. B. vorläufige Urlaubsregelung im Beamtenverhältnis.	Beschränkte Vorwegnahme der Hauptsache entspr. den im Zivilprozeß entwickelten Grundsätzen *(Leistungsanordnung)*, z. B. Abschlagszahlung bei beamtenrechtlichen Geldansprüchen.

7

2. Abschnitt: Vorläufiger Rechtsschutz nach § 80 VwGO

§ 52 Geltungsbereich des § 80 VwGO

I. Grundsatz

1   Die Klageart in der Hauptsache bestimmt die *Art des vorläufigen Rechtsschutzes*. Wie sich auch im Gegenschluß aus § 123 V VwGO ersehen läßt, gilt § 80 VwGO seinem Wortlaut und Sinn nach grundsätzlich nur für die Fälle, in denen in der Hauptsache *Anfechtungsklage* erhoben worden ist oder zu erheben wäre[1]), mithin auch *nur für Anfechtungswidersprüche*[2]).

2   Fast ausnahmslos trifft daher die *Faustregel* zu:

Vorläufiger Rechtsschutz nach § 80 VwGO immer, aber auch nur bei Anfechtungsklage in der Hauptsache.

Die Faustregel darf jedoch nicht dahingehend mißverstanden werden, daß bei jeder *Verpflichtungsklage* von vornherein § 80 VwGO nicht anwendbar sei. Der Ausschluß der Verpflichtungsklage bezieht sich nur auf das Leistungsbegehren. Soweit die Verpflichtungsklage (Versagungsgegenklage) Elemente der Anfechtungsklage enthält, d. h. soweit mit ihr auch die Aufhebung einer Belastung verfolgt wird, kann sie ebenfalls die Wirkungen des § 80 I VwGO auslösen; sie ist dann im Sinne dieser Vorschrift Anfechtungsklage.

II. VAe mit Drittwirkung

3   VAe mit Drittwirkung i. e. S. sind VAe, die eine Person begünstigen und eine andere Person, einen Dritten, belasten.

Die *Terminologie* ist nicht einheitlich. Häufig werden die VAe mit Drittwirkung als VAe mit Doppelwirkung bezeichnet. Verbreitet ist auch die synonyme Verwendung beider Bezeichnungen[3]). Die Bezeichnungen sollten jedoch auseinandergehalten werden. Bei VA mit Doppelwirkung treten die günstigen und nachteiligen Wirkungen uno actu, also zum gleichen Zeitpunkt ein. Das ist evident beim *eigentlichen VA mit Doppelwirkung*, der *einen* (materiellen) Adressaten (Destinatär) zugleich begünstigt und belastet. Es gibt aber auch VAe mit unterschiedlichen Begünstigten und Betroffenen, die nur gleichzeitig wirksam und verbindlich werden können. Auch diese VAe kann man – in Abgrenzung zum VA mit Drittwirkung – VAe mit Doppelwirkung nennen. Der Normalfall im Mehrpersonenverhältnis ist aber, wie § 43 I VwVfG zeigt,

---

1) Vgl. BVerwGE v. 21. 10. 1968, NJW 1969, 203; v. 18. 12. 1969, BVerwGE 34, 325 (327 f.); v. 27. 11. 1981, DÖV 1982, 159; v. 9. 6. 1983, Buchholz 310 § 80 VwGO Nr. 42; *Finkelnburg/Jank*, Rdnr. 24; *Kopp*, § 80, 5.
2) Vgl. oben § 31 Rdnrn. 4 ff.
3) Vgl. *Achterberg*, § 21 Rdnr. 90; ferner *Buhren*, Der gerichtliche Rechtsschutz gegen Verwaltungsakte mit drittbelastender Doppelwirkung, Diss. Münster 1973; ebenso *Finkelnburg/Jank*, Rdnr. 499.

der VA mit Drittwirkung. Materieller Adressat (Destinatär) ist dort der Begünstigte, weitere Adressaten sind die Dritten. § 80 a VwGO spricht nunmehr ausdrücklich vom VA mit Doppelwirkung. Erfaßt wird an sich nur die Sonderform des VA mit Drittwirkung, der VA mit mehreren Destinatären. In der Begründung zum Entwurf des 4. VwGOÄndG ist nämlich vom „janusköpfigen VA" die Rede. Geregelt werden sollte jedoch der VA mit Drittwirkung schlechthin. Schon mit Rücksicht auf die mangelnde Differenzierung ist die Regelung mißglückt. Im übrigen kam der Entwurf nicht über die Kodifizierung der Grundsätze hinaus, die von Rspr. und Lehre ohnehin entwickelt wurden. Hilfestellung für den gebotenen Ausgleich von Begünstigung und Belastung gibt § 80 a VwGO nicht.

Daß bei den eigentlichen VAen mit Drittwirkung der belastete Dritte in der Hauptsache Anfechtungsklage erheben und deshalb seinen vorläufigen Rechtsschutz nach § 80 VwGO suchen muß, ist heute zwar weitgehend anerkannt[4]). Der wichtigste Fall des VA mit Drittwirkung, die *Baugenehmigung*, wird oder wurde jedenfalls bislang aber im Hinblick auf den vorläufigen Rechtsschutz vor allem in der Rspr. nicht einheitlich behandelt. Vereinzelt gewährt man beim VA mit Drittwirkung trotz des Anfechtungscharakters der Hauptsache vorläufigen Rechtsschutz über § 123 VwGO mit der Begründung, § 80 VwGO passe für VAe mit Drittwirkung nicht[5]). In der Tat ist die Regelung in § 80 VwGO insofern unzulänglich. Daß der Gesetzgeber auch VAe mit Drittwirkung in den Anwendungsbereich des § 80 VwGO einbeziehen wollte, zeigt jedoch neben § 80 II Nr. 4 VwGO die Entstehungsgeschichte der Vorschrift[6]). Freilich überschaute der Gesetzgeber die Konsequenzen seiner Entscheidung nicht, so daß Rspr. und Lehre aufgerufen waren, durch verfassungskonforme Ergänzung der Vorschrift für einen ausgewogenen Rechtsschutz zu sorgen. Hieran knüpft das 4. VwGOÄndG an. Für die schon in den Vorauflagen und auch sonst überwiegend vertretene Auffassung blieb die Rechtslage auch nach Einfügung von § 80 a VwGO unverändert. Die Mindermeinung, die den Weg über § 123 VwGO beschritt, ist jetzt aber endgültig überholt. Das heißt nicht, daß § 80 a VwGO alle mit dem VA mit Drittwirkung verbundenen Zweifelsfragen geklärt hätte. Die Einzelheiten des vorläufigen Rechtsschutzes bei personalen VAen mit Drittwirkung werden aber später im jeweiligen Sachzusammenhang dargestellt.

Ähnlich problematisch wie bei den personalen VA mit Drittwirkung ist die Rechtslage bei den *Allgemeinverfügungen* (§ 35 S. 2 VwVfG), insbesondere bei ihrer sachenrechtlichen Erscheinungsform, dem VA der „die öffentlich-rechtliche Eigenschaft einer Sache oder ihre Benutzung durch die Allgemeinheit betrifft". Spezifisches Strukturelement eines derartigen VA ist die intransitive Zustandsregelung, deren mittelbar-personale Rechtsfolgen jeden betreffen, den

4

---
4) Vgl. statt vieler BVerwG v. 5. 10. 1965, BVerwGE 22, 129 (131 f.); NWOVG v. 9. 8. 1966, OVGE 22, 247 (250); v. 20. 6. 1969, DÖV 1979, 65; *Finkelnburg/Jank*, Rdnr. 500; *Kopp*, § 80, 22, jew. m. w. N.
5) Vgl. die Nachw. unten § 57 Rdnrn. 30 ff.
6) Vgl. *Niehues*, in: Festschr. f. H. J. Wolff, 1973, S. 247 ff.; *v. Mutius*, DVBl. 1974, 904 ff.

die konkrete Ordnung eines bestimmten Sozialbereichs angeht (*dingliche*, besser: *adressatlose* VAe[7])). Auch dingliche Allgemeinverfügungen lassen sich im weiteren Sinn als VAe mit Drittwirkung bezeichnen[8]), weil sie, bezogen auf das Verhältnis Behörde − öffentliche Sache, eine Vielzahl von Dritten (= Nichtadressaten) mittelbar betreffen.

5   *Beispiele* für Allgemeinverfügungen sind: Widmung, Verkehrszeichen und schulische Organisationsakte.

Bei der *Widmung*[9]) sind die Parallelen zum personalen VA mit Drittwirkung noch am deutlichsten. Die Anwendbarkeit von § 80 VwGO ist nicht bestritten. Hinsichtlich der *Verkehrszeichen* ist die Frage des vorläufigen Rechtsschutzes systemimmanent, durch entsprechende Anwendung des § 80 II Nr. 2 VwGO gelöst[10]). Für Schulorganisationsakte vertrat das NWOVG zeitweilig eine teleologische Reduktion des § 80 VwGO zugunsten des § 123 VwGO: Die auf zweipolige Rechtsverhältnisse zugeschnittene Regelung des § 80 VwGO habe den Fall intransitiver Zustandsregelungen nicht bedacht und werde dem schwer überschaubaren Interessengeflecht zwischen Lehrern, Eltern und Schülern nicht gerecht[11]). Diese vom Ergebnis her plausible Rspr. ist zu Recht überwiegend auf Ablehnung gestoßen, weil sie die Systematik der §§ 80 und 123 VwGO ohne Not verläßt[12]). Soweit der Eintritt einer individuellen, nur relativen a. W. im Verhältnis zum Kreis der anderen Betroffenen nicht hinnehmbar erscheint, bietet § 80 II Nr. 4 VwGO ausreichende Möglichkeiten, die a. W. durch AnOsVollz auszuschließen. Das NWOVG hat denn auch seine frühere Rspr. aufgegeben[13]).

III. VAe mit Doppelwirkung

6   Bei begünstigenden VAen die für den Antragsteller mit belastenden Teilregelungen verbunden sind (VA mit Doppelwirkung i. e. S.), hängt der Eintritt der a. W. davon ab, ob die Belastung selbständig (isoliert) mit der Anfechtungsklage angefochten oder ob nur eine neue, uneingeschränkte Begünstigung mit der Verpflichtungsklage erstritten werden kann. Allein im ersten Fall haben Widerspruch und Klage a. W.[14]).

---

7) Vgl. BT-Drucks. III/55, S. 56.
8) *Lüke*, NJW 1978, 82 ff. (86).
9) Vgl. NWOVG v. 16. 9. 1975, NJW 1976, 810.
10) Vgl. unten § 54 Rdnr. 15.
11) Vgl. NWOVG v. 27. 2. 1976, DVBl. 1976, 948 (Einführung der 5-Tage-Woche); v. 2. 6. 1977, DVBl. 1978, 116 (Schulauflösung); unter verfassungsrechtlichen Gesichtspunkten nicht beanstandet von BVerfG 51, 285.
12) Vgl. BVerwG v. 24. 4. 1978, DVBl. 1978, 640; HessVGH v. 25. 4. 1983, NVwZ 1984, 113; v. 25. 8. 1988, DÖV 1989, 358; VG Schleswig v. 25. 10. 1977, DVBl. 1978, 117; *Krebs*, VerwArch. 1978, 237 ff.; *Lüke*, NJW 1978, 86; *Petermann*, DVBl. 1978, 94 ff.; *Finkelnburg/Jank*, Rdnr. 1037.
13) NWOVG v. 30. 1. 1979, DVBl. 1979, 563; v. 18. 8. 1979, DÖV 1979, 303 Nr. 31.
14) NWOVG v. 24. 4. 1967, OVGE 23, 177; BayVGH v. 6. 5. 1970, BayVGHE 23, 97; *RÖ*, § 80, 4.

Soweit die isolierte Anfechtung einer *Nebenbestimmung* zulässig ist, erfaßt der Suspensiveffekt ausschließlich die Nebenbestimmung, nicht die Begünstigung, da bei Teilanfechtung gerade *nicht der gesamte VA streitbefangen* wird[15]). Wie oben ausgeführt[16]), können nicht nur (aber auch nicht alle[17])) echten Auflagen selbständig angefochten werden. Vielmehr kommt es auf die Teilbarkeit von VA und Nebenbestimmung, von Begünstigung und Belastung an. Modifizierte Gewährungen und modifizierende Auflagen sowie inhaltliche Beschränkungen eines VA sind einer isolierten Anfechtung nicht zugänglich. Die Suspendierung der Belastung würde auch die Begünstigung zu Fall bringen. Die Erteilung einer Erlaubnis unter nicht abteilbaren Nebenbestimmungen stellt letztlich nichts anderes dar als die (völlige) Ablehnung der beantragten uneingeschränkten Erlaubnis[18]).

IV. Versagungsbescheide

Vorläufiger Rechtsschutz gegenüber Bescheiden, mit denen die Behörde eine begehrte Amtshandlung abgelehnt hat, ist grundsätzlich im Rahmen des § 123 VwGO zu suchen. In der Hauptsache ist eine Leistungs-/Verpflichtungsklage zu erheben. § 80 VwGO ist auf diese Fälle nicht zugeschnitten; es sei denn, der Kläger betreibt die isolierte Anfechtung des Versagungsbescheids, wofür nur ausnahmsweise ein Rechtsschutzbedürfnis besteht[19]).

7

Die a. W. verhindert nur, daß eine bestehende Rechtsposition trotz eingelegten Rechtsbehelfs geschmälert wird, sie schließt aber begrifflich die mit dem Antrag auf Erlaß eines begünstigenden VA verfolgte Ausweitung einer Rechtsposition aus[20]).

Wird der beantragte begünstigende VA abgelehnt, so muß die Begünstigung im Wege der Verpflichtungsklage erstritten werden. Auch im Hinblick auf die Ablehnung der noch zu erstreitenden Vergünstigung hat die Verpflichtungsklage keine a. W. Anders liegen die Dinge, wenn der Bescheid über die Ablehnung der Begünstigung (= keine Ausweitung der Rechtsposition des Betroffenen) zugleich die Rechtsposition des Antragstellers verschlechtert[21]).

---

15) A. A. *Meyer/Borgs*, § 36, 43; *Schenke*, WiVerw 1982, 164 ff.; *ders.*, JuS 1983, 188 f.
16) Vgl. § 9 Rdnr. 13.
17) Auch wenn die echte Auflage „selbständig" ist, kann sie doch nicht isoliert aufgehoben werden, wenn ein mit der Rechtsordnung unvereinbarer begünstigender VA zurückbleiben würde; BVerwG v. 17. 2. 1984, NVwZ 1984, 366.
18) Vgl. *Wolff/Bachof* I, § 49 I f.
19) Vgl. BayVGH v. 4. 8. 1989, GewArch 1990, 101.
20) BVerwG v. 27. 2. 1969 Buchholz 310 § 80 VwGO Nr. 12; v. 2. 12. 1969, Buchholz 310 § 80 VwGO Nr. 15; v. 13. 11. 1974, BVerwGE 47, 169 (175); v. 30. 11. 1977, BVerwGE 55, 94 (98 f.); *Kopp*, § 80, 21.
21) Vgl. BVerwG v. 18. 12. 1969, BVerwGE 34, 325 (328 ff.); *Kopp*, § 80, 21.

Da die Versagungsgegenklage eine gesetzliche Kombination von Anfechtungs- und Leistungsklage ist, führt sie neben der Erweiterung der Rechtsstellung des Klägers auch zur Kassation der Belastung. In dem Umfang, in dem die Belastung über die Versagung der angestrebten Begünstigung hinausgeht, kann die Verpflichtungsklage a. W. haben. Sie ist dann der Sache nach eine Anfechtungsklage, so daß inhaltlich die Faustregel (Rdnr. 2) nicht in Frage gestellt wird.

8 Bei negativen *Prüfungsentscheidungen* gewährt die h. M. vorläufigen Rechtsschutz allein nach § 123 VwGO[22]). Dies gilt jedoch nicht, wenn die nicht bestandene Prüfung ex lege unmittelbar beeinträchtigende Wirkung für eine bereits bestehende Rechtsstellung des Kandidaten hat oder wenn im Verlauf der Prüfung selbständig belastende Sanktionen verhängt werden[23]). Hier kommt wiederum eine isolierte Anfechtungsklage in Betracht. Im *Ausländerrecht* wirkt sich dagegen der Anfechtungseffekt der Verpflichtungsklage aus. Beantragt ein Ausländer nach der Einreise eine Aufenthaltsgenehmigung oder deren Verlängerung, so gilt sein Aufenthalt bis zur Entscheidung der Ausländerbehörde vorläufig als geduldet. Widerspruch und Anfechtungsklage haben keine a. W. (§ 72 I AuslG). Die gegen die Versagung der Aufenthaltserlaubnis gerichtete Verpflichtungsklage führt bei Erfolg zur Aufhebung der Ablehnung und der mit ihr verbundenen Belastung. Soweit die Verpflichtungsklage Anfechtungscharakter hat, hat sie in diesen Fällen auch a. W. Ist die a. W. durch Gesetz ausgeschlossen, kann das Gericht sie nach § 80 V VwGO anordnen[24]).

9 Vom *Anfechtungseffekt der Verpflichtungsklage* wird allein der in der Ablehnung liegende „negative" VA erfaßt[25]). Die gerichtliche Verpflichtung „neutralisiert" die Leistungsversagung. Eine Drittbegünstigung wird deshalb nur dann suspendiert, wenn diese ausschließlich aus der Versagung der beantragten Amtshandlung folgt[26]). Anders ist die Situation, wenn zusätzlich zur Ablehnung der beantragten Begünstigung, also zusätzlich zum Versagungsbescheid ein weiterer VA mit Drittwirkung ergeht, der einem Dritten die Begünstigung gewährt, die der Adressat des Versagungsbescheids begehrt hatte.

---

22) So etwa *Finkelnburg/Jank*, Rdnr. 1040; vgl. auch NWOVG v. 17. 12. 1984, DÖV 1985, 493.
23) Beispiel: Bei Verdacht eines Täuschungsversuchs gibt die Prüfungsbehörde dem Prüfling auf, die Prüfungsarbeit erneut anzufertigen; NWOVG v. 12. 7. 1983, NJW 1983, 2278. Vgl. insgesamt *Jacobs*, VBlBW 1984, 129 ff.
24) BVerwG v. 18. 12. 1969, BVerwGE 34, 325 (328 f.); v. 14. 7. 1978, DÖV 1979, 60; v. 9. 6. 1983, Buchholz 310 § 80 VwGO Nr. 42; BWVGH v. 15. 10. 1968, ESVGH 19, 162; v. 27. 1. 1984, VBlBW 1984, 183 (184); BayVGH v. 25. 3. 1968, BayVBl. 1969, 143; v. 22. 1. 1975, BayVBl. 1975, 533; v. 19. 12. 1983, BayVBl. 1984, 182 (183); BremOVG v. 14. 12. 1974, DÖV 1975, 280 f.; RhPfOVG v. 30. 11. 1976, NJW 1977, 1605; *Finkelnburg/Jank*, Rdnr. 867.
25) Vgl. BayVGH v. 15. 12. 1981, NJW 1982, 2134 (2135).
26) Beispiel: Eine Verpflichtungsklage auf Anordnung einer Schutzauflage im Planfeststellungsbeschluß verhindert, daß der Planfeststellungsbeschluß insgesamt rechtsbeständig wird; BVerwG v. 17. 11. 1972, BVerwGE 41, 178 (180 ff.); v. 21. 5. 1976, BVerwGE 51, 15 (21).

Erhält z. B. bei Auswahlentscheidungen zwischen mehreren Konkurrenten um dieselbe Erlaubnis oder denselben Posten ein Konkurrent einen Ablehnungsbescheid und erfährt er, daß zugunsten eines Dritten ein stattgebender VA ergangen ist, so muß der übergangene Konkurrent den drittbegünstigenden VA selbständig anfechten und daneben sein Leistungsbegehren verfolgen. Wurde die Begünstigung für sofort vollziehbar erklärt, ist der Antrag nach § 123 VwGO zu kombinieren mit dem Antrag nach § 80 V VwGO, um die erstrebte Vergünstigung überhaupt wieder verfügbar zu machen[27]).

Bei der *beamtenrechtlichen Konkurrentenklage* vermeidet die h. L. dieses Ergebnis aus Gründen des materiellen Rechts[28]). Die Anfechtung einer Beamtenernennung soll unzulässig sein aus Gründen der Ämterstabilität und weil nach den Beamtengesetzen eine ermessensfehlerhafte Beamtenernennung nicht zurückgenommen werden könne. Tragfähig ist allenfalls der Gesichtspunkt der Ämterstabilität. Hat der fehlerhaft ernannte Beamte seinen Dienst noch nicht aufgenommen oder die Beförderungsstelle noch nicht angetreten, so ist nicht einzusehen, wieso das Gericht nicht die Ernennung soll aufheben können. Im Regelfall bleibt es aber dabei: Effektiv ist die beamtenrechtliche Konkurrentenklage nur, wenn sie vor der Ernennung des Konkurrenten erhoben wird. Im vorläufigen Verfahren reicht dann ein Antrag nach § 123 I S. 1 VwGO zur Sicherung des Rechts auf fehlerfreie Ermessensausübung[29]).

V. „Zahlungseinstellungsbescheide"

Entsprechendes wie für die Versagungsbescheide gilt für die Bescheide, in denen eine *laufende Leistung* seitens der Behörde eingestellt wird. § 80 VwGO greift nur ein, wenn der Einstellungsbescheid sich als Eingriff in eine zuvor innegehabte Rechtsstellung, mithin als *Rücknahme bzw. Widerruf eines Bewilligungsbescheids* darstellt[30]). Wurde dagegen „schlicht", allein auf Grund des Leistungsgesetzes ohne Zwischenschaltung eines Bescheids bezahlt und wendet sich hier der Rechtsbehelfsführer gegen die Zahlungseinstellung, so erstrebt er eine mit der Leistungs- oder Verpflichtungsklage durchzusetzende und vorläufig nach § 123 VwGO zu schützende Erweiterung seiner Rechtsposition[31]).

Gegen die Einstellung laufender Hilfe zum Lebensunterhalt nach dem BSHG ist deshalb vorläufiger Rechtsschutz nach § 123 VwGO zu beantragen, wenn man die Gewährung der Hilfe mit der zutreffenden Auffassung des BVerwG

---

27) BayVGH, NJW 1982, 2135; *Schmitt-Kammler*, DÖV 1980, 286; a. A. *EF*, § 42, 89; BWVGH v. 12. 7. 1981, BaWüVBl. 1972, 43 (44), die den Neutralisierungseffekt der Verpflichtungsklage zu weit ausdehnen.
28) BVerwG v. 25. 8. 1988, BVerwGE 80, 127; v. 9. 3. 1989, ZBR 1990, 79; vgl. BWVGH v. 14. 6. 1982, NVwZ 1983, 41; BayVGH v. 11. 1. 1983, 391; vgl. auch *Ronellenfitsch*, VerwArch. 1991, 121 ff. m. w. N.
29) Vgl. NWOVG v. 15. 6. 1989, RiA 1990, 94 („Frauenquote").
30) Vgl. zum Widerruf einer Abgabenstundung BayVGH v. 17. 12. 1973, BayVGH 26, 227.
31) RhPfOVG v. 27. 12. 1972, AS 13, 133 für die Gewährung von Dienstbezügen.

nicht als Dauer-VA, der durch die Einstellung widerrufen wird[32]), sondern als Ketten-VAe, die zeitlich jeweils für den laufenden Monat erneut die Bewilligung aussprechen, ansieht[33]), da dann die Einstellung sich rechtlich nur als Ablehnung einer weiteren Gewährung darstellt[34]).

VI. Rechtsgestaltende und feststellende VAe

12 § 80 VwGO gilt auch für rechtsgestaltende und feststellende VAe, soweit sie belastenden Charakter haben und mit der Anfechtungsklage angegriffen werden können.

Für gestaltende VAe ist dies ausdrücklich in § 80 I S. 2 VwGO angeordnet, weil sie einer Vollziehung im eigentlichen Sinn nicht bedürfen, um wirksam zu werden und die Möglichkeit des Suspensiveffekts früher bestritten war[35]). Für feststellende VAe kann nichts anderes gelten; denn § 80 I S. 2 VwGO hat nur klarstellende Funktion und ist für einen Gegenschluß nicht geeignet[36]).

---

32) So RhPf v. 16. 12. 1969, AS 11, 264; vgl. auch BVerwG v. 15. 5. 1959, DVBl. 1959, 663 zur Unterhaltshilfe nach dem LAG; RhPfOVG v. 4. 1. 1979, AS 15, 163 für das Pflegegeld an Schwerbehinderte (LPflGG).
33) BVerwG v. 15. 11. 1969, BVerwGE 28, 216; v. 18. 1. 1979, BVerwGE 57, 237 (239). Zum Ketten-VA vgl. *Kloepfer*, DVBl. 1972, 371.
34) So die h. M. vgl. *Quaritsch*, VerwArch. 1960, 210 ff. (229); *EF*, § 80, 15; *Finkelnburg/Jank*, Rdnr. 1082 ff.; BWVGH v. 1. 12. 1971, FEVS 19, 270 (271); BerlOVG v. 7. 12. 1972, AS 12, 144; HessVGH v. 9. 12. 1962, DVBl. 1963, 410 (411); v. 10. 11. 1981, ESVGH 33, 64 (67: zur Einstellung der monatlichen Pflegegeldzahlungen nach § 6 JWG).
35) Vgl. BVerwG v. 16. 1. 1973, Buchholz 232 § 31 BBG Nr. 18 und *Finkelnburg/Jank*, Rdnrn. 325, 346. Zu den Folgen der a. W. in diesen Fällen unten § 53 Rdnr. 10.
36) Vgl. statt vieler NWOVG v. 24. 4. 1964, DVBl. 1964, 834; BWVGH v. 26. 2. 1979, ESVGH 29, 138 (140); *Finkelnburg/Jank*, Rdnr. 495 m. w. N.

§ 53 Der Suspensiveffekt

I. Rechtsnatur

Widerspruch und Anfechtungsklage haben nach § 80 I S. 1 VwGO a. W. Gebräuchlich ist auch die Bezeichnung „Suspensiveffekt".

Die *Bezeichnung* „Suspensiveffekt" entstammt dem Prozeßrecht und bedeutet dort *Hemmung der Rechtskraft*. Mit diesem Suspensiveffekt der Rechtsmittel hat § 80 I VwGO nichts zu tun[1]). Da sich die Bezeichnung „Suspensiveffekt" aber nun einmal, wenn auch mit verändertem Sinngehalt, beim vorläufigen Rechtsschutz eingebürgert hat, wird sie vorliegend mit der a. W. gleichgesetzt.

Der Suspensiveffekt des § 80 I VwGO erfaßt alle (belastenden) VAe, durch die verfügend, gestaltend oder feststellend die Rechtsstellung des Betroffenen beeinträchtigt oder geschmälert wird[2]).

Die Eigenart der a. W. von (Anfechtungs-)Widerspruch und Anfechtungsklage besteht über die bestandskrafthemmende Wirkung hinaus, die bereits die Anfechtung selbst äußert[3]), in der *Erzeugung eines rechtlichen Schwebezustandes*.

Die konkrete *rechtliche Wirkung des Suspensiveffekts,* also des durch Widerspruch und Anfechtungsklage bewirkten Schwebezustands, ist *umstritten*. 2

Die *Wirksamkeitstheorie* versteht die a. W. als Hemmung (Suspension) der Wirksamkeit des angefochtenen VA schlechthin[4]).

---

1) *Kopp*, § 80, 2; *Finkelnburg/Jank*, Rdnr. 480 Fußn. 3.
2) BVerwG v. 6. 7. 1973, DÖV 1973, 786.
3) Vgl. *Siegmund-Schultze*, DVBl. 1963, 745 ff. (746 Fußn. 20); *Bachof*, JZ 1966, 475; *Papier*, VerwArch. 1973, 283 ff. (284 f.); *ders.*, JA 1979, 561 ff. (562); *Schoch*, S. 1161. BVerwG v. 21. 6. 1961, BVerwGE 13, 1 (5 f.) und v. 6. 7. 1973, DÖV 1973, 786 rechnet – fälschlich – auch diese Wirkungen dem Suspensiveffekt zu. Würde der Suspensiveffekt beim vorläufigen Rechtsschutz nur die Unanfechtbarkeit aufschieben, so wäre § 80 I S. 1 VwGO überflüssig.
4) Vgl. BGH v. 13. 5. 1982, NJW 1982, 2251 (2252); *Quaritsch*, VerwArch. 1960, 210 ff. (224); *Bachof*, JZ 1966, 475; *Siegmund-Schultze*, DVBl. 1963, 745 ff.; *De Clerck*, DÖV 1964, 152 ff. (152); *Papier*, VerwArch. 1973, 283 ff. (286 ff.); *Erichsen/Klenke*, DÖV 1976, 833 ff.; *Erichsen*, Jura 1984, 414 ff. (423); *Martens*, DVBl. 1985, 541 ff. (541); *Scholz*, in: Festschr. f. Menger, S. 641 ff. (643 f.) mit der abenteuerlichen Behauptung, der Streit dürfte heute zugunsten der Wirksamkeitstheorie erledigt sein; *Schoch*, S. 1162 ff.; *EF*, § 80, 4; *Ule*, S. 367.

Nach der insbesondere in der Rspr. vertretenen Meinung ist dagegen die a. W. auf die Wirksamkeit des VA ohne Einfluß, hemmt vielmehr nur dessen Vollziehung (sog. *Vollziehbarkeitstheorie*)[5]). Die Vollziehbarkeitstheorie hat ihren Niederschlag gefunden in § 72 II AuslG.

Die sog. *vermittelnde Auffassung*[6]) ist eine Variante der Wirksamkeitstheorie. Sie beruht auf einer verfahrensrechtlichen Fiktion. Der vom Suspensiveffekt erfaßte VA wird behandelt, als ob er noch keine Wirksamkeit erlangt hätte. Die Fiktion ermöglicht es, die Wirksamkeitshemmung zeitlich zu begrenzen; Suspensiveffekt bedeutet hiernach nur *vorläufige* Wirksamkeitshemmung.

3   Die *Vollziehbarkeitstheorie* stellt den *richtigen Ansatz* dar. Dies ergibt sich sowohl aus dem Sinn des Suspensiveffekts, der lediglich eine Hemmung der Vollziehbarkeit und nicht der Wirksamkeit des VA fordert, wie auch aus § 80 II Nr. 4 VwGO, die die a. W. durch Anordnung der sofortigen „Vollziehung" entfallen läßt und durch diese gedankliche Gleichsetzung von a. W. und Aussetzung der Vollziehung, die auch den Vorschriften der §§ 80 III, IV S. 1 und 2, V S. 1 und 3 VwGO zugrunde liegt, eindeutig zu erkennen gibt, daß das Wesen der a. W. in der Vollziehbarkeitssuspension besteht[7]).

4   Im übrigen ist die Kontroverse ziemlich fruchtlos, weil die häufig verzerrte Wiedergabe der jeweiligen Theorie durch ihre Gegner verschleiert, daß die Auffassungen oft gar nicht weit auseinanderliegen und in der Praxis zumeist zu identischen Ergebnissen führen. *Praktische Bedeutung* kommt dem Theorienstreit nur zu, wenn man einerseits die Wirksamkeitstheorie im Sinne einer (für die Dauer des Rechtsschutzverfahrens) *endgültigen* Wirksamkeitshemmung versteht[8]), andererseits bei der Vollziehbarkeitstheorie nur die Hemmung *behördlicher* Vollziehungsmaßnahmen, wenn auch im weitesten Sinne, zugestehen will[9]).

5   Die *enge Wirksamkeitstheorie* (endgültige Wirksamkeitshemmung) würde in der Tat insoweit über das Ziel hinausschießen, als sie dem VA erst mit der endgültigen Entscheidung im Rechtsbehelfsverfahren Wirksamkeit und

---

5) BVerwGE 13, 1 (5 ff.); v. 21. 2. 1964, BVerwGE 18, 72 (75); v. 12. 5. 1966, BVerwGE 24, 92 (98 f.); v. 30. 1. 1968, DÖV 1968, 418; v. 18. 7. 1972, Buchholz 232 § 30 BBG Nr. 7; v. 6. 7. 1973, DÖV 1973, 786; v. 25. 3. 1981, Buchholz 448.11 § 11 ZDG Nr. 4 S. 8; v. 27. 10. 1982, BVerwGE 66, 218 (222); v. 28. 10. 1982, BayVBl. 1983, 311; BWVGH v. 3. 6. 1966, ESVGH 16, 183; v. 11. 4. 1986, VBlBW 1987, 141; BayVGH v. 11. 7. 1983, GewArch 1984, 164; HessVGH v. 19. 8. 1976, ESVGH 26, 237 (239); NWOVG v. 20. 2. 1987, NVwZ-RR 1988, 126; RhPfOVG v. 31. 5. 1976, AS 14, 271; OVG Lüneburg v. 13. 5. 1986, DÖV 1987, 36; SaarlOVG v. 4. 12. 1972, AS 13, 71 (77); v. 18. 12. 1974, AS 14, 183; *RÖ*, § 80, 1; *SDC*, § 80, 2 a; *Wieseler*, S. 143 ff., 157 ff.; *Finkelnburg/Jank*, Rdnr. 487.
6) *Kopp*, § 80, 16; *SG*, Rdnr. 350.
7) BVerwGE 13, 6.
8) So die Interpretation durch BVerwGE 13, 8 f.; *Kopp*, BayVBl. 1972, 650 f. Vertreten wird die enge Wirksamkeitstheorie von *Erichsen/Klenke*, DÖV 1976, 837 ff.
9) So die Interpretation durch *Kopp*, BayVBl. 1972, 650 f.; *Papier*, VerwArch. 1973, 288 f.; *SG*, Rdnr. 346.

dadurch dem Rechtsbehelfsführer bis zu diesem Zeitpunkt den vollen Erhalt seiner bisher innegehabten Rechtsposition zugestehen würde.

Beispiel: Der entlassene Beamte bliebe also bis zum rechtskräftigen Urteil, mit dem seine Anfechtungsklage abgewiesen wird, Beamter mit allen sich aus diesem Status ergebenden Rechten und Pflichten. Das bis zu diesem Zeitpunkt gezahlte Gehalt müßte nicht zurückgezahlt werden.

Das vorstehende Beispiel der angefochtenen Beamtenernennung wird der Wirksamkeitstheorie immer wieder entgegengehalten[10]), trifft diese aber nicht, weil sie in der skizzierten engen Form von kaum jemandem vertreten wird. Angesichts der Tatsache, daß das Anfechtungsurteil den angefochtenen VA ex tunc kassiert oder bestätigt, kann eine endgültige Wirksamkeitshemmung für die Dauer des vorläufigen Rechtsschutzes sinnvollerweise auch gar nicht behauptet werden und ist von Vertretern der Wirksamkeitstheorie auch selten behauptet worden[11]). Im Gegenteil: Bekennt man sich zur Wirksamkeitstheorie, so ist die Annahme eines ex tunc wirkenden Wegfalls der Wirksamkeitshemmung unausweichlich. Die Aufgabe des wesentlich von Art. 19 IV GG mitgeprägten Suspensiveffekts besteht darin, die Effektivität des Rechtsschutzes durch Verhinderung irreparabler Sachlagen zu garantieren, also eine Schmälerung der Rechtsposition des WF oder Klägers vor endgültiger Klärung der Rechtslage vorläufig zu verhindern, nicht aber ihm Vorteile, die ihm nach der Rechtslage nicht oder nicht mehr zustehen, endgültig, und sei es auch nur für eine Übergangszeit zu sichern. Die Wirksamkeitstheorie wurde somit von Anfang an in einem ähnlichen Sinn verstanden wie die sog. vermittelnde Ansicht. 6

Da nach der weiteren Wirksamkeitstheorie bzw. nach der vermittelnden Ansicht die Möglichkeit einer rückwirkenden Aufhebung der Wirksamkeitshemmung offenbleibt, gelangt die Wirksamkeitstheorie zumeist zu den gleichen Ergebnissen wie die Rspr. 7

Beispiel: Wird gegen den Widerruf der Zulassung zum Postzeitungsdienst Widerspruch und Anfechtungsklage erhoben, so bewirkt die a. W. auch bei Zugrundelegung der Wirksamkeitstheorie, daß die Post die Druckschrift vorläufig zum ermäßigten Gebührensatz weiter zu befördern hat. Die rechtskräftige Abweisung der Klage läßt allerdings die a. W. rückwirkend entfallen, so daß der Kläger die Gebührendifferenz zu erstatten hat. Die Verjährung des Gebührenanspruchs ist für die Dauer der a. W. entsprechend § 202 BGB (nach § 231 AO 1977 tritt sogar Unterbrechung ein) gehemmt[12]).

Ebenso ist in der Rspr. des BVerwG anerkannt, daß die a. W. der gegen die

---

10) Vgl. *Finkelnburg/Jank*, Rdnr. 486.
11) Vgl. z. B. *EF*, § 80, 4; *Siegmund-Schultze*, DVBl. 1963, 746 f.; *Bachof*, JZ 1966, 475; *Papier*, VerwArch. 1973, 286. Weitergehend allerdings *Erichsen/Lenke*, DÖV 1976, 836 ff., weil sie die Konsequenzen eines Ex-tunc-Wegfalls der a. W. überschätzen.
12) Ebenso BVerwG v. 18. 8. 1976, NJW 1977, 823.

Entlassungsverfügung erhobenen Anfechtungsklage für die *fortgezahlten Bezüge* keinen rechtlich verselbständigten, die Endentscheidung in der Hauptsache überdauernden Leistungsgrund materiell-rechtlicher Art darstellt, sondern lediglich einen vorläufigen, auf einer verfahrensrechtlichen Fiktion beruhenden und von vornherein *unter dem Vorbehalt des rückwirkenden Fortfalls* stehenden Rechtsgrund i. S. des entsprend anwendbaren § 820 I S. 2 BGB[13]). Das nehmen auch die Vertreter der Wirksamkeitstheorie an. Die *Rückforderung* beurteilt sich nach § 12 II S. 1 BBesG i. V. m. §§ 820 I, 818 IV BGB (Rechtsfolgeverweisung). Ein Wegfall der Bereicherung durch Verbrauch der fortgezahlten Bezüge zum Lebensunterhalt ist nur ausnahmsweise gegeben, wenn besondere Umstände nach Treu und Glauben verbieten, diesen Einwand unberücksichtigt zu lassen, etwa hinsichtlich des Umfangs des lebensnotwendigen Unterhalts („tägliches Brot")[14]. Darüber hinaus kann die Behörde nach § 12 II S. 3 BBesG von der Rückforderung aus Billigkeitsgründen ganz oder teilweise absehen[15]).

8   Die Annahme eines ex tunc wirksamen Wegfalls der a. W. bedeutet indes nicht, daß die Verwaltung (oder der Richter) befugt sei, nachträglich an das Handeln oder Unterlassen des WF während des Schwebezustandes Sanktionen anzuknüpfen, also etwa den WF wegen Ungehorsams gegen den Verwaltungsbefehl strafrechtlich oder disziplinarisch zu verfolgen[16]) oder einen VA wegen Mißachtung einer Auflage zu widerrufen, denn auch die Ex-tunc-Wirkung kann die Tatsache der Wirksamkeitssuspension nicht ungeschehen machen, und eine Fiktion wäre mit dem Rechtsschutzgehalt des Art. 19 IV GG unvereinbar.

9   Ebenso wie eine eng verstandene Wirksamkeitstheorie über den Sinn des vorläufigen Rechtsschutzes hinausschießen würde, ließe eine *eng verstandene Vollziehbarkeitstheorie* Lücken im vorläufigen Rechtsschutz für die Fälle der Drittanfechtung. Wäre nämlich die Vollziehbarkeitshemmung - wie z. T. behauptet wird[17]) - auf behördliche Vollzugsmaßnahmen beschränkt, könnten Rechtsbehelfe des Nachbarn das Gebrauchmachen von der Bauerlaubnis seitens des Bauherrn nicht hemmen, während nach Auffassung der Wirksamkeitstheorie der Bauherr ohne Bauerlaubnis jedenfalls formell baurechtswidrig handeln würde. Der Nachbar müßte deshalb seinen vorläufigen Rechtsschutz nach der für ihn ungünstigeren Norm des § 123 VwGO suchen.

10 Zwingend wäre diese Interpretation der Vollziehbarkeitstheorie jedoch nur,

---

13) BVerwGE 24, 98 ff.; v. 13. 10. 1971, JR 1972, 211; v. 25. 11. 1982, DÖV 1983, 898 (899); BWVGH v. 7. 11. 1978, DöD 1979, 83. Zu den sonstigen Wirkungen der Entlassung und ihrem Verhältnis zur a. W. vgl. BVerwG, BayVBl. 1983, 311.
14) BVerwGE 18, 74 ff.; 24, 100 ff.; v. 23. 10. 1968, BVerwGE 30, 296; DÖV 1972, 575; DÖV 1983, 899; BWVGH, DöD 1979, 85.
15) BVerwG, DÖV 1972, 575; BWVGH, DöD 1979, 85. Vgl. zur Rückforderungsproblematik Rdschr. des BWMdF über die Rückforderung zuviel gezahlter Besoldungs- und Versorgungsbezüge v. 23. 1. 1978 (GABl. BW S. 273).
16) So richtig BVerwG v. 28. 10. 1971, BVerwGE 43, 273 (276); v. 17. 5. 1978, BVerwGE 63, 74 ff. zur disziplinarrechtlichen Unbeachtlichkeit des Ungehorsams gegen eine Versetzungsordnung während der a. W.; zur Straflosigkeit bei strafbewehrten VAen während der a. W. vgl. Rdnrn. 27. Vgl. auch BayVHG v. 28. 10. 1975, BayVBl. 1976, 86.
17) Vgl. z. B. *Kopp,* BayVBl. 1972, 649 f.; *SG,* Rdnr. 349; *Papier,* VerwArch. 1973, 288 f.

wenn der *Begriff der Vollziehung in § 80 VwGO* weitgehend identisch wäre mit dem des Vollzuges des Vollstreckungsrechts. Daß dies nicht zutrifft, ergibt sich bereits aus § 80 I S. 2 VwGO. Rechtsgestaltende VAe sind eines Vollzuges im vollstreckungsrechtlichen Sinn weder zugänglich noch bedürftig, da sie die Rechtsgestaltung unmittelbar herbeiführen und damit den Vollzug gleichsam „in sich" tragen[18]). Wenn § 80 I S. 2 VwGO gleichwohl auch für sie a. W. anordnet, kann dies nur dahin verstanden werden, daß die VwGO hier „Vollziehung" in einem weiten Sinne verstanden wissen will und deshalb die a. W. auf *alle behördlichen Folge- und Ausführungsmaßnahmen* erstreckt[19]).

BVerwG, DÖV 1973, 786:
„Ihrem Wesen nach bedeutet die a. W. im Sinne des § 80 I VwGO, daß ein VA, durch den verfügend, gestaltend oder feststellend die Rechtsstellung des Betroffenen beeinträchtigt oder geschmälert wird, von der Behörde einstweilen nicht verwirklicht werden darf. Die a. W. hemmt demnach nicht nur den Eintritt der Unanfechtbarkeit des VA, sondern hindert die Behörde auch und vornehmlich daran, vorerst, nämlich für die Dauer des a. W., rechtliche oder tatsächliche Folgerungen aus dem VA zu ziehen. Sie ist verpflichtet, während des durch die Anfechtung des VA herbeigeführten Schwebezustandes alle Maßnahmen zu unterlassen, die seiner Vollziehung dienen, sofern diese Maßnahmen den Bestand und die Rechtmäßigkeit des VA voraussetzen (BVerwGE 13, 5 f.)."

Die Begriffe der a. W. und des Vollzugs bedingen sich folglich *wechselseitig*. Was Vollzug ist, ergibt sich daraus, was aufgeschoben wurde. Das ist keine petitio principii, sondern folgt zwingend aus der Systematik des § 80 VwGO. Auf eine petitio principii läuft dagegen die Argumentation von *Schoch* hinaus, der sich von einem ähnlichen Ansatz her um eine Rechtfertigung der Wirksamkeitstheorie bemüht. *Schoch* wirft der Vollziehbarkeitstheorie vor, sie stelle die gesetzliche Systematik auf den Kopf, da sie den Inhalt der a. W. vom „Vollziehungsbegriff" her zu begründen versuche. An der Spitze des § 80 VwGO stehe aber die a. W., als deren Korrelat(!) die AnOsVollz und der gesetzliche Ausschluß der a. W. fungiere. Was der „Vollziehung" i. S. des § 80 VwGO zugänglich sei, bestimme sich nach dem Inhalt der a. W.[20]). Den Inhalt der

---

18) BVerwGE 13, 8. Zur teilweisen Einschränkung des § 80 I S. 2 VwGO durch § 15 III SchwerbG vgl. VG Saarlouis v. 24. 10. 1979, NJW 1980, 721 f. m. w. N.
19) Vgl. für die Einstellung der Gehaltszahlung als Vollziehung der Entlassungsverfügung BVerwGE 13, 8; 18, 75; 24, 98 f.; v. 25. 4. 1972, Buchholz 310 § 80 VwGO Nr. 20; v. 16. 1. 1973, Buchholz 232 § 31 BBG Nr. 18; für die Feststellung des Verlusts der Dienstbezüge wegen unentschuldigten Fernbleibens vom Dienst am neuen Arbeitsplatz nach (angefochtener) Abordnung, BVerwG v. 17. 5. 1978, BVerwGE 63, 74 (77 f.); für die Kennzeichnung eines Flüchtlingsausweises durch „Aussteuerungsvermerk" als Vollziehung des Feststellungsbescheids nach § 13 III BVfG BVerwGE 13, 4 ff. sowie BVerwG v. 6. 7. 1973, DÖV 1973, 786 f. für die vorläufige Besitzeinweisung nach § 19 III FStrG (jetzt § 18 f. FStrG) als Vollziehung des vorausgehenden Planfeststellungsbeschlusses; BWVGH v. 9. 3. 1977, BWVPr. 1978, 9 f.: Abbruchverfügung als Vollziehung der Rücknahme einer Bauerlaubnis. Vgl. auch *Finkelnburg/Jank*, Rdnr. 488.
20) S. 1173 f.

a. W. gilt es jedoch gerade zu bestimmen. *Was* aufgeschoben wird, läßt sich ohne Rückgriff auf den „Vollziehungsbegriff" gar nicht klären. Die dogmatische Schwäche der Ansicht von *Schoch*, wie allgemein der Wirksamkeitstheorie, liegt darin, daß sie mit dem speziellen Vollzugsbegriff des § 80 VwGO nichts anfangen kann. Die Formel: Aufschiebende Wirkung, *also* keine Wirksamkeit des VA, ist ohnehin verfehlt. Aufgeschoben wird nicht die (innere) Wirkung des angefochtenen VA. Vielmehr haben (Anfechtungs-)Widerspruch und Anfechtungsklage die Wirkung, daß sie den „Vollzug" des angefochtenen VA suspendieren und damit seine Verwirklichung hemmen.

11 *Keine* Verwirklichungsmaßnahme liegt vor, wenn die behördliche Maßnahme lediglich die Konsequenz aus dem eingetretenen Schwebezustand zieht und ein von dem angefochtenen VA präjudiziell berührtes Verwaltungsverfahren bis zur endgültigen Entscheidung des Aussetzungsstreits *aussetzt*.

Beispiel: Eine Polizeibeamtin erhebt gegen die Verfügung, eine Dienstwaffe zu führen, Widerspruch und Anfechtungsklage, die a. W. haben. Solange die durch die a. W. entstandene Schwebelage dauert, darf der Dienstherr zwar nicht die Beförderung nicht wegen mangelnder Eignung ablehnen, wohl aber die Beförderung zurückstellen, bis die für die Eignung erhebliche Eigenschaft als Waffenträgerin geklärt ist. Die Beförderung setzt nämlich die positive Feststellung der Eignung voraus, die während der Dauer der a. W. nicht möglich ist. Die Zurückstellung ist deshalb keine Folge der (suspendierten) Verfügung, sondern der Suspension selbst[21]).

12 Versteht man die Rechtsnatur der a. W. in diesem Sinne als *Vollziehbarkeitshemmung im weitesten Sinne*, als „Verwirklichungshemmung", ist es nur ein kleiner, zudem logisch gebotener Schritt, die a. W. auch auf private Folge- und Ausnutzungsmaßnahmen zu erstrecken und sie dem Begriff der Vollziehung i. S. des § 80 VwGO einzuordnen[22]), mithin die a. W. als umfassende „*Verwirklichungs- und Ausnutzungshemmung*", als *an alle Beteiligten gerichtetes vorläufiges Verwirklichungsverbot zu definieren*[23]). Daß dies auch die Sicht der VwGO ist, ergibt sich aus dem bereits oben von der Vollziehbarkeitstheorie für sich in Anspruch genommenen § 80 II Nr. 4, der die Anordnung der soforti-

---

21) Im Ergebnis zu Recht sieht deshalb BerlOVG v. 6. 9. 1977, AS 14, 151 (153 f.) die Zurückstellung der Beförderung nicht als Verwirklichung der angefochtenen Verfügung, sondern lediglich als von der a. W. nicht berührte „sonstige (mittelbare) Folge" an.

22) Dies wird im Grunde auch von *Papier*, VerwArch. 1973, 399 f., zugegeben, wenn er die faktische Ausführung des Baues durch den Bauherrn als „Vollzug" i. S. des § 80 V S. 3 VwGO wertet und dem Nachbarn die Möglichkeit gewährt, eine Beseitigungs- oder Stillegungsverfügung zu beantragen. Warum dem § 80 V S. 3 ein anderer Begriff des Vollzuges zugrunde liegen soll als dem § 80 II Nr. 4 VwGO, ist angesichts der aufeinander bezogenen Vorschriften nicht einsichtig. Vgl. später auch *Papier*, BauR 1981, 153 ff.

23) Ebenso ausdrücklich SaarlOVG v. 4. 12. 1972, AS 13, 71 (79); AS 14, 184; RhPfOVG v. 31. 5. 1976, AS 14, 271 f.; BayVGH v. 28. 7. 1982, DÖV 1983, 38 ff. (m. N. der Gegenansicht); HessVGH v. 24. 11. 1989, GewArch 1990, 75; *Quaritsch*, VerwArch. 1960, 227 f.; *Kopp*, BayVBl. 1972, 651 ff.; § 80, 3 c; *Wieseler*, S. 39 f.; im Ergebnis ebenso *Bender*, NJW 1966, 1990, 1993; BerlOVG AS 14, 153 f.

gen Vollziehung als Gegenstück zur a. W. auch im überwiegenden Interesse eines beteiligten Privaten zuläßt, um diesem die Ausnutzung eines ihn begünstigenden VA zu ermöglichen.

Die in Rspr. und Lehre überwiegende Meinung hat diesen Schritt bereits seit längerem getan, indem sie dem Nachbarn Rechtsschutz gegen eine ihn belastende Baugenehmigung in der Hauptsache durch Anfechtungsklage, im vorläufigen Verfahren nach § 80 VwGO gewährte[24]) und andererseits dem Bauherrn die Möglichkeit einräumte, die a. W. durch Antrag auf Anordnung der sofortigen Vollziehung entsprechend § 80 II Nr. 4 VwGO zu beseitigen[25]). Gedankliche Voraussetzung dieser Praxis ist nämlich nichts anderes als die Annahme, auch das Gebrauchmachen von der Bauerlaubnis werde durch die a. W. suspendiert wie durch die Vollziehungsanordnung wieder erlaubt, falle mithin unter den Begriff der Vollziehung i. S. des § 80 VwGO. § 80 a VwGO stellt dies jetzt klar. 13

Diese fortentwickelte (erweiterte) Vollziehbarkeitstheorie läßt sich am treffendsten als *Verwirklichungstheorie*[26]) umschreiben. 14

Die Verwirklichungstheorie unterscheidet sich kaum noch von der vermittelnden Ansicht. Der Vollzugsbegriff ist so weit, daß auch hier praktisch fast eine Situation besteht „als ob" die Rechtswirksamkeit des angefochtenen VA nicht eingetreten wäre. Insoweit kann man sagen, daß Rechtswirksamkeit und Vollzug gleichgesetzt werden[27]). Doch bedeutet dies nicht, daß die Verwirklichungstheorie in Wahrheit eine anders etikettierte Wirksamkeitstheorie ist[28]), sondern vielmehr, daß beide Theorien notwendigerweise mit einem erweiterten Vollzugsbegriff arbeiten müssen, der ihre unterschiedlichen theoretischen Ansatzpunkte im praktischen Ergebnis derart nivelliert, daß der Theorienstreit heute in Wahrheit zumeist nur noch akademische Bedeutung hat[29]).

II. Suspensiveffekt und Erfolgsaussichten des Rechtsbehelfs in der Hauptsache

§ 80 I S. 1 VwGO bestimmt apodiktisch, *daß* Widerspruch und Anfechtungsklage a. W. haben. Die a. W. tritt kraft Gesetzes „*automatisch*" ein. Irgendwelche Anforderungen an Widerspruch und Anfechtungsklagen sieht das Gesetz nicht vor. Fraglich ist es gleichwohl, ob jeder beliebige Anfechtungswiderspruch und jede Anfechtungsklage a. W. entfalten, oder ob nicht Widerspruch und Anfechtungsklage begründet oder wenigstens zulässig sein müssen. 15

---

24) Vgl. BVerwG v. 22. 11. 1965, DVBl. 1966, 273 (274) sowie § 52 Rdnr. 3.
25) Vgl. BVerwG v. 21. 10. 1968, NJW 1969, 202 f.; BWVGH, ESVGH 25, 112 ff. m. w. N. und unten § 37 Rdnrn. 30 ff.
26) Vgl. SaarlOVG, AS 13, 77, 79; *Wieseler*, S. 143, 159 ff.
27) Vgl. *Quaritsch*, VerwArch. 1960, 227; *Papier*, VerwArch. 1973, 287.
28) So aber *Papier*, VerwArch. 1973, 287. Eher ist die vermittelnde Ansicht eine falsch etikettierte Vollzugstheorie.
29) *Bachof*, JZ 1966, 476, hält den Theorienstreit deshalb für ein kräftiges Lebenszeichen der so oft totgesagten Begriffsjurisprudenz. BerlOVG v. 27. 7. 1966, JR 1967, 277 und BVerwG, NJW 1977, 823; v. 13. 10. 1978, NJW 1979, 1055 lassen den Theorienstreit dahingestellt; vgl. auch *Breuer*, DVBl. 1983, 439.

Schaubild 20

Aufschiebende Wirkung (§ 80 VwGO)

Die Rechtsnatur der a. W. (des Suspensiveffekts) von Widerspruch und Anfechtungsklage liegt in der Erzeugung eines Schwebezustandes. Die Wirkung dieses Schwebezustands ist umstritten.

Wirksamkeitstheorie

versteht die a. W. als Hemmung der Wirksamkeit des VA; so Teile der Lehre

Vollziehbarkeitstheorie

versteht die a. W. als Hemmung der Vollziehbarkeit des VA; so die Rspr.; grundlegend: BVerwGE 13, 1

Begriff der Vollziehbarkeit

Da nach § 80 I S. 2 VwGO die a. W. auch rechtsgestaltende VAe erfaßt, die im vollstreckungsrechtlichen Sinn nicht vollziehbar sind, liegt § 80 VwGO ein eigenständiger Begriff des Vollzugs zugrunde, der mit dem der a. W. in Wechselbeziehung steht. Daraus folgen zwei Erweiterungen des Vollzugsbegriffs. Vollzugshemmung bedeutet:
1. Verbot behördlicher Folgemaßnahmen zur Verwirklichung des VA (vgl. BVerwGE 13, 6 f.)
2. Verbot des Gebrauchmachens des VA durch Private (arg. § 80 II Nr. 4 VwGO; vgl. BVerwG, NJW 1969, 202)

vermittelnde Auffassung ⟷ **erweiterte Vollziehbarkeits- oder Verwirklichungstheorie**

Die Wirkung des angefochtenen VA ist vorläufig gehemmt

Während der Schwebelage darf der (wirksame) VA noch nicht verwirklicht werden

Daß für den Eintritt der a. W. die *Begründetheit* des Rechtsbehelfs ohne 17
Bedeutung ist, ergibt sich bereits aus dem Wesen des vorläufigen Rechtsschutzes: Bis zur endgültigen Klärung der Sach- und Rechtslage – also bis zur Klärung gerade der Begründetheit des Rechtsbehelfs – bleibt der Status quo erhalten. Für Fälle *offensichtlicher Unbegründetheit* kann, von krassen Ausnahmefällen abgesehen, nichts anderes gelten[30]). Diese Sicht wird bestätigt durch § 80 IV S. 3 VwGO, der davon ausgeht, daß der gesetzliche Ausschluß der a. W. bei der Anforderung von öffentlichen Abgaben und Kosten auch dann eingreift, wenn ernstliche Zweifel an der Rechtmäßigkeit des angegriffenen VA bestehen.

Nach dem Wortlaut des § 80 I VwGO ist die a. W. lediglich von der 18
Einlegung von Widerspruch und Anfechtungsklage, nicht aber von deren Zulässigkeit abhängig. Unter Berufung hierauf soll deshalb nach verbreiteter Auffassung die a. W. *unabhängig von der Zulässigkeit des Rechtsbehelfs in der Hauptsache* eintreten[31]). Dies entspräche auch dem Sinn des § 80 VwGO wie den Anforderungen des Art. 19 IV GG, effektiven Rechtsschutz zu gewähren, der „Selbstherrlichkeit der vollziehenden Gewalt" zu begegnen und das Risiko des Bestehens der a. W. der Exekutive zu überbürden, die ausreichend durch die Möglichkeit der Vollziehungsanordnung (§ 80 II Nr. 4 VwGO) geschützt sei.

Die Gegenmeinung macht den Eintritt der a. W. hingegen generell *abhängig* 19
von der Zulässigkeit des Rechtsbehelfs[32]). Dies ergebe sich daraus, daß bei einem wegen Fristversäumnis unzulässigen Rechtsbehelf bereits Unanfechtbarkeit des VA eingetreten und hier eine a. W. bereits begrifflich ausgeschlossen sei[33]) und sich für eine Differenzierung zwischen einzelnen Unzulässigkeitsgründen aus

---

30) BVerwGE 13, 8f.; *Kopp*, § 80, 29; *Wieseler*, S. 71f.; *Löwer*, DVBl. 1963, 343; a. A. *Weides*, S. 187.
31) BVerwGE 13, 8f. (allerdings obiter dictum); BerlOVG v. 1. 12. 1970, AS 11, 98 (101 ff.); *Ule*, S. 348; SaarlOVG v. 18. 12. 1974, AS 14, 176 (185); *Wilhelm*, BayVBl. 1965, 199 ff.; *Schäfer*, DÖV 1967, 478; *Leipold*, S. 196; *Koehler*, § 80, Anm. A II 10; *Klinger*, § 80 Anm. B 2; *Scholler/Broß*, Verfassungs- und Verwaltungsprozeßrecht, 1980, Rdnr. 814; wohl auch *SDC*, § 80, 2j. Vgl. allgemein *Schwerdtner* NVwZ 1987, 473 ff.
32) Vgl. *EF*, § 80, 14; *Lüke*, NJW 1978, 83; im Ergebnis ebenso *Finkelnburg/Jank*, Rdnrn. 512 ff.; BayVGH v. 2. 2. 1976, BayVBl. 1976, 239 ff. für einen Antrag nach § 80 V VwGO bei fehlender Klagebefugnis; NWOVG v. 18. 7. 1974, DVBl. 1975, 918 ff. (mit zustimm. Anm. *Skouris*) für eine nicht als VA zu qualifizierende Umsetzungsanordnung gegenüber Beamten; HessVGH v. 6. 10. 1969, VerwRspr. 21, 787 ff. für einen mangels Beschwer unzulässigen Drittwiderspruch VG Hamburg v. 18. 9. 1986, NuR 1987, 387; wohl auch BVerwG v. 5. 2. 1965, BVerwGE 20, 240 (243) für einen verfristeten Widerspruch, allerdings auch hier nur obiter dictum, zudem für die besonderen Verhältnisse des WehrPflG, das dem Prinzip der Rechtssicherheit verstärkt Beachtung schenkt; vgl. auch BVerwG v. 13. 12. 1967, BVerwGE 28, 305 (307ff.), nachdem nach Ablauf der Jahresfrist des § 76 VwGO auch die a. W. nachträglich entfällt.
33) Ebenfalls HessVGH v. 24. 9. 1970, ESVGH 21, 97 (98) ohne Folgerungen auf andere Zulässigkeitspunkte.

dem Gesetz kein Anhaltspunkt ergebe[34]). Die hieraus in Zweifelsfällen folgende Ungewißheit müsse der Bürger hinnehmen, da er durch § 80 V S. 3 VwGO ausreichend geschützt sei[35]).

20 Die zwischen diesen beiden gegensätzlichen Auffassungen vermittelnden Meinungen stellen entweder auf die Evidenz des Unzulässigkeitsgrundes ab[36]) oder differenzieren nach der Art des Unzulässigkeitsgrundes[37]). Nach der ersten Ansicht tritt die a. W. nicht ein bei *evidenter Unzulässigkeit* des Rechtsbehelfs, etwa wenn Widerspruch erst nach Fristablauf eingelegt wird und ein Wiedereinsetzungsantrag offensichtlich aussichtslos ist[38]), der Verwaltungsrechtsweg offensichtlich nicht gegeben ist[39]), die angegriffene Maßnahme offensichtlich keinen VA darstellt[40]) oder die Klagebefugnis offensichtlich fehlt[41]).

In diesen Fällen bestehe kein Bedürfnis dafür, den Bürger vor einer Vollziehung zu schützen, da es an dem von § 80 I VwGO unterstellten Schutzbedürfnis fehle[42]). Im Falle der evidenten Verfristung sei der Bestand des VA nicht ungewiß und deshalb die Gefahr einer ungerechtfertigten Vollziehung, der das Institut der a. W. begegnen wollte, nicht mehr gegeben[43]). In den übrigen Fällen fehle es an der Vorrangstellung der Verwaltung, die der Suspensiveffekt ausgleichen solle[44]).

21 Die nach einzelnen Zulässigkeitsgründen *differenzierende Auffassung* macht den Eintritt der a. W. davon abhängig, daß
- der Verwaltungsrechtsweg tatsächlich gegeben ist[45]),
- objektiv ein belastender VA vorliegt[46]),

---

34) *EF,* § 80, 14 b.
35) *EF,* § 80, 14 c.
36) Vgl. vor allem *SG,* Rdnr. 343; *v. Mutius,* VerwArch. 1975, 413 f.; RhPfOVG v. 28. 2. 1972, AS 12, 311 ff.; v. 11. 9. 1975, AS 14, 71 ff.; BWVGH v. 19. 7. 1974, BWVPr. 1974, 231; v. 15. 2. 1977, NJW 1978, 720; v. 20. 9. 1983, NVwZ 1984, 254 (255); OVG Lüneburg v. 28. 10. 1971, DÖV 1972, 324 Nr. 157; v. 20. 5. 1980, MDR 1981, 82; *Weides,* S. 186; *RÖ,* § 80, 16.
37) Vgl. vor allem *Löwer,* DVBl. 1963, 345 ff.; *Kopp,* § 80, 29; *Schwerdtner,* BWVPr. 1976, 28; *Wiesler,* S. 73 f.; *Schoch,* BayVBl. 1983, 360 ff. und unten Fußn. 53.
38) Vgl. *SG,* Rdnr. 343; RhPfOVG, AS 14, 71 f.; BWVGH, NJW 1978, 720; BerlOVG v. 22. 11. 1976 − OVG I S. 161/76 (noch u. v.); vgl. auch RhPfOVG, AS 12, 311 ff. für einen nicht offensichtlich aussichtslosen Wiedereinsetzungsantrag; OVG Lüneburg, MDR 1981, 82; v. 24. 11. 1986, DVBl. 1986, 418; BWVGH, BWVPr. 1974, 281 für eine offensichtlich verspätete Berufung; ferner HbgOVG v. 25. 8. 1987, NVwZ 1987, 1002.
39) *SG,* Rdnr. 343; *RÖ,* § 80, 16; *v. Mutius,* VerwArch. 1975, 414.
40) *RÖ,* § 80, 16; *v. Mutius,* VerwArch. 1975, 414.
41) *RÖ,* § 80, 16; *v. Mutius,* VerwArch. 1975, 414; OVG Lüneburg, DÖV 1972, 324; BWVGH, NVwZ 1984, 255; *Weides,* S. 186; *SG,* Rdnr. 343.
42) Vgl. *v. Mutius,* VerwArch. 1975, 414; *SG,* Rdnr. 343.
43) Vgl. RhPfOVG, AS 14, 72.
44) Vgl. *v. Mutius,* VerwArch. 1975, 414.
45) Vgl. *Löwer,* DVBl. 1963, 345; *Kopp,* § 80, 29; *Schwerdtner,* BWVPr. 1976, 28; *Wieseler,* S. 74; *Schoch,* BayVBl. 1983, 361.
46) Vgl. *Kopp,* § 80, 29; ebenso *Schoch,* BayVBl. 1983, 362 (dasselbe gelte auch für den Mangel der Beteiligten- oder Prozeßfähigkeit).

– der Rechtsbehelf wirksam eingelegt worden ist[47]),
– der Rechtsbehelfsführer rechtsmittelbefugt ist[48]),
– die Rechtsbehelfsfrist gewahrt ist[49]).

Das Erfordernis der Statthaftigkeit des Rechtsbehelfs ergebe sich aus § 80 I VwGO selbst[50]). Bei der Versäumung der Rechtsbehelfsfrist habe der VA Bestandskraft erlangt und sei einer a. W. per definitionem nicht mehr zugänglich. Das Vorliegen der Rechtsbehelfsbefugnis müsse deswegen gefordert werden, weil die Ausschaltung von Popularrechtsbehelfen ein durchgängiges Anliegen der VwGO sei und deshalb der Außenstehende nicht über die Rechtsmacht verfüge, vollzugshemmend in ein ihn nicht berührendes Verwaltungsverfahren einzugreifen[51]).

Dem Wortlaut und Sinn des § 80 VwGO wie auch der gesetzlichen Abgrenzung der vorläufigen Rechtsschutzformen in den §§ 80 und 123 VwGO werden nur die vermittelnden Auffassungen gerecht. Daß § 80 I VwGO nur eingreifen kann, wenn für das Hauptsacheverfahren der *Rechtsweg* zu den allgemeinen Verwaltungsgerichten eröffnet ist, ergibt sich eindeutig aus dem Geltungsanspruch der VwGO[52]). Ebenso eindeutig läßt sich bereits dem Wortlaut des § 80 I VwGO entnehmen, daß nur anfechtenden Rechtsbehelfen gegen *belastende VAe* a. W. zukommt[53]). Dies wird durch die gesetzliche Interessenwertung in § 123 VwGO bestätigt, denn wenn das Gesetz demjenigen, der sich gegen eine nicht als VA zu qualifizierende Maßnahme der Verwaltung richtigerweise vorläufig durch eine e. A. nach § 123 VwGO zu schützen versucht, zumutet, bis zur Entscheidung des Gerichts Verwirklichungsmaßnahmen der Verwaltung hinzunehmen, kann billigerweise nichts anderes gelten, wenn sich der Bürger in der vorläufigen Rechtsschutzform vergreift oder gar dolos auf § 80 VwGO rekurriert[54]). Der Sinn des § 80 I VwGO steht dieser Auslegung nicht entgegen, sondern fordert sie geradezu. Denn wenn § 80 I VwGO effektiven Rechtsschutz durch „automatische" vorläufige Zementierung des

22

---

47) *Finkelnberg/Jank*, Rdnr. 521.
48) Vgl. *Löwer*, DVBl. 1963, 345 f.; *Kopp*, § 80, 29; *Schwerdtner*, BWVPr. 1976, 28; *Wieseler*, S. 74; weiterhin *Schoch*, BayVBl. 1983, 362, der dies für das fehlende Rechtsschutzbedürfnis verallgemeinern will.
49) Vgl. *Löwer*, DVBl. 1963, 346.
50) *Löwer*, DVBl. 1963, 345; *Kopp*, § 80, 29; *Schoch*, BayVBl. 1983, 362.
51) *Löwer*, DVBl. 1963, 346; BWVGH, NJW 1978, 720; *Schoch*, BayVBl. 1983, 362.
52) *Löwer*, DVBl. 1963, 345; *Schoch*, BayVBl. 1983, 361.
53) Wie hier *Zimmermann*, DVBl. 1972, 45; *Maetzel*, DVBl. 1976, 84; *Löwer*, DVBl. 1963, 345; *Schoch*, BayVBl. 1983, 361. BVerwG v. 10. 11. 1976, NJW 1977, 1166: Versetzung eines Zivildienstpflichtigen kein VA, deshalb auch keine a. W.; ebenso BWVGH v. 4. 7. 1983, ESVGH 34, 22 f. für die Umsetzung eines Schülers in eine Parallelklasse und BerlOVG v. 25. 3. 1976, DVBl. 1976, 949 (950) für die Auswahl aus der Berufungsliste, kein VA und keine a. W. der Klage der Hochschule; vgl. auch VG Frankfurt v. 9. 8. 1977, DÖV 1978, 251 ff. (Anm. *Gönsch*) zur Umsetzung eines StA.
54) Vgl. *Zimmermann*, DVBl. 1972, 45.

Status quo ante gewährt, um die sich aus dem Eigenwert des belastenden VA ergebende Vorrangstellung der Verwaltung auszugleichen, besteht kein Anlaß, den Eintritt des Suspensiveffektes auch dort anzunehmen, wo diese Vorrangstellung gerade nicht gegeben ist[55]).

23 *Insoweit sind* auch Evidenzgesichtspunkte unangebracht, da das Gesetz den Eintritt der a. W. vom Vorliegen eines VA wie der Voraussetzungen des § 40 I VwGO und nicht von ihrer Evidenz abhängig macht[56]). Weitere Anforderungen an den Eintritt der a. W. lassen sich aus dem Wortlaut des Gesetzes nicht ableiten[57]). Man könnte sie nur noch aus dem Sinn und Zweck des Suspensiveffektes folgern. Dies würde in bewußt knapp und (relativ) voraussetzungslos formulierten § 80 I VwGO ein mit der Ipso-jure-Automatik schwer zu vereinbarendes Maß an Rechtsunsicherheit hineintragen und hinsichtlich der Vollziehung des VA die vom Gesetzgeber vorgesehene Rollenverteilung umkehren. Nicht die Verwaltung müßte aktiv werden und die sofortige Vollziehung anordnen, sondern der der Hoheitsgewalt unterworfene Bürger, um die sofortige Vollziehung zu stoppen.

Beim *VA mit Drittwirkung* besteht indessen eine andere Situation. Hier gilt es den Mißbrauch von Rechtsbehelfen zu verhindern. Indiz für den Rechtsmißbrauch ist ein offensichtlich unzulässiger und in Ausnahmefällen offensichtlich unbegründeter Rechtsbehelf.

24 *Alle übrigen Zulässigkeitsvoraussetzungen* können zwar bei der Prüfung der Vollzugsanordnung durch die Verwaltung oder der Entscheidung des Gerichts über die Wiederherstellung oder Anordnung im Rahmen der summarischen Anprüfung der Hauptsache Berücksichtigung finden, nicht aber im Rahmen des § 80 I VwGO. Dies rechtfertigt sich aus der unterschiedlichen Konstruktion des § 80 I und der §§ 80 IV und V VwGO. Die a. W. tritt ipso jure ein, ohne daß wie in den Fällen der §§ 80 IV/V VwGO eine prüfende, die Erfolgsaussichten in der Hauptsache abwägende Instanz zwischengeschoben wird. Folglich müssen die Voraussetzungen des § 80 klar und griffig sein, wenn seine Anwendung nicht zu Rechtsunsicherheit führen soll.

---

55) *Zimmermann*, DVBl. 1972, 45.
56) *Löwer*, DVBl. 1963, 345 f.; *Schoch*, BayVBl. 1983, 361.
57) Insofern unterscheidet das Gesetz jedenfalls in § 80 I VwGO durchaus zwischen einzelnen Gründen der Unzulässigkeit eines Rechtsbehelfs.

III. Dauer des Suspensiveffektes

Die a. W. *tritt erst ein mit der Einlegung des Rechtsbehelfs,* äußert dann aber *rückwirkende Kraft*[58]). 25

Dies ergibt sich aus § 80 V S. 3 VwGO, da hier das Gesetz davon ausgeht, daß die Wiederherstellung der Ausgangslage des § 80 I VwGO durch das Gericht Rückwirkung hat und der zwischenzeitlich erfolgten Vollziehung den Boden entzieht, und nicht einzusehen ist, warum die gerichtliche Wiederherstellung der a. W. weitergehende Kraft haben sollte als die vom Gesetz für die „Normallage" automatisch angeordnete a. W.

In der Zeit *zwischen Bekanntgabe und Anfechtung* ist der VA nach der Sicht des § 80 I VwGO wirksam und grundsätzlich vollziehbar, ohne daß es einer AnOrVollz nach § 80 II Nr. 4 VwGO bedürfte[59]). Dies gilt aber nur für die Sicht der VwGO, denn das *Verwaltungsvollstreckungsrecht* macht seinerseits fast durchgehend die Zulässigkeit von Vollstreckungsmaßnahmen von der Unanfechtbarkeit des VA oder dem Ausschluß der a. W. durch Gesetz oder Vollziehungsanordnung abhängig (vgl. statt vieler § 6 I BVwVG). Die Ansicht, ein VA könne vor Eintritt der a. W. vollzogen werden[60]), ist demnach für die dem § 6 I BVwVG unterfallenden VAe auf Herausgabe einer Sache, Vornahme einer Handlung, Duldung oder Unterlassung schlicht falsch[61]) und kann nur für Leistungsbescheide sowie für feststellende und gestaltende VAe, die einer Vollziehung, nicht aber einer Vollstreckung zugänglich sind, Geltung beanspruchen[62]). 26

Nur in einigen Bundesländern ist die Vollstreckung aller VAe von der Unanfechtbarkeit bzw. Anordnung der Vollziehbarkeit abhängig (vgl. *Engelhardt,* VwVG. VwZG, § 6 VwVG, 5). Andererseits werden die Bestimmungen der LBauOen über die Erzwingung von *Baueinstellungsverfügungen* durch besondere Formen des unmittelbaren Zwanges (Versiegelung, Beschlagnahme) überwiegend als sofortige Vollziehung

---

58) BVerwG v. 6. 7. 1973, Buchholz 310 § 80 VwGO Nr. 23; BWVGH v. 3. 6. 1966, ESVGH 16, 183 (185); BayVGH v. 11. 7. 1983, GewArch 1984, 164 v. 2. 4. 1985, NVwZ 1987, 63; NWOVG v. 20. 6. 1969, DÖV 1970, 66; v. 5. 10. 1972, DVBl. 1974, 473; v. 16. 6. 1983, DÖV 1983, 1024 (1025); VG Münster v. 30. 10. 1981, GewArch 1982, 373; *Kopp,* § 80, 33; *SG,* Rdnr. 338, 362; *EF,* § 80, 6; *RÖ,* § 80, 3.
59) Vgl. NWOVG, DÖV 1970, 66; *Rotter,* DÖV 1970, 661; *SDC,* § 80, 2i; *SG,* Rdnr. 338; *Kopp,* DÖV 1973, 87 f.; a. A. *Renck,* DÖV 1972, 344 ff.
60) Vgl. *EF,* § 80, 1; *Ule,* § 80, I 1 a; *RÖ,* § 80, 3; BayObLG v. 12. 4. 1960, DVBl. 1960, 815; wohl auch BGH v. 23. 7. 1969, BGHSt 23, 86 (91).
61) Wie hier *Herzog,* JA 1970, ÖR S. 1; *Kopp,* § 80, 2, 12; DÖV 1973, 87 f.; *SG,* Rdnr. 364; *Engelhardt,* § 6 VwVG, 2 a; *Busch,* DVBl. 1966, 257 ff.; NWOVG, DÖV 1970, 67; v. 14. 7. 1969, OVGE 25, 91 (93); BWVGH v. 10. 11. 1969, DÖV 1970, 684 f.; im Ergebnis – aber weitergehend – auch *Renck,* DÖV 1972, 345.
62) Vgl. *Wolff/Bachof,* III, § 160, 3; NWOVG, DÖV 1970, 66 für die Aushändigung einer Namensänderungsurkunde; *Kopp,* DÖV 1973, 88.

zulassende Spezialbestimmungen gegenüber den die allgemeinen Vollstreckbarkeitsvoraussetzungen regelnden VwVGen angesehen[63]).

27 Ist die Nichtbeachtung des VA durch eine *Strafandrohung* pönalisiert (z. B. Verkehrszeichen), besteht eine strafrechtlich erhebliche Gehorsamspflicht nur dann, wenn der VA ohne Rücksicht auf die Einlegung des Rechtsbehelfs vollziehbar, eine a. W. also ausgeschlossen ist. In diesem Fall ist die Nichtbeachtung auch dann strafbar, wenn ein Rechtsbehelf eingelegt worden ist und Erfolg gehabt hat, da die einmal gegebene Strafbarkeit nicht rückwirkend entfällt[64]). Hat der Rechtsbehelf dagegen a. W., bleibt der Ungehorsam auch für die Zeit zwischen Bekanntgabe und Einlegung des Rechtsbehelfs straflos[65]).

28 Schwierig ist die Situation, wenn beim *VA mit Drittwirkung der Begünstigte* bereits mit der Ausführung des VA begonnen hat und vor Eintritt der Unanfechtbarkeit Widerspruch und Anfechtungsklage eingelegt werden. Fraglich ist dann, ob durch die a. W. dem Begünstigten automatisch verboten ist, die Ausnutzung des VA fortzusetzen[66]) oder ob die Folge der a. W. behördlich durchgesetzt werden muß[67]). Ausgehend von der Verwirklichungstheorie ist grundsätzlich der zuerst genannten Ansicht zu folgen. Bestehen Zweifel am Eintritt der a. W.[68]), so ist es Aufgabe der angerufenen Behörde oder des Gerichts, diese Zweifel zu beheben und festzustellen, daß dem Rechtsbehelf keine a. W. zukommt. Bis dahin darf die Begünstigung nicht ausgenutzt werden.

29 Die a. W. eines Widerspruchs *endet* nicht mit dem Erlaß des Widerspruchsbescheides, sondern erst *mit* dessen *Unanfechtbarkeit*[69]), bei der Klage entsprechend nicht mit dem Erlaß des Urteils, sondern erst mit dessen *Rechtskraft*[70]). Die Argumente der Gegenansicht, der Widerspruch sei mit dem Widerspruchsbescheid verbraucht und könne deshalb keine Rechtswirkungen mehr äußern[71]), vermögen gegenüber dem wesentlich auch von Art. 19 IV GG mitgeprägten

---

63) Vgl. SaarlOVG v. 21. 5. 1961, BRS 24 Nr. 203; *Sauter/Holch/Krohn/Kiess*, LBauOBW, § 100, 5; *Simon*, BayBauO, Art. 81, 15.
64) Vgl. BGHSt 23, 92 ff.; v. 8. 10. 1981, NJW 1982, 189; BayObLG v. 26. 2. 1969, BayVBl. 1969, 329; OLG Karlsruhe v. 28. 4. 1977, NJW 1978, 116; HambgOLG v. 23. 11. 1979, JZ 1980, 110; *EF*, § 80, 53 b; *Herzog*, JA 1970, ÖR S. 2; a. A. OLG Frankfurt v. 26. 10. 1966, NJW 1967, 262; *Schenke*, JR 1970, 450 ff.; *Berg*, WiVerw. 1982, 169 ff.; differenzierend *Lorenz*, DVBl. 1971, 165 ff.; *Gerhards*, NJW 1978, 86 ff.
65) BGHSt 23, 91 f.; OLG Hamm v. 21. 12. 1978, NJW 1979, 728.
66) *Kopp*, § 80, 28.
67) *Liebig/Hoyer*, UPR 1985, 49 f.
68) Oben Rdnr. 22.
69) Vgl. *EF*, § 80, 7 a; § 80, 34; *SG*, Rdnr. 362; *Wolff*, III, § 161 Vd 1, S. 346; *Rotter*, DÖV 1970, 660; *Finkelnburg/Jank*, Rdnr. 527; BWVGH v. 3. 6. 1966, ESVGH 16, 183 (185); v. 10. 11. 1969, DÖV 1970, 684; BremOVG v. 1. 11. 1972, DÖV 1973, 280; BayVGH v. 9. 4. 1975, BayVBl. 1976, 177; SaarlOVG v. 8. 4. 1975, GewArch 1975, 301; a. A. NWOVG v. 20. 6. 1969, DÖV 1970, 65; v. 18. 7. 1974, DVBl. 1975, 918; v. 20. 2. 1987, NVwZ-RR 1988, 126; HambgOVG v. 29. 7. 1965, DVBl. 1966, 280 (abl. Anm. *Klein*) v. 29. 12. 1986, NVwZ 1987, 515; *RÖ*, § 80, 3b.
70) Vgl. *EF*, § 80, 7 a; BVerwG v. 18. 8. 1976, NJW 1977, 824.
71) Vgl. NWOVG, DÖV 1970, 66.

Sinn des § 80 I VwGO, effektiven vorläufigen Rechtsschutz zu gewähren, nicht zu bestehen[72]). Sie würden das bereits vorhandene Übergewicht der Verwaltung unangemessen verstärken und zeitliche Lücken in das System des vorläufigen Rechtsschutzes schlagen. Der Wortlaut des § 80 I VwGO, der Widerspruch *und* Anfechtungsklage a. W. beilegt, steht dem nicht entgegen, denn die alternative Nennung beider Rechtsbehelfe bedeutet nicht zwingend eine Begrenzung der a. W. auf die zwei Verfahrensabschnitte, sondern läßt sich zwanglos auch als Berücksichtigung der Fälle, in denen der Klage kein Vorverfahren vorausgeht (§ 68 I S. 2 VwGO), erklären[73]).

Eine *Unterbrechung der a. W.* kann demnach nur durch eine Anordnung der Behörde nach § 80 II Nr. 4 VwGO eintreten. Ansonsten endet die a. W. mit der Zurücknahme des Rechtsbehelfs[74]), der Unanfechtbarkeit des das Widerspruchsverfahren abschließenden Bescheides bzw. mit Rechtskraft des Urteils[75]), und zwar mit rückwirkender Kraft *(ex tunc)*[76]).

30

---

72) Vgl. *Klein,* DVBl. 1966, 281; *Rotter,* DÖV 1970, 661; BremOVG, DÖV 1973, 280.
73) Vgl. BWVGH, ESVGH 16, 185; DÖV 1970, 684; BremOVG, DÖV 1973, 280; *Rotter,* DÖV 1970, 662f.; *Kopp,* § 80, 34; *SG,* S. 147.
74) HessVGH v. 26. 3. 1971, ESVGH 22, 93 (94).
75) *EF,* § 80, 7a; BerlOVG v. 27. 7. 1966, AS 9, 44 (46).
76) Dazu BWVGH v. 23. 1. 1979, NJW 1979, 1565f. m. w. N.

§ 54 Ausschluß des Suspensiveffekts kraft Gesetzes

I. Allgemeines

1   Der Schutzzweck des Suspensiveffekts kann nicht unbeschränkt durchgreifen, da sich im Gemeinschaftsleben auch Situationen ergeben können, in denen mit Rücksicht auf die öffentlichen Interessen die Behörden zu Sofortmaßnahmen in der Lage sein müssen. § 80 II VwGO versucht zwischen dem Interesse am Schutz der Individualsphäre und dem öffentlichen Interesse an sofortiger Vollziehung einen tragfähigen Ausgleich zu finden[1]). Die a. W. von Widerspruch und Anfechtungsklage ist danach nur die Regel. In *Ausnahmesituationen* „*entfällt*" sie. Eine völlige Umkehrung des Regel-/Ausnahme-Verhältnisses liegt vor, wenn die a. W. – von vornherein – kraft Gesetzes ausgeschlossen ist.

Kraft Gesetzes entfällt die a. W. von Widerspruch und Anfechtungsklage in den in § 80 II Nr. 1 bis 3 und § 187 III VwGO genannten Fällen. Vorläufigen Rechtsschutz erlangt der Betroffene hier durch Anträge nach § 80 IV und § 80 V VwGO.

II. Anforderung öffentlicher Abgaben und Kosten (§ 80 II Nr. 1 VwGO)

1. Sinn des § 80 II Nr. 1 VwGO

2   Der Ausschluß der a. W. bei der Anforderung öffentlicher Abgaben und Kosten hat den Sinn, im Interesse einer überschaubaren öffentlichen Finanzwirtschaft zu verhindern, daß den öffentlichen Haushalten durch zahlreiche Rechtsbehelfe, die sich später als unbegründet erweisen, auf unabsehbar lange Zeit Einnahmen entzogen werden und dadurch eine ordnungsgemäße Haushaltsplanung unmöglich gemacht wird[2]). Bliebe es im Regelfall bei der a. W., so wäre die Finanzierung notwendiger öffentlicher Aufgaben gefährdet[3]).

Durch § 80 II Nr. 4 VwGO wäre dieses öffentliche Fiskalinteresse nicht ausreichend geschützt, da die AnOsVollz auf Einzelfälle eines besonderen, das „Regelinteresse" am Erlaß des VA übersteigenden Vollzugsinteresse beschränkt ist und die Verwaltung regelmäßig keine über das Fiskalinteresse am Erlaß des Leistungsbescheids hinausgehenden besonderen öffentlichen Interessen geltend machen könnte[4]).

---

1) So die Begründung zum Reg.-Entw., BT-Drucks. III/55, S. 39.
2) Vgl. NWOVG v. 29. 11. 1966, OVGE 22, 307 (310 f.); v. 17. 12. 1969, OVGE 25, 105 (196 f.); BWVGH v. 1. 7. 1971, KStZ 1972, 59; BayVGH v. 25. 1. 1971, VerwRspr. 22, 636; v. 22. 1. 1985, BayVBl. 1985, 409; RhPfOVG v. 2. 2. 1984, DVBl. 1984, 1134; SaarlOVG v. 21. 9. 1983, AS 18, 248; v. 30. 6. 1986, DÖV 1987, 1115; *Kloepfer*, JZ 1983, 749 f.; *EF*, 80, 20; *SG*, Rdnr. 377.
3) Vgl. auch *Kopp*, § 80, 37; *Wüterich*, NVwZ 1987, 959 ff.
4) NWOVG, OVGE 22, 310; 25, 197.

2. Öffentliche Abgaben und Kosten

Entsprechend der eingeschränkten Bedeutung des § 80 II Nr. 1 VwGO, der öffentlichen Hand die Geldbeträge, auf die sie zur Erfüllung ihrer Aufgaben angewiesen ist, ohne Verzögerung durch Rechtsbehelfe zur Verfügung zu stellen[5]), ist der Begriff der öffentlichen Abgaben und Kosten auf die Geldleistungslasten zu beschränken, die nach allgemeingültigen, im voraus festgelegten, also normativen Sätzen erhoben werden, um den öffentlichen Finanzbedarf zu decken[6]). 3

Der Begriff der *öffentlichen Abgaben* i. S. des § 80 II Nr. 1 VwGO ist gesetzlich nicht definiert. 4

Die Entstehungsgeschichte der Vorschrift ist wenig aufschlußreich. Die Formulierung „öffentliche Abgaben und Kosten" entstammt den §§ 51 der SüddeutschenVGG und MRVO Nr. 165. Sie sollte eine „Angleichung an das Steuerrecht im engeren Sinne bewirken, das Rechtsmitteln ebenfalls a. W. versagt" (BT-Drucks. III/55 S. 40). Dieser Zweck schloß einen weiteren Abgabenbegriff nicht aus.

Der Hinweis auf die Steuergesetzgebung in den Materialien der Vorschrift war wohl mit dafür verantwortlich, daß man ursprünglich unter „öffentlichen Abgaben" überwiegend nur Steuern, Gebühren und Beiträge verstand[7]). Diese Ansicht war aber selbst bei restriktivem Verständnis der Zweckrichtung von § 80 II Nr. 1 VwGO zu eng. Nicht allein auf den steten Eingang der Abgaben kommt es an, sondern auf den Eingang schlechthin. Erfüllt nun die Auferlegung einer Geldleistungslast mehrere Funktionen, so muß es genügen, wenn sie auch auf die Finanzierung notwendiger staatlicher Aufgaben abzielt. Daß die Geldforderung dann daneben einen Antriebs-, Lenkungs-, Zwangs- oder Strafzweck erfüllt, schließt das Vorliegen einer öffentlichen Abgabe nicht aus, und der Verwendungszweck der Geldleistung ist ebenfalls unerheblich[8]).

Beispiele für öffentliche Abgaben i. S. von § 80 II Nr. 1 VwGO sind demnach auch die Abwasserabgabe[9]), die Ausgleichsabgabe nach § 8 SchwbG[10]), Ausgleichsabgaben

---

5) Vgl. BWVGH, KStZ 1972, 59.
6) Vgl. NWOVG, OVGE 23, 311; OVG Lüneburg v. 17. 7. 1970, DÖV 1970, 789; BayVGH, VerwRspr. 22, 636 f.
7) Vgl. BayVGH v. 25. 1. 1971, VGH n. F. 24, 31; HessVGH v. 28. 6. 1983, DVBl. 1983, 949; VG Stuttgart v. 23. 6. 1979, MDR 1980, 168; *Wahlers*, ZBR 1983, 354 (356); ebenso noch die 5. Aufl. m. w. N.
8) NWOVG v. 17. 11. 1983, NVwZ 1984, 394; v. 16. 10. 1985, DVBl. 1986, 475; BWVGH v. 27. 1. 1984, DVBl. 1984, 394; BayVGH v. 18. 1. 1984, BayVBl. 1984, 279; v. 22. 1. 1985, BayVBl. 1985, 409; v. 2. 4. 1985, DÖV 1985, 1076.
9) BWVGH v. 27. 1. 1984, ESVGH 34, 141; BayVGH v. 18. 1. 1984, BayVBl. 1984, 279; NWOVG, NVwZ 1984, 394; RhPfOVG v. 14. 4. 1987, NVwZ 1987, 983; a. A. HessVGH v. 28. 6. 1983, ESVGH 33, 291; OVG Lüneburg v. 28. 7. 1983, DVBl. 1983, 948; *Kloepfer*, JZ 1983, 742 ff.; *Schroeder*, DÖV 1983, 672.
10) BayVGH v. 22. 11. 1979, NJW 1980, 720; a. A. VG Berlin v. 25. 5. 1979, NJW 1980, 77.

für Frischfleisch[11]) und Getreide[12]), Ausgleichszahlungen nach § 154 I BauGB[13]), die Ausgleichszahlungen nach dem Gesetz zum Abbau von Fehlsubventionierung und der Mietverzerrung im Wohnungswesen[14]), Leistungsbescheide, mit denen Beförderungsunternehmen gem. § 18 V 3 AuslG a. F. zum Ersatz öffentlicher Aufwendungen herangezogen werden[15]), Duldungsbescheide i. S. von § 191 AO 1977[16]) und Stundungszinsen[17]). Keine Abgaben sind Geldleistungen, die zur Ablösung der Stellplatzpflicht gezahlt werden, da kein Vorteilszusammenhang ersichtlich ist[18]).

5 *Öffentliche Kosten* i. S. des § 80 II Nr. 1 VwGO sind nur die in einem förmlichen Verwaltungsverfahren einschließlich des Vorverfahrens entstandenen Gebühren und Auslagen[19]).

6 *Geldleistungen,* die dem Pflichtigen *im Rahmen einer Zwangsvollstreckung* auferlegt werden

– etwa Zwangsgelder[20]), Kosten einer Ersatzvornahme[21]) oder unmittelbaren Ausführung[22]), (vollstreckungsbezogene) Säumniszuschläge[23]) –,

sind deshalb weder Abgaben noch Kosten i. S. des § 80 II Nr. 1 VwGO[24]), da sie weder unmittelbar der Deckung des öffentlichen Finanzbedarfs, sondern der Erzwingung von Verwaltungsbefehlen dienen[25]), noch nach festen Sätzen erhoben werden, vielmehr für ihren Grund und ihre Höhe die besonderen Umstände des Einzelfalles maßgebend sind. An ihrer sofortigen Vollziehung besteht deshalb nur ein begrenztes Allgemeininteresse, dem die allgemeinen

---

11) Hierzu NWOVG v. 26. 11. 1965, VerwRspr. 18, 368.
12) Vgl. hierzu BVerwG v. 11. 3. 1960, DVBl. 1961, 42.
13) BremOVG v. 26. 11. 1987, NVwZ 1988, 752; OVG Lüneburg v. 28. 7. 1983, DVBl. 1983, 948 (unter Zuordnung der Abgabe zu den Beiträgen); a. A. NWOVG v. 23. 11. 1987, OVGE 39, 238.
14) VG Berlin v. 15. 7. 1983, NVwZ 1984, 59; BerlOVG v. 8. 4. 1986, NVwZ 1987, 61; a. A. NWOVG v. 6. 10. 1983, DVBl. 1983, 353; v. 13. 12. 1983, KStZ 1984, 93.
15) HessVGH v. 23. 1. 1989, NVwZ 1989, 393; a. A. NWOVG v. 6. 6. 1988, NVwZ 1989, 84; OVG Lüneburg v. 23. 6. 1989, NVwZ 1989, 1095. Vgl. nunmehr §§ 73 und 74 AuslG.
16) RhPfOVG v. 11. 1. 1989, NJW 1989, 1878.
17) BayVGH v. 2. 4. 1985, DÖV 1985, 1076; vgl. aber v. 26. 5. 1987, NVwZ 1988, 745.
18) OVG Lüneburg v. 21. 11. 1983, NJW 1984, 1916; NWOVG v. 22. 1. 1985, NVwZ 1987, 62.
19) H. M.: vgl. § 11 S. 1 BVwKostG und statt vieler BayVGH 18, 91; NWOVG, OVGE 22, 310; BWVGH, KStZ 1972, 59.
20) Vgl. BWVGH, KStZ 1972, 59; OVG Lüneburg v. 25. 2. 1974, OVGE 30, 382 (383).
21) Vgl. OVGNW, OVGE 22, 311; v. 28. 7. 1982, NJW 1983, 1441; v. 26. 9. 1983, DVBl. 1984, 352; OVG Lüneburg, DÖV 1970, 789; DÖV 1974, 321; HessVGH v. 10. 1. 1980, NJW 1980, 1248 für die Abschiebungskosten nach § 24 VI a AuslG; BWVGH v. 9. 6. 1986, NVwZ 1986, 933 für Polizeikosten; VG Frankfurt v. 22. 3. 1988, NVwZ-RR 1989, 57, sofern die Ersatzvornahme nicht auch dazu dient, den Willen der polizeipflichtigen Person zu beugen.
22) BWVGH v. 9. 6. 1986, NVwZ 1986, 933.
23) BWVGH v. 1. 7. 1971, KStZ 1972, 59; BayVGH v. 2. 4. 1985, DÖV 1985, 1076; BremOVG v. 27. 1. 1986, NVwZ 1987, 65; HessVGH v. 27. 10. 1975, VerwRspr. 27, 1010; OVG Lüneburg v. 27. 1. 1988, NVwZ-RR 1989, 325; RhPfOVG v. 15. 7. 1986, NVwZ 1987, 64; a. A. NWOVG v. 31. 8. 1983, DVBl. 1984, 347; BremOVG v. 27. 1. 1986, NVwZ 1987, 65 (LS). Vgl. auch OVG Lüneburg v. 13. 5. 1986, NVwZ 1987, 56, 959 m. Anm. *Wüterich*.
24) H. M.; vgl. *EF*, § 80, 19; *RÖ*, § 80, 19; *Kopp*, § 80, 37.
25) BWVGH, KStZ 1972, 59.

Regeln der §§ 80 I und 80 II Nr. 4 VwGO ausreichend gerecht werden[26]). Vollstreckungskosten als solche fallen dagegen unter § 80 II Nr. 1 VwGO[27]). Zu den Maßnahmen *in* der Zwangsvollstreckung vgl. ferner § 187 III VwGO[28]). Ebenso zu behandeln wie die Geldleistungen im Rahmen einer Zwangsvollstreckung sind die Kosten für eine Fürsorgeerziehung[29]) oder die Reparatur einer Anschlußleitung an die gemeindliche Wasserversorgung[30]) sowie das von einem Beamten an einer Hochschule im Rahmen der Nebentätigkeit zu leistende Nutzungsentgelt für die Inanspruchnahme von Einrichtungen, Personal und Material[31]).

Wirtschaftslenkende *Sonderabgaben* dienen zwar nicht vornehmlich Ertragszwecken zur Deckung des allgemeinen Finanzbedarfs[32]). Sie tragen gleichwohl wesentlich zur Finanzierung wichtiger öffentlicher Aufgaben bei. Daher werden auch sie von § 80 II Nr. 1 VwGO erfaßt.   7

Unter Aufgabe der in den Vorauflagen vertretenen Ansicht wurden die wichtigsten *Beispiele* der wirtschaftslenkenden Sonderabgaben bereits unter den Beispielen für Abgaben i. S. von § 80 II Nr. 1 VwGO aufgeführt (Rdnr. 4).

3. Anforderung

Auch der Begriff „*Anforderung*" ist kein terminus technicus des Abgaben-   8
rechts, kann also nach Sinn und Zweck des § 80 II Nr. 1 VwGO ausgelegt werden. Da, wie dargestellt, die Deckung des öffentlichen Finanzbedarfs gewährleistet werden soll, muß der Begriff der Anforderung *weit* ausgelegt werden. Er erfaßt nicht nur Geldanforderungen, sondern alle VAe, die zur Realisierung des behördlichen Anspruchs auf öffentliche Abgaben oder Kosten ergehen, also sowohl den *Leistungsbescheid* wie die zu seiner Durchsetzung erlassenen *Vollstreckungsakte,* da ansonsten der Zweck des § 80 II Nr. 1 VwGO nicht erreicht werden könnte[33]). Erfaßt wird folglich auch der *Widerruf einer Abgabenstundung*[34]).

---

26) NWOVG, OVGE 22, 311; OVG Lüneburg, DÖV 1970, 789.
27) HessVGH, ESVGH 26, 185 (Mahngebühren); BWVGH v. 26. 3. 1984, VBlBW 1984, 245 (Gebühren und Auslagen für unmittelbaren Zwang); vgl. aber *Erdmann*, NVwZ 1988, 508 ff.
28) Hierzu unten Rdnrn. 19 ff.
29) Vgl. VG Braunschweig v. 17. 10. 1961, DVBl. 1962, 299.
30) Vgl. BayVGH, VerwRspr. 22, 636; NWOVG, NJW 1977, 214; BWVGH v. 14. 4. 1980, KStZ 1981, 134 (135); VG Saarlouis v. 15. 10. 1981, KStZ 1982, 98; HbgOVG v. 20. 3. 1990, NVwZ 1990, 1003.
31) NWOVG v. 16. 10. 1985, DVBl. 1986, 475; OVG Lüneburg v. 7. 11. 1985 − 5 OVG 37/85 −.
32) Vgl. zum Charakter derartiger nichtfiskalischer Abgaben *Friauf,* JA 1981, 261 ff.; *Osterloh,* JuS 1982, 421 ff.; *Henseler,* Begriffsmerkmale und Legitimation von Sonderabgaben, 1984 sowie BVerfG v. 10. 12. 1980, BVerfGE 55, 274.
33) Vgl. NWOVG, OVGE 25, 197; RhPfOVG v. 11. 1. 1989, NJW 1989, 1878; *EF,* § 80, 20.
34) Vgl. BayVGHE 26, 228; *RÖ,* § 80, 19; *EF,* § 80, 20; *Kopp,* § 80, 37; *Finkelnburg/Jank,* Rdnr. 548.

Bei Vollstreckungsakten von Landesbehörden kann zudem die a. W. bereits auf Grund des § 187 III VwGO i. V. m. einer landesrechtlichen Ausführungsbestimmung ausgeschlossen sein.

Der die Geldleistung anfordernde VA muß allerdings bereits ergangen sein. VAe, mit denen lediglich *Hilfs- und Nebenpflichten des Abgabeschuldners* geltend gemacht werden (z. B. Auskunft über einen abgabepflichtigen Vorgang), um zu ermitteln, ob und in welcher Höhe eine Abgabenschuld entstanden ist (sog. *Finanzbefehle*[35])), fordern die Abgabe nicht an, sondern bereiten ihre Anforderung nur vor und fallen deshalb nicht unter § 80 II Nr. 1 VwGO[36]).

4. Kostenentscheidungen im Zusammenhang mit einer Hauptsacheentscheidung

10   Ebensowenig greift § 80 II Nr. 1 VwGO ein, wenn ein VA angefochten wird, der neben der Entscheidung zur Hauptsache eine Kostenentscheidung enthält. Beschränkt sich die Kostenentscheidung auf die *Kostenlast* dem Grunde nach[37]), liegt noch keine Anforderung der Kosten i. S. des § 80 II Nr. 1 VwGO vor[38]).

11   Werden über die Kostenlastenentscheidung hinaus bereits *Kosten festgesetzt*, z. B. Baugenehmigungs- oder Widerspruchsgebühren, so werden zwar Kosten angefordert; denn die Festsetzungsentscheidung ist Leistungsbescheid i. S. der Verwaltungsvollstreckungsgesetze. Gleichwohl entfällt die a. W. nicht, da § 80 II Nr. 1 VwGO, wie sich aus der Gegenüberstellung von öffentlichen Abgaben und Kosten ergibt, nur die Fälle erfassen will, in denen ausschließlich und selbständig um Abgaben oder Kosten gestritten wird, der Abgaben- oder Kostenstreit mithin die Hauptsache darstellt[39]). Zudem ist die Rechtmäßigkeit der Kostenfestsetzung abhängig von dem Ausgang des Rechtsstreits in der Hauptsache, so daß es ungerechtfertigt wäre, den Festsetzungsbescheid vor Abschluß des Hauptsacheverfahrens zu vollziehen[40]).

Die Kostenentscheidung als vom VA in der Hauptsache rechtlich abhängige

---

35) Vgl. *Tipke/Kruse*, AO, § 349, 2.
36) Vgl. NWOVG v. 14. 7. 1969, OVGE 25, 91 (93); RhPfOVG v. 4. 1. 1961, AS 8, 166 (170): Anordnung, Bücher vorzulegen; *Engelhardt*, § 6 VwVG, 13.
37) Vgl. dazu § 44 Rdnr. 4.
38) Vgl. *SDC*, § 80, 3 a; *Kopp*, § 80, 37.
39) Vgl. BayVGH v. 14. 11. 1960, BayVGHE 13, 118 (119 f.); VG Freiburg v. 1. 4. 1968, GewArch. 1968, 187; OVG Lüneburg v. 25. 2. 1974, OVGE 30, 383; VG Hamburg v. 26. 11. 1981, KStZ 1983, 119; *EF*, § 80, 19; *RÖ*, § 80, 19; a. A. SaarlOVG v. 1. 2. 1982, AS 17, 32; VG Hannover v. 6. 12. 1972, DÖV 1973, 283 Nr. 132.
40) Vgl. *EF*, § 80, 19; *Birkner*, S. I/219; *v. Dreising*, § 22 BVwKostG, 1.1; HbgOVG v. 3. 7. 1984, DÖV 1985, 206.

Neben- bzw. Folgeentscheidung teilt deshalb hinsichtlich der a. W. und Vollziehbarkeit das Schicksal des VA in der Hauptsache[41]).

Rechtsbehelfe gegen Kostenentscheidungen haben dabei nur dann keine a. W. nach § 80 II Nr. 1 VwGO, wenn

12

- sie gegen *isolierte Kostenentscheidungen*, die ohne eine materielle Entscheidung in der Hauptsache ergehen, also etwa bei Zurücknahme eines Antrags oder Rechtsbehelfs oder anderweitiger Erledigung, erhoben werden[42]),
- sie die *Kostenentscheidung isoliert anfechten* und der VA in der Hauptsache bereits bestandskräftig ist[43]),
- der *VA in der Hauptsache selbst eine Abgaben- oder Kostenstreitigkeit* i. S. des § 80 II Nr. 1 darstellt[44]).

Ist dagegen die Kostenentscheidung in Zusammenhang mit einer selbst nicht unter § 80 II Nr. 1 VwGO fallenden Hauptsacheentscheidung ergangen, kann die a. W. nur durch eine Anordnung nach § 80 II Nr. 4 VwGO ausgeschlossen werden, und zwar unabhängig davon, ob die Kostenentscheidung im äußeren Zusammenhang mit der Hauptentscheidung, also als ihr formaler Bestandteil, oder in Gestalt eines hiervon losgelösten, gesonderten und in diesem Sinne isolierten Kostenbescheids ergangen ist[45]).

13

III. Unaufschiebbare Anordnungen und Maßnahmen von Polizeivollzugsbeamten (§ 80 II Nr. 2 VwGO)

§ 80 II Nr. 2 VwGO geht auf eine Anregung des Bundesrates zurück (vgl. BT-Drucks. III/55, S. 73) und soll den Bedürfnissen der polizeilichen Praxis, unaufschiebbare Maßnahmen sofort durchführen zu können, Rechnung tragen. Sein Geltungsbereich ist beschränkt auf die *Vollzugspolizei im institutionellen Sinn*, die sog. Schutzpolizei (Kriminal-, Verkehrs-, Wasserschutz-, Bereitschafts- und Grenzpolizei[46])). Maßnahmen der Verwaltungspolizei (Ordnungsbehörden) fallen nicht unter § 80 II Nr. 2 VwGO[47]). Der Begriff der *Unaufschiebbarkeit* deckt sich weitgehend mit den Voraussetzungen, von denen das Polizeirecht i. d. .R. das Eingreifen der subsidiären Zuständigkeit der Vollzugs-

14

---

41) Vgl. *v. Dreising*, § 22 BVwKostG, 1.1; BWVGH v. 4. 5. 1987, VBlBW 1988, 19.
42) Vgl. BayVGH v. 18. 11. 1965, BayVGHE 18, 90 (91); BWVGH, KStZ 1972, 59; VG Freiburg, GewArch. 1968, 187.
43) Vgl. BayVGH 18, 91; *EF*, § 80, 19; *SG*, S. 150; *Birkner*, S. I/220; *v. Dreising*, § 22 BVwKostG, 1.2.
44) Vgl. BayVGHE 18, 91; *Birkner*, S. I/220; *v. Dreising*, § 22 BVwKostG, 1.1.
45) So zutreffend OVG Lüneburg, OVGE 30, 383; VG Freiburg, GewArch 1968, 187; VG Hamburg, KStZ 1983, 119; wohl auch BWVGH, KStZ 1972, 59; *RÖ*, § 80, 19; a. A. *Birkner*, S. I/220; *v. Dreising*, § 22 BVwKostG, 1.2.
46) Vgl. *Vogel*, in: *Drews/Wacke/Vogel/Martens*, Gefahrenabwehr, 9. Aufl. 1986, S. 18 ff.
47) H. M.: vgl. *EF*, § 80, 23; *RÖ*, § 80, 20.

polizei abhängig macht (vgl. § 44 II S. 2 StVO und die Nachfolgebestimmungen zu § 6 II PrPVG). Auf jeden Fall muß das sofortige Eingreifen erforderlich sein (vgl. VG Frankfurt v. 5. 10. 1989, NVwZ 1990, 1100).

15   Da *Verkehrszeichen* wegen ihrer Austauschbarkeit und Funktionsgleichheit mit Einzelanordnungen eines Verkehrspolizisten zu Recht als (personale) Allgemeinverfügungen verkehrspolizeilicher Art angesehen werden und ihre Beachtung ihrer Natur nach keinen Aufschub duldet, gilt § 80 II Nr. 2 VwGO analog auch für sie[48]). Dies gilt nicht für *Fahrtenbuchauflagen*, da § 80 II Nr. 2 VwGO VA meint, die durch tatsächliches Handeln oder Vollzugsmaßnahmen ergehen[49]).

IV. Ausschluß durch Bundesgesetze (§ 80 II Nr. 3 VwGO)

16   Nach § 80 II Nr. 3 VwGO entfällt die a. W. auch in anderen durch Bundesgesetz vorgeschriebenen Fällen. Da der Bundesgesetzgeber an die VwGO nicht gebunden ist, kann § 80 II Nr. 3 VwGO — will man ihm nicht lediglich deklaratorische Bedeutung zumessen[50]) — nur den Sinn haben, auch vor Erlaß der VwGO vorhandenes Bundesrecht und übergeleitetes Reichsrecht unberührt zu lassen[51]). Der Ausschluß der a. W. kann nur durch *formelle*[52]) Bundesgesetze, also nicht Verordnungen, und *nur ausdrücklich* erfolgen[53]).

17   Beim Ausschluß der a. W. ließ der Bundesgesetzgeber bislang keine eindeutige Systematik erkennen. Der *Ausschluß* erfolgte vielmehr *von Fall zu Fall*, wobei man bisweilen zweifeln kann, ob der Ausschluß wirklich notwendig war, während in anderen Fällen ein Ausschluß unterblieb, wo er durchaus sinnvoll wäre.

Bundesgesetzliche Bestimmungen, durch die die a. W. von Widerspruch und Anfechtungsklage ausgeschlossen wird, finden sich vor allem auf den Gebieten des *Ausländer- und Asylrechts:*

Beispiele: § 72 II AuslG (Ablehnung der Erteilung oder Verlängerung der Aufenthaltsgenehmigung nicht dagegen für die Androhung und Anordnung der Abschie-

---

48) H. M.: vgl. *EF,* § 80, 22 a; *Kopp,* § 80, 38; *RÖ,* § 80, 20; BVerwG v. 7. 11. 1977, NJW 1978, 656 f.; v. 3. 4. 1978, NJW 1978, 2211; v. 13. 12. 1979, BVerwGE 59, 221 ff. m. zust. Rezension *Prutsch,* JuS 1980, 566 ff.; v. 15. 6. 1981, NJW 1982, 348; NWOVG v. 19. 11. 1968, OVGE 24, 200 ff.; v. 24. 2. 1970, DÖV 1971, 103; ebenso BGH v. 23. 7. 1969, BGHSt 23, 86 (89); BWVGH v. 17. 10. 1973, ESVGH 24, 81; v. 29. 12. 1977, NJW 1978, 1279 (Rechtsanalogie zu § 80 II Nr. 1 bis 3).
49) BVerwG v. 3. 10. 1978, NJW 1979, 1055.
50) So *Kopp,* § 80, 39.
51) Vgl. statt vieler *EF,* § 80, 25; *SDC,* § 80, 3 c.
52) Vgl. *RÖ,* § 80, 21; *EF,* § 80, 25; *Kopp,* § 80, 39.
53) Vgl. BayVGH v. 29. 7. 1976, NJW 1977, 166 und OVG Lüneburg v. 25. 1. 1983, DVBl. 1983, 356 (verneinend zu §§ 39 I Nr. 5, 40 I, 58 LBG); NWOVG v. 28. 3. 1979, OVGE 34, 96 (97 verneinend zu § 28 SchfG); *Kopp,* § 80, 39.

bung, bei denen die a. W. allerdings nach § 187 III i. V. m. Landesrecht ausgeschlossen sein kann[54])); §§ 10 III S. 2, 11 II[55]), 20 VI, 22 X AsylVfG.

des *Wehrrechts:*

Beispiele: § 33 II S. 2, V S. 2, 35 I S. 1[56]), 48 I Nr. 3 II WpflG; § 3 WBO; § 74 ZDG; § 27 II ArbeitssicherstellungsG.

des Rechts der *Gefahrenabwehr und der Sozialgestaltung:*

Beispiele: §§ 35 II, 46 S. 2, 48 BSeuchG; § 80 TierSG; § 11 III ChemG[57]); § 20 GjS; §§ 6 II, 8 II S. 3 VereinsG; § 32 IV S. 1 ParteienG; § 90 III BSHG; § 18 V SchwerbG[58]); § 37 V BAföG[59]); § 28 FlüchtlingsnotleistungsG; §§ 343 II, 360 II LAG.

des *Umwelt- und Planungsrechts:*

Beispiele: § 12 a AbwasserabgabenG i. d. F. v. 14. 12. 1984 (BGBl. I S. 1515)[60]); § 7 II ROG; § 3 II FestlandschutzG

des *Wirtschaftsverwaltungsrechts:*

Beispiele: §§ 28 a II, 30 IV AWG; § 5 EnSichG; § 23 Milch- und FettG; § 6 GetrG; § 28 I, 49 KWG; § 8 V AuslInvestmG; § 36 c SchiffsbankenG.

Nicht unter § 80 II Nr. 3 VwGO fallen die gesetzlichen Ermächtigungen der Verwaltung zum *Erlaß vorläufiger Regelungen und einstweiliger Erlaubnisse.* Die Ermächtigungen betreffen die Grundverfügung selbst, nicht deren Vollzug. Wird die vorläufige Entscheidung angefochten, so kann von ihr nur auf der Grundlage einer AnOsVollz Gebrauch gemacht werden[61]). **18**

Beispiele: § 7 I BlnDSchG; § 28 SchfG[62]); § 58 LBG[63]); § 20 PBefG[64]); § 9 a WHG[65]).

---

54) Vgl. *Deibel,* DÖV 1986, 859 ff. sowie unten Rdnrn. 19 ff. Zur Verfassungsmäßigkeit der Regelung BVerfG v. 15. 2. 1982, NVwZ 1982, 241. Widerspruch und Anfechtungsklage von EG-Ausländern haben dagegen nach § 12 IX AufenthG a. W., wenn sich der EG-Ausländer durch einen auch im Ausland gültigen Paß oder amtlichen Personalausweis ausweisen kann; BWVGH v. 30. 1. 1989, NVwZ 1989, 792.
55) Vgl. BVerfG v. 2. 5. 1984, BVerfGE 67, 43.
56) Vgl. BVerwG v. 3. 2. 1967, BVerwGE 26, 141; v. 1. 3. 1978, BVerwGE 55, 280.
57) Vgl. NWOVG v. 13. 8. 1987, UPR 1988, 153.
58) BAG v. 17. 2. 1982, NJW 1982, 2630; a. A. VG Saarlouis v. 24. 10. 1979, NJW 1980, 721 m. w. N.
59) Hierzu OVG Lüneburg v. 21. 1. 1975, OVGE 31, 330.
60) Zur Rechtslage vor der Gesetzesänderung Fußn. 9.
61) Vgl. *Finkelnburg/Jank,* Rdnr. 565; *Kopp,* § 80, 39.
62) Vgl. Fußn. 53.
63) OVG Lüneburg, DVBl. 1983, 356.
64) OVG Lüneburg, v. 12. 12. 1962, OVGE 18, 464.
65) HessVGH v. 2. 11. 1981, NVwZ 1982, 452 (453); § 7 LebensmG.

V. Maßnahmen, die in der Verwaltungsvollstreckung getroffen werden (§ 187 III VwGO)

19   Nach § 187 III VwGO können die Länder bestimmen, daß Rechtsbehelfe keine a. W. haben, soweit sie sich gegen Maßnahmen richten, die *in* der Verwaltungsvollstreckung getroffen werden.

Keine Maßnahme der Verwaltungsvollstreckung ist die Ausübung verwaltungsschuldrechtlicher Gestaltungsrechte, etwa der *Aufrechnung*[66]) oder des *Zurückbehaltungsrechts*[67]).

20   Die Anforderung von *Kosten einer durchgeführten Ersatzvornahme* ist keine Maßnahme *in* der Verwaltungsvollstreckung, sondern ein Leistungsbescheid, also ein neuer Vollstreckungstitel *infolge* einer Vollstreckung; denn mit der Durchführung der Ersatzvornahme hat das erste Vollstreckungsverfahren seinen Abschluß gefunden[68]). Dem die Kosten anfordernden Leistungsbescheid kann sich ein zweites Vollstreckungsverfahren anschließen. Erst für dieses gilt dann wiederum § 187 III VwGO.

Etwas anderes gilt für die *Anforderung eines Kostenvorschusses vor Durchführung der Ersatzvornahme,* da sie im Rahmen einer laufenden Vollstreckung erfolgt und über die Sicherung des späteren Erstattungsanspruchs hinaus Beugecharakter hat und deshalb (auch) als Vollstreckungsmaßnahme anzusehen ist[69]).

21   Auch *Erstattungsbeschlüsse* nach dem ErstG v. 18. 4. 1937 sind keine Vollstreckungsmaßnahmen, sondern – wie die Anforderung der Kosten einer durchgeführten Ersatzvornahme – Vollstreckungstitel, die nicht unter § 187 III VwGO fallen[70]).

Der Ausschluß der a. W. durch die §§ 5 III, S. 1, 8 IV ErstG läßt sich deshalb nur über § 80 II Nr. 3 VwGO aufrechterhalten, wenn und soweit diese Vorschriften Bundesrecht geworden sind, da § 80 II Nr. 3 auch Bundesrecht vor Erlaß der VwGO meint. Hält man sie für Landesrecht, sind sie mit dem Erlaß der VwGO (argumentum e contrario § 187 III VwGO) außer Kraft getreten[71]).

22   Auf Grund des § 187 III VwGO sind erlassen worden: § 12 BWVwVG; Art. 38 IV BayVwZVG; § 4 BerlAGVwGO; Art. 11 BremAGVwGO; § 8 HambgAGVwGO;

---

66) BVerwG v. 13. 10. 1971, DÖV 1972, 573 (574); v. 27. 10. 1982, BVerwGE 66, 218 (221 f.); BFH v. 3. 11. 1983, BFHE 140, 9 f.; *Pietzner,* VerwArch. 1982, 456 ff.; *Appel,* BayVBl. 1983, 203 ff.; a. A. RhPfOVG v. 9. 10. 1970, AS 11, 408 (410); BWVGH v. 8. 2. 1971, BaWüVBl. 1971, 75 f.; *Wolff/Bachof,* III, § 160, 40. Da die Aufrechnungserklärung auch keinen VA darstellt (BVerwGE 66, 220; OVG Lüneburg v. 7. 12. 1981, OVGE 36, 484 f.; *Ehlers,* NVwZ 1983, 446 ff.; differenzierend *W. Schmidt,* JuS 1984, 32 f.), ist vorläufiger Rechtsschutz nach § 123 VwGO zu suchen. So richtig *Appel,* BayVBl. 1983, 203 ff. m. w. N.
67) Vgl. z. B. für die *Telefonsperre* BremOVG v. 2. 6. 1959, DÖV 1960, 64; HessVGH v. 26. 6. 1972, ArchPF 1975, 484 f.; OVG Lüneburg v. 15. 3. 1972, ArchPF 1975, 496 f.
68) NWOVG, OVGE 22, 308; v. 28. 7. 1982, NJW 1983, 1441; v. 26. 9. 1983, DVBl. 1984, 352 f.
69) Wohl auch NWOVG, OVGE 22, 311 f.; a. A. VG Saarlouis v. 13. 3. 1968, NJW 1968, 1493; NWOVG, NJW 1983, 1441; offengelassen in DVBl. 1984, 353; vgl. auch Fußn. 21.
70) Vgl. BWVGH v. 24. 5. 1961, ESVGH 11, 69 (71).
71) So BWVGH, ESVGH 11, 71; v. 31. 1. 1974, NJW 1974, 917.

§ 12 HessAGVwGO; § 8 NWAGVwGO; § 16 V RhPfVwVG; § 18 SaarlAGVwGO; § 223 I S. 2 Schl.-H.LVwG.

Bestritten ist, ob der Ausschluß der a. W. auch das bundesrechtlich abschlie- **23** ßend geregelte Vollstreckungsverfahren zur Durchsetzung ausländerrechtlicher Ausreisepflichten (*Abschiebung*, §§ 49 ff. AuslG) erfaßt.
Soweit der Ausschluß im VwVG geregelt ist und dies von seinem Geltungsanspruch bundesrechtlich geregelte Vollstreckungsverfahren ausnimmt (z. B. Art. 18 I BayVwZVG, § 1 I RhPfVwVG), ist dies zu verneinen[72]), bei vorbehaltlos gefaßten Ausschlußklauseln in dem AGVwGO (etwa § 12 Hess) dagegen zu bejahen[73]). Die in der Praxis häufig anzutreffende „*Abschiebungsanordnung*" ist kein von der Ausweisungsverfügung unabhängiger GrundVA, der durch Abschiebung vollstreckt wird[74]), sondern eine Zwangsmittelfestsetzung (vgl. § 14 BVwVG), die im AuslG zwar nicht ausdrücklich vorgeschrieben, gleichwohl als Verstärkung des verfahrensrechtlichen Schutzes des Ausländers zulässig ist[75]). Als Maßnahme in der Vollstreckung wird sie vom gesetzlichen Ausschluß der a. W. erfaßt. Eine AnOsVollz kommt deshalb nur in den bei Fußn. 72 genannten Fällen in Betracht.

Gleiches gilt im Ergebnis für Versiegelungs- oder Beschlagnahmeanordnun- **24** gen zur Erzwingung von Baustillegungs- oder Gewerbeschließungsverfügungen.

Versiegelung und *Beschlagnahme* sind besondere Erscheinungsformen des unmittelbaren Zwanges, ihre Anordnung deshalb Zwangsmittelfestsetzung oder Teil der Anwendung des Zwangsmittels selbst. Soweit die a. W. auf Grund des § 187 III VwGO gesetzlich ausgeschlossen ist, ist für eine AnOsVollz deshalb kein Raum[76]).

Keine Maßnahmen in der Verwaltungsvollstreckung sind *Betriebsschlie-* **25**

---

[72]) RhPfOVG v. 14. 4. 1976, AS 14, 252 ff.; HambgOVG v. 12. 7. 1979, DVBl. 1980, 200; 25. 6. 1979, DVBl. 1980, 199; a. A. BayVGH v. 19. 3. 1984, BayVBl. 1984, 371. Die frühere Rspr. des BayVGH, die Rechtsbehelfen gegen die Androhung der Abschiebung, nicht aber gegen die Abschiebung selbst a. W. beimaß, beruhte auf dem durch Gesetz v. 21. 12. 1979 (GVBl. S. 435) aufgehobenen Art. 38 III S. 2 BayVwZVG, der anders als der neue Art. 38 IV BayVwZVG die a. W. nur bei der *Anwendung* des Zwangsmittels ausschloß. Vgl. BayVGH v. 25. 5. 1970, BayVGHE 23, 102 f.; v. 2. 10. 1978, BayVBl. 1979, 433 (435).
[73]) Vgl. HessVGH v. 10. 3. 1972, VerwRspr. 24, 609 (611); NWOVG v. 28. 7. 1967, NJW 1968, 365 f. zum insoweit allerdings nicht eindeutigen § 8 NWAGVwGO.
[74]) So wohl der höchst mißverständliche Beschl. des BayVGH, BayVBl. 1979, 435. Zu Recht deshalb die Kritik von *Baldauf*, BayVBl. 1980, 87 f., der die „Anordnung" allerdings für eine nachgeholte verkappte Androhung hält, was sie im Einzelfall durchaus auch sein kann.
[75]) Wie hier NWOVG, NJW 1968, 365 f. und BVerwG v. 29. 4. 1983, NVwZ 1984, 42 (43). Im Ergebnis ähnlich NWOVG v. 14. 8. 1974, DÖV 1975, 286; möglicherweise auch BayVGH, BayVBl. 1979, 435. Vgl. auch RhPfOVG v. 19. 1. 1984, DVBl. 1984, 1185 f., das eine Zwangsgeldfestsetzung, die im RhPfVwVG nicht vorgesehen ist, mangels Ermächtigungsgrundlage für rechtswidrig hält.
[76]) Vgl. NWOVG v. 30. 1. 1971, BRS 24 Nr. 204; unklar BWVGH v. 7. 3. 1974, BRS 28 Nr. 109 (S. 238); wie hier BWVGH v. 7. 9. 1981, VBlBW 1982, 140; a. A. BayVGH v. 28. 10. 1977, BayVBl. 1977, 735; zust. *Mang/Simon*, BayBauO, Art. 99, 12 a. E.

ßungsverfügungen nach den §§ 31 GastG, 15 II, 35 V GewO, 16 IV HwO[77]). Die ihnen vorausgegangenen VAe wie Widerruf der Gaststättenerlaubnis oder Gewerbeuntersagung sind gestaltender Art und als solche einer Vollstreckung nicht zugänglich. Zur Anwendung von Verwaltungszwang bedarf es nach den rechtsstaatlichen Grundsätzen unseres Verwaltungsvollstreckungsrechts deshalb zuvor des Erlasses einer Schließungsverfügung als Grundlage der Vollstreckung. Mit ihr wird verbindlich geklärt, ob die beanstandete gewerbliche Tätigkeit von der Untersagungsverfügung oder dem gesetzlichen Verbot (§ 2 GastG) erfaßt wird; weiterhin hat sie Zeit und Ort der Betriebsschließung zu konkretisieren.

---

[77] Wie hier zu § 15 II GewO: NWOVG v. 13. 12. 1976, OVGE 32, 191; *Marcks*, in: *Landmann/ Rohmer*, GewO, § 15, 17; *Fröhler/Kormann*, GewO 1978, § 15, 21; wohl auch BVerwG v. 9. 2. 1962, GewArch 1962, 246 f.; zu § 35 V GewO: VG Köln v. 31. 10. 1977, GewArch. 1978, 60 (61); NWOVG v. 17. 11. 1981, DÖV 1982, 412 ff.; *Marcks*, a. a. O., § 35, 158; *Barbey*, WiVerw. 1982, 97; zu § 31 GastG i. V. m. § 15 II GewO: BWVGH v. 4. 3. 1974, GewArch 1974, 238; gegenteiliger Ansicht zu § 15 II GewO: *Fliegauf*, GewArch 1964, 121 ff.; *Kröger*, GewArch 1965, 73 f.; zu § 35 V GewO: NWOVG, OVGE 32, 191 f.; BWVGH v. 30. 6. 1971, GewArch 1973, 171 (172); v. 7. 11. 1973, GewArch 1974, 157 (158); v. 5. 2. 1986, GewArch 1986, 162; HessVGH v. 10. 1. 1983, GewArch 1983, 263 m. zust. Anm. *Heß*; v. 2. 7. 1984, GewArch 1985, 67; *Fuhr/Heß*, GewO, § 35, 203; *Fröhler/Kormann*, § 35, 112; zu § 16 IV HwO: NWOVG v. 14. 2. 1979, GewArch 1979, 310.

§ 55 Ausschluß des Suspensiveffekts durch behördliche Anordnung

Die a.W. entfällt schließlich nach § 80 II Nr. 4 VwGO in den Fällen, in denen die sofortige Vollziehung im öffentlichen Interesse oder im überwiegenden Interesse eines Beteiligten besonders *angeordnet* wird. Diese Anordnung der sofortigen Vollziehung (AnOsVollz) ist als *Gegenstück zur a.W.* nicht auf den Vollzug im vollstreckungsrechtlichen Sinn beschränkt, sondern kann für jeden VA ergehen, der einer Verwirklichung zugänglich ist (vgl. oben § 54 Rdnr. 7)[1]). 1

I. Zuständigkeit

Zuständig für die AnOsVollz ist sowohl die *Ausgangs- wie die Widerspruchsbehörde* (§ 80 II Nr. 4 VwGO). 2

Nach § 81 II des Regierungsentwurfs (BT-Drucks. III/55) sollte zunächst ausschließlich die Widerspruchsbehörde für die AnOsVollz zuständig sein, um eine zu häufige Anwendung dieses Instituts durch die Ausgangsbehörde in Überbewertung ihrer eigenen Maßnahmen auszuschließen. Aus Gründen der Verwaltungseffizienz entschloß man sich auf Vorschlag des Rechtsausschusses (BTDrucks. III/1094), beide Behörden für zuständig zu erklären.

Aus dieser Entstehungsgeschichte folgt, daß § 80 II Nr. 4 VwGO eine echte *Zuständigkeitskonkurrenz* anordnet und die Zuständigkeit der Widerspruchsbehörde für die AnOsVollz – anders als deren Entscheidungsbefugnis in der Hauptsache – nicht vom Eintritt des Devolutiveffekts abhängig macht. Dies wird auch durch § 80 IV S. 1 VwGO bestätigt, der der Widerspruchsbehörde die konträre Befugnis zur Aussetzung der Vollziehung bereits nach Einlegung des Widerspruchs und nicht erst nach Eintritt des Devolutiveffekts zuspricht. Da § 80 II Nr. 4 VwGO andererseits eine Einschränkung der Zuständigkeit der Widerspruchsbehörde auf die Zeit nach Erhebung des Widerspruchs nicht enthält, folgt aus § 80 IV S. 1 VwGO, daß die *Widerspruchsbehörde* die AnOsVollz auch *bereits vor Erhebung des Widerspruchs* treffen kann[2]).

Der sachliche Grund für die Unterschiede zwischen § 80 II Nr. 4 und § 80 IV S. 1 VwGO liegt darin, daß die AnOsVollz i. d. R. im öffentlichen Interesse ergeht,

---
1) *Kopp*, § 80, 44; *EF*, § 80, 30; generell zur AnOsVollz *Schmitt*, BayVBl. 1977, 554 ff.
2) Wie hier BWVGH v. 29. 12. 1970, ESVGH 22, 109 (110); BayVGH v. 13. 5. 1987, BayVBl. 1988, 152; *EF*, § 80, 27; *Finkelnburg/Jank*, Rdnr. 577; a. A. *RÖ*, § 80, 28; *SDC*, § 80, 3, bb; *SG*, Rdnr. 382; *Kopp*, § 80, 43; Nr. 6.244 des RdErl. des NWMdI v. 21. 12. 1960 (SMBl. NW 2010); sogar gegen die Aussetzungsbefugnis der Ausgangsbehörde vor Einlegung des Rechtsbehelfs: *Jahn*, BayVBl. 1988, 552 ff.

während die Aussetzung dem vorläufigen Rechtsschutz des einzelnen dient und deshalb voraussetzt, daß überhaupt um Rechtsschutz nachgesucht worden ist[3]).

3   Die Zuständigkeit der Ausgangsbehörde für die AnOsVollz wird weder durch die Einlegung des Widerspruchs[4]) noch durch den Eintritt des Devolutiveffekts *beendet* (vgl. zum letzteren § 25). Die Zuständigkeit der Widerspruchsbehörde endet dagegen nach Abschluß des Widerspruchsverfahrens (mit Klageerhebung), da dann deren Sachherrschaft erloschen ist[5]).

II. Zeitpunkt, Dauer und Wirkung der AnOsVollz

4   Die AnOsVollz kann *in jedem Stadium* des verwaltungsbehördlichen oder -gerichtlichen Verfahrens, also sowohl nachträglich in einem *besonderen Bescheid* ausgesprochen[6]) als auch mit dem VA als *verfahrensrechtliche Nebenbestimmung*[7]) verbunden werden[8]). Wird die AnOsVollz mit dem VA verbunden oder selbständig, aber noch vor Einlegung des Rechtsbehelfs erlassen, so verhindert sie automatisch den Eintritt der a.W. Einer erneuten AnO nach Einlegung des Rechtsbehelfs bedarf es deshalb nicht[9]).

5   Streitig ist, ob die AnOsVollz rechtliches Gehör voraussetzt. Für das Erfordernis rechtlichen Gehörs werden mit Rücksicht auf den der AnOsVollz innewohnenden Belastungsgehalt rechtsstaatliche Gründe angeführt[10]). Eine direkte oder analoge Anwendung von § 28 VwVfG scheidet jedoch aus, da die AnOsVollz keinen VA darstellt und schon aus kompetenzrechtlichen Gründen § 80 VwGO das VwVfG verdrängt[11]). Da die AnOsVollz in aller Regel bei Eilbedürftigkeit der Vollstreckung ausgesprochen wird, kann rechtliches Gehör nur gewährt werden, wenn dadurch nicht eine dem Zweck der AnOsVollz widersprechende Verzögerung eintritt[12]). Besteht in diesem Sinne keine Eilbedürftigkeit, sollte grundsätzlich rechtliches Gehör gewährt werden. Die Verlet-

---

3) Vgl. BWVGH, ESVGH 22, 110.
4) Vgl. *EF*, § 80, 27; *Finkelnburg/Jank*, Rdnr. 577; Nr. 6.244 des RdErl. des NWMdI: doch sollte sie nach Vorlage des Widerspruchs die Zustimmung der Widerspruchsbehörde einholen.
5) Vgl. mit sorgfältiger Begründung BayVGH v. 5. 8. 1987, BayVBl. 1988, 85; v. 6. 8. 1987, NVwZ 1988, 746 = BayVBl. 1988, 86 m. Anm. *Petzke/Kugele*; a. A. *Kopp*, § 80, 43.
6) Vgl. BayVGH v. 30. 9. 1974, BayVBl. 1975, 79.
7) *Renck*, NJW 1968, 93; vgl. auch *Hufen*, S. 280.
8) Vgl. *RÖ*, § 80, 33; *Kopp*, § 80, 62; *Finkelnburg/Jank*, Rdnr. 610.
9) Vgl. NWOVG v. 20. 6. 1969, DÖV 1970, 75; *SG*, Rdnr. 382; *RÖ*, § 80, 33; *SDC*, § 80, 3 d, cc. Ob sich die Situation ändert, wenn der Betroffene zunächst dem VA nachgekommen war und dann erst einen Rechtsbehelf einlegt (so NWOVG v. 5. 10. 1972, DÖV 1973, 649), erscheint fraglich.
10) So auch die Vorauflagen; vgl. aber auch oben § 26 Rdnr. 13; ferner BremOVG v. 1. 11. 1979, DÖV 1980, 180 (181); *Ganter*, DÖV 1984, 970 ff.; *RÖ*, § 80, 28; *Kopp*, § 80, 42; *Hufen*, S. 281.
11) RhPfOVG v. 25. 11. 1987, NVwZ 1988, 748 m. Anm. *Müller*, ebd. S. 702 f.
12) Keine Anhörung ist erforderlich nach OVG Lüneburg v. 28. 4. 1989, DVBl. 1989, 887; *Weides*, JA 1984, 655; *Emrich*, DÖV 1988, 398; *Hamann*, DVBl. 1989, 969 ff.; vgl. auch *Giegerich*, DÖV 1989, 379 ff.

zung bleibt aber sanktionslos, wenn die AnOsVollz sachlich gerechtfertigt war[13]). Man mag sich also damit beruhigen, daß bei der AnOsVollz grundsätzlich rechtliches Gehör zu gewähren ist; im Vordergrund stehen die Ausnahmen.

Die AnOsVollz ist *erst dann* ausgeschlossen, wenn das Verfahren bestands- oder rechtskräftig abgeschlossen ist oder das Gericht die a.W. nach § 80 V VwGO erstmals angeordnet oder wiederhergestellt hat; im ersteren Fall deshalb, weil es dann wegen der eingetretenen endgültigen Vollziehbarkeit des VA einer derartigen AnO nicht mehr bedarf, im zweiten Fall, weil die gerichtliche Entscheidung nach § 80 V VwGO die Behörde bindet und diese die sofortige Vollziehbarkeit des VA nur noch durch einen Antrag auf gerichtliche Änderung nach § 80 VI S. 1 VwGO herbeiführen kann[14]).

6

Wegen dieses Vorrangs der gerichtlichen Entscheidung ist auch die Zulässigkeit von Gerichtsbeschlüssen nach § 80 V VwGO zu bejahen, mit denen eine formfehlerhafte AnOsVollz lediglich aufgehoben wird. Die a.W. besteht dann zwar wieder, die Behörde ist aber an einer erneuten, nunmehr formgültigen AnOsVollz nicht gehindert (hierzu ausführlich § 57 Rdnr. 33).

Anders als die von Widerspruch und Anfechtungsklage bewirkte a.W., die ex tunc eintritt (vgl. dazu § 53 Rdnr. 25), vermag die *AnOsVollz stets nur Wirkungen für die Zukunft* (ex nunc) hervorzubringen. Die gegenteilige Auffassung würde das Vertrauen des Rechtsschutzsuchenden auf die vorläufige Beibehaltung des Status quo enttäuschen und deshalb den Prinzipien der Rechtssicherheit und des effektiven Rechtsschutzes zuwiderlaufen[15]).

7

Ein Beamter, der einer angefochtenen Verfügung im Vertrauen auf den Eintritt der a. W. zunächst nicht nachkommt, darf nicht durch eine ex tunc wirkende AnOsVollz nachträglich disziplinarischen Maßnahmen ausgesetzt sein. Ebenso sind ihm die bis zur AnOsVollz gezahlten Bezüge vorläufig zu belassen.

Die unterschiedliche Behandlung von a.W. und AnOsVollz rechtfertigt sich daraus, daß die a.W. als Ausgleich für das Wirksamkeitsprinzip des VA überhaupt erst die Waffengleichheit zwischen Staat und Bürger herstellt und das öffentliche Interesse an sVollz durch die Möglichkeit der AnO pro futuro ausreichend geschützt ist[16]).

Die sVollz kann auch *teilweise* angeordnet werden[17]) mit der Wirkung, daß die a.W. nur im Umfang der AnO entfällt, ansonsten aber erhalten bleibt[18]).

8

---

13) *Kopp*, § 80, 42.
14) Vgl. BremOVG v. 28. 2. 1968, NJW 1968, 1539; v. 14. 3. 1980, DÖV 1980, 572; v. 21. 6. 1985, NVwZ 1986, 933; OVG Lüneburg v. 26. 11. 1968, NJW 1969, 478; v. 14. 4. 1978, OVGE 34, 386 (387f.); NWOVG v. 7. 6. 1978, NJW 1978, 2213; *Proksch*, BayVBl. 1976, 7; *Kopp*, § 80, 85; *SDC*, § 80, 3; *Finkelnburg/Jank*, Rdnr. 676.
15) Vgl. *EF*, § 80, 29; BremOVG, DVBl. 1961, 678.
16) Vgl. *EF*, § 80, 29.
17) Vgl. *Kopp*, § 80, 43; *RÖ*, § 80, 34; *Finkelnburg/Jank*, Rdnrn. 611 f. m. w. N.; BWVGH v. 17. 4. 1967, GewArch 1967, 16 ff.
18) Vgl. BVerwG v. 12. 5. 1969, BVerwGE 24, 92 (94 f.).

So kann z. B. eine Entlassungsverfügung mit der Maßgabe für sofort vollziehbar erklärt werden, daß dem Beamten ein Teil seiner Bezüge (vorläufig) weiterzuzahlen ist[19]).

Ebenso ist, insbesondere, wenn die AnOsVollz im überwiegenden Interesse eines Beteiligten ergeht, die *Beifügung von Bedingungen und Auflagen* zulässig[20]). In entsprechender Anwendung der §§ 80 IV S. 2, 80 V S. 4 VwGO kann dem Betroffenen nachgelassen werden, die sVollz durch *Sicherheitsleistung* abzuwenden[21]).

9 Die *Wirkung der AnOsVollz endet:*
  – mit dem Eintritt der Unanfechtbarkeit des VA;
  – mit dem Erlaß eines gerichtlichen Beschlusses nach § 80 V VwGO (s. dazu unten § 57);
  – mit der Aufhebung der AnO durch die Behörde selbst[22]), die hierzu auch dann noch befugt ist, wenn die AnO im gerichtlichen Verfahren nach § 80 V VwGO bestätigt worden ist[23]), da insoweit die Bindungswirkung des Gerichtsbeschlusses nicht greift;
  – mit der Aussetzung der Vollz. durch die Verwaltung nach § 80 IV VwGO (s. dazu unten § 56).

In den Fällen der §§ 80 IV und 80 V VwGO wird die AnOsVollz nicht aufgehoben, sondern *nur in ihrer Wirkung suspendiert*[24]). Mit der Aufhebung der Entscheidungen tritt die AnOsVollz deshalb automatisch wieder in Kraft, braucht also nicht erneut erlassen zu werden.

III. Voraussetzungen der AnOsVollz

10 § 80 II Nr. 4 VwGO läßt die AnOsVollz nur zu „im öffentlichen Interesse oder im überwiegenden Interesse eines Beteiligten". Damit werden *tatbestandsmäßige Voraussetzungen* der AnOsVollz umschrieben, die objektiv vorliegen müssen. Die Behörde hat lediglich *Ermessen* hinsichtlich der Frage, ob sie bei Vorliegen der Voraussetzungen die AnOsVollz erläßt[25]).

---

19) Vgl. BVerwGE 24, 94 f.; BVerwG v. 25. 4. 1972, Buchholz 310 § 80 VwGO Nr. 20. HessVGH v. 27. 7. 1978, HessVGRspr. 1980, 18: bei nicht offensichtlicher Rechtmäßigkeit der Entlassungsverfügung i. d. R. 50%, es sei denn, der Beamte verfügt über sonstige Einkünfte (wie z. B. Arbeitslosenhilfe), die seinen notwendigen Unterhalt abdecken.
20) Vgl. *Kopp*, § 80, 43; *RÖ*, § 80, 34; *Finkelnburg/Jank*, Rdnrn. 611 f. m. w. N.; BWVGH v. 17. 4. 1967, GewArch 1967, 16 ff.
21) Vgl. die Nachw. in Fußn. 17 und NWOVG v. 21. 2. 1961, NJW 1961, 1551.
22) Vgl. *RÖ*, § 80, 35; *Finkelnburg/Jank*, Rdnr. 614 und NWOVG v. 9. 7. 1958, VerwRspr. 11, 884.
23) Vgl. *EF*, § 80, 51; *Kopp*, § 80, 71 b und BremOVG, NJW 1968, 1539.
24) Vgl. BremOVG, NJW 1968, 1539; BayVGH v. 9. 8. 1984, BayVBl. 1985, 52.
25) Vgl. *RÖ*, § 80, 22; *EF*, § 80, 28, 48; *Kopp*, § 80, 51.

1. Die AnOsVollz im öffentlichen Interesse (§ 80 II Nr. 4, 1. Alt. VwGO)

Nach der Systematik der VwGO bildet die a.w. die Regel und die *AnOs-* 11
Vollz die Ausnahme. Darüber hinaus läßt auch der vom Rechtsstaatsgedanken gebotene Schutz des einzelnen gegenüber der Übermacht des Staates und die von Art. 19 IV GG gewährleistete Garantie eines wirksamen Rechtsschutzes die sVollz eines VA jedenfalls im Staat-Bürger-Verhältnis nur in engen Grenzen zu[26]). Beim VA mit Drittwirkung geht es dagegen um prozessuale Waffengleichheit der Beteiligten. Spricht zusätzlich ein öffentliches Interesse für den begünstigenden VA, so neigt sich die Waage zu Lasten des Betroffenen. Dessen ungeachtet muß § 80 II Nr. 4 VwGO *im Lichte des Art. 19 IV GG* gesehen werden. Die aus dem Verfassungsrecht folgenden Anforderungen an die Auslegung und Handhabung des § 80 II Nr. 4 VwGO hat das BVerfG in seiner Rechtsprechung zum *vorläufigen Rechtsschutz im Ausländerrecht* mit dem Anspruch auf Allgemeingültigkeit wie folgt konkretisiert (BVerfG v. 18. 7. 1973, BVerfGE 35, 382 ff., 402)[27]):

> „Andererseits gewährleistet Art. 19 IV GG die a.w. der Rechtsbehelfe im Verwal- 12
> tungsprozeß nicht schlechthin. Überwiegende öffentliche Belange können es rechtfertigen, den Rechtsschutzanspruch des Grundrechtsträgers einstweilen zurückzustellen, um unaufschiebbare Maßnahmen im Interesse des allgemeinen Wohls rechtzeitig in die Wege zu leiten. Dies muß jedoch die Ausnahme bleiben. Eine Verwaltungspraxis, die dieses Regel-Ausnahme-Verhältnis umkehrte..., und eine Rechtsprechung, die eine solche Praxis billigt, wären mit der Verfassung nicht vereinbar.
> Für die sVollz eines VA ist daher ein *besonderes öffentliches Interesse* erforderlich, das über jenes Interesse hinausgeht, das den VA selbst rechtfertigt. Zwar läßt sich nicht allgemein, sondern nur im Einzelfall bestimmen, wann und warum der Rechtsschutzanspruch des einzelnen ausnahmsweise hinter die öffentlichen Belange zurücktreten muß und wann es der Exekutive durch Art. 19 IV GG verwehrt ist, der gerichtlichen Prüfung ihrer Maßnahmen vorzugreifen. Aus dem Zweck der Rechtsschutzgarantie und dem Verfassungsgrundsatz der *Verhältnismäßigkeit* ergibt sich aber wenigstens soviel: Der Rechtsschutzanspruch des Bürgers ist um so stärker und darf um so weniger zurückstehen, je schwerwiegender die ihm auferlegte Belastung ist und je mehr die Maßnahmen der Verwaltung Unabänderliches bewirken."

Die hiernach bei der Auslegung des § 80 II Nr. 4 VwGO zu beachtenden 13
Anforderungen des Verhältnismäßigkeitsprinzips führen zwangsläufig dazu, daß die Verwaltung bei der AnOsVollz das besondere öffentliche Vollziehungsinteresse einer *Güterabwägung* mit dem (vorläufigen) Rechtsschutzinteresse des Bürgers unterziehen muß und die sVollz nur dann und nur soweit

---

26) BVerwG v. 22. 11. 1965, DVBl. 1966, 273 (274).
27) Ebenso BVerfG v. 16. 7. 1974, BVerfGE 38, 52 (57 f.); v. 2. 5. 1984, BVerfGE 67, 43 (58 ff.); v. 21. 3. 1985, BVerfGE 69, 220 (227 f.); v. 14. 5. 1985, BVerfGE 69, 315 (363 f.; 372); ähnlich BVerwG v. 29. 4. 1974, DVBl. 1974, 566 f. und BWVGH v. 25. 6. 1974, ESVGH 24, 147 (148 ff.).

anordnen darf, als das besondere öffentliche Interesse die Zurückstellung des individuellen Rechtsschutzinteresses rechtfertigt. Auch das besondere öffentliche Interesse muß demnach – wie das private Interesse eines Beteiligten – „überwiegend" sein, obwohl dies im Wortlaut der 1. Alt. des § 80 II Nr. 4 VwGO nicht zum Ausdruck kommt[28]).

14 Umstritten ist allerdings, *an welcher Stelle diese Güterabwägung* von der Verwaltung – und im Rahmen des § 80 V VwGO auch vom Gericht – *vorzunehmen* ist, ob bereits im Rahmen der gebundenen Rechtsentscheidung, ob die durch den unbestimmten Rechtsbegriff „besonderes öffentliches Interesse" umschriebenen tatbestandlichen Voraussetzungen vorliegen oder erst bei der Ermessensentscheidung über das „Ob" der AnOsVollz. Die h. M. bekennt sich zu der ersten Auffassung, indem sie ein überwiegendes öffentliches Interesse fordert und *bereits für die Begründung des öffentlichen Interesses die Erfolgsaussichten des Rechtsbehelfs berücksichtigt*[29]), während nach einer Mindermeinung die Erfolgsaussichten erst im Rahmen der nachfolgenden Ermessensentscheidung gegen das private Rechtsschutzinteresse abgewogen werden dürfen[30]).

15 Der Meinungsstreit hat erhebliche praktische Konsequenzen. Besteht das einzige am sVollz eines VA ersichtliche öffentliche Interesse darin, einen offensichtlich rechtmäßigen VA nicht über Jahre hinaus durch die a.W. eines Rechtsbehelfs in seiner Verwirklichung zu hemmen, wäre nach der Mindermeinung die AnOsVollz – von Fällen rechtsmißbräuchlicher Einlegung des Rechtsbehelfs abgesehen[31]) – nicht zulässig. Die AnO müßte allein wegen Fehlens eines besonderen öffentlichen Vollziehungsinteresses aufgehoben werden, ohne daß es auf die Erfolgsaussichten ankäme[32]). Nur im umgekehrten Fall, wenn das besondere Vollzugsinteresse vorliegt, kann die offensichtliche Erfolglosigkeit des Rechtsbehelfs das öffentliche Interesse verstärken oder die offensichtliche Begründetheit des Rechtsbehelfs die AnOsVollz trotz Vorliegens des besonderen Vollzugsinteresses hindern[33]).

16 Der Mindermeinung ist zwar zuzugeben, daß sie zu einer Verstärkung des vorläufigen Rechtsschutzes für den Bürger führt, indem sie ihm, wenn ein besonderes Vollzugsinteresse nicht nachweisbar ist, die a.W. unabhängig von den Erfolgsaussichten des Rechtsbehelfs erhält. Im Ergebnis dehnt sie jedoch

---

28) BVerwG v. 14. 3. 1968, Buchholz 310 VwGO Nr. 11; v. 25. 4. 1972, Nr. 20; DVBl. 1974, 566; BWVGH v. 25. 6. 1974, ESVGH 24, 147 (148); HessVGH v. 28. 5. 1974, ESVGH 24, 198 (202); v. 4. 5. 1973, ESVGH 23, 173 (174); v. 8. 12. 1971, ESVGH 22, 101 (102).
29) Vgl. statt vieler BVerwG, DVBl. 1974, 566; HessVGH, ESVGH 24, 202; BWVGH, ESVGH 24, 148. *Beispiel:* Eine Schulschließung kann für sofort vollziehbar erklärt werden, wenn die Fortführung der Schule dem Schulgesetz widerspräche, RhPfOVG v. 11. 5. 1988, NVwZ-RR 1988, 82.
30) Vgl. z. B. OVG Lüneburg v. 5. 12. 1974, DVBl. 1976, 81 ff. und *Finkelnburg/Jank*, Rdnr. 580 m. w. N.
31) OVG Lüneburg, DVBl. 1976, 83.
32) So OVG Lüneburg, DVBl. 1976, 83.
33) So OVG Lüneburg, DVBl. 1976, 83.

die Reichweite des § 80 VwGO über seinen Schutzzweck hinaus auch auf die Fälle aus, in denen es an der gesetzlichen „ratio suspensionis", den Bürger vor einer ungerechtfertigten Vollziehung zu schützen[34]), fehlt.

Daß der automatische Suspensiveffekt des § 80 I VwGO dagegen grundsätzlich ohne Rücksichten auf die Erfolgsaussichten in der Hauptsache eintritt, rechtfertigt sich aus Gründen der Rechtssicherheit (vgl. dazu oben § 53 Rdnrn. 15 ff.).

Der h. M. ist demnach zu folgen, im Regelfall allerdings mit der Einschränkung, daß sie das besondere öffentliche Vollzugsinteresse erst dann mit fehlender Erfolgsaussicht der Anfechtung begründen darf, wenn die Anfechtung erfolgt ist und sie die Anfechtungsgründe erfahren und geprüft hat[35]).

Soll die sVollz nach Einlegung eines Rechtsbehelfs angeordnet werden, *prüft man zweckmäßigerweise zuerst die Erfolgsaussichten der Anfechtung*. Ist der angegriffene *VA offensichtlich rechtmäßig*, wird an seiner sVollz in aller Regel ein besonderes öffentliches Interesse bestehen[36]). Genauso ergibt sich ein überwiegendes Interesse des Betroffenen an der Wiederherstellung der a. W. in aller Regel bereits aus dem Umstand, daß der *Rechtsbehelf offensichtlich begründet ist*[37]). 17

An die Bejahung der offensichtlichen Rechtmäßigkeit des angefochtenen VA sind allerdings wegen des Ausnahmecharakters des § 80 II Nr. 4 VwGO strenge Anforderungen zu stellen. Die Darlegungslast liegt grundsätzlich bei der Behörde[38]).

Auch *Verfahrensfehler* können gelegentlich ein überwiegendes Suspensionsinteresse begründen. Hat z. B. die Ausländerbehörde eine Ausweisung unter AnOsVollz verfügt, ohne den Betroffenen zuvor anzuhören (§ 28 VwVfG), liegt, wenn keine gesetzlichen Ausnahmen der Anhörungspflicht gegeben sind (§ 28 II VwVfG)[39]), ein beachtlicher Verfahrensfehler vor, der zwar bis zum Abschluß des Widerspruchsverfahrens geheilt werden kann (§ 45 VwVfG), im Verfahren nach § 80 V VwGO aber grundsätzlich zur unbefristeten Wiederherstellung der a.W. führt[40]). Die vom NWOVG befürwortete, bis zur Nachholung der Anhörung befristete Aussetzung[41]) ist wegen der mit ihr verbundenen Unsicherheiten unpraktikabel und beschränkt den vorläufigen Rechtsschutz des Bürgers unangemessen. Nach Heilung des Anhörungsmangels kann die Behörde einen Abänderungsantrag nach § 80 VII VwGO stellen. 18

---

34) Vgl. HessVGH, ESVGH 24, 198 (202); *v. Mutius*, VerwArch. 1975, 414 und ausführlich *Bettermann*, DVBl. 1976, 65 ff.
35) *Bettermann*, DVBl. 1976, 67; BWVGH v. 13. 2. 1984, NVwZ 1984, 451; wohl auch BremOVG v. 1. 11. 1979, DÖV 1980, 181; v. 18. 9. 1980, NJW 1981, 1172; BVerfG, NVwZ 1982, 241.
36) Vgl. BVerwG, DVBl. 1974, 566; HessVGH, ESVGH 22, 102; ESVGH 23, 173; ESVGH 24, 202; BWVGH, ESVGH 24, 148.
37) Vgl. BVerwG, DVBl. 1974, 566; HessVGH, ESVGH 22, 102; ESVGH 23, 173; ESVGH 24, 202;, BWVGH, ESVGH 24, 148.
38) Vgl. BVerwG v. 14. 1. 1975, Buchholz 310 § 80 VwGO Nr. 25 m. w. N.
39) Vgl. hierzu NWOVG v. 26. 5. 1981, NVwZ 1982, 326; BWVGH v. 30. 11. 1981, ESVGH 32, 39 ff.; HessVGH v. 29. 4. 1982, ESVGH 32, 221 ff.
40) Vgl. RhPfOVG v. 17. 1. 1979, AS 15, 167 (169 f.); BerlOVG v. 9. 2. 1982, GewArch 1982, 372. Allerdings ist eine Heilung auch im § 80 V-Verfahren möglich.
41) NWOVG v. 16. 2. 1977, NJW 1978, 1765.

19 Sind die *Erfolgsaussichten der Anfechtung nicht evident* oder ist der VA noch nicht angefochten, kommt es für die Zulässigkeit der AnOsVollz allein auf den Nachweis eines überwiegenden öffentlichen Interesses an[42]). Als „besonderes Interesse an der sVollz" (§ 80 III S. 1 VwGO) muß dieses öffentliche Interesse grundsätzlich über jenes hinausgehen, das den Erlaß des VA selbst rechtfertigt[43]).

So reicht z. B. das allgemein bestehende öffentliche Interesse am *Bau von Garagen* und an der Entlastung der Verkehrswege vom ruhenden Verkehr nicht aus, eine Genehmigung zum Bau einer Garage für sofort vollziehbar zu erklären. Vielmehr muß ein öffentliches Interesse gerade an der Vollziehbarkeit der konkret erteilten Baugenehmigung vorliegen, also z. B. die Verkehrslage vor dem Grundstück des Bauwerks die alsbaldige Errichtung der Garage unabweisbar erscheinen lassen[44]). Für die AnOsVollz eines *fernstraßenrechtlichen Planfeststellungsbeschlusses* (§ 17 FStrG) muß z. B. über die Unzuträglichkeit der Verkehrsverhältnisse, die zur Planfeststellung selbst geführt haben, hinaus vorgetragen werden können, daß der bestehende Zustand in letzter Zeit zu einer besonderen Erhöhung von Verkehrsgefahren geführt hat[45]).

20 Das besondere öffentliche Interesse an der sVollz muß sodann dem Individualinteresse an der Erhaltung der a.W. gegenübergestellt und in einer wertenden Betrachtungsweise gewichtet werden. Nur wenn und *soweit* es das private Rechtsschutzinteresse überwiegt, ist die AnOsVollz gerechtfertigt[46]).

So darf eine *Entlassungsverfügung gegenüber einem Beamten* hinsichtlich der vorläufig weiterbestehenden Alimentationspflicht des Dienstherrn jedenfalls dann nicht in vollem Umfang für sofort vollziehbar erklärt werden, wenn und soweit der entlassene Beamte auf das Gehalt zur Bestreitung des angemessenen und notwendigen Lebensunterhalts einschließlich der Prozeßkosten angewiesen und die spätere Rückforderung im Falle seines Unterliegens nicht ernstlich gefährdet ist[47]).

Auch erfordert das öffentliche Interesse i. d. R. nicht die AnOsVollz einer *Nutzungsuntersagung*, wenn der Betroffene bereits durch eine für sofort vollziehbar erklärte Versiegelungsanordnung rechtlich gehindert ist, das Gebäude für Aufenthaltszwecke zu nutzen[48]).

21 Dabei ist weiterhin zu beachten, daß der *Rechtsschutzanspruch des Bürgers*

---

42) BVerwG, DVBl. 1974, 566. Auch politische Erwägungen können hier eine Rolle spielen; vgl. NWOVG v. 27. 2. 1987, NVwZ 1988, 551.
43) H. M.: vgl. oben BVerfGE 35, 402; 38, 57 f.; BVerwG, DVBl. 1966, 274; DVBl. 1974, 566; OVG Lüneburg, DVBl. 1976, 82; HessVGH v. 29. 3. 1985, NVwZ 1985, 918 (Anschluß- und Benutzungszwang); *Kopp*, § 80, 52; *RÖ*, § 80, 23; *Finkelnburg/Jank*, Rdnr. 579.
44) BVerwG, DVBl. 1966, 274.
45) BVerwG, DVBl. 1974, 567; vgl. auch BWVGH, ESVGH 24, 147 ff. für einen Planfeststellungsbeschluß nach dem AbfG, mit dem die Errichtung einer Müllverbrennungsanlage ermöglicht werden soll und dessen sVollz im Interesse der Abwehr dringender Umweltgefahren für zulässig erklärt wurde. Gelegentlich können aber die für die Planung maßgeblichen Belange so dringlich sein, daß sie auch die AnOsVollz rechtfertigen; HessVGH v. 1. 4. 1985, NVwZ 1986, 668.
46) Vgl. BVerwG v. 25. 4. 1972, Buchholz 310 § 80 VwGO Nr. 20 m. w. N.
47) Vgl. BVerwG v. 25. 4. 1972, Buchholz 310 § 80 VwGO Nr. 20 m. w. N.
48) BayVGH v. 2. 11. 1977, BayVBl. 1978, 20 f.

um so stärker ist und um so weniger zurückgesetzt werden darf, je schwerwiegender die ihm auferlegte Belastung ist und je mehr die Maßnahmen der Verwaltung Unabänderliches bewirken[49]). Das besondere öffentliche Interesse an sVollz wird — wie sich bereits aus der gesetzlichen Interessenwertung in den §§ 80 II Nr. 2 und 80 III S. 2 VwGO ergibt — insbesondere bei der *Abwehr von Gefahren* für die Allgemeinheit und den einzelnen zu bejahen sein.

Beispiel: Widerruf einer Gaststättenerlaubnis (HessVGH v. 20. 7. 1989, GewArch 1990, 254).

Auch ein fiskalisches Interesse kann im Einzelfall die AnOsVollz rechtfertigen[50]).

Da § 80 II Nr. 4 VwGO grundsätzlich ein auf den konkreten Fall zugeschnittenes Vollzugsinteresse fordert, ist strittig, ob die AnOsVollz auch auf *generalpräventive Gründe* gestützt werden kann[51]). 22

Für den Bereich des *Ausländerrechts* ist dies insofern geklärt, als nach der Rechtsprechung des BVerfG die AnOsVollz die Ausnahme bleiben muß und die Heranziehung generalpräventiver Erwägungen i. allg. unzulässig ist, insbesondere keinesfalls dazu führen darf, Ausweisungs- und Abschiebungsverfügungen generell oder doch i. d. R. für sofort vollziehbar zu erklären[52]). Gründe generalpräventiver Abschreckung sind darüber hinaus bei der Ausweisung von EG-Marktbürgern generell unzulässig, weil gemeinschaftsrechtswidrig[53]).

Bei der *Entziehung der Fahrerlaubnis* (§ 4 StVG) hält die Rechtsprechung eine AnOsVollz i. d. R. für gerechtfertigt, da Voraussetzung der Entziehung die Feststellung der Ungeeignetheit des Fahrers ist und die durch Teilnahme eines ungeeigneten Fahrers am Straßenverkehr implizierten Gefahren für Leben, Gesundheit und Vermögen anderer Verkehrsteilnehmer grundsätzlich ein überwiegendes Allgemeininteresse an der sVollz begründen, dies jedenfalls dann, wenn die Ungeeignetheit auf Tatsachen gestützt wird, die unmittelbar mit dem Straßenverkehr in Zusammen- 23

---

49) Vgl. BVerfGE 35, 402; 38, 58; BVerwG, DVBl. 1974, 567.
50) Vgl. *Kopp*, § 80, 56; *Finkelnburg/Jank*, Rdnr. 586 und ausführlich *Häberle*, DVBl. 1967, 220 ff.; RhPfOVG v. 26. 2. 1965, AS 9, 280 (287 f.); HessVGH v. 6. 6. 1983, NVwZ 1983, 747 (748); HambgOVG v. 15. 12. 1983, NVwZ 1984, 256 und BVerwG v. 25. 4. 1972, Buchholz 310 § 80 VwGO Nr. 20 für die im Wege der AnOsVollz ausgesprochene Einstellung der Zahlung von Dienstbezügen an einen Beamten, wenn und weil die Rückforderung im Falle des Unterliegens des Beamten gefährdet ist. Das Interesse „an einem geordneten Haushaltsvollzug" reicht aber nicht; HessVGH v. 12. 1. 1989, NVwZ-RR 1989, 329. Zu Erstattungsbeschlüssen VG Frankfurt v. 10. 1. 1989, NVwZ-RR 1989, 490. Zur Stundung BayVGH v. 26. 5. 1987, NVwZ 1988, 745.
51) Bejahend z. B. *Bettermann*, DVBl. 1976, 66 ff.; *Kopp*, § 80, 55; OVG Lüneburg v. 12. 6. 1974, NJW 1975, 136 und BWVGH v. 9. 3. 1973, ESVGH 24, 41 f. (Hausverbot des Rektors gegen tätlich gewordene Studenten); differenzierend *Finkelnburg/Jank*, Rdnr. 590.
52) Vgl. BVerfGE 35, 402; 38, 58; *Pietzcker*, JZ 1975, 438; krit. hierzu *Bettermann*, DVBl. 1976, 67; *Menger*, VerwArch. 1974, 331 ff.; BayVGH v. 2. 10. 1978, BayVBl. 1979, 433 (435); v. 8. 10. 1979, DVBl. 1980, 197.
53) EuGH v. 26. 2. 1975, DVBl. 1975, 777 und BVerwG v. 2. 7. 1975, BVerwGE 49, 60. Zur Zulässigkeit generalpräventiver Ausweisungsgründe bei Nicht-Marktbürgern BVerwG v. 6. 1. 1978, NJW 1978, 1764; v. 27. 9. 1978, BVerwGE 56, 246 (251 f.); BVerfG v. 17. 1. 1979, BVerfGE 50, 166 (177 ff.); v. 18. 7. 1979, BVerfGE 51, 386 (396 ff.).

hang stehen⁵⁴). Obwohl das praktische Bedürfnis für diese Rechtsprechung nicht zu bestreiten ist, führt sie zu einer Umkehrung des Regel-Ausnahme-Verhältnisses von a.W. und AnOsVollz und damit im Ergebnis zu einer Ausweitung der gesetzlichen Ausschlußgründe des § 80 II VwGO⁵⁵). Man wird deshalb auch hier eine AnOsVollz nur zulassen dürfen, wenn eine konkrete, auf die Person des Betroffenen zugeschnittene Gefahrensprognose ein Überwiegen des öffentlichen Vollziehungsinteresses indiziert⁵⁶).

24 Besondere Bedeutung kommt dieser Problematik in den Fällen der *Ausnutzung sog. angemaßter Rechtspositionen* zu, wenn der Bürger eine erlaubnispflichtige Tätigkeit unter Mißachtung eines Erlaubnisversagungsbescheides oder gar ohne die Erlaubnis überhaupt beantragt zu haben aufnimmt und die Behörde die zumindest formell ordnungswidrige Betätigung durch eine Verfügung stoppt oder rückgängig macht.

*Eyermann/Fröhler*⁵⁷) wollen in diesen Fällen dem Rechtsbehelf gegen die Einstellungs- oder Beseitigungsverfügung bereits die a.W. versagen, weil ansonsten der den Ablehnungsbescheid nicht respektierende Antragsteller privilegiert würde und der vorläufige Rechtsschutz des § 80 I VwGO nicht dazu gegeben sei, neue, bisher nicht innegehabte Rechtspositionen, wenn auch nur vorläufig, zu begründen. Diese Ansicht hat zu Recht keine Gefolgschaft gefunden⁵⁸), da § 80 II VwGO die Fälle, in denen die a.W. von vornherein ausgeschlossen ist, insoweit abschließend regelt, den Vollziehungsinteressen der Verwaltung durch § 80 II Nr. 4 VwGO ausreichend Rechnung getragen ist und zudem im Rahmen des § 80 II Nr. 4 VwGO eine differenzierende, die widerstreitenden Interessen abwägende Lösung möglich ist, die der Vielfalt der Fallgestaltung besser Rechnung tragen kann als der pauschalisierende „Alles-oder-Nichts"-Ansatz im Rahmen des § 80 I VwGO.

25 Andererseits läßt sich nicht bestreiten, daß der von *Eyermann/Fröhler* vorgetragene teleologische Gedanke im Kern berechtigt ist, § 80 VwGO habe nicht den Sinn, dem Bürger eine angemaßte Rechtsposition zu erhalten und seine formellen Ordnungsverstöße vor behördlichen Gegenmaßnahmen abzuschirmen. Nur läßt sich dieser Gesichtspunkt nicht bei der Auslegung des bewußt voraussetzungslos formulierten § 80 I VwGO berücksichtigen, sondern erst bei der Anwendung des § 80 II Nr. 4 VwGO. Hier muß es deshalb zulässig

---

54) Vgl. NWOVG v. 22. 6. 1954, OVGE 8, 360 f.; v. 12. 12. 1960, DVBl. 1961, 484 f. (m. abl. Anm. *Jecht*); v. 30. 3. 1971, OVGE 26, 240 (242); BWVGH v. 21. 2. 1978, DÖV 1978, 450 f.; *J. Schmidt*, DÖV 1979, 573.
55) Vgl. *Dürr*, BWVPr. 1978, 166. Bezeichnenderweise spricht deshalb *J. Schmidt*, DÖV 1979, 573, in seiner Rechtfertigung der Rechtsprechung des BWVGH davon, die Entziehungsverfügung sei *de facto* den Maßnahmen des § 80 II Nr. 2 VwGO gleichzusetzen. Ähnliche Erwägungen werden bei Vereinsverboten angestrengt; vgl. BWVGH v. 31. 7. 1989, NJW 1990, 61.
56) Vgl. BremOVG v. 15. 9. 1978, NJW 1979, 75; v. 1. 11. 1979, DÖV 1980, 180; BayVGH v. 28. 12. 1978, BayVBl. 1979, 690 f.
57) Vgl. *EF*, § 80, 12; ebenso *Dannbeck*, GewArch 1973, 188; BayVGH v. 6. 5. 1970, BayVGHE 23, 97 (98); v. 17. 2. 1978, BayVBl. 1978, 247; VG Kassel v. 14. 9. 1977, NJW 1978, 963; OVG Lüneburg v. 8. 5. 1987, NVwZ 1989, 170.
58) Vgl. *RÖ*, § 80, 18; *Kopp*, § 80, 46; *Scholz*, DVBl. 1966, 259 f.; vgl. auch *Rinke*, NVwZ 1989, 639 ff.

sein, unter Berücksichtigung der beschränkten teleologischen Tragweite des § 80 I VwGO und unter Heranziehung generalpräventiver Gesichtspunkte eine Art Regelvermutung für das Vorliegen eines besonderen öffentlichen Vollzugsinteresses anzunehmen[59]).

Wie die Behörde grundsätzlich mit einer Veränderung bestehender Verhältnisse bis zur Unanfechtbarkeit des belastenden VA zu warten hat, so ist es auch dem Bürger verwehrt, eine genehmigungspflichtige Veränderung vor Erteilung der Genehmigung vorzunehmen[60]). Die AnOsVollz einer hiergegen gerichteten Einstellungsverfügung findet deshalb regelmäßig in der Ordnungsfunktion, z. B. des formellen Bau- oder Gewerberechts, ihre notwendige und ausreichende Begründung[61]).

Auch in diesen Fällen lassen sich z. T. besondere Vollziehungsinteressen **26** angeben, die über die *abstrakte Gefahrenlage* hinaus, deren Bekämpfung der Eingriffsnorm, auf die sich der VA stützt, als Schutzzweck zugrunde liegt, die Eilbedürftigkeit der Vollziehung begründen können.

Von einer *Autowrackbeseitigungsanlage* die im Grundwassereinzugsbereich liegt, können z. B. durch auslaufendes Motoröl konkrete Gefahren für die Trinkwasserversorgung ausgehen, so daß unabhängig von der formellen Illegalität der Anlage eine AnOsVollz gerechtfertigt ist[62]).

Häufig aber wird sich über die abstrakte Gefahrenlage hinaus, die den Erlaß **27** des VA selbst rechtfertigt, als besonderes öffentliches Vollziehungsinteresse nur die generalpräventive Erwägung anführen lassen, durch die AnOsVollz die *Anreizfunktion des „schlechten Vorbilds"* zu unterlaufen, die Entstehung von Berufungsfällen zu verhindern und die Respektierung der Verbotsnorm zu sichern.

Bei *Stillegungs- oder Verbotsverfügungen,* mit denen die Weiterführung einer **28** formell illegalen Anlage oder Betätigung gestoppt wird, läßt sich darüber hinaus das besondere Interesse an sVollz in aller Regel auch mit der offensichtlichen Aussichtslosigkeit der Anfechtung begründen, da die Rechtmäßigkeit der Stoppverfügung in materieller Hinsicht allein von der formellen Illegalität

---

59) So die wohl h. M.: vgl. BayVGH v. 6. 10. 1981, GewArch 1982, 238 (239); *RÖ*, § 80, 18 und 24; *Kopp*, § 80, 55; *Scholz*, DVBl. 1966, 260; a. A. vor allem *Finkelnburg/Jank*, Rdnr. 589; VG Braunschweig v. 11. 7. 1974, GewArch 1974, 158 (Untersagung von Schwarzarbeit eines Bauhandwerkers ohne Meisterprüfung).
60) Vgl. OVG Lüneburg v. 29. 6. 1966, DÖV 1968, 62.
61) Vgl. für die Stillegung eines Schwarzbaus OVG Lüneburg v. 29. 3. 1965, OVGE 21, 385; NVwZ 1989, 170; BayVGH v. 24. 10. 1977, BayVBl. 1978, 19 f.; für die Stillegung einer formell illegalen gewerblichen Anlage NWOVG v. 9. 10. 1970, OVGE 26, 89 ff. (Aluminium-Krätze-Separator); v. 29. 3. 1974, GewArch 1974, 301 (Glasschmelzanlage); BWVGH v. 14. 3. 1974, BWVPr. 1974, 106 ff. (Autowrackverwertungsanlage); BayVGH v. 29. 8. 1975, GewArch 1975, 372 (Tankstelle); für die Untersagung einer formell illegalen gewerblichen oder handwerklichen Betätigung BayVGH v. 7. 2. 1975, GewArch 1975, 128 f. (Wanderlager); v. 28. 3. 1973, GewArch 1973, 187 f. (Kfz-Mechaniker); v. 19. 8. 1975, GewArch 1975, 340 (Diskothek); v. 6. 2. 1980, BayVBl. 1980, 246 (Kegelbahn); v. 23. 3. 1987, GewArch 1987, 296 (Maklergewerbe).
62) Vgl. BWVGH, BWVPr. 1974, 106 ff.; v. 14. 12. 1989, VBlBW 1990, 347.

abhängt. Gleichwohl kann in Ausnahmefällen das private Rechtsschutzinteresse überwiegen, wenn nämlich ein bereits eingereichter Antrag auf Genehmigung offensichtlich Erfolg haben muß. Es bedarf deshalb auch in diesen Fällen u. U. einer korrigierende Interessenabwägung[63]).

Auch bei *formell illegalen baulichen Anlagen* kann in Ausnahmefällen eine allein auf die formelle Illegalität gestützte Beseitigungsanordnung erlassen und für sofort vollziehbar erklärt werden, wenn die Restitution ohne unzumutbare Aufwendungen möglich und wirtschaftlich vertretbar ist, insbesondere die Substanz der Anlage in ihrem Wert nicht beeinträchtigt wird[64]).

Vor allem bei *Schwarzbauten im Außenbereich*, deren Genehmigungsfähigkeit ausgeschlossen oder doch zumindest ernstlich zweifelhaft ist, wird regelmäßig ein besonderes Vollziehungsinteresse gegeben sein, da sie bei längerem Bestehen Bezugsfälle und Zersiedelungen der freien, unbebauten Landschaft bilden[65]).

2. Die AnOsVollz im überwiegenden Interesse eines Beteiligten (§ 80 II Nr. 4, 2. Alt. VwGO)

29 Die AnOsVollz kann beim VA mit Drittwirkung auch durch das überwiegende Interesse eines Beteiligten gerechtfertigt sein, (*Schulbeispiel:* Baugenehmigung). Soweit nicht im konkreten Fall ein überwiegendes öffentliches Interesse bereits die Grundlage für die AnOsVollz gibt[66]), tritt der rechtsstaatliche Schutzzweck der hinter den §§ 80 I und 80 II Nr. 4 (1. Alt.) stehenden gesetzgeberischen Vorstellung zurück[67]).

Dies heißt, das das strenge Regel-Ausnahme-Verhältnis zwischen a.W. und AnOsVollz, das als ausgleichender Schutz des gewaltunterworfenen Bürgers gegen die Übermacht des Staates konzipiert ist, im Interessenstreit zweier Bürger untereinander seine Konturen verliert.

Die AnOsVollz gewinnt vielmehr *schiedsrichterlichen Charakter* und dient vornehmlich dem Ausgleich widerstreitender Individualinteressen[68]). Die Behörde muß deshalb eine Abwägung zwischem dem Interesse z. B. des

---

63) Vgl. BayVGH, GewArch 1975, 340; BayVBl. 1978, 20; 1980, 247; NWOVG, OVGE 26, 89 ff.; enger NWOVG, GewArch 1974, 301: wenn der Antragsteller Genehmigungsverfahren zügig betreibt und mit alsbaldigem positivem Abschluß gerechnet werden muß.
64) Vgl. OVG Lüneburg, DÖV 1968, 62 (Abnahme einer Reklameuhr); HessVGH v. 16. 1. 1978, BRS 33 Nr. 192; NWOVG v. 22. 6. 1962, OVGE 17, 340 ff. (Abnahme einer Reklametafel); v. 4. 9. 1968, OVGE 24, 143 ff. (Abräumen eines Verkaufswagens); BayVGH, BayVBl. 1975, 48 (Beseitigung einer Einzäunung); HessVGH v. 17. 5. 1984, ESVGH 34, 290 ff. (Nutzungsverbot für Schwarzbau).
65) Vgl. BayVGH, BayVBl. 1975, 48; v. 18. 10. 1974, BayVBl. 1975, 20; HessVGH v. 29. 5. 1985, ESVGH 35, 222 ff.
66) Vgl. BVerwG v. 22. 11. 1965, DVBl. 1966, 274; *RÖ*, § 80, 11; *Bender*, NJW 1966, 1991.
67) BVerwG, DVBl. 1966, 274; *Fröhler*, GewArch. 1975, 177.
68) BVerwG, DVBl. 1966, 274; BayVGH v. 5. 9. 1973, GewArch 1974, 56; v. 30. 8. 1979, BayVBl. 1980, 117 (188); HambgOVG v. 13. 1. 1977, MDR 1977, 431 f.

Bauherrn an der alsbaldigen Vollziehung der Baugenehmigung und dem Interesse des Nachbarn an der Erhaltung der a. W. vornehmen[69]).

Bei dieser Abwägung ist allerdings zu beachten, daß — wie oben herausgestellt — im Rahmen der 2. Alt. des § 80 II Nr. 4 VwGO der rechtsstaatliche Schutzzweck des § 80 I VwGO und damit der prinzipielle Vorrang des Erhaltungsinteresses des Belasteten verblaßt. Für die Annahme eines überwiegenden Vollziehungsinteresses ist deshalb nicht — wie bei der 1. Alt. des § 80 II Nr. 4 VwGO — der Nachweis einer (strengen) Evidenz der Erfolglosigkeit der Anfechtung erforderlich, vielmehr ein *geringerer Grad mangelnder Erfolgsaussichten* ausreichend. 30

Das BVerwG bejaht deshalb zu Recht ein überwiegendes Interesse des Begünstigten dann, wenn der Rechtsbehelf des Belasteten *mit erheblicher Wahrscheinlichkeit erfolglos* bleiben wird und eine Fortdauer der a.W. dem Begünstigten gegenüber unbillig erscheinen muß:

> „Dabei liegt auf der Hand, daß es im Regelfall unbillig ist, einem Bauwilligen die Nutzung seines Eigentums durch Gebrauch einer ihm erteilten Genehmigung zu verwehren, wenn die Behörde nach sorgfältiger Prüfung der Erfolgsaussichten einer vom Nachbarn angestrengten Anfechtungsklage zu dem Ergebnis kommt, die Klage sei sachlich nicht gerechtfertigt und müsse letzten Endes erfolglos bleiben[70]).

Ist der Nachbar bereits in zwei Instanzen unterlegen geblieben, besteht grundsätzlich ein überwiegendes Interesse des Bauherrn an der sVollz, wenn der Nachbar nicht Umstände dartun kann, die sein Interesse an der Wiederherstellung der a.W. gleichwohl als überwiegend erscheinen lassen[71]).

Auch im Rahmen des § 80 II Nr. 4, 2. Alt. VwGO ist die AnOsVollz nur gerechtfertigt, *soweit* das Vollziehungsinteresse des Begünstigten das Erhaltungsinteresse des Belasteten überwiegt. 31

Gerade bei VAen mit Drittwirkung wird deshalb häufig nur eine AnOsVollz. unter *Bedingungen (Sicherheitsleistung)* oder *Auflagen*[72]) in Betracht kommen.

Nicht haltbar ist dagegen die von BayVGH[73]) gebilligte Praxis der bayerischen Baugenehmigungsbehörden, Anträge des Bauherrn auf AnOsVollz der Baugenehmigung nur dann stattzugeben, wenn dieser eine *Risiko- und Verpflichtungserklärung* unterschreibt, mit der er sich u. a. zum Schadensersatz gegenüber Nachbarn oder sonstigen Beteiligten verpflichtet, wenn die Baugenehmigung im Rechtsbehelfsverfahren aufgehoben oder geändert werden sollte. Dies läuft auf eine Abschiebung der

---

69) Vgl. BVerwG, DVBl. 1966, 274; v. 14. 11. 1972, Buchholz 310 § 80 VwGO Nr. 21.
70) BVerwG, DVBl. 1966, 274; ebenso BayVGH, GewArch 1974, 56; v. 15. 12. 1975, BayVBl. 1976, 368; BayVBl. 1980, 118 v. 1. 9. 1989, BayVBl. 1990, 211; zustimmend *RÖ*, § 80, 11; *Sailer*, BayVBl. 1968, 86; *Simon*, BayVBl. 1966, 268; *Bender*, NJW 1966, 1991, 1993; wohl auch *EF*, § 80, 31.
71) Vgl. BVerwG, DVBl. 1966, 273; Buchholz 310 § 80 VwGO Nr. 21.
72) Vgl. hierzu BayVGH, GewArch 1974, 55 f. zur sVollz einer Genehmigung nach § 16 GewO; BWVGH v. 20. 5. 1974, DÖV 1974, 706 (708).
73) BayVBl. 1980, 118; hierzu *Traumann*, NVwZ 1988, 415 ff.; zu eng auch BayVGH v. 1. 9. 1989, BayVBl. 1990, 211.

behördlichen Verantwortung für die AnOsVollz hinaus und ist insofern schlicht Gesetzesumgehung, als es im Ergebnis eine den § 123 III VwGO, 945 ZPO vergleichbare Haftung des Antragstellers begründet, obwohl die VwGO dies für den vorläufigen Rechtsschutz nach § 80 gerade nicht vorgesehen hat.

32 Da § 80 II Nr. 4, 2. Alt. VwGO einerseits die AnOsVollz in das Ermessen der Verwaltung stellt[74]), andererseits aber augenscheinlich auch das private Vollziehungsinteresse rechtlich schützen will, gewährt er dem *Begünstigten einen Anspruch auf fehlerfreie Ermessensausübung*[75]), der sich im Einzelfall zu einem Anordnungsanspruch verdichten kann, wenn das private Vollziehungsinteresse derart überwiegt, daß das Absehen von der AnOsVollz ermessensfehlerhaft wäre[76])

33 *Gerichtlich durchsetzbar* ist dieser Anspruch jedoch nicht mit der Verpflichtungsklage[77]), sondern mit einem vorläufigen *Rechtsschutzantrag nach § 80 V VwGO* (vgl. dazu unten § 57 Rdnrn. 44 ff.), dessen Zulässigkeit (Rechtsschutzinteresse!) jedoch regelmäßig voraussetzt, daß der Begünstigte zuvor erfolglos einen Antrag auf AnOsVollz bei der Behörde gestellt hat[78]). Sieht ein Bundesgesetz vor, daß die Behörde allein auf Antrag des Begünstigten hin, ohne die in § 80 II Nr. 4 VwGO normierten oder vergleichbare Voraussetzungen des Spezialgesetzes zu prüfen, die sVollz anordnen muß (so hat z. B. die Anforderungsbehörde nach § 39 BLG auf Antrag des Bedarfsträgers die sVollz des Leistungsbescheides anzuordnen), liegt in Wahrheit ein Fall des § 80 II Nr. 3 VwGO vor. Die AnOsVollz bedarf deshalb keiner Begründung[79]). § 39 S. 2 BLG verbietet darüber hinaus der Widerspruchsbehörde, die sVollz auszusetzen.

IV. Formerfordernisse

1. Besondere AnO (§ 80 II Nr. 4 VwGO)

34 § 80 II Nr. 4 VwGO verlangt, daß die sVollz *besonders angeordnet* wird. Es genügt demnach nicht, daß die Behörde den VA mit Gründen versieht, aus denen sich eine die sVollz rechtfertigende Interessenlage ergibt[80]). Eine besondere AnO kann vor allem nicht in der *tatsächlichen Vollziehung* gesehen werden; sie setzt vielmehr eine eigens auf die sVollz gerichtete Willensentschlie-

---

74) Vgl. *Papier*, VerwArch. 1973, 409 f. und oben Fußn. 25; a. A. vor allem *Guthardt*, DVBl. 1972, 570 ff., der eine Pflicht zur AnO annimmt, wenn das private Interesse des Begünstigten überwiegt.
75) H. M.: vgl. *Papier*, VerwArch. 1973, 406 ff.; *Schmaltz*, DVBl. 1972, 588 ff.; *Schenke*, DÖV 1969, 334 f.; SaarlOVG v. 4. 12. 1972, AS 13, 71 (80 f.); BayVGH, GewArch 1974, 57; weitergehend *Guthardt*, DVBl. 1972, 570 ff.: gebundene Entscheidung, der ein materieller Anspruch korrespondiert; ebenso *Finkelnburg/Jank*, Rdnr. 626; wohl auch *Löwer*, DÖV 1965, 830 f.; *Kopp*, § 80, 61; *Sailer*, BayVBl. 1968, 88 f.; a. A. vor allem BWVGH v. 5. 3. 1971, DVBl. 1972, 586 ff.: lediglich Rechtsreflex.
76) Vgl. *Bender*, NJW 1966, 1993; *SDC*, § 80, 3 d, ff.
77) Vgl. BVerwG v. 21. 10. 1968, DÖV 1969, 112.
78) Vgl. *Papier*, VerwArch. 1973 415; HessVGH v. 3. 7. 1971, DVBl. 1972, 586; BayVGH v. 5. 6. 1981, NVwZ 1982, 575; *Simon*, BayVBl. 1966, 269.
79) Vgl. BayVGH v. 10. 2. 1975, VerwRspr. 27, 249 ff.
80) BWVGH v. 18. 4. 1961, ESVGH 11, 18 (21 f.) = NJW 1961, 1172 (zustimm. Anm. *v. Oertzen*).

ßung und ihre ausdrückliche Kundgabe an den Betroffenen voraus[81]). Aus diesen Gründen ist auch die *Umdeutung* einer unzutreffenden Berufung der Behörde auf den gesetzlichen Wegfall der a.W. (§ 80 II Nr. 3 VwGO) in eine AnOsVollz unzulässig[82]).

Mit diesen Anforderungen ist die Rechtsprechung des OVG Lüneburg[83]), die *Aushändigung der Baugenehmigung an den Bauherrn* stehe nach § 92 Schl.-H.BauO der AnOsVollz gleich, nur dann vereinbar, wenn man dieses Gleichstellen nicht als stillschweigende AnO versteht[84]), sondern als spezialgesetzlich geregelten Ausschluß der a. W. nach § 80 II Nr. 3 VwGO[85]). Da aber § 80 II Nr. 3 VwGO ausdrücklich nur den Bundesgesetzgeber ermächtigt (vgl. auch § 187 III VwGO), bedarf es des weiteren Nachweises der Verfassungswidrigkeit des § 80 II Nr. 3 VwGO wegen übermäßigen, nicht erforderlichen Eingriffs in Länderkompetenzen. Wenn man die Zuständigkeit des Bundesgesetzgebers zur Regelung auch des vorläufigen Rechtsschutzes im Bereich der Verwaltung aus dem Sachzusammenhang mit dem gerichtlichen Verfahrensrecht (Art. 74 Nr. 1 GG) bejaht, dürfte dieser Nachweis schwer zu erbringen sein; denn unter dem Gesichtspunkt der Wahrung der Rechtseinheit (Art. 72 II Nr. 3 GG) ist es durchaus erforderlich, die Landesgesetzgeber von der Möglichkeit auszuschließen, den Grundsatz der a.W. zu durchbrechen. 35

Wird die *AnOsVollz als verfahrensrechtliche Nebenbestimmung* mit dem VA in der Hauptsache verbunden, kann sie nach der Rechtsbehelfsbelehrung für die Hauptsacheentscheidung als gesonderter Bescheid angefügt werden. Zweckmäßigerweise ist sie jedoch als gesonderter Punkt in den Tenor der Verfügung aufzunehmen. 36

Beispiel:
1. Ordnungsverfügung (Fällen eines windbruchgeschädigten Baumes an der Grundstücksgrenze)
2. Androhung der Ersatzvornahme
3. Die sofortige Vollziehung der Ziffern 1 und 2 dieser Verfügung wird angeordnet[86])

---

81) BWVGH, ESVGH 11, 22; RhPfOVG v. 4. 1. 1961, AS 8, 166 (172 f.); BremOVG v. 21. 4. 1972, MDR 972, 721. HessVGH v. 1. 3. 1976, DÖV 1976, 675: Fristsetzung mit Androhung der Ersatzvornahme reicht deshalb nicht.
82) BWVGH v. 26. 4. 1968, ESVGH 18, 232 (235); BremOVG, MDR 1972, 721.
83) OVG Lüneburg v. 7. 11. 1969, NJW 1970, 963; a. A. die h. M.: vgl. *Kopp*, § 80, 62; *Erichsen*, VerwArch. 1971, 88 f.; *Ule*, S. 371; NWOVG v. 9. 8. 1966, OVGE 22, 247 (252); VG Hannover v. 2. 9. 1975, DVBl. 1977, 735 f. Das OVG Lüneburg (v. 11. 3. 1976, DVBl. 1977, 733 f.; v. 2. 7. 1979, NJW 1980, 253; v. 9. 11. 1982, DVBl. 1983, 184 f.) hat später die Begründung gewechselt und vertritt im Wege der teleologischen Reduktion die Nichtanwendbarkeit des § 80 I VwGO auf Nachbarwidersprüche. Im Ergebnis erweitert es damit die Ausschlußgründe des § 80 II VwGO um eine nichterrechtliche Ausnahme und entfernt sich damit noch weiter von der Systematik und dem Wortlaut des § 80 als die entsprechende Anwendung der §§ 80 V, II Nr. 4 VwGO zugunsten des vom Nachbarwiderspruch überzogenen Bauherrn.
84) So die in Fußn. 83 wiedergegebene h. M.
85) So *Papier*, VerwArch. 1973, 291 ff.; insbes. 296 f., der jedoch seine Ansicht zwischenzeitlich zugunsten der hier vertretenen aufgegeben hat. Vgl. *Papier*, BauR 1981, 152.
86) Die AnOsVollz hinsichtlich der Ziffer 2 ist nur erforderlich, wenn die a. W. von Rechtsbehelfen in der Verwaltungsvollstreckung nicht nach Landesrecht ausgeschlossen ist, wie z. B. in Bayern (vgl. oben § 54 Rdnr. 22) und Nr. 36 der Allgem.VwV v. 18. 6. 1971, MABl. S. 681).

37 Die AnOsVollz ist, auch wenn sie nachträglich als gesonderter Bescheid erlassen wird, i. d. R. nicht kostenpflichtig[87]). Eine *Belehrung* über die gegen die AnOsVollz gegebenen vorläufigen Rechtsschutzmöglichkeiten nach §§ 80 IV und 80 V VwGO ist nicht erforderlich[88]), gleichwohl als nobile officium angebracht.

Beispiel: „Gegen die Anordnung der sofortigen Vollziehung (Ziffer 3 der Verfügung) kann nach Einlegung des Widerspruchs die Aussetzung der Vollziehung bei . . . (Bezeichnung der Widerspruchsbehörde) oder die Wiederherstellung der aufschiebenden Wirkung beim . . . (Bezeichnung des Verwaltungsgerichts) beantragt werden (§ 80 Abs. 4 Satz 1, Abs. 5 VwGO)[89]).

2. Begründung (§ 80 III VwGO)

38 Das besondere Interesse an der sVollz des VA ist *schriftlich zu begründen* (§ 80 III S. 1). Einer besonderen Begründung bedarf es nicht, wenn die Behörde bei Gefahr im Verzug, insbesondere bei drohenden Nachteilen für Leben, Gesundheit oder Eigentum (etwa bei Naturkatastrophen oder Seuchengefahren), vorsorglich eine als solche bezeichnete Notstandsmaßnahme im öffentlichen Interesse trifft (§ 80 III S. 2).

§ 80 III S. 2 VwGO befreit lediglich vom schriftlichen Begründungszwang. Die AnOsVollz kann hier also auch mündlich ausgesprochen werden, wenn die Notstandsmaßnahme nach dem für ihren Erlaß geltenden Verwaltungsverfahrensrecht ebenfalls mündlich erlassen werden kann[90]). Auf die *ausdrückliche Bezeichnung als Notstandsmaßnahme,* die nach der Intention des Gesetzes sozusagen als Begründungsersatz eine dem Charakter der Notstandsmaßnahme angepaßte Telegrammbegründung darstellt, kann dagegen ebensowenig verzichtet werden wie auf die AnOsVollz[91]).

39 § 80 III S. 2 VwGO ist abschließend und nicht ausdehnungsfähig. Eine Begründung ist deshalb auch dann erforderlich, wenn sie gar nicht anders lauten könnte als die des VA, weil die Gründe, die zum Erlaß des VA geführt haben, bereits selbst schon so dringend sind, daß weitere besondere Gründe für die AnOsVollz regelmäßig nicht mehr vorgetragen werden können. In diesen Fällen genügt es jedoch, wenn zur Begründung der AnO auf die den VA rechtfertigenden Tatsachen verwiesen oder sonst klargestellt wird, daß die Entscheidungen „gemeinsam" begründet werden sollen. Eine gesonderte

---

87) Vgl. z. B. Art. 31 Nr. 14 BayKostG und hierzu *Birkner,* S. I/88.2.
88) Vgl. dazu oben § 48 Rdnr. 9.
89) Ähnlich der Formulierungsvorschlag bei *Linhart,* S. 250 f.
90) Vgl. *EF,* § 80, 28 a; *Löwer,* NJW 1964, 2050.
91) Vgl. Nr. 6.242 des RdErl. des NWMdI v. 21. 12. 1960 (SMBl. NW 2010); *RÖ,* § 80, 31.

Begründung wäre hier nur eine unnötige und daher entbehrliche Wiederholung[92]).

Die *Begründungspflicht* verfolgt einen typischen rechtsstaatlichen *Schutz-* **40** *zweck*[93]): sie soll die Behörde zwingen, sich des Ausnahmecharakters der AnOsVollz bewußt zu werden und das öffentliche Interesse an sVollz aus den besonderen Umständen des Einzelfalles herzuleiten[94]), dem Betroffenen Aufklärung darüber geben, welche Überlegungen die Behörde zu diesem Schritt veranlaßt haben[95]) sowie dem Gericht die Nachprüfung der Anordnungsgründe ermöglichen[96]).

Wegen dieser gerade für den vorläufigen Rechtsschutz des Betroffenen essentiellen Bedeutung nimmt eine weitverbreitete Meinung *Nichtigkeit der AnOsVollz* an, wenn die Begründung fehlt oder den sogleich darzustellenden Anforderungen des § 80 III S. 1 VwGO nicht genügt[97]). Bedeutung hat diese Streitfrage vor allem für die Strafbarkeit von Verstößen gegen strafbewehrte VAe (vgl. oben § 53 Rdnr. 27).

Eine formblattmäßige, schablonenhafte oder ganz allgemein gehaltene[98]), formelhafte[99]) Begründung, die auf den Einzelfall nicht näher eingeht, insbesondere nur den Wortlaut des den Erlaß des VA selbst rechtfertigenden Gesetzes wiederholt[100]), genügt deshalb den Anforderungen des § 80 III S. 1 VwGO nicht[101]).

---

92) Vgl. HessVGH v. 30. 10. 1973, DÖV 1974, 605; v. 31. 1. 1978, HessVGRspr. 1978, 31 für die Begründung der AnOsVollz einer beamtenrechtlichen Verbotsverfügung hinsichtlich der Weiterführung der Dienstgeschäfte, die bereits nach materiellem Recht nur „zwingenden dienstlichen Gründen" (§§ 41 BRRG, 60 BBG) zulässig ist; BayVGH v. 29. 7. 1976, NJW 1977, 166 für Besitzeinweisung; BWVGH v. 25. 8. 1976, NJW 1977, 165; BerlOVG v. 23. 6. 1977, AS 14, 143 ff. für universitäre Ordnungsmaßnahme; *Finkelnburg/Jank*, Rdnr. 596; *Schäfer*, DÖV 1967, 481, Fußn. 63; *Huber*, BayVBl. 1967, 57; a. A. *EF*, § 80, 28 a: Begründung schlechthin entbehrlich.
93) Treffend *Menger*, VerwArch. 1963, 400: Element rechtsstaatlichen Verwaltungshandelns und rechtspflegerische Maßnahme von Rang und Bedeutung.
94) Vgl. NWOVG v. 1. 8. 1961, OVGE 17, 45 f.; BayVGH v. 18. 10. 1974, BayVBl. 1975, 20.
95) Vgl. HessVGH v. 2. 5. 1967, DÖV 1968, 255; BremOVG v. 28. 2. 1968, NJW 1968, 1540 f.
96) Vgl. BayVGH v. 8. 3. 1974, BayVBl. 1974, 343; BremOVG, NJW 1968, 1540 f.
97) Vgl. *EF*, § 80, 28; BWVGH, ESVGH 11, 21; NWOVG, OVGE 17, 45 (LS 1): unwirksam; a. A. *Huber*, BayVBl. 1967, 56 f.; *Kopp*, § 80, 64; *RÖ*, § 80, 30; *Menger*, VerwArch. 1963, 400: mangels Evidenz des Fehlers nur aufhebbar.
98) Vgl. BayVGH, BayVBl. 1975, 21 für die Begründung, die Beseitigung einer nicht genehmigungsfähigen Anlage im Außenbereich liege im besonderen öffentlichen Interesse, um die öffentliche Sicherheit und Ordnung wiederherzustellen; vgl. aber auch BayVGH v. 7. 3. 1990, GewArch 1990, 257.
99) HessVGH, DÖV 1968, 255 für den Hinweis, die Umsetzungsverfügung liege im dienstlichen und öffentlichen Interesse.
100) NWOVG, OVGE 17, 45 für die Begründung, einem Arzt fehle wegen Betäubungsmittelsucht die erforderliche Eignung und Zuverlässigkeit, seine weitere Berufsausübung stelle eine Gefahr für die Allgemeinheit dar. Noch weniger: den Text des § 80 II Nr. 4 VwGO wiederholt; vgl. BWVGH, NJW 1977, 165.
101) Vgl. näher *Jecht*, DVBl. 1961, 485 f.; *Menger*, VerwArch 1963, 399; HessVGH v. 13. 12. 1989, GewArch 1990, 168.

41 Der Schutzzweck des Begründungszwanges verbietet – jedenfalls nach Stellung des Antrags gem. § 80 V VwGO[102]) – ein *Nachschieben von Gründen*, da dies in der Praxis zu einer Aushöhlung des § 80 III VwGO führen würde[103]). Die gegenteilige Ansicht beruht z. T. auf prozeßwirtschaftlichen Gründen, die es verbieten, durch die Aufhebung der AnOsVollz allein wegen eines Formfehlers einen Verfahrensleerlauf herbeizuführen und dem Betroffenen dadurch einen Zeitvorteil zu verschaffen, der u. U. den öffentlichen Interessen erkennbar zuwiderlaufen könne[104]), z. T. auf der bereits berichteten Meinung, im Rahmen des § 80 V VwGO sei eine Kassation der AnOsVollz untersagt und nur eine eigene, die tatbestandlichen Voraussetzungen des § 80 II Nr. 4 selbständig prüfende und beurteilende Entscheidung des Gerichts zulässig, die nach eigenem Ermessen über die AnO zu befinden habe, so daß es auf die Begründung der Behörde nicht mehr ankomme[105]). Die neuerdings herangezogene Analogie zu § 45 II VwVfG rechtfertigt kein anderes Ergebnis. Will man § 45 II VwVfG auf die AnOsVollz entsprechend anwenden[106]), wäre die Heilung eines Begründungsmangels – der Eigenart der AnOsVollz entsprechend – nicht bis zum Abschluß des Vorverfahrens zulässig[107]), sondern lediglich bis zur Stellung des Antrags gem. § 80 V VwGO[108]).

Nach hier vertretener Ansicht ist eine gar *nicht oder mangelhaft begründete AnOsVollz* vom Gericht im Rahmen des § 80 V VwGO *stets aufzuheben*, um so der Behörde die Gelegenheit zu einer erneuten, nunmehr fehlerfreien AnO zu geben[109]). Der hiermit verbundene Verfahrensleerlauf ist wegen des überragenden rechtsstaatlichen Schutzzwecks des § 80 III VwGO hinzunehmen[110]).

---

102) Vgl. SaarlOVG v. 11. 4. 1983, AS 18, 187 (192); RhPfOVG v. 30. 1. 1985, AS 19, 237 ff.
103) HessVGH, DÖV 1968, 255; v. 25. 10. 1973, DÖV 1974, 606; BWVGH, NJW 1977, 165; HambgOVG, InfAuslR 1984, 74; SaarlOVG, AS 18, 192; enger RhPfOVG, AS 19, 237 ff. (unten Fußn. 106); *Friese*, NJW 1966, 1333; *RÖ*, § 80, 30; *Kopp*, § 80, 64; a. A. *Schäfer*, DÖV 1967, 481 f.; *Huber*, BayVBl. 1967, 56 sowie die Nachw. in Fußn. 104, 105 und 107.
104) So vor allem BerlOVG v. 25. 10. 1965, NJW 1966, 799; NWOVG v. 26. 6. 1985, NJW 1986, 1894 f. und Fußn. 107.
105) Vgl. vor allem *Schäfer*, DÖV 1967, 482; BremOVG, NJW 1968, 1540 f.; DÖV 1980, 572.
106) Ablehnend HambgOVG, InfAuslR 1984, 74.
107) So aber HessVGH v. 17. 5. 1984, ESVGH 34, 290 ff.; *Finkelnburg/Jank*, Rdnrn. 600 ff.
108) RhPfOVG, AS 19, 237 ff.
109) Vgl. oben Rdnr. 6 und unten § 57 Rdnr. 31.
110) BWVGH, NJW 1977, 165; HambgOVG, InfAuslR 1984, 74.

§ 56 Die Aussetzung der Vollziehung durch die Verwaltung (§ 80 IV VwGO)

Nach Einlegung des Widerspruchs kann die Widerspruchsbehörde in den Fällen des § 80 II VwGO auf Antrag oder von Amts wegen die Vollziehung aussetzen, soweit nicht bundesgesetzlich (vgl. z. B. § 39 I S. 2 BLG)[1]) etwas anderes bestimmt ist (§ 80 IV S. 1 VwGO).

Der Vorsitzende der Rechtsausschüsse in Rheinland-Pfalz und dem Saarland[2]) hat auch in Eilfällen kein Aussetzungsrecht entsprechend § 80 VII VwGO, da die Zuständigkeiten in den AGVwGO abschließend geregelt sind[3]). Eine Rechtsschutzlücke entsteht dadurch nicht, da der Bürger einen eiligen Antrag auch bei Gericht einreichen kann (§ 80 V VwGO), worauf ihn der Vorsitzende ggf. hinzuweisen hat.

I. Zuständigkeit

Neben der ausdrücklich in § 80 IV S. 1 VwGO genannten Widerspruchsbehörde ist *auch die Ausgangsbehörde* befugt, auf Grund ihrer – auch durch den Eintritt des Devolutiveffekts nicht beendeten[4]) – Sachherrschaft über den von ihr erlassenen VA die Vollziehung auszusetzen (vgl. Art. 38 III S. 2 BayVwZVG), da sie auch die weitergehende Befugnis hat, die AnOsVollz aufzuheben[5]).

Wie das Gericht nach § 80 VI VwGO kann die Behörde die Aussetzung jederzeit mit schriftlicher Begründung aufheben oder – z. B. durch nachträgliche Beifügung von Auflagen – ändern[6]). Da Widerspruchs- und Ausgangsbehörde sowohl hinsichtlich der AnOsVollz wie hinsichtlich der Aussetzung konkurrierende Zuständigkeiten ausüben, gilt das *Prioritätsprinzip.* Die zuerst ergehende Entscheidung bindet bei gleichbleibender Sach- und Rechtslage die andere Behörde.

Hat die Widerspruchsbehörde auf Antrag des Betroffenen die Vollziehung eines VA ausgesetzt, so soll es nach Ansicht des SaarlOVG (AS 14, 196 ff.) der Ausgangsbehörde versagt sein, eine dem Aussetzungsbescheid widersprechende erneute AnOsVollz auszusprechen, auch wenn ein neuer Sachverhalt

---
1) Vgl. § 55 Rdnr. 33.
2) Vgl. § 36 Rdnrn. 24 ff., 29.
3) Vgl. *Glienicke,* BWVPr. 1974, 219; RdErl. des RhPfMdI v. 22. 10. 1970 – Az. 145/65/19; *Rüter,* S. 21.
4) Vgl. § 24 Rdnrn. 3 ff.
5) H. M.: Vgl. *EF,* § 80, 35; *Kopp,* § 80, 66; *SDC,* § 80, 4 f.; *Finkelnburg/Jank,* Rdnr. 635; *Ule,* S. 371 f.; *Papier,* StuW 1978, 334; Nr. 6.3 des RdErl. d. NWMdI v. 21. 12. 1960 (SMBl. NW 2010); a. A. *RÖ,* § 80, 36.
6) Vgl. *RÖ,* § 80, 37; *Kopp,* § 80, 71 b; *Finkelnburg/Jank,* Rdnr. 633; SaarlOVG v. 8. 4. 1975, AS 14, 196 ff.

eingetreten ist, vielmehr müsse die Ausgangsbehörde die Aufhebung der Aussetzung bei der Widerspruchsbehörde beantragen. Begründet wird dies mit dem Hinweis auf nicht näher benannte allgemeine Zuständigkeitsgrundsätze aus dem Gebot der Rechtssicherheit.

4   Überzeugend ist diese Auffassung nicht, da die Kollisionsregel des Prioritätsprinzips eine Bindungswirkung der zuerst ergehenden Entscheidung nur bei gleichbleibender Sach- und Rechtslage fordert[7]). Das Gebot der Rechtssicherheit wird dadurch nicht beeinträchtigt, da die auf neue Tatsachen gestützte AnOsVollz selbstverständlich nur ex nunc wirkt und der Sache nach eine Aufhebung der Aussetzung beinhaltet, die aus Gründen der Rechtsklarheit ausdrücklich ausgesprochen werden kann.

Daß damit der Ausgangsbehörde die Befugnis eingeräumt wird, eine Entscheidung der ihr übergeordneten Instanz aufzuheben, mag auf den ersten Blick befremdlich erscheinen, erklärt sich aber daraus, daß die erneute AnOsVollz keine auf Überprüfung des Aussetzungsverfahrens gerichtete Kassationsentscheidung darstellt, sondern ein neues selbständiges Verfahren zur Neuregelung der Vollziehbarkeit. Eben aus diesem Grunde wird auch dem Gericht erster Instanz als Gericht der Hauptsache die Befugnis zugebilligt, einen Aussetzungsbeschluß der übergeordneten Instanz nach § 80 VII S. 1 VwGO aufzuheben oder zu ändern[8]).

II. Wirkung und Umfang der Aussetzung

Obwohl die Aussetzung der sVollz durch die Verwaltung in der Praxis keine große Rolle spielt, wird sie im folgenden ausführlicher behandelt, weil die in § 80 IV VwGO niedergelegten Grundsätze von der zutreffenden h. M. auch für die Wiederherstellung der a.W. durch das Gericht nach § 80 V VwGO herangezogen werden[9]).

5   Die *Aussetzung bewirkt eine Suspension der AnOsVollz,* stellt also mit Wirkung ex nunc die a. W. des Rechtsbehelfs her. Für die *Dauer der Aussetzung* gilt daher das oben § 53 Rdnrn. 25 ff. zur Dauer der a. W. Ausgeführte entsprechend[10]).

6   Wie die AnOsVollz kann die Aussetzung ganz oder *teilweise* erfolgen, mit Bedingungen und Auflagen verbunden, insbesondere – entgegen dem irreführenden Wortlaut des § 80 IV S. 2, der diese Möglichkeit nur für öffentliche Abgaben und Kosten erwähnt – in allen Fällen des § 80 II VwGO von einer *Sicherheitsleistung* abhängig gemacht werden[11]), denn es besteht kein vernünfti-

---

7) Ebenso im Ergebnis Nr. 6.245 des RdErl. des NWMdI v. 21. 12. 1960 (SMBl. NW 2010).
8) Vgl. *Kopp*, § 80, 115 m. w. N.
9) Vgl. NWOVG v. 29. 7. 1960, OVGE 16, 44 mit ausführlicher Begründung; ebenso NWOVG v. 20. 6. 1966, OVGE 22, 209 (211); v. 28. 3. 1973, VerwRspr. 25, 474; BayVGH v. 15. 7. 1974, BayVBl. 1975, 171; BWVGH v. 16. 4. 1973, BaWüVBl. 1973, 171; *RÖ*, § 80, 43; *SDC*, § 80, 5 a; *EF*, § 80, 47 a.
10) Vgl. SaarlOVG, AS 14, 199.
11) H. M.: vgl. *EF*, § 80, 37; *SDC*, § 80, 4 a; *RÖ*, § 80, 41; *Kopp*, § 80, 65; a. A Nr. 6.31 des RdErl. des NWMdI v. 21. 12. 1960 (SMBl. NW 2010).

ger Grund, dem Gericht im Verfahren nach § 80 V VwGO die Möglichkeit zur Anordnung von Sicherheitsleistungen in größerem Umfang zu geben als der Verwaltung. Aus § 80 V S. 3 VwGO ergibt sich deshalb, daß § 80 IV S. 2 nur klarstellenden Charakter hat.

Nicht zulässig ist allerdings eine Auflage, mit der die Verzinsung einer Abgabenforderung aufgegeben wird, da diese nicht der Sicherung der Abgabenforderung, sondern der Begründung einer Nebenforderung dient[12]).

In entsprechender Anwendung des § 80 V S. 3 VwGO kann die Behörde auch eine bereits erfolgte *Vollziehung rückgängig* machen bzw. die Ausgangsbehörde hierzu anweisen[13]).

7

Die Befugnis zur Aussetzung besteht *bis zur Unanfechtbarkeit des VA*[14]) und wird durch die gerichtliche Ablehnung eines Wiederherstellungsantrags nach § 80 V VwGO nicht ausgeschlossen[15]), es sei denn, der Gerichtsbeschluß ist im überwiegenden Interesse eines Beteiligten ergangen[16]). Der Belastete kann in diesem Fall die Aussetzung der Vollziehung nur durch einen Antrag nach § 80 VI VwGO erreichen.

Die weitergehende Bindungswirkung gerichtlicher Beschlüsse, mit denen eine Wiederherstellung der a. W. angeordnet wird, rechtfertigt sich daraus, daß sie den vorläufigen Rechtsschutz des Bürgers gegenüber vorzeitiger Vollziehung sichern sollen und deshalb das Gericht hier das „letzte Wort" haben muß, während die Aussetzungsbefugnis der Behörde im Regelfall auch den vorläufigen Rechtsschutz des Bürgers verwirklicht und deshalb, im Sinne einer Meistbegünstigung, durch einen ablehnenden Gerichtsbeschluß nicht ausgeschlossen werden soll.

8

III. Voraussetzungen der Aussetzung

Tatbestandliche Voraussetzungen für die Aussetzungsentscheidung stellt das Gesetz nur für Heranziehungsbescheide i. S. des § 80 II Nr. 1 VwGO auf.

1. Aussetzung bei öffentlichen Abgaben und Kosten

Die Anforderung von öffentlichen Abgaben und Kosten *soll* nach § 80 IV S. 3 ausgesetzt werden:

9

– wenn ernstliche Zweifel an der Rechtmäßigkeit des angegriffenen VA bestehen *oder*
– wenn die Vollziehung für den Abgaben- oder Kostenpflichtigen eine unbillige, nicht durch überwiegende öffentliche Interessen gebotene Härte zur Folge hätte.

---

12) Vgl. OVG Lüneburg v. 16. 7. 1968, DÖV 1968, 846.
13) Vgl. *EF*, § 80, 34; *Kopp*, § 60, 65; VG Münster v. 30. 10. 1981, GewArch 1982, 373 (374).
14) *RÖ*, § 80, 38; SaarlOVG, AS 14, 199; a. A. *SDC*, § 80, 4 c: nur bis zur Klageerhebung.
15) *RÖ*, § 80, 37; *Kopp*, § 80, 71 b; a. A. *SDC*, § 80, 4 c.
16) So auch *Kopp*, § 80, 71 b.

Damit übernimmt § 80 IV S. 3 VwGO die vom BFH zu § 251 a. F. AO entwickelten und auch in § 242 II S. 2 AO (jetzt § 361 II S. 2 AO 1977) und § 69 II S. 2 FGO normierten Rechtsgrundsätze zur Aussetzung im Besteuerungsverfahren[17]).
Als *Sollvorschrift* gewährt § 80 IV S. 3 VwGO der Verwaltung nur ein *gebundenes Ermessen* und verpflichtet sie für den Regelfall zur Aussetzung, solange nicht besondere Umstände vorliegen, die ausnahmsweise ein Abweichen von der Regel zulassen[18]).

10 § 80 IV S. 3, 1. Alt. ist als *teleologische Reduktion des § 80 II Nr. 1 VwGO* zu verstehen[19]). Da ein automatisch eintretender Suspensiveffekt bei öffentlichen Abgaben und Kosten dazu anreizen könnte, Rechtsbehelfe lediglich einzulegen, um eine automatische Stundung zu erreichen, schließt § 80 II Nr. 1 VwGO aus Gründen der Abwehr einer abstrakten Gefahrenlage für die öffentliche Haushaltswirtschaft generell die a.W. aus. § 80 IV S. 3 VwGO reduziert den mit einer derartigen *abstrakten Mißbrauchsabwehr* fast notwendig verbundenen *Eingriffsüberschuß* auf das „rechte Maß", indem er die Verwaltung zur Aussetzung verpflichtet, wenn und weil sich ernstliche Zweifel an der Rechtmäßigkeit des VA ergeben, mithin sich die Mißbrauchsabwehr als nicht erforderlich erweist.

11 Die 2. Alternative des § 80 IV S. 3 VwGO ist von den Erfolgsaussichten in der Hauptsache unabhängig. Sie berechtigt und verpflichtet die Verwaltung in praxi zur vorläufigen Stundung[20]). Eine *unbillige Härte* liegt vor, wenn durch die sofortige Beitreibung der Abgabe ein über den Entzug des Geldes hinausgehender, durch die spätere Erstattung nicht oder nur schwer wiedergutzumachender wirtschaftlicher Schaden, etwa ein Konkurs oder eine sonstige wirtschaftliche Existenzvernichtung drohen würde, ohne daß dies durch ein überwiegendes öffentliches Interesse geboten wäre[21]).

12 *Ernstliche Zweifel an der Rechtmäßigkeit* des angegriffenen VA bestehen, wenn der Erfolg des Rechtsbehelfs nach der im Eilverfahren gebotenen, aber

---

17) Vgl. NWOVG, OVGE 16, 44 (48, 50 f.).
18) Vgl. NWOVG, OVGE 16, 45; OVGE 22, 209 (212); VerwRspr. 25, 475.
19) Vgl. hierzu *Leipold*, S. 203; *Papier*, StuW 1978, 339 f. Diesen Sinn verkennt *Schörnig* (BayVBl. 1982, 443), der die verwaltungsfreundlichere Auslegung des § 80 IV S. 3 VwGO durch den BayVGH (vgl. Fußn. 22) verteidigt.
20) Vgl. *Leipold*, S. 204 f.
21) Vgl. *RÖ*, § 80, 40; *SDC*, § 80, 4 b; *Finkelnburg/Jank*, Rdnr. 631; BFH v. 31. 1. 1967, BFHE 87, 600 (601); v. 19. 4. 1968, BFHE 92, 314 (319).

auch ausreichenden summarischen Überprüfung zumindest ebenso unwahrscheinlich ist wie der Mißerfolg[22]).

Derartige Zweifel an der Rechtmäßigkeit des angefochtenen VA können auch aus der möglichen *Verfassungswidrigkeit der Ermächtigungsnorm* hergeleitet werden[23]).

Daß die Verwaltungsbehörden zur Prüfung der Verfassungsmäßigkeit von Gesetzen und — bei Zweifeln — zur Aussetzung der Vollziehung von Vollzugsakten berechtigt sind, ist — unabhängig von der weitergehenden Frage der Verwerfungskompetenz der Verwaltung[24]) — heute allgemein anerkannt[25]) und wird von § 76 Nr. 2 BVerfGG als offensichtlich zulässig vorausgesetzt. 13

Soweit die Aussetzung vom Richter nach § 80 V i. V. m. § 80 IV S. 3 VwGO mit ernstlichen Zweifeln an der Verfassungsmäßigkeit der Ermächtigungsnorm begründet wird, steht dem Art. 100 I GG nicht entgegen[26]), denn bereits nach ihrem Wortlaut setzt die Verfassungsnorm nicht Zweifel, sondern die Überzeugung des Richters von der Verfassungswidrigkeit der Norm voraus[27]). Auch seinem Sinn nach, die Verwerfung nachkonstitutioneller Parlamentsgesetze beim BVerfG zu monopolisieren, erfaßt Art. 100 I GG die Fälle des § 80 IV S. 3 VwGO nicht, da die Aussetzung die Gültigkeit der Norm unberührt läßt und nur die Vollziehbarkeit von Ausführungsakten (vorläufig) suspendiert.

Nur in *gewichtigen Ausnahmefällen* kann die Versagung der Aussetzung trotz ernstlicher Zweifel an der Rechtmäßigkeit des angefochtenen VA gerechtfertigt sein. Dabei müssen die den Ausnahmetatbestand begründenden besonderen Umstände jedoch im Bereich des Normzwecks des § 80 II Nr. 1 VwGO liegen[28]). 14

So könnte etwa die *Aussetzung bei „großen Steuern"* versagt werden, wenn sie eine ernsthafte Gefährdung der öffentlichen Haushaltsführung zur Folge hätte[29]). Die

---

22) Vgl. BVerwG v. 3. 7. 1981, BayVBl. 1982, 442 f. m. abl. Anm. *Schörnig;* NWOVG, OVGE 16, 50 ff.; 2, 212 f.; BayVGH v. 13. 6. 1978, NJW 1978, 2469 (2470); *Kopp,* § 80, 70; *EF,* § 80, 36; *RÖ,* § 80, 39; *SDC,* § 80, 4 a; *Ule,* § 80, I 4; *Papier,* StuW 1978, 338; weitergehend BayVGH v. 2. 5. 1961, BayVBl. 1961, 286; v. 15. 7. 1974, BayVBl. 1975, 171; BWVGH v. 27. 1. 1984, ESVGH 34, 141 (145); v. 26. 3. 1984, VBlBW 1984, 245 (246); *Finkelnburg/Jank,* Rdnr. 631: Chancengleichheit hinsichtlich des Ausgangs des Hauptverfahrens reicht nicht, Erfolg muß wahrscheinlicher sein; ebenso RhPfOVG v. 2. 2. 1984, DVBl. 1984, 1134 ff. m. abl. Anm. *Wilke,* das darüber hinaus eine durch nichts gerechtfertigte Einschränkung der gerichtlichen Kontrolldichte aus dem Begriff der „ernstlichen Zweifel" ableiten und nur wesentliche Rechtsmängel in die Prognose einbeziehen will.
23) H. M.: Vgl. statt vieler NWOVG v. 6. 12. 1963, DÖV 1964, 172 m. zustimm. Anm. *Widtmann,* DÖV 1964, 459; BFH v. 10. 2. 1984, NJW 1984, 1488 und *EF,* § 80, 36 m. w. N.
24) Vgl. hierzu *Schmidt,* BayVBl. 1976, 1 ff.; *J. Ipsen,* NJW 1978, 2571; *Kopp,* DVBl. 1983, 821 ff.; BayVGH v. 1. 4. 1982, BayVBl. 1982, 654; NWOVG v. 24. 3. 1982, DÖV 1983, 86 m. w. N.
25) Vgl. statt vieler BVerfG v. 21. 2. 1961, BVerfGE 12, 180 (186); a. A. z. B. *Heinze,* DÖV 1968, 266 ff.
26) Vgl. *EF,* § 80, 36; *Maunz/Sigloch/Schmidt-Bleibtreu/Klein,* BVerfGG, § 80, Rdnr. 253; *Leibholz/Rupprecht,* BVerfGG, § 80 Rdnr. 20.
27) Vgl. *Leibholz/Rupprecht,* § 80, Rdnr. 13 m. w. N.
28) Vgl. BWVGH v. 16. 4. 1973, BaWüVBl. 1973, 171.
29) BWVGH, BaWüVBl. 1973, 171 unter Berufung auf *Söhn,* NJW 1970, 317; vgl. auch BFH v. 30. 4. 1969, BFHE 96, 8 (10) für Eingangsabgaben, und *Papier,* StuW 1978, 340. Vgl. weiterhin BFH v. NJW 1984, 1488 (Investitionshilfeabgabe).

Tatsache dagegen, daß der Abgabenschuldner die Abgabe auf einen Dritten abwälzen kann, ist allein seinem Interessenbereich zuzuordnen und vermag ein ausnahmsweise überwiegendes Vollziehungsinteresse trotz ernsthafter Rechtmäßigkeitszweifel nicht zu begründen.

Ebensowenig rechtfertigt die gesetzliche Zubilligung von Erstattungszinsen für den Fall rechtskräftiger gerichtlicher Aufhebung des Abgabenbescheids die Annahme besonderer Umstände für die Versagung der Aussetzung[30]), da § 80 IV S. 3, 1. Alt. VwGO den Betroffenen für den Fall des späteren Erfolgs seines Rechtsbehelfs sowohl vor dem zeitweiligen Verlust der Zinsen wie des Kapitals schützen will.

15 § 80 IV S. 3 VwGO bedeutet andererseits nicht, daß die Behörde nur dann aussetzen darf, wenn die dort genannten Voraussetzungen vorliegen. Sie kann vielmehr von ihrer Aussetzungsbefugnis auch dann Gebrauch machen, wenn sie die Aussetzung auf Grund der Abwägung der beiderseitigen Interessen nach pflichtgemäßem Ermessen für geboten hält[31]).

2. Aussetzung in anderen Fällen

16 Auf die übrigen Fälle des § 80 II VwGO ist § 80 IV S. 3 VwGO jedenfalls hinsichtlich der 1. Alternative nicht analog anwendbar[32]), da er erkennbar auf den Sonderfall des § 80 II Nr. 1 VwGO zugeschnitten ist, um den Eingriffsüberschuß dieser Norm entsprechend den Anforderungen des Verhältnismäßigkeitsprinzips zu mildern.

Die gegenteilige Ansicht führt deshalb nicht von ungefähr zu strengeren Anforderungen an die Ernstlichkeit des Rechtmäßigkeitszweifels, als sie dem Sinn des § 80 IV S. 3 VwGO entsprechen. Da z. B. das öffentliche Interesse an der sofortigen Erfüllung der kurzfristigen Konjunktursteuerungszwecken dienenden *Bardepotpflicht* naturgemäß größer ist[33]) als das Interesse an der Abwehr mißbräuchlicher Zahlungsverschleppung bei öffentlichen Abgaben und Kosten, zwingt die analoge Gleichstellung der Fälle des § 80 II Nr. 1 VwGO und des § 28 a II AWG, der die a.W. bei Heranziehungsbescheiden zur Bardepotpflicht ausschließt, zu einer Heraufsetzung der Schwelle, von der ab die Aussetzung zur Regelpflicht wird[34]).

17 Eine *analoge Anwendung des § 80 IV S. 3* auf die Fälle des bundesgesetzlichen Ausschlusses der a.W. (§ 80 II Nr. 3 VwGO) kommt deshalb nur dann in Betracht, wenn die Ausschlußnorm einen vergleichbaren Eingriffsüberschuß

---

30) Vgl. NWOVG, VerwRspr. 25, 474 ff.; a. A. *Martens*, StuW 1967, 643 ff.
31) Vgl. NWOVG, OVGE 22, 213.
32) Wie hier *Kopp*, § 80, 70; *Leipold*, S. 206; BWVGH v. 25. 1. 1965, KStZ 1965, 59; OVG Lüneburg v. 5. 12. 1974, DVBl. 1976, 82; BVerwG v. 13. 3. 1975, Buchholz 436.36 § 37 BAföG Nr. 1 = FamRZ 1975, 295; a. A. BayVGH, BayVBl. 1975, 171: jedenfalls für andere Leistungsbescheide, mit denen Geld angefordert wird; weitergehend *SG*, Rdnr. 395 § 80 IV S. 3 VwGO gilt für alle Fälle des § 80 II; ebenso BWVGH v. 8. 2. 1964, BaWüVBl. 1965, 78; BayVGH, NJW 1978, 2470; v. 6. 2. 1980, BayVBl. 1980, 246 (247); v. 21. 9. 1984, BayVBl. 1984, 724; *Weides*, S. 192; *EF*, § 80, 36; *Finkelnburg/Jank*, Rdnr. 632.
33) Vgl. BWVGH v. 22. 3. 1974, NJW 1974, 2252 ff.
34) Vgl. BayVGH, BayVBl. 1975, 171.

enthält wie § 80 II Nr. 1 VwGO. Dies wird nur in Ausnahmefällen zutreffen. Ansonsten ergibt sich aus dem gesetzlichen Ausschluß der a.w. eine – widerlegbare – Regelvermutung dafür, daß grundsätzlich ein das Individualinteresse überwiegendes öffentliches Interesse vorliegt[35]). Eine Aussetzung der Vollziehung nach § 80 IV VwGO oder eine Wiederherstellung der a.w. nach § 80 V VwGO kann demnach nur dann in Betracht kommen, wenn im konkreten Fall der individuellen Interessenlage des Betroffenen gegenüber dem öffentlichen Interesse besonders Rechnung getragen werden müßte. Ein solcher Ausnahmefall wird dann angenommen werden können, wenn[36]):

– der angefochtene VA offensichtlich rechtswidrig ist oder
– durch die sVollz dem Betroffenen ein nicht wiedergutzumachender Nachteil droht oder
– die sVollz eine unbillige, nicht durch überwiegende öffentliche Interessen gebotene Härte zur Folge hat.

Die Anwendung der 2. Alternative des § 80 IV S. 3 VwGO auch in anderen Aussetzungsfällen rechtfertigt sich daraus, daß sie eine gesetzliche Konkretisierung des Verhältnismäßigkeitsprinzips darstellt, die über den Bereich der Anforderung öffentlicher Abgaben und Kosten hinaus allgemeine Geltung beanspruchen kann.

---

35) So BVerwG, FamRZ 1975, 295 zum nunmehr aufgehobenen § 37 V BAföG, der die a. W. von Rechtsbehelfen gegen Überleitungsanzeigen ausschließt, und RhPfOVG v. 19. 1. 1984, DVBl. 1984, 1185 zu den §§ 187 III VwGO, 16V RhPfVwRG (§ 47 Rdnr. 20); ebenso im Ansatz auch BayVGH, BayVBl. 1975, 171, der allerdings im folgenden zu geringeren Anforderungen an die Aussetzungsvoraussetzungen gelangt, weil er von der oben abgelehnten analogen Anwendung des § 80 IV S. 3 VwGO ausgeht. Vgl. auch OVG Lüneburg v. 21. 1. 1975, OVGE 31, 330.
36) So BVerwG, FamRZ 1975, 295; RhPfOVG, DVBl. 1984, 1185; ähnlich *RÖ*, § 80, 45; *SDC*, § 80, 5a. Ebenso NWOVG v. 24. 2. 1970, VerwRspr. 21, 1018 ff. für Verkehrszeichen. Im Rahmen des § 35 WPflG stellt dagegen das BVerwG geringere Anforderungen: überwiegende Erfolgsaussicht des Rechtsbehelfs oder – bei offenem Verfahrensausgang – Drohen so schwerwiegender Nachteile, daß das vom WehrpflG vorausgesetzte öffentliche Interesse an sVollz. der Einberufung ausnahmsweise zurückzutreten hat. Vgl. BVerwG v. 6. 12. 1978, Buchholz 448.0 § 35 WehrpflG Nr. 17 m. w. N.

§ 57 Der gerichtliche vorläufige Rechtsschutz

I. Überblick

1   In den Fällen des § 80 II Nrn. 1 bis 3 VwGO ist das Gericht der Hauptsache berechtigt, die a. W. ganz oder teilweise *anzuordnen;* im Fall des § 80 II Nr. 4 VwGO kann es die a. W. ganz oder teilweise *wiederherstellen* (§ 80 V S. 1 VwGO). Ist der VA im Zeitpunkt der Entscheidung bereits vollzogen, so kann das Gericht die Aufhebung der Vollziehung, d. h. die Rückgängigmachung der Vollziehungshandlungen und ihrer unmittelbaren Folgen anordnen (§ 80 V S. 3 VwGO). Die Wiederherstellung der a. W.[1]) kann von der Leistung einer Sicherheit oder von anderen Auflagen[2]) abhängig gemacht und auch befristet werden (§ 80 V S. 4 und 5 VwGO).

2   Auf die Unterscheidung von Anordnung und Wiederherstellung der a. W. legt man im Examen zu Recht größten Wert; denn die gesetzgeberische Entscheidung, ob der Suspensiveffekt die Regel oder die Ausnahme darstellt, sollte auch die richterliche Aussetzungsentscheidung beeinflussen. Die Unterschiede werden allerdings zunehmend eingeebnet, was angesichts der wenig überzeugenden gesetzlichen Regelung kaum verwundert.

So besteht kein ersichtlicher Grund, die Regelung der Sicherheitsleistung in § 80 V S. 4 und 5 VwGO dem Wortlaut entsprechend auf die Wiederherstellung der a. W. zu beschränken. Die Rechtsprechung setzt sich daher auch ohne weiteres über dieses „Redaktionsversehen" hinweg[3]).

3   § 80 V VwGO wurde schon bisher sinngemäß auf den Rechtsschutz des ursprünglich Begünstigten beim VA mit Drittwirkung angewandt. § 80a III VwGO ordnet die entsprechende Anwendbarkeit von § 80 V bis VIII nunmehr ausdrücklich an.

4   Die Rechtsbehelfe gegen gerichtliche Aussetzungs- bzw. – beim VA mit Drittwirkung – Anordnungsentscheidungen werden ergänzt durch das Abänderungsverfahren nach § 80 VII VwGO, das den vorläufigen Charakter von Entscheidungen nach § 80 V VwGO besonders deutlich macht.

---

1) Zur Ausdehnung dieser Regelung vgl. weiter im Text.
2) Die „Auflagen" dürfen nicht mit den Auflagen i. S. v. § 36 II Nr. 4 VwVfG verwechselt werden. Die gerichtlichen Auflagen sind keine selbständigen VAe, sondern speziell auf das gerichtliche Aussetzungsverfahren zugeschnittene Rechtsinstitute, deren Nichtbeachtung das Gericht berechtigt, seinen ursprünglichen Beschluß nach § 80 VI S. 1 VwGO zu ändern oder aufzuheben, vgl. BayVGH v. 4. 11. 1977, BayVBl. 1978, 182; OVG Lüneburg v. 30. 1. 1978, NJW 1978, 2523; BWVGH v. 11. 1. 1984, NJW 1985, 449. Zur Befristung NWOVG v. 16. 12. 1977, NJW 1978, 1764.
3) Vgl. HessVGH v. 19. 3. 1974, ESVGH 24, 194.

II. Zulässigkeit des Aussetzungsverfahrens

1. Bestehen der deutschen Gerichtsbarkeit

Auch das Aussetzungsverfahren setzt das Bestehen der deutschen Gerichtsbarkeit voraus; auf die Ausführungen in § 5 Rdnrn. 1 ff. wird pauschal verwiesen.

2. Zulässigkeit des Verwaltungsrechtswegs

Für die Überprüfung des VA, um dessen Vollziehung es geht, muß ferner der Verwaltungsrechtsweg eröffnet sein[4]). Eine Rechtswegverweisung analog § 17 a I GVG ist richtiger Ansicht nach möglich[5]).

3. Zuständigkeit des angerufenen Gerichts

Zuständig für die Entscheidungen nach § 80 V VwGO ist immer das *Gericht der Hauptsache*, d. h. das örtlich und sachlich zur Entscheidung über die Anfechtungsklage zuständige Gericht. Da vorläufiger Rechtsschutz schon vor Erhebung der Anfechtungsklage begehrt werden kann, muß unterschieden werden:

Vor Klageerhebung ist Gericht der Hauptsache das Gericht, bei dem die Anfechtungsklage zu erheben wäre[6]).

Nach Klageerhebung ist Gericht der Hauptsache grundsätzlich das Gericht, bei dem die Anfechtungsklage anhängig ist. Ob das auch gilt, wenn dem Gericht in Wirklichkeit die örtliche und sachliche Zuständigkeit fehlt, erscheint zweifelhaft[7]) und dürfte jedenfalls bei offensichtlicher Unzuständigkeit zu verneinen sein[8]).

Im Regelfall ist im *ersten Rechtszug* das VG Gericht der Hauptsache. Seine Zuständigkeit endet mit Eingang der Berufungs- oder Revisionsschrift bzw. mit Zulassung der Sprungrevision[9]). Entsprechend beginnt die Zuständigkeit des *Berufungsgerichts* als Gericht der Hauptsache mit Eingang der Berufungsschrift (§ 124 II VwGO) und endet mit Eingang der Revisionsschrift. Im Falle der Nichtzulassungsbeschwerde endet die Zuständigkeit des Berufungsgerichts, sobald es beschlossen hat, der Beschwerde nicht abzuhelfen (§ 132 V VwGO)[10]). Auch das *BVerwG* kann Gericht der Hauptsache sein, wenn eine

---

4) Vgl. oben § 5 Rdnr. 3 ff.
5) *Kopp*, § 80, 90; *Franzke*, JR 1976, 53 ff.
6) BayVGH v. 29. 10. 1982, NJW 1983, 1992.
7) Vgl. HessVGH v. 10. 11. 1983, HessVGRspr. 1984, 43; a. A. *Finkelnburg/Jank*, Rdnr. 723.
8) BayVGH, NJW 1983, 1992; *Kopp*, § 80, 94.
9) *Finkelnburg/Jank*, Rdnr. 723.
10) BVerwG v. 8. 10. 1969, Buchholz 448.0 § 5 WPflG Nr. 5.

Entscheidung nach § 80 V VwGO erst im Revisionsverfahren beantragt wird oder das Verfahren bei ihm auf Grund einer Nichtzulassungsbeschwerde anhängig ist[11]).

9 Noch nicht verbeschiedene Anträge gelangen mit dem Rechtsmittel, das in der Hauptsache eingelegt wird, *automatisch* in die nächste Instanz[12]). Eines Verweisungsantrags analog § 43 VwGO oder einer Erledigungserklärung, verbunden mit erneuter Antragstellung beim nunmehr zuständigen Gericht, bedarf es nicht[13]).

10 In *Massenverfahren* gegen großtechnische Anlagen kommt es häufig vor, daß Klagen verschiedener Kläger in verschiedenen Instanzen rechtshängig sind. Da dennoch ein einziger Aussetzungsbeschluß genügt, um das Vorhaben insgesamt zu stoppen, haben es bestimmte Anwälte, die mehrere Kläger vertreten, zu ihrer Prozeßtaktik gemacht, gleichzeitig bei allen in Betracht kommenden Instanzen die Verhinderung des Vorhabens zu betreiben. Es lag nahe, daß nach Möglichkeiten gesucht wurde, dem gegenzusteuern. So sprach sich der BayVGH für ein „Heraufholen" analog § 53 I VwGO der in der unteren Instanz bezüglich desselben Streitobjekts anhängigen Verfahren aus[14]). Die sinnvolle, aber dogmatisch kaum haltbare Entscheidung wurde jedoch vom BVerwG wegen „extremer" Rechtswidrigkeit für unwirksam erklärt[15]). Zu Lasten der Rechtseinheit darf trotzdem die Pluralisierung des dann nicht mehr ausgewogenen Rechtsschutzes nicht gehen. Ohne triftigen Grund sollte sich ein erstinstanzliches Gericht nicht über eine bereits vorliegende Entscheidung der höheren Instanz zum gleichen Streitobjekt hinwegsetzen, da die Erfolgsaussichten in der Hauptsache im Rahmen der Entscheidung nach § 80 V VwGO mitzuberücksichtigen sind[16]).

11 In dringenden Fällen kann nach § 80 VIII S. 1 VwGO der funktionell *Vorsitzende* entscheiden. Die Dringlichkeit bezieht sich auf die Nachteile, die durch eine Verzögerung entstehen könnten.

---

11) BVerwG v. 11. 10. 1978 – BVerwG 4 B 125.78 –. Ausnahmsweise kann dann das BVerwG eine selbständige Tatsachenfeststellung treffen. (Beliebte Frage in der mündlichen Prüfung!)
12) BVerwG v. 5. 1. 1972, BVerwGE 39, 229; v. 30. 11. 1976, VerwRspr. 28, 145; NWOVG v. 2. 4. 1981, DVBl. 1981, 691; a. A. *Kopp*, § 80, 94.
13) So jetzt auch *EF*, § 80, 40a.
14) Beschl. v. 26. 11. 1981, DVBl. 1982, 211; aufgegeben durch Beschl. v. 9. 8. 1984, BayVBl. 1985, 52.
15) Beschl. v. 27. 1. 1982, BVerwGE 64, 347.
16) Vgl. unten Rdnr. 33.

4. Die Beteiligten des Verfahrens

Der Kreis der Beteiligten entspricht dem in der Hauptsache[17]). Beteiligt sind v. a. Antragsteller, Antragsgegner, ggf. Beigeladene, der VöI und der Oberbundesanwalt. Von der einfachen Beiladung sollte in besonders eiligen Verfahren im Interesse der Verfahrensbeschleunigung abgesehen werden[18]). Wer Antragsgegner ist, richtet sich nach § 78 VwGO (analog). Wird die AnOsVollz erst von der Widerspruchsbehörde ausgesprochen, so ist deren Rechtsträger oder sie selbst Antragsgegner[19]).

12

5. Vorliegen eines VA

Da der Rechtsschutz nach § 80 V VwGO an die Anfechtungsklage anknüpft, ist er nur statthaft, wenn er die Vollziehung eines *bereits erlassenen VA* betrifft[20]). Drohende VAe können allenfalls durch eine vorbeugende Unterlassungsklage verhindert werden. Der vorläufige Rechtsschutz richtet sich dann nach § 123 VwGO.

13

6. Ordnungsgemäße Antragstellung

Das gerichtliche Aussetzungs- bzw. Anordnungsverfahren erfordert einen Antrag des Betroffenen (§ 80 V S. 1 VwGO). Der Antrag ist analog § 81 I S. 1 VwGO beim Gericht der Hauptsache zu stellen; zumindest beim VG kann der Antrag auch zur Niederschrift des Urkundsbeamten der Geschäftsstelle gestellt werden (analog § 81 I S. 2 VwGO). Eine Vollmacht für das Hauptverfahren umfaßt auch die Nebenverfahren des vorläufigen Rechtsschutzes (§ 82 ZPO, § 173 VwGO). Auf den Antragsinhalt findet § 82 VwGO sinngemäß Anwendung. Der Antrag auf Erlaß einer e. A. kann in einen Antrag nach § 80 V VwGO umgedeutet werden[21]). Möglich ist auch kumulativer Rechtsschutz nach § 80 V VwGO und § 123 VwGO[22]).

14

---

17) Vgl. oben § 7.
18) Vgl. BWVGH v. 4. 1. 1985, VBlBW 1985, 254 (255). Über die Notwendigkeit der Hinzuziehung eines Bevollmächtigten im Widerspruchsverfahren kann nach § 80 V VwGO nicht entschieden werden. RhPfOVG v. 2. 5. 1989, DVBl. 1989, 852.
19) BWVGH v. 30. 11. 1984, VBlBW 1985, 143; v. 14. 1. 1987, DÖV 1987, 405; *Kopp*, § 80, 93; *Bargon*, VBlBW 1985, 371; a. A. BWVGH v. 4. 3. 1974, DÖV 1974, 607; BayVGH v. 27. 6. 1984, BayVBl. 1984, 598; *Finkelnburg/Jank*, Rdnr. 960; OVG Lüneburg v. 21. 11. 1988, NJW 1989, 2147; HessVGH v. 28. 11. 1988, NVwZ 1990, 677.
20) Vgl. auch OVG Lüneburg v. 7. 5. 1980, VerwRspr. 32, 31.
21) HessVGH v. 16. 7. 1981, ESVGH 22, 49.
22) Vgl. BayVGH v. 15. 12. 1981, NJW 1982, 2134.

7. Antragsbefugnis

15 Die Antragsbefugnis richtet sich nach der Klagebefugnis[23]). Die erlassende Behörde kann kein Rechtsmittel gegen die Aussetzungsentscheidung der Widerspruchsbehörde nach § 80 IV VwGO einlegen[24]).

8. Fristen

16 Anträge nach § 80 V VwGO sind grundsätzlich an keine Frist gebunden.
Eine Ausnahme macht § 10 III AsylVfG. Die Vorschrift trägt dem Beschleunigungsinteresse in Asylstreitigkeiten Rechnung. Sie ist verfassungsrechtlich unbedenklich[25]) und führt dazu, daß ein Ausländer auch in weiteren Verfahren auf Gewährung vorläufigen Rechtsschutzes mit Einwendungen gegen die Abschiebungsandrohung ausgeschlossen ist[26]).

17 Der Antrag ist schon vor Erhebung der Anfechtungsklage zulässig (§ 80 V S. 2 VwGO). Erforderlich ist jedoch, daß der Antragsteller Widerspruch eingelegt hat[27]), weil erst der Widerspruch die a. W. auslöst, die vom Gericht angeordnet oder wiederhergestellt werden kann. Die „faktische Verkürzung" der für die Hauptsache geltenden Rechtsbehelfsfristen ist nicht so gravierend, daß § 123 I VwGO analog herangezogen werden müßte[28]).

Streitig ist ferner, ob die Zulässigkeit des Antrags voraussetzt, daß der Antragsteller erfolglos einen entsprechenden Antrag nach § 80 IV VwGO an die Widerspruchsbehörde gestellt hat[29]). Richtiger Ansicht nach läßt § 80 V VwGO eine unmittelbare Anrufung des Gerichts zu. Das Rechtsschutzbedürfnis hierfür folgt aus der Eilbedürftigkeit des Verfahrens und entfällt nur ausnahmsweise, etwa wenn feststeht, daß die Verwaltungsbehörde einen vollstreckbaren VA bis zur Entscheidung in der Hauptsache nicht vollstrecken wird[30]).

---

23) Vgl. VG Oldenburg v. 28. 9. 1983, RdE 1984, 80 (81); BWVGH v. 27. 10. 1983, RdE 1984, 84; OVG Lüneburg v. 17. 1. 1986, BauR 1986; 684.
24) BayVGH v. 23. 7. 1987, NVwZ-RR 1988, 127.
25) HbgOVG v. 15. 11. 1982, NVwZ 1983, 435; BWVGH v. 4. 2. 1983, VBlBW 1983, 205.
26) NWOVG v. 30. 12. 1982, DÖV 1983, 695; vgl. auch HessVGH v. 25. 4. 1984, HessVGRspr. 1985, 9.
27) NWOVG v. 18. 7. 1974, NJW 1975, 794; *Finkelnburg/Jank*, Rdnr. 746; *RÖ*, § 80, 51; *EF*, § 80, 43. Die Möglichkeit, das Aussetzungsverfahren vor Klageerhebung in Gang zu setzen, führt dazu, daß ein Anhörungsmangel im Verwaltungsverfahren nach § 45 I Nr. 3 VwVfG noch geheilt werden kann. Entgegen RhPfOVG v. 17. 1. 1979, DÖV 1979, 606 sollte die Aussetzung der sVollz bis zur Anhörung befristet werden, weil dann die Verwaltungsbehörde selbst entscheiden kann, ob sie die Eilbedürftigkeit nach wie vor für gegeben hält.
28) So aber *Kopp*, § 80, 96 m. w. N.
29) So *Karow*, NJW 1960, 2086 ff.
30) Zutreffend RhPfOVG v. 4. 1. 1961, AS 8, 167; NWOVG v. 20. 3. 1961, NJW 1961, 2034; HessVGH v. 1. 1. 1976, HessVGRspr. 1977, 6; *Kopp*, § 80, 95.

Der Antrag kann jederzeit ohne Einwilligung des Gegners *zurückgenommen* 18
werden[31]). Entgegen der h. L. ist beim VA mit Drittwirkung eine *Verwirkung*
des Antragsrechts nicht ausgeschlossen[32]).

9. Anderweitige Rechtshängigkeit

Soweit bereits ein Verfahren nach § 80 V VwGO anhängig ist, kann ein 19
gleichlautender Antrag vor Gericht nicht gestellt werden[33]). Anträge nach
§ 80 IV und § 80 V VwGO schließen sich dagegen nicht aus. § 80 VI VwGO
ermöglicht eine erneute Antragstellung nach bestandskräftiger Abweisung
selbst gleichlautender Anträge.

10. Rechtsschutzbedürfnis

Das Rechtsschutzbedürfnis muß sich gerade auf die vorläufige Entscheidung 20
beziehen[34]). Wenden sich etwa in Massenverfahren gegen Großprojekte mehrere (einfache) Streitgenossen gegen die sofortige Vollziehbarkeit des Genehmigungsbescheids oder Planfeststellungsbeschlusses mit Anträgen nach § 80 V
VwGO (oder § 80 IV VwGO), so entfällt bei Obsiegen *eines* Antragstellers das
Rechtsschutzbedürfnis der übrigen[35]); das Verfahren hat sich erledigt. Der
behördliche Vollzug eines VA läßt das Rechtsschutzbedürfnis für vorläufigen
Rechtsschutz nicht entfallen (arg. § 80 V S. 3 VwGO)[36]). Anders ist die Lage,
wenn von einem begünstigenden VA Gebrauch gemacht wurde. Im weiteren
Sinn liegt zwar auch darin ein Vollzug des VA. Beseitigungsansprüche kann der
Drittbetroffene indessen nur im Wege der Verpflichtungsklage und ggf. nach
§ 123 VwGO durchsetzen[37]).

III. Maßstab der gerichtlichen Entscheidung

1. Allgemeine Entscheidungsgrundsätze

Im Rahmen des § 80 V VwGO trifft das Gericht eine eigene Ermessensent- 21
scheidung. Einen speziellen Maßstab für die Ermessensentscheidung gibt
§ 80 V VwGO nicht an. Dennoch ist das gerichtliche Ermessen nicht völlig

---

31) BayVGH v. 20. 6. 1982, DÖV 1983, 42.
32) A. A. *Finkelnburg/Jank*, Rdnr. 750.
33) Vgl. auch OVG Lüneburg v. 18. 12. 1974, OVGE 31, 321.
34) Das Rechtsschutzbedürfnis fehlt daher, wenn die Vollstreckung nach § 80 IV VwGO ausgesetzt wurde; *Kopp*, § 80, 95.
35) BayVGH v. 24. 11. 1983, BayVBl. 1984, 212.
36) VG Karlsruhe, et 1983, 246.
37) BWVGH v. 13. 2. 1984, VBlBW 1985, 59.

frei, sondern an die gesetzgeberische Wertentscheidung gebunden, die der Systematik des § 80 VwGO insgesamt zugrunde liegt. Danach muß einerseits das Regel-/Ausnahme-Verhältnis von § 80 II Nr. 1 bis 3 bzw. § 80 II Nr. 4 VwGO berücksichtigt werden. Andererseits ist Art. 19 IV GG Rechnung zu tragen. Unter „allgemeinen Entscheidungsgrundsätzen" sind folglich keine Grundsätze zu verstehen, die immer „passen". Eine derartige Entwicklung allgemeiner Entscheidungsgrundsätze, die die bestehenden Unterschiede völlig nivellieren würde, wäre unzulässig[38]). Angegeben werden können vielmehr nur Kriterien, die für die gerichtliche Entscheidung eine Rolle spielen.

Solche Kriterien sind der prognostizierbare Ausgang der Hauptsache sowie die Vollzugs- und Verhinderungsinteressen.

2. Voraussichtlicher Ausgang der Hauptsache

22 Wesen des summarischen Verfahrens ist es, daß eine Entscheidung getroffen werden muß, ehe die Hauptsache entscheidungsreif ist. Das heißt aber nicht, daß im Zeitpunkt der Eilentscheidung prognostische Aussagen über den Ausgang der Hauptsache völlig ausgeschlossen sind. Häufig läßt sich auf den ersten Blick erkennen, ob der angegriffene VA rechtlichen Zweifeln unterliegt oder ob er rechtmäßig ist. Daß ein VA, an dessen Rechtmäßigkeit ernstliche Zweifel bestehen, grundsätzlich[39]) nicht vollzogen werden soll, folgt letztlich aus Art. 19 IV GG. § 80 IV S. 3 VwGO drückt somit nur einen allgemeinen Rechtsgedanken aus, der auf alle Aussetzungsfälle übertragen werden kann[40]). Im übrigen spielen die Erfolgsaussichten in der Hauptsache vor allem bei der Wiederherstellung der a. W. eine wichtige Rolle[41]).

3. Interessenabwägung

23 Bei der Interessenabwägung zwischen Vollziehungs- und Verhinderungsinteresse hat sich der Gesetzgeber selbst in den Fällen des § 80 II Nr. 1 bis 3 VwGO für das Vollziehungsinteresse entschieden. Wie wiederum § 80 IV S. 3 VwGO zeigt, hat diese Entscheidung aber nur für den Regelfall Bestand. Bei der Anordnung der a. W. muß das Gericht nicht nur die behördliche Interessenabwägung überprüfen, sondern ebenfalls eine Interessenabwägung vornehmen. Von zentraler Bedeutung ist die Abwägung der öffentlichen und privaten Interessen bei der Wiederherstellung der a. W.[42]).

---

38) Zutreffende Differenzierung bei *Finkelnburg/Jank*, Rdnrn. 644 ff.
39) Zu den Ausnahmen BayVGH v. 8. 10. 1987, NVwZ 1988, 749 m. Anm. *Renck*.
40) So BWVGH v. 8. 12. 1964, BaWüVBl. 1965, 77; vgl. auch BayVGH v. 15. 7. 1974, BayVBl. 1975, 171; a. A. BWVGH v. 25. 1. 1965, KStZ 1965, 59; NWOVG v. 25. 8. 1988, NVwZ-RR 1990, 54.
41) Vgl. unten Rdnr. 33 ff.
42) Vgl. unten Rdnr. 36.

IV. Die Anordnung der aufschiebenden Wirkung

Mit der AnO der a. W. durchbricht das Gericht die Regel der sofortigen Vollziehbarkeit. Der Suspensiveffekt tritt nur ausnahmsweise ein und muß durch besondere Umstände gerechtfertigt werden[43]). 24

1. Öffentliche Abgaben und Kosten

Bei der Anforderung von öffentlichen Abgaben und Kosten hat das Gericht zu prüfen, ob ernstliche Zweifel an der Rechtmäßigkeit des angegriffenen VA bestehen oder ob die Vollziehung des VA für den Betroffenen eine unbillige Härte bedeuten würde (vgl. § 80 IV S. 3 VwGO)[44]). Das NWOVG stellt darauf ab, ob ein Erfolg des Rechtsmittelführers im Hauptsacheverfahren wahrscheinlicher ist als sein Unterliegen[45]). 25

2. Unaufschiebbare Anordnungen und Maßnahmen von Polizeivollzugsbeamten

Die AnO der a. W. von Rechtsbehelfen gegen unaufschiebbare Maßnahmen von Polizeivollzugsbeamten oder Verkehrszeichen[46]) dürfte aus Gründen der Rechtssicherheit praktisch ausgeschlossen sein. 26

3. Ausschluß durch Bundesgesetze

Die praktische Bedeutung der Anordnung der a. W. von Rechtsbehelfen durch die Gerichte zeigt sich in den Fällen des § 80 II Nr. 3 VwGO. Patentrezepte für die Lösung von Fällen gibt es in diesem Bereich nicht. Ratsam ist es aber auch hier, bei der Würdigung des konkreten Falls den Zweck des jeweiligen Bundesgesetzes herauszuarbeiten. 27

Auch wenn erwartungsgemäß und völlig zutreffend das Kommunalwahlrecht für Ausländer für verfassungswidrig erklärt wurde[47]), ist auf dem Gebiet des *Ausländer- und Asylrechts* die Rechtsprechung des BVerfG und BVerwG 28

---

43) Vgl. oben § 44 Rdnr. 3.
44) Vgl. *Finkelnburg/Jank*, Rdnrn. 650 ff.
45) Beschl. v. 25. 8. 1988, NVwZ-RR 1990, 54.
46) Zur rechtlichen Einordnung der Verkehrszeichen vgl. oben § 9 Rdnr. 9. Die Behandlung der Verkehrszeichen als VAe führt beim vorläufigen Rechtsschutz zu Schwierigkeiten, weil die Entfernung eines Verkehrszeichens praktisch die Hauptsache vorwegnehmen würde. Aus diesem Grund erscheint die Kombination der Verfahren nach § 80 VwGO und § 123 VwGO sinnvoll, um die Wirksamkeit der Verkehrsregelung jedenfalls für eine Übergangszeit zu verhindern (etwa durch Zuhängen des Verkehrszeichens); vgl. VG Bremen v. 23. 9. 1970, NJW 1971, 262; demgegenüber ist nach VG Ansbach v. 5. 2. 1979, BayVBl. 1979, 345 die vorläufige Entfernung des Verkehrszeichens die notwendige Folge der AnO der a. W. Zum vorläufigen Rechtsschutz gegen die Aufstellung von Parkuhren ferner BVerwG v. 3. 4. 1978, KStZ 1979, 32.
47) BVerfG v. 12. 10. 1989, BVerfGE 81, 53 (e. A.); Urt. v. 31. 10. 1990 – 2 BvF 3/89 –, DVBl. 1990, 1401 und – 2 BvF 2, 6/89 – DVBl. 1990, 1397.

tendenziell ausgesprochen ausländerfreundlich[48]). Entsprechendes läßt sich für das am 1. 1. 1991 in Kraft getretene Gesetz zur Neuregelung des Ausländerrechts vom 9. 7. 1990 (BGBl. I S. 1354)[49]) sagen.
Für den einstweiligen Rechtsschutz gilt als *Faustregel:* Die AnOsVollz. einer

---

[48] *BVerfG* v. 18. 7. 1973, BVerfGE 35, 382 (Grundsatzentscheidung zum vorläufigen Rechtsschutz); v. 17. 1. 1979, BVerfGE 50, 166 u. v. 18. 7. 1979, BVerfGE 51, 386 (Ausweisung aus generalpräventiven Gründen); v. 14. 11. 1979, BVerfGE 52, 391 (Genfer Konvention); v. 25. 2. 1981, BVerfGE 56, 216 (aufenthaltsbeendende Maßnahmen vor Durchführung des Asylanerkennungsverfahrens); v. 4. 5. 1982, BVerfGE 60, 348 (Bürgerkrieg); v. 23. 2. 1983, BVerfGE 62, 197 u. 215 (Auslieferung); v. 13. 4. 1983, BVerfGE 64, 46 (Spezialität im Auslieferungsverkehr); v. 12. 7. 1983, BVerfGE 65, 76 (Verfolgung in Sri Lanka); v. 2. 5. 1984, BVerGE 67, 43 (vorläufiger Rechtsschutz bei offensichtlich unbegründetem Asylantrag); v. 21. 3. 1985, BVerfGE 69, 220 (Sofortvollzug einer Ausweisungsverfügung); v. 11. 12. 1985, BVerfGE 71, 276 (Art. 19 IV GG im asylgerichtlichen Verfahren); v. 19. 6. 1986, NVwZ 1987, 487 (Folgeantrag); v. 26. 11. 1986, BVerfGE 74, 51 (Nachfluchtgründe); v. 23. 12. 1986, NVwZ 1987, 211 (Folgeantrag); v. 10. 7. 1989 (Verfolgung von Tamilen); v. 10. 11. 1989, BVerfGE 81, 58 (inländische Fluchtalternative); v. 20. 12. 1989, BVerfGE 81, 142 (Terroristen); v. 22. 6. 1990, NJW 1990, 2193 (Amtsermittlung); *BVerwG* v. 26. 3. 1985, BVerwGE 71, 175 (Gruppenverfolgung); v. 16. 4. 1985, BVerwGE 71, 180 (Überzeugungsmaßstab); v. 8. 10. 1985, Buchholz 402.24 § 11 AuslG Nr. 7 (Ausweisung Asylberechtigter); v. 9. 11. 1985, BVerwGE 72, 91 (mehrfache Ausweisung); v. 3. 12. 1985, BVerwGE 72, 269 (staatliche Schutzversagung); v. 18. 2. 1986, BVerwGE 74, 31 (Religionsfreiheit); v. 22. 4. 1986, BVerwGE 74, 160 (inländische Fluchtalternative); v. 14. 5. 1986, BVerwGE 74, 189 (aufenthaltsbeendende Maßnahmen); v. 30. 9. 1986, NVwZ 1987, 507 (Genfer Konvention); v. 21. 10. 1986, BVerwGE 75, 99 (Nachfluchtgründe); v. 2. 12. 1986, BVerwGE 75, 181 (anderweitiger Verfolgungsschutz); v. 13. 1. 1987, BVerwGE 75, 304 (Asylanspruch minderjähriger Kinder politisch Verfolgter); v. 23. 1. 1987, NVwZ 1987, 504 (Ausweisungsgründe); v. 23. 6. 1987, BVerwGE 77, 323 (Folgeantrag); v. 1. 12. 1987, BVerwGE 78, 285 (Ausweisung bei möglicher Doppelbestrafung); v. 15. 12. 1987, BVerwGE 78, 332 (Folgeantrag); v. 15. 3. 1988, BVerwGE 79, 143 (Homosexuelle); v. 26. 4. 1988, BVerwGE 79, 244 (Asylanspruch von Geschwistern politisch Verfolgter); v. 29. 4. 1988, BVerwGE 79, 291 (Aufenthaltsgestattung von Asylbewerbern); v. 21. 6. 1988, BVerwGE 79, 347 (Asylanspruch nach Zwischenaufenthalt in Drittland); v. 30. 8. 1988, BVerwGE 80, 131 (Verfolgung wegen Asylantragstellung); BVerwGE 80, 136 (Gewaltaufruf); v. 25. 10. 1988, BVerwGE 80, 321 (Verbot gemeinschaftlicher Glaubensausübung); v. 6. 12. 1988, BVerwGE 81, 41 (Bestrafung wegen Republikflucht); v. 17. 1. 1989, BVerwGE 81, 155 (Ausweisung Asylberechtigter); v. 17. 1. 1989, BVerwGE 81, 164 (anderweitiger Verfolgungsschutz) und BVerwGE 81, 170 (Nachfluchtgrund); v. 6. 4. 1989, NVwZ 1989, 762 (Abschiebungsandrohung); v. 30. 5. 1989, DÖV 1989, 993; v. 17. 10. 1989, NVwZ 1990, 654 (Bürgerkrieg) und NVwZ-RR 1990, 375 (Homosexualität); v. 14. 11. 1989, NVwZ-RR 1990, 278 (Ausweisung); v. 21. 11. 1989, BVerwGE 84, 115 (Fluchtbeendigung); v. 6. 3. 1990, BVerwGE 85, 12 (Gruppenverfolgung); *ferner* BSG v. 17. 5. 1989, NVwZ-RR 1989, 651 (Abschiebung in Drittland); BayVGH v. 15. 6. 1989, NVwZ-RR 1990, 376 (anderweitiger Verfolgungsschutz); HbgOVG v. 6. 7. 1989, NVwZ 1990, 591 (Aufenthaltserlaubnis); v. 11. 7. 1989, NVwZ 1990, 286 (Ausweisung); v. 15. 11. 1989, NVwZ-RR 1990, 374 (Abschiebung); NWOVG v. 28. 9. 1989, NWVBL 1990, 170 (Doppelbestrafung); v. 3. 11. 1989, NWVBL 1990, 128 (Altfallregelung); OLG Celle v. 13. 1. 1987, NVwZ 1987, 533 (illegale Einreise); aus dem Schrifttum *Hailbronner,* Ausländerrecht, 1984; *Deibel,* DÖV 1986, 859 ff.; *Schwäble,* DÖV 1987, 183 ff.; *Säcker,* DÖV 1988, 158 ff.; *Meyer,* NVwZ 1988, 206 ff.; *Bethäuser,* NVwZ 1989, 728 ff.; *Bertrams,* DVBl. 1988, 759 ff.; DVBl. 1989, 953 ff.; DVBl. 1990, 1129 ff.

[49] Hierzu *Hailbronner,* NJW 1990, 2153 ff.; überzogene Kritik bei *Rittstieg,* ZRP 1990, 129 ff. Materialien: BT-Drucks. 11/6321; 11/6955; BR-Drucks. 290/90. Zur Harmonisierung des Asylrechts in der EG *Wollenschläger/Becker,* EuGRZ 1990, 1 ff.

Ausweisungsverfügung richtet sich nach den allgemeinen Regeln[50]). Versagt die Ausländerbehörde dagegen die Erteilung oder Verlängerung einer *Aufenthaltsgenehmigung*, so haben Widerspruch und Anfechtungsklage nach § 72 I AuslG keine a. W. Wurde folglich eine Aufenthaltsgenehmigung[51]) *versagt*, so kommt eine AnO der a. W. der Rechtsbehelfe gegen diese Entscheidung nur dann in Betracht, wenn das eingelegte Rechtsmittel nicht offensichtlich unbegründet ist, sondern eine gewisse Aussicht auf Erfolg besitzt[52]). Auch hier ist aber zunächst auf die Erfolgsaussichten in der Hauptsache abzustellen[53]). Gelegentlich läßt man sogar für die Aussetzungsentscheidung ernstliche Zweifel an der Rechtmäßigkeit der Versagung der Aufenthaltserlaubnis genügen. Diese sollen schon dann bestehen, wenn der Erfolg im Hauptsacheverfahren mindestens ebenso wahrscheinlich ist wie der Mißerfolg[54]). Das geht jedoch zu weit. Wurde die *Verlängerung* der Aufenthaltserlaubnis von den Ausländerbehörden abgelehnt, so gewährte das BVerwG vorläufigen Rechtsschutz nur nach § 80 V VwGO, da der Aufenthalt entsprechend § 21 III S. 1 AuslG a. F. vorläufig als erlaubt anzusehen war[55]). Dies gilt nunmehr auch mit Rücksicht auf § 69 II S. 2, III S. 1 AuslG.

Blieb der vorläufige Rechtsschutz ohne Erfolg, so entfiel früher damit nicht das Rechtsschutzbedürfnis für den weiteren Antrag, die a. W. des Rechtsbehelfs gegen eine zugleich verfügte vollziehbare Ausweisung wiederherzustellen. Mit der Gewährung vorläufigen Rechtsschutzes gegen die Ausweisung entfiel nämlich vorübergehend die Zurückweisungsmöglichkeit des § 18 I S. 1 AuslG[56]). § 60 II Nr. 1 AuslG läßt es demgegenüber genügen, daß ein Ausweisungsgrund vorliegt. Solange die Ausweisungsverfügung streitbefangen ist, steht jedoch nicht fest, daß ein Ausweisungsgrund gegeben ist. Das vorläufige Verfahren trägt dann dazu bei, die Rechtslage offen zu halten. Ein Rechtsschutzbedürfnis für zusätzlichen vorläufigen Rechtsschutz gegen die für sofort vollziehbar erklärte Ausweisungsverfügung dürfte daher auch nach dem neuen AuslG bestehen. Trotz des im Ergebnis einheitlichen Rechtsschutzbegehrens im vorläufigen Verbundverfahren (vorübergehendes Bleiberecht) bestehen Unterschiede bei der Begründung, die sich jedenfalls auf die im Rahmen des § 80 V VwGO anzustrengende Interessenabwägung auswirken. Während nämlich beim Sofortvollzug einer Ausweisung das besondere öffentliche Interesse nach § 80 II Nr. 4 VwGO nachgewiesen werden muß, hat bei der Versagung der Aufenthaltserlaubnis und der Androhung der Abschiebung als Vollstreckungsmaßnahme das öffentliche Interesse

---

50) Vgl. oben § 56 Rdnr. 17; ferner *Finkelnburg/Jank*, Rdnrn. 856 ff.; *Meyer*, NVwZ 1984, 13 ff.
51) Vgl. (zum alten AuslG) *Deibel*, DÖV 1982, 967 ff.; *Meyer*, NVwZ 1983, 388 ff.
52) Vgl. RhPfOVG v. 30. 11. 1976, AS 14, 341 (342).
53) Vgl. oben Rdnr. 33.
54) BayVGH v. 13. 6. 1978, DÖV 1979, 66. Zu § 1 AufenthG/EWG BremOVG v. 22. 4. 1988, NVwZ 1988, 757 ff.
55) Beschl. v. 14. 7. 1978, DÖV 1979, 60; ebenso BWVGH v. 27. 1. 1984, VBlBW 1984, 183 (184); BayVGH v. 19. 12. 1983, BayVBl. 1984, 182 (183).
56) BWVGH v. 16. 1. 1983, VBlBW 1984, 29.

an der Realisierung dieser Maßnahme grundsätzlich Vorrang vor dem entgegenstehenden privaten Interesse des betroffenen Ausländers[57]).
Das Rechtsschutzbedürfnis für die AnO der a. W. entfällt im übrigen nicht, wenn der Ausländer abgeschoben wurde und die Abschiebung noch anfechtbar ist[58]).

29 Die Anwendung des AuslG wird dadurch erschwert, daß — aus welchen Gründen auch immer — die meisten Ausländerfälle zugleich zu *Asylantenfällen* hochstilisiert werden. Dann gewinnt vor allem die Frage an Bedeutung, ob ein vorläufiges Aufenthaltsrecht bereits daraus folgt, daß ein Asylantrag gestellt wurde. Um den überhandnehmenden Mißbräuchen gegenzusteuern, wurde in früheren Auflagen vertreten, ein vorläufiges Aufenthaltsrecht komme bei eindeutig aussichtslosem Asylantrag nicht in Betracht[59]). Die ehemals h. L. lehnte das Verbleiberecht ebenfalls wenigstens bei offensichtlich rechtsmißbräuchlich gestelltem Asylantrag ab[60]).
All dem schob das BVerfG mit Beschl. v. 25. 2. 1981[61]) — vorläufig — einen Riegel vor.

Das BVerfG führte aus, es werde in rechtsstaatswidriger Weise gegen die (einfachgesetzliche) Kompetenzregelung der §§ 29 ff. AuslG (a. F.) verstoßen, wenn die Ausländerbehörden vor der Durchführung des asylrechtlichen Anerkennungsverfahrens das Asylbegehren als offensichtlich rechtsmißbräuchlich außer acht lassen und aufenthaltsbeendende Maßnahmen ergreifen würden. Die (untragbare) Konsequenz aus dem Beschluß, daß sogar ein Wiederaufnahmeantrag nach § 36 AuslG (a. F.), mit dem offensichtlich asylfremde Zwecke verfolgt wurden, sich als Schranke gegen Abschiebungsmaßnahmen auswirkte, wurde von den Instanzgerichten mit kaum verhohlenem Unmut gezogen[62]). Daraufhin schränkte das BVerfG seinen Beschl. v. 25. 2. 1981 (in einer Nichtannahmeentscheidung!) dahingehend ein, daß nach rechtskräftigem Abschluß des Asylanerkennungsverfahrens die Ausländerbehörde den erneut gestellten Antrag inhaltlich selbst werten dürfe[63]).

Die verworrene Rechtslage[64]) rief den Gesetzgeber auf den Plan. Nach § 14 I AsylVfG sind nach dem 1. 8. 1982 gestellte Folgeanträge, d. h. nach unanfechtbarer Ablehnung eines früheren Asylantrags gestellte Asylanträge nur unter den Voraussetzungen des § 51 I bis III VwVfG beachtlich und unverzüglich dem Bundesamt für die Anerkennung ausländischer Flüchtlinge zuzuleiten. Ein

---

57) BWVGH v. 6. 8. 1980, VBlBW 1981, 252; v. 9. 12. 1981, ESVGH 32, 36 (37); BayVGH v. 25. 7. 1983, NJW 1984, 2784.
58) BWVGH v. 31. 10. 1978, DÖV 1979, 297.
59) Ebenso HessVGH v. 28. 6. 1979, DÖV 1980, 55.
60) Vgl. BVerwG v. 1. 3. 1979, DÖV 1979, 902; weitere Nachw. in der Vorauflage § 50 Rdnr. 29.
61) BVerfGE 56, 216 = DVBl. 1981, 623 m. Anm. *Poppelbaum.*
62) BWVGH v. 28. 4. 1981, VBlBW 1981, 250; NWOVG v. 18. 5. 1981 — 17 B 766/81 —.
63) Beschl. v. 30. 6. 1981, NJW 1981, 1896.
64) Der BWVGH entschied durch Beschl. v. 10. 11. 1981 — 11 S 1905/81 —, daß er der Rechtsansicht des BVerfG im Beschl. v. 30. 6. 1981 nicht folge, da dieser offenbar im Gegensatz zu den Ausführungen des Beschl. v. 25. 2. 1981 stehe. Allgemein *Fritz,* NVwZ 1984, 657 ff.

Ausländer, der demgegenüber einen unbeachtlichen Folgeantrag stellt, ist gem. § 14 III i. V. m. § 10 I AsylVfG unverzüglich zur Ausreise verpflichtet, wenn ihm nicht durch die Ausländerbehörde der weitere Aufenthalt ermöglicht wird. Reist der ausreisepflichtige Ausländer nicht aus, so leitet die Ausländerbehörde das Abschiebungsverfahren ein. Einer erneuten Fristsetzung und Abschiebungsandrohung bedarf es nicht mehr (§ 14 II S. 1 AsylVfG). In bestimmten Fällen offensichtlicher Unbegründetheit des Asylbegehrens kann einem Ausländer, der bei einer Grenzbehörde um Asyl nachsucht, sogar die Einreise verweigert werden (§ 9 I S. 2 AsylVfG).

Der „Normalfall" läuft im übrigen wie folgt ab: Hat das Bundesamt für die Anerkennung ausländischer Flüchtlinge einen Asylantrag als offensichtlich unbegründet abgelehnt, so ist der Asylbewerber grundsätzlich ausreisepflichtig, so daß ihm die Abschiebung anzudrohen ist (§ 11 II i. V. m. § 10 II AsylVfG). Der Asylbewerber kann dann Verpflichtungsklage auf Anerkennung als Asylberechtigter verbunden mit einer Anfechtungsklage gegen die Abschiebungsandrohung erheben. Die Anfechtungsklage hat keine a. W. (§ 11 II i. V. m. § 10 III S. 2 AsylVfG). Folglich wird regelmäßig die AnO der a. W. der Klage beantragt, was innerhalb einer Woche nach Bekanntgabe der Abschiebungsandrohung geschehen muß (§ 10 III S. 2 AsylVfG i. V. m. § 80 V VwGO). Im vorläufigen Verfahren hat das Gericht zu prüfen, ob der Asylantrag zu Recht als offensichtlich unbegründet angesehen wurde und ob die Ablehnung weiterhin Bestand haben kann[65]). Fehlt es an der Offensichtlichkeit, so ist die „schlichte" Ablehnung des Antrags nicht ausgeschlossen. Das Gericht hat dann zwar die a. W. der Anfechtungsklage gegen die Abschiebungsandrohung anzuordnen. Dies bedeutet aber nur, daß die Ausreisefrist erst einen Monat nach Unanfechtbarkeit der Ablehnung des Asylantrags (Abweisung der Verpflichtungsklage) endet (§ 11 III AsylVfG). Im Hauptsacheverfahren kommt es m. a. W. nicht darauf an, ob das Asylgesuch offensichtlich unbegründet ist[66]).

4. Maßnahmen, die in der Verwaltungsvollstreckung getroffen werden

Die Ermächtigung des § 187 III VwGO bezieht sich nur auf § 80 I VwGO. 30
Für die Gerichte bleibt es bei der Möglichkeit des § 80 V VwGO.

V. Die Wiederherstellung der aufschiebenden Wirkung

1. Aufhebung der AnOsVollz und Aussetzung der sVollz.

Die Wiederherstellung der a. W. erfolgt durch Aufhebung der behördlichen 31
AnOsVollz oder durch Aussetzung der sVollz.
Im Aussetzungsverfahren trifft das Gericht regelmäßig eine *eigene Ermes-*

---

65) BVerfGE v. 2. 5. 1984, BVerfGE 67, 43.
66) BVerfG v. 17. 2. 1986, DVBl. 1986, 518.

sensentscheidung[67]). Da es zugleich die behördliche AnOsVollz überprüfen muß[68]), kann sich gelegentlich die Entscheidung in der Sache und damit die gerichtliche Ermessenbetätigung erübrigen.

Ist nämlich die AnOsVollz aus *formellen Gründen* rechtswidrig — etwa weil die schriftliche Begründung nach § 80 III S. 1 VwGO fehlt[69]) oder nicht ausreicht[70]) und keine Notstandsmaßnahme vorliegt —, so hat das Gericht die Anordnung *ohne weitere Sachprüfung aufzuheben*[71]). Dem Widerspruch kommt dann wieder unmittelbar nach § 80 I VwGO a. W. zu; die Behörde ist jedoch nicht an einer erneuten AnOsVollz gehindert, die den gesetzlichen Anforderungen genügt. Da die Zuständigkeitskonkurrenz der Ausgangs- und Widerspruchsbehörde für die Anordnung auflebt, sind beide zur AnOsVollz befugt[72]).

Ist dagegen die AnOsVollz aus *sachlichen Gründen* fehlerhaft, so hat das Gericht die a. W. im Rahmen der eigenen Interessenabwägung wiederherzustellen. Die gerichtliche Entscheidung entfaltet dann Bindungswirkung; d. h. die AnOsVollz kann auch bei Änderung der Sach- oder Rechtslage behördlich nicht erneut angeordnet werden[73]).

Ist die AnOsVollz zu unbestimmt, so leidet sie zwar ebenfalls an einem sachlichen Fehler. Die Situation ist aber eher mit der einer nur formell fehlerhaften AnOsVollz vergleichbar. Auch hier kann das Gericht die AnOsVollz ohne sachliche Prüfung aufheben[74]). Es wäre sachwidrig, die Behörde am Erlaß einer inhaltlich bestimmten AnOsVollz zu hindern und sie zum Erlaß eines neuen für vollziehbar erklärten VA zu zwingen.

Die Wiederherstellung der a. W. hebt die AnOsVollz nach § 80 II Nr. 4 VwGO nicht auf, sondern hemmt sie nur in ihrer Wirkung[75]).

32   Die gerichtliche Entscheidung zur Sache (Ermessensentscheidung) hängt von den bereits in den §§ 54 und 55 erörterten Kriterien ab: Als Ausnahme von der

---

67) BWVGH v. 27. 10. 1983, RdE 1984, 84 (85); BayVGH v. 27. 12. 1971, BayVBl. 1972, 166; BremOVG v. 28. 2. 1968, NJW 1968, 1539; NWOVG v. 26. 11. 1969, VerwRspr. 21, 382.
68) *Kopp*, § 80, 79.
69) Hierzu BremOVG v. 28. 2. 1968, NJW 1968, 1539; HessVGH v. 25. 10. 1973, DÖV 1974, 606; OVG Lüneburg v. 5. 12. 1974, DVBl. 1976, 81.
70) Vgl. BayVGH v. 18. 10. 1974, BayVBl. 1975, 20; s. auch *Jaworsky*, SKV 1975, 72 ff.
71) HessVGH v. 25. 10. 1973, DÖV 1974, 606; OVG Lüneburg v. 26. 11. 1968, DVBl. 1969, 630; HbgOVG v. 31. 3. 1978, NJW 1978, 2167; a. A. BremOVG v. 1. 11. 1979, DÖV 1980, 180; HessVGH v. 22. 10. 1982, DÖV 1983, 386; v. 31. 10. 1988, NVwZ-RR 1989, 627.
72) A. A. BWVGH v. 22. 12. 1986, NVwZ 1987, 426 (LS).
73) RhPfOVG v. 17. 10. 1986, NVwZ 1987, 426. Entsprechendes gilt, wenn das Gericht den Antrag auf gerichtliche AnOsVollz (hierzu Rdnr. 46) zurückgewiesen hat; vgl. BWVGH v. 18. 10. 1988, NVwZ-RR 1990, 389; BerlOVG v. 27. 6. 1989, NVwZ 1990, 681.
74) A. A. SaarlOVG v. 1. 6. 1984, DÖV 1985, 74. Noch weitergehend *Köppl*, DÖV 1979, 249 ff., der zu Unrecht den Behörden die Befugnis einräumt, jede Änderung der Sach- oder Rechtslage zum Anlaß für eine erneute AnOsVollz zu nehmen.
75) BayVGH v. 9. 8. 1984, NVwZ 1985, 921.

Regel bedarf die sofortige Vollziehbarkeit der *Rechtfertigung* durch ein besonderes öffentliches oder privates Interesse; die *Abwägung der Interessen* an der Vollziehung und des Interesses an der Aussetzung ist nunmehr *Aufgabe des Gerichts.*

2. Prüfung der Erfolgsaussichten des Rechtsbehelfs

Streitig ist, ob und wo die Erfolgsaussichten des Rechtsbehelfs zu berücksichtigen sind[76]). Die herrschende Praxis erörtert die Erfolgsaussichten des Rechtsbehelfs bereits bei der Begründung des Vollzugsinteresses; die Prüfung der Erfolgsaussichten fließt also in die Interessenabwägung ein[77]). Dem ist in vollem Umfang zuzustimmen. Abgesehen davon, daß § 80 IV S. 3 VwGO einen allgemeinen Rechtsgedanken ausspricht, der auch für das gerichtliche Aussetzungsverfahren herangezogen werden kann[78]), ist es immer schwierig, Individualinteressen gegenüber dem öffentlichen Interesse zur Geltung zu bringen. Die herrschende Praxis dient somit dem effektiven Rechtsschutz. Auch führt nur sie beim VA mit Drittwirkung zu brauchbaren Ergebnissen, weil hier die Interessen der Beteiligten in aller Regel gleichrangig sind[79]). Die abweichenden Beschlüsse des OVG Lüneburg vom 5. 12. 1974[80]) und das HessVGH vom 29. 3. 1985[81]) verdienen daher im Ergebnis keine Zustimmung. Dem HessVGH ist zwar einzuräumen, daß ein VA grundsätzlich nur vollzogen werden kann, wenn er offensichtlich rechtmäßig *und* sein Vollzug eilbedürftig ist. Das gilt jedoch nur, solange noch keine gerichtliche Rechtmäßigkeitskontrolle stattgefunden hat. Selbst wenn das Gericht nur summarisch die Rechtmäßigkeit des VA bestätigt, vollstreckt die Behörde den VA nun nicht mehr eigenmächtig.

Die Prüfung der Erfolgsaussichten des Rechtsbehelfs in der Hauptsache im

---

76) Vgl. *Scholz*, in: Menger-Festschr. S. 641 ff. (652); *Ule*, S. 305; *Leipold*, S. 187 ff.; *Kopp*, § 80, 69. Zu den für die Entscheidung nach § 80 V VwGO in Betracht kommenden Begründungselementen vgl. HbgOVG v. 13. 1. 1977, MDR 1977, 431 (432).
77) BVerwG v. 29. 4. 1974, DVBl. 1974, 566; BWVGH v. 11. 7. 1985, ESVGH 35, 278; v. 29. 7. 1986, RdE 1986, 240 (242); BayVGH v. 27. 1. 1984, BayVBl. 1984, 214; BremOVG v. 24.9. 1982, DVBl. 1983, 276; HbgOVG v. 15. 12. 1983, NVwZ 1984, 256; v. 4. 3. 1986, NJW 1986, 3106; HessVGH v. 8. 11. 1983 et 1984, 145; OVG Lüneburg v. 27. 9. 1973, DVBl. 1974, 366; v. 30. 9. 1982, NVwZ 1983, 109; v. 15. 6. 1987, NVwZ 1987, 997; SaarlOVG v. 12. 4. 1972, AS 12, 420; *EF*, § 80, 47; *RÖ*, § 80, 46; *Kopp*, § 80, 82; *SG*, Rdnr. 401; differenzierend HbgOVG v. 23. 10. 1974, DVBl. 1975, 207 (hierzu BVerfG v. 18. 12. 1974, EuGRZ 1973, 23); OVG Lüneburg v. 28. 12. 1976, GewArch 1977, 128; v. 12. 4. 1979, NJW 1980, 307; *Finkelnburg/Jank*, Rdnrn. 644 ff.
78) BayVGH v. 2. 11. 1983, BayVBl. 1984, 151.
79) HessVGH v. 24. 11. 1989, NVwZ-RR 1990, 185.
80) DVBl. 1976, 81; ebenso BayVGH v. 2. 11. 1977, BayVBl. 1977, 20; RhPfOVG v. 23. 5. 1978, GewArch 1978, 292; *Ule*, GewArch 1978, 73 ff.; vgl. auch *Bickel*, DÖV 1983, 51.
81) DVBl. 1985, 1184 unter Aufhebung des Beschl. v. 4. 5. 1973, ESVGH 23, 1973.

Rahmen der Interessenabwägung, aber noch vor der eigentlichen Abwägung, hat ferner den Vorteil, daß die Gerichte ihrer originären Rechtsprechungsaufgabe nachkommen und nähere Auseinandersetzungen mit dem schwer faßbaren unbestimmten Rechtsbegriff des „besonderen öffentlichen Interesses" vermeiden können.

(Über das Ziel hinausschießend) greift *Schoch* diesen Aspekt auf, dessen Modell einer materiell-akzessorischen Entscheidungsfindung auf der These beruht, das Gericht treffe im Aussetzungsverfahren eine Rechtsentscheidung[82]). Die These stimmt mit der Entscheidung des Gesetzgebers nicht überein, die Gestaltung der durch rechtliche Ungewißheit gekennzeichneten Schwebelage zwischen Erlaß und Vollzug streitbefangener VA der Gerichtsbarkeit zu überantworten. Anders lassen sich die weitgreifenden Möglichkeiten, die § 80 V und VI VwGO eröffnet, nicht erklären. Der Eingriff in die Gewaltenteilung wird durch Art. 19 IV GG gerechtfertigt. Je weniger rechtlich unsicher die Schwebelage ist, desto weniger besteht Anlaß für gerichtliche Abwägungsentscheidungen.

34 Der *Maßstab* für die gerichtliche Aussetzungsentscheidung ist nicht so unbestimmt, wie das immer wieder behauptet wird[83]). Vielmehr gelten bei der Prüfung der Erfolgsaussichten des Rechtsbehelfs folgende Grundsätze:

Die Aussetzung ist abzulehnen, wenn der Rechtsbehelf *offensichtlich aussichtslos* ist[84]) bzw. wenn der Rechtsbehelf mit *erheblicher Wahrscheinlichkeit erfolglos* bleiben wird[85]).

Der Rechtsbehelf ist nicht bereits dann offensichtlich aussichtslos, wenn der angegriffene VA offensichtlich rechtmäßig ist. Von der Rechtmäßigkeit des von ihr erlassenen VA hat die Behörde auszugehen. Die offensichtliche Aussichtslosigkeit des Rechtsbehelfs kommt vielmehr nur zum Tragen, wenn die AnOsVollz formell einwandfrei ist[86]). Ist ein Widerspruchsverfahren durchzuführen und der Widerspruch noch unbeschieden, so kommt es nicht auf die offensichtliche Rechtswidrigkeit des angegriffenen VA an, sondern darauf, ob der Widerspruch offensichtlich aussichtslos erscheint[87]).

Umgekehrt muß regelmäßig die Aussetzung erfolgen, wenn der angegriffene VA offenbar fehlerhaft ist[88]) und darüber hinaus, wenn gegen seine Rechtmäßigkeit begründete Bedenken bestehen[89]). Die Rspr. geht noch einen Schritt weiter und läßt *ernstliche Zweifel* oder gar *ernsthafte Bedenken* an der Recht-

---

82) S. 1573 ff. i. V. m. S. 1386 ff.
83) Vgl. nur Schoch, S. 1573 m. Fußn. 196. („hoffnungsloses Dilemma").
84) Zutreffend der später leider aufgegebene Beschl. des HessVGH v. 4. 5. 1973, ESVGH 23, 173.
85) BWVGH v. 19. 5. 1989, NJW 1989, 2282.
86) VG Hannover v. 6. 12. 1976, GewArch 1977, 228.
87) BremOVG v. 18. 9. 1980, NJW 1981, 1172.
88) BayVGH v. 7. 6. 1977, BayVBl. 1977, 567; HbgOVG v. 11. 4. 1981, NJW 1981, 1750 (LS).
89) BerlOVG v. 8. 7. 1970, NJW 1970, 2077; OVG Lüneburg v. 5. 12. 1974, DVBl. 1976, 81.

mäßigkeit des angegriffenen VA genügen[90]). Das ist nur akzeptabel, wenn man die „ernstlichen Zweifel" streng versteht und verlangt, daß nach summarischer Prüfung ein Erfolg des Rechtsmittelführers in der Hauptsache wahrscheinlicher ist als ein Unterliegen[91]).

Die unglückliche Qualifikation des Verfahrens zur Erlangung vorläufigen Rechtsschutzes als „summarisches Verfahren"[92]) darf nicht dazu verleiten, die Erfolgsaussichten des Rechtsbehelfs oberflächlich zu prüfen. Zahlreiche Entscheidungen zum einstweiligen Rechtsschutz sind sorgfältiger und ausführlicher begründet als manche Entscheidung in der Hauptsache[93]). Die Tendenz der Rspr. ist inbesondere dort zu beobachten, wo die Gefahr der Schaffung vollendeter Tatsachen besteht[94]). Der mittlerweile zum Ritual gewordene Gesichtspunkt der vollendeten Tatsachen darf aber nicht dazu führen, daß die Unterschiede des Hauptsache- und summarischen Verfahrens kurzerhand ignoriert werden. Dies ist aber vorwiegend bei teilbaren Planungsentscheidungen der Fall. Zwar ist nicht auszuschließen, daß die mit dem Bau einer Anlage und der teilweisen Realisierung eines Projekts geschaffenen Fakten (Kosten, Arbeitsplätze) die spätere Entscheidung der Kontrollinstanz beeinflussen können. Aber es genügt, wenn bei abschnittsweisen Planungen ausnahmsweise frühere Abschnitte[95]) oder wenn in mehrstufigen Verfahren Vorstufen angegriffen werden können. Seit der Würgassen-Entscheidung des BVerwG v. 16. 3. 1972 ist es unstreitig, daß die Notwendigkeit von besonderen Betriebsgenehmigungen den Rechtsschutz gegen Errichtungsgenehmigungen nicht überflüssig und unzulässig macht[96]). Diese richtige Erkenntnis wurde freilich zum Würgassen-Syndrom: Sie verursacht den Drang zur Verallgemeinerung. Im summarischen Verfahren ist die Lage hingegen anders als im Hauptsacheverfahren. Antragsteller oder Projektträger handeln auf eigenes Risiko. Der durch die vollendeten Tatsachen bewirkte psychische Druck auf die Gerichte ist wesentlich gemildert. Ihnen jetzt immer noch rechtliches Gewicht beizumessen, zeugt von einem ungerechtfertigten, empirisch keineswegs belegbaren Mißtrauen

---

90) Noch nicht ganz so weitgehend BayVGH v. 16. 2. 1976, GewArch 1976, 162 („ernstliche Zweifel"); dann aber auf ernsthafte Bedenken abstellend BayVGH v. 13. 6. 1978, NJW 1978, 2469; OVG Lüneburg v. 30. 9. 1982, NVwZ 1983, 109 (110); v. 28. 2. 1985, UPR 1985, 253; hiergegen zutreffend BayVGH v. 25. 7. 1983, BayVBl. 1984, 250.
91) NWOVG v. 22. 2. 1989, NVwZ 1989, 588; v. 17. 11. 1989, NWVBL 1990, 160; OVG Lüneburg v. 13. 1. 1989, NVwZ-RR 1989, 328.
92) Zutreffende Kritik bei *Martens*, S. 208 f.
93) *Blümel*, DVBl. 1975, 695 ff. (702); *Schmidt-Aßmann*, VVDStRL 34 (1976), 221 ff. (261).
94) Zur Schaffung vollendeter Tatsachen bei Einführung der Gesamtschule vgl. HbgOVG v. 7. 9. 1979, DVBl. 1980, 486. Zum Widerruf einer Approbation NWOVG v. 15. 4. 1988, NJW 1989, 2343.
95) Vgl. BVerwG v. 26. 6. 1981, DVBl. 1981, 536.
96) DVBl. 1972, 678.

gegen die Rspr.⁹⁷) Im summarischen Verfahren kann folglich nur der Planungsabschnitt oder die Planungsstufe angegriffen werden, deren Realisierung zu einer unmittelbaren Rechtsbeeinträchtigung des Antragstellers führen kann⁹⁸).

3. Interessenabwägung

36 Wenn die Prüfung der Erfolgsaussichten des Rechtsbehelfs zu keinem eindeutigen Ergebnis führt, müssen die *Interessen* der Beteiligten bewertet werden. Auch hierfür gibt es *allgemeine Grundsätze*, die aus der Systematik der §§ 80 II und 80 a VwGO folgen.

37 In Rechtsstreitigkeiten der öffentlichen Hand gegen den Bürger (*zweipoligen Rechtsverhältnissen*) *überwiegt* im Zweifel *das private Interesse an der a. W.* des Rechtsbehelfs. Das jedem VA innewohnende natürliche öffentliche Interesse an seinem Vollzug trägt die AnOsVollz noch nicht. Vielmehr ist das *besondere* öffentliche Interesse an der *sofortigen* Vollziehung nach objektiven Kriterien im konkreten Einzelfall zu begründen (§ 80 III VwGO)⁹⁹). Das schließt es nicht aus, die Ausnahmen von der Regel zu typisieren. In den Fällen des § 80 II Nr. 1 bis 3 VwGO streitet die Vermutung für das Vollzugsinteresse, im Fall des § 80 II Nr. 4 VwGO für das Verschonungsinteresse¹⁰⁰). Zwischen den einzelnen Fallgruppen besteht insoweit aber keine schroffe Trennungslinie. Die vom Gesetzgeber in § 80 II Nr. 1 bis 3 VwGO vorgenommene Interessengewichtung läßt sich durchaus auf Konstellationen übertragen, die sich in der Nähe der Analogiefähigkeit bewegen. So besteht in Anlehnung an § 80 II Nr. 1 VwGO ein hohes öffentliches Interesse an der Durchsetzung von „Spargesetzen"¹⁰¹). Generell neigen die Gerichte dazu, das besondere öffentliche Interesse an der sofortigen Vollziehung von Maßnahmen zu bejahen, die der Gefahrenabwehr

---

97) In diesem Sinne *Limberger*, Probleme des vorläufigen Rechtsschutzes bei Großprojekten, 1985, S. 30 ff.
98) Zutreffend *Heinrich*, GewArch 1975, 67 f.; *Fischerhof*, et 1975, 183 ff. und insbes. BWVGH v. 8. 10. 1975, ESVGH 27, 130 (Wyhl); v. 18. 6. 1976, BWVPr. 1976, 202 (Verbrauchermarkt Massa); aufgegeben durch Beschl. v. 30. 3. 1982, ESVGH 32, 111 (189) und v. 27. 10. 1983, RdE 1984, 84 (85); ebenso OVG Lüneburg v. 19./20. 6. 1974, DVBl. 1975, 190 (Stade); BayVGH v. 23. 10. 1975 et 1976, 62 (63) (Grafenrheinfeld); RhPfOVG v. 9. 6. 1976 et 1977, 539 (540) (Mülheim-Kärlich); VG Schleswig v. 5. 2. 1977, GewArch 1977, 141 (Brokdorf); NWOVG v. 16. 6. 1978, DVBl. 1978, 853 (Kalkar).
99) BVerwG v. 29. 4. 1974, DVBl. 1974, 566 (Planfeststellungsbeschluß nach dem FStrG); BayVGH v. 18. 10. 1974, BayVBl. 1974, 20 (baurechtliche Beseitigungsanordnung); *RÖ*, § 80, 23; *EF*, § 80, 28; *Finkelnburg/Jank*, Rdnrn. 648, 660, 664.
100) Dieses ist *vom Gericht* zu ermitteln. Nicht nur die von der Behörde geltend gemachten Gründe zählen; *RÖ*, § 80, 30, 48; a. A. *Kopp*, § 80, 52 m. w. N.
101) Vgl. HbgOVG v. 15. 12. 1983, NVwZ 1984, 256.

dienen[102]). In Betracht kommen insbesondere Maßnahmen gegen verfassungsfeindliche[103]) oder sonst kriminelle[104]) Vereinigungen oder Tätigkeiten[105]), gegen illegal errichtete oder betriebene Anlagen und Einrichtungen[106]) und gegen unzuverlässige Personen, die eine genehmigungspflichtige Tätigkeit ausüben[107]). Das entspricht Zweck und Systematik von § 80 VwGO. Die entschiedenen Fälle zeigen nämlich eine deutliche Verwandtschaft zur Fallgruppe des § 80 II Nr. 2 VwGO.

Bedenklicher ist es, wenn mit gesellschaftspolitischen Erwägungen das besondere öffentliche Interesse an der sofortigen Vollziehung gerechtfertigt wird. Nur ausnahmsweise dürfen aus dem Motto „Wehret den Anfängen" rechtliche Folgerungen abgeleitet werden. So genießen bei der Abwägung, ob das öffentliche Interesse an der unverzüglichen Ausreise eines Ausländers dessen wirtschaftliche Interessen überwiegt, einwanderungspolitische Erwägungen den Vorrang[108]).

Praktische Bedeutung erlangten auch für sofort vollziehbar erklärte Maßnahmen gegen den Betrieb von Videotheken an Sonn- und Feiertagen. Ersichtlich ging es den

---

102) Beispiele bei *Finkelnburg/Jank*, Rdnr. 585. Klassische Lustspielszene: RhPfOVG v. 16. 8. 1989, NJW 1990, 64 (zum Ausschluß von der Postzustellung wegen gefährlicher Angriffe des Hundes des Zustellungsempfängers auf die Zustellungsbeamtin).
103) Allgemein zur Verfassungstreue BVerfGE v. 22. 5. 1975, BVerfGE 38, 334 (347 f.); BVerwG v. 20. 5. 1983, BVerwGE 83, 136; v. 12. 3. 1986, BVerwGE 83, 158; v. 24. 11. 1987, BVerwGE 83, 345; (bedenklich) v. 19. 1. 1989, BVerwGE 81, 212 = JuS 1989, 1012 (*Hufen*); v. 1. 2. 1989, NJW 1989, 2254; *Riegel*, ZRP 1989, 321 ff.
104) Vgl. BWVGH v. 31. 7. 1989, NJW 1990, 61 unter Bejahung der Antragsbefugnis und Klagebefugnis der einzelnen Vereinsmitglieder, wenn der verbotene Verein selbst die Verbotsverfügung angefochten hat.
105) Vgl. OVG Lüneburg v. 12. 6. 1974, NJW 1975, 136 (Hausverbot durch den Rektor gegen tätlich gewordene Studenten); BayVGH v. 2. 9. 1977, BayVBl. 1978, 21 (Versammlungsverbot bei Gefahr der Volksverhetzung).
106) OVG Lüneburg v. 29. 3. 1965, OVGE 21, 385 (materiell illegaler Schwarzbau); BWVGH v. 14. 3. 1974, BWVPr. 1974, 106 (Lagerung von Autowracks); BayVGH v. 19. 8. 1975, GewArch 1975, 340 (Schließung einer Diskothek); v. 29. 8. 1975, GewArch 1975, 372 (Schließung einer Tankstelle); v. 24. 10. 1977, BayVBl. 1977, 19 (Baueinstellungsverfügung). Vgl. aber NWOVG v. 21. 9. 1984, NJW 1985, 933 (Suspendierung der Einstellung eines Schmelzbetriebs bei drohendem Konkurs und Verlust von Arbeitsplätzen).
107) BWVGH v. 31. 3. 1970, GewArch 1970, 282 (Rücknahme der Erlaubnis für den Güternahverkehr); v. 30. 6. 1971, NJW 1971, 1764 (Gewerbeuntersagung bei Nichterfüllung sozialversicherungsrechtlicher Verpflichtungen); BayVGH v. 28. 3. 1973, GewArch 1973, 187 (Untersagung eines Handwerkbetriebs); v. 9. 4. 1981, GewArch 1982, 265 (Rücknahme der Maklererlaubnis); v. 16. 6. 1983, GewArch 1984, 101 (Widerruf der Gaststättenerlaubnis); v. 28. 2. 1984, GewArch 1984, 196 (Untersagung gesetzwidriger Versteigerungen); Zur Fahrerlaubnis BremOVG v. 15. 9. 1978, DÖV 1979, 141; BayVGH v. 28. 12. 1978, BayVBl. 1979, 650; BWVGH v. 22. 2. 1979, DÖV 1979, 300; VG Karlsruhe v. 18. 7. 1985, NJW 1986, 2901.
108) NWOVG v. 20. 6. 1985, DVBl. 1986, 921.

Gerichten darum, eine Gewöhnung der Allgemeinheit von vornherein zu unterbinden[109]). Die AnOsVollz zugunsten von Anlagen im Gemeinwohl trägt dagegen häufig ihre Rechtfertigung in sich. Zu erwähnen ist hier nur die Müll-Lawine, die den raschen Beginn der Einrichtung von Abfallumladestationen[110]) und sonstigen Abfallentsorgungsanlagen erfordern kann[111]).

38 Schwierig wird die Interessenabwägung beim *VA mit Drittwirkung* (also in *mehrpoligen Rechtsverhältnissen*). Ursprünglich hatte nämlich der Gesetzgeber das Institut der a. W. nur als Schutz gegenüber der öffentlichen Hand, nicht aber als Kampfmittel verschiedener widerstreitender Parteiinteressen gesehen.

Die Rspr. war daher gezwungen, Lösungen zu finden, die sich aus dem Wortlaut von § 80 VwGO nicht mehr ohne weiteres ableiten ließen. Nach der insbesondere vom BVerwG vertretenen h. M. stand dem durch die Begünstigung eines anderen Belasteten die Anfechtungsklage und damit der vorläufige Rechtsschutz nach § 80 VwGO zu[112]). Das hätte zu einer ungerechtfertigten Bevorzugung etwa von Nachbarinteressen vor den Bauherreninteressen führen können. Die h. M. schuf aber Korrekturen, auf die noch unter 4. und 6. näher eingegangen wird.

Der Gesetzgeber ist nunmehr der h. M. gefolgt. Nach § 80 I S. 2 VwGO in der seit 1. 1. 1990 gültigen Fassung haben Widerspruch und Anfechtungsklage auch bei VAen mit Doppelwirkung a. W. Die Interessen des Begünstigten gewährleistet § 80 a VwGO.

Bei („altruistischen") *Verbandsklagen*, denen ebenfalls die a. W. wohl nicht abgesprochen werden kann – obwohl Art. 19 IV GG hier nicht greift! –, sind allein *öffentliche Interessen* abzuwägen[113]). Da der Natur- und Umweltschutz nur ein Interesse unter anderen ist, kommt ihm kein Vorrang zu, zumal er von der Behörde mitzuberücksichtigen war, die die AnOsVollz aussprach. Jeder Eingriff in Natur und Umwelt schafft zwangsläufig vollendete Tatsachen[114]). Weil solche Eingriffe aber selbstverständlich nicht generell ausgeschlossen werden könne, verstoßen solche vollendete Tatsachen nicht von vornherein gegen öffentliche Interessen. Im Bereich des Natur- und Umweltschutzes darf die Gefahr vollendeter Tatsachen m. a. W. nicht zu einer gerichtlichen Verzögerungsautomatik führen.

---

109) OVG Lüneburg v. 27. 7. 1984, NJW 1985, 448; NWOVG v. 9. 5. 1984, NJW 1985, 449.
110) HessVGH v. 6. 4. 1989, NVwZ-RR 1989, 635.
111) *Ronellenfitsch*, DÖV 1989, 737 ff. (750).
112) BVerwG v. 21. 10. 1968, DVBl. 1969, 269; BWVGH v. 18. 12. 1975 et 1976, 63; BayVGH v. 4. 12. 1972, VGHE 26, 21; BerlOVG v. 14. 4. 1969, AS 10, 103; NWOVG (XI. Senat) v. 20. 6. 1969, DÖV 1970, 65; OVG Lüneburg v. 7. 11. 1969, NJW 1970, 963; SaarlOVG v. 4. 12. 1972, AS 13, 71; a. A. (§ 123 VwGO) HessVGH v. 24. 7. 1984, DÖV 1985, 249; NWOVG (VII. Senat) v. 18. 8. 1966, OVGE 22, 247; RhPf v. 2. 3. 1967, BRS 18 Nr. 140 (aufgegeben in den Entscheidungen v. 31. 5. 1976, AS 14, 266 v. 9. 6. 1976, AS 14, 279).
113) BremOVG v. 31. 8. 1984, DÖV 1985, 164.
114) Vgl. auch *Ronellenfitsch*, NuR 1986, 284 ff.

4. Wiederherstellung der aufschiebenden Wirkung bei nichtiger AnOsVollz

Die Wiederherstellung der a. W. setzt deren wirksamen Ausschluß voraus. 39
Der durch eine nichtige Vollziehungsanordnung hervorgerufene Rechtsschein muß jedoch beseitigt werden. Fraglich ist, auf welche Weise dies geschehen kann. Die Anordnung der Wiederherstellung der a. W. führt nämlich zu dem unerwünschten Ergebnis, daß sich die Behörde am Erlaß einer erneuten rechtswirksamen AnOsVollz gehindert sieht. *Proksch*[115]) versucht dieses Ergebnis dadurch zu vermeiden, daß er die Rechtskraftwirkung des Wiederherstellungsbeschlusses auf die Nichtigkeitsgründe der Vollziehungsanordnung beschränkt. Der betroffene Bürger dürfte aber kaum Verständnis für einander widersprechende Entscheidungsformeln des Gerichts und der Behörde aufbringen. Statt dessen ist zu verfahren wie bei der mangelhaften Begründung der Vollziehungsanordnung[116]), d. h., die AnOsVollz muß durch Beschluß ohne Wiederherstellung der a. W. aufgehoben werden. Eine kassatorische Regelung ist § 80 VwGO nicht fremd. Wenn das Gericht nach § 80 V S. 3 VwGO den faktischen Vollzug ohne, also auch auf Grund nichtiger AnOsVollz. aufheben kann[117]), dann sollte es ihm erst recht unbenommen sein, den Rechtsschein einer nichtigen AnOsVollz durch Aufhebung dieser Anordnung zu beseitigen.

VI. Die Feststellung der aufschiebenden Wirkung beim faktischen Vollzug

Von einem faktischen Vollzug des VA spricht man, wenn die Behörde den 40
VA trotz a. W. des Rechtsbehelfs vollstreckt oder zuläßt, daß der Begünstigte vom VA Gebrauch macht. Dabei ist die Verhinderung von der Aufhebung[118]) des faktischen Vollzugs zu unterscheiden.

Zur *Verhinderung* des faktischen Vollzugs ist im Rahmen des § 80 V VwGO 41
ein Antrag auf Feststellung der a. W. eines Rechtsbehelfs statthaft[119]). Ähnliches gilt, wenn noch nicht mit der Vollziehung begonnen wurde, die Behörde sich aber eines Vollziehungsrechts berühmt[120]).

---

115) BayVBl. 1976, 6 ff.
116) Vgl. oben Rdnr. 31.
117) Vgl. unten Rdnr. 44.
118) Vgl. unten VII.
119) BWVGH v. 31. 1. 1974, NJW 1974, 917 m. Anm. *Czermak;* v. 12. 9. 1979, DÖV 1979, 873; HessVGH v. 27. 10. 1975, VerwRspr. 27, 1010; OVG Lüneburg v. 21. 4. 1980; DÖV 1980, 30; v. 24. 1. 1986; DVBl. 1986, 418; *Erichsen,* Jura 1984, 478 ff. (480); teilweise abweichend NWOVG v. 29. 8. 1975, OVGE 31, 193 (AnO der a. W.); RhPfOVG v. 14. 4. 1976, DÖV 1976, 823 (Behörde wird zur Beachtung der a. W. angehalten).
120) Vgl. NWOVG v. 29. 8. 1975, OVGE 31, 193 (a. W. ist nach § 80 V S. 1 wiederherzustellen).

42 Die Festsetzung nützt naturgemäß nur etwas, wenn die Beteiligten sich an sie halten. Bei Behörden ist hiervon in der Regel auszugehen. Schon eher zweifelhaft ist das bei dem durch einen VA mit Drittwirkung Begünstigten. Dann stellt sich die Frage, ob die Beschlüsse nach § 80 a i. V. m. § 80 V VwGO *vollstreckbar* sind. Die Beantwortung der Frage erfolgt im Zusammenhang mit der Behandlung des sog. faktischen Vollzugs (Rdnr. 44).

VII. Aufhebung der Vollziehung

1. Begriff

43 Ist der VA im Zeitpunkt der Entscheidung schon vollzogen, so kann das Gericht die Aufhebung der Vollziehung anordnen (§ 80 V S. 3 VwGO). Aus dieser Regelung geht hervor, daß die tatsächliche Vollziehung des VA durch die Behörde nicht konkludent die AnOsVollz darstellt. Begrifflich stammt die „Aufhebung der Vollziehung" aus dem zivilistischen Vollstreckungsrecht (vgl. § 776 ZPO), wo sie *Rückgängigmachung* einer Vollstreckungsmaßnahme durch das Vollstreckungsorgan bedeutet. Im Verwaltungsprozeß umfaßt dagegen die Aufhebung der „Vollziehung" die Rückgängigmachung der Verwirklichung eines VA durch die Behörde oder den begünstigten Dritten.

2. Faktischer Vollzug

a) Allgemeines

44 Unter faktischem Vollzug ist der *Vollzug eines VA* zu verstehen, *obwohl dessen Wirkung aufgeschoben ist.* Vollzogen werden kann ein VA in diesem Sinne durch die Behörde oder durch den privaten Begünstigten.

Kein faktischer Vollzug ist der behördliche Sofortvollzug nach § 6 II VwVG (kein Grund-VA) und das private Gegenstück, das eigenmächtige Handeln ohne VA. Wo es am Substrat der Vollstreckung fehlt, scheidet die Anfechtungsklage und damit der vorläufige Rechtsschutz nach § 80 VwGO aus.

Die Aufhebung des faktischen Vollzugs erfordert, wenn sie nicht freiwillig erfolgt, einen Vollstreckungstitel. Die h. L. spricht Beschlüssen nach § 80 V VwGO jedoch nur Gestaltungs- und Feststellungswirkung zu[121]). Gegen eine Behörde, welche die gerichtliche Anordnung, Wiederherstellung oder Feststellung der a. W. nicht beachtet, hilft danach nur eine e. A. nach § 123 VwGO, die notfalls durch Zwangsgeld nach § 172 VwGO gegen die Behörde durchge-

---

121) Vgl. nur *Kopp*, § 80, 75. Ebenso die Vorauflagen.

setzt werden kann[122]). Mißachtet ein Dritter gerichtliche Entscheidungen im Aussetzungsverfahren, so muß ebenfalls auf § 123 VwGO zurückgegriffen werden. Hauptargument der h. L.: Wenn schon bei eigenmächtigem Verhalten eines Dritten (z. B. Schwarzbau) nur § 123 VwGO greift, so muß dies erst recht gelten, wenn wenigstens ein – wenn auch nicht vollziehbarer – VA vorliegt. Dieses Argument überzeugt aber nicht, weil beim faktischen Vollzug die Behörde oder der Drittbegünstigte nicht nur die a. W. ignorieren, sondern sich auch noch über die Rechtsauffassung des Gerichts hinwegsetzen. Hinzu kommt, daß Entscheidungen nach § 80 V S. 3 VwGO nur dann einen Sinn ergeben, wenn sie auch vollstreckbar sind. Der h. L. ist einzuräumen, daß auch bei der Aufhebung faktischer Vollzugsmaßnahmen nur vorläufige Maßnahmen in Frage kommen, die den Charakter einer Sicherungsanordnung haben. Gleichwohl sind solche Anordnungen auch im Rahmen des § 80 V S. 3 VwGO möglich. Beschlüsse nach § 80 V VwGO, die sich gegen faktische Vollzugsmaßnahmen richten, können also für vollstreckbar erklärt werden[123]).

b) Behördlicher faktischer Vollzug

Zum faktischen Vollzug kann es kommen, wenn bei einem sofort vollziehbaren VA die a. W. nach § 80 V S. 1 VwGO angeordnet oder wiederhergestellt wird. Für diesen Fall sieht § 80 V S. 3 VwGO ausdrücklich vor, daß das Gericht die Aufhebung der Vollziehung anordnen kann. Erfolgt die behördliche Vollziehung unter Mißachtung eines Rechtsbehelfs, so ist § 80 V S. 3 VwGO entsprechend anzuwenden[124]). Dabei spielt es keine Rolle, ob die Vollziehung ohne bzw. auf Grund einer nichtigen AnOsVollz oder im Widerspruch zu einer Entscheidung nach § 80 V S. 1 VwGO stattfindet. Die Aufhebung des Vollzugs erfolgt ggf. durch Aufhebung des Vollziehungsbeschlusses und soweit erforderlich und möglich durch Rückgängigmachung der Vollziehungsmaßnahmen[125]). Hat sich im Klageverfahren der Rechtsstreit in der Hauptsache erledigt, so kommt der Übergang zu einer Fortsetzungsfeststellungsklage analog § 113 I S. 4 VwGO nicht in Betracht, da es im Aussetzungsverfahren nicht um die Klärung der materiellen Rechtslage geht[126]).

45

---

122) BVerwG v. 21. 5. 1980, Buchholz 310 zu § 123 VwGO Nr. 8; v. 9. 3. 1983, Buchholz 310 § 80 VwGO Br. 42; BWVGH v. 21. 8. 1974, BWVPr. 1975, 253; BayVGH v. 22. 1. 1985, BayVBl. 1985, 409 (410); BremOVG v. 2. 4. 1984, NVwZ 1986, 59 (61); NWOVG v. 24. 4. 1964, OVGE 20, 47; RhPfOVG v. 26. 2. 1965, DÖV 1965, 674 (676); OVG Lüneburg v. 22. 1. 1974, DÖV 1974, 822.
123) So BayVGH v. 28. 7. 1982, DVBl. 1982, 1012; RhPfOVG v. 31. 5. 1976, NJW 1977, 595; OVG Lüneburg v. 25. 11. 1965, OVGE 21, 450 (452) sowie insbes. *Schenke*, DVBl. 1986, 9 ff.
124) Vgl. NWOVG v. 21. 4. 1970, OVGE 25, 244; HessVGH v. 25. 10. 1974, ESVGH 26, 184; BWVGH v. 6. 12. 1979, BWVPr. 1980, 136; v. 11. 10. 1985, VBlBW 1986, 343.
125) *RÖ*, § 80, 47; *EF*, § 80, 43 f.
126) Vgl. NWOVG v. 5. 1. 1977, JZ 1977, 398; RhPfOVG v. 10. 10. 1977, JZ 1977, 796.

c) VA mit Drittwirkung

46 Mit der Aufhebung und Verhinderung behördlicher Vollzugsakte ist es häufig nicht getan. Vielmehr müssen auch private Verhaltensweisen in die Betrachtung einbezogen werden. Auf der Grundlage der hier vertretenen Verwirklichungstheorie verstand es sich von selbst, daß auch gegen Private grundsätzlich nach § 80 V VwGO vorgegangen werden mußte. Durch die Einfügung des § 80a VwGO ist nunmehr in diesem Sinn die Rechtslage eindeutig[127]): Nach § 80 III S. 1 i. V. m. I Nr. 2 VwGO kann das Gericht auf Antrag des durch einen begünstigenden VA belasteten Dritten die Vollziehung aussetzen und einstweilige Maßnahmen zur Sicherung der Rechte des Dritten treffen. Gemäß § 80a III S. 2 VwGO ist § 80 V VwGO entsprechend anwendbar. Daß Beschlüsse nach § 80a I Nr. 2 i. V. m. § 80 V VwGO vollstreckbar sind, geht bereits aus dem Gesetzeswortlaut eindeutig hervor.

Auf dem Boden der Verwirklichungstheorie ist ferner nicht einzusehen, wieso kein Antrag auf Feststellung der a. W. eines Rechtsbehelfs statthaft sein sollte, wenn ein Dritter mit Billigung der Behörde von einem den Antragsteller belastenden VA Gebrauch macht.

Beispiel: Mit Duldung der Bauaufsichtsbehörde wird von einer vom Nachbarn angefochtenen Baugenehmigung Gebrauch gemacht[128]).

VIII. AnOsVollz durch das Gericht

47 Beim VA mit Drittwirkung hat es der Belastete in der Hand, ein Vorhaben des Begünstigten zu blockieren[129]). Der Begünstigte darf daher nicht ohne Rechtsschutz bleiben. Wer beispielsweise durch eine immissionsschutzrechtliche Genehmigung begünstigt wird, hat regelmäßig ein erhebliches Interesse daran, daß dem Widerspruch seines Nachbarn keine a. W. zukommt. Vorläufigen Rechtsschutz kann er zwar durch AnOsVollz seitens der Verwaltung erlangen. Im gerichtlichen Aussetzungsverfahren würde er aber nach dem Wortlaut des § 80 V VwGO ohne Rechtsschutz bleiben. Mit Rücksicht auf den Gleichheitssatz muß sich aber auch derjenige an die Verwaltungsgerichte wenden können, der von einer Genehmigung keinen Gebrauch machen kann, weil die Verwaltung die AnOsVollz verweigert. Im Schrifttum und in der Rspr. war dementsprechend weithin anerkannt, daß auch im Verfahren nach

---

127) Die Gegenauffassung (vgl. etwa BayVGH v. 24. 3. 1977, VGH n. F. 30, 52) ist endgültig überholt.
128) Nach BayVGH v. 23. 6. 1975, BayVBl. 1975, 561 muß hier die Bauaufsichtsbehörde auf Antrag des Nachbarn nach § 123 verpflichtet werden, die einstweilige Einstellung der Bauarbeiten anzuordnen.
129) Vgl. oben § 51 Rdnr. 6.

§ 80 V VwGO die AnOsVollz möglich ist[130]). Streitig war lediglich, ob der Begünstigte in entsprechender Anwendung des § 80 II Nr. 4 VwGO nur beantragen konnte, die Behörde unter Neubescheidung des Antrags auf AnOsVollz unter Beachtung der Rechtsauffassung des Gerichts zu verpflichten[131]) oder ob das Gericht selbst befugt war, die sVollz anzuordnen[132]). Da das Gericht im Aussetzungsverfahren eine eigene Ermessensentscheidung trifft, muß das gleiche gelten, wenn es die sVollz anordnet. In den Vorauflagen wurde daher vertreten, daß auch das Gericht die AnOsVollz aussprechen kann. Diese Möglichkeit eröffnet nunmehr § 80a III i. V. m. I Nr. 1 VwGO ausdrücklich. Bei der der Anordnung oder Aussetzung der sVollz zugrundeliegenden Interessenabwägung fungiert das Gericht als Schiedsrichter zwischen den widerstreitenden Bürgerinteressen. Für die Interessenabwägung können die in Rdnrn. 36 und 37 zusammengestellten Kriterien herangezogen werden. Die Rechtslage ist freilich nicht ganz eindeutig. Nach § 80a I Nr. 1, II VwGO kann nämlich die sVollz „nach" § 80 II Nr. 4 VwGO angeordnet werden. Fraglich ist, ob damit in vollem Umfang auf die Voraussetzungen des § 80 II Nr. 4 VwGO verwiesen ist, so daß die Anordnung ein öffentliches Interesse oder „überwiegendes" Interesse des Begünstigten voraussetzen würde. Da der Bezug auf das öffentliche Interesse beim VA mit Drittwirkung kaum einleuchtet, muß auch der Bezug auf das „überwiegende" Interesse eines Beteiligten relativiert werden. Der Verweis betrifft wohl mehr die Modalitäten der Anordnung, weniger deren Voraussetzungen. An das „überwiegende" Interesse des Begünstigten sind jedenfalls keine allzu strenge Anforderungen zu stellen (gefordert ist kein „Übergewicht"). Lediglich bei offensichtlicher Rechtswidrigkeit des begünstigenden VA scheidet die AnOsVollz von vornherein aus[133]). Im übrigen wird bei präventiven Verboten mit Erlaubnisvorbehalt den Bürgern zwar grundsätzlich zugemutet, mit der Verwirklichung erlaubnispflichtiger Tätigkeiten bis zur Erteilung der Erlaubnis zu warten[134]). Liegt eine Erlaubnis aber vor und stellt das Gericht im summarischen Verfahren keine ernstlichen Zweifel an der Rechtmäßigkeit der Erlaubnis fest, dann überwiegt grundsätzlich das Verwirklichungsinteresse. Eine Rechtsordnung, die die allgemeine Handlungsfreiheit schützt, kann nicht den Status quo zur rechtlichen Normallage erheben[135]). Selbst bei Ausnahmen von repressiven Verboten ist für die AnOsVollz keine besonders wichtige Rechtsposition des Begünstigten zu

---

130) Vgl. etwa BWVGH v. 9. 3. 1977, GewArch 1977, 239.
131) Vgl. BayVGH v. 5. 6. 1981, DÖV 1982, 16.
132) So u. a. BWVGH v. 1. 8. 1980, VBlBW 1981, 254; ferner BVerwG v. 21. 10. 1968, DVBl. 1969, 269; BayVGH v. 12. 7. 1984, DVBl. 1985, 172.
133) SaarlOVG v. 24. 1. 1983, DÖV 1983, 585.
134) BayVGH v. 17. 3. 1987, GewArch 1987, 231.
135) Vgl. *Ronellenfitsch*, in: Speyerer Forschungsberichte, Bd. 90, 1990, S. 121 ff.

verlangen¹³⁶), wenn nicht umgekehrt vergleichbare Rechte des Belasteten gefährdet werden.

IX. Aufhebungs- und Abänderungsverfahren

48   Beschlüsse über Anträge nach § 80 V und § 80 a III S. 1 VwGO können nach dem neugefaßten § 80 VII VwGO wieder geändert oder aufgehoben werden. Obwohl sonst das Antragserfordernis im Verwaltungsprozeß die Regel bildet, unterscheidet § 80 VII VwGO *zwei Fallkonstellationen.* Zum einen kann das Gericht, welches die Entscheidung nach § 80 V VwGO getroffen hat, diese Entscheidung jederzeit von *Amts wegen* ändern oder aufheben, wenn es seine Rechtsansicht ändert und solange es Gericht der Hauptsache ist. Zum anderen erfolgt die Änderung oder Aufhebung auf *Antrag der Beteiligten.* Antragsteller i. S. v. § 80 VII S. 2 VwGO ist unabhängig von seiner Rechtsstellung im Aussetzungsverfahren der Betreiber des Abänderungsverfahrens¹³⁷).

49   Nach früherem Recht (§ 80 VI VwGO a. F.) war umstritten, ob die Antragsbedingte Abänderungsbefugnis nur bei veränderter Sach- und Rechtslage bestand¹³⁸). Der engeren Auslegung wurde vielfach der Gesetzeswortlaut („jederzeit" in beiden Alternativen) entgegengehalten¹³⁹). Hiergegen sprach jedoch die Entstehungsgeschichte der Vorschrift¹⁴⁰). Danach diente § 80 VI a. F. VwGO als Ersatz für die fehlende Beschwerdemöglichkeit Rechtsbehelfsersatz. „Jederzeit" bedeutete, daß zu jeder Zeit des Verfahrens eine gerichtliche Änderungsentscheidung ergehen konnte, ließ aber die materiellen Voraussetzungen der Änderungsentscheidung offen. Diese ergaben sich in entsprechender Anwendung des in § 927 ZPO enthaltenen Rechtsgedankens, d. h. es mußten nachträglich veränderte Umstände vorliegen¹⁴¹).

50   Auch § 80 VII VwGO klärt die *materiellen Voraussetzungen* der Änderungsentscheidung nur zum Teil. In der zweiten Alternative, der Änderung auf Antrag, dürfte nunmehr eine Klärung eingetreten sein. Das Wort „jederzeit" ist in § 80 VII S. 2 VwGO entfallen; die Änderung oder Aufhebung kann nur wegen veränderter oder im ursprünglichen Verfahren ohne Verschulden nicht

---

136) HessVGH v. 24. 11. 1989, NVwZ-RR 1990, 185.
137) NWOVG v. 24. 8. 1987, OVGE 39, 168.
138) So BWVGH v. 24. 7. 1969, NJW 1970, 165; BremOVG v. 1. 11. 1972, NJW 1973, 341; HessVGH v. 27. 1. 1977, NJW 1978, 182 (Änderung der Prozeßlage); NWOVG v. 24. 1. 1989, NJW 1989, 1691; *EF,* § 80, 50 a; *RÖ,* § 80, 61.
139) Vgl. RhPfOVG v. 26. 11. 1965, DÖV 1965, 675 m. krit. Anm. *Redeker;* NWOVG v. 26. 11. 1969, DÖV 1970, 247; HessVGH v. 24. 2. 1972, VerwRspr. 24, 882.
140) In der amtlichen Begründung zum Entwurf der VwGO heißt es: „Mit Rücksicht auf den vorläufigen Charakter des Verfahrens auf Wiederherstellung der a. W. ist gegen diesen Beschluß eine Beschwerde nicht zugelassen. Dadurch wird ein unerfreuliches und verwirrendes Hin und Her im Vollzug vermieden. Sollten sich nachträglich neue Gesichtspunkte ergeben, so kann dies jederzeit dem Gericht unterbreitet werden, das dann von sich aus die nötigen Konsequenzen ziehen wird" (BT-Drucks. 3/85).
141) So NWOVG v. 8. 10. 1976, NJW 1977, 726; v. 29. 4. 1982, NVwZ 1983, 353; *Kopp,* § 80, 107.

geltend gemachter Umstände beantragt werden[142]). Bei der Aufhebung oder Abänderung von Amts wegen ist es dagegen nach wie vor die Änderung jederzeit möglich. Die materielle Rechtmäßigkeit der Entscheidung im vorläufigen Verfahren geht somit in Erwägung der Rechtssicherheit vor. Der Grundsatz, daß mit Rechtsmitteln nicht mehr angreifbare Entscheidungen auch die Gerichte binden, die nachträglich zu einer anderen Ansicht gelangt sind, gilt hier nicht. Auf eine Änderung der Sach- und Rechtslage kommt es – vom Meinungswandel des Gerichts abgesehen – bei der ersten Alternative regelmäßig nicht an[143]). Dennoch sind dem Gericht Überraschungsentscheidungen verwehrt. Ohne Änderung der entscheidungserheblichen Umstände untergräbt eine Entscheidung nach § 80 VII S. 1 VwGO das Vertrauen in die Rechtspflege und sollte unterbleiben. Angebracht ist eine Entscheidung nach § 80 VII S. 1 VwGO vor allem, wenn sich die Beurteilung der Erfolgsaussichten in der Hauptsache – etwa durch die zwischenzeitliche Klärung einer Rechtsfrage – gewandelt hat[144]). Da das Aufhebungs- und Abänderungsverfahren als Surrogat für die ursprünglich nicht vorgesehene Beschwerdemöglichkeit gegen Entscheidungen nach § 80 V VwGO vorgesehen war[145]), fehlt jedenfalls das Rechtsschutzbedürfnis für Anträge nach § 80 VII S. 2 VwGO, wenn ein Beschwerdeverfahren anhängig ist[146]).

Die Aufhebungs- und Abänderungsentscheidung selbst ist nach den gleichen Grundsätzen zu treffen wie ein Beschluß nach § 80 V VwGO.

Im Regelfall sind die Beschlüsse den Beteiligten förmlich gem. § 56 II VwGO bzw. § 56 a VwGO zuzustellen. In besonders eilbedürftigen Fällen ist der Rechtsschutz nur dann effektiv, wenn zumindest der Beschlußtenor formlos – etwa telefonisch – bekanntgegeben werden kann und von diesem Zeitpunkt an beachtet werden muß. Über die telefonische Mitteilung ist dann ein Aktenvermerk zu fertigen. Die unverzüglich folgende förmliche Zustellung des vollständigen Beschlusses ist nötig, um die Beschwerdefrist in Lauf zu setzen[147]).

---

142) Insbesondere macht die substantiierte Rüge der Verletzung rechtlichen Gehörs den Antrag zulässig; vgl. auch BVerfG v. 18. 6. 1985, BVerfGE 70, 180.
143) BayVGH v. 21. 3. 1983, BayVBl. 1983, 503.
144) Hess VGHH v. 16. 12. 1987, NVwZ 1988, 1150.
145) Vgl. Fußn. 138.
146) Vgl. BayVGH v. 12. 5. 1987, BayVBl. 1988, 306.
147) Vgl. *Korber*, NVwZ 1983, 85 ff.

X. Entscheidung durch den Vorsitzenden

53 In dringenden Fällen kann nach § 80 VIII S. 1 VwGO der Vorsitzende entscheiden. Dieser trifft auch die Kostenentscheidung[148]).

XI. Rechtsbehelfe

54 Gegen eine Entscheidung des Vorsitzenden kann innerhalb von zwei Wochen nach Bekanntgabe das Gericht angerufen werden (§ 80 VIII S. 2 VwGO). Eine Beschwerde kommt daneben nicht in Betracht.

55 Gegen Beschlüsse des Gerichts findet dagegen die *Beschwerde* nach § 146 VwGO statt.

Im Interesse des effektiven Rechtsschutzes ist die Beschwerde schon vor Zustellung des Beschlusses zulässig, wenn die Entscheidungsformel den Beteiligten telefonisch bekanntgegeben worden ist[149]).

56 Die frühere partielle *Unanfechtbarkeit* von Beschlüssen nach § 80 V VwGO[150]) ist entgültig *beseitigt*.

57 Ob sich der Belastete vor dem Beschwerdegericht nur auf die Verletzungen seiner privaten Rechte und Interessen berufen kann, ist streitig[151]). Sachwalterin des öffentlichen Interesses ist zwar grundsätzlich die Behörde. Dennoch sollte sich der Belastete bei widerstreitenden öffentlichen Interessen zumindest auf diejenigen öffentlichen Interessen berufen können, deren Wahrnehmung auch ihm aufgegeben sind[152]).

---

148) Einzelheiten bei *Kopp*, § 80, 94.
149) BayVGH v. 13. 6. 1978, DÖV 1979, 66.
150) Hierzu die Vorauflage § 50 Rdnrn. 50 f.
151) Vgl. einerseits BWVGH v. 8. 10. 1987, DVBl. 1976, 538 m. abl. Anm. *Fischerhof*; v. 9. 3. 1977, GewArch 1977, 238 (239); *Bender*, DÖV 1986, 41 ff.; andererseits BayVGH v. 22. 11. 1974, VGH n. F. 27, 115; *Büdenbender*, et 1976, 439 ff.; *Papier*, VEnergR 41/42, 1977, S.86 ff. (92 f., 103 ff.).
152) *Beispiel:* Mit Rücksicht auf § 6 I EnWG muß ein Energieversorgungsunternehmen das öffentliche Interesse an einer gesicherten Energieversorgung auch im Aussetzungsverfahren geltend machen können; vgl. auch *Kuhnt*, atw 1977, 406 ff. (410); *Papier*, a. a. O. (Fußn.).

3. Abschnitt: Vorläufiger Rechtsschutz nach § 123 VwGO und nach § 47 VIII VwGO

§ 58 Vorläufiger Rechtsschutz nach § 123 VwGO

I. Vorläufiger Rechtsschutz durch das Gericht

1. Allgemeines

Abgesehen vom Normenkontrollverfahren, ist in allen Fällen, die durch § 80 VwGO nicht erfaßt werden, vorläufiger Rechtsschutz nur im Wege der e. A. nach § 123 VwGO zu erlangen[1]). 1

§ 123 VwGO orientiert sich weitgehend an der Regelung der einstweiligen Verfügung im Zivilprozeß[2]). Daher spielt es auch keine Rolle, ob sich die Verfahrensbeteiligten über- und gleichgeordnet gegenüberstehen[3]). 2

Auch der Verwaltungsprozeß kennt die *Sicherungsanordnung* (§ 123 I S. 1 VwGO, vgl. § 935 ZPO) und die *Regelungsanordnung* (§ 123 I S. 2 VwGO, vgl. § 940 ZPO). Daneben sollte, ähnlich wie im Zivilprozeß – als eigenständige Kategorie, jedenfalls als Sonderfall der Regelungsanordnung –, die *Leistungsanordnung* anerkannt werden. 3

Auseinanderzuhalten sind ferner *Anordnungsgrund* und *Anordnungsanspruch*. Der Anordnungsgrund liegt in der Eilbedürftigkeit der e. A, der Anordnungsanspruch ist der materielle Anspruch, für den vorläufiger Rechtsschutz begehrt wird[4]).

Obwohl das Vorliegen von Anordnungsgrund und -anspruch letztlich eine Frage der Begründetheit des Anspruchs auf Erlaß einer e. A. ist, ist auch im Anordnungsverfahren zwischen *Zulässigkeit* und *Begründetheit* des Antrags zu unterscheiden. Die formellen und materiellen Entscheidungsvoraussetzungen lassen sich allerdings schwerer trennen als im Hauptsacheverfahren. So wird im zivilprozessualen Schrifttum der Verfügungsgrund häufig zu den Zulässigkeits- 4

---

1) Vgl.*Quaritsch*, VerwArch. 1960, 347 ff.; *Rambeck*, NZW 1961, 1333 ff.; *Rohmeyer*, Geschichte und Rechtsnatur der einstweiligen Anordnung im Verwaltungsprozeß, 1967; *Obermayer*, in: Gedächtnisschr. f. Peters, 1967, S. 875 ff.; *Winkelvoß*, SchlHAnz. 1970, 222 ff.; *Erichsen*, Jura 1984, 644 ff.; *Bender*, in: Festschr. f. Menger, S. 657 ff.; = VBlBW 1986, 321 ff.
2) Für die Übernahme des Arrests (§ 916 ZPO) bestand kein Bedürfnis, vgl. *Ule*, S. 380; BWVGH v. 4. 7. 1988, NVwZ-RR 1989, 588. Zu Arrest und einstweiliger Verfügung *Teplitzky*, JuS 1980, 882 ff.; 1981, 122 ff., 352 ff.; *ders.*, DRiZ 1982, 41 ff.
3) Vgl. BVerwG v. 5. 2. 1976, BVerwGE 50, 124 zum Streit nach § 50 I Nr. 1 VwGO.
4) Vgl. etwa HessVGH v. 13. 6. 1988, DVBl. 1988, 1071; OVG Lüneburg v. 15. 4. 1988, NVwZ 1989, 1085.

voraussetzungen gerechnet[5]). Ferner darf gerade im Eilverfahren der Vorrang der Zulässigkeitsprüfung nicht zum strikten Dogma erhoben werden. Die Klärung komplizierter Zulässigkeitsfragen, auf die es auf den ersten Blick im Ergebnis nicht ankommen wird, würde gegen das Beschleunigungsgebot verstoßen[6]). Eine flexiblere Handhabung der Prüfungsreihenfolge dürfte daher – namentlich im Examen – nicht nur unschädlich, sondern auch vorteilhaft sein. Dem entspricht die folgende Darstellung.

2. Zuständigkeit und Verfahren

5   § 123 II VwGO macht deutlich, daß das Anordnungsverfahren nur zulässig ist, wenn für das Hauptsacheverfahren der *Verwaltungsrechtsweg* eröffnet ist. Für die Zulässigkeit des Verwaltungsrechtswegs gelten die allgemeinen Grundsätze[7]). Fehlt es im Verfahrensrecht der Gerichtsbarkeit, der die Streitigkeit zugewiesen ist, an Vorschriften über den vorläufigen Rechtsschutz, so besteht gleichwohl keine subsidiäre Eilzuständigkeit der Verwaltungsgerichte[8]), doch ist in verwaltungsrechtlichen Streitigkeiten eine entsprechende Anwendung von § 123 VwGO nicht ausgeschlossen[9]).

6   *Sachlich* und *örtlich zuständig* ist das *Gericht der Hauptsache* als Tatsachengericht. Da die e. A. schon vor Klageerhebung ergehen kann, muß unterschieden werden:

Vor Rechtshängigkeit in der Hauptsache ist für den Erlaß der e. A. das Gericht zuständig, bei dem im ersten Rechtszug die Hauptsache[10]) anhängig gemacht werden müßte[11]). Das ist i. d. R. das VG, ausnahmsweise das OVG (VGH)[12]) und bei erst- und letztinstanzlicher Zuständigkeit das BVerwG[13]).

Nach Rechtshängigkeit der Hauptsache begründet § 123 II VwGO die Zuständigkeit des Gerichts des ersten Rechtszugs oder des Berufungsgerichts.

---

5) Vgl. BLAH Grundz. § 916 Anm. 3 A.
6) Vgl. HessVGH v. 8. 5. 1967, DÖV 1968, 139.
7) Hat das Amtsgericht nach Erlaß einer einstweiligen Verfügung im nachfolgenden Widerspruchsverfahren nach § 924 ZPO das Verfahren an das VG verwiesen, so kommt eine entsprechende Anwendung von § 936 i. V. m. §§ 924, 925 ZPO nicht in Betracht; vielmehr muß das VG eine neue Entscheidung nach § 123 VwGO treffen; BayVGH v. 14. 1. 1983, BayVBl. 1983, 569.
8) Vgl. BerlOVG v. 28. 12. 1972, NJW 1973, 1246 m. Anm. *Leinius.*
9) BVerwG v. 17. 10. 1967, BVerwGE 33, 42 (43); v. 11. 4. 1972, BVerwGE 43, 440 (Wehrbeschwerdeverfahren); BVerfG v. 19. 10. 1977, BVerfGE 46, 166 (180: SGG).
10) Bei einer e. A. der Verpflichtung der Bauaufsichtsbehörde zur Stillegung von Bauarbeiten ist das Verlangen des Nachbarn auf behördliches Einschreiten die Hauptsache, nicht dagegen das Verfahren auf Aufhebung der Baugenehmigung; NWOVG v. 23. 12. 1988, NVwZ-RR 1989, 589.
11) BayVGH v. 17. 1. 1961, VGH n. F. 14,7 (8).
12) Zum flurbereinigungsgerichtlichen Verfahren vgl. BayVGH v. 27. 11. 1979, BayVBl. 1980, 209; BWVGH v. 9. 4. 1986, NVwZ 1986, 490.
13) Vgl. BVerwG v. 22. 11. 1965, DVBl. 1966, 273.

Das Berufungsgericht ist nur zuständig, sobald das Berufungsverfahren anhängig ist. Die Zuständigkeit des VG endet also mit Einlegung der Berufung. Das VG wird aber *wieder* zuständig, wenn die Berufungsinstanz endet. Das ist der Fall mit Rechtskraft des Berufungsurteils, mit Einlegung der Revision[14]) sowie mit Erlaß des Nichtabhilfebeschlusses bei der Nichtzulassungsbeschwerde i. S. v. § 131 III VwGO[15]).

In dringenden Fällen besteht eine *Eilzuständigkeit des Vorsitzenden* (§ 123 II S. 3 i. V. m. § 80 VIII VwGO.) 7

Der Erlaß einer e. A. setzt stets einen *Antrag* voraus. § 123 I S. 1 VwGO sieht dies zwar nur für die Sicherungsanordnung vor. Es ist jedoch kein Grund ersichtlich, Regelungs- und Leistungsanordnung von Amts wegen zuzulassen[16]). Der Antrag kann schon vor der Klageerhebung gestellt werden. Seine Zulässigkeit hängt davon ab, daß die allgemeinen Zulässigkeitsvoraussetzungen und die besonderen Anordnungsvoraussetzungen des Anordnungsanspruchs und Anordnungsgrundes (vgl. § 920 ZPO) vorliegen. In außergewöhnlichen Fällen darf auch ohne Vorliegen eines schriftlichen Antrags, etwa über ein telefonisch vorgetragenes Eilbegehren, entschieden werden[17]). 8

Die dem Anspruch zugrundeliegenden Tatsachen und der Grund der e. A. sind *glaubhaft* zu machen (§ 123 III VwGO, §§ 920 II, 294 ZPO[18]). Zur Glaubhaftmachung dienen in erster Linie eidesstattliche Versicherungen und die Vorlage von Urkunden (§ 294 ZPO). 9

Die e. A. dient in den beiden Alternativen des § 123 I VwGO nur zur Sicherung von Rechten[19]) des Antragstellers, nicht zu ihrer Befriedigung. Das wird üblicherweise mit der Formel umschrieben, die e. A. dürfte die endgültige Entscheidung grundsätzlich nicht *vorwegnehmen*[20]). Dieser Grundsatz wird zunehmend durchbrochen. Denn einerseits liegt es im Wesen des einstweiligen Rechtsschutzes, daß er nicht zu irreparablen Entscheidungen führen darf. Auf 10

---

14) *Bender,* in: Menger-Festschr. S. 666 m.w.N., vgl. auch BVerwG v. 3. 7. 1979, BVerwGE 58, 179 (181); a. A. *Kopp,* § 123, 20.
15) *Finkelnburg/Jank,* Rdnr. 72.
16) *EF,* § 123, 17; *RÖ,* § 123, 16; *Kopp,* § 123, 16.
17) VG Wiesbaden v. 5. 5 1987, NVwZ 1988, 90.
18) Vgl. OVG Lüneburg v. 28. 5. 1974, DVBl. 1974, 881; v. 16. 5. 1983, DVBl. 1983, 814; NWOVG v. 4. 2. 1982, NJW 1982, 2517, NWOVG v. 22. 2. 1989, NJW 1990, 728; *Hirtz,* NJW 1986, 110; auch BWVGH v. 27. 3. 1986, VBlBW 1986, 256.
19) So scheiterte in Schleswig-Holstein der Antrag einer Fraktion der Ratsversammlung auf Auskunftserteilung durch den Magistrat am fehlenden Recht der Antragstellerin, vgl. VG Schleswig v. 5. 1. 1977, Gem. 1977, 197. Unzulässig war auch die Feststellung von Rechten aus der (nichtigen) früheren Mitbestimmungsvereinbarung der städtischen Bühnen Frankfurt; vgl. HessVGH v. 18. 4. 1983, DÖV 1984, 118. Zum Sonderproblem der Tarifpreiserhöhung durch e. A. BayVGH v. 2. 4. 1981, RdE 1981, 91 mit Bespr. *Sanders,* RdE 1982, 178 ff., 194 ff. Zum Zugang zu „Stasi"-Akten KrG Erfurt v. 22. 10. 1990, LKV 1991, 48.
20) Vgl. *EF,* § 123, 8.

der anderen Seite ist effektiver Rechtsschutz oft nur möglich, wenn er rasch kommt. *Das Verbot einer Vorwegnahme der Hauptsache gilt* daher *nicht ausnahmslos*[21]). Bei der Leistungsanordnung gilt es nicht. Die Vorwegnahme der Hauptsache ist vor allem geboten, wenn es um die fristgebundene Wahrung von Ausbildungs- und Berufschancen des Antragstellers geht[22]). Die Vorwegnahme der Hauptsache erfordert dabei eine besonders sorgfältige Prüfung des Anordnungsgrundes[23]). Zu beachten ist insbesondere, daß das Gericht nicht in unzulässiger Weise den Gestaltungsspielraum der Exekutive verengt[24]).

Werden etwa freie Studienplätze wegen nicht ausgenutzter Kapazitäten der Hochschule im Losverfahren vergeben, so sollte das Gericht die Verlosung von der Hochschule selbst vornehmen lassen[25]). Auch eine Neubescheidung in einem Prüfungsverfahren darf grundsätzlich durch e. A. nicht aufgegeben werden[26]). Erst recht wäre die Zulassung zu einer mündlichen Prüfung auf Grund eines glaubhaften

---

21) Vgl. *Leipold,* S. 212 ff.; *Rohmeyer,* (Fußn. 1), S. 179 ff.; BremOVG v. 2. 8. 1978, GewArch 1978, 339 (340); BWVGH v. 19. 2. 1982, NJW 1982, 2459; HessVGH v. 16. 9. 1985, DVBl. 1986, 297.
22) Vgl. BWVGH v. 2. 2. 1970, DVBl. 1970, 322; HessVGH v. 16. 2. 1971, NJW 1971, 909; NWOVG v. 15. 1. 1974, OVGE 29, 193; v. 19. 5. 1978, NJW 1978, 330; OVG Lüneburg v. 2. 4. 1981, NVwZ 1983, 106 (jeweils Zulassung zum Hochschulstudium); vgl. auch *Finkelnburg/Jank,* § 68. NWOVG v. 6. 12. 1972, DÖV 1973, 21 (Bewertung von Prüfungsarbeiten); BWVGH v. 23. 1. 1974, VerwRspr. 26, 145 (Zulassung zu einer Wiederholungsprüfung); BayVGH v. 3. 1. 1973, VerwRspr. 25, 27 (Zulassung zum Vorbereitungsdienst); HessVGH v. 1. 6. 1982, DVBl. 1982, 747 (Aushändigung eines Scheins). Dadurch wird auch die praktische Tragweite der Kontroverse relativiert, ob die Entscheidung über die Nicht-Versetzung in die nächsthöhere Klasse einen belastenden oder ob die Entscheidung über die Versetzung einen begünstigenden VA darstellt. Mit der h. L. wird man von einem begünstigenden VA auszugehen haben, so daß sich der Rechtsschutz nach § 123 VwGO richtet; vgl. BayVGH v. 20. 12. 1985, NVwZ 1986, 398 = JuS 1988, 234 *(Hufen).*
23) NWOVG v. 11. 3. 1980, AgrarR 1980, 201; HessVGH v. 12. 8. 1988, NJW 1988, 1753. Zu weitgehend BayVGH v. 24. 1. 1984, GewArch 1984, 231 („schlechthin unentbehrliche" e. A.), BremOVG v. 30. 12. 1980, DVBl. 1981, 585 stellt zutreffend auf die Konkurrenzsituation bei der Hochschulzulassung ab und verweist einen Zweitstudienbewerber in das Hauptsacheverfahren. Demgegenüber läßt BayVGH v. 18. 11. 1974, BayVBl. 1975, 144 für den Eintritt in ein weiteres Studiensemester die offenbleibende Beurteilung der Hauptsachefrage genügen. Das ist problematisch. Durch e. A. verwirklichte Zulassungen stehen nämlich nach BVerwG v. 1. 12. 1978, BVerwGE 57, 148 und v. 23. 2. 1982, DVBl. 1982, 730 später zur Entscheidung stehenden Ansprüchen als kapazitätsdeckend gegenüber, wenn es sich um spätere Ansprüche im Hauptsacheverfahren handelt. Auf die überwiegende Wahrscheinlichkeit des Erfolgs in der Hauptsache stellt ab BWVGH v. 22. 3. 1985, VBlBW 1986, 21. Weniger problematisch sind die Fälle der Ausbildungsförderung. So schließt die Möglichkeit, die Vorausleistung von Ausbildungsförderung beantragen zu können (§ 36 BAFöG), das Vorliegen eines Anordnungsgrunds nicht aus; BayVGH v. 16. 3. 1990, NJW 1990, 2576.
24) Vgl. zur *Kapazitätsermittlung* von Hochschulen bereits BWVGH v. 28. 8. 1975, WissR 1976, 172. In Verfahren, welche die mangelnde Nutzung von Ausbildungskapazitäten an Hochschulen zum Gegenstand haben, sind Verfassungsbeschwerden zum BVerfG vor Durchführung des verwaltungsgerichtlichen Hauptsacheverfahrens nur ausnahmsweise zulässig, wenn grundsätzliche verfassungsrechtliche Fragen zu klären sind und die Gefahr besteht, daß erhebliche Kapazitäten ungenutzt bleiben; BVerfG v. 3. 4. 1979, BVerfGE 51, 130; vgl. auch NWOVG v. 11. 8. 1980, NJW 1981, 643; BVerfG v. 25. 10. 1988, NJW 1989, 827.
25) BremOVG v. 6. 1. 1981, DVBl. 1981, 586.
26) BWVGH v. 19. 10. 1984, DÖV 1985, 491.

Anspruchs auf Neubewertung durch e. A. nicht sicherbar, da ohne endgültige Neubewertung über die Endnote nicht entschieden werden kann[27]).

Mit dem Gestaltungsspielraum der Exekutive hängt ferner die Frage zusammen, ob eine e. A. auch dann zulässig ist, wenn eine Leistung begehrt wird, die in das *Ermessen der Behörde* gestellt ist, hinsichtlich derer im Hauptsacheverfahren also nur eine Bescheidungsklage zulässig wäre. Nimmt man die Gewaltenteilung ernst, so dürfte nur dann eine e. A. möglich sein, wenn eine Ermessensreduzierung der Verwaltung auf Null im Eilverfahren zumindest nicht ausgeschlossen werden kann[28]). In allen übrigen Fällen darf nur die Bescheidung des Antrags im Wege des § 123 VwGO angeordnet werden[29]). 11

Ob auch im Rahmen des § 123 VwGO über die Prüfung der Notwendigkeit der e. A. eine *Interessenabwägung* vorzunehmen ist und/oder auf die *Erfolgsaussichten der Hauptsache* abgestellt werden kann, läßt sich nur schwer beantworten. 12

Die wohl überwiegende Meinung befürwortet eine Entscheidung auf der Grundlage einer Interessenabwägung[30]). Hierfür spricht, daß eine Differenzierung bei den einzelnen Formen des einstweiligen Rechtsschutzes nach Möglichkeit vermieden werden sollte und daß die Anforderungen an die Glaubhaftmachung den Antragsteller häufig überfordern. Auf der anderen Seite lassen sich die Unterschiede des Aussetzungsverfahrens und des einstweiligen Anordnungsverfahrens nicht leugnen. Hilfreich ist zunächst der Blick in den Zivilprozeß. Dort ist die Lage eindeutig. Wenn nach § 938 ZPO bei dem „Wie" der Anordnung dem Gericht ein Ermessensspielraum zusteht, so kann der Gegenschluß nur lauten, daß das „Ob" der Entscheidung rechtlich gebunden ist. Aber auch im Verfahren nach § 123 VwGO trifft das Gericht eine Rechtsentscheidung. Die Entscheidungsvoraussetzungen einer e. A. sind unbestimmte Rechtsbegriffe, so daß schon nach dem Wortlaut des § 123 VwGO eine reine Interessenabwägung ausscheidet. Dieses Ergebnis ist auch sachgerecht. Liegen die Voraussetzungen des § 123 I VwGO vor, so kann auch ein öffentliches Interesse einen (vorläufigen) rechtswidrigen Zustand nicht rechtfertigen. Umgekehrt kann dem Antragsteller auch keine Interessenabwägung helfen, wenn er Anordnungsanspruch und Anordnungsgrund nicht glaubhaft machen kann. Eine erfolgsunabhängige Interessenabwägung, wie sie gelegentlich vertreten wird, ist daher von vornherein verfehlt. Die extreme Gegenposition, die

---

27) BWVGH v. 25. 4. 1989, NVwZ-RR 1989, 478.
28) Vgl. RhPfOVG AS 14, 97; *SDC*, § 123, 3a; *RÖ*, § 123, 8; a. A. *Kopp*, § 123, 12.
29) Vgl. *RÖ*, § 123, 8. Wichtig: SaarlOVG v. 20. 6. 1985, NVwZ 1986, 769 (Umsetzung).
30) Vgl. nur *Leipold*, S. 86 ff.; *Kopp*, § 123, 29; *EF*, § 123, 7; *SDC*, § 123, 3 a; NWOVG v. 6. 12. 1972, DÖV 1973, 421; für eine Interessenabwägung bei *offener Hauptsachelage:* RhPfOVG v. 28. 6. 1979, GewArch 1979, 340; v. 15. 3. 1978, AS 15, 97 (98); SaarlOVG v. 23. 11. 1978, NJW 1979, 830 (831); BayVGH v. 24. 2. 1982, BayVBl. 1982, 308.

neben der Interessenabwägung im Verfahren nach § 123 I 1. Alt. VwGO auch die Prüfung der Erfolgsaussichten in der Hauptsache ablehnt[31]), verdient aber ebenfalls keine Zustimmung. Wenn Anordnungsanspruch und Anordnungsgrund glaubhaft zu machen sind, so erfordert dies zunächst eine positive Vorausbeurteilung der Hauptsache[32]). Es genügt nicht, den Anordnungsanspruch in tatsächlicher Hinsicht glaubhaft zu machen. Eine e. A. darf folglich nur erlassen werden, wenn der Antragsteller überwiegende Erfolgsaussichten in der Hauptsache hat[33]). Bestehen offensichtlich keine Erfolgsaussichten, so ist die e. A. unstreitig abzulehnen. Einige Gerichte gehen bei offener Hauptsachenlage[34]) oder nicht eindeutiger Hauptsachenlage[35]) zur Interessenabwägung über. Für eine Interessenabwägung ist jedoch nur im Hinblick auf den Anordnungsgrund Raum. Die Vorwegnahme der Hauptsache läßt sich ohnehin nur durch die Erfolgsaussichten des Hauptsacheverfahrens rechtfertigen[36]). Entsprechendes gilt für die Glaubhaftmachung des Anordnungsanspruchs[37]). Ein non liquet geht zu Lasten des Antragstellers.

13   Die Anforderungen an die Glaubhaftmachung von Anordnungsanspruch und vor allem Anordnungsgrund[38]) und das Verbot der Vorwegnahme der Hauptsache lassen für eine gesonderte Prüfung des *Rechtsschutzbedürfnisses* wenig Raum. Gelegentlich wird trotzdem auch auf das Rechtsschutzinteresse abgestellt.

So wurde der Antrag des Dienstherrn, einer Lehrergewerkschaft im Wege der e. A. die Durchführung eines Lehrerstreiks zu untersagen, abgelehnt, da die zuständige Behörde den Streik durch Ordnungsverfügung untersagen könne[39]). Die e. A. auf Stillegung von Bauarbeiten kommt nach weitgehender Fertigstellung des Vorhabens nicht mehr in Betracht[40]).

---

31) Vgl. BWVGH v. 12. 3. 1976, NJW 1976, 1117 (LS); RÖ, § 123, 17. Im Gegensatz zur Entscheidung des XII. Senats des NWOVG v. 18. 7. 1974, DVBl. 1975, 918 kann es nach dem Beschl. des XV. Senats v. 17. 11. 1975, WissR 1976, 1976 im Verfahren nach § 123 VwGO unentschieden bleiben, ob der Hauptantrag zulässig ist.
32) Vgl. *Finkelnburg/Jank*,Rdnrn. 198 ff., 266 ff.
33) BVerwG v. 21. 1. 1976, BVerwGE 52, 121 (122); BWVGH v. 7. 11. 1983, DVBl. 1984, 276; BayVGH v. 9. 12. 1983, BayVBl. 1984, 152; HbgOVG v. 11. 3. 1983, NVwZ 1983, 434; HessVGH v. 7. 9. 1982, ESVGH 32, 263 (264); NWOVG v. 11. 4. 1984, DÖD 1985, 136.
34) Vgl. Fußn. 30.
35) BVerwG v. 16. 8. 1978, BVerwGE 63, 110 (111); BayVGH v. 2. 4. 1981, BayVBl. 1982, 18 (20).
36) BVerfG v. 16. 10. 1977, BVerfGE 46, 160 (164).
37) Überzeugend *Finkelnburg/Jank*, Rdnrn. 256 ff.
38) So besteht kein Anordnungsgrund für eine Neubescheidung über ein Prüfungsergebnis, wenn der Abschluß des Hauptverfahrens zu einem nahen Termin bevorsteht; BWVGH v. 25. 4. 1989, NVwZ-RR 1989, 478. Vgl. ferner NWOVG v. 16. 2. 1984, VRS 1986, 159; v. 22. 12. 1989, NJW 1990, 1132 (Verhinderung von Wohncontainern für Aussiedler); v. 14. 5. 1988, NStZ 1988, 384 v. 1. 6. 1988, NVwZ 1989, 1085; OVG Lüneburg v. 15. 4. 1988, NVwZ 1989, 1085 (Sozialhilfe).
39) HbgOVG v. 22. 10. 1988, NJW 1989, 605.
40) BerlOVG v. 29. 6. 1989, UPR 1990, 195.

Über die e. A. entscheidet das Gericht ausschließlich durch *Beschluß* 14
(§ 123 IV VwGO). Der Beschluß muß wirksam erlassen werden. Hierzu
bedarf es der Verkündung oder Zustellung nach §§ 56 und 56 a VwGO. Die
telefonische Bekanntgabe der e. A. durch das Gericht an die Beteiligten genügt
nicht[41]).

3. Sicherungsanordnung

Die e. A. in bezug auf den Streitgegenstand darf ergehen, wenn Gefahr 15
besteht, daß durch Veränderung des bestehenden Zustands die Verwirklichung
eines Rechts des Antragstellers vereitelt oder wesentlich erschwert werden
könnte. In der Praxis ist die Sicherungsanordnung wegen der schwierigen
Glaubhaftmachung[42]) verhältnismäßig selten.

4. Regelungsanordnung

Durch die Regelungsanordnung wird ein streitiges Rechtsverhältnis vorläufig 16
geregelt. Der Begriff des Rechtsverhältnisses ist mit demjenigen in § 43 I
VwGO identisch[43]). Das durch den Anordnungsantrag begründete Streitverhältnis ist kein Rechtsverhältnis i. S. v. § 123 I S. 2 VwGO („in bezug auf ein
streitiges Rechtsverhältnis"). Vielmehr muß das streitige Rechtsverhältnis
außerhalb des gerichtlichen Verfahrens bestehen[44]). Streitig ist das Rechtsverhältnis, wenn es bestritten oder verletzt wird. Hierher gehört nicht die Vollziehung eines VA unter Mißachtung der a. W. eines Rechtsverhältnis[45]). Die
Regelungsanordnung dient der Wahrung des Rechtsfriedens. Sie ist nur statthaft, wenn sie „nötig erscheint". Das ist insbesondere der Fall, wenn wesentliche Nachteile abgewendet werden sollen oder drohende Gewalt verhindert
werden soll. Bei Unterlassungsansprüchen spielt häufig die sog. *Erstbegehungsgefahr* eine wichtige Rolle. Auch die Gefahr einer erstmaligen Rechtsverletzung
kann danach einen Unterlassungsanspruch rechtfertigen. Die Erstbegehungsgefahr ist glaubhaft gemacht, wenn eine künftige Rechtsverletzung in nicht allzu
ferner Zukunft greifbar bevorsteht.

---

41) BWVGH v. 16. 7. 1985, NVwZ 1986, 488.
42) Vgl. z. B. NWOVG v. 22. 6. 1982, OVGE 28, 55 (Vertagung einer Urabstimmung im Hochschulbereich); BayVGH v. 13. 5. 1977, VGH n. F. 30, 57 (Schließung einer Volksschule).
43) Vgl. die Beispiele bei *Finkelnburg/Jank*, Rdnrn. 197 ff.
44) OVG Lüneburg v. 2. 4. 1981, NVwZ 1983, 106 v. 23. 9. 1986, RdE 1987, 14.
45) Zum vorläufigen Rechtsschutz gegen eine drohende Verwaltungsvollstreckung vgl. BayVGH v. 26. 6. 1978, BayVBl. 1980, 51 m. Anm. *Renck*.

5. Leistungsanordnung

17 Die Leistungsanordnung hat den Zweck, dem Antragsteller in Ausnahmefällen die Befriedigung existenznotwendiger Ansprüche zu verschaffen. Sie ist im Zivilprozeß seit langem anerkannt[46]). Da sie gleichwohl in der VwGO nicht ausdrücklich geregelt wurde, wird ihre eigenständige Bedeutung im Verwaltungsprozeß gelegentlich geleugnet[47]). Die Verweisung von § 123 III VwGO auf bestimmte Vorschriften der ZPO bedeutet jedoch nicht zwingend den Ausschluß ungeschriebener zivilprozessualer Grundsätze. Auch im Verwaltungsprozeß gibt es Fallkonstellationen, bei denen die Anwendung einer Leistungsanordnung sachgerecht wäre und die im Zivilprozeß ohne Schwierigkeiten durch eine Leistungsverfügung geregelt würden. Überwiegend behilft man sich hier mit der Regelungsanordnung[48]). Vorzuziehen düfte die Lösung sein, im Anschluß an die von *Jauernig* für den Zivilprozeß vertretene Meinung[49]) die Leistungsanordnung als eigenständigen dritten Typ der e. A. anzuerkennen[50]).

18 Die Leistungsanordnung ist nur ausnahmsweise zulässig, um es dem Antragsteller zu ermöglichen, die Wartezeit bis zum Abschluß des Hauptverfahrens zu überbrücken. Ihre Zielrichtung läßt es sachgerecht erscheinen, den in § 114 I ZPO ausgedrückten Rechtsgedanken heranzuziehen, d. h., das Hauptverfahren muß hinreichende Aussicht auf Erfolg bieten und darf nicht mutwillig erscheinen[51]). Das Verbot der Vorwegnahme der Hauptsache gilt hier zwar nicht. Im Einzelfall kann es jedoch sachgerecht sein, wenn die Leistungsanordnung hinter dem Hauptantrag zurückbleibt.

---

46) Vgl. *Hobbeling*, Die Rechtstypen der zivilprozessualen einstweiligen Verfügung. Diss. Münster 1974, S. 162 ff.; *Grunsky*, JuS 1976, 277 ff. (283 ff.).
47) Für diejenigen, die die Sicherungsanordnungen auf Leistungen ausdehnen, ist dies konsequent; vgl. *Finkelnburg/Jank*, Rdnrn. 148 ff.
48) Vgl. HessVGH v. 8. 11. 1966, DVBl. 1966, 941 (Richterbesoldung); SaarlOVG v. 7. 12. 1970, ZBR 1971, 312 (Urlaub einer Beamtin, die Mutterpflichten zu erfüllen hat); BWVGH v. 8. 8. 1968, ZBR 1968, 358 (beamtenrechtliche Geldansprüche); für den Zivilprozeß vgl. BLAH, Grundz. § 916.
49) ZZP 1966, 321 ff.
50) Vgl. auch *Rohmeyer*, a. a. O. (Fußn. 1); im Ergebnis wohl ebenso BayVGH v. 28. 2. 1966, NJW 1966, 751; OVG Lüneburg v. 19. 7. 1962, OVGE 18, 387; v. 26. 11. 1976, NJW 1977, 773.
51) Zur Glaubhaftmachung des Anordnungsanspruchs NWOVG v. 11. 8. 1980, DVBl. 1981, 588 ferner Rdnr. 12.

6. Aussetzungsverfahren

Streitig ist, ob das Gericht die e. A. nachträglich ändern oder aufheben darf. Die früher h. M. lehnte diese Befugnis ab, weil § 123 III VwGO den § 927 ZPO nicht erwähnt[52]). Die im Vordringen befindliche Gegenmeinung spricht von einem Redaktionsversehen des Gesetzgebers und wendet § 927 ZPO allein oder in Verbindung mit § 80 VII VwGO entsprechend an[53]). Die Gesamtanalogie überzeugt nicht, da für § 80 VII VwGO und § 927 ZPO unterschiedliche Voraussetzungen gelten. Ein Redaktionsversehen des Gesetzgebers läßt sich kaum nachweisen. Daher besteht eine Gesetzeslücke, die sich durch die analoge Anwendung von § 80 VII VwGO schließen läßt. Das Gericht ist danach jederzeit befugt, auf Antrag – nicht von Amts wegen[54]) – eine von ihm getroffene e. A. durch Beschluß abzuändern oder aufzuheben[55]).

19

7. Rechtsbehelfe

Gegen die Ablehnung des Anordnungsantrags durch das Gericht ist die Beschwerde nach § 146 VwGO gegeben, über die stets durch Beschluß zu entscheiden ist[56]).

20

Auch ein Beschluß, durch den ein Antrag auf Erlaß einer e. A. abgelehnt worden ist, entfaltet eine der Eigenart des Anordnungsverfahrens entsprechende *materielle Rechtskraftwirkung*[57]). Mit Rücksicht auf die Einheitlichkeit der vorläufigen Verfahren, d. h. in Parallele zu § 80 VIII VwGO, ist allerdings davon auszugehen, daß eine unanfechtbare Entscheidung im Anordnungsverfahren nicht Gegenstand eines Wiederaufnahmeverfahrens nach § 153 I VwGO i. V. m. § 578 ZPO sein kann[58]).

Von jedem Beteiligten kann das Gericht angerufen werden, wenn der Vorsitzende eine Dringlichkeitsentscheidung getroffen hat (§§ 123 II S. 2 i. V. m. § 80 VIII VwGO). Da das Gericht durch Beschluß über die e. A. entscheidet (§ 123 IV VwGO), kommt als Rechtsmittel nur noch die Beschwerde in

21

---

52) *EF*, § 123, 27. NWOVG v. 23. 12. 1988, NVwZ-RR 1989, 589 befürwortet eine entsprechende Anwendung von § 123 II 1, 2 VwGO.
53) So RhPfOVG v. 20. 10. 1971, AS 12, 195; *Ule*, S. 387; *RÖ*, § 123, 29; vgl. auch NWOVG v. 3. 7. 1974, OVGE 29, 316; SaarlOVG v. 4. 10. 1976, NJW 1977, 774 (nur LS); BayVGH v. 3. 3. 1978, BayVBl. 1978, 339; vgl. auch *Reimer*, VBlBW 1986, 24 ff.; HessVGH v. 13. 8. 1986, NJW 1987, 1354; NWOVG v. 19. 1. 1987, DVBl. 1987, 699.
54) *RÖ*, § 123, 29; a. A. *Kopp*, § 122, 39.
55) Wer § 927 II ZPO anwendet, muß freilich die Urteilsform wählen, vgl. BayVGH v. 3. 3. 1978, BayVBl. 1978, 339; *SDC*, § 123, 4 d ii. Vgl. aber auch oben mit Fußn. 4.
56) Vgl. HessVGH v. 5. 7. 1975, ESVGH 26, 109; *Kopp*, § 123, 24; *RÖ*, § 123, 20.
57) HessVGH v. 6. 4. 1973, VerwRspr. 25, 637; NWOVG v. 3. 10. 1974, NJW 1975, 992. Die Bindungswirkung entfällt, wenn die der e. A. zugrundeliegende Rechtsauffassung nicht mehr der – zwischenzeitlich geänderten – höchstrichterlichen Rspr. entspricht; BWVGH v. 30. 3. 1982, NVwZ 1983, 354.
58) BayVGH v. 14. 6. 1984, NJW 1985, 879 gegen HessVGHJ v. 4. 10. 1982, NJW 1984, 378.

Betracht. Einen Großteil der mit der e. A. verbundenen Streitfragen wurden insoweit durch das 4. VwGOÄndG obsolet.

22 Unberührt ließ das 4. VwGOÄndG die Befugnis des Antragsgegners[59]), zu beantragen, daß dem Antragsteller eine Frist zur Erhebung der Klage in der Hauptsache gesetzt wird (§ 123 III VwGO, § 926 I ZPO). Der Antrag ist nur in dem Umfang berechtigt, in dem der Antragsgegner über den Streitgegenstand verfügen kann. Bei einer Verpflichtungsklage darf der Antragsgegner daher unter Umständen nur angehalten werden, den Erlaß eines VA bei der Behörde zu beantragen.

Nach HessVGH v. 9. 8. 1979, NJW 1980, 1180 soll die Klageerhebung auch dann aufgegeben werden können, wenn der Klage ein Vorverfahren vorauszugehen hat. Das Gericht stützt sich auf den früheren § 76 VwGO, was nur zutreffend ist, wenn Anhaltspunkte für die Untätigkeit der Behörden bestehen. Läßt der Anordnungsgläubiger dagegen bewußt die Widerspruchsfrist verstreichen, so stößt die Fristsetzung für die Klageerhebung ins Leere, weil die Klage unzulässig wird.

23 Die Anordnung nach § 926 I ZPO ist unzulässig, wenn eine Sachurteilsvoraussetzung der Hauptsache entfallen ist[60]). Gegen die Anordnung findet die Beschwerde statt[61]). Wird der Anordnung nicht Folge geleistet, so ist auf Antrag die Aufhebung der e. A. durch Endurteil auszusprechen (§ 123 III VwGO, § 926 II ZPO).

8. Schadensersatz

24 Wird im Hauptverfahren festgestellt, daß der Verfügungsanspruch nicht bestanden hat oder wird die e. A. wegen ursprünglicher Unbegründetheit aufgehoben, so hat der Antragsteller dem Antragsgegner den durch die Vollziehung der e. A. entstandenen Schaden zu ersetzen (§ 123 III VwGO, § 945 ZPO)[62]). Beim VA mit Drittwirkung hat der BGH seine alte Rechtsprechung bestätigt, wonach § 945 ZPO nicht dem Antragsteller der e. A. gegenüber geltend gemacht werden könne, da nicht er, sondern die Genehmigungsbehörde Gegnerin des durch den VA Begünstigten sei[63]). Nach Ansicht des BGH geht es im Ausgangsverfahren nicht um die vorläufige Durchsetzung eines Rechts, sondern um ein Vollstreckungsschutzbegehren. Der BGH verkennt, daß ein Prozeßrechtsverhältnis zwischen Belasteten, Begünstigten der Genehmigungsbehörde und dem Gericht besteht. Das Schutzbedürfnis etwa des

---

59) Ebenso eines notwendig Beigeladenen, vgl. *RÖ*, § 123, 29.
60) Vgl. NWOVG v. 23. 7. 1974, OVGE 30, 316 (offensichtliche Unzulässigkeit der Klage wegen Fortfalls des Rechtsschutzbedürfnisses).
61) SaarlOVG v. 20. 12. 1973, DÖV 1974, 320.
62) Vgl. allgemein *Tüxen*, WuW 1988, 1021 ff.
63) BGH v. 7. 11. 1961, DVBl. 1962, 217 m. Anm. *Redeker*, v. 23. 9. 1980, BGHZ 78, 127 = JuS 1981, 465 *(Brodersen);* hierzu *Kirchberg*, VBlBW 1981, 169 ff.; *Grunsky*, JuS 1982, 177 ff.

— beizuladenden — Bauwilligen (Verzögerungsschäden!) bleibt auf diese Weise auf der Strecke. Allenfalls tragbar wäre das Argument, daß im Normalfall der vorläufige Rechtsschutz beim VA mit Drittwirkung über § 80 V, § 80a VwGO läuft und es im Ergebnis keinen Unterschied machen kann, ob ein Bauwilliger bereits mit den Bauarbeiten begonnen hat (§ 123 VwGO) oder noch nicht (§ 80 V, § 80a VwGO). Dies spricht aber dafür, auch bei Anwendung von § 80 V, § 80a VwGO endlich einen Schadensersatzanspruch zu bejahen. Folglich wird die in den Vorauflagen vertretene Ansicht beibehalten: Beim VA mit Drittwirkung ist auch der durch e. A. betroffene Dritte schadensersatzberechtigt, wenn er zum Verfahren beigeladen worden war[64]) oder hätte beigeladen werden müssen[65]).

Der Schadensersatzanspruch ist im Zivilrechtsweg geltend zu machen[66]). 25

II. Vorläufiger Rechtsschutz durch die Verwaltung

In langwierigen Verwaltungsverfahren sind bisweilen im Interesse der Beteiligten vorläufige Regelungen zu treffen, ehe die Entscheidung zur Hauptsache ergehen kann. Einstweilige Maßnahmen der Verwaltung sehen dementsprechend z. B. § 11 GastG oder § 20 PBefG vor. Nach *Kopp* reichen die spezialgesetzlichen Bestimmungen nicht aus; die kasuistisch geregelten Möglichkeiten seien vielmehr in Anlehnung an § 123 VwGO zu erweitern[67]). Da die Anregung *Kopps* bislang wenig Resonanz fand, erscheint es fraglich, ob wirklich ein Bedürfnis für die analoge Anwendung des § 123 VwGO auf die Verwaltungstätigkeit besteht. Auf keinen Fall dürfen die einstweiligen Maßnahmen der Verwaltung mit endgültigen Teilregelungen in mehrstufigen Verwaltungsverfahren verwechselt werden, wie sie etwa §§ 8, 9 BImSchG, § 7a AtomG, § 41 FlurbG vorsehen[68]). 26

---

64) *RÖ*, § 123, 35; *Ule*, S. 387.
65) *Kopp*, § 123, 44.
66) BGH v. 23. 9. 1980, BGHZ 78, 128.
67) *Kopp*, § 123, 4; ders., BayVBl. 1968, 236 ff.; ders., BayVBl. 1977, 513 ff. (525). Hiervon zu unterscheiden ist der — ebenfalls problematische — Antrag im gerichtlichen Verfahren, die Behörde durch e. A. zu verpflichten, einen rechtzeitigen Widerspruchsbescheid zu erlassen; hierzu HbgOVG v. 8. 9. 1983, GewArch 1984, 201.
68) Zur Planung in Stufen grundlegend *Blümel* in zahlreichen Veröffentlichungen, s. die Nachweise in DVBl. 1976, 695 ff. Anm. 173 sowie *Wahl*, DÖV 1975, 373 ff.; ders., VVDStRL 41 (1983), 151 ff. (180 ff.). Vgl. ferner *Badura*, BayVBl. 1976, 515 ff.; *Schmidt-Aßmann*, in: Festg. BVerwG, S. 569 ff.; ders., DVBl. 1981, 334 ff., *Scheuing*, VVDStRL 40 (1982), 153 ff., 173 ff.; *Ronellenfitsch*, DVBl. 1984, 501 ff. (507 ff.).

27 Ob die Lehre vom *vorläufigen Verwaltungsakt*[69]) zu einer Kurskorrektur führen wird, bleibt abzuwarten. Ein dogmatisch geschlossenes System des vorläufigen Verwaltungshandelns steht jedenfalls noch aus. Solange sich hieran nichts geändert hat, läßt die Möglichkeit, vorläufigen Rechtsschutz durch die Verwaltung zu erlangen, das Rechtsschutzbedürfnis für gerichtliche vorläufige Maßnahmen nicht entfallen.

---

69) Vgl. BVerwG v. 14. 4. 1983, BVerwGE 67, 99 = DVBl. 1983, 851, 1246 m. Anm. *Henke* = DÖV 1983, 814 m. Anm. *Tiedemann;* hierzu auch *Götz,* JuS 1983, 924 ff.; BSG v. 11. 6. 1987, DVBl. 1988, 449; *Herrmann,* BayVBl. 1965, 52 ff.; *Kemper,* Der vorläufige Verwaltungsakt, 1990; ders., DVBl. 1989, 981 ff.; *König,* BayVBl. 1989, 33 ff.; *Kopp, F. J.,* Vorläufiges Verwaltungsverfahren und vorläufiger Verwaltungsakt, Diss. Berlin 1991; ders., DVBl. 1989, 238 ff.; *Kreßel,* BayVBl. 1989, 65 ff.; *Martens,* DÖV 1987, 992 ff.; *Peine,* DÖV 1986, 849 ff.; *Schimmelpfennig,* Vorläufige Verwaltungsakte, 1989; ders., BayVBl. 1989, 69 ff.

§ 59 Vorläufiger Rechtsschutz nach § 47 VIII VwGO

I. Allgemeines

Das Normenkontrollverfahren dient nicht nur dem Rechtsschutz des Antragstellers, sondern ist zugleich objektives Rechtsbeanstandungsverfahren. Begehrt der Antragsteller *einstweiligen Rechtsschutz*[1]) in der Weise, daß der Vollzug der angegriffenen Rechtsnorm vorübergehend ausgesetzt wird, so wirkt sich die Entscheidung auf alle von der Norm Betroffenen aus[2]). Das bedeutet jedoch nicht, daß der vorläufige Rechtsschutz dem Normenkontrollverfahren wesensfremd ist. Immerhin war die Rechtslage früher nicht eindeutig. Die VwGO enthielt nämlich für den vorläufigen Rechtsschutz keine ausdrückliche Regelung. Daraus wurde gefolgert, der vorläufige Rechtsschutz sei hier überhaupt ausgeschlossen[3]). Der Gesetzgeber schloß sich dieser Ansicht nicht an. Nach dem auf Grund der Novelle zur VwGO seit 1. 1. 1977 maßgeblichen § 47 VIII VwGO kann vielmehr das Gericht auf Antrag eine e. A. erlassen, wenn dies zur Abwehr schwerer Nachteile oder aus anderen wichtigen Gründen dringend geboten ist.

1

Diese Regelung dient im Ausgangspunkt nur der Klarstellung. Auch bisher war es nicht einzusehen, wieso im Normenkontrollverfahren der effektive Rechtsschutz eingeschränkt sein soll, zumal die staatlichen Handlungsformen gerade im Bereich des Planungsrechts häufig vertauschbar sind. Im Rahmen der Verfassungsgerichtsbarkeit eröffnet § 32 BVerfGG die Möglichkeit, e. A. im Hinblick auf Normen zu treffen. Diese Bestimmung brauchte aber für den Verwaltungsprozeß nicht bemüht zu werden[4]), da eine analoge Anwendung der Generalklausel des § 123 VwGO durchaus sachgerecht und geboten erschien[5]). Gleichwohl war es zu begrüßen, daß der Gesetzgeber eine endgültige Lösung herbeigeführt hat.

2

---

1) Vgl. *Rasch*, BauR 1977, 147 ff.; *ders.*, BauR 1981, 409 ff.; *Zuck*, DÖV 1977, 848 ff.; *König/Ouvrier*, Die Zulässigkeit einstweiliger Anordnungen im verwaltungsgerichtlichen Normenkontrollverfahren, Diss. Frankfurt 1977; *Schenke*, DVBl. 1979, 169 ff.; *Grave*, BauR 1981, 156 ff.; *Erichsen/Scherzberg*, DVBl. 1987, 168 ff.
2) Vgl.*Rasch*, BauR 1977, 147 ff. (147); *ders.*, BauR 1981, 407 ff. (415); *Mößle*, BayVBl. 1976, 609 ff. (615 f.); *Schenke*, DVBl. 1979, 169 ff. (175 ff.) und nunmehr auch *Finkelnburg/Jank*, Rdnr. 470.
3) So HessVGH v. 25. 11. 1969, DÖV 1970, 755; BremOVG v. 19. 10. 1953, DÖV 1954, 60; NWOVG v. 8. 2. 1956, DÖV 1956, 412.
4) So aber *RÖ*, § 47, 24.
5) Ebenso BWVGH v. 14. 3. 1963, ESVGH 13, 81; v. 20. 10. 1965, ESVGH 16, 31; v. 18. 4. 1966, ESVGH 16, 102; v. 14. 2. 1967, DVBl. 1967, 462; BayVGH v. 13. 8. 1971, VGHE 24, 126; *Boos*, Die einstweilige Anordnung im Verwaltungsprozeß, Diss. München 1969, S. 87 ff.; *Eckert*, Die einstweilige Anordnung im Verfahren der verwaltungsgerichtlichen Normenkontrolle nach § 47 VwGO, Diss. München 1971.

II. Einstweilige Anordnung

1. Rechtsgrundlagen

3   § 47 VIII VwGO enthält nur eine rudimentäre Regelung der e. A. im Normenkontrollverfahren, so daß geprüft werden muß, welche Vorschriften ergänzend herangezogen werden können. In diesem Zusammenhang ist interessant, daß sich § 47 VIII VwGO an § 32 I BVerfGG anlehnt[6]), der wiederum § 940 ZPO und der zweiten Alternative von § 123 I VwGO nachgebildet ist[7]). Zur Auslegung des § 47 VIII VwGO kann folglich auf diese Vorschriften und insbesondere auf die Rechtsprechung des BVerfG zur e. A. bei der Normenkontrolle nach Art. 93 I Nr. 2 GG zurückgegriffen werden[8]).

2. Voraussetzungen

4   Die Voraussetzungen der e. A. sind in § 47 VIII VwGO abschließend geregelt[9]). Anders als im Fall des § 32 I BVerfGG ist stets ein *Antrag* erforderlich. Die Antragsberechtigung ist in § 47 VIII VwGO nicht unmittelbar angesprochen. Da der vorläufige Rechtsschutz aber immer auf den endgültigen Rechtsschutz bezogen ist, kann für die Antragsberechtigung bei der e. A. nichts anderes gelten als für die Antragsberechtigung im Verfahren zur Hauptsache[10]). Was zu § 47 II S. 1 VwGO ausgeführt wurde[11]), gilt auch hier. Auch der *Antragsgegner* wird richtiger Ansicht nach durch die prozessuale Rollenverteilung im Hauptsachenverfahren bestimmt. Antragsgegner ist also nicht schon jeder Hoheitsträger, der die angegriffene Norm anzuwenden hat[12]), sondern nur wer die streitige Rechtsvorschrift erlassen hat[13]). Andernfalls könnte ein Hoheitsträger in die Rolle des Antragsgegners gedrängt werden, der selbst die streitige Rechtsvorschrift angreifen will.

5   Materielle Voraussetzung für den Erlaß einer e. A. ist, daß sie zur Abwehr schwerer Nachteile oder aus anderen wichtigen Gründen dringend geboten ist. Schon diese Formulierungen deuten darauf hin, daß die e. A. ultima

---

6) Vgl. BTDrucks. 7/4324, S. 12; BayVGH v. 22. 2. 1978, BayVBl. 1978, 276 (276 f.).
7) Vgl. *SDC*, § 47, 8 a.
8) Vgl. *RÖ*, § 47, 39; *SDC*, § 47, 8 a; *Kopp*, § 47, 76; *ders.*, NJW 1976, 1965; *Rasch*, BauR 1977, 147 ff. (151); *Schenke*, DVBl. 1979, 169 ff.
9) *SG*, Rdnr. 643.
10) Vgl. NWOVG v. 22. 7. 1977, DB 1978, 92; v. 31. 3. 1978, DVBl. 1979, 193.
11) VG 15.
12) So aber BWVGH v. 11. 12. 1977, NJW 1977, 1212 m. Anm. *Bickel*, S. 1934 f.
13) Zutreffend *Bickel*, NJW 1977, 193 ff.; *RÖ*, § 47, 41.

ratio bleiben muß. Kann auf andere Weise[14]) ausreichender vorläufiger Rechtsschutz erlangt werden, so ist der Antrag auf Erlaß einer e. A. unzulässig[15]).

Hier wirkt sich wieder die von der h. L. propagierte *Inkongruenz von Klagebefugnis und Antragsbefugnis* im Normenkontrollverfahren aus. Faßt man den Begriff des Nachteils weit, so entsteht bei vordergründiger Betrachtung eine Rechtsschutzlücke, wenn man ein Subsidiaritätsverhältnis von § 47 VIII VwGO zu §§ 80 V, 123 VwGO annimmt[16]); über den durch Art. 19 IV GG gebotenen effektiven Rechtsschutz geht das Normenkontrollverfahren aber gerade hinaus. Was zum Begriff des Nachteils ausgeführt wurde[17]), gilt erst recht im einstweiligen Verfahren: Wer durch Vollzugsakte einer Norm nicht in subjektiven öffentlichen Rechten verletzt wird, erleidet durch die zeitweilige Wirksamkeit einer Norm keine schweren Nachteile.

Anhaltspunkt für das Vorliegen eines wichtigen Grundes ist daher auch hier die Schaffung vollendeter Tatsachen[18]). „Dringend geboten" bedeutet, daß die Gründe so schwerwiegend sind, daß sie den Erlaß der e. A. unabweisbar machen. Ehe das Gericht der Frage nachgeht, ob eine e. A. dringend geboten ist, muß es jedoch alle in Betracht kommenden Belange und Interessen abwägen. Bei der *Interessenabwägung* haben die Gründe, die gegen die Rechtmäßigkeit der angegriffenen Rechtsvorschrift angeführt werden, grundsätzlich außer Betracht zu bleiben; etwas anderes gilt nur, wenn die angegriffene Norm offensichtlich gültig oder offensichtlich ungültig ist[19]). Abzuwägen sind statt dessen die Folgen, die eintreten würden, wenn die begehrte e. A. erlassen würde, dem Normenkontrollantrag aber in der Hauptsache der Erfolg versagt bliebe, gegenüber den Nachteilen, die entstünden, wenn eine e. A. nicht erginge, der Normenkontrollantrag aber in der Hauptsache Erfolg hätte[20]).

6

3. Verfahren

§ 47 VIII trifft keine Aussage über die anzuwendenden Verfahrensvorschriften. Im einzelnen sind daher noch viele Fragen offen. Einigkeit dürfte lediglich

7

---

14) Zum Beispiel durch einstweiligen Rechtsschutz gegen den auf Grund der angegriffenen Rechtsvorschrift erlassenen VA, vgl. *Kopp*, § 47, 76; NWOVG v. 26. 5. 1978, DVBl. 1979, 191; BWVGH v. 14. 5. 1981, NJW 1981, 1799, a. A. *Grave*, BauR 1981, 156 ff.
15) Vgl. BayVGH v. 20. 8. 1976, BayVBl. 1976, 725; v. 28. 8. 1976, DÖV 1977, 336 (nur LS); NWOVG v. 13. 2. 1985, NVwZ 1988, 74.
16) So aber SaarlOVG v. 22. 5. 1984, DÖV 1985, 75.
17) Vgl. oben § 15.
18) Vgl. NWOVG v. 17. 9. 1979, MDR 1980, 260. Im Hinblick auf § 33 GBB BauGB sollte aber immer geprüft werden, ob die Bauleitplanung nicht zweckmäßigerweise durch eine vorbeugende Feststellungs- oder Leistungsklage, ggf. i. V. m. einer e. A. nach § 123 VwGO, unterbunden werden kann.
19) Vgl. BayVGH v. 22. 2. 1978, BayVBl. 1978, 276 (277). Vgl. auch HessVGH v. 12. 1. 1989, DVBl. 1989, 887.
20) Vgl. BWVGH v. 11. 2. 1977, NJW 1977, 1212; BayVGH v. 22. 2. 1978, BayVBl. 1978, 276 (277); v. 29. 9. 1978, GewArch 1978, 386; NWOVG v. 31. 3. 1978, DVBl. 1979, 193; OVG Lüneburg v. 18. 7. 1978, DVBl. 1979, 194.

darüber bestehen, daß § 32 BVerfGG nicht gilt und daß vielmehr die allgemeinen Grundsätze des § 123 II bis IV VwGO Anwendung finden[21]). Mit dem Wesen des Normenkontrollverfahrens läßt sich allerdings die Anwendbarkeit von § 123 II S. 3 VwGO[22]) und ließ sich früher die Anwendbarkeit von § 123 IV a. F. VwGO nur schlecht vereinbaren[23]). Wer gleichwohl § 123 IV VwGO heranziehen wollte[24]), mußte sich darüber hinaus mit der Frage auseinandersetzen, ob § 3 I S. 3 EntlG – über seinen Wortlaut hinaus – auch die e. A. im Normenkontrollverfahren erfaßte. Grundsätzlich war davon auszugehen, daß die Entscheidung nach § 47 VIII VwGO auf Grund fakultativer mündlicher Verhandlung durch Beschluß ergeht, nachdem dem Antragsgegner Gelegenheit zur Äußerung gegeben wurde. Die Neufassung von § 123 IV VwGO hat nun Klarheit geschaffen.

Einen Rechtsbehelf gegen die Entscheidung über die e. A. im Normenkontrollverfahren gibt es nicht. Im Vorlegungsverfahren nach § 47 VwGO ist das BVerwG nämlich nicht mit der Sache selbst befaßt, sondern allein mit der Entscheidung über die vorgelegte Rechtsfrage. Aus diesem Grund kann nur das OVG (VGH) eine e. A. erlassen[25]).

4. Inhalt

8   Die e. A. muß immer eine vorläufige Anordnung sein. Daher kann niemals eine Rechtsvorschrift vorläufig für nichtig erklärt werden[26]). Möglich ist nur die völlige oder teilweise Hemmung der Wirksamkeit oder des Vollzugs der angegriffenen Rechtsvorschrift[27]).

Eine e. A., mit der der Vollzug eines Bebauungsplans vorläufig ausgesetzt wurde, hat keinen vollstreckungsfähigen Inhalt; BayVGH v. 14. 2. 1984, BayVBl. 1984, 370. Zur gebotenen Verhaltensweise, um die Schaffung vollendeter Tatsachen zu verhindern, vgl. weiter im Text.

9   Dem Charakter des Normenkontrollverfahrens entsprechend hat die e. A. generelle, nicht nur auf den Antragsteller und Antragsgegner beschränkte Wirkung[28]). Das bringt die Notwendigkeit mit sich, den Ausspruch der e. A. auch auf sog. *Sachbeteiligte* zu erstrecken[29]).

---

21) Vgl. *SG*, Rdnr. 645; *SDC*, § 47, 8 c; *Kopp*, § 47, 77; *RÖ*, § 47, 43. § 123 V VwGO ist schon deshalb unanwendbar, weil § 80 VwGO sich nicht für das Normenkontrollverfahren heranziehen läßt.
22) Bei der Entscheidung nach § 47 VIII VwGO entscheidet das OVG (VGH) in voller Besetzung (vgl. § 9 III VwGO). Die Entscheidung durch den Vorsitzenden ist daher ausgeschlossen.
23) Ebenso *RÖ*, § 47, 43.
24) So etwa *Rasch*, BauR 1977, 147 ff. (151); *SDC*, § 47, 8 c.
25) Vgl. BVerwG v. 3. 7. 1979, BVerwGE 58, 179.
26) Vgl. *Quaritsch*, VerwArch. 1960, 347 ff. (365).
27) Vgl. *RÖ*, § 47, 44; *SDC*, § 47, 8 b. Ggf. muß das Inkrafttreten der Rechtsvorschrift einstweilen ausgesetzt werden. Vgl. aber auch NWOVG v. 13. 2. 1985, NVwZ 1988, 74.
28) Zutreffend *Kopp*, § 47, 77; BWVGH v. 22. 10. 1965, ESVGH 16, 31 (32); a. A. *Pestalozza*, NJW 1978, 1782 ff. (1787); *Grave*, BauR 1981, 156 ff. (162).
29) Vgl. *RÖ*, § 123, 44; offen HessVGH v. 13. 4. 1983, DÖV 1983, 777.

Beispiel[30]*:* Im vorläufigen Verfahren wird die Gültigkeit eines Bebauungsplans angegriffen. Antragsgegnerin ist die Gemeinde, die den Bebauungsplan erlassen hat. Vollzogen wird der Bebauungsplan von der Baugenehmigungsbehörde des Landes, die einem Bauherrn eine Baugenehmigung auf der Grundlage des Bebauungsplans erteilen soll. Erläßt nun das Gericht im Wege der e. A. ein Vollzugsverbot, so sind Hauptadressaten der e. A. die Baugenehmigungsbehörde und der Bauherr, die am Normenkontrollverfahren nicht beteiligt sind.

Der Ausspruch von Auflagen an Sachbeteiligte im Rahmen einer Entscheidung nach § 47 VIII VwGO ist zwar zulässig[31]), zu beachten ist aber immer, daß der Rechtsschutz im vorläufigen Verfahren nicht weiter reichen kann als der Rechtsschutz in der Hauptsache. Die Stillegung auf Grund einer Baugenehmigung bereits begonnener Bauarbeiten bis zur Entscheidung des Normenkontrollantrags über den der Genehmigung zugrundeliegenden Bebauungsplan ist daher unzulässig, da auch bei Ungültigkeit des Bebauungsplans die Baumaßnahmen nicht ohne weiteres einzustellen wären[32]). 10

Wichtig ist vor allem, daß der Gesetzgeber grundsätzlich nicht zur Regelung einer bisher nicht normierten Materie verpflichtet werden kann[33]), so daß insoweit auch kein einstweiliger Rechtsschutz in Betracht kommt. Etwas anderes gilt lediglich für die Schließung von Lücken bei Gesamtregelungen. Hier ist eine e. A. nach § 47 VIII VwGO möglich[34]). 11

5. Entscheidung

Die Entscheidung nach § 47 VIII VwGO trifft das Gericht der Hauptsache. Die Entscheidung ergeht durch Beschluß, gegen den kein Rechtsbehelf gegeben ist. Eine Richtervorlage oder eine Vorlage zum BVerwG findet nicht statt[35]). Eine Vorlage zum BVerwG in der Hauptsache läßt die Zuständigkeit des OVG (VGH) im Eilverfahren unberührt[36]). 12

---

30) Beispiel nach *Rasch,* BauR 1977, 147 ff. (151 f.).
31) Vgl. *Bickel,* NJW 1977, 1934 ff.
32) Vgl. NWOVG v. 15. 7. 1977, OVGE 33, 76; BayVGH v. 20. 7. 1983, BayVBl. 1983, 698.
33) HessVGH v. 15. 11. 1982, NJW 1983, 2895.
34) Vgl. BayVGH v. 11. 12. 1979, BayVBl. 1980, 209; BayVerfGH v. 31. 1. 1980, BayVBl. 1980, 284; vgl. auch *Renck,* JuS 1982, 338 ff.
35) NWOVG v. 16. 5. 1980, OVGE 35, 29 (31).
36) Vgl. auch *Grootehorst,* DVBl. 1989, 1176 ff.

Sachregister

Die fettgedruckten Zahlen beziehen sich auf die Paragraphen dieses Buches, die übrigen auf die Randnummern.

Abänderungsklage 9, 18; **18**, 2
Abänderungsurteil **19**, 6
Abänderungsverfahren **57**, 48 f.
Abgaben (öffentliche) 20, 32; **54**, 2 ff.; **56**, 9 ff.; **57**, 25
Abhilfebehörde **25**, 3 ff.; **26**, 1 ff., 27, 14 ff.; **34**, 4 f.; **37**, 5 ff.; **38**, 4; **42**, 3 ff.; **45**, 9 ff.; **55**, 2 ff.; **56**, 2 ff.
—, Bindung an Weisungen der Widerspruchsbehörde **27**, 15; **42**, 15 ff., 29 ff.
—, Kostenentscheidung **26**, 3 f., 8 f.; **27**, 1 f.; **44**; **45**, 9 f.
—, Verfahren **26**, 1 ff., 15 f., **31**, 24 ff.
—, Zuständigkeit s. dort
Abhilfebescheid **23**, 2; **26**, 1 ff., 15 f.; **27**, 1 ff.; **31**, 24 ff.; **41**, 15 ff.; **45**, 9 f.; **46**, 20 f.
Abschiebung **54**, 17; **57**, 28
Abwasserabgabe **54**, 4, 17
Adressatentheorie **14**, 11
Änderung der Sach- oder Rechtslage 20, 22 ff.; **26**, 2, 11; **27**, 20 f.; **38**, 15 f.
Änderungsfestsetzungsklage **47**, 15
Aktenvermerk **23**, 1; **41**, 14
Aktenvortrag **1**, 4, 11 f., **26** ff.
— Kurzvortrag **1**, 4, 33
Allgemeinverfügung 9, 9; **52**, 4; **54**, 15
Amtsermittlung s. Untersuchungsgrundsatz
Amtshandlung **10**, 4; **18**, 7; **52**, 7
Anerkenntnisurteil **19**, 5
Anfechtung verwaltungsrechtl. Willenserklärungen **36**, 5
Anfechtungsberechtigung **3**, 21; **35**, 1 ff.
Anfechtungsklage **6**, 10; **7**, 20; **8**, 5; **9**, 1 f., 8 ff.; **13**, 7 ff.; **14**, 1; **16**, 2 f., 6 f.; **17**, 7; **18**, 2 ff., 14 f.; **20**, 16, 22, 28, 34; **24**, 7, 19; **31**, 4 ff.; **37**, 27; **47**, 1; **51**, 2 f.; **52**, 1 ff., 6 ff., 12; **53**, 1, 7, 13 f., 17 f.; **55**, 7; **57**, 13, 17, 28 f., 38
—, atypische **9**, 2

—, gegen Kostenfestsetzungsbescheid **47**, 9 ff.
—, gegen Nebenbestimmungen 9, 10 ff.; **52**, 6
—, gegen Widerspruchsbescheid 24, 19; **25**, 5; **27**, 18; **30**, 9; **34**, 8; **42**, 1
—, isolierte 9, 15 ff.; **18**, 4, FN 64; **52**, 6 ff.
Anfechtungsurteil **13**, 17; **53**, 6
Anfechtungswiderspruch **24**, 7; **26**, 11; **31**, 4 ff.; **38**, 1 f.; **42**, 13; **52**, 2
Anhörung
— Dritter **26**, 2, 12, 16; **31**, 20; **38**, 5 ff.
— des WF **26**, 12, 16; **40**, 31; **46**, 24
Anordnung der a. W. **57**, 1, 24 ff.
Anordnung der sVollz **23**, 4, 9; **55**; **57**, 28, 31, 34, 37 ff., 43, 45, 47
—, als verfahrensrechtl. Nebenbestimmung **55**, 4, 36
—, Anspruch Privater auf AnO **55**, 32; **57**, 46
—, Aushändigung der Baugenehmigung als **55**, 35
—, Begründung **55**, 38 ff.
—, durch das Gericht **50**, 47
—, durch die Behörde **55**
—, Ermessensbefugnis **55**, 10, 14
—, Form **55**, 34 ff.
—, im Interesse eines Beteiligten **55**, 29 ff.; **57**, 46
—, im öffentlichen Interesse **55**, 11 ff.; **57**, 36
—, Kassation durch das Gericht **55**, 6, 9; **57**, 31 ff., 39
—, Nichtigkeit **55**, 40; **57**, 39
—, teilweise AnO **55**, 8, 20, 31
—, Voraussetzungen **55**, 20 ff.
—, Vorrang der gerichtl. Entscheidung **55**, 6; **56**, 8
—, Wirkungen **55**, 7 ff.
—, Zuständigkeit **55**, 2 f.

Anordnungen der Vollzugspolizei 54,
14 f.; 57, 26
Anordnungsanspruch 58, 3, 8, 12 f.
Anordnungsgrund 58, 3, 8, 12 f.
Anordnungsverfahren 51, 2, 4 f.; 58, 1 ff.
Anordnungsvoraussetzungen 58, 12
Anscheinsvollmacht 32, 7
Anschlußrechtsmittel 40, 4, 7
Anspruch auf Erlaß eines Widerspruchsbescheids 24, 18 f.
Antrag
– als Sachbescheidungsvoraussetzung 31, 9
– auf AnO der sVollz 55, 32
– auf Erlaß einer e. A. 58, 8
– auf Festellung der a. W. eines Rechtsbehelfs 56, 40 ff.
– auf gerichtl. Entscheidung 3, 1
– auf Wiedereinsetzung 34, 2 f.
– auf Wiederherstellung der a. W. 57, 31 ff.
– im VwVf 23, 3
– Zurücknahme 27, 20
Antragsart s. Verfahrensart
Antragsbefugnis 7, 20; 14; 18, 22; 23, 3; 57, 15 s. a. Klagebefugnis, Widerspruchsbefugnis
Antragserfordernis 28, 3; 31, 6; 57, 14; 58, 8
Antragsinteresse 35, 6 ff.
Architekt als Vertreter im Vorverfahren 32, 6
Arrest 58, FN 2
Arztrecht 5, 24
Asylanerkennungsverfahren 57, 29
Aufbauhinweise im Gutachten 1, 8
Aufenthaltserlaubnis 45, 6; 52, 7; 57, 28
Auffangklage 10, 2
Aufgabenstellung 1, 15
Aufhebung
– der AnOsVollz 55, 6 f.; 56
– der Vollziehung 56, 7; 57, 31, 43 ff.
– des Widerspruchsbescheids 27, 14 ff.
– von VAen außerhalb des Vorverfahrens 27, 3 ff.; 46, 13
Auflage 9, 9 f.; 52, 6; 53, 8; 55, 8, 31; 56, 6
–, modifizierende 9, 14
Aufrechnung 54, 19
Aufschiebende Wirkung s. Suspensiveffekt; s. a. Ausschluß der a. W., Aussetzung der Vollz.
Aufsichtsarbeiten 1, 4
Aufsichtsbehörde 27, 12, 15; 40, 20 ff.; 42, 5, 7, 10 ff., 29 f.
Aufsichtsbehördliches Einschreiten 35, 4
Aufsichtsbeschwerde 23, 8 f.; 24, 11 ff.; 26, 5 ff.
Aufsichtsklage 9, FN 7; 37, 27 f.
Aufsichtsverfügung 23, 1, 8 f.; 31, 16; 35, 4
Auftragsangelegenheiten 37, 13 ff.
Ausgangsbehörde s. Abhilfebehörde
Auskunft 18, 6
Ausländerrecht
– Abschiebung 54, 17, 23
– Petitionsrecht 24, 16
– Rechtsbehelfsbelehrung 48, 6
– Vorläufiger Rechtsschutz 55, 12
Auslegung des Rechtsbehelfsbegehrens 28; 31, 8; 35, 4
Ausnutzung angemaßter Rechtspositionen 55, 24 ff.
Ausschluß der a. W. 54; 55
Ausschlußfrist 48, 15
Ausschüsse im Widerspruchsverfahren 37, 20 ff.; 41, 6; 45, 11; 46, 21
Außergerichtliche Rechtsbehelfe 28
Aussetzung der Vollziehung 56
– durch das Gericht 57, 31 f.
– durch die Behörde 56
–, Rechtmäßigkeitszweifel 56, 9, 12, 16
–, Teilaussetzung 56, 6
–, unbillige Härte 56, 9, 11, 17
–, Voraussetzungen 56, 9 ff.
–, Wirkung 56, 5 ff.
–, Zuständigkeit 56, 1 ff.
Aussetzungsverfahren (gerichtliches) 51, 2, 4 f.; 57, 4, 14; 58, 18

Bardepotpflicht 49, 16
Bauaufsichtsbehörden 37, 3; 42, 10
Baurecht
– Bauantrag 27, 20
– Baueinstellungsverfügung 27, 20; 53, 22; 54, 24; 55, 28
– Baugenehmigung 27, 20; 52, 3
– Bauherr, vorläufiger Rechtsschutz 52, 3; 53, 9; 55, 29 ff.

– Nachbar, s. dort
Beamtenrecht
–, dienstliche Beurteilung 33, 8; 39, 4; 42, 28
–, Entlassungsverfügung 53, 7; 55, 20
–, Konkurrentenklage s. dort
–, politischer Beamter 37, 8
–, Streitwert in Statussachen 20, 32
–, Umsetzung 31, 3; 33, 8; 53, 19, 22
–, Verbot der Weiterführung der Dienstgeschäfte 55, 29
–, Widerspruch 28, 8; 31, 3; 33, 8; 37, 8 ff.; 46, 4, 7
Beanstandungsklage s. Aufsichtsklage
Beanstandungsverfügung 23, 1, 8 f.
Bearbeitungsvermerk 1, 13, 24
Bedingung 9, 10, 15; 52, 6; 55, 8, 31; 56, 6
Befangenheit wegen Mitwirkung am Erstbescheid 37, 10
Befristung 9, 10; 52, 6
Begleitverfügungen 50, 5 ff.
Begründetheitsprüfung im Widerspruchsverfahren 38 ff.
Begründung s.a. Entscheidungsgründe, Gründe
–, amtliche 1, 25
–, AnOsVollz. 55, 38 ff.; 57, 31
–, Beschlüsse 21, 11 f.
–, eigene 1, 20, 30
–, von VAen 38, 6
–, Widerspruchsbescheid 43
Behörde 9, 9; 37, 4
Beiladung 7; 1, 5 ff.
–, einfache 7, 5 f., 9
–, notwendige 7, 5 ff.
Beiladungsbeschluß 7, 5 f.; 21, 11
Beiräte 37, 20
Beistand 7, 17
Beiträge 54, 4
Bekanntgabe des VA 33, 9, 16; 36, 2
Belegenheit der Sache 5, 26
Beliehener Unternehmer 37, 4; 46, 2
Bericht an eine vorgesetzte Behörde 23, 1; 26, 6
Berichtigung 2, 3; 19, 11; 27, 17
Berufsbildungswesen 37, 16
Berufung 2, 3; 3, 10, 22; 20, 7, 35; 40, 4, 7; 51, 28
–, Zurückweisung durch Beschluß 21, 6 f.

Bescheidsformel s. Tenor
Bescheidungsklage 10, 8
Bescheidungsurteil 10, 8; 20, 19, 34
Beschlagnahmeanordnung 46, 22; 47, 22
Beschluß 1, 25; 2, 1, 3; 3, 8; 19, 9; 20, 30, 34 f.; 21
–, Begründung 20, 30
–, Form 21, 10
–, Inhalt 21, 11
–, streitentscheidender 21, 11
Beschlußformel 21, 11
Beschwer 3, 3; 31, 20 ff.; 35, 1 ff.; 42, 29
Beschwerde
– im Verwaltungsprozeß 1, 29; 2, FN 1, 3; 3, 21; 6, 6; 20, 30, 34; 25, 4
– im Verwaltungsverfahren 23, 8 f.; 24, 11 ff.; 28, 5 ff.
Beschwerdeausschüsse 24, 11; 37, 22; 41, 6
Beschwerdebescheid 23, 1, 6 f.; 24, 13, 16
Beschwerdegegenstand 20, 34
Bestandskraft 40, 12 FN 28; 42, 5 ff.; 53, 26
Bestandskrafterstreckung 27, 21; 33, 12
Bestimmtheit von VAen 41, 21
Beteiligteneigenschaft 7, 1 f., 11
Beteiligtenfähigkeit 4, 6 f.; 7, 11 f.; 23, 3; 32, 1 f.
Beteiligter 7, 1 ff.; 17, 12; 19, 5, 11; 20, 3, 6, 9 f., 13 f., 30; 50, 36; 51, 20, 27
Betreff 20, 4; 41, 10
Beurteilungsprärogative 38, 13; 39, 4 ff.; 42, 28; 43, 3
Bevölkerungsrisiko 15, 36
Bevollmächtigter 3, 5; 7, 13 ff.; 20, 34; 32, 3 ff.
Beweisaufnahme 2, 1, 3; 20, 11
Beweisbeschluß 21, 2, 11
Beweiserhebung s. Beweisaufnahme
Beweismittel 13, 8
Bindungswirkung gerichtl. Beschlüsse (§ 80 VwGO) 55, 5 f.; 56, 8
Bodenverbände 37, 17
Bodenverkehrsgenehmigung 37, 13
Börse 37, 12
Bundespräsident 31, 18; 37, 8

Dauerverwaltungsakt 20, 22; 45, 9
Delegation 31, 19; 37, 9

Devolutiveffekt 3, 2; 24, 6; 25, 3 ff.; 26,
  10; 42, 8, 17, 31; 55, 2
Dienstaufsichtsbeschwerde 23, 1; 24,
  1 ff.; 28, 5
Dienstordnungen 41, 8
Dienstweg 23, 11; 24, 11
Dringlichkeitsentscheidung 57, 11; 58,
  21

Eingaben s. Petitionsrecht
Einheit der Verwaltung 33, 1
Einschätzungsprärogative s. Beurteilungs-
  prärogative
Einschreiben 49, 10 ff., 18 f.
Einspruch (AO) 23, 1; 24, 9; 29, 5; 50,
  6 f.
Einstellung laufender Hilfe zum Lebens-
  unterhalt 52, 11
Einstweilige Anordnung 58
Einstweiliger Rechtsschutz 3, 1, 12; 14,
  9; 21, 11
Einvernehmen der Gemeinde 7, 7; 39,
  7 ff.
Empfangsbekenntnis 49, 14 f., 20
Empfangsberechtigter 33, 16
Endurteil 3, 10; 19, 3; 58, 23
Entscheidung
  –, inkorrekte 3, 10; 31, 5
  –, kassatorische 20, 14; 52, 7
  –, Prüfungsleistung 1, 3 ff.
  –, verwaltungsbehördliche 2, 1 ff.; 23
  –, verwaltungsgerichtliche 2
  – zur Hauptsache 57, 22, 35; 58, 26
Entscheidungsalternativen 1, 32
Entscheidungsformel s. Tenor
Entscheidungsformen
  –, verwaltungsbehördliche 23
  –, verwaltungsgerichtliche 1, 16; 2,
  1 ff.
Entscheidungsgründe 3, 7; 10, 6, 13 ff.;
  18, 8 ff.; 43
  s. a. Begründung, Gründe
Entscheidungsstil 1, 10, 30
  s. a. Urteilsstil
Entwurf von Vorschriften 1, FN 3
Entziehung der Fahrerlaubnis 55, 23
Erbe 27, 21
Erfolgsaussichten des Rechtsbehelfs 53,
  15 ff.; 55, 14 ff., 30 ff.; 56, 8
Ergänzungsantrag 14, 16; 47, 14

Ergänzungspfleger 32, 1
Erledigung der Hauptsache 2, 2; 17,
  22 ff.; 20, 34; 21, 4; 26, 4; 27, 19 ff.; 31,
  29 f.; 42, 33 ff.; 46, 10 ff.
Erledigungsgebühr (§ 24 BRAGO) 46, 23
Ersatzvornahme 27, 25; 54, 6, 20
  –, (Kommunalrecht) 23, 9; 39, 8 ff.
Ersatzzustellung 42, 4, 11, 14, 19
Erstattungsbescheid 5, 18, FN 144; 54,
  21
Erstbegehungsgefahr 58, 16
Erstbehörde s. Abhilfebehörde
Erstbescheid 23, 1, 3 ff.
Evokationsrecht 26, 13; 37, 22

Fahrtenbuchauflage 54, 14
Faktischer Vollzug 57, 45
Fernschreiben 33, 4
Fernsprechgebühren 30, 4
Feststellungsinteresse 18, 9 ff.; 31, 30;
  42, 33
Feststellungsklage 8, 2, 4 f.; 11; 18, 4,
  9 ff.; 42, 3, 6
  –, allgemeine 11, 1 ff.
  –, besondere 11, 1
  –, negative 11, 2
  –, positive 11, 2
  –, vorbeugende 11, 17
Feststellungsurteil 11, 17
Feststellungswiderspruch 31, 3; 46, 4
Fiktion der Rechtsbehelfsrücknahme 36,
  12 ff.; 42, 2
Finanzbefehl 54, 9
Floatglas-Entscheidung 14, FN 24; 18, 8
Folgekostenvertrag 5, 11
Folgenbeseitigung 5, 9; 13, 9; 20, 34; 27,
  24; 31, 7 f., 11 f.; 33, 9, FN 28
Forderung, akzessorische 5, 25
Form
  – behördlicher Schreiben 23, 10 f.
  – der AnOsVollz. 55, 34 ff.
  – der Aufsichtsverfügung 23, 8 f.
  – der Klage 8, 1 ff.
  – des Beschwerdebescheides 23, 6 f.
  – des Erstbescheids 23, 3 ff.
  – des Urteils 19, 1 ff., 20, 1 ff.
  – des Widerspruchs 28, 1 ff.; 33,
  1 ff.; 42, 1 ff.
  – des Widerspruchsbescheids 41
  – formloser Beschwerden 24, 16; 28,
  4 ff.

— gerichtlicher Beschlüsse 21, 1 ff.
Formenvertauschung 31, 5
Formlose Rechtsbehelfe 23, 1, 6 f.; 24, 11 ff.; 28, 4 ff.
Fortsetzungsfeststellungsklage 4, 6; 11, 8 ff.; 20, 31, 34, 36 f.
Fortsetzungsfeststellungswiderspruch 27, 26; 31, 29 ff.; 42, 33 ff.; 46, 12
Frist
—, formloser Rechtsbehelf 24, 16
—, Klage 4, 7; 13, 7 ff.
—, Rechtsmittel 3, 12, 15 f.; 20, 34
—, Übergabe des Urteils an die Geschäftsstelle 19, 10
—, Widerspruch 33, 7 ff.; 42, 3 ff.; 48, 12, 15 ff.

Gebot der Rücksichtnahme 15, 15 f.
Gebührenerhebung
— als Selbstverwaltungsangelegenheit 37, 14
— im Widerspruchsverfahren 44, 1, 20 ff.; 45
—, vorläufiger Rechtsschutz 54, 2 ff.
Gegenstandswert 46, 22
Gegenvorstellung 23, 6 f.; 24, 12 ff.; 28, 8
Gehör rechtliches 26, 2, 12, 16; 31, 30; 38, 7
Gemeindenachbarklage 15, 30 f.
Generalprävention 55, 22 ff.
Gericht der Hauptsache 51, 5
Gerichtsbarkeit
— (deutsche) 4, 6; 5, 1
Gerichtsbescheid 2, 1, 3; 21, 6 f.; 22, 3 ff.
Gerichtsstand 5, 26
Geschäftsgebühr 46, 22
Geschäftsordnungen (behördliche) 41, 8
Geschäftsverteilungsplan 13, 8
Geschichtserzählungen 20, 9; 43, 4 f.
Gesellenprüfungsausschüsse 37, 15
Gesetzentwürfe 23, 1
Gestaltungsklage 8, 2; 9; 18, 2 f.
—, vorbeugende 7, 20; 8, 4
Gestaltungsurteil 9, 4; 19, 4; 20, 34
Gewährung, modifizierte 9, 12
Gewerbeaufsichtsamt 37, 7
Gewerberecht 47, 23; 48, 24 ff.
Gewerbeuntersagungsverfahren 9, 11; 54, 24 f.

Glockengeläut, kirchliches 5, 22
Grenznachbarwiderspruch 33, 11 ff.
Gründe 20, 12 ff., 35; 22, 2
s. a. Begründung, Entscheidungsgründe
Grundrechtsschutz durch Verfahren 18, 25
Grundurteil 19, 3
Grundverfügung 11, 8; 54, 23, 25
Gutachten 1, 5 ff.; 2, 8; 23, 1
Gutachtenstil 1, 6, 8, 30

Haftungsrisiko 51, 5; 55, 31
Handlungsfähigkeit 23, 3; 32, 1 f., 13
Handwerkskammer 18, 15; 37, 15 f.
Hauptantrag 3, 3
Hauptbeteiligter 2, 2; 7, 1, 6; 17, 12; 19, 10
Hauptverfahren 56, 7, 12; 57, 4
Hausarbeit 1, 5, 7, 24 ff.
— neuer Art 1, FN 3
Hausverbot 5, 24
Heilung
— von Form- und Verfahrensfehlern 30, 9; 38, 4 ff.; 39, 7; 42, 27; 43, 2
— von Zustellungsmängeln 33, 16; 49, 3 ff.
Hilfsantrag 3, 3
Hilfsbegründung 20, 19
Hilfsgutachten 1, 9, 25; 21, 2

Industrie- und Handelskammer 37, 16
Inhaltsbestimmung 9, 11
Inkorrekte Entscheidung 31, 5
Innenrechtsstreit 7, 12; 9, 6; 14, 3
Innungen 37, 12, 15
Insichprozeß 7, 12
Institutionsleihe 31, 19

Konversion 39, 2
Korrekturgesetz 12, FN 16
Kosten (öffentliche) 54, 20 ff.; 56, 9 ff.
Kostenaufhebung 46, 1; 47, 6
Kostenentscheidung
— als Selbstverwaltungsangelegenheit 37, 14
— bei Petitionen 24, 16; 44, 18
— bei Teilabhilfe 26, 8 f.; 45, 10
— im gerichtl. Verfahren 1, 25, 32; 17, 17 ff.; 20, 7, 26 ff.
— im Vorverfahren 26, 3, 8 f.; 27, 1, 9 f., 17; 44 ff.

– Rechtsschutz 54, 10 ff.
Kostenerstattung 44, 3, 6 f., 12 ff.; 46
– im Kommunalabgabenrecht 44, 16
– in der Sozialverwaltung 44, 16
– in der Steuerverwaltung 44, 15
Kostenfestsetzungsentscheidung 44,
4 ff.; 45, 11 ff.; 46, 14 ff.; 47, 3, 7, 11 ff.,
16; 54, 11
Kostenlastenentscheidung 27, 9 f., 17;
44, 4 ff.; 45, 1 ff.; 46, 1 ff.; 47, 1 ff.; 54,
11 ff.
Kostenvorschußverlangen 36, 12 ff.; 42,
2; 45, 15 ff.; 54, 20
Kreisrechtsausschüsse s. Rechtsausschüsse
Kurzarbeit (schriftliche) 1, 4

Leistungsanordnung 51, 3, 10, 16 f.
Leistungsbescheid 46, 25 f.; 52, 10; 53,
26; 54, 8, 20
Leistungsklage 7, 20; 8, 2, 4; 9, 4; 10; 14,
36 f.; 17, 19 f.; 18, 5 ff.; 24, 14; 31, 3 f.;
46, 26
–, allgemeine 7, 20; 10, 2; 13, 7; 14,
36 f.; 18, 6, 10; 20, 34; 31, 4
–, vorbeugende 7, 20; 8, 2; 10, 3; 31,
4
Leistungsurteil 9, 1; 17, 16; 19, 4; 20, 34
Leistungsverfügung 58, 16
Leistungsvornahmeklage 10, 2
Leistungswiderspruch 34, 3; 46, 4

Mandat 31, 19
Massenverfahren 7, 3, FN 6; 57, 10, 20
Meistbegünstigungsprinzip 31, 5, FN 12
Meisterprüfungsausschüsse 37, 16
Ministerialfreier Raum 37, 26
Mißbrauch 35, 10
Mitbewerberklage 16, 2 ff.; 52, 9
s. a. Konkurrentenklage
Mittelinstanz 37, 3
Möglichkeitstheorie 14, 10 f.; 35, 5
Mülheim-Kärlich-Beschluß 18, 25,
FN 109
Mündliche Verhandlung 17, 14; 19, 1,
7 ff.; 21, 9 f.; 22, 1; 26, 13; 37, 23, 25

Nachbarklage 15; 52, 3; 53, 9, 13; 55,
29 ff.
Nachbarwiderspruch 27, 3 ff.; 31, 11; 35,
2; 35, 2; 36, 4 ff.; 38, 1, 16; 40, 4; 45, 3,
7, 14; 46, 8 f.; 50, 3; 52, 3; 53, 9, 13; 55,
29 ff.
Nachschieben von Gründen 38, 6; 39, 2;
55, 41
Nachteil 14, 20 ff.; 51, 4; 58, 5
Nächsthöhere Behörde 37, 1 ff.
Namensrecht 5, 24
Nebenbestimmungen zu VAen 9, 10 ff.;
52, 6
Nebenintervention 7, 5 ff.
Nichtakt 31, 6
Nichtigkeit 31, 6
Nichtzulassungsbeschwerde 57, 8; 58, 6
Normenkontrollbeschluß 20, 21; 21, 5,
11
Normenkontrolle durch die Verwaltung
14, 17; 39, 12; 56, 13
Normenkontrollurteil 20, 21, 34
Normenkontrollverfahren 2, 2 f.; 3, 1; 6,
5, 11; 7, 5, 20; 8, 2; 12; 14, 7; 18, 22 f.;
19, 1; 20, 6, 21; 21, 11; 51, 2, 4; 59, 1
Notstandsmaßnahmen der Verwaltung
55, 38

Obdachloseneinweisung 31, 11
Oberbundesanwalt 7, 1
Oberste Bundes-, Landesbehörden 31,
17 ff.; 37, 5 ff.
Oberste Dienstbehörde 37, 8 f.
Organleihe 31, 19
Organstreit 7, 12; 14, 6; 18, 14

Perpetuatio magistratus 27, 17 f.; 30, 8
Petitionsbescheid 23, 1, 6 f.; 24, 11 ff.
Petitionsrecht 24, 11 ff.
Pfändungsverfügung 27, 25
Pflichtaufgaben zur Erfüllung nach Weisung 37, 13
Planfeststellung 15, 19 ff.
–, abfallrechtliche 15, 27
–, atomrechtliche 15, 28
–, eisenbahnrechtliche 15, 20
–, fernmelderechtliche 15, 21
–, flurbereinigungsrechtliche 15, 26
–, luftrechtliche 15, 24
–, personenbeförderungsrechtliche
15, 23
–, straßenrechtliche 15, 22
–, Verzicht auf 15, 29
–, wasserwirtschaftliche 15, 25

Planfeststellungsbeschluß 15, 24
Plangenehmigung 15, 29
Planungshoheit 15, 30
Planungsentscheidung, Teilbarkeit 57, 35
Planungsermessen 14, FN 74
Popularbeschwerde 24, 16
Popularklage 11, 3; 14, 2, 25
Popularrechtsbehelf 35, 1; 53, 21
Popularwiderspruch 35, 1
Postulationsfähigkeit 7, 15
Postzustellungsurkunde 49, 7 ff., 18 f.
Prolongierung der Zuständigkeit 27, 17 f.; 30, 8; 47, 13
Prozeßbevollmächtigter 7, FN 61; 13, 3; 20, 3
Prozeßfähigkeit 4, 7; 7, 13 ff.
Prozeßführungsbefugnis 7, 20 f.; 14, 27
Prozeßgeschichte 20, 9, 11
Prozeßstandschaft 7, 14; 14, 6, 27
Prozeßurteil 3, 3; 4, 1; 7, 19; 14, 2; 17, 4; 19, 2; 20, 14; 22, 1
Prozeßvergleich 2, 2; 9, 18; 17, 12
Prozeßvollmacht 7, 16, 19; 32, 5
Prüfplakette (TÜV) 37, 4
Prüfungsanforderungen 1, 3 f.
Prüfungsausschüsse (HwO) 37, 15 f.
Prüfungsentscheidungen 39, 4 ff.
Prüfungsgespräch 1, 4
Prüfungsklage 20, 18

Raumordnungsplan 12, 9
Rechtsanwaltsgebühren 44, 2; 46, 18 f., 22 f.
Rechtsausschüsse 1, 29; 26, 13; 37, 21, 24 ff.; 39, 10; 41, 2, 6, 23; 42, 19 f., 23; 56, 1
Rechtsbehelf 2, 1; 3, 1 ff.; 17, FN 79; 18, 25, 29; 20, 8; 24; 53, 15 ff.; 54, 2 f., 12, 19; 55, 4, 12, 14 ff.; 56, 5, 10; 57, 26 ff.; 58, 16, 19 ff.; 59, 7
Rechtsbehelfsbegehren 1, 33
Rechtsbehelfsbelehrung 3, 11; 17, 7 + FN 26; 20, 33, 35; 21, 11; 22, 2; 26, 16; 33, 18; 48; 55, 37
Rechtsbehelfsbescheid 27, 4 ff.
Rechtsbehelfsverzicht 36, 1 ff.
Rechtsberatungsmißbrauch 32, 4
Rechtshängigkeit 4, 7; 17, 11 ff. + FN 39; 20, 35

Rechtskraft 3, 3; 7, 16; 17, 12; 19, 2; 53, 25
Rechtskraftwirkung 50, 39; 51, 19
Rechtsmittel 3, 1 ff.; 7, 10, 16; 20, 4, 33; 21, 10, 11
–, Zulassung 3, 13 f.
Rechtsmittelbelehrung
  s. Rechtsbehelfsbelehrung
Rechtsmittelentscheidung 20, 35
Rechtsnachfolge 27, 21; 32, 8; 36, 6
Rechtsschutz 3, 3; 5, 16; 7, 5, 7; 14, 20; 18, 14, 21, 25 f., 29; 51, 10; 55, 11 ff.
–, effektiver 9, 2; 10, 3; 11, 11; 12, 3, 9; 53, 15 ff.; 55, 7, 11; 59, 2
–, einstweiliger s. vorläufiger
–, kompensatorischer 14, 29
–, repressiver 14, 37
–, vorbeugender 8, 4; 14, 37; 18, 8, 12; 31, 4
–, vorläufiger 2, 3, 9; 3, 1; 10, 8; 11, 5; 14, 37; 17, 36; 18, 8; 20, 32; 51 bis 55, 56, 8; 58–59
–, vorsorglicher 33, 17
Rechtsschutzbedürfnis 3, 21; 4, 6, 7; 18; 50, 17, 20, 28 f.
  s. a. Sachbescheidungs- und Widerspruchsinteresse
Rechtsverfolgungskosten 46
Rechtsverhältnis 5, 11; 7, 8; 11, 3 ff., 17; 13, 7, 9
Rechtsverzicht 36, 4 f.
Reformatio in peius 27, 7; 36, 8; 40; 42, 6
Regelungsanordnung 51, 3, 15
Revision 3, 2, 13 ff.; 7, 16; 17, 70; 19, FN 3; 20, 7, 34; 50, 8; 51, 6, 21
Richterliches Fragerecht 1, 18
Rubrum 20, 2 f., 35 + FN 4
Rückforderung während der a. W. weitergezahlter Dienstbezüge 53, 7
Rückgriffsanspruch 5, FN 32
Rücknahme eines VA 5, 14 + FN 70; 10, 9; 25, 3 ff.; 52, 10
Rücknahme des Widerspruchs
  s. Zurücknahme
Rückverweisung 5, 29; 42, 22 f.

Sachbericht 1, 5, 11, 24, 29 f., 33; 43, 4 ff.
  s. a. Sachverhalt
Sachbescheidungsinteresse 23, 3; 35, 6 ff.

Sachbescheidungsvoraussetzungen 23, 3;
29 ff.; 42, 1 ff.
Sachbeteiligter 59, 9 f.
Sachentscheidung 2, 2, 8 f.; 5, 29; 9, 17;
17, 4, 21; 18, 25, 29
Sachherrschaft s. Widerspruchsbehörde
Sachurteil 3, 3; 19, 2
Sachurteilsvoraussetzungen 2, 8; 4—13;
14, 8; 17, 1, 16; 19, 2; 58, 23
Sachverhalt 1, 16 ff., 24 f., 29, 33; 2, 5;
11, 3; 20, 8, 11; 21, 11; 43, 4 ff.
Säumniszuschlag 39, 2; 54, 6
Sasbach-Beschluß 15, 31
Schadensersatz beim vorläufigen Rechtsschutz 51, 5, 7; 55, 31; 58, 24
Schließungsverfügung 54, 25; 55, 24 ff.
Schlüssigkeitsprüfung 1, 6
Schlüssigkeitstheorie 14, 9, 11
Schlußurteil 19, 3; 20, 2 f.
Schreiben an höhere Behörden 23, 1,
10 f.
Schriftform
– der Klage 13, 2 f.
– der Petition 24, 16
– des Widerspruchs 31, 1 ff.
Schriftliches Verfahren 20, 3
Schulorganisationsakte 52, 5
Schutzpolizei 54, 14
Schutzprinzip 15, 33
Schutzzwecktheorie = Schutznormtheorie 14, 13; 15, 3
Schwarzbauten 55, 24
Selbstbesteuerungserklärung 33, 17; 36,
1
Selbsteintrittsrecht 17, 4 + FN 14; 25,
11; 40, 19, 21, 28; 42, 5, 11
Selbstkontrolle der Verwaltung 17, 2; 24,
3; 42, 18; 43, 21
Selbstverwaltungsangelegenheiten 37,
13 ff.
Selbstverwaltungsbehörden 37, 8, 12
Sicherheitsleistung 20, 34 f.; 55, 8, 31;
56, 6
Sicherungsanordnung 58, 3, 15 + FN 42
Sonderabgaben 54, 7
Stadtrechtsausschüsse s. Rechtsausschüsse
Statthaftigkeit
– der Beschwerde (AO) 29, 4
– der Klage- und Verfahrensart 4, 7;
8, 1 ff.

– des Einspruchs (AO) 29, 4
– des Widerspruchs 29; 53, 15 ff.
Steuerberater als Vertreter im Vorverfahren 32, 4
Steuererhebung durch Selbstbesteuerungserklärung 33, 17; 36, 1
Steuern 54, 3 f.
Stillegungsverfügungen 53, 26; 54, 24;
55, 24 ff., 28
Strafantrag 5, FN 14
Straßenbaulast 5, 11
Streitgegenstand 1, 32; 5, 21; 7, 6; 13, 7;
17, 12, 14, 21; 18, 3; 19, 3; 20, 4, 34 f.;
21, 11; 58, 14
Streitgenossenschaft 7, 2 ff.; 20, FN 70
Streitigkeit
–, öffentlich-rechtliche 4, 7; 5, 3, 6,
14, 21 ff.; 6, 4
–, privatrechtliche 5, 3, 26
–, verfassungsrechtliche 4, 7; 5, 3, 4
Streitstand 20, 1, 9, 11
Streitstanddarstellung 1, 29
Streitwertbeschluß 20, vor 1, 33, 35; 21,
4; 46, 22
Streitwertfestsetzung 20, FN 76 + 81;
20, 29 ff.; 46, 22
Stufenklage 47, 15
Subsidiarität der Feststellungsklage 18,
13
Subventionswesen 5, 24; 16, 8 + FN 5
+ 27
Suspensiveffekt 3, 3; 24, 6, 16; 31, 3; 51,
3; 52, 12 + FN 16; 53; 54; 55, 16; 56,
10
s. a. Ausschluß der a. W., Aussetzung
der Vollz.

Tatbestand 20, 8 ff., 13; 21, 11; 43,
4 ff.
Teilabhilfebescheid 26, 7 ff.; 45, 10
Teilanfechtung 40, 19
Teilgenehmigung 9, 12
Teilkostenentscheidung 26, 8 f.; 45, 10
Teilnahme der öffentlichen Hand am wirtschaftlichen Wettbewerb 5, 26
Teilurteil 19, 3; 20, 2
Telebrief 33, 4
Telefonsperre 47, FN 51
Telegramm 33, 4 f.
Telekopie 33, 4

Tenor
 – bei behördlichen Entscheidungen 23, 4; 41, 18 ff.; 47, 1 ff.
 – bei behördlichen Kostenentscheidungen 47, 1 ff.
 – bei gerichtlichen Entscheidungen 1, 8; 20, vor 1, 6 f.
Tenorierung 19, 4; 20, 34
Tierseuchenkasse 37, 7
Tod des WF 27, 21
Treu und Glauben im VwVf 33, 9 ff.; 35, 10; 36, 2; 40, 18; 48, 15; 49, 3
TÜV-Sachverständiger 37, 4

Überwachungsausschüsse 24, 11
Umdeutung
 – der fehlerhaften AnOsVollz. 55, 34
 – des Rechtsbehelfsbegehrens 1, 18; 28, 4; 35, 4
 – fehlerhafter VA 39, 2
 – fehlerhafter Zustellung 49, 5
Unanfechtbarkeit s. Bestandskraft
Untätigkeitsbeschwerde (AO) 29, 5; 31, 26
Untätigkeitsklage 10, 6 f.; 14, 36; 17, 9 f.; 20, 34; 24, 19; 27, 25; 31, 28; 33, 17; 47, 12
Untätigkeitswiderspruch 31, 4, 26 ff.
Unterlassungsklage 7, 20; 9, 49; 11, 8; 13, 21, 27
 –, vorbeugende 7, 20; 9, 50; 31, 4; 50, 37
Untersagungsverfügung 54, 25; 55, 24 ff.
Unterschrift 13, 3; 33, 2 ff.
Untersuchungsgrundsatz 1, 6; 20, 9; 26, 2, 11
Unzulässige Rechtsausübung im VwVf s. Treu und Glauben im VwVf
Urteil 2, 1 ff.; 3, 8 ff.; 20, 1 ff.; 21, 5
 –, Arten 19, 1 ff.
 –, Aufbau 20, vor 1, 1 ff.
 –, Begründung s. Entscheidungsgründe
 –, Berichtigung 3, 1; 19, 11
 –, Eingang s. Rubrum
 –, Ergänzung 19, 11
 –, Erlaß 19, 9
 –, Formel s. Tenor
 –, Inhalt 20, 1 ff.

 –, Verkündung 19, 9
Urteilsstil 1, 8, 10, 22
 s. a.Entscheidungsstil
Urteilsverfahren 19, 7 ff.; 21, 10

Verbandsklage 14, 26 ff.; 50, 37
Verböserung s. Reformatio in peius
Verbrauch des Widerspruchs 26, 8; 36, 8; 53, 29
Vereinsverbot 11, 18; 18, 21
Verfahrensart s. Klageart
Verfahrensgegenstand s. Streitgegenstand
Verfahrensgeschichte 1, 29
Verfahrenshandlungen 18, 1, 25, 29
Verfahrensmangel (wesentlicher) 24, 19; 25, 5; 26, 12, 14; 30, 9; 31, 23; 42, 27; 43, 2; 55, 18
Verfügung, prozeßleitende 2, 7
Verfügungsanspruch
 s. a. Anordnungsanspruch
Vergleich 9, 18; 17, 14; 46, 10 f.
Verhältnismäßigkeitsprinzip 45, 16; 55, 13; 56, 10, 17
Verkehrsübergabe 9, FN 26
Verkehrszeichen 9, 9; 52, 4; 53, 27; 54, 15; 57, FN 46
Verkehrszentralregister 46, 4
Verpflichtungsklage 7, 20; 9, 14; 10, 1; 14, 36 f.; 17, 7; 18, 5, 14; 20, 19, 23, 34; 24, 2, 19; 31, 1, 7 ff., 26 ff.; 34, 9; 47, 11 ff.; 52, 7 ff.; 55, 33; 57, 20, 29
Verpflichtungswiderspruch 24, 2, 19; 31, 1, 9 ff.; 38, 1; 39, 3; 42, 14 ff.; 52, 7 ff.
Versagungsgegenklage 10; 14, 36; 20, 19; 24, 19; 31, 4, 9 ff., 26 ff.
Versiegelungsanordnung 53, 26; 54, 24; 55, 20
Vertrag, öffentlich-rechtlicher 5, 11; 31, 10
Vertragsentwurf 1, 5; 23, 1
Vertrauensschutz 40, 13 f., 18
Vertreter des öffentlichen Interesses 7, 1
Vertreter ohne Vertretungsmacht 7, 16; 32, 10 f.
Vertretung
 –, gesetzliche 4, 7; 7, 13; 20, 3; 31, 6
 –, gewillkürte 32, 3 ff.; 34, 1
Vertretungsverbot, Kommunalrechtliches 32, 4
Vertretungszwang 7, 17

Verwaltungsakt
 – adressatloser **52**, 4
 –, antragsbedingter **23**, 3; **27**, 20; **31**, 6
 –, Begriffsmerkmale **9**, 9
 –, dinglicher **52**, 4
 –, feststellender **20**, 15; **52**, 12; **53**, 26
 –, formeller **31**, 5
 –, gestaltender **20**, 22; **52**, 12; **53**, 10, 26
 – kraft Form **31**, 5
 –, mehrstufiger **39**, 7
 – mit Doppelwirkung **20**, FN 41; **51**, 6; **52**, 3, 6
 – mit Drittwirkung **7**, 8; **14**, 7; **20**, 32; **36**, 3; **42**, 4 f.; **51**, 6; **52**, 3 f.; **53**, 28; **55**, 29 ff.; **57**, 3, 18, 38, 46; **58**, 23
 –, nichtiger **31**, 6, 30; **38**, 4
 –, rechtswidriger **38**, 1 ff.
 –, strafbewehrter **53**, 27; **55**, 40
 –, unrichtiger **27**, 17
 –, unzweckmäßiger **38**, 2
Verwaltungsentscheidung **20**, 22, 34; **23**; **49**, 4
Verwaltungskostenrecht **44**, 1, 20 ff.; **45**
Verwaltungspolizei **54**, 14
Verwaltungsrechtsweg **4**, 7; **5**, 3 ff.; **30**, 1 ff.
Verwaltungsverfahren **23**, 3 ff.; **25**; **32**; **35**, 6 ff.; **38**, 4 ff.; **41**, 3 ff.; **58**, 26
 –, mehrstufiges **8**, 4; **39**, 7 ff.; **58**, 26
Verwaltungsvollstreckung **27**, 24 ff.; **53**, 26; **54**, 6, 8, 11, 14, 19 ff.
Verwaltungsvorgang **1**, 4
Verweisung **2**, 3; **5**, 29; **6**, 11
 – auf die Akten **20**, 11
Verweisungsantrag **5**, 29; **6**, 11; **57**, 9
Verwerfungsmonopol des BVerfG **56**, 13
Verwirklichungstheorie **53**, 12 ff., 28; **57**, 46
Verwirkung **3**, 21; **14**, 34, 35; **33**, 9 ff.; **36**, 3 ff.; **48**, 1, 15; **49**, 3
 –, materiell-rechtliche **33**, 10; **36**, 6
 –, verfahrensrechtliche **33**, 9 ff.; **36**, 3 ff.
Verzicht **3**, 21
 – auf materielles Recht **36**, 4 ff.
 – auf mündliche Verhandlung **19**, 10; **22**, 3 ff.; **41**, 24
 – auf Widerspruch **36**, 1 ff.
Verzichtsurteil **19**, 5

Verzinsung des Kostenerstattungsanspruchs **46**, 20
Voerde-Entscheidungen **15**, 33 + FN 107
Volksvertretung **24**, 11
Vollendete Tatsachen **50**, 35, 37
Vollmacht **7**, 16; **32**, 3 ff.
Vollstreckbarkeit **20**, 26; **53**, 26
 –, vorläufige **20**, 7, 28, 34 f.
Vollstreckungsbehörde **3**, 10
Vollstreckungsgegenklage **9**, 18; **14**, 36
Vollurteil **19**, 3
Vollziehbarkeitstheorie **53**, 2 ff.
Vollziehung **58**, 24
Vollziehung von VAen **53**, 1 ff.; **55**, 10 ff.
 s. a. AnOsVollz., Aussetzung der Vollz.
Vollzugsfolgenbeseitigungsanspruch **31**, 7 f., 11 f.; **56**, 7
Vollzugsinteresse **55**, 13, 16, 25 ff.
Vollzugspolizei **54**, 14
Vorbehaltsklausel **12**, 41
Vorbehaltsurteil **19**, 6
Vorbescheid
 –, gerichtlicher **2**, 1, 4; **3**, 8, 18; **17**, 6; **22**, 1, 3
 – im Widerspruchsverfahren **41**, 23
 –, teilregelnder **2**, 4
Vorbeugender Rechtsschutz **8**, 4; **9**, 7; **14**, 37
Vorkaufsrecht (gesetzliches) **5**, 24 + FN 118
Vorlageschreiben **23**, 2; **41**, 15 ff.
Vorläufiger Rechtsschutz **14**, 37; **17**, FN 36; **21**, 5; **58 ff.**
Vornahmeklage **10**, 2, 8; **14**, 36 f.; **20**, 34
Vorschaltrechtsbehelf **24**, 2, 7 f.
Vorsorgeprinzip **13**, 17
Vorverfahren **4**, 7; **10**, 7; **11**, 16; **17**, 1 ff., 6; **20**, 9, 34
Vorwegnahme der Hauptsache **58**, 10, 18

Wasser- und Bodenverbände **37**, 17
Wegfall der Geschäftsgrundlage **5**, 11 f.
Wehrdienstverhältnis **31**, 3
Weigerungsgegenklage s. Versagungsgegenklage
Weisungen der Aufsichtsbehörde **27**, 15; **42**, 12, 29 ff.

Widerruf verfahrensrechtl. Willenserklärungen 36, 10
Widerspruch 3, 1; 24, 1 ff.; 25; 28; 51, 3; 52; 56, 1 ff.; 57, 31, 47
–, bedingter 33, 17
–, begründeter 38, 1 ff.; 42, 13 ff.
–, erledigter 27, 19 ff.; 31, 29 ff.; 42, 33 ff.
–, formfehlerhafter 17, 4; 33, 1 ff.; 34, 1; 42, 1 ff.; 53, 15 ff.
–, teilanfechtender 28, 1, 9; 40, 19
–, unbegründeter 38, 1; 42, 32
–, unzulässiger 17, 4; 42, 1 ff.; 53, 15 ff.
–, verfristeter 17, 5; 33, 7 ff.; 42, 1 ff.; 53, 15 ff.
–, vorbeugender 8, 4; 31, 4; 33, 17
–, vorsorglicher 31, 4; 33, 17
–, ZPO (Zit. alt: 49, 15 ≙ 56, 15 [neu]; Zit. falsch)
s. a. Sachbescheidungsvoraussetzungen
Widerspruchsausschuß 26, 13; 37, 20 ff.
Widerspruchsbefugnis 32, 10; 35, 1 ff.
Widerspruchsbehörde
–, Befugnis 1, 29; 17, 3 ff.; 25, 3 ff.; 20, 11 ff.; 27, 2, 14 ff.; 31, 30; 34, 4 ff.; 38, 1 ff.; 40, 20 ff.; 42, 1 ff.; 55, 2 ff.; 56, 1 ff.
–, Kostenentscheidung 26, 7 ff.; 27, 1 f., 9, 17; 44; 57, 25
–, Verfahrensherrschaft 17, 4; 27, 14 ff.; 40, 20 ff.; 42, 3 ff.
–, Zuständigkeit 25, 3 ff.; 26, 6; 27, 1 f., 11 f., 14 ff.; 37; 38, 4; 43, 2
Widerspruchsbescheid 9, 17; 17, 4; 20, 34; 23, 14 ff.; 41 ff.
–, Abänderung 27, 15 ff.
–, Anrede 41, 12
–, Aufbau 41, 8 ff., 19
–, Aufhebung 27, 15 ff.
–, Begleitverfügungen 41, 14; 50, 5
–, bei Erledigung 42, 33 ff.
–, Berichtigung 27, 17
–, Bescheidform 41, 4 ff.; 50, 1 ff.
–, Beschlußform 41, 4 ff.; 50, 2 f.
–, Bestimmtheit 41, 22
–, Entscheidungsformel 41, 10 ff.; 50
–, Entwurf 23, 1 f.; 50, 5
–, Erlaßanweisung an Abhilfebehörde 42, 15 ff.
–, Form 41
–, kassatorischer 42, 13
–, Muster 50
–, Neubescheidungsverpflichtung der Abhilfebehörde 42, 21
–, Rücknahme 27, 15 ff.
–, trotz Verfristung oder Formfehler 17, 4; 42, 1
–, Weisung statt Widerspruchsbescheid 42, 29 ff.
–, Widerruf 27, 15 ff.
–, Zurückverweisung der Sache 42, 22 ff.
Widerspruchsgebühren 44, 1, 20 ff.; 45; 54, 11
Widerspruchsinteresse 35, 6 ff.
Widerspruchsschrift 28, 1 ff.; 33, 1 ff.
Widerspruchsverfahren 1, 29; 24, 1 ff.; 28 ff.; 43
–, Abänderung des VA 38 f.
–, aufgespaltetes 37, 18 ff.
–, Aussetzung 39, 11; 42, 27
–, Beendigung 27
–, Erledigung 26, 4; 27, 19 ff.; 42, 33 ff.
–, Gemeinden als Beteiligte 42, 6
–, Mitwirkung anderer Behörden 26, 14; 38, 8; 39, 7 ff.
–, Prüfungsmaßstab 38
–, Prüfungsumfang 39
–, Rechtliches Gehör 26, 2, 12, 16; 31, 20 ff.; 38, 5, 7, 9; 40, 31; 46, 24
–, Rechtsnatur 25, 11; 26, 15 ff.; 41, 5
–, Struktur 26, 15 ff.
–, Vertrauensschutz Dritter 42, 4 ff.
–, Waffengleichheit 46, 19; 55, 7
–, Wiedereröffnung 27, 14
–, Zweck 24, 3; 25, 11; 37, 1; 42, 18, 25 f., 34
–, Zweckmäßigkeitskontrolle 24, 3;
Wiederaufnahme des Verfahrens 3, 8; 27, 15; 31, 10; 42, 9, 11
Wiedereinsetzung in den vorigen Stand 3, 4 ff.; 17, 6; 27, 17; 33, 6; 34; 36, 2; 42, 8 f.; 53, 20
Willenserklärung
–, verfahrensrechtliche 36, 10
–, verwaltungsrechtliche 36, 5
Wirksamkeitsprinzip 55, 7

Wirksamkeitstheorie 53, 1 ff.
Wirkungskreis
–, eigener 37, 13 f.
–, übertragener 37, 13 f.
Wohnungseigentümergemeinschaft 32, 7

Zahlungseinstellungsbescheid 52, 10 ff.
Zeiteinteilung (Aktenvortrag) 1, 13, 23
Zeugnisverweigerung 19, 3
Zivilprozeß 5, 7 ff.; 17, 15; 19, 10; 20, 4, 10; 58, 2, 12
Zulässigkeitsvoraussetzungen 4, 5, 7; 5, 3; 29, 4 f.; 58, 4 ff.
Zulässigkeitszwischenurteil 19, 3
Zurückbehaltungsrecht 54, 19
Zurücknahme
 – des Antrags bei mitwirkungsbedürftigem VA 27, 20
 – des Widerspruchs 27, 26; 36, 7 ff.; 40, 31; 45, 4, 10; 46, 11; 53, 30
Zusage 5, 14
Zuständigkeit (behördliche) 23, 3; 24, 16; 27, 3 ff.; 38, 11 f.
–, der Abhilfebehörde 1, 29; 25, 2 ff.; 26, 1 ff.; 27, 12 ff.; 34, 4 f.; 37, 5 ff.; 38, 4; 42, 3 ff.; 45, 9 f.; 55, 2 ff.; 56, 2 ff.

–, der Widerspruchsbehörde 25, 2 ff.; 26, 6; 27, 14 ff.; 29, 6; 30, 7 ff.; 34, 4; 37; 38, 4; 42, 3 ff.; 45, 9 f., 15; 46, 21; 55, 2 ff.; 56, 2 ff.
Zuständigkeit (gerichtliche) 4, 7; 6, 1 ff.
–, ausschließliche 6, 1
–, funktionelle 4, 7; 6, 1, 9; 58
–, örtliche 4, 7; 6, 1, 9; 57, 7; 58, 6 f.
–, sachliche 4, 7; 6, 1 ff.; 57, 7; 58, 6
ZuständigkeitslockerungsG 37, 2
Zustellung 17, 7; 19, 10; 20, 8 ff.; 21, 10; 23, 4, 6; 27, 14; 32, 9; 33, 16 f.; 49
Zustellungsmängel 33, 16; 49, 3 f., 8 ff., 9, 13, 15 f., 20
Zustellungsvermerk 41, 11
Zuweisung an ein anderes Gericht 4, 7; 5, 5
ZVS-Entscheidungen 5, FN 15
Zwangsanwendung 27, 24 ff.
Zwangsgeld 20, 34; 54, 65
Zwangsmittelandrohung 20, 34
Zwangsmittelfestsetzung 54, 23
Zweitbescheid 9, 9
Zwischenfeststellungsklage 11, 17
Zwischenurteil 19, 3; 20, 2

WERNER STUDIEN REIHE

Das Assessorexamen im Zivilrecht
Von Dr. Monika Anders und Dr. Burkhard Gehle.
3., neubearbeitete und erweiterte Auflage 1991.
560 Seiten 14,8 x 21 cm, kartoniert DM 56,-

Staatsrecht
Von Prof. Dr. Jörg Manfred Mössner.
2., neubearbeitete und erweiterte Auflage 1985.
256 Seiten 14,8 x 21 cm, kartoniert DM 38,80

Arbeitsrecht
Von Prof. Dr. Manfred Löwisch.
3., neubearbeitete und erweiterte Auflage 1991.
608 Seiten 14,8 x 21 cm, kartoniert DM 52,-

Politikwissenschaft I
Politische Systeme und politische Soziologie
Von Prof. Dr. Karl-Heinz Naßmacher.
3., neubearbeitete und erweiterte Auflage 1977.
184 Seiten 14,8 x 21 cm, kartoniert DM 19,80

Politikwissenschaft II
Internationale Beziehungen und politische Ideen
Von Prof. Dr. Karl-Heinz Naßmacher.
3., neubearbeitete Auflage 1991. Etwa 192 Seiten
14,8 x 21 cm, kartoniert etwa DM 32,-

Das Assessorexamen im öffentlichen Recht
Von Dr. Rainer Pietzner und
Prof. Dr. Michael Ronellenfitsch.
7., neubearbeitete und erweiterte Auflage 1991.
Ca. 596 Seiten 14,8 x 21 cm, kartoniert DM 56,-

Allgemeines Verwaltungsrecht
Von Prof. Dr. Günter Püttner.
6., neubearbeitete und erweiterte Auflage 1983.
184 Seiten 14,8 x 21 cm, kartoniert DM 24,80

Besonderes Verwaltungsrecht
Von Prof. Dr. Günter Püttner.
2., neubearbeitete und erweiterte Auflage 1984.
200 Seiten 14,8 x 21 cm, kartoniert DM 28,80

Verwaltungsrechtsfälle
Von Prof. Dr. Günter Püttner.
2., neubearbeitete Auflage 1987.
200 Seiten 14,8 x 21 cm, kartoniert DM 32,80

Geschichte der europäischen
Rechtsphilosophie
Von Prof. Dr. Karlheinz Rode. 1974. 192 Seiten
14,8 x 21 cm, kartoniert DM 26,80

Sozialrecht
Von Prof. Dr. Bertram Schulin.
3., neubearbeitete und erweiterte Auflage 1989.
392 Seiten 14,8 x 21 cm, kartoniert DM 42,-

Verwaltungsprozeßrecht
Von Prof. Dr. Jürgen Schwabe.
3., neubearbeitete Auflage 1991. Ca. 136 Seiten
14,8 x 21 cm, kartoniert ca. DM 22,-

Erhältlich im Buchhandel!

WERNER-VERLAG

Postfach 85 29 · 4000 Düsseldorf 1

ASSEX
Vorbereitungslehrgang zum Assessorexamen

ZIVILRECHT

Zivilprozeßrecht I — Erkenntnisverfahren
Von Dr. Knut Hansen, Richter am OLG · 3. Auflage · DM 44,—

Zivilprozeßrecht II — Zwangsvollstreckung
Von Dr. Knut Hansen, Richter am OLG · 5. Auflage · DM 44,—

Relations- und Urteilstechnik, Aktenvortrag
Von Dr. Christian Balzer und Dr. Klaus Forsen, Richter am OLG · 6. Auflage · DM 48,—

Examensklausuren Zivilrecht I
Von Dr. Christian Balzer, Richter am OLG
Band 1 · 4. Auflage · DM 46,— · Band 2 · 2. Auflage · DM 44,—

**Examensklausuren Zivilrecht II
Zwangsvollstreckung**
Band 1 · Von Dr. Knut Hansen, Richter am OLG · 4. Auflage · DM 46,—
Band 2 · In Vorbereitung

STRAFRECHT

Strafprozeßrecht
Von Dr. Olaf Schönfelder, Oberstaatsanwalt · 3. Auflage · DM 44,—

Anklageschrift, Einstellungsverfügung, Dezernat und Plädoyer
Von Prof. Günter Solbach, Leitender Oberstaatsanwalt · 8. Auflage · DM 49,—

Urteil und Beschluß im Strafverfahren
Von Dr. Martin Birmanns, Direktor am AG
und Prof. Günter Solbach, Leitender Oberstaatsanwalt · 3. Auflage · DM 48,—

**Examensklausuren Strafrecht I
Anklageschrift und Einstellungsverfügung**
Band 1 · Von Prof. Günter Solbach, Leitender Oberstaatsanwalt · 5. Auflage · DM 48,—
Band 2 · Von Prof. Günter Solbach und Dr. Friedrich Wunderlich, Oberstaatsanwalt · DM 44,—

Examensklausuren Strafrecht II — Urteil und Beschluß
Von Dr. Gerd Landsberg, Richter am LG
und Prof. Günter Solbach, Leitender Oberstaatsanwalt
Band 1 · 2. Auflage · DM 44,— · Band 2 · DM 44,—

ÖFFENTLICHES RECHT

Verwaltungsprozeßrecht
Von Heinz Michael Tuschen, Richter am OVG · 4. Auflage · DM 46,—

**Urteil, Beschluß und Widerspruchsbescheid
im Öffentlichen Recht**
Von Dr. Volker Wahrendorf, Vorsitzender Richter am VG · 2. Auflage · DM 46,—

Examensklausuren Öffentliches Recht I
Von Heinz Michael Tuschen, Richter am OVG · 3. Auflage · DM 48,—

Examensklausuren Öffentliches Recht II
Von Dr. Hans-Henning Arnold, Richter am OVG · 2. Auflage · DM 46,—

Lange Verlag · Poststraße 12 · 4000 Düsseldorf 1